Altertumswissenschaften im Dialog

Festschrift

für

WOLFRAM NAGEL

zur Vollendung seines 80. Lebensjahres

herausgegeben von

REINHARD DITTMANN

CHRISTIAN EDER

BRUNO JACOBS

Alter Orient und Altes Testament

Veröffentlichungen zur Kultur und Geschichte des Alten Orients
und des Alten Testaments

Band 306

Herausgeber

Manfried Dietrich • Oswald Loretz

Beratergremium

R. Albertz • J. Bretschneider • St. Maul

K.A. Metzler • H. Neumann • U. Rüterswörden

W. Sallaberger • G. Selz • W. Zwickel

2003

Ugarit-Verlag

Münster

Altertumswissenschaften im Dialog

Festschrift

für

WOLFRAM NAGEL

zur Vollendung seines 80. Lebensjahres

herausgegeben von
REINHARD DITTMANN
CHRISTIAN EDER
BRUNO JACOBS

2003
Ugarit-Verlag
Münster

Altertumswissenschaften im Dialog.
Festschrift für Wolfram Nagel zur Vollendung seines 80. Lebensjahres,
herausgegeben von Reinhard Dittmann, Christian Eder, Bruno Jacobs
AOAT Bd. 306

Herstellung: *HANF* Buch & Mediendruck GmbH, Pfungstadt

Printed in Germany
ISBN 3-934628-41-9

Printed on acid-free paper

Zum Geleit

Reinhard Dittmann / Christian Eder / Bruno Jacobs

Für die hier vorliegende Festschrift anläßlich der Vollendung des achtzigsten Lebensjahres von Wolfram Nagel haben sich Freunde, Kollegen und Schüler zusammengefunden, um die Leistungen eines Wissenschaftlers zu ehren, der seit einem knappen halben Jahrhundert die Entwicklung der Vorderasiatischen Altertumskunde in entscheidendem Maße mitgeprägt hat.

Geleitwort und Schriftenverzeichnis im Vorspann zu dieser Festschrift ergänzen die entsprechenden Abschnitte im 1988 erschienenen Sammelband von Wolfram Nagels kleinen Schriften (B. Jacobs [Hrsg.], Altvorderasien in kleinen Schriften – Festschrift Wolfram Nagel [Wiesbaden 1988] VII-XII. XIII-XXII). Die wichtigsten biographischen Daten, die berufliche Laufbahn und die wissenschaftlichen Leistungen des Jubilars sind dort ausführlich gewürdigt worden, was hier nicht wiederholt werden soll.

Wolfram Nagel ist nach seinem Ausscheiden aus dem Kölner Universitätsdienst nach Berlin zurückgekehrt, hat dort aber seine wissenschaftliche Arbeit fortgesetzt, die sich in etwa einem Dutzend Artikeln, in Rezensionen und einer weiteren Monographie niederschlägt. Nach wie vor bewegt sich Nagel nicht nur im gesamten zeitlichen und geographischen Rahmen seines Fachs, sondern sucht interdisziplinäre Themen wie Fahrzeuggeschichte (b 66. 73. 77) oder Haustierforschung (b 69. 76), tangiert also nicht nur die altertumswissenschaftlichen Nachbargebiete, sondern auch die „entfernteren" natur- und technikwissenschaftlichen Disziplinen. Auch den Schwerpunktthemen, die er stets gepflegt hat, *Wissenschaftsgeschichte* (b 74. 75. 77), *Glyptik und Periodisierung* (b 67) und *Interpretation von Denkmälern und Befunden* (a 10. b 65. 70) ist er in den vergangenen Jahren treu geblieben.

Wolfram Nagel gehört zu der Generation von Gelehrten, die mit ihren Arbeiten in den verschiedensten Bereichen der Vorderasiatischen Altertumskunde Pionierleistungen erbracht hat und somit die Grundlagen für die Forschungen späterer Generationen legte. Seine Datensammlungen und vor allem deren graphische Umsetzung sind immer überzeugend und präzise. Stets sucht Nagel den direkten Weg zum Kern eines Problems; niemals sind seine Arbeiten

essayistisch, machen auf halbem Wege halt oder verlieren sich in Gemein-
plätzen. Die selbst auferlegte Kürze der Darstellung macht die Lektüre seiner
Schriften jedoch schwierig. Dennoch ist ihm nie eingefallen, um die Akzeptanz
seiner Arbeiten zu erhöhen, wie es heute geläufige Praxis ist, einen Gedanken
mit leichter Variation an mehreren Stellen zu publizieren oder beständig zu
wiederholen, also, anstatt zu diskutieren, ein Klima zu schaffen, in dem, wie er
es einmal ausgedrückt hat, Wissenschaft „zur reinen Nervensache" wird.

Nagel geht in seinen Arbeiten immer über die reine Materialaufarbeitung
hinaus und wagt – unter Berücksichtigung der schriftlichen Quellen des Alten
Orients – den Sprung von einer reinen Sacharchäologie zu einer Historischen
Archäologie. Seine Synthesen sind stets originell; man kann sie annehmen, man
kann sie ablehnen oder sich zumindest an ihnen reiben. Dieser Weg von der
„handwerklichen" Praxis zur Theoriebildung ist jedoch unumkehrbar.

Es war der Wunsch der Herausgeber, daß sich in den Artikeln derer, die um
Beiträge zu dieser Festschrift gebeten wurden, die Breite der Interessen des
Jubilars und das Spektrum seines wissenschaftlichen Wirkens widerspiegle, daß
sie ein Spiegel seiner Lebensleistung seien. Daß der hierdurch angedeutete Dialog in einem Klima wechselseitiger Inspiration gedeihen möge, ist die Hoffnung
der Herausgeber.

Bibliographie Wolfram Nagel (ab 1988)
(zusammengestellt von Eva Strommenger)

Das hier vorliegende Verzeichnis der Schriften von Wolfram Nagel führt nur die wissenschaftlichen Veröffentlichungen nach 1987 auf. Alle älteren Publikationen sind vollständig gesammelt bei B. Jacobs (Hrsg.), Altvorderasien in kleinen Schriften – Festschrift Wolfram Nagel, überreicht von Freunden, Kollegen und Schülern (Wiesbaden 1988) XIII-XXII. Die dortige Zählung der Veröffentlichungen wird hier fortgeführt.

a. Monographien

10. Statt ['Kriegswagen im Altertum'] Mit E. Strommenger / Chr. Eder, Von Gudea bis Hammurapi – Grundzüge der Kunst und Geschichte in der Vorderasiatischen Altertumskunde.

b. Artikel in wissenschaftlichen Zeitschriften und Sammelwerken

65. Mit B. Jacobs, Königsgötter und Sonnengottheit bei altiranischen Dynastien, in: Mélanges Pierre Amiet, Iranica Antiqua 24, 1989, 337–389.

66. Die Wagentypen des zentral-vorderasiatischen Frühdynastikums und der Bremsbügel, in: Hajo Hayen von seinen Kollegen und Freunden gewidmet, Archäologische Mitteilungen aus Nordwestdeutschland 15, 1992, 167–178.

67. Mit Chr. Eder, Altsyrien und Ägypten, Damaszener Mitteilungen 6, 1992, 1–108.

68. Bibliographie von Eva Strommenger, in: Eva Strommenger zum 65. Geburtstag, Acta Praehistorica et Archaeologica 24, 1992, 11–15.

69. Mit J. Bollweg, Equiden Vorderasiens in sumerisch-akkadischen Schriftquellen und aus Ausgrabungen, in: Eva Strommenger zum 65. Geburtstag, Acta Praehistorica et Archaeologica 24, 1992, 17–63.

70. Mit H. Becker, Der Schatz des Priamos – Übersetzungen und Kommentar zu der Gelehrtendiskussion um Schliemanns Funde, in: Eva Strommenger zum 65. Geburtstag, Acta Praehistorica et Archaeologica 24, 1992, 191–203.

71. Bibliographie Eva Strommenger, in: B. Hrouda / St. Kroll / P. Z. Spanos (Hrsg.), Von Uruk nach Tuttul – Eine Festschrift für Eva Strommenger – Studien und Aufsätze von Kollegen und Freunden, Münchener Vorderasiatische Studien Bd. 12 = Münchener Universitäts-Schriften – Philosophische Fakultät 12 (München / Wien 1992) 11-22.

72. Mit E. Strommenger, Die Ausgrabungen in Uruk-Warka – Endberichte, in: Orientalia – Nova Series 63, 1994, 261–272.

73. Mit E. Strommenger, Der frühsumerische Kultschlitten – ein Vorläufer des Wagens?, in: P. Calmeyer / C. Hecker / L. Jakob-Rost / C. B. F. Walker (Hrsg.), Beiträge zur Altorientalischen Archäologie und Altertumskunde – Festschrift für Barthel Hrouda zum 65. Geburtstag (Wiesbaden 1994) 201–209.

74. Mit E. Strommenger, Sechzig Jahre Forschung zur frühdynastischen Bildkunst und ein neues Denkmal des Urdynastikums, in: U. Finkbeiner / R. Dittmann / H. Hauptmann (Hrsg.), Beiträge zur Kulturgeschichte Vorderasiens – Festschrift für Rainer Michael Boehmer (Mainz 1995) 455–468.

75. Moortgat, Anton 1897–1977, in: E. M. Meyers (Hrsg.), The Oxford Encyclopedia of Archaeology in the Near East Vol. IV (New York / Oxford 1997) 49.

76. Mit J. Bollweg / E. Strommenger, Der 'onager' in der Antike und die Herkunft des Hausesels, Altorientalische Forschungen 26, 1999, 154–202.

77. Mit E. Strommenger, Drei Kultwagen aus der Gudea- oder der Ur III-Zeit, in: J.-W. Meyer / M. Novák / A. Pruß (Hrsg.), Beiträge zur Vorderasiatischen Archäologie Winfried Orthmann gewidmet (Frankfurt a. M. 2001) 352–365.

78. Mit E. Strommenger, Die vorderasiatische Sammlung im Museum für Vor- und Frühgeschichte Berlin bis 1992, in: Jubiläumsschrift des Museums für Vor- und Frühgeschichte Berlin (erscheint 2004).

c. Besprechungen

33. Mit E. Strommenger, Roger J. Matthews, Cities, Seals and Writing –
Archaic Seal Impressions from Jemdet Nasr and Ur, Materialien zu den frühen
Schriftzeugnissen des Vorderen Orients 2 (Berlin 1993), in: Orientalistische
Literaturzeitung 90, 1995, 391–394.

34. Karsten Karstens, Systematik der einfachen Gefäßformen, Münchener
Vorderasiatische Studien 16 = Münchener Universitäts-Schriften – Philosophische Fakultät 12 (München / Wien 1994), in: Orientalia – Nova Series 65,
1996, 37–40.

35. Manuel Bachmann, Die strukturalistische Artefakt- und Kunstanalyse –
Exposition der Grundlagen anhand der vorderorientalischen, ägyptischen und
griechischen Kunst, Orbis Biblicus et Orientalis 148 (Freiburg [Schweiz] /
Göttingen 1996), in: Orientalia – Nova Series 67, 1998, 287–291.

Inhaltsverzeichnis

Eine neue Gefangenenszene aus dem Uruk IVa-zeitlichen Uruk

Rainer Michael Boehmer

Vor über einem halben Jahrhundert waren der Jubiliar und der Autor Kommilitonen im Seminar unseres unvergessenen Lehrers Anton Moortgat. Mit dem folgenden bescheidenen Beitrag über ein Thema aus der archaischen Glyptik Uruks grüße ich heute W. Nagel mit vielen guten Wünschen für die kommenden Jahre.

Die archaische, Uruk IVa-zeitliche Tontafel W 13946g wurde in Uruk im Planquadrat Pc 17-4 unter neubabylonischem Mauerwerk auf Riemchen der Schicht III gefunden. Sie befindet sich heute im Vorderasiatischen Museum Berlin und wurde dort unter der Nr. VAT 21303 inventarisiert. Ihre Maße betragen 3, 9 cm x 3, 6 cm x 2, 7 cm. Sie wird demnächst im Bande von R. Englund, Archaische Texte aus Uruk 6, Ausgrabungen der Deutschen Forschungsgemeinschaft in Uruk Band 16, vorgelegt.

Die Tafel trägt außer Schriftzeichen mindestens zehn Abrollungen eines Siegels auf der einen Breitseite und allen Kanten (Abb. 1)[1].

Gezeigt werden Gefangene mit Aufseher. Letzterer führt die ersteren an. Er hält in der erhobenen rechten Hand eine Keule(?). Die Arme der Gefangenen sind auf dem Rücken zusammengebunden, sie selbst durch eine starre Halsfessel, die sie untereinander auf Abstand hält, miteinander verbunden. Das vordere Ende dieser Fessel neigt sich zwar etwas nach unten und wird von dem Aufseher gehalten, weshalb sie auch als Seil gedeutet werden könnte. Daß dem aber nicht so ist, geht aus dem erwähnten Abstand der einzelnen Gefangenen zueinander deutlich hervor. Eine spätere akkadzeitliche Darstellung zeigt eine derartige Fessel detaillierter (Abb. 7).

Die Szene ist innerhalb der bisher aus Uruk bekannt gewordenen Glyptik neu. Ältere archaische, Uruk V-zeitliche Siegelabrollungen zeigen Gefesselte,

---

[1] Gertrud Seidensticker hat die Abrollungen gezeichnet, ihr ist auch die Rekonstruktionszeichnung zu verdanken.

die verprügelt werden (z. B. Abb. 2)[2]. Gleichzeitig mit unserer Szene Abb. 1 ist Abb. 3 aus Uruk, wo kniende Gefangene von löwenköpfigen Adlern angefallen werden. Gefangene, die in Reihung mit oder ohne Seil miteinander verbunden dahinschreiten und am ehesten unserer neuen Szene aus Uruk vergleichbar sind, finden sich auf Abbildungen aus Elam (Abb. 5. 6)[3], denen ein Siegelabdruck aus Tepe Gawra XIA vorangeht (Abb. 4)[4].

Literatur- und Abkürzungsverzeichnis

Amiet in: Orthmann, PKG 14 (1975) =
P. Amiet, Altakkadische Flachbildkunst, in: W. Orthmann, Der Alte Orient, Propyläen-Kunstgeschichte 14 (Berlin 1975).

Amiet, MDAI (1972) =
P. Amiet, Glyptique susienne des origines à l'époque des Perses achéménides – Cachets, sceaux-cylindres et empreintes antiques découvertes à Suse de 1913 à 1967, Vol. I/II, Mémoires de la Délégation Archéologique en Iran – Mission de Susiane 43 (Paris 1972).

Boehmer, AUWE 24 (1999) =
R. M. Boehmer, Uruk – Früheste Siegelabrollungen, Ausgrabungen in Uruk-Warka – Endberichte 24 (Mainz 1999).

Boehmer in: Englund, Archaische Texte aus Uruk 6 (2004) =
R. M. Boehmer, Die Siegelabrollungen, R. Englund, Archaische Verwaltungstexte aus Uruk im Vorderasiatischen Museum Berlin, Archaische Texte aus Uruk 6, Ausgrabungen der Deutschen Forschungsgemeinschaft in Uruk 16 (2004).

Tobler, Tepe Gawra (1950) =
A. Tobler, Excavations at Tepe Gawra II – Joint Expedition of the Baghdad School and the University Museum to Mesopotamia (Philadelphia 1950).

Wickede, Prähistorische Stempelglyptik (1990) =
A. v. Wickede, Prähistorische Stempelglyptik in Vorderasien, Münchner Universitäts-Schriften, Philosophische Fakultät 12 (München 1990)

---

[2] Vgl. Boehmer, AUWE 24 (1999) Nr. 3. 5-9.
[3] Amiet, MDAI 43 (1972) Nr. 682. 683.
[4] Wickede, Prähistorische Stempelglyptik (1990) 167. 209 Abb. 300; Boehmer, AUWE 24 (1999) 123 Abb. 122 a.

Abbildungsnachweise

Abb. 1: Boehmer in: Englund, Archaische Texte aus Uruk 6 (2004) Nr. 1.
Abb. 2. 3: R. M. Boehmer, AUWE 24 (1999) Taf. 17 Nr. 4 I-L; 76 Abb. 64 A-D.
Abb. 4: Tobler, Tepe Gawra (1950) Taf. 164, 93.
Abb. 5. 6: Boehmer, AUWE 24 (1999) 123 Abb. 122 b. c.
Abb. 7: Amiet in: Orthmann, PKG 14 (1975) Taf. 103.

Abb. 1: Uruk. Gefangene, Uruk IVa-zeitlich. M. 1:1

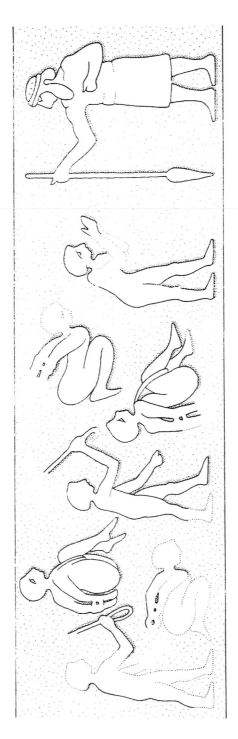

Abb. 2: Uruk. Gefangene vor dem Herrscher, Uruk V-zeitlich. M. 1:1

Abb. 4: Tepe Gawra XIA. Gefangene,
jüngstens frühe Uruk-Zeit. M. 1:1

Abb. 6: Susa. Gefangene, Susa 20/19-zeitlich. M. 1: 1

Abb. 3: Uruk. Gefangene, Uruk IVa-zeitlich. M. 1:1

Abb. 5: Susa. Gefangene, Susa 20/19-zeitlich. M. 1: 1

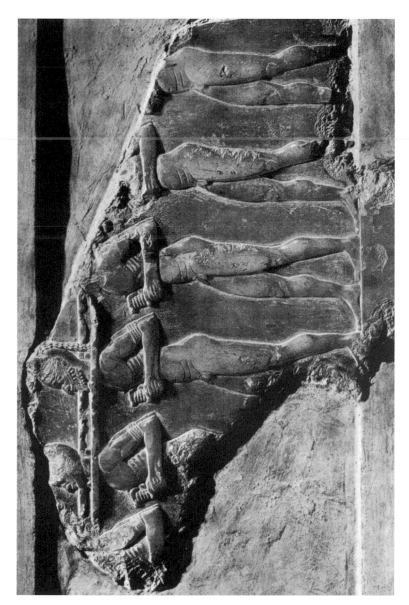

Abb. 7: Nasriye. Gefangene, akkadzeitlich (o. M.).

Indoeuropäer, Anatolien und die Ägäis

Onofrio Carruba

Einleitung

Ich werde die neueren Hypothesen über die Indoeuropäer und das Indoeuropäische kurz darstellen, die heute in unserer wissenschaftlichen Welt wieder lebhaft diskutiert werden. Die betreffenden Ergebnisse sollen auf Anatolien und die Ägäis angewendet werden, wo die ethnischen und sprachlichen Verhältnisse noch viele ungelöste Probleme bieten. Beide Regionen sind im Altertum, auch wenn die eine oder die andere undokumentiert war, eng miteinander verbunden gewesen. Daher versuche ich hier eine Zeit des Schweigens in der Vorgeschichte wieder zum Sprechen zu bringen, in der Hoffnung, der Jubilar möge meine Ausführungen gern entgegennehmen.

Anatolien ist in letzter Zeit bekanntlich der Mittelpunkt der Untersuchungen über die Heimat und die Sprache der Indoeuropäer geworden. Auch diesmal bot die Archäologie, die sich schon seit dem 19. Jahrhundert grundlegend und konkret für die betreffende Forschung interessiert hatte, eine umwälzende Hypothese zum Neubeginn der Untersuchungen[1]. Auch die Sprachwissenschaft hat inzwischen zu neuen Ideen gegriffen, weil durch die rezenten Erkenntnisse über die anatolischen Sprachen das Problem des Indoeuropäischen erneut diskutiert werden musste[2]. Aber die Diskussion breitete sich bald auch auf andere Fachbereiche aus. So nehmen heute Forscher der Genetik, Paläobotanik, Paläozoologie, Webereikunst, Klimaforschung und allgemein der Paläontologie an der Diskussion teil.

Wenn schon die Bewertung der bisher üblichen sprachlichen und archäologischen Angaben Anlass zu scharfen Diskussionen ergab, ist heute die Mög-

---

[1]   Renfrew, Archaeology and Language (1987). Ammerman / Cavalli-Sforza in: Renfrew (Hrsg.), Explanation of Culture Change (1987) 343ff.
[2]   Gamkrelidze / Ivanov, JIES 13, 1985, 3-48; Gamkrelidze / Ivanov, JIES 13, 1985, 49-91. Theorie und Daten sind zusammengefaßt in: Gamkrelidze / Ivanov, Indoevropejskij I-II (1984). In englischer Übersetzung (von J.-Nichols) Gamkrelidze / Ivanov, Indoeuropean I-II (1995). Alinei, Origini I-II (1996-2000).

lichkeit, alle wissenschaftlichen Ergebnisse so vieler andersgearteter Forschungen für ein einziges Argument heranzuziehen und zu verwenden, kaum zu beherrschen und zusammenzufassen[3]. Deshalb und weil einige Autoren ihre Hypothese vielfach modifizieren, wird man kaum Autoren finden, die eine klare Synthese bieten. Wenn sie archäologisch kohärent ist, läßt sie immer wieder sprachliche, ethnologische und/oder weitere kulturelle Lücken sichtbar werden. Erscheint die Hypothese als ein in sich befriedigendes sprachliches System, so zeigen sich bei der Verifizierung durch die übrigen parallelen Forschungen Unklar-
heiten und schwer zu überwindende Inkongruenzen bei den einzelnen Ergebnissen. Ich kann natürlich hier nicht auf die sich immer mehr ausweitende Debatte eingehen, ich werde sie aber bei einer kurzen Aufstellung der vorläufig
wichtigeren Erklärungsversuche zur Heimat- und Sprachfrage andeuten, bevor
ich selber Stellung zu einigen Problemen nehmen und auf die Besprechung der
noch offenen anatolischen und ägäischen Fragen eingehen werde.

Traditionelle Hypothesen

Die seit dem Ende des 19. Jh. bis in die siebziger Jahre geltende *communis
opinio* rechnete mit einer in der **'pontisch-kaspischen' Steppe** liegenden, z.T.
archäologisch bestimmbaren Urheimat samt Ursprache mit einer sich daraus
ergebenden, vermeintlich zwischen 2500-2000 v. Chr. ausgelösten Verbreitung
der Völker und Sprachen westlich nach Europa, östlich nach dem mittleren und
südlichen Asien [4].

Als das Hethitische 1915 entziffert wurde, ließ man die Hethiter von Osten,
Westen und von Norden über das Schwarze Meer einwandern.

Die Rekonstruktion der indoeuropäischen Ursprache durch **K. Brugmann** im
ausgehenden 19. Jh. war, wie bekannt, die größte Errungenschaft auf linguisti-
schem Gebiet. Die Entdeckung des Hethitischen (und des Luwischen) mit
Laryngalen, das Fehlen einiger grammatischer Kategorien, z. T. besonderer
grammatischer und syntaktischer Strukturen, in einem stark wurzelhaften und
reichlich fremdartigen Lexikon, verlangte nun die Eingliederung der neuen
Sprache in Brugmanns Zusammenstellung. Die Einbeziehung der sehr alt
belegten Sprache wurde viel, scharf und vergebens diskutiert. Ein gewisser Konsens ist schließlich der Definition «Indo-Hittite» von E. Sturtevant zugefallen,

---

[3]   Ein Blick auf die Bibliographie irgendeiner jüngereren Publikation von C. Renfrew
oder einem anderen Teilnehmer an der Debatte zeigt dies. Hier beschränken wir uns auf
die wichtigsten und auf die einzelnen Themen sich beziehende Literatur.
[4]   Für diese Untersuchungen verweise ich auf die Anthologie von Scherer (Hrsg.),
Urheimat (1968), wo auch die bekannten Namen von G. Kossinna und H. Kühn zu
finden sind.

als der Bezeichnung des älteren *Indo-European* (IE), von dem sich das Hethiti-sche als erste Sprache entfernte[5].

Archäologisch fundiert ist auch die um einige neue Ideen und Methoden er-neuerte Theorie von **M.Gimbutas**. Ihre Hypothese bringt die Indogermanen in Beziehung mit einer Reihe von Kulturen, deren Grabhügel wegen ihrer Form mit dem Namen *kurgan*, „das Zelt der Nomaden Mittelasiens", bezeichnet wur-den. Vier aufeinanderfolgende Kulturen (*kurgan* I.-IV.) verbreiteten sich seit 5000 v. Chr. in drei Wellen von den mittelasiatischen und kaspischen Steppen hauptsächlich nach dem südöstlichen Europa. Am wichtigsten wäre für die Indo-europäer die Ausbreitung seit 3500 v. Chr., dessen kaspisch-kaukasische Maikop Kultur in Mittel- und Osteuropa und in Westanatolien ankam, und bis 2000 v. Chr. die verschiedenen IE Gruppen in die historischen Sitze bzw. in ihre Nähe brachte. Die Datierungen basieren auf kalibrierten ^{14}C-Messungen und dürften daher vertrauenswürdig sein[6].

Die generelle Auffassung ist wie die traditionelle, methodisch aufgebaut, abgesehen von der Komplexität der Konstruktion, der weitgehend älteren Chronologie und der von M.Gimbutas speziell entwickelten vorindoeuropä-ischen *Old Europa*, einer matriarchalisch fundierten, friedlichen Bauernkultur, die in der Mitte der balkanischen Halbinsel beheimatet war. Die Auffassung M. Gimbutas wurde vor allem von J. Mallory mit eigenen Bemerkungen gerecht-fertigt, wieder aufgenommen und noch heute verteidigt[7].

Nach Griechenland wären die Indoeuropäer um 2900-2600 v. Chr. von der Balkanhalbinsel aus eingedrungen, und hätten über ein davorliegendes, nicht recht faßbares Substrat, Einfluss auf das Mykenische und das Frühgriechische bis zur klassischen Form gehabt[8].

---

[5]   Brugmann, Grammatik (1904). Sturtevant, Language 38, 1962, 376ff.

[6]   Hier verweise ich auf eine Anthologie von Schriften von M. Gimbutas, siehe Dexter / Jones-Bley (Hrsg.), Gimbutas Kurgan Culture (1999).

[7]   Mallory, Indo-Europeans (1989) 182ff. Marler in: Bocchi / Ceruti (Hrsg.), Le prime radici (2001) 89ff.

[8]   Über die vorgriechischen Substrate hatte man oft vor allem auf Grund der Pelasger, Leleger usw. praktisch konsenslos diskutiert. Georgiev, Jahrbuch Univ. Sv. Klim. Ohrridski 36, 1941, 1ff.; Georgiev, Jahrbuch Univ. Sv. Klim. Ohridski 41 (1945) 163ff. Windekens, Le Pélasgique (1952). Merlingen, Das 'Vorgriechische' (1955). Alle diese Autoren deuteten jeweils indoeuropäisch-asianische, -balkanische oder gar frühgriechi-sche Verbindungen an, sie bleiben aber in den allerletzten Studien unberücksichtigt, s. z. B. bei Finkelberg, CW 9, 1997. Wertvoll für das Thema ist Crossland / Birchall, Bronze Age Migration (1973).

Diese Theorie berücksichtigt kaum die archäologischen und die sprachlichen
Fakten Anatoliens, wohin die Hethiter durch eine westliche bzw. östliche Migration gekommen wären.

Hauptsächlich sprachlich erarbeiteten ihre Theorie dagegen **Th.
Gamkrelidze und V. V. Ivanov**[9]. Die Autoren suchten die indoeuropäische
Heimat im Gebiet zwischen Südkaukasus und Nordmesopotamien auf Grund der
typologischen Affinität der neuen phonologischen Theorie Gamkrelidzes, der
das Indoeuropäische mit den kaukasischen Sprachen, speziell dem Kartvelischen
in Verbindung brachte, und der vermuteten lexikalischen Kontakte zwischen den
Indoeuropäischen und den Semitischen Sprachen.

Die Ursprache wird für das 5. Jts. v. Chr. postuliert, um sie besser vom Anatolischen zu distanzieren, dessen Trennung in Hethitisch und Luwisch sich am
Ende des 3. Jts. v. Chr. ereignet hätte.

Das Frühgriechische (wie das Frühindoarische und das Früharmenische)
bildete sich im 3. Jts. v. Chr. heraus, aber nach Griechenland kamen die Griechen selbst erst am Anfang des 2. Jts. v. Chr., und zwar über Anatolien. Dies ist
unseres Erachtens doch wohl zu spät und auf unwahrscheinlichen Wegen[10].

Die neuen Hypothesen

So präsentiert sich die vereinfacht dargestellte Forschungslage bis an den
Anfang der 80-iger Jahre, als der Archäologe **C. Renfrew** neue Gedanken zum
Thema 'Indoeuropäer' und 'Indoeuropäisch' entwickelte:

1) Die IE müssten nicht unbedingt Nomaden und Krieger gewesen sein;
2) Waren sie Ackerbauern, so können sie es nur in Anatolien geworden
   sein, wo die Domestikation der ersten Getreidesorten und anderer Nähr-
   pflanzen im 8. Jts. v. Chr. zustande kam. Das vorausgesetzt, nimmt der
   Verf. an, dass sich kleine Gruppen von Personen (Familien) mit der
   Diffusion der neuen, z.T. technologisierten Ackerbaumethoden
   (*language/farming dispersal model*)und natürlich mit ihrer Sprache seit
   ca. 7000 v. Chr. mit einer veränderlichen, aber dauernden und schnellen
   Sequenz (das bekannte '*wave of advance*' Modell) von einem Gebiet
   zum nächsten bewegten Die vorrückende Bewegung erreichte

---

[9] Siehe Anm. 2.
[10] Siehe Carruba, Athenaeum NS 83, 1995, 5ff. 15. Alle dort enthaltenen Abbildungen
und Schemata, die ich hier nicht beigegeben habe, sind für meine Ausführungen wichtig,
vor allem diejenigen auf S. 16f., 19f., 39f. für die griechischen und anatolischen Substrate. Ich bitte die Leser evtl. dort nachzuschlagen.

Griechenland 6500/6000 v. Chr., dann über dem Balkan, Mittel- und Westeuropa, bis schließlich ca. 4000/3500 v. Chr. die britischen Inseln erreicht wurden[11].

Für die Verbindung zwischen Indoeuropäischem und Anatolischem, wenn auch durch das sogenannte *Indo-Hittite*, war diese Theorie das „Ei des Columbus". Dadurch ließ sich das Indo-Hittite auch besser erklären, indem dieses sich in Anatolien isoliert weiter entwickelte, während dies alle anderen indoeuropäischen Sprachen erst in Balkanien taten. Für die asiatische Ansiedlung der Indoarier war es sogar günstiger, da sie über Ostanatolien in die ostkaspischen Steppen und dann erst nach Indien wanderten. Dem Griechischen war eine so alte Niederlassung *in loco* bei so starken Spuren von ganz fremdem Substrat eher abträglich.

Die Kleinheit oder gar die Abgeschiedenheit (Familie) der vorrückenden Gruppen, ebenso wie die übermäßige Mobilität der wandernden Gruppen sind m. E. sicher wenig günstig für die Bildung einer Sprache, die eine lange, ruhige und ortsgebundene Bildungsperiode braucht[12].

Die Hypothese war der seit langem währenden Wanderungstheorie gegenüber, offensichtlich durch die einfache Durchführbarkeit des Geschehens, ihre umwälzende Darstellbarkeit als Modell und durch die Verbindung an lebenskonkreten Fakten, sicher weit überlegen, aber eben deswegen stieß sie weitgehend auf vielfache, oft harte Kritik[13].

Die 'neolithische Revolution', d.h. das Aufkommen des Ackerbaus[14] wird von vielen Gelehrten als Grundlage ihrer Untersuchungen und Vorschläge vor allem zur Herausarbeitung der europäischen vorgeschichtlichen Kulturen immer mehr angewendet.

---

[11] Siehe Anm. 1. Ergänzend dazu Renfrew in: Drews (Hrsg.), Greater Anatolia (2001) 36ff. Renfrew in: Bocchi / Ceruti (Hrsg.), Le prime radici (2001) 116ff.

[12] Die Idee liegt im Grunde vor allen im *language/farmers model* Renfrews (sie die Literaturangaben in Anm. 1 und 11) und in der Theorie der Kontinuität von Alinei, Origini I-II (1996-2000).

[13] Zum Beispiel M. Zvelebil / K. V. Zvelebil, Antiquity 62, 1988, 574 ff. M. Zvelebil / K. V. Zvelebil in: Markey / Greppin (Hrsg.), Worlds Collide (1990) 237 ff.; A. Sherratt / S. Sherratt, Antiquity 62, 1988, 584 ff. Mallory in: Bocchi / Ceruti (Hrsg.), Le prime radici (2001) 138ff. Mallory, JIES 29 (2001) 230 ff. 234 ff.

[14] Heute spricht man eher von 'neolithischer Transition', siehe z.B. Ammerman in: Bocchi / Ceruti (Hrsg.), Le prime radici (2001) 31G. Renfrew in: Bocchi / Ceruti (Hrsg.), Le prime radici (2001) 116 ff.

Davon ausgehend versuchten eine Reihe von Genetikern, welche auf Grund
einer Anzahl von Genen bei der modernen Bevölkerung, die Richtungen der
Völkerbewegungen, vor allem in Bezug auf die Erforschung der Phyla und der
der Sprachen festzulegen. In einem Fall gab es eine sonderbare Koinzidenz zwischen dem Modell Renfrews und dem Bild der *demic diffusion* mit der Landwirtschaft der Genetiker, was nicht unberücksichtigt bleiben kann[15].

Der neue, durchdachte und z. T. geänderte, Vorschlag Renfrews spricht
dafür, dass man auf Grund der Analysen der molekularen Genetik mit mehreren
Kolonisierungen aus Anatolien nach Europa rechnen muss:

1) Die wichtigste im Oberpaläolithikum vor ca. 40.000 Jahren;
2) Im Mittelpäolithikum vor ca. 18.000 Jahren;
3) Eindringen von Bevölkerungen am Anfang des Neolithikums mit der
    Verbreitung der Landwirtschaft im 6. Jt. v. Chr. Der Verf. unterteilt das
    IE in drei Perioden, von denen jede durch eine Phase der *advergence*
    charakterisiert wird. Die erste dieser *advergences* hätte in Anatolien
    stattgefunden (bis 7000 v. Chr.); die zweite in der balkanischen 'Old
    Europa' von Gimbutas (5000-3000 v. Chr.). Nach dieser Zeit divergiert
    immer mehr die Sprache und es bilden sich die einzelnen 'Dialekte'[16].

Diese Variante bringt das *wave of advance model grosso modo* den aufeinanderfolgenden 'homelands' der letzten Werken von Gimbutas und anderer
Gelehrten näher, wonach sich die indoeuropäischen Völkerschaften in
verschiedenen Landschaften kulturell und sprachlich reorganisierten (Renfrew:
convergence), um dann wieder auseinanderzugehen (idem: *advergence*).

---

[15] Vgl. Cavalli-Sforza in: Bocchi / Ceruti (Hrsg.), Le prime radici (2001) 3ff. und
Menozzi in: Bocchi / Ceruti (Hrsg.), Le prime radici (2001).
[16] Siehe Renfrew in: Bocchi / Ceruti (Hrsg.), Le prime radici (2001) 116ff. 124f.
Renfrew, JIES 27, 1999, 257ff. 263ff. Die Unterteilung des Indoeuropäischen in drei
durch gewisse zeitliche Abstände (*time deepth*) getrennte Phasen geht auf einige Sprach-
wissenschaftler zurück: Meid in: Rix (Hrsg.), Flexion (1974) 204 ff. Adrados, Emerita
XLVII, 1979, 261 ff. Adrados, IF 97, 1992, 1 ff. Zu diesem Punkt muß ich unterstreichen, dass ich die heute kursierenden Sigel mit Proto-, Pre-proto- (PPIE, PIH) nicht
gebrauche (s. z.B. Ur- oder Früh-), nicht, weil ich die Zeitabstände ablehne, sondern weil
m.E. vor den Einzelsprachen nur zwei Stadien tatsächlich belegbar sind: das rekonstruierte und noch rekonstruierbare Indoeuropäische und das Indo-Hethitische. Zur
Stadienbezeichnung erfüllen m.E. die römischen Zahlen I, II, III die Aufgabe deutlicher.
Vgl. z. B. Fig. 2 und 4 bei Renfrew, JIES 27, 1999, 267. 271.

Neuere Methoden und Hilfswissenschaften

Wie man sieht, geht es um die gleichen Prozesse und Entwicklungen, die man immer wieder z.T. mit leicht geänderten Methoden behandelt hat, oder worüber man noch heute oft mit synonymischer, jedoch moderner Terminologie diskutiert[17].

In der Tat kann man nicht umhin, hinter der aufflammenden Diskussion um die Indoeuropäer und ihrer Sprache immer wieder das Wiederaufleben der früheren alten Debatten zu hören und hinter einigen neueren Termini einzelner Erscheinungen, wie *wave of advance*, 'demische Diffusion' u.a. im Grunde alte Begriffe zu erkennen. Den wirklich neuen Ideen, wie das *language/farming dispersal, demic diffusion model* und dem absolut neuen Beitrag der Genetik gebührt der Verdienst, das Thema wieder belebt, und das Interesse vieler Forscher weiterer Disziplinen erweckt zu haben.

In den letzten Zeiten und z. T. am Rande der neueren Diskussion über die neolithische Transition und die ganz neuartige Intervention der Genetik (L. L. Cavalli-Sforza u.a. darunter A.J.Ammerman) in die Sprachenfrage, hat man auch das Interesse für das Studium der Verwandtschaft der großen Sprachfamilien der Erde vor allem durch das Lexikon und die spärlich auffindbaren grammatischen Elemente wieder aufgenommen. Man versucht die Spuren der menschlichen Ursprache durch das Experimentieren mit schon erprobten Sprachverbindungen der bekannten Sprach(grupp)en Indoeuropäisch, Kamitosemitisch, Uraloaltaisch, Dravidisch u.a.m. zu größeren Macrofamilien (Phyla), wie Afroasiatisch, Nostratisch usw. zurückzuverfolgen. Vielleicht wird man über die Sammlungen von erarbeiteten, nicht immer vertrauenswürdigen Radikalen aller dieser Sprachgruppen zu etwas Konkreterem kommen[18].

Heute ist die allgemeine und spezifische Literatur über Indoeuropäer und Indoeuropäisch unzählbar geworden. Vorschläge und Debatten über viele Standpunkte und zu vielen einzelnen Argumenten haben sich enorm erweitert, sodass

---

[17]   Ich meine, dass die moderne Bezeichnungen evtl. die alten verschönern und präzisieren, konzeptuell aber mehr oder weniger dasselbe ausdrücken: so z. B. ist bei *demic diffusion* und Völkerwanderung *demic* sozusagen 'genetisch geprüft' und kulturell höher, aber wir müssen Völkerwanderung mit 'zeitlichem Abstand' historisch beurteilen und annehmen können.

[18]   Vor allem untersucht wird heute das Nostratische, d.h. "The hypothesis that many of the principal language families of Eurasia and North Africa might be related, themselves forming part of a larger overarching family or macrofamily"; siehe Renfrew in: Renfrew / Nettle (Hrsg.), Nostratic (1999) 3 ff. Zum Thema zuletzt Dolgopolsky, Nostratic Macrofamily (1998).

man persönliche Interventionen zum globalen Thema kaum mehr mit gutem Gewissen vertreten kann. Gegenüber den klaren und im Grunde verständlich aufgebauten Verbindungen wie *language* und *farming* (Renfrew), die sinnvoll geographisch zentral situierten Indoeuropäer Ostantoliens (Gamkrelidze-Ivanov), ja
selbst die komplexen Kulturen der Steppennomaden der kurgans (Gimbutas) erscheinen als glaubhafte Hypothesen. Daher resultiert der Versuch einiger Gelehrter – schließlich auch der von Renfrew – eine Synthese der archäologischen
und sprachlichen Vorschläge zu erarbeiten, wo man alle verschiedenen Ansichten vereinen kann[19].

Letzte allgemeine Erklärung

Eine völlig anders gedachte Theorie hat **M. Alinei**, der den allein auf Wanderungen und Eroberungen aufgebauten Ausbreitungen der Menschen
entschieden entgegentritt mit seinem Modell der Kontinuität erarbeitet, wonach:

«la patria originaria degli Indoeuropei fu la stessa di quella dell'*homo
loquens*, e perciò di tutti i phyla linguistici del mondo, e cioè l'Africa, e i piu
antichi insediamenti delle popolazioni indoeuropee fuori dall'Africa sarebbero
appunto nel territorio attuale delle lingue indoeuropee. L'Europa sarebbe stata
occupata da popolazioni indoeuropee tanto presto quanto la paleoantropologia e
le scienze affini ci permettono di assumere, assieme a popolazioni uraliche e ad
altre popolazioni non indoeuropee».

Diese wären dann nicht pre-indoeuropäisch, sondern peri-indoeuropäisch.
Man hätte Hybridationen durch archäologisch belegte Wanderungen und Ein-
fälle, wie die der Kurgan-Kultur, eigtl. «una cultura turcica», verursacht. Die
Sesshaftigkeit fängt im Mesolithikum im Norden Europas, im Neolithikum in
Mittel- und Südeuropa an. Was die Sprachen betrifft, ist der Verf. imstande,
vom (Alt-) und sicher vom Mittelpaläolithikum an, von einer gewisssen Kontinuität ausgehend, viele indoeuropäische Wörter durch die «autodatazione
lessicale» zu datieren[20].

Die Daten Alineis sind eindrucksvoll und basieren auf vertrauensvoller
Wertung der archäologischen Berichte und auf erprobten sprachwissenschaft-
lichen Methoden.

---

[19] Siehe z. B. Renfrew in: Bocchi / Ceruti (Hrsg.), Le prime radici (2001) 116 ff.;
Renfrew, JIES 27, 1999, 257 ff.
[20] Alinei, Origini I-II (1996-2000).

Wenn die 'Hypothese der Kontinuität' Europa als die alte und langwährende Heimat der Indoeuropäer macht, so dürften die vom Verf. kaum berücksichtigten indoeuropäischen Anatolier entweder aus Europa 'ausgewandert' sein, wie man dies für die Indoarier ohnehin ebenfalls in allen Vorschlägen annimmt, oder sich in loco einzeln weiterentwickelt haben.

Gutäer, Kassiten und 'Indosumerisch' ?

Oft bringen Gelehrte neue Ideen und Untersuchungen heraus, die die Debatte freundlich störend bereichern. Das geschieht z.B. in den folgenden Fällen.

Was die Indoeuropäer Mittel- und Süd-Asiens, die Indoarier und die Tocharer betrifft, sind hier zwei noch nicht gesicherte Versuche zu erwähnen, diese am Anfang der altorientalischen Geschichte zu bezeugen. Beide Völkerschaften wären auf der Wanderung nach ihren endgültigen Sitzen nach Mesopotamien gelangt. W. Henning hatte gemeint, die Gutäer und die Tukris (ca. 2200 v. Chr.) seien mit den Tocharier, gr. Τόχαροι , in Baktrien, später im Turfangebiet, zu identifizieren, welche das sogenannte Tocharisch A sprachen, während das Tocharisch B im Reich Kuči (wohl Guti ?) gesprochen wurde[21].

Die Indoarier werden dagegen neuerdings durch zahlreiche lexikalische Vergleiche als sprachliches Substrat bzw. als Kontaktsprache des Sumerischen, vermutlich in der Periode der neolithischen Kultur von Tell Halaf (um 5000 v. Chr., Nordsyrien), angenommen. Substrate des Sumerischen sind schon immer gesucht worden (z.B. das Protoeuphratische von B. Landsberger), allerdings mit widersprüchlichen Ergebnissen. Die Substratsprache wird rekonstruiert durch die Annahme einer sonderbaren, teils indoeuropäisch, teils sumerisch basierten Phonologie. Sie ergibt aber oft zu sehr altindisch aussehende Bildungen. Meistens handelt es sich um ein Lexikon, das Objekte, Berufe, Tiere, Kultur- und Wanderwörter bezeichnet. Alles ist aufmerksam nachzuprüfen, weil es immerhin von großem Interesse ist[22].

Wenn sich das Substrat bestätigt, würde das selbstverständlich eher zugunsten der 'anatolischen' Urheimat der Indoeuropäer (Theorien von Renfrew und Gamkrelidze-Ivanov) sprechen. In diesem Fall kann man an Sub-/Adstrat-

---

[21] Die Tocharier scheinen durch die im Tarim-Gebiet gefundenen Mumien schon um 1800 v. Chr. in Zentralasien gewesen zu sein, siehe Mallory / Mair, The Tarim Mummies (2000)

[22] Whittaker, Gött. Beitr. zur Sprachwissenschaft I, 1998, 111ff. Frayne, BCSMS 25, 1993, 19ff. Kritik in G. Rubio, JCS 51, 1999, 1ff. Über das (nicht indoeuropäische) Substrat des Sumerischen, s. Landsberger, AnDergi 3, 1944, 419ff. (türkisch), 431ff. (deutsch), Landsberger, Three Essays (1974) [englisch]; Salonen, Aufbau der Substrate (1968) 3ff.

Kontakt vor der Migration nach Mittelasien und dann nach Indien denken. Schwerer würde man das Erscheinen dieser Völker in Nordmesopotamien durch die übrigen Hypothesen erklären können.

Ca. 400-500 Jahre nach den Gutäern erscheinen in Nordmesopotamien die Kassiten, deren Sprache sonderbare, vielleicht elamische, Züge hat, aber zahlreiche Termine zur Pferdepflege enthält. Kurz darauf erscheinen die Indoarier unter den Hurritern[23]. Diese Indoarier von Mittani (von 1650 v.Chr.) haben, m.E., soweit man aus den Ausführungen und aus der Chronologie des in dieser Zeit schon im Verfall begriffenen Sumerischen ('jüngere altbabylonische Stufe') sehen kann, nichts mit dem Indosumerischen Substrat zu tun.

Hethitisch und 'Indo-Hittite'

Einige speziell am Hethitischen wahrnehmbare Erscheinungen des Anatolischen, die nicht in IE vorhanden waren, wie der Gebrauch der sogenannten Laryngale(n), das Genus animiert versus inanimiert, die Unvollständigkeit des Plurals; das Fehlen der Komparation; der Mangel an thematischen Bildungen bei imperfektiven Verbalstämmen; das Fehlen von Konjunktiv und Optativ, des s-Aoristes u.a. weisen mit Sicherheit auf eine ganz archaische sprachliche Struktur hin. Demgegenüber sind alle anderen indoeuropäischen Sprachen z.T. gemeinsam weiter fortgeschritten.

Da viele Eigenschaften des Hethitischen (bei noch unerforschtem Luwischen und Palaischen) in Bezug auf das bis dahin erarbeitete Indoeuropäische neu waren, sprach man vom *Indohittite*. Diese Theorie und ihre Darstellung wurden von den meisten Indoeuropäisten stark beanstandet und noch bis heute nicht allgemein angenommen. Die Konturen der Hypothese werden jedoch immer wieder studiert und durch die Hervorhebung weitreichender Unterschiede und Merkmale verbessert[24].

Die geographische und linguistische Sonderstellung des Hethitischen innerhalb des Indoeuropäischen verlangt eine Erklärung, die es entweder nicht gibt, oder nur durch das Indo-Hethitische zu erschließen ist. Auf jedem Fall scheint das Anatolische durch nähere Untersuchungen immer überraschendere Fakten zu zeigen. Wir nehmen hier das Beispiel der Wörter für "Pferd", das so wichtig für das Problem um die Indoeuropäer ist, und für "Schaf", das ebenfalls paläozoologisch wichtig geworden ist.

---

[23]   Ancillotti, Lingua dei Cassiti (1981).
[24]   Sturtevant, Language 38, 1962, 376ff. Und zuletzt Lehrman in: Drews (Hrsg.), Greater Anatolia (2001) 106ff. Darden in: Drews (Hrsg.), Greater Anatolia (2001) 184ff.

Das Ideogramm für Pferd in den heth. Texten lautet samt der phonetischen Komplementation ANŠE.KUR.RA-*uš,* was auf ein Wort **eku-s*, aber keilluw. *assu-s* hier.luw. *ázú-s* (eher *ásù-s).* Diese Formen weisen auf einen Ur-stamm**(h₁)ek'-u-* mit palatalem Radikal und Thema auf *-u-,* wie bei vielen anderen früh domestizierten und nützlichen Tieren: **su-s* "Sau; Schwein" (zum Stamm, vgl. heth. *has-* "gebären" und, cappadokisch, *-ahsu-* "Sohn"); **gʷo-u-s* "Rind".; ja selbst heth. UDU-*us* "Schaf" (s. gleich). 'Indoeur.' **ek'u-o-* zeigt, bekanntlich, späte *o*-Thematisierung und die in den *kentum*-Sprachen übliche labiovelaren Entwicklung.

Was das vor kurzem wegen der Wolle in die Diskussion über die Heimat eingeführte "Schaf" betrifft, kann das komplementierte UDU-*us* nur heth. **hau-s,* aus **h₃o-u-s,* vertreten, wobei die übliche Luwisierung durch *-i* als *hawi-s* erscheint, wie im übrigen Indoeuropäischen, wohin das Wort vom Luwischen eingeführt werden könnte. Die versuchte Hypothese eines heth. **pek'-u,* scheitert m.E. an dem Fehlen eines so lautenden Radikals im Anatolischen, wo das Scheren der Wolle durch heth. *kes-,* luw. *kisai-* "kämmen" nicht durch **pek'-* bezeichnet wird[25]. Bei den gegebenen Hinweisen frage ich mich, ob man die Debatte um das Pferd und das Schaf nicht wieder aufnehmen dürfte, weil 1) die vorgeschlagenen Stämme indohethitisch sind; 2) der Radikal **(h₁)ek'-* vermutlich mit gr. ὠκύς zu tun hat; 3) Pferdereste in Çatal Höyük aus dem Anfang des 6. Jts. v. Chr. gefunden wurden.

Obwohl wir hier die wichtigsten Meinungen zur kulturellen und sprachlichen Frage der Indoeuropäer natürlich sehr schnell aufgezeigt haben, können alle Kenner der betreffenden Fragen leicht wahrnehmen, dass man sich bei den sich immer wieder kreuzenden Hypothesen, bzw. vielen einzelnen damit verbundenen Vermutungen und Beweisführungen (und bei der Unmenge betreffender Literatur) des Eindrucks des Festfahrens nicht entziehen kann. Trotz anderer mehr ausgeglichener Interventionen (Zvelebil; Sherratt u.a.) und neuartiger, zeitlich tiefgehenderer, wie die Alineis, sieht es so aus, als ob trotz der umwälzenden neuen Ideen, der neuartigen Methoden, einer immer breiteren Interdiszipli-

---

[25] Die Literatur zu Pferd und Schaf im Indo-Europäischen ist unendlich und widersprüchlich. Hier erwähne ich nur das gerade für das in Frage kommende Problem ausgezeichnete Buch von Raulwing, Horses, Chariots and Indo-Europeans (2000). Beide Themen (Pferde und Schaf) werden von vielen der oben zitierten Verfasser kurz gestreift, vor allem aber verweisen wir auf Darden in: Drews (Hrsg.), Greater Anatolia (2001) 184ff. 192ff. (Horse) 196ff. (Wool) 204ff. (Wheel), meistens mit anderen Argumenten als unsere. Summers in: Drews (Hrsg.), Greater Anatolia (2001) 285ff. (mit Hinweis auf die neuen Funde "of three types of wild equid (...including horses)" in Çatal Höyük und im ebefalls so alten Asikli Höyük (Cappadocia).

narität keine wirklich neue Lösung gefunden worden ist: mehrere mögliche Lösungen, keine Lösung. Und es ist kein Wunder, weil wir alles in allem nur zwei Wege für die Suche haben: die Archäologie, mit zwei Arbeitsmitteln, Keramik, soweit sie schon vorhanden ist, nebst verschiedenartigen Resten, und moderne Methoden (kalibrierte ^{14}C-Daten; Lumineszenzen, Dendrochronologie); andererseits rezent belegte Sprachen deren 'C 14' noch nicht gefunden wurde[26].

Von den genannten wichtigeren Hypothesen zu 'Urethnos' und -sprache der Indoeuropäer berücksichtigen nur zwei den am ältesten bezeugten Zweig, das Anatolische, und zwar:

1) Renfrew, der sie zunächst als Träger der Landwirtschaft und des Frühindoeuropäischen nach Europa, später aus der Balkanhalbinsel kommen lässt; und

2) Gamkrelidze-Ivanov, wonach die Indo-europäer aus dem Bildungsort des Frühindoeuropäischen, (Ostanatolien, Nordmesopotamien und Südkaukasus) migrieren.

3) Für die Auffassung Gimbutas' muss man annehmen, dass die (Früh?) Indoeuropäer traditionell aus dem Balkan nach Anatolien oder über den Kaukasus wanderten.

4) Alinei scheint, vielleicht weil es ihm um die besser dokumentierten Sprachen Europas geht, kaum über die Anatolier zu sprechen, obwohl er im durchaus klugen Rahmen seiner Theorie den *'homo indoeuropaeam linguam loquens'* wahrscheinlich auch in Anatolien, zumindesten in der Zeit der indoeuropäischen Diaspora, gedacht hat. Sicher Recht hat Alinei, wenn er die Chronologie des IE zeitlich viel weiter zurückziehen will, wozu sich das Anatolische durch die Indo-Hittite-Theorie am besten eignet.

Chronologie und zeitlicher Abstand (*time deepth*)

Abgesehen von den grundlegenden Fragen der Bewegungen der Völker, die wichtig für die Existenz sind, und ihrer Stabilität, die wichtig für Kultur- und Sprachbildung ist, und welche das Arbeitsgebiet der Archäologen sind, wollen wir das Problem der Chronologie kurz andeuten. Man wird leicht merken, dass sich die Hypothesen betreffs der Urheimat und daher der Ursprache der Indoeuropäer von den traditionellen 2000 Jahren v. Chr. bis zu 5000 v. Chr. von Gimbutas und Gamkrelidze-Ivanov und 7000 v. Chr. von Renfrew und Alinei

---

[26] Zuletzt zur Dendrochronologie in Anatolien, Kuniholm in: Drews (Hrsg.), Greater Anatolia (2001) 28ff.

(Neolithikum) erstrecken. Es geht also immer noch meistens um archäologische Datierungen, die zuletzt durch (kalibrierte) ^{14}C-Daten durchgeführt werden. Diese können aber nur eine gewisse Zeitspanne datieren, obwohl man sich im Paläo- und Mesolithikum mit Dendro- und Pollenchronologie, ebenso wie mit weiteren technologischen Methoden behelfen kann. Im Grunde kennen wir nur das Neolithikum gut als für eine gewisse Sprachbildung günstige Stabilitätsperiode, und zwar speziell das anatolische Neolithikum unterhalb der anatolischen Diagonale. Die Balkanhalbinsel war gar von drei aufeinanderfolgenden, sicher unruhigen Wellen von Kurgan-Völkern aufgesucht.

Wir kommen wieder auf die Frage der Chronologie, aber diesmal in Bezug auf die Bildung und Entwicklung der Sprache. Angesichts des unbefriedigenden Gebrauchs der Glottochronologie, hatte ich vor einiger Zeit versucht, für das Indoeuropäische eine Art 'kalibriertes' Zeitmaß zum 'Messen' der Entwicklung bestimmter Sprachperioden mittels durchschnittlicher Zeitspannen bestimmter phonologischer, lexikalischer und syntaktischer Bildungen zu finden. Ich konnte damals Entwicklungen für einige alte romanische und germanische Sprachen für die ersten zwei Jahrtausende n. Chr. von ca. 500 ± 200 Jahre Durchschnitt belegen. Jedoch sind die Bündel der Gruppen von Einzelentwicklung kaum für fast schriftlose Sprachen brauchbar[27].

Die Chronologie der sehr alten, wenig dokumentierten Sprachen, ist jedoch kaum zu messen, weil sie meistens in einem zeitlichen Vakuum liegen und als geistige Erscheinung nicht erdgebunden sind. Das scheint mir auch durch die 'autodatazione lessicale' oder die 'innere Rekonstruktion' bestätigt zu werden, die uns höchstens eine relative Chronologie geben können. So z.B. ist innerhalb zweier ganz eng verbundener Sprachen wie Hethitisch und Luwisch die alte indoeur. Palatale *k'* ca. 1600 v. Chr. in der ersten als *k* bewahrt, in der zweiten zu *z* /ts/ schon um ca. 1900 v. Chr. geworden. Ebenso geschieht das bei vielen weiteren Lauten, grammatischen Erscheinungen und beim Lexikon. Eine derartige auseinandergehende Entwicklung kann eine Reihe von wahren und falschen Problemen mit sich bringen: Wo sind die Sprachen auseinander gegangen: in Anatolien oder anderswo (Balkan) ? Wann ? Wie lange hat die 'Spaltung' gedauert ? Handelt es sich um *convergence*, *advergence*, um einen Sprachbund ? Bevorzugen tue ich immer noch ein einziges 'Uranatolisches' mit jahrhundert- oder tausendjährigem langen Auseinandergehen vom ursprünglichen *Indo-Hittite*[28].

---

[27] Carruba, Athenaeum NS 83, 1995, 5 ff. 26 ff. (auf der Tabelle, S. 32, scheinen mir heute die Datierungen zu niedrig).

[28] Die sprachlichen Beziehungen zwischen Hethitisch und Luwisch sind noch nicht tiefer unter diesem Gesichtspunkt, d.h. über dem üblichen Sprachvergleich (vor allem die Publikationen von E.Laroche), behandelt und besprochen worden. Zu den sprachlichen,

Was mir am deutlichsten erscheint, ist die Unmöglichkeit, bei der von allen Bearbeitern angenommenen langen, ruhigen Dauer der Lebensweise der Jäger und Sammler, dass sich das Indoeuropäische erst in den letzten 5000 Jahren v. Chr. gebildet und entwickelt haben soll (vgl. im Grunde auch Alinei). In der Tat haben wir im letzten Jahrtausend in Europa trotz der reichlich belegten, umwälzenden, oft furchtbaren Ereignisse faktisch fast überall immer dieselben Sprachen, in den neuen und alten, z.T. noch verständlichen Varianten: Italienisch, Französich, Spanisch, Deutsch usw. Warum sollte es in der prähistorischen Zeit beim Fehlen der Schule und der Kommunikationsmittel anders sein? Wir haben im Mykenischen von 1400 v.Chr. eine vollkommene griechische Sprache, ja einen griechischen Dialekt, 7 Jahrhunderte vor Homer. Sicher ist, dass die Sprachenbildungen, worum es sich handelt, nicht in den letzten sechs oder sieben Jahrtausenden entstanden, sondern nur wahrgenommen wurden. Und das kann man im Grunde m.E. in den Vorschlägen sehen, die den Anfang des Neolithikums aus mehreren Gründen als fokalen Punkt der Expansion setzen.

Das sogenannte 'vorgriechische' Substrat in Mittelgriechenland und Kreta

Ein weiteres 'ethnisches' Problem, das geographische und chronologische Relevanz hat, betrifft das einzige wirklich belegte 'vorgriechische' Substrat, das ich 'gräko-luwisch' nennen würde. Es geht um die seit P. Kretschmer behandelten Suffixe -σσο-/-ττο- und -υθο-, die man heute sehr gut mit den luwischen Suffixen -assa/i- und -anda- vergleichen kann[29]. Da diese aber ganz genaue grammatische Funktionen ausüben, nämlich die genitivische oder allgemein relationale Beziehung -assi-, die kollektivische und die agentive (auch im Hethischen) -nda-, muss ihre Bedeutung als Nachweis einer anatolischen Substratsprache in Griechenland endgültig akzepiert werden. Diese luwische Sprache ist soweit man beobachten kann, deutlich in Mittelgriechenland (Attika; Beothia, Phokis, Lokris; am Isthmus und Nordwestpeloponnesus; dazu noch vor allem Mittelkreta) verbreitet. Die Luwier hatten mit dem grammatischen und

---

historischen und geographischen Beziehungen, siehe Carruba in: Bolognesi (Hrsg.) Lingue (1993) 243 ff.; Carruba in: Carruba et al. (Hrsg.) II Congresso di Hittitologia (1995) 63 ff.

[29]   Kretschmer, Glotta 28, 1940, 231ff.; Kretschmer, Glotta 30, 1943, 84ff. Georgiev in: Crossland / Birchall (Hrsg.) Bronze Age Migration (1973) 243ff. (Georgiev erklärt die Formen auf -ττο- ebenfalls korrekt aber unnötigerweise aus -k'-jo-). Zuletzt Finkelberg, CW 9, 1997, 3ff. (etwa eine Darlegung der Untersuchungen mit sonderbaren Behauptungen, wie etwa die Attribution der "Identification of Lycian as an Indo-European Language" an H. Pedersen 1940, statt an P.Meriggi in den 30-iger Jahren, auch für das Lydische!). Zu den anatolischen Substraten, s. Carruba in: E. Campanile (Hrsg.), Problemi (1983) 77ff.

lexikalischen Bestand der Sprache auch ihre Kultur eingeführt, wie Alltagswörter und Götternamen beweisen: im Kult, z.B. *(J)A-sa-sa-ra=a/ishassaras; A-ta-na po-ti-ni-ja=hattannas a/ishassaras* (hierzu s. auch *palahsas* als παλλάς, Anm. 30); *parna-* "Haus; Tempel" in Παρνασσός "(Berg) des Tempels (der Götter)", vgl. É.DINGIR(-*LIM*); und in der Verwaltung *da-pu-ri-to(-jo* "λαβύρινθος", aus *dapar-(ija)-* "herrschen", also "Herrscherpalast". Man kann dazu andere Namen heranziehen, wie Λατώ (vgl. Λήδα), lyk. *lada* "Frau; Braut"; Ἄρης, heth. u. luw. *Jarri* "Pest- u. Kriegsgott", selbst Ἥρα leitet sich über vorluw. *$h_1as(a)r$*, luw. *asar- /asra-*"Frau; Weib" aus *$h_1esor-eh_2$* ab.

Die Sprache wird hier rekonstruiert auf Grund von Elementen, die lange Zeit überdauern können, wie eben die Suffixe und vor allem kulturelle und religiöse Begriffe, die wenig akkulturierte Immigranten beeinflussen können. Der starke Bestand der Erscheinungen der Sprache ist auch bei den wenigen Resten eindrucksvoll. Anderes liegt leicht auf der Hand bei eingehenderen Untersuchungen. Auch wenn vieles davon schon im Einzelnen bekannt war, zeigt sich das Thema so wichtig und komplex, dass wir es hier nur andeuten können[30].

Wir gehen kurz auf die Beschaffenheit und die Chronologie des 'gräkoluwischen Substrats' ein, das wie eine feste und für lange Zeit eingebürgerte Sprache aussieht. Wann könnte das geschehen sein? Das Luwische hat das hier vorgelegte Stadium um 2000 v. Chr. in Anatolien eindeutig erreicht. Das Mykenische ist um 1400 v. Chr. so gut als Griechisch ausgebildet, dass die luwischen Namen schon in die eigene Phonologie aufgenommen und eingearbeitet worden waren. Daher müssen die Luwier lange vor 2000 v. Chr. in diese Regionen immigriert und für lange Zeit dort gewesen sein: also eine regelrechte Einwanderung, weil ihre lange Anwesenheit und der starke sprachliche Einschlag kaum anders zu erklären sind.

Der Charakter der Luwier in Mittelgriechenland und in Kreta ist schwer definierbar:

1) Sie dürften eine dauerhafte und konsistente völkische Anwesenheit erreicht haben, wie man aus den Resten urteilen kann.

---

[30] Einiges stammt natürlich schon aus der Zeit der Entzifferung des Linear A. Anderes ist von mir, aus alten Artikeln, wie z. B. Carruba in: Atti e Memorie del I° Congresso Intern. di Micenologia (1968) 932 ff. In der dort vorgeschlagenen Gleichung *hattannas a/ishassaras* und *Atana potnia* kann evtl. das letzte Glied Παλλάς Ἀθαναία = *baᶜalat hattannas* durch das Etymon *hattannas palahsas* "das Schild bzw. der Mantel von A." ersetzt werden, das Lehrman in: Drews (Hrsg.), Greater Anatolia (2001) 106 ff. 128, vorschlägt, wo auch das adjektivische Suffix *-ιά* stimmen wurde.

2) Sie können kaum um 6500 v. Chr. als *farmer* gekommen sein, weil die -
-assa- und -and-Bildungen sicher noch nicht ausgebildet gewesen sein
dürften und die ersten Spuren des Ackerbaus in Thessalien und
Makedonien noch nicht belegt werden können.

3) Es handelt sich um eine lang bestehende und tiefe Kolonisierung der
besseren und am meisten entwickelten Regionen Griechenlands:
nämlich von der Argolis über Attika bis zur Locris und den besseren
Teil von Kreta.

4) Dass sie nur als Händler, Handwerker, Architekten, Ackerbauer (neuere
Welle?) u.dgl. kamen, ist möglich, aber aus dem eben Gesagten
unwahrscheinlich, jedenfalls schwer festzustellen. Die Transitwege
waren von Jonien und Karien über die Kykladen und Kreta, die auch
später in beide Richtungen gebraucht wurden und selbst im Mythos
nachweisbar sind.

5) Die Dokumentation der Belege nur in Mittelkreta mag ebenfalls auf
spätere Kolonisierung hinweisen, auch, oder erst recht, wenn sich das
Linear A als Luwisch erweisen sollte.

6) Ein altes ursprüngliches Kontinuum von der Adana-Ebene bis nach
Beothien und Kreta ist wegen der geographischen Beleglage in
Griechenland und Kreta kaum denkbar.

7) Alles deutet aber auf eine feste Herrschaft der Seewege über die
Kykladen von der asianischen Südwesküste, in einer Zeit, wo die
Griechen noch nicht da waren.

8) Die Luwier Griechenlands verloren Herrschaft, Prestige und Stellung,
als die mykenischen Griechen die Thalassokratie des ägäischen Meeres
übernahmen und fingen an, als Ahhijawa, d. h. ʾΑχαιοί, nach Westanatolien zu fahren und die Küste zu kolonisieren.

9) Die Zeit der Anwesenheit der Luwier im Lande dürfte sich vor der
Ankunft der Mykener zwischen Ende des 4. Jts. v. Chr. und der ersten
Hälfte des 3. Jts. v. Chr., wenn nicht etwas später ereignet haben.
Bestand des luwischen sprachlichen Substrats und Ankunft der
Griechen stehen m.E. in enger Beziehung und geben interessante
Hiweise für beide Völker und Sprachen.

Alle hier vorgelegten zusammenhängenden Punkte müssen natürlich weiter
studiert und nachgeprüft werden, soviel steht m. E. fest, dass das so lange Zeit
diskutierte 'vorgriechische' Substrat nicht ein generisch 'indoeuropäisches'
Substrat, sondern ein luwisches ist, insofern es die luwische Sprache und die
Luwier selbst direkt bezeugt[31].

---

[31] Der Versuch von Finkelberg in: Drews (Hrsg.), Greater Anatolia (2001) 81ff., das
Linear A als (Luwo-) Lykisch zu erklären, bleibt auf den Spuren der Ergebnisse der
goldenen Zeit der Entzifferung der Linear A (allerdings ohne irgendein Zitat der

Literatur- und Abkürzungsverzeichnis

Adrados, Emerita 47, 1979 =
> F. R. Adrados, Arqueologia y differenciación del indoeuropeo, Emerita 47, 1979, 261 ff.

Adrados, IF 97, 1992 =
> F. R. Adrados, The New Image of Indoeuropean – The History of a Revolution, Indogermanische Forschungen 97, 1992, 1 ff.

Alinei, Origini I-II (1996) =
> M. Alinei, Origini delle lingue d'Europa I-II (Bologna 1996-2000).

Ammerman in: Bocchi / Ceruti (Hrsg.), Le prime radici (2001) =
> A. J. Ammerman, La transizione neolitica in Europa: oltre l'indigenismo, G. Bocchi / M. Ceruti (Hrsg.), Le prime radici dell'Europa – Gli intrecci genetici, linguistici, storici (Milano 2001) 31 ff.

Ammerman / Cavalli-Sforza in: Renfrew (Hrsg.), Explanation of Culture Change (1987) =
> A. J. Ammermann / L. L. Cavalli-Sforza, A Population Model for the Diffusion of Early Farming in Europe, C. Renfrew (Hrsg.), The Explanation of Culture Change – Models in Prehistory (London 19) 343 ff.

Ancillotti, Lingua dei Cassiti (1981) =
> A. Ancillotti, La lingua dei Cassiti (Milano 1981).

Brugmann, Grammatik (1904) =
> K. Brugmann, Kurze vergleichende Grammatik der indogermanischen Sprachen (Straßburg 1904).

Carruba in: Atti e Memorie del I° Congresso di Micenologia (1968) =
> O. Carruba, Atena ed Ares preellenici, Atti e Memorie del I° Congresso Internazionale di micenologia (Rom 1968) 932 ff.

Publikationen von P. Meriggi, wie z. B. Meriggi, Kadmos 13, 1975, 3 ff. mit meisterhaften strukturellen und sachlichen Analysen derselben von der Autorin besprochenen Texte). Die Ergebnisse sind jedoch interessant, weil Einiges stimmen könnte, müssen aber zunächst noch funktionell und begrifflich gefestigt werden: wie etwa die Stellung der Verben und folglich der Verbalendungen; die Funktion der Partikelfolge *-wa-ja* u.a.m. Es besteht auch ein erheblicher zeitlicher Unterschied zwischen der oben vorgeschlagenen luwischen Sprache in Mittelgriechenland und Kreta (ca 3000 v. Chr.) und dem luwoiden Substrat der Linear A Kretas. Es sei denn, man nimmt an, dass Linear A, das nur auf Kreta um 1500 v. Chr. erhaltene Überbleibsel jener Sprache ist.

Carruba in: Campanile (Hrsg.), Problemi (1983) =
  O. Carruba, I sostrati dell'Anatolia, E. Campanile (Hrsg.), Problemi di sostrato nelle lingue indoeuropee (Pisa 1983) 77 ff.

Carruba in: Bolognesi (Hrsg.), Lingue (1993) =
  O. Carruba, Contatti linguistici in Anatolia, G.-C. Bolognesi (Hrsg.), Lingue e culture in contatto nel mondo antico e medioevale (Milano 1993) 243 ff.

Carruba in: Carruba et al. (Hrsg.), II Congresso di Hittitologia (1995) =
  O. Carruba, Per una storia dei rapporti luvio-ittiti, O. Carruba / M. Giorgieri / C. Mora (Hrsg.), Atti del II Congresso Internazionale di Hittitologia, Studia Mediterranea 9 (Padua 1995) 63 ff.

Carruba, Athenaeum NS 83, 1995 =
  O. Carruba, L'arrivo dei Greci, le migrazioni indoeuropee e il 'ritorno' degli Eraclidi, Athenaeum NS 83, 1995, 5 ff.

Cavalli-Sforza in: Bocchi / Ceruti (Hrsg.), Le prime radici (2001) =
  L. L. Cavalli-Sforza, Un approccio multidisciplinare all'evoluzione della socie umana, G. Bocchi / M. Ceruti (Hrsg.), Le prime radici dell'Europa – Gli intrecci genetici, linguistici, storici (Milano 2001) 3ff.

Crossland / Birchall, Bronze Age Migration (1973) =
  R. A. Crossland / A. Birchall, Bronze Age Migration in the Aegean – Archaeological and Linguistic Problems in Greek Prehistory (London 1973).

Darden in: Drews (Hrsg.), Greater Anatolia (2001) =
  B. J. Darden, On the Question of the Anatolian Origin of Indo-Hittite, R. Drews (Hrsg.), Greater Anatolia and the Indo-Hittite Language Family, Journal of Near Eastern Studies Monograph 38 (Washington 2001) 184 ff.

Dexter / Jones-Bley (Hrsg.), Gimbutas Kurgan Culture (1999) =
  M. R. Dexter / K. Jones-Bley (Hrsg.), M. Gimbutas, The Kurgan Culture and the Indo-Europeanization of Europe, Journal of Indo-European Studies Monograph 18 (Wahington 1999).

Dolgopolsky, Nostratic Macrofamily (1998) =
  A. Dolgopolsky, The Nostradic Macrofamily and Linguistic Palaeontology (Cambridge 1998).

Finkelberg, CW 9, 1997 =
  M. Finkelberg, Anatolian Languages and Indo-European Migrations to Greece, Classical World 9, 1997, 3 ff.

Finkelberg in: Drews (Hrsg.), Greater Anatolia (2001) =
  R. Drews (Hrsg.), Greater Anatolia and the Indo-Hittite Language Family, Journal of Near Eastern Studies Monograph 38 (Washington 2001) 81 ff.

Frayne, BCSMS 25, 1993 =
  D. R. Frayne, Indo-Europeans and Sumerians – Evidence for their Linguistic
  Contact, Bulletin of the Canadian Society for Mesopotamian Studies 25, 1993,
  19 ff.

Gamkrelidze / Ivanov, Indoevropejskij (1984) =
  T. V. Gamkrelidze / V. V. Ivanov, Indoevropejskij jazyk i indoevropejtsy
  (Tbilisi 1984).

Gamkrelidze / Ivanov, JIES 13, 1985, 3 ff =
  T. V. Gamkrelidze / V. V. Ivanov, The Ancient Near East and the Indo-
  European Question, Journal of Indo-European Studies 13, 1985, 3 ff.

Gamkrelidze / Ivanov, JIES 13, 1985, 49 ff. =
  T. V. Gamkrelidze / V. V. Ivanov, The Migrations of Tribes Speaking Indo-
  Euroean Dialects from their Original Homeland in the Near East to their
  Historical Habitations in Eurasia, Journal of Indo-European Studies 13, 1985,
  49 ff.

Gamkrelidze / Ivanov, , Indoeuropean I-II (1995) =
  T. V. Gamkrelidze / V. V. Ivanov, Indoeuropean and Indoeuropeans – A
  Reconstruction and Historical Analysis of a Proto-Language and a Proto-
  Culture I-II (Berlin / New York 1995).

Georgiev, Jahrbuch Univ. Sv. Klim. Ohrridski 36 (1941) =
  V. Georgiev, Vorgriechische Sprachwissenschaft, Jahrbuch Univ. Sv. Klim.
  Ohrridski, Hist.-Philol. Fak. Sofia 36, 1941, 1 ff.

Georgiev in: Crossland / Birchall (Hrsg.), Bronze Age Migration (1973) =
  V. I. Georgiev, The Arrival of the Greeks in Greece – The Linguistic Evidence,
  R. A. Crossland / A. Birchall, Bronze Age Migration in the Aegean –
  Archaeological and Linguistic Problems in Greek Prehistory (London 1973)
  243 ff.

Kretschmer, Glotta 28, 1940 =
  P. Kretschmer, Die vorgriechischen Sprach- und Volksschichten, Glotta 28,
  1940, 231 ff.

Kuniholm in: Drews (Hrsg.), Greater Anatolia (2001) =
  P. I. Kuniholm, Dendrochronological Perspectives on Greater Anatolia and the
  Indo-Hittite Language Family, R. Drews (Hrsg.), Greater Anatolia and the
  Indo-Hittite Language Family, Journal of Near Eastern Studies Monograph 38
  (Washington 2001) 28 ff.

Landsberger, AnDerg1 3, 1944 =
>   B. Landsberger, Die Anfänge der Zivilisation in Mesopotamien, Anadolu Dergeı
>   3, 1944, 419 ff. (Türkisch), 431 ff. (Deutsch).

Landsberger, Three Essays (1974) =
>   B. Landsberger, Three Essays on the Sumerians, M. De Jong Ellis (Hrsg.),
>   Monographs of the Ancient Near East – Sources and Monographs 1, 2 (Los
>   Angeles 1974).

Lehrman in: Drews (Hrsg.), Greater Anatolia (2001) =
>   A. Lehrman, Reconstructing Proto-Indo-Hittite, R. Drews (Hrsg.), Greater
>   Anatolia and the Indo-Hittite Language Family, Journal of Near Eastern Studies
>   Monograph 38 (Washington 2001) 106 ff.

Mallory, Indo-Europeans (1989) =
>   J. P. Mallory, In Search of Indo-Europeans – Language, Archaeology and Myth
>   (London 1989).

Mallory in: Bocchi / Ceruti (Hrsg.), Le prime radici (2001) =
>   J. P. Mallory, Gli Indoeuropei e i popoli delle steppe, G. Bocchi / M. Ceruti
>   (Hrsg.), Le prime radici dell'Europa – Gli intrecci genetici, linguistici, storici
>   (Milano 2001) 138 ff.

Mallory, JIES 29, 2001 =
>   J. P. Mallory, Bespr. von C. Renfrew / A. McMahon / L. Trask (Hrsg.), Time
>   Deepth in Historical Linguistic I-II (Cambridge 2000), Journal of Indo-
>   European Studies 29, 2001, 230 ff.

Mallory / Mair, Tarim Mumies (2000) =
>   J. P. Mallory / V. H. Mair, The Tarim Mummies – Ancient China and the
>   Mystery of the Earliest Peoples from the West (London 2000).

Marler in: Bocchi / Ceruti (Hrsg.), Le prime radici (2001) =
>   J. Marler, L'eredità di M. Gimbutas: una ricera archeomitologica sulle radici
>   della civiltà europea, G. Bocchi / M. Ceruti (Hrsg.), Le prime radici dell'Europa
>   – Gli intrecci genetici, linguistici, storici (Milano 2001) 89 ff.

Meid in: Rix (Hrsg.), Flexion (1974) =
>   W. Meid, Probleme der zeitlichen und sprachlichen Gliederung des
>   Indogermanischen, H. Rix (Hrsg.), Flexion und Wortbildung (Wiesbaden 1974)
>   204 ff.

Menozzi in: Bocchi / Ceruti (Hrsg.), Le prime radici (2001) =
>   P. Menozzi, Un'illusttrazione intuitiva per scoprire le tracce delle migrazioni di
>   massa nel passato nelle frequenze dei geni nelle popolazioni odierne, G. Bocchi

/ M. Ceruti (Hrsg.), Le prime radici dell'Europa – Gli intrecci genetici, linguistici, storici (Milano 2001) Seitenangaben ff.

Merlingen, Das 'Vorgriechische' (1955) =
W. Merlingen, Das 'Vorgriechische' und die sprachwissenschaftlich-vorhistorischen Grundlagen (Wien 1955).

Raulwing, Horses, Chariots and Indo-Europeans (2000) =
P. Raulwing, Horses, Chariots and Indo-Europeans – Foundations and methods of Chariotry Research from the Viewpoint of Comparative Indo-European Linguistics, Archeolingua – Series Minor (Budapest 2000).

Renfrew, Archaeology and Language (1987) =
C. Renfrew, Archaeology and Language – The Puzzle of Indo-European Origins (Harmondsworth 1987).

Renfrew in: Renfrew / Nettle (Hrsg.), Nostratic (1999) =
C. Renfrew, Nostratic as a linguistic macrofamily, C. Renfrew / D. Neetle (Hrsg.), Nostratic: Examining a Linguistic Macrofamily (Cambridge 1999) 3 ff.

Renfrew, JIES 27, 1999 =
C. Renfrew, Time Deepth, Convergence Theory, and Innovation in Proto-Indo-European: 'Old Europa' as a PIE Linguistic Area, Journal of Indo-European Studies 27, 1999, 230 ff.

Renfrew in: Drews (Hrsg.), Greater Anatolia (2001) =
C. Renfrew, The Anatolian Origins of Proto-Indo-Europeans and the Autochtony of the Hittites, R. Drews (Hrsg.), Greater Anatolia and the Indo-Hittite Language Family, Journal of Near Eastern Studies Monograph 38 (Washington 2001) 36 ff.

Renfrew in: Bocchi / Ceruti (Hrsg.), Le prime radici (2001) =
C. Renfrew, Origini indoeuropee: verso una sintesi, G. Bocchi / M. Ceruti (Hrsg.), Le prime radici dell'Europa – Gli intrecci genetici, linguistici, storici (Milano 2001) 116 ff.

Rubio, JCS 51, 1999 =
G. Rubio, On the Alleged Pre-Sumerian Substratum, Journal of Cuneiform Studies 51, 1999, 1 ff.

Salonen, Aufbau der Substrate (1968) =
A. Salonen, Zum Aufbau der Substrate im Sumerischen, Studia Orientalia 37, 3 (Helsinki 1968)

Scherer (Hrsg.), Urheimat (1968) =
A. Scherer (Hrsg.), Die Urheimat der Indogermanen (Darmstadt 1968).

A. Sherratt / S. Sherratt, Antiquity 62, 1988 =
    A. Sherratt / S. Sherratt, The Archaeology of Indo-European: An Alternativ
    View, Antiquity 62, 1988, 584 ff.

Sturtevant, Language 38, 1962 =
    F. H. Sturtevant, The Indo-Hittite Hypothesis, Language 38, 1962, 376 ff.

Summers in: Drews (Hrsg.), Greater Anatolia (2001) =
    G. D. Summers, Questions Raised by the Identification of the Neolithic,
    Chalcolithic, and Early Bronze Age Horse Bones in Anatolia, R. Drews (Hrsg.),
    Greater Anatolia and the Indo-Hittite Language Family, Journal of Near Eastern
    Studies Monograph 38 (Washington 2001) 285 ff.

Whittaker, Gött. Beitr. zur Sprachwissenschaft 1, 1998 =
    G. Whittaker, Traces of an Early Indo-European Language in Southetrn
    Mesopotamia, Göttinger Beiträge zur Sprachwissenschaft 1, 1998, 111 ff.

Windekens, Le Pélasgique (1952) =
    A. J. van Windekens, Le Pélasgique (Louvain 1952).

M. Zvelebil / K. V. Zvelebil, Antiquity 62, 1988 =
    M. Zvelebil / K. V. Zvelebil, Agricultural transition and Indo-European
    dispersal, Antiquity 62, 1988, 574 ff.

M. Zvelebil / K. V. Zvelebil in: Markey / Greppin (Hrsg.), Worlds Collide (1990) =
    M. Zvelebil / K. V. Zvelebil, Agricultural Transition, "Indo-European"
    Origins and the Spread of the Farming, T. L. Markey / J. A. C. Greppin
    (Hrsg.), When the Worlds Collide – Indo-Europeans and Pre-Indo-
    Europeans (Ann Arbor 1990) 237 ff.

Zum Stand der Erforschung des 'Stierspiels' in der Alten Welt[*]

Wolfgang Decker

Für die Sportgeschichte des Altertums war die Entdeckung des 'Stierspiels' in den letzten Jahren des 19. Jahrhunderts forschungsgeschichtlich gesehen nicht nur ein spätes Phänomen, sondern auch ein Gegenstand, mit dem man nach allem, was man vom griechisch-römischen Sport zu dieser Zeit wußte, nicht rechnen konnte. Eben erst waren die unter der Leitung von Ernst Curtius von 1875 bis 1881 durchgeführten ersten Grabungskampagnen im Vorort der griechischen Athletik, dem antiken Olympia, mit aufsehenerregenden Funden in die Annalen der Archäologie eingegangen und hatten den Namen Olympias auf

[*] _Der Autor dankt den Herausgebern dieser Schrift für die Einladung, zur Ehrung eines verdienten Forschers beizutragen, der in vielen Kulturen des Altertums seine Netze ausgeworfen hat, wie es auch in diesem Beitrag vonnöten war. In Köln, seiner langjährigen Wirkungsstätte, hinterläßt Wolfram Nagel eine schmerzlich fühlbare Lücke, da das von ihm glänzend vertretene Fach 'Vorderasiatische Altertumskunde' seit seiner Emeritierung vor anderthalb Jahrzehnten an der Universität verwaist ist. – Der Autor gedenkt an dieser Stelle der Anregungen von B. van de Walle (21.10.1901 – 26.12.1988), Brüssel, der ihm bereits zu Anfang der achtziger Jahre des vergangenen Jahrhunderts wertvolle Literaturhinweise zum Stierspiel gegeben hat. Besonders zu Dank verpflichtet fühlt er sich M. Bietak, der unmittelbar nach der Entdeckung der Wandmalereien von Tell el-Dab^c a 1992 in liberalster Weise Diapositive und einen unveröffentlichten Vorbericht zur Verfügung stellte und das Material seiner Grabungen am 8.12.1998 an der Deutschen Sporthochschule Köln in einem Vortrag 'Minoische Künstler in Ägypten. Sportliche Motive in den Wandmalereien von Tell el-Dab^c a aus der Mitte des 2. Jahrtausends v. Chr.' vorstellte, dessen Realisierung der Kollegialität von E. Thomas verdankt wird. M. Bietak hat dem Autor darüber hinaus dankenswerterweise erst kürzlich Einblick in sein zusammen mit N. Marinatos und C. Palyvou verfaßtes, im Druck befindliches Buchmanuskript 'Taureador Scenes in Avaris and Knossos' gewährt (vgl. Addendum, S. 54-57). Gedankt sei ferner N. Marinatos, P. W. Haider und J. Mouratidis für die Übersendung von einschlägigen Separata und F. Förster für die umsichtige Beschaffung von Literatur._

diese Weise wieder in das kulturelle Bewußtsein der Welt gehoben[1], so daß wenige Jahre später der französische Baron Pierre de Coubertin auf dem Pariser Kongreß vom 16. – 23. Juni 1894 mit internationaler Zustimmung ein modernes Olympia aus der Taufe heben konnte. Mit den Ergebnissen der archäologischen Erforschung des Kultortes des obersten griechischen Gottes und seines mit reichhaltigem sportlichen Programm garnierten Kultfestes war die literarische Überlieferung über das bedeutendste griechische Sportfest der Antike materialisiert und glänzend bestätigt worden[2].

I. Das traditionelle Motiv 'Stierspiel' in der ägäischen Welt

Im Rückblick der Jahre kann man die Irritationen verstehen, die den auf das klassische Modell eingeschworenen Sporthistorikern – aber nicht nur diesen! – die Entdeckung von Resten palatialer Wandmalereien aus Tiryns verursachten, die in das 13. Jahrhundert v. Chr. zurückgehen und einen Menschen zeigen, der in kühnem Sprung über einen gefleckten Stier hinwegsetzt[3] (Abb. 1). Vergleichbares war aus der Epoche der antiken Olympischen Spiele völlig unbekannt und erwies sich auch als Fremdkörper des agonistischen Programms der anderen Agone der griechischen Welt, von denen diejenigen panhellenischer Ausstrahlung den berühmten Festen des Zeusheiligtums am Alpheios nur um ein Geringes nachgeordnet waren[4].

Das Motiv des akrobatischen Überspringens eines Stieres, das in der Zwischenzeit durch gelegentliche Funde auf Kreta aus dem Bereich der Kleinkunst ergänzt wurde, erfuhr seine Sternstunde durch die Aufdeckung einer Wandmalerei im Palast des minoischen Knossos durch Sir Arthur Evans, der ein bedeutendes Fresko aus dem sog. Court of the Stone Spouts in überzeugender

---

[1]   Zu den Ausgrabungen in Olympia vgl. Herrmann, Stadion 6, 1980, 39-80. – Die Ergebnisse der Grabung wurden bereits kurz nach Beendigung der letzten Kampagne mustergültig vorgelegt von Curtius / Adler, Olympia (1890-1897).
[2]   Zu den antiken Olympischen Spielen siehe Drees, Olympia (1967); Herrmann, Olympia (1972); Ebert (Hrsg.), Olympia (1980); García Romero, Juegos Olimpicos (1992); Finley / Pleket, Die Olympischen Spiele (1976); Weiler, Sport (1988) 105 ff.; Durantez, Las Olimpiadas (1977); Yalouris et al. (Hrsg.), Olympic Games (1982).
[3]   Schliemann, Tiryns (1886) 303-307, Taf. XIII. – Athen, Archäologisches Nationalmuseum 1595. Immerwahr, Aegean Painting (1990) 202 (Ti No. 1); abgebildet auch bei Younger in: Laffineur / W. D. Niemeier (Hrsg.), Politeia (1995) 507-545, Taf. LXI b; Shaw, ABSA 91, 1996, 167-190, Taf. D 2.
[4]   Zu den panhellenischen Spielen siehe Weiler, Sport (1988) 103 ff.; Decker, Sport (1995) 39 ff. Zu den wichtigen Panathenäen vgl. jetzt Bentz, Preisamphoren (1998) 9 ff.

Weise mit diesem Thema in Verbindung bringen konnte[5]. (Abb. 2) Dieses Fresko hat zweifellos als die meistdiskutierte Quelle zum Thema Stierspringen überhaupt zu gelten, unabhängig davon, ob man sich in archäologischer oder sporthistorischer Literatur bewegt – wobei die Grenzen zwischen beiden Bereichen der Wissenschaft völlig fließend sind[6]. Nicht nur die mustergültige Publikation durch den Entdecker (viele Jahre nach dem Fund[7]), sondern auch der prominente Anbringungsort im zentralen Palast der minoischen Kultur hat zur Bekanntheit der Szene erheblich beigetragen. Es ist nicht übertrieben, wegen dieses Dokumentes (und seines häufigen Vorkommens im minoischen Kreta überhaupt) das Stierspringen als 'Leitmotiv' der kretischen Sportkultur anzusehen[8].

Wegen der Vieldeutigkeit des Bildes, das ursprünglich einem Freskenzyklus angehörte (Abb. 3), ist es nicht leicht, eine klare Vorstellung von der dargestellten Szene zu gewinnen, und einige daraus abgeleitete Fragen werden auch heute noch kontrovers diskutiert, obwohl J. G. Younger in mehreren Arbeiten die überlieferten einschlägigen archäologischen Quellen der minoischen und mykenischen Kultur vollständig und systematisch zusammengestellt hat[9]. Zwar ist nur die Hälfte der ursprünglichen Szene erhalten, so daß der andere Teil restauriert werden mußte, doch fügte es der Zufall des Erhaltungszustandes glücklicherweise so, daß alle wesentlichen Bildelemente der Zerstörung entgingen. Dennoch besteht immer noch Uneinigkeit darin, ob Männer allein oder Männer und Frauen an dem gefährlichen Spiel teilnahmen, wie die akrobatische Überwindung sporttechnisch durchgeführt wurde, an welchem Ort das athletische Geschehen stattgefunden hat und was letztlich die Funktion des spektakulären Aktes gewesen sein mag.

---

[5]   Evans, Palace of Minos III (1930) 209 ff.

[6]   Farbige Abbildungen des besterhaltenen Taureador-Freskos aus dem Zyklus etwa bei Diem, Weltgeschichte des Sports I (1971) Abb. 100; Andronicos et al. (Hrsg.), Museen Griechenlands (1976) 246 Abb. 35; Yalouris et al. (Hrsg.), Olympic Games (1982) 16 f. Abb. 3; Evjen in: Coulson / Kyrieleis (Hrsg.), Symposium on the Olympic Games (1992) 95-104, Taf. XXI 7; García Romero, Juegos Olimpicos (1992) Taf. I; Spathari, Olympic Spirit (1992) 12 (beste aller genannten Abbildungen).

[7]   Eine vorläufige Publikation erschien bereits kurz nach dem Fund: ABSA 7, 1900-1901, 94-96; Sakellarakis, Museum Heraklion (1994) 120 oben.

[8]   Kurze Zusammenfassung des Motivs nach jeweils damaligem Kenntnisstand bei Weiler, Sport (1988) 75-77, und Laser, Sport und Spiel (1987) 75-78. Vgl. auch Demakopoulou in: Tzachou-Alexandri (Hrsg.), Mind and Body (1989) 25-30. Einen ausgewogenen Beitrag hat ihm auch Mouratidis, Physical Education Review 113, 1990, 120-127, gewidmet.

[9]   Younger, AJA 80, 1976, 125-137; Younger, Muse 17, 1983, 72-80; Younger in: Laffineur / W. D. Niemeier (Hrsg.), Politeia (1995) 507-545.

a) Teilnehmer

In der Frage der Teilnehmer am akrobatischen Akt spielte die Tatsache eine wichtige Rolle, daß die in verschiedenen Positionen dargestellten drei Personen in unterschiedlicher Farbgebung gezeigt werden. Während die vor und hinter dem Stier sichtbare Figur einen hellen Farbton trägt, ist der über dem Rücken des Stieres befindliche Springer in sehr kontrastreichem Rot-Braun gehalten. Da man die weiße Farbe in der kretischen Malerei ausnahmslos für die Wiedergabe von Frauen reserviert ansah, kam es zu der skurrilen Auffassung, daß die Frauen, die angeblich an dem kretischen Stierspiel teilgenommen hatten, mit einer Penistasche geschmückt gewesen waren[10]. In diesem Zusammenhang bemerkt N. Marinatos, daß Frauen niemals als Stierspringer in anderen Medien (z.B. Ringe, Siegelsteine, Statuetten) aufträten, sondern dann nur auf Wandmalereien[11]. Sie erklärt die unterschiedliche Angabe der Körperfarbe bei den Akrobaten des 'Taureador'- Freskos aus Knossos damit, daß die beiden weiß dargestellten jünger und noch nicht perfekt ausgebildet seien, während der dritte, über dem Rücken des Stieres schwebende Athlet höheren Alters und größerer Erfahrung teilhaftig sei. Dem hält J. G. Younger entgegen, daß eine weiß gezeichnete Figur in der Wandmalerei von Knossos[12] ein Haarband trüge, wie es nur bei Frauen üblich sei. Doch gibt er zu, daß trotz seitlicher Darstellung der angeblich weiblichen Stierspringerinnen diese keine Brust zeigen[13].

b) Sprungtechnik

Youngers Beobachtung am aus 148 Stücken bestehenden, von ihm aus dem ägäischen Raum der Bronzezeit zusammengestellten Material ergeben, daß man die Techniken, mit denen man den Stier überwinden bzw. überspringen will, im

---

[10] Mit guten Gründen dagegen Indelicato, Cretan Studies 1, 1988, 39-47; Marinatos, Ä&L 4, 1994, 89-93. Skeptisch auch Wingerath, Studien zur Darstellung des Menschen (1995) 145 f. - An der traditionellen Sicht hält fest Younger in: Laffineur / W. D. Niemeier (Hrsg.), Politeia (1995) 515 Anm. 25; ebenso Scanlon, Nikephoros 12, 1999, 36 f. Siehe auch Rehak / Younger, AJA 102, 1998, 120. So auch früher schon Sakellarakis in: Yalouris et al. (Hrsg.), Olympic Games (1982) 10, zitiert bei Mouratidis, Nikephoros 2, 1989, 47 Anm. 18; Mouratidis, Greek Sports (1982) 39 f., 43.
[11] Marinatos, Ä&L 4, 1994, 91. – Die Deutung der betreffenden Figuren als Frauen geht deutlich auf die Autorität des Ausgräbers zurück, der die Funde selbst publizierte: Evans, Palace of Minos III (1930) 203 ff.
[12] Younger in: Laffineur / W. D. Niemeier (Hrsg.), Politeia (1995) 531 Nr. *79 = Immerwahr, Aegean Painting (1990) Kn No. 23 d.
[13] Younger in: Laffineur / W. D. Niemeier (Hrsg.), Politeia (1995) 510 f. – Einige wenige Darstellungen hält er für unklassifizierbar und gliedert sie aus dem dreigeteilten Schema aus: Younger in: Laffineur / W. D. Niemeier (Hrsg.), Politeia (1995) 511 f.

wesentlichen in drei Gruppen einteilen kann: Stierringen („Bull-Wrestling"), Stierspringen („Bull-Leaping" oder „Diving Leaper Schema") und seitliches Überqueren des Stieres („Bull-Vaulting" oder „Floating Leaper Schema")[14].

Wenn man das Stierringen einmal als Versuch betrachtet, den Stier zu fixieren, damit er anschließend leichter und gefahrloser übersprungen werden kann, bleiben nach Younger also zwei Techniken des eigentlichen Stierspringens übrig. Die von ihm als „Diving Leaper Schema" bezeichnete Sprungtechnik variiert die von Evans favorisierte, die darin besteht, daß der Athlet den Stier auf sich zurennen läßt, im geeigneten Moment die Hörner packt und sich hochkatapultieren läßt, wobei er einen Überschlag vollführt und auf dem Rücken des Tieres landet, von wo er abschließend zu Boden springt. (Abb.4) Die geforderte Leistung ist so geartet, daß moderne Toreros sie als unmöglich ansehen[15]. Younger verdächtigt die Hauptquelle, die Evans zu dieser Rekonstruktion bewogen hat, eine angeblich aus Rethymnon stammende Bronzegruppe[16], möglicherweise nicht authentisch zu sein.

Seine Alternative, die von ihm „Diving Leaper Schema" genannte Technik, ist aber kaum weniger anspruchsvoll und damit ebenso unwahrscheinlich. Sie geht von der Annahme aus, daß der Springer über die Hörner des anlaufenden Stieres einspringt, sich mit den Händen auf der Schulterpartie des Tieres abstützt, einen Überschlag vollführt und nach Vollendung desselben hinter dem Stier auf dem Boden zum Stand kommt. (Abb. 5) Was diesen Bewegungsablauf jedoch besonders anzweifeln läßt, ist die Tatsache, daß Younger dafür eine erhöhte Absprungvorrichtung des Akrobaten fordert, die nach seiner eigenen Einschätzung jedoch nie dargestellt ist.[17] Hilfsweise nimmt er an, daß der Springer zu diesem Zweck von den Schultern eines Helfers abgesprungen sein könnte, wie er beispielsweise auch auf dem sog. Taureador-Fresko (Abb. 2) sichtbar sei[18]. Außerdem ließe sich ein Siegel aus Priene (Abb. 8) in dieser Weise am

---

[14] Younger in: Laffineur / W. D. Niemeier (Hrsg.), Politeia (1995) 515.

[15] Laser, Sport und Spiel (1987) 75. Zweifel an ihrer Durchführbarkeit äußert auch Chadwick, Mykenische Welt (1979) 20.

[16] Younger in: Laffineur / W. D. Niemeier (Hrsg.), Politeia (1995) 527 f. Nr. *40. Ausführliche Behandlung durch Evans, JHS 41, 1921, 247-259.

[17] Younger in: Laffineur / W. D. Niemeier (Hrsg.), Politeia (1995) 510.

[18] Younger in: Laffineur / W. D. Niemeier (Hrsg.), Politeia (1995). – Technisch gesehen ist dieser Vorgang völlig undenkbar, so daß diese These keine Glaubwürdigkeit beanspruchen darf.

besten interpretieren[19]. Schließlich sei hervorzuheben, daß dieses Schema in ca. 30 Belegen vorkomme[20].

In der archäologischen Fachliteratur der letzten Jahrzehnte ist im Kontext der Rekonstruktion der Sprungtechnik eine Theorie übersehen worden, die U. Popplow aufgestellt und an zwei Stellen publiziert hat[21]. Seine Bewegungsvorstellungen variieren die Überschlagstheorie von Evans (und die spätere von Younger) und sind durch einen Hechtsprung (Abb. 6) bzw. durch einen Kehrsprung (Abb. 7) gekennzeichnet, wobei beide Sprünge einen Griffansatz am Horn des Tieres voraussetzen. Beim Hechtsprung[22] handelt es sich um ein längliches Überfliegen des Stieres in waagerechter Schwebelage, beim Kehrsprung „wendet der Athlet dem Stier" beim Überspringen seines Rückens "den [eigenen] Rücken zu"[23]. Abgesehen davon, daß beide Sprünge als äußerst kompliziert gelten müssen[24], haftet ihnen auch deshalb etwas Gekünsteltes an, weil in beliebiger Weise unterschiedliche antike Darstellungen in der Art miteinander verbunden werden, als handele es sich um verschiedene Phasen eines klar bestimmbaren Sprunges, die man so ohne weiteres in eine kinematographische Reihung bringen könne. So ist die elfenbeinerne Statuette aus Knossos[25] deutlich Vorbild für die Hauptphase von Popplows Hechtsprung, während der Kehrsprung stark von der Haltung des Akrobaten auf einer Kristall-Platte aus Knossos[26] sowie

---

[19] Gemeint ist Dokument 49: Younger in: Laffineur / W. D. Niemeier (Hrsg.), Politeia (1995) 528.

[20] Younger in: Laffineur / W. D. Niemeier (Hrsg.), Politeia (1995) 511.

[21] Popplow, Die Leibeserziehung 1964, 33-47; Popplow, Kollegium des Felix-Klein-Gymnasiums (Hrsg.), Festschrift Felix-Klein-Gymnasium Göttingen (1965) 47-73 (überarbeitete und erweiterte Fassung, bes. um die Abb. 20a und 20b S. 60: rekonstruierte Bewegungsstudien des Autors). Noch nicht so ausführlich auch Popplow, Leibesübungen (1959, [5] 1972) 31-52. Zur Sprungtechnik jetzt auch Bongert, Technik des Stierpringens (1999).

[22] Beschreibung bei Popplow, Kollegium des Felix-Klein-Gymnasiums (Hrsg.), Festschrift Felix-Klein-Gymnasium Göttingen (1965) 58 f. 61 mit Abb. 20 a; Popplow, Leibesübungen (1959, [5] 1972) 39 (ohne Abb.).

[23] Beschreibung bei Popplow, Kollegium des Felix-Klein-Gymnasiums (Hrsg.), Festschrift Felix-Klein-Gymnasium Göttingen (1965) 59. 61 mit Abb. 20 b; Popplow, Leibesübungen (1959, [5] 1972) 39 f. (ohne Abb.).

[24] „Ein noch höherer Schwierigkeitsgrad muß jenen Sprüngen zugesprochen werden, bei denen der Athlet in gestreckter Vorderlage den Stier überfliegt, also einen Hechtsprung ausführt." (Popplow, Kollegium des Felix-Klein-Gymnasiums (Hrsg.), Festschrift Felix-Klein-Gymnasium Göttingen [1965] 58).

[25] Younger in: Laffineur / W. D. Niemeier (Hrsg.), Politeia (1995) 535 No. *119.

[26] Abgebildet bei Popplow, Kollegium des Felix-Klein-Gymnasiums (Hrsg.), Festschrift Felix-Klein-Gymnasium Göttingen (1965) 57 Abb. 18 (= Younger in:

derjenigen eines am Horn hängenden Akrobaten von einem Freskenfragment von ebendort[27] profitiert. Überhaupt muß man sich hüten, die Darstellungen des Stierspiels als Momentaufnahmen anzusehen, wie sie nur mit den Mitteln der modernen Photographie möglich wären, und sie deshalb 'wörtlich' zu verstehen[28]. Abgesehen von der Unmöglichkeit der Darstellung einer korrekten Momentaufnahme einer Sprungphase durch den bronzezeitlichen Kunsthandwerker stand dieser oft vor dem Problem, ein Material zu bearbeiten, das eine freie Gestaltung wegen seiner Beschaffenheit nur bis zu einer gewissen Grenze zuließ. So stand beispielsweise die Härte eines Steines, der als Bildträger eines Ringes mit dem Motiv des Stierspringens versehen werden sollte, einer genauen Ausarbeitung des Themas entgegen; aber auch seine geringen Ausmaße konnten den Bearbeiter an einer exakten detailreichen Fassung seiner Aufgabe hindern[29].

Um nicht mißverstanden zu werden: Dies ist keine Kritik an systematischen Materialsammlungen, wie sie z.B. für das Stierspiel von J. G. Younger in mustergültiger Weise vorgelegt worden ist. Solche Dokumentationen sind die einzig möglichen methodischen Mittel und Voraussetzungen der Analyse und Deutung der Szenen. Bei der Rekonstruktion des Bewegungsablaufes des Stierspringens selbst sind ihnen aber Grenzen gesetzt. Dem Künstler kam es mehr auf eine spektakuläre denn eine naturgetreue Wiedergabe des beliebten Sujets an. Man sollte sich mit dem Gedanken anfreunden, daß eine exakte Deutung des Bewegungsablaufs des Stierspringens uns wohl für immer verschlossen sein wird, wenngleich es keinem Zweifel unterliegt, daß das Stierspiel eine äußerst anspruchsvolle athletische bzw. akrobatische Leistung war, die im Leben der minoischen und mykenischen Gesellschaft im Ägäisraum und in seinem Umfeld eine große Rolle gespielt hat.

Laffineur / W. D. Niemeier (Hrsg.), Politeia (1995) 534 f. Nr. 116 = Immerwahr, Aegean Painting (1990) Kn. ohne No. 14 [S. 179]).

[27] Abgebildet bei Popplow, Kollegium des Felix-Klein-Gymnasiums (Hrsg.), Festschrift Felix-Klein-Gymnasium Göttingen (1965) 57 Abb. 17 (= Evans, Palace of Minos III [1930] 209 Abb. 143).

[28] Das gilt im Prinzip für alle Darstellungen von komplizierten sportlichen Bewegungen in den Kulturen der Alten Welt.

[29] Von den 148 Dokumenten, die Younger in: Laffineur / W. D. Niemeier (Hrsg.), Politeia (1995), zusammengetragen hat, stammen 89 aus dem Bereich dieser Gattung (Aufstellung Younger in: Laffineur / W. D. Niemeier (Hrsg.), Politeia (1995) 543 f.).

c) Ort des Stierspiels

Auch zu der Frage, wo das festliche Sportereignis stattgefunden hat, hat sich J. G. Younger geäußert[30]. Es war ja lange umstritten, ob es etwa in den großen Höfen der minoischen Paläste oder aber in eigens errichteten Anlagen außerhalb derselben stattgefunden hat. Bei der Behandlung dieser Frage gilt es, auch die Plätze für die Zuschauer in Betracht zu ziehen, die zweifellos das festliche Geschehen mit ihrer Anwesenheit geprägt haben dürften. Dabei hat man zu beachten, daß feste Sportstätten, wie man sie aus der griechisch-römischen Welt in Gestalt von Stadion, Gymnasion und Hippodrom bzw. Circus, Amphitheater und Thermen gewöhnt ist, vor dieser Zeit bisher nirgendwo nachgewiesen werden konnten. In der ägyptischen Sportkultur fehlen diese festen architektonischen Formen ebenso wie im Alten Orient, wenngleich sich in beiden Kulturen Sportfeste erkennen lassen[31], die als Vorformen von griechischen Agonen aufgefaßt werden dürfen, und auch Sportstätten schemenhaft erkennbar sind, die sich aber noch nicht als typische Gebilde von Dauer bezeichnen lassen[32]. Erst kürzlich noch ist es R. Rollinger gelungen, den Tempelhof als gelegentlichen Ort von Ringerwettkämpfen im alten Sumer zu verstehen[33].

Unter allen Darstellungen des Stierspiels gibt es nur bei einem einzigen Dokument einen Hinweis auf die Architektur des Ortes. Ein Siegel aus Priene[34] zeigt einen Stier, der mit den Vorderfüßen auf einem Objekt steht, das unterschiedlich gedeutet wird (Abb. 8). Younger hält es zuletzt für eine Kiste und lehnt die Interpretation von Graham ab, der es mit einer Plattform in Verbindung bringen will, wie sie aus dem Zentralhof des Palastes von Phaistos bekannt ist[35]. Er weist darauf hin, daß es Darstellungen des Stierspiels gibt, in denen florale Elemente (Ölpflanzen, Bäume) vorkommen, wobei durch Wellenlinien auch auf Landschaften hingedeutet sein könnte. Wie es scheint, ist für Younger das stärkste Hindernis, die zentralen Palasthöfe als Austragungsorte der Stierspiele anzusehen, die Tatsache, daß sie mit Steinplatten belegt sind und somit Tier und

---

[30] Younger in: Laffineur / W. D. Niemeier (Hrsg.), Politeia (1995) 512-515 („Location for Bull-Leaping").

[31] Für Ägypten siehe Decker in: Ulf (Hrsg.), Ideologie – Sport – Außenseiter (2000) 111-145.

[32] Für Ägypten siehe Decker in: Gamer-Wallert / Helck (Hrsg.), Festschrift Brunner-Traut (1992) 61-72. Für den Alten Orient siehe Rollinger, Nikephoros 7, 1994, 18-22. 28 f. 33.

[33] Rollinger, Nikephoros 7, 1994, 20. 22. 28. 30. 44.

[34] Younger in: Laffineur / W. D. Niemeier (Hrsg.), Politeia (1995) 528 Nr. *49.

[35] Younger in: Laffineur / W. D. Niemeier (Hrsg.), Politeia (1995) 512 f. unter Hinweis auf Graham, Palaces of Crete (1969) Kap. IV.

Mensch zu Schaden kommen konnten. Er nimmt zu Recht an, daß „leapers who fell could be killed"[36], vergißt aber, daß ein Abdecken mit Sand diese Gefahr vollständig beseitigt hätte, wie es heute beispielsweise beim traditionellen Pferderennen (Palio) auf der gepflasterten Piazza von Siena jeden 2. Juli und 16. August geschieht[37]. Deshalb neigt Younger auch eher zur Annahme eines offenen Feldes außerhalb der Paläste als Ort des Stierspiels, obwohl er einen halbkugelförmigen Stein mit Abarbeitung im zentralen Palasthof in Mallia gerne mit einem „springboard" für Akrobaten, die den Stier übersprangen, in Verbindung bringen möchte[38].

Auf die Möglichkeit, das Pflaster der Palasthöfe während der Stierspiele mit Sand zu bedecken, hat auch J. G. Thompson hingewiesen[39], der sich grundsätzlich und abgewogen zum Thema der Aufführungsorte geäußert hat, ohne daß seine Arbeiten jedoch in der archäologischen Diskussion ihren sichtbaren Niederschlag gefunden hätten.

Thompson bringt die Argumente der Gegner und Anhänger der 'Zentralhof-Theorie' auf den Punkt. Diejenigen, die es ablehnen, daß das Stierspiel im Zentralhof der kretischen Paläste stattgefunden habe, argumentieren damit, daß ein im Inneren des Palastes auftretender wilder Stier bei seiner Führung zum Ort des Spektakels unweigerlich große Schäden angerichtet haben müßte. Außerdem habe das Problem bestanden, ihn wegen der breiten Säulenstellung im Hofe nur schwer in einem begrenzten Raum sicher halten zu können. Die Anhänger der oben genannten These führen ins Feld, daß der Zentralhof angemessene Annehmlichkeiten für die Zuschauer sowie Sicherheitsgarantien für sie zur Verfügung gestellt habe. Außerdem habe man die Möglichkeit gehabt, das gefährliche Tier ohne Umwege direkt in den Zentralhof zu geleiten, wo es weiters sicher untergebracht gewesen sei. Endlich müsse man eine Absprungvorrichtung

---

[36] Younger in: Laffineur / W. D. Niemeier (Hrsg.), Politeia (1995) 513.

[37] Zum Palio von Siena siehe Falassi / Catoni / Merisio, Palio (1982), wo diese „entschärfte" Piazza allenthalben photographisch in Erscheinung tritt. Wie der Platz ohne Sandbelag aussieht, erkennt man z.B. gut auf Abb. 15 und 17.

[38] Younger in: Laffineur / W. D. Niemeier (Hrsg.), Politeia (1995) 513. – Allerdings strahlt sein 'Experiment' vor Ort, von seinen Studenten ausgeführt, die sich des 'Sprungsteins' in einfachster Weise bedienten, keine große Überzeugungskraft aus.

[39] Thompson, JSH 13, 1986, 13. – Auch Thompson zieht den Stein in Mallia als Absprungbasis für den Stierspringer sehr intensiv in Betracht und knüpft sogar biomechanische Überlegungen an seine Erörterungen: S. 8-12, ohne daß seine Deutungen dieses Objektes jedoch zu überzeugen vermöchten. Vgl. Thompson, Archaeological News 14, 1985, 1-8.

ins Kalkül ziehen, von der die Stierspringer ihre kühnen Sprünge aus vorgenommen hätten[40].

Diese Voraussetzungen seien ideal in Mallia anzutreffen[41]. Phaistos, so Thompson, erfülle immerhin vier der erforderlichen fünf Kriterien[42].

Knossos, das in einem eigenen Aufsatz hinsichtlich einer potentiellen Stier-Arena untersucht wird, schneidet dabei durchaus positiv ab[43], wobei auf die Auffassung von Graham verwiesen wird, der an dem Ort des zentralen Palasthofes auch Boxkämpfe und Tanzdarbietungen in minoischer Zeit für wahrscheinlich hält[44].

Auch in Zakro herrschten dem Urteil von J. G. Thompson nach Verhältnisse, die ein Aufführen der Stierspiele im zentralen Palasthof nahelegen[45]. Das einzige Gegenargument könnte in den bescheidenen Dimensionen des Hofes (30 x 12 m) bestehen, der nur etwa die Hälfte des Ausmaßes der Höfe von Knossos (52 x 24 m), Phaistos (51 x 23 m) und Mallia (48 x 22 m) aufweist[46]. Da man jedoch außerhalb des Palastbezirkes keinen geeigneten Platz für ein Stierspiel ausgegraben habe oder auch nur in den Verdacht dieser ehemaligen Bestimmung habe bringen können, ließe sich wohl auch für Zakro behaupten, daß der Zentralhof des Palastes, der zudem für die Zuschauer eine besondere Nähe zum Geschehen vermittle, der Ort des Stierspiels gewesen sein dürfte[47].

d) Anlaß des Stierspiels

Gegründet auf seine erschöpfende Quellenanalyse hat Younger es in seiner letzten Übersicht über das Stierspiel unternommen, einen idealtypischen Verlauf eines Festes nachzuzeichnen und bestimmten Einzelfragen, die mit ihm im Zusammenhang stehen, nachzugehen. Wir hatten oben Gelegenheit, seine be-

---

[40] Thompson, JSH 16, 1989, 62 f. Ich stehe der These einer wie immer gearteten Absprunghilfe eher skeptisch gegenüber. Es ließe sich vorstellen, daß ihre Verfechter unbewußt von den Verhältnissen des modernen Kunstturnens ausgehen, das Absprungvorrichtungen beim 'Sprung' kennt. Dies jedoch in die kretischen Palasthöfe rückzuprojizieren müsste man jedoch zweifellos als anachronistisch bezeichnen.

[41] Thompson, Archaeological News 14, 1985, 1-8.

[42] Thompson, JSH 16, 1989, 63.

[43] Thompson, JSH 16, 1989, 68.

[44] Graham, The Palaces of Crete (1962) 74.

[45] Thompson, JSH 19, 1993, 163-168.

[46] Thompson, JSH 19, 1993, 166 Anm. 17.

[47] Thompson, JSH 19, 1993, 166.

treffenden Meinungen zu ausgewählten Punkten zu diskutieren. Am Ende seiner Ausführungen kommt er auch auf den Anlaß des Stierspiels zu sprechen[48], nachdem er in dem vorangegangenen Kapitel mit überzeugenden Gründen zu der Vermutung gelangt war, daß das Ende des Stierspiels im Opfer des Stieres bestanden hat[49]. Zunächst einmal hebt er hervor, daß der hohe Aufwand eines Stierspiels seine häufige Aufführung verbäte. Einmal im Jahr, am ehesten im Frühjahr, wenn die Stiere nicht mehr zu Zuchtzwecken benötigt werden, sei ein Stierspiel veranstaltet worden. Dazu sei eine lange Vorbereitung des heranwachsenden Stierspringers notwendig. Man könnte es auch Training unter Anleitung der ehemaligen Akrobaten bezeichnen. Mit aller Vorsicht stellt Younger sodann die Frage: „If the adolescent bull-leapers with long hair are indeed aristocratic and not slaves or entertainers, is it possible that the bull-games contributed to a palatial ceremony of coming-of-age?[50]" Mit anderen Worten: Das in der kretischen Kultur und hier besonders in Knossos dominierende Stierspiel könnte ein Initiationsritus gewesen sein, der aus einer Mutprobe bestanden haben sollte, die das akrobatische Überwinden eines mächtigen Tieres zweifellos bedeutet hat.

Der von Younger vorgeführte Erklärungsansatz findet eine starke Stütze in Praktiken der Initiationsriten bei rinderzüchtenden Stämmen im heutigen Äthiopien, auf die W.G. Arnott hingewiesen hat[51]. Er macht darauf aufmerksam, daß der Stamm der Hamar, der zur Familie der Oromo (auch Galla genannt) gehört und zwischen dem See Chamo und der Grenze zu Kenia siedelt, für die jungen Männer von 19 und 20 Jahren ein Fest feiert, das zur Aufnahme in die nächste Altersklasse, die *maz* (junge Erwachsene zwischen 20 und 25 Jahren) dient[52]. Die Aufgabe, die zur Integration in die Gruppe der *maz* gesetzt ist, besteht im Aufspringen auf eine Reihe von mit den Flanken nebeneinanderstehenden Rindern (ca. 15 bis 30 Stück) und anschließendem Laufen von Rücken zu Rücken der Tiere. Am Ende gilt es abzuspringen und den Durchgang von der Gegenseite aus zu wiederholen. Der Initiand, der bei der Zeremonie nackt ist, muß

---

[48] Younger in: Laffineur / W. D. Niemeier (Hrsg.), Politeia (1995) 521-523 („Bull-Games as Ceremony").
[49] Younger in: Laffineur / W. D. Niemeier (Hrsg.), Politeia (1995) 518-521.
[50] Younger in: Laffineur / W. D. Niemeier (Hrsg.), Politeia (1995) 521. Diese mögliche Erklärung der Stierspiele als Initiationsriten findet sich jetzt auch bei Azara in: Athanassopoulou / Azara (Hrsg.), Bull (2003) 37 (Abschnitt „Taurine Games", vgl. auch die Katalognr. 153-158, S. 201 f.).
[51] Arnott, Liverpool Classical Monthly 18, 1993, 114-116.
[52] Vgl. auch Beckwith / Fisher, Afrika II (1999) 26ff. („Rituale der Oromo"). Das Ritual der Hamar ist auch in dem Film von Ivo Strecker, Der Sprung über die Rinder (1979) dokumentiert.

insgesamt viermal den Lauf durchführen. Ort des Geschehens ist nach Arnott „an appointed area with a clearly marked entrance and exit"[53].

Wenngleich auffallende Unterschiede zwischen dem „rite de passage" in Äthiopien und den Szenen des Stierspiels aus dem Ägäisraum feststellbar sind, und obgleich keine direkten Verbindungen zwischen beiden Kulturräumen in diesem Punkt bestanden, ist die prinzipielle Vergleichbarkeit frappierend.

e)   Die Fresken aus dem 'Ramp House' in Mykene

Einen wichtigen Beitrag hat M. C. Shaw der Rekonstruktion von Malereien gewidmet, die im 'Ramp House' in Mykene fragmentiert aufgefunden wurden und sich als wenigstens drei Freskeneinheiten des Themas Stierspiel bestimmen lassen, die große Ähnlichkeit mit dem 'Taureador-Fresko' aus Knossos aufweisen[54]. Mit ca. 0,30 m Höhe erreichen die mykenischen Bilder kaum die halbe Höhe ihrer kretischen Vorbilder, die die unmittelbaren Prototypen gewesen sein müssen, so daß mit der Entstehung der mykenischen Fresken zu einem Zeitpunkt zu rechnen ist, an dem der Palast von Knossos noch blühte[55]. Was diese Darstellungen vom Festland im Unterschied zu den minoischen Fresken Besonderes zeigen, ist einerseits die Darstellung von Zuschauern, als welche Frauen in Fenstern eines Gebäudes gedeutet werden, das als Dekorationselement eine Halbrosette zeigt und damit seinen palatialen Zuschnitt zu erkennen gibt[56], andererseits die Tatsache, daß die Stierspringer zu mehreren offenbar in kurzem Abstand nacheinander antraten, wie zwei Akrobaten in Reihung auf einem anderen Fresko nahelegen, die vor den Hörnern eines Stieres dargestellt sind[57] (Abb. 9). Wegen der Seltenheit des Motivs Stierspiel in der ägäischen Malerei – es kommt sonst nur noch in Tiryns, Pylos und Tell el-Dabᶜa vor – wird über den Anlaß der Entleihung des Themas vermutet; „The theme of bull-leaping was most probably copied in the Mycenaean mainland as a powerful symbol of the authority that had once resided in the palace of Knossos"[58].

Das 'Ramp House' ist der Ort des Auffindens der Freskenfragmente, nicht zwangsläufig jedoch das Gebäude, in dem die Szenen ursprünglich angebracht gewesen sein müssen. Wegen der Nähe des Auffindungsortes zu Gräberrund A unmittelbar hinter dem Löwentor wird aber erwogen, daß die Wanddekoration

---

[53]   Arnott, Liverpool Classical Monthly 18, 1993, 115.
[54]   Shaw, ABSA 91, 1996, 167-190 (vgl. die Farbtaf. A-D).
[55]   Shaw, ABSA 91, 1996, 190.
[56]   Shaw, ABSA 91, 1996, 172 Abb. 3. Taf. A 9. Taf. B 3.
[57]   Shaw, ABSA 91, 1996, 170 Abb. 3. Taf. B 2.
[58]   Shaw, ABSA 91, 1996, 190.

der Stiersprungszenen einem Bau gegolten haben könnten, der möglicherweise eine Rolle in der Verehrung der Ahnen gespielt hat[59]. Wenngleich dieser Gedanke auch rein spekulativ ist, darf in diesem Zusammenhang darauf hingewiesen werden, daß auch die Darstellung des Stierspiels auf einer spätmykenischen Larnax aus Tanagra (Abb. 10a/b) offensichtlich einem funerären Kontext entspringt[60].

II. Das Motiv Stierspiel in den Fresken von Tell el-Dab^ca (Ägypten)

Großes Aufsehen erregte die Entdeckung von M. Bietak vor einem Jahrzehnt, der bei den Ausgrabungen in Tell el-Dab^ca/Auaris im östlichen Nildelta in einem Palast der frühen 18. Dynastie, welcher auf den Grundmauern eines Gebäudes der Hykoszeit errichtet wurde, große Mengen von fragmentarischen Resten von Wandmalerei ans Tageslicht brachte, unter deren minoischen Motiven sich auch das besonders vom kretischen Knossos her bekannte Stierspiel fand[61]. (Abb. 11) Das große Interesse an den für Ägypten als „exotisch" empfundenen Fresken, unter denen die Szene des Stierspiels einen besonderen Rang einnimmt, hat dazu geführt, daß der Neufund in vielfältiger Weise vorgestellt[62] und diskutiert wurde[63]. Sei der Beweggrund der Anbringung der

---

[59] Shaw, ABSA 91, 1996, 174.

[60] Decker, Stadion 8/9, 1982/83, 1-24; leichte Zweifel bei Scanlon, Nikephoros 12, 1999, 70 Anm. 139.

[61] Um nur zwei Beispiele aus der Reihe von Einschätzungen der Bedeutung der Funde von Auaris/Tell el Dab^ca zu zitieren, seien hier die Aussagen zweier Forscher genannt, die im Kontext von in nüchternem Stil vorgetragenen wissenschaftlichen Untersuchungen stehen: Leclant in: Miro / Sacconi (Hrsg.), Secondo congresso di micenologia II (1996) 616: „trouvaille sensationelle"; Morenz, Ä&L 10, 2000, 197: „einer der sensationellen Funde der Archäologie in den letzten Jahrzehnten." Auch Cline schließt sich diesem Urteil an: „Without a doubt, these are the most sensational discoveries concerning Minoan Crete to have been made in the last decades": Cline, ABSA 93, 1998, 202.

[62] Die folgende Aufstellung erhebt keinen Anspruch auf Vollständigkeit: Bietak, EA 2, 1992, 26-28; Bietak in: Hein (Hrsg.), Pharaonen und Fremde – Dynastien im Dunkel (1994) 199-200; Bietak et al., Ä&L 4, 1994, 48 f. 54-58, farb. Frontispiz = Abschnitt VI; Bietak in: Davies / Schofield (Hrsg.), Egypt, the Aegean and the Levant (1995) 23 f., 26; Bietak, Les dossiers d'archéologie 213, 1996, 22; Bietak, Avaris (1996) 67-83; Bietak, BSFE 135, 1996, 16-20; Bietak in: Oren (Hrsg.), Hyksos (1997) 115-124; Bietak in: Caubet (Hrsg.), L'acrobate au taureau (1999) 40-47; Bietak in: Erbelding / Albersmeier / Eckerle (Hrsg.), Labyrinth des Minos (2000) 215-217; Bietak in: Redford et al. (Hrsg.), Oxford Encyclopedia of Ancient Egypt II (2001) 351-354; Bietak / Marinatos, Ä&L, 5, 1995, 49-54; Bietak / Marinatos in: Karetsou (Hrsg.), Κρήτη – Αἴγυπτος. Μελέτες (2000) 40-44; Bietak / Marinatos in: Karetsou et al. (Hrsg,), Κρήτη – Αἴγυπτος, (2000) 278-280; Bietak / Marinatos / Palyvou in: Sherratt (Hrsg.), Wall Paintings of Thera I (2000) 77-

minoisch inspirierten oder gar von minoischen Kunsthandwerkern vor Ort aus-
geführten Malereien[64] das Interesse des ägyptischen Königs an kretischen
Themen, das auch politisch zu verstehen sein könnte in dem Sinne, daß diese im
Palast Pharaos auf dessen Machtbereich hindeuten würden, oder sei der Hinter-

---

102. Auf das in Vorbereitung befindliche Werk von Bietak / Marinatos / Palyvou,
Taureador Scenes in Avaris and Knossos, wartet die Fachwelt mit derselben Spannung,
die sie dem seit 1998 angekündigten Band derselben Autoren, Minoan Wall Paintings
from Avaris I (vgl. Caubet [Hrsg.], L'acrobate au taureau [1999] 240) entgegenbringt.

[63] Die bisherige Diskussion wurde zusammengefaßt von Cline, ABSA 93, 1998, 199-
219, der stratigraphisch abgesicherte Beweise für die Datierung der Fresken und die
Publikation nachprüfbarer achäologischer Fakten fordert. Seltsamer scheint allerdings
sein Vorwurf des Wechsels in der Datierung der Wandmalereien durch den Ausgräber
von Hyksoszeit zu früher 18. Dynastie (mit Zwischenstufe beider Möglichkeiten, bes.
ebenda 208), wenngleich man nicht verkennen darf, daß damit ein völliger Perspektiven-
wechsel stattfindet: Statt kanaanäisch akzentuierter interkultureller Kontakte entsprechend der Herkunft der Hyksos, die jedoch zu dieser Zeit in Ägypten herrschten, war
die Welt Ägyptens damit der Partner der minoischen Kultur geworden. Diese Verbindung war vor den minoischen Fresken von Tell el-Dabᶜa längst bekannt, vgl. die klassische Studie von Vercoutter, L'Egypte et le monde égéen (1956). Das Recht auf Er-
kenntniszuwachs durch Forschung und Studium hat Bietak, ABSA 95, 2000, 185-205,
denn auch zu Recht betont und die Vorwürfe weitgehend entkräftet.

[64] Auf diese wichtige Frage können wir im Zusammenhang unserer Thematik nicht
näher eingehen. Hier kann nur soviel gesagt werden, daß neben M. Bietaks Auffassung
einer von minoischen Malern in Auaris selbst erbrachten Orginalarbeit auch die These
einer ägyptischen Provenienz der Malerei im minoischen Stil existiert. Neben Marinatos,
Ä&L 8, 1988, 83-99, haben sich ebenfalls klar für original minoischen Stil ausgesprochen Morgan in: Davies / Schofield (Hrsg.), Egypt, the Aegean and the Levant
(1995) 29-53, sowie W.D. Niemeier / B. Niemeier in: Cline / Harris-Cline (Hrsg.), The
Aegean and the Orient (1998) 78-82. 85-88 (Kritik an der Änderung der ursprünglichen
Datierung von hyksoszeitlich zu früher 18. Dynastie). Letztere nehmen (W.D. Niemeier /
B. Niemeier in: Cline / Harris-Cline (Hrsg.), The Aegean and the Orient (1998) 88-93)
wandernde ägäische Freskomaler an, die z.B. auch in Alalach (Syrien) und Tell Kabri
(Israel) tätig waren und Teile eines „framework of diplomatic relations and gift exchange
between the rulers in the ancient Near East" (W.D. Niemeier / B. Niemeier in: Cline /
Harris-Cline [Hrsg.)], The Aegean and the Orient [1998] 93) gewesen seien. Nach ugari-
tischer Mythologie stammte der Gott des Handwerks, Khotar-wa-Khasis, aus Kreta, dem
westlichsten Punkt einer langen ost-westlich verlaufenden Kette von interkulturell ver-
bundenen Residenzen und Palästen im ägäisch-orientalischen Raum der Bronzezeit
(W.D. Niemeier / B. Niemeier in: Cline / Harris-Cline [Hrsg.], The Aegean and the
Orient [1998] 96). – Skeptisch hingegen äußert sich z.B. Rehak, AJA 101, 1997, 401 f.
(Rezension zu Bietak, Avaris [1996]). Nicht weniger kritisch stehen Rehak / Younger,
AJA 102, 1998, 140, einer minoischen Handschrift gegenüber. – Auch Shaw, Ä&L 5,
1995, 91-120, hält die Wandmalerei in der ägyptischen Deltastadt nicht für minoisch.
Vgl. Shaw, Ä&L 5, 1995, 112 f. – Eine Dokumentation der Standpunkte zuletzt bei
Cline, ABSA 93, 1998, 209-211.

grund seiner Existenz in dem ägyptischen Königspalast eine dynastische Verbindung mit einer kretischen Prinzessin, deren Gemächer mit dem Ambiente ihres Herkunftslandes ausgeschmückt gewesen wären[65], die Szene des Stierspiels hat die Beschäftigung mit diesem Thema stark angestoßen und in den letzten Jahren einige wichtige Beiträge dazu evoziert.

Die aus kleinen und kleinsten Fragmenten der Freskomalerei, dessen größtes kaum die Fläche einer Hand erreicht, zusammengesetzte und aufwendig rekonstruierte Szene des Stierspiels (Abb. 12), deren ursprüngliche Ausdehnung sich noch nicht ermessen läßt, zeigt laufende Stiere in unterschiedlicher Richtung und Haltung, über denen voltigierende Akrobaten schweben können. Andererseits scheint ein Akrobat sich nach mißglücktem Sprung nur noch mühsam am Stier festklammern zu können, während an anderer Stelle ein Stier zusammengebrochen oder von zwei Männern zu Boden gerungen worden ist (Abb. 13). Ein anderer relativ gut erhaltener Stier, über dem ein Akrobat seinen Sprung ausführt, ist en face dargestellt (Abb. 14), was unter den bekannten ägäischen Vorbildern nur selten auftritt[66]. Als Element minoischer Emblematik palatialen Niveaus erweist sich der die Szene nach unten abschließende Halbrosettenfries, und das den Stieren überraschenderweise unterlegte Labyrinthmuster wird von M. Bietak als Pflaster des Hofes gedeutet, in dem die Stierspiele nach dem Muster des Palastes von Knossos aufgeführt worden sein sollen[67]: Jedoch ist dieses Element in ägäischen Darstellungen des Stierspiels bislang unbelegt. Andererseits ist das Motiv des Labyrinths der kretischen Welt vertraut und angemessen, wenn man auf die – allerdings spätere – griechische Mythologie verweist, die bekanntlich Theseus mit dem Labyrinth und dem Minotauros in Verbindung bringt, dem der athenische Heros mit Hilfe des Fadens der Ariadne entgeht[68]. Der obere Abschluß wird offenbar von einer unregelmäßigen Wellenlinie gebildet, die in ihrem Verlauf nicht auf gleicher Höhe bleibt.

Zu den o.g. Artikeln zum Stierspiel, die von den Szenen von Tell el-Dab^c^a inspiriert wurden, zählt auch ein Beitrag von D. Collon, die zu einer erneuten

---

[65] Vgl. Haider, Ä&L 6, 1996, 137-156; Bietak, Avaris (1996) 80 f.

[66] Younger in: Laffineur / W. D. Niemeier (Hrsg.), Politeia (1995) 516-518, wo in dem Kapitel „The Tell ed Dab^c^a Frescoes" weitere Zweifel an einer minoischen Provenienz dieser Malereien vorgebracht werden.

[67] Bietak, Avaris (1996) 73 f. – Younger in: Laffineur / W. D. Niemeier (Hrsg.), Politeia (1995) 518, sieht diesen Hintergrund mit dem Labyrinthmuster als „pecularity„ an; Rehak / Younger, AJA 102, 1998, 140 Anm. 351, lehnen jetzt die Deutung als Labyrinth ab und sprechen von einem „textile pattern", das in der Ägäis keine Parallele habe, wohl aber in Syrien anzutreffen sei.

[68] Der Neue Pauly 12/1 (2002) 435-439 s.v. Theseus (Stenger / Bäbler).

Durchsicht der angewachsenen syrischen Quellen angeregt wurde[69], nachdem das Thema in der syrischen Kunst bereits seit Jahrzehnten bekannt war[70]. Collons Material besteht überwiegend aus Rollsiegeln, die sich teilweise ins 18. Jahrhundert v. Chr. datieren lassen und damit zeitlich ca. zwei Jahrhunderte vor den kretischen Fresken anzusetzen sind[71]. Dies mag die vermutete Abhängigkeit der Darstellungen der Insel Kreta von solchen des Festlandes spiegeln, denn es liegt nahe, das Aufkommen von Stierkulten eher dort zu suchen, wo das Tier zuerst auftrat, und das kann nicht auf einer Insel sein, wohin Stiere erst importiert worden sein müssen. Unter Hinweis auf A. Evans, der bereits einen Ursprung des Stierspiels außerhalb von Kreta gefordert hat[72], hält Collon die syrischen Quellen als „immediate antecedents of Minoan bull-leaping outside Crete ..."[73].

In einem langen Aufsatz handelt M. C. Shaw über den Einfluß der vier Fresken mit der Darstellung des Stierspiels im Palast von Knossos auf die Wandmalereien in Tell el-Dabᶜa[74], die sie von den kretischen Szenen inspiriert ansieht, den einzigen Fresken mit dem Motiv Stierspiel im ganzen Ägäisraum. Ihrer Meinung nach waren die Kunsthandwerker, die in Tell el-Dabᶜa gearbeitet haben, keine Minoer, höchstens ägyptisierte, die ihr Handwerk hinsichtlich Themenauswahl und Arbeitstechnik allerdings in Knossos gelernt hätten[75]. Im Palast von Knossos trat das Thema dem Betrachter auf Schritt und Tritt vor Augen: Neben 20 bemalten Stuckreliefs treten 9 Gemälde auf, die das Motiv tragen; die Anbringungsorte sind nahezu über das gesamte Palastareal verteilt. (Abb. 15) Unter Einbezug der späteren mykenischen Malereien in Mykene, Pylos und Tiryns, die alle jünger als die Fresken des unterägyptischen Palastes sind, hält Frau Shaw eine Technik des Stiersprungs für gegeben, bei der der Stier zuerst an den Hörnern festgehalten wird, bevor er sodann vom Springer (vielleicht seitlich) überquert wurde. (Abb. 16) Halter und Springer sind also verschiedene Personen[76].

Das historische Szenario stellt sich Frau Shaw so vor, daß die Hyksoskönige [bzw. die der 18. Dyn.], die den Glanz des Palastes von Knossos nachgeahmt

---

[69]   Collon, Ä&L 4, 1994, 81-88 (vgl. 'note' auf S. 85, aus der hervorgeht, daß es sich um einen überarbeiteten Vortrag aus dem Jahre 1980 handelt). – Zu weiteren sportlichen Themen auf altsyrischen Siegeln siehe Eder, Nikephoros 7, 1994, 83-120.
[70]   Seyrig, Syria 33, 1956, 169-174.
[71]   Collon, Ä&L 4, 1994, 83. Zu diesen altsyrischen Rollsiegeln mit der Darstellung des Stierspiels siehe bereits Nagel / Eder, DaM 6, 1992, 31, 33 f., 38.
[72]   Evans, The Palace of Minos III (1930) 205.
[73]   Collon, Ä&L 4, 1994, 84.
[74]   Shaw, Ä&L 5, 1995, 91-120.
[75]   Shaw, Ä&L 5, 1995, 94.
[76]   Shaw, Ä&L 5, 1995, 103 f.

hätten (was allerdings für Pharao völlig atypisch gewesen wäre) oder daß die Kunsthandwerker als Gabe des Königs von Kreta in Knossos ausgebildet worden wären, vielleicht auch im Zuge einer dynastischen Heirat. Am plausibelsten sieht sie jedoch wandernde Künstler („itinerant artists") an, die in Ägypten in ähnlicher Weise angeworben worden seien wie z.B. auch in Alalach, Mari und Tell Kabri. Die Abweichungen vom Palaststil von Knossos – „the stylistic intricacies of pure Minoan or Knossian work were not mastered" – wären vergleichbar mit dem Akzent eines Sprechers, der eine fremde Sprache nur schwerlich bis zur Perfektion eines Muttersprachlers lernen könne[77].

Endlich wird noch darauf hingewiesen, daß in den Themen der Malerei in Tell el-Dabᶜa auch Akrobaten (außerhalb von Stierspielszenen) vorkämen, so daß der Gedanke nahelägе, daß Artisten, Akrobaten, Turner und Stierspringer als 'fahrendes Volk' zwischen Auaris und dem übrigen Ägypten sowie dem Ägäisraum und dem Alten Orient verkehrt haben könnten[78]. Um dies zu bekräftigen, wird der kretische Akrobat vom Schwertgriff aus dem Palast von Mallia mit zwei ägyptischen Tänzerinnen aus dem Grab des W3ḫ-K3=j II aus Qau el-Kebir, Mittleres Reich, verglichen[79]. Angeschlossen ist ein Katalog der Stuckreliefs und Wandmalereien von Knossos (Apendix 1)[80] sowie der Malereien des Motivs Stierspringen im mykenischen Osten (Appendix 2).

Von großer Bedeutung für die weitere Erforschung des Stierspiels ist der gehaltvolle Aufsatz von L. D. Morenz[81] über Stierspringen und die Sitte des Stierspieles im altmediterranen Raum, der bei seinen Betrachtungen insbesondere das Alte Ägypten auf potentielle und reale Quellen zum Stierspiel untersucht hat, sein zeitliches und räumliches Netz aber so weit ausgeworfen hat, daß seine Ausführungen auch aus prinzipiellen Erwägungen als fundamental gelten dürfen. Morenz hat die Weitsicht, das Thema bereits unter den Wandmalereien im neolithischen Çatal Hüyük (5. Jahrtausend) (Abb. 17) zu entdecken[82], wo

---

[77] Shaw, Ä&L 5, 1995, 112. – Hier ließen sich strukturell die Athleten der griechischen Agone vergleichen, die seit dem 6. Jh. v. Chr. von Ort zu Ort zogen, um ihr jeweiliges sportliches Engagement zu realisieren; vgl. zu diesen Peim, Mobilität griechischer Athleten (i. Vb.).

[78] Shaw, Ä&L 5, 1995.

[79] Shaw, Ä&L 5, 1995, Abb. 11. 10. – Zu der Szene vgl. Decker / Herb, Bildatlas Sport I (1994) Dok. R 2.2; Decker / Herb, Bildatlas Sport II (1994) Taf. CCCCXXXVIII; eine ähnliche Szene im Grab des Inj-jtj=f. jqr; siehe Decker / Herb, Bildatlas Sport I (1994) R 2.1.

[80] Vgl. die topographische Verteilung der Szenen auf der Karte bei Shaw, Ä&L 5, 1995, 97 Abb. 8.

[81] Morenz, Ä&L 10, 2000, 195-203.

[82] Diese Quelle wurde auch von Collon, Ä&L 4, 1994, 83, bemerkt.

überdimensional gezeichnete Stiere von Jägern attackiert und offenbar auch
übersprungen werden[83]. Sehr gründlich wird die altägyptische Kultur auf das
Thema Stierspiel hin durchforstet. Das Holzkästchen aus Kahun (Abb. 18), das
als ägäischer oder syrischer Import angesehen und ins spätere Neue Reich datiert wird, ist das einzige Dokument, das in diesem Zusammenhang bereits bekannt war. Auf ihm ist ein „mykenischer" Springer, d. h. ein flankender Akrobat
gezeigt; unter dem Stier liegt ein verunglückter(?) Springer[84]. Das Bild des
Stierspiels ist aber anscheinend schon im Alten Reich in Ägypten bekannt, wie
aus seiner Verwendung als Schriftzeichen im Rahmen einer kryptographischen
Schreibung hervorgeht[85]. Nicht viel jünger (und entschieden älter als die syri-
schen und wenigstens zeitgleich mit den ersten kretischen Belegen) ist eine von
L. D. Morenz herangezogene Quelle aus den Gaufürstengräbern von Beni Hasan
(Grab 29: B3qt), wo bei einer Stierfangszene ein Mann den Stier zu über-
springen scheint[86]. Sie wurde bisher nie in diesem Kontext gedeutet. Dem von
L. D. Morenz gesammelten Material ließe sich hinsichtlich der Kämpfe der
Stiere untereinander noch manche Szene ergänzen[87]. Solche Kämpfe sind im
Hinblick auf das hier interessierende Stierspiel jedoch nur von untergeordneter
Bedeutung. Aber auch unter diesem Aspekt gibt es noch eine Szene, die Beachtung verdient und in den einschlägigen Arbeiten bislang nirgends erwähnt wird.
Es handelt sich um ein bemaltes Ostrakon, das auf der rechten Seite einen halben vorderen Stier bewahrt, an dessen Hörnern sich ein Akrobat im freien Fluge
festhält[88]. Das Sonderbare daran ist, daß er waagerecht in der Luft liegt und mit
ausgestreckten Armen auf den Stier zuzufliegen scheint, den er an den Hörnern
ergriffen hat. Eine solche Szene ist unter allen Darstellungen des Stierspieles
einmalig und bedarf der Erklärung [89]. Morenz, der auch auf die Existenz des
ägyptischen Wortes mṯwn „Kampfplatz der Stiere", „Arena" hinweist sowie auf
ritualisierte Stierkämpfe in Medamud[90] und anderswo, findet auch Anzeichen
des Stierspiels im mesopotamischen Gilgamesch-Epos[91].

---

[83]   Abb. 1, 2 und 6 bei Morenz, Ä&L 10, 2000, 195. 197.
[84]   Morenz, Ä&L 10, 2000, 199. – Vgl. auch Bissing, AM 23, 1898, 242-266; Bissing,
AM 24, 1899, 486.
[85]   Morenz, Ä&L 10, 2000, 198. 197 Abb. 7.
[86]   Morenz, Ä&L 10, 2000, 198 Abb. 8 = Newberry, Beni Hasan II (1893) Taf. 31.
[87]   Vgl. die Literatur in LÄ V (1994) 543-545 Anm. 2 s.v. Schaukämpfe (Walle).
[88]   Brüssel, Musées Royaux, Inv.-Nr. E 6774 (Hinweis von B. van der Walle, Brief vom
7.7.1980), vgl. Werbrouck, Bull. M. R. A. M., 4ᵉ série, 25ᵉ année, 1953, 101. – Vgl. auch
Brunner-Traut, Bildostraka (1956) 105.
[89]   Ich gedenke, auf dieses Stück in einer eigenen Arbeit zurückzukommen.
[90]   Vgl. Drioton, Médamoud Inscriptions 1926 (1927) 10-12: "L'arène du taureau".
[91]   Morenz, Ä&L 10, 2000, 201 f.

Wichtig ist nun sein Fazit; „ ... kulturelle Phänomene wie Stierspiele hielten bzw. halten sich im Mittelmeerraum und nicht nur dort oft ausgesprochen lange und verändern sich dabei kaum wesentlich"[92]. Der zeitliche Bogen reicht vom Neolithikum über die Bronzezeit und das griechisch-römische Altertum[93] bis in die heutige Epoche, wobei ein geographischer Raum von Anatolien, Mesopotamien, Levante, Ägypten, Ägäis, Griechenland, Rom sowie durch die modernen Nachleben in Spanien[94], Frankreich und Portugal, aber durch das Rodeo auch die Neue Welt betroffen seien. Diesem Raum läßt sich noch Indien hinzufügen, wie bereits vor Jahrzehnten C. L. Fábri gezeigt hat[95].

Die Studie von Morenz schließt mit einer These, die für die weitere Erforschung des Stierspieles in seiner ganzen eben genannten räumlichen Ausdehnung und zeitlichen Tiefe beachtenswert ist: „Man kann den Ursprung des Stierspringens hypothetisch mit den frühen Viehzüchtern im alten Orient, vielleicht trotz aller Unsicherheit solcher Ursprungshypothesen konkret mit Anatolien, und thematisch wahrscheinlich der Domestikation des Stieres verbinden. Hauptsächlich symbolisiert es sowohl Vertrautheit mit dem als auch Herrschaft über das Tier[96]."

III. Eine hethitische Szene des Stierspiels

Im Jahre 1997 wurde auf dem Hüseyindede Tepesi, einem hethitischen Kultplatz ca. 50 km westlich von Boghazköy im Distrikt Sungurlu gelegen, eine henkellose Reliefvase von 52 cm Höhe entdeckt, wie sie für diese Kultur typisch ist[97]. Ihren Hals umgibt ein ganz umlaufender Bilderfries, der in der üblichen Technik durch aufgesetzte Tonfiguren gestaltet ist, welche in Matrizen abgeformt worden waren. (Abb. 19) Die in einem Kultgebäude zerbrochen aufgefundene Vase ließ sich in einer Weise restaurieren, daß der Fries unter geringfügigen Verlusten bei einigen dargestellten Personen in seiner ursprünglichen Komposition wiederhergestellt werden konnte[98]. Es handelt sich um eine Gruppe von insgesamt 14 Figuren: drei Frauen, zehn Männer und ein Stier.

---

[92] Morenz, Ä&L 10, 2000, 203.

[93] Zum römischen Stierspringen siehe auch Aymard, LEC 22, 1955, 259-266.

[94] Vgl. hierzu die eindrucksvolle ethnologische Studie von Braun, Tod des Stieres (1997).

[95] Fábri, AnnRepInd 1934/35, 93-100.

[96] Morenz, Ä&L 10, 2000, 203.

[97] Boehmer, Reliefkeramik (1983); Özgüç, in: Willinghöfer / Hasekamp (Hrsg.), Die Hethiter und ihr Reich (2002) 248-255.

[98] Sipahi, Anatolica 27, 2002, 107-125; Sipahi, IstMitt 50, 2000, 63-85.

Auffällig ist die starke Präsenz von Musikinstrumenten: Fünf Personen – darunter eine Frau – schlagen Zimbeln; sie sind alle nach rechts auf den Stier hin gerichtet. Drei der Zimbelspieler stehen, während ein weiterer in der Hocke gezeigt ist; der fünfte schließlich ist in einer Pose zu sehen, die sich zwischen Hocke und Stand bewegt. Da die Positionen Hocke, Zwischenstellung, Stand unmittelbar aufeinanderfolgen, läßt sich die Absicht der Darstellung einer kinematographischen Phasenfolge erwägen, mit der die Bewegung eines hockenden Zimbelspielers, der sich in den Stand erhebt, gemeint wäre. Unmittelbar rechts schließt sich die Hauptszene mit dem Stier und einem Akrobaten an, der ebenfalls in drei Phasen dargestellt ist. Bei der linken Figur sind Beine und Unterkörper nicht erhalten (Abb. 20); die zweite Figur befindet sich in der Art einer Brückenstellung in der Luft, während die dritte Figur fast spiegelbildlich wie die zweite auf dem Rücken des Stieres angeordnet ist. (Abb. 21) Die Deutung dieser Phasen durch den Autor der Fundpublikation ist nicht ohne Widerspruch. Während es zunächst heißt, es seien „drei Männer dargestellt, die über einen Stier springen," und sodann ausgeschlossen wird, „daß es sich dabei um die Wiedergabe der drei Phasen eines Sprunges handelt", wird zwei Sätze später ausgesagt: „Wir können also sagen, daß hier ein Tänzer oder Akrobat auf dem Stier oder in seiner Umgebung drei unterschiedliche rhythmische Bewegungen unter Begleitung von Musik ausführt"[99]. Im Gegensatz zu den ägäischen Darstellungen, auf denen der Stier in der Regel bewegt bis wild zu sehen ist, verhält sich der Stier des hethitischen Reliefs sehr ruhig. Er stürmt nicht dahin, sondern steht unbeweglich und läßt den Akrobaten gewähren. Die Ruhehaltung des Tieres wird dem Führer verdankt, der es am Halfter hält und einen gebogenen Stab trägt. Mir ist nur eine weitere Szene bekannt, in der ein Stier durch menschliches Einwirken fixiert und für das Überspringen ruhiggestellt wird: Auf einer spätmykenischen Larnax aus Tanagra (Abb. 10a/b), die auch deshalb von hoher Bedeutung für die Erklärung des Stierspiels ist, weil sie wie die hethitische durch Darstellung weiterer Szenen einen Kontext des Ritus liefert[100], steht ein Mann zwischen zwei Stieren und hält sie an den Hörnern fest, während sie von einem Springer überflankt werden[101].

---

[99] Sipahi, IstMitt 50, 2000, 81. – Ähnliche Unschärfen auch Sipahi, Anatolica 27, 2001.

[100] Vgl. Decker in: Thomas (Hrsg.), Forschungen zur Aegaeischen Vorgeschichte (1987) 201-230.

[101] Younger in: Laffineur / W. D. Niemeier (Hrsg.), Politeia (1995) 531 Nr. 84; Immerwahr, Aegean Painting (1990) 155. 157, Taf. XXII f.; Tzachou–Alexandri (Hrsg.), Mind and Body (1999) 118 f. – Sipahi, Anatolica 27, 2001, 114, hält auch die linke Figur des Taureador-Freskos aus Knossos für jemanden, der den Stier an den Hörnern festhält. Wenn das stimmt, besteht jedoch dennoch ein großer Unterschied zu der hethitischen Szene, insofern die kretische Darstellung einen vorwärtsstürmenden Stier zeigt.

Die hethitische Szene enthält noch zwei Musikanten mit Langhalslauten, die in das Geschehen eingestreut sind; zusammen mit dem Tierführer sind sie die einzigen Personen, die nach links blicken. Das weiteren stehen noch zwei Frauen in langen Röcken neben der weiblichen Zimbelspielerin, geben sich die Hand und dürften als Tänzerinnen anzusehen sein[102].

Wenngleich T. Sipahi recht zurückhaltend nur von „einer[r] Kultszene mit einem Stier, die von Musik und Tanz begleitet wird"[103], spricht, läßt sich die Tätigkeit des in Verbindung mit dem Stier gezeigten Akrobaten doch wohl dem Schema 'Stierspiel' zuordnen. Darauf deutet schon die Bewegtheit der Figur auf dem Stier und besonders der hinter ihm spiegelbildlich in der Luft befindliche Springer[104]. Ihr kurzer Schurz und die langen Ärmel unterscheiden sich von der Kleidung der anderen männlichen Personen[105].

Da wir es hier mit dem ersten Beleg eines Stierspiels in der bildlichen hethitischen Überlieferung zu tun haben, fehlen Parallelen, die eine Deutung der Bewegung der Akrobaten erleichtern würden. Vielleicht darf man die Szene in der Weise verstehen, daß eine Bewegungsfolge für einen Sprung über den Stier gemeint ist, der in der Reihenfolge der Figuren 12, 11, 10 (nach der Zählung von Sipahi[106]) vonstatten ginge. Demnach schiene die dargestellte sportliche Leistung am ehesten aus einem Handstandüberschlag über den seitlich stehenden Stier bestanden zu haben. Als Phase 1 ließe sich das Aufstützen der Hände auf dem Stierrücken nach beidbeinigem Absprung und folgendem Überschlag verstehen. Phase 2 wäre durch die hinter dem Stier in der Luft befindliche Figur, die etwa spiegelbildlich zur auf dem Rücken des Stieres befindlichen Figur angeordnet ist, angegeben, die ja deutlich den Stier als Ansatzpunkt verlassen hat[107]. Phase 3 wäre somit durch die nächste Figur links dargestellt, was sich gut mit deren ausgebreiteten Armen in Einklang bringen ließe, die dem Springer helfen würden, die Landung auszubalancieren.

Daß die im Profil dargestellten Figuren bei der angenommenen Bewegungsfolge in Wirklichkeit um 90° versetzt gezeigt sein müßten, würde unsere These nicht wirklich erschüttern. Die Bewegung wird in ihrer wesentlichen Ansicht,

---

[102] Sipahi, Anatolica 27, 2001, 102; Sipahi, IstMitt 50, 2000, 74.

[103] Sipahi, IstMitt 50, 2000, 72.

[104] Sehr gut sichtbar auf den Detailaufnahmen bei Sipahi, IstMitt 50, 2000, 77 Abb. 8a/b. 78 Abb. 9a.

[105] Sipahi, IstMitt 50, 2000, 70, zur Männerkleidung auf der Reliefvase.

[106] Sipahi, IstMitt 50, 2000, 67 Abb. 3.

[107] Hier kann ich der Auffassung Sipahis, IstMitt 50, 2000, 81, nicht folgen, der von dieser Figur behauptet, daß sie „einen Überschlag nach rückwärts macht und sich mit ihrem rechten Fuß vom Gelenk des Hinterbeines des Stieres abdrückt."

ihrem typischen Aspekt gezeigt, wie es die ägyptische Kunst zur Perfektion entwickelt hat. Diese Darstellungsweise tritt bei dem besprochenen Relief sogar
selbst auf, wenn die Köpfe der beiden Tänzerinnen, deren Körper von vorne gezeigt werden, im Profil erscheinen[108]. Des weiteren sind die Augen aller seitlich
erscheinenden Köpfe in der Weise dargestellt, als würden die Figuren den Betrachter *en face* anblicken[109].

Die bisher einzige hethitische Darstellung des Stierspiels vom Hüseyindede
Tepesi bereichert unsere Kenntnis dieses in der ägäischen Welt weitverbreiteten
Motivs nicht nur um den Raum der hethitischen Hochkultur, sie ist auch wegen
ihres Alters von hohem Interesse, wird sie doch in die althethitische Epoche datiert und der Zeit Hattusili I. (ca. 1565-1540 v. Chr.) zugeschrieben. Im Vergleich zu den zahlreichen separat stehenden Darstellungen des Stierspiels in anderen Kulturen wird hier ein ganzer Kontext erzählt, der den Entdecker T.
Sipahi zu dem Urteil führt, es handele sich um einen Stiertanz, dem er allerdings
jegliche sportlichen Qualitäten abspricht: „The action depicted on the
Hüseyindede Vase that involves the acrobat on the bull's back should not be
taken to represent a sporting activity"[110]. Abgesehen davon, daß zu fragen ist, ob
die ägäischen Szenen, auf die mit dem Attribut „sporting" angespielt wird, wirklich rein sportliche Ereignisse ausdrücken, sollte man die sportliche Attitüde der
Akrobaten – sie führen offensichtlich einen Handstandüberschlag aus! – nicht in
Zweifel setzen. So spricht der türkische Forscher ja auch in der Überschrift
seines Artikels in der Zeitschrift Anatolica von „Bull-Leaping Scenes" und in
der Zusammenfassung des Aufsatzes in den Istanbuler Mitteilungen ohne Einschränkungen von einer Stiersprungszene[111].

Interessanterweise findet sich das Stierspiel auch in der schriftlichen Überlieferung der hethitischen Kultur, wenn auch erst nur in sehr lakonischer Form. So
heißt es in Zeile 1 des luwischen 'Lallupiya Rituals': „(er?) sp[ringt und dem
Sti[e]r"[112].

---

[108] Sipahi, IstMitt 50, 2000, 71 Abb. 6a.
[109] Zur hier charakterisierten Darstellungsweise vgl. Sipahi, Anatolica 27, 2001, 113, mit
weiterer Literatur.
[110] Sipahi, Anatolica 27, 2001, 116, ähnlich auch S. 82.
[111] Sipahi, IstMitt 50, 2000, 63.
[112] Sipahi, IstMitt 50, 2000, 83 (mit obiger Klammersetzung), mit Hinweis auf KUB
XXXV 132 Rs III. Die englische Übersetzung der Stelle nach IstMitt 50, 2000, 115: „he
(?) leaps and to the bull ...".

Man wird diese Szene also für die Einschätzung des Motives 'Stierspiel' in der Alten Welt mit starker Präferenz betrachten müssen und vielleicht auf weitere hethitische Dokumente hoffen dürfen.

Addendum

Nach Fertigstellung dieses Artikels wurde mir von M. Bietak Einblick in sein zusammen mit N. Marinatos und C. Palyvou verfaßtes Manuskript 'Taureador Scenes in Avaris and Knossos' gewährt, das im Rahmen der 'Denkschriften der Österreichischen Akademie der Wissenschaften' erscheinen wird. Das Manuskript umfaßt 144 ungezählte Seiten sowie 69 Abbildungen, 42 Tafeln und 4 Pläne; das Bildmaterial war mir nicht zugänglich.

Der Text besteht aus zwei Teilen: M. Bietak / N.Marinatos / C. Palyvou, Taureador Scenes in Avaris, und N. Marinatos / C. Palyvou, Taureador Scenes in Knossos. Es handelt sich um eine breite und in die Tiefe gehende Studie von fundamentaler Bedeutung für das Thema Stierspiel. Wenigstens einige der wichtigsten Ergebnisse sollen im Folgenden kurz diskutiert werden:

Die Wandmalereien mit dem Motiv Stierspiel in der Palastanlage von Tell el-Dabᶜa lassen sich in die 18. Dynastie datieren und nach den Keramikfunden wohl der Zeit Thutmosis' III. zuschreiben. Unter den dieser Epoche angehörenden Gebäuden F und G, die eine Zeit repräsentieren, als der Ort als Aufmarschplatz für die vorderasiatischen Feldzüge der Ägypter gedient haben könnte, weist nur das Gebäude F das Thema Stierspiel im Wandschmuck auf. Hinsichtlich der jetzt vorgeschlagenen Datierung kann darauf verwiesen werden, daß in ägyptischen Gräbern gabentragende Delegationen aus Kreta erstmals in der Zeit der Koregentschaft von Hatschepsut und Thutmosis III. auftreten. Es lassen sich zwei Friese unterscheiden mit jeweils 4 Stieren und dazugehörigen Personen, die etwa die halbe Größe des bekannten Stierspiel-Freskos aus Knossos aufweisen. Der gesamte Fries ist über 4 m lang und ca. 0,70 m hoch und steht im Kontext mit Jagdszenen sowie Darstellungen von Raubtieren, die wilde Stiere und Huftiere jagen, ein aus der minoischen Bildwelt bekannter Topos der hierarchischen Ordnung der Natur. Ursprünglicher Anbringungsort war wohl der Eingangsbereich, der über eine Rampe führte. Die bislang gefundene Malerei, die in kleinen bis kleinsten Partikeln in über 400 Kästen gesammelt vorliegt, zeigt ausschließlich minoische, jedoch keine ägyptischen Motive. Unter den Stierspielszenen lassen sich zwei Ensembles unterscheiden, ein Fries mit Stieren, die auf einem labyrinthartigen Untergrund laufen, sowie ein beiger Fries mit Stierspringern in verschiedenen Phasen, darunter auch seitliches Überqueren, Überschlag und vor allem das Niederringen der Stiere, aber auch Unfälle. „The Maze

scene may have been the focus or the culmination of a long composition with
bull-leaping and bull-wrestling to its left and more bucolic scenes on the right."
M. Bietak weist auf Ähnlichkeit mit gewissen Eigenheiten der Malerei auf Thera
hin und erklärt Abweichungen von den Stierspiel-Szenen in Knossos mit der
zeitlichen Distanz der beiden Wandmalereien. Ein bedeutendes Argument für
die ägäische Herkunft der Maler ist die Tatsache, daß sowohl im Putz von Tell
el-Dab^{c}a als auch in dem auf die Wände von Thera aufgetragenen Partikel von
Murex-Muscheln (Stachelschnecke) auftreten[113]. Auch das Auftreten des Halb-
rosetten-Frieses ist unzweifelhaft ein palatiales Element minoischer Provenienz.

Die Tatsache, daß die Akrobaten in zwei verschiedenen Farben vorkommen,
wird mit zwei Altersklassen und unterschiedlichen Funktionen erklärt, die die
Männer erfüllen mußten, die mit den Stieren zu tun hatten. Die rot-braun gezeichneten waren in der vorbereitenden Phase als Stierringer und Hornhänger
mit den Tieren beschäftigt, sie zu bändigen[114], bevor die gelb gezeichneten jüngeren Männer (oder Jugendlichen) sie relativ gefahrlos überspringen konnten.
Alle Umstände deuten darauf hin, daß hier minoische Künstler aus Knossos am
Werke waren. Diese direkte Verbindung zwischen den Höfen von Knossos und
Avaris könnte im Zuge einer politischen Heirat das gewohnte Ambiente einer
kretischen Prinzessin oder bei der Vorbereitung eines diplomatischen Besuches
die Anbringung heimischer Wandmalereien zum Hintergrund gehabt haben.

Der abschließende Katalog von Fragmenten der minoischen Wandmalerei
mit Stierszenen aus Tell el-Dab^{c}a umfaßt 58 Szenen bzw. Elemente.

Der zweite Teil der Untersuchung gilt den Szenen des Stierspiels von
Knossos, wissenschaftsgeschichtlich gesehen das Urbild und die bedeutendste
Quelle für dieses inzwischen in verschiedenen Kulturen der Ägäiswelt nach-
weisbare spektakuläre Element der frühen Sportgeschichte. N. Marinatos und C.
Palyvou unterzogen angesichts der sich abzeichnenden Bedeutung der Wand-
malereien des unterägyptischen Tell el-Dab^c a mit den minoischen Szenen des
Stierspiels das kretische Material aus dem Palast von Knossos einer völligen
Neubearbeitung, wobei ihre Neudeutungen naturgemäß durch in Tell el-Dab^c a
gewonnene Erkenntnisse beeinflußt wurden.

Die Thesen, der Stier in den betreffenden Szenen erfahre kultische Verehrung oder verkörpere Fruchtbarkeit, werden abgelehnt. Ein scharfer Schnitt
wird auch gegenüber der Anwendung des Minotauros-Mythos gezogen, der erst

---

[113] Brysbaert, Ä&L 12, 2002, 95-107.
[114] Vgl. den Exkurs von M. Bietak, On Bull Leapers and Bull Catchers in Minoan Art,
unmittelbar vor Katalog der Fragmente von Tell el-Dab^{c}a.

seit dem 7. Jh. v. Chr. faßbar sei. Von Bedetuung für die Methodik der Untersuchung erscheint folgender Satz: „Contemporary bull-fights offer better insights into the techniques of this Minoan athletic event than the myth of the Minotaur."

Ausgehend von entsprechenden Überlegungen an den Wandmalereien von Tell el-Dabᶜa wurden Versuche mit standardisierten Musterfiguren der in Knossos verwendeten Stiere gemacht, die auf eine Grundform reduziert werden konnten, wobei auch eine gewisse Bandbreite von Variationen möglich war. An dem großen Fries von Knossos, dessen Thema in erzählender Weise dargestellt sei, lassen sich wenigstens zwei Hände unterscheiden. Die Komposition stellt eine Verbindung von Stierjagd (in der Natur) und dem Stierspiel (in einem städtischen Milieu) dar.

Als eindeutiges Ergebnis der Untersuchung kann festgehalten werden, daß beim Stierspiel zwei heterogene Personengruppen unterschieden werden können, diejenigen nämlich, die den Stier niederringen (grappler), und andere, die ihn überspringen (leaper). Beide Gruppen sind sowohl in der Farbgebung als auch in der Größe unterscheidbar, wobei es sicher ist, daß nur männliche Akteure vorkommen. Für Knossos drängt sich der Eindruck auf, daß das Thema Stierspiel im Rahmen des Bildprogrammes des Palastes eindeutig dominierte, was wohl damit zu erklären ist, daß dieses Motiv eine wichtige ideologische Aussage enthielt. Für die Frage des formalen Verlaufes der großen Wandmalerei ist es von Belang, daß alle Stiere nach links laufen, während die Bewegungs- richtung der Akrobaten nach rechts verläuft. Dadurch wird die Kontinuität eines Frieses betont.

Der von N. Marinatos erstellte Katalog der Fragmente der Wandmalereien aus dem Palast von Knossos mit dem Thema Stierspiel umfaßt 34 Nummern, von denen 21 im Museum in Herakleion und 12 im Ashmolean Museum in Oxford aufbewahrt werden; ein Fragment wurde in der Ausstellung des British Museum, London, entdeckt.

Der zweite Teil schließt mit einigen Bemerkungen zur Interpretation des Stierspiels anhand der Wandmalereien aus Knossos (N. Marinatos). Die in weißer Farbe gezeigten Akteure sind größer als die rot dargestellten. Auch die weißen sind eindeutig männlichen Geschlechts. Ihre Aufgabe besteht darin, die Stiere niederzuringen; sie sind nie als Akrobaten gezeigt. Als solche, die den Stier überspringen, werden nur die roten Personen gezeigt; diese sind wiederum nie als Stierringer abgebildet. „There was thus co-operation and team work between bull-grappler and acrobat."

Für N. Marinatos liegt der Sinn der Darstellung des Stierspiels, der sich auch an syrischen Siegelzylindern ablesen lasse, in der Manifestation der natürlichen Hierarchie. Die syrischen Siegel, auf denen auch Götter erscheinen können, und die Wandmalereien in Tell el-Dabᶜ a bündeln Stierspiel und Stierringen unter dem Generalthema 'Jagd'. Letzte Sinngebung des Stierspiels sei die Vermittlung eines Grundgedankens: „... the goal of the game was the establishment of superiority of man over the bull."

Abbildungsnachweise

Abb. 1: Photographie des Verfassers

Abb. 2: Shaw, Ä&L 5, 1995, 94

Abb. 3: Caubet (Hrsg.), L'acrobate au taureau (1999) 81

Abb. 4: Laser, Sport und Spiel (1987) Tf. 78

Abb. 5: Laser, Sport und Spiel (1987) Tf. 78

Abb. 6: Popplow, Stierspiele 1965, 61

Abb. 7: Popplow, Stierspiele 1965, 61

Abb. 8: Boardman, Gems and Fingerrings, Abb. 85

Abb. 9: Shaw, ABSA 91, 1996, 167-190 Tf. B 2

Abb. 10a-b: Decker, Sport in Griechenland, 25

Abb. 11: Davies / Schofield (Hrsg.), Egypt, the Aegean and the Levant (1995) Umschlagbild

Abb. 12: Bietak / Marinatos / Palyvou in: S. Sherrat (Hrsg.), Wall Paintings of Thera I (2000) 78 f. Abb. 1

Abb. 13: Bietak / Marinatos / Palyvou in: S. Sherrat (Hrsg.), Wall Paintings of Thera I (2000) 83 Abb. 5

Abb. 14: Bietak / Marinatos / Palyvou in: S. Sherrat (Hrsg.), Wall Paintings of Thera I (2000) 83 Abb. 4

Abb. 15: Shaw, Ä&L 5, 1995, 97

Abb. 16: Shaw, ABSA 91, 1996, 188

Abb. 17: Müller-Karpe, Handbuch der Vorgeschichte II Tf. 12,1

Abb. 18: Shaw, Ä&L 5, 1995, 95 Abb. 3

Abb. 19: Sipahi, IstMitt 50, 2000, 67 Abb. 3

Abb. 20: Sipahi, IstMitt 50, 2000, 77 Abb. 7a

Abb. 21: Sipahi, IstMitt 50, 2000, 79 Abb. 9a

Literatur- und Abkürzungsverzeichnis

Andronicos et al., Museen Griechenlands (1976) =

    M. Andronicos / M. Chatzidakis / V. Karageorghis, Die Museen Griechenlands (Athen 1976).

Arnott, Liverpool Classical Monthly 18, 1993 =

    W. G. Arnott, Bull-Leapings as Initiation, Liverpool Classical Monthly 18, 1993, 114-116.

Aymard, LEC 22, 1955 =

    J. Aymard, Quelques remarques sur les jeux avec le taureau à l'époque romaine, Les Études classiques 22, 1955, 259-266.

Azara in : Athanassopoulou / Azara (Hrsg.), Bull (2003) =

    P. Azara, The Golden Calf – The Bull in the Collective Imagination in Ancient Mediterranean, S. Athnanassopoulou / P. Azara (Hrsg.), The Bull in the Mediterranean World- Myths and Cult (Athen 2003) 24-51.

Beckwith / Fisher, Afrika II (1999) =

    C. Beckwith / A. Fisher, Afrika. Kulte – Feste – Rituale II (München 1999).

Bentz, Preisamphoren (1998) =

    M. Bentz, Panathenäische Preisamphoren – Eine athenische Vasengattung und ihre Funktion vom 6. – 4. Jahrhundert v. Chr., Antike Kunst – Beihefte 18 (Basel 1998).

Bietak, EA 2, 1992 =

    M. Bietak, Minoan Wall Paintings Unearthed at Ancient Avaris, Egyptian Archaeology 2, 1992, 26-28.

Bietak in: Hein (Hrsg.), Pharaonen und Fremde (1994) =

    M. Bietak, Stierspringer und Stierfänger, I. Hein (Hrsg.), Pharaonen und Fremde – Dynastien im Dunkel, 194. Sonderausstellung des Historischen Museums der Stadt Wien in Zusammenarbeit mit dem Ägyptologischen Institut der Universität Wien und dem Österreichischen Archäologischen Institut Kairo, Rathaus Wien, Volkshalle 8. Sept.-23. Okt. 1994 (Wien 1994) 199-200.

Bietak, Ä&L 4, 1994 =

    M. Bietak, Die Wandmalereien aus Tell el-Dab^{c}a/^{c}Ezbet Helmi – Erste Eindrücke, Ägypten und Levante 4, 1994, 44-58.

Bietak in : Davies / Schofield (Hrsg.), Egypt, the Aegean and the Levant (1995) =

    M. Bietak, Connections between Egypt and the Minoan World – New Results from Tell el-Dab^{c}a/Avaris, W. V. Davies / L. Schofield (Hrsg.), Egypt, the

Aegean and the Levant. Interconnections in the Second Millennium B. C. (London 1995) 19-28.

Bietak, Avaris (1996) =
   M. Bietak, Avaris – The Capital of the Hyksos. Recent Excavations at Tell el-Dab^{c}a (London 1996).

Bietak, BSFE 135, 1996 =
   M. Bietak, Le début de la XVIIIe Dynastie et les Minoëns à Avaris, Bulletin de la Société Française d'Egyptologie 135, 1996, 5-29.

Bietak, Les dossiers d'archéologie 213, 1996 =
   M. Bietak, Avaris/Tell el-Dab^{c}a, Les dossiers d'archéologie 213, März 1996, 16-23.

Bietak in : Oren (Hrsg.), Hyksos (1997) =
   M. Bietak, The Center of Hyksos Rule: Avaris (Tell el-Dab^{c}a), E. D. Oren (Hrsg.), The Hyksos – New Historical and Archaeological Perspectives, University of Pennsylvania, University Museum Monograph 96, University Museum Symposium Series 8 (Philadelphia 1997) 87-139.

Bietak in: Caubet (Hrsg.), L'acrobate au taureau (1999) =
   M. Bietak, Une citadelle royale à Avaris de la première moitié de la XVIIIe dynastie et ses liens avec le monde minoën, A. Caubet (Hrsg.), L'acrobate au taureau. Les découvertes de Tell el-Dab^{c}a (Egypte) et l'archéologie de la Méditerranée orientale (1800-1400 av. J. C.). Actes du colloque organisé au Musée du Louvre par le Service culturel le 3 décembre 1994 (Paris 1999) 29-81.

Bietak, ABSA 95, 2000 =
   M. Bietak, 'Rich Beyond the Dreams of Avaris: Tell el-Dab^{c}a and the Aegean World – A Guide for the Perplexed' – A Response to Eric H. Cline, The Annual of the British School at Athens 95, 2000, 185-205.

Bietak in: Erbelding / Albersmeier / Eckerle (Hrsg.), Im Labyrinth des Minos (2000) =
   M. Bietak, Tell el-Dab^{c}a/Avaris und die minoische Welt, S. Erbelding / S. Albersmeier / K. Eckerle (Hrsg.), Im Labyrinth des Minos. Kreta – Die erste europäische Hochkultur, Ausstellungskatalog des Badischen Landesmuseums 27.1. bis 29.4.2001, Karlsruhe, Schloß] (München 2000) 211-218.

Bietak in: Redford et al. (Hrsg.), Oxford Encyclopedia of Ancient Egypt II (2001) =
   M. Bietak,Tell el-Dab^{c}a, D.B. Redford et al. (Hrsg.), The Oxford Encyclopedia of Ancient Egypt II (Oxford 2001) 351-354.

Bietak / Marinatos, Ä&L 5, 1995 =
M. Bietak / N. Marinatos, The Minoan Wall Paintings from Avaris, Ägypten und Levante 5, 1995, 49-62.

Bietak / Marinatos in: Karetsou (Hrsg.), Κρήτή – Αίγυπτος. Μελέτες (2000) =
M. Bietak / N. Marinatos, Avaris (Tell el-Dabᶜa) and the Minoan World, A. Karetsou (Hrsg.), Κρήτή – Αίγυπτος: Πολιτισμικοί δεσμοί τριών χιλιετιών. Μελέτες (Herakleion 2000) 40-44.

Bietak / Marinatos in: Karetsou et al. (Hrsg.), Κρήτή – Αίγυπτος (2000) =
M. Bietak / N. Marinatos, Nr 277 α/β, Τοιχογραφία με σκηνή ταύρου και λαβυρίνθου, A. Karetsou / M. Andreadaki -Vlazaki / N. Papadaki (Hrsg.), Κρήτή – Αίγυπτος:. Πολιτισμικοί δεσμοί τριών χιλιετιών, Ausstellungskatalog Herakleion 21.11.1999 – 21.9.2000 (Herakleion 2000) 278-280.

Bietak / Marinatos / Palyvou in: S. Sherratt (Hrsg.), Wall Paintings of Thera I (2000) =
M. Bietak / N. Marinatos / C. Palyvou, The Maze Tableau from Tell el-Dabᶜa , S. Sherratt (Hrsg.), The Wall Paintings of Thera, Proceedings of the First International Symposium, Petros M. Nomikos Conference Centre Thera, 30 August – 4 September 1997, Volume I (Athen 2000) 77-102.

Bietak et al., Ä&L 4, 1994 =
M. Bietak / J. Dorner / I. Hein / P. Janosi, Neue Grabungsergebnisse aus Tell el-Dabᶜa und ᶜEzbet Helmi im östlichen Nildeltal (1989-1991), Ägypten & Levante 4, 1994, 9-80.

Bissing, AM 23, 1898 =
Fr. W. von Bissing, Stierfang auf einem ägyptischen Holzgefäß der XVIII. Dynastie, Mitteilungen des Kaiserlich Deutschen Archäologischen Instituts, Athenische Abteilung 23, 1898, 242-266.

Bissing, AM 24, 1899 =
Fr. W. von Bissing, Das Alter der Holzbüchse aus Kahun, Mitteilungen des Kaiserlich Deutschen Archäologischen Instituts, Athenische Abteilung 24, 1899, 486.

Boehmer, Reliefkeramik =
R. M. Boehmer, Die Reliefkeramik von Boğazköy – Grabungskampagnen 1906-1912. 1931-1939. 1952-1978, Boğazköy-Ḫattuša, Ergebnisse der Ausgrabungen Band XIII (Berlin 1983).

Bongert, Technik des Stierspringens (1999) =
J. Bongert, Die Technik des minoisch-mykenischen Stierspringens, Diplomarbeit Deutsche Sporthochschule Köln 1999.

Braun, Tod des Stieres (1997) =
K. Braun, Der Tod des Stieres – Fest und Ritual in Spanien (München 1997).

Brunner-Traut, Bildostraka (1956) =
E. Brunner-Traut, Die altägyptischen Scherbenbilder (Bildostraka) der
deutschen Museen und Sammlungen (Wiesbaden 1956).

Caubet (Hrsg.), L'acrobate au taureau (1999) =
A. Caubet (Hrsg.), L'acrobate au taureau – Les découvertes de Tell el-Dab°a
(Egypte) et l'archéologie de la Méditerranée orientale (1800-1400 av. J. C.),
Actes du colloque organisé au Musée du Louvre par le Service culturel le 3
décembre 1994 (Paris 1999).

Chadwick, Mykenische Welt (1979) =
J. Chadwick, Die mykenische Welt (Stuttgart 1979).

Cline, ABSA 93, 1998 =
E. H. Cline, Rich Beyond the Dreams of Avaris – Tell el-Dab°a and the Aegean
World – A Guide for the Perplexed, The Annual of the British School at
Athens 93, 1998, 199-219.

Collon, Ä&L 4, 1994 =
D. Collon, Bull-Leaping in Syria, Ägypten und Levante 4, 1994, 81-88.

Curtius / Adler, Olympia (1890-1897) =
E. Curtius / F. Adler, Olympia. Die Ergebnisse der von dem Deutschen Reich
veranstalteten Ausgrabung (1890-1897), 5 Bde Text, 4 Tafelbde, 1
Folienmappe (Berlin 1890-1897).

Davies / Schofield (Hrsg.), Egypt, the Aegean and the Levant (1995) =
W. V. Davies / L. Schofield (Hrsg.), Egypt, the Aegean and the Levant.
Interconnections in the Second Millennium B. C. (London 1995).

Decker in: Thomas (Hrsg.), Forschungen zur Aegaeischen Vorgeschichte (1987) =
W. Decker, Die mykenische Herkunft des griechischen Totenagons, E. Thomas
(Hrsg.), Forschungen zur Aegaeischen Vorgeschichte – Das Ende der
mykenischen Welt. Akten des internationalen Kolloquiums 7.-8. Juli 1984 in
Köln (Köln 1987) 201-230.

Decker, Sport (1995) =
W. Decker, Sport in der griechischen Antike, Beck'Archäologische Bibliothek
(München 1995).

Decker in: Ulf (Hrsg.), Ideologie – Sport – Außenseiter (2000) =
W. Decker, Sport und Fest im Alten Ägypten, Ch. Ulf (Hrsg.), Ideologie –
Sport – Außenseiter. Aktuelle Aspekte einer Beschäftigung mit der antiken

Gesellschaft, Innsbrucker Beiträge zur Kulturwissenschaft, Sonderheft 108 (Innsbruck 2000) 111-145.

Decker in: Gamer-Wallert / Helck (Hrsg.), Festschrift Brunner-Traut (1992) =
W. Decker, Altägyptische Sportstätten, I. Gamer-Wallert / W. Helck (Hrsg.), Gegengabe – Festschrift für Emma Brunner-Traut (Tübingen 1992) 61-72.

Decker / Herb, Bildatlas Sport I (1994) =
W. Decker / M. Herb, Bildatlas zum Sport im Alten Ägypten – Corpus der bildlichen Quellen zu Leibesübungen, Spiel, Jagd, Tanz und verwandten Themen I – Text, Handbuch der Orientalistik I, Der Nahe und Mittlere Osten, Band 14, 1 (Leiden / New York / Köln 1994).

Decker / Herb, Bildatlas Sport II (1994) =
W. Decker / M. Herb, Bildatlas zum Sport im Alten Ägypten – Corpus der bildlichen Quellen zu Leibesübungen, Spiel, Jagd, Tanz und verwandten Themen II – Abbildungen, Handbuch der Orientalistik I, Der Nahe und Mittlere Osten, Band 14, 2 (Leiden / New York / Köln 1994).

Demakopoulo in: Tzachou-Alexandri (Hrsg.), Mind and Body (1989) =
K. Demakopoulou, Contests in the Bronze Age Aegean – Crete, Thera and Mycenaean Greece, O. Tzachou-Alexandri (Hrsg.), Mind and Body – Athletic Contests in Ancient Greece, National Archaeological Museum, 15th May 1989 – 15th January 1990 (Athen 1989) 25-30.

Der Neue Pauly =
H. Cancik / H. Schneider (Hrsg.), Der Neue Pauly – Enzyklopädie der Antike I ff. (Stuttgart 1996ff.).

Diem, Weltgeschichte des Sports (1971) =
C. Diem, Weltgeschichte des Sports, ([3]Stuttgart 1971).

Drees, Olympia (1967) =
L. Drees, Olympia – Götter, Künstler und Athleten (Stuttgart 1967).

Drioton, Médamoud Inscriptions 1926 (1927) =
E. Drioton, Rapport sur les fouilles de Medamoud (1926) – Les inscriptions, Fouilles de l'Institut Français d'Archéologie Orientale du Caire 4, 2 (Kairo1927).

Durantez, Olimpiadas Griegas (1977) =
C. Durantez, Las Olimpiadas Griegas (Madrid 1977).

Ebert (Hrsg.), Olympia (1980) =
J. Ebert (Hrsg.), Olympia. Von den Anfängen bis zu Coubertin (Leipzig 1980).

Eder, Nikephoros 7, 1994 =
    Ch. Eder, Kampfsport in der Siegelkunst der Altlevante, Nikephoros 7, 1994,
    83-120.

Evans, JHS 41, 1921 =
    A. J. Evans, On a Minoan Bronze Group of a Galloping Bull and Acrobatic
    Figure from Crete, Journal of Hellenic Studies 41, 1921, 247-259.

Evans, Palace of Minos III =
    A. J. Evans, The Palace of Minos at Knossos III (London 1930).

Evjen in: Coulson / Kyrieleis (Hrsg.), Symposium on the Olympic Games (1992) =
    H. D. Evjen, The Origins and Functions of Formal Athletic Competition in the
    Ancient World, W. Coulson / H. Kyrieleis (Hrsg.), Proceedings of an
    International Symposium on the Olympic Games, 5-9 September 1988 (Athen
    1992) 95-104.

Fábri, AnnRepInd 1934/35 =
    C. L. Fábri, The Cretan Bull-Grappling Sports and the Bull-Sacrifice in the
    Indus Valley Civilization, Annual Report of the Archaeological Survey of India
    1934/35, 93-100.

Falassi / Catoni / Merisio, Palio (1982) =
    A. Falassi / G. Catoni / P. Merisio, Palio (Mailand 1982).

Finley / Pleket, Die Olympischen Spiele (1976) =
    M. Finley / H. W. Pleket, Die Olympischen Spiele der Antike (Tübingen 1976).

Garcia Romero, Juegos Olimpicos (o. J.) =
    F. García Romero, Los Juegos Olimpicos y el deporte en Grecia, Coleccion
    Estudios orientales 5 (Barcelona 1992).

Graham, Palaces of Crete (1969) =
    J. W. Graham, The Palaces of Crete (Princeton 1969).

Haider, Ä&L 6, 1996 =
    P. W. Haider, Menschenhandel zwischen dem ägyptischen Hof und der
    minoisch-mykenischen Welt?, Ägypten und Levante 6, 1996, 137-156.

Herrmann, Stadion 6, 1980 =
    H.-V. Herrmann, Die Ausgrabung von Olympia – Idee und Wirklichkeit,
    Stadion 6, 1980, 39-80.

Herrmann, Olympia (1972) =
    H.-V. Herrmann, Olympia – Heiligtum und Wettkampfstätte (München 1972).

Immerwahr, Aegean Painting (1990) =
S.A. Immerwahr, Aegean Painting in the Bronze Age (University Park PA / London 1990).

Indelicato, Cretan Studies 1, 1988 =
S. D. Indelicato, Were Cretan Girls Playing at Bull-Leaping?, Cretan Studies 1, 1988, 39-47.

LÄ V (1994) 543-545 Anm. 2 s.v. Schaukämpfe (Walle) =
B. van de Walle, Schaukämpfe, W. Helck et.al (Hrsg.), Lexikon der Ägyptologie V (Wiesbaden 1994) 543-545.

Laser, Sport und Spiel (1987) =
S. Laser, Sport und Spiel, Archaeologia Homerica T (Göttingen 1987).

Leclant in: Miro / Sacconi (Hrsg.), Secondo congresso di micenologia II (1996) =
J. Leclant, L'Egypte et l'Egée au second millénaire, E. de Miro / A Sacconi (Hrsg.), Atti e memorie del secondo Congresso Internazionale di Micenologia, Roma – Napoli, 14-20 ottobre 1991, II, Incunabula Graeca (Rom 1996) 613-625.

Marinatos, Ä&L 4, 1994 =
N. Marinatos, The 'Export' Significance of Minoan Bull Hunting and Bull Leaping Scenes, Ägypten und Levante 4, 1994, 89-93.

Marinatos, Ä&L 5, 1995 =
N. Marinatos, The Minoan Wall Paintings from Avaris, Ägypten und Levante 5, 1995, 49-62.

Marinatos, Ä&L 8, 1998 =
N. Marinatos, Tell el-Dabᶜa Paintings – A Study in Pictorial Tradition, Ägypten und Levante 8, 1998, 83-99.

Morgan in: Davies / Schofield (Hrsg.), Egypt, the Aegean and the Levant (1995) =
L. Morgan, Minoan Painting in Egypt – The Case of Tell el-Dabᶜa, W. V. Davies / L. Schofield (Hrsg.), Egypt, the Aegean and the Levant (London 1995) 29-53.

Morenz, Ä&L 10, 2000 =
L. Morenz, Stierspringen und die Sitte des Stierspiels im altmediterranen Raum, Ägypten und Levante 10, 2000, 195-203.

Mouratidis, Nikephoros 2, 1989 =
J. Mouratidis, Are there Minoan Influences on Mycenaean Sports, Games and Dances?, Nikephoros 2, 1989, 43-63.

64 W. Decker

Mouratidis, Greek Sports (1982) =
  J. Mouratidis, Greek Sports, Games and Festivals before the Eighth Century
  B.C., [unpubl.] Doctoral Dissertation, The Ohio State University (Columbus,
  Ohio1982).

Mouratidis, Physical Education Review 113, 1990 =
  J. Mouratidis, Bull Leaping in Minoan Crete, Physical Education Review 113,
  1990, 120-127.

Nagel / Eder, DaM 6, 1992 =
  W. Nagel / Ch. Eder, Altsyrien und Ägypten, Damaszener Mitteilungen 6,
  1992,1-108.

Newberry, Beni Hasan II (1893) =
  P. E. Newberry / F. Willoughby, Beni Hasan II, Archaeological Survey of
  Egypt, [Memoir 2] (London 1894).

W. D. Niemeier / B. Niemeier in: Cline / Harris-Cline (Hrsg.), The Aegean and the
  Orient (1998) =
  W. D. Niemeier / B. Niemeier, Minoan Frescoes in the Eastern Mediterranean,
  E. H. Cline / D. Harris-Cline, The Aegean and the Orient in the Second
  Millennium – Proceedings of the 50th Anniversary Symposium, Cincinnati, 18-
  20 April 1997, Aegaeum 18 (Liège 1998) 69-98.

Özgüç in: Willinghöfer / Hasekamp (Hrsg.), Hethiter und ihr Reich (2002) =
  T. Özgüç, Die Keramik der althethitischen Zeit, H. Willinghöfer / U. Hasekamp
  (Hrsg.), Die Hethiter und ihr Reich – Volk der 1000 Götter, Katalog der
  Ausstellung in der Kunst- und Ausstellungshalle der Bundesrepublik
  Deutschland in Bonn, 18.1.-28.4.2002 (Darmstadt 2002) 248-255.

Peim, Mobilität griechischer Athleten (i. Vb.) =
  O. Peim, Die Mobilität griechischer Athleten, Diss. Köln 2003 (i. Vb.).

Popplow, Die Leibeserziehung 1964 =
  U. Popplow, Stierspiele in Altkreta, Die Leibeserziehung 1964, 33-47.

Popplow, Kollegium des Felix-Klein-Gymnasiums (Hrsg.), Festschrift Felix-Klein
  Gymnasium Göttingen (1965) =
  U. Popplow, Stierspiele in Altkreta, Kollegium des Felix-Klein Gymnasiums
  (Hrsg.), Festschrift 75 Jahre Felix-Klein-Gymnasium Göttingen (Göttingen
  1965) 47-73.

Popplow, Leibesübungen
  U. Popplow, Leibesübungen und Leibeserziehung in der griechischen Antike,
  Beiträge zur lehre und Forschung der Leibeserziehung 2 (Schorndorf 1959, [5]
  1972).

Rehak / Younger, AJA 102, 1998 =
P. Rehak / J. G. Younger, Review of Aegean Prehistory VII, American Journal of Archaeology 102, 1998, 91-173.

Rollinger, Nikephoros 7, 1994 =
R. Rollinger, Aspekte des Sports im alten Sumer, Nikephoros 7, 1994, 7-64.

Sakellarakis, Museum Heraklion (1994) =
J. A. Sakellarakis, Museum Heraklion, Illustrierter Führer durch das Museum (^{7}Athen 1994).

Scanlon, Nikephoros 12, 1999 =
Th. F. Scanlon, Women, Bull Sports, Cults and Initiation in Minoan Crete, Nikephoros 12, 1999, 33-70.

Schliemann, Tiryns (1886) =
H. Schliemann, Tiryns (Berlin 1886).

Seyrig, Syria 33, 1956 =
H. Seyrig, Cylindre représentant une tauromachie, Syria 33, 1956, 169-174.

Shaw, Ä&L 5, 1995 =
M. C. Shaw, Bull Leaping Frescoes at Knossos and their Influence on the Tell el-Dab^{c}a Murals, Ägypten und Levante 5, 1995, 91-120.

Shaw, ABSA 91, 1996 =
M.C. Shaw, The Bull-Leaping Fresco from Below the Ramp House at Mycenae – A Study in Iconography and Artistic Transmission, The Annual of the British School of Athens 91, 1996, 167-190.

Sipahi, Anatolica 27, 2002 =
T. Sipahi, New Evidence from Anatolia Regarding Bull-Leaping Scenes in the Art of the Aegean and the Near East, Anatolica 27, 2002, 107-125.

Sipahi, IstMitt 50, 2000 =
T. Sipahi, Eine althetitische Reliefvase vom Hüseyindede Tepesi, Istanbuler Mitteilungen 50, 2000, 63-85.

Spathari, Olympic Spirit (1992) =
E. Spathari, The Olympic Spirit (Athen 1992).

Thompson, Archaeological News 14, 1985 =
J. G. Thompson, The Bull-Jumping Exhibitions at Mallia, Archaeological News 14, 1985, 1-8.

Thompson, JSH 13, 1986 =
> J. G. Thompson, The Location of Minoan Bull-Sports: A Consideration of the Problem, Journal of Sport History 13, 1986, 5-13.

Thompson, JSH 16, 1989 =
> J. G. Thompson, Clues to the Location of Minoan Bull-Jumping from the Palace of Knossos, Journal of Sport History 16, 1989, 62-79.

Thompson, JSH 19, 1993 =
> J. G. Thompson, Clues to the Location of Bull Leaping at Zakro, Journal of Sport History 19, 1993, 163-168.

Tzachou-Alexandri (Hrsg.), Mind and Body (1989) =
> O. Tzachou-Alexandri (Hrsg.), Mind and Body – Athletic Contests in Ancient Greece, National Archaeological Museum, 15th May 1989 – 15th May 1990 (Athen 1989).

Vercoutter, L'Egypte et le monde égéen (1956) =
> J. Vercoutter, L'Egypte et le monde égéen préhellénique, Bibliothèque d'Étude 22 (Kairo 1956).

Weiler, Sport (1988) =
> I. Weiler, Der Sport bei den Völkern der Alten Welt, 2. Auflage (Darmstadt 1988).

Werbrouck, Bull. M. R. A. H., 4e série, 25e année, 1953 =
> M. Werbrouck, Ostraca à figures, Bulletin des Museés Royaux d'Art et d'Histoire, 4e série, 25e année, 1953, 93-111.

Wingerath, Studien zur Darstellung des Menschen (1995) =
> H. Wingerath, Studien zur Darstellung des Menschen in der minoischen Kunst der älteren und jüngeren Palastzeit (Marburg 1995).

Yalouris et al. (Hrsg.), Olympic Games (1982) =
> N. Yalouris / I. Douskou / M. Andronikos (Hrsg.), The Olympic Games in Ancient Greece – Ancient Olympia and the Olympic Games (Athen 1982).

Younger, AJA 80, 1976 =
> J. G. Younger, Bronze Age Representations of Aegean Bull Leaping, American Journal of Archaeology 80, 1976, 125-137.

Younger, Muse 17, 1983 =
> J. G. Younger, A New Look at Aegean Bull-Leaping, Muse 17, 1983, 72-80.

Younger in: Laffineur / W. D. Niemeier (Hrsg.), Politeia (1995) =

J. G. Younger, Bronze Age Representations of Aegean Bull-Games III, R. Laffineur / W. D. Niemeier (Hrsg.), Politeia – Society and State in the Aegean Bronze Age, Proceedings of the 5th International Aegean Conference, University of Heidelberg, Archäologisches Institut 10-13 April 1994, Aegaeum 12 (Liège 1995) 507-545.

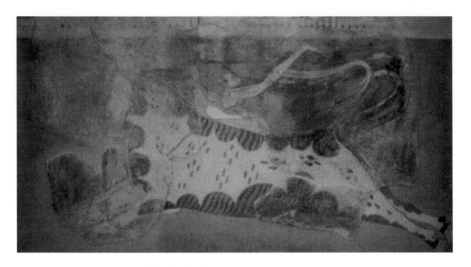

Abb. 1 Fresko aus Tiryns: Stierspiel

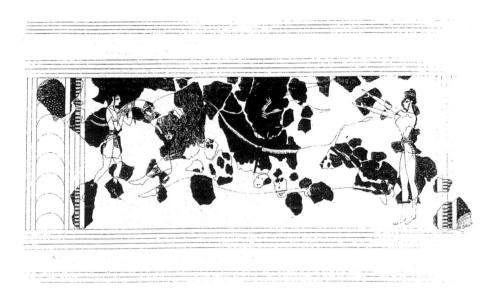

Abb. 2 Fresko aus Knossos: Stierspiel

Abb. 3 Freskenfries aus Knossos (Rekonstruktion M.A.S. Cameron): Stierspiel

Abb. 4 Sprungtechnik nach A. Evans

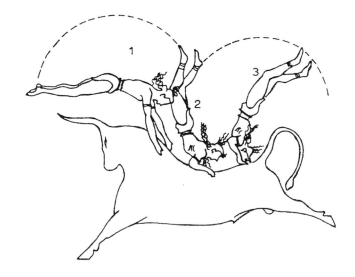

Abb. 5 Sprungtechnik nach J. G. Younger („Diving Leaper Schema")

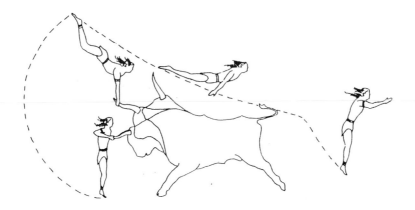

Abb. 6 Sprungtechnik nach U. Popplow (Variante „Hechtsprung")

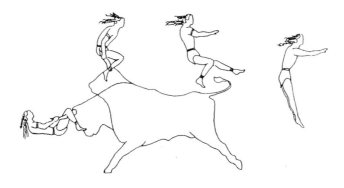

Abb. 7 Sprungtechnik nach U. Popplow (Variante „Kehrsprung")

Abb. 8 Siegel aus Priene:
Stierspiel mit ungedeutetem Objekt

Abb. 9 Fresko aus Mykene (Rekonstruktion M. C. Shaw / G. Bianco):
Stierspiel, zwei Springer beim Anlauf

Abb. 10a Larnax aus Tanagra (spätmykenisch), Seite A: Klagefrauen,
Hoplomachie

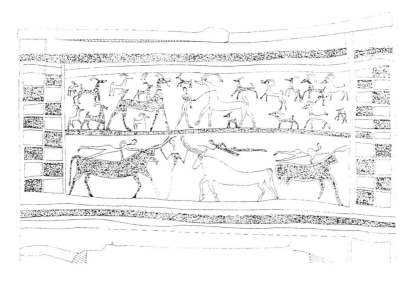

Abb. 10b Larnax aus Tanagra (spätmykenisch), Seite B: Tieropfer, Stierspiel

Abb. 11 Freskenfragment aus Tell el-Dabᶜa: Stierspiel
(Erste Publikationsphase)

Abb. 12 Fresko aus Tell el-Dabᶜa: Stierspiel
(Rekonstruktion: M. Bietak / N. Marinatos / C. Palyvou)

Abb. 13 Fresko aus Tell el-Dabᶜa: Stierspiel, Niederringen des Stieres

Abb. 14 Fresko aus Tell el-Dabᶜa: Stierspiel, Darstellung eines Stieres en face

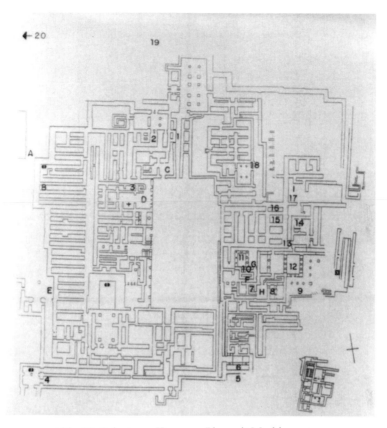

Abb. 15 Palast von Knossos: Plan mit Markierung
der Anbringungsorten von Szenen des Stierspiels

Abb. 16 Stierspiel (zeichnerische Rekonstruktion
von M. C. Shaw / N. Holmes-Kantzios)

Abb. 17 Wandmalerei aus Çatal Hüyük (5. Jts. v. Chr.) : Stierspiel

Abb. 18 Holzkästchen aus Kahun: Stierspiel

Abb. 19 Hethitische Kultvase vom Huseyindede Tepesi: Bilderfries

Abb. 20 Hethitische Kultvase vom Huseyindede Tepesi: Stierspiel

Abb. 21 Hethitische Kultvase vom Huseyindede Tepesi: Stierspiel

Anmerkungen zur Genese und Transformation des Reif-Harappa-Komplexes

Reinhard Dittmann

Einleitung

Die Harappa-Kultur, auch unter dem Namen Indus-Kultur bekannt, stellt nach wie vor eine der faszinierendsten Komplexe der Vorderasiatischen Archäologie dar, selbst wenn sie innerhalb der deutschen Sektion des Faches aufgrund ihrer vermeintlichen Randlage und eines forschungsgeschichtlich zu begründenden und oftmals noch nicht überwundenen Mesopotamiozentrismus noch recht stiefmütterlich behandelt wird (Abb. 1). Da dieser Komplex ferner an der Nahtstelle zwischen Vorderasiatischer Archäologie und Indischer Kunstgeschichte gelegen ist, können in Ermanglung einer eigenständigen indischen archäologischen Disziplin in Deutschland nur vergleichsweise oberflächliche Annäherungsschritte daran vorgenommen werden, sei es begründet in ihrer angeblichen Peripherität oder in einer weitgehenden Beschränkung der Betrachtungsweise auf ihre rein künstlerischen Hinterlassenschaften als älteste Kunstdenkmäler von Bedeutung im südasiatischen Raum[1]. Erst mit den ausgehenden sechziger Jahren wurde zunächst vage, dann in

---

[1] In deutschsprachigen Handbüchern zur Vorderasiatischen Archäologie fehlt eine Auseinandersetzung mit der Indus-Kultur zumeist. Die einzige Ausnahme ist H. Kühne, RLA V (1976-80) 96 ff.; B. Hrouda, Vorderasien I (1971) 9. 103. 125 Anm. 5, erwähnt zwar die Indus-Kultur und weist auf Verbindungen zum vorderasiatischen Bereich hin (op. cit. 48 bezieht er Tall-i Iblis I auf Mundigak), zählt aber Afghanistan und Pakistan nicht mehr zum eigentlichen "Raum" der Vorderasiatischen Archäologie, sondern faßt diese Bereiche als Verbindungsglieder zwischen Vorder- und Mittelasien oder als Teil des letzteren auf. Erst 1989 setzte sich Hrouda erneut mit der Indus-Kultur und ihren Westverbindungen auseinander, ausgehend von einer Terrakotta aus Isin (Hrouda in: L. de Meyer / E. Haerinck, Archaeologia Iranica et Orientalis. Miscellanea in Honorem Louis Vanden Berghe I [1989] 207-209). W. Nagel schlug dagegen in seiner Rezension zu Casals Grabungen in Mundigak (OLZ 59, 1964, 171 ff.) eine Brücke zur Vorderasiatischen Archäologie, und in seiner Arbeit: Djamdat Nasr-Kulturen und Frühdynastische Buntkeramiker, BBV VIII (1964) 18 bezog er, lange vor dem Erscheinen von "Vorderasien I", schon die bemalte Keramik aus Mundigak IV in seine Überlegungen zur Entwicklung der Buntkeramik des Iran mit ein. Schon wesentlich früher hatten Mackay und Mode auf Beziehungen zwischen den beiden Bereichen hingewiesen (E.H.J. Mackay,

eher verwirrender Vielfalt und zunehmender Komplexität durch die Arbeiten im iranischen Raum[2], im Persischen Golf[3] und durch die verstärkte Zurkenntnisnahme russischer Aktivitäten im turkmenischen, uzbekischen, tadjikischen und baktrischen Bereich[4] das Zusammenspiel der einzelnen Regionen erkennbar und

---

Die Induskultur [1938]; H. Mode, Indo-Cretan Comparisons [1944]; zu weiteren Arbeiten s.u.), ebenso wie etwas später auch H. Schmökel (Forschungen und Fortschritte 40/5, 1966, 143 ff.). In der Disziplin der Indischen Kunstgeschichte im deutschsprachigen Raum erfolgt eine Auseinandersetzung mit der Indus-Kultur, vor allem hinsichtlich ihrer künstlerischen Hinterlassenschaften: H. Mode, Indische Frühkulturen und ihre Beziehungen zum Westen (1944); ders., Das Frühe Indien (1959); H. Goetz, Indien. Fünf Jahrtausende Indischer Kunst [6](1965) 21 ff.; H. Härtel / J. Auboyer, Indien und Südostasien, PKG XVI (1971) 23 ff.; Mode, Kunst in Süd- und Südostasien (1979) 13 ff. Siehe jetzt auch M. Jansen, Die Indus-Zivilisation (1986); G. Urban / M. Jansen, Vergessene Städte am Indus (1987), S.P. Gupta, The Indus-Saraswati Civilization. Origins, Problems and Issues (1996), sowie den hervorragenden knappen Überblick von U. Franke-Vogt, MDOG 127, 1995, 97-150, und G.L. Possehl, The Indus Civilization. A Contemporary Perspective (2003). Eine Auflösung der hier verwendeten Siglen findet sich in R. Dittmann, Beobachtungen zur Glyptik des Harappa-Komplexes, in: R. Dittmann et al. (Hrsg.), Variatio delectat. Iran und der Western. Gedenkschrift für Peter Calmeyer, AOAT 272 (2000) 267.

[2]   Vor allem die Ausgrabungsberichte zu Bampur, Shahr-i Sokhta und Tepe Yahya, auf die weiter unten im Zusammenhang eingegangen werden wird, sind hier von Relevanz. Die Grundlage für die Verknüpfung des iranischen mit dem indischen Gebiet hatte bereits M.A. Stein mit seinen Untersuchungen gelegt: M.A. Stein, On Alexander's Tracks (1929); ders., An Archaeological Tour in Waziristan and Northern Baluchistan = MASI XXXVII (1929); ders., An Archaeological Tour in Upper Swat and Adjacent Hill Tracts, MASI XLII (1930); ders., An Archaeological Tour in Gedrosia = MASI XLIII (1931); ders., Archaeological Reconnaissance in North-Western India and South-Eastern Iran (1937); ders., GJ 99, 1942, 174 ff.; ders., GJ 102, 1943, 193 ff., und ders. in: S.P. Gupta, An Archaeological Tour along the Ghaggar-Hakra River (1989). Ausführliche bibliographische Angaben zu den iranischen Befunden finden sich bei L. Vanden Berghe/B. de Wulf / E. Haerinck, Bibliographie analytique de l'Iran Ancien (1979), nebst Ergänzungsbänden und in der Bibliographie von P. Calmeyer im Anhang an die Archäologischen Mitteilungen aus Iran.

[3]   Zusammenfassend: D. Potts, The Arabian Gulf in Antiquity I-II (1990); Siehe auch die Synthesen von M. Tosi in: P.M. Costa / M. Tosi, Oman Studies, Serie Orientale Roma LXIII (1989) 135 ff., und H.I. MacAdam, Arabian Archaeology and Epigraphy 1/2-3, 1990, 49 ff.

[4]   Siehe die englischsprachigen Arbeiten von V.M. Masson / V.I. Sarianidi, Central Asia. Turkmenia before the Achaemenids (1972); S.P. Gupta, Archaeology of Soviet Central Asia and the Indian Borderlands I-II (1979); P. Kohl, The Bronze Age Civilization of Central Asia: Recent Soviet Discoveries (1981); ders., Central Asia. Palaeolithic Beginnings to the Iron Age (1984). Paradigmatisch ist auch eine Arbeit von M. Tosi, SAA IV (1979) 149 ff. Von Vorderasiatischer Seite sind vor allem die Arbeiten Amiets zu nennen: P. Amiet, Syria 54, 1977, 89 ff.; ders., La Revue du Louvre 28, 1978,

das Indusgebiet und der südrussische Kulturraum eng mit den vorderasiatischen Kernregionen verknüpft. Galt der Indus bis dahin als absolut östlichste Grenze Vorderasiatischer Archäologie, so muß heute aufgrund der Verbreitung des Harappa-Aspektes, die Grenze bis weit in den indischen Staat gezogen werden. Eine Beschäftigung mit diesem Komplex kann also heute nicht mehr als ein marginäres Steckenpferd eines als exotisch eingestuften Peripheriephänomens aufgefaßt werden, sondern muß der Komplexität des Gegenstandes versuchen gerecht zu werden, was, gemessen an den dazu benötigten Sprachkenntnissen, jedoch schwierig ist. In diesem Zusammenhang gilt es jedoch auch einem anderen Phänomen Rechnung zu tragen, nämlich dem Publikationsstand zum Harappa-Komplex. Nicht ohne einen gewissen Sarkasmus kann festgestellt werden, dass hierzu mehr übergreifende Darstellungen, Synthesen und "Handbücher" als Endpublikationen von Grabungen existieren[5]. Kaum eine der neueren, zum Teil schon vor zwanzig Jahren durchgeführten Grabungen ist bis heute in einer Form publiziert, die über einen Vorbericht hinausgehen würde, und ein Teil der Standardpublikationen rührt von Grabungen her, die in den zwanziger und dreißiger Jahren durchgeführt wurden, mit den bescheidenen Standarts ihrer Zeit, bei gleichzeitig enormer Freile-

---

153 ff.; ders., IrAnt 15, 1980, 155 ff.; ders., AnStud. 33, 1983, 19 ff. und vor allem: ders., L'Age des Échanges Inter-Iraniens (1986). Eine kritische Würdigung der Befunde im zentralasiatischen Bereich findet sich in H.P. Francfort, Fouilles de Shortughaï. Recherches sur l'Asie Centrale Protohistorique = MMAFAC II 1 (1989) bes. 339 ff.

[5]   In Auswahl, ohne eine Vollständigkeit anzustreben : D.P. Agrawal, The Copper Bronze Age in India (1971); ders., The Archaeology of India = SIAS XLVI (1982); B. und R. Allchin, The Birth of Indian Civilization (1968); F.R. Allchin / N. Hammond, The Archaeology of Afghanistan (1978); J.M. Casal, La Civilisation de l'Indus et ses Enigmes (1969); K.N. Dikshit, Prehistoric Civilization and the Indus Valley (1967); L. Dupree, Afghanistan (1973); W.A. Fairservis, The Roots of Ancient India ([2]1975); B.H. Gordon, The Prehistoric Background of Indian Culture (1958); K.C. Jain, Prehistory and Protohistory of India (1979); F.A. Khan, Indus Valley and Iran (1964); A.N. Khanna, Archaeology of India (1981); E.J.H. Mackay, Early Indus Civilization ([2]1948); S.C. Malik, Indian Civilization: The Formative Period (1966); S. Piggott, Prehistoric India (1950); S.R. Rao, Lothal and the Indus Civilization (1973); H.D. Sankalia, Prehistory and Protohistory in India and Pakistan ([2]1974); R.E.M. Wheeler, Five Thousand Years of Pakistan: An Archaeological Outline (1950); ders., The Indus Civilization (1953); ders., Early India and Pakistan: To Asoka (1959) und ders., The Indus Civilization ([3]1968), um nur die wichtigsten Handbücher zu nennen. An Bibliographien seien angefügt: B.M. Pande / K.S. Ramachandran, Bibliography of the Harappan Culture (1971); R. Brunswig, A Comprehensive Bibliography of the Indus Civilization and Related Subjects and Areas, Asian Perspectives 16/1, 1974, 75 ff.; D.E. King, A Comprehensive Bibliography of Pakistan Archaeology: Palaeolithic to Historic Times (1975); G.L. Possehl, Ancient Cities of the Indus (1979) 363 ff.; W. Ball, Archaeological Gazetteer of Afghanistan I-II (1982); A.K. Roy, Indus Valley Civilization (1982); G.L. Possehl, Indian Archaeology, A Review 1953-82 (1985); R.N. Dandekar, Harappan Bibliography. Government Oriental Series Class B 15 (1987), und Posshel[1].

gung von Flächen[6]. Das heißt, ein hoher Prozentsatz der Basisdaten zur Beurteilung des Harappa-Komplexes stammt aus Grabungen, die ohne jegliche stratigraphische Kontrolle durchgeführt wurden. Neuere Untersuchungen wurden im Kernbereich dieses Komplexes meist auf begrenzter Fläche durchgeführt.

Der folgende Versuch, das überaus heterogene Material zueinander in Bezug zu setzen und einige Grundzüge der Entwicklung der hier betrachteten Regionen zu erarbeiten, soll weniger zu einer "neuen" Synthese zur Problematik des Harappa-Komplexes führen, als vielmehr einen Stein des Anstoßes darstellen, der als Grundlage für eine Diskussion dienen soll, deren zukünftiges Ziel solch eine Synthese sein könnte. Gleichzeitig dient diese Studie als Einführung in einen vermeintlichen Randbereich der Vorderasiatischen Archäologie, mit der Absicht, die Indus-Kultur als integrierten Bestandteil derselben auch im deutschsprachigen Raum zu etablieren[7].

---

[6]   Endpublikationen liegen nur für Amri, Chanhu Daro, Harappa, Mehrgarh (C. Jarrige / J.F. Jarrige / R.H. Meadow und G. Quivron, Mehrgarh Field Reports 1974-1985, from Neolithic Times to the Indus Civilization [1995]), Mohenjo Daro und Pirak vor, was das Indus-Tal und die Kachi-Ebene betrifft. Von dem wichtigen Ort Lothal ist mir bisher nur der Endbericht zur Architektur bekannt: S.R. Rao, Lothal a Harappan Port Town, MASI 78,1 (1979); die Materialvorlage (MASI 78, 2) ist mir noch nicht zugänglich. Ein weiterer wichtiger Ort, Kalibangan ist, wie die meisten anderen Orte, nur in Vorberichten bisher vorgelegt worden. Großflächige Grabungen wurden vor allem in Harappa und Mohenjo Daro durchgeführt.

[7] Die folgenden Anmerkungen zur Genese und Transformation des Reif-Harappa-Kom-lexes beruhen im wesentlichen auf Vorarbeiten, die der Verfasser im Jahre 1984 Dank eines Forschungsstipendiums der Kommission für Allgemeine und Vergleichende Archäologie des Deutschen Archäologischen Instituts unter ihrem damaligen Direktor H. Müller-Karpe durchführen konnte (wofür der Institution und H. Müller-Karpe nachträglich gedankt sei). Aufgrund andersweitiger Verpflichtungen konnte die Arbeit erst Ende 1990 und 1991 abgeschlossen und erst 2003 überarbeitet werden. Ein Teil davon wurde bereits vorgelegt: Dittmann[1] 231-312. Als eine überaus gelungene Einführung zum Thema hat jetzt vor allem Possehl, The Indus Civilization. A Contemporary Perspective (2002), zu gelten.

1. Das konzeptionelle Problem der Frage nach der Herausbildung des Reif-Harappa-Komplexes

Eines der Grundprobleme bei der Beurteilung des Reif-Harappa-Komplexes[8] ist forschungsgeschichtlich begründet. Als in den zwanziger Jahren dieses Jahrhunderts die ersten Überreste dieser "neuen Kultur" erfaßt wurden[9], glaubte man zunächst mit wenigen Ausnahmen, fest verwurzelt im Glauben an den zeitliche und "kulturelle" Primat der vorderasiatisch-ägyptischen Kultur, dass jegliche Hochkultur auf dem indischen Kontinent ihren Ursprung in den frühen Hochkulturen des westlichen Vorderasien haben müßte, zumal zu diesem Zeitpunkt lokale Vorstufen noch nicht erfaßt, beziehungsweise diesem Komplex noch nicht zugeordnet worden waren[10].

1.1. Prä-, Früh- oder Proto-Harappa - Horizont. Exogener und/oder endogener Ursprung des Reif-Harappa-Komplexes?

Der exogene Ursprung der Reif-Harappa-Komplexes wurde vor allem von denjenigen Autoren vermutet, die vormals Ausgrabungen im Vorderen Orient durchgeführt oder Kenntnis von vorderasiatischen Altertümern hatten und nunmehr im pakistanischen Bereich die Funde direkt mit denen ihres vorherigen Arbeitsgebietes verglichen und daraus ableiteten[11]. Da sich bis in die späten fünf-

---

[8] Der Begriff Reif-Harappa wird hier in Anlehnung an die englische Bezeichnung "Mature-Harappan" verwendet, und inhaltlich verbindet sich damit die 4. Stufe in W.A. Fairservis Entwicklungsschema in: Possehl, Ancient Cities of the Indus (1979) 66 ff., bes. 72 f. Keramisch sind die Funde aus Amri IIIA-C für diesen Horizont zu nennen, der in Kapitel 4 noch feinteiliger untergliedert wird. Den begrifflichen Inhalten Casals (J.M. Casal, Fouilles d'Amri I [1964] 42), der Amri IIIA als "Phase Harappéenne"; Amri IIIB als "Phase de Transition" und Amri IIIC als "Mohenjo Daro Tardif" bezeichnet, wird hier jedoch nicht gefolgt, sondern ein Alternativkonzept erarbeitet. Für die Verwendung der Begriffe Aspekt und Komplex cf. Dittmann, AMI 17, 1984, 156 Anm. 1. Zur Forschungsgeschichte cf. M. Jansen, Die Indus-Zivilisation (1986).

[9] Erste Funde der Harappa-Kultur wurden bereits in Harappa am Ende des vorigen Jahrhunderts gemacht, ohne dass diese jedoch als bedeutend eingestuft worden wären (Jansen[8] 13 f. Fig. 2-3 und Sir Alexander Cunningham in: Possehl[8] 102-104).

[10] Einen ausgezeichneten Überblick über die Forschungsgeschichte vermittelt neben Jansen[8] auch R.M. Mughal in: Possehl[8] 90 ff., sowie die Arbeiten von B.M. Pande und Possehl in: Posshel, Harappan Civilization (1982) 395ff. 405 ff.

[11] Besonders sind hierfür die Arbeiten von Mackay, Antiquity 5, 1931, 459 ff.; ders., Early Indus Civilization (1935); ders., JAOS 57, 1937, 1 ff.; ders., Further Excavations at Mohenjo-Daro I-II (1938), und ders.[1] zu nennen, denn Mackay bezog die Grabungsergebnisse im Indus-Tal direkt auf Befunde in Ur und Kish in Babylonien. Den zur Zeit wohl besten Überblick über die Frühen Phasen der Indus-Kultur bietet Possehl, Indus Age. The Beginnings (1999).

ziger Jahre keine Vorstufen oder Frühformen dieser "Kultur" abzuzeichnen schienen, beziehungsweise diese kaum zur Kenntnis genommen wurden, war der Import von Westen, bis hin zu Theorien von Wanderbewegungen von West nach Ost[12], trotz älterer Gegenpositionen[13] "evident". Dieses Konzept hätte eigentlich durch die Arbeiten von N.G. Majumdar in Sind erschüttert werden müssen, der in dem Fundort Amri 1929 (später ab 1959 fortgeführt durch J.M. Casal) ältere Kulturreste als die Indus-Kultur erfaßte, ebenso wie die in Kot Diji von F.A. Khan 1955 vorgenommenen Grabungen, womit die Frage nach dem endogenen Ursprung des Reif-Harappa-Komplexes eigentlich gestellt war[14]. Da das ältere, exogene Konzept jedoch noch nicht aus den Vorstellungen verbannt war (und zum Teil bis heute nicht ist[15]), wurden diese älteren Ausformungen als lokale, nicht entwicklungsfähige Stufen aufgefaßt, die in keinerlei Zusammenhang zu dem kulturell hochstehenden "importierten" Reif-Harappa-Komplex stehen konnten. Ein gewisser Kompromiß wurde von Wheeler propagiert, der nur die Idee der Zivilisation als vom Westen her importiert ansprach, eine Annahme, die er erst in seinen späten Jahren aufgab[16]. Eine Verdichtung der Informationen zu diesen älteren Stufen machte aber im Laufe der Jahre eine Verbindung zwischen ihnen und dem Reif-Harappa-Komplexes deutlich, zumal es zwei Orte gab, Amri und Kot Diji in Sind, wo "Übergangsschichten" vorhanden waren, die beide Aspekte aufwiesen[17]. Die Frage war: Sind diese älteren Manifestationen die Wurzeln des Reif-

---

[12]   Mackay (Further Excavations at Mohenjo-Daro I [1938] 639 ff., bes. 668) vertrat die Auffassung, dass die Indus-Kultur genetisch mit der Uruk-Kultur Mesopotamiens verknüpft sein könnte. Heine Geldern (The Origin of Ancient Civilization and Toynbee's Theories, Diogenes 1956, 81 ff.) ging ebenfalls von einem Kolonialisierungsprozeß des Indus-Tales aus, und auch D.H. Gordon (The Prehistoric Background of Indian Culture [1958] 60) war Wanderbewegungen von Mesopotamien und Elam aus nicht abgeneigt. Kramer (Dilmun, Quest for Paradise, Antiquity 37, 1963, 114) vertrat noch 1963 die Ansicht, dass die Träger der Ubaid-Kultur nach Pakistan ausgewandert seien und die Indus-Kultur begründet hätten.

[13]   Schon im Jahre 1924 war der Ausgräber von Mohenjo Daro, Sir J. Marshall, überaus skeptisch, was die Frage nach einer direkten, genetischen äußeren Beeinflussung der Indus-Kultur anging (Marshall, ILN 20.9.1924, 528 ff. 548 = ders. in: Possehl[8] 105 ff.; ders., Mohenjo-daro and the Indus-Civilization I [1931] 106).

[14]   N.G. Majumdar, Explorations in Sind = MASI XLVIII (1934); J.M. Casal, Fouilles d'Amri I-II (1964); ders., PA 1, 1964, 57 ff.; F.A. Khan, PA 2, 1965, 13ff. Majumdar hat mit seinen Untersuchungen den Grundstein der Abfolge in Sind gelegt, cf. K. Deva in: Possehl[10] 387 ff.

[15]   Siehe zum Beispiel Sankalia, Puratattva 8, 1975-76, 72 ff.

[16]   R.E.M. Wheeler (The Indus Civilization [1953] bes. 93 f.; ders., Early India and Pakistan [1959] 104) ging davon aus, dass die Träger der Indus-Kultur Mesopotamien als Modell auffaßten, nach dessen Vorgaben sie ihre eigene Zivilisation ausformten.

[17]   Hinzuzufügen ist Kalibangan, am östlichen alten Ufer des Ghaggar gelegen, der von 1960 bis 1969 von der Archäologenschule des indischen Antikendiensts unter B.B. Lal

Harappa-Aspektes, sind sie also als Früh- oder Proto-Harappa-zeitlich einzustufen, oder sind sie davon zu trennen, der Ursprung des Reif-Harappa-Komplexes müßte dann noch irgendwo ergraben oder definiert werden, und folglich wären sie Prä-/ Vor-Harappa-zeitlich[18]. Hinzu kam eine rezente politische Komponente: Nach der Trennung (West-)Pakistans von Indien, war der indische Bundesstaat vermeintlich seiner ältesten Kulturdenkmäler, nämlich der Reif-Harappa-Kultur, beraubt. Mit Auffindung ähnlicher Funde auf indischem Gebiet wurde nach dem Ursprung dieser Kultur auch in Indien gesucht und diejenigen älteren Manifestationen, die in Pakistan ergraben worden waren, konnten somit an der Genese des Reif-Harappa-Komplexes nicht ausschließlich beteiligt sein[19]. Wie jüngere Arbeiten belegen, ist die Debatte um diese vergleichsweise marginalen Fragen bei der Beurteilung des Reif-Harappa-Komplexes noch lange nicht beendet[20].

---

und B.K. Thapar ergraben wurde. Auf weitere Orte sei weiter unten näher eingegangen. Kalibangan hat aber schon früh eine wichtige Rolle in der Diskussion zusammen mit Amri und Kot Diji gespielt (Wheeler, The Indus Civilization [³1968] 21 ff.; Casal, La Civilisation de l'Indus et ses Énigmes [1969] 181 f.).

[18]   R. Mughal (The Early Harappan Period in the Greater Indus Valley and Northern Baluchistan c. 3000-2400 B.C. [1971]) sprach erstmals die verschiedenen Keramikaspekte in Baluchistan und Sind als direkte Vorläufer des Reif-Harappa-Komplexes an; cf. auch Possehl (Annual Review of Anthropology 19, 1990, 261 ff. bes. 274 ff.) der einen abrupten Wechsel zwischen Früh-/Prä- und Reif-Harappa als gegeben sieht, und S. Asthana, Pre-Harappan Cultures of India and the Borderlands (1985). Die jüngste Stellungnahme von Mughal ist in: South Asian Studies 6, 1990, 175 ff. und Possehl[11] 568-573, zu finden .

[19]   A. Gosh (The Indus Civilization: Its Origin, Authors, Extent and Chronology in: V.N. Misra / M.S. Mate, Indian Prehistory [1965] 113 ff.) benannte alle Vor-Harappa-Manifestationen, auch in Pakistan, als Sothi-Komplex nach einem Fundort im Drishadvati Becken auf indischer Seite, beispielhaft vertreten in dem indischen Fundort Kalibangan. Auch S.P. Gupta vermutet den Ursprung der Indus-Kultur im Sarasvati-Ghaggar-Becken in Indien (Gupta, Puratattva 8, 1976, 141 ff.). Einen weiteren politischen Faktor bei der Beurteilung der Genese der Indus-Kultur hat M. Tosi in: Urban / Jansen[1] 119-122, beleuchtet.

[20]   Siehe zusammenfassend die kritische Würdigung von M.A. Konishi in: B.B. Lal / S.P. Gupta, Frontiers of the Indus Civilization = Festschrift Wheeler (1984) 37 ff., sowie die jüngsten Stellungnahmen von Mughal in: Urban / Jansen[1] 112 ff.; ders., JCA 12/1, 1989, 47 ff., und ders., South Asian Studies 6, 1990, 175 ff. Marginalität ist dieses Problem deshalb, weil es von der irrigen Annahme ausgeht, dass sich ein (fälschlicherweise) als homogen aufgefaßter Kulturkomplex weitgehend linear-genetisch in seiner Entwicklung auf nur einen (vermeintlich) älteren Komplex zurückführen ließe. Nach der hier anschließenden Betrachtung ist dies kaum gegeben, sondern verschiedene Entwicklungslinien zusammen führen zu dem, was man als Reif-Harappa-Komplex bezeichnen könnte, jedoch nicht zu einer "homogenen Kultur".

1.2.   Probleme der relativ-chronologischen Verknüpfung der Früh-Harappa-Aspekte untereinander.

Lange ungeklärt und bis heute nicht abschließend gelöst ist die Frage nach dem zeitlichen Zueinander der verschiedenen Vor- und Früh-Harappa-Manifestationen. Zu oft wird dieses Problem simplifiziert, indem alle Vor- und Frühformen des Komplexes als unbedingt zeitgleich angesprochen werden, die dann zu einem gemeinsamen Zeitpunkt zu einem (plötzlichen) Ende kommen , bzw. sich in den Reif-Harappa-Komplex in einer interregional als synchron aufgefaßten Übergangsphase umwandeln[21]. Nur J.M. Casal und S.P. Gupta[22] haben schon relativ früh diesem Ansatz widersprochen und Alternativen entwickelt, sonst gelten oftmals einfache Schablonen, Etiketten wie Vor-/Früh-Harappa = Amri, Kot Diji, Sothi, Siswal A, Bara, gefolgt von "Reif-Harappa", mit oder ohne Übergangsphase. Weder erfolgte eine wirkliche Auseinandersetzung mit den Lokalabfolgen (was aufgrund des mangelhaften Publikationsstandes auch nur unter größten Schwierigkeiten möglich ist), noch wurden die Lokalsequenzen in ihrem regionalen Kontext gesehen, sondern, festgemacht an wenigen Gemeinsamkeiten, die Vor-/Früh-Harappa-Manifestationen in den verschiedenen Regionen des Subkontinentes als weitgehend synchron angesprochen. Auch in diesem Rahmen kann keine profunde Auseinandersetzung mit allen Befunden erfolgen, jedoch können die Schlüsselgrabungen auf einander bezogen und somit die einzelnen Vor-/Früh-Harappa-Aspekte differenzierter miteinander verknüpft werden. Da eine Verknüpfung der älteren Manifestationen untereinander aber direkte Auswirkungen auf die Bewertung der verschiedenen Reif-Harappa-Manifestationen zueinander haben wird, kann dieser Schritt sinnvollerweise erst in Abschnitt 2.1 vollzogen werden.

---

[21] Mughal, The Early Harappan Period in the Greater Indus Valley and Northern Baluchistan c. 3000-2400 B.C. (1970) 358, Tab. 14.
[22] Casal[17] bes. 164 ff. 212-213; ders. in: D.P. Agrawal / D.P. Chakrabarti, Essays in Indian Prehistory (1979) 99 ff.; S.P. Gupta in: O. Manchanda, A Study of the Harappan Pottery (1972) 395 ff.

2. Der Reif-Harappa-Komplex

Definiert wurde das Material des Reif-Harappa-Komplexes ursprünglich anhand der Funde aus dem namengebenden Ort Harappa, gefolgt von denen aus Mohenjo Daro, Amri und Chanhu-Daro, allesamt in Pakistan gelegen. Erst ab den fünfziger und sechziger Jahren wurde ähnliches Material in den angrenzenden Bereichen in Rangpur und Lothal (Saurashtra-Gujarat) und in Kalibangan (Rajasthan) ergraben, und dies alles zusammen wurde unter (Reif-)Harappa- oder Indus-Kultur subsumiert.

2.1. Uniformität oder Diversität und das Problem der internen Chronologie des Reif -Harappa-Komplexes

In fast allen Darstellungen zur Indus-Kultur finden sich als Merkmale dieses Komplexes:

- Verbreitung eines als weitgehend uniform, homogen aufgefaßten
  Fundmaterials;
- Geplante Stadtanlagen, unterteilt in eine Akropolis und in
  eine Unterstadt mit einem, vermeintlich das hippodamische
  Straßennetz vorwegnehmenden Kommunikationssystem;
- Befestigungsanlagen und der Gebrauch von gebrannten Ziegeln;
- Charakteristische Stempelsiegel und der Gebrauch von einem als
  Schrift aufgefaßten Zeichensystem.

Mohenjo Daro und Harappa wurden aufgrund ihres vermeintlich identischen Fundmaterials und ob ihrer herausragenden Größe als „Zwillingshauptstädte" dieses Komplexes aufgefaßt, von dem aus der gesamte Komplex regiert und dominiert wurde. Durch Auffindung der großen, Mohenjo Daro und Harappa ebenbürtigen Siedlung Ganweriwala im Hakra-Ghaggar-Bereich muß dieses Konzept aufgegeben werden[23]. Von dem Kernbereich (Sind, Punjab und neuerdings Bahawalpur-Gebiet) aus wurden dann die Randbereiche als quasi kolonialisiert[24]

---

[23]   Die Ansicht, dass Mohenjo Daro und Harappa die "Zwillingshauptstädte" der Indus-Kultur seien, wurde von S. Piggott, Prehistoric India (1952) 132 ff., vertreten (dagegen Possehl[7] 247). Zu Ganweriwala cf. Mughal in: S.P. Gupta, An Archaeological Tour along the Ghaggar-Hakra River (1989) 118. Zu der erstaunlich gleichförmigen Distanz zwischen den verschiedenen Zentren der Harappa-Kultur cf. besonders auch Mughal, JCA 13, 1, 1990, 155 ff. und Dittmann[114] 297 Abb. 1.

[24]   So zum Beispiel von Casal[17] 178 ff.

[25]   Casal[17] bes. 178 f.; M.A. Fentress, Resource Access, Exchange Systems and Regional Interaction in the Indus Valley (1976), und G.F. Dales, freundliche Mitteilung 1986 in Harappa.

angesprochen, festgemacht an Orten wie zum Beispiel Lothal in Nord-Gujarat, wo das Layout der Anlage und die Funde einen direkten Kontakt evident werden ließen, sowie anhand von weiteren Orten in den "Randbereichen", auf die noch später einzugehen sein wird.

Schon 1969 wies J.M. Casal, der Ausgräber von Amri, als erster auf gewisse Unterschiede im Material zwischen Harappa und Mohenjo Daro hin, ein Eindruck, der dann ansatzweise von M.A. Fentress erhärtet wurde und sich, zumindestens was die Keramik betrifft, auch in den jüngsten Untersuchungen von G.F. Dales in Harappa abzuzeichnen scheint[25]. Aufgrund des nur mangelhaften Informationsstandes, besonders was die Fundlage der Objekte und die intern-stratigraphischen Probleme betrifft, kann keine detaillierte weiterführende Betrachtung zu Unterschieden in der materiellen Kultur beider Orte erfolgen, die über die Ergebnisse der angeführten Arbeiten wesentlich hinausginge.

Bevor auf die verschiedenen Reif-Harappa-Manifestationen im einzelnen eingegangen werden soll, sei kurz die Problematik der internen Chronologie des Reif-Harappa-Komplexes und seiner Genese untersucht. In diesem Zusammenhang ist vor allem die Nahtstelle zwischen den Früh- und Reif-Harappa-Manifestationen in den Schlüsselorten des Indussystems Mehrgarh und Naushoro (Kachi-Ebene), Amri, Kot Diji, Mohenjo Daro und Chanhu Daro (Sind), Harappa (Punjab), sowie Kalibangan (Rajasthan) von Interesse. In einem ersten Schritt sollen Mehrgarh, Naushoro, Amri und Kot Diji miteinander verbunden und dann der Befund von Mohenjo Daro, Chanhu Daro, Harappa und Kalibangan darauf bezogen werden. Die frühen Grabungen in Mohenjo Daro können in Ermangelung einer wirklichen Stratigraphie nur grob mit den anderen Orten verknüpft werden. Jüngst publikgemachte Ausgrabungsergebnisse von Wheeler sowie von Dales und Kenoyer bringen vor allem Anhaltspunkte für die späten Reif-Harappa-Phasen in Mohenjo Daro; Wheelers Tiefgrabung reicht allerdings bis in ältere Phasen dieses Horizontes.

2.1.1. Das zeitliche Verhältnis von Kot Diji zu Amri, Mehrgarh und Naushoro

R.M. Mughal datierte in seiner Dissertation zur Früh-Harappa-Periode[26] den Kot Diji-Aspekt, ähnlich wie der Ausgräber F.A. Khan, älter als die Reif-Harappa-Periode (= Amri III, Mohenjo Daro, Harappa und Kalibangan II). J.M. Casal, S.P. Gupta, K.N. Dikshit und X. Chaolong sind dagegen der Auffassung, dass der Kot

---

[26]   Mughal[21].

Diji-Aspekt bis in die Reif-Harappa-Periode hineinreicht[27]. Schon der Befund von Mehrgarh macht es deutlich, dass Kot Diji-Keramik, eine kürzere Laufzeit zu haben scheint, als Mughal dies vermutet, denn im Gegensatz zu seiner Annahme, dass Kot Diji-Keramik im wesentlichen zeitgleich zu Amri IA-ID sei, fand sich in Mehrgarh diese Keramik erst in Periode VII, was mit Amri IIB zu parallelisieren ist[28]. Keine von Mughals Typen kann wesentlich vor Amri IIA, also dem Beginn des "Überlappungshorizontes" von Amri- und Reif-Harappa-Material datiert werden[29].

---

[27] Siehe Anm. 22 und K.N. Dikshit in: Lal / Gupta[20] 531 ff., bes. 537, sowie X. Chaolong, SAA IX (1990) 157ff. – dazu Possehl[11] 574-576.

[28] J.F. Jarrige / M. Lechevallier, SAA IV (1979) 463ff. bes. 534; M. Santoni, SAA VIII (1989) 176ff.

[29] Nicht vorhanden sind in Kot Diji: Indus-Becher; Becher, wie Jarrige, PA 10-22, 1974-86, Fig. 23c-d; cf. G.F. Dales / J.M. Kenoyer, Excavations at Mohenjo Daro, Pakistan: The Pottery (1986) Fig. 23, 6-18; 24, 1-12 (UM, Phase A-B); Standfußgefäß-formen wie sie in Nausharo III-spät belegt sind = Jarrige, op. cit. 63 ff. 91, pl.XLVIIa (Mehrgarh VIII-Frühform); "Früchteständer" mit einer Verdickung unter der Schale, wie sie Amri IIIB-spät/Nausharo III-spät aufkommen und in IV typisch sind = Casal, Fouilles d'Amri II (1964) Fig. 80, 353a. Sonstige Parallelen: KD 1 Khan, PA 2, 1965, Fig. 11, 6 = Casal, op. cit. II, Fig. 81, 360 (Form) Amri IIIB; KD 1B Khan, op. cit. Fig. 11, 2 = Casal, op. cit. II, Fig. 78, 341 (Motiv) Amri IIIA und Wheeler, AI 3, 1947, Fig. 10, 39 (Motiv) Harappa Gruppe iiib; KD 2 Khan, op. cit. Fig. 11, 8 = Casal, op. cit. II, Fig. 73, 314 Amri IIIA-C; KD 2 Khan, op. cit. Fig. 15, 9 = Casal, op. cit. II, Fig. 74, 317 Amri IIIA-B; KD 2B Khan, op. cit. Fig. 12, 12 = Casal, op. cit. II, Fig. 75, 320 Amri IIIA; KD 3 Khan, op. cit. Fig. 13, 12 = Casal, op. cit. II, Fig. 74, 316a-317 Amri IIIA-B; KD 3A Khan, op. cit. Fig. 15, 17 = Casal, op. cit. II, Fig. 73, 315 Amri IIIA und Jarrige / Lechevallier[28] 530 ab Mehrgarh VI!; KD 3A Khan, op. cit. Fig. 12, 5 = Casal, op. cit. II, Fig. 74, 316a; 75, 320 Amri IIIA (das Motiv ist vor Amri IIIA nicht belegt, auch nicht in Mehrgarh VII. Vogeldarstellungen aus Mehrgarh VI sind verschieden davon: siehe Jarrige / Lechevallier[28] Fig. 24, 2. 4. 6); KD 4/4A/6 Khan, op. cit. Fig. 14, 5. 10; 15, 7 = Casal, op. cit. II, Fig. 72, 303 Amri IIB-IIIB und Jarrige / Lechevallier[28] 530 ab Mehrgarh VI!; KD 5A/6 Lippenform Khan, op. cit. Fig, 15, 2; 25, 5 = Dales / Kenoyer, op.cit. Fig. S2, 3a Wheeler, Kontext A; KD 5A-1C Lippenform Khan, op. cit. Fig. 12, 1-2; 25, 20 (Vorform: 23, 17 = Schicht 7; 21, 19 = Schicht 9). In der Form wie aus Schicht KD 5A, sonst nur belegt in: Dales / Kenoyer, op.cit. Fig. S2, 3b; Wheeler, Kontext A und Casal, op.cit. II, Fig. 76, 327; 77, 334 Amri IIIA-B (Vorform: Casal, op. cit. II, Fig. 71, 289 Amri IIB); KD 11/6 Punkte unter dunklem Konturband unterhalb einer rot überzogenen Zone im oberen Halsbereich = Khan, op. cit. 44, pl. XX ; Fig.15, 3 = KD 11; 15,10 = KD 6 = Casal, op. cit. II, Fig. 76, 325 ab Amri IIIA-IIIC und Dales / Kenoyer, op. cit. Fig. S2, 7g = Wheeler, Kontext A. Eine Gefäßform ohne solche Punkte aber mit rotem Band (cf. Casal, op.cit. II, Fig. 76, 327 Amri IIIA-B) gibt es in Kot Diji ab 14A (Khan, op. cit. Fig. 17, 10); KD 12 Khan, op. cit. Fig. 18, 6 = Casal, op. cit. II, Fig. 69, 273 ab Amri IIB-IIIC und Pracchina, East & West 35, 1985, 458 ff. Fig. 4, E-G Lal Shah II (Mehrgarh VIIC); KD 14A/7 Khan, op. cit. Fig. 17, 18; 14, 11; 25, 17; 11, 10 /5A/1 = Casal, op. cit. II, Fig. 70, 286 ab Amri IIB-IIIB(C). Chaolong[27] bes. 175 ff.,

Die vermeintlich zu Amri IA-ID synchrone Abfolge der "Kot Diji-Schichten"
16-4, gefolgt von einem "Überlappungshorizont" von Kot Diji- und Harappa-
Keramik in Schicht 3A der Oberstadt und Schicht 2-3 der Unterstadt zu gleichen
mit Amri IIA-B, wie von Mughal veranschlagt[30], ist also nicht haltbar, wenngleich
der extreme Ansatz Casals sicher auch übertrieben ist[31]. Schicht 3A der Unterstadt
hat bereits ein Pfauenmotiv, welches nicht vor Amri IIIA datiert werden kann. Es
fällt auch schwer die Lippenformen, die für Töpfe in Schicht 6 und 5A belegt sind,
vor Amri IIIA, beziehungsweise Kontext A in Wheelers Tiefgrabung in Mohenjo
Daro zu datieren. Dass Kot Diji wohl kaum bis Amri IA reicht, zeigen kleine
zylindrische Gefäße und Schalenlippenformen, die zum einen ab Kot Diji 14A
und zum anderen ab Kot Diji 12 belegt sind. In Amri setzen sie erst mit Periode
IIB ein. Dass dunkle Tupfen unterhalb einer von einem dunklen Konturband abge-
setzten Halszone bei Flaschen in Kot Diji früher als in Amri und Mohenjo Daro
einsetzen könnten, mag dagegen nicht unwahrscheinlich sein; dieses Motiv hat
auch in Amri eine sehr lange Laufzeit in den späteren Schichten. Nach den hier
getroffenen Vergleichen könnten die Schichten Kot Diji 16-15 vielleicht gerade
noch bis Amri IIA hineinreichen, sicher nicht davor. In diesem Horizont (sogar
schon in Amri ID![32]) finden sich in Amri, sowie im zeitgleichen Mehrgarh VI
jedoch bereits erste Harappa-Merkmale in der Keramik. Anders ausgedrückt: Zu
einem Zeitpunkt, da in Amri (West-Sind) sich offenbar *keramisch* der Reif-
Harappa-Aspekt entwickelt (ab Amri IIA; erste Ansätze ab ID), herrscht in Kot
Diji noch der Kot Diji-Aspekt vor. Harappa-Elemente bilden sich in Kot Diji (Ost-
Sind) erst verspätet, am Ende des Amri IIB-und im Amri IIIA-Horizont heraus.

---

kommt zu einem ganz ähnlichen Datierungsansatz (cf. Fig. 10-11). In zwei Punkten kann
ihm jedoch nicht zugestimmt werden: Ibid., Fig. 12-links = Khan' op. cit. Fig. 17, 14 =
Kot Diji Schicht 16 ist sicher kein Fragment eines Gefäßständers, wie sie ab Amri IIIB
aufkommen. Chaolongs Gegenüberstellung ist zwar suggestiv, da aber alle anderen Be-
gleitformen dieses Typs fehlen, der mit Amri IIIB-spät auftritt, ist diese Korrelation hinfällig. Gleiches gilt für Chaolong[27] Fig. 13 = Khan, op. cit. Fig. 17, 15. Hierbei handelt
es sich auf gar keinen Fall um einen spitzbodigen Indus-Becher, denn sollte dieser Typ
belegt sein (die Massenware des Indusbereiches), dann müßte es mehr als eine Scherbe
davon geben. Ferner wäre die Existenz von Indus-Bechern Mughal[21] bei seiner Autopsie
der Kot Diji-Keramik sicher nicht entgangen. Ein neuerer Ansatz von Xu Chaolong
deckt sich dagegen weitgehend mit demm hier erarbeiteten Ansatz und revidiert seine
früheren Überlegungen: X. Chaolong, Cultural Changes in Sindh Prior to the Mature
Harappan Period? A Clue Drawn from a Comparative Study of the Pottery, in: J.M.
Kenoyer (Hrsg.), From Sumer to Meluhha: Contributions to the Archaeology of South
and West Asia in Memory of George F. Dales, Jr. Wisconsin Archaeological Reports 3
(1994) 59-70, bes. 69 Fig. 5.6.
[30]   Mughal[21] 50 ff.; bes. 52, Fig. 2 und 358, Tab.14.
[31]   Casal[17] 212-213, datiert Kot Diji 4-5 in den Amri IIIB-Horizont.
[32]   Casal[29] I, 86.

Mughal unterteilte, in einer jüngst vorgelegten Studie, die Abfolge in Kot Diji, was die Früh-Harappa-Schichten am Ort betrifft, in drei Subphasen:

Kot Diji II = Schicht 3-1/ Reif-Harappa
Kot Diji IC = Schicht 3A-C/"Mixed"
Kot Diji IB = Schicht 7-4/ Früh-Harappa
Kot Diji IA = Schicht 16-8/Früh-Harappa

Kot Diji IA parallelisiert Mughal mit Mehrgarh V-VI und Kot Diji IB mit Mehrgarh VII und Kalibangan I[33].

Ein typisches Indus-Stempelsiegelfragment wurde in Kot Diji den Reif-Harappa-Schichten zugewiesen, ohne nähere Angabe. Aus gleichem Kontext (?) stammt ein geometrisches Siegel mit deutlichen Bezügen zu Mehrgarh VII[34], einem Stil, der früher zum Jhukar-Horizont gezählt wurde, dem heute, Dank der Grabungen in Mehrgarh, eine längere Laufzeit zugewiesen werden kann[35].

In der Kachi-Ebene verbindet sich Mehrgarh VI mit dem Material von Amri IIA, also dem Beginn des Überlappungshorizontes zwischen Amri- und Reif-Harappa-Material. Wahrscheinlich überlappen Amri IIB und Mehrgarh VI jedoch noch, denn in Mehrgarh VI fanden sich erste Früchteständer mit Einkerbungen in der Schale und das Malmotiv der sich überschneidenden Kreise, die vor Amri IIB nicht belegt sind[36]. Mehrgarh VII kann ansonsten aber mit Amri IIB verbunden werden. Mehrgarh VIIA-B zeigt ferner gute Übereinstimmungen mit Nausharo IA –IB und Mehrgarh VIIC und Lal Shah mit Nausharo IC[37]. Aufgrund der

---

[33] Mughal, South Asian Studies VI, 1990, 175 ff., bes. 184 ff. 196, Tab. 1.
[34] Khan[29] pl.XXXIIIa und Urban / Jansen[1] 252, A68.
[35] Jarrige, Paléorient 1/2, 1973, 263 ff., bes. 280 f.
[36] Jarrige / Lechevallier[28] 530, und Casal[29] II, Fig. 72, 303-304 (Malmotiv); Fig. 73, 315 (Früchteständer, sogar erst Amri IIIA).
[37] Jarrige, PA 10-22, 1974-86, 63 ff., bes. 68. 118; cf. auch Jarrige / Hassan, SAA VIII (1989) 165. Gemäß C. Jarrige (in: Urban / Jansen[1] 100 f.) wurde in Mehrgarh noch eine Vor-Harappa-zeitliche Phase VIID isoliert, über deren keramisches Inventar noch nichts ausgesagt werden kann. Auch in Nausharo wurde noch eine Phase ID isoliert, die ein Material des Übergangs von Amri IIB zu IIIA erbrachte, welches allerdings noch nicht komplett vorgelegt wurde (Jarrige in: Urban / Jansen[1] 65; ders. et al. PA 23, 1987, bes. 196 ff.). Zu den frühen Phasen in Nausharo siehe auch G. Quivron, The Pottery Sequence from 2700-2400 B.C. at Nausharo, Baluchistan, SAA XII (1994) 629-644. Demnach gibt es in Nausharo eine kurze Übergangsphase (ibid., 643), bestehend aus einer Plattform und einer Keramik, die an Kulli-Material anklingt und wie ein Vorläufer von Nausharo IV-Material wirkt (ibid., 632). J.-F. Jarrige, SAA XIII (1997) 20-21, verbindet Mundigak IV.1-2 mit Mehrgarh VIIA-B und Nausharo IA-B und Mundigak IV.3 mit Mehrgarh VIIC, Nausharo IC, und auch seiner Meinung nach weist das jüngere

räumlichen Nähe zu Baluchistan gelingt es, mit Hilfe der Mehrgarh-Sequenz auch die verschiedenen Lokalsequenzen der Bergregionen enger einzubinden, was in Amri wegen der räumlichen Entfernung kaum gegeben ist. Nausharo II bis III verbindet sich direkt mit Amri IIIA und IIIB. Der Amri IIIB-Horizont, der in Amri selbst nur in zwei Subphasen unterteilt werden kann, muß einen langen Zeitraum markieren, denn in Nausharo III werden eine Fülle von Subphasen veranschlagt [38]. Wenn das Material aus Nausharo erst einmal vollständig publiziert sein wird, wird ein wichtiger Vergleichskomplex zur Abfolge von Amri gegeben sein.

2.1.2. Die zeitliche Stellung der Schichten in Mohenjo Daro

In Mohenjo Daro gibt es nur zwei neuere Grabungen, die jüngst publiziert wurden: Zum einen die Ausgrabungen von R.E.M. Wheeler im sogenannten REM- Bereich am "Granary" und in "Site ACC" im Jahr 1950 und zum anderen die Ausgrabungen des University Museums (UM) of Pennsylvania, südwestlich des sogenannten "HR"-Bereiches im Jahre 1964.

Wheelers Grabung, besonders das sogenannte "Deep Sounding" im REM-Bereich, war der erste Versuch, auf einer stratigraphischen Grundlage in die älteren Schichten Mohenjo Daros vorzudringen. Die ältesten beiden Phasen dieser Wheelerschen Grabungen, Kontext A-B genannt, verbinden sich unschwer mit Amri IIIB; Kontext A reicht aber vielleicht noch bis Amri IIIA[39]. In diesen Zusammenhang gehört auch UM, Phase A. Der spitzbodige Indus-Becher tritt erst in Wheeler, Kontext C-D, auf, ebenso in UM, Phase B; aus UM, Phase A-spät, stammt nur ein vereinzelter Indus-Becher[40]. In UM, Phase B-spät, und Wheeler,

---

Nausharo ID spätere Elemente auf, die er mit der spätharappazeitlichen Kulli und Pirak-Kultur verbinden will (und die bereits mit Nausharo IC einsetzen sollen). Diese früh-harappazeitlichen Vorläufer sollen dann in der der Indus-Kultur benachbarten Kulli-Kultur überlebt haben (ibid., 30-31) und dies soll eine der Wurzeln des baktrischen Komplexes bilden (C. Jarrige et al.[6] 95). Nausharo IV wird von ihm auch als direkter Vorläufer von Mehrgarh VIII/Sibri gewertet. Gleichwohl fand sich hier ein fragmentarisches typisches Indus-Siegel und eine zerbrochene Kulli-Figurine.

[38]   B. de Cardi, Archaeological Surveys in Baluchistan, 1948 and 1957, Institute of Archaeology Occasional Publication VIII (1983), zu den Befunden in Beluchistan. Gemeint sind Nausharo IIIA1-2, IIIB1-5 und IIIC1-4, der frühen Vorberichte. Wahrscheinlich gehören die letzten Schichten des vormaligen Nausharo IIIC nunmehr zu Nausharo IV (Jarrige SAA XII [1994] 295-313).

[39]   Dales / Kenoyer[28] Fig. S1, 1b. 1e; Fig. S4, 14c. e (Kontext A) und Casal[28] II, Fig. 74, 317; Fig. 75, 318; Fig. 72, 307 und Fig. 73, 310 (Amri IIIA).

[40]   Dales / Kenoyer[28] 127 f. Der einzige sichere Beleg aus Kontext A stammt aus der spätesten Schicht dieser Phase. Folglich datiert UM A-spät unmittelbar jünger als Nausharo III (wo dieser Bechertyp noch nicht belegt ist) an das Ende von Amri IIIB und den Beginn des Amri IIIC-Horizontes, wo dieser Becher erstmals belegt ist (Casal[28] I,

Kontext D, finden sich auch erste Anklänge an Jhukar-Keramik, ähnlich wie in Amri IIIC[41]. Gefäßständer mit einer Verdickung zwischen Standfuß und Schale sind erst in Kontext C in Wheelers Grabung belegt[42]. In Amri gibt es sie schon in IIIB; sie sind dann häufiger in IIIC. Beispiele dieses Typs treten in Nausharo erst am Ende von Periode III auf, die vor dem Beginn von Amri IIIC endet[43]. Wheeler, Kontext C, ist aber eindeutig Amri IIIC-zeitlich, ebenso wie Kontext D. Feinteiligere Korrelationsversuche werden weiter unten problematisiert werden.

In Mackays Grabung in Mohenjo Daro lassen sich, auch wenn die Stratigraphie schwierig zu bewerten ist, zumindestens Tendenzen erarbeiten:

Stempelsiegel mit Swastika-Motiven konzentrieren in der Intermediate III-Periode, sind dann aber in Intermediate I und Late III und Late II mit je einem Exemplar belegt[44]. Prismaförmige "Sealings" konzentrieren ebenfalls in Inter-

---

66; II, Fig. 85, 401-401b; Jarrige et al. [PA 23][37] 197 f.; Jarrige SAA XII [1994] 304, zum Auftreten des Indus-Bechers am Ende von Amri IIIB!). Wichtig ist auch Dales / Kenoyers Eindruck, dass, da diese Becher oftmals in Assoziation mit großen Vorratsgefäßen gefunden wurden, sie als Maßeinheit für flüssige oder nichtflüssige Materialien gedient haben könnten; Casal[17] 118. 172 sieht sie, im Gefolge von Wheeler (AI 3, 1947, 117 Anm. 2), als Trinkgefäße an, die -da meist im zerbrochenen Zustand gefunden- wohl aus (hinduistisch-) rituellen Gründen nach einmaligem Gebrauch zerstört wurden. Dass sie etwas mit Nahrungsmitteln zu tun haben könnten, läßt auch ihr Vorkommen in Gräbern in Harappa, Friedhof R 37, vermuten.

[41] Dales / Kenoyer[29] 57 f. Jhukar-Keramik tritt demnach in UM spät-B auf und ist nicht eine "neue" Keramikkultur, sondern, wie Casal schon vermutete, eine Weiterentwicklung des Harappa-Komplexes. In Amri IIIC werden ebenfalls erste Jhukar-Elemente faßbar (Casal[29] I, 68; ders.[22] 109 f. glaubt hier aber noch an eine neue ethnische Komponente, die sich in der Jhukar-Keramik reflektieren soll). Dass Jhukar-Elemente in Amri IIIC wohl erst spät zum Tragen kommen, wird weiter unten (cf. Anm. 101) diskutiert.

[42] Dales / Kenoyer[29] Fig. S10, 55a. h. In der UM-Grabung gibt es sie aber in Phase A-B (ibid., 215-217). D.h. UM, Phase A, dürfte wohl auch noch den späten Amri IIIB-Horizont umfassen, und, wie oben besprochen (Auftreten des Indus-Bechers in spätester Schicht in Phase A), bis kurz nach Nausharo III datieren. Ob UM, Phase A, bis Wheeler, Kontext A, reicht, ist deshalb überaus fraglich. Selbst wenn es in UM, Phase A, Keramik gibt, wie sie mit Wheeler, Kontext A, *einsetzt*, muß dies nicht bedeuten, dass UM, Phase A, bis Kontext A reicht, sondern eher wahrscheinlich, dass Typen, die mit Kontext A einsetzen, weiterlaufen.

[43] Casal[29] I, 119 f.; II, Fig. 37, 353. In Mohenjo Daro sind sie ebenfalls ab UM, Phase A, belegt cf. Dales / Kenoyer[29] 215 ff. "Variety 2B" und Fig. 75, 3-5. Zu Nausharo cf. Jarrige, PA 10-22,1974-86, 63 ff. 91.

[44] Mackay[12] II, pl. XCVII, 586; pl. XCVIII, 624; pl. CII, 1. 11 (Intermediate III); pl. XCIV, 383 (Intermediate I); pl. XCI, 1 (Late III) und pl. XCI, 8 (Late II).

mediate III, zwei wurden in Late III und eins in Late I angetroffen[45]. Aus Late III(?)-Kontext gibt es auch ein prismaförmiges "Sealing" mit einem Swastika-Abdruck[46]. Der Indus-Becher tritt offenbar mit Intermediate III auf, zumindestens ab Intermediate II[47]. Standfußformen mit einer Verdickung unter der Schale, die spät im Amri IIIB-Horizont einsetzen und in IIIC häufig sind, wurden nach Mackays Angaben in allen Schichten erfaßt; sein ältester aufgeführter Beleg stammt aber aus einer Lage knapp über Intermediate II und unter Intermediate I, dem auch für den Indus-Becher gesicherten Stratum[48]. Zumindestens Intermediate II bis Late II verbinden sich aller Wahrscheinlichkeit nach, trotz aller Unsicherheit bei der stratigraphischen Zuweisung der Funde, mit Kontext C der Wheelerschen Tiefgrabung und frühen Phase B in Dales Grabung. Das bedeutet auch, dass in Mohenjo Daro wie in Harappa (s.u.) prismaförmige "Sealings" und Swastika-Siegel ungefähr zusammen mit dem ersten Aufkommen des Indus-Bechers in Intermediate III belegt sind. Folglich muß zumindestens Early I in Mackays Grabung grob zeitgleich mit Intermediate III-IV in Harappa in Vats Grabung angesetzt werden, zeitgleich zum Amri IIIB-Horizont (cf. 2.1.4)[49]. Die Konsequenz dieses Ansatzes

---

[45]   Mackay[12] II, pl. CI, 2-3. 7 (Intermediate III); pl. CI, 2 (Intermediate III-II?); pl. XCII, 11-12 (Late III) und pl. XC, 13 (Late I).

[46]   Mackay[12] II, pl. LXXXII, 2.

[47]   Mackay[12] I, 192, spricht vom ersten Auftreten ab -17' 1" mit der Möglichkeit einer Intrusion. Er listet aber 239 f. supra II, pl. LX, 14, ein Gefäß auf, welches Intermediate III-zeitlich wäre; pl. LX, 17, liegt dagegen über Intermediate III, unter Intermediate II. Mit pl. LX, 16, ist ein Intermediate II-Beleg gegeben.

[48]   Mackay[12] I, 190f. (in allen Schichten belegt, in jüngeren häufiger); II, pl. LXV, 35 OP, knapp über Intermediate II gefunden.

[49]   Mackay[12] I, 44 f.. nennt an Funden für die "Early-Period" unter anderem: II, pl. LXVII, 3-4 = Dales / Kenoyer[29] 503, Fig. S6, 30a-b = Wheeler, typisch für Kontext A (-B). In der UM-Grabung ist "Reserved Slip"-Keramik jedoch auch in spätem Phase B-Zusammenhang mit 11 Beispielen erfaßt worden (ibid., 43 f. 85; in Chanhu Daro gibt es "Reserved Slip"-Keramik in: Mackay, AOS XX (1943) pl. XXXVIII, 26-27.29 = Trench C und Harappa III-Stratum). An weiteren Funden für den Early-Kontext seien genannt: Mackay[12] II, pl. CXII, 6 = Dales / Kenoyer[29] Fig. 12, 5 = UM, Phase A; Mackay[12] II, pl. CXII, 7 = Dales / Kenoyer[29] pl. H, 7 = UM A (aus Wheelers Grabung); Mackay[12] II, pl. CXII, 9 = Dales / Kenoyer[29] Fig. 79, 5-6 = UM A-B. Interessant ist der Fund einer Tonrassel = Mackay[12] II, pl. CXII, 3, ein Typ, der erstmals mit Mehrgarh VII auftritt und auch noch in Kot Diji, Schicht 2, gefunden wurde: Jarrige / Lechevallier[28] 529 Fig. 45, 10-13, und Khan[29] Fig. 13, 16. Solche Tonrasseln gibt es auch in den unteren Schichten des Mound II in Chanhu-Daro und im Harappa II-Stratum am Ort (Mackay, AOS XX [1943] 167 pl. LXI, 1-7). Der Fund einer kleinen Axt aus Ton aus dem Early I-Stratum in Mohenjo Daro (Mackay[12] II, pl. CXII, 1) ist von chronologischer Relevanz, da vergleichbare Funde im Vorderen Orient Ur III- bis Isin-Larsa-zeitlich datieren: Amiet, L'Age des Échanges Inter-Iraniens (1986) 156 f. Ill. 81.

wäre, dass Mackay in Mohenjo Daro fast nur Schichten ergraben hätte, die spät in der Reif-Harappa-Periode datiert sind.

Diese These läßt sich auch anhand der Ausgrabungen erhärten, die J. Marshall publiziert hat, obgleich auch hier bei der Beurteilung der verschiedenen Grabungsstellen große Unsicherheiten bestehen, die ebenfalls nur zur Ableitung einer Tendenz führen:

Marshall war der Überzeugung, dass insgesamt mindestens 7 Bauschichten erfaßt wurden[50]:

- Late I-III   = Schichten 1-3; 14 Skelette könnten zeitlich zwischen Intermediate I und Late III gehören, und zwischen Schicht 4 und 3 könnte ein kurzer Hiatus bestehen[51].

- Intermediate I-III = Schichten 4-6
Beginnend mit der Errichtung der großen Terrasse im Stupa-Bereich[52].

- Early I = Schicht 7

Marshall war sich aber der Schwierigkeit der Zuordnung der einzelnen Schichtenabfolgen in den verschiedenen Grabungsstellen durchaus bewußt und wies einzelne Befunde nur grob gefaßten Horizonten zu. Mackay faßte die Marshallsche Abfolge anders. Seiner Meinung nach bezeichnet Marshall, Late III, die jüngste Intermediate-Schicht und Intermediate III, den jüngsten "Early"-Horizont in seinen Grabungen[53]; hier wird aber, um Konfusionen zu vermeiden,

---

[50]   J. Marshall, Mohenjo-Daro and the Indus-Civilization I (1931) 9 f. Anm. 1.

[51]   Marshall[50] I, 10. 184. 186 Anm. 1; cf. auch Dales, Expedition 6/3, 1964, 37 ff., und Dales / Kenoyer[29] 484 f.

[52]   Marshall[50] I, 10. 125.

[53]   Mackay hat Marshalls Periodisierung leicht verändert. Ging Marshall noch davon aus, dass eine Flut (?) Late III von Intermediate I und Intermediate III von Early trennt, so sind nach Mackays Überlegungen Late II und III und Intermediate II und III durch Flutschichten getrennt (cf. Mackay[12] I, XIV, und die ausführliche Diskussion bei P. Yule, PBF I 6 [1985] 6; Jansen in: Urban / Jansen, Interim Reports II [1987] 10 Anm. 4. Zur Problematik der „Stratigraphie" von Mohenjo Daro und der Korrelation der verschiedenen Grabungsstellen siehe vor allem U. Franke-Vogt, Die Glyptik aus Mohenjo Daro, BaF [1991] 21-26, und dies., „The Early Period" at Mohenjo-daro, in: M.J. Kenoyer [Hrsg.], From Sumer to Meluhha: Contributions to the Archaeology of South and West Asia in Memory of George F. Dales, Jr., Wisconsin Archaeological Report 3 [1994] 27-49 und besonders Tab. 3.2 und Fig. 38; unser Schema weicht leicht von ihrem ab).

Marshalls Terminologie beibehalten. Für Intermediate III im VS-Areal, House XXVII, werden u.a. der Indus-Becher explizit genannt, neben zwei vermeintlichen Rollsiegeln, sowie Keramik, die verglichen mit den Grabungen von Dales, Kenoyer und Wheeler eindeutig in den Kontext mit den Indus-Bechern paßt[54]. Keramik der "Intermediate Groups 1-3" aus dem L-, VS- und SD-Bereich datiert ebenfalls spät, verglichen mit der Sequenz der neueren Grabungen[55]. Es gibt also keinen Grund, Intermediate III wesentlich vor Wheeler, Kontext C, zu datieren, denn Marshall erwähnt den Indus-Becher für die Intermediate und Late-Periode[56]. Da nach Mackays Auffassung Marshalls Intermediate III-Schicht seiner Early I-Schicht entsprechen soll (wo der Indus-Becher fehlt), erscheint es nicht ausgeschlossen, dass im VS-Bereich Marshalls Intermediate III (wo der Becher belegt ist) jünger als Mackays Early I-Schicht datiert; Mackays "Schichtengleichung" mit Marshalls Abfolge könnte also nicht zwingend für alle in Mohenjo Daro ergrabenen Bereiche gelten. In diesem Zusammenhang ist es von Bedeutung, dass ein prismaförmiges "Sealing" erstmals im Intermediate III/II-Kontext im HR-Bereich belegt ist[57], eine Grabungsstelle, wo fast alle diese Siegel angetroffen wurden. Es gibt sie aber im HR-Bereich vielleicht auch in späterem Kontext[58]. Zwei Siegel dieser Art aus dem "Trial Trench E" im DK-Bereich dürften ebenfalls der Intermediate-Periode zugewiesen werden[59]. Wichtig ist auch Marshalls Beobachtung, dass die Früchteständer aller drei bekannten Typen (flach, wie Amri IIIA;

---

[54]   Marshall[50] I, 227 f. Die von Marshall[50] II, 371, mit einem "Fragezeichen" so bezeichneten Rollsiegel sind nicht das, was allgemein damit bezeichnet wird, sondern eher Perlen oder Stifte mit Schriftzeichen (ibid., III, pl. CXIV, 532-33). An Keramik wird neben dem Indus-Becher u.a. erwähnt (I, 228): III, pl. LXXX. 41 = cf. Dales / Kenoyer[29] Fig. 28 = UM, Phase A-B; Marshall[50] III, pl. LXXXI, 23 = Dales / Kenoyer[29] Fig. S12, 65a-b = Wheeler, Kontext C; LXXXII, 35 = Dales / Kenoyer[29] Fig. S15, 75-76a = Wheeler, Kontext C; ibid., Fig. 65, 5 in UM, Phase A, nur einmal belegt, sonst typisch für Phase B.

[55]   Marshall[50] III, pl. LXXXVI, 1. 22 = Dales / Kenoyer[29] Fig. S9, 45a-c; S15, 82a-g (Wheeler, Kontext B und C); Marshall[50] III, pl. LXXXVI, 12 = Indus-Becher; Nr. 15. 18. 19 = Dales / Kenoyer[29] Fig. 17-18. 20 (UM, selten A, sonst B; Fig. 18 [UM, spät B]); Marshall[50] III, pl. LXXXVI, 16 = Dales / Kenoyer[29] Fig. S12, 65a-b (Wheeler, Kontext C); Marshall[50] III, pl. LXXXVI, 24 = Dales / Kenoyer[29] Fig. 59, 5 (UM, in A nur einmal, sonst alle B), ibid., Fig. S14, 74; S22, 106 (Wheeler, Kontext C-D).

[56]   Marshall[50] I, 299.

[57]   Marshall[50] I, 199; II, 396 (HR 3766), und III, pl. CXVI, 25. Sie wurden also in Mohenjo Daro sowohl bei Mackay als auch in Marshalls Grabung zusammen mit dem Indus-Becher angetroffen.

[58]   Marshall[50] II, 395, und III pl. CXVI, 5. 8 (eher Intermediate, gemäß I, 180); III, pl. CXVI, 17 (Late ?; II, 396); III, pl. CXVI, 14 (unbekannte Herkunft).

[59]   Marshall[50] I, 251 f.; II, 396, und III, pl. CXVI, 21. 23. So im folgenden nicht näher spezifiziert, ist mit DK-Bereich in Mohenjo Daro grundsätzlich der DK G-Bereich gemeint.

gestreckt und gestreckt mit Verdickung unter der Schale, wie Amri IIIB-spät bis IIIC) in allen Schichten vorkommen, nur der Typ mit einer Verdickung könnte vielleicht auf jüngere Lagen beschränkt sein[60]. Dieser Befund entspricht ebenfalls den neueren Grabungen von Dales und Kenoyer, die ja ebenfalls fast nur späte Schichten ergraben haben[61]. Zumindestens die "Intermediate Groups 1-3" aus den L-, VS und SD-Bereichen datieren spät, wohl kaum vor Wheeler, Kontext C, ebenso Intermediate III im VS- und Intermediate III-II im HR-Bereich. Selbst wenn es nicht gelingt, die einzelnen Schichten der verschiedenen Ausgrabungs- bereiche mit Mackays, Dales, Kenoyers und Wheelers Phasen exakt zu verbinden, bestätigt sich der Eindruck, dass fast alle ergrabenen Bereiche in Mohenjo Daro in den Amri IIIC-Horizont fallen = Wheeler, Kontext C-D/UM, Phase A-spät bis B- spät. Darin begründet sich auch das Problem, innerhalb dieser späten Periode der Indus-Kultur in einigen Fundgattungen, wie den Indus-Siegel zum Beispiel, an- hand des Befundes in Mohenjo Daro kaum näher stilistische Differenzen fassen zu können.

Ein weiteres Problem bei der Korrelation der verschiedenen Grabungsstellen ist auch in der eingeschränkten Materialherkunftsangabe der von Alcock publi- zierten Keramik aus Wheelers Grabungen begründet[62]. Kontext A-B wurde im REM-Bereich definiert und dem entspricht, keramisch, in ACC Periode 1-2. Kon- text A-B ist nach Alcock die Phase der Errichtung und frühen Nutzung der "Granary" ; Marshall sah dies als Phase zwischen Early I und (um) Intermediate III an, und auch Alcock spricht Kontext B als Early I/Intermediate (III)-zeitlich an. In ACC folgen dann die Perioden 3-4, und erst mit Periode 5 ist Kontext C defi- niert (Kontext D = Periode 7 = "Late" nach Alcock). Material aus ACC, Periode 3-4, ist undefiniert, müßte aber Intermediate-zeitlich sein. Vielleicht reicht UM, Phase A, bis in diese Spanne, wo der Indus-Becher und der Ständertyp mit Ver- dickung bereits belegt sind, wobei der Indus-Becher erst in spätestem UM, Phase A-Kontext, auftritt[63] (Tab. 1).

Jansen kommt in seinen Überlegungen zur strukturalen Chronologie von Mohenjo Daro zu Ergebnissen, die sich direkt mit dem hier entwickelten Schema verbinden lassen[64]:

---

[60] Marshall[50] I, 294 f. Typ A; III, pl. LXXVIII, 8. 14; LXXIX, 1-23. Marshall selbst ist sich einer Zuweisung des Typs mit einer Verdickung auf eher jüngere Lagen jedoch nicht sicher.
[61] Dales / Kenoyer[29] 212-218.
[62] L. Alcock in: Dales / Kenoyer[29] 496-500 (im vorangehenden und folgenden der Ein- fachheit halber unter Dales / Kenoyer subsumiert).
[63] Dales / Kenoyer[29] 127. 480 ff. (zur Korrelation von Wheelers und der UM-Grabung).
[64] Jansen[8] 195 f., bes. 202 ff. 206, Tabelle.

- Periode I ist die bisher für Mohenjo Daro nur schlecht zu fassende Vor-Platt-form-Phase. Das Ende derselben könnte ungefähr grob zu gleichen sein mit Wheeler, Kontext A.

- Periode IIA bezeichnet die von ihm nur relativ kurz veranschlagte Phase der Errichtung der Gründungsplattformen. Dies entspricht ungefähr Wheeler, Kontext A/B[65].

- In Periode IIB werden die Plattformen bebaut = Wheeler, Kontext B-C, C, und UM, Phase A-spät bis B-früh. Jansen unterscheidet hier mindestens 2 Subpha-sen: IIB1 = Reif-Urbane Phase; IIB2 = Spät-Urbane Phase. Letztere könnte bis Late Ib in Mackays Terminologie hineinreichen.

- Periode IIC ist die Verfalls-, Nach-Urbane-Phase, zu verbinden mit Wheeler, Kontext D, und UM, Phase B-spät.

Wahrscheinlich gibt es auch in Mohenjo Daro Früh-Harappa-zeitliche Schich-ten, jedoch konnten diese aufgrund des hohen Grundwasserspiegels bisher noch nicht ergraben werden[66].

Es ist aber zu beachten, dass in den frühen Grabungen in den verschiedenen Grabungsbereichen im Stadtgebiet durchaus horizontalstratigraphische Momente zum Tragen kommen könnten, die in Ermangelung einer wirklichen stratigraphi-schen Zuweisung der Funde im Augenblick nicht näher zu fassen und zu definieren sind[67].

---

[65] Der Zeitraum kann so kurz wohl kaum sein, denn der Amri IIIB-Horizont, in dem so-wohl die Anlage in Harappa (s.u.) als auch die Plattformen in Mohenjo Daro errichtet werden, ist gemessen an den 11 Phasen in Naushoro doch beträchtlich. Jansen, SAA XII (1994) 269, erwähnt, dass die Unterstadt 9-10 m hohe Terrassen und die Oberstadt in Mohenjo Daro 10-12 m hohe Terrassen hat.

[66] Mughal[21] 44 ff. 76 f.; cf. auch Franke-Vogt (BaF)[53] 57 Anm. 2-3, und Jansen, SAA VIII (1989) 247 ff.

[67] Cf. in diesem Zusammenhang auch den Hinweis von Jansen[8] 90, zu Funden von crèmefarbener Keramik auf der Oberfläche im DK-A-Bereich, die sonst in Mohenjo Daro selten sein soll. Handelt es sich hierbei um Funde des ersten vorchristlichen Jahr-tausends ?

2.1.3. Die zeitliche Stellung von Chanhu Daro

Für Chanhu Daro lassen sich ebenfalls Tendenzen erarbeiten: Ähnlich wie in Nausharo fehlt auch hier der Indus-Becher. Er tritt nur auf der Oberfläche von Mound I auf, nicht in den ergrabenen Schichten[68]. Die ältesten Scherben aus Chanhu Daro finden Parallelen vor allem im älteren Reif-Harappa-Horizont, vielleicht reichen unergrabene Schichten sogar bis in die Früh-Harappa-Periode [69].

Gedrungene Früchteständer vom Amri IIIA-Typus sind nach Mackay der häufigste Typ in allen Schichten[70]. Standfußformen mit einer Verdickung unter der Schale, wie sie in Amri IIIB-C und in Mohenjo Daro, Wheeler, Kontext C, erstmals belegt sind (in letztem Kontext aber vergesellschaftet mit Indus-Bechern, die in Chanhu Daro in den ergrabenen Schichten fehlen), gibt es ab Mackays sogenannter Harappa II-Schicht, und ein Standfußgefäß, ebenfalls aus dem Harappa II-Stratum, erinnert an eine Form aus Harappa, Friedhof R 37[71]. Die Indus-Becherformen, die in Chanhu Daro nur von der Oberfläche[72] von Mound I bezeugt sind, finden sich ebenfalls in R 37 in Harappa belegt[73]. Ein Stempelsiegel, welches an die Muhrgab-Gruppe gemahnt, stammt aus "Jhukar-Kontext" aus dem

---

[68]   E.J.H. Mackay, Chanhu-Daro Excavations 1935-36, AOS XX (1943) 75 pl. XXVI, 73a; XXIX, 36a; Majumdar[13] 44, pl. XXI, 30.

[69]   Mackay[68] 65 - zu den Funden. An Parallelen seien aufgeführt:
Mackay[68] pl. XXV, 37 = Dales / Kenoyer[29] Fig. S2, 3a. 5a; S7, 33a. 35a = Wheeler, Kontext A-B, und Khan[29] Fig. 12, 1-2. 5 = Kot Diji 1C. 2. 3A; Mackay[68] pl. XXIX, 13. 32 = Dales / Kenoyer[29] Fig. S10, 50a-b = Wheeler, Kontext B, und Khan[29] Fig. 11, 10 Kot Diji 1; Mackay[68] pl. XXXI, 2-3. 5. 7. 11 = Khan[29] Fig. 11, 21. 25 Kot Diji 1B-2, und Casal[29] II, Fig. 74, 316; 76, 333 Amri IIIA; Mackay[68] pl. XXXIV, 6 = (Motiv) Casal[29] II, Fig. 69, 274 Amri IIB, und Khan[29] Fig. 12, 19; 14, 7 Kot Diji 6 und 16; Mackay[68] pl. XXXVI, 2 = Casal[29] II, Fig. 74, 316° Amri IIIA, und Khan[29] Fig. 12, 5. 12 Kot Diji 3A und 2B; Mackay[68] pl. XXXVII, 25 = Casal[29] II, Fig. 70, 277 Amri IIB-IIIB, und Khan[29] Fig. 11, 23; 12, 13; 16, 1 Kot Diji 2, 2B und BV/6-3; Mackay[68] pl. XXXVIII, 2 = Casal[29] II, Fig. 76, 325; 78, 344 Amri IIIA-B; Mackay[68] pl. XXXVIII, 26-27. 29 = Dales / Kenoyer[29] Fig. S6, 30a-b ("Reserved Slip") Wheeler, Kontext A, typisch in Kontext B aber auch UM, Phase B belegt (Dales / Kenoyer[29] 43 f. 85).

[70]   Mackay[68] 74, pl. XXV, 25. 29, aus älteren Harappa-Schichten in Trench A(4) und F(1).

[71]   Mackay[68] pl. XXV, 27 (aus Trench A[4] stammt pl. XXV, 16); pl. XXV, 14 erinnert an Wheeler[40] Fig. 12, IId-e, aus Harappa, R 37.

[72]   Zu Ergebnissen eines Oberflächensurveys, der in Chanhu Daro 1984 durchgeführt wurde und weitere Anhaltspunkte für Produktionsprozesse an diesem Ort erbrachte, cf. Sher / Vidale, AION 45, 1985, 585 ff.

[73]   Wheeler[40] Fig. 13, IIIb-e. Die spitzbodige Variante dieser Becher (Wheeler[40] Fig. 10, 46 und Fig. 24, 1) scheint in Chanhu Daro zu fehlen.

sogenannten "Cutting"[74]. Die Besiedlung in Chanhu-Daro setzt also wahrscheinlich mit Amri IIIA ein; ältere Schichten mögen aber vorhanden sein. Sie endet
früh im Amri IIIC-Horizont, reicht also gerade noch nach Mohenjo-Daro,
Wheeler, Kontext C, herein oder endet mit UM, Phase A-spät[75]. Der Jhukar-Horizont in Chanhu Daro könnte aufgrund des Muhrgab Siegels noch bis in den Amri
IIIC-/Mehrgarh VIII-Horizont hineinreichen, oder es gehört in den allerspätesten
Harappa-Horizont und wäre ein verschleppter Altfund[76].

2.1.4. Die zeitliche Stellung des "Pre-Defence"-Materials in Harappa und des Materials aus den Stadtbereichen und des Friedhof R 37 (Wheelers Grabung)

Ähnlich wie Kot Diji ist das wenige "Pre-Defence"-Material aus Harappa zu
datieren. Mughal verband die Keramik aus Harappa, "Pre-Defence", Schicht 26,
und aus 26A (erste Phase der Errichtung des Walles) mit seiner "Früh-Harappa"-
Periode = Amri ID-IIB[77]. Die Allchins sehen keine älteren Verbindungen als

---

[74] Mackay[68] 19, pl. L, 4-4a (Cutting, square 10/F, Loc. 464, level + 2'5"). Das Siegel
wurde zusammen mit Funden angetroffen, die dem Jhukar-Aspekt zuzuweisen sind
(Fundstelle, Loc. 464, lev. +1'3" und +0'1"): ibid., pl. XLVI, 15; XLII, 13; XLVI, 30 und
XLV, 32. Zu der Siegelgruppe siehe auch Winckelmann, SAA XIII (1997) 265-277.

[75] Auch Jarrige[43] 92, ausgehend vom Befund in Naushao, ist der Meinung, dass
Naushao IIIC und das Harappa II-Stratum in Chanhu Daro zeitgleich sind. Bezogen auf
Mohenjo Daro wäre dies unmittelbar vor der jüngsten Phase A-Schicht in der UM-Gra-
bung gegeben. Das Harappa I-Stratum in Chanhu Daro dürfte ähnlich datieren, und der
Oberflächenbefund von Mound I dürfte bis Wheeler, Kontext C, hineinreichen.

[76] Da Jhukar-Keramik aber, wie oben erwähnt, im Amri IIIC-Horizont auftritt und die
Bewertung/Definition desselben in Chanhu Daro nicht unumstritten ist (Dales /
Kenoyer[29] 57 ff.) wäre es denkbar, dass der Hiatus in Chanhu Daro entweder ein Schein-
phänomen ist oder, dass die Jhukar-Phase in Chanhu Daro bereits mit Mohenjo Daro,
UM, Phase B-spät/Wheeler, Kontext D, verbunden werden muß, wo in Mohenjo Daro
Jhukar-Elemente erstmals zu fassen sind (wahrscheinlich sind sie auch in Amri IIIC erst
spät anzusetzen).   Die Konsequenz wäre, dass der Mehrgarh VIII/Sibri-Horizont, wo
solche Siegel belegt sind, bis einschließlich Amri IIIC-Ende datiert werden muß (seine
Frühform, Naushao IV würde dann wahrscheinlich sogar mit Amri IIIB-Ende zu kor-
relieren sein, wo sich ja mit Aufkommen des Indus-Bechers und Früchteständern mit
Verdickungen unter den Schalen Veränderungen fassen lassen, die keramisch den Amri
IIIC-Horizont definieren). In Harappa, Mound F, Pit IV, Stratum I, was ebenfalls noch in
Amri IIIC endet, fand sich ja ebenfalls ein Stempelsiegel dieses Horizontes (s.u.). Dieser
Horizont mit baktrischen Einflüssen (Naushao IV und Mehrgarh/Sibri) datiert somit im
wesentlichen in den Amri IIIC-Horizont, der mehrphasig sein muß.

[77] Mughal[21] 358, Tab. 14.

Mehrgarh VI und Amri IIA-IIB[78]. Casal datierte dieses Material dagegen auf Amri IIIA, da er offenbar einen nicht unwahrscheinlichen engen Zusammenhang zwischen diesem Material und der unmittelbar folgenden Keramik der Stadtanlage von Harappa und Friedhof R37 sah, was er auf Amri IIIB bezog[79].

---

[78] B. und F.R. Allchin, The Rise of Civilization in India and Pakistan (1982) 126, Fig. 5. 17; allerdings haben sie auf ihrer Tabelle die Mehrgarh VII-Periode vergessen. Keramik aus Mehrgarh VII ordnen sie unverständlicherweise dem Namazga VI-Horizont, in ihrem Schema dem Post-Reif-Harappa-Horizont zu (ibid., 233 f. Fig. 9. 4). Die Allchins glauben ferner, dass Wheeler in seinen Pre-Defence-Schichten die Überreste eine "Früh-Indus"-Umwallung Harappas ergraben hätte (ibid., 156), ähnlich dem Befund in Kot Diji und Kalibangan I.

[79] Casal[17] 212 f.; ders.[22] bes. 108; Wheeler[40] 91 f., hat unter "Gruppe iiia", Material aus den Ziegeln der Rampe und des Walles vorgelegt. Neben älterem Material fand sich hier schon Reif-Harappa-Keramik: Fig. 9, 18. 26 = Dales / Kenoyer[29] Fig. S2, 4; S5, 21 (Kontext A); S8, 40e (Kontext B, ab A); Casal[29] II, Fig. 70, 282 (Amri IIB-IIIA/B) = R 37, Typ XIII (Wheeler[40] Fig. 16). Auch die Bemalung auf Wheeler[40] pl. XLI, 6, erinnert an den Amri IIIA-Malstil = Casal[29] II, Fig. 74, 316; 75, 322; "Gruppe i" = Schicht 26 hat Kot Diji-affine Keramik erbracht = Wheeler[40] Fig. 8, 1-11c; Pl. XL, 7 ist eine Scherbe mit Schnurabdruck außen, ähnliches findet sich wiederum in Dales / Kenoyer[29] Fig. S3, -10s.t.v.w (Kontext A, hier als typisch für die frühesten Typen angesprochen). Mughal[33] 184 weist darauf hin, dass noch unveröffentlichte Grabungen von Dales und Kenoyer in Mound E in Harappa, Früh-Harappa-Material erfaßt haben, sowie eine Sequenz bis in die Reif-Harappa-Phase zusammen mit Keramiköfen. Gemäß Kenoyers Angaben zu den Grabungen in Mound E in SAA XI (1993) 165-194, können zum Material folgende Aussagen getroffen werden: Mound E, Periode 1-2, können der Früh-Harappa-Periode zugewiesen werden, mit Parallelen in Rahman Dheri II, Jalilpur II und Kot Diji (Periode 1). Nach neuesten Erkenntnissen der Kampagne von 1996 gibt es in Harappa noch ältere Schichten des Hakra-Horizontes, als Ravi/Hakra-Assemblage bezeichnet (Possehl[11] 529). Dieses Material wird im folgenden als Periode 1a bezeichnet und die bisherige Periode 1 als Periode 1b. Periode 2 ist gekennzeichnet durch die Konstruktion der massiven Umfassungsmauer mit ähnlicher Keramik, wie Periode 1, also auch noch Kot Diji-affines Material. Daneben finden sich die ersten Terracotta Cakes und Grafitti auf Scherben. Der Übergang zu Periode 3 soll graduell sein. Periode 3 umfasst nach Kenoyer die Early- bis Intermediate-Schichten und schließt die älteste Late-Schicht von Vats (ibid., 176) ein. In Periode 3A, der ältesten Subphase dieser Einheit, treten erstmals die typischen Indussiegel auf und Tierfigurinen ohne separate, das heißt mit zusammengefügten Vorder- und Hinterbeinen. Letztere Angabe ist von Bedeutung, denn solche Tierterrakotten sind in Mohenjo Daro überaus typisch für die untersten erreichten Schichten: Mackay[12] I, 288; cf. I, 307 und II, pl. LXXIX, 4 (DK First Street (9), -20'8" = -IM III); pl. LXXIX, 6 (DK 9, II, -12'2" - +IM I); I, 308 und II, pl. LXXIX, 16-17 (DK 7, IX, R 29, -26'9"; DK 7, I, R 15, -26'8" = -IM III); I, 312 und II, pl. LXXX, 14 (DK 3, VI, R 47, -29'3" = -IM III); I, 308 und II, pl. LXXXIX, 21 (DK Loop Lane, Between 9A+12A, -16' = -IM II); pl. LXXXIX, 26 (DK 7, IX, R 29, -32.7 = -32'7") und pl. CXII, 11 (Early). In Harappa fanden sie sich ebenfalls in Mound F ab Stratum V und tiefer (= IM III bis Early), in Area J in tieferen Lagen und verstreut im Friedhof-H - Gebiet: Vats[90] I, 182.

In der Keramik der "Gruppe iiib" Wheelers, die er mit den Erbauern des
"Rampart" verband[80] und somit mit dem Beginn der Reif-Harappa-Periode in
Harappa, finden sich Typen, die auf Amri IIIA, aber eben auch erst auf Amri IIIB/
C und Mohenjo Daro UM, Phase A-B, verweisen, neben älterem Material[81].

Indus-Becher fehlen in "Gruppe iiib", es gibt sie aber in den jüngeren, folgenden Schichten, und im Schuttband zwischen Friedhof R37 und H I treten sie als
Massenware auf[82]. Es ist also nicht auszuschließen, dass das "Rampart" in

305-308: Hase Nr. 46 (J 587) = J/Late II; Tiger Nr. 83 (J 55) = J/Late II; Buckelrind Nr.
61 (J 185) = J/IM III; Buckelrind Nr. 62 (J 188) = J/IM IV; Buckelrind Nr. 63 (J 172) =
J/IM III. Auch in Chanhu Daro sind diese Terrakotten belegt, und schon der Ausgräber
Mackay[68] 155, hatte dieses Material aus Mound II, obere Schichten, mit den untersten
Schichten in Mohenjo Daro gleichgesetzt, ein Ansatz, der hier gestützt wird. Die Keramik aus Periode 2 setzt sich in 3A fort, jedoch tritt nun auch Reif-Harappa-Keramik hin-
zu. Harappa/Mound E, Periode 3A, dürfte sich wahrscheinlich mit Wheelers Gruppe iiib
und Vats, Early bis IM III, verbinden. In 3B, der Phase der urbanen Erneuerung, wurden
kleine Siegel und Siegelungen gefunden, ähnlich wie bei Vats, Mound F Intermediate
IV-I. Nach Kenoyers Angaben findet sich die spitzbodige Variante des Indus-Becher
(Wheeler[40] Fig. 10, 46 = späte Schichten und Fig. 24, 1 = Schuttband zwischen R 37 und
Friedhof H) erst ab Periode 3C und in 4. Die kugligere und flachbodige Variante
(Wheeler[40] Fig. 13, Typ III. IIIb-e) ist laut P.C. Jenkins, SAA XII (1994) 315-328, bes.
325 f. schon vorher belegt: 2 (spät ?)/3A-B. Dies paßt zu Wheelers Grabungsergebnis-
sen. Laut Wheeler[40] 97, wurden beide Varianten des Indus-Bechers zusammen in den
Structural Periods I-VI in seiner Grabung gefunden, was nur Kenoyers Periode 3C, entsprechen kann. Mound E, Periode 3B-C, könnte dagegen Vats IM II bis Late-früh entsprechen, und Periode 4 dürfte somit in die Zeit der Kumulierung des Schuttes zwischen
R 37 und Friedhof H und der Reif-Harappa- cum Friedhof-H - Befunde in Mound AB,
oberste Lagen, datieren; die Keramik von Mound E, Periode 4, wird von Kenoyer als
Übergangsmaterial gewertet. Mound E, Periode 5, datiert auf Friedhof H. Diese vor-
läufigen Korrelationen können aber erst überprüft werden, so dass Material aus den
neuen Grabungen komplett vorgelegt wird (siehe vorläufig: R.H. Meadow [Hrsg.],
Harappan Excavations 1986-1990. A Multidisciplinary Approach to Third Millennium
Urbanism. Mongraphs in World Archaeology 3 [1991]).

[80]   Wheeler[40] 91.
[81]   Für "Gruppe iiib" sind zu nennen: Wheeler[40] 95 f. R 37 Typ I = Dales / Kenoyer[29]
Fig. S6, 31a Wheeler, Kontext B, sowie Khan[29] Fig. 11, 3 Kot Diji 1B und Casal[29] II,
Fig. 72, 308 Amri IIIA, ibid. Fig. 72, 307 Amri IIIA-C; Wheeler[40] R 37 Typ II = Jarrige /
Lechevallier[28] 519 Fig. 35 Mehrgarh VII und Jarrige / Hassan[37] 154 Fig. 2 Quetta-Hort/
Mehrgarh VIII; Wheeler[40] R 37 Typ IV = Dales / Kenoyer[29] Fig. S12, Typ 60 Wheeler,
Kontext C; Wheeler[40] R 37 Typ VI = Dales / Kenoyer[29] Fig. S12, Typ 59-60 Wheeler,
Kontext C; Wheeler[40] R 37 Typ XI = Dales / Kenoyer[29] Fig. S2, 3b Wheeler, Kontext A;
Wheeler[40] Fig. 10, 38 = Casal[29] II, Fig. 81, 361 Amri IIIB-C und Dales / Kenoyer[29] Fig.
1-2 UM, Phase A-B; Wheeler[40] pl. XLIII, 9 = Casal[29] I, 130; II, Fig. 78, 340; 92, 485
Amri IIIA-spät III.
[82]   Wheeler[40] 117 Anm. 2.

Harappa erst in IIIB angelegt wurde. Der Keramik der "Pre-Defence"-Schichten müßte dann eine Laufzeit von Amri IIB-IIIA/B zugewiesen werden, ähnlich dem Befund in Kot Diji und, bestrachtet man Mound E, findet sich solches Material auch noch in Phase 3A (Anm. 79). Die Keramik der "Structural Periods" auf der Plattform in Harappa finden nur späte Parallelen[83].

"Structural Period I" datiert wohl kaum vor Mohenjo Daro, Wheeler, Kontext C, bestenfalls nach UM, Phase A-spät, wo der Indus-Becher zum ersten Mal auftritt. "Structural Period VI" dürfte aber noch vor den allerspätesten Schichten in Mohenjo Daro enden, dies läßt eine bestimmte Gefäßform vermuten[84] sowie das massenhafte Vorkommen von Indus-Bechern in dem Schuttband zwischen R 37 und Friedhof H, was dem spätesten Befund in Mohenjo Daro nicht unähnlich ist[85].

---

[83] An Parallelen seien aufgeführt: *Periode I*: Wheeler[40] Fig. 10, 42 = ca. Dales / Kenoyer[29] Fig. S11, 58a; S18, 98a-b Wheeler, Kontext C-D; Wheeler[40] Fig. 10, 43 = Casal[29] I, 116; II, Fig. 73, 314 Amri IIIA-C (IIIB-häufig) und Dales / Kenoyer[29] Fig. S13, 70a. c Wheeler, Kontext C, ibid. Fig. 54. 5; 55. 3 UM A-B.
Periode I-III: Wheeler[40] Fig. 10, 44 = Dales / Kenoyer[29] Fig. 68, 3. 5 UM B (häufig in späterem B). Wheeler[40] 98, bezeichnet Mackay Typ D Nr. 28 als selten in Periode I-III = Dales / Kenoyer[29] Fig. 37, 1. 3-6 UM A-B; B häufiger.
Periode I-VI: Wheeler[40] 97 f., nennt folgende Typen Mackays: Der Indus-Becher fand sich in allen Perioden. Ansonsten nennt er: Mackay Typ F = Dales / Kenoyer[29] Fig. 28-34 UM A-B; Mackay Typ H = ibid., Fig. S16, 87 Wheeler, Kontext C; Dales / Kenoyer[29] = ibid., Fig.22, 6. 8. 12-13 UM A-B; Mackay Typ S = ibid., Fig. S16, 90a-b Wheeler, Kontext C; Dales / Kenoyer[29] = ibid., Fig. 17, 1-4.6-7 UM B-spät; Mackay Typ W = ibid., Fig. S9, 43 Wheeler, Kontext B = Ibid., Fig. S15, 75 Wheeler, Kontext C = ibid., Fig. S22, 108 Wheeler, Kontext D; Mackay Typ AE = zu inhomogen, um genauer eingegrenzt werden zu können; R 37, Typ XL = ibid., Fig. 7, 2 UM B = ibid., Fig. S12, 59b Wheeler, Kontext C. Siehe auch Anm. 79 zu Mound E, demnach datieren diese Perioden auf E, 3C.
Periode VI: Wheeler a.a.O. nennt Mackay Typ F und R 37 Typ VI s..o. UM A-B, Wheeler, Kontext C.
[84] Wheeler[40] Fig. 12, R 37, Typen IIc. d. h, haben Entsprechungen in Mohenjo Daro = Mackay[12] II, pl. LV, 6-7 = Late II/Ib. Diese Gefäße kommen in Harappa fast nur im Friedhof R 37 vor, und sie erinnern an Funde aus dem Quetta-Hort (Mehrgarh VIII-Horizont), hier allerdings aus Stein (Jarrige, Newsletter of Baluchistan Studies 4, 1987, pl. 1). Frühformen zu diesem Typ sind in Mehrgarh VII belegt (Jarrige / LeChevallier[28] 519 Fig. 35). Der Befund von Mohenjo Daro könnte Casals Eindruck insofern stützen, als Friedhof R 37 zumindestens vor Mohenjo Daro, Late Ia, zum Ende kommen könnte.
[85] Dales / Kenoyer[29] 127.

Wichtig ist auch die Keramik, die Wheeler für die Schicht unmittelbar unter Friedhof R 37 nennt[86] sowie unmittelbar über R 37 (und *unter* dem Schuttband mit den massenhaft auftretenden Indus-Bechern und erster Friedhof H II-Keramik)[87], denn auch die Keramik der Schichten unmittelbar unter R 37 datiert frühestens auf UM A-spät, und Wheeler, Kontext C. Die Keramik unmittelbar über R 37 endet wahrscheinlich am Ende von Kontext C, Beginn Kontext D in Mohenjo Daro, und auch das Schuttband, welches darüberliegt, unmittelbar unter Friedhof H II, zeigt noch Verbindungen zum allerspätesten Befund in Mohenjo Daro[88]. In diesen Horizont datiert wohl auch die Keramik aus den späten, fragmentarischen Strukturen auf der westlichen Terrasse, denn auch hier fand sich Friedhof H-Keramik zusammen mit Reif-Harappa-Keramik[89].

In Vats Grabung ist der Indus-Becher ab AB-Mound, Stratum V = Intermediate I und Mound F, Stratum V = Intermediate II in Vats Terminologie bis in die jüngsten Schichten belegt, wenngleich wohl nicht als Massenware[90]. Dieses erste Aufkommen in der Grabung von Vats deckt sich ungefähr mit Wheelers Befund unmittelbar unter dem Friedhof R 37 und hätte zur Konsequenz, dass die Befunde in Mound F, Stratum VI-VII = Intermediate III-IV und Stratum VIII = Early I,

---

[86] Keramik unmittelbar unter R 37, cf. Wheeler[40] 98 f. Indus-Becher (R 37, Typ III, 1x belegt): R 37, Typ I = lange Laufzeit; Typ IV = s.o. Wheeler, Kontext C; Typ XI = s.o. Wheeler, Kontext A; Typ XVII = Casal[29] II, Fig. 84, 397 Amri IIIC; Typ XXXIX = Dales / Kenoyer[29] Fig. 95, 1-3 UM A-B.

[87] Wheeler[40] 115 f. R 37, Typ I = s.o.; Typ IV = s.o. Wheeler, Kontext C; Typ VI = s.o. Wheeler, Kontext C-D; Typ Ixc = Dales / Kenoyer[29] Fig. S7, 33a Wheeler, Kontext B, ibid., Fig. S11, 58b Wheeler, Kontext C; Typ XL = s.o.UM B, Wheeler, Kontext C; Mackay Typ B = Indus-Becher wie aus darüberliegenden Schuttband (Wheeler[40] Fig. 24, 1); Mackay Typ C = Dales / Kenoyer[29] Fig. 20 UM A (3x)-B (59x), ibid., Fig. S25, 117a-n Wheeler, Kontext D; Mackay Typ S = s.o. UM B-spät; Wheeler, Kontext C; Mackay[12] II, pl. LV, 2 = Dales / Kenoyer[29] Fig. 80, 2. 7 UM A-B; Mackay[12] II, pl. LVI, 50 = Dales / Kenoyer[29] Fig. 58, 3. 5 UM B, Fig. S20, 102a-b Wheeler, Kontext D.

[88] Wheeler[40] 117 f.: Mackay Typ B = Wheeler[40] Fig. 24, 1 (spitzbodiger Indus-Becher); Mackay Typ C = s.o. Wheeler, Kontext D; Mackay Typ F = s.o. UM A-B; Mackay Typ H = s.o. UM A-B, Wheeler, Kontext C; Mackay Typ W = s.o. Wheeler, Kontext B-D; Wheeler[40] Fig. 24, 3.10 = Dales / Kenoyer[29] Fig. 78, 4-5 UM, Late Phase B, (Vorläufer: Fig. 79, 5-6 UM A-B); Wheeler[40] Fig. 24, 7 = ca. Dales / Kenoyer[40] Fig. S19, 101g Wheeler, Kontext D..

[89] Wheeler[40] 98 Anm. 1 (hier werden nur die Harappa-Typen aufgelistet): Mackay Typ A = s.o. lange Laufzeit; Mackay Typ E = inhomogene Gruppe; Mackay Typ F = s.o. UM A-B; Mackay Typ S = s.o. UM, Late Phase B, Wheeler, Kontext C; Mackay[12] II, pl. LXV, 48 = Typ gehört wohl in die Gruppe, wie Dales / Kenoyer[29] Fig. S24, 115-116 Wheeler, Kontext D; R 37, Typ VIa = s.o. Wheeler, Kontext C-D.

[90] M.S. Vats, Excavations at Harappa I (1975) 254 ff., Nr. 7. 13-14. 28 und 140 (Fundliste mit Erwähnung der Indus-Becher).

älter als R 37 sein dürften. Aus diesen Schichten stammen typische Indus-Stempelsiegel, sowie wenige Keramikfragmente, die nicht vor Amri IIIB datiert werden können; sie sind also mit hoher Wahrscheinlichkeit zeitgleich zu Wheelers "Gruppe iiib"[91].

Kleine Siegel und Siegelabdrücke wurden in Mound F hauptsächlich unter Stratum IV ab Stratum VII = "Intermediate I-IV" gefunden[92], und die Masse von Stempelsiegeln mit Swastika-Motiven stammt aus einem Tiefenbereich von 13' 0" bis -15' 6" in Mound AB[93], was mit Stratum V-VI = Intermediate I/II bis Late II in Mound AB und F abgeglichen werden kann. Kleine prismaförmige Abdrücke/ "Sealings" gibt es ab Mound F, Stratum VI[94], sie setzen also schon mit Intermediate III ein. Typische Indus-Siegel mit Einhorn-Motiven u.ä. wurden ab Mound F, Stratum VII, erfaßt[95]. Kann für die zuletzt genannte Siegelgruppe bislang keine interne, stilistische Abfolge entwickelt werden, so darf festgestellt werden, dass die kleinen Siegel und Siegelabdrücke früh in der Abfolge von Harappa konzentriert sind. Swastika-Siegel streuen schwerpunktmäßig auf die mittlere Phase, kleine prismaförmige "Sealings" setzen knapp davor ein, und zusammen mit den ersten Swastika-Siegeln tritt auch der Indus-Becher auf. Sogenannte "Rasseln", wie sie auch in Mehrgarh VII belegt sind, fanden sich in der Vatsschen Grabung in Mound AB, Stratum V-IV[96], und Typen, die an Formen aus Sibri erinnern, in AB, Stratum III; J, Stratum III, und F, Stratum III+I[97].

Ein wichtiger Fund wurde in Mound AB, Pit IV, Stratum I, gemacht, wohl zu gleichen mit der Late-Phase in Vats Terminologie. Es handelt sich um ein eindeutiges Stempelsiegel der Gonur-Phase[98]. Ein zweites Siegel (?) oder Amulett,

---

[91] Vats[90] I, 110 Nr. 21 = II, pl.LXXI, 33 = Wheeler[40] R 37, Typ XXVIII? Verwandte Typen gibt es in Jarrige[43] pl. XLVa (Nausharo III). Aus Mound F, Schicht VII, stammt ein Gefäß: Vats[90] I, 97; II, pl. LXXI, 90, wie es vom Typ her an Formen aus Mohenjo Daro erinnert = Dales / Kenoyer[29] Fig. 92, 7-8 (UM A-B).

[92] Vats[90] I, 324; zu Stratum VII cf. I, 97, Nr. 2.

[93] Vats[90] I, 347 und II, pl. XCV, 396 = Mound AB, -4' 6"; -8' 10"; -10' 0"; -15 '0"; -15' 10"; -15' 2"; -13' 0" bis -15' 6" = 5x; pl. XCV, 397 = Mound F, -2' 6"; -4' 6"; -12'8"; pl. XCV, 398 = Mound AB, -14' 6"; pl. XCV, 399 = Mound F, -6' 2"; -8' 2" und Mound AB, -7' 9".

[94] Vats[90] I, 48, Nr. 21, und I, 119, Nr. 18-19.

[95] Vats[90] I, 97, Nr. 1; I, 121, Nr. 1, erwähnt ein unvollendetes Siegel mit Schriftzeichen.

[96] Jarrige / Lechevallier[28] 529 Fig. 45, 10-13; Vats[89] II, pl. CXX, 40-41. 45. In Kot Diji fand sich entsprechendes in der Harappa-Schicht 2 = Khan[29] Fig. 13, 16.

[97] Jansen / Urban[1] 258, B20a-b; Vats[90] II, pl. CXX, 30-31. 36 und 42.

[98] Vats[90] II, pl. LXXXIV, f = pl. XCI, 255 - cf. V.I. Sarianidi in: P. Kohl, The Bronze Age Civilization of Central Asia (1981) 170 Fig. 3; 233 f. Fig. 7-8. E.C.L. During-Caspers, SAA XIII (1997) 253-263.

von Vats als Perle bezeichnet, welches wohl ebenfalls diesem Horizont zuzuweisen ist, stammt aus Mound F, Stratum V = Intermediate II[99].

Der Nausharo IV/Mehrgarh VIII/Sibri-Horizont ist also auch in Harappa nicht ohne Einfluß, und er läßt sich offenbar dort zusammen mit den ersten Indus-Bechern in Intermediate II nachweisen. Es wird eine Aufgabe der Zukunft sein, weitere Funde aus den neueren und alten Grabungen in Harappa diesem Komplex zuzuordnen.

Vor diesem Hintergrund gewinnen noch einmal Casals Überlegungen zum zeitlichen Verhältnis zwischen Mohenjo Daro und Harappa an Bedeutung. Er hat bis heute als einziger einen ernstzunehmenden Vergleich der stratigraphischen Abfolgen von Chanhu Daro, Mohenjo Daro, Amri, Harappa und weiterer Orte vorgelegt. Seiner Meinung nach kommen Harappa und Kot Diji wohl vor Mohenjo Daros späten Schichten und Amri IIIC zum Erliegen; auch in Chanhu Daro fehlt seiner Ansicht nach diese Phase[100]. Dies ist, gemessen an den hier auf-gezeigten keramischen Verbindungen zwischen den genannten Orten, zu modi-fizieren: Was Chanhu Daro und Kot Diji betrifft, ist der These zuzustimmen. Betreffs Harappa reicht sowohl Friedhof R 37, als auch die "Structural Period VI" sicher bis nach Mohenjo Daro, UM, Phase B, und Wheeler, Kontext D, heran, und auch der Überlappungshorizont zwischen Friedhof H und der Reif-Harappa-Perio-de in Harappa gehört noch in diesen Zeitraum. Die Herausbildung von Jhukar-Ele-menten in Amri IIIC und in Mohenjo Daro UM B-spät und Wheeler, Kontext D, verläuft also ungefähr synchron zum Überlappen von Harappa- und Friedhof H-Keramik in Harappa. Casals These fußt im wesentlichen auf dem Fehlen einer be-stimmten bemalten Warengattung und einer bestimmten Gefäßständer- und Scha-lenform. Diese Warengattung scheint aber auf den Sind-Bereich beschränkt zu sein und in Harappa, im Punjab, nicht vorzukommen, was das Argument ein-schränken würde[101]. In diesem Zusammenhang ist es nicht uninteressant, dass der

---

[99]   Vats[90] I, 397, Nr. 118; II, pl. CXXXII, 4b-c - cf. Sarianidi[98] 174, Fig. 4; 250, Fig. 19, 4-5.

[100] Casal[17] 167 ff. 212f. Tabelle; ders.[22] 99 ff. Auf die Unterschiede im Material von Mohenjo Daro und Harappa hat Fentress[25] aufmerksam gemacht. Siehe auch dies. in: Lal / Gupta[20] 99 ff.

[101] Zu beachten ist, dass die gemäß Casal in Chanhu Daro und Harappa fehlende bemal-te Warengattung in Amri IIIC erst spät aufkommt: Casal[22] bes. 106 und 104, Fig. 1 – Scherben die dem "Abandon" in Chanhu Daro zugewiesen werden, stammen fast alle aus Amri, Ai, A Schicht 10-9; cf. Casal[29] I, 122-125, Nr. 377. 379-381. 383. 401. 403-411. 416. 417a-418. Aus Schicht 10b stammen Nr. 378. 412. 413. 415. 420 und aus A13, Schicht 6b Nr. 402. 414. 417. Gemäß ibid., II, Fig. 7, bezeichnet Schicht 11 den eigentli-chen ergrabenen, strukturalen Kontext der Periode IIIC. Schicht 10a-c ist eine Füllung, und Schichten 10-9 sind eindeutig poststruktural. D.h.: gemessen an den hier gezogenen Verbindungen zwischen Harappa, Mohenjo Daro und Amri, scheint in der Tat die

Indus-Becher auch in den obersten Schichten von Kot Diji fehlt, die zum Teil mit
Amri IIIB und Nausharo III parallelisiert werden müssen. In Mohenjo Daro gibt es
sie erst ab Wheeler, Kontext C (beziehungsweise in UM A-spät), wo auch der
End-Amri IIIB- und IIIC-Gefäßständertyp auftritt. In diesen Horizont datiert auch
die Besiedlung der Wheelerschen "Structural Periods I-VI" in Harappa, wo R 37,
Typ III und IIIa (= Indus-Becher) vorhanden sind. In Friedhof R 37 ist dieser Typ
selten, und er wurde nicht in allen Gräbern angetroffen[102]. Indus-Becher fanden
sich in den Gräbern 1-3 und 10. Grab 4 ist älter als 1 und 2; Grab 5 hat ebenfalls
keinen Indus-Becher erbracht, hat aber R 37, Typ IIc (der auch in Grab 1 belegt
ist) und Typ XVII (der in Grab 2-3 vorkommt). Grab 6 hat ebenfalls keinen Indus-
Becher aber Typ IX, der in Grab 1 belegt ist. Grab 7, ebenfalls ohne Indus-Becher,
erbrachte u.a. Typ IV (auch Grab 2), XVII (auch Grab 2-3 und 5), XL (auch Grab
1). Grab 8 zeigt keinerlei Verbindung zu Gräbern mit Indus-Bechern, wurde aber
nur unvollständig ausgegraben. Grab 9 ist älter als Grab 4 und hat wie dieses keine
Indus-Becher erbracht. Grab 4 und 9 könnten also älter als Grab 1-3. 10 sein. Da
der Indus-Becher sich jedoch auch unmittelbar unter Friedhof R 37 fand, besteht
keinerlei Grund diesen Friedhof vor Kontext C in Mohenjo Daro zu datieren bzw.
ab UM, Phase A-spät.

Insgesamt besteht noch Unsicherheit bei der Bewertung des Materials, vor
allem aus den alten Grabungen. Die hier entwickelte Abfolge kann nur als Tendenz verstanden werden, die allein durch neuere Grabungen in Harappa erhärtet
oder verworfen werden kann. Das grundsätzliche Problem bei der Bewertung der
inneren Chronologie des Reif-Harappa-Komplexes bestand bisher darin, dass der
bisher einzig stratigraphisch ergrabene Schlüsselort Amri zwar in allen Phasen des
Reif-Harappa-Komplexes und darüber hinaus besiedelt war, jedoch haben manche
der baulich kurzen Phasen in Amri, wie die jüngsten Grabungen in Nausharo IIIA-
C = Amri IIIB und die neuen Grabungen in Mohenjo Daro (meist Amri IIIC) zeigen, eine sehr lange Laufzeit. Es ist also nicht auszuschließen, dass Amri, besonders zur Phase IIIA-B-C, nicht permanent besiedelt war beziehungsweise nicht

---

bemalte Warengattung, die Casal in Harappa und Chanhu Daro vermißt, dort nicht vorzukommen: in Chanhu Daro, weil der Ort bereits früher aufgegeben wird (s.o.), und in
Harappa, weil die zeitgleichen Schichten wahrscheinlich bereits durch das Aufkommen
der Friedhof H-Keramik geprägt sind. Das Fehlen des Schalentyps Casal[22] Fig. 3, 3, und
des Früchteständertyps (ibid., Fig. 2, 3) die in Amri ab IIIB aufkommen (der Früchteständer erst spät in IIIB) und in IIIC fortlaufen (Casal[29] I, 119; II, Fig. 79, 345 zum
Schalentyp), ist dann vielleicht als Anzeichen für die Unterschiede zwischen der
Keramik aus Harappa und Mohenjo Daro zu werten.
[102] Zu den Grabbeigaben cf. Wheeler[4ß] 86 ff.

alle existierenden Phasen in der relativ kleinen ergrabenen Fläche erfaßt werden konnten[103].

Im Umfeld von Harappa können weitere Siedlungen dem "Pre-Defence"-Horizont zugewiesen werden: Unter anderem Jalilpur[104] und Khadian Wala[105]. Jalilpur I wird von Mughal mit Amri IA (und später) und mit Sarai Kola I verbunden. Der Übergang zu Periode II ist kontinuierlich, denn bereits in Periode I tritt eine rot überzogene und dunkel bemalte Keramik in geringer Anzahl auf, die dann für die folgenden Schichten typisch wird, mit deutlichen Kot Diji-Bezügen. Reif-Harappa-Material, wie es in Gumla angetroffen wurde, fehlt offenbar in Jalilpur II von daher endet die Besiedlung sicher früher als in Gumla im Gomal-Tal, was infra 2.2.2. besprochen werden wird.

2.1.5. Die zeitliche Stellung von Kalibangan

Kalibangan I, von Mughal verdächtigt, zeitgleich zum Kot Diji-Aspekt in Sind zu sein und damit älter als das Reif-Harappa-Material in Amri, ist ebenfalls in seiner relativ-chronologischen Position umstritten. Casal, Possehl, Gupta, Allchin und ähnlich auch Dikshit[106] schließen nicht aus, dass im Punjab-Bereich und weiter östlich Kot Diji-Manifestationen länger anhalten als in Sind. Das bisher publizierte Material aus Kalibangan I (sogenannte "Sothi-Keramik"), welches in einer verwirrenden Form und nur in Vorberichten vorgelegt wurde, reicht wohl mindestens bis Amri IIIA[107], ähnlich wie Kot Diji. Zwar gehört Kalibangan

---

[103] Die Stratigraphie von Amri ist grundsätzlich korrekt, wie die Befunde in Nausharo zeigen, besonders, was das stratigraphisch kritische Verhältnis von IIIA:IIIB betrifft, die sich als Schichten in Amri in den Grabungsstellen nicht überlappen. Die von L. Flam (The Paleogeography and Prehistoric Settlement Pattern in Sind, Pakistan, c. 4000-2000 B.C. [1981] 315) vertretene These, dass Amri IIIA gleichzusetzen ist mit Amri IIIB; Amri IIIA also nicht existent sei, ist dem Befund von Nausharo II und III nach gegenstandslos. Dies zeigt auch der von Wheeler ergrabene Befund in Mohenjo Daro.

[104] Mughal, PA 8, 1972, 117 ff. Possehl[11] 651-653 weist Jalilpur I dem Hakra- und Jalilpur II dem Kot Diji-Horozont zu.

[105] Dar, JCA 6/2, 1983, 17 ff.

[106] Erstmals vermutet von Casal[17] 184, dann wiederholt von Possehl in: Kennedey / Possehl, Studies in the Archaeology and Palaeoanthropology of South Asia (1984) 85 ff.. Ähnlich äußerten sich Gupta[22] 395 ff., F.R. Allchin in: Lal / Gupta[20] 51 ff., sowie K.N. Dikshit in: Lal / Gupta[20] 531 ff.

[107] Zu möglichen Parallelen für Kalibangan I cf.: IA 1962-63, 28 Fig. 7, 17 (KLB I, Fabric D) = Casal[29] II, Fig. 72, 309 Amri IIIA (Frühform Fig. 69, 272 Amri IIB); IA 1962-63, 29 Fig. 8, 20, A (KLB I, Fabric E) = Santoni, SAA VIII (1989) 183, Fig. 8, 1 oberes Mehrgarh VII (geritztes Fischmotiv); Casal[29] II, Fig. 78, 343a Amri IIIA (gemaltes Fischmotiv); IA 1962-63, 29 Fig. 8, 12 (KLB I, Fabric E) = S. Bhan, Excavations at Mitathal (1968) and Other Explorations in the Sutlej-Yamuna Divide (1975) Fig. 7, 26

eigentlich in den infra 2.2.6.2. zu besprechenden Bereich, jedoch ist der Befund von Kalibangan auch für zuvor abzuhandelnde Befunde wichtig, so dass die Auseinandersetzung hier vorgezogen werden muß. Die Beobachtung der Ausgräber, dass in dem Bereich KLB 2 in untersten Schichten KLB I- und II-Material zusammen vorkommen und erst in KLB II der Indus-Becher belegt ist[108], der in Amri (und in Mohenjo Daro) nur in der späten Reif-Harappa-Phase (Amri IIIB-spät- bis IIIC-Horizont) auftritt, ist von Bedeutung. KLB I dürfte somit ebenfalls, wie von Casal vermutet, bis in die Amri IIIA-Periode reichen und bestenfalls mit Amri II einsetzen, also dem Befund von Kot Diji weitgehend entsprechen. Kalibangan I/II wäre somit wahrscheinlich Amri IIIB-zeitlich, und Kalibangan II datiert auf Amri IIIB-spät bis IIIC. Der Friedhof von Kalibangan hat zwar keine Indus-Becher erbracht, ähnlich wie manche Gräber des Friedhofs R 37 in Harappa[109], dafür jedoch Gefäßformen, die an die Friedhöfe von Rupar und Harappa R 37 erinnern, sowie an Phase A-B in UM, Mohenjo Daro[110]. Der Friedhof von Kalibangan

---

Mitathal IIA-mittlere Schicht; Sharma in: Possehl[10] 156 Fig. 13. 15, 1 Rupar/Friedhof; IA 1962-63, 29 Fig. 8, 18, F (KLB I, Fabric E) = Casal[29] II, Fig. 78, 341 Amri IIIA, Khan[29] Fig. 11, 2 Kot Diji 1B; IA 1962-63, 29 Fig. 8, K (KLB I, Fabric E) = Casal[29] I, 119; II, Fig. 79, 349 Malmotiv *ab* Amri IIIB)

[108] IA 1962-63, 30 f. Diese älteren KLB II-Schichten werden im folgenden als KLB I/II bezeichnet.

[109] Unter dem fand sich aber der Indus-Becher. In Rupar (s.u.) fehlt dieser dagegen auch, im Gegensatz zu Kalibangan und Harappa, in den Wohnschichten.

[110] Zum Friedhof in Kalibangan finden sich folgende Parallelen: IA 1963-64, 32, Fig. 4, 21 ("Extended Burials"); 35, Fig. 7, 12-13 ("Pot Burials") = Wheeler[40] Fig. 18, XXX-XXXc; 19, XXXI-XXXIId Harappa R 37, Dales / Kenoyer[29] Fig. 65, 1. 5-7 UM, Phase A-B, und ibid., Fig. 66, 1.5.7-8 UM, Phase A (1x), Phase B (49x), sowie ibid., Fig. S15, 75-76c Wheeler, Kontext C, und ibid., Fig. S22, 109a-l Wheeler, Kontext D. IA 1963-64, 32, Fig. 4, 8 ("Extended Burials"); 35, Fig. 7, 14 ("Pot Burials") = Frühformen: Wheeler[40] Fig. 19, XXXIIIf Harappa R 37 und Dales / Kenoyer[29] Fig. S14, 72a-c Wheeler, Kontext C; die besseren, direkten Vergleiche datieren aber später: Ibid. 175, Fig. 53, 1 UM, Phase B-spät, sowie ibid., Fig. S20, 102c Wheeler, Kontext D. IA 1963-64, 32, Fig. 4, 11 ("Extended Burials") = Wheeler[40] Fig. 19, XXXVIIa (Grab 1+Indus-Becher) Harappa R 37, entfernt: Dales / Kenoyer[29] Fig. 38, 3-4; 82, 4? UM, Phase B - eine Frühform findet sich in Casal[29] II, Fig. 69, 275 Amri IIB. IA 1963-64, 37, Fig. 9, 39 ("Pot Burials") = Früchteständer mit Verdickung unter dem Schalenansatz. Der Typ setzt spät in Amri IIIB ein (cf. Befund in Nausharo und Mohenjo Daro, UM, Phase A, und Chanhu Daro, Harappa II-Stratum), ist dann aber typisch für den Amri IIIC-Horizont und Mohenjo Daro, UM, Phase B und Wheeler, Kontext C. IA 1963-64, 34, Fig. 6, 34 ("Extended Burials"); 37, Fig. 9, 36. 38 ("Pot Burials") = Dales / Kenoyer[29] Fig. S10,55a. 55j Wheeler, Kontext C, und ibid., Fig. 85, 3-5 UM, Phase B-spät, eine frühe Form findet sich in Casal[29] II, Fig. 73, 313 Amri IIIA. Bemalte Gefäße dieser Art finden sich in Sharma[107] Fig. 13. 15, 1 Rupar, Friedhof und vielleicht Bhan[107] Fig. 7, 26, Mitathal IIA-Mitte, oder das Gefäß aus Mitathal IIA gehört zu Formen wie ibid., Fig. 12, 85? Mitathal IIB-früh und IA 1962-63, 29, Fig. 8, 12 Kalibangan I (Fabric

datiert also mit hoher Wahrscheinlichkeit zeitgleich zu R 37 und dem Amri IIIB-spät-/IIIC-Horizont. Dass in den wenigen Gräbern der Indus-Becher nicht gefunden wurde, muß nicht überraschen, denn in den Gräbern von Harappa ist er ebenfalls rar, beziehungsweise in vielen Gräbern gar nicht belegt. Trotzdem müssen die Gräber in den Horizont gehören, denn viele Gefäße aus funerärem Kontext in Kalibangan haben nur eindeutig späte Verbindungen. Allerdings endet Kalibangan II wohl vor dem Überlappungshorizont zwischen Reif-Harappa und Friedhof H in Harappa; reicht also wohl nur bis in die Schicht, die den Friedhof R 37 in Harappa unmittelbar überlagert, hinein und nicht in die Phase des Schuttbandes darüber oder in die Phase der späten, fragmentarischen Strukturen auf der Westterrasse von Harappa. Anders ausgedrückt: Die Besiedlung von Kalibangan II dürfte in Mohenjo Daro, UM, Phase D (erste Hälfte), enden.

Der Tendenz nach scheint die Homogenität und absolute Synchronität des Früh-Harappa- und Reif-Harappa-Komplexes in allen bekannten Orten eine Schimäre zu sein, und die bisher diskutierten Fundorte können schematisch wie folgt aufeinander bezogen werden (Tab. 2).

2.2. "Periphere" Reif-Harappa-Manifestationen und die Frage nach ihrer relativ-chronologischen Einbindung

In diesem Zusammenhang seien einige Schlüsselsiedlungen außerhalb des Punjab- und Sind-Bereichs angeführt, die in Bezug zum Reif-Harappa-Komplex stehen.

2.2.1. Die südwestliche "Peripherie" des Reif-Harappa-Komplexes

In diesen Bereich gehören die Befunde im Kandahar-Gebiet, in Makran und in der Las Belas-Ebene, sowie wenige Reif-Harappa-Funde am Persischen Golf.

Der Befund von Mundigak, welcher aufgrund seines Materials auf das engste mit dem Fundort Shahr-i Sokhta im Hilmand-Bereich in Sistan verbunden ist[111],

---

E); eine unbemalte Form der letzten Art findet sich in: Wheeler[40] Fig. 12, IIa (Grab 2 + Indus-Becher) Harappa R 37. Possehl[11] 688, geht davon aus, dass Kalibangan vielleicht durch ein Erdbeben zerstört wurde.

[111] C. Jarrige / M. Tosi, SAA V (1981) 115 ff.; R. Biscione, Relative Chronology and Pottery Connections between Shahr-i Sokhta and Mundigak, Eastern Iran, Memorie dell'Istituto Italiano di Paleontologia Umana II (1974) 131ff. Demnach sind in Mundigak für Periode IV 3 zwei Subphasen zu trennen: eine ältere IV3-Phase (hier IV 3A genannt) = Shahr-i Sokhta III 4-3 und eine jüngere Phase IV 3B = Sokhta IV 2-0. Die Phase Mundigak IV 3B war schon von Casal als ein Problem erkannt worden, und Teile dieses

zeigt trotz geographischer Nähe zum Reif-Harappa-Komplex, nur wenige Über-einstimmungen mit diesem in seinem Inventar. Mundigak III bis IV 1-2 gehört relativ-chronologisch zusammen mit Shahr-i Sokhta I bis II noch in den Mehrgarh VI-VII-Horizont[112], wäre also zeitgleich zu Amri IIA-B. Jarrige will auch Mundigak IV 3 und Shahr-i Sokhta III-IV ausschließlich nur mit Mehrgarh VIIC und Nausharo IC/D verbinden[113]. Dies erscheint jedoch nicht gegeben, gemessen an den Befunden in Hili 8 und vor allem in Tepe Yahya, wo Keramik vom Shahr-i Sokhta IV-Typus noch in der Schicht IV B1 bis IV A4-3 belegt ist[114].

Materials hatte er zwischen Mundigak IV 3 und V datiert (Casal, Fouilles de Mundigak = MDAFA XVII 1 [1961] 77. 81. 167, zu Befunden in Mound F und einem Friedhof in MG I). Bisciones Ansatz von 1974 kann heute leicht modifiziert werden, denn gemäß Biscione, SAA IX (1990) 390 ff., gehört Phase 2 in Shahr-i Sokhta nicht mehr nach Periode IV, sondern sollte zu Periode III gezählt werden. Teile der Keramik, die vormals Sokhta, Periode IV 1 = dem "Burnt Building" zugewiesen wurden, sind in Phase 1 intrusiv und gehören originär, wie eine Neubewertung der Befunde zeigte, an das Ende von Periode III = Phase 2 (ibid., 392-394). Folglich wäre Mundigak IV 3B nur mit Shahr-i Sokhta IV 1-0 zu gleichen. Die Keramik aus Shahr-i Sokhta III 2 entspricht der aus Lal Shah und Nausharo I D in der Kachi-Ebene und Teilen des Materials von Mundigak IV 3A (ibid., 391, Fig. 1-6). Das Material aus Said Qala Tepe und Deh Morasi Ghundhai zeigt direkte Verbindungen zu Mundigak: J.G. Shaffer, Prehistoric Baluchistan (1978), und vor allem ders., in: F.R. Allchin / N. Hammond, The Archaeology of Afghanistan (1978) 71 ff., mit einer ausführlichen Diskussion und weiterführender Literatur. Jarrige, SAA XIII (1997) 20-21, datiert Mundigak IV 3(A) auf Mehrgarh VIIC und Nausharo ID.

[112] Jarrige / Lechevallier[28] 534; Jarrige[43] 114f. 118.

[113] Jarrige[43] 63 ff. bes., 114 f.; ders. et al. (PA 23)[37] bes. 202 f. und hier Anm. 111.

[114] Die Endpublikation von den Befunden von Tepe Yahya im 3. vorchristlichen Jahrtausend ist mir noch nicht zugänglich. Die hier getroffenen Vergleiche beziehen sich auf D. Potts, Tradition and Transformation: Tepe Yahya and the Iranian Plateau During the Third Millennium B.C. (unpublzierte Ph.D., 1980) 314 f. Fig. 49, E. R (Yahya IV B1); 318 f. Fig. 51, E (Yahya IV A, IV A_?); 322 f. Fig. 53, C-D (Yahya IV A3!) und R. Biscione, Iranica (1979) 291 ff. Fig. 4, "Coarse Ware J" und "Fine Ware D-F" in Shahr-i Sokhta IV. Siehe auch C.C. Lamberg-Karlovsky, Iran 10, 1972, 91 Anm. 11. Gemäß der Neubewertung des Endes der Periode III = Phase 2 in Shahr-i Sokhta, durch Biscione[111] (1990), gilt Jarriges Ansatz wohl nur für einschließlich Phase 2 in Sokhta, nicht für Sokhta IV 1-0! Zu Hili 8 cf. S. Cleuziou in: P.M. Costa / M. Tosi, Oman Studies (1989) 47 ff. und S. Cleuziou / M. Tosi, SAA VIII (1989) 15 ff., bes. 35-40. Sie weisen darauf hin, dass Hili 8, Phase IIc2 Material wie Shahr-i Sokhta III-IV, Phasen 4-1 (zu korrigieren, in Anlehnung an Biscione[111] [1990] in Phasen 4-2), und Hili 8, Phase IId-e, Material wie Shahr-i Sokhta IV, Phase O (= *Phasen 1-0), aufweist. Da sich aber Hili 8, Phase IIf-g, eindeutig mit Yahya IV B1 bis IV A4-3 verbindet (ibid., 40 mit Belegen) und in Yahya IV A-älter noch Shahr-i Sokhta IV-Material belegt ist, dürfte Shahr-i Sokhta IV, zumindest Phase 0, noch bis Hili 8, IIf-g hineinreichen. Dies bedeutet, dass Shahr-i Sokhta IV, Phase 0 bis in den Horizont in Tepe Yahya und Hili 8 reicht, in dem zum ersten Mal Chlorit-Gefäße der "Série Récente" belegt sind (Cleuziou / Tosi, op. cit. 23 Tab. 2; Lamberg-Karlovsky, IrAnt 23, 1988, 45 ff., bes. 52, Fig. IV, CC-DD;

Potts, op. cit. 580 f. ab Yahya IV A4-3), die nicht vor der "mittleren" Akkad-Zeit datiert werden können, ab Manishtushu (Potts[4] I, 108 f. Anm. 66 [Zu Hili 8, IIf-g]; cf. auch P. de Miroschedji, DAFI III [1973] zur Gattung). Entscheidend für die Datierung von Yahya IV B1-IV A4-3 sind jedoch nicht die genannten Chlorit-Gefäße, beziehungsweise das Einsetzen dieser Gattung, sondern das Vorkommen von Kaftari-affiner Keramik in Yahya IV B1 bis IV A3/2, einer Ware, die nach bisherigem Kenntnisstand nicht vor die späte Ur III-Zeit datiert werden kann (zum Vorkommen von "Brown Banded Buff"-/Kaftari-affiner Keramik in Tepe Yahya cf. Potts, Tradition... op. cit. 217. 258 und 579 f.; ders.[4] I, 196. 216, nennt das Vorkommen dieser Ware in Bahrain, City IIA-B, und im Isin-Larsa - zeitlichen Wadi Suq-Horizont. Zu Yahya cf. auch Lamberg-Karlovsky, Excavations at Tepe Yahya, Iran, 1967-1969, Progress Report I, The Asia Institute of Pahlavi University Monograph I [1970] Fig. 15G. 16K. M. 19T, und M. Prickett, Man, Land, and Water: Settlement Distribution and Development of Irrigation Agriculture in the Upper Rud-i Gushk Drainage, Southeastern Iran [1986] 1474, Dating Criterion 22; zur Datierung des Kaftari-Horizontes in Süd-Iran cf. J.L. Nickerson, Intrasite Variability During the Kaftari Period at Tal-e Malyan/Anshan [1983] 194 ff.; Amiet[49] 158 f. 161, und W. Sumner in: L. de Meyer / E. Haerinck, Archaeologia Iranica et Orientalis I [Fstschrft. Vanden Berghe, 1989] 135 ff. Nach MASCA-kalibrierten C14-Daten setzt der Kaftari-Horizont in Tall-i Malyan, dem alten Anshan, um maximal ca. 2100 v. Chr. ein. Die glyptischen Funde aus diesem Horizont sind dagegen gemäß Amiet kaum wesentlich vor dem Beginn der Sukkalmahhu-Periode zu datieren. Nach Sumner, op. cit. 138f., dürfte der Befund von Tall-i Nokhodi, bei Pasargadae gelegen, den älteren Kaftari-Horizont markieren, denn hier ist, ähnlich wie in den tiefsten Schichten in Tall-i Malyan, der Anteil der dunkel bemalten roten Kaftari-Ware gegenüber der dunkel bemalten hellen Kaftari-Ware sehr hoch. In Tall-i Nokhodi II wurde ein Axtblatt gefunden, welches eine direkte Parallele in Sapalli-Tepe und in baktrischen Gräbern hat, die zeitgleich zum Mehrgarh VIII-Horizont sind: Goff, Iran 2, 1964, 48 f. pl. IIa; gemäß J. Deshayes, Marteaux de Bronze Iraniens, Syria 35, 1958, 284 ff, ab 2. Hälfte 3. vorchr. Jahrtausend. Zu Nokhodi cf. auch Maxwell-Hyslop, IrAnt 23, 1988, bes. 137, und zu den baktrischen Gräbern: M.H. Pottier, Matériel Funéraire de la Bactriane Méridionale de l'Age de Bronze [1984] 18-21, pl. IX, 58; ein Termin, der älter als die Ur III-Zeit wäre, scheint für den Beginn des Kaftari-Horizontes auszuscheiden. Da in Tepe Yahya IVB1 bis IVA-älter zumeist die dunkel bemalte helle-Kaftari-Variante vorliegt, rückt dieser Befund [Yahya IVB1] eher an das Ende des Ur III-Horizontes. Damit ist es deutlich, dass Shahr-i Sohkta IV, Phase 0 bis in die späte Ur III- bis frühe Isin-Larsa-Zeit datieren dürfte; s.u. zur Diskussion der Funde in Hili 8 und Bahrain. Ebenso deutlich ist, dass die Chloritgefäße der "Série Ancienne" nicht nur auf die ältere Frühdynastische-Periode beschränkt sind, sondern bis in die Nachakkadische-Zeit anhalten, mit den Gefäßen der "Série Récente" also überlappen [so auch Lamberg-Karlovsky, IrAnt 23, 1988 bes. 54]). Dass Shahr-i Sohkta IV bis in den frühen Reif-Harappa-Horizont hineinreicht, zeigt auch ein Stempelsiegel aus Ton (Tosi, Prehistoric Seistan I [1980] pl. LXIV, Fig. 76), welches eine direkte Parallele sowohl im Material als auch im Motiv in Harappa, Mound F, Stratum IV = Intermediate I hat (Vats[90] I, 43. 342; II, pl. XCI, 257); es müßte allerdings spät in Shahr-i Sohkta IV datieren. Ein "Compartement-Siegel" aus Mari, gefunden in einem "Früh-Akkadischen" Kontext, hat eine Parallele in Shahr-i Sohkta III, Phase 4 (cf. P. Ferioli / E. Fiandra / S. Tusa, SAA III [1979] 7 ff., 10 Fig. 1e [Shahr-i Sohkta Periode

Weiter westlich sind Funde des Reif-Harappa-Komplexes in Süd- und Südwest-Iran rar. Ging man anfänglich noch davon aus, dass Bampur VI und Shahr-i Sokhta IV vor Tepe Yahya IV A4 enden[115], so finden sich doch, wie dargelegt, gute Argumente, Bampur VI und Shahr-i Sokhta IV (und damit Mundigak IV 3B) zumindestens bis Yahya IVA 4-3 hineinlaufen zu lassen. Aus diesem älteren IV A-Kontext in Tepe Yahya stammen auch zwei Abdrücke, zumindestens einer davon von einem Indus-Siegel, sowie eine Scherbe, die Kulli-affin (s.u.) wirkt[116]. Eine Gefäßform, die fast schon an Formen in der Djarkutan-Phase in Uzbekistan, sowie an den zweiten Komplex der Kelleli-Oase in der Margiana gemahnt, hat in Tepe Yahya eine Laufzeit von Yahya IV B4 bis IV A2 mit einer "Konzentration" bei IV B1[117]; allerdings ist die Typenvarianz dieser Gefäßform in Tepe Yahya – aufgrund der mir vorliegenden Publikation bisher noch nicht zu fassen[118]. Ähnliche Formen treten auch im Namazga V-Horizont auf, was relativ chronologisch

---

III, Phase 4], und D. Beyer, IrAnt 24, 1989, 109 ff. Fig.3a-b [Mari]). Gemessen an dem hier vertretenen Datierungsansatz datiert die Fundlage in Shahr-i Sokhta III 4 = Hili 8, Phase IIc2, älter als "Früh-Akkadisch", denn das Fundmaterial aus Shahr-i Sokhta III ist älter als der Amri IIIA-/Naushahro II-Horizont (der mit hoher Wahrscheinlichkeit um Frühdynastisch IIIA einsetzt; cf. R. Dittmann[1] 85-88). Für den hier auf Tab. 3 für Tepe Yahya IV B5 vertretenen Datierungsansatz cf. Amiet[49] 133.

[115] Lamberg-Karlovsky / Tosi, East & West 23, 1973, 57 Chart IV.

[116] Potts[114] 391 f. Fig. 60, L (IV A4 - Abdruck auf einem "Terracotta Cake"); 586 f., zu den Siegeln aus Tepe Yahya IVA allgemein. Zu dem Abdruck eines Indus-Siegels auf einer Gefäßscherbe aus Yahya IVA-älter cf. Lamberg-Karlovsky / Tosi[115] 21 ff., Fig. 137. Kulli-affin wirkt folgende Scherbe: Potts[114] Fig. 51, 0 (Yahya IV A, IV A4?); Potts[4] I, 105 Anm. 51, sieht Bezüge zu Umm an-Nar, Cairn V.

[117] Potts[114] 183. 318 f. Fig. 51, K (Yahya IV A, IV A4?), und Ph. Kohl, Central Asia. Palaeolithic Beginnings to the Iron Age (1984) pl. 22, II.1a (Djarkutan-Phase); I.S. Masimov in: Kohl, The Bronze Age of Central Asia (1981) 205, Fig. 5, 9-11 (Murghab, 2. Komplex); solche Gefäße gibt es aber auch in Togolok 21, Phase II: cf. L. Pyankova, International Association for the Study of the Cultures of Central Asia 16, 1989, 27 ff., bes. 38 Fig. 4, 1-2, was eher Mehrgarh VIII-zeitlich wäre.

[118] Es sei darauf verwiesen, dass in Shahr-i Sokhta IV 1-0 Gefäße erfaßt wurden, die eine ganz ähnliche Lippenform wie das genannte Stück aus Yahya IV A4(?) haben. Sollten die frühen Scherben dieses Typs in Tepe Yahya keinen erhaltenen Boden haben, so könnten sie vielleicht zu diesem Typ aus Shahr-i Sokhta gehören - zur Form cf. Biscione, Iranica (1979) Fig. 4, "Fine Ware" Typ F. Dieser Formtyp weist im Gegensatz zu den turkmenisch-baktrischen Formen einen Ringfuß auf. Chronologisch würde Shahr-i Sokhta IV gut zu Yahya IV B4-1 passen. Biscione[111] (1990) 399, sieht in Shahr-i Sokhta IV 1-0 Bezüge zu Sapalli-Tepe. Sollte dies angenommen werden, so wäre zu prüfen, ob zwischen Phase 2 und 1 in Shahr-i Sokhta, also zwischen Periode III und IV, nicht ein Hiatus bestehen könnte, oder solches Material erst gegen Ende von Periode IV aufkommt, denn das Sapalli-Tepe-Material verbindet sich mit Mehrgarh VIII, was frühestens ab Naushahro IV bis einschließlich Amri IIIC datiert werden muß, und Periode III in Shahr-i Sokhta reicht nicht über Naushahro IC (ID ?) hinaus.

zu Yahya IV B4 passen dürfte[119]. Der Zenit der urbanen Besiedlung im Kandahar-Sistan-Bereich (Shahr-i Sokhta III/Mundigak IV 3A) ist jedoch zur Amri IIIC-Periode des Indus-Bereiches schon lange überschritten. Diese ältere, westliche urbane Phase, festzumachen vor allem an den großflächigen Anlagen in Mundigak, weist jedoch Elemente auf, auf die weiter unten noch eingegangen werden wird, die einen direkten Bezug zum Reif-Harappa-Komplex erkennen lassen.

Die weiter südlich gelegenen, schon zum Teil von M.A. Stein aufgespürten und von Dales neu untersuchten, harappazeitlichen vermeintlichen Hafenanlagen in Makran, Sukta-Koh und Sukhtagen-Dor werden von Jansen nicht als Hafenstädte, sondern als Kontrollposten für das Hinterland aufgefaßt[120]. Informationen zu diesen Orten sind aber kaum vorhanden[121]. Ähnlich verhält es sich mit Balakot, einem von Dales näher untersuchten Ort, der seit 1903 in der Literatur bekannt ist, schon von R.L. Raikes als möglicher Hafen angesprochen wurde und zu Reif-Harappa-Zeit ein wichtiges Zentrum für die Herstellung von Armreifen aus Muscheln war. Auch in Balakot fanden sich ältere Schichten als die Reif-Harappa-Periode, die jedoch, gemessen an den bisher spärlich vorliegenden Informationen, von ihrem Inventar her gewisse Unterschiede zu benachbarten Abfolgen erkennen lassen. Die Funde aus Balakot I, Phase I-IX sollen polychrome Nal-Keramik erbracht haben[122], was nicht vor Mehrgarh VI-VII in der Kachi-Ebene zu datieren

---

[119] V.M. Masson, Altyn-Depe (1988) pl. XXXIII, 15. Schon Jarrige[43] 122, hat darauf hingewiesen, dass der Mehrgarh VIII-Komplex (wo diese Form ebenfalls belegt ist: cf. M. Santoni, SAA VI [1984] 52 ff. Fig. 8, 8) direkte Vergleiche in Altyn-Tepe, oberste Namazga V-Schichten hat (mit Verweis auf Ganjalin, SA 4, 1967, 207-218). Nach freundlichem Hinweis von Th. Götzelt könnte auch Khan[29] Fig. 25, 24 (Kot Diji 5A), in diese Kategorie gehören. Nach den hier getroffenen Überlegungen würde dies in den Amri IIIA-Horizont hineinreichen.

[120] Jansen[8] 103. 163 ff.

[121] M.A. Stein, MASI XLIII (1931) 60 ff.; Dales, Antiquity 36, 1962, 86 ff.; ders. Expedition, 4/2, 1962, 2 ff.; ders., Expedition 12/1, 1969, 15 ff.

[122] Dales, JFA 1, 1974, 3 ff., bes. 11. Zu Balakot cf.: ders. und Kenoyer, Expedition 19/2, 1977, 13 ff.; ders., Man & Environment 3, 1979, 45 ff.; ders., SAA IV (1979) 241 ff.; ders. in: A.H. Dani, Indus Civilization: New Perspectives (1981) 25 ff.; ders. in: J. Jacobson, Studies in the Archaeology of India and Pakistan (1986) 117 ff. Siehe jetzt auch die Neubewertung von Franke-Vogt, SAA XIII (1997) 217-235. Nal Keramik wurde erstmals in Sohr Damb, Nal ergraben cf. H. Hargreaves, Excavations in Baluchistan. Sampur Mound, Mastung and Sohr Damb, Nal (1929) – dazu siehe Possehl[11]587-594, demnach sind die obersten Schichten in Nal voll mit Damb-Sadaat III- und Früh-Kulli-Material, ähnlich Niai Buthi I in Las Belas; ibid., 576, zählt er Balakot I zu seinem Amri-Nal-Komplex des Früh-Harappa-Horozontes ähnlich Anjira IV, betont für beide Orte jedoch starke lokale Züge.

ist[123] und in Shahr-i Sokhta von I -II 5 läuft; in Balakot I, Phase I-V gibt es aber auch Togau C-Keramik, die in Mehrgarh in der älteren Periode IIIC-IV belegt ist[124]. Balakot I, Phase X-XI soll Amri IC/D- Keramik erbracht haben bei gleichzeitiger Abnahme von Nal-Keramik[125]. In Mehrgarh fand sich Nal-Keramik nur in Mehrgarh VI-VII, was sich eindeutig mit Amri IIA-IIB verbindet[126]. Balakot I, Phase XII verbindet sich dagegen wohl mit Mehrgarh VII-spät und Nindowari II, wo ebenfalls die sogenannte Damb Sadaat III/"Bracket-Ware" belegt ist[127]. Aus den folgenden Reif-Harappa-zeitlichen Schichten stammt wenig Kulli-Keramik sowie ein Gefäß, welches Bezüge zum Persischen Golf und zu Bampur VI und Shahr-i Sokhta IV erkennen läßt, sowie 5 Indus-Siegel[128]. Auch der Befund von Balakot spricht für ein knappes Überlappen von Bampur VI, Shahr-i Sokhta IV und Mundigak IV 3B mit dem Beginn der urbanen Phase in Sind. Aus diesem Balakot II-Horizont ist bisher fast nichts an Keramik publiziert. In der Publikation der Keramik aus der UM-Grabung in Mohenjo Daro geben Dales und Kenoyer nur an zwei Stellen Hinweise auf Vergleiche zwischen Balakot und Mohenjo Daro, auf Gefäßtypen, die auf UM, Phase A-B, datieren[129]. Weiter nördlich, in der Las Belas Ebene, hat Casal den Fundort Nindowari ergraben, der bisher nicht abschließend publiziert wurde, und in diesen Horizont gehört auch der sogenannte Edith Shahr Komplex A, den Fairservis identifiziert hat[130]. Den wenigen bisher bekanntgemachten Informationen nach dürfte Nindowari Periode I mit Mehrgarh VII zu verbinden sein; Periode II erbrachte die sogenannte "Bracket-Ware" zusammen mit früher Kulli-Keramik, grob abzugleichen mit dem Ende von

---

[123] Jarrige / Lechevallier[28] 534.

[124] Dales, JFA 1, 1974, 11; Jarrige / Lechevallier[28] 533 ; Wright in C. Jarrige[6] 664.

[125] Ibid. - ein, verglichen mit Mehrgarh, wohl unwahrscheinlicher Befund.

[126] Jarrige / Lechevallier[28] 533 f. Demnach müßte Amri IC-D wohl ungefähr Mehrgarh V-zeitlich sein.

[127] Dales[124] 22; C. Jarrige, SAA VI (1984) 129 (Cf. Casal, PA 3, 1966, 10ff. pl. XIII). Diese Ware findet sich auch in Shahr-i Sokhta III 2 - cf. Biscione[111] 392, Fig. 6. Possehl[11] 675 glaubt, dass diese Ware noch in die Reif-Harappa-Periode hineinreichen würde; der Befund in Nausharo ID zeigt, dass dies nicht der Fall ist, denn sie kommt hier vor der eigentlichen Reif-Harappa-Zeit zum erliegen (C. Jarrige et al.[6] 41).

[128] Dales, SAA IV (1979) 264-70, Fig. 11. 13.

[129] Dales / Kenoyer[29] 168, zu Schalen-Typ CH3 und ibid., 217, zu "Dish"-Typ BH2. Letzterer setzt mit Amri IIIB-spät ein. Da auch an keiner Stelle in der Publikation Vergleiche zu Indus-Bechern oder zu Funden, die ausschließlich in UM, Phase B, belegt wären, gezogen werden, könnte Balakot, ähnlich wie Nindowari III, wohl nicht später als Amri IIIB (vor Ende IIIB) und Nausharo III datieren.

[130] Casal, PA 3, 1966, 10 ff.; Anonymus, PA 5, 1968, 51 ff.; Jarrige, Newsletter of Baluchistan Studies 1, 1983, 47 ff. und C. Jarrige, SAA VI (1984) 129 ff. Zum Edith Shahr Komplex A cf. W.A. Fairservis in: Possehl[8] 49 ff., bes. 58 ff. Fig. 5, 4-5, und ders., The Roots of Ancient India ([2]1975) 195 ff. 362. 368 ff. 371 ff.

Mehrgarh VII, und erst in Periode III wurden Reif-Harappa- und Kulli-Keramik, sowie zwei typische Indus-Siegel neben einem geometrischen Siegel erfaßt[131]. Da sich auf der Oberfläche von Nindowari Mehrgarh VIII-Keramik fand[132], dürfte auch Nindowari III ungefähr mit Nausharo III enden, gefolgt vom Mehrgarh VIII-Horizont.

Zeitgleich zu den eben besprochenen Komplexen bestehen in Makran die Kulli-, Mehi- und Shahi Tump-Komplexe, die ihrer relativ-chronologischen Verknüpfung nach sich schwerpunktmäßig mit dem Ende der Abfolge in Bampur verbinden[133], dann aber zumindestens bis in die frühe bis mittlere Reif-Harappa-

---

[131] Casal, PA 3, 1966, pl. XLVIb.

[132] C. Jarrige, SAA VI (1984) 133.

[133] Zu Bampur und damit verbundenen Komplexen cf. B. de Cardi, Antiquity 41, 1967, 33 ff.; dies., Iran 5, 1967, 134 ff.; dies., Iran 6, 1968, 135 ff.; dies., Excavations at Bampur. A Third Millenium Settlement in Persian Baluchistan, 1966 = APAMNH LI 3 (1970); Tosi, East & West 20, 1970, 19 ff.; ders., East & West 24, 1974, 29 ff. Cf. auch Lamberg-Karlovsky / Schmandt-Besserat, BiMes 7, 1977, 113 ff. (Zu Bampur, Khurab und Chah Husseini). Zu einer Prunkaxt mit einem Kamelaufsatz aus Khurab cf. Maxwell-Hyslop, Iraq 17, 1955, 161; Zeuner, Iraq 17, 1955, 162 f.; Lamberg-Karlovsky, Iran 7, 1968, 163 ff.; Lechtman, Iran 8, 1970, 173; During-Caspers, IrAnt 9, 1972, 60 ff.; Shahi Tump ist ein problematisch zu bewertender Befund: De Cardi, APAMH LI 3 (1970) Tab. 5, nennt eine Fülle von Vergleichen zu Bampur, die sich jedoch alle auf die Siedlung, auf Sektion II-V und VI, -14' bis -20' Tiefe, jedoch nicht auf die Gräber in Shahi Tump beziehen (cf. Stein, MASI XLIII [1931] 90. 94; er glaubt, dass die Gräber aus Sektion VII, IX, XI und XIII-XV jünger als die Siedlung seien und in den Hang eingetieft wurden). Neben den von de Cardi angeführten Funden sei auch auf das Fragment eines Gefäßes aus grauer, ritzverzierter Ware verwiesen, aus der Siedlung stammend, Sektion III (Stein, op. cit. pl. XIII, Sh.T.iii.9). Solche Keramik gibt es in Shahr-i Sokhta IV und Bampur IV-VI (Lamberg-Karlovsky / Tosi[115] Chart II). Die Stierterrakotten aus Shahi Tump stehen der Kulli-Tradition nahe (Stein, op. cit. pl. XIV, und Dales, SAA IV [1979] 241 ff. Fig. 10). Kulli-Keramik ist jedoch in Shahi Tump nicht belegt. Unklar ist auch die Zuweisung von einem kupfernen "Compartement-Siegel" zur Siedlung, denn es fand sich in erhöhter Lage in Sektion III, bei -3' Tiefe im Schutt (Stein, op. cit. 92 und pl. XIV, ii. 20), dies umso mehr, als es solche Siegel auch aus den vermeintlich jüngeren Gräbern gibt (ibid., pl. XIV, vii. A.1 - zusammen gefunden mit dem Gefäß ibid., pl. XVIII, vii. 1B [= cf. ca. de Cardi, op. cit. Fig. 29, 308 = Bampur IV 3]). Aus einem Grab stammt auch ein weiteres Siegel (Stein, op. cit. 94 pl. XIV, vi. 29, zusammen mit pl. XVI, vi. 14a gefunden). Solche Siegel gibt es auch in Shahr-i Sokhta II-III (Lamberg-Karlovsky / Tosi[115] Fig. 41) und in Sohr Damb, Nal (Hargreaves[122] pl. XVd). Stein wollte auch Gefäße aus dem Gräberhorizont, die eine nach dem Brand aufgetragene Bemalung aufweisen, mit Nal-Material verbinden (Stein, op. cit. 95. 102f., pl. XIII, vi, 13n, und die sechs oberen Gefäße auf pl. XIX - wirkliche Parallelen fehlen jedoch im Nal-Horizont). In Bampur gibt es keine guten Vergleiche dazu. In der Literatur wird vor allem die Siedlung als "Kulli-zeitlich" angesprochen (S. Piggott, Prehistoric India [1952]

Periode (Amri IIIA-B) hineinreichen. Dies gilt sicher für Kulli und Mehi, festgemacht am Befund von Nindowari, und in Mehi durch die Präsenz, ebenfalls wie in Nindowari an der Oberfläche, von Material aus Gräbern, welches dem Mehrgarh VIII-Horizont zugewiesen werden kann[134]. Auf Funde mit baktrisch-turkmenischen-Komponenten wie in Mehrgarh VIII in diesem Peripherie-Bereich wird weiter unten im Zusammenhang mit der nordwestlichen Peripherie eingegangen werden (cf. 2.2.5).

Für den Persischen Golf ist vor allem die Abfolge in Hili 8 mit daran anzuschließenden Befunden von Relevanz[135]. Die Phasen Hili 8, Ia-c, sind im Keramikinventar stark von mesopotamischen Einflüssen geprägt. Ab Phase IIa-c1 nimmt dieser Einfluß, zumindestens in Hili 8, ab. In Umm an-Nar ist er aber, im Gegensatz zu Hili 8 zur Phase IIc2, noch stark ausgeprägt. In Hili 8, Phase IIc2, fanden sich auch Scherben, die sich direkt mit Shahr-i Sokhta Phase 4-1, verbinden[136], und in Phase IId-e werden die makranisch-sistanischen Verbin-

---

215-20), und zwar aufgrund der ritzverzierten grauen Ware; auch die Metallartefakte aus Shahi Tump werden als jünger als der Reif-Harappa-Horizont angesprochen, vermeintlich eine West-Ost-Bewegung reflektierend. D.H. Gordon, The Prehistoric Background of Indian Culture (1958) sieht Bezüge zum Hissar III-Horizont. Auch die Allchins[78] 231, datieren Shahi Tump in der Folge von Piggott jünger als die Reif-Harappa-Periode, vor allem anhand der Siegel und eines geschäfteten Axtblattes, welches jedoch eindeutige Parallelen in Mundigak III 6 und in Tepe Yahya IV B5 hat (Casal[110] II, Fig. 139, 10-10a, und Potts[113] Fig. 60A). In Shahi Tump gibt es Anzeichen für die Präsenz des Mehrgarh VIII-Horizontes (cf. Anm. 223) eine Kulli-Besiedlung scheint dagegen nicht vorzuliegen, sondern eher eine lokale Variante des Bampur-Aspektes, in dem am Ende der Siedlungstätigkeit (?) der Mehrgarh VIII-Aspekt auftritt. Gemäß einer Sondage, die Besenval in Miri Qalat, Makran, durchgeführt hat, tritt Shahi Tump-Friedhofskeramik nur im Früh-Harappa-Kontext auf (Besenval, SAA XI (1991); ders. SAA XII (1994) 81-91; ders., ArsAs 52, 1997, 5-36; ders., SAA XIII [1997] 199-216).

[134] Zu Kulli und Mehi siehe jetzt zusammenfassend Possehl, Kulli. An Exploration of an Ancient Civilization in South Asia (1986), alle Befunde der älteren Untersuchungen von M.A. Stein zusammenfassend und neu vorlegend. Zur Genese des Kulli-Komplexes werden die Befunde von Naushahro (ab ID) in Zukunft wichtige Informationen liefern: Jarrige et al. (PA 23)[37] 199 ff. Auch Possehl, op. cit. 58, geht davon aus, dass der Kulli-Komplex noch im Reif-Harappa-Horizont zum Erliegen kommt.

[135] Cf. die zusammenfassenden Darstellungen von S. Cleuziou in: Lal / Gupta[20] 371 ff.; ders. in: Costa / Tosi, Oman Studies (1989) 47 ff.; Cleuziou / Tosi[114] 15ff.; Cleuziou, Archaeology of the U.A.E. 5, 1989, 61 ff.

[136] Cleuziou / Tosi[114] 35 f. Fig. 9; in Anlehnung an Biscione[111] (1990) wohl auf Phase 4-2 einzugrenzen. Gleiches Material fand sich neben den von Cleuziou und Tosi genannten weiteren Orten, auch in Mundigak IV 2 (Casal[111] II, Fig. 92, 404), was gemäß der Studie von Biscione[111] (1974) 144, mit Shahr-i Sokhta III 5 verbunden werden kann (Phase 5 wird jedoch normalerweise Periode II zugewiesen: Biscione / Salvatori / Tosi in: G.

dungen zu Bampur VI und Shahr-i Sokhta IV, Phase 0, sehr stark. Die Zeit der ersten faßbaren Reif-Harappa-Kontakte in diesem Gebiet ist mit Hili 8, Phase IIf-g, (bis Periode III = Wadi Suq-Horizont) gegeben. Da Hili 8, Phase IIf-g, jedoch Bezüge zu Yahya IV B1 bis IV A4-3[137] aufweist, wo gerade noch Shahr-i Sokhta IV-Keramik erfaßt wurde, reicht letztere Keramik maximal bis in diesen Horizont in Hili 8, wo erste Harappa-Manifestationen faßbar werden, hinein. Auf Hili 8, Phase IIf-g, datieren auch die Befunde von Maysar 1, wo sich unter anderem ein prismaförmiges Stempelsiegel fand, das an die prismaförmigen "Sealings" aus Harappa und Mohenjo Daro erinnert[138]. Mit dem Befund in Shimal, Grab 102, gelang es einen Spät-Wadi Suq-Horizont zu definieren, der ab der Mitte des zweiten vorchristlichen Jahrtausends datiert werden muß[139]. In Ras al-Qal'at, Bahrein, zugehörig zum alten Dilmun, sind spärliche Reif-Harappa-Manifestationen in City I-Ende bis IIc zu fassen in einem Milieu, welches sonst fast vollständig von der lokalen Barbar-Keramik geprägt ist, ungefähr zeitgleich zu Hili 8, Phasen IIe bis III-älter[140].

Tucci, La Città Bruciata [1977] 79 ff., bes. 84; Tosi, SAA IV [1979] Tabelle auf 169 f.; dieser Einteilung wurde hier gefolgt). Potts[4] I, 156 f., nennt solche Keramik auch für Bahrain, City I.

[137] Potts, A Prehistoric Mount in the Emirate of Umm al-Qaiwain U.A.E. Excavations at Tell Abraq in 1989 (1990) 35, für Belege für Yahya IV B1; Cleuziou / Tosi[114] 40 nennen für Bezüge zwischen Hili 8, Phase IId-f, "Black-on-Orange"-Keramik, die bis Yahya IV A-älter reicht.

[138] Cleuziou / Tosi[114] 40; cf. auch E.C.L. During-Caspers, SAA VII (1985) 435 ff. 443 Fig. 9, mit Belegen im ägäischen Raum und G. Weisgerber, BAVA II (1980) 67 ff. Fig. 15. Solche Siegel fanden sich auch in Dashly und in Anau (cf. Potts[4] I, 112 zu diesem Material), in Gonur 1, Togolok 11 (V. Sarianidi, Drevnosti Strany Margush [1990] 286, Taf. 81, 9-11), sowie im Gräberfeld von Al-Hajjar in Bahrain (During-Caspers, AION 43, 1983, 662, Fig. 3 [mit Indus-Schriftzeichen]), sowie in Lothal A (Rao, Lothal and the Indus Civilization [1973] 94, pl. XXVIA - ohne nähere Zuweisung) und Vergleichbares gibt es auch in Karnak in Ägypten (H. Frankfort, Studies in Early Pottery of the Near East I [1924] 134 Fig. 14 = During Caspers, SAA VII op. cit. Fig. 14). Das Siegel aus Al-Hajjar, wahrscheinlich das aus Lothal (so es aus AIV und keiner älteren Schicht stammt, s.u.), ebenso, wie das Maysar 1-Siegel datieren früh im Amri IIIC-Horizont. Das Siegel aus Karnak ist seiner Darstellung nach wohl als ägyptisch zu bezeichnen. In Mohenjo Daro wurde dieser Siegeltyp bisher nicht vor Intermediate III angetroffen (Beginn Amri IIIC-Horizont); unmittelbar älter datiert das Vorkommen von kleinen, prismaförmigen "Sealings" in Harappa, denn sie sind ab Mound F, Stratum VI = Intermediate III belegt, also unmittelbar vor dem Amri IIIC-Horizont (s.o.).

[139] B. Vogt et al., SAA VIII (1989) 62 ff., bes. 66-73; B. Vogt / J.-M. Kästner, BBVO VIII (1987), bes. 23-32; J. Häser, Steingefäße des 2. vorchristlichen Jahrtausends im Gebiet des Arabischen/Persischen Golfes (unveröffentlichte MA-Arbeit, FU-Berlin 1988) 57 f. Nach Potts[4] I, 362, ist Grab SH 102 in der Eisenzeit wiederbenutzt worden.

[140] F. Højlund, SAA VIII (1989) 49 ff. In Schicht 26, dem North Wall Sounding (= NWS), in der jüngsten Schicht der sogenannten Pre-City I-Periode (NWS, Schichten 30-

26), fand sich ein Chloritgefäß der "Série récente", welches aufgrund seiner Verbindungen zu Mesopotamien ab der Mitte der Akkad-Zeit datiert werden kann (Potts[4] I, 108f. [ab Manishtushu] 158). In City I (NWS 25-22) gibt es nach Potts[4] 156f., kurzhalsige, orangefarbene Vorratsgefäße mit meandrierenden, plastischen Aufsätzen, wie sie auch in Hili 8, IIc2 bis Iid, und Sharhr-i Sokhta III 4 bis IV 1 belegt sind (Cleuziou / Tosi[114] 35, Fig. 9), die aber in Tepe Yahya eine lange Laufzeit durch alle Phasen der Periode IVC-A haben (Potts[114] 517f. nennt an Konzentrationen Yahya IV B5 und IV B2-1 und spricht die Funde aus Yahya IVC als mögliche Intrusionen an). Weitere Keramikfunde aus City I sind dagegen in die Akkad- bis Ur III-Zeit zu datieren (Potts[4] I, 156f.). In Schicht 23 fanden sich erste harappaenische Steingewichte und eine kurze Keilschriftinschrift auf einem Gefäß, welche wohl in die Ur III-Zeit datiert werden kann (ibid., 158 f.). Mit City IIA, Schicht 21 tritt sogenannte "Red Ridged"-/Dilmun-Keramik auf, bis IIF, Schicht 8, zusammen mit dem ältesten Persischen Golf-Siegel, ebenfalls in Schicht 21. Die ältere "Chain Ridged-Ware" überlappt mit der eben genannten Gattung in City IIA, Schicht 20-21 (ibid., 159). Persischer Golf-Siegel gibt es in City IIA-IIB, Schichten 21-18, sie werden dann in IIC-IIF, Schichten 17-9 von den sogenannten Dilmun-Siegeln abgelöst (Ibid., 198; n.B. das vermeintliche "Persischer Golfsiegel", welches an der Oberfläche von Lothal gefunden wurde, gehört in die Dilmun-Siegelkategorie und kann nur zur Phase B in Lothal gehören [ibid. 200 Anm. 51 und Rao, Antiquity 37, 1963, 96 ff.]). Dass die Dilmun-Siegel in der Tat in der späten Isin-Larsa-Zeit belegt sind, zeigt auch der Fund solch eines Siegels im Kititum-Complex in Ishchali/Diyala-Gebiet, Periode I-II (H. D. Hill / Th. Jacobsen, OIP XCVIII [1990] 134, pl. 42d; cf. P. Kjaerum, Failaka/Dilmun. The Second Millennium Settlements I. The Stamp and Cylinder Seals [1983] 25 Fig. 31 = F3, Trench O, sq. H:1, lev. 7, 33 = gemäß F. Højlund, Failaka/Dilmun. The Second Millennium Settlements II. The Bronze Age Pottery [1987] 133f. Failaka, Periode 3A; gemäß 159, Fig. 707 = Qala'at Bahrain, City IIF). Aus City II-Kontext (Potts[4] I, 198; cf. hier Anm. 142) stammt auch eine Tontafel, die in die ältere Isin-Larsa-Zeit datiert werden kann. Persische Golf-Siegel, in der Definition von Potts (ibid., 159 ff. Tab. 2, Fig. 18), fanden sich auch in Mohenjo Daro: Joshi / Parpola, Corpus of Indus Seals and Inscriptions. I. Collections in India = MASI LXXXVI (1987) 100f. Nr. M-415-416 (417) = Mackay[12] II, pl. XCVI, 500 (DK-Bereich, Between Bl.1 & 7 -14' 8" = über Intermediate II; Marshall[50] III, pl. CX, 309 = HR-Bereich, Bl.2, House X, Second Lane, Late-älter ? [und ibid., pl. CXII, 383 = DK-Bereich, Sect. E, Street between House I und II]). In Harappa fehlen Siegel dieser Art völlig. Runde Abdrücke könnten aber dieser Kategorie nahestehen. Schwerpunktmäßig datieren diese auf Late III-Intermediate I(II): Vats[90] II, pl. XCV, 381 (Area J, Late II), Nr. 374; pl. C, 663 (Mound F, Tr.VI Late III); pl. XCV, 371. 372. 375; pl. C, 664 (Mound F. Tr. I, TAOE, Tr. VI, Tr. IV) 370 (Area J); pl. XCV, 377, und pl. C, 666 (Intermediate II; Mound F, Tr. I). Unbestimmt sind: pl. XCV, 379 (Mound F), 380 (Mound AB); pl. C, 665 (Mound F), und pl. CI, 702 (Cemetery H-Bereich). Ein Siegel aus Chanhu Daro, welches zwar von der Art der Siegelform dazuzurechnen ist, im Gegensatz zu den echten Persischen Golf-Siegeln jedoch ein Einhornmotiv aufweist, stammt aus einer Lage, die wohl jünger als das Harappa II-Stratum datiert werden kann: Joshi / Parpola, op. cit. 335, C-32 = Square 7/E, loc. 122, lev. +9.4).

Tell Abraq, im Emirat Umm al-Qaiwain gelegen, ist ebenfalls ein vielverspre-
chender Ort. Die früheste hier ergrabene Phase könnte vielleicht prä-Umm an-
Nar-zeitlich sein[141]. Aus dem Fundament des ersten Umm an-Nar Gebäudes
stammt jedoch sogenannte "Red-Ridged"-Keramik mit Parallelen nicht vor
Bahrain, City IIA. Somit scheidet ein Termin vor 2400-2200 v. Chr. für die
Konstruktion dieses Gebäudes aus[142]. In dem Horizont dieser ersten Bauphase in
Tell Abraq fand sich auch eine Keramik, die der „Emir-Gruppe" zuzurechnen
ist[143], der in Shahr-i Sokhta eine Laufzeit von II 7 bis IV 0 zugewiesen werden
kann[144]. Das erste Gebäude in Abraq ist folglich spät in die Umm an-Nar-Periode

---

[141] Potts[137] 21.

[142] Potts[137] 25. Dass es aber in Tell Abraq wesentlich ältere Schichten gibt, macht der
Befund der zweiten Kampagne deutlich: Potts, Further Excavations at Tell Abraq (1991)
19 ff. 21 ff. (zum Rundbau der Umm an-Nar-Zeit). In Bahrain, City II-älter (spät in City
IIA, cf. Potts[3] I, 198-200), fand sich eine Tontafel, die in die frühe Isin-Larsa-Zeit
datieren soll, zusammen mit einem Persischen Golf-Siegel (R.H. Brunswig / A. Parpola /
D. Potts, BBVO II [1983] 101ff., bes. 107-109, und pl. II, Fig. 8). Gemäß Højlund
(Failaka/Dilmun. The Second Millennium Settlements II. The Bronze Age Pottery
[1987] 151), wurden die Tontafel und das Siegel in Schicht 19 = Ende IIA gefunden. J.
Zarins, SAA VIII (1989) 81, datiert die Tontafel auf City IIA, Schicht 21!; er akzeptiert
den frühen Isin-Larsa-Termin für die Tontafel, datiert aber (ibid. 77, Tab. 1) City IIA-B
zwischen Hili 8, IIe-f, in die Akkad- bis Ur III-Zeit, was unmöglich ist. Potts[4] I, 159,
datiert City I, Schicht 23, aufgrund eines Inschriftenfundes in die Ur III-Zeit und glaubt,
dass City IIA um ca. 2100 v.Chr. einsetzt, i.e. Schicht 21. In diesen Zusammenhang ist
auch ein Persischer Golf-Siegel aus Ur, Grab PG 1847, zu stellen, welches in die frühe
Ur III-Zeit datiert (ibid., 164 Fig. 18b und 167), was für das Einsetzen dieser Gattung der
früheste Termin wäre (in Bahrain ab City IIA). Die oben erwähnte Inschrift aus spätem
City I-Kontext, Schicht 23, bis City IIA-früh, Schicht 21-20, dürfte dann die Ur III-
Periode in Bahrain umfassen. City IIA-spät, so die besagte Tontafel (Schicht 19) in
diesem Kontext gefunden wurde, könnte dann ungefähr den Beginn der Isin-Larsa-Zeit
markieren. Auch City IIC-D dürfte noch Isin-Larsa zeitlich sein, denn mit City IIC treten
die sogenannten Dilmun-Siegel auf, die -gemäß ihren festdatierten Belegen in Mesopota-
mien- ab der frühen Isin-Larsa-Zeit belegt sind (ibid., 200, mit Verweis auf eine Tontafel
aus Yale [YBC 5447], die auf Gungunum von Larsa datiert. Die Gruppe ist im Vorderen
Orient bis zum Ende der altbabylonischen Zeit bezeugt und in Bahrain bis City IIF; cf.
auch ibid., 281f. Anm. 103, mit Verweis auf Boehmer, BaM 17, 1986, 297. In Failaka
könnten Dilmunsiegel bis in die kassitische Periode reichen).

[143] Potts[137] 25.

[144] In der älteren Literatur wurde diese "Black on Grey-Ware" oftmals mit der "Faiz
Mohammad Grey-Ware" in Baluchistan gleichgesetzt. Zur Unterscheidung der beiden
Komplexe cf. R.P. Wright, SAA VIII (1989) 137 ff., bes. 147 nennt sie als Laufzeit in
Sistan nur Sokhta III 4-3; Cleuziou / Tosi[114] 40, weisen auf Sokhta IV 0 und Hili, Nord,
Grab A hin; cf. auch R.P. Wright, Technology, Style and Craft Specialization: Spheres of
Interaction on the Indo-Iranian Borderlands (1984), und M.J. Blackman / S. Mery / R.P.
Wright, JFA 16, 1989, 61 ff.

zu datieren, gemessen an den City II-Scherben. Es folgen eine Zwischenphase und das zweite Umm an-Nar-Gebäude in Tell Abraq, welches wahrscheinlich ein Rundbau à la Hili 1 und 8, Bat, Badiyah und Maysar 25 ist[145]. Aus der späten Umm an-Nar-Zeit, in Abraq, nach Aufgabe dieses Gebäudes, liegt eine Grube in Loc. 22 vor die Keramik wie Hili 8, IIf und Yahya IVB1(-IVA3), Damin und Kulli erbracht hat, sowie ein Steingefäß der "Série récente"[146]. Darüber befinden sich zwei Öfen, die ein Kupferaxtblatt mit Parallelen in Susa und Rodji sowie Scherben mit eingeritzten Harappa(?)-Zeichen erbracht haben, ähnlich dem Befund von Maysar 1[147]. Harappa-Funde in Form von zwei Gewichtssteinen gibt es auch aus Square III, Loc.27, zusammen mit Keramikgefäßen, deren Formen an Beispiele aus Susa, Ville Royale I 6-5 (Ur III-Zeit), gemahnen[148]. Die Umm an-Nar-Schichten in Abraq können also nur einen ganz kurzen Zeitraum umfassen, gemessen am City II-Material im Fundament-Kontext des ersten Umm an-Nar-Gebäudes.

Für das zweite vorchristliche Jahrtausend, den sogenannten Wadi Suq-Horizont, liegen in Tell Abraq zwar wenige, dafür feinstratifizierte Funde vor, besonders aus Square OI. Aus den zwei ältesten Schichten: OI 8.07-7.87 und 7.87-7.67 ist neben wenigen City II-Scherben (die in der nächst jüngeren Schicht OI 7.67-7.47 auslaufen) eine Keramik belegt, wie sie in Hili 8, III (Wadi Suq-Horizont), zu finden ist. Potts verweist auch auf Shimal, Grab 6, was von de Cardi mit Rangpur IIA und Lothal A (spät) gleichgesetzt wurde[149]. Schnurabdrücke auf Vorrats-

---

[145] Potts[137] 30. Zu dem beeindruckenden Rundbau siehe auch D.T. Potts, SAA XII (1994) 615-628. Potts spekuliert, ob es sich dabei nicht um eine von 32 in den Inschriften Manishtushus genannten festungsartigen Anlagen im alten Magan handeln könnte, gegen die der akkadische Herrscher zu Felde gezogen ist. In diesem Kontext fanden sich auch Harappa-Keramik und Gewichte. 2 Scherben, die außerhalb der Anlage gefunden wurden, sollen Bezüge zu Mehrgarh VIII und Sibri aufweisen (ibid., 618 und Fig. 53, 4-5). Anfang des 2. Jahrtausends ist der Turm noch in Gebrauch und erhält Einbauten. Daraus stammen 2 Scherben, die Parallelen in Rodji C haben sollen und nicht in Wadi Suq (ibid., Fig. 53, 9), sowie „Barbar-Red-Ridged-Ware" (ibid., 622).

[146] Potts[137] 33 ff.

[147] Potts[137] 41.

[148] Potts[137] 45.

[149] Potts[137] 60-63; die Vergleiche zu Shimal, Grab 6, sind jedoch eher vage. Zu Shimal, Grab 6 - cf. De Cardi, SAA VIII (1989) 9 ff.; dies. in: Potts, Araby the Blest (1988) 45ff. Rangpur IIA wäre nach dem hier vertretenen Ansatz auch etwas älter als der Wadi Suq-Horizont zu datieren, denn erst mit Lothal AIV tritt der Indus-Becher auf, und dieser End- Amri IIIB bis IIIC-Horizont kann nicht wesentlich vor oder nach der Ur III-Zeit datiert werden. Lothal BV kommt in diesem Horizont jedoch noch zum Erliegen (s.u.). Der Wadi Suq-Horizont ist aber, ebenso wie Bahrain, City IIA, Schicht 19 (wo, wie in Shimal, Grab 6, harappaenische Steingewichte noch belegt sind [Potts[4] I, 186]), nicht vor die Isin-Larsa-Zeit zu datieren.

gefäßen aus dem nächst jüngeren Horizont OI 7.47-7.27 gemahnen ebenfalls noch an vom Indus aus beeinflußte Produktionsweisen[150]. Es folgen zwei Schichten OI 7.27-7.07 und 7.07-6.87, die keine Verbindungen zum Indus-Tal zeigen, und mit der nächst jüngeren Schicht OI 6.87-6.67 gibt es erstmals Becher mit Malmotiven in Form von parallel angeordneten Strichen, die von den Lippen herabhängen; ähnliche Malmotive finden sich in vor allem in der Siedlung Shimal und in Pirak I-IIIA in der Kachi-Ebene (in Tell Abraq halten sie bis OI 6.47-6.27 an). Andere Keramikformen weisen in die mittelelamisch-kassitische Zeit[151].

Auf mögliche Einflüsse des Mergharh VIII-Horizontes im Bereich des Persischen Golfes hat jüngst E. During-Caspers aufmerksam gemacht. Kleine Becher mit Standfüßen, die denjenigen aus Mehrgarh VIII nicht unähnlich sind, fanden sich in Bahrain im Jefferson Tumulus in Hamala-Nord, in einer Fundstelle bei `Ali und im Gräberfeld bei Sâr el-Jisr. In diesem Zusammenhang wies sie auch auf Bezüge zwischen der Malwa-Keramik und einigen Gefäßformen des Wadi Suq-Horizontes und des Mehrgarh VIII/Sibri-Materials hin[152]. Möglicherweise sind

---

[150] Potts[137] 64.

[151] Potts[137] 72 f. Dazu paßt auch der Fund eines mittelelamischen Rollsiegels in den frühen Eisenzeit-Schichten von Tell Abraq: ibid., 122 f. Fig.150-151. Potts vergleicht dieses Siegel mit glyptischen Funden aus Tell Zubeidi und Chogha Zanbil, die ins 14./13. vorchristliche Jahrhundert zu datieren wären. Auffällig bei dem Siegel aus Tell Abraq ist die Bordüre des Siegels mit Reihen aus kleinen Vierecken, die leiterförmig angeordnet sind. Schon E. Porada, Tchogha Zanbil IV = MDAI XLII (1970) 98, hat unter Berufung auf P. Amiet darauf hingewiesen, dass diese Bordüre neuelamisch zu datieren sein könnte. In Susa gibt es dieses Motiv schichtbestimmt in Ville Royale AIX: Amiet, IrAnt 15, 1980, 144, Nr. 23, was ungefähr ins 11. vorchristliche Jahrhundert datiert werden kann. Amiet, op. cit. 146, schließt aber eine Datierung dieser Bordüre ab der Hauptbesiedlungsphase von Chogha Zanbil/Dur Untash offenbar nicht aus. Das Motiv eines Baumes auf einem Berg, wie es auf diesem Siegel aus VR AIX vorliegt, erinnert unschwer an mittelassyrische Beispiele, die im 13. vorchristlichen Jahrhundert aufkommen, und zwar mit Adad-nerari I., ca. 1296-1264 v. Chr. (D.M. Matthews, Principles of Composition in Near Eastern Glyptic of the Later Second Millennium B.C. Orbis Biblicus et Orientalis, Series Archaeologica VIII [1990] Nr. 311. 314-324. 332). Vielleicht gelingt es somit, diese Bordüre maximal ab dem frühen 13. vorchristlichen Jahrhundert einsetzen zu lassen. Dies wäre also etwas jünger zu datieren als die Gründung von Dur Untash, gemessen an dem neuen Datierungsansatz für den Erbauer dieser Stadt, Untash Napirisha, von Stève / Vallat in: de Meyer / Haerink, Archaeologia Iranica et Orientalis I = Festschrift Vanden Berghe (1989) 223 ff. (ab Mitte des 14. vorchristlichen Jahrhunderts). Dass Dur Untash länger besiedelt war als ihr Erbauer lebte, wurde zuletzt von Dittmann, AMI 23, 1990, ausführlich diskutiert. Der von Potts favorisierte Starttermin für die Eisenzeit in Oman ab ca. 1300 v. Chr. wird somit wahrscheinlich.

[152] During-Caspers, Seminar for Arabian Studies 19, 1989, bes. 19 f., Fig. 5-13; dies., SAA XIII (1997) 253-263. Der Malwa-Horizont ist in Maharashtra ab Daimabad III zu fassen (siehe unten), was spät im Amri IIIC-Horizont zu datieren wäre.

solche Mehrgarh VIII-affinen Becherformen auch in Qal'at Bahrain, City II vertreten[153].

Es können also für die Teilbereiche der südwestlichen Peripherie eine Reihe von lokalen Substraten aufgeführt werden, die älter als der Reif-Harappa-Komplex zu datieren sind. Besonders in Makran und Südbaluchistan sind "Ubergangshorizonte" zu fassen, die grob als weitgehend synchron zu den Abfolgen in der Kachi-Ebene und West-Sind angesprochen werden können. In dieser Zone finden sich neben dem reinen Reif-Harappa-Aspekt aber auch stark lokal geprägte Aspekte, die, zumindestens was den einzig großflächig untersuchten Fundort Nindowari in der Las Belas-Ebene betrifft, sich strukturell im Architekturbefund wesentlich von den Zentren im Indus-Bereich unterscheiden.

Weiter westlich, in Südwest-Iran und Mesopotamien, streuen wenige Indus-Artefakte, meist in Form von Indus- und Persischer Golf-Siegeln, von der ausgehenden Akkad-Zeit bis in die frühe altbabylonische Zeit. Nur ein Siegel aus Nippur wurde in einem jüngerkassitischen Kontext gefunden und ist, zusammen mit einem Siegel aus gleichem Fundkontext in Failaka, der einzige Beleg eines Indussiegels, der jünger als altbabylonisch zu datieren ist (siehe Dittmann[114] 258[71]).

2.2.2. Die westliche "Peripherie"

In diesem Zusammenhang sei auf Reif-Harappa-Manifestationen in den Bergzonen Beluchistans und Waziristans eingegangen

Reif-Harappa-Manifestationen in Zentral-Beluchistan sind rar. Nur wenige Fundorte können diesem Horizont zugewiesen werden. Offenbar fallen eine Fülle von Siedlungskammern, die vormals, gemessen an der kargen Resourcenlage, relativ dicht besiedelt waren, wüst, wenn es letztlich auch nicht vollständig auszuschließen ist, dass einige Siedlungen zwar den älteren, lokalen Aspekt beibehalten, aber an sich schon in die Reif-Harappa-Periode fallen.

Nach den alten Grabungen in Periano Ghundai (im Zhob-Tal) gab es nur spärliche Anzeichen für eine Besiedlung, die jünger als Mehrgarh VII angesetzt wer-

---

[153] During-Caspers (SAS 19)[152] 20; cf. Højlund[142] 32 Fig. 80 - mit Verweis auf City IIA-D. Allerdings ist der Standfuß bei dem Gefäß aus Failaka abgeschabt. Ansonsten erinnert diese Becherform an die bemalten Stücke aus `Ali/Bahrain: During-Caspers (SAS 19)[152] Fig. 8. Aus City IIA stammt auch eine Gefäßform, wie sie in Sár el-Jisr in Grab S-100 zusammen mit dem angesprochenen Bechertyp belegt ist: Højlund[142] 151, Fig. 639, und M. Ibrahim, Excavations of the Arab Expedition at Sár el-Jisr, Bahrain (1982) Fig. 42, 3 und 38, 3 (Becher).

den müßte[154]. Nachuntersuchungen von Mughal haben jedoch Hinweise für die Existenz solch einer Reif-Harappa-Besiedlung erbracht, ebenso wie in Kaonri (Loralai-Tal), jedoch in beiden Fällen nur in Form von Siedlungsspuren, die an die älteren Hügel angelehnt sind. Reif-Harappa-Material fand sich auch in dem bedeutenden Siedlungshügel Dabar Kot in der Duki-Ebene, hier allerdings nicht im Ostteil des Hügels und nicht oberhalb von 25' unter der Tepeoberfläche[155].

In Periano Ghundai trennt Mughal mehrere Phasen[156]:

PG A   wird von Mughal mit Anau IA und Kile Ghul Mohammad II-III und Anjira I-II verbunden, müßte also zeitgleich zu Mehrgarh II-III sein.

PG B-C markiert den Übergang zur Kot Diji-Phase; hier soll auch "Faiz Mohammad Grey"-Ware gefunden worden sein (PG C), was in Mehrgarh frühestens ab Mehrgarh V datiert werden kann; echte "Faiz Mohammad Grey"-Ware ist aber charakteristisch für die folgenden Perioden in Mehrgarh VI-VII.

PG D   wird von Mughal in die Reif-Harappa-Periode datiert. Material dieser Phase ist jedoch nicht abgebildet worden.

PG E   datiert in das islamische Mittelalter.

In Dabar Kot fand sich zu dem Reif-Harappa-Aspekt auch noch eine Gefäßform in den Nachuntersuchungen von Mughal, die sich mit Mehrgarh VIII und dem Quetta-Hort-Fund verbinden könnte[157]. Die Reif-Harappa-Periode in Dabar Kot könnte also auch hier nur bis Naushoro III reichen, gefolgt vom Mehrgarh VIII-Horizont, oder aber letzterer wäre komplementär zum späten Reif-Harappa-

---

[154] M.A. Stein, MASI XXXVII (1929) 31 ff.; F.A. Fairservis, Archaeological Surveys in the Zhob and Loralai Districts, West Pakistan = APAMNH XLVII 2 (1959) 329 ff. Wichtig sind auch Oberflächenfunde aus der Sammlung Noetling, die F. Pedde, Keramik aus Nord-Beluchistan. Die Sammlung Noetling und Henckmann im Museum für Indische Kunst, Berlin. Materialien zur Iranischen Archäologie 1 (1993); ders, SAA XI (1993) 215-230, im Zusammenhang mit den Untersuchungen Steins und Fairservis gewürdigt hat.

[155] Mughal[104] 137 ff., bes. 139. Zu Dabar Kot cf. Stein[154] 55 ff.; Fairservis[154] 308 ff., und Pedde[154] 43. 47 ff.

[156] Mughal[104] 140 ff.

[157] Mughal[104] 143 f. Fig. 38, 13; pl. XXXVIIB, 3; cf. Santoni, SAA VI (1984) 55 Fig. 8, 21 = Sibri. Zu dem Gefäß aus Dabar Kot cf. auch Moghrdam / Chakrabarti, Puratattva 8, 1975-76, 164 f.

Horizont[158]. Im Quetta-Tal könnte ein ähnlicher Befund für die wenigen Reif-Harappa-Orte veranschlagt werden, wenngleich auch in diesem Falle die mangelnde Materialvorlage eine Aussage erschwert[159]. In Baluchistan selbst gibt es also nur sehr wenige Reif-Harappa-Orte, was im Gegensatz zur der Fülle von Mehrgarh VI-VII-zeitlichen Orten steht. Die Entwicklung, die in der Kachi-Ebene nach Nausharo III mit dem Nausharo IV/Mehrgarh VIII Horizont eine andere Richtung einschlägt als in Sind und Punjab - ein Phänomen, das sich auch in der Las Belas-Ebene (Nindowari) und in Makran abzeichnet (Kulli, Mehi und Khurab)-, könnte ebenfalls kennzeichnend sein, zumindestens für das Quetta-Tal[160] und vielleicht für die Duki-Ebene (Dabar Kot).

Im Gomal-Tal in Waziristan unterteilte der Ausgräber Dani die Schichtenabfolge in Gumla in vier Perioden:

Periode I   = Schicht 12, direkt über dem gewachsenen Boden gelegen, hat keine Keramik erbracht.

Periode II   = Schicht 11-9 ist nach Dani wohl durch einen Hiatus von Periode I getrennt. Die Keramik zeigt sowohl Bezüge zu Mehrgarh IV?-VI, als auch zu Kot Diji.

Periode III = Schicht 8-4 kann ebenfalls mit Kot Diji verbunden werden.

Periode IV = Schicht 3 zeigt bereits Anklänge zur Harappa-Periode.

Periode V-VI werden weiter unten besprochen (siehe 3.1.2.).

---

[158] Dabar Kot würde, so neu ergraben, eine Leitstratigraphie für fast alle Perioden, von den prähistorischen Phasen bis in die "buddhistische" Zeit erbringen. Wichtig ist auch ein Stempelsiegel aus Dabar Kot (Stein[154] pl. XVI, D.N.d Nr. 28), welches direkte Parallelen in Mohenjo Daro und Harappa hat: Dales, Expedition 7/4, 1965, 15 (UM, Phase ?); Marshall[50] II, 405 Nr. 528b = III, pl. CXIV, 528b (VS-Area, Late ?); Vats[90] I, 26. 165. 347; II, pl. XCV, 390-391 (Mound F, -4' 5"; Mound F, Western Extension, Stratum I = Late; AB-Mound/Schutt und AB-Mound, Eastern Section, Northern Part Stratum IV = Late IV), denn dieses Siegel weist vor allem auf späte Schichten im Reif-Harappa-Komplex hin. Sollte in Dabar Kot der Mehrgarh VIII-Horizont wirklich vorhanden sein, so müsste, festgemacht an diesem Siegel, wohl auch ein komplementärer, später Reif-Harappa-Aspekt vorhanden sein.
[159] Besonders die Fundorte B1 und B2 im Bolan-Tal könnten, ob ihrer Kulli-affinen Funde, ähnlich wie Nindowari in der Las Belas-Ebene datieren: Fairservis, APAMNH XLV 2 (1956) 352, pl. 28, E-F. Q und pl. 29, QQ.
[160] Reif-Harappa-Keramik wurde, neben dem Hortfund in Quetta-Stadt (Jarrige / Hassan[37] 150; Jarrige in: Urban / Jansen[1] 102 ff.), auch u.a. in Quetta Miri angetroffen (Mughal[104] 149).

Nach Dani kommt Schicht III zu einem abrupten Ende, und diese den ganzen Ort betreffende Brandkatastrophe soll das gewaltsame Aufkommen der Harappa-Träger markieren; ähnliches sieht er in Kot Diji gegeben[161].

In Periode II wurden 3 Phasen, festgemacht an der Lage von Öfen, festgestellt; Schicht 11 = IIa, 10 = IIb und 9 = IIc[162].

Schicht 11 = IIa besteht aus einem losen, veraschten Boden, mit Holzkohle, Knochen und Keramik vermischt, offenbar eine Schuttschicht.

Schicht 10 = IIb besteht aus kompakter Erde, offenbar eine Planierschicht, in die ein Ofen eingetieft wurde.

Schicht 9 = IIc scheint wiederum eine Planierschicht zur Errichtung einer Lehmziegelmauer zu sein, die in AO darauf gründet, und die Oberkante dieser Schicht bildet den ersten Laufhorizont dieser Phase.

Schicht 8-6 = IIIa-IIIb sind zum einen zwei gestampfte Schichten, die an die erwähnte Mauer in AO laufen (Schichten 8-7), und zum anderen (Schicht 6) die Füllung unmittelbar über der Oberkante von Schicht 7.

Schicht 5, in CO-AO = IIIc genannt, ist wiederum eine Planierschicht, die die Mauer in AO 100'-102' zusetzt und mit ihrer Oberkante und der Oberkante der Mauer bündig abschließt. Schicht 5 in CO-AO verbindet sich offenbar vom Material her mit den Schichten 5-6 (unbenannt) in DO-CO, Schicht 6 in DO-CO 40'-60' gehört entweder dazu oder ist eine Linse, die sich zwischen Schicht 5 und 6 in CO-BO schiebt.

Schicht 4 in CO-AO (Periode IIId) verbindet sich mit Schicht 5 in DO-CO und 7 in EO-DO (Periode IVa). D.h. Periode IIId und IVa sind zeitgleich. Schicht 5-6 in EO-DO 12'-40' = IVb ist eine Terrassierung, zu der in EO eine Mauer gehört und diese Terrassierung läuft in DO-CO an eine weitere Mauer. Die Mauer in DO und eine weitere in CO haben Fundamentgräben, die in EO-DO in Schicht 7 und in DO-CO in Schicht 5 bis 5-6 (unbenannt in 48'- 60' = "Hard Earth") und in CO-BO in 3a bis 3a-4 (unbenannt in 60'-80'= Schicht 3 in BO-AO) und 4 eingetieft sind. In CO-AO findet sich mit dieser Schicht 3a-4 (unbenannt) in CO-BO und in 3 in BO-AO eine weitere Planierschicht, die in AO 100' an eine Mauer her-

---

[161] Dani, AP 5, 1970-71, 1 ff., bes. 44-46. Schicht 4 ist in CO-AO die vermeintliche Zerstörungsschicht. Zu dem angeblichen Bruch in der Entwicklung cf. Mughal[104] 121 Anm. 12.

[162] Dani[161] 39 und Fig. 5.

anläuft. In CO-BO liegt darüber ein Fußboden = Schicht 3a = Schicht 2 in BO-AO. Die eben erwähnte Planierschicht gehört sicher zu der Terrassierung in -EO-DO, Schicht 6-5. Zwischen den Mauern in DO-CO 46'- 56' wurde der Fußboden der Schicht 3a in CO-AO nicht isoliert.

Der erste Nutzungshorizont der zweiten Bauphase in Gumla definiert sich also wie folgt:

Oberkante von Schicht 5 (Terrasse) in EO-DO, Unterkante von 4a in DO-CO zwischen den Mauern in 46'-56', 3a in CO-BO und 2 in BO-AO an die Mauer in AO 100' heranlaufend.

Es folgt eine schwer zu definierende zweite Nutzungsphase:

In EO-DO, westlich der Mauer in 26'-28' bezeichnet Schicht 4a Schutt über der Oberkante der Terrassierung (5), darüber findet sich über einem Fußboden, Schicht 4 = harte Erde mit Keramik (eine Planierschicht?). Diese Schicht reicht bis an die Oberkante der Mauer in EO-DO 26'-28'. Auf der anderen Seite dieser Mauer gibt es zwei erfaßte Fußböden = 4 in 30'-42' mit einem Ofen und 4-5 (unbenannt darunter, über OK der Terrasse = 5). Darüber liegt eine Füllschicht = 3, die über die Mauer bei DO 42'-44' reicht. Diese Füllschicht dürfte gleichzeitig zu Schicht 4 in EO 12'-26' sein. Zwischen den Mauern in DO-CO 42'-44' und 58'-60' liegt mit Schicht 4a eine hart gestampfte Erde, wohl zu verbinden mit ähnlichem Material in CO-BO 62'- 82', Schicht 3. Während es also in EO, 12'-25' einen Fußboden zur zweiten Nutzungsphase gibt (OK von 4a, UK 4), wurden zwischen den Mauern in EO-DO 28'-42' 2 Fußböden = 4 und 4-5 (unbenannt) angetroffen. Eine Entsprechung dazu fehlt in DO-AO, denn die in DO, 46'-50'so bezeichnete Schicht 3 ist wahrscheinlich zeitgleich zur Füllung 4 in EO und 3 in EO-DO.

Mit Schicht 3-2 in EO und 2 in EO-DO, 2 in DO-CO, 2 in CO-BO und 1 in BO-AO ist die Periode nach der Aufgabe des zweiten Bauhorizontes erreicht.

Zusammengefaßt:

Prä-Strukturale Phase: Periode IIa, 11, bezeichnet eine architektonisch nicht erfaßte Besiedlung (IIa-b) oder Schuttschicht; Periode IIb, 10, eine erste Planierschicht mit Nutzung derselben (Ofen). Schicht 10 könnte eng auf Schicht 9 bezogen sein.

Strukturale Phase I: Periode IIc, 9 = zweite Planierschicht als Basis für den aufgehenden Bau und (IIc-IIIb) wahrscheinlich erster Nutzungshorizont. Der zweite Nutzungshorizont ist mit

den Stampfböden Schicht 8-7 (IIIa-b) und dem
darübergelegenen Siedlungsschutt Schicht 6 (IIIb)
gegeben.

Zwischenschicht: Das Gebäude der 1. strukturalen Phase wird mit einer
                            Planierschicht (5 = IIIc; 5-6 =IIIc-IVa [unbenannt in DO-
                            CO]) zugesetzt, und darüber befindet sich in CO-AO der
                            "Brandschutt" der Schicht 4 = IIId. In EO-DO entspricht
                            dem Schicht 7 = IVa und in DO-CO Schicht 5.

Strukturale Phase II: In EO-DO wird eine Terrasse errichtet (IVb), und in DO-
                            CO wird mit 4aUK eine (IVa-IVb-IVc) Planierschicht
                            angelegt, dem entspricht ebenfalls eine Planierschicht in
                            CO-BO = 3a-4 (unbenannt) und Schicht 3 in BO-AO
                            (IVa). Diese Strukturale Phase II hat in EO-DO zwei
                            Nutzungsphasen (IVc).

Post-Strukturale Phase: Das Gebäude wird aufgegeben. Schicht 2-3 in EO ("Va"-
                            IVd); 2 in EO-DO; 2 in DO-CO (IVa-"Va"); 2 in CO-BO
                            (IVa) und 1 in BO-AO (IVa).

Diese Neubewertung der Abfolge hat natürlich Auswirkungen auf die Mate-
rialzuordnung:

Die Keramik der ersten Prä-Strukturalen Phase dürfte der Masse nach nicht vor
Mehrgarh VI datieren, wenngleich einige Motive an Älteres gemahnen; da aber
die Laufzeit dieser Motive bisher in Ermanglung einer detaillierten Keramikvorlage aus Mehrgarh nicht benannt werden kann, mögen diese eine lange Laufzeit
haben. Immerhin stehen die Terrakotten aus Gumla II denen von Mehrgarh IV-VI
nahe, was die Gestaltung des Unterkörpers betrifft[163]. Neben der Fülle von Paral-

---

[163] Dani[161] pl. 21.a-b, und C. Jarrige in: Urban / Jansen[1] Abb. 72-73 = Halim, PA 8,
1972, pl. XB (Sarai Kola II). Mughal[104] 124 vergleicht die Terrakotten aus Gumla II-III,
Jalilpur II und Sarai Kola II mit Terrakotten aus Shahr-i Sokhta. Bezüge bestehen auch
zu Terrakotten aus Namazga IV-Kontext in Altyn-Tepe, Turkmenien: Dani[161] pl. 21a-b.
22 (Gumla II), und Kircho, East & West 38, 1988, 33 ff. Fig. 19, 6-10. 17. Possehl[11] 643-
650, datiert die älteren Phasen Danis wie folgt: Gumla I = Kili Ghul Mohammad-Phase;
Gumla II = Kechi Beg-Phase; Gumla III = Kot Diji-Phase; Gumla IV = „Late Kot Diji-
Phase" (bis Reif-Harappa); Gumla V = „Destruction and Grave Circles" und Gumla VI =
„Gandhara Grave-Phase".

lelen zu Kot Diji, auf die Mughal bereits hinwies[164], darf Gumla II (Prä-Strukturale Phase und Strukturale Phase I) wohl auf Amri IIA?-IIB datiert werden[165].

Die Keramik der "Zwischenschicht" ist eng damit verbunden, weist aber auch bereits Reif-Harappa-Elemente auf[166]. Aus der Strukturalen Phase II ist kaum gesichertes Material publiziert. Die Post-Strukturale Phase I ist dagegen eindeutig in die Reif-Harappa-Periode zu datieren[167].

---

[164] Mughal[104] 121 Anm. 11.

[165] Näpfe wie Dani[161] Fig. 13, 35, gibt es auch noch in A0 9, ibid., Fig. 13, 33-34, und in B0 6 (Strukturale Phase I) bis AO 4 (ibid. Fig., 23, 197-196 = Zwischenschicht) und in CO 1 (ibid., Fig. 29, 251) - cf. Casal[29] II, Fig. 69, 272 = Amri IIB-IIIA; Mughal[104] 41 Fig. 25, 169-170 = Sarai Kola ab IA (Typ XII); Hohe Standfüße, Dani[161] Fig. 11, 1. 3 (AO 11, BO 10) - cf. Khan[29] Fig. 18, 14;, Fig. 22, 23; Fig. 24, 20; Fig. 12, 16 und Fig. 11, 8 = Kot Diji 12. 8-7. 3-2; Kleine Schale/Deckel aus Gumla BO 11, Dani[161] Fig. 12, 17-17a - cf. Mughal[104] Fig. 26, 176 = Sarai Kola II (Typ XIIIA, ab Schicht 9); Lippenformen, Dani[161] Fig. 21, 174 (AO6 = Strukturale Phase I) - cf. ca. Casal[29] II, Fig. 71, 289 = Amri IIB. In Gumla III, ab AO 8 = erste Phase der Strukturalen Phase I (Dani[161] 146, pl. 1b, 2) gibt es auch das Motiv der gehörnten Gottheit, welches, wie oben erwähnt, in Kot Diji, BV/6, Schicht 3A, seine Entsprechung hat und das wahrscheinlich an den unmittelbaren Beginn der Reif-Harappa-Periode datiert werden muß, zumindestens in Kot Diji. Dass das Motiv als solches anderenorts früher einsetzen könnte, sei nicht ausgeschlossen. In Gumla III treten nach Dani[161] 144 auch erstmals sich überschneidende Kreise in der Bemalung auf - cf. Khan[29] Fig. 14, 5. 10 ab Kot Diji 4A-4; Jarrige / Lechevallier[28] 530 = Mehrgarh VI; Casal[29] II, Fig. 72, 303-304 = ab Amri IIB.

[166] Dani[161] 19, 149 (Planierschicht, die die Strukturale Phase 1 zusetzt) und Nr. 150-151 - cf. Mughal[104] Fig. 15, 89 = Sarai Kola II (Typ VIIIA ab Schicht 10); Dani[161] Fig. 20, 161 - cf. Dales / Kenoyer[29] Fig. S1, 1e = Wheeler, Kontext A; Khan[29] Fig. 12, 16 = Kot Diji 3; Dani[161] Fig. 22, 189 - cf. Casal[29] II, Fig. 73, 312 = Amri IIIA; Khan[29] Fig. 11, 5 = Kot Diji 1A; Dani[161] Fig. 22, 195 (bis CO, Schicht 3; Fig. 29, 254) - cf. Khan[29] Fig. 14, 17 = Kot Diji 5.

[167] Dani[161] Fig. 31, 280; pl. 86, 6 (CO 3 und CO 4) - cf. Dales / Kenoyer[29] Fig. S10, 54a-b ("Cut Ware") = Wheeler, Kontext B; ibid., Fig. 93 = UM, Phase A-B (aber spät in Kontext B und Phase A; cf. ibid., 229); Mackay[68] pl. XXXVIII, 6-7. 10-11; Nr. 6 stammt aus dem "Cutting" und ist somit älter als das Harappa II-Stratum (= Nr. 7. 11) und datiert in das Harappa III-Stratum; Nr. 10 stammt aus Trench C, der nicht auf die übrige Abfolge bezogen werden kann. Da Chanhu Daro, Harappa II mit dem späten Amri IIIB verbunden werden kann, datiert Nr. 6 älter im Amri IIIB-Horizont als Nr. 7 und 11. "Cut Ware" setzt in Mehrgarh mit Periode VII-spät ein (Jarrige / Lechevallier[28] 530); Dani[161] Fig. 33, 321 (EO 3) - cf. Dales / Kenoyer[29] Fig. S2, 3b; S7, 33e = Wheeler, Kontext A-B; Dani[161] Fig. 32, 315. 317. 312-314 (typische Reif-Harappa-zeitliche Deckel) - cf. Dales / Kenoyer[29] Fig. S6, 27 = Wheeler, Kontext A; ibid., Fig. 96, 5. 7 = UM, Phase A; Khan[29] Fig. 12, 7-9 = Kot Diji 1-2B; Dani[161] Fig. 33, 318-320 - cf. Dales / Kenoyer[29] Fig. S1, 2c-d; S7, 32c-d = Wheeler, Kontext A-B; Dani[161] Fig. 29, 253 - cf. Wheeler[40] Fig. 12, IIa = Harappa, R37; Dani[161] Fig. 29, 255-257 - cf. Wheeler[40] Fig. 11, Typ I = Harappa, R 37; Khan[29] Fig. 11, 3 = Kot Diji 1B; Dales / Kenoyer[29] Fig. 76, 2-3 = UM, Phase A; Dani[161]

Wahrscheinlich kann Gumla ab "Zwischenschicht" und bis in die Post-Strukturale Phase I zumindest in den Amri IIIA-Horizont datiert werden. Amri IIIB könnte ausscheiden, denn S-förmige Flaschen[168] fehlen vollständig. Da diese überaus typische Gefäßform in Harappa in Wheelers "Gruppe iiib" belegt ist[169], könnte Gumla IV theoretisch vor der Errichtung der "Defence" in Harappa wüst fallen. In Ermangelung der Keramikvorlage aus Nausharo ist aber das Einsetzen dieses Typs im Amri IIIB-Horizont nicht näher zu fassen. Sollte er eher spät im Amri IIIB-Horizont einsetzen, so könnte die Keramik der Post-Strukturalen Phase I in Gumla durchaus noch bis in den frühen Amri IIIB-Horizont hineinreichen[170]. Eine flache Tellerform aus DO 2 würde sogar auf einen noch etwas späteren Kontext hinweisen. Da aber alle Gefäßformen, die sonst für diesen späteren Kontext typisch wären, fehlen, scheidet jeder Termin ab Amri IIIB-spät wohl sicher aus.

Mughals Eindruck, dass Gumla IV engstens mit III verbunden ist, ist zuzustimmen[171]. Dieser Befund illustriert aber auch, dass der "Kot Diji"-Aspekt, wie schon verschiedentlich vermutet, mit einiger Gewißheit in einigen Orten bis in den Reif-Harappa-Horizont anhält. Dies wäre auch in bester Übereinstimmung mit dem Befund von Kalibangan I/II. In den frühen Reif-Harappa-Horizont, aber wohl nicht über die "Zwischenschicht" in Gumla hinausreichend, datieren auch das

---

Fig. 25, 218-221. 224, sind hohe, enge Standfüße, an der Basis zum Teil bemalt. Gute Vergleiche fehlen, jedoch dürften Dales / Kenoyer[29] Fig. 75, 1-2 = UM, Phase A-B dem Typ entsprechen; Dani[161] Fig. 25, 218-220 stammen aus DO 3, also aus der Post-Strukturalen Phase; Nr. 221 aus BO 3, was ebenfalls unmittelbar nach der ersten Nutzungsphase angesetzt werden muß. Die Form gemahnt an die Beispiele aus BO 4 (ibid., Fig. 20, 162-163). Was in Gumla völlig fehlt - wie offenbar auch in Harappa - ist der gedrungene Amri IIIA-Standfußtyp (Casal[29] II, Fig. 74, 316-317; 75, 318). In Amri sind hohe Standfüße, allerdings nicht so eng wie in Gumla, nicht vor IIIA belegt (Casal[29] II, Fig. 73, 314a-b; letztere erinnern an Dani[161] Fig. 25, 223, aus CO 1). Dani[161] Fig. 30, 258 ist eine flache Tellerform aus DO 2, wie sie bisher nur spät datiert werden kann: Dales / Kenoyer[29] Fig. S15, Typ 75-76 = Wheeler, Kontext C; Vorformen haben steilere Wandungen und sind wesentlich tiefer (ibid., Fig. S9, 40i und Fig. S3, Typ 10 = Kontext A-B).
[168] Wie Casal[29] II, Fig. 81, 360-361; Dales / Kenoyer[29] Fig. 1-2, 2-4 , und Khan[29] Fig. 11, 6.
[169] Wheeler[40] 96, Fig. 9, 38.
[170] In Chanhu Daro scheint es diesen Typ nicht vor dem Harappa II-Stratum zu geben: Mackay[68] pl. XXXV, 4; XXXVI, 32 (Harappa I) und XXVIII, 49. In Amri datieren zumindestens die vorgelegten Stücke Casal[29] II, Fig. 81, 360-361, ebenfalls spät in den Amri IIIB-Horizont, nämlich in die Schicht 12-12a in Ai (cf. ibid., Fig. 7; gemäß ibid., I, 120, gibt es sie auch in IIIC). In Kot Diji fehlt dieser Typ in der extremen Form wie Wheeler[40] 96, Fig. 10, 38 [Gruppe iiib]; cf. Khan[29] Fig. 11, 6 = Kot Diji 1 = Casal[29] II, Fig. 81, 360 (Schicht 12a, älteres Beispiel in Amri). Dales / Kenoyer[29] 74-77, sehen dagegen keinerlei chronologische Unterscheidbarkeit für die Variationen dieses Typs im Lippenbereich.
[171] Mughal[104] 121 Anm. 12.

Gumla benachbarte Rahman Dheri[172] und die Fundorte Lewan im Bannu-Becken und Tarakai Qila[173].

---

[172] F.A. Durrani, Rehman Dheri and the Origins of the Indus Civilization I (Tempel University, Pennsylvania 1986), spricht Rahman Dheri III aufgrund der jungen C14-Daten als möglicherweise Reif-Harappa-zeitlich an. Rahman Dheri I, was mit Gumla IIa (Schicht 11) verbunden werden kann, erbrachte ein Stempelsiegel aus Elfenbein, welches von Durrani als eine Art Proto-Indus-Siegel gewertet wird, und auch in den Graffiti der Früh-Harappa-Periode sieht Durrani eine direkte Verbindung zu späteren Indus-Zeichen (Durrani in: Lal / Gupta[20] 505 ff., bes. 509 f., Fig. 51. 7-8). Ist Periode I noch stark lokal geprägt, was die Keramik betrifft, so tritt ab Periode II Kot Diji-affines Material auf. In Periode III wurde auch genoppte Keramik angetroffen (Durrani, op. cit. Fig. 51, 4), die in Harappa und Mohenjo Daro überaus selten ist und von Mackay als Import gewertet wurde (ibid., 508). Der Befund von Rahman Dheri macht deutlich, wo die Wurzeln dieser Keramikart zu suchen sind. Da in Rahman Dheri keine Gumla IV-Keramik angetroffen wurde, dürfte Rahman Dheri III nicht über die "Zwischenschicht" in Gumla reichen (cf. in diesem Zusammenhang auch den Beleg von "Knobbed-Ware" in Yahya IV C - Lamberg-Karlovsky / Tosi, East & West 23, 1973, Fig. 108 unten links; gemäß Potts[114] 277 f., gibt es diese Ware von Yahya IV C1 bis IV B6, was für einen frühen Ansatz spricht). Bemerkenswert ist auch der Umstand, dass Rahman Dheri ab Periode I eine Umwallung aufweist (Mughal[33] 183). Die Endpublikation von Rahman Dheri: F.A. Durrani, Excavations in the Gomal Valley: Rehman Dheri Excavation Report, No. 1, AP 6, 1988, 1-204, ist mir zur Zeit nicht zugänglich. Possehl[11] 640-643, sieht Rahman Dheri IA-B bis II als Kot Diji-zeitlich an, und datiert die jüngste Periode (III) zeitgleich zur Reif-Harappa-Periode, ähnlich Gumla IV (ibid., 711).

[173] F.R. und B. Allchin / F.A. Durrani / M.F. Khan, Lewan and the Bannu Basin. BAR Intern. Series CCCX (1986) bes. 203, spekulieren, ob die jüngsten Befunde in Lewan nicht noch in die frühe urbane Phase der Indus-Kultur hineinreichen könnte. Da die jüngsten Befunde aber nicht jünger als Sarai Kola II datiert werden können (LWN II Pit 5. 7; LWN V = ibid., 230-233 Sheet 9; 250f. Sheet 19), was wohl gerade noch mit der "Zwischenschicht" in Gumla verbunden werden kann, endet auch die Nutzung in Lewan, eine auf die Steinartefakt- und Perlenherstellung spezialisierte Siedlung (ohne Ackerbau und Viehzucht [ibid., 204]), vor den jüngsten Befunden in Gumla, wohl noch im Amri IIIA-Horizont. In diesen Horizont dürfte auch Tarakai Qila im Bannu-Becken datieren (F.R. Allchin / J.R. Knox, SAA V [1981] 245 ff.). Zu weiteren Orten im Bannu-District cf. F. Khan / J.R. Knox / K.D. Thomas, SAA VIII (1989) 281 ff.; dies., SAA XIII (1997) 237-251; dies., Explorations and Excavations in Bannu District, North-West Frontier Province, Pakistan, 1985-1988. British Museum Occasional Paper 80 (1991); siehe auch Possehl[11] 516-528 und 711, demnach würde auch Tarakai Qila, ähnlich Gumla IV und Rahman Dheri III, in die Reif-Harappa-Phase datieren. F.R. Allchin (in: Lal / Gupta[120] 51 ff.) und Possehl (in: Kennedey / Possehl, Studies in the Palaeoanthropology of South Asia [1984] 83 ff.) glauben, aufgrund der C14-Daten für Früh-Harappa-Orte im Punjab und Nord-Baluchistan und wegen der Siedlungslücke im West-Punjab zur Reif-Harappa-Periode, dass der Früh-Harappa-Aspekt in den genannten Bereichen bis in die Reif-Harappa-Periode anhalten würde. Anhand der hier gezogenen Verbindungen muß diese Aussage eingeschränkt werden, denn vom Material her ergeben sich keine Verbindun-

2.2.3. Die südöstliche "Peripherie"

In diesem Abschnitt sollen die Befunde in Saurashtra und Gujarat besprochen werden. Dieses Gebiet, südöstlich vom Indusdelta gelegen, ist relativ gut erforscht. Mehrere Reif-Harappa-zeitliche Fundorte sind hier zu nennen, besonders Lothal, Surkotada, Rangpur und Rodji, um nur die wichtigsten zu nennen. Casal glich die älteste Periode in Lothal A, Phasen I-IV, mit Amri IIIB-C. Lothal B, Phase V, wäre nach seinem Schema unmittelbar später als Amri IIIC zu datieren[174]. Nach Possehls Studien müssen Lothal A und B jedoch zeitgleich zu Rangpur IIA-B sein, denn in Rangpur IIC tritt erstmals die sogenannte "Loustrous Red-Ware" auf, die in Lothal B noch nicht belegt ist[175]. Casal wollte Lothal B noch mit Rangpur IIC verbinden. Schwierig ist die Beurteilung des für die indische Westküste als chronologische Schlüsselsiedlung fungierenden Ortes Rangpur deshalb, weil Rangpur IIA in keinem Schnitt unmittelbar von Rangpur IIB-C - Material überlagert wird und der Ausgräber Rao möglicherweise die Unterscheidung von Rangpur IIA-B-C eher aus stilistischen, denn aus stratigraphischen Gründen vornahm[176]. Der von Possehl ergrabene Fundort Rodji zeigt, dass die Phasen Rodji A-C gute Entsprechungen in der Keramik von Rangpur IIA-

---

gen, die jünger als der Amri IIIA-Horizont anzusetzen wären. Auch die geringe Anzahl von Bauschichten in diesen Bereichen spricht gegen ein überlängtes Anhalten des Früh-Harappa-Horizontes. Die isolierte Lage von Harappa wurde jüngst durch eine "Gate Way"-Funktion dieses Ortes erklärt: S. Ratnagar in: Possehl[10] 261 ff. (ähnliches auch für Judeirjo Daro und für Rakhigarhi/Shapur vermutend; für eine ähnliche Funktion von Lothal cf. Possehl in: Kennedey / Possehl, Ecological Backgrounds of South Asian Prehistory [1976] 118 ff.). Zum Problem cf. auch Gupta in: Lal / Gupta[20] 417 ff.).

[174] Casal[17] 212 f. Tabelle.

[175] Possehl, Indus Civilization in Saurashtra (1980) 40 ff. Fig. 6. Possehl[11] 595-615, hat jüngst die Frage nach einem möglichen Früh-Harappa-Horizont in Gujarat-Shaurashtra diskutiert. Er subsumiert unter seinem Früh-Harrapa-zeitlichen Amri-Nal-Komplex folgendes: Dholavira I hat seiner Meinung nach gute Paralleln zu Amri II; 300 m nördlich des Reif-Harappa-Ortes Surkotada fanden sich 4 Gräber, die in diesen Horizont datieren (ibid., Fig. 4.114); ähnliches Material soll ein Kenotaph bei Nagwada erbracht haben (ibid., Fig. 4.115-116, was an Amri I erinnert; neben einem Reif-Harappa-Siegel, ibid., Fig. 4.117); in diese Phase gehört sicher auch Moti Pipli (ibid., Fig. 4.118, mit typischer Früh-Harappa-Keramik). Noch nicht abschließend geklärt ist die Datierung in Podri und in Somnath; in der Prä-Prabhas-Periode (ibid., Fig. 4.121-123) gibt es zwar Material, welches älter als die Reif-Harappa-Periode datiert, es besteht aber kein deutlicher Bezug zum Früh-Harappa-Material, sondern es ist lokal neben Scherben des Anatra-Chalkolithikums. Die Keramik der Fundorte Podri und Loteshwar könnte dagegen in Possehls ältere Kechi-Beg-Phase datieren (ibid., 595).

[176] Possehl[175] 40, zu den Problemen in Rangpur, die auch in Zusammenhang mit horizontalstratigraphischen Gegebenheiten zu bewerten sind vgl. Ch.F. Herman, SAA XIII (1997) 187-198.

IIC-früh (?) haben; allerdings gibt es in Rodji C nur sehr wenig "Lustrous Red-Ware"[177]. Da Rodji A-C darüberhinaus auch gute Verbindungen zu Prabhas Pathan II aufweist und in letzterem Ort "Lustrous Red-Ware" erst in Periode III auftritt[178], wird die Problematik der Abfolge in Rangpur evident.

Leider ist mir der zweite Band der Endpublikation, in der die Keramik publiziert ist, zur Zeit unzugänglich[179]. Das, was ansonsten publiziert ist, würde zum Teil eher vor Amri IIIC zu datieren sein, andere Funde weisen dagegen in den Amri IIIC-Horizont. Es ist auch nicht völlig geklärt, ab welcher Phase der Periode A der Indus-Becher in Lothal auftritt[180]. In Rodji A ist jedoch möglicherweise eine Variante dieses Typs gegeben, ebenso wie in Rangpur IIA-IIB[181]. "Reserved Slip"

---

[177] G.L. Possehl / M.H. Raval, Harappan Civilization and Rodji (1989) 12, und C.F. Herman in: ibid., 55 f. Allerdings weist Herman darauf hin, dass die wenigen "Lustrous Red Ware"-Scherben nicht aus gesichertem stratigraphischen Kontext in Rodji C stammen. Unter der Voraussetzung, dass Rodji B bis Lothal B und Rangpur IIB reicht, wäre somit auch ein Hinweis für die schwierige Datierung des Grabes Nr.6 aus Shimal gegeben (s.o. Anm. 149), welches in den Wadi Suq-Horizont datiert und als Grabbeigaben u.a. harappaenische Gewichtsteine erbracht hat, die de Cardi (SAA VIII [1989] 12) nicht jünger als Lothal A und Rangpur IIA datieren wollte, denn in Rodji fanden sich solche Gewichtssteine offenbar in den Phasen A-B: Y.M. Chitalwala in: Possehl / Raval, op. cit. 158, Fig. 84, 1-2. Gemäß Possehl / Herman, SAA IX (1990) 301, gibt es in Rodji B-C sowohl wenig "Black & Red-Ware" vom Ahar-Typus, als auch sehr wenig "Lustrous Red Ware".

[178] Possehl / Raval[177] 14 f.

[179] S.R. Rao, Lothal, A Harappan Port Town I-II, MASI LXXVIII, 1 (1979) und LXXVIII, 2 (1985). Cf. auch die Zusammenstellung von P. Yule, Lothal. Stadt der Harappa-Kultur in Nordwestindien = MAVA IX (1982).

[180] Rao, Lothal and the Indus Civilization (1973) 95, erwähnt ihn explizit nur im Zusammenhang mit den späten Schichten im Indus-Tal; ibid., 55, erwähnt er den "Goblet" und verweist auf ibid., Fig. 22; Nr. 16 dieser Abbildung könnte auf einen Typ wie Wheeler[40] Fig. 13, IIId hinweisen. In IA 1959-60 heißt es, dass u.a. der "Goblet" in Phase B in Lothal zahlenmäßig abnimmt. Rao, Lothal a Harappan Port Town I (1955-62) = MASI LXXVIII (1979) 29. 35, weist darauf hin, dass der Indus-Becher nur in den späten Schichten der Periode A vorhanden ist und in B zahlenmäßig abnimmt. Ibid., 30, bemerkt er, dass dieser Bechertyp *nur* in A IV zu finden sei. Dieser Angabe wird im folgenden Glauben geschenkt. Interessanterweise erwähnt Mughal[33] 192. 195, dass in Lothal A-B (wohl A-spät?) und in Rangpur IIA-C auch Jhukar-Keramik belegt sein soll, ebenso, wie sich eine Leitform für die Reif-Harappa-Periode in Gujarat, der sogenannte "Stud Handle", auf der Oberfläche von Lohumjo Daro in Sind finden soll.

[181] Possehl / Raval[177] 68 zu Fig. 34. Hier wird auch auf Rangpur = Rao, AI 18-19, 1962-63, Fig. 23, 83a-b. 84-85, verwiesen. Auf der anderen Seite bemerkt der Bearbeiter von Rodji, dass die Becher aus Rodji und Rangpur von denen aus Lothal und Mohenjo Daro verschieden sein sollen. Rao, op. cit. 67, bezieht seine Fig. 23, 83a-b jedoch nicht auf den Indus-Becher, sondern verweist auf Mackay[12] II, pl. LVI, 26. 31. Hierbei handelt es

-Keramik aus Lothal IIA-IIIA[182] entspricht gut dem Befund von Mohenjo Daro, Wheeler, Kontext A und B[183], und Mackay "Early"[184]; Chanhu Daro, Harappa III-Stratum und älter[185]. Diese Keramik ist aber auch noch in späteren Schichten in Mohenjo Daro, UM, Phase B, belegt[186]. Das Vorkommen von kleinen Siegel in Lothal A deckt sich ebenfalls mit der älteren Phase des Reif-Harappa-Horizontes[187]. Dem Friedhof von Lothal AIII-IV weist Rao eine Gefäßform zu, die aufgrund ihrer zentralen Verdickung an Formen von Amri IIIC und an Typen aus dem in der Kachi-Ebene gelegenen Fundort Dauda Damb (Mehrgarh VIII-Horizont) erinnern[188]. Dieser Phase in Lothal sind auch explizit "Stud Handles" zugewiesen, die in Rodji A-C und in Rangpur ab IIA-früh belegt sind[189]. Dass aber Lothal B, was auf AIV folgt, wohl nicht über Amri IIIC hinausreicht, zeigt der Fund eines S-förmigen Gefäßes, welches auf Amri IIIB-C datiert werden kann[190]. Einige der Rangpur IIA-Formen sind sicher ebenfalls spät zu datieren, ab Amri IIIC und Wheeler, Kontext C[191]. Rangpur IIA überlappt also wohl nur mit den späten Phasen in Lothal A (III?-IV)[192]. Lothal B reicht wohl in Rangpur IIC, wo die sogenannte "Lustrous Red-Ware" erstmals auftritt, hinein; letztere Ware fehlt

---

sich auf gar keinen Fall um Indus-Becher (Rao, op. cit. pl. XVIIIB, 5. 8, dürfte die oben genannten Becherfragmente abbilden = Rangpur IIA), jedoch wäre auch dieser Typ spät zu datieren (cf. Dales / Kenoyer[29] 113 f., Fig. 18, 2 = UM, spät B; nur ein Beispiel datiert etwas älter).

[182] Rao, Lothal and the Indus Civilization (1973) 164 f.

[183] Dales / Kenoyer[29] Fig. S6, 30a-b.

[184] Mackay[12] I, 45. 184. 188. 652. 668.

[185] Mackay[68] 65 pl. XXXVIII, 26-27. 29.

[186] Dales / Kenoyer[29] 43 f. 85.

[187] Rao[182] 90 ff., bes. 94, Fig. 21; Joshi / Parpola[140] 257-263. Diese Objekte sind in Harappa, wie erwähnt, vor allem für die älteren Schichten typisch.

[188] Rao[182] 149, Fig. 22, 26; Casal[29] II, Fig. 84, 389, und Jarrige[43] 92, pl. XLVIIb-unten. Auch das Standfußfragment mit einer Verdickung unter dem Schalenansatz (Rao[182] 22, 27) gehört in diesen Horizont.

[189] Rao[182] 149 Fig. 22, 31; Rao, AI 18-19, 1962-63, Fig. 23, 92. 92a-b. Diese halten sich bis Lothal B. Zu Rodji cf. Possehl / Raval[177] 75. Dieser Henkeltyp tritt in Lothal aber gemäß Rao, Lothal, A Harappan Port Town I = MASI LXXVIII (1979) 30, wohl schon mit Periode A, Phase I, auf, denn Rao erwähnt, dass sie in Phase II nicht zahlenmäßig abnehmen.

[190] Rao[182] Fig. 25, 1.

[191] Rao, AI 18-19, 1962-63, Fig. 18, 19 (Rangpur IIA-Mitte) = Casal[29] II, Fig. 86, 421 (Amri IIIC); Rao, op. cit. Fig. 22, 62. 62a-b (Rangpur IIA-Früh bis Spät) = Dales / Kenoyer[29] Fig. S15, 79 (Wheeler, Kontext C), und Sharma in: Possehl[10] 144 Fig. 13.3, 15 = Kotla Nihang (Amri IIIC-Horizont s.u.).

[192] Rao, AI 18-19, 1962-63, 19; Possehl[175] 42 Fig. 6, setzt dagegen Lothal AI-IV direkt parallel zu Rangpur IIA; Rao[189] 45 setzt Lothal AIIIB-IV ungefähr parallel zu Rangpur IIA und Lothal BV zu Rangpur IIB-C-früh; letzterem Ansatz wird hier gefolgt.

aber in Lothal B[193]. Rao sieht Bezüge zwischen Rangpur III und Friedhof H(I), und auch Possehl will den Friedhof H in Harappa und den Siswal C-Horizont (Mitathal IIB) mit Rangpur III verbinden[194]. Von der relativ-chronologischen Position her ist dies nicht unmöglich[195].

Schwierig aus dieser Perspektive ist auch der Befund von Surkotada zu bewerten, denn der Indus-Becher soll mit Periode IA auftreten (an anderer Stelle heißt es, dass er in IA fehlt) und soll in Periode IC häufiger vorkommen als zuvor[196].

---

[193] Cf. Rao, AI 18-19, 1962-63, 106, zu C6. 11. 12. 13. 18. 21.

[194] Rao, AI 18-19, 1962-63, 98 und Fig. 40, sieht aber bereits Bezüge ab Rangpur IIC (Fig. 34, 49); Possehl / Raval[177] 18.

[195] Es gibt keine guten Verbindungen zwischen Rangpur III und Orten, die außerhalb von Saurashtra-Gujarat im Indus-Bereich liegen. Kleine Standfußgefäße wie Rao, AI 18-19, 1962-63, Fig. 38, 45; 39, 47, erinnern an ein ähnliches Gefäß in der "Jhukar-Schicht" von Chanhu Daro (Mackay[68] pl. XLI, 26). Fischgrätenschraffuren wie Rao, op. cit. Fig. 37, 10, weisen ebenfalls auf Jhukar-Keramik: Casal[29] II, Fig. 96, 541-541a; Mackay[68] pl. XLII, 11-12. Gemäß der infra 3.1.1. getroffenen Überlegungen zum Jhukar-Horizont in Chanhu Daro dürfte sich dieser mit Mohenjo Daro, UM B, überlappen.

[196] IA 1971-72, 13 ff., bes. 16 und 18. Dass zumindestens der spitzbodige Indus-Becher in Periode IA fehlt und erst mit Periode IB angetroffen wurde, wird von Joshi, Puratattva 7, 1974, 34. 36, explizit genannt. In den oberen Schichten von Periode IB und in Periode IC fand sich auch erstmals weiß bemalte "Black-and-Red-Ware", der Ahar-Kultur in Rajasthan (J.P. Joshi in: D.P. Agrawal / A. Gosh, Radiocarbon and Indian Archaeology [1973] 173 ff., bes. 179; ders., Puratattva 7, 1974, 37, nennt diese Keramik explizit erst für Periode IC, wo auch erste "Stud Handles" auftreten, die in Lothal eine längere Laufzeit haben). In Rodji gibt es eine Scherbe dieser Ware aus undefiniertem Kontext (Possehl / Raval[177] 119 Fig. 63 = B/C?); in Rangpur tritt diese Keramik erstmals in IIB-spät auf (Rao, AI 18-19, 1962-63, 94 f. Fig. 31, 64), sie ist dann erst prominent vertreten in Rangpur III (ibid., Fig. 44). Der Befund von Surkotada IC würde also noch in den Amri IIIC-Horizont datieren, gleichzeitig die enge Verknüpfung der Rangpurabfolge mit diesem Horizont aufzeigen und Rangpur III in einen engsten Zusammenhang damit bringen. Jarrige[35] 278 datiert Periode IA früh in der Harappa-Zeit, ausgehend von der "Reserved Slip-Ware" (Joshi in: Agrawal / Gosh, op. cit. Fig. 1, 1-9) und einigen Scherben, die Sothi-affin wirken (so auch Joshi, op. cit. 177). "Reserved Slip-Ware" wurde in Mohenjo Daro, wie erwähnt, in Mackays "Early"-Kontext und in Wheelers Grabung in Kontext A-B, Chanhu Daro, Harappa III-Stratum und älter, aber eben auch in Mohenjo Daro, UM, Phase B-spät, erfaßt. In Lothal gibt es sie in IIA-IIIA. Aufgrund des späten Vorkommens dieser Keramik in UM, Phase B, kann das Vorkommen dieser Ware nicht als Anzeichen für eine ausschließliche Frühdatierung benutzt werden. Die Sothi-Ware läuft nach dem hier entwickelten Schema bis mindestens Amri IIIB. Der Indus-Becher soll in Surkotada in Periode IB belegt sein. Abbildungen dazu liegen nicht vor; sollte es ihn wirklich erst in Periode IB geben, so kann dies nicht vor Mohenjo Daro, UM, spätestes A, und Wheeler, Kontext C, datiert werden. Surkotada IA würde somit knapp

2.2.4. Die nördliche "Peripherie"

Für diesen Bereich sind die Befunde im Bereich von Taxila, im Swat-Gebiet und in Yammu-Kashmir von Bedeutung. In Hathial, im Stadtbereich von Taxila, gelang es F.R. und B. Allchin auf der Oberfläche eine Keramik zu identifizieren, die mit der "Früh-Harappa"-Periode zu verbinden ist. Nachfolgend fanden hier Grabungen statt, von denen bisher nur knappste Informationen überkommen sind[197].

Sarai Kola, nicht weit von Taxila entfernt gelegen, ist ein Ort, der in der Literatur als Früh-Harappa-zeitlich im Sinne des Kot Diji-Aspektes und des "Pre-Defence"-Materials in Harappa gilt. Sarai Kola I läßt deutliche Bezüge zum Neo-lithikum in Burzahom erkennen[198]. Periode IA-II kann vom Material her auf das engste mit Kot Diji, Harappa "Pre-Defence" und Gumla II-III (Teile von IV) ver-bunden werden[199]. Zeitlich der "Zwischenschicht" in Gumla und der Strukturalen Phase I zuzuordnende Früchteschalen(?)-Fragmente, gibt es in Sarai Kola II erst ab Schicht 8, also etwas später in Periode II[200]. Problematisch ist Sarai Kola-Typ VIII-VIIIA. Er tritt hier ab Periode IA, Schicht 10, auf, zusammen mit "neolithi-scher" Keramik[201]. In Gumla gibt es ihn häufig nicht vor der Strukturalen Phase I, ähnlich wie in Sarai Kola II ab Schicht 9[202]. Aus ältestem Prä-Strukturalem Kon-text in Gumla stammt nur ein einziges publiziertes Stück[203].

---

vor dem Amri IIIB-spät bis IIIC-Horizont beginnen, Phasen IB-C bis in diesen hinein-reichen und in ihm zu Ende kommen, also nur sehr kurzlebig sein. Diesen Ansatz stützt auch das Vorkommen von Sothi-affiner Keramik in IA, gemessen am hier vertretenen Ansatz für den vergleichbaren Befund von Kalibangan I/II, der "Zwischenschicht". Possehl[11] nennt für Surkotada IA-C auch noch anhaltende chalkolithische Anarta-Kera-mik (cf. hier Anm. 175).

[197] Allchin, Antiquity 56, No. 216, 1982, 8 ff.; Stacul, SAA VI (1984) 210; Khan, JCA 6/2, 1983, 35 ff.; Mughal, JCA 12/1, 1989, Fig. 6. 8.

[198] Mughal[104] 36 f. 126, mit Hinweis auf den Fundort Jhang, der ebenfalls dieses Material erbracht hat.

[199] Deckel vom Typ XIIIA finden sich in Kot Diji in Schicht 8-6B (Mughal[104] Fig. 26, 175-178 - cf. Khan[29] Fig. 15, 16 und Fig. 23, 7). Sie treten in Sarai Kola ab Phase II, Schicht 9, auf. In gleicher Schicht findet sich auch ein Deckel ohne Griff (Mughal[104] Fig. 26, 176) der in Gumla II, BO 11, belegt ist, also in ältestem Prä-Strukturalem Kontext (Dani[161] Fig. 12, 17-17a).

[200] Dani[161] Fig. 20, 167; 30, 261 - cf. Mughal[104] Fig. 27, 187 Typ XIVA.

[201] Mughal[104] Fig. 15 und 41 f., Tab. 10-11.

[202] Dani[161] Fig. 19, 153 = AO 6.

[203] Dani[161] Fig. 16, 93 aus AO 11.

Reif-Harappa-Material, wie es in Gumla wohl der Strukturalen Phase II und vor allem der Post-Strukturalen Phase I zugewiesen werden kann, fehlt in Sarai Kola[204].

In Swat fand sich ähnliches Material in der Grabung im Abris von Ghaligai, in der sogenannten Periode II, Schichten 19-18. Darüber, in Periode III der Swat-Sequenz = Ghaligai, Schicht 17, und in Butkara I wurde neben sehr weniger scheibengedrehter Ware, der Art und Bemalung von Swat II eine handgemachte Keramik angetroffen wie sie in Kashmir in Burzahom und Gufkral typisch für die sogenannte "Neolithische"-Periode ist[205]. Aber auch die folgende Swat IV-Periode, auf die weiter unten noch eingegangen wird, zeigt Bezüge zu dieser Periode in Kashmir, obgleich sich im Swat-Tal auch Spät-Harappa-Elemente in der Keramik der Periode Swat IV finden. Fraglich ist, ob die Swat II-Periode wirklich in den "Früh-Harappa"-Horizont datiert werden kann, denn Bezüge zwischen Swat III-IV und Burzahom I-II sind deutlich gegeben. Die Kontinuität zwischen allen diesen Schichten ist sehr hoch. D.h. die Swat II-III-Periode dürfte wohl keinen zeitlich allzu langen Horizont markieren[206].

---

[204] Mughal[104] Fig. 27, 181 = Typ XIV erinnert zwar an Dani[161] Fig. 27, 235 (falsch herum abgebildet), jedoch fand sich dieses Fragment im Oberflächenschutt von CO 1. Leider können konkrete Abbildungen aus dem Keramikkatalog von Sarai Kola nicht konkreten Schichten zugewiesen werden, so dass hier nicht näher differenziert werden kann. Da aber ansonsten frühe Reif-Harappa-Keramik, wie sie in Gumla bezeugt ist, in Sarai Kola II fehlt, reicht Sarai Kola II wohl nur bis in die "Zwischenschicht" von Gumla hinein.

[205] Zu Swat cf. G. Stacul, Prehistoric and Protohistoric Swat, Pakistan (1987) 39-49, 115-120 (zu Swat II-III), mit weiterführender Literatur. Zu Burzahom cf. IA 1960-16, 11; IA 1961-62, 17 ff.; IA 1962-63, 9 f.; IA 1963-64, 13; IA 1965-66, 19; IA 1968-69, 10; IA 1971-72, 24; IA 1973-74, 15; B.M. Pande, The Anthropologist 17/1-2, 1970, 25 ff.; ders., Asian Perspectives 14 (1971) 194 ff.; ders., JIS 7, 1972, 175 ff.; R.N. Kaw in: Agrawal / Chakrabarti, Essays in Indian Prehistory (1979) 219 ff.; R.K. Pant, Man & Environment 3, 1979, 11 ff.; Zu Gufkral cf. A.K. Sharma, Puratattva 11, 1979-80, 19 ff.; ders., Puratattva 12, 1980-81, 31 ff.

[206] Bezüge zwischen Swat II und bekannten Komplexen sind schwer zu erstellen: Stacul[205] Fig. 10a-c ,sind Flaschenformen, die in Sarai Kola und verwandten Komplexen keinerlei Entsprechung haben. Die hoch ausgezogenen Flaschenhälse finden sich nur in Kalibangan im Kalibangan I-Material, welches ja bis Amri IIIB veranschlagt werden muß (IA 1962-63, 22, Fig. 3, 2-3 [Fabric A]; 29, Fig. 8, 7 [Fabric E]). Stacul[205] Fig. 11b, erinnert an Dani[161] Fig. 30, 271 = DO 2; Stacul[205] Fig. 12a-b, sind Formen, wie sie ähnlich bisher nur in Harappa, Friedhof R 37, Typ XXVIIIa-d (Wheeler[40] Fig. 18) und in Amri IIIC (Casal[29] II, Fig. 84, 391-391a) belegt sind. Auch das Standfußfragment auf Stacul[205] Fig. 12g, weist in diese Richtung.

Burzahom I hat eine ähnliche Keramik wie Sarai Khola I bei Taxila erbracht[207]. Sarai Khola II wird von Mughal als "Früh-Harappa"-zeitlich eingestuft,
und in Sarai Kola, Phase IA, fand sich die "neolithische" ältere Keramik zusammen mit "Kot Diji"-affinem Material[208]. In frühem Burzahom II oder IC gibt es
wenige "Kot Diji"-Scherben sowie ein Gefäß, welches ein "Kot Diji"-Motiv aufweist und somit von Mughal als Kennzeichen für seinen Kot Diji-/"Früh-
Harappa"-Horizont gewertet wird[209]. In Kot Diji selbst wurde ähnliches in Areal
BV/6 in der Unterstadt in Schicht 3A gefunden, unter Schichten, die nur Reif-
Harappa-Keramik aufweisen, welche sonst in Kot Diji ja später datiert, als Mughal
dies vermutete[210]. Gemessen an den bisherigen Überlegungen kann Swat II wohl
eher in die frühe bis mittlere Reif-Harappa-Periode datiert werden, hat also wahrscheinlich mit den "Kot Diji"-Scherben aus Burzahom II-früh/IC kaum etwas zu
tun; dies würde auch das sehr junge C14-Datum für Swat II erklären[211]. Swat II-
IV müßte dann mit späteren Phasen in Burzahom II gleichgesetzt werden. Die

---

[207] Mughal[104] 36 Anm. 7.

[208] Mughal[104] 34 Anm. 1. spricht Sarai Kola IA (Schicht 10) als frühestes II an.

[209] D.P. Agrawal, The Archaeology of India, SIAS XLVI (1982) 102 Fig. 60; Mughal[33]
179, nennt Burzahom IC als Herkunftsangabe. Possehl[11] 542-553, gibt folgende Informationen: Gufkral IC/Burzahom IB bezeichnet er als Late Neolithic (2000-2500 B.C.) und
datiert es in die post-urbane Harappa-Periode. Aus dieser Phase stammt seiner Meinung
nach u.a. zwei Kot Diji Gefäße, eines davon enthielt über 900 Perlen aus Agat und
Carneol. Gufkral IB und Burzahom IA bezeichnet er als Early Neolithic (2500-2000
B.C.) und setzt es parallel zur Reif-Harappa-Periode; Gufkral IA spricht er als Aceramic
Neolithic an (2800-2500 B.C.) und datiert dies Früh-Harappa-zeitlich. Das Material aus
Gufkral und Burzahom weist seiner Meinung nach engste Bezüge zu Swat III-IV auf,
aber eben auch zu Sarai Khola (ibid., 548).

[210] Über dieser Schicht in Kot Diji liegt noch eine Schicht mit Kot Diji-Keramik (Khan[29]
35 f. Fig. 16). Da nach der hier vorgenommenen Analyse späte Kot Diji-Schichten zum
Teil jünger als der Übergangshorizont Amri IIA-B datieren, könnte das Gefäß aus Kot
Diji auch unmittelbar in den Amri IIIA-Horizont hineinreichen.

[211] Stacul[205] 167 = MASCA-Kalibration - 2180 v. Chr.; Stacul, East and West 19/1-2,
1969, 57. 63, sieht Bezüge zwischen Swat III und Burzahom I sowie zwischen Swat IV
und Burzahom II und Bezüge zwischen Swat IV-V und Tepe Hissar (cf. dazu: Stacul,
East and West 20/1-2, 1970, 92 ff.), besonders zu Hissar IIB-IIIB, was zu unlösbaren
chronologischen Problemen führt, denn diese Horizonte sind auf jeden Fall älter als der
für Swat IV erarbeitete Termin. Aus Burzahom II stammt auch eine Scherbe einer
grauen, grob polierten Ware mit Ritzverzierung (IA 1961-62, 20 Fig. 6, 14). Ähnliches
gibt es in Swat von Periode V-VII (Dittmann[8] 189 Anm. 89 mit den Belegen). Nur wenn
man für Burzahom, Neolithikum IC/II, eine extrem lange Laufzeit ansetzt von Swat II-V,
könnten die von Stacul gezogenen Verbindungen aufrecht zu erhalten sein. Die Frage
könnte nur durch eine detaillierte Publikation der Befunde in Burzahom gelöst werden.
Mughal[32] 179 datiert Swat II ebenfalls in die Reif-Harappa-Periode.

(unkallibrierten) C14-Daten würden einem späten Ansatz für das Neolithikum in Kashmir und den Swat-Phasen nicht widersprechen[212].

Hinsichtlich einer Kleinfundgattung aus Swat IV-Kontext (Loebanr 3) – Doppelkopfnadeln aus Knochen - ist festzuhalten, dass in Mohenjo Daro solche Funde in Mackays Grabung in "Intermediate III und Late III" angetroffen wurden, also in einem Horizont, der mit Amri IIIC gleichzusetzen ist[213].

Ein weiterer Ort in diesem Bereich ist Manda. In Periode IA fand sich, gemäß den Ausgräbern J.P. Joshi und M. Bala "Pre-Harappa" und rote Harappa-Keramik, "Terracotta-Cakes", Scherben mit Grafitti/Schriftzeichen und eine Doppelvoluten-kopfnadel, wie sie auch in Mehrgarh VI-VII, Banawali (Harappa-Periode) und Chanhu Daro belegt ist[214]. Material der Periode IB wird nicht vorgelegt, aber als "Spät-Harappa" eingestuft[215].

Das Material aus dem Swat-Bereich gehört in ein stark durch einen neolithischen Aspekt geprägtes Milieu mit Verbindungen nach Kashmir, in dem erst spät, am Beginn der Reif-Harappa-Periode, zeitlich wohl nicht allzu weit von den ältesten Schichten in Harappa entfernt, Tieflandeinflüsse zum Tragen kommen. Jedoch sind diese dann sporadischer Art, halten aber, worauf noch hingewiesen wird, bis in den Spät-Harappa-Horizont an.

2.2.5. Die nordwestliche "Peripherie"

Für diesen Bereich sind Reif-Harappa-Funde vor allem in Turkmenien im sogenannten Namazga V-Horizont zu nennen, die sich in einigen Keramikformen,

---

[212] Agrawal[209] 103 f. gibt für Burzahom I-II eine Spanne von ca. 2400-1500 v. Chr. an (unkallibriert).

[213] Stacul, SAA VI (1984) 210 Fig. 26.A-B - cf. Mackay[12] I, 540; II, pl. CX, 55-57 = DK 7, IV, 50, -17' 2" (+ IM III); DK 3, I, 4, -19' 4" (+ IM III); DK 3, VI, 47, -20' 7" (IM III); pl. CXXV, 8 = DK 26, II, 12, -9' 6" (L III).

[214] Jarrige / Lechevallier[28] 503. 528 Fig. 45, 6-7; Bisht / Asthana, SAA IV 1 (1979) 229 Fig. 4, und Mackay[68] pl. LXXV, 6 (ohne Fundortangabe). Zum Nadeltyp und seiner Verbreitung cf. auch Huot, Syria 46, 1969, und I.N. Khlopin / L.I. Khlopina in: de Meyer / Haerinck, Archaeologia Iranica et Orientalis. Miscellanea in Honorem Louis Vanden Berghe I (1989) 99 ff.

[215] J.P. Joshi / M. Bala in: Possehl[10] 185 ff., pl. 16, 2. Mit einiger Wahrscheinlichkeit reicht Manda IA nur bis Kalibangan I/II = Amri IIIB, und es folgt dann ein kurzer Hiatus in der Abfolge. Possehl[11] 711f., vermutet ebenfalls eine Datierung von Manda IA in den Spät-Kot Diji- oder Übergangs-Horizont.

Kleinfunden[216], hier sind besonders zwei Stempelsiegel aus Altyn-Tepe zu nennen, manifestieren. Das eine Siegel hat zwei Indus-Schriftzeichen. Es stammt aus Grabungsstelle 9[217]. Das zweite weist ein Swastika-Motiv auf und wurde im sogenannten "Sanctuaire" der Grabungsstelle 7 gefunden, die in einen Übergangshorizont von Namazga IV zu V, beziehungsweise allerfrühesten Namazga V-Kontext datiert[218]. Letzteres Siegel hat eine direkte Parallele in Mohenjo Daro, Intermediate I[219]. Siegel dieser Art datieren früh in der urbanen Phase in Mohenjo Daro und Harappa. Verglichen mit der Gesamtabfolge des Reif-Harappa-Komplexes sind sie am Indus aber wohl kaum vor dem Ende des Amri IIIB-/ Beginn Amri IIIC-Horizontes belegt. Auf der anderen Seite bestehen aber deutliche Bezüge zu einem Siegel aus Mehrgarh VIIB/C[220]. Es ist folglich nicht auszuschließen, dass Swastika-Siegel von Mehrgarh VII bis über den Amri IIIB-Horizont im Indus-Bereich vorhanden sind, sie in den ergrabenen Fundorten nur für den Amri IIIA/B-Horizont bisher nicht erfaßt wurden, beziehungsweise bisher nicht diesem gesichert zugeschrieben werden können[221]. Baktrisch-turkmenische Funde sind dagegen auch in der südwestlichen Peripherie des Reif-Harappa-Komplexes belegt, dort vergesellschaftet mit Funden, die in Turkmenien als Namazga VI-zeitlich angesprochen werden, die aber, nach H. Francfort (festgemacht an Befunden in Shortughai und an seiner Neubewertung von vermeintlichen Namazga VI-Befunden in Baktrien, Uzbekistan und in der Margiana) vielleicht zum Teil in die Namazga V-Periode Turkmeniens datiert werden müssen[222]. Demgemäß weisen Funde aus Shahi Tump[223], Khurab[224], Mehi[225], Kulli[226], dem

---

[216] Cf. die Zusammenstellung bei S.P. Gupta, Archaeology of Soviet Central Asia and the Indian Borderlands II (1979) 164 ff.

[217] Masson[119] pl. XXII, 1a; nach Kohl[117] 133, spätester Namazga V-Horizont in Altyn Tepe.

[218] Masson[119] pl. XII, 1b, und Kohl[117] 132 f. 219.

[219] Mackay[12] II, pl. XCIV, 383. Eine gute Parallele findet sich auch in Harappa, Mound F (ohne Schichtangabe) - cf. Vats[90] I, 347; II, pl. XCV, 392. Die Arme der anderen Swastika-Siegel in Harappa sind in die andere Richtung, nämlich im Uhrzeigersinn gedreht. Sie setzen in Harappa mit Mound AB, Intermediate II, ein, in Mohenjo Daro sind sie ab Intermediate III belegt, was grob zeitgleich wäre.

[220] Jarrige / Lechevallier[28] 529, Fig. 45, 4.

[221] Ein solcher Fall könnte Lothal sein. Sollten die Siegel bei: Joshi / Parpola[140] 256, L-69A und L-70A, die demjenigen aus Altyn Tepe entsprechen, in Lothal AI-III gefunden worden sein, würde dies die vermeintliche Lücke schließen, denn diese Phasen datieren auf Amri IIIA-B.

[222] H.P. Francfort, SAA VI (1984) 170 ff.

[223] M.A. Stein, MASI XLIII (1931) pl. XIII, Sh. T.vii.I.35 (Alabasterkolonette); cf. hier Anm. 133.

[224] Stein, Archaeological Reconnaissances in North-Western India and South-Eastern Iran (1937) pl. VI, Khur.L.i.276; pl. XV, L.i.278. L.i.279. Khur.D.246; pl. XXXII, 9. 19; pl. XXXIII, 15; pl. XXXIV, 2. 4 (Grabkeramik aus Khurab).

Quetta-Hort[227] sowie dem schon erwähnten Nindowari, Mehrgarh VIII, Sibri und aus Dauda Damb auf den Sapalli-Komplex in Uzbekistan, was grob mit der Gonur- und Togolok-Phase in der Margiana zu gleichen ist[228]. Dieser Komplex muß zeitgleich zu Amri IIIC angesetzt, also in die späte Phase des eigentlichen Reif-Harappa-Komplexes datiert werden, wenngleich ein gewisses Überlappen mit Amri IIIB, gemessen an den Befunden in Nausharo IV, wo Mehrgarh VIII-Gefäßformen, wie bereits erwähnt, erstmals zu fassen sind (ebenso, wie auf der Oberfläche des Kulli-Ortes Nindowari), gegeben ist. Auf dieses Überlappen des baktrischen Materials mit dem Amri IIIC-Horizont weisen auch die Keramikformen einiger Früchteständer aus Friedhof R 37, dem Quetta-Hort (mit Frühform in Mehrgarh VII) sowie ein eindeutiges Murghab-Stil-Stempelsiegel aus Harappa, AB-Mound, Pit IV, Stratum I, am Ende der städtischen Reif-Harappa-Besiedlung in Harappa sowie ein diesem Horizont anzuschließendes Siegel (?) aus Intermediate II hin, worauf schon hingewiesen worden war. Baktrische Einflüsse in der Reif-Harappa-Peripherie laufen also parallel zur späten Reif-Harappa-Periode im Indus-Gebiet. Ältere Bezüge zwischen Turkmenien und Sistan manifestieren sich unter anderem in den frühen Alabasterkolonetten aus Shahr-i Sokhta II, Sarazm und Ulug Tepe in spätem Namazga IV-/frühem Namazga V-Kontext[229]. Diese Bezüge zwischen den genannten Regionen haben aber eine

---

[225] Possehl[134] 32 f. bes. Mehi III.6.2.13; III.6.3; 41, Mehi II.2.7.a (cf. Sarianidi, Drevnosti Strany Margush [1990] 78 Fig. 11; 254 Taf. 49, 1 = Togolok 1; Taf. 74-76, 2-3 = Togolok 21); 48, Mehi II.1.2.a. (Kenotaph/Grabfunde).

[226] Possehl[134] 114 Kulli 1.x.1 (Alabasterkolonette).

[227] Jarrige / Hassan[37] 150 ff. Jarrige, Newsletter of Baluchistan Studies 4, 1987, 3 ff.

[228] Jarrige in: J.-C. Gardin, L'Archéologie de la Bactriane Ancienne (1985) 105 ff.

[229] Zur Verteilung der Alabasterkolonetten cf. Francfort, Fouilles de Shortughai. Recherches sur l'Asie Centrale Protohistorique = MMAFAC II 1 (1989) 404 f., mit einer Liste aller Fundorte (ibid., 383, zu Sarazm cf. auch A. Isakov / B. Lyonnet, Paléorient 14/1, 1988, 31 ff. und R. Besenval / A. Isakov, Arts Asiatiques 44, 1898, 5 ff.); zu Ulug Tepe cf. Jarrige / Hassan[35] bes. 152; L. Flam in: Jacobson[122] 65 ff., bes. 73 sieht Verbindungen zwischen diesen Kolonetten und Steingefäßteilen von Früchteständern, bei denen die Schale auf einem Standfuß in Form der Kolonetten aufsitzt, die in Babylonien in Khafagi, Sin-Tempel IX und Ur, Königsfriedhof, Grab PG 159, gefunden wurden: cf. P. Delougaz / S. Lloyd, OIP LVIII (1942) 68 Fig.61 und C.L. Woolley, The Royal Cemetery. UE II (1934) Pl. 180c. Sin Tempel IX ist Fara-/FD IIIA1-zeitlich (cf. Dittmann, AMI 20, 1987, 62, Tab. V); Grab PG 159 könnte frühestens FD IIIA2-zeitlich sein (Nissen, Zur Datierung des Königsfriedhofes von Ur, BAM III [1966] 165, Nr. 159). Der Beleg aus Shahr-i Sokhta II wäre Namazga IV-zeitlich; ob der Befund in Sarazm und der von Jarrige / Hassan zitierte Befund aus Ulug Tepe ebenfalls in diese Periode datieren, ist fraglich, denn zumindestens in Phase IV1 zeigt das keramische Inventar von Sarazm deutliche Bezüge zu Hissar IIB-IIIB, Tureng Tepe IIIB bis IIIC1 und Shah Tepe II (Besenval / Isakov, op. cit., 14 Fig. 16a; Fig. 26c setzt schon mit Hissar II ein - cf. R.H. Dyson / S.M. Howard, Tappeh Hesar [1989] 99. 108 f.); daneben fand sich Kot

lange Tradition, wie die evidenten keramischen Affinitäten zwischen Namazga
III/Geoksjur-und Damb Sadaat II-/Quetta-Ware des Mehrgarh VI-Horizontes
zeigen. Das oben erwähnte Stempelsiegel aus Chanhu Daro, welches sich mit den
Siegeln der Togolok-Phase verbindet, zeigt, dass auch der Jhukar-Aspekt, der mit
Amri IIIC überlappt, Bezüge zum Mehrgarh VIII/Sibri-Horizont aufweist.

Jarrige bezieht die Funde aus Mehrgarh VIII und Sibri auch auf Hissar IIIC[230].
Dies würde für das Ende dieses Horizontes einen Ansatz in der altbabylonischen
Zeit bedeuten, denn Hissar IIIC-Keramik fand sich im Westiran in Dinkha Tepe
IV, Hasanlu VI und Godin Tepe III 2, in einem Horizont, der Khabur-Keramik erbrachte, die um Shamshi-Adad I von Assyrien, einem Zeitgenossen von
Hamurapi, einsetzt[231]. Das Ende des Mehrgarh VIII-Horizontes würde sich also
relativ-chronologisch mit der Wadi Suq-Phase im Persischen Golf verbinden, die
von der Isin-Larsa- bis in die altbabylonische Zeit Mesopotamiens datiert werden
muß. Dies bedeutet, dass die relativ-chronologischen Verknüpfungen des südrussischen Materials mit dem des Indus einerseits und des indischen Materials mit
dem des Persischen Golfes andererseits für das Ende des eigentlichen Reif-
Harappa-Komplexes und darauf beziehbarer Komplexe (Amri IIIC/Wadi Suq-
Horizont) unabhängig voneinander in ihrer zeitlichen Stellung zu fixieren sind.
Die Fundlagen von Indus- und Persischer Golf-Siegel in Mesopotamien stützen
weiterhin diesen Ansatz, ebenso wie der von Boehmer herausgearbeitete Bezug
zwischen Dilmun-Siegeln und Stempelsiegeln der jüngeren Karum-Zeit in Anatolien[232].

Die Ermittlung der zeitlichen Stellung von Shortughai in Nordafghanistan ist
problematisch. Francfort weist die Perioden I-II dem Reif-Harappa-Horizont zu
und datiert Periode III-IV in die nachurbane Phase, in den sogenannten Bishkent-

---

Diji-affine Keramik (Besenval / Isakov, op. cit. Fig. 26, e-h) und eine Schale (ibid., Fig.
26f) hat Parallelen in Mohenjo Daro, Wheeler, Kontext A-B (Dales / Kenoyer[29] Fig. S4,
11a; S8,40g). Hissar IIIB, Kot Diji (späte Kot Diji-Phase) und der Amri IIIA-Horizont
sind in Sarazm IV 1 also vergesellschaftet (zu Sarazm cf. auch Isakov in: Kohl, The
Bronze Age Civilization of Central Asia [1981] 273 ff.; ders. in: Gardin, L'Archéologie
de la Bactriane Ancienne [1985] 229 ff.; B. Lyonnet, Sarazm [Tadjikistan] Céramiques
Chalcolithiques et Bronze Ancien. MMAFAC VII [1996]). Wahrscheinlich datiert dieser
Befund früh in die Namazga V-Periode. Sollten die beiden Funde aus Khafagi und Ur
wirklich damit in Beziehung gebracht werden, so wäre dies gemäß des hier vertretenen
Ansatzes zeitgleich zu Shahr-i Sokhta III. Funde dieses Horizontes wurden auch in
Shahdad (Kirman-Gebiet) und in Susa (Khuzestan) angetroffen: Amiet[49] 144. 147 f. 163.
165. 188. 194 Ill. 97, 4; 116.

[230] Jarrige[228] bes. 112; Jarrige / Hassan[37] 150.

[231] Cf. zusammenfassend: Dittmann, AMI 23, 1990.

[232] Boehmer, BaM 17, 1986, 293 ff.

Horizont und die Mollali-Phase in Nordbaktrien[233]. Einen Hiatus zwischen Periode II und III sieht er nicht gegeben[234]. Wäre dies richtig[235], dann müßten Shortughai I-II zum Teil zeitgleich mit dem Amri IIIB-C-Horizont in Sind und der Namazga V-Periode in Turkmenien sein. Letzteres bereitet kein Problem; erstere Verbindung ist schwierig. Gemessen an der vorgelegten Keramik aus Shortughai I-II ist eine Verbindung mit dem Amri IIIC-Horizont kaum gegeben, denn einer der Indikatoren dieses Horizontes, der Indus-Becher, fehlt vollständig in dem ansonsten reinen Harappa-Milieu von Shortughai I-II. Darüberhinaus findet die übrige Keramik aus Shortughai I-II überzeugende Parallelen vorwiegend im älteren Reif-Harappa-Horizont. Keine der Schalenformen aus diesen Perioden in Shortughai weist Merkmale des Amri IIIC-Horizontes auf, wie sie von Casal, ausgehend vom Befund in Amri, definiert und durch die Nachgrabungen in Mohenjo Daro bestätigt wurden[236]. Nach den hier gezogenen Vergleichen, die noch

---

[233] Zu Shortughai cf. H.-P. Francfort / M.-H. Pottier, Arts Asiatiques 34, 1978, 29 ff.; ders., SAA V (1981) 191 ff.; ders., Das Altertum 28/2, 1982, 91 ff.; ders., AJA 87, 1983, 518 f.; ders. in: Lal / Gupta[20] 301 ff.; ders., SAA VI (1984) 170 ff.; ders., JCA 7, 2, 1985, 125 ff.; ders. in: Gardin, L'Archéologie de la Bactriane Ancienne (1985) 95 ff.; ders., Archéologia 227, 1987, 44 ff.; ders.[229]. Zu weiteren Orten dieses Horizontes cf. B. Lyonnet, AION 37, 1977, 19 ff.; dies., Paléorient 7/2, 1981, 57 ff.

[234] Francfort[229] I, 103, jedoch einen Evolutionsbruch zwischen Periode II-III betonend.

[235] Zweifel daran läßt nicht nur der genannte "Evolutionsbruch" aufkommen, sondern auch der stratigraphische Befund (Francfort[229] I, 93). Siehe auch K. Kaniuth, Matallobjekte der Bronzezeit aus Nordbaktrien (im Druck); immerhin weist Lyonnet, SAA XII (1994) 425-434, darauf hin, dass es in Shortughai II erste Spuren von Andronovo-Keramik geben soll, glaubt aber trotzdem an einen Hiatus post II (ibid., 429).

[236] Casal[22] 105 f. Fig. 3. Besonders Schalen mit Lippenformen wie ibid., Fig. 3, 3, fehlen vollständig in Shortughai. In Amri setzt diese Form bereits mit IIIB ein und ist in IIIC jedoch häufiger (Casal[29] II, Fig. 79, 345). Wahrscheinlich kommt diese Form spät in Amri IIIB auf, denn entsprechende Formen sind in Naushaṛo erst ab oberstem III-Kontext bisher genannt (Jarrige[113] 92 Fig. 23c). In Mohenjo Daro ist diese Form in UM, A, nur einmal belegt, sie kommt in UM, B, dagegen häufig vor (Dales / Kenoyer[29] 183, Fig. 59, 5). An Parallelen zum Material aus Shortughai I-II seien genannt: Kratzer wie Francfort[229] II, pl. 39. 34. 42-44 (Periode II-IV), wurden massenhaft in Naushaṛo III gefunden; cf. Jarrige[43] pl. XLIII, b; Küchenwareformen wie Francfort[229] II, pl. 38, besonders Nr. 23. 25 (Periode II), entsprechen in Mohenjo Daro den "Round Bottomed Pot, Variety 2" - cf. Dales / Kenoyer[29] 134 f. = UM, typisch A; Schalen wie Francfort[229] II, pl. 39, 32-33 (Periode I-II), sind typisch für den älteren Reif-Harappa-Horizont - cf. Khan[29] Fig. 11, 5 = Kot Diji 1A; Casal[29] II, Fig. 73, 312 = Amri IIIA und Dani[161] Fig. 22, 189 = Gumla, BO 4, "Zwischenschicht"; Schalen wie Francfort[229] II, pl. 41, 13-18 (Periode I-II) - cf. Dales / Kenoyer[29] Fig. S3, 10; S9, 40i-k = ab Kontext A und B und später; flache Teller/ Schalen wie Francfort[229] II, pl. 46, 8. 10. 12-16, die ähnlich auch noch in Periode III belegt sind (Nr. 9. 11) - cf. Dales / Kenoyer[29] 201 UM A (1x), häufig in B und ibid., Fig. S8, 40a-h = ab Wheeler, Kontext B; Schalen wie Francfort[229] II, pl. 47, 8-12 (Periode I-II) - cf. Casal[29] II, Fig. 73, 310 = Amri IIIA - häufig; zylindrische Gefäße, mit konkaven

fortgeführt werden könnten, endet Periode II in Shortughai wohl mit Amri IIIB und reicht nicht in den Amri IIIBspät-IIIC-Horizont hinein. Das Fehlen des Indus-Bechers wäre also nicht funktional/regional bedingt -was bei der enormen Entfernung von Shortughai zum Indus-Kernbereich ja eine Möglichkeit wäre-, sondern sicher chronologisch.

Periode IV wies Francfort dem Namazga VI-Horizont und der Mollali- und Bishkent-Phase zu[237]. Die Perioden I-II, so verbunden mit Amri IIIA-B, wären älter als der Mehrgarh VIII-Horizont, der mit der Sapalli- und der Gonur-/Togolok-Phase verbunden werden kann. In Nordbaktrien schiebt sich zwischen die Mollali-Phase (= Shortughai IV) und die Sapalli-Phase (=Mehrgarh VIII/Sibri, parallel zu Amri IIIC) die Djarkutan-Phase. Mehrgarh VIII und vielleicht auch Sibri[238] sind wohl älter als die Djarkutan-Phase, und schon Jarrige sah keine Verbindungen, die jünger als die Sapalli-Phase zu datieren wären. Periode III in Shortughai zeigt aber keine guten Verbindungen zum Sapalli- oder Djarkutan-

---

Wandungen wie Francfort[229] II, pl. 48, 12-13. 17 (setzen mit Periode II ein, bis IV), gibt es in Sind gibt ab Kot Diji 6, was an der Schwelle zum Amri IIIA-Horizont steht (Khan[29] Fig. 14, 13). In Mohenjo Daro gibt es in der UM-Grabung nur verwandte Stücke aus Phase B (1x) und ein Fragment fand sich auf der Oberfläche. In Wheelers Grabung sollen solche Fragmente nur in Kontext B belegt sein (Dales / Kenoyer[29] 117 Fig. 19, 5-6). Deckel (!) wie Francfort[229] II, pl. 49, 4-5. 7, sind ebenfalls typisch für den älteren Reif-Harappa-Horizont - cf. Casal[29] II, Fig. 78, 335 = Amri IIIA; Dales / Kenoyer[29] Fig. S5, 18 = Wheeler, Kontext A, und ibid., 230, Fig. 95, 1-3 = UM A-B. Früchteständer mit Verdickung wie Francfort[229] II, pl. 49, 27-28 (Periode II), kommen spät im Amri IIIB-Horizont auf . Früchteständerschalen vom Typ wie Francfort[229] II, pl. 53, 17 (Periode II), setzen ebenfalls früh ein (Dani[161] Fig. 29, 253 = Gumla, Post-Strukturale Periode I und Mackay[68] pl. XXV, 14 = Chanhu Daro, Harappa II-Stratum; der Typ läuft aber weiter); ähnliches gilt für Francfort[229] II, pl. 55, 19 (Periode I) - cf. Casal[29] II, Fig. 73, 313 = Amri IIIA; die Form ist auch in Mohenjo Daro, UM B, vorhanden cf. Dales / Kenoyer[29] Fig. 85, 5. S-förmige Flaschen in der Form wie Francfort[229] II, pl. 59, 3-4; 60, 1-4 (Periode I-II), finden ihre besten Parallelen ebenfalls im älteren Reif-Harappa-Kontext (Dales / Kenoyer[29] Fig. S10, 52 = Wheeler, Kontext B; Casal[29] II, Fig. 81, 360 = Amri IIIB und Khan[29] Fig. 11, 6 = Kot Diji 1; der Typ läuft aber weiter).

[237] Francfort, SAA V (1981) 191 ff.

[238] Das Material aus Sibri zeigt leichte Unterschiede zu dem aus Mehrgarh VIII, ist aber nach Jarrige[228] 108 trotzdem wohl zeitgleich. Das Rollsiegel aus Sibri (ibid., Fig. 6) wird von Jarrige mit Kaftari-zeitlichen Rollsiegeln in Tall-i Malyan verglichen (ibid., 109 f.), eine Verbindung, die auch Amiet[49] 190 für diese Gruppe gegeben sieht, die er aber kaum wesentlich älter als das 18. vorchristliche Jahrhundert datieren will, obwohl die C14-Daten eher in Richtung Ur III-Zeit weisen. Zum Kaftari-Horizont cf. hier Anm. 114; das Siegel aus Sibri gemahnt typologisch an Siegel aus Anatolien, die in die (jüngere) Karum-Zeit datieren (cf. Anm. 488). Denkbar wäre, dass Mehrgarh VIII einen etwas älteren und Sibri einen etwas jüngeren Aspekt eines Horizontes umschreiben. Naushato IV wäre die früheste Phase des Horizontes.

Komplex, bestenfalls könnte Periode III grob Djarkutan-zeitlich sein, der Abstand zu Periode II = älter als Amri IIIC/Mehrgarh VIII/Sapalli-Phase wäre trotzdem existent. Ein Hiatus zwischen Periode II und III ist somit nicht unwahrscheinlich. Eine andere Möglichkeit wäre, dass Periode III die Sapalli- und Djarkutan-Phase umfaßt. Dann müßte jedoch erklärt werden, warum sich im keramischen Material von Shortughai III kaum Bezüge dazu finden[239]. Auf der anderen Seite gibt es, wie erwähnt, laut Francfort, Anzeichen, die dafür sprechen, dass es eine gewisse Form der Kontinuität in der Abfolge von Shortughai gibt. Festzuhalten gilt, dass auch in dem Gebiet von Shortughai wohl die materielle Kultur nach dem Amri IIIB-Horizont, dem Befund in der Las Belas- (Nindowari) und Kachi-Ebene (Nausharo) nicht unähnlich, eine andere Entwicklung durchmacht, als in Sind.

2.2.6. Die nordöstliche "Peripherie"

In diesem Abschnitt soll auf die Befunde im Bahawalpur- und Sutlej-Yamuna-Gebiet eingegangen werden. Der in diesem Bereich gelegene Fundort Kalibangan war bereits supra 2.1.5. besprochen worden.

2.2.6.1 . Befunde in Cholistan, Bahawalpur-Gebiet.

Ausgrabungen in diesem Bereich hat es bisher nicht gegeben. Dieses Gebiet entlang dem ausgetrockneten Hakra/Ghaggar-Flußbett wurde zuerst von M.A. Stein im Jahre 1940-41 untersucht, um dann schließlich von Mughal in den Jahren 1974-77 umfassend begangen zu werden. Mughal definierte[240] für die in diesem

---

[239] Jarrige[228] 113 zu Mehrgarh VIII und Sibri im Verhältnis zur Sapalli-Phase; einen Hinweis darauf, dass Shortughai III doch zeitgleich zu Mehrgarh VIII und die daran anzuschließenden Horizonte sein könnte, gibt eine Bronzenadel mit theriomorphem Aufsatz aus B/4/III = Francfort[229] I, 149. 153; II, pl. 77, 18 - cf. Pottier[114] pl. XXII, 163 (Gräber aus Baktrien; eine direkte Parallele). Bronzenadeln dieser Gattung wurden häufig im südrussischen Bereich angetroffen: Pottier[114] 30 ff. pl. XXI-XXIV nennt Vergleichsstücke aus Sapalli-Tepe, Djarkutan, Dashly 3 und Altyn-Tepe. Es gibt sie auch im sogenannten Khaaka-Hort, der in die Gonur-Phase datieren könnte: Gupta[216] II, 174 Fig. 3. 23, 2 (cf. Kohl[117] 222), sowie in Tepe Hissar IIIC: E. Schmidt, Excavations at Tepe Hissar, Damghan (1937) pl. XLVIII, H 4885. Im Indus-Gebiet sind sie überaus selten: Piggott, AI 4, 1947-48, 27, Fig. 3; 28, Fig. 2 = Mohenjo Daro, DK-Bereich, IM I; ibid., 27, Fig. 4 = Vats[90] II, pl. CXXV, 24. 36 = Harappa, Areal J, Late I; Yule[53] Taf. 2, 11 = Mohenjo Daro, DK 14, II, 19 - Late Ib. Nach Aussage von Pottier[114] 32 soll es in Mehrgarh VIII auch eine Nadel mit einem Aufsatz in Form eines Vogels geben; ähnliches ist auch in Lothal A-spät (AIV?) belegt: Rao[182] 87. 193 (Tabelle), pl. XIX, C; Fig. 20, 6 (cf. Yule[53] Taf. 2, 23).

[240] Mughal, Man & Environment 4, 1980, 93 ff.; ders. in: Dani, Indus Civilization - New Perspectives (1980) 33 ff.; ders. in: Possehl[10] 85 ff.; ders. in: Gupta, An Archaeological Tour along the Ghaggar-Hakra River (1989) 107 ff.; ders., SAA IX (1990) 143 ff. Fig.

Abschnitt zu besprechenden Perioden als älteste Phase die sogenannte Hakra-Phase, die er mit den älteren Schichten in Amri I verband, gefolgt von "Früh"- und Reif-Harappa. Das Auffinden von Hakra-Keramik, die er älter als Kot Diji datierte und neben Amri auf Jalilpur I bezog[241], bestätigt den hier vertretenen, später als Amri I-älter zu datierenden Ansatz für Kot Diji. Dass Hakra- und "Früh-Harappa"-Material voneinander zu trennen sind, ist dem Siedlungsbefund nach eindeutig, denn Siedlungen mit entsprechendem Material sind voneinander weitgehend getrennt, ähnlich wie Siedlungen mit "Früh"- und Reif-Harappa-Material. Zum Hakra- und Früh-Harappa-Horizont sind auch die Arbeiten von K.F. Dalal zu konsultieren[242].

2.2.6.2.   Sutlej-Yamuna-Gebiet

Für diesen Bereich, der nordöstlichen Fortsetzung des vorherigen, sind vor allem die Arbeiten von J. Shaffer und Y.D. Sharma zu nennen, die sich mit der Periodisierung der in diesem Bereich ausgegrabenen Orte auseinandergesetzt haben. In Shaffers Arbeit werden 20 Orte näher diskutiert, gestützt vor allem auf den Ausgrabungsbefund von Mitathal und Siswal. Shaffer trennt für den hier zu besprechenden Zeithorizont folgende Phasen[243]:

Siswal A = "Früh-Harappa", vertreten in:
Mahorana IA, Banwali I, Siswal A, Budhan IA, Rakhi Shapur, Rupar IA?, Chandigarh? und Bara?

Siswal B = "Reif-Harappa", vertreten in:
Mahorana IB[244], Banwali II, Siswal B, Budhan IB, Rakhi Shapur, Rupar

---

2-7 = phasenspezifische Kartierungen der Siedlungen von der Hakra- bis zur "Painted Grey Ware"-Periode.

[241] Überlappend mit Kot Diji-Keramik: Mughal[33] 184.

[242] Dalal, Man & Environment 5, 1981, 77 ff., zum Fundort RD 89 (Hakra-Periode); dies., Indica 17/1 (1980); dies., in: B.M. Pande / B.D. Chattopadhyaya, Archaeology and History. Essays in Memory of Shri A. Gosh I (1987) 75 ff., zu Binjor 1 ("Früh"- und Reif-Harappa). Auch die Kampagne 1996 hat Hakra-Material in Harappa aus stratigraphisch eindeutigem Kontext erbracht; Possehl[11] parallelisiert die Hakra-Phase mit seiner Kechi-Beg-Phase und verbindet dies mit Amri IA und Sheri Khan Tarakai (ibid., 527-539).

[243] J.G. Shaffer in: Dani, Indus Civilization - New Perspectives (1982) 66 ff.; ders., in: Jacobsen[122] 195 ff.

[244] Neben der bei Shaffer zitierten Literatur cf. zu Mahorana: Bisht in: B.M. Pande / B.D. Chattopadhyaya, Archaeology and History. Essays in the Memory of Shri A. Ghosh I (1987) 158 f. und Y.D. Sharma, ibid., 157 ff.

IB, Chandigarh, Bara, Mitathal I-IIA, Dhjer Majra I, Hulas I, Kotla Nihang Khan, Dhansa IA, Alamgirpur I?

Die Keramik beider Phasen weist starke Bezüge zur sogenannten Sothi-Kalibangan I-Keramik auf. In der Siswal B-Phase tritt nur wenig Keramik vom Reif-Harappa-Typus hinzu.

Sharmas Periodisierung weicht nur in Details von der Shafferschen ab[245]

Sharma				Shaffer
1200-1100			Sp. Bara+PGW	Siswal D
1400-1200			Sp. Bara	Siswal C
2000-1400			Reif-Harappa + Fr. Bara	Siswal B
2100-2000	Prä-Harappa	+	Reif-Harappa	Siswal B
2200-2100	Prä-Harappa			Siswal A

Nach Sharmas Schema wäre also Shaffers Siswal B-Phase in zwei Subphasen zu unterteilen.

Rupar IA spricht Sharma zwar als "Prä-Harappa/Bara"-zeitlich an, weist aber darauf hin, dass hier bereits Reif-Harappa-Keramik vorhanden sei[246]. Bezüge bestehen auch zu Kalibangan I und "Pre-Defence"-Harappa. Das jüngere Rupar IB, wie auch Periode IA, hat keine Indus-Becher erbracht[247] - im Gegensatz zu dem unmittelbar benachbarten Fundort Kotla Nihang[248]-, dagegen aber Indus-Siegel und Abdrücke[249], was, gemessen am Befund von Chanhu Daro, Lothal und Harappa, wo diese Siegel ebenfalls in Schichten auftreten, die älter als diejenigen mit Indus-Bechern sind, nicht verwundern muß. Die Keramik aus dem Friedhof von Rupar verbindet sich zum Teil mit Harappa, Friedhof R37; hat aber ebenfalls, wie der zu R37 zeitgleiche Friedhof in Kalibangan, keine Indus-Becher er-

---

[245] Sharma[107] 141 ff., bes. 158 ff. 163. Sharmas Trennung von Phase 3 (Früh-Bara) und Phase 4 (Früh-Bara+Harappa) wurde hier aufgrund der von Sharma gleichzeitig angesetzten absoluten Daten aufgehoben.

[246] Sharma[107] 161.

[247] Sharma[107] 162.

[248] Sharma[107] 162 und Fig. 13. 3, 4-5.

[249] Sharma[107] pl. 13, 4; 13, 6.

bracht[250]. Bezöge man diesen Befund auf Amri, so müßte Kotla Nihang eher mit Amri IIIC und Rupar IA-B eher mit Amri IIIB verbunden werden. Der Friedhof von Rupar könnte dagegen ungefähr zeitgleich zu Kotla Nihang sein[251]. Amri IIIB

---

[250] Es gibt in Rupar eine charakteristische Gefäßständerform (Sharma[107] Fig. 13. 15, 1), die im Friedhof von Kalibangan (IA 1963-64, 34, Fig. 6, 34 ["Extended Burials"] und 37 Fig. 9, 36. 38 ["Pot Burials"]) belegt ist; ähnliche Formen gibt es auch in Mohenjo Daro (Dales / Kenoyer[29] Fig. S10, 55a.j = Wheeler, Kontext C; Fig. 85, 3-5 = UM, Phase B). Die genannten Belege sind jedoch unbemalt (Ausnahme: Dales / Kenoyer[29] Fig. 85, 3). Dieser Typ dürfte jedoch eine lange Laufzeit haben, denn ähnliche Formen treten bereits ab Amri IIIA auf (Casal[29] II, Fig. 73, 313 - unbemalt); eine ähnliche Form, allerdings bemalt, ist auch vertreten in Kalibangan I, Fabric E (IA 1962-63, 29 Fig. 8, 12) und in mittleren Schichten von Mitathal IIA (Bhan[107] Fig. 7, 26). Sowohl in Kalibangan I als auch in Mitathal IIA fehlt der Indus-Becher. Gefäße wie Sharma[107] Fig. 13. 15, 4 gibt es ebenfalls in Harappa in R 37 (Wheeler[40] Fig. 17, XXVIIb-c) und in Mohenjo Daro ab Wheeler, Kontext B, was ebenfalls älter als R 37 ist (Dales / Kenoyer[29] Fig. S10, 50. 50a-c); Sharma[107] Fig. 13. 15, 5 ist in Mohenjo Daro, UM, Phase A (Dales / Kenoyer[29] Fig. 76, 3) aber eben auch in Kalibangan, "Pot Burials" belegt (IA 1963-64, 37 Fig. 9, 40); Sharma[107] Fig. 13. 15, 8 gibt es in Chanhu Daro aus dem "Cutting", ist also älter als das Harappa II-Stratum zu datieren (Mackay[68] pl.XXV, 44); Sharma[107] Fig. 13. 16, 17 ist in Mohenjo Daro, Wheeler, Kontext A-B, vorhanden (Dales / Kenoyer[29] Fig. S2, 7d; S8, 35b; die Formenvarianten dieses Typs in Kontext C = Fig. S19, 101c-d, sind doch deutlich verschieden). Sharma[107] 151 erwähnt ferner, dass Rupar IA Kalibangan I-Keramik (Fabrics A-B. D) erbracht hat. Dies würde wohl im wesentlichen dem Befund von Kalibangan I/II entsprechen, was älter als Amri IIIC = Kalibangan II (mit dem spitz-bodigen Indus-Becher) datiert werden muß. Allerdings kann Rupar nicht früher als der späte Amri IIIB-Horizont datiert werden, denn in Rupar IA finden sich flache Schalen, wie sie in Mitathal IIA-früh belegt sind (Sharma[107] Fig. 13. 13, 33; Bhan[107] Fig. 6, 13). Diese Schalen kommen erst spät im Amri IIIB-Horizont auf, gemäß der Befunde in Mohenjo Daro (Dales / Kenoyer[29] 200 f. Fig. 66, 3. 6 = UM, Phase A (1x)-B (9x); S15, 75c, 76b = Wheeler, Kontext C). Es ist also nicht auszuschließen, dass der Friedhof in Rupar jünger zu datieren ist als die bisher ergrabenen Siedlungsschichten und vielleicht von einem anderen Ort aus (Kotla Nihang ?) belegt wurde.

[251] Zu Kotla Nihang cf. Sharma[107] Fig. 13. 3 und 13. 4. An Parallelen sind zu nennen: Fig.13. 3, 4 = Indus-Becher, ab Amri IIIBspät/IIIC und Mohenjo Daro, Wheeler, Kontext C/UM, Phase A-spät; Sharma[107] Fig. 13. 3, 6 = Amri IIIC (Casal[29] II, Fig. 84, 398. 399; Fig. 85, 400) und Mohenjo Daro UM, Phase B (Dales / Kenoyer[29] op. cit. 116, Fig. 19, 4); Sharma[107] Fig.13. 3, 11-12 = Harappa, R 37, Grab 9 (ohne Indus-Becher) und Grab 2 (mit Indus-Becher; Wheeler[40] Fig.18, XXX, XXXa-c; 19, XXXI-XXXIId); Kalibangan, "Extended"- and „Pot Burials" (IA 1963-64, Fig. 4, 21 und 7, 12-13); Mohenjo Daro, schwerpunktmäßig in den späten Phasen (Dales / Kenoyer[29] Fig. 65, 1.5-7; gemäß ibid., 199 - 3x in UM, Phase A, und 9x in UM, Phase B; ibid., Fig. 66, 1.5.7-8; gemäß ibid., 201 - 1x in UM, Phase A, 49x in UM, Phase B; ibid., Fig. S13, 75-76c = Wheeler, Kontext C, und Fig. S22, 109a-l = Wheeler, Kontext D); Sharma[107] Fig. 13. 3, 15 = Mohenjo Daro, Wheeler, Kontext C (Dales / Kenoyer[29] Fig. S15, 79); Sharma[107] Fig. 13. 3, 14 = Standfußfragment mit Verdickung unter dem Schalenansatz = Mohenjo Daro,

/IIIC-Keramik wurde auch im Fundort Bara angetroffen, dessen Material zwar in frühe, mittlere und späte Schichten eingeteilt werden kann, jedoch ist dieses nicht schichtspezifisch vorgelegt worden. Gleichwohl soll der Indus-Becher in "mittleren" Schichten vorhanden sein, was sich dann mit Amri IIIB-spät-C und Kalibangan II verbinden würde[252]. Wichtig ist auch der Befund von Mitathal IIA, was nach Shaffers Schema Siswal B-zeitlich wäre. Hier fanden sich jedoch Gefäße, wie sie in Sind bisher nur in Amri IIIC belegt sind, beziehungsweise gerade noch an das Ende von Amri IIIB datiert werden können[253]. In Mitathal IIB

Wheeler, Kontext C, und Amri IIIB-spät bis IIIC; Sharma[107] Fig. 13. 4, 29 tritt erst spät im Amri IIIC-Horizont auf und ist dann typisch für Amri IIID (Dales / Kenoyer[29] Fig. S21, 103b = Wheeler, Kontext D; Casal[29] II, Fig. 93, 498-499); ähnliches gilt für eine weitere Form: Sharma[107] Fig. 13. 4, 27 = Dales / Kenoyer[29] Fig. S13, 70d; S21, 104f. = Wheeler, Kontext C-D (Formen aus Kontext B weisen einen Knick in der Wandung unter der Lippe auf: Fig. S8, 40c-d. f. h). Kotla Nihang kann also zweifelsfrei auf Mohenjo Daro, Wheeler, Kontext C-D, und Amri IIIC, wenn nicht IIID-früh datiert werden. Da Kotla Nihang nur 2 km von Rupar entfernt liegt (Sharma[107] 162) muß hier wohl kaum mit einer lokalen Variation gerechnet werden und Rupar IB wohl im Gegensatz zum Friedhof von Rupar älter als Kotla Nihang datiert werden. Sharmas[107] 162 These, dass Rupar jünger als Kotla Nihang sei und letzterer Ort ein frühere Bewegung in die Sutlej-Region markiert, ausgehend von seiner vermeintlichen Verbindung vom Indus, während Rupar eine spätere Welle aus dem Ghaggar-Bereich markieren sollte, ist damit hinfällig.

[252] Sharma[107] 150 nennt für diese "mittleren Schichten" u.a. den Indus-Becher auf ibid. Fig. 13. 9, 2.

[253] Bhan[107] Fig. 7, 20 (IIA-Mitte) = cf. Casal[29] II, Fig. 86, 415 (Amri IIIC), und Bhan[107] Fig. 7, 19 (IIA-früh) = Casal[29] II, Fig. 86, 417 (Amri IIIC). Beide Fragmente werden von Bhan der späten Siswal-Ware zugeordnet. Ebenfalls spät datieren Formen aus frühen IIA-Schichten: Bhan[107] Fig. 6, 12-13, sind im Friedhof von Kalibangan und in R 37 von Harappa belegt (R 37, Typen XXX-XXXIId, hier allerdings in einem Kontext, der durch den Indus-Becher geprägt ist), Gefäße dieser Art kommen in Mohenjo Daro, UM, Phase A, erst (spät) auf und sind dann für Phase B und Wheeler, Kontext C-D, typisch. Dazu paßt auch Bhan[107] Fig. 6, 20 ein Fragment eines Gefäßständers mit einer Verdickung unter dem Schalenaufsatz, der in Amri IIIB (spät) aufkommt und typisch ist für Amri IIIC, Mohenjo Daro UM, Phase (A-)B, und Wheeler, ab Kontext C. Das Beispiel aus Mitathal stammt aus einer mittleren IIA-Schicht. In seinem Katalog zur späten Siswal-Ware aus Mitathal IIA zieht Bhan eine Fülle von Parallelen zu Kalibangan I; trotzdem sieht er (ibid., 15) enge Verbindungen zwischen Kalibangan II, Rupar IA und Rangpur IIA, weist aber auf das Fehlen des Indus-Bechers hin. Denkbar ist, dass Mitathal IIA nicht über Mohenjo Daro, UM, Phase A, hinausreicht, ungefähr zeitgleich mit Nausharo III endet und dass zwischen Mitathal IIA und IIB ein Hiatus liegt. Die Profilbeschreibungen von Bhan sind nicht ganz eindeutig (Bhan[107] 12 f. und Fig. 1-2 cf. Schicht 5 in MTL-1, Fig. 1 und Schicht 10 in MTL-2, Fig. 2), oder eine späte IIA-frühe IIB-Phase konnte in der Grabung nicht erfaßt werden (cf. ibid., Fig. 2, der geschnittene Befund von Schicht 10!). Dies ist auch deshalb wahrscheinlich, weil Bhan in seinem Katalog zur Keramik von Mitathal IIA mehrfach auf Parallelen in Kalibangan I verweist; dreimal zu Mitathal IIA-

kommen bereits Harappa, Friedhof H-Elemente zum Tragen[254].Sharmas Differen-
zierungen der Shafferschen Abfolge sind, auch wenn ihnen hier nicht im Detail
gefolgt wird, also nicht ganz unbegründet. Gemessen an den hier diskutierten
Befunden dürfte die Siswal A-Phase ungefähr zeitgleich mit Amri IIIA-B sein[255].
Siswal B 1 kann schwerpunktmäßig mit Amri IIIB-spät und Siswal B 2 mit Amri
IIIC verbunden werden. Mitathal I-IIA wäre somit, ähnlich wie Rupar IA-B, wohl
Siswal B 1-zeitlich (beginnend in Siswal A), und in Mitathal fehlt der Nachweis
der Kalibangan II-Phase, die in Kotla Nihang, was Siswal B 2-zeitlich wäre, vorhanden ist, ebenso vielleicht im Friedhof von Rupar. Der Befund von Alamgirpur
ist schwierig zu bewerten. Zum einen gibt es eindeutige Bezüge zu Mitathal IIB,
zum anderen finden sich hier klare Harappa-Bezüge[256].

Die Abfolge von Banawali, so das Material erst einmal vollständig publiziert
sein wird, scheint den Befund von Kalibangan zu duplizieren. Auch hier findet
sich eine "Prä"-Indus Periode I, in der alle Kalibangan I-Waren vertreten sind, gefolgt von der Reif-Harappa-Periode II, wobei auch hier bis in die mittleren
Schichten der Periode II die Keramik der Periode I noch stark vertreten ist, ähnlich
wie in der Übergangsschicht I/II in Kalibangan. Periode III, möglicherweise durch
einen kurzen Hiatus von Periode II getrennt, zeigt Verbindungen zu Mitathal IIB
und zu Harappa, Friedhof H, sowie, nach Bisht, zu Rangpur IIC-III[257].

---

früh, sechsmal zu mittleren Schichten in IIA und zweimal zu Mitathal IIA. Wahrschein-
lich reicht Mitathal IIA kaum über Kalibangan I/II, also die "Zwischenschicht", hinaus.
Der Nachweis der Kalibangan II-Periode mit dem Indus-Becher fehlt also noch in
Mitathal. Somit wäre Mitathal IIA wohl zeitgleich zu Rupar IB.

[254] Bhan[107] 86. Nur Fig. 12, 84 und Fig. 9, 37 stammen aus stratifiziertem Kontext;
erstere aus mittlerer und letztere aus später Mitathal IIB-Lage. Die Formen verbinden
sich mit Harappa, Friedhof H, Stratum II, also der älteren Friedhof H-Phase, die,
bezogen auf Amri, wohl in den späten Amri IIIC-Horizont hineinreicht.

[255] Es soll nicht ausgeschlossen werden, dass sie mit Kalibangan I beginnt, was durchaus
bis Amri IIB reichen dürfte.

[256] IA 1958-59, 53, Fig.24, 1-4 = Mitathal IIB (Bhan[107] Fig. 12, 89-89A; 13, 91-92). Der
Indus-Becher (IA 1958-59, Fig. 24, 23) ist vorhanden ebenso wie ein Gefäßfragment,
welches an den Friedhof von Rupar erinnert: Sharma[107] Fig. 13.15, 1 und IA 1958-59, 53
Fig. 24, 24; IA 1958-59, Fig. 24, 6 findet sich dagegen im Friedhof von Kalibangan (IA
1963-64, 37 Fig. 9, 36). Ein Gefäß aus Alamgirpur hat auch seine Entsprechung in
Mitathal, spät IIA (IA 1958-59, 53 Fig. 24, 7, und Bhan[107] Fig. 6, 6). Da aus dieser
Schicht der Periode I in Alamgirpur keinerlei Bauten belegt sind, könnte es sich um ver-
mischte Schuttfunde handeln. Wahrscheinlich datiert Alamgirpur I in die Siswal B 1-2
und Siswal C-Phase (= Mitathal IIB).

[257] Bisht, Man & Environment 2, 1978, 86 ff.; Bisht / Asthana, SAA IV (1979) 224-
232; Bisht in: Possehl[10] 113 ff.; ders. in: Lal / Gupta[20] 89 ff.; IA 1983-84, 24-29; ders. in:
Pande / Chattopadyaya, Archaeology and History. Essays in the Memory of Shri A.
Ghosh I (1987) 135 ff., bes. 137, nennt das Vorkommen von Kalibangan (I)-Keramiktra-

In diesem peripheren Bereich dominiert das Anhalten -und sich entwickelndes Siswal-/Bara-Aspektes, in denen zum Teil nur wenig an Reif-Harappa-Ein-
flüssen zu fassen sind. Kalibangan I-Elemente halten hier bis in den Amri IIIB-
Horizont in Sind an. Der Befund der Schlüsselsiedlungen der verschiedenen
"Peripherien" und die Verbindungen zum Indus-Tal sind auf Tab.3 dargestellt.

3. Das Ende des Reif-Harappa-Komplexes

Das Ende des Reif-Harappa-Komplexes stellt sich, vor allem in der älteren
Literatur zum Thema, oftmals als ein ebenso rätselhaftes, ja plötzliches Ereignis
dar, wie es für seine Genese von manchen Autoren vermutet wurde.

3.1. Das chronologische Problem

Grundlage für die Beurteilung sind zunächsteinmal chronologische Aspekte,
nämlich die Problematik des zeitlichen Zueinander der verschiedenen Spät- und
Post-Harappa-Manifestationen sowie der Übergang zu den eisenzeitlichen
Aspekten des Kulturraumes, wobei in diesem Rahmen nur auf das Indus-Tal und
seine unmittelbar angrenzenden Nachbarregionen eingegangen werden soll.

3.1.1. Die Spät-Harappa-Periode in Sind

Befunde für Sind liegen vor allem in den Fundorten Amri, Jhukar und Chanhu
Daro vor. Mohenjo Daro scheint bereits am Ende der Amri IIIC-Phase wüst zu
fallen. Eine stratigraphische Verbindung zwischen dem Reif-Harappa-Aspekt und
dem folgenden, sich zum Teil parallel dazu entwickelnden Jhukar-Aspekt, ist bisher nur ansatzweise in Amri zu fassen; in Chanhu Daro sind die Verhältnisse
komplizierter. In dem für diese Phase namengebenden Ort Jhukar haben zwar
Nachgrabungen stattgefunden, jedoch liegen darüber kaum Informationen vor;
Jhukar-Keramik und Reif-Harappa-Material sollen aber zum Teil zusammen vorkommen[258]. Dies entspräche dem Befund in Amri ab IIIC (-spät ?) und in

---

ditionen auch in den Reif-Harappa-Schichten und erwähnt (ibid., 151), dass es einen
Hiatus zwischen der Reif-Harappa- und Spät-Harappa-Periode geben soll.
[258] Dales / Kenoyer[29] 57; Mughal, JCA 12/1, 1989, 55; ders.[33] 194 f. spricht Jhukar-
Keramik, gemessen an seinen Grabungen an diesem Ort, als einen "Stil" an, der mit Reif-
Harappa-Formen assoziiert sei. Franke-Vogt, The Southern Indus Valley during the later
2nd and 1st Millennia B.C. The Dark Age, in: R. Eichmann / H. Parzinger (Hrsg.),
Migration und Kulturtransfer. Der Wandel vorder und zentralasiatischer Kulturen im
Umbruch vom 2. zum 1. vorchristlichen Jahrtausend. Kolloquien zur Vor- und Frühge-
schichte 6 (2001) 247-287 Tab. 1 und 252 Anm. 13, geht davon aus, dass der Jhukar-
Horizont nicht selbstständig nach der Reif-Harappa-Periode existiert, sondern auf den

Mohenjo Daro UM B-spät sowie Wheeler, Kontext D. Der reine Jhukar-Horizont, wie er in Amri von Casal für die architekturlose Periode IIID rekonstruiert wurde, ausgehend von den Befunden in Chanhu Daro, Jhukar und Lohumjo Daro, fehlt aber in Mohenjo Daro. In Chanhu Daro besteht nach Casals Ansicht ein Hiatus zwischen der Reif-Harappa- = Chanhu Daro I/Amri IIIB und der Jhukar-Periode = Chanhu Daro II/Amri IIID (Periodisierung nach Casal, nicht zu verwechseln mit den Harappa I+II-Straten), dem in Amri die Phase IIIC entspricht, in der sich der Jhukar-Stil langsam herausbildet und von dem Casal vermutete, dass er in direkter Beziehung zu älterem Kulli-Material stünde[259].

Ausgangspunkt für die Definition des Jhukar-Horizontes waren die Grabungen von Majumdar in Jhukar und Lohumjo Daro[260]. In Jhukar schied Majumdar zwei Phasen[261]: Ein älteres, tieferes Stratum und ein jüngeres, welches den Jhukar-Aspekt aufwies[262]. Das ältere Stratum in Jhukar hat Keramik erbracht, die zum Teil Motive aufweist, die nicht vor Chanhu Daro, Mound I, und vor Amri IIIC datiert werden können[263]. Die zweite Schicht zeigt ebenfalls Bezüge zu Amri IIIC und zum Jhukar-Horizont in Chanhu Daro[264], aber auch hier findet sich noch Keramik mit einem Malmotiv, wie es schon im Reif-Harappa-Kontext auftritt[265]. Die übrige Keramik entspricht dem Jhukar-Aspekt. Der Befund in Lohumjo Daro entspricht dem von Jhukar[266].

In Chanhu Daro stellen sich die Verhältnisse komplizierter dar: In Mound II fanden sich als oberste Schicht frühislamische Gräber. Darunter, ohne erkennbare Baustrukturen, sogenannte Jhangar-Keramik, wie sie von Majumdar erstmals in Jhangar ergraben worden war. Es folgt ein Jhukar-Horizont, der zum Teil die Gebäude des Harappa I-Stratum weiternutzt, beziehungsweise deren Mauern als Sub-

---

Amri IIIC-Horizont beschränkt sei. Sie kommt zu dem Schluß (ibid., 278), dass im südlichen Indus-Tal ein Hiatus zwischen 1700-600 v. Chr. bestünde. Diesem radikalen Ansatz wird hier nicht gefolgt.

[259] Casal[22] 98 ff., bes.106 f. 108 ff.

[260] Zu Majumdars[14] Forschungen cf. auch K. Deva in: Possehl[10] 387 ff.

[261] Majumdar[14] 5 ff.

[262] Majumdar[14] 5-18.

[263] Majumdar[14] pl. XV, 29 - cf. Mackay[68] pl. XXXII, 7 = Chanhu Daro, Mound I, sq.12/K, Loc. 26, +15'7"; Casal[29] II, Fig. 82, 377-378; 83, 380 und 89, 438-441.

[264] Majumdar[14] pl. XV, 32 - cf. Casal[29] II, Fig. 89, 432. 434 (Amri IIIC) und Majumdar[14] pl. XVI, 16 - cf. Mackay[68] pl. XLI, 38 = Chanhu Daro, Mound II, sq. 10/E, Loc. 251. lev. +7'2", am Hang gefunden über dem Harappa II-Stratum.

[265] Majumdar[14] pl. XV, 25 - cf. Dales / Kenoyer[29] Fig. 87, 8. 11 = Mohenjo Daro, UM A, und Fig. 12, 7 = UM B; Majumdar[14] pl. XV, 28 - cf. Casal[29] II, Fig. 89, 432. 434. 439 (Amri IIIC).

[266] Majumdar[14] 48 ff.

struktion verwendet[267]. Am Hang dieses Tells fand sich das oben schon erwähnte Murghab-Stempelsiegel, jedoch nicht in gesichertem stratigraphischen Kontext. Das Harappa I-Stratum datiert wahrscheinlich in den Amri IIIB-/Nausharo III-Horizont, denn der Indus-Becher ist hier noch nicht belegt. In der spätesten Reif-Harappa-Schicht des Mound I fand sich sehr wenig Jhukar-Keramik[268] und der Indus-Becher wurde, wie erwähnt, auch in diesem Kontext angetroffen. Dieser Befund scheint jünger als das Harappa I-Stratum in Mound II zu datieren. Das heißt, dass zumindestens in einem Kontext, der dem Amri IIIC-Horizont zum Teil entspricht, Jhukar-Keramik, Reif-Harappa-Keramik und der Indus-Becher zusammen vorkommen dürften (Mound I), was auch dem Befund in Amri IIIC, Jhukar und Lohumjo Daro nicht unähnlich ist. Casal scheint bei seiner Konstruktion einer Jhukar-Phase = Amri IIID in seiner Terminologiewahl nicht fehlgeleitet gewesen zu sein, denn diese Phasenbezeichnung zeigt an, dass dieser Horizont zwar zum Harappa-Komplex gehört (Amri, Periode III), in ihm aber Jhukar-Keramik anteilmäßig dominieren könnte[269], und dass es eine ältere Phase gibt (= Amri IIIC; Chanhu Daro Mound I), in der Jhukar-Keramik zusammen mit Reif-Harappa-Keramik vorkommt. Folglich entwickelt sich Jhukar-Keramik nicht aus der Reif-Harappa-Keramik, sondern - verglichen mit Mohenjo Daro - scheint erstere sich spät in der Reif-Harappa-Periode parallel zur zweiten zu etablieren. Aufgrund der Befunde für Chanhu Daro bei Majumdar ist der von Casal postulierte lange Hiatus zwischen der Reif-Harappa- und der Jhukar-Phase an diesem Ort durchaus in Frage zu stellen.

Der spitzbodige Indus-Becher könnte auch in der Jhukar-Periode in Amri IIID weiter in Gebrauch gewesen sein[270]. Stempelsiegel mit geometrischem Dekor, die in der älteren Literatur unter dem Topos Jhukar-Glyptik subsumiert wurden, haben, den Befunden in Mehrgarh zufolge, eine Laufzeit ab Mehrgarh VII, also ab der Früh-Harappa-Periode[271]. Den Informationen zu den Grabungen in Jhukar,

---

[267] Mackay[68] 23 f.

[268] Mackay[68] 59 Anm. 3.

[269] Letzteres ist eine Vermutung, die sich auf die Eindrücke von Mackay und Majumdar stützt. Eine wirkliche Beurteilung dieser Frage können aber erst quantitativ erfaßte Warenanteile erlauben.

[270] Casal[29] I, 132; II, Fig. 95, 509.

[271] Jarrige[35] 263 ff., bes. 280 f.; Jarrige / Lechevallier[28] 527 Fig. 43-44. Jarrige weist darauf hin, dass ein Siegel aus Chanhu Daro, dort unter Jhukar subsumiert, eindeutig aus dem Harappa II-Stratum stammt, und Entsprechendes fand sich auch in Kot Diji im älteren Reif-Harappa-Horizont (Khan[29] 21 pl. XXXIII, a-rechts). Schon Casal[22] 109 sah ein rundes Siegel aus Nindowari, aus Kulli-/Harappa-Kontext, als Vorläufer der sogenannten Jhukar-Siegel an. Dem Jhukar-Komplex stehen auch Funde aus Mohenjo Daro nahe: Joshi / Parpola[140] 88, M-353 = Mackay[12] Nr. 479 (cf. Mackay[12] II, pl. C, B) = DK 12A, II, 21, -14' 3" = +IM II; dieses Siegel wertete Mackay[12] I, 332, als iranischen

Amri und Mohenjo Daro nach besteht also zwischen der Reif-Harappa-Keramik und dem Aufkommen des Jhukar-Stils eine zeitlich enge Beziehung.

Die folgende Periode Amri IV, die für Sind so benannte Jhangar-Periode, ist in Amri, ähnlich wie Periode IIID, und in Chanhu Daro nicht baulich belegt, sondern wurde nur anhand weniger grauer, handgemachter Scherben mit Ritzdekor isoliert, die dem Material des namensgebenden Fundortes Jhangar entspricht, den Majumdar untersuchte[272]. Bemalte Keramik aus den Jhangar-zeitlichen Fundorten erinnert stilistisch entfernt an Pirak I/II-Keramik, obgleich die Waren beider Fundorte wohl unterschiedlich sind[273]. Die ritzverzierte, graue Ware aus den Jhangar-Orten findet generelle Parallelen in Pirak IIIA-C[274].

Import. Das Motiv und der Schnitt erinnern unschwer an ein vermeindliches Jhukar-Siegel, allerdings von runder Form, aus Chanhu Daro = Mackay[68] pl. L, 1a. Ähnlich verhält es sich mit einem anderen Siegel: Mackay[12] Nr. 510 aus DK 9, VI, 34, -15' 1" = +IM II, welches zumindest vom Schnitt des Büffels her jedoch dem Siegel Mackay[12] Nr. 587 aus DK 2, IV, 22, -17' 6" = +IM III, nahesteht. Ein Jhukar-affines Siegel fand sich auch in Lothal A: Joshi / Parpola[140] 264, L-109, und in diese Kategorie gehört auch ein Stempelsiegel aus Prabas Pathan (Somnath) III: ibid., 359 Pbs-1 (Cf. IA 1971-72, 13 pl. XXIIIA-B, aus dem "Lustrous Red Ware"-Horizont). Ähnliche Stempelsiegel gibt es in Baktrien und in der Margiana. Sie bilden dort einen Teil der sogenannten Murghab-Gruppe, die Mehrgarh VIII-zeitlich ist, also parallel zum Amri IIIC-Horizont belegt ist, und die von Sarianidi schon mit den Jhukar-Siegeln in Verbindung gebracht wurde (Die Kunst des alten Afghanistan [1986] 247 f.). Das Vorkommen der oben genannten Siegel ab Mohenjo Daro, Intermediate +III, würde - in Übereinkunft mit dem hier vertreten chronologischen Ansatz - in engster Übereinstimmung mit dem Mehrgarh VIII-Horizont stehen. Es bleibt also festzuhalten, dass nicht nur in der Keramik eine partielle Parallelentwicklung von Reif-Harappa- und Jhukar-Keramik zu verzeichnen ist, sondern sich dies auch in der Glyptik nachzeichnen läßt, wobei es nicht ohne Bedeutung ist, dass innerhalb der Glyptik diese Tradition bis in den Früh-Harappa-Horizont weist, ein Phänomen, welches ab der Geoyksjur/Namazga III-Periode bereits in Turan (Shahr-i Sokhta I, Mundigak III) mit Einflüssen bis zum Damb Sadaat II-/Mehrgarh VI-Horizont im Quetta-Tal und in der Kachi-Ebene zu fassen ist. Jhukar-affin wirkt auch ein Siegel aus Failaka: Kjaerum[140] 122 f. Nr. 293; 134 f. Nr. 335 dürfte dagegen in die Gruppe der Murghab-Siegel gehören.

[272] Casal[29] I, 51; II, Fig. 97, 544-549a, als Amri IV-Periode bezeichnet.

[273] Majumdar[14] pl. XXXI, 23-26. 29-31 - cf. J.-F. Jarrige / M. Santoni, Fouilles de Pirak II (1979) Fig. 36, 3-4 (IA); 47, 146 (II).

[274] Majumdar[14] pl. XXXI, 4-6. 11-13. 20-22. 27-28. 32-33; pl. XXXV, 5.10 - cf. Jarrige / Santoni[273] II, pl. XXXIV, A-B (IIIA); Fig. 76, 417-419 (IIIB); 81, 452 (IIIC). Franke-Vogt[258] 252-260 weist auf das Vorkommen der groben ritzverzierten Jhangar-Keramik (für die sie keine Datierung vorschlägt [ibid., 260]) zusammen mit feiner grauer und roter Ware hin. Letztere haben ihrer Untersuchung nach eine Laufzeit von Pirak IIIC bis Dur Khan B-D (ibid., 257-260. 249 Tab. 1).

In Chanhu Daro gibt es wenige Jhangar-affine Scherben und Gefäße, ohne dass für diese Funde ein baulicher Kontext gegeben wäre. Mackay vermutet Schilfhütten oder ähnliches für diesen Horizont[275]. Sollten die Verbindungen zwischen Jhangar und Pirak IIIA-C von chronologischer Relevanz sein, so reicht der Jhukar-Horizont bestenfalls bis maximal in Pirak IIIA hinein[276].

Jüngere Phasen in Sind können nur schwer definiert werden; dies gilt vor allem für die bemalte Keramik des Thrini-Typus, die nach Mackays Meinung eher in die späteren historischen Phasen zu datieren sein dürfte[277]. Besser bestellt ist es mit Funden aus dem Gebiet nördlich des Manchar-Sees, die H.J. Nissen erfaßt hat. Die von ihm so definierte Khaipur Juso-Gruppe kann zum Teil unschwer mit Funden in Dur Khan in der Kachi-Ebene (s.u.) geglichen werden, die später als Pirak, ungefähr ab dem 8. Jahrhundert v. Chr., in der Kachi-Ebene zu datieren sind[278].

---

[275] Mackay[68] 23 f. 132-135.

[276] Es wäre am Originalmaterial zu überprüfen, inwieweit Jhangar-Keramik zum Beispiel nicht enger mit Andronovo-affinem Material aus Takhirbaj 3 verknüpft werden könnte: Mackay[68] pl. XXXIX, 6. 8; pl. XL, 6. 8. 10, und Kohl[116] pl. 23b. Ähnliche ritzverzierte Keramik gibt es auch in Shortughai IV (Francfort[229] II, pl. 58, 11-15). Material, welches an den Pirak-Horizont gemahnt, findet sich in Orten der Togolok-Oase und in der Takhirbaj-Oase (Sarianidi in: Kohl, The Bronze Age Civilization of Central Asia [1981] 175 Fig. 5, 1-2 [Kamelterrakotten]; Fig. 5, 16-22 [bemalte, handgemachte Keramik; diese schreibt Sarianidi, op. cit. 180, den obersten Schichten der Fundorte der Togolok-Oase zu und verbindet sie mit Jaz 1]; 187, Fig. 13, 13-18 [bemalte, handgemachte Keramik]; cf. auch ders., Drevnosti Strany Margush [1990] 259 Taf. 54, 1-5).

[277] Mackay[68] 135-137. D.H. Gordon, AI 10-11, 1954-55, 157 ff., bes. 170 f. 179 Fig. 4, datiert dagegen die Thrini-Ware auf ca. 1400-1200 v. Chr. zusammen mit Rangpur, etwa zwischen Jhukar- und Jhangar. Franke-Vogt[258] 262 datiert diese Keramik von unmittelbar präislamisch bis frühislamisch. Diesem Ansatz wird hier gefolgt.

[278] H.J. Nissen, Report on the Preliminary Reconnaissance of the Area of North Western Sind (Between Lake Manchar and Sukkur [unveröffentlichter Bericht an die pakistanische Antikenverwaltung 1983]. Leider nur als Kurzfassung bisher veröffentlicht: ders., An Archaeological Surface Survey in Northwestern Sind, Pakistan, in: M.J. Kenoyer (Hrsg.), From Sumer to Meluhha: Contributions to the Archaeology of South and West Asia in Memory of George F. Dales, Jr., Wisconsin Archaeological Reports 3 (1994) 51-58 enthält nur Angaben zur Khaipur-Juso-Gruppe. F. Pedde und Verfasser fanden 1986 auf dem West-Mound von Jhukar Keramik dieses Typs.

Im nördlichen Manchar See-Gebiet[279] gibt es, nach Nissens Untersuchungen, nur wenige Reif-Harappa-Orte. Auch die Anzahl der Jhukar-Orte ist überaus gering. Jhangar-Keramik wurde nicht angetroffen. Eine deutliche Zunahme ist erst mit dem frühen Khaipur Juso-Horizont gegeben. Von 26 untersuchten Orten können mindestens 13 Orte dem älteren Khaipur Juso-Aspekt zugewiesen werden, zeitgleich zu Dur Khan I[280] und dem mittleren Khaipur Juso-Horizont sind gesichert 10[281] sowie wahrscheinlich 3 weitere Orte zuzuweisen[282]. Zur Zeit des jüngeren Khaipur Juso-Horizontes, der sich mit Material, wie es im Punjab ab Tulamba I-II gefunden wurde, verbindet, aber im Manchar See-Gebiet nur schwer zu fassen ist, gibt es eine ähnlich hohe Anzahl an Orten wie zuvor; vielleicht ist sie sogar etwas höher zu veranschlagen[283]. Ähnlich, wie in Dur Khan, Mound A-B, fand sich im Zusammenhang mit der Khaipur Juso-Gruppe, vor allem der älteren und mittleren Phase, eine Vielzahl von Muschelartefakten[284]. Es kommt also nach der Spät-Harappa-/Jhukar-/Jhangar (?)-Phase im nördlichen Manchar See-Gebiet zu einer deutlichen Siedlungszunahme.

3.1.2. Befunde in der Kachi-Ebene, in Baluchistan und Verbindungen zum Kandahar-Gebiet

Jhukar-Keramik wurde in der Kachi-Ebene bisher nicht angetroffen, und schon die Amri IIIB-spät-/IIIC-Phase in Sind scheint hier nicht vertreten zu sein, sondern zu dieser Zeit findet sich in der Kachi-Ebene der Nausharo IV-Mehrgarh VIII/Sibri-Horizont mit eindeutigen Bezügen zum südrussischen Bereich. In die Spät-Harappa-/Jhukar-Phase in Sind (Amri IIID) datiert in der Kachi-Ebene der Pirak-

---

[279] Neben den Untersuchungen von Majumdar[14] 58 ff. in diesem Gebiet sei auch auf die Arbeit von Flam[103] verwiesen, sowie auf ders. in: Kennedey / Possehl, Ecological Backgrounds of South Asian Prehistory (1976) bes. 82 f. Hinzugefügt sei K. Deva / D.E. McCown, AI 5, 1949, 25 f.

[280] Die Orte sind: KPS 10-19. 23-25.

[281] KPS 12. 14-19. 23-25.

[282] Orte, an denen die ältere und die jüngste Khaipur Juso-Gruppe vorkommen, die mittlere aber nicht sicher identifiziert wurde, sind KPS 10-11 und KPS 13 (Jhukar). Es ergibt sich somit für die ältere und mittlere Khaipur Juso-Gruppe eine minimale Gesamtsiedlungsfläche von ca. 82 ha + X (Jhukar). Entweder in die ältere oder/und mittlere Khaipur Juso-Phase datieren auch KPS 20-21, zusammen ca. 1 ha. Für die jüngere Khaipur Juso-Phase, die nicht näher einzugrenzen ist, können vorläufig noch keine Aussagen zur Gesamtsiedlungsfläche getroffen werden.

[283] Zu Tulamba cf. Mughal, PA 4, 1967, 1 ff., und Dittmann[8] 177 Anm. 66.

[284] Zu Dur Khan cf. Santoni, Paléorient 6, 1980, 287 ff., bes. 290, Fig. 3, vor allem mit Dur Khan I zu verbinden.

Aspekt, ergraben in dem namensgebenden Fundort Pirak Damb[285]. Pirak-Keramik fand sich in der Kachi-Ebene auch an der Oberfläche von Nausharo, wo auch Mehrgarh VIII-Keramik angetroffen wurde[286]. Es ist letztlich nicht auszuschließen, dass der Beginn der Besiedlung von Pirak sich zum Teil wenigstens mit dem Mehrgrah VIII-/Amri IIIC-Horizont überlappen könnte. Sollte dies zutreffen, dann wären die von Jarrige gezogenen glyptischen Verbindungen zu Shahr-i Sokhta IV und Mundigak IV bis V nicht völlig überraschend, gemessen am hier vertretenen Datierungsansatz für diese Orte, für die ein Ende der Besiedlung im älteren Amri IIIC-Horizont veranschlagt wurde (Shahr-i Sokhta IV 0 und Mundigak IV 3B); auch die Bezüge des Materials von Pirak zum Namazga VI- und zum Jaz I-Horizont, die Jarrige evoziert, sind von Bedeutung.[287]

Der Beginn der Abfolge in Pirak, Periode IA, im Verhältnis zu Sind ist kaum näher einzugrenzen, ein Überlappen mit der Amri IIIC-Phase sei hier nicht ausgeschlossen[288]. Lose Verknüpfungen ergeben sich auch mit Mundigak V im Kandahar-Gebiet, und die glyptischen Funde aus Pirak IA-IIIA stehen denen aus dem Jhukar-Horizont in Chanhu Daro nahe[289]. Ab Pirak II werden aber auch vage

---

[285] Casal, PA 7, 1970-71, 90 ff.; ders., SAA I (1973) 171 ff.; Jarrige / Santoni[273]; cf. auch Jarrige, SAA VII (1985) 35 ff.

[286] Jarrige[43] 77 (es ist unklar, ob damit nicht Nausharo IV-Keramik gemeint ist).

[287] Jarrige / Santoni[273] I, 33. 82 f. 85. 99 f.; Jarrige[285] bes.48 ff. Jarrige, SAA XIII (1997) 11-31, bes. 16, datiert das Einsetzen des Pirak-Horizontes auf 1800/1700 v. Chr. Pirak-Elemente sind dagegen seiner Meinung nach schon ab der Früh-Harappa-Zeit in Shahr-i Sokhta, Mundigak IV3(A), Mehrgarh VIIC und Nausharo IC-D zu fassen in Form von bestimmten Arten von Feuerstellen (Fig. 7-8) und „Firedogs" (Fig. 9-10). Eine Terrakotta mit Tonhülle aus Pirak hat eine direkte Parallele in Inmagaon (ibid., 24 und Fig. 12). Auch die Glyptik von Nausharo IC kann als Vorläufer des Materials aus Pirak angesehen werden (ibid., 25 und Fig. 15-16). Scheibengedrehte Gefäße, die oftmals mit Tüllen versehen sind, haben nach Jarrige gute Vorläufer in Sibri. Kupferne Mundstücke für Trinkhalme stammen aus Pirak II-III und haben unter anderem gute Vergleiche in der Früheisenzeit in Tillya-Tepe in Nord-Afghanistan (ibid., 27 und Fig. 17+19). Jarrige sieht auch keramisch enge Bezüge zwischen Pirak III und der Yaz-/Tillya-Tepe-Kultur (ibid., 28 und Fig. 20-21).

[288] Pirak I ist den C14-Daten nach frühestens ab dem 18. vorchristlichen Jahrhundert zu datieren (Jarrige / Santoni[273] I, 19), so auch nach Francfort[229] I, 435, der einen Termin ab 1750 v. Chr. favorisiert. Pirak II wird von Jarrige / Santoni[273] I, 35 um das 13./12. Jahrhundert vor Chr. angesetzt und Periode IIIA, wo erstmals Eisen belegt ist, ab ca. dem 12./11. vorchristlichen Jahrhundert (ibid., I, 45) datiert.

[289] Jarrige / Santoni[273] II, Fig. 40, 62 (Pirak IA) - cf. Casal[111] II, Fig. 113, 563 (Mundigak V); Jarrige / Santoni[273] II, Fig. 46, 140 (Form, Pirak IB) - cf. Casal[111] II, Fig. 117, 615 (Mundigak VI, nur Form; unbemalt); Jarrige / Santoni[273] II, Fig. 96-98, 681 - cf. Mackay[68] pl. XLIX-L, 2. 5. 7-9. 13-16 (Chanhu Daro).

Bezüge zu Mundigak VI erkennbar, die in Pirak III deutlicher werden[290]. Pirak I-IIIA zeigt auch vage Verknüpfungen bis nach Tell Abraq U.A.E. in Form von Schalen, von deren Lippe schräge oder vertikale gemalte Strichbündel herabreichen. Ähnliches findet sich in Rangpur ab frühem IIC[291]. In Tell Abraq kommt diese Verzierungsform erstmals in einer Schichtenfolge im Wadi Suq-Horizont auf, OI 6.87-6.67 bis OI 6.47-27, die zwei Schichten über den letzten Reif-Harappa-Manifestationen am Ort liegen[292]. Die Schicht OI 6.47-27 ist, verglichen mit dem Vorderen Orient, ungefähr in die kassitische und mittelelamische Periode zu datieren[293]. In Rangpur finden sich solche Malmotive von Rangpur IIC-früh bis III-Mitte[294], und als Malmotiv ist dies auch charakteristisch für die weiß bemalte "Black on Red-Ware", deren frühester Beleg eine Scherbe aus spätestem Rangpur IIB sein könnte[295], die sonst aber typisch vor allem für Rangpur III ist[296].

---

[290] Jarrige / Santoni[273] II, Fig. 62, 305 (Pirak II) - cf. Casal[111] II, Fig. 106, 527 (ab Mundigak V 1); Jarrige / Santoni[273] II, Fig. 62, 306 (Pirak II) - cf. Casal[111] II, Fig. 106, 523 (ab Mundigak V 1); Jarrige / Santoni[273] II, Fig. 63, 319 (Form, Pirak II) - cf. Casal[111] II, Fig. 107, 535 (Mundigak V 2); Jarrige / Santoni[273] II, Fig. 68, 351-352 (Pirak IIIA); Fig. 80, 441-443 (Pirak IIIC) - cf. Casal[111] II, ca. Fig. 117, 612-612a (Mundigak VI 2), und C. Lamberg-Karlovsky, Excavations at Tepe Yahya, Iran, 1967-69, The Asia Institute of Pahlevi University, Monograph I (1970) Fig. 11, G (Tepe Yahya III).

[291] Jarrige / Santoni[273] II, Fig. 42, 94-95 (Pirak IA); Fig. 46, 139-140 (Pirak IB); Fig. 63, 307. 309-315 (Pirak IIIA).

[292] Aus Abraq OI 7.45, also der letzten Schicht mit Reif-Harappa-Bezügen (= OI 7.47-7.27), stammt ein Steingefäß (Potts[137] 64 f. Fig. 79), welches direkte Bezüge zum Mehrgarh VIII-Horizont im Fundort Mehi aufweist (cf. Possehl[134] 48, Mehi III.5.35). Ein vergleichbares Stück gibt es auch aus Pirak II (Jarrige / Santoni[273] I, 15; II, Fig. 115, 925 [allerdings fehlt hier die innere Unterteilung]). Denkbar wäre, dass dieses Objekt in Pirak II verschleppt ist, ähnlich ibid., Fig. 115, 923, und in den Pirak I-Horizont datiert werden muß, der sich dann mit Mehrgarh VIII gerade noch überlappen könnte, zeitgleich zum frühen Wadi Suq-Horizont in Tell Abraq, denn Gefäße der gleichen Art fanden sich auch in Mohenjo Daro, VS-Bereich, Haus XIII, Raum 76, -7' und -5'; cf. Marshall[50] II, 369 Anm. 3 und III, pl. CXXXI, 36-37.

[293] Potts[137] 73-77. Gemäß den hier getroffenen Überlegungen zum Rollsiegel aus dem älteren Eisenzeit-Horizont in Tell Abraq, der jünger als OI.6.47-6.27 datiert, ergibt sich ein Termin vor 1300 v. Chr. Für solch einen Ansatz spricht auch ein schlecht erhaltenes Rollsiegel aus spätem Wadi Suq-Horizont in Tell Abraq, O Locus 16 (Potts[137] 91 f. Fig. 109-110).

[294] Lal, AI 18-19, 1962-63, Fig. 34, 28 und Fig. 37, 18a (auf "Lustrous Red-Ware").

[295] Lal[294] Fig. 31, 64.

[296] Lal[294] Fig. 44.

Pirak-Keramik fand sich auch in Rhana Ghundai[297] und Dabar Kot[298]. Jhangar-affine Gefäßformen, die in Sind auf den Jhukar-Horizont in der sogenannten Jhangar-Phase = Amri IV folgen sollen, sind, wie erwähnt, in Pirak in IIIA-C belegt[299]. Auf den Pirak-Aspekt folgt zeitlich das Material von Dur Khan, welches mit Mundigak VI-VII und Kandahar I-II verbunden werden kann[300]. Dur Khan I

---

[297] Fairservis[154] Fig. 15, B, 28 und A, 14 (letztere ab Pirak IIIA - cf Jarrige / Santoni[273] II, Fig. 67, 348; Fig. 72, 387 [IIIB]). In Rhana Ghundai, Phase B (Fairservis[154] Fig. 15, B, 20) ist auch eine Jhukar-affine Keramik belegt. In Phase B findet sich auch eine Scherbe, die schon Fairservis als Harappa-zeitlich eingestuft hat (ibid., 305, Fig. 15, B, 34). Die besten Parallelen zu diesem Stück stammen aus Mohenjo Daro, UM, Late-Phase B, und Wheeler, Kontext D (Dales / Kenoyer[29] Fig. 57, 5; S21, 102v). Zumindestens Phase B in Fairservis' Einteilung, wo Pirak-polychrome-Keramik, Jhukar-affine und Mohenjo Daro, Kontext D-Keramik zusammen belegt sind, läßt auf eine partielle Gleichzeitigkeit dieser Komplexe schließen. In Phase A tritt sogenannte Ghul-Keramik zusammen mit einer Pirak III-Scherbe auf (Fairservis[154] Fig. 15, A, 1-10. 13, zusammen mit Jhukar-affiner Keramik (Fig. 15, A, 11-12) und jüngerer Keramik (ibid., 306).

[298] Zu Dabar Kot cf. Fairservis[154] Fig. 20, p (Jarrige / Santoni[273] I, 76 Anm. 36) und Fairservis[154] Fig. 26, f (Jarrige / Santoni[273] I, 70 Anm. 31); Fairservis[154] Fig. 33, b. f (Jarrige / Santoni[273] II, Fig. 89, 564; 90, 577; 92, 603 = Pirak IA-II). Bei Stein können dem Pirak-Horizont zugewiesen werden: Stein[154] pl. XIV, D. 7; D. 8-12; D.W.i,ii. 10. 14?. 16. 39; pl. XV, D.W.i 2?; D.W.i. 3. Meist kommen diese Scherben vom Westhang des Hügels. Pirak-affine Funde gibt es auch in Periano Ghundai (Cf. Pedde[154] 45 Nr. 331-333). Dass auch die sogenannte "Pishin Black on Red Slip-Ware" aus Moghul Ghundai dem Pirak-Material nahe kommt, hat Pedde[154] 45-46 Nr. 441-447, bereits aufgezeigt (cf. Fairservis[154] pl. 25, m-p). Auch im Pishin- und Quetta-Tal gibt es Pirak-affine Keramik: Fairservis[159] pl. 25, N-O (P1); pl. 26, J-L.P (P4); pl. 17, GG-II (P5); 28, DD-FF. NN. PP (B1), und wahrscheinlich gehört auch Q.19. 22. 25. 30. 32 und 34 im Quetta-Tal in einen späten Pirak-Horizont: ibid., pl. 19, J-U. Wichtig ist auch der Ort Ispelanji, in einem Seitental des Quetta-Tales gelegen, den Jarrige / Santoni[273] I, 70. 75. 98, erwähnen. Hier fand sich neben älteren Waren auch sehr wenig Keramik vom Ghul-Typ. Jarrige und Santoni, die den Malstil von Pirak I gerne aus älteren, Früh-Harappa-Maltraditionen ableiten wollen, spekulieren, ob sich hier nicht parallel zum Reif-Harappa-Horizont diese Tradition gehalten haben könnte. Ein Anhaltspunkt dafür könnten die Orte Takht-i Mir und Kirta sein, wo Pirak-affine Malmuster mit Ursprung in Mehrgarh (IV) in einem Reif-Harappa-Milieu belegt sind (ibid., I, 75. 98). B. de Cardi hat weitere Orte des Pirak-Horizontes erfaßt: Sulaimanzai und Malazai im Pishin-Tal (De Cardi[38] 17 Fig. 8, 1-5. 12-14) und Pathani-Damb II-III bei Gandava in der Kachi-Ebene (ibid., 36 Fig. 21. 10-11).

[299] Jarrige / Santoni[273] I, 78.

[300] Santoni[284] 287 ff., Fig. 5, 89-91 (DK I) - cf. Whitehouse, Afghan Studies 1, 1978, Fig. 6, 63-65 (Kandahar I), und Nissen[278] Fig. 1, Typ 2 (Khaipur Juso-Gruppe im Manchar See-Gebiet in Sind); Santoni[284] Fig. 6, 146 (DK, A2 = DK I-II) - cf. Casal[111] II, Fig. 124, 675b (Mundigak VII); McNicol, Afghan Studies 1, 1978, 53, Fig. 5, 3 ("achaemenidisch"); Santoni[284] Fig. 6, 129-132 (DK II) - cf. Whitehouse, op. cit. Fig. 6, 57-58 (ab Kandahar I und jünger); Nissen[278] Fig. 3, Typ 24c. 29 (Khaipur Juso-Gruppe).

wurde von Santoni etwas jünger als Pirak IIIC datiert, was sicher gegeben ist[301]. Dur Khan I dürfte kaum wesentlich vor Kandahar I zu datieren sein, Dur Khan II *ab* Kandahar II.

In Baluchistan gibt es in mehreren Orten Jhukar-affine Keramik. Oftmals ist es aber fraglich, ob dieses Pseudo-Jhukar-Material wirklich in den Amri IIID-Horizont zu datieren ist oder ob es nicht wesentlich jünger ist[302]. In Rhana Ghundai gibt es Pirak- und Jhukar-affine Keramik, allerdings ist der stratigraphische Kontext dieser Scherben überaus schwierig zu bewerten. Sie fanden sich in der Phase B in Fairservis' Analyse der Schichtenabfolge, was grob der Periode IV, E von Ross entspricht[303]. In Phase A (ab B, siehe unten) findet sich auch eine Ghul-genannte Keramik, die deutliche Bezüge zum Pirak-Material erkennen läßt. Versuchsweise könnte Rana Ghundai Ross, Periode IV, E/ Fairservis B-älter mit dem Jhukar-/Pirak I-II/IIIA-Horizont geglichen werden und Rana Ghundai, Roos Periode V, ab F mit Fairservis, Phase B-jünger/A-älter ab Pirak IIIA/B. Möglich wäre, dass jüngste Scherben aus Rana Ghundai A bis Dur Khan reichen[304].

Die Datierung der sogenannten Ghul-Waren in Beluchistan ist schwierig. Fairservis sah die von ihm so definierte Ghul I-Ware als unmittelbar auf die Sadaat-Ware (Damb Sadaat III/Mehrgarh VIIC) zeitlich folgend an[305]. Auch Jarrige schließt, wie oben erwähnt, einen Bezug zwischen Pirak- und Ghul-Keramik offenbar nicht gänzlich aus. Ausgangspunkt für die Beurteilung der relativ-chronologischen Stellung von Teilen der Ghul-Keramik bieten zum einen der "stratigraphische" Befund von Ross und Fairservis' Untersuchungen in Rana Ghundai und zum anderen die Malmotive und Morphologie der wenigen Stücke aus diesen[306].

---

[301] Santoni[284] 299, datiert die Eisenzeit-Keramik aus Dur Khan ab dem 8. vorchristlichen Jahrhundert. Wahrscheinlich hat Dur Khan I jedoch mehrere Subphasen, die in Ermangelung von Grabungen bisher nicht zu fassen sind.
[302] Pedde[154] 44, hat auf dieses Problem bereits hingewiesen.
[303] E.J. Ross, JNES 5/4, 1946, 291 ff.; Fairservis[154] 304, Fig. 14; Fairservis, Phase B reicht aber bis Ross, V, Phase F, hinein.
[304] Fairservis[154] Fig. 15, A, 15-18.
[305] Fairservis[159] 344 Fig. 63, pl. 16a-s. Er glaubte jedoch, dass die Damb Sadaat III-Keramik Harappa-zeitlich sei (so auch Possehl[11] 675), was gemessen an den Befunden in Mehrgarh VII und Nausharo ID heute revidiert werden muß.
[306] Bei einem Besuch von Rana Ghundai und Dabar Kot im Jahre 1986 (zusammen mit F. Pedde) konnte in keinem der beiden Orte Pirak-Keramik erfaßt werden.

Der Reif-Harappa-Horizont fehlt in Rana Ghundai[307], es besteht also eine Siedlungsunterbrechung zwischen dem Früh-Harappa-Horizont = Rana Ghundai Ross,
Periode III, D und Periode IV, E/Fairservis B-früh. Auf der Oberfläche, jedoch
nicht in Ross, Periode V, F-G/Fairservis A-spät belegt, fand sich "Ring-Ware",
"Comb-Incised-" und "Rope-Ware"[308]. Wichtig ist das Fehlen der sogenannten
"Ring-Ware" in den Schichten unter der Oberfläche. Fairservis hat diese Keramik
auf seinem Survey im Quetta-Tal und in angrenzenden Tälern mehrfach angetroffen. Die Oberflächenverzierung dieser Ware wird vor allem durch spiralförmige
Politurmuster erreicht[309]. De Cardi erfaßte auf ihren Surveys in Baluchistan mehrfach diese Ware und datierte sie in die Maurya-/Griechische-Zeit[310], festgemacht
am Befund in Kandahar, wo diese Keramik in entsprechenden Schichten, obgleich
etwas früher einsetzend, angetroffen wurde[311]. Rana Ghundai, Fairservis A, endet

---

[307] Fairservis' Einteilung von Rana Ghundai, Ross, Periode IV, in Harappa gefolgt von
Jhukar und Ghul, als drei sukzessiven Phasen, wird hier nicht gefolgt. Ein eigenständiger Reif-Harappa- oder Jhukar-Horizont ist am Ort offenbar nicht vorhanden, wie die
eigene Anschauung deutlich machte.

[308] Fairservis[154] 306.

[309] Fairservis[159] 339 pl. 18, a-l.

[310] De Cardi[38] 13; cf. auch die sogenannte "Red Streak Pattern Burnished-Ware" aus
Shamshir Ghar im Kandahar-Gebiet: L. Dupree, Shamshir Ghar: Historic Cave Site in
Kandahar Province, Afghanistan = APAMNH XLVI 2 (1958) 202 pl. 24, a-k.

[311] Whitehouse[300] 9 ff., bes. 16 f. 34, Periode IV = Kushan-Zeit. Der "Ring-Ware" wird
eine maximale Laufzeit von ca. 200 v.Chr. bis ca. 700 n. Chr. zugewiesen. Kandahar,
Periode I, wird von Whitehouse[300] 32, überzeugend mit Mundigak VI geglichen; klare
Bezüge bestehen auch zu Dur Khan. Kandahar, Periode II, kann ebenfalls überzeugend
mit Mundigak VI-VII verbunden werden und ist nach Whitehouse[300] 33, "achaemenidisch" zu datieren. In Periode III fanden sich wenige schwarz-glänzende Scherben, die
jedoch nicht der "Northern Black Polished-Ware" (NBP) zuzuordnen sind (Whitehouse[300] 15), und diese Periode III wird von ihm als "griechisch" bezeichnet. McNicoll[300]
41 ff. bietet eine differenziertere Abfolge: Der früheste Befund, den sein Team in
Kandahar ergrub, verbindet sich mit Whitehouse Periode II = Mundigak VII =
"achaemenidisch", ca. 6-4. Jahrhundert v. Chr. In diesem Kontext wurde auch radial- und
spiralgeglättete Keramik angetroffen. Besonders die spiralgeglättete Ware entspricht der
"Ring-" und "Ring-Burnished-Ware" von Fairservis und de Cardi (McNicoll[300] 44);
letztere Keramik kommt allerdings offenbar erst spät in dieser Phase in Kandahar auf;
die radialgeglättete Keramik fehlt weiter östlich. Bruchlos folgt der "Mauryan/ Greek"-
Horizont, Periode III bei Whitehouse. Auch im keramischen Inventar besteht ein hohes
Maß an Kontinuität, und die "Ring-Ware" setzt sich fort. Es folgt ein Bruch im Material
mit der sogenannten "Shaka"-Periode, die durch handgemachte, grobe, mit Appliken
verzierte Keramik gekennzeichnet ist und von McNicol auf ca. 100 v. Chr. datiert wird
(McNicoll[300] 46 Fig. 9). Die jüngeren Perioden können in diesem Zusammenhang ver-
nachlässigt werden. 1982 hat S.W. Helms die Ausgrabungsergebnisse zusammengefaßt
(Afghan Studies 3, 1982, 1 ff.). 1977 fand sich offenbar in Assoziation mit Periode II eine
Tontafel in elamischer Keilschrift, die "achaemenidisch" zu datieren ist (ibid., 13; zu

also in Mundigak VII, gemessen am Befund in Kandahar, knapp vor oder spätestens früh in dem achaemenidischen Horizont. Ghul-Keramik vom Typ I in Fairservis' Einteilung läuft also offenbar zum Teil parallel zu Pirak und könnte maximal bis Dur Khan I anhalten, obgleich letzteres vielleicht unwahrscheinlich ist[312]; eine engere Eingrenzung ist bisher nicht möglich. Ghul II und III haben dagegen eine lange Laufzeit und dürften bis in die Kushan- und sasanidische Zeit reichen[313].

Das einzige zeichnerisch rekonstruierte Gefäß aus dem Ghul-Horizont in Rana Ghundai IV hat Ross vorgelegt[314]. Die Kombination von einem applizierten, ritzverzierten Band unterhalb der ausgestellten Lippe außen mit Bemalung darunter ist für Pirak-Keramik völlig untypisch. Einzig die Bemalung auf der Innenseite der ausgestellten Lippe, vor allem das hängende Schlaufenmotiv, kann mit bekannten Malmustern verglichen werden[315]. Zu diesen Affinitäten zur Jhukar-Keramik paßt auch die ausladende Lippenform des Ghul-Gefäßes, die ebenfalls vor diesem Aspekt in dieser Form untypisch wäre[316].

---

einem älteren Fund von einem mit Keilschrift beschriebenen Silberfragment aus Kabul cf. D. Schlumberger, Trésors Monétaires d'Afghanistan = MDAFA XIV [1953] 41, 1.3, und Hulin, Numismatic Chronicle, 6th. Series, 14, 1955, 174 ff.). Als Fazit kann festgehalten werden, dass die "Ring-Ware", vor allem die spiralgeglättete Variante, frühestens *in* der achaemenidischen Periode aufkommt und folglich Rana Ghundai, Fairservis A maximal bis an diese heranreicht, denn diese Ware fehlt in Fairservis A, und fand sich nur auf der Oberfläche.

[312] Gemessen an der Aussage von Ross, dass in seiner Periode V, F-G = Fairservis B-jünger und A, Ghul-Keramik fehlt und sich hier nur unbemalte Keramik fand (Ross[303] 310 f.), ist dem der Vorzug gegenüber Fairservis wenigen Scherben zu geben, die durchaus Altmaterial in seiner Phase A sein könnten. Besonders der Flaschenhals aus Fairservis A/Ross V, G (Fairservis[154] Fig. 15, A, 18), ist ins frühe erste vorchristliche Jahrtausend zu datieren, gemessen am Befund der Khaipur Juso-Gruppe in Sind und dem Material in Dur Khan in der Kachi-Ebene (Nissen[278] Fig. 2, 16b, und Santoni[284] Fig. 6, 116).

[313] Pedde[154] 46-47 und Possehl, Expedition 17, 1974-75, 33 ff.

[314] Ross[303] 309, Fig. 5 = pl. XI, 2. Es befindet sich heute zusammen mit weiteren Scherben aus Rana Ghundai in der Sammlung des Oriental Institute, Chicago.

[315] Mackay[68] pl. XLIII, 5.7; XLIV, 10. 15; XLV, 7.22. 25. 27-28. 35; XLVI, 4-5. 7-8. 16. 37. 34. 41. 43. 45, alle der Jhukar-Keramik in Chanhu Daro zugehörig. Besonders pl. XLVI, 8 ist von Interesse, da hier zwischen die hängenden Schlaufen auch ein senkrechter Strich als Trennelement eingefügt ist, ähnlich wie bei dem Ghul-Gefäß aus Rana Ghundai. Franke-Vogt[258] 269 f. und Tab. 1, datiert Rhana Ghundai V auf Miri Qalat, Makran V-VII-Periode, also ins späte 1. Jahrtausend vor Chr. bis in den Beginn der 1. Jahrtausends n.Chr.

[316] Pedde hat weitere Scherben vorgelegt, die Bezüge zu Pirak und zum Ghul-Komplex erkennen lassen: Pedde[154] Abb. 50 (Periano Ghundai, Pirak-Keramik. Hier fand sich sonst nur Spät-Ghul-Material: Abb. 51-52); Abb.70-71 (Dabar Kot, Pirak-Keramik);

Zusammengefaßt sei festgestellt, dass Teile des Ghul-Komplexes offenbar zeitgleich zum Jhukar- und Pirak-Aspekt in Sind und in der Kachi-Ebene sein dürften. Der Ghul-Aspekt bedarf aber noch einer engeren Unterscheidung, als Fairservis sie getroffen hat; die Grenzen zwischen seinen Ghul I-III-Waren sind nicht immer deutlich zu fassen. Dies kann jedoch nur am Originalmaterial erfolgen. Denkbar ist, dass Teile dieses Ghul-Aspektes (vornehmlich Ghul I) vielleicht bis nach Dur Khan I heranreichen. Post Ross V, G, also mit der Oberfläche in Rhana Ghundai = Ross V, H, wäre dann ein Horizont gegeben, der frühestens mit Kandahar II-spät angesetzt werden muß und einen *terminus ante quem* für den Befund in Rana Ghundai bieten könnte.

Schematisch:

Kandahar II-spät ca. Ross V, H - Achaemenidisch (spät in dieser Periode),
                                                Dur Khan II
Kandahar I   V, G - Dur Khan I, I-II
                                         V, F - Dur Khan I ?/Pirak III
                                         IV, E - Pirak-früh, Jhukar, MD UM B-spät ?

Innerhalb der in diesem Abschnitt angesprochenen Befunde war die "Pishin Black on Red Slip-Ware" aufgeführt und in Bezug zur Pirak-Keramik gesetzt worden. Fairservis hat sie in die "historische" Zeit datiert, Pedde und Verfasser sehen einen Bezug zur Pirak-Keramik aufgrund der Malmotive und Formen[317]. Im Quetta-Tal fand sich diese Keramik in Q34 = Kasiano Dozakh und im Pishin Tal in P1 = Safid Ghundai, P4 = Babari Ghundai (?) sowie in P5 = Kila Bhutasi[318]. In Q34 sind, neben der "Pishin Black on Red Slip"-Keramik, Waren des Früh-Harappa-Horizontes vertreten. Ghul I-III-Keramik fehlt hier, dafür gibt es sogenannte "Finger Tip Decorated"-, Appliqué- und islamische Keramik[319]. In P1 sind neben den Früh-Harappa-Waren Ghul I-II-, Jhukar-affine-, Appliqué-, gestempelte-, "Pishin Black on Red Slip"-, "Ring"- und islamische Waren vertreten. P4 hat nur "Pishin Black on Red Slip"- und "Ring-Ware", P5 hat "Pishin Black on Red Slip"- und islamische Keramik erbracht[320]. Vor allem der Befund in P4 hat

---

Abb. 72, 448-449 (Dabar Kot; cf. das gezeichnete Stück bei Ross[303] Fig. 5). Interessant ist Pedde[154] Abb. 75, 457, ebenfalls aus Dabar Kot, welches an Fairservis[154] Fig. 26, a-b erinnert (cf. Jarrige / Santoni[273] II, Fig. 60, 275 [Pirak II]; Fig. 65, 334 [Pirak IIIA] und Fig. 78, 427 [Pirak IIIC]).

[317] Pedde[154] 45-46.

[318] Dass sie in P5 belegt ist, geht zwar nicht aus Fairservis[159] 351 Liste hervor, jedoch aus ibid., 389 supra pl. 17, gg-ii.

[319] Fairservis[159] 337-342. "Finger Tip Decorated-Ware" gibt es in Harappa, Friedhof H (ibid., 338 Anm. 1 - cf. Vats[90] II, pl. 59, 10; 60, 14).

[320] Fairservis[159] 351.

Fairservis offenbar zu seinem späten Datierungsansatz für die "Pishin Black on Red Slip"-Keramik veranlaßt. In Dabar Kot fand sich "Pishin Black on Red Slip"-Keramik" an der Oberfläche[321], und in einem Fundort nahe bei Duki besteht eine Assoziation mit Früh- und Reif-Harappa-Material[322]. In Moghul Kala, L13, gibt es ebenfalls "Pishin Black on Red Slip"-Keramik in Assoziation mit Früh-Harappa, Reif-Harappa (?), Jhukar-affiner-, Ghul-, "Finger Tip Decorated"-, "Ring"- und späteren Waren[323]. Die Oberflächenassoziationen ergeben also keine einheitliche Verteilung. Aufgrund der Malmotive und der Formen besteht aber eindeutig eine Verbindung zum Pirak-Material. Ob es sich hierbei jedoch um eine späte Variante dieser Gattung handeln könnte, wie der Befund in P4 vermuten läßt, ist unklar. Da jedoch "Pishin Black on Red Slip"-Keramik auch in L6 zusammen mit Früh- und Reif-Harappa-Keramik ohne sonstige jüngere Waren gefunden wurde, erscheint eine zeitliche Nähe zum Harappa-Horizont, ähnlich wie dies für Pirak-Keramik gegeben ist, nicht ausgeschlossen.

Betrachtet man die Surveyergebnisse von Mughal für Baluchistan, so können zwar mit Ausnahme des Früh-Harappa-Horizontes, der nach seinen Angaben in mehrere Subphasen zu unterteilen wäre, keine feinchronologischen Aussagen zur Siedlungsanzahl getroffen, jedoch Trends benannt werden[324]:

In die verschiedenen Subphasen des Früh-Harappa-Horizontes fallen 46 Orte. Der Reif-Harappa-Periode können nur 5 Orte zugewiesen werden: Dabar Kot in der Duki-Ebene und Kaonri bei Duki im Loralai-Distrikt sowie knapp 30 km von Kaonri entfernt Sinjawi Ghundai, Periano Ghundai[325] im Zhob Distrikt und Quetta Miri im Quetta-Pishin-Bereich. 3 Orte, zwei davon fraglich, rechnet Mughal der "Eisenzeit" zu und 17 Orte, 7 davon fraglich, dem Londo-Aspekt. Der Trend der drastischen Siedlungsabnahme zur Reif-Harappa-Periode wird durch de Cardis und Fairservis Untersuchungen bestätigt[326]. Der Londo-Aspekt innerhalb der Keramikkomplexe von Baluchistan ist ebenfalls problematisch. De Cardi hat auf

---

[321] Besonders am Westhang; cf. Pedde[154] 45-46.

[322] Fairservis[154] 332 Fig. 30, e-h; 326 zu Dabar Kot. Zum Oberflächenbefund des Siedlungshügels bei Duki, nahe Dabar Kot (L6), cf. ibid., 327, zusammen mit Früh-Harappa-Keramik, Reif-Harappa-Keramik (ibid., Fig. 34); jüngere Keramik fehlt hier jedoch. Fairservis setzt auf seiner Liste (ibid., 327 Tab. 3) "Pishin Black on Red Slip" später als Rana Ghundai V an; dafür gibt es jedoch keinerlei Hinweis.

[323] Dass "Pishin Black on Red Slip"-Keramik vorhanden ist, zeigt Anmerkung "g" auf der Tabelle in Fairservis[154] 327 f.

[324] Mughal[104] 137 ff., bes. 147-149.

[325] Mughal[104] 141 weist darauf hin, dass sich Harappa-Material nur an der Südwestecke von Periano Ghundai über Früh-Harappa-Material fand.

[326] De Cardi[38] 8 Tab. 2; Fairservis[159] 349 ff., Fig. 64 und Tab. 6 (wobei Damb Sadaat III aus dem Harappa-Komplex herauszulösen wäre – siehe hier Anm. 127); ders.[154] 327, Tab. 3.

ihren Surveys Anhaltspunkte für die Datierung des Komplexes erarbeitet[327]. Sie trennt drei Gruppen: Früh-Londo, eine dunkel bemalte, rote Keramik[328] (selten mit weißer Farbe als Füllung), die sogenannte Hadi-Gruppe[329], und drittens die Spät-Londo-Ware, eine dunkel bemalte, helle Keramik. Ursprünglich war für die Londo-Keramik als ganzes eine Datierung in das späte 2. vorchristliche Jahrtausend, später post 800 v. Chr. vorgeschlagen worden[330]. In ihrer jüngsten Arbeit datiert de Cardi die Spät-Londo-Keramik in die parthisch/skythische- und kushanische Periode. Der Befund in Alizai, Surab, Jhalawan-Gebiet kann wie folgt subsumiert werden:

Die dunkel bemalte, rote Londo-Ware scheint älter als die helle Variante (Spät-Londo) zu sein und kommt nicht mit Keramik vor, die gerippt oder mit Stoffabdrücken versehen ist. Stratigraphische Anhaltspunkte zur Einbindung dieser Keramik gibt es nicht. Aus Nindowari stammt eine verwandte Keramik im Bereich Kulliko-an Damb (KD), dessen architektonischer Befund eine Datierung am Beginn des ersten nachchristlichen Jahrtausends nahelegt[331]. Auf der Oberfläche von Nindowari A-B, der Kulli/Harappa-Siedlung, fand sich Mehrgarh VIII-Keramik[332], dies dürfte einen *terminus post quem* für das Einsetzen von Londo-Keramik bieten[333]. Die Keramik aus Kulliko-an Damb gehört in den von Fairservis so benannten Edith Shahr-Komplex B der Las Belas-Ebene[334], der seiner Meinung nach enge Beziehungen zur Londo- und Ghul I-Ware aufweist[335] und auch an Pirak-Keramik gemahnt[336]. Zwischen dem Nindowari III-zeitlichen Komplex A und Komplex B sieht er auch in der Architektur gewisse Anzeichen

---

[327] De Cardi[38] 13f. 29 supra Alizai, Surab, Jhalawan.

[328] De Cardi[39] z.B. Fig. 29, 11. 13.

[329] Ibid., Fig. 28, 14. 18-20.

[330] De Cardi, Iraq 13, 1951, 63 ff.; dies., PA 1, 1964, 25. Gordon, AI 10-11, 1954-55, bes. 172 ff., setzt diese Keramik ab 850 v. Chr. an.

[331] De Cardi[38] 13 f., zu Kulliki-an Damb, festgemacht an den halbrunden Türmen der Anlage (cf. Fussman, Arts Asiatiques 30, 1974, 92, und Casal, PA 3, 1969, 17 ff. pl. X-XI). Letzteres Argument wird aber eingeschränkt durch das Vorkommen von solchen Turmanlagen, obgleich aus Lehm, in Togolok 21, welches in den Mehrgarh VIII-Horizont datiert (V.I. Sarianidi, Drevnosti Strany Margush [1990] 103 ff. Fig.19. 23. 25-29. 31. 35).

[332] C. Jarrige, SAA VI (1984) 133.

[333] Die Voraussetzung ist natürlich, dass hier wirklich ein eigenständiger Mehrgarh VIII-Horizont vorliegt und es sich nicht um einen Befund wie Naushako IV handelt, wo in einem Amri IIIB-spät zu datierendem Horizont erste Mehrgarh VIII-affine Formen auftreten.

[334] Fairservis, The Roots of Ancient India (1975) 195ff. 362 ff.

[335] Fairservis[334] 361 f. 373.

[336] Fairservis[334] 361 Anm. 28.

für eine Kontinuität[337]. Das Problem wird verkompliziert durch den Befund in Nindowari, Bereich T. Hier fand sich eine grobe, handgemachte, grau-schwarze Keramik in Zusammenhang mit einer Struktur, die ebenfalls an Komplex B gemahnt, und Casal hebt als Verzierungselement Noppungen und Ritzungen hervor. Wenige Scherben dieser Ware fanden sich auch auf Mound A an der Oberfläche, also post Nindowari III. Diese Keramik erinnert an Funde die auch Fairservis neben der Londo-affinen KD-Keramik aus Nindowari dem Komplex B zuwies[338]. Im KD-Bereich von Nindowari liegen sowohl rot wie hell überzogene Waren vor. Ob diese sich stratigraphisch trennen lassen, ist bisher ungeklärt[339]. Eine Tülle in Form eines Widderkopfes aus Nindowari, KD-Bereich[340], wurde schon von de Cardi mit einem ähnlichen Typ aus der kushano-hephthalitischen Schicht in Kandahar verbunden, und auch die von ihr gezogenen Verbindungen zwischen der späten Londo-Ware und dem skytho-parthischen und Kushan Horizont sind überzeugend[341]. Weiter westlich, in Tepe Yahya, gibt es Londo-affine Keramik allerdings schon ab (spät-?) achaemenidischer bis in parthisch-sasanidische Zeit[342]. Für

---

[337] Fairservis[334] 372.

[338] Casal[331] 17. 20f.; Fairservis[334] 363, pl. 52.

[339] De Cardi[38] 13 f.

[340] Casal[331] pl. XI-unten.

[341] De Cardi[38] 14 und McNicoll[300] Fig. 12, 1.

[342] Lamberg-Karlovsky, Iran 10, 1972, 91 Fig. 1, ab Yahya IIA, welches mit (spät-?) achaemenidischen Funden in Pasargadae verbunden werden kann (hellüberzogene, dunkel bemalte Keramik). Zu Yahya I, cf. Lamberg-Karlovsky, Excavations at Tepe Yahya, Iran, 1967-69, The Asia Institute of Pahlevi University, Monograph I (1970) 8, Fig. 4 - hier allerdings eine feine, dunkel bemalte, rot überzogene Keramik; nur die Malmotive erinnern an Londo-Keramik, jedoch weder die Formen noch die Ware. Wirkliche Entsprechungen gibt es nicht. Keramik ähnlich der aus Yahya II fand sich auch in Pasargadae und in der "Village-Perse-Achéménide" (VPA) von Susa, besser bekannt unter dem Namen "Festoon-Ware". Ursprünglich war diese bemalte Keramik der Schicht VPA I zugeordnet worden, was zu einer Fülle von Schwierigkeiten bei der chronologischen Einordnung verwandter Komplexe führte (Ghirshman, MDAI XXXVI [1954]; Dyson, JNES 24, 1965, 208. 211 Tabelle; Young, Iran 3, 1965, 80 f. Fig. 14; Stronach, Iraq 36, 1974, 239 ff.; ders., Pasargadae [1978] 283 f.). Dank der Nachgrabungen durch de Miroschedji zeigte es sich, dass diese Keramik erst dem nächst jüngeren Horizont zuzuweisen ist (de Miroschedji, DAFI XII [1981] 38 f.). Eine Tontafel aus VPA I datiert eindeutig in die von Stève so benannte Neuelamisch IIIB-Phase, ab 605 v. Chr. einsetzend (Stève, StudIr 15, 1986, 8. 20 f.). VPA I verbindet sich der Keramik nach schwerpunktmäßig mit Susa, Ville Royale II 7B (de Miroschedjis Vergleiche im Keramikkatalog a.a.O. legen dies nahe, nur wenige Scherben weisen auf 7A und 6). Ville Royale II 7A-6 könnte bis in die früheste achaemenidische Zeit in Susa reichen. Dies legt neben den Konsequenzen, die aus den Überlegungen von Stève a.a.O. zu ziehen sind, auch der Fund eines in Chogha Mish in die frühachaemenidische Periode datierten Gefäßes in Ville Royale II 7A nahe (de Miroschedji, op. cit. Fig. 43, 5). Der von de

die Spät-Londo-Keramik könnte sich aufgrund der Befunde im Süd- und Südwest-Iran somit eine Laufzeit ab achaemenidischer bis in die parthisch-sasanidische-Zeit abzeichnen. Die grobe, handgemachte Keramik aus Londo- und Komplex B-Kontext, sowie aus Nindowari, Bereich T, könnte entweder in Zusammenhang mit Pirak-Waren oder mit der Shaka-Keramik aus Kandahar gebracht werden[343]. Sollte die chronologische Differenz der Früh- und Spät-Londo-Keramik, wie de Cardi sie ansetzt, Bestand haben, so ergäbe sich für die frühe Variante eine maximale Laufzeit von Post-Mehrgarh VIII bis prä-achaemenidisch, wobei die Hadi-Variante (2. Gruppe de Cardis) vielleicht näher an die späte Variante zu plazieren ist. Solange die Begleitwaren zu den bisher bekannt gemachten bemalten Stücken nicht publiziert sind, ist eine nähere Eingrenzung unmöglich.

Mit Ausnahme der Komplexe, die de Cardi untersucht hat, lassen sich sonst nur für die Las Belas-Ebene Aussagen zu Veränderungen in der Anzahl der Siedlungen treffen[344]: dem Edith Shahr-Komplex A, zeitgleich zu Nindowari I-III, können 5 Siedlungen zugewiesen werden (LB-1. 13-14. 16. 17?); Komplex B mit seinen Londo-Bezügen sind 14 Orte zuzuweisen (LB-1-2. 7-15?. 16-18). Allerdings ist festzuhalten, dass in der Las Belas-Ebene, in Nindowari, Mehrgarh VIII-Keramik angetroffen wurde, ein Komplex, der in Fairservis' Einteilung keinen Niederschlag findet, und auch Komplex B dürfte sicher noch in weitere Subphasen zu unterteilen sein, ähnlich dem Londo-Aspekt.

Im Gomal-Tal gibt es in Gumla V-VI Befunde, die jünger als der frühe Reif-Harappa-Horizont = Gumla IV datieren. An anderer Stelle war das Material aus Gumla V in einen Zusammenhang mit den Nekropolen des Swat-Tales zur Swat VI(-VII)-Phase gestellt und Gumla VI mit Sarai Khola III verbunden worden[345].

Miroschedji vermeintlich nicht erfaßte frühachaemenidische Horizont in Susa (de Miroschedji, op. cit. 35. 39) könnte sich demnach im Material "spätelamisch" äußern.

[343] McNicoll[300] 57 Fig. 9, 1-8 - zur Shaka-Keramik. Zum Problem der Londo-Ware siehe auch Franke-Vogt[258] 270-278. Sie rechnet nicht mit dem Einsetzen vor dem 4. Jahrhundert v. Chr.

[344] Fairservis[334] 195 ff. 362ff. Die Textangaben zu den Fundorten stehen aber in Konflikt zu ibid., 214 Table 5 - cf. auch ders., American Museum of Natural History Novitates No. 23302, 1967, 1 ff. (= ders. in: Possehl[8] 66 ff. bes. 75 f., Fig. 6, 8). Anders als Fairservis sieht Franke-Vogt[258] 264 keine engen Bezüge zwischen Londo-Keramik und Las Belas, Komplex B.

[345] Dittmann[8] 179-181. In der Bannu-Region gibt es kein Reif-Harappa-Material. Abgesehen von dem schon erwähnten Früh-Harappa und älterem Material, ist der nächst folgende Horizont offenbar der Mehrgarh VIII_horizont, repräsentiert durch ein baktrisches Stempel-/Rollsiegel - siehe K.D. Thomas / J.R. Knox und F. Khan, Journal of Asian Civilizations 23,1, 2000, 16 und pl. 4 ; auch die sogenannte Gandhara-Grave-Periode fehlt in diesem Gebiet (ibid., 17). Schichten in Akra und Ter Kala Dheri haben Eisen erbracht und „Black-Painted-Red-Ware", die den zwei C^{14}-Daten nach auf ca. 900-800 v.

Im Kandahar-Gebiet sind die Befunde von Mundigak V-VII und Kandahar selbst von Relevanz. Zwischen Mundigak IV 3 und Periode V scheint es einen Hiatus am Ort zu geben, obgleich es Material gibt, welches vom Ausgräber Casal weder auf Mundigak V, noch auf IV 3 bezogen, sondern vorsichtig etwas jünger datiert wurde[346]. Weitere zusätzliche Gefäße aus Mundigak IV 3 wurden von Biscione als Mundigak IV 3-jünger = Shahr-i Sokhta IV 1-0-zeitlich aufgefaßt[347], ein Ansatz, dem wohl kaum zu widersprechen ist. Die Keramik aus Mundigak V-VI wird in der Regel mit der Chust-Kultur des Ferghana-Tales und mit Jaz I-/Tillya Tepe I-II-Keramik verbunden[348]. Die Malmotive dieses Komplexes erinnern ferner an Malstile des zweiten vorchristlichen Jahrtausends in der Fars, Süd-Iran[349]. Mundigak VII datiert in die achaemenidische Periode[350]. Eng auf Mundigak und Kandahar bezogen ist der Befund von Nad-i Ali (Sorkh Dagh) im Hilmand-Gebiet[351].

Chr. zu datieren sein sollen (ibid., 17. 90 Tab. 1). Assemblage I aus Akra dürfte in die achaemenidische Periode datieren, ca. auf 600-400 v. Chr. (ibid., 104-106). Die ältere Assemblage II mit der oben genannten bemalten Keramik (ibid., 107 ff.) erinnert an Mundigak (V-)VI, Yaz I und Tillya Tepe. Ob es einen Hiatus zwischen beiden Assemblagen gibt ist noch unklar, zur näheren Beurteilung müssen weitere Publikationen abgewartet werden.

[346] Casal[111] I, 81, vor allem Befunde in Mound F und in einem Friedhof in MG. I (ibid., I, 167; zu II, Fig. 128, 719-720).

[347] Biscione[111] (1974) 131 ff. Fig. 12, 710 (MG. B.18). 719-720 (MG. I, aus Gräbern), 735. 377-378 (unter dem Grabungshaus und in Mound F, oberstes Niveau, gefunden). Bisher hier als Periode IV 3B in Mundigak bezeichnet.

[348] Biscione, SAA V (1981) 203 ff., bes.211f.; Francfort[229] I, 434 f., weist daraufhin, dass in Jaz I noch Namazga VI-Material vorhanden ist, dieser Komplex mit seinen Verbindungen zur Chust-Kultur und Mundigak V folglich zeitlich eng damit verbunden sein muß. Da Bezüge zwischen diesem Material und Pirak ab Periode II (nach Francfort vielleicht schon ab IB) bestehen, muß der Horizont älter sein, als Askarov dies vermutet, der einen Termin ab 900 v. Chr. favorisiert. Zu möglichen Bezügen zwischen der Chust-Kultur und indischen Komplexen cf. auch Gupta, Puratattva 1, 1967-68, 47 ff.

[349] Casal[111] II, Fig. 107, 533; Fig. 108, 539; Fig. 109, 551; Fig. 110, 556; Fig. 111, 558; Fig. 114, 575. 578-580 und Fig. 115, 594. 597, sind Malmuster von langgezogenen, herabhängenden Dreiecken. Ähnliche Malmotive finden sich in der Fars zur sogenannten Taimuran-Phase (Vanden Berghe, JEOL 13, 1953-54, pl. LXXXVI, b-c). Generell kann auch die zeitgleiche Shogha-Keramik mit Mundigak V verglichen werden: cf. L.K. Jacobs, Darvazeh Tepe and the Iranian Highlands in the Second Millennium B.C. (1980) Fig. 17-23. Dieser Komplex kann ungefähr ab 1600 bis zum Beginn des ersten vorchristlichen Jahrtausends datiert werden.

[350] A. Cattenat / J.-Cl. Gardin in: J. Deshayes, Le Plateau Iranien et l'Asie Centrale dès Origines à la Conquête Islamiques. Colloques Intern. du C.N.R.S. No. 567 (1977) 225 ff.

[351] Biscione[348] und Dales, New Excavations at Nad-i Ali (Sorkh Dagh), Afghanistan (1977), mit Verweis auf die älteren Arbeiten von Ghirshman in: RAA 13/1, 1942, 10 ff. Dales Typ A1 ist in Mundigak in VI häufig und in VII, 2-3 selten belegt (Dales, op. cit.

3.1.3. Befunde in Saurashtra und Nord-Gujarat

In Lothal ist mit Periode B und mit Rangpur IIB-III ein Horizont gegeben, der in die späte Reif-Harappa- und Spät-Harappa-Zeit in Sind datiert. Mughal wies bereits auf Verbindungen zwischen Lothal A(spät ?)-B und Rangpur IIA-C zum Jhukar-Aspekt in Sind hin[352]. Nach Rangpur III liegen aus Nord-Gujarat-Saurashtra bis in die frühhistorischen Perioden keine datierten Befunde vor.

Für Süd-Gujarat und Maharashtra kann in diesem Zusammenhang nicht ausführlich der Komplex der Ahar-, Malwa- und Jorwe-Phasen diskutiert werden[353]. Als ein Schlüsselort für diesen Bereich hat u.a. Daimabad zu gelten, vor allem die Grabungen, die von 1976 bis 1979 dort durchgeführt wurden, nicht zuletzt wegen der zuvor gefundenen bekannten Bronzefunde aus diesem Ort[354]. Sali unterscheidet folgende Phasen: Periode I = Savalda-Kultur; II = Spät-Harappa; III = Daimabad-Kultur; IV = Malwa-Kultur; V = Jorwe-Kultur. Zwischen Periode II und III gibt es möglicherweise einen kurzen Hiatus[355]. Die Keramik der Perioden I-II läßt Bezüge zu Rangpur IIA-C erkennen[356]. Daimabad

---

pl. 13; Casal[111] II, Fig. 123, 658-659. 662; Whitehouse[300] Fig. 11, 140-149; 14, 197 = Kandahar I-II); Typ A2 gibt es ebenfalls in Mundigak VI-VII (Dales, op. cit. pl. 14; Casal[111] II, Fig. 123, 660-661; Whitehouse[300] Fig. 14, 199 = Kandahar II); Dales Typ A3 ist ebenfalls in Mundigak VI belegt (Dales, op. cit. pl. 15, 1-4; Casal[111] II, Fig. 123, 657); Dales Typ F6 findet sich in achaemenidischem Kontext in Kandahar (Dales, op. cit. pl. 21; McNicoll[300] Fig. 6, 1-2). Ebenfalls wichtig für diesen Horizont sind die Befunde in Dahhan-e Gholman: B. Genito, SAA IX (1990) 587 ff. Zur Historiographie cf. auch Vogelsang, IrAnt 20, 1985, 55 ff., und ders., Newsletter of Baluchistan Studies 4, 1987, 47 ff. Es ist darauf hinzuweiosen, dass Nad-i Ali auch spätbronzezeitliches Material erbracht hat: R. Besenval / H.P. Francfort, The Nad-i Ali „Surkh Dagh": A Bronze Age Monumental Platform in Central Asia?, in: M.J. Kenoyer (Hrsg.), From Sumer to Meluhha: Contributions to the Archaeology of South and West Asia in Memory of George F. Dales, Jr., Wisconsin Archaeological Reports 3 (1994) 3-15. Es soll hier auch Harappa-zeitliche Schichten geben, die fälschlicherweise als kushanzeitlich eingestuft wurden; 1 Scherbe mit einem Schnurabdruck (ibid., 11) weist auf baktrisches Material.
[352] Mughal[33] 192. 195.
[353] Ebensowenig kann hier auf die älteren Komplexe der Savalda-/Banas- und Kayatha-Komplexe eingegangen werden. Cf. H.D. Sankalia, Prehistory and Protohistory of India and Pakistan (1974) 404-513; ders. in: Kennedey / Possehl, Ecological Backgrounds of South Asian Prehistory (1976) 132 ff.; Agrawal[209] 211 ff.; M.K. Dhavalikar in: Lal / Gupta[20] 243 ff.; R. Hooja, The Ahar Culture and Beyond, BAR Intern. Series 412 (1988).
[354] S.A. Sali, Daimabad 1976-79 = MASI LXXXIII (1986).
[355] Sali[354] 24. 26.
[356] Zum Material des Daimabad I-Horizontes (Savalda-Ware) im Fundort Kaothe cf. M.S. Dhavalikar / V. Shinde, SAA VIII (1989) 277 ff., dort vergesellschaftet mit Kayatha-Ware. Zu Daimabad II cf. auch Sali in: Lal / Gupta[20] 235 ff.

III muß im wesentlichen zeitgleich zu Rangpur III sein, auf jeden Fall jünger als Lothal B. "Lustrous Red-Ware" fehlt aber in Daimabad. Die Daimabad III-Phase, obwohl von Sali als eigene Einheit isoliert, weist auch in den Malmustern deutliche Bezüge zum Malwa-/Jorwe-Komplex auf[357]. Auch die folgende Periode Daimabad IV = Malwa-/Jorwe-Kultur, dürfte mit Rangpur III noch überlappen, denn dass sich die Malwa-/Jorwe-Kultur mit der "Lustrous Red Ware" verbindet, zeigt der Befund von Prakash IB[358]. Prakash IA hat dagegen Malwa-Keramik, diese hält sich aber in den Schichten der Phase IB[359]. Demgemäß wären Daimabad III-IV und Rangpur III nach dem hier vertretenen Ansatz größtenteils zeitgleich zur Jhukar-Phase in Sind und zur Pirak-Phase in der Kachi Ebene. Dass das Verhältnis zwischen Malwa und Jorwe komplexer ist, als dies anfänglich vermutet wurde - man ging noch von einer direkten Folgebeziehung beider Waren aus -, zeigt eine Studie von D. Miller[360]. Die Beziehungen der Malmuster und der Gefäßformen zwischen beiden Komplexen sind überaus eng. Auch Ahar IC kann wegen des Vorkommens von "Lustrous Red-Ware" frühestens ab Rangpur IIC datiert werden[361]. Inamgaon III und wahrscheinlich auch Daimabad V definieren den sogenannten Spät-Jorwe-Horizont, der in Prakash IB fehlt und, gemessen an den (unkallibrierten) C14-Daten, an den Beginn des ersten vorchristlichen Jahrtausends reicht, bzw. nach Kalibration an das Ende des zweiten vorchristlichen Jahrtausends, jünger als Rangpur III[362]. Auch in Inamgaon I-II = Malwabis Früh-Jorwe-Periode zeigt sich ein Überlappen beider Waren, wobei die Malwa-Variante, ähnlich, wie in Prakash IA-B, in der Früh-Jorwe-Phase langsam anzahlmäßig abnimmt[363].

---

[357] Sali[354] Fig. 36, 1-11. 13; Fig. 37, 1-4. 8. 11; Fig. 40, 11-23 - cf. Thapar, AI 20-21, 1964-65, 38 Fig. 7, G; Fig. 10, 8-9. 14. 22; Fig. 12, 1-7; Fig. 11, 29; Fig. 8, 2-2b (Malwa-Keramik aus Prakash IA-B).

[358] Thapar[357] 11 Fig. 14, 3. 5 (Prakash IB).

[359] Thapar[357] 26 Table I.

[360] D. Miller, SAA VI (1984) 213 ff.

[361] Rao[189] 45f.; Possehl[175] 43.

[362] Zu Inamgaon cf. M.K. Dhavalikar / H.D. Sankalia / Z.D. Ansari, Excavations at Inamgaon I 1 (1988) 133. 408 ff., und zu Daimabad:Sali[449] 208 f. Cf. auch Dhavalikar et al., op. cit. 431 Fig. 11, 76, und Sali[354] pl. XCIV, A, um nur ein Beispiel zu nennen. Siehe auch Agrawal[209] 242.

[363] Dhavalikar et al.[362] 499. Der Daimabad-/Malwa-Horizont zeigt gute Beziehungen zu Pirak-Material: Jarrige / Santoni[273] II, Fig. 46, 139-141 (Pirak IB); Fig. 47, 153; Fig. 48, 165; Fig. 49, 171 und Fig. 63, 307-316. 319 (Pirak II) - cf. Thapar[357] 47, Fig. 11, 23. 29 (Prakash I); Sali[354] Fig. 36, 1-11. 13; Fig. 62, 2-3. 6 (Daimabad III-IV). Auch die grobe graue Ware aus diesem Horizont erinnert generell an die grobe Keramik aus Pirak, wenngleich exakte Parallelen fehlen.

Die berühmten Bronzefunde aus Daimabad werden von Sali der Periode II zugewiesen[364]. Sollte dies zutreffen, wären sie zeitgleich zur Spät-Urbanen-Phase in Sind (Amri IIIC-früh) und somit kurz vor der Nach-Urbanen-Phase (also vor Mohenjo Daro, UM B-Late, und Wheeler, Kontext D) zu datieren. M.K. Dhavalikar[365] akzeptiert die Zuweisung der Bronzen zu Daimabad II, spricht sie jedoch als Spät-Harappa-zeitlich an. Dieser Begriff sollte in diesem Zusammenhang jedoch vermieden werden, ihrer Fundlage nach sind sie spät Reif-Harappa-zeitlich[366].

3.1.4. Befunde im Swat-Tal

Im Swat-Tal gehören diejenigen Orte, die dem Swat IV-Horizont zugewiesen werden, wahrscheinlich in die Spät-Harappa-Periode. Die Bezüge zum Neolithikum in Kashmir setzen sich anfänglich fort[367], zu einem geringen Prozentsatz vergesellschaftet mit einer bemalten Keramik, die an Spät-Harappa-/ Friedhof H-Ware gemahnt[368]. Es bildet sich dann aber eine eigenständige Keramik mit den Phasen Swat V-VIII heraus, die bis in den frühachaemenidischen Horizont reichen dürfte. Morphologisch steht die Keramik des älteren Swat-Komplexes verwandten Aspekten im Nordost-Iran nahe, wenngleich eine direkte genetische Beziehung schwer zu fassen ist[369]. Zwischen dem Swat-Komplex, dem Material aus

---

[364] Sali[354] 59 f., Fig. 8; 477ff. pl. CXXIV-CXXX.

[365] Dhavalikar in: Possehl[10] 361 ff.

[366] Zu der Figur des Büffels: Yule, PBF XX 8 (1985) pl. 3; Dhavaliakar[365] pl. 35.5 - cf. auch die nicht unähnliche Bronzefigur aus Mohenjo Daro, SD-Bereich, Bl. 6, Raum 23, -2' 9" Spät-Intermediate oder Late (Mackay[11] I, 21; II, pl. LXXXI, 23).

[367] Stacul[205] 79 ff.; ders., East and West 19/1-2, 1969, bes. 57. 63 f.

[368] Inwieweit sich die bemalte, rote Keramik des Swat-IV-Horizontes noch mit dem Reif-Harappa-Horizont überschneidet, ist anhand des Materials bisher nicht zu entscheiden. Kalibrierte C^{14}-Daten weisen eher in den Spät-Harappa-Horizont (Stacul[205] 167). Eine Eisenspitze aus Loebanr 3 wurde anfänglich als Intrusion gewertet, dürfte aber in den Horizont datieren (Stacul[205] 97; Dittmann[8] 159). In Pirak fand sich Eisen ab Periode IIIA (Jarrige / Santoni[273] I, 54.), was zum Teil zeitgleich mit Swat IV sein dürfte. Die Doppelkopfnadeln aus Swat IV, auf die weiter oben schon eingegangen wurde, erinnern an vergleichbare Stücke aus Mohenjo Daro, IM III und L III. Neben den Malmotiven der bemalten Swat IV-Keramik, die Anklänge an den Friedhof H-Horizont in Harappa erkennen läßt (Stacul[205] 103 ff.), erinnern auch die Flaschenformen aus Swat IV-Kontext an Friedhof H-Erzeugnisse (Stacul[205] 82 Fig. 29, und Vats[90] II, pl. LXI, 1-16). Auch flache Schalen (Stacul[205] 86, Fig.33, a) weisen auf Friedhof H in Harappa (Vats[90] II, pl. LXI, 25). Bestenfalls dürfte sich also Swat IV, ähnlich, wie dies für Friedhof H in Harappa vermutet wurde, noch knapp mit dem Amri IIIC-Horizont überlappen.

[369] Dittmann[8] 155 ff. Zusammenfassend für Swat V-VII/VIII; siehe auch H. Müller-Karpe, MAVA XX (1983) - dazu Stacul PZ 61/1, 1986, 90 f., und Stacul, SAA IX 2 (1990) 605 ff. Zu Swat und dem Hissar-Komplex im Nordost-Iran cf. Dittmann, PZ 61/1,

Charsadda und den Befunden der Kachi-Ebene von Pirak und Dur Khan, sowie dem Kandahar-Gebiet lassen sich nur wenige Verbindungen aufzeigen[370]. Material aus Aligrama VI/Swat VIII reicht bis in die Charsadda IIA-Phase, die wahrscheinlich frühachaemenidisch datiert werden muß[371]; Swat VII und Dur Khan I wären etwas älter. In Swat besteht jedoch noch eine Lücke in den bisher ergrabenen Abfolgen, denn in Bir Kot Ghundai ist der nächste Horizont, jünger als Swat VIII, aufgrund des Vorkommens von "Northern Black Polished (NBP)"-Keramik, erst mit Charsadda IIC-spät bis IID zu verbinden[372]. Material, wie es aus Charsadda IIA-spät bis IIC-früh belegt ist, ist bisher noch nicht aus der Swat-Region vorgelegt worden.

"Tulip-Bowls", wie sie in Charsadda ab Phase IIB auftreten, in einer Form die erst in der achaemenidischen Phase aufkommt (und kein frühachaemenidischer Typ ist[373]), finden sich in Kandahar erst ab Kandahar II[374]. In diesem Zusammenhang ist es bedeutsam, dass Whitehouse darauf hingewiesen hat, dass seine Phase I-II in Kandahar nur Parallelen zu Mundigak VI-VII 2 jedoch nicht zu Mundigak VII 3 aufweist[375]. Sein Schluß, dass Kandahar I-II deshalb nur mit Mundigak VI zu verbinden sei, da karinierte Schalen, wie sie in Mundigak ab VII 1 belegt sind, fehlen[376], ist wenig überzeugend, dies umso mehr, als McNicoll sie später in diesem Horizont ergraben hat[377] und zumindestens eine Variante dieses Typs bei Casal (Grube in VII) und auch bei Whitehouse, Phase II, belegt ist[378].

1986, 99 ff. Wichtig ist auch der ergänzende Befund von Zarif Karuna, nördlich von Peshawar gelegen: cf. Khan, PA 19, 1979, 1 ff.; Stacul, East & West 24, 1974, bes. 243; ders. in: Agrawal / Chakrabarti (Hrsg.), Essays in Indian Protohistory (1979) bes. 345, und Vogelsang, South Asian Studies 4, 1988, bes. 111.

[370] Stacul, SAA VIII (1989) 325 Fig. 3, Swat VII, G-H - cf. Santoni[284] Fig. 5, 68. 76-77 (Dur Khan I); Stacul, op. cit. Fig. 3, Swat VIII, I - cf. Whitehouse[300] Fig. 6, 63 (Kandahar I), Fig. 13, 194 (Kandahar II). Eine Gefäßform aus Pirak II-IIIC erinnert an Formen, wie sie in Charsadda ab Phase IA belegt sind: Jarrige / Santoni[273] II, Fig. 62, 301; Fig. 76, 421 und Fig. 81, 456 - cf. Wheeler, Charsada. A Metropolis of the North-West Frontier (1962) Fig. 40, 376 (Trench IIIA, Schicht 10) und Fig. 16, 56 (Trench I, Schicht 37; Phase IB; cf aber Fig. 24, 165 = Trench I, 24, Phase IIC); Dittmann[8] Fig. 4, 15 (Aligrama VI; Swat VIII- Phase).

[371] Dittmann[8] 174.

[372] Stacul[370] 322.

[373] Dittmann[8] 161 Tab. 3; 189.

[374] Whitehouse[300] Fig. 13, 185.

[375] Whitehouse[300] 15.

[376] Casal[111] II, Fig. 124, 675.

[377] McNicoll[300] 53 Fig. 5, 1-4. 7.

[378] Whitehouse[300] Fig. 13, 191 = Casal[111] II, Fig. 124, 675c; Variante 675 kommt nach Casal[111] I, 223, selten in VII 1-2 vor und ist häufig erst in VII 3.

3.1.5. Befunde im Punjab und Sutlej-Yamuna-Gebiet

In Harappa, im Punjab folgt nach der Reif-Harappa-Periode der sogenannte Friedhof H-Horizont. Letzterer kann in zwei Phasen HII (älter) und HI (jünger) unterteilt werden. Den Befunden nach könnten HII und die jüngste Reif-Harappa-Schicht in Mound AB in Harappa vielleicht knapp miteinander überlappen (wenn auch in einer architektonisch eindeutig Post-Urbanen Phase), gleiches läßt der Befund in der Schuttschicht zwischen R37 und HII vermuten[379]. Sollte dies richtig sein, könnte Friedhof HII grob mit dem ausgehenden Amri IIIC-Horizont geglichen werden, wäre aber unmittelbar jünger als Kalibangan II zu datieren, wo Friedhof H-Elemente noch nicht zu fassen sind. Im Hakra-Ghaggar-Bereich (Bahawalpur-Gebiet) gibt es, verglichen mit der Fülle von 174 Reif-Harappa-Orten, nur 50 Siedlungen, die sich mit dem Friedhof H-Befund in Harappa vergleichen lassen, und diese finden sich weiter nordöstlich am Hakra-Ghaggar als die Harappa-Orte, ohne mit ihnen zu überlappen. Noch weiter am Oberlauf dieses Flusses finden sich dann 14 Orte der sogennannten "Painted Grey Ware" (PGW)-Periode, jedoch niemals auf Spät-Harappa-/Friedhof H-affinen Orten. Interessanterweise gibt es auf diesen PGW-Orten auch eine "Black on Red"-Ware, die an einigen Orten weiter östlich offenbar kurz vor dem PGW-Horizont, beziehungsweise damit überlappend, belegt ist[380]. Auf den PGW-Orten fand sich auch eine mit Abdruckmustern versehene rote Keramik, wie sie auch in Indien aus gleichem Horizont zum Beispiel in der östlich vom Bahawalpur-Gebiet gelegenen Bikaner-Region bezeugt ist[381]. Im Punjab, im engeren Umfeld von Harappa, gibt es keine

---

[379] Wheeler[40] 98. 117 f. Fig. 24. Auch die Untersuchungen von Dales und Kenoyer in Harappa, Mound E, weisen auf einen Übergangshorizont zwischen der Reif-Harappa- und Friedhof H-Schicht hin. Diese Übergangsphase wird in der Zählung von Mound E als Periode 4 bezeichnet (Kenoyer[79]). Schon Sankalia, Puratattva 6, 1972-73, 12 ff., bes. 18, war der Ansicht, dass Friedhof H-Material "kulturell" nicht wesentlich von Reif-Harappa-Material verschieden sei. Dies zeigen auch anthropologische Untersuchungen des Skelettmaterials, demnach sind die Erdgräber aus HII eng mit denen aus R37 und dem früheisenzeitlichen Timargharha der Gandhara-Grave-Culture verbunden. Possehl[7] 170-171 sieht hierin ein Anzeichen für eine starke biologische Kontinuität.

[380] Mughal in: Lal / Gupta[20] 499 f.; ders., Archaeological Surveys in Bahawalpur (1980 n.d.) 104f. pl. XXXIA, 1-5; ders., SAA IX (1990) Fig. 6-7, zur Siedlungsverteilung der Spät-Harappa- und PGW-Orte.

[381] Mughal in: Possehl[10] 85 ff., bes.93 f. und pl. 7. 12, und V. Tripathi, The Painted Grey Ware - An Iron Age Culture of Northern India (1976) 77 pl. IVB. Ähnlich wie in Dur Khan und in der Khaipur-Juso-Gruppe fand sich auch auf den PGW-Orten des Bahawalpur-Surveys eine Fülle von Muschelartefakten (Mughal, Archaeological Surveys in Bahawalpur [1980, n.d.] 106, pl. XXXIIB, 1-4); cf. auch u.a. den Befund in Atranjikhera in Uttar Pradesh: R.C. Gauer, Excavations at Atranjikhera (1983) 76 ff., wo sich ein Horizont mit "Black an Red-Ware" (Periode II) zwischen den "Ochre Coloured Pottery (OCP)"-Horizont I und den PGW-Horizont (Periode III) schiebt. Gleiches findet

PGW-Orte, und auch sonstige Eisenzeit-Manifestationen sind hier bisher nicht zu fassen. Im Bereich von Rawalpindi (Oberflächenfunde in Morgah), in Taxila, im Hathial-Mound[382] und nördlich von Peshawar, in Charsadda, findet sich dagegen eine Keramik, die Bezüge zum Swat-Komplex erkennen läßt, wie an anderer Stelle schon angemerkt[383]. Der Zeitraum wenige Jahrhunderte vor Chr. bis in die historische Zeit ist dann in Tulamba, Charsadda, Shaikhan Dheri und Taxila ergraben worden[384].

---

sich in Noh in Rajasthan (ibid., 10 f.). Zum Problem cf. auch T.N. Roy, The Ganges Civilization (1983) 120. Auch in Pariar und Sringaverapura, beide ebenfalls in Uttar Pradesh gelegen, gibt es solch eine Phase (II) mit "Black and Red-Ware" zwischen OCP (Phase I) und PGW (Phase III), cf. Lal / Dikshit, Puratattva 10, 1978-79, 1 ff., und dies., Puratattva 11, 1979-80, 26 ff.

[382] Zu Hathial cf. Allchin, Antiquity 56, No. 216, 1982, 8 ff.; Stacul, SAA VI (1984) 210; F. Khan, JCA 6/2, 1983, 35 ff.; Mughal, JCA 12/1, 1989, Fig. 6. 8.

[383] Dittmann[8] 155 ff.

[384] Die vom Verfasser[8] gezogenen Verknüpfungen wurden von Vogelsang[369] 103 ff. zum Teil in Frage gestellt. Seine Bemerkung, dass die sogenannten "Lotus Bowls" auch in Shaikhan Dheri belegt seien, dieser Ort aber erst in der "Indo-Greek"-Periode gegründet wurde (ibid., 104), ist zwar richtig, aber kein Argument dafür, dass dieser Typ auch in Charsadda -ähnliches gilt für Terrakotten vom "Baroque Lady"-Typ (a.a.O.)-, erst zwangsläufig mit dieser Periode einsetzt; dies umso mehr, als die Begleitfunde der entsprechenden Schichten in Charsadda keinerlei Verbindungen zu Shaikhan Dheri erkennen lassen, sondern erst die späteren Schichten; die Verknüpfungen waren eben nicht nur an dieser einen Gefäßform festgemacht worden. Vogelsangs[464] 106 Überlegungen zu Charsadda Trench III, sind dagegen richtig, sind aber ohne wesentliche Auswirkungen auf die vom Verfasser vorgeschlagene Abfolge. Betreffs Vogelsangs Datierung der Phasen Swat VI-VII besteht dagegen Übereinstimmung (Vogelsang[464] bes. 111 f.). Grabungen in Bir Kot Ghundai haben den vom Verfasser vermuteten Hiatus in der Abfolge in den Grabungen bis 1984 bestätigt, denn das vom Verfasser für diesen bis dahin nicht ergrabenen Horizont definierte Material konnte nun von Stacul und seinen Mitarbeitern zum Teil aufgedeckt werden, die sogenannte Phase Swat VIII sowie eine Schicht darüber, mit "Tulip Bowls" und "Northern Black Polished-Ware": Stacul[465] 321f. supra No. 2, hat darauf hingewiesen, dass der vormals so benannte "Früh-Maurya"-Horizont im Swat-Tal, der anhand der Verbindungen zu Charsadda, basierend auf Wheelers Chronologieschema, gemäß den neuen Befunden in Bir Kot Ghundai 3-4 Jahrhunderte vor Ashoka datiert werden muß. Genau dieser Ansatz war vom Verfasser a.a.O. vor Bekanntwerden der Ergebnisse in Bir Kot Ghundai ganz ähnlich formuliert worden. Ein Gefäß in Kandahar II ("achämenidische Periode" - cf. McNicoll[300] Fig. 6, 2 = "Soapy Red-Ware"-affine Keramik) könnte dafür sprechen, dass Charsadda IB vielleicht doch bis in den frühen achämenidischen Horizont reicht, eine Annahme, die Verfasser[8] 189. 193 Tab. 5, nie ausgeschlossen hat. Die Diskussion sollte solange ruhen, bis die Grabungsergebnisse aus Bir Kot Ghundai und der neuen Grabungen in Charsadda komplett vorliegen und somit auswertbar sind.

Im Sutlej-Yamuna-Bereich setzt sich mit dem Material der Orte des Siswal C-Horizontes[385] der lokale, originäre Siswal/Bara-Aspekt fort. Trat innerhalb dieses Milieus zur Siswal B1-2-Phase wenig Reif-Harappa-Keramik auf, so tritt an deren Stelle in der Siswal C-Phase quantitativ begrenzt Friedhof H-affine Keramik. Die Masse der Keramik setzt aber die ältere Siswal-/Bara-Tradition fort. An wenigen Orten soll es ein gewisses Überlappen von später Siswal- und Bara-Keramik mit PGW-Keramik in der Siswal D-Phase geben, wenngleich dies nicht unumstritten ist. Shaffer nennt folgende Orte für die Siswal D-Phase:

Bhagwanpura IB, Dadheri IB, Nagar I, Katpalon I[386].

Es liegen bisher noch keine substantiellen Daten zu diesen Orten vor, und die These eines Überlappens wurde bisher fast nur anhand von oft noch unpubliziertem Material des Ausgräbers Joshi postuliert[387]. Der Siedlungsbefund im Hakra-Ghaggar-Bereich (Bahawalpur-Gebiet) und die Befunde in Rajasthan und Uttar-Pradesh zeigen kein Überlappen an, sondern entweder sind Friedhof H-bezogene Orte vollständig von "Black on Red"- und PGW-Orten getrennt, oder zwischen einen "Ochre Coloured Pottery (OCP)"-affinen Horizont und den PGW-Horizont schiebt sich eine Phase mit "Black on Red"-Ware, die dann jedoch bis in den folgenden PGW-Horizont hineinreicht.

Suraj Bhan hat einige Scherben aus Mithatal IIB (Siswal C-Phase) überzeugend mit der OCP-Keramik in Ambkheri im Ganges-Yamuna-Bereich geglichen und gleichzeitig auf die Heterogenität des OCP-Komplexes hingewiesen[388]. Da der Siswal B2-Horizont sicher auf Amri IIIC datiert, so festzumachen an dem oben erwähnten Kotla Nihang (Rupar-Friedhof?), dürfte der Beginn der Siswal C-Phase und Mithatal IIB wohl zeitgleich mit Friedhof HII in den ausgehenden Amri IIIC und den Amri IIID-Horizont datiert werden. Unter der Voraussetzung, dass Siswal C-D-Keramik in einem noch näher zu definierenden Bezug zu sogenannten OCP-Komplexen steht, wäre ein Überlappen zwischen diesen und dem PGW-

---

[385] Shaffer in: Jacobsen[122] 216. 220, nennt folgende Orte für den Siswal C-Horizont: Mithathal IIB, Banawali III, Chandigarh?, Sanghol IB, Dher Majra II, Bhagwanpura IA, Dadheri IA, Daulatpur I, Mirzapur I, Dhansa IB und Budhan IC.
[386] Shaffer in: Jacobsen[122] 218. 220, und ders. in: Dani, Indus Civilization. New Perspectives (1981) 65 ff., bes. Fig. 2.
[387] Joshi, Man and Environment 2, 1978, 98 f.; ders., Puratattva 8, 1978, 178 f.; Bisht / Asthana, SAA IV (1979) 223 ff. (Auf Joshis Grabungen verweisend). Für Sanghol wurde jüngst eine ähnliche Abfolge, von Spät-Harappa, Überlappungsphase mit PGW, und frühhistorische Waren postuliert: Margabandhu / Gaur, Puratattva 17, 1986-87, 3.
[388] Bhan[107] 84f. 111 ff.; ders., Puratattva 5, 1971-72, 16 ff. Zum Problem, inwieweit die sogenannten "Copper Hoards" in Indien mit den OCP-Orten zu verbinden seien, cf. Yule, PBF XX 8 (1985) bes. 1-6.

Horizont höchstens regional differenziert in indisch Punjab und Haryana zu vermuten. Gemessen an der Fülle von C14-Daten zum ("reinen") PGW-Horizont müßte die Überlappungsphase ab der Mitte bis zum Ende des zweiten vorchristlichen Jahrtausends datiert werden[389]. Gupta[390] favorisiert einen Termin ab 1300 v. Chr. Selbst Guptas Ansatz wäre erstaunlich früh, denn keiner der sonst ergrabenen PGW-Orte auf dem indischen Subkontinent reicht wesentlich vor ca 1000 v. Chr., und die Fülle an C14-Daten setzt sogar erst ab ca 800 v. Chr ein[391]. Eine Klärung des Problems wird erst die vollständige Materialvorlage aus den Orten mit dem vermeintlichen Überlappungshorizont von OCP-/Spät-Harappa und PGW erbringen. Zum einen wird zu prüfen sein, wie das Material des OCP/Spät-Harappa-Horizontes zu bewerten ist, wie hoch die Anteile von dieser Keramik sind und inwieweit gesichert der gewachsene Boden in allen Orten ergraben wurde, oder ob diese "Spät-Harappa"-Keramik nicht Altmaterial in PGW-Schichten ist[392].

---

[389] Lal, Puratattva 9, 1977-78, 64 ff.; Roy[381] 78. 119.

[390] Gupta in: Gupta / Ramachandran, Mahabharata: Myth and Reality (1976) 49 f.

[391] Lal[389] und Agrawal[209] 255 f. Das älteste C14-Datum für den frühen PGW-Horizont stammt aus Atranjikhera und liegt nach MASCA-Kalibration bei ca. 1155 v. Chr.

[392] Bisht / Asthana[387] 239, Fig. 10, bilden ein "Spät-Harappa"-Gefäß aus Dadheri ab. Dieses ist in einen Fußboden eingetieft, der nach Periode IA = "Spät-Harappa" datiert (Joshi, Man and Environment 2, 1978, 99 pl. VIII, Fig. 18). Aus dem "Überlappungshorizont" = Periode IB ist bisher noch keine "Spät-Harappa"-Keramik, zumal *in situ,* vorgelegt worden. Für Nagar wird von einem "Sprinkling" von Spät-Harappa-Keramik in der untersten Schicht I = PGW-Horizont gesprochen, was auf geringste Anteile schließen läßt, die völlig ohne Relevanz sein können. Über Katpalon ist nichts näher bekannt (Joshi, op. cit. 100). Manda hat in Periode IA eine Harappa- und Früh-Harappa-affine Keramik erbracht. In Periode IB gibt es eine sogenannte "Harappan Red"-Ware zusammen mit roter und grauer Keramik, die sonst normalerweise die PGW begleitet (ibid., 101; letztere fehlt in Periode IB). Dieser Befund erinnert unschwer an die prä-PGW-Phase in Atranjikhera und Noh! Dass es sich bei dem Überlappungshorizont in Bhagwanpura um ein "Scheinphänomen" handeln könnte, machen die Angaben von Joshi in: B.M. Pande / B.D. Chattopadhyaya, Archaeology and History. Essays in Memory of Shri A. Gosh I (1987) bes. 21, deutlich, wo im Überlappungshorizont 2-5 % Spät-Harappa-Keramikanteile erwähnt werden, die eher auf "Altmaterial" schließen lassen. Dies lässt auch der Befund von Bhagwanapura vermuten, der leider nur sehr widersprüchlich publiziert wurde: J.P. Joshi, Excavation at Bhagwanapura 1975-76 and other Explorations & Excavations 1975-81 in Haryana, Jammu & Kashmir and Punjab. MASI 89 (1993). Ergraben wurden 13 Schichten. Die ältere Phase IA umfasst die Schichten 13-7; wobei 13-12 eine frühe Plattformphase definieren, zerstört von einer 1. Flut des Saravasti; es folgt mit 11-9 eine zweite Plattformphase, versiegelt von Schicht 8. Phase IB wird durch die Schichten 7-1 definiert: 6 endet mit einer 2. Flut. In 5 finden sich Rundhäuser, in 4 ein Komplex aus ungebrannten Lehmziegeln, versiegelt von Schicht 3, und in den oberen Schichten fanden sich fragmentarisch erhaltene Strukturen aus gebrannten Ziegeln. Folgt man zunächst den Angaben des Ausgräbers, so finden sich in IA folgende Waren: bemalte Spät-Harappa-, ockerfarbene-, Friedhof H-affine-, eine

Schematisch lassen sich die diskutierten Befunde wie Tab. 4 veranschaulicht zusammenfassen.

3.2.   Zusammenbruch oder Transformation?

In der relevanten Literatur ist das Ende der Reif-Harappa-Kultur umstritten. Zum einen gibt es die These, vor allem propagiert in den frühen Schriften von Wheeler, dass indo-arische Stämme massiv in den Indus-Bereich einwanderten und die Festungen der lokalen, vermeintlich dravidischen Bevölkerung mit militärischen Mitteln zerstörten. Der Wechsel von Reif- zu Spät-Harappa wäre also letztlich durch eine ethnische Verschiebung bedingt, und dieser Vorgang wird aus dem Rig Veda heraus, also auf literarischen Quellen fußend, begründet. Eine weitere These sieht die exessive Ausbeutung der Umwelt, verbunden mit natürlichen Kalamitäten wie Überschwemmungen und/oder klimatischen Veränderungen als Auslösefaktor für den Zusammenbruch des Reif-Harappa-Systems an. Die neueren Arbeiten, vor allem im Sutlej-Yamuna-Bereich lassen dagegen einen Prozeß der Veränderung erkennen, der eher als ein graduelles denn als ein schlagartiges Ereignis zu bewerten ist. Fragen nach systeminternen Ursachen, die ebenfalls ein Auslösefaktor sein könnten, wurden bisher kaum diskutiert[393].

---

ritzverzierte Ware, nicht unähnlich dem frühaharappazeitlichen Kalibangan „Fabric D"; eine dicke graue Ware und Bara-affines Material. In IB soll es dicke graue Ware, „Painted Grey-Ware" (PGW), graue und assoziierte rote Ware und wenig schwarze Ware geben, neben anhaltender Spät-Harappa Ware, die nur noch 5-2% betragen soll (ibid.,18-19). In den Schichten 7-8 soll es dicke graue Ware aber keine PGW geben (ibid., 18). Betrachtet man im gleichen Band die Keramikbearbeitung von M. Bala, 45 ff., bes. 46 Fig. 8, eine Warenverteilungstabelle, so findet sich folgendes: Schicht 7 (Beginn von Phase IB nach Joshi): schwarze Ware, bemalte rote Ware, ritzverzierte rote Ware, rote Ware (die normalerweise mit PGW assoziert ist) und rote Spät-Harappa-Ware. Ähnlich ist Schicht 6, erst hier kommt die dicke graue Ware hinzu, sie tritt laut Verteilungstabelle nur in Schicht 6 auf (!) und PGW kommt nur in den Schichten 5-1 vor. Dies würde bedeuten, dass es mit den Schichten 7-6 einen Zwischenhorizont gäbe, der das Spät-Harappa-Schichtenpaket 13-8 von dem PGW-Horizont 5-1 trennen würde. Ob dies so richtig ist, lässt sich nicht sagen, da im Keramikkatalog es auch PGW-Scherben aus „Early IB" gibt, was immer damit gemeint ist. Es ist überaus verwunderlich, warum man keine Angaben zur tatsächlichen Fundschicht einer Scherbe oder eines Gefäßes bekommt, noch quantitative Angaben zum Warenvorkommen.
[393] Siehe auch die umfassenden Darstellungen von Possehl, The End of a State and the Continuity of a Tradition. In: R. Fox, Realm and Religion in Traditional India (1977) 234 ff.; Possehl / Raval[177] 17 ff.

3.2.1. Die Frage nach dem indo-arischen Einbruch

Mit Wheelers Hypothesen zu der mythischen indo-arischen Invasion in das
Indus-Tal hat sich jüngst Srivastava kritisch auseinandergesetzt[394]. Marshall sah
1931 den Untergang der Indus-Kultur eher mit Stämmen, die aus Baluchistan
kamen, verbunden, festgemacht an bestimmten Bestattungssitten in den späten
Schichten von Mohenjo Daro[395]. 1952 vertrat auch Piggott die Ansicht, dass die
von Wheeler gezogenen Schlüsse richtig seien, und bezeichnete die Invasoren
jedoch neutraler als "Barbaric Tribes"[396]. Auch Casal ging 1964 noch von einer
weitgehend gewaltsamen Zerstörung der Indus-Kultur aus, einen indo-arischen
Einbruch sieht er aber nicht generell gegeben, höchstens für Harappa[397]; 1969
glaubte Casal eher an einen generellen Bevölkerungsdruck, der Teile der Bevölkerung aus Baluchistan nach Sind einsickern ließ, für ihn manifestiert in den
seiner Meinung nach engen Bezügen zwischen Jhukar- und Kulli-Keramik[398]. Ein
Argument für die vermeintliche militärische Zerstörung der Indus-Kultur waren
vor allem Skelettfunde in Mohenjo Daro, die als Opfer der indo-arischen Invasion
gewertet wurden. Diese fanden sich jedoch nicht in der jüngsten Schicht von
Mohenjo Daro, wie eine Studie von Dales aus dem Jahre 1964 zeigte[399]. Anzeichen für eine "fremde" Präsenz schien auch eine Axt aus Mohenjo Daro zu sein,
die dem Typ nach völlig fremd in der Indus-Kultur ist und schon von Mackay und
Piggott dem Hissar III-Horizont zugewiesen wurde, von dem sie annahmen, dass
er später als die Indus-Kultur zu datieren sei[400]. In diesem Kontext wurden auch
zwei Schwerter gestellt, die eine Mittelrippe aufweisen[401]. Die Allchins weisen

---

[394] K.M. Srivastava in: Lal / Gupta[20] 437 ff., sich auf Wheeler[40] bes. 78 ff.; ders, The
Indus Civilization (^{3}1968) 132, beziehend. In diesem Zusammenhang sei auch auf K.C.
Varma in: R.K. Sharma, Indian Archaeology. New Perspectives (1982) 155 ff., und die
Diskussion bei Jarrige / Santoni[273] I, 63 ff., verwiesen.

[395] Marshall[50] I, 90.

[396] Piggott, Prehistoric India (1952) 214 ff., bes. 244 ff. 256 f., weist darauf hin, dass das
Ende der Indus-Kultur nicht zwangsläufig durch indo-arische Stämme provoziert sein
muß, sondern im Zusammenhang mit größeren Bevölkerungsbewegungen mehrerer
ethnischer Gruppen zustande kam.

[397] Casal[29] I, bes. 68 f.

[398] Casal[17] 204 f.; ders.[22] bes. 109 f.

[399] Dales[51] 36ff. Dass diese Skelette keine unmittelbaren Opfer einer Aggression waren,
zeigt die anthropologische Studie von K.A.R. Kennedey in: Possehl[10] 289 ff., bes. 291;
ders. in: Lal / Gupta[20] 425 ff.

[400] Mackay[12] I, 457f.; II, pl. CXX, 27 (DK, zwischen 7(I) & 10, -6' 0" = +Late II); Piggott[394] 228 Fig. 28.

[401] Mackay[12] I, 467; II, pl. CXX, 17-18 (DK 9A, VIII, 58, -5' 5" = + Late II; DK 1, V,
47, -9' 2" = + Late III).

diesen Funden eine Jhukar-Affinität zu[402]. Die zitierten Verbindungen dieser Funde zum Hissar III-Horizont sind gegeben. Die Axt findet darüberhinaus eine direkte Parallele im Mehrgarh VIII-Horizont in Sibri, der zweifelsfrei zum Teil zeitgleich zu den Befunden in Mohenjo Daro ist[403]. Diese Funde in Mohenjo Daro zeugen also von einer Verbindung zwischen dem Mehrgarh VIII-Horizont und dem Amri IIIC-Horizont in Mohenjo Daro, der auch in Harappa nachweisbar ist, wie bereits angemerkt[404]. Ein bronzener Keulenkopf aus Chanhu Daro mit einer (wenn auch etwas gestreckteren) Parallele in Luristan und Hissar IIIC wurde von Piggott dem Jhukar-Horizont zugewiesen[405]. Der Fundstelle in Chanhu Daro nach ist jedoch eine Assoziation mit dem Harappa I-Stratum am Ort nicht unwahrscheinlich, was im Einklang mit dem hier vertretenen Ansatz für diese Schicht und den Mehrgarh VIII-Horizont wäre[406]. Diese schon von Jarrige einer

---

[402] B. & R. Allchin[78] 242.

[403] Santoni, SAA VI (1984) 53 Fig. 8. 1, E.

[404] In diesem Zusammenhang sei auch darauf verwiesen, dass aus dem Gebäude Mohenjo Daro, DK Block 9A, House VIII, woraus das eine Schwert (Mackay[12] II, pl. CXX, 17 - Raum 58) stammt, auch je eine Inschrift überliefert ist (einmal Raum ungenannt und einmal Raum 55), die sich auch in Harappa finden: I. Mahadevan, The Indus Script. Texts, Concordance and Tables (1977) 188 - 1437 00 (Schicht ?), 2073 00 (Late II-I) und 4120 00, 5279 00 (Harappa, Mound AB, Late III und Mound AB _?) sowie ibid., 168 - 2274 00 und 4534 00 (Harappa, Mound J[D], Late II?). Verwiesen sei auch auf ein doppelseitig gesiegeltes, rundes Tonobjekt: Mackay[12] I, 37; II, pl. CII, 15a-b; pl. CIII, 15 = DK Loc. 11, -19' 9" = +IM III. Das auf der einen Seite eingedrückte Adlermotiv findet sich exakt noch einmal auf einem anderen Abdruck: Joshi / Parpola[140] 110, M-451B = ?). Das Adlermotiv ist innerhalb der Indus-Glyptik überaus ungewöhnlich, dafür jedoch gut im Namazga V-Kontext belegt: Masson[119] 92 Fig. 27 (Kelleli); pl. XVII, 9. 12 (Altyn, "Excavation 7, Priest's Tomb, Room 10, Burial 235"; "Excavation 5, 1st. Horizon, Burial 60") und vor allem pl. XXXVII, 4 ("Excavation 9, Locality 254"). Kleine bronzene Kosmetikfläschchen aus Mohenjo Daro (Mackay[12] I, 450; II, pl. CXXVIII, 18 [DK 9, VIII, 16, -19' 8" = +IM III; diesem Typ können zwei ähnliche Gefäße aus Keramik zugewiesen werden: ibid., I, 450. 234. 247; II, pl. LVI, 4 und LXIV, 42 [DK 6A,-, 43, -8' 8" = + L III und DK First Street [1], -23' 3" = -IM III]) und Chanhu Daro (Mackay[68] pl. XXVII, 91-92 [= pl. XXXIX, 22] = Trench A[2], lev. -8' 6"; Sq. 9/C, loc. 291, lev. +7' 1" = ? und Harappa II-Stratum) wurden mit ähnlichen Objekten aus Tepe Hissar IIIC (E.F. Schmidt, Excavations at Tepe Hissar, Damghan [1937] pl. LVII, H 4014) und entsprechenden Funden aus den baktrischen Gräbern verglichen (Jansen / Urban[1] 266, C 41, mit Hinweis auf V.I. Sarianidi, SAA IV [1979] Fig. 1), jedoch sind die Formen aus Indus-Kontext etwas unterschiedlich.

[405] Piggott, AI 4, 1947-48, 26 ff., bes. 38 f. Fig. 5, 1-2.

[406] Mackay[68] 31 zu pl. LXXVI, 32. Der Typ hat aber eine lange Laufzeit im westlichen Vorderen Orient: cf. P. Calmeyer, Datierbare Bronzen aus Luristan und Kirmanshah = UAVA V (1969) 26f. Gruppe H (ab Akkad-Zeit), und L. Vanden Berghe, Een verdwenen Bronskunst uit West-Iran (1983) 98, Afb. 49, Fundort Chamzhi-Murmah (Eisenzeit III) und 164, Nr. 191.

kritischen Würdigung unterzogenen vermeintlich Jhukar-zeitlichen Funde sind also zum Teil parallel zur späten Reif-Harappa-Phase zu datieren[407].

3.2.2. Ökologische Faktoren als Ursache

Die Rekonstruktion der alten Umweltverhältnisse im Indus-Bereich ist problematisch. Bisher besteht kein Konsens in der Literatur über die klimatische Entwicklung in diesem Gebiet[408]. Für diese Frage sind auch die Befunde in der Kachi-Ebene interessant. Lagen zur Reif-Harappa-Periode (minimal bis Nausharo III anzusetzen) auch noch Siedlungen am südlichen Rand der Ebene (Limo Junejo Daro[409]), so auch bei dem rezenten Ort Jacobabad (Judeirjo Daro, Therri Bahadur Shah[410]), heutzutage einem der aridesten Orte der Welt, so finden sich Pirak- und Dur Khan-zeitliche Orte fast nur im westlichen und nördlichen Bereich der Ebene neben den oben schon genannten Orten in Baluchistan entlang der Berghänge, wohl ehemals auch den saisonalen Abfluß nutzend oder in Tälern gelegen. Offenbar hat sich der Prozeß der Aridisierung der südlichen Kachi-Ebene nach (oder spät in) der Reif-Harappa-Periode hin zu heutigen Verhältnissen vollzogen[411]. Auch die Veränderungen im Flora- und Faunabestand zu dieser Zeit dokumen-

---

[407] Jarrige[35] 263 ff.

[408] Siehe die Diskussion der älteren Ansätze bis 1961 bei R.L. Raikes / R. H. Dyson, American Anthropologist 63/2, 1961 (= dies., in: Possehl[8] 223 ff.), die der Ansicht sind, dass es keine größeren klimatischen Veränderungen gegeben habe. G. Singh in: Possehl[8] 234 ff., bes. 241., ist dagegen der Meinung, dass es zwischen ca. 3000-1800 v. Chr. feuchtere klimatische Verhältnisse als davor gab und das es nach ca. 1800 v. Chr. (bis ca. 1500) wieder trockener wurde. Die feuchtere Phase soll die Herausbildung der Indus-Kultur begünstigt haben. Gegen Singhs These hat sich V.N. Misra in: Gupta[240] 125 ff.; ders. in: Lal / Gupta[20] 461 ff., mit einer Fülle von neuen Daten und einer kritischen Bewertung der Singhschen Thesen gewandt. Seiner Meinung nach spielt der Anstieg der Niederschlagsraten bei der Herausbildung des Harappa-Komplexes keine Rolle, da es in Gebieten, die von diesem Phänomen unmittelbar betroffen gewesen wären wie zum Beispiel West-Rajasthan, keinerlei Siedlungen aus dieser Zeit gibt und der Harappa-Komplex originär an Flußläufe gebunden gewesen sei, weitgehend unabhängig vom Niederschlag. Wichtige Beiträge zum Paläoklima finden sich auch in den verschiedenen Beiträgen in: D.P. Agrawal / B.M. Pande, Ecology and Archaeology of Western India (1977); cf. auch die Synthese von V.M. Meher-Homji, Man and Environment 4, 1980, 1ff., und von Y. Yasuda, Climatic Changes at 5000 Years B.C. and the Birth of Ancient Civilizations, Bulletin of Middle Eastern Culture Center in Japan (1991) 203 ff.

[409] Flam[103] Fig. 28.

[410] Flam[103] Fig. 28.

[411] Raikes / Dyson in: Possehl[8] bes. 225 glauben dagegen, dass sich die Umweltsverhältnisse um Jacobabad kaum seit der Reif-Harappa-Periode verändert haben. Dem steht jedoch die Siedlungsveränderung von der Reif-Harappa- zur Pirak-Periode entgegen.

tieren eine Veränderung zur Pirak-Phase gegenüber dem Harappa-Horizont[412]. In Pirak gibt es erstmalig Hinweise für eine Winter- (Weizen und Gerste) und Sommerernte (Reis, Sorghum, Hirse). Besonders das Vorkommen von Reis[413], der in der belegten Art an ein permanentes Bewässerungssystem gebunden ist, ist wichtig, ebenso das Vorkommen von Sorghum, denn diese Nutzpflanze hat ihren Ursprung im afrikanischen Bereich und ist wahrscheinlich über den Golf, wo sie vor der Reif-Harappa-Periode belegt ist, in den Indus-Bereich gelangt[414]. Damit verbunden ist auch der erste gesicherte Beleg für das Pferd und das Kamel. Das baktrische Kamel ist schon in der Reif-Harappa-Periode belegt (Harappa, Kalibangan, Mohenjo Daro), ebenso wie in Sistan und Turkmenien im 3. vorchristlichen Jahrtausend[415], und eine Scherbe aus Tepe Sialk III 4-5 zeigt möglicherweise eine der ältesten Darstellungen dieser Tierart[416]. Ihr Vorkommen könnte mit der Verbreitung des margianisch-baktrisch bezogenen Mehrgarh VIII-Komplexes in Verbindung stehen.

Für Sind und Punjab sind nur spärliche Daten vorhanden[417]. Bisher bestand die Ansicht, dass es östlich des heutigen Indus-Armes (= Sindhu Nadi) einen weiteren Fluß gab, den sogenannten Nara Nadi, der die südliche Fortsetzung des Hakra-Ghaggar, der einen Anschluß an die ehemaligen Flußsysteme des Sutlej-Yamuna-Bereiches hatte, gewesen sei[418]. Die Siedlungsabnahme nach der Reif-Harappa-Periode, vor allem zur PGW-Periode im Bahawalpur-Gebiet, welches Mughal in-

---

[412] Siehe die Synthese von Jarrige[283] 35 ff., und L. Costatini, SAA IX (1990) 321 ff. zu den Harappa-zeitlichen Pflanzenresten aus Nausharo.

[413] Reis ist außerhalb der Kachi-Ebene u.a. auch in Lothal, Rangpur und in Ahar IA nachgewiesen, cf. Gosh / Chakrabarti, Man and Environment 4, 1980, 56 ff., zu Belegen von Reis in Indien; zu Ahar cf. auch Sankalia, The Prehistory and Protohistory of India and Pakistan (1974) 407 f. Zur Hirse cf. die Studie von S.A. Weber, SAA IX (1990) 333 ff. Siehe auch zusammenfassend Possehl[11] 238-268.

[414] Cleuziou / Costantini, Paléorient 6, 1980, 255 f.; Cleuziou / Tosi[114] 25.

[415] Compagnoni / Tosi in: Meadow / Zeder, Approaches to Faunal Analysis in the Middle East, Peabody Museum Bulletin II (1978) 81 ff.; Meadow in: Lal / Gupta[20] 133 ff., mit ausführlichen Belegen. Das Kamel aus Mohenjo Daro stammt offenbar aus einem "Late"-Kontext.

[416] R. Ghirshman, Fouilles de Sialk I (1938) pl. 79, 2 - so es sich dabei wirklich um ein Kamel handelt.

[417] Vishnu-Mittre / R. Savithri in: Possehl[9] 205 ff., zu Flora-Daten von Harappa-Orten.

[418] Flam, Man and Environment 5, 1981, 52 ff.; ders in: Jacobsen[122] 65 ff. Fig. 1; Y. Pal / B. Sahai / R.K. Sood / D.P. Agrawal in: Lal / Gupta[20] 491 ff., auch auf die alten Flußläufe in Sutlej-Yamuna-Bereich eingehend. Zu letzterem Komplex, vor allem zur Rekonstruktion der alten Flußläufe, cf auch: K.N. Dikshit in: Agrawal / Pande, Ecology and Archaeology of Western India (1977) 61 ff.; ders., Man and Environment 3, 1979, 105 f.; Y.M. Chialwala in: Posshel[10] 197 ff.; M. Fentress in: Possehl[10] 245 ff.; V.N. Misra in Gupta[240] bes. 147 ff.; Francfort, SAA VIII (1989) 260 ff. und Possehl[11] 284-384

tensiv untersuchte, schien auf eine zunehmende Austrocknung des Nara Nadi-, Hakra-Ghaggar-Flusses hinzudeuten[419]. Francfort hat dagegen jüngst darauf hingewiesen, dass der Hakra-Ghaggar Fluß schon vor der Hakra-Periode ausgetrocknet war, und die Siedlungen in diesem Gebiet ihren Wasserbedarf wohl in einem großen Kanalsystem deckten, welches seiner Meinung nach vom Yamuna aus ab der Früh-Harappa-Periode gespeist wurde[420]. Seine Untersuchungen beziehen sich bisher jedoch auf Haryana und Rajasthan. Im von Mughal untersuchten Bahawalpur-Gebiet liegen Früh- und Reif-Harappa-Siedlungen offenbar nicht im alten Flußbett, sondern nur Siedlungen ab dem 1. vorchristlichen Jahrtausend. Es ist denkbar, dass sich der Hakra-/Nara-Nadi auf pakistanischer Seite aus einem alten Sutlej-Bett und vielleicht aus dem von Francfort postulierten Kanalsystem rekrutierte[421]. Die weitere Vorlage der Untersuchungen der französischen Mission wird zu dieser Frage klärende Argumente liefern.

Ein in der Literatur wichtiger Faktor für das Ende des Reif-Harappa-Komplexes ist die sogenannte Raikes-Dales'sche Dammtheorie[422]. Sie besagt, dass sich aufgrund tektonischer Bewegungen im Bereich von Sehwan (mehrfach) ein Damm gebildet habe, der den Indus dermaßen aufstaute, dass die Bewohner von Mohenjo Daro ihre Siedlung immer wieder künstlich, durch Plattformen erhöhen mußten und schließlich scheiterten, die Siedlung überschwemmt und aufgegeben wurde. Dass partielle (oder größere) Überflutungen mehrfach Siedlungen in Sind affektierten, zeigen die Befunde von Chanhu Daro, Amri und Mohenjo Daro. Der These von Raikes und Dales hat Lambrick mit gewichtigen Argumenten widersprochen[423]. Selbst wenn diese zyklischen Überschwemmungen einen Einfluß auf die Reif-Harappa-Siedlungen in Sind gehabt haben dürften, erklärt dies nicht, warum in Punjab, in Harappa die Urbanität zur Friedhof H-Phase aufgegeben wird und warum sich gleiches in Kalibangan vollzog, einem Ort, der nachweislich weder überflutet noch zerstört, sondern offenbar aufgegeben wurde, und zwar, nach Thapar, ebenfalls nach einer Phase der Abnahme des urbanen Charakters in den obersten Schichten von Kalibangan II, ähnlich dem Befund in Mohenjo Daro

---

[419] Mughal in: Gupta[240] bes. 122; ders., SAA IX (1990) 143 ff., bes. 153 ff.

[420] Francfort, International Association for the Study of the Cultures of Central Asia, Information Bulletin 12, 1987, 93 ff.; P. Gentelle in: Francfort, Prospections Archéologique au Nord-Ouest de l'Inde. Rapport Préliminaire 1983-84 = MAFI I (1985) 33 ff.

[421] Mughal in: Gupta[240] Fig. 6 (zur Lage der Siedlungen) und Fig. 5 (zum Sutlej).

[422] Raikes, American Anthropologist 66/2, 1964, 284 ff. (= ders. in: Possehl[8] 297 ff.); Dales, Scientific American 241/5, 1966, 92 ff. (= ders. in: Possehl[8] 307 ff.).

[423] H.T. Lambrick, GJ 133/4, 1967, 483 (= ders. in: Possehl[8] 313 ff.). Kritisch äußerten sich auch Jansen, Architektur in der Harappakultur, Antiquitatis Orientalis II (1979) 99-103. 128, und Possehl, American Anthropologist 69/1, 1967, 32 ff.; cf. dazu auch Raikes in: Lal / Gupta[20] 455, und Possehl / Raval[177] 20 mit weiteren Argumenten.

und Harappa[424]. Auch wenn Veränderungen des hydrologischen und klimatischen Systems erahnbar sind, kann dies allein nicht die Transformation des Reif-Harappa-Komplexes erklären.

3.2.3. Systeminterne Faktoren

Einige systeminterne Faktoren, die von verschiedenen Autoren angeführt werden[425], beziehen sich auf die übermäßige Ausbeutung der Umwelt, die zu einem Kollaps der agrikulturellen und ökologischen Resourcen geführt haben könnte, als einen weiteren Faktor im Auflösungsprozeß der Urbanität des Reif-Harappa-Komplexes[426]. Besonders die ungeheuere Dichte an Reif-Harappa-Siedlungen und "Industrieorten" im von Mughal untersuchen Bahawalpur-Gebiet scheint in diese Richtung zu weisen. Allerdings könnte sich die Zahl von 174 Orten dadurch verringern, dass nicht alle Siedlungen, Lagerplätze und Produktionsstandorte gleichzeitig existierten, sondern auf mehrere Subphasen des Reif-Harappa-Komplexes verteilt sein dürften.

Ein Grundproblem des Reif-Harappa-Komplexes könnte auch in der vermeintlich geringen Hierarchisierung der Gesellschaft bei gleichzeitiger Kummulierung von großen Bevölkerungsmassen in den urbanen Zentren begründet sein[427]. Mit

---

[424] B.K. Thapar in: Agrawal / Gosh[196] 264 ff., bes. 270 f.

[425] Wheeler, Early India and Pakistan (1959) 113, ging davon aus, dass zur Reif-Harappa-Periode die natürliche Umgebung der Siedlungen überbelastet wurde. Fairservis in: Possehl[8] 66ff., argumentiert auf ähnliche Weise und sieht zusätzlich den Reif-Harappa-Komplex in seiner Spätphase in einer ökonomischen Krise, die von der Verwaltung nicht mehr aufgefangen werden konnte.

[426] Ein weiterer wichtiger Faktor könnte das massive Versalzen der Anbauflächen gewesen sein, wie es heute in Sind überdeutlich ist. Ob dies jedoch schon zur Reif-Harappa-Periode einsetzte, wäre zu untersuchen, könnte aber vielleicht durch die von Francfort angesetzten riesigen Bewässerungssysteme verursacht worden sein. Zur Versalzung cf. die Diskussion bei Jansen in: Urban / Jansen[1] 228 ff., und C. Balista / G. Leonardi in: Urban / Jansen, Interim Reports II (1987) 91 ff., bes. 94.

[427] Über die soziale Organisationsform der Träger der Indus-Kultur ist im Grunde bisher keine faktische Aussage zu treffen, dies umso mehr, als die Inschriften sich noch einer stimmigen Interpretation entziehen. Für einen Teil der Autoren ist sie straff hierarchisiert mit einem "Priesterfürsten" (s.u.) an der Spitze: Wheeler[39] 76 sieht Analogien mit Mesopotamien; Casal[17] bes. 195 f., sieht in Harappa eine autoritäre Machtelite als gegeben an, die sich ihm in der Existenz der "Workmen-Quarters" und "Arbeitsplattformen" manifestiert sowie in der Darstellung von vermeintlichen Sklaven in den Terrakotten und dem häufigen Vorkommen von bestimmten Schriftzeichen auf den "Sealings"; Rao (The Decipherment of the Indus Script [1982] bes. 279 ff.), ausgehend von seiner "Lesung" der Indusschrift, die er als eine frühe Form des Alt-Indoarischen bezeichnet (ibid., 234f.), sieht eine Konföderation von mehreren lokalen Herrschern mit einem obersten Herrscher

an der Spitze (ibid., 279ff.) mit möglichem Sitz in Mohenjo Daro (ibid., 291). Fairservis vermutet eine Gruppe von Führungspersönlichkeiten an der administrativen Spitze von Mohenjo Daro, die ihrerseits zu größeren Gruppen / Clans gehören, die durch eines der acht auf den Indussiegeln dargestellten Tiere repräsentiert sind (Fairservis, SAA VI [1984] bes. 157 ff.; ders., Expedition 28/2, 1986, bes. 48. Grundlage seiner Interpretation ist sein Entzifferungsversuch der Indusschrift, ausgehend von der Annahme, dass sie zur dravidischen Sprachfamilie gehört). Malik sieht eine ähnliche Struktur als gegeben an und verbindet die Harappa-Gesellschaft mit "Chiefdoms" (S.C. Malik, Indian Civilization. The Formative Period [1968] bes. 103 ff.). Die jüngsten Thesen zur sozio-politischen Organisationsform hat Kenoyer, Journal of World Prehistory 5/4, 1991 zusammengefaßt. In diesem Zusammenhang sei auch das Rundbild des sogenannten "Priesterfürsten" aus Mohenjo Daro erwähnt, welches zusammen mit weiteren elf anthropomorphen Rundbildern und diversen Tierplastikfragmenten aus Mohenjo Daro sowie den beiden Fragmenten aus Harappa die bisher einzigen anthropomorphen (und theriomorphen) Darstellungen der Indus-Kultur bilden, die etwas größer als die zeitgleichen Terrakotten sind. Besonders der "Priesterfürst" wurde als Manifestation des obersten hierarchischen Ranges aufgefaßt. Die Figurenfragmente aus Mohenjo Daro wurden in den jüngsten Siedlungsschichten gefunden, stammen originär jedoch wohl aus älteren Schichten (cf. die ausführlichen Diskussionen bei A. Ardeleanu-Jansen in: Urban / Jansen, Interim Reports I [1984] 139 ff.; dies. in: Jansen[8] 211 ff.; dies. in: Urban / Jansen[1] 175 ff.; dies. in: Urban / Jansen, Interim Reports II [1987] 59 ff.; dies., SAA VIII [1989] 196 ff.; cf. auch During Caspers, AION 45/3, 1985, 409 ff. und die Studie von A. Parpola, SAA VII [1985] 385 ff., zum "Priesterfürsten" aus Mohenjo Daro). Die Figuren aus Mohenjo Daro stehen auch im engen Bezug zu Funden aus Mundigak IV 3, Tepe Chah-i Torogh 2/ Seistan und zu einem Fund aus einer afghanischen Privatsammlung (Casal[111] II, pl. XLII-XLIV; C. Jarrige / Tosi, SAA V [1981] 133 Fig. 5b. und Dales in: G. Gnoli / L. Lanciotti, Orientalia Iosephi Tucci Memoriae Dicata [1985] 219 ff. Fig. 1). Hinzuweisen ist auch auf die beiden sogenannten "Tänzerinnen" aus Bronze aus Mohenjo Daro (Mackay[12] II, pl. LXXIII, 9-11/ DK-Bereich, Late III, und Marshall[50] I, 45; III, XCIV, 6-8/HR-Bereich, Intermediate). Von letzterer Figur vermutet During Caspers einen möglichen nubischen Ursprung (AION 47/1, 1987, 99 ff.). In die Reihe solcher Bronzefiguren reiht sich auch ein Oberflächenfund aus Shahr-i Sohkta ein (Tosi, Prehistoric Seistan I [1980] 301 ff., Fig. 1, pl. LXXXIII-LXXXV) sowie eine kleine Version des "Tänzerinnenmotivs" aus Mohenjo Daro, VS-Bereich, Late (Yule[53] 11 Taf. I, 6). Nur Harappa hat zwei gleichwertige Funde von anthropomorphen Rundbildern erbracht (Vats[90] I, 74f. [H.9042]; 22f. [Ab.959]; II, pl. LXXX-LXXXI, eine männliche stehende Figur aus rotem Sandstein und eine Figur eines "Tänzers" aus grauem Stein. Beide Figuren stammen aus Mound F; erstere aus Late III- und letztere aus Intermediate I-Kontext im "Great Granary"-Bereich. Ob die Figur des Tänzers männlich ist, ist umstritten: cf. S. Weiner in: Lal / Gupta[20] bes. 401f. Mit Ausnahme des kleinen Kopfes aus Tepe Chah-i Torogh 2/Seistan stammen die Fragmente alle aus urbanen Zentren des Betrachtungsraumes. Ihre Beziehung zur sozialen Hierarchieskala, sei es auf profanem und/oder sakralem Sektor, ist bisher nicht eindeutig geklärt. Dass diese Figuren hervorstechen, ist unzweideutig, jedoch erlaubt ihre Fundlage (zumal sie wohl nicht originär ist), keine gesicherten Aussagen zu ihrer Funktion und dem funktionalen Kontext, in dem sie angetroffen wurden. Zur Würdigung eines kleinen Terrakot-

Ausnahme der Befunde der sogenannten "Akropolis" von Mohenjo Daro, wo Strukturen vorhanden sind, die formal aus den gleichzeitigen Wohnbereichsschemata herausfallen und somit als eine "Besonderheit" hervorgehoben werden könnten, gibt es in den anderen bisher untersuchten Orten keinerlei Anzeichen für eine sich im Baubefund eindeutig abzeichnende soziale Hierarchiespitze in Form von identifizierbaren Sakral- oder Palastbereichen. Die Gräber zeigen ebenfalls keine deutlichen Unterschiede in ihren Beigaben, und soziale Rangunterschiede sind daran nicht zu erarbeiten[428]. Nur zwei Strukturmerkmale der Reif-Harappa-Orte könnten dem widersprechen: zum einen eine erkennbare Abspaltung oder Abteilung von zum Teil erhöhten Siedlungsteilen durch Umwallungen von den übrigen, niedriger gelegenen Siedlungsteilen und zum anderen Plattformen oder Rasterstrukturen, die gemeinhin als Speicher gewertet werden. Im Gegensatz zur "Akropolis" von Mohenjo Daro (für die bisher keinerlei Abgrenzung von den übrigen Stadtbereichen durch eine Umwallung nachzuweisen ist[429]) findet sich in Harappa auf der dort so bezeichneten "Akropolis" bisher jedoch keine irgendwiegeartete baulich hervorgehobene Struktur[430]. Ähnliches gilt für Surkotada, und Banawali. Das ältere Lothal ist ein architektonischer Sonderfall, aber auch hier ist außer den Plattformen keine bauliche Hervorhebung erkennbar. Wahrscheinlich gilt dies auch für den Befund der "Akropolis" von Kalibangan und vielleicht für Rakhi Garhi/Shapur. Der Begriff "Akropolis" oder "Zitadelle" sollte also vermieden und besser nur von erhöhten Siedlungsbereichen gesprochen werden. Die vermeintlichen Speicheranlagen in Mohenjo Daro und Harappa sind, was ihre Speicherfunktion betrifft, sehr umstritten und *waren vor allem nicht über die gesamte Dauer der Anlage in Benutzung.* Besonders die Struktur in Harappa bestand nur kurzzeitig in einer frühen Phase der Siedlung[431]. Eine Speicherfunk-

---

taköpfchens aus Dabar Kot cf. During-Caspers, JNES 24, 1965, 53ff., und dies., Antiquity 37, No. 148, 294.

[428] Rissman, WA 20/2, 1988-89, 209 ff.

[429] Zur sogenannten "Fortification" im L-Bereich der "Akropolis" von Mohenjo Daro cf. Jansen[423] 124 ff. Abb. 63.

[430] Die Strukturen, die Vats ergraben hat, sind zwar nur fragmentarisch überkommen, jedoch ist ein besonderes Bauwerk in den Resten nicht erkennbar.

[431] Fentress[25] 159ff.; dies. in: Kennedey / Possehl, Studies in the Archaeology and Palaeoanthropolgy of South Asia (1984) 89ff., und Jansen[423] 118 ff. 260 ff. Beide Autoren diskutieren auch ausführlich die stratigraphischen Probleme des Befundes in Harappa. Wheeler, The Indus Civilization (³1968) 31 f., geht davon aus, dass die "Granaries", die "Workmen Quarters" und die "Arbeitsplattformen" im wesentlichen zeitgleiche Strukturen seien, bildet alle Komplexe zusammen ab und wertet das Ganze als eine Produktionseinheit ähnlich den Arbeitervierteln in El Amarna in Ägypten (33f.). Schon Fentress[25] 174, hat auf die Unmöglichkeit dieser Darstellung hingewiesen: Die "Granaries" gehören zu Stratum V = IM II; die "Workmen Quarters" zu Stratum IV = IM I (Vats[90] I, 58) und die "Arbeitsplattformen" zu Stratum III = L III (Vats[90] I, 74). Die "Granaries" waren bereits zur Zeit des Stratum IV = IM I überbaut worden (Vats[90] I, 46).

tion scheidet für dieses Bauwerk neben formalen Gründen schon deswegen aus, weil es sich in der "Unterstadt" befindet und unmittelbar vom Überschwemmungsbereich des alten Ravi-Flußbettes bedroht gewesen wäre. Strukturell vollständig verschieden von diesem Befund ist die Architektur in der Las Belas-Ebene in dem zur älteren und mittleren Phase der Reif-Harappa-Kultur zeitgleichen Fundort Nindowari. In der Umfassung unterhalb des erhöhten Bereiches A, in Bereich B, finden sich hier nach Casal und Jarrige große Speicheranlagen zusammen mit einer Vielzahl von Reibsteinen[432]. Die als Speicher in Mohenjo Daro und Harappa angesprochenen Strukturen sind auch erstaunlich klein und dürften wohl kaum Speicherkapazitäten gehabt haben, die ausgereicht hätten, im Krisenfall oder zur Redistribution größere Lagerbestände für die Bevölkerung aufzunehmen. Betreffs redistributiver Faktoren gibt es jedoch vielleicht einen Hinweis: Gemeint ist der Indus-Becher, die Massenware der Indus-Kultur, der nach Untersuchungen von Dales und Kenoyer von erstaunlich einheitlicher Größe ist und oftmals im Zusammenhang mit großen Vorratsgefäßen angetroffen wurde, und zwar sowohl in Wohn- als auch in Industriebereichen (sowie in einigen Gräbern in Harappa, R 37[433]). Dales und Kenoyer weisen ferner darauf hin, dass diese Gefäße oftmals auch (vornehmlich mit numerischen Notationen ?) gestempelt wurden[434]. Die Interpretation des Befundes wird jedoch dadurch verunklärt, dass diese Gefäße nicht im Zusammenhang von erkennbaren, übergeordneten Einheiten gefunden (oder von diesen verteilt) oder massiert in solche gebracht wurden. Da es im Gegensatz zur gängigen Annahme wohl keine ausreichenden Speichereinheiten für zu redistribuierende Güter gab, ist eine *zentrale* Redistribution wohl auszuschließen.

    In diesem Zusammenhang sind auch die Untersuchungen von Jansen und seinen Mitarbeitern zur Stadtentwicklung von Mohenjo Daro bemerkenswert. Mit der Spät-Urbanen-Phase, ungefähr zu gleichen mit Mackay, Late II-Ib, kommt es zu einer Annäherung zwischen Wohn- und Produktionsbereichen (letztere erstmalig von umweltbelastender Art), bei gleichzeitiger Veränderung der Großbauwerke der "Akropolis" zu kleinteiligen Bauten. Die Qualität der Architektur ist geringer als zuvor, und diese Tendenz verstärkt sich dann zur Post-Urbanen Phase (Mackay Late Ia), zu der sich die Wohndichte endgültig entflicht, Abfallgruben neben den Wohn- und Produktionseinheiten angelegt und die Großbauten auf der "Akropolis" mit Wohn- und Arbeitsbereichen überbaut werden. Die zusammen-

---

Ob die "Arbeitsplattformen" in Harappa in einen Zusammenhang mit Baumkulten gebracht werden können, wie During Caspers, SAA IX (1990) 251 Anm. 1, dies evoziert, ist unklar. Possehl[7] 35, datiert die „Granaries" auf „Late 3B".

[432] Casal, PA 3, 1966, 10 ff. pl. VI; bes. 15 für Area B; Jarrige, Newsletter of Baluchistan 1, 1982-83, 47 ff., bes. 48.

[433] In Kalibangan fehlen diese Becher in den Gräbern.

[434] Dales / Kenoyer[29] 128; cf. zum Beispiel Wheeler[40] pl. L, A.

hängenden Kanalsysteme und die Haupterschließungssysteme der Siedlung werden aufgegeben[435]. Diese Entwicklung ähnelt einem von Mariani für Sistan erarbeiteten Prozeß, ausgehend vom Befund in Shahr-i Sokhta und Mundigak: Er sieht den Wechsel von monumentalen, öffentlichen Einheiten in Siedlungen zu reinen Wohnquartieren bis hin zu einer verstärkten Zunahme an Produktions- und Industriebereichen als Folge einer stetigen Abnahme des sozialen Engagements für die öffentlichen Aufgaben bei gleichzeitiger stetiger Zunahme von Kapitalinvestitionen an[436]. Zeigen sich nach Jansens Untersuchungen keine umweltbelastenden Produktionseinheiten in den Freiflächen von Mohenjo Daro zu Beginn der urbanen Periode (Mackay IM III-L III/II), so wäre zu fragen, ob diese Produktionseinheiten zu dieser Zeit von größeren kommunalen Einheiten unterhalten wurden und die Verlagerung derselben in die Wohnbereiche bis hin zur direkten Nachbarschaft mit Wohnanlagen zur Spät-Urbanen- und Nach-Urbanen-Phase nicht in der Tat, Mariani folgend, eine Aufbrechung dieser übergreifenden Einheiten hin zu eher privat genutzten Produktionseinheiten reflektiert. Zu prüfen wäre auch, ob Mohenjo Daro zu dieser Zeit überhaupt permanent besiedelt war oder nicht temporär/saisonal als Produktionsort genutzt wurde, besonders zur Nach-Urbanen-Phase Jansens.

Zweifel an einer straffen, vertikalen Hierarchie der Indus-Gesellschaft läßt auch der glyptische Befund aufkommen, denn mit Ausnahme der angeführten mythologischen Szenen lassen sich keinerlei hervorgehobene Siegel benennen, und sie stammen ferner auch nicht aus architektonisch hervorgehobenen Bereichen. Nur die sehr qualitätsvollen, großformatigen Stempelsiegel, vor allem aus den späten Schichten, könnten hier eine Statusdifferenz anzeigen, so man den Wert der aufwendigeren Herstellung in Betracht zieht. Jedoch sind auch diese nicht in "besonderen" architektonischem Bereichen angetroffen worden. Da darüber hinaus Siegel auch in Gräbern höchst selten aufgefunden wurden[437], könnte dies ein Anzeichen dafür sein, dass diese nicht an eine Person gebunden waren, was ja auch die Analyse der Inschriften mit ihren syn- und diachronen Streuungen vermuten ließ, sondern eher an kollektive Einheiten. Letztere könnten aus Produktionseinheiten und Handelsverbänden bestehen, die den lokalen und überörtlichen Bedarfsanforderungen gerecht wurden und von ihrer Ebene aus außerörtliche Beziehungen aufnahmen. Dass so ein System nicht zwangsläufig von der lokalen Hierarchiespitze getragen werden muß, zeigt der Analogie- (nicht Homologie-) Fall des weitgehend privat organisierten Fernhandels zur sogenannten Karum-

---

[435] Jansen[8] 203 f.

[436] L. Mariani, SAA VIII (1989) bes. 131, Fig. 17; cf. in diesem Zusammenhang auch die Untersuchungen von M. Vidale, SAA IX (1990) 203 ff., bes. 235 ff. in Mohenjo Daro.

[437] Rissman[428] bes. 220: A3 = Urne 1, mit einem "Sealing"; B6 = vielleicht kein Grab; B9 = eher ein Kenotaph ?

Zeit, der von assyrischen Kaufleuten gesteuert wurde[438]. Gemessen am glyptischen Befund dürfte solch ein Handelssystem im harappaenischen Bereich jedoch
wohl weniger von einzelnen Kaufleuten und ihren (Kern-)Familien ausgegangen
sein, sondern vermutlich eher von größeren Einheiten/Verbänden. Erst von der
Spät-Urbanen-hin zur Post-Urbanen-Phase dürften sich diese übergeordneten Ver-
bände aufgelöst haben (Verlagerung der Produktionsbereiche direkt an die Wohn-
häuser heran[439]), und das außerörtliche Beziehungsgeflecht zum Erliegen gekommen sein (Abnahme der Beziehungen zwischen den Siegeln und Siegelinschriften
gleicher Art am Ende der Besiedlung in Harappa und Mohenjo Daro). Die nunmehr verstärkt einsetzende, lokale private Produktion könnte aufgrund des Kon-
kurrenzdruckes vieler gleichgearteter Produktionsstätten zu einer Produktzunahme
und Produktdiversifizierung[440] in den Zentren geführt haben, die lokal zu einem
nicht mehr absetzbaren Überschuß führte (fehlende außerörtliche Absatzmärkte,
bedingt durch den Zusammenbruch der überörtlichen Handelsverbände) bei
gleichzeitigem Absinken des Wertes der Produkte, was schließlich zur Aufgabe
der privaten Produktionsbereiche geführt haben könnte und die Produzenten
wieder zu einer verstärkt landwirtschaftlich orientierten Absicherung ihrer
Lebensgrundlage zwang. Unterstellt man ferner, dass die von manchen Autoren
vermutete Belastung der natürlichen Umwelt, zusammen mit einem Zusammenbruch des kollektiv zu kontrollierenden Bewässerungssystems und/oder die
vermuteten hydrologischen Veränderungen allgemein die agrarischen Nutzflächen
stark affektierten, so verblieben eigentlich nur mobilere Lebensformen. Damit war
das traditionelle ökonomische Gesamtsystem aufgebrochen, die Harappa-Matrix
auf der Materialebene grundsätzlich verändert, und ein neues System etablierte
sich. Wahrscheinlich ist die Transformation des Reif-Harappa-Komplexes ein
längerer, multikausaler Prozeß gewesen, bei dem Veränderungen des Klimas,
Veränderungen des hydrologischen Systems, eine Überlastung der Umwelt-

---

[438] P. Garelli, Les Assyriens en Cappadoce (1963); K.R. Veenhof, Aspects of Old
Assyrian Trade and Its Terminology (1972), und M.T. Larsen, The Old Assyrian City-
State and Its Colonies, Mesopotamia IV (1976).

[439] Auch die Aufgabe der Nutzung der Großbauten auf dem erhöhten Siedlungsbereich
in Mohenjo Daro, die, klein strukturiert, zum Teil mit Produktionsstätten überbaut
wurden (Jansen[8] 71), spricht für eine Auflösung der übergeordneten, kollektiven
Strukturen hin zu individuelleren.

[440] Dies wäre die Phase in der Entwicklung, wo auf der Materialebene ein "verschlif-
fener Stil" in den Produkten erkennbar wäre, bedingt durch die privateren = individuelleren Produktionsweisen. In diesem Zusammenhang wäre auch erneut der Status der
Indus-Becher zu überprüfen, denn ihr *massiertes* Auftreten verbindet sich vornehmlich
mit den spätesten Phasen der Besiedlung der Zentren. Denkbar wäre, dass sie weniger
mit redistributiven Vorgängen verbunden werden müssen als vielmehr mit Produktions-
vorgängen.

resourcen, selbst Seuchen[441] sowie die Unfähigkeit des Harappa-Systems, eine administrativ-ökonomisch komplexere Form herauszubilden, zusammenwirkten. Diese Veränderungen vollziehen sich jedoch nicht in allen Regionen synchron[442].

---

[441] Kennedey in: Lal / Gupta[20] 425 ff.

[442] Die für Mohenjo Daro diskutierten Faktoren könnten eine Rolle in Sind, im Bahawalpur-Gebiet und in Harappa gespielt haben. Für Kalibangan sind solche Prozesse noch nicht überzeugend nachzuweisen, jedoch könnte der langsame Verlust des urbanen Charakters der Siedlung in der spätesten Besiedlungsphase auch in diese Richtung weisen. Possehl[11] 693, spekuliert auf Veränderungen der hydrologischen Basis der Siedlung. Im Sutlej-Yamuna-Gebiet dürfte dagegen die Entwicklung einen völlig anderen Verlauf genommen haben, dies umso mehr, als der Reif-Harappa-Aspekt im keramischen Inventar in diesem Bereich offenbar in ein sich stetig entwickelndes lokales Milieu eingebettet ("intrusiv") ist und zur Spät-Harappa-Periode wegfällt, ebenso wie die wenigen urbanen Zentren dieses Aspektes, während sich die anderen, eher lokal geprägten Orte des Siswal-/Bara-Aspektes weiterentwickeln. Die Siedlungen dieser lokalen Tradition nehmen auch nicht zur Spät-Harappa-Periode anzahlmäßig ab wie in Sind und im Bahawalpur-Gebiet, sondern es kommt zu einem Anwachsen der Siedlungsanzahl, wenn auch auf einem geringeren Niveau in der Siedlungshierarchie; jedoch besteht für den Siswal-Aspekt das Problem, dass die Siedlungen der Siswal B-Phase, wie supra 2.2.6.2 ausgeführt, in zwei Subphasen zu unterteilen sind, diese Unterteilung jedoch nur an wenigen Orten bisher nachvollzogen, aber nicht auf alle bekannten Orte übertragen werden kann). Ähnliches läßt sich auch in Nord-Gujarat und Saurashtra aufzeigen, vor allem in Lothal. Allerdings setzt der Veränderungsprozeß hier schon zur Reif-Urbanen-Phase in Sind, in Periode AIV, ein, vielleicht ausgelöst durch eine verheerende Flut, die AIII zerstörte. Auch in Lothal AIV finden sich deutliche Anzeichen für eine Aufgabe der älteren Strukturen sowie einer kleinteiligen Bebauung zusammen mit Produktionseinheiten von geringerer Komplexität als zuvor. Nach einer weiteren Flut fraktioniert dieses Gebilde endgültig in Periode BV, und lokale Aspekte in der Keramik treten verstärkt zutage (cf. aber die kritische Auseinandersetzung mit den verschiedenen Flutschichten in Lothal von S. Pandya in: Pande / Chattopadhyaya, Archaeology and History. Essays in Memory of Shri A. Gosh I [1987] 177 ff.). In der Kachi-Ebene und in Gedrosien (?) war ebenfalls zur Reif-Urbanen-Phase in Sind bereits eine andere Entwicklungsrichtung eingeschlagen worden, jedoch sind die Informationen zum Siedlungsbefund des Mehrgarh VIII-Horizontes, der sich in einigen Orten in Sind und Punjab komplementär zur Reif- bis Nach-Urbanen-Phase fassen läßt, noch zu gering, als dass dieser mit den hier aufgezeigten Veränderungsprozessen verglichen werden könnte. Der Reichtum und die Vielfalt der Grabbeigaben dieses Horizontes (Quetta, Baktrien-Margiana, Gedrosien) steht allerdings im krassen Gegensatz zu den eher bescheiden ausgestatteten Bestattungen des Reif-Harappa-Komplexes, was ein Hinweis auf grundsätzlich unterschiedliche ideologisch-soziologische Konzepte beider Systeme gewertet werden darf. Angesichts der Fülle von Gräbern besonders in Baktrien (Sarianidi, Die Kunst des Alten Afghanistan [1986] 14, spricht von Tausenden von Gräbern) ist es überaus fraglich, ob diese nur Nomaden oder hochgestellten Persönlichkeiten zuzuschreiben sind (cf. die Diskussion bei K. Jettmar, SAA V [1981] 295 ff.) oder gar mit Gruppen zu verbinden sind, die nach der Auflösung der Hilmand-Kultur den Lapislazuli-Handel übernahmen (Pottier[113] 67;

4. Versuch einer Bilanz

Abschließend soll der Versuch einer Synthese der verschiedenen hier diskutierten Komplexe gewagt werden, die weniger die Uniformität und den extraordi-
nären Charakter des Reif-Harappa-Komplexes zum Gegenstand hat, als vielmehr
den Versuch einer differenzierten Sicht des Komplexes anstrebt.

4.1. Der regionale Faktor bei der Genese und Transformation des Reif-
Harappa-Komplexes

Grundlegend für die hier angestrebte Betrachtungsweise ist eine Regionalisie-
rung des Betrachtungsraumes, vor allem hinsichtlich einer differenzierteren Betrachtung des Indus-Tals. Neben den Siedlungskammern in Baluchistan, die für
die Herausbildung der frühen, lokal zu differenzierenden Keramikaspekte seit dem
Neolithikum und für die Genese des Reif-Harappa-Komplexes wichtig sind, was
die direkte Überleitung betrifft, jedoch mangels Reif-Harappa-Befunden eine
Randstellung in der hier angestrebten Betrachtung einnehmen, sind es vor allem
die Kachi-Ebene und das Indus-Tal, die einer weiteren Differenzierung unterzogen
werden müssen. Die Kachi-Ebene, besonders mit den Befunden in Mehrgarh und
Naushāro, zeigt zum einen den Bezug in der Entwicklung zum Kandahar-Bereich,
der seinerseits materialmäßig engstens mit Sistan zu verbinden ist, enge Bezüge
zum Kulli-Bereich, und andererseits auch enge Bezüge zu Amri in Sind. Schon
Jarrige hat die engen, direkten Verbindungen zwischen Mehrgarh, Naushāro und
Amri hervorgehoben. Dies muß nicht überraschen, denn Amri liegt westlich des
sogenannten Sindhu-Nara, der in Sind die Siedlungskammer des Amri-Aspektes,

---

besonders der vermeintliche Bezug zum Lapislazuli-Handel wird in der Literatur immer
mehr zu einem "Joker-Argument", mit dem sämtliche interregionale Kontakte erklärt
werden; cf. erste Ansätze zu einer Identifikation von Lapislazuli und möglichen Lagerstätten: A.B. Delmas / M. Casanova, SAA IX [1990] 493 ff.). Der Reichtum der Gräber
könnte auch auf bestimmte verwandtschaftliche Strukturen hinweisen, die die Ausstattung der Gräber bedingte. Ein weiterer krasser Unterschied zwischen dem Reif-Harappa-
Komplex und dem Mehrgarh VIII-Horizont manifestiert sich in der Architektur, vor
allem, wenn man die Bebauungspläne von Sapalli-Tepe und dem wenig jüngeren Dashly
3 mit den Anlagen des Reif-Harappa-Komplexes vergleicht. Die Ansicht von Brentjes,
dass sich in diesen Strukturen "Ur-Mandala"-Vorstellungen repräsentieren könnten
(Brentjes, IrAnt 18, 1983, 25 ff. Abb. 2. 1. 6), kann zwar nicht bewiesen werden, entscheidend ist jedoch, dass hier Strukturkonzepte vorliegen, die den harappaenischen
fremd sind. Gleiches gilt für die Planung der Siedlung Togolok 21 (Sarianidi, Drevnosti
Strany Margush [1989] Fig. 19. 25. 35-36), die eine weitere, andersartige, aber geplante
Bebauung erkennen läßt. Es wird in dieser Hinsicht von höchstem Interesse sein, die
Architekturbefunde von Sibri auszuwerten und zu analysieren, ob die enge Material-
affinität des Mehrgarh VIII-Horizontes in der Kachi-Ebene zum baktrisch-margianischen
Bereich sich auch in der Architektur reflektiert.

den Untersuchungen von L. Flam zufolge, östlich begrenzt[443]. Die Kachi-Ebene ist geographisch eng mit diesem Sindhu-Nara-Bereich verknüpft. Anders Kot Diji: Dieser Ort gehört zum östlichen Nadi-Nara-Strang, der über den Hakra-/Ghaggar-Fluß die direkte Verbindung zum Sutlej-Yamuna-Gebiet herstellt. Kot Diji-Elemente im Amri-System sind selten und scheinen nur spät verstärkt in ihm faßbar zu werden. Diese beiden Flußstränge, die Sind in zwei verschiedene Bereiche unterteilen, scheinen bei der Herausbildung des Reif-Harappa-Komplexes keine unwichtige Rolle gespielt zu haben. Anders als in Sind können für den nördlichen Bereich des Indus-Tales im Punjab- und Sutlej-Yamuna-Bereich mehrere Siedlungskammern immer in Abhängigkeit der heute zum Teil ausgetrockneten Flußläufe definiert werden, die von ihrem Material und ihren Abfolgen her eng aufeinander beziehbar sind. Harappa am Ravi ist gemäß seiner Materialabfolge nach den bisherigen Informationen eher mit der des östlichen Flußlaufes zu verbinden. Inwieweit das nördliche Punjab-Gebiet um Taxila zur Reif-Harappa-Periode als Siedlungskammer angesprochen werden kann, ebenso wie das Swat-Tal, entzieht sich noch weitgehend der Beurteilung. Die hier faßbaren Früh-Harappa-Aspekte sind eng mit dem Kot Diji-/ Sothi-Komplex zu verbinden, würden also eher die Tradition des Nadi-Nara reflektieren. Im Swat-Tal sind die Früh- und Reif-Harappa-Manifestationen bisher überaus spärlich; gemessen an den Spät-Harappa-/Friedhof H- beeinflußten Befunden muß auch hier ein Bezug zu dieser Tradition vermutet werden. In Saurashtra-Gujarat kann keine Genese des Reif-Harappa-Komplexes aus lokalen, älteren Systemen nachgezeichnet werden.

4.2. Grundzüge der Entwicklung im Betrachtungsraum von der Früh-Harappa- bis zur Spät-Harappa-Periode

Eine Schwierigkeit bei dem Versuch einer Bilanz neben den materialbedingten Problemen ist vor allem in dem terminologischen Wirrwarr der Phasen- und Periodenbezeichnungen in den hier untersuchten Bereichen gegeben. Je nach "Geschmack" werden Funde als Früh-, Reif- oder Spät-Harappa-zeitlich eingestuft (oder mit einem lokal-geographischen Namen belegt), ohne dass immer eine Begründung dafür geboten würde, oftmals ausgehend von - zumeist unkalibrierten - C[14]-Daten. Nach den hier getroffenen Überlegungen verhalten sich die verschieden verwendeten Perioden-und Phasenbezeichnungen wie folgt zueinander[444] (Tab. 5).

---

[443] Flam[103]; ders., Man and Environment 5, 1981, 52 ff.; ders. in: Jacobsen[122] 65 ff. Siehe auch Possehl[7] 6-8 Fig. 1.4.

[444] Jarrige et al.[37], bes. 197 f., unterteilte Casal folgend die Reif-Harappa-Periode in die Indus A-C - Phase, synonym für Amri IIIA-C; Casal[29] I, 25. 39. 43 und 51, dividierte die Schichtenabfolge in Amri wie folgt: Amri-Phase (Amri IA-ID), "Phase Intermédiaire" (Amri IIA-B), "Civilisation de l'Indus" (Amri IIIA-D) mit folgenden Subphasen: "Phase Harappéenne" (Amri IIIA), "Phase de Transition" (Amri IIIB), "(Phase) Mohenjo-Daro Tardif" (Amri IIIC), Jhukar (Amri IIID) gefolgt von der sogenannten "Culture de

Diese Tabelle verdeutlicht die Schwierigkeiten, mit denen das Verständnis er-schwert wird, nur zum Teil. Die Komplexität des Problems ist in der konkreten Literatur bedeutend höher.

Betrachtet man auf dieser Grundlage den Reif-Harappa-Komplex, so zeigen sich interessante Verbindungen:

4.2.1. Der Früh-Harappa A-B-Horizont

Die schon sehr früh zu fassenden Beziehungen zwischen dem Sistan-Kandahar-Bereich und der über den Bolan-Paß des Quetta-Tales direkt erreichbaren Kachi-Ebene, manifestieren sich vor allem in der materiellen Kultur, besonders in der Keramik. Zeitlich datiert einer der am besten zu fassenden direkten Kontakte der genannten Bereiche an den Beginn des 3. vorchristlichen Jahrtausends, in die Protoelamisch 2a-Phase, was mit der Frühdynastisch I-

---

Jhangar" (Amri IV). In Anlehnung an dieses Schema soll auch hier eine Phasenbezeich-nung gewählt werden, die der Amri-Sequenz ähnelt: Früh-Harappa A+B (= Amri IIA-B); Reif-Harappa A-C (= Amri IIIA-C) und Spät-Harappa (= Amri IIID). Die Früh-Harappa-Periode setzt aber an sich früher ein, denn erste Harappa-Anklänge will Casal, wie erwähnt, ab Amri ID erfaßt haben. Die Reif-Harappa B-Phase wird, so die Befunde in Nausharo III erst einmal feinteiliger vorgelegt werden, sicher noch in weitere Subphasen unterteilt werden können. Die Reif-Harappa C-Phase kann, den Befunden in Mohenjo Daro, Harappa und wohl auch in Amri nach, ebenfalls noch weiter unterteilt werden. Hier werden nur zwei Haupt-Subphasen geschieden, obgleich der Befund der urbanen Zentren mehr Phasen erkennen läßt: Reif-Harappa C1 = Mohenjo Daro IM III/II-Late II/Ib, Harappa IM II-Late II und Amri IIIC-Strukturale Phase. Reif-Harappa C2 = Mohenjo Daro Late Ib/Ia/UM B-spät; Harappa Late I/Schuttband zwischen R37 und H, sowie Amri IIIC-Poststrukturale Phase. Hinsichtlich der Befunde in Sind könnte der hier so benannte Spät-Harappa-Horizont auch, Casal folgend, als Reif-Harappa D-Phase bezeichnet werden. Da jedoch interregional eine Fülle von mehr oder weniger lokalen Aspekten außerhalb Sinds für diesen Horizont benannt werden können, wird, um dieser Heterogenität Rechnung zu tragen, der Begriff Spät-Harappa verwendet. Zu einem anderen Periodisierungsschema cf. Shaffer in: Ehrich, COWA (³1992) 465-490, und Kenoyer, Journal of World Prehistory 5/4, 1991, 331-385. Gupta, Puratattva 6, 1972-73, 42 ff., bes. 46-49, hat ein sechsstufiges System für den Untersuchungsbereich vorgelegt, auf welches die hier erarbeitete Abfolge unschwer bezogen werden kann: Stufe I - "Genesis"/Amri IC-D/ab 2800 v.Chr.; II - "Formative"/Amri IIA/ab 2500 v. Chr. (hier: Früh-Harappa A-B); III-"Efflorence"/KLB I/II; Harappa/Mohenjo Daro frühe Phasen/ab 2350 v. Chr. (Reif-Harappa A-B); IV-"Affluence"/KLB II/ab 2150 v. Chr. (Reif-Harappa C1); "Quiescence"/Spät- und Endphase der Städte/ab 1800 v. Chr. (Reif-Harappa C2) und schließlich: VI-"Dispersal"/Spät-Harappa-Periode/ab 1700-1400 v. Chr (Spät-Harappa).

Periode Mesopotamiens verknüpft werden kann[445]. Protoelamische Funde in Shahr-i Sokhta I deuten auf den direkten Kontakt zwischen westiranischen Kulturen und dem Sistan-Gebiet, und die Geoksjur-affine Keramik aus Shahr-i Sokhta I weist darüberhinaus auf den Namazga III-Horizont in Turkmenien[446]. Keramik mit Bezügen zu Mundigak III, was mit Shahr-i Sokhta I verbunden werden kann, wurde auch in der Taluqan-Ebene südlich von Shortughai gefunden[447]. Weiter östlich sind der Damb Sadaat- II und Mehrgarh VI-Komplex mit Bezügen zu Amri IIA auf das engste damit verbunden[448]. Zumindestens die Übergangsphase 8 von Shahr-i Sokhta I zu II dürfte in die Frühdynastisch II-Zeit in Babylonien datieren[449]. In Sistan und im Kandahar-Bereich bildet sich dann mit Shahr-i Sokhta II-III und Mundigak IV 1-3A eine städtische Kultur heraus, die direkt mit dem Früh-Harappa-Horizont der Kachi-Ebene und Sind verknüpft werden kann. Strukturell sind in dieser Zeit besonders in Sistan und im Kandahar-Gebiet bereits Grundlagen gelegt, die in verwandter Form erst zur folgenden Periode im Indus-Tal aufgenommen werden, wie große Stadtanlagen mit Verteidigungsanlagen und monumentalen Bauten, die den mesopotamischen Befunden kaum nachstehen. Drei Elemente sind hier hervorzuheben, die direkte, wenn auch spätere Entsprechungen im Reif-Harappa-Komplex haben:

---

[445] Die Beziehungen sind jedoch auch schon zuvor faßbar. Zur Definition des Protoelamisch 2a-Horizontes cf. zusammenfassend: Dittmann, AMI 20, 1987, 31 ff.

[446] Sarianidi in: Tosi, Prehistoric Seistan I (1980) 187 ff.

[447] B. Lyonnet, Paléorient 7/2, 1981, 57 ff., sowie weiter nördlich in Sarazm (zu Sarazm cf. Anm. 229).

[448] Jarrige / Lechevallier[28] 501 ff. 534. Glockentöpfe, die in Miri Qalat IIIA, in pakistanisch Makran gefunden wurden, vergesellschaftet mit Togau C-Keramik, sollen angeblich auf protoelamische Kontakte hindeuten (Besenval, SAA XIII [1997] 199-216; bes. 206f. Fig. 18). Die unmittelbar ältere Phase MQ II datiert auf Yahya VA-B, Chah Husseini, Bakun A und Susa A (ibid., 205). Die unmittelbar jüngere Phase IIIB verbindet sich dagegen mit dem Friedhof von Shahi Tump und Anjira IV, was Früh-Harappazeitlich ist (ibid., 206f.). Auch Possehl[11] 576 datiert dies so, auf seinen Amri-Nal-Komplex. Togau C-Keramik ist auf Mehrgarh IV (R. Wright in C. Jarrige et al.[6] 664 nennt auch Mehrgarh IIIC) zu datieren, was eindeutig älter als die protoelamische Periode ist (diese gehört in Mehrgarh VI-VII). Folglich handelt es sich bei dem Material aus MQ IIIA um Funde, die späturukzeitlich sein müssen und sich wohl mit Iblis IV verbinden! So schon Dittmann, „Iran als Mittler zwischen Ost und West", in: A. Hausleiter / S. Kerner und B. Müller-Neuhof, Material Culture and Mental Spheres. Rezeption archäologischer Denkrichtungen in der Vorderasiatischen Altertumskunde. Internatioales Symposium für Hans J. Nissen, Berlin, 23-24. Juni 2000, AOAT 293 (2002) 329-344, bes. 335[23].

[449] Frühdynastisch II-zeitliche Anklänge finden sich jedoch bereits in Shahr-i Sokhta I 9 - cf. Dittmann[445] 39 f. Anm. 43, Abb. 5, 1-3.

Zum einen die Unterteilung von Siedlungsbezirken durch Binnenmauern, die Errichtung von Bauten auf Plattformen und schließlich der Nachweis eines sogenannten "Bades" in Mundigak IV 2/3[450]. Plattformen sind auch im Quetta-Tal in Damb Sadaat III[451] und in Mehrgarh VII[452] nachgewiesen, und die von Flam dem Amri-Aspekt zugeschriebenen sogenannten "Akrosankten"[453] stehen vielleicht ebenfalls in solch einem Zusammenhang. Auch Kot Diji hat einen erhöhten Bereich, auf einer natürlichen Erhebung aufsitzend. Baulich weist auch Amri IIB Konstruktionsmerkmale auf, die typisch für diesen Horizont sind[454]. Es ist jedoch fraglich (zumindestens für die "Akrosankten"[455]), ob diese künstlichen Terrassen in der Früh-Harappa-Periode schon dieselbe Funktion erfüllt haben wie in der Reif-Harappa-Periode, wo Plattformen, nun aber von enormen Ausmaßen, errichtet wurden, um die Siedlungen aus dem Überschwemmungsbereich der Flüsse herauszuheben. Im Punjab und dem Sutlej-Yamuna-Bereich sind bisher für den Früh-Harappa-Horizont nur Flachsiedlungen nachgewiesen, die zum Teil von einem Wall ähnlich Kot Diji umschlossen waren, so zum Beispiel in Kalibangan I, jedoch ist innerhalb der Siedlung, anders als in Mundigak, keinerlei Untergliederung durch Binnenmauern erkennbar[456].

In Periode IV 1-2 bildet sich in Mundigak auf dem Hauptsiedlungshügel eine monumentale Anlage heraus, oftmals als Palast bezeichnet, die - neueren Untersuchungen nach - eher als Substruktion für eine darauf aufsitzende Struktur zu

---

[450] Casal[111] I, 79 f. (zum "Bad" in Mound F); II, Fig. 21 (Stadtplan) und Fig. 42 ("Bad"), cf. Dittmann[448] 336-337.

[451] Fairservis[159] 214 f. 218 Fig. 11.

[452] Jarrige / LeChevallier[28] 510 f. Fig. 26-27; cf. den Gesamtplan bei R. Meadow, SAA VIII (1985) 173 Fig. 5. Ähnliche Konstruktionsmerkmale, vor allem in Form von Mauerzügen, denen Pilaster vorgelegt sind, finden sich weiter nördlich, bis nach Turkmenien, dort im Namazga IV-Kontext in Altyn Tepe (L.B. Kircho, East & West 38, 1988, 33 ff., bes. 35 Fig. 1; 42 Fig. 8).

[453] Flam in: Jacobsen[122] 74 f.; zu diesem Typ cf. auch H.T. Lambrick, Sind. A General Introduction (²1975) 58 f. Abbildungen: ibid., 55. 61 f. Darunter sind Siedlungen zu verstehen, die einen künstlich erhöhten Bereich haben - zum Teil auf einer natürlichen Erhebung aufsitzend - mit Aufgängen und einer vorgelagerten Flachsiedlung. Ähnlich geformte Siedlungen gibt es aber nach Nissens Untersuchungen im Manchar See-Gebiet auch zur Khaipur Juso-Periode.

[454] Auch in Amri IIB fanden sich mit Pilastern versehene Mauerzüge: Casal[29] II, Fig. 26, ähnlich wie in Altyn Tepe im Namazga IV- und in Mundigak im IV 1-3-Horizont.

[455] Flam in: Jacobsen[122] 75, erwähnt, dass die Fläche auf den erhöhten Bereichen relativ gering ist, und spekuliert, ob hier der Dorfanführer oder ein sakraler Bereich anzusetzen sei. Denkbar ist vielleicht auch, dass diese Bereiche als temporäres Refugium bei Überschwemmungen dienten, zumal diese Erhöhungen mit Steinpackungen versehen sind (als Schutz gegen Hochwasser ?).

[456] A. Kesarwani in: Lal / Gupta[20] 65 Fig. 7. 3.

werten ist[457]. Vor diesem Haupthügel mit der eben erwähnten Struktur befindet sich die eigentliche Wohnstadt, durch Mauerzüge sowohl im inneren untergliedert, als auch nach außen abgeschlossen. Innerhalb der Unterstadt, in Mound G, in Mundigak IV 1, fand sich eine Struktur, die sakrale Funktionen erfüllt haben könnte, umschlossen von einem Zingel. Ähnliches gibt es auch in dem etwas jüngeren Shahr-i Sokhta III, "Building 2", zeitgleich zu Mundigak IV 3A[458]. Die glyptischen Befunde dieses Horizontes weisen engstens auf die Glyptik des Namazga IV-Komplexes; keramische Verbindungen zu diesem sind dagegen weniger deutlich[459]. Wie erwähnt stehen auch die Terrakotten, vor allem die aus Waziristan, ebenfalls in dieser Tradition. Terrakotten aus Naushare ID in der Kachi-Ebene sind dagegen als Proto-Typen der Reif-Harappa-Terrakotten aufzufassen[460].

Der Früh-Harappa-Horizont ist auch in Gujarat und in Makran/Gedrosien nachgewiesen, so vor allem in Surkotada, Dholavira, Nagwada, Moti Pipli sowie in Balakot und Nindowari, und auch hier, ähnlich, wie in Baluchistan, ist er in mehrere Aspekte zu unterteilen. Der Früh-Kulli-Aspekt läßt sich bis in die Kachi-Ebene in Naushare ID nachweisen[461]. Funde aus Bampur und Damin, die eng mit Shahr-i Sokhta verbunden sind[462], fanden sich auch in Oman in Hili 8 und weisen bereits auf die späteren Kontakte zwischen Makran und Oman[463]. Wie schon zur Früh-Harappa A-Phase lassen sich auch im keramischen Inventar der folgenden B-Phase Beziehungen zwischen dem Kandahar-Bereich und der nordost-afghanischen Taluqan-Ebene nachweisen[464].

Der Früh-Harappa-Horizont bildet also, trotz seiner Heterogenität im Material, konzeptionell die Basis für die spätere Entwicklung. Besonders die geschlossene Abfolge in West-Sind (Amri) und in der Kachi-Ebene (Mehrgarh, Naushare) läßt

---

[457] Jarrige / Hassan[37] 152. Zu architektonischen Parallelen zwischen Mundigak und Shahr-i Sokhta, cf. Mariani[436] 114 ff., bes. Fig. 2, 1 und Fig. 7 (Plattform).

[458] Casal[111] II, Fig. 36, und Mariani[436] Fig. 2, Nr. 2; Fig. 8. 11.

[459] Ferioli / Fiandra / Tusa in: SAA III (1979) 7 ff. Fig. 1.8-10, und L.B. Kircho in: Bökönyi, Neolithic of Southeastern Europe and its Near Eastern Connections (1989) 123ff. Fig. 1-5.

[460] Jarrige et al.[37] 199.

[461] Siehe die Diskussion bei Possehl[11] 603-616, und Jarrige et al.[37] 199.

[462] Tosi, East & West 20, 1970, 9ff.; ders., East & West 24, 1974, 29 ff.

[463] Cleuziou / Tosi[114] 27. 33-35, zu Hili 8, Periode I, und Shahr-i Sokhta I-spät bis II, sowie für Hili 8, Periode IIc2 und Shahr-i Sokhta III. Siehe auch Franke-Vogt, Iran between East and West – Widening horizons: Southeastern Iran and its "neighbours" during the 3rd Millennium B.C., in: Hausleiter / Kerner und Müller-Neuhof[448] 345-362.

[464] Lyonnet[447] 66 ff. pl. IV.

eine direkte Entwicklung zum Reif-Harappa-Aspekt erkennen, die die Kot Diji-Tradition demgegenüber offenbar erst verspätet aufnimmt.

4.2.2. Der Reif-Harappa A-Horizont

Auch im Nordosten des Betrachtungsraumes erfolgte die Herausbildung eines reinen Reif-Harappa-Aspektes (Harappa ?, Kalibangan) offenbar verspätet, nämlich erst im Reif-Harappa A/B-Horizont, und je weiter man sich dem Ganges-Yamuna-Bereich nähert, desto höher wird der Anteil an älteren, Früh-Harappa-Keramikaspekten im Inventar, so im Siswal-/Bara-Komplex. Späte "Kot Diji"-Aspekte sind in Kashmir im "neolithischen" Milieu von Burzahom nachzuweisen. In Waziristan sind mit Gumla und Rahman Dheri Siedlungen des Früh-Harappa-Horizontes erfaßt worden, und nur für Gumla lassen sich bisher deutliche Anzeichen für ein Bestehen der Siedlung im Reif-Harappa A-Horizont finden. Im Sistan-Kandahar-Bereich ist mit Shahr-i Sokhta IV und Mundigak IV 3B der Zenit der Urbanität überschritten. In Sind ist architektonisch über diesen Horizont kaum eine Aussage zu treffen. Größere Strukturen wurden bisher weder in Amri noch in Chanhu Daro oder gar Mohenjo Daro erfaßt. In der Kachi-Ebene werden die großflächigen Grabungen in Naushano II in Zukunft dieses Problem erhellen. In dieser Periode dürfte Lothal in Gujarat gegründet worden sein; älteres wurde an diesem Ort nicht sicher erfaßt[465]. Ähnliches gilt für die Gründung von Shortughai I, wahrscheinlich ebenfalls am Ende des Amri IIIA-Horizontes zu datieren. Mit diesem Horizont dürfen wohl die frühen geätzten Karneolperlen aus Babylonien verbunden werden, ab der Frühdynastisch IIIA1/Fara- bis Frühdynastisch IIIA2/-Reif-Meskalamdug-Periode einsetzend (Dittmann[114] 260 Anm. 87-88). Sollte diese Annahme richtig sein, so wäre der Früh-Harappa A-B - Horizont von der Frühdynastisch I- bis in die Frühdynastisch II/IIIA1/Fara-Zeit zu datieren. In dem in mehrere, zeitgleiche Aspekte zu unterteilenden Reif-Harappa A-Horizont werden also bereits die Grundlagen für den gesamten harappaenischen Siedlungsbereich festgelegt, und die auswärtigen Kontakte, die schon zuvor bestanden, setzen sich fort. Gemessen an den Siedlungen um Shortughai und an Lothal wurde in diesem Horizont oder an dessen Ende auch von neuen Siedlungskammern Besitz ergriffen, bzw. wurden diese verstärkt genutzt, möglicherweise um einen direkten Zugriff auf bestimmte Resourcen zu erlangen.

4.2.3. Der Reif-Harappa B-Horizont

Erst mit dem Amri IIIB-Horizont, der gemessen an den Befunden in Nausharo III, eine ziemlich lange Spanne markieren muß, wird in Sind die Keramik weitgehend einheitlich. In Mohenjo Daro werden zu dieser Phase die gewaltigen Platt-

---

[465] Cf. Rao[182] bes. 43; ders.[189] 28.

formen errichtet, ebenso in Harappa. Im Sistan-Kandahar-Gebiet hält der Post-Urbane Horizont in Shahr-i Sokhta IV und Mundigak IV 3B noch an und kommt wohl erst am Beginn des Reif-Harappa C-Horizontes endgültig zum Erliegen. Kot Diji wird noch in dieser Phase aufgegeben. Gegen Ende dieser Periode werden in der Las Belas-Ebene (nach dem vorherigen Harappa- cum Kulli-Horizont in Nindowari III), in Gedrosien und in der Kachi-Ebene erste Manifestationen des Nausharo IV-/Mehrgarh VIII-Horizontes faßbar, der dann hier parallel zur folgenden Reif-Harappa C-Periode anhält. In Kalibangan findet sich der "Übergangshorizont" = KLB I/II, in dem sich in der Keramik noch ein hoher Anteil an Früh-Harappa-Erzeugnissen (sogenannte "Sothi"-Ware) nachweisen läßt. In Nord Gujarat-Saurasthra sind Lothal und Surkotada für diese Phase zu nennen. In Lothal kann von einem "Akropolis"-Unterstadt-Schema kaum gesprochen werden, sondern die erhöhten Siedlungsbereiche im Südteil der Siedlung, nördlich von dem vermeintlichen "Dock", sind außer durch ihre Erhebung sonst nicht von dem Rest der Siedlung abgetrennt. Dieser Bereich wird von Rao als Warenhaus gedeutet. Strukturell erinnert er an die vermeintlichen "Granaries" von Mohenjo Daro und an die Plattformen von Kalibangan, die jedoch etwas jünger datieren, nämlich in die Reif-Harappa C-Periode[466]. Die These, dass es sich hierbei in Lothal um eine Aufbewahrungsstruktur handelt, wurde anhand der Wheelerschen Interpretation der analogen Struktur in Mohenjo Daro entwickelt und demgemäß das große Becken als Dock aufgefaßt (in Analogie zu Wheelers "Ladeplattform" in Mohenjo Daro), von dem aus Güter in das "Warenhaus" eingebracht wurden[467]. Strukturell interessant ist die Nähe der Blöcke in Mohenjo Daro und Lothal zu einem Wasserbecken ("Bad" in Mohenjo Daro), ein Aspekt, der bislang kaum beachtet wurde. Sollten die Interpretationen zum "Dock" in Lothal hinsichtlich eines Wassertanks stimmig sein[468], so wäre die These eines "Hamams" für die benachbarten vermeintlichen "Speicherstrukturen", die schon Marshall für die entsprechende Struktur in Mohenjo Daro aufbrachte[469], erneut zu überprüfen, zumal auch in Lothal Badehäuser in Verbindung mit dem angesprochenen Komplex gefunden wurden, ähnlich wie in Mohenjo Daro beim großen "Bad". Auch in Lothal führten

---

[466] Auch in Rakhi Garhi/Shapur könnte es solche Plattformen gegeben haben: Bhan[107] 95 ff. Demnach dürfte Rakhi Garhi 1 dem Befund von Kalibangan 1 und RG 2 dem von KLB 2 entsprechen. Agrawal, Puratattva 6, 1972-73, 37 ff., bes. 38, faßt das Nebeneinander von Sothi- und Reif-Harappa-Keramik im KLB I/II-Übergangshorizont als die Reflexion der Koexistenz von ruralen (Sothi-) und urbanen (Reif-Harappa-) Aspekten auf. Zum ruralen-urbanen Konzept cf. auch Allchin in: Lal / Gupta[20] 51 ff.

[467] Cf. Jansen[423] bes. 207 ff.

[468] L.S. Leshnik, American Anthropologist 70/5, 1968, 911 ff. (= ders. in: Possehl[8] 203 ff.); Jansen[423] 121. 204 f.

[469] Marshall[50] I, 143, den Bau der "Intermediate"-Periode zuweisend. Auch Lal in: Lal / Gupta[20] 55 ff., bes. 57, spricht davon, dass in KLB 1 ein Zusammenhang zwischen den Plattformen und Badeanlagen besteht.

die Überschwemmungen, die sich nach AI und AII ereigneten, zu einer stetigen Erhöhung des Baugrundes durch Plattformen, bis zum Ende des hier abgehandelten Horizontes, am Ende von Lothal AIII, eine verheerende Flut die Siedlung in größerem Maße zerstörte als zuvor[470]. Surkotada, eine Siedlung, die erst im Reif-Harappa B-Horizont gegründet wurde, ist, was ihre Größe betrifft, winzig, oder aber es wurde nur ein Teil der Siedlung ergraben, denn der ergrabene Befund erinnert strukturell an den erhöhten Siedlungsbereich von Kalibangan = KLB 1 zur Periode Kalibangan II (ähnliches mag für Desalpur gelten[471]). Von der Struktur her unterscheiden sich Lothal und Surkotada völlig. Beide weisen jedoch Merkmale im Layout auf, die in generellem Einklang mit der Reif-Harappa-Tradition stehen. Zu prüfen wäre, ob sich in diesem Befund nicht zwei Traditionen spiegeln: Lothal als eine Siedlung, die Bezüge zum westlichen Sind-Bereich, zu Mohenjo Daro, aufweist, und Surkotada (und Desalpur ?), als ein Ort, der eher an die östliche Tradition gemahnt, was sich nicht nur vom Layout, sondern auch in der Präsenz der oben erwähnten Sothi-Scherben in der Phase IA abzeichnen könnte. Possehl sieht in Gujarat-Saurashtra dagegen zwei andere Traditionen: zum einen die von ihm so bezeichneten "Sorath-Harappaener" = Befunde in Rodji und Rangpur und die sogenannten "Sindhi-Harappaener" in Desalpur, Lothal und Surkotada[472].

---

[470] Rao[189] 28-31.

[471] K.V. Soundararajan in: Lal / Gupta[20] 217 ff. Fig. 25.2-3 (Plan von Desalpur und Surkotada) und Lal in: Lal / Gupta[20] bes. 56 Fig. 6.1 zu Kalibangan II, KLB I. Cf. auch die Studie von A. Kesarwani in: Lal / Gupta[20] 63 ff. Fig. 7, 4 (Kalibangan), und Fig. 7, 5-6 (Surkotada). Was in Surkotada jedoch fehlt, sind die für Kalibangan nachgewiesenen Plattformen.

[472] Possehl / Raval[177] 15; Possehl / Herman[177] 295 ff. Ob dieses Konzept, welches eine enge Verbindung zwischen Keramik und sozialen/ethnischen Gruppen evoziert, zugrundegelegt werden kann, ist fraglich, dies umso mehr, als strukturell von Rangpur so gut wie nichts bekannt ist, begründet in den sehr kleinflächigen Sondagen, die an diesem rezent besiedelten Ort lediglich durchgeführt werden konnten. Was die Keramik als Produkt betrifft, werden in der Tat deutliche Unterschiede zwischen Rangpur und Sind erkennbar; ähnliches kann aber durchaus auch für Lothal zutreffen, denn von diesem Ort ist bisher kaum ein repräsentativer Querschnitt an Funden vorgelegt worden. Zieht man ferner in Erwägung, dass Lothal schon länger bestand, bevor Rangpur gegründet wurde, so könnten in Rangpur IIA bereits diejenigen lokalen (provinziellen) Produktionsmerkmale zum Tragen kommen, die auch Rao immer im Befund von Lothal erkannt haben will. Ein wesentliches Leitfossil des Harappa-Horizontes in Gujarat, der in Lothal wohl bereits ab AI (auf jeden Fall in AII) vorhanden ist, der sogenannte "Stud-Handle", ist in Sind bisher nur auf der Oberfläche von Lohumjo Daro angetroffen worden (Mughal[33] 192) und zeigt an, dass auch Lothal auf jeden Fall in das lokale Keramikproduktionsmilieu eingebettet war. Rangpur könnte ebenfalls eher der "östlichen" Tradition zugewiesen werden, gemessen an den von Bhan aufgespürten Verbindungen zwischen Rangpur IIA und dem Siswal-Komplex im Sutlej-Yamuna-Gebiet (cf. Anm. 253).

Wenn die hier gezogenen Verbindungen stimmig sind, kommt es in Baktrien in (und um) Shortughai erst nach diesem Horizont, post Shortughai II, entweder zu einer Siedlungsunterbrechung oder zumindestens zu deutlichen Veränderungen in der materiellen Kultur, und zentralasiatische Komponenten werden faßbar. Vom Indus-Bereich bestehen in dieser Periode offenbar kaum direkte Kontakte zu Oman, zumindestens sind solche nur am Ende der Periode faßbar.

Bezogen auf Mesopotamien dürfte dieser Reif-Harappa B-Horizont im wesentlichen End-Frühdynastisch- und Akkad-zeitlich sein, und der Übergang zum folgenden Reif-Harappa C-Horizont scheint eher an das Ende dieser Periode, beziehungsweise bis in die frühe Ur III-Zeit in Babylonien zu datieren. Verbindungen zum südrussischen Bereich sind am Beginn des Reif-Harappa B-Horizontes weniger deutlich zu fassen mit Ausnahme der Implantation der Siedlungen vom Shortughai-Typ (wahrscheinlich bereits in der vorherigen Periode einsetzend). Dies könnte ein Hinweis darauf sein, dass in diesem Horizont die Bezugsrichtung vom Indus-Tal ausgehend in den baktrischen Bereich verlief. Gemessen am Aufkommen von südrussischen Materialäußerungen in Nausharo IV, die dem Mehrgarh VIII-Horizont vorgreifen -oder mit diesem knapp überlappen- wurden die alten Nord-Süd-Verbindungen aber kurze Zeit später vom Norden her wieder aufgenommen zu einer Zeit, in der in Shortughai der rein harappaenische Aspekt zum Erliegen kommt.

Strukturell ist über diesen Horizont nur wenig bekannt. In Sind datieren Mackays "Early I"-Befunde in diesen Zeitraum, in Chanhu Daro die Harappa II- und I-Straten und in der Kachi-Ebene Nausharo III; in Harappa sind Vats "Early I"- und "Intermediate IV-III"-Befunde zu nennen. Sowohl in Mohenjo Daro als auch in Harappa werden in dieser Periode riesige Plattformen als Basis für die verschiedenen Siedlungsbereiche errichtet. Auch in der Kachi-Ebene werden in Nausharo III Plattformen angelegt, hier aber wohl weniger, um die Siedlung aus dem Überschwemmungsbereich zu erheben, wie dies für Mohenjo Daro, Chanhu Daro und Lothal erkennbar ist, sondern, um Unebenheiten innerhalb des Siedlungsbereiches auszugleichen[473].

4.2.4. Der Reif-Harappa C-Horizont

Mit dieser Periode tritt der Indus-Becher verstärkt auf, und Mohenjo Daro und Harappa stehen in der frühen Phase dieses Horizontes auf dem Zenit ihrer Urbanität (Jansens Reif-Urbane Phase). Gleiches gilt für Kalibangan II und damit verbundene Orte. Im Gegensatz dazu kommt die Siedlungtätigkeit der Hilmand-

---

[473] Jarrige et al.[37] 169.

Kultur spätestens in dieser Periode endgültig zum Erliegen[474]. Oftmals wurde in der Literatur davon ausgegangen, dass Harappa und Mohenjo Daro "Zwillings-hauptstädte" seien, die den Indus-Bereich dominierten[475]. Durch die Auffindung von Kalibangan und Ganweriwala mußte dieses Konzept erweitert werden. Possehl unterteilt den Siedlungsraum in 6 Domänen[476]:

1. Ostdomäne = Zentrum Kalibangan; 2. Harappa-Domäne = Zentrum Harappa; 3. Bahawalpur-Domäne = Zentrum Ganweriwala; 4.Mohenjo Daro-Domäne = Zentrum Mohenjo Daro; 5. Lothal-Domäne = Zentrum Lothal und 6. Gedrosia-Domäne = kein Ort genannt.

Dieses Schema ist zu modifizieren: Was die "Domänen 2-4" betrifft, sind die angegebenen urbanen Zentren von vergleichbarer Größe[477]. Betreffs "Domäne 1" sind zwei weitere Orte zu nennen: zum einen Banawali, mit 25 ha doppelt so groß wie Kalibangan (12.13 ha[478]), und vor allem das urbane Zentrum Rakhi Garhi/-Shapur, ein Ort, der dem Befund von Harappa und Mohenjo Daro von der Größe

---

[474] Es ist zu beachten, dass Funde in Mundigak IV 3B, die mit Shahr-i Sokhta IV zu verbinden sind, nicht im gesicherten strukturalen Kontext angetroffen wurden. Ob man deshalb in Mundigak für diese Phase von einer wirklichen Besiedlung oder nicht eher von einer sporadischen Nutzung des Ortes ausgehen muß, ist unklar. In Shahr-i Sokhta IV, Phase 1 ist dagegen, wenn auch völlig isoliert in der ehemaligen urbanen Siedlung, noch das monumentale "Burnt Building" zu nennen, welches sich strukturell aus Haus-typen zusammensetzt, die vormals als isolierte Baukörper vorhanden waren (Mariani[436] 125, Fig. 11; Biscione / Salvatori / Tosi in: Tucci, La Citta' Brucciata del Deserto Salato [1977] 99. 110 f.). Nach der Zerstörung des Gebäudes durch einen Brand am Ende von Phase 1 wurde dieser Bereich der Siedlung mit Töpferöfen genutzt.
[475] Cf. Anm. 23 - dazu Jansen[423] 286f. Possehl[7] 701-703 erwähnt noch 3 weitere ver-meintlich „riesige" Orte auf indischer Seite: Lakhmirwala („225 ha"), Gurnikalan („144 ha") und Hasanpur 2 („100 ha"). Alle Orte haben angeblich lokales Sothi/Siswal-, gefolgt von Reif-Harappa-Material. Possehl bezweifelt, dass diese Ortsgrößen korrekt sind, denn sie liegen viel zu dicht beieinander und wahrscheinlich kommen hier horizontal-stratigraphische Faktoren zum Tragen, ähnlich wie bei Rangpur. Jarrige, SAA XI (1993), erwähnt noch den Ort Pathani Damb bei Gandhava mit 100 ha Größe zur Reif-Harappa-Zeit (gemessen an seiner Nähe zur Kachi-Ebene, datiert dieser Ort möglicherweise nur bis in den Reif-Harappa B-Horizont).
[476] Possehl in: Possehl[10] bes. 19 f. Fig. 3. Siehe auch Possehl[7] 6-7 Fig. 1.3.
[477] Betreffs "Domäne 4" ist auf Naru Wara Daro hinzuweisen, ein Fundort mit maximal 34,5 ha Größe, der aber nur eine extrem dünne Schichtung aufweist und offenbar nur temporär genutzt wurde (Flam[103] 157). In der südöstlichen Kachi-Ebene ist Judeirjo Daro mit 17,4 ha zu nennen, und auch Pathani Damb in der südwestlichen Peripherie der Kachi-Ebene soll größere Ausmaße haben (Jarrige[283] 41).
[478] Zu Banawali cf. Shaffer in: Jacobsen[122] bes. 224; zu Kalibangan cf. Jansen, SAA V (1981) 262. Er nennt 121.250 m^2 = 12, 13 ha für Kalibangan.

her nahe kommen könnte[479]. Banawali liegt auf halbem Weg zwischen Kalibangan und Rakhi Garhi/Shapur. Weiter nördlich ist mit dem 35 ha umfassenden Rupar ein Banawali von der Größe her vergleichbarer Ort gegeben[480]. Für "Domäne 6" ist sicher nicht Lothal mit nur 7.5 ha Größe[481] der zentrale Ort, sondern vielleicht Rangpur, eine Siedlung mit ähnlichen Ausmaßen wie Rakhi Garhi/Shapur oder der Ort Kotada bei Dholavira[482]; auch Daimabad in Maharshtra, mit maximal 50 ha Größe, dürfte von einiger Bedeutung gewesen sein[483]. In "Domäne 6" ist bisher Nindowari die größte bekannte Siedlung mit minimal 22,5 ha Fläche[484]. Hinzuweisen wäre auch auf Dabar Kot in der Duki-Ebene, im Loralai-Distrikt. Jansen nennt hier zwar nur 18 ha Größe[485], jedoch bezieht sich dies lediglich auf den Siedlungshügel, nicht auf die immense Unterstadt, die zwar gewaltige Ausmaße hat, deren Besiedlung zur Reif-Harappa-Periode jedoch noch nicht gesichert ist. Interessant an dieser Aufstellung ist der Umstand, dass Kalibangan ungefähr im Zwickel zwischen den maximalen Einzugsbereichen von Ganweriwala, Harappa und Rakhi Garhi/Shapur zu liegen kommt, also offenbar von seiner Lage her eine wichtige Umschlagsfunktion für diese drei Zentren gehabt haben könnte. Harappa und Rakhi Garhi/Shapur bilden dagegen die westliche und östliche

---

[479] Bhan[107] 95 ff.; Shaffer in: Jacobsen[122] 224 und Mughal[23] 156.

[480] Jansen[478] 263.

[481] Jansen[478] 265.

[482] Rangpur könnte während der Perioden IIB-III vielleicht eine Größe von gut 1000 x 900 m = 90 ha gehabt haben - cf. Rao, AI 18-19, 1962-63, pl. I. Allerdings hat dieserr Ort aufgrund seiner horizontalstratigraphischen Bedingungen (siehe hier Anm. 176) eine bisher nicht sicher zu fixierende Größe. Wichtig ist auch Kotada/Dholavira, nordwestlich von Surkotada. S. Pandya gibt für diesen Ort (in: R.K. Sharma, Indian Archaeology. New Perspectives [1982] 127 ff., bes. 128) eine Ausdehnung von 5 km^2 an, was sicher eine falsche Angabe ist, denn Possehl[175] 106, Nr. 100, nennt einen Doppelhügel von 100 x 150 m und 500 x 200 m = 14 ha. Gemäß der jüngsten Untersuchungen hat Kotada/Dholavira eine Fläche von mehr als 40 ha (cf. Mughal[23] 156 f. mit weiterer Literatur, sowie Possehl[8] 71). Man beachte auch die monumentale „Sign Board Inscription" (ibid., Fig. 3.8), die leider keine Entsprechungen im bekannten Corpus der Indus-Inschriften hat. Sollte Rangpur zur Periode IIA kleiner als in späterer Zeit gewesen sein, so könnte Kotada/Dholavira der zentrale Ort von "Domäne 5" sein. Zu Dholavira cf. Possehl7 67-71 Tab. 3.5 und Fig. 36. Insgesamt wurden VII Phasen erfasst. Wenn das Material ersteinmal vollständig vorgelegt sein wird, haben wir eine neue Leitstratigraphie für die Region.

[483] Sali[354] 11 nennt 1000 x 500 m = 50 ha Fläche.

[484] Cf. Plan bei Possehl[134] 53 Fig. XXI. Mehi und Kulli sind bestenfalls halb so groß (cf. Jansen[478] 260).

[485] Jansen[478] 260.

Grenze des Harappa-Siedlungsbereiches und dürften beide für das Gesamtsystem ähnliche ("Gate-Way"-) Funktionen erfüllt haben[486].

Dieser lang anhaltende Reif-Harappa C-Horizont, der gemessen an seinen externen Verbindungen maximal ungefähr 350-300 Jahre umfassen dürfte, ist nicht nur die Phase der Urbanität in den genannten Orten, sondern gleichzeitig vollziehen sich in ihr Veränderungsprozesse:

Der in Gedrosien, der Las Belas-, Quetta- und der Kachi-Ebene nachzuweisende Mehrgarh VIII-Horizont mit seinen direkten Bezügen zum südrussischen- und iranischen Bereich läßt sich im Indus-Tal auch in Harappa, Mohenjo Daro und Chanhu Daro nachweisen, in Orten (Ausnahme Chanhu Daro), die zum Ende dieses Horizontes (Jansens Spät- und vor allem Nach-Urbane-Phase) ihren urbanen Charakter allmählich verlieren, und in der Mohenjo Daro dann wüst fällt. Ältere Konzepte, die Funde des Mehrgarh VIII-Horizontes noch als Nach-Reif-Harappa-zeitliche Wanderbewegungen erklärten und dem Jhukar-Horizont zuwiesen, können dank der Arbeiten von Jarrige heute als überholt angesprochen werden[487]. Denkbar wäre, dass sich darin ein Handelssystem manifestiert, welches in seiner jüngsten Phase gerade noch zeitgleich zu den interregionalen Handelssystemen der altassyrischen und altbabylonischen Zeit in Vorderasien wäre. In diesem Kontext könnten auch Funde des damit verbundenen Hissar IIIC-Horizontes im Zagros stehen[488]. Im südlichen Indus-Tal bildet sich im Reif-Harappa C-

---

[486]   Ratnagar in: Possehl[10] 261 für Harappa. Allerdings gibt es westlich von Rakhi Garhi / Shapur noch kleine Harappa-Siedlungen. Zu diesem Ort siehe Possehl[7] 71-72, Fig. 3.9-10.

[487]   Cf. zusammenfassend Jarrige[35] 263 ff.; ders.[228] 105ff.; Jarrige / Hassan[37] 150 ff. und Possehl[7] 215-236.

[488]   Cf. zusammenfassend: Dittmann, AMI 23, 1990, 109 Anm. 27 und Amiet[49] 154 ff. Sollte das bei Brunswig / Parpola / Potts, BBVO II (1983) 103 Fig. 5, vorgestellte Stempelsiegel aus dem Louvre wirklich in Luristan gefunden worden sein, wäre dies ein weiterer, direkter Beleg für einen Kontakt zwischen dem Mehrgarh VIII-/Hissar IIIC-Horizont und dem Zagros. Es ist aber darauf hinzuweisen, dass in Hissar Siegel dieser Art nicht angetroffen wurden. Die Bezüge zu Hissar manifestieren sich nur in der Keramik (Zagros, Hissar [und weniger Mehrgarh VIII und Sibri]) und in den Alabaster- und Metallartefakten (Hissar und Mehrgarh VIII, Quetta-Hort). Das Rollsiegel aus Sibri (Santoni, SAA VI [1984] 57 Fig. 8. 4A), entspricht typologisch den Roll-/Stempelsiegeln aus Bogazköy und Alisar sowie Abrollungen mit Abdrücken aus Karahöyük und Acemhöyük in Zentralanatolien zur Karum-Zeit (R.M. Boehmer / H.G. Güterbock, Glyptik aus dem Stadtgebiet von Bogazköy, Bogazköy-Hattusa XIV [1987] bes. 93 f. Abb. 72-73 Taf. XXXV, 279 f.), die wahrscheinlich als ein typologischer Vorläufer der sogenannten Tyskiewicz-Gruppe der althethitischen Zeit in Anatolien aufgefaßt werden können (K. Bittel, Die Hethiter [1976] 148 Abb. 150-152 - ca. 17. Jahrhundert v. Chr.; Boehmer / Güterbock, op. cit., bes. 36 ff., datieren anhand von stratifizierten Vergleichen für die Tyskiewicz-Gruppe diese in die letzten Jahre des 18. und das beginnende 17. vor-

Horizont eine neue Keramik heraus, die sogenannte Jhukar-Keramik, die in dieser Periode parallel zur Reif-Harappa-Keramik vorkommt[489].

In Harappa im Punjab tritt am Ende des Reif-Harappa-Horizontes (Reif-Harappa C2-Phase) die sogenannte Friedhof H-Keramik auf, die auch im Hakra-Ghaggar- und Sutlej-Yamuna-Bereich bis hin nach Swat, hier jedoch eingebettet in einen "neolithischen" Horizont (mit Bezügen nach Kashmir und China[490]), erfaßt wurde.

Im von Mughal untersuchten Bahawalpur-/Hakra-Fluß-Bereich[491], sind von 174 Reif-Harappa-Siedlungen 79 Orte reine Produktionszentren; 33 Orte haben neben Siedlungsspuren auch Keramiköfen erbracht; 50 Orte sind reine Siedlungen; 10 Orte wahrscheinlich nur Lagerplätze ("Camp Sites"), und in 2 Siedlun-

---

christlichen Jahrhundert). Ein gemeinsames Merkmal der hier angeführten Siegeltypen ist, dass sie einen Aufhänger besitzen und dass sowohl mit dem Siegelmantel als auch mit der Siegelbasis abgerollt und gestempelt werden konnte. Das Siegel aus Sibri sowie weitere Siegel dieser Art aus Baktrien und der Margiana, datieren nach Amiet[49] 190. 199, in das 18. vorchristliche Jahrhundert oder knapp davor, was in engster Übereinstimmung mit Boehmers und Güterbocks Datierungsansatz für die karumzeitlichen Roll-/Stempelsiegel wäre. Die östliche Gruppe könnte vielleicht sogar noch etwas früher einsetzen. Letzteres ist solange nicht zu entscheiden, bis das zeitliche Verhältnis von Mehrgarh VIII zu Sibri geklärt ist. Sollte, wie hier vermutet, Sibri einen teilweise jüngeren Aspekt des Mehrgarh VIII-Horizontes markieren, so scheidet eine wesentlich ältere Datierung als die von Amiet vorgeschlagene sicher aus. Die weiblichen Kompositfiguren, die dem Quetta-Hort und dem Mehrgahr VIII-Horizont zuzuweisen sind, entsprechen Darstellungen auf Sukkalmakh-zeitlichen Rollsiegeln, die ab dem 20./19. vorchristlichen Jahrhundert zu datieren sind (Porada, RA 84/2, 1990, 171 ff.).

[489] Wann sich diese Ware in Sind etabliert, ist unklar. Gemessen an dem diskutierten Befund in Amri wäre dies wahrscheinlich erst mit der poststrukturalen Phase in Amri IIIC (= Reif-Harappa C2-Phase) gegeben. Ob diese unbedingt synchron zu Mohenjo Daro, UM B-spät, Wheeler, Kontext D, anzusetzen ist (Jansens Nach-Urbane Phase), kann bisher nicht bewiesen werden, da in Amri für den Amri IIIC-Horizont nur wenig an Bausubstanz ergraben wurde (ähnlich auch in Amri IIIB, so man es mit den Baustraten in Naushoro III vergleicht). Es ist nicht auszuschließen, dass Jhukar-Keramik in Amri früher einsetzen könnte als in Mohenjo Daro, also ab der Mitte des Amri IIIC-Horizontes. Dies lassen die Befunde in Chanhu Daro und Lohumjo Daro vermuten. Eine genauere Klärung wird die Materialvorlage der noch unpublizierten Grabungen von Mughal in Jhukar ermöglichen.

[490] Stacul, SAA VI (1984) 209; ders., SAA VII (1985) 357 ff.; Gupta[216] II, 216 f.; Mughal[33] 179; Stacul, SAA XI (1993) 265-271, zu Befunden aus Kalako-Deray (Swat IV-Komplex) und ders., SAA XII (1994) 707-714.

[491] Mughal, Man & Environment 4, 1980, 93 ff.; ders. in: Dani, Indus Civilization - New Perspectives (1980) 33ff.; ders. in: Possehl[10] 85 ff.; ders. in: Lal / Gupta[20] 499 ff.; ders. in: Gupta[240]107 ff. Siehe auch Mughal[33] bes. 190 ff.

gen ließen sich Friedhöfe nachweisen. Mit maximal 81,5 ha Größe ist Ganweriwala ein Harappa und Mohenjo Daro ebenbürtiges Zentrum. Leider gelingt es mangels Materialvorlage bisher nicht, diese Fülle von Reif-Harappa-Siedlungen in Subphasen zu unterteilen, was das Bild vom massierten Auftreten von Siedlungen in diesem Bereich stark modifizieren dürfte. Besonders die "Camp Sites" und Produktionsstandorte könnten kurzlebiger als die Siedlungen sein.

Im Sutlej-Yamuna-Bereich ist Reif-Harappa-Keramik in manchen Orten nur zu einem geringen Anteil vorhanden, eingebettet in den anhaltenden, sich lokal entwickelnden Siswal B1-2-/Bara-Komplex. Ähnliches gilt für den folgenden Siswal C-Komplex (der offenbar in die Reif-Harappa C2-Phase datiert), wo Friedhof H-Keramik (und zum Teil OCP-Keramik) ebenfalls in dem sich entwickeln-den Siswal-/Bara-Komplex zu geringen Anteilen zu verzeichnen ist. Da Friedhof H-Keramik in Kalibangan fehlt, dürfte dieser Ort unmittelbar vor dem Einsetzen dieser Ware aufgegeben worden sein, also unmittelbar vor der Zwischenschicht in Harappa R 37 zu H II. Im Sutlej-Yamuna-Bereich ist, wie erwähnt, Rakhi Garhi/ Shapur der wohl größte Ort mit ca. 80 ha Fläche also vergleichbar mit Mohenjo Daro, Harappa und Ganweriwala im Hakra-Ghaggar-Bereich (Bahawalpur-Gebiet) und das bisher östlichste Zentrum dieses Komplexes[492]. Dieser Ort datiert in die Siswal A-B-Phase, ebenso Banawali, der zweitgrößte Ort. Zur Siswal A-B -Phase (also ab Reif-Harappa A-C) gibt es nur 33 Orte. Nur 9 davon weisen Reif-Harappa- neben der Siswal B-Keramik auf, und bis auf drei Ausnahmen sind sie alle zwischen 4,7 und 8,3 ha groß, abgesehen von den beiden großen Orten Banawali (25 ha) und Rakhi Garhi/Shapur (max. 80 ha). Shaffer weist darauf hin, dass der kleine Ort Dher Majra (knapp 1 ha) vielleicht ein spezialisierter Produk-tionsort für Faience und Halbedelsteine ist[493].

In Gujarat-Saurasthra werden in Lothal und Rangpur ebenfalls Veränderungen erkennbar. Während des älteren Reif-Harappa B-Horizontes durchlief Lothal be-sonders in Periode A, Phase II-III, seine Blütezeit. Zeitgleich zum frühen Reif-Harappa C1-Horizont in Periode AIV[494], nach der verheerenden Flut, die Lothal AIII zerstörte, und in Periode BV vollziehen sich sichtbare Veränderungen im Materialbestand und in der Anlage der Siedlung. Die Siedlung fällt jedoch noch *im* Reif-Harappa C-Horizont wüst. Die Phase der Umwandlung und Aufgabe in Lothal (Periode B) markiert aber sonst in Gujarat-Saurashtra einen enormen Sied-lungszuwachs. Rangpur zur Periode IIB-C verbleibt wohl als zentraler Ort be-stehen. Die Siedlung Budhel, südöstlich von Rangpur, hat zu dieser Zeit einen

[492] Bhan[107] 94 ff.; Shaffer in: Jacobsen[122] 223 f.; Mughal[23] 156.
[493] Shaffer in: Jacobsen[122] 223 f.
[494] Sollte der Indus-Becher schon in Periode AIII vorhanden sein, so gehörte Lothal AIII an das Ende des Amri IIIB-Horizontes.

Umfang von 23,9 ha, und in den Siedlungskammern des Ghelo- und Kalubhar-Flusses, sowie westlich davon gibt es eine Fülle von Siedlungen zwischen 7 und 16,2 ha[495]. Folglich bezeichnet der Rangpur IIB-C-Horizont eine Blütephase der Siedlungstätigkeit in Gujarat-Saurashtra. Es erhebt sich die Frage, ob diese Zunahme an Siedlungen wirklich mit einer gleichzeitigen Abnahme des "urbanen" Charakters der verbleibenden und neuen Siedlungen verbunden ist, oder ob die Beurteilung dieses Zeitraumes, der von Possehl als "Post-Urbane"-Phase bezeichnet wurde, nicht terminologisch durch die Entwicklung in Lothal vorgeprägt ist, auf die anderen Orte aber nicht übertragen werden sollte[496]. Leider hat es in Rangpur keine großflächigen Grabungen gegeben. Den bisherigen Informationen nach könnte der Befund ab Rangpur IIB für eine Abnahme des "urbanen" Charakters sprechen[497]. Ebenfalls in diesen Horizont ist Daimabad II (und I) mit seinen außergewöhnlichen Bronzefunden zu datieren[498].

Im Persischen Golf und in Oman kommt der Umm-an Nar-Horizont kurz vor dem Ende der Reif-Harappa C1-Phase zum Erliegen, und die Kontakte, die in der Reif-Harappa C1-Phase mit dem Persischen Golf (Maysar 1, Hili 8, IIf-g) bis nach Bahrain (City I-spät und IIA) bestanden, nehmen im Verlauf der folgenden Wadi Suq-Periode im Reif-Harappa C2-Horizont immer mehr ab. Im Wadi Suq-Horizont ist ein neuer Siegeltyp zu fassen, die sogenannten Persischen Golf-Siegel, die in diesem noch von den Dilmun-Siegeln abgelöst werden, welche deut-

---

[495] Possehl[175] 89 ff., Nr. 1. 25 (Budheli). 27. 58. 69. 83. 118. 119?. 120. 134 (Oriyo - Rangpur III; s.u.). 139. 163 (Rodji) und 186 - um nur die Orte aufzulisten, für die Angaben zur Siedlungsgröße vorliegen. Zu Oriyo cf. P.C. Rissman / Y.M. Chitalwala, Harappan Civilization and Oriyo Timbo (1990), bes. 140. Er nennt nur 4 ha Größe, was im Gegensatz zu Possehls Daten wäre. Betrachtet man ibid., 6 Fig. 1, so wird es wahrscheinlich, dass der Ort durch Straßenbaumaßnahmen quasi halbiert wurde. Den Grabungsergebnissen nach wurde dieser Ort offenbar nur saisonal von nomadischen Gruppen genutzt.

[496] Possehl[175] 20 spricht Lothal B, Rangpur IIB-C und III als "Post-Urban" an. Nach den hier vorgenommenen Verknüpfungen kann Lothal B nicht jünger als Reif-Harappa C1 sein; gleiches gilt für Rangpur IIB und wahrscheinlich auch für Teile von IIC; letzteres könnte an das Ende des Reif-Harappa C-Horizontes (in Subphase C2) datieren und bestenfalls, wenn nicht erst Rangpur III-früh, mit der "Nach-Urbanen" Phase Jansens in Mohenjo Daro (Late Ia) überlappen. Lothal AIV-BV und Rangpur IIA-B(C) markieren also in Jansens Terminologie für Mohenjo Daro, die "Reif- bis Spät-Urbane"-Phase in Sind.

[497] Rao, AI 18-19, 1962-63, bes. 42, und 44f. (Phase V = Rangpur IIC). Besonders der Baubefund von IIB legt dies nahe.

[498] In Daimabad II ist das Layout der ergrabenen Strukturen sehr regelmäßig, und sie gehören wahrscheinlich zu einem größeren Komplex. Salis Bezeichnung der einzelnen Räume als "Houses" ist wohl kaum zuzustimmen (Sali[354] 89 Fig. 10).

liche Bezüge zur Karum-Zeit in Anatolien erkennen lassen[499], ähnlich dem Rollsiegel, welches im Mehrgarh VIII-Horizont in Sibri angetroffen wurde. Direkte
Kontakte zu Babylonien werden zu dieser Zeit wohl vornehmlich via Dilmun abgewickelt, denn bereits in der Ur III-Zeit gibt es Hinweise darauf, dass der Handel
von Dilmun-Schiffen abgewickelt wurde[500], und auch die Funde von Persischen
Golf-Siegeln in Babylonien, die im Indus-Bereich rar sind, weisen in diese Richtung. Bezogen auf den Vorderen Orient datiert der Reif-Harappa C-Horizont von
der Ur III- bis in die altbabylonische Zeit. Bezüge zur folgenden kassitischen
Periode lassen sich nicht nachweisen.

4.2.5. Der Spät-Harappa-Horizont

Noch in dem Reif-Harappa C2-Horizont, der die Auflösung der Reif-Harappa-
Kultur markiert, und in der Spät-Harappa-Periode fraktionieren die Regionen materialmäßig in kleinere Einheiten. In der Kachi-Ebene, mit Ausstrahlungen bis
nach Baluchistan, tritt der Pirak-Horizont auf, der dann direkt in die Eisenzeit
überleitet und vielleicht mit Jhukar-Elementen und lokalen Aspekten, vor allem in
Baluchistan, zum Teil überlappen dürfte. Im Kandahar-Gebiet ist mit Mundigak V
und dem späteren Mundigak VI-Material eine Keramik gegeben, die direkt auf
den Chust- und Jaz-Horizont des südrussischen Raumes bezogen werden kann.
Bezüge zu letzterem konnten auch in Pirak und im Bannu-Gebiet nachgezeichnet
werden. Dieser Befund reflektiert im wesentlichen die gleiche Traditionsrichtung
wie der vorhergehende Mehrgarh VIII-Horizont. Die engeren Bezüge zwischen
beiden Komplexen sind jedoch noch zu erarbeiten[501]. Ebenfalls wichtig sind die
Überlegungen von Jarrige, der in einigen Malmotiven der Pirak-Keramik Früh-
Harappa-zeitliche Traditionen aufgezeigt hat. In Sind folgt auf Amri IIIC bruchlos
der Jhukar-/Amri IIID-Horizont. Die Überleitung desselben zu den folgenden
früheisenzeitlichen Aspekten ist bisher noch nicht geklärt, könnte aber in Jhukar
vielleicht zu fassen sein, denn hier fand sich eine Keramik auf dem Westhügel,
wie sie mit der Khaipur Juso-Gruppe erfaßt wurde, die deutliche Bezüge zum
Material von Dur Khan in der Kachi-Ebene aufweist[502]. Betreffs der Siedlungen
im Manchar See-Gebiet gibt es aber kaum Anzeichen für ein Überlappen von
Jhukar- und Khaipur Juso-Orten. In der Kachi-Ebene dagegen läßt das Material
der obersten Schichten von Pirak eine geschlossene Entwicklung zu den Funden
aus Dur Khan erkennen. In Sind ist dagegen die Verbindung von Jhangar-Keramik

---

[499] Boehmer / Güterbock[488] bes. 25 Abb. 4-5b, und Boehmer, BaM 17, 1986, 293ff.

[500] Parpola / Parpola / Brunswig, JESHO 20, 1977, bes. 153f. Siehe S. Cleuziou / M.
Tosi, SAA XII (1994) 745-762 und Possehl, SAA XIII (1997) 87-100 zur Schiffahrt.

[501] Hierzu bietet sich vielleicht das Material von Sibri an, welches vielleicht einen späten
(?) Aspekt des Mehrgarh VIII-Horizontes markieren könnte.

[502] Eigene Anschauung in Jhukar im Frühjahr 1986.

zu älteren und jüngeren Waren noch völlig ungeklärt. Denkbar wäre, dass diese Keramik älter als die Khaipur Juso-Gruppe ist und eine Phase zwischen Jhukar- und Khaipur Juso markiert, denn in Fundorten der letzten Gruppe sind Jhangar-Scherben nicht angetroffen worden. Sollte dies richtig sein, so würde der Jhukar-Horizont ungefähr mit Pirak IIIA enden und der Jhangar-Horizont vielleicht zeitgleich zu Pirak IIIB-C sein, gefolgt von Khaipur Juso/Dur Khan.

Verschiedentlich wird betreffs der Jhukar-Keramik auch auf einen Rückgriff auf Baluchi-Traditionen hingewiesen[503]. Auch diese Frage bedarf noch der näheren Untersuchung, nicht zuletzt auch die sogenannte "Pseudo-Jhukar"-Keramik in Baluchistan[504].

In Punjab, dem Bahawalpur/Hakra-Ghaggar-Bereich mit Ausstrahlung nach Swat und in den Sutlej-Yamuna-Bereich kann eine Spät-Harappa-/Friedhof H-Keramik isoliert werden, die schon zur vorherigen Reif-Harappa C2-Phase einsetzte. Mughal erfaßte für diesen Horizont im Bahawalpur-Bereich insgesamt 50 Orte, davon sind nur noch 9 ausschließlich Produktionszentren; 14 Orte haben Brennöfen, 14 sind reine Siedlungen, und 13 Lagerplätze wurden erfaßt. Bisher fehlt der Nachweis für Nekropolen, was bei einem Survey nicht verwundern muß. Mit Kudwala ist immerhin ein Ort von 38,1 ha gegeben; 19 Siedlungen sind zwischen 0,1 und 10 ha groß, und 6 Orte haben eine Größe zwischen 13 und 20 ha.

Für die PGW-Periode sind nur 14 reine Siedlungen ohne Anzeichen für größere Produktionseinheiten zu nennen. Ein Ort, Satwali, hat eine Größe von 13,7 ha; die anderen Orte sind unter 5 ha groß. Die Orte sind linear am alten Hakra-Bett orientiert, wobei der größte Ort (Nr. 40 = Satwali) an der südwestlichten Peripherie der Kette liegt; ihm vorgelagert ist nur Chak 103 = Nr. 92. Mughal weist aber darauf hin, dass der Bereich zwischen Satwali und Chak 103

---

[503] Piggott[23] bes. 222 f.; Casal[17] 167, besonders auf die Kulli-Kultur Bezug nehmend; ähnlich Fairservis[334] 302.

[504] Unter der Voraussetzung, dass der Kulli-Komplex ungefähr am Ende von Amri IIIB/IIIC-früh zum Erliegen kommt, wäre in Sind zeitgleich zu Amri IIIC eine folgende, zusätzliche Übernahme von Kulli-Produktionstraditionen, aus denen sich die Jhukar-Keramik entwickelt haben könnte, nicht vollständig auszuschließen. Die Voraussetzung wäre, dass die Produzenten dieser Tradition sich zur Amri IIIC-Periode vom Kulli-Verbreitungsbereich nach Osten verlagert haben müßten und ihre Produktionsweisen in Sind aufgenommen wurden. Dies bedeutet nicht, dass es zu größeren Bevölkerungsverschiebungen kam, sondern lediglich, dass spezialisierte Produzenten ihren Tätigkeitsbereich in ein Gebiet verlagerten, zu dem sie sowieso schon eine lange Beziehung hatten (cf. auch Possehl[134] 58 ff., zu den Beziehungen zwischen dem Kulli-und Harappa-Komplex). Possehl[7] 237-245 glaubt, dass die Kulli-Domäne gänzlich in dieser Periode aufgegeben wurde.

rezent stark kultiviert ist und wahrscheinlich einige PGW-Orte in diesem Gebiet diesen Aktivitäten zum Opfer gefallen sein dürften[505].

Im Bahawalpur/Hakra-Ghaggar-Bereich, den Mughal untersuchte, kommt es also nach der Reif-Harappa-Periode zu einem deutlichen Abfall der Siedlungsanzahl, der Siedlungsgrößen und der Produktionseinheiten.

Vergleicht man diesen Befund im Bahawalpur-/Hakra-Bereich mit der Khaipur Juso-Gruppe in Sind, die im wesentlichen zeitgleich zur PGW-Phase im Hakra-Gebiet ist, so zeigen sich Unterschiede, die vor allem darin begründet sind, dass die Orte in der Ebene verstreut liegen[506].

---

[505] Mughal in: Lal / Gupta[20] 501; ders., SAA IX (1990) 143 ff. Fig. 7. Die Siedlungsabnahme post Reif-Harappa wird mit einer Austrocknung des Hakras in Verbindung gebracht. In diesem Zusammenhang ist jedoch erneut auf die Beobachtung von Francfort[421] bes. 95 f., hinzuweisen, dass der Ghaggar-Hakra schon vor der Hakra-Periode kein Wasser mehr geführt haben soll, da Siedlungen dieser ältesten Phase in diesem Bereich zum Teil im alten Flußbett liegen sollen. Er und Gentelle vermuten, dass bereits zur Kalibangan I-/Früh-Harappa-Periode riesige Kanäle zur Versorgung der Siedlungen vom Yamuna abgezweigt wurden. In Baktrien können große Kanalsysteme ab dem Früh-Harappa-Horizont nachgewiesen werden, und die Verbindungen zwischen dem folgenden Reif-Harappa-Horizont und dem Fundort Shortughai auf der einen Seite und zum (späteren) Mehrgarh VIII-Horizont auf der anderen Seite könnten für eine Verbreitung dieser Technologie sprechen (Francfort[421] 95 und Gardin in: Lal / Gupta[20] 311 ff.). Sollten Francforts Annahmen sich bestätigen, dann wäre die Siedlungsabnahme im Hakra-Ghaggar-Bereich wohl mit einem Zusammenbruch des Bewässerungssystems zu begründen, möglicherweise in Verbindung mit der Auflösung der administrativen Strukturen, die solch ein komplexes System benötigt, am Ende der Reif-Harappa-Periode, wo auch auf anderen Sektoren eine Abnahme des kommunalen Engagements faßbar ist.

[506] Nissen[373] Karte im Anhang des unpublizierten Reports; demnach liegt am nördlichen Rand des Untersuchungsbereiches KPS 17 mit maximal 17,7 ha Größe. Ihm zugeordnet sind KPS 16 (2,85 ha), 18 (3,79 ha) und KPS 20 (0,63 ha); ca. 38 km südwestlich von KPS 17 liegt isoliert KPS 19 mit 11,6 ha. Von KPS 19 in südlicher Richtung, ca. 25 km entfernt, liegt KPS 23 mit 15,12 ha. Diesem Ort sind zugeordnet: KPS 21 (0,36 ha), KPS 24 (1,00 ha) und KPS 25 (2,08 ha). Östlich von KPS 19 und KPS 23 liegt KPS 14 (13,76 ha) in 40-45 km Entfernung. Der Abstand nach Nord-Nordwesten zu KPS 17 beträgt 40 km. Zu den Siedlungen südlich von KPS 14 gehört auch der große Ort Jhukar (KPS 13), dessen Größe für diese Phase nicht zu bestimmen ist. Khaipur Juso-Material fand sich hier 1986 auf dem West-Mound. Ferner sind für diese Siedlungshäufung zu nennen: KPS 10 (3,78 ha), KPS 11 (0,56 ha), KPS 12, ca 18 km südlich von KPS 14 mit 7,2 ha. KPS 15 mit 2,16 ha liegt ca 35 km süd-südwestlich von KPS 14, ähnlich isoliert wie KPS 19. Im Untersuchungsbereich der Khaipur Juso-Gruppe liegen also aufeinander bezogene, wohl nur zweistufig hierarchisierte Siedlungssysteme vor. Die Abstufungen der Siedlungsgrößen innerhalb der Siedlungscluster der Khaipur Juso-Gruppe ähnelt der der

Ähnlich dem von Mughal untersuchten Bereich gibt es auch in dem von Nissen untersuchten Gebiet kaum Anzeichen für ein Überlappen von Orten mit Früh-/Reif-Harappa- und/oder Jhukar-Keramik mit der Khaipur Juso-Gruppe. Die prominenteste Ausnahme ist KPS 13 = Jhukar; vielleicht hat auch KPS 17 Spät-Harappa-Keramik, und hier wurde 1986 ebenfalls Khaipur Juso-Material gefunden. Meist liegen die Früh- und Reif-Harappa-Orte südlich der Khaipur Juso-Orte, südlich des Manchar-Sees oder im "Run-off"-Bereich des Kirthar-Massivs, welches den Untersuchungsbereich westlich begrenzt.

Friedhof H-Keramik fand sich auch im Sutlej-Yamuna-Bereich, wo neben dieser Keramik auch die späte Siswal-/Siswal C- und Spät-Bara-Keramik zu nennen ist, eine Keramik, die ihre Wurzeln in der lokalen Früh-Harappa-Periode hat. Ob in diesem Gebiet diese Keramik mit der eisenzeitlichen PGW-Keramik überlappt (in der vermeintlichen Siswal D-Phase), wie dies jüngst erwogen wurde, ist, gemessen an den Befunden, mehr als fraglich. Im Hakra-Ghaggar-Bereich (Bahawalpur-Survey) sind Siedlungen beider Komplexe, wie erwähnt, vollständig voneinander getrennt, und andere Orte im Sutlej-Yamuna-Gebiet lassen noch einen Zwischenhorizont erkennen. Im Siswal C-Horizont gibt es auch Scherben der sogenannten OCP-Keramik, ein Komplex, der ebenfalls noch näher untersucht werden müßte. Rakhi Garhi/Shapur fällt in dieser Phase offenbar wüst, teilt also das Schicksal von Mohenjo Daro, Ganweriwala und Kalibangan[507]. Anzeichen für eine Besiedlung dieses Zentrums zur Siswal C-D- und PGW-Periode gibt es nicht. Nur Banawali, mit 25 ha ebenfalls ein größerer Ort, hat eine posturbane, Siswal C-zeitliche Besiedlung[508]. Zur Siswal C-D-Phase sind 127 Orte belegt und zur PGW-Periode 134 Orte. Nach Shaffers Angaben gibt es in diesem Gebiet zur Spät-Harappa- und PGW-Periode auch größere Orte, ähnlich wie im von Mughal untersuchten Bahawalpur-Bereich[509]. Zur PGW-Periode findet sich in Bukhari ein 12, 2

PGW-Orte im Hakra-Bereich, nur um KPS 14 und 13 (Jhukar) könnte KPS 12 eine weitere Stufung erkennen lassen.

[507] Bhan[107] 101 nennt nur wenige Spät-Harappa-Scherben, die an der Oberfläche angetroffen wurden.

[508] Shaffer in: Jacobsen[122] 220, Fig. 7. Die späte Besiedlung in Banawali nimmt jedoch keinen Bezug mehr auf die älteren, urbanen Strukturen und ist möglicherweise durch einen kurzen Hiatus von der früheren Besiedlung getrennt (Anm. 257). Vertraut man Possehls Angaben zu seiner „Eastern Domain" (Possehl7 237-245 Tab. 13.2), so kommt es hier zu einem starken Abfall der Siedlungsdurchschnittsgrößen von Reif- zu Spät-Harappa (13,5:3,5 ha). Gleichzeitig steigt aber die Siedlungsanzahl dramatisch an (von 218:853 Orten)!

[509] Shaffer in: Jacobsen[122] 225 f.

ha großer Ort[510], ähnlich den Befunden im Bahawalpur-Gebiet und in der Khaipur Juso-Gruppe in Sind. Im Sutlej-Yamuna-Bereich kommt es also zu einem bedeutenden Ansteigen der Siedlungsanzahl ab dem Spät-Harappa-/Siswal C-Horizont. Der "genetische" Bezug zwischen diesen späten Siswal-Orten und den jüngeren PGW-Siedlungen ist jedoch noch zu definieren.

In Swat ist der Übergang von der Spät-Harappa- cum "neolithischen" Swat IV-Periode zur folgenden Swat V-Periode noch nicht vollständig geklärt, und auch Aussagen zur Siedlungsverteilung des Swat IV-Horizontes sind bisher kaum zu treffen, da die Surveys der italienischen Mission noch nicht veröffentlicht wurden. Material der älteren Swat I-III-Perioden ist bisher nur aus dem Abris bei Ghalighai belegt und es wurden lediglich wenige Orte ergraben, die ab Swat IV datieren[511].

In Süd-Gujarat und Maharashtra kommt es am Ende der Reif-Harappa-beeinflußten Lokalkulturen zu einer graduellen Herausbildung -oder Übernahme- des Malwa/Jorwe-Komplexes, der zum Teil sicher zeitgleich zur Spät-Harappa-Periode angesetzt werden muß. In Nord-Gujarat-Saurashtra sind nach dem für diese Periode anzusetzenden Rangpur III-Horizont keine identifizierten Befunde bisher zu nennen, und zur Rangpur III-Periode kommt es zu einem deutlichen Siedlungsabfall auf ein Niveau, dass dem Früh- und Mittel-Reif-Harappa-Horizont (Lothal A; Rangpur IIA) entspricht[512].

Betrachtet man die Entwicklung der Siedlungsräume insgesamt, so werden generelle Trends erkennbar:

In Baluchistan werden zur Reif-Harappa-Periode kaum Siedlungskammern genutzt, bestenfalls existieren hier Stationen. Ähnliches mag für die Spätphase dieses Komplexes, den Naushro IV/Mehrgarh VIII/Sibri-Horizont gelten. Zur Spät-Harappa-und folgenden Eisenzeit-Periode werden dagegen die Siedlungs-kammern ähnlich intensiv genutzt wie zur Früh-Harappa-Periode. In Sind gibt es offenbar eine deutliche Abnahme an Siedlungen ab der Jhukar-Periode (und Jhangar-Periode ?); zur Khaipur Juso-Phase werden neue Siedlungen verstärkt ge-gründet, jedoch meist an neuen Stellen. Im Bahawalpur-Gebiet kommt es nach der

---

[510] Bhan / Shaffer, Man & Environment 2, 1978, 59 ff., bes. 66, nennen eine Ausdehnung von 350 x 350 m = 122.500 m^2; Shaffer in: Jacobsen[122] 226, gibt dagegen 96.193 m^2 an.

[511] Stacul[205] 54 Fig. 16. Stacul, SAA XIII (1997) 341-347, hat darauf hingewiesen, dass zwischen Swat VI und VII sich drastische Veränderungen vollziehen.

[512] Possehl[175] 56 ff. Tab. 8 und Fig. 9-11. Demnach gibt es zum Rangpur IIA-Horizont ca. 18 Orte, zu Rangpur IIB-C ca. 120 und zur Rangpur III-Phase ca. 32 Siedlungen. Ebenso scheint es in der Rangpur III-Phase zu einem Abfall der Siedlungsgröße zu kommen (ibid., 65,Tab. 10).

Reif-Harappa-Periode zu einer stetigen Abnahme von Spät-Harappa-Siedlungen hin zu wenigen PGW-Orten. Im Sutlej-Yamuna-Bereich sind die Verhältnisse genau umgekehrt. Der Reif-Harappa-Aspekt ist hier nur eine Episode in der Entwicklung und offenbar nur an wenigen Orten prominent vertreten, sonst eingebettet in das lokale Milieu. Zur Spät-Harappa-Periode kommt es zu einem starken Anwachsen der Siedlungsanzahl, die zur PGW-Periode sogar leicht zunimmt. Inwieweit es hier zur Spät-Harappa-Periode zu einem Bevölkerungsinflux von Südwesten her kam, ist bisher nicht zu sagen, aber vielleicht nicht auszuschließen. In Gujarat und Saurasthra ist der Früh-Harappa-Horizont erst ansatzweise definiert. In der Frühen- und Mittleren Reif-Harappa-Periode werden in diesem Bereich harappaenische Siedlungen größtenteils neu gegründet, möglicherweise basierend auf verschiedenen Traditionen. In der Spät-Reif-Harappa-Periode fällt zwar Lothal wüst, trotzdem kommt es zu einem starken Anwachsen von Siedlungen des Rangpur IIB-C-Typus in diesem Horizont, und erst zur folgenden Spät-Harappa-Periode fällt die Siedlungsanzahl wieder drastisch ab. Für unmittelbar jüngere Horizonte gibt es in Nord-Gujarat-Saurashtra kaum einen Siedlungsnachweis. Es besteht offenbar eine Unterbrechung der Siedlungstätigkeit in diesem Gebiet, oder das Material für diese Phasen ist noch nicht definiert und/oder erfaßt worden. In Swat kommt es nach dem „zentralasiatisch" bezogenen, lokalen neolithischen Horizont mit wenigen Spät-Harappa-Elementen (Swat IV-Periode), zu einer deutlichen Zunahme an Siedlungen zur Swat V-VI- und dann vor allem zur Swat VII-Periode. Trotz aller relativ-chronologischen Probleme werden hier im Material Verbindungen zum südrussischen- und nordostiranischen Bereich erkennbar. Hier soll nicht den viel zitierten "Wanderbewegungen" das Wort geredet, noch die "Indo-Arische"-Einwanderung beschworen werden[513], sondern lediglich

---

[513] Siehe dazu die grundsätzliche methodische Diskussion von Francfort[229] I, 446 ff. (mit weiterführender Literatur), und Shaffer in: J.R. Lukacs, The People of South Asia: The Biological Anthropology of India, Pakistan and Nepal (1985), sowie J.P. Mallory, In Search of the Indo-Europeans. Language, Archaeology and Myth (1989) - dazu cf. Stacul, East and West 39, 1989, 317 f., und Sherrat, JFA 17/1, 1990, 89 ff. Für Sarianidi (in: Kohl, The Bronze Age Civilization of Central Asia [1981] bes. 188 ff.) reflektiert sich in den mythologischen Darstellungen der baktrisch-margianischen Glyptik der Urkeim der Zarathustra-Religion; ähnliches vermutet auch Pottier[114] 69-90. Letztlich liegt diesen Untersuchungen die Annahme zugrunde, dass indo-iranische/arische Stämme mit möglichem Ursprung im Nordost-Iran (J. Deshayes, Archéologia 18, 1967, 39 ff.; ders., Archaeology 22/1, 1969, 10 ff. - kritisch dazu: T.C. Young in: J.-L. Huot / M. Yon / Y. Calvet, De l'Indus aux Balcans [Fstschrft. Deshayes, 1985] 361 ff.; cf. auch Cleuziou, OA 25, 1986, 221 ff.) oder weiter nördlich sich weiter nach Osten verlagerten, bezeugt im baktrisch-margianischen Material. Sarianidi (Die Kunst des Alten Afghanistan [1986] 286f.) zitiert in diesem Zusammenhang auch vermeintlich syro-hethitische Bezüge im glyptischen Befund Baktriens, ein Bezug, der sich ja auch in den Roll-/Stempelsiegeln der Karum-Zeit typologisch bemerkbar macht (zu möglichen Verbindungen baktrischer Funde zu Objekten der Mitanni-Zeit [um den überstrapazierten Begriff "Mitanni-Kunst"

festgehalten werden, dass es deutliche Verschiebungen im Befund der einzelnen Siedlungskammern gegeben hat. Gemessen an den Gegebenheiten in der Las Belas- und der Kachi-Ebene, wo bereits post der Amri IIIB-Periode südrussische Bezüge in der materiellen Kultur erkennbar werden, die sich dann auch in Chanhu Daro, Mohenjo Daro und in Harappa manifestieren, ebenso wie die Veränderungen post Shortughai II = Amri IIIB in Baktrien, setzten die Transformationsprozesse, die in der Literatur oftmals mit dem Post-/Spät-Reif-Harappa-Horizont verbunden wurden, bereits parallel zur urbanen Blütezeit der städtischen Zentren des Harappa-Komplexes am Beginn des Amri IIIC-/Reif-Harappa C-Horizontes ein (beziehungsweise knapp davor), und noch innerhalb dieses Horizontes transformiert der Reif-Harappa-Komplex in regional unterschiedliche Einheiten. Wie dargelegt, ist der Nausharo IV-/Mehrgarh VIII-/Sibri-Horizont jedoch nicht als neues "intrusives" Element in den Regionen zu bewerten, sondern er steht in einer langen Beziehungstraditionskette, die bereits ab der frühesten Früh-Harappa-Phase deutlich zu fassen ist.

Das traditionelle Bild der Indus-Kultur, so wie es oftmals vermittelt wird, stellt also nur ein Segment dieses vielschichtigen und mosaikartigen Komplexes dar, der das parallele Nebeneinander der verschiedenen lokalen Warenkomplexe von

---

zu vermeiden - cf. J. Börker-Klähn in: V. Haas, Hurriter und Hurritisch, XENIA XXI [1988] 211 ff.] Brentjes in: Orient und Okzident im Spiegel der Kunst [Fstschrft. H.G. Franz, 1986] 15 ff.; ders., AoFo 13/2, 1986, 224 ff., bes. 228 ff.; ders., IrAnt 22, 1987, 117 ff.; ders., IrAnt 23, 1988, 163 ff.). Betrachtet man jedoch die Gesamtheit der materiellen Kultur der verschiedenen, aufeinander bezogenen Komplexe, so überwiegen klar die Unterschiede. Wer immer die Träger des baktrischen und harappaenischen Komplexes waren, ihre Materialäußerung, wenngleich seit den ältesten Phasen in engem Kontakt miteinander, wurzelt in unterschiedlichen, lokalen Traditionen. Dass die beiden überaus facettenreichen Komplexe vielleicht auch unterschiedlichen Sprachgruppen zuzuordnen sind, mag nicht unwahrscheinlich sein, beweisbar ist es nicht. Es ist aber zu bedenken, dass die Gleichung: Hissar III-/Namazga V-/Baktrischer Komplex-/Mehrgarh VIII – Material = (Proto-) indo-arische Bevölkerungsgruppen von der unbewiesenen Tatsache ausgeht, dass eine materielle Kultur eindeutig ethnische Gruppen reflektieren würde, die ihrerseits nur ein paläolinguistisches Konstrukt sind (verbunden mit der Suche nach einer indo-arischen "Ursprache"; einem ebenfalls überaus fragwürdigen Konzept). Nähme man unterschiedliche Sprachgruppen an (es könnten derer mehr als zwei sein), so wäre es nicht unmöglich, dass das Zeichensystem der Indus-Kultur von mehr als einer Sprachgruppe verwendet wurde (cf. Keilschrift: Sumerisch, Akkadisch, Hethitisch, Hurritisch etc.); Entzifferungsversuche dieses Zeichensystems wären dann mangels längerer Textpassagen und Bilinguen zum Scheitern verurteilt. Wollte man dagegen die "Indusschrift" nicht als ein Zeichensystem auffasssen, welches *eine* konkrete Sprache reflektiert, sondern als ein System von rein memnotischen Zeichen, so wäre die Syntax dieses Systems zu erforschen, losgelöst vom (proto-)indo-arischen oder dravidischen Ballast. Entfernt man aus diesem System darüber hinaus die vermeintlichen numerischen Notationen, verbleibt eine erstaunliche "Monotonie" an Zeichenfolgen.

der Genese bis zur Transformation des Reif-Harappa-Komplexes in den verschiedenen Regionen vernachlässigt und nur wenige Einzelfunde als "typisch" heraushebt. Das Kartieren von vermeintlich synchronen Baubefunden in den städtischen Zentren und die daraus interpretativ gezogenen Ableitungen zur Funktion dieser zum Teil nur kurzlebigen Anlagen, eingebettet in weiterführende sozial-ökonomische Ableitungen, führten zu einem "Bild" der Indus-Kultur, welches mit den vorhandenen Befunden nur wenig gemein hat. Der Komplex, so wie er bisher oftmals dargestellt wurde, ist, streng genommen, eine Schimäre. Zunächst einmal müßten alle Baubefunde der bekannten Reif-Harappa-Orte ungefähr synchronisiert werden, damit erkennbar wird, welche Strukturen ungefähr zu welcher Phase des Komplexes nebeneinander bestanden haben, und erst dann sollten weiterführende Interpretationen zur Struktur und Organisationsform dieses Komplexes getroffen werden. Bisher scheiterte dies anhand der vermeintlichen Unmöglichkeit, innerhalb dieses Komplexes zeitlich zu differenzieren. Weitere, tiefgreifendere Analysen als die hier vorgenommenen werden nach Vorlage vor allem der Befunde der neueren Grabungen in Nindowari, Naushro, Mehrgarh und Harappa ermöglicht werden. Die hier vorgelegte Studie sollte nicht als endgültige Ausarbeitung der inneren Chronologie des Reif-Harappa-Horizontes verstanden werden, sondern als ein weiterer Schritt neben den Arbeiten von Fentress, Jansen, Jarrige, Possehl und Shaffer, sich dieser unverstandenen Kultur auf immer differenziertere Weise zu nähern.

Abb. 1   Karte der im Text genannten Orten (G.L. Possehl, The Indus
          Civilization. A Contemporary Perspective [2002] 1 Fig. 1.1).

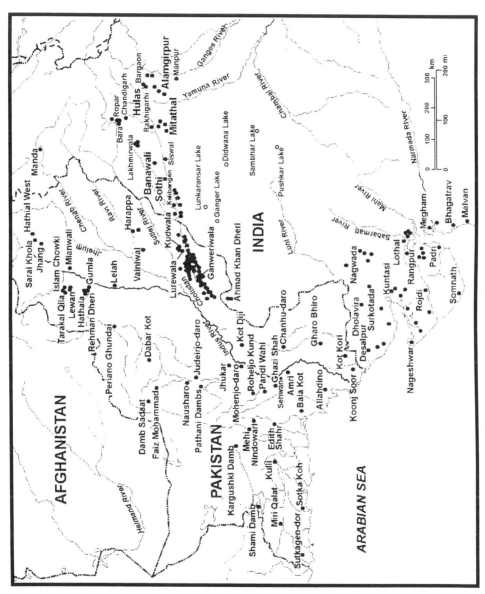

Abb. 1 Karte der im Text genannten Orten

Mehrgarh	Nausharo	Amri	Kot Diji	Chanhu D.	Mohenjo Daro				
					Mackay	Wheeler	UM	Marshall	Jansen
Pirak	(Pirak)	III D		"Jhukar"	Late Ia	D	B-Sp.		IIC
					Late Ib			Late I	
Sibri	(Mehrgarh	2				C		Late II	IIB2
+	VIII?)	IIIC		Oberfläche	Late II-III		B-Fr.	Late III	
VIII		1		Mound I	IM I-III			IM I-II	IIB1
	IV			H II-I				IM III	
	III	III B	1		Early I	B	A		IIA
Hiatus			2						
	II	IIIA	3a	Early		A			I?
	I D		6						
VII C A	A	IIB	14	?	?	?	?		
			16						
VI		IIA							
V		ID							
IV		IA							

Tab. 1

Chanhu D. = Chanhu Daro   H II-I = Harappa-Straten II-I   Wheeler A- D = Kontext A-D
UM = Dales/Kenoyer   B-Fr./Sp. = Phase B-Früh/Spät.

Mehrgarh	Nausharo	Amri	Kot Diji	Chanhu D.	Mackay	Wheeler	UM	Vats	Wheeler	Dales	KLB
Pirak	(Pirak)	III D		"Jhukar"	Late Ia / Late Ib	D	B-Sp.	H I-II / Late	H I-II / R37/H	5 / 4	=
Sibri + VIII	(Mehrgarh VIII?)	2 / III C / 1	1 / 2 / 3a / 6	Oberfläche Mound I	Late II-III / IM I-III	C	B-Fr.	IM III / I / II	Stadt + R 37 (- R 37)	C / 3B / A	
	IV / III	III B	14	H I-I	Early I	B	A	IM III IV Early	Gr. iiib	2	I/II
Hiatus	II	III A	16	Early		A					
	I D / A	II B		?	?	?	?		Pre-Defence	1B	I
VII C / A		II A									
VI		I D							Hakra	1A	?
V / IV		I A									

Tab. 2

Chanhu D. = Chanhu Daro   UM = University Museum (Dales/Kenoyer)   KLB = Kalibangan   H = Friedhof H
Chanhu D. H I-I = Harappa-Stratum II - I   R37/H = Schuttband zwischen Friedhof R 37 und H
- R 37 = Schicht unter Friedhof R 37   Gr. iiib = Wheelers Gruppe iiib   B-Sp./Fr. = Phase B, Spät/Früh
IM = Intermediate

Periode	City	Hili 8	Yahya	Sokhta	Lothal	Rgpr.	Amri	Ns.	Mgr.	M.D.	Harappa	Gumla	Swat	Shrtg
Kassit.	III	III	?	?		?	III D	(Pirak)	(Pirak)	?	H II-II		V	IV
aB / Is-L.	IIb-f		IVA 3/4	←	B V	III	C2	X?	Sibri + VIII	D	R37/H Stadt + R37		IV	III
Ur III	19 / 21 / IIa	IIf-g	1	IV / 0 / 1	A IV / A III / A II / A I	IIC / IIB / IIA	III C1 / III B / III A	IV / III / II		C	IM III / IM IV Early	PS / SP II	III	?
Akkad	I / 26	e / =	IVB 5/6	2 3 4 / 5						Hiatus	B		ZS	II
FD IIIB	P I	d		III / 7	(Surkot. Friedh.)	?	II B	D		A	Pre-D.	SP I		=
FD IIIA 2/1	→	c2 / c1 / a	?	II / 8 9 10				C / IB / A	C / VII B / A	?			?	I
FD II		c / a	IVc1? / IVc2	I			II A		VI			Pr S		(Tlq.)
FD I / GN		I / a												

Tab. 3

Kassit. = Kassitisch aB = Altbabylonisch Is-L. = Isin Larsa FD = Frühdynastisch GN = Gamdat Nasr
Surkot. Fried. = Surkotada-Friedhof Rgpr. = Rangpur NS = Nausharo Mgr. Mehrgarh M.D.= Mohenjo Daro
H II-I = Friedhof H II-I R37 = Friedhof R37 IM = Intermediate PS = Post-Struktural SP = Strukturale Phase
ZS = Zwischenschicht Pr.S.= Prä-Struktural Shrtg = Shorthughai Tlq. = Teluqan

Periode	Kandahar	Kachi	Baluchistan				Sind		Punjab	Sutlej-Yamuna	Swat	Maharashtra
			Ross	Fairservis	Ghul	Londo	Amri	Sonstige				Daimabad
Maurya	K III		(H)	Surf.				Mit. KPS	(Char.)	NBP	NBP ?	
Achäm.	M VII/K II	DK II / DK I-II	G / V	A				Älter	(Hath./ Morg.)	PGW	VIII	(Inamg. III) V Fr. Jonwe IV Malwa
Eisen-Zeit	M VI/K i	DK I / P IIC	F / E / IV	B		?	IV	Jhang.	Jhang.	? Siswal D	V	
Sp.H.	M V	P IIIB / P IIIA / P II	IV		?	?	IIID	Jhukar	Fried.H I II	Siswal C	IV	III Daimabad
R.H.C2	?	P IA-B / ?					IIIC2	R.H. C2	R37/H			

Tab. 4

Achäm. = Achämenidisch Sp.H. = Spät-Harappa R.H.C2 = Reif-Harappa C2 K = Kandahar M = Mundigak Surf = Surface
S = Spät H = Hadi-Gruppe F = "Früh" Mit. = "Mittel" KPS = Khaipur-Juso Jhang. Jhangar Char. = Charsadda Hath. = Hathial
Morg. = Morghar R37/H = Schuttband zwischen R37 und Friedhof H NBGP = Northern-Polished-Ware PGW = Painted-Grey-Ware
Inamg. = Inamgaon Fr. Jonwe = Früh-Jonwe

Periode		Helmand SiS.	Helmand Mund.	Gedr.	Kachi	Sind Amri	Kot Diji	Mohen. D Jansen	Rang.	Loth.	Poss.	Daim.	Punjab Harappa	Klb.	Siswal	Bara
Spät-H.	C2		V	ES-B?	Pirak	IIID / IIIC2	(Jhuk.)	N-Urban	III		Post-Urb	M/J	H II-I / R37/H	II		C
	C1		?	X	Sibri/Mgr. VIII	IIIC1		Sp-Urban	IIC		B	Dm.? / L-H	Urban R37			B2
Reif-H.	B	IV	IV3B	K+H	N IV / N III	IIIB	H.	R-Urban	IIB	ur-ban	AIV	Sav.		I/II		B1
	A	III	IV3A / IV1/2		N II	IIIA			IIA		AIII / AI					
Früh-H.	B	II	III	Fr.-K	N I	IIB	KD	Plattform-Periode	?		(Sk-Fr)	?	Plattform-Periode	I		A
	A	I			Mgr. VI	IIA / ID		Vor-Plattform-Periode ?					Pre-De-fence			

Tab. 5

Spät-/Reif-/Früh-H = Spät-/Reif-/Früh-Harappa Sis. = Shahr-i Sokhta M. = Mundigak Gedr. = Gedrosien ES-B = Edith-Shahr B
K+H = Kulli + Harappa Fr.-K = Früh-Kulli Mgr. = Mehrgarh N = Nausharo (Jhuk.) = Jhukar H. = Harappa (Keramik) KD = Kot
Diji (Keramik) Mohen D. = Mohenjo Daro N-/Sp-/R-Urban = Nach-/Spät-/Reif-Urban Rang. = Rangpur Loth. = Lothal Poss. =
Possehl Post-Urb. = Post-Urban Daim=Daimabad M/J = Malwa/Jorwe Dm. = Daimabad L-H = Late-Harappa Sav. = Savalda
H II-I = Friedhof H II-I R37/H = Schuttband zwischen R37 und Friedhof H Klb = Kalibangan

Ein Rollsiegel mit ägyptischen Motiven

Ellen Doetsch-Amberger

Die vorliegenden Zeilen sind dem verehrten Jubilar Wolfram Nagel gewidmet, in der Hoffnung, dass die außergewöhnliche Ikonographie des kleinen Siegels sein Interesse finden möge.

Das Rollsiegel stammt aus dem Kunsthandel und befindet sich heute im Rautenstrauch-Joest-Museum in Köln (Abb. 1)[1]. Der Fundort ist unbekannt Das Siegel ist aus grünem Serpentin gefertigt und weist folgende Maße auf: H.: 2,2 cm; Dm. 0,3 cm.

Das vorliegende Rollsiegel besitzt auf dem Siegelmantel eine figurenreiche Szene. Im Zentrum der Komposition befindet sich eine menschlich gestaltete Gottheit in einem langen Gewand, die auf einem Löwen thronend dargestellt ist. Der rechte Arm ist nach vorne ausgestreckt. Den Kopf ziert eine knotenartige Bedeckung, die sich nicht näher fassen läßt. Vor der Gottheit befindet sich ein kleiner Vogel und auf Kopfhöhe eine Mondsichel.

Drei weitere Figuren bewegen sich auf die Gottheit zu, um ihr zu huldigen. Als erstes erscheint eine männliche Figur mit einem langen, enganliegenden Wickelgewand, die, im Gestus des 'Guten Hirten', einen Capriden auf ihren Schultern trägt. Dahinter befindet sich eine Gottheit mit ägyptischer Perücke, Tierkopf (Krokodil = Sobek?), die einen langen Rock trägt. Den Abschluss unserer kleinen Prozession bildet eine kniende Figur mit ägyptischer Perücke und Schakalkopf, in der unschwer der ägyptische Totengott Anubis erkannt werden kann. Über ihm schwebt die Geiergöttin Nechbet, die in ihren Krallen einen *šn*-Ring hält.

Das ganze Siegelbild unterliegt einer starken ägyptischen Einflussnahme. Eine Übernahme ägyptischer Motive ist in der Siegelkunst Syriens seit dem Anfang des 2. Jts. v. Chr. – d.h. während des Mittleren Reiches Ägyptens –

---

[1] Das Siegel ist kurz angezeigt in Doetsch-Amberger, Ägyptische Sammlung II (1992) 25.

bezeugt[2]. Nach dem Abbruch dieser Beziehungen im Verlauf der II. Zwischen-
zeit kommt es erst im Neuen Reich – im Zuge der Expansionspolitik der
Pharaonen der 18. Dynastie – zu einer erneuten Einflussnahme Ägyptens auf das
Kunstschaffen der Levante.

In die Zeit der 18. Dynastie Ägyptens (15.-14. Jh. v. Chr.) dürfte auch das
vorliegende Rollsiegel zu datieren sein. Es gehört zu einer Gruppe von Siegeln,
die sich sowohl in Syrien und auf Zypern finden und die sich durch eine Adaption ägyptischer Motive auszeichnen[3]. Für deren Datierung ausschlaggebend ist
ein Siegel der ehemaligen Sammlung Trampitsch (Abb. 2)[4]. Stilistisch und
ikonographisch ist dieses Siegel dem hier vorgelegten Zylinder sehr ähnlich.
Das Siegel der Sammlung Trampitsch zeigt dabei einen ägyptischen König beim
„Niederschlagen der Feinde". Vor dem Pharao befindet sich eine Kartusche mit
dem Thronnamen des Königs Amenhotep III. (*Nb m3ᶜt R ᶜ*). Damit ergibt sich
eine Datierung des Siegels in die Jahre zwischen 1388-1351 v. Chr. In eben
diese Zeit muß auch der vorliegende Zylinder datiert werden.

Literatur- und Abkürzungsverzeichnis

Anonymus, Collection Trampitsch (1992) =
    Anonymus, Collection Armand Trampitsch – Glyptique, archéologie, Ader
    Tajan, Catalogue de vente, Paris – Hôtel Drouot Salle 2, 13 + 14 mai 1992
    (Paris 1992).

Doetsch-Amberger, Ägyptische Sammlung II (1992) =
    E. Doetsch-Amberger, Ägyptische Sammlung Ellen Doetsch-Amberger II
    (Köln 1992).

Eder, Ägyptische Motive (1995) =
    Chr. Eder, Die ägyptischen Motive in der Glyptik des östlichen
    Mittelmeerraumes zu Anfang des 2. Jts. v. Chr., Orientalia Lovaniensia
    Analecta 71 (Leuven 1995).

---

[2]   Siehe Nagel / Eder, DaM 6, 1992, 45-57; Eder, Ägyptische Motive (1995); Teissier,
Egyptian Iconography (1996).
[3]   Vgl. z. B. Salje, Common Style (1990) Tf. XXII-XXIII (Levantinisch-Ägyptische
Gruppe), XXIV-XXV (Zypern).
[4]   Siehe Anonymus, Collection Trampitsch (1992) No. 315; Schmidt, RdÉ 44, 1993,
153- 160.

Nagel / Eder, DaM 6, 1992 =
    W. Nagel / Chr. Eder, Altsyrien und Ägypten, Damaszener Mitteilungen 6, 1992, 1-108.

Salje, Common Style (1990) =
    B. Salje, Der 'Common Style' der Mitanni-Glyptik und die Glyptik der Levante und Zyperns in der Späten Bronzezeit, Baghdader Forschungen 11 (Mainz 1990).

Schmidt, RdÉ 44, 1993 =
    H. Schmidt, Foreign Affairs Under Egypt's 'Dazzling Sun', Revue d'Égyptologie 44, 1993, 153-160.

Teissier, Egyptian Iconography (1996) =
    B. Teissier, Egyptian Iconography on Syro-Palestinian Cylinder Seals of the Middle Bronze Age, Orbis Biblicus et Orientalis – Series Archaeologica 11 (Fribourg / Göttingen 1996).

Abb. 1

Abb. 2

Die Datierung des spätaltbabylonischen Alalaḫ

Christian Eder

Vorbemerkung

Alalaḫ, der heutige Ruinenhügel Tall Atšanah am Unterlauf des Orontes in Nordsyrien, wurde in den Jahren 1937 bis 1949 von Woolley ausgegraben. Es gelang im Rahmen dieser Ausgrabungen, die Existenz von 17 Kulturschichten zu dokumentieren (Stratum I-XVII). Von besonderer Bedeutung war jedoch die Auffindung zweier umfangreicher Keilschrift-Archive in den Schichten IV und VII, die durch das Schichtenpaket VI (VIA, VIB) und V (VA, VB) voneinander getrennt wurden[1].

Die Textsammlung des Stratum IV gehört aufgrund der Nennung der mittanischen Könige Parattarna und Sauštatar sicher an den Anfang bzw. in die Mitte des 15. Jhds. v. Chr. (s.u.). Die im Archiv der Schicht VII erwähnten Herrscher von Ḫalab, die direkt an die im Archiv von Mari genannten Könige von Ḫalab anzuknüpfen sind (s.u.), lassen sich zeitlich ungefähr mit der I. Dynastie von Babylon von Ḫammu-rapi bis Samsu-ditāna korrelieren und somit in die mesopotamische Chronologie einhängen.

Die zwischen den beiden Schichten VII und IV sich befindenden Strata VI und V, die keine Schriftquellen erbracht haben, dokumentieren schließlich ungefähr die Dauer des „Dunklen Zeitalters", jener Epoche zwischen dem Zusammenbruch der I. Dynastie von Babylon und der Zeit um ca. 1500 v. Chr., in der Schriftquellen das historische Dunkel langsam wieder zu erhellen beginnen.

Die absolute Datierung der I. Dynastie von Babylon ist jedoch keineswegs gesichert und differiert in den in der Forschung vertretenen Ansätzen um gut

---

[1]   Es liegt bis heute nur die Textedition beider Archive von Wiseman, Alalakh Tablets (1953) vor. Alle hier aus dieser Edition zitierten Texte werden im folgenden mit dem Kürzel „AT" und der jeweiligen Nummer angeführt. Diese Textsammlung wurde in mehreren weiteren Beiträgen um wichtige Texte erweitert; siehe Wiseman, JCS 8, 1954, 1-30; Wiseman, JCS 13, 1959, 19-33; Wiseman, JCS 13, 1959, 50-59; Zeeb, Palastwirtschaft (2001).

230 Jahre[2]. Folglich wird die Länge des „Dunklen Zeitalters" von den einzelnen Vertretern ganz unterschiedlich berechnet und zwischen ca. 0 bis 230 Jahren angesetzt. Der Verf. hat kürzlich ausführlich diese Chronologiedebatte besprochen[3] und ausgehend von den Angaben in den assyrischen und babylonischen Königslisten sowie den Abstandsdaten in den verschiedenen Bauurkunden eine neuen Ansatz vorgelegt. Der Regierungsbeginn des Ḥammu-rapi von Babylon wird dort für das Jahr 1862 v. Chr. und der Fall Babylons für das Jahr 1665 v. Chr. errechnet[4]. Die Dauer des „Dunklen Zeitalters" beträgt schließlich ca. 160 Jahre.

Die vorliegende Untersuchung zur Datierung des spätaltbabylonischen Alalaḫ ist in drei größere Abschnitte unterteilt. Zuerst wird anhand der Schriftzeugnisse aus dem Archiv des Stratums VII und anderer zeitgleicher Quellen die Herrscherabfolge in Ḫalab und in Alalaḫ zu klären sein. Hierbei wird auch der Frage nachgegangen, ob die Dauer der Schicht VII übereinstimmt mit der gut ein Jahrhundert umfassenden Laufzeit des in diesem Stratum gefundenen Archivs oder ob die Schicht VII nur einige Jahrzehnte am Ende dieses Jahrhunderts abdeckt. Zum Schluß sollen absolute Datierungen für die spätaltbabylonischen Schichten sowie die darauffolgenden Strata des „Dunklen Zeitalters" von Alalaḫ erarbeitet werden. Da die absolute Chronologie Vorderasiens bekanntlich starken Schwankungen unterliegt (s.o.), ist dies nur dann möglich, wenn es gelingt, die diesbezüglichen Kulturschichten in die ägyptische Chronologie einzuhängen.

---

[2]   Man spricht in diesem Zusammenhang von einer „Ungekürzten" , einer „Langen" und verschiedenen „Gekürzten" Chronologien. Bei den „Gekürzten" Chronologien liegt der zeitliche Ansatz der Regierung des Ḥammu-rapi von Babylon bei 1696-1654 v. Chr. („Ultra-Kurze Chronologie"), bei 1728-1686 v. Chr. („Kurze Chronologie"), bei 1792-1750 v. Chr. („Mittlere Chronologie"), während die Regierung dieses bedeutenden Herrschers der I. Dynastie von Babylon bei der „Langen Chronologie" auf 1848-1805 v. Chr. und bei der „Ungekürzten Chronologie" (auch „Ultra-Lange Chronologie") auf 1930-1888 v. Chr. festlegt wird. Die Eroberung Babylons durch den Hethiterkönig Mursili I. erfolgte nach der „Ultra-Kurzen Chronologie" um 1499 v. Chr., nach der „Kurzen Chronologie" um 1531 v. Chr., nach der „Mittleren Chronologie" um 1595 v. Chr., nach der „Langen Chronologie" um 1651 v. Chr., während bei einer „Ungekürzten Chronologie" das Ende der I. Dynastie von Babylon in das Jahr 1733 v. Chr. fällt.

[3]   Siehe Eder, Assyrische Distanzangaben und die absolute Chronologie Vorderasiens, AoF Heft 2, 2003 (im Druck).

[4]   Diese Zahlenwerte liegen allen hier verwendeten absoluten Daten zugrunde; eine Zeittafel liegt vor bei Eder, AoF Heft 2, 2003 (im Druck).

Die spätaltbabylonischen Dynastien von Ḫalab und Alalaḫ

Die Schriftquellen des Archivs der Schicht VII von Alalaḫ ermöglichen es, mit den Fürsten von Ḫalab und Alalaḫ für Nord-Syrien zwei Herrscherdynastien aus dem Anfang des 2. Jts. v. Chr. zu rekonstruieren[5]. Durch die im Archiv von Mari erwähnten Herrscher von Ḫalab läßt sich diese Dynastie mit ihrem Begründer Sumu-epuḫ bis in die Zeit des Yaḫdun-Lim von Mari zurückverfolgen (ca. 1880 v. Chr.). Auf den Dynastiegründer folgten sieben weitere Generationen mit insgesamt acht Königen. Die Zerstörung von Ḫalab und damit das Ende dieser Dynastie wurde von dem Hethiter-König Mursili I. (ca. 1670 v. Chr.) herbeigeführt (s.u.). Das Herrscherhaus von Ḫalab läßt sich somit über gut 200 Jahre verfolgen.

Die Dynastie von Alalaḫ ist durch mehrere Synchronismen mit der Königsfamilie von Ḫalab verbunden. So war der Begründer der Dynastie Yarim-Lim ein Bruder des Abban von Ḫalab, der ihn auch als Regenten der Stadt einsetzte (AT 1. 56. 456). Abban wurde vor 1835 v. Chr. geboren (ARM XXIII, No. 536, Registre I' [Geschenklieferungen an Abban im Jahre Zimri-Lim 9']) und war als Regent ein Zeitgenosse des Königs Samsu-ilūna von Babylon (1819-1782 v. Chr.). Der Zeitpunkt seiner Machtübernahme und das Datum seines Todes sind jedoch unbekannt.

Yarim-Lim dürfte ein jüngerer Bruder des Abban gewesen sein und war vor seiner Belehnung mit Alalaḫ der Statthalter der Stadt Irride am Euphrat, die sich jedoch gegen ihn auflehnte. Der Aufstand wurde von Abban persönlich niedergeschlagen, und Yarim-Lim erhielt die Stadt Alalaḫ im Tausch für das rebellische Irride. Ein genaues Datum für seine Einsetzung dort läßt sich jedoch nicht ermitteln. Man wird jedoch nicht fehlgehen, die Übernahme der Stadt durch Yarim-Lim ungefähr zwischen dem 20. und 30. Regierungsjahr des Samsu-ilūna anzusetzen[6], d.h. zwischen ca. 1800 und 1790 v. Chr., wobei hier der spätere Ansatzpunkt von 1790 v. Chr. bevorzugt wird, um die Generationenfolge in Alalaḫ (s.u.) nicht zu überspannen. Ein wesentlich späteres Datum für die Übernahme der Stadt durch Yarim-Lim ist kaum wahrscheinlich, da Abban den Feldzug gegen Irride noch persönlich leitete und die Einsetzung seines Bruders in Alalaḫ eine unbekannte Zeit lang überlebte.

---

[5] Für den Anfang des 2. Jts. v. Chr. ist mit der Herrscherfamilie von Byblos für den Großraum Syrien ein weiteres Fürstenhaus bekannt, das ungefähr mit der I. Dynastie von Babylon zwischen Ḫammu-rapi und Samsu-ditāna zeitgleich ist; siehe hierzu Kitchen, OrNS 36, 1967, 39-54; Eder, Ägyptische Motive (1995) 12-18, 22-23.

[6] Zeeb, Palastwirtschaft (2001) 103, denkt an eine Übernahme der Stadt durch Yarim-Lim zwischen dem 10. und 25. Jahr des Samsu-ilūna.

Das Ende der Schicht VII und damit auch des Archives erfolgte in einer
Kampagne des hethitischen Königs Ḫattusili I. (KBo X 1, 6-7; KBo X 2, 15-16)
und fand somit sicher zeitlich vor der Zerstörung von Ḫalab und der kurz darauf
erfolgten Eroberung von Babylon unter König Mursili I. (1665 v. Chr.) statt. Es
ist jedoch schwierig, die Zeitspanne, die zwischen der Zerstörung von Alalaḫ
und der Eroberung von Ḫalab lag, näher zu bestimmen. Demzufolge variiert die
angenommene Länge dieses Zeitabschnittes bei den verschiedenen Bearbeitern
erheblich[7]. Im folgenden gilt es, kurz das relevante Quellenmaterial zu sichten
und anhand der schriftlichen Hinterlassenschaften eine mögliche Abfolge der
historischen Geschehnisse zu ermitteln[8].

Ḫattusili I. zerstörte gemäß seiner Annalen Alalaḫ im Rahmen eines Feldzuges nach Nordsyrien, der der Niederringung seines dortigen Hauptgegners
Yamḫad diente, dessen Metropole Ḫalab selbst jedoch nicht angegriffen werden
konnte (KBo X 1, 6-7; KBo X 2, 6-7). Mit der Zerstörung von Alalaḫ und der
Verwüstung der Umgebung von Uršu dürfte das Königreich Yamḫad aber militärisch schon erheblich geschwächt worden sein. Völlig unklar hingegen ist der
Zeitpunkt dieses Nordsyrien-Feldzuges innerhalb der ebenfalls unbekannten Regierungszeit des Königs Ḫattusili I. Es ist jedoch zu vermuten, daß es sich bei
dem Tatenbericht um die Kriegsberichte aus den letzten Regierungsjahren des

---

[7]   Siehe hierzu Gates in: Åström (Hrsg.), High, Middle or Low II (1987) 73-75
(mindestens 7 Jahre; höchstens 50 Jahre); Kempinski, Syrien und Palästina (1983) 219-
220 (weniger als 20 Jahre); vgl. Na'aman, ASt 26, 1976, 130 (weniger als 20 Jahre);
Astour, Hittite History (1989) 11 (ca. 40 Jahre); Zeeb, Palastwirtschaft (2001) 103-104
(40-50 Jahre!); Manning, Test of Time (1999) 358 (40-55 Jahre!). Die extrem hohen Angaben bei Astour, Zeeb und Manning beruhen darauf, daß sie für Mesopotamien von
einer „Kurzen Chronologie" (Fall Babylons 1531 v. Chr.) bzw. von einer „Ultra-kurzen
Chronologie" (Fall Babylons 1499 v. Chr.) ausgehen. Da die zwischen Alalaḫ VII und
IV befindlichen Schichten VI A-B und V A-B auch bei Benutzung dieser chrono-
logischen Vorstellungen zeitlich irgendwie untergebracht werden müssen, setzen Zeeb
und Manning den Untergang von Alalaḫ VII möglichst früh und die Gründung von
Alalaḫ IV möglichst spät an, um wenigstens ein paar Jahre für die Existenz dieser
Schichten zu gewinnen. Für die Argumentation von Zeeb ist eine Reduzierung der Laufzeit des Archivs von Alalaḫ VII darüber hinaus wünschenswert, da er nur von der
Existenz zweier Statthalter in Alalaḫ ausgeht. Ein Ansatz von 40-55 Jahren zwischen der
Eroberung von Alalaḫ VII und der von Ḫalab ist jedoch recht unwahrscheinlich. Der
archäologische Befund in den Schichten VII-IV spricht eindeutig gegen die Annahme
einer „Kurzen Chronologie" bzw. einer „Ultra-kurzen Chronologie", so sehr ihre Verfechter den archäologischen und philologischen Befund auch zusammenschieben mögen.
[8]   Siehe hierzu zusammenfassend Kempinski, Syrien und Palästina (1983) 14-57;
Astour, Hittite History (1989) 9-13; Bryce, Kingdom (1998) 75-105; Klengel, Geschichte des heth. Reiches (1999) 38-67 (mit der Auflistung der relevanten Texte und der
diesbezüglichen Literatur).

Ḫattusili I. handelt[9], in denen der Kampf gegen Ḫalab begonnen wurde[10]. Dieser wurde schließlich erst von seinem Nachfolger Mursili I. erfolgreich beendet[11]. Der anhand der Texte zu rekonstruierende Ablauf der Geschehnisse verbietet es auf jeden Fall, einen allzu großen Zeitabstand zwischen den ersten Angriffen auf Yamḫad und der endgültigen Zerstörung von Ḫalab anzunehmen, wie nun gezeigt werden soll.

Der Annalentext endet mit der Einnahme der Städte Ḫaššu und Ḫaḫḫu im Bereich des Euphrats, drei Berichtsjahre nach der Zerstörung von Alalaḫ, die im Rahmen einer Kampagne des hethitischen Königs (im zweiten Berichtsjahr) gegen das Reich von Ḫalab erfolgte. Die Kämpfe gegen das Land Ḫaššu und seinen Verbündeten Ḫalab können mit dem Bericht KBo VII 14, in denen der General des Königs von Ḫalab, Zukraši als Bündnisgenosse des Königs von Ḫaššu Erwähnung findet, in einen Zusammenhang gebracht werden[12]. Die Erwähnung des Zukraši verbindet diesen Text mit der Überlieferung aus dem Archiv des Stratums VII von Alalaḫ (AT 6)[13]. Gleichfalls mit diesem Ereignis ist der Inhalt des Textes KUB XXXI 5 (= KBo XIX 91), der den Sohn des Yarim-Lim, den König Ḫammu-rapi von Ḫalab, und darüber hinaus die gleichen Protagonisten wie KBo VII 14 aufführt, zu verbinden. In diesen Texten treffen, für uns erstmals greifbar, Truppen aus Ḫalab und Ḫatti militärisch direkt aufeinander. Den Inschriften ist zu entnehmen, daß die Hethiter den Kampf gewinnen, die Truppen aus Ḫalab sich aber zurückziehen können, da eine Tötung oder Gefangennahme des Königs von Ḫalab oder seines Generales in den Annalen wohl vermerkt worden wäre. Es ist nun wahrscheinlich, wenngleich nicht bewiesen, daß es bei diesem Feldzug gegen das Königreich Yamḫad zu einer Verwundung des Ḫattusili I. kam, der er einige Zeit später erlag[14]. Eine solche tödliche Verletzung läßt sich dem Text KBo III 57 (KUB XXVI 72) entnehmen, der von dem Feldzug des Mursili I. gegen Ḫalab berichtet, und in dem es ausdrücklich heißt, daß dieser unternommen wird, um das Blut(?) seines Vaters(!) zu rächen

---

[9]   So auch Kempinski, Syrien und Palästina (1983) 57.

[10]   Nach Zeeb, Palastwirtschaft (2001) 68-69, stammen die Annalen aus den ersten Regierungsjahren des Ḫattusili I. Für diese Annahme bietet Zeeb aber keinerlei Begründung. Ähnlich auch Astour, Hittite History (1989) 10.

[11]   Siehe Kempinski, Syrien und Palästina (1983) 219.

[12]   So auch Bryce, Kingdom (1998) 76.

[13]   Siehe dazu Landsberger, JCS 8, 1954, 52; Otten, MDOG 91, 1958, 78. Gegen eine Personengleichheit haben sich Bunnens, AbrNahr 32, 1994, 96-97, und Zeeb, Palastwirtschaft (2001) 82-83, ausgesprochen.

[14]   So schon fragend Klengel, Geschichte Syriens I (1965) 170 Anm. 96. Siehe auch Bryce, Kingdom (1998) 89.

(KBo III 57, 10-11)[15]. Aufgrund dieser Verletzung (KUB I 16 + KUB XL 65) erläßt der König ein politisches Testament zugunsten seines Enkels(?) Mursili, der als Thronfolger eingesetzt wird[16]. Der Großvater(?) rät dem Kronprinzen darin, daß er sich nun, nach der schon erfolgten Zerstörung von Ḫaššu und Zalpa, selbst um die Zerstörung des „angeschlagenen" Ḫalab kümmern solle (KBo III 57)[17]. Der junge Mursili selbst sollte – auf Befehl des Königs Ḫattusili I. – jedoch erst nach drei Jahren mit auf einen solchen Feldzug gehen. Nach Ausweis der Texte KBo XII 14, KUB LVII 17+26, die vermutlich der Regierungszeit des Mursili zugeschrieben werden müssen[18], hält sich der Sohn an den Rat des Vaters und es wird von ersten Kämpfen der Hethiter gegen Ḫalab berichtet, das kurze Zeit später in hethitische Hände fällt (KBo III 57).

Es hat sich in dem kurzen Abriß der Geschehnisse, wie er anhand der hethitischen Überlieferung rekonstruiert werden kann, gezeigt, daß zwischen der Zerstörung von Alalaḫ unter Ḫattusili I. und der von Ḫalab durch Mursili I. nur wenige Jahre anzunehmen sind. Es sind dies aufgrund der Annalen des Ḫattusili mindestens 3 Jahre, die zwischen der Erwähnung der Eroberung von Alalaḫ und dem Ende der Annalen verzeichnet sind. Dazu gerechnet werden müssen 3 weitere Jahre, in denen Mursili I. auf Befehl seines Vaters nicht an einem Feldzug teilnehmen durfte, so daß mindestens 7 Jahre zwischen der Zerstörung von Alalaḫ und der von Ḫalab gelegen haben müssen[19]. Man geht jedoch sicher nicht fehl in der Annahme, daß die Eroberung von Ḫalab – entgegen der von Babylon – ein länger andauernder Prozeß war, so daß zwischen der Eroberung von Alalaḫ und der von Ḫalab ca. 10 Jahre zu veranschlagen sind. Die Zerstörung von Alalaḫ erfolgte somit spätestens um 1680 und die Einnahme von Ḫalab um 1670 v. Chr.

Die Laufzeit, die das Archiv des Stratums VII von Alalaḫ abdeckt, läßt sich – wenn man davon ausgeht, daß Abban erst sehr spät in seiner Regierungszeit seinen Bruder Yarim-Lim mit Alalaḫ belehnte – mit ca. 100–110 Jahren angeben

---

[15] Siehe Astour, Hittite History (1989) 12-13. 86 Anm. 76; Bryce, Kingdom (1998) 102; Klengel, Geschichte des heth. Reiches (1999) 53.

[16] Zu der Annahme, daß Mursili I. ein Sohn und nicht der Enkel des Ḫattusili I. war, siehe Steiner, UF 28, 1996, 561-618.

[17] Siehe Klengel, Geschichte des heth. Reiches (1999) 53. Zu der prophetischen Ankündigung des Falls von Ḫalab siehe die Textstelle KBo III 27, 30; Bearbeitung bei Carruba in: Otten et al. (Hrsg.), Studies Alp (1992) 77-79; Martino, AoF 18, 1991, 54-66.

[18] Siehe Klengel, Geschichte des heth. Reiches (1999) 61 Anm. 134.

[19] So auch Gates in: Åström (Hrsg.), High, Middle or Low II (1987) 74.

(ca. 1790–1680 v. Chr.)[20]. Eine radikale Kürzung der Laufzeit des Archivs auf 50 bis 75 Jahre – wie sie häufig vorgeschlagen wird[21] – ist aufgrund der bekannten Generationenfolge in Ḫalab unzulässig (s.u.). Das Archiv nennt bekanntlich von Abban (inklusive) bis Ḫammu-rapi II. von Ḫalab 5 Herrschergenerationen mit 6 Potentaten. Weiter unten soll aufgezeigt werden, daß diesen 5 Generationen in Ḫalab, 4 Generationen in Alalaḫ gegenüberstehen, deren letzte jedoch nicht mehr zur Herrschaft gelangte.

Die Abfolge und die Anzahl der Statthalter von Alalaḫ und deren weitere Beziehungen zu ihren Oberherren in Ḫalab sind heftig umstritten. Die Diskussion darüber wurde nach der Publikation des Archivs von Alalaḫ durch Wiseman 1953 die gesamten fünfziger Jahre hindurch geführt[22]. Ungefähr zwanzig Jahre später im Jahre 1975 wurde die Frage durch Collon erneut bearbeitet, wobei sie die Existenz von nur zwei Statthaltern in Alalaḫ (Yarim-Lim, Ammitaqum) für den oben genannten Zeitraum annahm[23]. Auch ihre Publikation hatte schnell eine Diskussion zur Folge, wobei von Na'aman eine Verdoppelung der beiden namentlich bekannten Statthalter Yarim-Lim und Ammitaqum (Yarim-Lim I., Ammitaqum I., Yarim-Lim II., Ammitaqum II.) vorgeschlagen wurde, da die erkennbare Laufzeit des Archivs nicht mit zwei Statthaltern allein ausgefüllt werden konnte[24]. Da in den diesbezüglichen Urkunden die Väter der Statthalter nicht genannt werden, ist dies eine zulässige Arbeitshypothese gewesen. Der Rekonstruktionsversuch von Na'aman wurde schließlich von Collon und Zeeb zurückgewiesen, während Gaál und Oliva sich ihm anschloßen[25]. Soldt, der sich ebenfalls um eine Klärung dieser Fragestellung bemühte, vermochte sich nicht zwischen den beiden konträren Ansichten zu entscheiden[26]. Im Jahre 1992 legte der Verf. – in Ablehnung der Vorschläge von Collon und Na'aman – eine neue

---

[20] Einen ähnlichen Ansatz vertritt auch Soldt, Akkadica 119/120, 2000, 109, der die Laufzeit des Archivs mit mindestens 90-110 Jahren angibt; vgl. Zeeb, Palastwirtschaft (2001) 104, der eine Laufzeit von 80-105 Jahren annimmt.

[21] Siehe Collon, Seal Atchana (1975) 145 (70 Jahre); Gates in: Åström (Hrsg.), High, Middle or Low II (1987) 72 (50-75 Jahre); Heinz, Tell Atchana (1992) 206 (ca. 75 Jahre); Manning, Test of Time (1999) 356 (ca. 20!-60 Jahre).

[22] Siehe zu dieser älteren Literatur die Zusammenstellung von Eder in: Nagel, DaM 6, 1992, 7 Anm. 1b.

[23] Siehe Collon, Seal Atchana (1975) 145. Collon geht jedoch dort davon aus, daß das Archiv nur eine Laufzeit von 70 Jahren umfaßt. Vergleichbar ist der Ansatz bei Heinz, Tell Atchana (1992) 206, die – anhand der in Schicht VII belegten drei Generationen der dortigen Kaufmannsfamilie (s.u.) – eine Laufzeit von 75 Jahren für das Archiv postuliert.

[24] Siehe Na'aman, ASt 26, 1976, 129-143; Na'aman, ASt 29, 1979, 103-113.

[25] Siehe Collon, ASt 27, 1977, 127-131; Zeeb, Palastwirtschaft (2001) 92-95; Gaál, AUBud 22, 1982, 3-53; Oliva, AO 17/18, 1999/2000, 229-239.

[26] Siehe Soldt, Akkadica 119/120, 2000, 108.

Rekonstruktion der Anzahl und der Abfolge der Herrscher von Alalaḫ vor, in der von der Existenz dreier Statthalter (Yarim-Lim I., Yarim-Lim II., Ammitaqum) ausgegangen wird[27]. Die Richtigkeit dieses Vorschlages wurde von Soldt, der jedoch die vorgetragene Argumentation unkorrekt zusammenfaßt, und von Zeeb angezweifelt[28].

Anhand der bekannten Quellen läßt sich die folgende Herrscherabfolge für Ḥalab und Alalaḫ erarbeiten. Bei der Kommentierung der Tabelle soll erneut ausführlich auf die Anzahl und die Abfolge der Könige von Ḥalab und die ihrer Sekundogenitur in Alalaḫ eingegangen und die verschiedenen Ansätze diskutiert werden.

Kommentar zur Herrscherabfolge von Ḥalab

Sumuepuḫ

Nach der Bauinschrift des Yaḫdun-Lim von Mari (col. III, 13-14; Dossin, Syria 32, 1955, 11.14) war Sumuepuḫ ein Zeitgenosse dieses Herrschers von Mari. Yaḫdun-Lim wurde von Ilakabkabu, dem Vater des Šamšiadad I. von Assyrien, ermordet. Der Tod des Sumuepuḫ fällt in das Regierungsjahr 12 oder 13 des Königs Ḥammu-rapi von Babylon (Charpin / Durand, MARI 4, 1985, 316-318; Soldt, Akkadica 119/120, 2000, 103). Die verhältnismäßig lange Regierungsdauer des Sumuepuḫ umfaßt somit die Zeitspanne von ca. 1890-1850 v. Chr.

Yarim-Lim I.

Yarim-Lim I. war ein Sohn des Sumuepuḫ (Charpin / Durand, MARI 4, 1985, 308; Charpin in: Young (Hrsg.), Mari [1992] 74) und sein direkter Thronfolger. Er starb im Verlauf des 9. Regierungsjahres des Zimri-Lim von Mari (= Jahr 28 des Ḥammu-rapi von Babylon; ARM XXIII, 473 Anm. 45; vgl. Charpin / Durand, Mari 4, 1985, 310 Anm. 80). Die relativ kurze Regierungszeit (1849-1835 v. Chr.) des Königs Yarim-Lim I. ist vermutlich bedingt durch die lange Regierung seines Vaters Sumuepuḫ.

---

[27]   Siehe Eder in: Nagel, DaM 6, 1992, 7-22.
[28]   Siehe Soldt, Akkadica 119/120, 2000, 108; Zeeb, Palastwirtschaft (2001) 95-100.

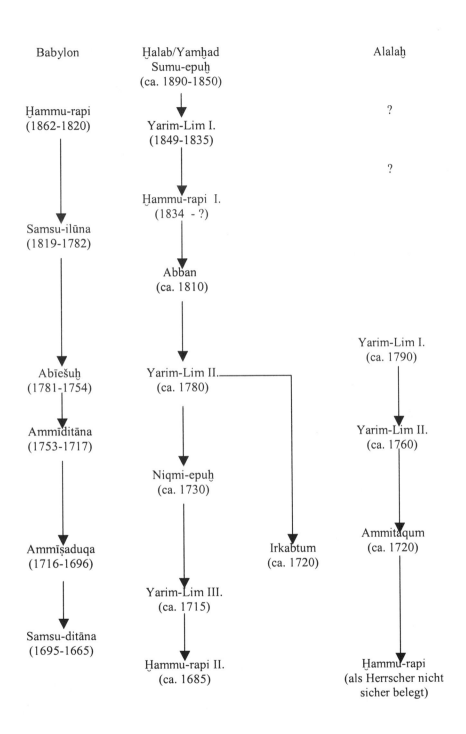

Babylon	Ḫalab/Yamḫad	Alalaḫ
	Sumu-epuḫ (ca. 1890-1850)	
Ḫammu-rapi (1862-1820)	Yarim-Lim I. (1849-1835)	?
		?
	Ḫammu-rapi I. (1834 - ?)	
Samsu-ilūna (1819-1782)	Abban (ca. 1810)	
		Yarim-Lim I. (ca. 1790)
Abīešuḫ (1781-1754)	Yarim-Lim II. (ca. 1780)	
Ammīditāna (1753-1717)		Yarim-Lim II. (ca. 1760)
	Niqmi-epuḫ (ca. 1730)	
Ammīṣaduqa (1716-1696)	Irkabtum (ca. 1720)	Ammitaqum (ca. 1720)
Samsu-ditāna (1695-1665)	Yarim-Lim III. (ca. 1715)	
	Ḫammu-rapi II. (ca. 1685)	Ḫammu-rapi (als Herrscher nicht sicher belegt)

Ḫammu-rapi I.

Nach Ausweis von ARM IX, 33 war der König Ḫammu-rapi I. ein Sohn des Yarim-Lim I. Er bestieg den Thron in Ḫalab direkt nach dem Tode seines Vaters (1834 v. Chr.). Er war darüber hinaus ein Zeitgenosse der Könige Mutija und Til-abnu von Šeḫna (Eidem, RA 85, 1991, 126; Zeeb, UF 23, 1991, 402), die wiederum am Ende der Regierungszeit des Königs Ḫammu-rapi von Babylon und am Anfang der Regierung seines Nachfolgers Samsu-ilūna angesetzt werden müssen. Der Zeitpunkt seines Todes läßt sich nicht näher bestimmen; er erfolgte aber mit Sicherheit während der Regierungszeit des Samsu-ilūna von Babylon (s.u.).

Abban

Abban war der Sohn des Königs Ḫammu-rapi I. von Ḫalab (Siegel AT 444b+442b = Collon, Seal Atchana [1975] 6 No. 3). Abban wurde vor dem Tod seines Großvaters Yarim-Lim I. von Ḫalab geboren (ARM XXIII, No. 536), denn er erhält aus Mari im Jahre Zimri-Lim 9' zusammen mit Yarim-Lim Geschenklieferungen. Unbekannt jedoch ist der genaue Zeitpunkt seiner Geburt. Er hatte zur Zeit des Königs Samsu-ilūna von Babylon den Thron in Ḫalab inne. Dies geht aus einem Schreiben des Samsu-ilūna an Abban von Ḫalab hervor (Kraus, AbB VII [1977] No. 1 = BM 80696). Abban war der ältere Bruder des Fürsten Yarim-Lim I. von Alalaḫ, den er als Statthalter an diesem Ort einsetzte (AT 1. 56. 456). Über die Länge der Regierung des Abban können anhand der bekannten Texte keine näheren Angaben mehr gemacht werden. Texte aus dem Archiv des Stratums VII von Alalaḫ, die der Regierungszeit des Abban zugewiesen werden können, sind: AT 1. 56. 76-77. 456.

Yarim-Lim II.

Yarim-Lim II. war ein Sohn des Abban von Ḫalab (Siegel AT 444a = Collon, Seal Atchana [1975] 8 No. 5). Die Länge seiner Regierung ist nicht zu bestimmen, und die Annahmen der verschiedenen Bearbeiter variieren stark (Klengel, Syria [1992] 62). Texte aus dem Archiv von Alalaḫ, die auf Yarim-Lim II. bezogen werden können, sind: AT 95; AT 57(?).

Niqmiepuḫ

Niqmiepuḫ war ein Sohn des Königs Yarim-Lim II. (Siegel AT 7e = Collon, Seal Atchana [1975] 9 No. 6). Für Niqmiepuḫ sind vier verschiedene Jahresdaten überliefert (Klengel, Syria [1992] 62); die Länge seiner Regierungszeit ist ebenfalls unbekannt. In der Zeit des Niqmiepuḫ übernimmt Ammitaqum das

Amt des Statthalters in Alalaḫ von seinem Vater Yarim-Lim II. von Alalaḫ (s.u.). Texte aus der Zeit des Niqmiepuḫ sind: AT 7. 9-11. 52. 55. 63. 96. 98f. Die Urkunden AT 9-11. 52+96 (beide Tafeln mit gleicher Jahresangabe [Niqmiepuḫ LUGAL.E; Jahr: *Mutani* KI.MIN], AT 98f nennen dabei Yarim-Lim II. von Alalaḫ; die Urkunden AT 7 und 55 (beide aus dem Jahr: *Niqmiepuḫ LUGAL Arazik* (KI) *iṣbatu*) nennen Ammitaqum als Regent in Alalaḫ; siehe dazu ausführlich unten.

Irkabtum

Irkabtum war der Sohn des Niqmiepuḫ von Ḫalab (Siegel AT 11 + AT 443a = Collon, Seal Atchana [1975] 10 No.7-8). Die Tafel AT 96 mit dem Antrittsjahr(?) des Niqmiepuḫ führt den „Königssohn" Irkabtum als Zeugen in einem Vetrag auf (*Irkabtum* DUMU LUGAL Jahr: *Niqmiepuḫ* LUGAL.E; Jahr: *Muta[ni* (KI).....?*ba]l?-ši*), so daß dieser zu Beginn der Regentschaft seines Vaters schon erwachsen war. Obwohl auch für Irkabtum die Länge der Regierung völlig unbekannt ist, kann dies als ein Anzeichen für eine kurze eigene Herrschaft gewertet werden. Texte mit der Nennung des Königs Irkabtum sind: AT 33. 38. 54. 58. 64. 65.

Yarim-Lim III.

Yarim-Lim III. war vermutlich der Sohn des Niqmiepuḫ und somit der wohl jüngere Bruder des Königs Irkabtum (Siegel AT 455a = Collon, Seal Atchana [1975] 11 No. 10). Dagegen hat sich Na'aman, ASt 29, 1979, 103-4, gewandt, der die nahezu zerstörte Vatersangabe in der Siegellegende als „Irkabtum" lesen wollte. Dies wurde von Collon, ASt 27, 1977, 129, und Eder in: Nagel, DaM 6, 1992, 15, abgelehnt, während Soldt, Akkadica 119/120, 2000, 105, sich nicht zu entscheiden vermochte. Texte aus dem Archiv von Alalaḫ, die Yarim-Lim III. nennen, sind: AT 6. 27. 37. 44. 61. 79. 455.

Ḫammu-rapi II.

Ḫammu-rapi II. war der Sohn des Yarim-Lim III. (KUB XXXI, 5; KBo XIX, 91 = Landsberger, JCS 8, 1954, 52; vgl. Nagel, JCS 12, 1957, 111; Kühne, ZA 62, 1972, 242-249). Unter der Regierung dieses letzten bekannten Herrschers von Ḫalab war Ammitaqum noch Statthalter in Alalaḫ (AT 21-22). Die Annahme von Kupper, CAH II/1 (1963) 31; Na'aman, ASt 26, 1976, 137, und Soldt, Akkadica 119/120, 2000, 105-7, daß es zwei Herrscher mit Namen Ḫammu-rapi (II. bzw. III) gegeben hat, wobei Ḫammu-rapi II. (=AT 21-22. 39) vor Yarim-Lim III. angesetzt wird, ist unnötig. Einziges Argument für die Annahme zweier Könige ist die Erwähnung des Vaters des Ḫammu-rapi, Yarim-

Lim (=Yarim-Lim III.), in dem oben genannten hethitischen Text, der über die Geschehnisse nach der Zerstörung von Alalaḫ berichtet. Folglich wurde nach der Meinung der oben zitierten Autoren die Stadt Alalaḫ zur Zeit des Königs Yarim-Lim III. zerstört. Der in den beiden Texten AT 21 und 22 neben dem König Ammitaqum erwähnte König Ḥammu-rapi von Yamḫad kann somit – nach Meinung von Kupper, Na'aman und Soldt – nur als Ḥammu-rapi II. vor Yarim-Lim III. regiert haben. Seine Filiation und sein verwandtschaftliches Verhältnis zu Yarim-Lim III. sind dann jedoch völlig ungeklärt, da Yarim-Lim III. mit Sicherheit ein Sohn des Irkabtum war. Der in KUB XXXI, 5 = KBo XIX, 91, erwähnte Sohn des Yarim-Lim, Ḥammu-rapi, wird dabei schließlich als Ḥammu-rapi III. gezählt, der nicht mehr zur Regentschaft kam. Da in dem hethitischen Text der Vater des Ḥammu-rapi, Yarim-Lim, aber nirgends als noch regierender König von Ḥalab aufgeführt wird (Kühne, ZA 62, 1972, 243-249; Kempinski, Syrien und Palästina [1983] 46-49; Astour, Hittite History (1989) 11; Manning, Test of Time [1999] 357), sondern nur innerhalb der Filiation des Ḥammu-rapi (in darüber hinaus unklarem Zusammenhang) Erwähnung findet, läßt sich diese komplizierte Rekonstruktion am erhaltenen Textmaterial nur schwer belegen. Gegen die vorgeschlagene Abfolge Ḥammu-rapi II. – Yarim-Lim III. spricht auch der Umstand, daß der Fürst Ammitaqum erst im Verlaufe der Regierung des Königs Yarim-Lim III. sich in den Urkunden des Titels LUGAL bediente (s.u. unter Ammitaqum). Diesen Titel trägt er aber auch auf AT 21 und 22. Der dort in der Jahresformel aufgeführte König Ḥammu-rapi sollte folglich nach Yarim-Lim III. angesetzt werden.
Texte aus der Zeit des Königs Ḥammu-rapi II. von Ḥalab sind: AT 21. 22. 39? (s.u.).

Kommentar zur Herrscherabfolge von Alalaḫ

Yarim-Lim I.

Yarim-Lim I. von Alalaḫ war ein Sohn des Ḥammu-rapi I. von Ḥalab (AT 1; Abban LUGAL setzt Yarim-Lim DUMU *Ḥammurapi* als Statthalter in Alalaḫ ein). Folglich war er vermutlich der jüngere Bruder des Abban (AT 56. 44 *Yarim-Lim aḫi* LUGAL). Gemäß AT 1 und AT 456 erhielt Yarim-Lim die Stadt Alalaḫ als Ersatz für die Stadt Irride am Euphrat, die gegen ihn rebelliert hatte. In AT 456 werden die zu Alalaḫ gehörigen, unveräußerbaren Ortschaften, die zu dem Anteil (*zittum*) des Fürsten gehören, aufgelistet. Yarim-Lim I. starb nach Ausweis von AT 95 zur Zeit des Königs Yarim-Lim II. von Ḥalab (AT 95 = Wiseman, JCS 8, 1954, 8) und herrschte somit über eine Generation. Zur Datierung und zum Verständnis des Textes AT 95 sind einige Anmerkungen nötig. Die Prozeßurkunde AT 95 (so richtig Na'aman, ASt 29, 1979, 105-106) berichtet über eine Übereignung von Ortschaften an einen Ammitaqum (ohne Titel!) durch seinen Vater und einen daraus resultierenden Rechtsstreit vor Yarim-Lim LUGAL[29]. Der Text steht in Aufbau und Vokabular der Prozeßurkunde AT 57 sehr nahe. Die Tafel AT 95 weist – wie Na'aman, ASt 26, 1976, 133 Tabelle 2, zeigen konnte – z.T. gleiche Zeugengruppen mit den beiden Dokumenten AT 79 und 455 auf. AT 79 ist eine Urkunde über den Austausch von Ortschaften zwischen Ammitaqum LÚ Alalaḫ und Yarim-Lim LUGAL, während auf AT 455 ein Rechtsstreit über den Besitz der Stadt Airraše vor Yarim-Lim LUGAL gehört wird. Durch das Hüllenfragment AT 455 und dem darauf abgerolltem Siegel AT 455 a (s.o.) wird deutlich, daß der in dem Text AT 455 erwähnte König Yarim-Lim nur Yarim-Lim III. von Ḫalab sein kann. Diese Zuweisung ist unabhängig von der Lesung der zweiten Zeile der Siegellegende, die bekanntlich umstritten ist (s.o.). Die beiden Tafeln AT 79 und AT 95 dürften aufgrund der fast identischen Zeugen zeitlich nicht sehr weit auseinanderliegen, müssen aber auch nicht direkt zeitgleich sein. AT 95 gehört sicher in die Zeit des Königs Yarim-Lim II., während AT 79 – aufgrund der Erwähnung des Ammitaqum LÚ Alalaḫ – in die Anfangszeit des Königs Yarim-Lim III. zu datieren ist (s.u.). Daraus ergibt sich, daß die Regierungszeiten der Könige Niqmiepuḫ und Irkabtum nicht allzu lang gewesen sein können, da Beamte aus der Zeit des Königs Yarim-Lim II. auch unter Yarim-Lim III. noch im Staatsdienst waren (so auch Zeeb, Palastwirtschaft [2001] 93). Dementsprechend sind drei Zeugen von AT 95 (Bintikidya, Kumidaba und Ḫammu-rapi) auch auf der Prozeßurkunde AT 7 belegt, die in die Regierungszeit des Niqmiepuḫ gehört (Na'aman, ASt 26, 1976, 133 Tabelle 2). Weitere Zeugen der beiden Tafeln AT 79 und AT 95 sind dann auch auf anderen Dokumenten aus der Zeit der Könige Irkabtum bzw. Yarim-Lim III. nachgewiesen (Eder in: Nagel, DaM 6, 1992, 13-14).

Die bedauerlicherweise schlecht erhaltene Tafel AT 95 gibt nach vier nahezu völlig zerstörten Zeilen (siehe die Transkription bei Na'aman, ASt 29, 1979, 105; für die Freundlichkeit, mir Einsicht in seine Textkopien von AT 95 zu gewähren, bin ich Herrn Prof. Dr. M. Dietrich [Münster] zu großem Dank verpflichtet), folgenden Sachverhalt wieder: Ein Ammitaqum (ohne Titel!) bekommt von seinem Vater die Einkünfte bestimmter Ortschaften zugewiesen (AT 95, 5: *a-na Am-mi-ta-kum-ma* DUMU-*šu id-di-nu-ma*; vgl. AT 95, 26 *a-la-ni ù*

---

[29] Der Text wurde damals von Eder in: Nagel, DaM 6, 1992, 13, irrig als Ortskaufurkunde angesprochen. Zeeb, Palastwirtschaft (2001) 38. 92-93. 95, hält den Text AT 95, ohne dies näher zu begründen, für das Testament des Yarim-Lim von Alalaḫ zugunsten seines Sohnes Ammitaqum, das vor König Yarim-Lim II. abgefaßt wurde. Diese Interpretation des Textes ist dem Wortlaut jedoch nicht zu entnehmen. Vergleiche auch Zeeb, Palastwirtschaft (2001) 91, wo der Autor selbst an der Bestimmung des Textes AT 95 als Testament durch Collon (Collon, Seal Atchana [1975] 150) zweifelt.

e-pí-ri-šu-nu); eine Übereignung, die auch schriftlich und mit einem Schwur-eid(?) festgehalten wurde (AT 95, 6: [*ṭ*]*up-pí ù ni-iš* [ᵈx-x.....]; vgl. zu dieser Praxis AT 57, 16). Obwohl der Name des Vaters des Ammitaqum nicht erhalten ist, dürfte es sich hierbei – aufgrund des Folgenden – um den Yarim-Lim LÚ Alalaḫ handeln. Nach dem Tod des Yarim-Lim LÚ Alalaḫ erhebt nun Abi[xxxx] Klage gegen Ammitaqum, der auch jetzt noch ohne Titel(!) aufgeführt ist (AT 95, 7-10: [*wa-*]*ar-k*[*i*] *Ia-ri-im-li-im* LÚ *A-la-la-aḫ* [*i-lu-šu*] *iq-ru-ú-šu* ᵐ*A-bi-*[ ] *A*[*m*]-*mi-ta-kum-ma a-na di-i*[-*ni-im*] *ig-re-e-ma*; siehe zu dem Ausdruck *ilušu iqrūšu* AT 57, 6 [Oppenheim, JNES 14, 1955, 198]). Der Prozeß wird zugelassen und findet vor dem König Yarim-Lim statt (AT 95, 11-12: [*iṣ-*]*ṣa-ab-*[*tu-ma*] *a-na Ia-ri-im-li-im* LUGAL *i-ru-bu*; zu dieser Formel mit der die Annahme eines Rechtsstreites vor dem König ausgedrückt wird, siehe AT 7, 13-14; AT 455, 23-24). Der folgende Passus (AT 95, 13-17) ist sehr schlecht erhalten. Dem Textrest ist aber zu entnehmen, daß die schriftlichen Unterlagen geprüft werden (AT 95, 13: [*ṭ*]*up-pí* [   ] *in-nam-mar-ma*). Es folgen in den Zeilen AT 95, 14-15, wohl die Namen der Beamten, die die Richtigkeit der Übereignung bezeugten (AT 95, 16-17: [   ] x *a-na* DUMU-*šu iš-ṭú-ru* [*iq-bu-*]*ú-ma*; vgl. AT 57, 23; AT 455, 27. 33). Im folgenden wird von der Entscheidung des Königs zugunsten des Ammitaqum berichtet (AT 95, 18-22), der die Übereignung erneuert ([   ]x *a-ša Ia-ri-im-li-im* LUGAL [*a-na Am-mi-*]*ta-kum-ma ú-ud-di-iš* [*iš-tu u₄-*]*mi-im an-ni-i-im* [*Am-*]*mi-ta-kum-ma* [*b*]*é-el zi-it-tim*).

Der Rest des Textes enthält die üblichen Formeln für den Ausschluß des Rechtsweges unter Androhung von Geld- und Körperstrafe sowie die Zeugen-liste.

Für unsere Fragestellung ist der Text AT 95 von großer Bedeutung. Dem Wortlaut der Zeilen 7-12 ist nun unzweifelhaft zu entnehmen, daß ein Statthalter von Alalaḫ mit Namen Yarim-Lim zur Zeit eines Königs Yarim-Lim von Ḫalab verstorben war. Der genannte König Yarim-Lim kann aber nur der König Yarim-Lim II. von Ḫalab gewesen sein. Da durch AT 11 und AT 52 ein Statt-halter von Alalaḫ mit dem Namen Yarim-Lim zur Zeit des Königs Niqmiepuḫ sicher belegt ist, muß mit der Existenz zweier Statthalter mit dem Namen Yarim-Lim in Alalaḫ gerechnet werden, die aufgrund der sicheren Genera-tionenfolge der Könige von Ḫalab direkt aufeinander gefolgt sein müssen (s.u. zu AT 11). So ist eine Benennung des in AT 95 erwähnten schon verstorbenen Statthalters von Alalaḫ mit Namen Yarim-Lim nur als Yarim-Lim I. von Alalaḫ möglich. Der in AT 11 und 52 in der Zeit des Königs Niqmiepuḫ genannte Statthalter Yarim-Lim war folglich Yarim-Lim II. von Alalaḫ, der Vater des späteren Ammitaqum LÚ/LUGAL Alalaḫ (s. Siegel AT 443b = Collon, Seal Atchana [1975] 14-15 No. 13).

Die Existenz zweier Statthalter mit Namen Yarim-Lim in Alalaḫ läßt sich auch dem Text ATT 39/182.12 entnehmen[30]. Bei dem Textfragment handelt es sich um das Testament eines Statthalters von Alalaḫ (so auch Zeeb, Palastwirtschaft [2001] 488; Zeeb, UF 30, 1998, 839. 849)[31] mit dem Wortlaut:

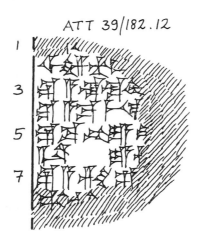

ATT 39/182.12

1'. [Ia-ri-im-li-im LÚ A-la-la-aḫ   ]
1. [i-n]a [bu-ul-ti-šu-ma   ]
2. ši-im-ti É-[šu i-ši-im-ma   ]
3. URU A-la-la-aḫ[   ]
4. URU A-ma-me^KI[   ]
5. URU Ba-bi-ia^KI[   ]
6. a-na Ia-r[i-im-li-im DUMU-šu u-wa-ad-di]
7. URU A-ké-e[   ]
8. ša x[   ]

Dem Text ist folgender Sachverhalt zu entnehmen: Ein Statthalter von Alalaḫ, dessen Name nicht mehr erhalten ist (zu unserer Ergänzung s.u.), vererbt einem Yarim-Lim mehrere Städte, darunter auch die Stadt Alalaḫ, die zu Anfang der erwähnten Orte aufgezählt ist (zur Vererbungsformel *ina bultišuma šimti bītišu išimma* siehe z.B. AT 6, 3, 6; zum Weiterleben der Formel im 17. und 16.

---

[30] Der Text ist unpubliziert; für die Freundlichkeit mir Einsicht in seine Textkopien zu gewähren und das Tafelfragment hier vorlegen zu können, bin ich Herrn Prof. Dr. M. Dietrich, Münster, zu großem Dank verpflichtet.
[31] Nach Zeeb, Palastwirtschaft (2001) 488, und Zeeb, UF 30, 1998, 839. 849, handelt es sich bei diesem Text um das Testament des Statthalters Yarim-Lim. Der Begünstigte soll Ammitaqum von Alalaḫ sein.

Jhd. v. Chr. in Ḥana siehe Podany, Hana [2002] 136). Der genannte Erbe Yarim-Lim ist durch die vorliegende Überschreibung der Stadt Alalaḫ ebenfalls sicher als Statthalter in Alalaḫ ausgewiesen. Er kann nicht mit dem Abban-Bruder Yarim-Lim identisch sein, der Alalaḫ, Amame und andere Ortschaften als Tausch gegen die Stadt Irride von seinem Bruder als seinen Anteil zugewiesen bekommen hatte (s. AT 1, AT 456); eine Zuweisung, die auch vertraglich festgehalten wurde. Es muß sich bei dem erwähnten Erben, um einen weiteren Statthalter mit Namen Yarim-Lim handeln, der als Yarim-Lim II. von Alalaḫ zu zählen ist. Erblasser sollte somit der Abban-Bruder, Yarim-Lim I. von Alalaḫ, gewesen sein, wodurch sich die oben vorgenommene Ergänzung erklärt. Des weiteren ist dem Testament zu entnehmen, daß es noch mindestens einen weiteren Begünstigten gab, dem die Stadt Akē und wohl noch weitere Ortschaften übereignet wurden (s.u.).

Aufgrund unserer vorherigen Ausführungen kann es sich bei dem in AT 95 ohne Titel erwähnten Ammitaqum nur um einen weiteren Sohn des Herrschers Yarim-Lim I. von Alalaḫ handeln, der nicht zur Regierung gelangte und dem der Herrscher von Alalaḫ seinen Erbteil vermachte (s. Stammbaum Abb. 1)[32]. Es ist verlockend in ihm den in ATT 39/182.12 zu rekonstruierenden zweiten Begünstigten zu erkennen, der u.a. die Stadt Akē zugewiesen bekommt. In AT 54 und AT 55 wird der Ort Akē von Ammitaqum LÚ Alalaḫ in zwei Tranchen von Zumiadu und Irkabtum, den Söhnen eines Ammitaqum, erworben. Vielleicht ist der Vater von Zumiadu und Irkabtum identisch mit dem in AT 95 genannten Ammitaqum und dem in ATT 39/182.12 genannten zweiten Begünstigten, dem die Stadt Akē übereignet wird.

Texte aus der Zeit des Fürsten Yarim-Lim I. von Alalaḫ sind: AT 1. 56. 456. Die beiden Urkunden AT 76-77, die den Austausch von Ortschaften zwischen Abban von Ḥalab und zwei weiteren Parteien dokumentieren, nennen den Statthalter von Alalaḫ nicht, sind aber dennoch – durch die Nennung des Abban – sicher der Zeit des Yarim-Lim I. von Alalaḫ zuzuweisen.

Yarim-Lim II.

Yarim-Lim II. war nach Ausweis von AT 11 (Klengel in: Garelli [Hrsg.], Palais [1976] 279; Na'aman, ASt 29, 1979, 107; Eder in: Nagel, DaM 6, 1992, 15. 18-19) der Sohn des Fürsten Yarim-Lim I. von Alalaḫ.

---

[32] Dagegen sieht Na'aman, ASt 29, 1979, 105, in diesem Ammitaqum einen Herrscher von Alalaḫ, der bei ihm als Ammitaqum I. gezählt wird.

Die Tafel AT 11, aus der Zeit des Königs Niqmiepuḫ, schildert einen Rechtsstreit zwischen Yarim-Lim LÚ Alalaḫ und seiner Schwester Tatteya über den Besitz der Einkünfte aus der Stadt Naštarbi (zu diesem Ort siehe Zeeb, UF 30, 1998, 836-37, mit älterer Literatur), die Tatteya zur Zeit des Rechtsstreites einzog, die nun aber von Yarim-Lim beansprucht werden. In diesem Rechtsstreit verweist Tatteya darauf, daß ihr Vater ihr die Stadt Naštarbi zugewiesen hatte (AT 11, 5-7): *um-ma ši-i-ma* URU *Na-aš-tar-bi*[KI] *a-bi-a ia-ši-im ú-wa-ad-di-a-am*. „Folgendermaßen spricht sie: Die Stadt Naštarbi hat mein Vater mir gegeben." Yarim-Lim bestätigt – mit einer Einschränkung – die Richtigkeit der Aussage seiner Schwester Tatteya mit den Worten (AT 11, 8-11)[33]: *um-ma Ia-ri-im-li-im-ma a-bi i-na ba-a-aš-tim-ma ša ku-ú-ul-li-im id-di-na-ak-[k]i*. „Folgendermaßen spricht Yarim-Lim: Mein Vater hat (sie) dir, (nur) solange er lebt, zum Nießbrauch gegeben" (vgl. CAD B: 142 2'; CAD K: 514 g). Die Wendung *ina bašti-ma* (vgl. CAD B: 142 2') ist der im Altbabylonischen häufiger belegten Formulierung *ina bultišu-ma* „während er lebt", die auch in Alalaḫ belegt ist (AT 6, 3), inhaltlich verwandt (vgl. CAD B: 311 1.); zu *ša ku-ú-ul-li-im* „to hold (in possesion)" vgl. CAD K: 514 g; zur Bedeutung „Nießbrauch haben" vgl. AHw I: 502 s.v. kullu(m) II. So fordert Yarim-Lim Naštarbi nun für sich, und er bekommt die Stadt auch zugesprochen (AT 11, 22-24): URU *Na-aš-tar-bi*[KI] *a-na Ia-ri-im-li-[im] it-tu-úr-[ma]*) „Die Stadt Naštarbi wird an Yarim-Lim zurückgegeben."

Die rechtliche Situation läßt sich aus anderen Texten des Archives erschließen und rekonstruieren. Aus AT 456, 4 ist bekannt, daß die Stadt Naštarbi von Abban, dem Herrscher von Ḫalab, an seinen Bruder Yarim-Lim (Yarim-Lim I.) neben anderen Ortschaften als unveräußerbarer Anteil (*zittum*) mit Alalaḫ zusammen übereignet wurde. Die Einkünfte der Stadt Naštarbi dienten der Finanzierung des Haushaltes (*oikos*) des Fürsten von Alalaḫ. Sie waren fester Bestandteil des Anteils und konnten lediglich von dem Vater auf den Sohn vererbt werden. Eine endgültige Veräußerung einzelner Ortschaften aus diesem Anteil war nur an den Herrscher von Ḫalab möglich (AT 456, vgl. zu dieser Rechtspraxis auch die Ausführungen bei Klengel in: Garelli [Hrsg.], Palais [1976] 279).

Yarim-Lim I. gibt seiner Tochter Tatteya die Stadt *zu seinen Lebzeiten* zum Nießbrauch (AT 11), kann aber aufgrund der Klausel in AT 456, 55-65 die Stadt nicht an sie veräußern und ihr somit über seinen Tod hinaus übereignen. Gemäß

---

[33] Im Gegensatz hierzu Zeeb, Palastwirtschaft (2001) 99, der glaubt, daß es sich bei der Übereignung der Stadt nur um eine Behauptung der Klageführerin handle und „mitnichten um ein brutum factum". Daß die Einkünfte der Stadt aber irgendwie tatsächlich in den Besitz der Tatteya gelangt sind, ist den Worten des Yarim-Lim (AT 11, 8-11) ganz deutlich zu entnehmen.

AT 95 stirbt Yarim-Lim I. von Alalaḫ zur Zeit des Königs Yarim-Lim II. von Ḥalab. Sein Sohn, der Bruder der Tatteya, Yarim-Lim II. von Alalaḫ (AT 11), übernimmt von seinen Vater die Statthalterwürde (ATT 39/182.12) und erbt dessen Anteil (*zittum*), der in AT 456 festgelegt ist. Er beansprucht folglich die Stadt Naštarbi von seiner Schwester zurück, was diese dazu bewegt, vor Gericht zu ziehen. Der Prozeß kommt zu Beginn(?) der Regierung des Niqmiepuḫ zustande. Yarim-Lim verteidigt dort sein Anrecht auf die Ortschaft mit dem Verweis darauf, daß die Einkünfte der Stadt nur *zu Lebzeiten* des gemeinsamen Vaters der Tatteya überlassen wurden (AT 11, 8-11), und er erhält die Stadt und ihre Einkünfte zu seinem Erbanteil zurück (AT 11, 22-24).

Es muß kaum noch erwähnt werden, daß aufgrund von AT 95, ATT 39/182.12 (s.o.) und AT 11, der in AT 11 genannte Yarim-Lim LÚ Alalaḫ aus der Zeit des Königs Niqmiepuḫ(!) nicht mit dem Abban-Bruder Yarim-Lim identisch sein kann (so auch Na'aman, ASt 29, 1979, 107). Will man dies dennoch annehmen (Zeeb, UF 30, 1998, 836-37; Soldt, Akkadica 119/120, 2000, 108), so muß man die eindeutigen Angaben von AT 95, ATT 39/182.12 und AT 11 ignorieren (s.o.). Des weiteren müßte einleuchtend erklärt werden, wie es dem König Abban überhaupt möglich war, seinen Bruder Yarim-Lim mit einer Stadt zu belehnen, die wesentlich früher der Tatteya von ihrem Vater Ḥammurapi I. von Ḥalab übereignet worden war. Darüber hinaus müsste nach plausiblen Gründen gesucht werden, warum der Rechtsstreit erst 2 Generationen nach der strittigen Übereignung zur Zeit des Königs Niqmiepuḫ ausgetragen wurde und nicht direkt bei der Machtübernahme des Yarim-Lim.

Yarim-Lim II. von Alalaḫ starb in der Zeit des Königs Niqmiepuḫ, denn sein Sohn und Nachfolger Ammitaqum (s.u.) ist ebenfalls unter diesem König als Statthalter in Alalaḫ belegt. Seine Regentschaft reichte somit über eine Generation.

Texte, die der Zeit des Fürsten Yarim-Lim II. von Alalaḫ zugewiesen werden können, sind: AT 9+10. 11. 52. 98f. Auf den beiden Urkunden AT 41 und 53, die inhaltlich zusammengehören, wird darüber hinaus ein Yarim-Lim LÚ Alalaḫ erwähnt. Da beide Tafeln nicht durch eine Jahresformel eines Königs aus Ḥalab datiert werden, kann eine Zuweisung an einen der beiden Herrscher von Alalaḫ mit dem Namen Yarim-Lim nur durch die aufgeführten Zeugen erfolgen, die – wie Na'aman, ASt 26, 1976, 132, Tabelle 1, zeigen konnte – auf datierten Tafeln aus der Zeit von Niqmiepuḫ bis Yarim-Lim III. von Ḥalab erscheinen. Somit können die beiden Tafeln mit großer Sicherheit der Zeit des Fürsten Yarim-Lim II. von Alalaḫ zugewiesen werden (Eder in: Nagel, DaM 6, 1992, 19).

Ammitaqum

Der Statthalter Ammitaqum von Alalaḫ ist ein Sohn des Yarim-Lim II. von Alalaḫ (Siegel 443b = Collon, Seal Atchana [1975] 14-15 No. 13). Er übernimmt zur Zeit des Königs Niqmiepuḫ das Amt des Statthalters in Alalaḫ (AT 7, 52). Beide Tafeln stammen aus dem gleichen Jahr des Niqmiepuḫ (Eder in: Nagel, DaM 6, 1992, 19). Sie sind die einzigen Urkunden, die eine Regentschaft des Ammitaqum zur Zeit des Königs Niqmiepuḫ erweisen. Dies läßt vermuten, daß Ammitaqum erst am Ende der Regierung des Königs Niqmiepuḫ Statthalter in Alalaḫ wurde. Er war auch unter Irkabtum und Yarim-Lim III., den beiden Söhnen des Niqmiepuḫ, Fürst in Alalaḫ. Im Verlaufe der Regierung des Königs Yarim-Lim III. beginnt Ammitaqum, erstmals nach eigenen Jahresformeln zu datieren, und führt ab diesem Zeitpunkt durchweg den Titel LUGAL (AT 18. 21. 22. 24. 27. 29. 30. 31. 35) anstatt des früher üblichen LÚ (AT 6. 61. 79 [alle Tafeln aus der Zeit des Yarim-Lim III.]); siehe dazu Nagel, JCS 12, 1957, 109; Klengel, Geschichte Syriens I (1965) 158; Eder in: Nagel, DaM 6, 1992, 10, Anm. 18.

Dies läßt sich auch den Rationenlisten entnehmen, in denen nun vom LUGAL und dem É.GAL gesprochen wird, was nur auf den Herrscher von Alalaḫ und seinen Palast bezogen werden kann (für die Erwähnung des Königs z.B. AT 253. 269. 275. 283b; für die Erwähnung des Palastes z.B. AT 254. 259. 260. 261. 264. 265. 269. 273. 278. 280. 283b [so auch Bunnens in: Hirsch / Hunger (Hrsg.), 28. Rencontre Assyriologique (1982) 74]). Die Söhne des Ammitaqum werden nun in den Urkunden immer als DUMU LUGAL bezeichnet. Dieser gesellschaftliche Aufstieg läßt sich deutlich bei Irkabtum, einem Sohn des Ammitaqum, nachzeichnen, der in AT 35 (Ammitaqum LUGAL mit eigener Jahresformel) als DUMU LUGAL aufgeführt ist. Hier kann mit dem Titel DUMU LUGAL nur ein Sohn des Ammitaqum gemeint sein. Der häufiger in den Rationenlisten erwähnte DUMU LUGAL Yarim-Lim (AT 248.249. 255. 258) und der öfter aufgeführte Abban (AT 7. 80. 86. 346) und der einmal genannte Amarikki (AT 35) sind folglich ebenso als Söhne des Ammitaqum anzusehen. Abban und seine Schwester Bittati sind vielleicht die ältesten Kinder des Ammitaqum, die weit vor dem Beginn seiner Herrschaft geboren wurden. Abban bekommt in AT 86 die Stadt Ṣuḫaruwa von Ammitaqum übereignet; eine Ortschaft, die dieser vorher – gemäß AT 80 – von Nakkuše gekauft hatte. In beiden Urkunden ist Ammitaqum nicht als Statthalter von Alalaḫ bezeichnet, so daß davon auszugehen ist, daß er diese Würde zum Zeitpunkt der Abfassung noch nicht innehatte. In der Prozeßurkunde AT 7, die zeitlich sehr nahe an AT 86 herangerückt werden muß, legte dann Bittati gegen diese Übereignung Klage ein, und der Besitz wird gemäß der Entscheidung des Niqmiepuḫ geteilt. Zu diesem Zeitpunkt war Ammitaqum dann Statthalter in

Alalaḫ, da die Tafel AT 55, die aus dem gleichen Jahr des Niqmiepuḫ stammt
wie AT 7, Ammitaqum als LÚ Alalaḫ benennt.

Trotz allen königlichen Glanzes in Alalaḫ werden weiterhin Jahresformeln
der Könige von Ḫalab verwendet (AT 27 [Zeit von Yarim-Lim III.], 21. 22 [Zeit
von Ḫammu-rapi II.]). Durch die Tafeln AT 269. 375. 376 und den hethitischen
Text KBo I, 6, 11 (Talmišarruma-Vertrag) läßt sich nun eine Titulatur
„Großkönig" (LUGAL.GAL) für die letzten Herrscher von Ḫalab gegenüber der
Sekundogenitur in Alalaḫ erkennen (Landsberger, JCS 8, 1954, 53 Anm. 90;
Klengel in: Lipiński [Hrsg.], State and Temple [1979] 453-454; Eder in: Nagel,
DaM 6, 1992, 10; Artzi / Malamat in: Cohen et al. [Hrsg.], Honor Hallo [1993]
30-31; Steiner in: Lerberghe / Voet [Hrsg.], Languages [1999] 428-430).

Der Wechsel in der Titulatur des Ammitaqum wird von Zeeb, Palastwirtschaft (2001) 97-98, bestritten. Er vertritt die Auffassung, daß LUGAL von
Anfang an der offizielle Titel der Stadtfürsten von Alalaḫ war, solange der
König von Ḫalab nicht betroffen war. Dieser auf den ersten Blick plausible Erklärungsversuch läßt sich jedoch durch das Quellenmaterial nicht stützen, denn
bei den internen Angelegenheiten der beiden Stadtfürsten Yarim-Lim ist der
Titel LUGAL noch nicht zu belegen, sondern der Fürst wird in den Dokumenten
auch dann nur als LÚ Alalaḫ tituliert (s. z.B. AT 41, 52). Ebenso wenig über-
zeugend ist in dem Zusammenhang der Verweis von Zeeb auf die Tafeln AT 27
(Pfandurkunde) und AT 61 (Ortskaufurkunde). In beiden Texten aus der Zeit des
Königs Yarim-Lim III. (Datierung AT 27: UD 6 KAM BA.ZAL MU *Ia-ri-im-li*
LUGAL.E; Datierung AT 61: MU *Ia-ri-im-li-im* LUGAL.E ITI *Ḫi-ia-ri* UD 7
KAM BA.ZAL) findet Ammitaqum Erwähnung, wobei er in AT 27 als LÚ
Alalaḫ und in AT 61 als LUGAL Alalaḫ tituliert wird. Nach Zeeb, Palastwirtschaft (2001) 98, sollen nun beide Tafeln nur einen Tag auseinanderliegen
und somit gegen einen Titulaturwechsel des Ammitaqum sprechen. Der Wechsel
in der Titulatur wird von ihm darauf zurückgeführt, daß die Texte einmal einen
internen und das andere mal einen offiziellen Sachverhalt betreffen. Es kann
jedoch auch Zeeb nicht entgangen sein, daß beide Tafeln lediglich die Kurzform
eines Jahresnamens („Jahr: Yarim-Lim ist König") aufführen, wie sie auf vielen
Urkunden erscheint (vgl. zu dieser gängigen Abkürzungsform bei altbabylonischen Verwaltungstexten Finkelstein, JCS 13, 1959, 40 Anm. 11). Keinesfalls
wird damit immer das Antrittsjahr des jeweiligen Königs bezeichnet. Beide
Texte stammen somit nicht sicher aus dem gleichen Jahr. Sicher ist durch die
Kurzform des Jahresnamens aber, daß AT 27 und AT 61 in die Regierungszeit
des Königs Yarim-Lim III. zu verweisen sind. Durch beide Tafeln läßt sich
damit treffend belegen, daß der Wechsel in der Titulatur des Ammitaqum
irgendwann im Verlaufe der Regierungszeit des Königs Yarim-Lim III. erfolgte.
Darüber hinaus ist der Gebrauch einer Jahresformel (AT 35) nur zur Zeit des

Ammitaqum belegt, wobei dies auf die Annahme des Titels LUGAL durch diesen Herrscher zurückgeführt werden muß. Dabei ist es bemerkenswert, daß die Jahresformel auf AT 35 mit dem Titel Ammitaqum LUGAL auf ein „internationales" Ereignis, nämlich dem Besuch des Königs anlässlich der Brautwerbung für seinen Sohn in Ebla, Bezug nimmt. Die Annahme des LUGAL-Titels durch Ammitaqum ist vielleicht auf die größere politische und wirtschaftliche Selbständigkeit von Alalaḫ gegenüber Ḫalab im Verlauf seiner Herrschaft zurückzuführen, ohne daß anhand der Texte genauer beschrieben werden kann, wie sich dies für die Stadt auswirkte. Sicher ist jedoch, daß eine Unabhängigkeit der Stadt Alalaḫ von den dortigen Herrschern nicht angestrebt wurde, sondern daß bis zu deren Zerstörung die Oberherrschaft von Ḫalab anerkannt wurde.

Die beiden Tafeln AT 21 und 22 belegen, daß Ammitaqum auch unter Ḫammu-rapi II. noch Statthalter in Alalaḫ war. Mit dem Text AT 6 liegt aus den Tagen des Königs Yarim-Lim III. das Testament des Ammitaqum vor, in dem er für den Fall seines Ablebens die Amtsnachfolge zu Gunsten seines Sohnes Ḫammu-rapi regelt. Ammitaqum, der vermutlich in der Regierungszeit des Königs Yarim-Lim II. von Ḫalab geboren wurde, war zu diesem Zeitpunkt schon ein älterer Mann, der somit frühzeitig sein Erbe gesichert haben wollte. Dies war umso wichtiger, da er nachweislich mehrere Söhne hatte, die wohl alle als potentielle Nachfolger in Frage kamen (s. Stammbaum; Abb. 1). Ammitaqum verstarb zur Zeit des Königs Ḫammu-rapi II. von Ḫalab. Er regierte somit über 1 ½ Generationen. Texte aus der Zeit des Königs Ammitaqum, die ihn nachweislich als LÚ oder LUGAL Alalaḫ nennen, sind: AT 6, 8, 18, 19, 20, 21, 22, 23, 24, 25, 26, 27, 28, 29, 30, 31, 35, 54, 55, 61, 78, 79, 80, 86.

Ḫammu-rapi

Ḫammu-rapi war der Sohn des Ammitaqum und der Tochter des Nawaratal von Apišal (AT 6). Sichere Urkunden aus seiner Herrschaft in Alalaḫ liegen nicht vor. Lediglich AT 39 mit dem Jahresnamen MU Ḫammurapi LUGAL könnte mit seiner Regierung in Verbindung gebracht werden, da die Herrscher von Alalaḫ seit Ammitaqum den Titel LUGAL führten und nach eigenen Jahresformeln datierten. Gleichermaßen ist eine Zuweisung der Tafel AT 39 aber auch in die Zeit des Königs Ḫammu-rapi II. von Ḫalab denkbar.

Es hat sich in den vorangegangenen Ausführungen gezeigt, daß das Archiv von Alalaḫ VII eine Zeitspanne von 100 bis 110 Jahren abdeckt. Innerhalb dieser Zeit ist die Existenz von drei Statthaltern (Yarim-Lim I., Yarim-Lim II., Ammitaqum) gesichert, die drei aufeinanderfolgenden Generationen angehörten. Die mit dem Ammitaqum-Sohn Ḫammu-rapi und seinen Brüdern belegte vierte

Generation kam vermutlich nicht mehr zur Herrschaft. Das Herrscherhaus von Alalaḫ haben wir der besseren Übersicht wegen hier noch einmal in Form eines Stammbaums zusammengestellt (Abb. 1)[34].

Innerhalb des reichen prosopographischen Materials des Archivs läßt sich neben dem Herrscherhaus auch die Familie des UGULA.DAM.GAR Irpadu sicher verfolgen, die in dem Zeitabschnitt von Abban bis Niqmiepuḫ drei Generationen aufweist[35]. So ist der „Vorsteher der Kaufleute" Irpadu auf AT 456 und AT 56 als ein Zeitgenosse des Königs Abban und seines Bruders Yarim-Lim I. von Alalaḫ ausgewiesen. Irpadus Sohn, Šamšuadad und der Enkel Yatarmalik fungieren hingegen schon auf AT 7 als Zeugen zur Zeit des Königs Niqmiepuḫ. Den drei Herrschergenerationen in Ḫalab (Abban, Yarim-Lim II., Niqmiepuḫ) stehen somit drei Generationen der Kaufmannsfamilie des Irpadu (Irpadu, Šamšuadad, Yatarmalik) und drei Generationen des Herrscherhauses von Alalaḫ (Yarim-Lim I., Yarim-Lim II., Ammitaqum) gegenüber.

In dem vorausgehenden Abschnitt, der der Rekonstruktion der Herrscherabfolge in Ḫalab und Alalaḫ gewidmet war, hat sich aufzeigen lassen, daß der Großteil der Texte des Archivs der Zeit des Ammitaqum von Alalaḫ zugewiesen werden muß.

So lassen sich zwar 12 Texte aufgrund eindeutiger Angaben in die Zeit der Statthalter Yarim-Lim I. und II. einordnen (Abban bis Niqmiepuḫ von Ḫalab)[36], 24 Tafeln hingegen sind durch die Nennung von Ammitaqum LÚ oder LUGAL Alalaḫ, in die Regierungszeit dieses letzten Herrschers zu datieren (Niqmiepuḫ bis Ḫammu-rapi II. von Ḫalab)[37]. Darüber hinaus sind die 94 bekannten Getreidelieferlisten, die die größte Gruppe der Alalaḫ-Texte darstellen, nach der überzeugenden Untersuchung von Zeeb alle in die letzten drei Jahre des Archivs

---

[34] Vergleiche hierzu die älteren Stammbäume bei Collon, Seal Atchana (1975) 145; Astour, Hittite History (1989) 76, die zum Teil beträchtlich von den hier vertretenen Ansätzen abweichen. Ferner Manning, Test of Time (1999) 350 Abb. 65.

[35] Siehe Collon, Seal Atchana (1975) 145, 152; Collon, ASt 27, 1977, 127-128. Von den dort rekonstruierten drei Familien, die 3-4 Generationen für den besagten Zeitabschnitt aufweisen, ist lediglich die Familie des Irpadu wirklich gesichert. Der dieser Familie häufiger zugeordnete Šinurapi, Sohn des Irpadu, dürfte aufgrund des Kontextes kaum als ein Sohn des Kaufmanns Irpadu (AT 456) angesprochen werden. Der Name Irpadu ist in den Texten relativ häufig belegt, wobei sich verschiedene Personen mit diesem Namen nachweisen lassen; siehe Zeeb, Palastwirtschaft (2001) 335.

[36] Dies sind die Tafeln AT 1. 9-11. 41. 52. 53. 56. 76. 77. 98f. 456.

[37] Dies sind die Tafeln AT 6. 8. 18. 19. 20. 21. 22. 23. 24. 25. 26. 27. 28. 29. 30. 31. 35. 54. 55. 61. 78. 79. 80. 86.

zu datieren, dementsprechend in die Spätphase der Regierung des Ammitaqum[38].

Die älteren Texte dürften jedoch die rechtlichen und wirtschaftlichen Interessen des Ammitaqum berührt haben und sind dementsprechend auch aufbewahrt worden. So waren die beiden Texte AT 1 und 456, die beiden „Gründungsurkunden" der Dynastie von Alalaḫ aus der Zeit des Königs Abban von Ḫalab, in denen der Besitz an unveräußerbaren Ortschaften, ihr sog. Anteil (zittum), genau aufgezählt wird, selbstverständlich auch für den Statthalter Ammitaqum von großer Bedeutung[39]. Gleichermaßen wichtig waren für seinen Besitz schließlich der Zukauf und der Tausch von Ortschaften, die seine beiden Amtsvorgänger vorgenommen hatten und die noch zu seiner Zeit Gültigkeit besaßen (AT 11, Rechtsstreit um die Stadt Naštarbi, die zum zittum der Fürsten von Alalaḫ gehört, unter Yarim-Lim II. von Alalaḫ [s. ausführlich oben]; AT 41+53, Kauf der Stadt Kunuwa durch Yarim-Lim I. oder II. von Alalaḫ, vgl. AT 368; zum Austausch des Ortes durch Ammitaqum siehe AT 78[40]; AT 52, Erwerb des Ortes Iburia durch Yarim-Lim II. von Alalaḫ). Der Austausch von Ortschaften und deren Ländereien seitens des Abban von Ḫalab (AT 76+77) muß ebenfalls die Gebietsinteressen des Alalaḫ-Fürsten Ammitaqum berührt haben.

Die ungleiche chronologische Verteilung der Texte des Archivs von Alalaḫ VII hat sowohl für die Frage nach dem Träger des Archivs als auch für die Frage nach der Dauer des Stratums VII und der des Palastes[41] grundlegende Konsequenzen. Es bieten sich generell zwei Interpretationsmöglichkeiten an:

1. Es gab nur ein Archiv aller Statthalter von Alalaḫ[42]. Das deutliche Vorwiegen späterer Texte aus der Zeit des Ammitaqum ist nur begründet in einer Aussortierung älterer, obsolet gewordener Tafeln. Die Dauer der Schicht VII und die des Palastes sind identisch mit der gesamten gut 100 bis 110 Jahre währenden Laufzeit des Archivs.

2. Das vorliegende Archiv der Schicht VII war nicht das Archiv aller drei Statthalter von Alalaḫ, sondern – wie die chronologische Verteilung der Texte nahelegt – nur das Archiv des Ammitaqum von Alalaḫ[43]. Die

---

[38] Siehe Zeeb, Palastwirtschaft (2001) 158-183.
[39] Siehe Klengel in: Lipiński (Hrsg.), State and Temple II (1979) 449-454.
[40] Siehe Klengel in: Lipiński (Hrsg.), State and Temple II (1979) 452.
[41] Die Schicht VII wurde von Woolley, Alalakh (1955) 91, nur durch die Errichtung und Zerstörung des Palastes definiert; siehe auch Heinz, Tell Atchana (1992) 14.
[42] So die Interpretation von Na'aman, ASt 29, 1979, 109; Zeeb, Palastwirtschaft (2001) 94.
[43] Siehe Collon, Seal Atchana (1975) 143-144; Collon, ASt 27, 1977, 128.

wenigen älteren Texte sind lediglich aufgrund ihrer besonderen Wichtigkeit für Ammitaqum aus älteren Textsammlungen in sein Archiv übernommen worden. Die Dauer der Schicht VII und die des Palastes sind höchstens identisch mit der ca. 40 jährigen Regierungszeit des Ammitaqum.

Eine Entscheidung zu Gunsten des einen oder des anderen Interpretations-ansatzes ist anhand der Texte des Archivs allein nicht sicher zu treffen. Hierfür muß der archäologische Befund des Palastes näher hinterfragt werden.

Der Palast der Schicht VII

Im Verlauf der 4. Grabungskampagne im Jahre 1939 wurde von Woolley der Palast der Schicht VII von Alalaḫ ausgegraben, über dessen Errichtung und Zer-störung die Schicht VII definiert wurde (Abb. 2)[44]. Dieses von ihm als „Palast des Yarim-Lim" bezeichnete Bauwerk, das von Süd-Osten nach Nord-Westen ausgerichtet ist, bestand aus drei verschiedenen Trakten, deren Baugelände von Süd-Osten nach Nord-Westen stark abfällt. Am besten erhalten war der im Nord-Westen gelegene Trakt, der aufgrund seiner Raumstruktur (Räume 1-9) als offizieller repräsentativer Teil erkannt wurde. Er stand auf einer niedrigen Platt-form am Fuße des Hügels, während der im Süd-Osten gelegene Magazin- und Werkstatt-Bereich auf dessen höchster Stelle lag. Dieser Trakt ist wesentlich schlechter erhalten und seine genaue Ausdehnung nach Süd-Osten läßt sich nicht mehr ermitteln. Die noch heute erkennbare Gesamtausdehnung des Palastes betrug ca. 92 m.

Der offizielle repräsentative Teil wurde durch den Hof 9 von den anderen Bauteilen architektonisch getrennt, so daß dieser als zentraler Verteiler zwischen den einzelnen Trakten diente. Ursprünglich war der Hof durch einen Eingang in seiner Westwand auch von außen zugänglich. Dieser Eingang wurde jedoch auf-gegeben und zugesetzt. Ein Betreten des Nord-West Traktes war von außen so-mit nur noch durch den Durchgang in der Westwand von Raum 7 möglich[45]. Über das Treppenhaus (Raum 10) gelangte man in einen Korridor (Raum 14), der ein Betreten von Raum 18 (Hof?) erlaubte, dessen Südmauer gegenüber der Nordmauer versetzt errichtet wurde (s.u.). Dieser diente als ein Verteilerraum zwischen dem zweiten und dritten Trakt des Palastes. Zum einen gelangte man von dort in Raum 15 und 16, die dem zweiten Trakt zugewiesen werden können, zum anderen durch die Südwand in Hof 21, dem zentralen Bestandteil des

---

[44]   Siehe Woolley, Alalakh (1955) 91.
[45]   Schon Heinz, Tell Atchana (1992) 17, hat darauf hingewiesen, daß beide Eingänge gleichzeitig in Benutzung gewesen sein könnten.

dritten Palasttraktes, der als Werkstatt- und Wirtschaftsbereich angesprochen werden muß[46]. Die Westwand von Raum 18 öffnete sich auf eine weitere Raumgruppe (Raum 22-24, 34-35) hin, die dem dritten Palasttrakt zugerechnet werden muß. Die Raumgruppe 22-24 orientiert sich in den Mauerausrichtungen ungefähr an der Südmauer von Raum 18 und ist gegenüber den anderen Räumen des zweiten Palasttraktes eigentümlich versetzt (s.u.). Ebenso bemerkenswert ist die Westwand der Räume 24, 22, 34 und 35, deren Ausrichtung von den anderen Räumen des zweiten und dritten Traktes abweicht. Diese Mauerpartie dürfte aufgrund der Fugen zwischen ihr und der Ostwand von Raum 48/1 sowie der Nordwand von Raum 48/3 als ein älteres Mauerstück zu interpretieren sein. Wir werden weiter unten zeigen, daß es ursprünglich zum Palast der Schicht VIII/IX gehörte und in Stratum VII weiterbenutzt wurde.

Größere Umbauarbeiten oder die Existenz verschiedener Fußbodenniveaus sind für den Palast der Schicht VII nicht bezeugt. Dies gilt sowohl für den offiziellen Trakt, als auch für den Werkstattsbereich, der lediglich über einfache Lehmfußböden verfügte.

Lediglich für einen Raum (Raum 20) konnten zwei übereinanderliegende Fußböden nachgewiesen werden[47]. Hier verweist Woolley jedoch eigens darauf, daß der jüngere Fußboden, der 0,40 m über dem ersten Boden liegt, nicht mit der Benutzungsphase des Palastes der Schicht VII in Verbindung gebracht werden konnte. Vielmehr stand dieser jüngere Fußboden im Zusammenhang mit weiteren Mauer- und Fußbödenresten, die im Hofbereich 21 gefunden werden konnten und die weder Schicht VII noch Schicht VI zuzuweisen waren. Die aufgedeckten Mauerzüge und Fußböden lassen auf eine Nutzungsphase nach der Zerstörung des Palastes schließen, die nach Woolley eindeutig vor Schicht VI A anzusetzen ist (s.u.)[48].

Die einzigen erkennbaren Umbauarbeiten ließen sich in Hof 9, in Raum 17 sowie zwischen Raum 25 und 27 erkennen, wo die Eingänge im Verlauf des Bestehens des Palastes zugesetzt wurden. Diese kleineren Umbauten können keinesfalls als verschiedene eigenständige Bauphasen des Palastes interpretiert

---

[46] Die Befunde innerhalb der Räume legen eine solche Deutung nahe; Raum 29 mit Resten von Kochgeschirr und Vorratsgefäßen (Woolley, Alalakh [1955] 105); Raum 30-31, mit Fragmenten von Steinstatuetten und Steinbearbeitungswerkzeugen (Woolley, Alalakh [1955] 105); Raum 48/3-4; mit Fragmenten von Elfenbeineinlagen sowie Steineinlagen (Woolley, Alalakh [1955] 61).

[47] Siehe Woolley, Alalakh (1955) 104.

[48] Siehe Woolley, Alalakh (1955) 104; Gates in: Åström (Hrsg.), High, Middle or Low II (1987) 68-70; Manning, Chronology (1995) 219.

werden, so daß dieser als ein einphasiges Bauwerk mit relativ kurzer Lebenszeit angesprochen werden muß[49].

Damit ist es recht unwahrscheinlich, daß der Palast der Schicht VII die gesamte gut hundert Jahre während Laufzeit des Archives hindurch Bestand hatte, denn vergleichbare andere Befunde lassen für ein einphasiges Bauwerk nur auf eine Lebenszeit von ca. 30 Jahren schließen[50].

Die Einphasigkeit des Palastes der Schicht VII von Alalaḫ und die damit zwangsläufig verbundene Kurzlebigkeit dieses Stratums darf jedoch nicht als Hinweis für eine ebenfalls relativ kurze Laufzeit des Archivs von Alalaḫ VII ausgewertet werden[51]. Hierfür ist ja durch die bekannte Generationenfolge in Ḫalab und Alalaḫ – wie wir oben zeigen konnten – nicht genügend Spielraum vorhanden. Darüber hinaus hat die Analyse des Archivs der Schicht VII gezeigt, daß die Textsammlung lediglich aus der Zeit des Ammitaqum stammt, so daß eine Gleichsetzung der Lebenszeit des Palastes mit der Regierungszeit des Ammitaqum aufgrund des archäologischen Befundes geboten erscheint.

Die beiden Vorgänger des Ammitaqum, sein Großvater und Vater Yarim-Lim I. und Yarim-Lim II., aus deren Zeit Texte im Archiv aufbewahrt wurden, können somit nicht mehr mit Schicht VII von Alalaḫ in Verbindung gebracht werden (s.o.).

Gemäß dem oben dargelegten philologischen und archäologischen Befund ist der Baubeginn am Palast der Schicht VII auf die Zeit des Herrschers Ammitaqum festzulegen. Dieser herrschte ca. 40 Jahre als letzter Regent vor der Zerstörung der Stadt durch Ḫattusili I. Es ist darüber hinaus verlockend, den Ausbau des Palastes zu einer Residenz mit ansprechender Größe in genau jene Zeit zu verlegen, in der Ammitaqum sich den Titel eines LUGAL zulegen durfte (während der Regierung des Königs Yarim-Lim III. von Ḫalab), nach eigenen Jahresformeln datierte und dementsprechend nach einer standesgemäßen Residenz trachtete.

Die durch die Errichtung und die Zerstörung des Palastes definierte Schicht VII umfasste folglich nur einen Teil der Regierung des Ammitaqum und kann in absoluten Zahlen mit der gebotenen Vorsicht zwischen ca. 1710-1680 v. Chr. angesetzt werden.

---

[49] Siehe Woolley, Alalakh (1955) 91, 385; Zeeb, Palastwirtschaft (2001) 105.
[50] Siehe die Aufstellung bei Bietak in: Åström, High, Middle or Low III (1989) 93.
[51] So z.B. Zeeb, Palastwirtschaft (2001) 105.

Die Paläste der beiden Vorgänger Yarimlim I. und II. müssen sich schließlich in den älteren Schichten von Alalaḫ verbergen, deren Baubefund im folgenden näher untersucht werden soll.

Der Palast der Schicht VIII/IX

Die Straten von Alalaḫ, die älter als Schicht VII waren, wurden von Woolley
im Jahre 1946 nur im Rahmen eines Tiefschnittes untersucht, so daß keine
flächige Ausgrabung erfolgte. Schicht VIII ist nach Woolley die nächsttiefere
Bauschicht unter dem Palast der Schicht VII. Eine Definition dieses Stratums
wird jedoch nicht gegeben. Schicht IX im Palastbereich ist hingegen nach den
Angaben des Ausgräbers weder anhand der baulichen Strukturen noch mittels
der Keramik als eigenständiger Horizont von Schicht VIII zu trennen gewesen.
So wurden schon von Woolley häufig beide Strata im Bereich des Palastes als
eine Schicht zusammengefaßt[52]. Zu einem ähnlichen Ergebnis gelangte Heinz,
die das Schichtenpaar VIII/IX als Phasen des Stratums VII interpretierte und
somit zu einer Schicht zusammenfasste[53]. Wir interpretieren die Schicht VIII/IX
als ein Stratum mit zwei Bauphasen (s.u.).

Im südöstlichen Teil des Palastes der Schicht VII konnten in den Plan-
quadraten K-L, 13-15 Reste der Schicht VIII/IX erfasst werden, die – da dort die
Grab- sowie Abfallgruben der Schicht VI und V eingetieft wurden – nur spärlich
erhalten waren (Abb. 3).

Die ergrabenen Architekturstrukturen gehörten nach Meinung des Ausgräbers zwei verschiedenen Gebäuden an, die er als A und B bezeichnete (Abb.
3). Wir gehen mit Woolley davon aus, daß die Baustrukturen A und B zwei
eigenständige Gebäudeteile waren. Aufgrund ihrer verschiedenartigen Ausrichtung sollten sie zwei zeitlich unterschiedlichen Bauphasen des Palastes angehören. Da die Mauerzüge von Gebäude A mit den anderen erhaltenen Mauern
der Schicht VIII/IX (s.o.) in ihrer Ausrichtung übereinstimmen und zum Teil
später in Schicht VII weiterbenutzt wurden, ist Gebäude B als Rest einer älteren
und Gebäude A als der Rest einer jüngeren Bauphase dieses Stratums anzusprechen.

Von Gebäudeteil A konnte ein Raum vollständig ausgegraben werden,
während Teile weiterer Räume erfaßt wurden. Insgesamt wurden die Reste von
4 kleinformatigen Räumen erkannt. Raum 1, der stark zerstört war und keinen
Fußboden aufwies, enthielt Fragmente von Wandmalereien. Von Raum 2 konnte

---

[52]   Siehe Woolley, AJ 30, 1950, 19; Heinz, Tell Atchana (1992) 23.
[53]   Siehe Heinz, Tell Atchana (1992) 23-24; 35-36.

lediglich die Ostecke ausgegraben werden. Hier standen die Mauern noch 1,00 m hoch an, und es konnten Reste eines Lehmfußbodens gesichert werden. Zahlreiche Fragmente von Wandmalereien, die zum Teil auf den Fußboden gestürzt waren, bewiesen, daß auch dieser Raum ausgemalt war. Eine erhaltene Türöffnung führte in Raum 3, dessen Fußboden höher lag, als der von Raum 2. Unter dem Fußboden in Raum 3 befand sich ein Ofen, dessen genauer Zusammenhang mit Raum 3 nicht geklärt werden konnte. Der sehr hoch gelegene Fußboden von Raum 4 war fast vollständig erhalten, während seine Mauern unter Schwellenniveau zerstört waren, so daß die Zugangsmöglichkeiten nicht geklärt werden konnten.

Von dem südlich von A gelegenen Gebäudeteil B, das in seiner Ausrichtung von A abweicht, ließen sich eine Mauerecke und einige weitere Mauerreste sichern. Gebäudeteil B wurde aufgrund seiner abweichenden Ausrichtung zu A und der erkennbaren Mauerecke, die keine weiteren Maueranschlüsse aufwies, von Woolley als eigenständiges Gebäude erkannt. Östlich von Gebäude A erstreckte sich ein größerer Hofbereich, der mit Ziegeln gepflastert war. Die Pflasterung bestand zumeist aus einer Ziegellage, bisweilen konnte aber auch eine zweilagige Ausführung (vermutlich zur Nivellierung des Geländes) festgestellt werden. Die Pflasterung setzte sich nach Nordosten fort. Das L-förmig erhaltene Pflaster wies auf seiner Nord- und Ostseite eine gerade Abschlußkante auf, die dadurch erklärt werden kann, daß sie an ehemals dort anstehende Ziegelmauern anschloß[54]. Für die Ostkante bedeutet dies, daß die Mauer der Schicht VIII/IX mit der späteren Westmauer der Räume 19, 25 und 29 des Palastes der Schicht VII parallel verlaufen sein muß.

Weitere Baureste der Schicht VIII/IX konnten im Planquadrat L 15 im Zusammenhang mit Raum 48/5 der Schicht VII gesichert werden[55]. Es handelt sich dabei um eine Mauerecke und Reste eines Fußbodens, die sich im Bereich der Süd-Ostecke von Raum 48/5 erkennen ließen.

Ebenfalls der Schicht VIII/IX zuzurechnen ist die fragmentarisch erhaltene Westmauer der Räume 33, 34, 22 und 24 des Palastes der Schicht VII. Es wurde oben schon darauf hingewiesen, daß diese Mauer aufgrund der Fugen zwischen ihr und der Ostwand von Raum 48/1 sowie der Nordwand von Raum 48/3 aus einer älteren Baustruktur in den Palast der Schicht VII übernommen wurde. Die Ausrichtung der Mauer ist nun dergestalt, daß bei einer Verlängerung der Mauern von Gebäude A der Schicht VIII/IX diese nahezu in einem rechten Winkel auf das besagte Mauerstück treffen würden, so daß eine Zu-

---

Siehe Woolley, Alalakh (1955) 31.
Siehe Woolley, Alalakh (1955) 61 Anm. 1.

sammengehörigkeit der oben erwähnten Mauerpartie mit Gebäude A der Schicht VIII/IX zu erwarten ist.

Trotz des nur sehr fragmentarischen Erhaltungszustandes der Palast-architektur der Schicht VIII/IX lassen sich mindestens zwei Bauphasen des Gebäudes unterscheiden, wobei die Architektur der jüngeren Phase zum Teil in Schicht VII weiterbenutzt wurde.

Die Paläste und die Statthalter von Alalaḫ

Da mit der Errichtung des Palastes der Schicht VII erst im Verlauf der Regierungszeit des Ammitaqum zu rechnen ist (s.o.), müssen die Amtssitze der beiden anderen Statthalter in den beiden Palastanlagen des Stratums VIII/IX gesucht werden. Unklar ist jedoch, wer die ältere und die jüngere Phase des Palastes der Schicht VIII/IX errichten ließ. Vermutlich ist der erste Neubau des Palastes in Schicht VIII/IX auf Initiative des Statthalters Yarim-Lim I. erfolgt, der am Anfang seiner Regierung mit den Arbeiten begann. Yarim-Lim II. errichtete dann die jüngere Bauphase des Palastes der Schicht VIII/IX[56]. Diese wurde schließlich von dessen Sohn Ammitaqum während seiner Regierungszeit niedergerissen und durch einen gewaltigen Neubau in Schicht VII ersetzt. Die Dauer des gesamten Stratums VIII/IX betrug somit ca. 80 Jahre, in denen der Palast mindestens einmal partiell umgebaut wurde.

Die hier erfolgte Zuweisung der einzelnen spätaltbabylonischen Generationen des Alalaḫ-Archivs zu den archäologischen Schichten VIII/XI und VII, führte zwangsläufig auch zu absoluten Datierungen letzterer im Rahmen des vorliegenden Chronologieschemas.

Die Schichtenabfolge in Alalaḫ, die Generationenfolge der Statthalter, die vermutete Abfolge der Bautätigkeiten und die absoluten Datierungen lassen sich graphisch folgendermaßen darstellen:

---

[56] Alternativ könnte man auch denken, daß Yarim-Lim I. erst die jüngere Bauphase des Palastes der Schicht VIII/IX errichten ließ, Yarim-Lim II. keiner Bautätigkeit nachkam und Ammitaqum im Verlauf seiner Regierung schließlich den Palast der Schicht VII erbaute. Alleine die jüngere Bauphase von Strate VIII/IX muß dann mit ca. 80 Jahren angesetzt werden. Eine so lange Lebenszeit dieser Bauphase ist jedoch aufgrund der Existenz nur eines Begehungsniveaus der Fußböden und des Hofes kaum wahrscheinlich.

ca.1790	Alalaḫ VIII/IX	**Yarim-Lim I.** wird durch seinen Bruder Abban mit der Stadt Alalaḫ belehnt (AT 1, 456) und errichtet sich einen Palast (ältere Bauphase des Palastes der Schicht VIII/IX).
		Yarim-Lim I. stirbt und sein Sohn **Yarim-Lim II.** wird Statthalter (AT 95, ATT 39/182.12).
		Yarim-Lim II. baut den Palast seines Vaters um (jüngere Bauphase des Palastes der Schicht VIII/IX).
		Yarim-Lim II. stirbt und sein Sohn **Ammitaqum** wird Statthalter (Siegel 443b).
ca. 1710	Alalaḫ VII	Ammitaqum errichtet einen neuen Palast.
ca. 1680		Zerstörung des Palastes durch Ḫattusili I.

Die Schichten VI und V von Alalaḫ

Die hier ermittelten absoluten Zahlen für die spätaltbabylonischen Schichten von Alalaḫ führen auch zu neuen Datierungen für die folgenden Schichten VI A-B und V A-B. Nach unten werden die Schichten VI A-B und V A-B von Stratum IV begrenzt, in der ein umfangreiches Archiv aufgedeckt werden konnte. Der mehrfach an- und umgebaute Palast der Schicht IV, durch dessen Errichtung die Schicht IV definiert wird, wurde vermutlich von Niqmepa, dem Sohn des Idrimi (ca. 1490-1460 v. Chr.), einem Zeitgenossen des Šauštattar von Mittani, erbaut. Der Beginn der Strate IV läßt sich somit auf ca. 1460 v. Chr. festlegen[57].

Zwischen Schicht VII und VI A ist nach dem Grabungsbefund von Woolley mit einem Hiatus (s.o.) zu rechnen, in dem der zerstörte Palast einer partiellen Nachnutzung unterzogen wurde bzw. brach lag[58]. Dieser Hiatus läßt sich naturgemäß in seiner Länge nicht sicher bestimmen[59]. Aufgrund der relativ starken Erosions-

---

[57] Für eine Gründung des Palastes der Schicht IV unter Idrimi (ca. 1490 v. Chr.) sprechen sich Kempinski, Syrien und Palästina (1983) 221; Na'aman, UF 6, 1974, 267 Anm. 10, und Oller, Idrimi (1977) 158-159, aus.

[58] Siehe auch Woolley, Alalakh (1955) 174.

[59] Siehe Woolley, Alalakh (1955) 106. Dort wird der Hiatus auf die Spanne einer Generation oder mehr festgelegt. Siehe auch Gates in: Åström (Hrsg.), High, Middle or Low II (1987) 69. Dort wird eine relativ kurze Dauer des Hiatus von 5 Jahren favorisiert.

spuren am Mauerwerk des Palastes wird man aber nicht fehlgehen, ihn mit ca. 20 Jahren anzusetzen. In Schicht VI A wird die unbrauchbare Palastruine aus Schicht VII zugeschüttet und auf dem Areal ein Wohnviertel errichtet[60]. Die Schichten VI A-B und V A-B umfassen somit ungefähr die Zeitspanne von ca. 1660-1460 v. Chr. Die für das Schichtenpaket (die Stärke des Kulturschutts beträgt knapp 2 m!) zu veranschlagenden 200 Jahre verteilen sich auf vier deutlich voneinander zu unterscheidende Bauphasen[61]. Diese konnten insbesondere im Bereich des sog. Forts und in den Arealen des Wohnviertels näher untersucht werden (Abb. 4-5). Die architektonischen Überreste sind jedoch so fragmentarisch, daß Woolley nur größere bauliche Änderungen bzw. vollständige Neubebauungen überhaupt erfassen konnte. Im Bereich des Forts wurde – vergleichbar der Situation im Palast – ein deutlicher Hiatus zwischen der Zerstörung der Anlagen aus Schicht VII und der neuen Bebauung in Schicht VI A festgestellt[62]. Orientiert sich die Bebauung in Schicht VI A noch in etwa an den älteren Strukturen aus Schicht VII, so unterscheidet sich die auf Stratum VI A folgende Bauphase VI B mit der Errichtung der Kasemattenkonstruktion und der Verstärkung der Verteidigungsmauer auf 6 m erheblich von der älteren Architektur und bindet diese kaum noch in die Neugestaltung mit ein (Abb. 4)[63]. Die Bebauung von VI B wird dann in Stratum V A wiederum völlig neu gestaltet[64]. Auch im Wohnviertel, das in Schicht VI A über den Ruinen des Palastes der Schicht VII angelegt wurde, erfolgte in VI B ein Abriß der alten Gebäude und die Errichtung neuer Hausanlagen, die dann in Schicht V A abermals einer Neubebauung weichen mussten (Abb. 5). Die beiden vom Ausgräber festgestellten Phasen VI B und V A markieren somit eine völlige Neubebauung des Terrains ohne eine vorausgehende Zerstörung[65]. Somit muß – wie schon Woolley forderte – für die

---

[60] Siehe Woolley, Alalakh (1955) 173-174 Fig. 61; Gates, Alalakh Levels VI and V (1976) 20-21.

[61] Siehe Woolley, Alalakh (1955) 174. 386-387. 389. Woolley schlägt für das Schichtenpaket VI-V eine Dauer von 230 Jahren vor. Na'aman, ASt 26, 1976, 141-142, nimmt 200 Jahre an. Für eine Dauer von nur ca. 115 Jahren plädiert Gates aufgrund der in beiden Schichten gefundenen zyprischen Importkeramik (s.u.); siehe zuletzt Gates in: Åström (Hrsg.), High, Middle or Low II (1987) 62-71. 75-76. Zu der Festlegung der Bauphasen anhand des Forts siehe Woolley, Alalakh (1955) 153-155.

[62] Siehe Woolley, Alalakh (1955) 153. 386 Anm. 1.

[63] Siehe Woolley, Alalakh (1955) 155. 154 Fig. 58 B; Gates in: Åström (Hrsg.), High, Middle or Low II (1987) 62. 65, meint jedoch, daß die Bautätigkeit in VI B sich lediglich auf die Anlegung eines neuen Begehungsniveaus beschränke. Aus dieser – aufgrund des Grabungsbefundes – sicher falschen Beobachtung, schließt sie auf eine relative kurze Dauer der Schicht VI A.

[64] Siehe Woolley, Alalakh (1955) 155. 154 Fig. 58 B.

[65] Siehe Gates, Alalakh (1981) 4.

gesamte Schicht VI eine verhältnismäßig lange Laufzeit angenommen werden[66], so daß eine jeweilige Neubebauung des Geländes wünschenswert war.

Weniger gravierend sind die architektonischen Veränderungen innerhalb der Schicht V. Nach dem Neubau der Verteidigungsanlage in V A ist die Phase V B zwar durch eine deutliche Veränderung der bestehenden Räumlichkeiten und der Schaffung neuer Begehungsniveaus, aber nicht durch einen gänzlichen Neubau gekennzeichnet[67]. In Plan und Ausrichtung orientiert sich das Mauerwerk in V B an dem Vorgängerbau. Selbst die spätere Bebauung in Schicht IV folgt noch den vorgegebenen Strukturen aus Schicht V. Der Bau eines palastartigen Gebäudes im Nordwesten der Stadt ist eine Neuerung in Schicht V B, deren möglicher Vorgänger nicht ausgemacht werden konnte. Auch dieses Gebäude wird in Schicht IV anfangs als Palasttrakt weiterverwendet[68]. Innerhalb des Wohnviertels ist von Woolley für die beiden Phasen der Schicht V keine genauere Unterscheidung mehr getroffen worden[69], so daß sich nicht mehr beurteilen läßt, in welchem Umfang die Neubebauung in Stratum V A in der Phase V B Veränderungen unterworfen war[70].

Die Dauer der von Woolley erkannten Phasen der Schichten VI und V läßt sich nur schwer in absoluten Zahlen angeben. Aufgrund des oben geschilderten architektonischen Befundes wird hier davon ausgegangen, daß die Schicht VI eine längere Laufzeit aufwies, als die Schicht V. Für die Horizonte VI A und B wurde eine Dauer von jeweils ca. 60 Jahren und für die Strata V A und B eine Dauer von jeweils ca. 40 Jahren angesetzt. Es ergibt sich folgendes Bild[71]:

---

[66]   Siehe Woolley, Alalakh (1955) 174. 386-387. 389.
[67]   Siehe Woolley, Alalakh (1955) 155. 154 Fig. 58 C.
[68]   Siehe Woolley, Alalakh (1955) 111-112. 113-114 Fig. 44-45.
[69]   Siehe Woolley, Alalakh (1955) 174-175.
[70]   Den Nachweis zweier Bauphasen auch im Bereich des Wohnviertels während der Schicht V konnte Woolley allerdings erbringen; siehe Woolley, Alalakh (1955) 174.
[71]   Siehe zum Vergleich die Tabelle bei Gates, Alalakh Levels VI and V (1976) 307 Fig. 6 (nach den Vorgaben einer Kurzen Chronologie).

ca. 1680	Alalaḫ VII	Zerstörung des Palastes durch Ḫattusili I.
	Hiatus	Partielle Nachnutzung des Palastes
ca. 1660	Alalaḫ VI A	Zuschüttung des Palastes der Schicht VII, Errichtung eines Wohnviertels, Bau einer Verteidigungsanlage
ca. 1600	Alalaḫ VI B	Neubau und Verstärkung der Verteidigungsanlage, Bau einer Kasematttenkonstruktion, Neubau des Wohnviertels
ca. 1540	Alalaḫ V A	Neubau der Verteidigungsanlage, Neubau des Wohnviertels
ca. 1500	Alalaḫ V B	Veränderung der Räumlichkeiten der Verteidigungsanlage, Veränderungen der Bauten des Wohnviertels, Bau eines Palastes,
ca. 1490		**Idrimi** wird Regent in Alalaḫ
ca. 1460	Alalaḫ IV	**Niqmepa** wird König und errichtet den neuen Palast unter Einbeziehung des alten Palastes aus Schicht V B

Die absolute Datierung der Schichten VIII/IX und VII von Alalaḫ

Die hier anhand des vorgegebenen Chronologieschemas ermittelten absoluten Daten für die spätaltbabylonischen Schichten Alalaḫ VIII/IX und VII sowie die Strata VI (A-B) und V (A-B), die dem „Dunklen Zeitalter" zuzuweisen sind, werden durch den archäologischen und kunstgeschichtlichen Befund gestützt.

So hat zuletzt Heinz die Keramik der Schichten XVII-VII von Alalaḫ neu zusammengestellt[72]. Der keramische Befund aus den älteren Schichten VIII/IX von Alalaḫ läßt sich dabei innerhalb des archäologischen Periodensystem Syriens der sog. Mittleren Bronzezeit II A (MB IIA) und dem Übergang zwischen der MB II A und der MB II B zuweisen Die Keramik der Schicht VII hingegen ist schon eindeutig in die MB II B einzuordnen[73]. Die Keramik der folgenden Strata VIA-B, der Gates eine ausführliche Studie gewidmet hat[74], ist ebenfalls noch der MB II B zuzuordnen[75], während der Übergang zur Spätbronzezeit I (SB I) in Schicht V vollzogen ist.

---

[72] Siehe Heinz, Tell Atchana (1992); Heinz, Akkadica 83, 1993, 1-28.
[73] Siehe Heinz, Tell Atchana (1992) 141-152.
[74] Siehe Gates, Alalakh Levels VI and V (1976) 25-123.
[75] Siehe auch Kempinski, Syrien und Palästina (1983) 85-88, 255 Tf. 1.

ca. 1790 v. Chr.	Alalaḫ VIII/IX	MB II A
		MB II A / MB II B
ca. 1710 v. Chr.	Alalaḫ VII	MB II B
ca. 1680	Zerstörung, Hiatus	
ca. 1660 v. Chr.	Alalaḫ VI A	MB II B
ca. 1600 v. Chr.	Alalaḫ VI B	MB II B
		MB II B / SB I
ca. 1540 v. Chr.	Alalaḫ V	SB I
		SB I
ca. 1460 v. Chr.	Alalaḫ IV	SB I

Die spätaltbabylonische Zeit in Alalaḫ ist innerhalb des Periodensystems Syriens folglich mit der MB II A und dem Beginn der MB II B gleichzusetzen[76]. Das sog. „Dunkle Zeitalter" fällt schließlich zu großen Teilen in die MB IIB. Lediglich das Ende dieses Zeitabschnittes ist mit dem Beginn der SB I verknüpft.

Die Einbindung der Straten VIII/IX bis V in das archäologische Periodensystem Syriens ermöglicht selbstverständlich noch keine absolute Datierung des Schichtenpaketes. Diese kann nur dann gewonnen werden, wenn es gelingt, dieses Periodensystem in irgendeiner Form in die ägyptische Chronologie einzuhängen.

---

[76] Der häufiger geäußerte Vorschlag (so z.B. Malamat, Ä&L 3, 1993, 121-123; zuletzt Bietak in: Guksch / Polz [Hrsg.], Festschrift Stadelmann [1998] 166-167), das sog. „Mari-Zeitalter" (Zeit der Könige Šamšiadad I. von Assyrien und Ḥammu-rapi von Babylon) innerhalb des syrisch-palästinischen Periodensystems gänzlich in die Stufe der MB II B anzusetzen, ist nicht überzeugend. Begründet wird diese Ansicht lediglich mit der Nennung von Hazor in den Texten des Mari-Archives. Dabei soll es sich, da in Hazor eine städtische Siedlung der MB II A kaum ergraben wurde, um den mächtigen Siedlungshügel der MB II B handeln. Dem ist jedoch entgegenzuhalten, daß die Stadt der MB II A vermutlich bei der Anlegung der MB II B-Stadt großflächig abgegraben wurde. Die Existenz einer bedeutenden Stadtanlage zur Zeit der MB II A wird alleine durch die Erwähnung von Hazor (Ḥḏwj3j) in den ägyptischen Ächtungstexten des Mittleren Reiches erwiesen. Alle in diesen Texten aufgeführten Orte – soweit sie mit heute existierenden Ruinenhügeln identifiziert werden können – waren bedeutende Stadtanlagen bzw. Herrschersitze der MB II A.

Ein erster Anschluß an die ägyptische Chronologie ist durch den Fund einer ägyptischen Königsinschrift in Grab B des Hypogäums von Ebla gegeben.

So findet das in Schicht VIII/IX von Alalaḫ gefundene Keramikinventar exakte Parallelen in dem Königsgrab B von Ebla und in dem noch reichhaltigeren Befund der Lagen II und III der Favissa F. 5238 aus dem Bereich des dortigen Ištar-Tempels, die mit Grab B zum Teil zeitlich parallel anzusetzen sind. Die Bearbeitung dieser Keramik durch Marchetti und Nigro hat auch hier eine Zuweisung in die MB II A ergeben[77]. Aufgrund der geographischen Nähe beider Fundorte, ist auch in etwa ein Gleichschritt in der kulturellen Entwicklung zu erwarten, so daß die Übereinstimmungen im Keramikinventar es ermöglichen, das Grab B von Ebla bzw. die Lagen II und III der Favissa F. 5328 und die Schichten Alalaḫ VIII/IX als ungefähr zeitgleiche Horizonte zu erkennen.

---

[77] Siehe Marchetti / Nigro in: Lerberghe / Voet (Hrsg.), Languages (1999) 245-287. 282 Tab. 1. Diese Korrelation erfolgt nicht über einzelne Keramikformen, sondern kann anhand eines Großteils der signifikanten Keramik erstellt werden. Ausschlaggebend sind hierfür die flachgeformten Schalen mit eingezogenem, bisweilen auf der Außenseite gerilltem Rand (Heinz, Tell Atchana [1992] Tf. 17, 1-4; 18; 34-35), die schon in Schicht X auftraten. Zumeist ist nun eine schwarze streifenpolierte Oberfläche (sog. „Schwarze Ware") festzustellen. Diese Schalenform fehlt in Stratum VII fast völlig. Schalen dieses Typs stammen in großer Zahl in Ebla aus Lage II und III der Favissa F. 5238 (Marchetti / Nigro in: Lerberghe / Voet [Hrsg.], Languages [1999] Fig. 8, 1-5) und aus Grab B (Matthiae, SEb 1, 1979, Fig. M:1). Darüber hinaus sind Schalen mit scharfem Wandungsknick in Schicht VIII/IX vertreten (Heinz, Tell Atchana [1992] Tf. 39:61-63). Für diese Form fanden sich in der Lage II und III der Favissa F. 5238 und Grab A und B ausreichende Parallelen (Marchetti / Nigro in: Lerberghe / Voet [Hrsg.], Languages [1999] Fig. 4: 1-11; Matthiae, SEb 1, 1979, Fig. I, 1-7; Fig. M, 4). Eine Korrelation der verschiedenen Horizonte läßt sich auch über die Amuq-kilikische Ware aus beiden Fundorten erstellen. Diese Korrelation wird bestätigt durch die in Schicht X gefundene, mit figürlichen Motiven versehene Amuq-kilikische Ware, die exakte Parallelen in den vier Krügen aus Grab A in Ebla besitzt (siehe die Vergleiche bei Heinz, Tell Atchana [1992] Tf. 77a-77b; Matthiae in: Emre et al. [Hrsg.], Studies T. Özgüç [1989] 308 Fig. 6). Dies gilt umso mehr, als die Belege aus Grab A in Ebla und die Fragmente aus Alalaḫ X jeweils an das Ende dieser Tradition der figürlichen Bemalung an beiden Orten gehören. Aus Grab A stammt ein weiterer Krug der Amuq-kilikischen Ware mit einer verhältnismäßig einfachen geometrischen Bemalung (Matthiae in: Emre et al. [Hrsg.], Studies T. Özgüç [1989] 308 Fig. 6). Dieser Typ der Amuq-kilikischen Ware ist schließlich in dem späteren Grab B alleinig vertreten (Matthiae in: Emre et al. [Hrsg.], Studies T. Özgüç (1989) 308-309. 312). Vergleiche für diese einfache Bemalung finden sich in Alalaḫ in den Strata VIII/IX (Heinz, Tell Atchana [1992] Tf. 29. 49).

In Grab B fand sich nun neben zahlreicher Keramik und anderen Kulturgütern, auch eine Zeremonialkeule mit dem Namen des Hetepjbre, eines ephe-
meren ägyptischen Königs der frühen 13. Dynastie Ägyptens (ca. 1780 v.
Chr.)[78]. Es handelt sich hierbei – wie auch bei den Gegenständen mit Inschriften
der Könige Amenemhet III. (1853-1808 v. Chr.) und Amenemhet IV. (1808-
1798 v. Chr.) in den Königsgräbern von Byblos – um eine Geschenklieferung
des ägyptischen Königs für die Bestattung des Fürsten[79]. Aufgrund der nur ein-
jährigen Regierungszeit des Königs Hetepjbre ist ein Ansatz der Bestattung in
das Jahr 1780 v. Chr. zu vermuten[80].

Die anhand des Keramikinventars sich abzeichnende Gleichzeitigkeit zwischen Grab B, den Lagen II und III der Favissa F. 5238 und der Schicht VIII/IX
von Alalaḫ, ermöglicht es, letztere ungefähr in den Anfang des 18. Jhds. v. Chr.
festzulegen, wobei aber unklar bleiben muß, ob der Anfang oder das Ende der
Schicht in diesen Zeitrahmen fällt. Dennoch muß diese in gut stratifiziertem
Kontext gefundene ägyptische Königsinschrift als ein erster wichtiger absolut
chronologischer Fixpunkte für die ganze Archäologie Syriens am Anfang des 2.
Jts. v. Chr. angesehen werden.

Für eine absolute Datierung des archäologischen Periodensystems der Levante ist in letzter Zeit in besonderem Maße auch der Befund aus Tall al-Dabᶜa,
im Ostdelta des Nils, herangezogen worden. Dort fanden sich in mehreren Kulturschichten levantinische Keramik und andere Kulturgüter (Waffen etc.) der
MB mit ägyptischer Keramik und weiteren materiellen Hinterlassenschaften vergesellschaftet. Die absolutchronologische Einordnung der einzelnen Schichten
erfolgte anhand datierbarer Objekte (Skarabäen, Skarabäen mit Königsnamen,
königliche Inschriften in Stein) und anhand einer Keramikseriation und dem damit möglichen Vergleich mit anderen inschriftlich besser datierten Fundorten

---

[78] Siehe Matthiae, Ebla (1985) Tf. 80. Eine weitere vergleichbare ägyptische Zeremonialkeule fand sich in Grab C (Tomba delle cisterne); hier allerdings ohne Inschrift; siehe
Matthiae, Ebla (1985) Tf. 84.

[79] Zu der Sitte, Geschenke für die Bestattung eines befreundeten oder verwandten Fürsten zu senden, siehe z.B. AT 366 (Liste der Waren, die aus Alalaḫ für die Bestattung
von Yarim-Lim III.[?] von Ḫalab gesendet wurden); ARM XXV, 6 No. 17, 39 No. 118
(Geschenke aus Mari für die Beisetzung des Königs Yarim-Lim I. von Ḫalab).

[80] Die nachweislich vor der Niederlegung im Grab vorgenommene Reparatur an der
Inschrift der Keule, kann kaum als Argument dafür benutzt werden, daß die Keule schon
bedeutend früher nach Ebla gekommen ist und erst als Erbstück in das Grab gelegt
worden ist. Die Beschädigung kann auch während des Transportes von Ägypten nach
Ebla erfolgt sein.

Ägyptens[81]. Dies ermöglichte es dem Ausgräber Bietak, die einzelnen Stufen der MB Palästinas ungefähr in die ägyptische Chronologie einzuhängen. Bietak macht folgende absolute Angaben[82]:

Perioden	Phasen	Datierung
MB II A	L-G	ca. 1900–1710 v. Chr.
MB II A / MB II B	F	ca. 1710–1680 v. Chr.
MB II B[83]	E/3–D/2	ca. 1680–1530 v. Chr.
SB I[84]	D/1–C/2	ca. 1530–1410 v. Chr.

Bei den absoluten Ansätzen der einzelnen Phasen ist jedoch zu bedenken, daß die Anzahl der datierbaren ägyptischen Inschriften in Tall al-Dabᶜa zum einen immer noch sehr gering ist und zum anderen die wenigen Inschriften nicht immer sicher den einzelnen Phasen zugewiesen werden können[85]. Somit unterliegen die Datierungsansätze der einzelnen Stufen, die als Minimalansätze aufzufassen sind, einer gewissen Unsicherheit. So haben z.B. Weinstein und Cohen eine Erhöhung dieser Minimalansätze für die Abschnitte der MB II B um ca. 25-30 Jahre erwogen[86]. Darüber hinaus ist bis heute völlig unklar, ob die Abfolge der einzelnen Stufen der MB in Nordsyrien und Palästina wirklich synchron verlaufen sind, oder ob nicht mit einem erheblichen Nord-Süd Gefälle in der Entwicklung zu rechnen ist[87]. Die große geographische Distanz verbietet es auf jeden Fall, bei ungefähr gleichartigen Kulturhorizonten *a priori* auch von einer direkten Zeitgleichheit auszugehen.

Aufgrund dieser Unsicherheiten ist es bis heute noch nicht möglich, die Schichten von Tall al-Dabᶜa mit bestimmten Schichten aus Alalaḫ zu korrelieren

---

[81] Siehe hierzu zusammenfassend Bietak in: Åström, High, Middle or Low III (1989) 78-120; Bietak in: Anonymus (Hrsg.), XXXIVᵉᵐᵉ Recontre Assyriologique (1998) 345-360.

[82] Siehe Bietak, Avaris (1996) 6 Fig. 3.

[83] Bei Bietak, dem archäologischen Periodensystem für Palästina entsprechend, unterteilt in die beiden Phasen der MB II B und der MB II C.

[84] Auch in Tall al-Dabᶜa sind – wie in Alalaḫ – über längere Zeit Keramikformen der MB II B und der SB I parallel verwendet worden; siehe Bietak, Avaris (1996) 6 Fig. 3.

[85] Siehe Weinstein in: Davies / Schofield (Hrsg.), Egypt, the Aegean and the Levant (1995) 84-90.

[86] Siehe Weinstein in: Davies / Schofield (Hrsg.), Egypt, the Aegean and the Levant (1995) 84-90; Cohen, Canaanites (2002) 134-136.

[87] Siehe Bietak in: Anonymus (Hrsg.), XXXIVᵉᵐᵉ Recontre Assyriologique (1998) 358-359.

und darüber ein chronologisches Gerüst aufzubauen, mit dem gesicherte absolute Zahlen für die einzelnen Schichten von Alalaḫ und damit auch für die Chronologie Vorderasiens zu gewinnen wären[88].

Für einen Anschluß des spätaltbabylonischen Archivs von Alalaḫ an die ägyptische Chronologie sind vielmehr die in der dortigen Glyptik auftretenden ägyptischen Motive von entscheidender Bedeutung.

Nun liegen aus der Altsyrischen Glyptik seit der Zeit des Königs Šamšiadad I. von Assyrien zahlreiche Siegelbilder vor, die von einer starken ägyptischen Einflußnahme zeugen, die bis zum Ende des Archivs des Stratums VII von Alalaḫ nachzuweisen ist[89]. Die Übernahme reicht dabei von kleineren ägyptischen Symbolen über ganze Götterfiguren bis hin zur Darstellung komplexer Ritualszenen (Reinigungszeremonie), die von den levantinischen Künstlern den ägyptischen Vorstellungen entsprechend sinngemäß verwendet wurden. Der von den Levantinern ausgewählte Motivschatz ist dabei fast ausschließlich auf Symbole, Figuren und Motive beschränkt, die eng mit dem ägyptischen Königskult verbunden sind.

Dabei stellt sich natürlich sofort das Problem, in welcher seiner hier in Betracht kommenden Perioden Ägypten überhaupt fähig war, eine derart intensive Einflußnahme auszuüben. Dabei muß auch ein Vergleich angestrebt werden zwischen den in der Glyptik rezipierten Motiven und anderen gut datierbaren Zeugnissen einer Fühlungnahme zwischen Ägypten und der Levante, wie sie z. B. aus Ebla und Byblos vorliegen, um somit den ägyptischen Einfluß in der Glyptik in einen Gesamtzusammenhang der gegenseitigen Beziehungen eingliedern und dadurch auch datieren zu können.

Wir haben schon früher darauf hingewiesen, daß eine solche Form der Beeinflussung, die bis in den Kreis des Herrscherhauses von Ḫalab und seiner höchsten Beamtenschaft reichte, von ägyptischer Seite nur zur Zeit der 12. und der ersten Hälfte der 13. Dynastie Ägyptens denkbar ist[90]. Schon zu Beginn der

---

[88] Siehe die diesbezüglichen Versuche bei Gates in: Åström (Hrsg.), High, Middle or Low II (1987) 78-79; Heinz, Tell Atchana (1992) 203-205.

[89] Zu den datierten Siegelbildern siehe Eder, Ägyptische Motive (1995); 41-50; vgl. Teissier, Egyptian Iconography (1996) 26-34.

[90] Siehe Eder in: Nagel, DaM 6, 1992, 42-67; Eder, Ägyptische Motive (1995) 170-172; Eder in: Gundlach / Seipel (Hrsg.), Königtum II (1999) 125-147; Eder, OLZ 96, 2001, 668-678. Den absoluten Datierungen aus dem vorderasiatischen Bereich wurden damals noch die zeitlichen Ansätze der „Ungekürzten Chronologie" zugrundegelegt. Siehe zu den Beziehungen zwischen Ägypten und der Levante während des Mittleren Reiches zuletzt Cohen, Canaanites (2002) 33-50.

12. Dynastie ist eine erste Kontaktaufnahme der Ägypter mit ihren nordöstlichen Nachbarvölkern nach dem Zusammenbruch des Alten Reiches bezeugt. Aus der Zeit des Königs Amenemhet II. (1913-1878 v. Chr.) informiert ein Bruchstück seiner Annalen über wirtschaftliche und militärische Expeditionen der Ägypter bis nach Zypern[91]. Unter Sesostris III. (1872-1854 v. Chr.) wird das nordsyrische Königreich Yamḫad erstmals in ägyptischen Texten erwähnt[92]. Unter seinen Nachfolgern Amenemhet III. (1853-1808 v. Chr.) und Amenemhet IV. (1808-1799 v. Chr.) und den Königen der ersten Hälfte der 13. Dynastie (1795-ca. 1720 v. Chr.) wird der politische Einfluß Ägyptens in der Levante immer intensiver, und königliche Geschenke erreichen Byblos und das nordsyrische Ebla[93]. Der politische Druck führt in Byblos und anderen Orten zu einem engen Anschluß an Ägypten, und die byblitischen und andere levantinische Fürsten führen in ihren offiziellen Inschriften den Titel eines ägyptischen „Bürgermeisters"[94] (ḥ3tj-ᶜ), wodurch ihre Städte juristisch als ägyptisches Gebiet gelten.

Die kulturelle Einflußnahme des Nillandes auf die Altsyrische Glyptik kann im folgenden zeitlich parallelisiert werden mit den überaus starken ägyptischen Einflüssen auf das nordsyrische Ebla (Tall Mardiḫ III B) und das südsyrische Byblos (Königsgräber I-IV). In beiden Fundorten ließ sich auch in anderen Denkmälergattungen die Rezeption vergleichbarer ägyptischer Motive bezeugen, und es fand sich zumeist in den Gräbern eine große Anzahl von ägyptischen Kulturgütern (Salbgefäße, Schmuck etc.), die als königliche Geschenke vom Nilland an die levantinischen Fürstenhöfe gelangt waren. Die ägyptische Einflußnahme gipfelte schließlich in Byblos und anderen südlevantinischen Orten in der Übernahme der ägyptischen Schrift und Sprache, die bei der Abfassung offizieller Inschriften dann fast ausschließlich Verwendung fanden[95].

---

[91]   Eine Bearbeitung dieses wichtigen Textes bietet Eder, Ägyptische Motive (1995) 173-196 (mit der älteren Literatur); Quack, Ä&L 6, 1996, 75-81.

[92]   Siehe Quack, Göttinger Miszellen 130, 1992, 75-78.

[93]   Die immer stärker werdende gegenseitige Fühlungnahme ist auch in Ägypten selber spürbar, denn im dortigen Norden (Tall al-Dabᶜa, Ezbet Rushdi, Dahšur) ist in der späten 12. Dynastie und dem Anfang der 13. Dynastie ein sprunghafter Anstieg des Keramikimports aus der Levante festzustellen; siehe Bietak in: Guksch / Polz (Hrsg.), Festschrift Stadelmann (1998) 169 Anm. 25-27 (mit weiterführender Literatur).

[94]   Siehe Eder, Ägyptische Motive (1995) 52; Eder in: Gundlach / Seipel (Hrsg.), Königtum II (1998) 125. Vor diesem Hintergrund bleiben die Ausführungen von Zeeb, Palastwirtschaft (2001) 96, unverständlich.

[95]   Eine Zusammenstellung der diesbezüglichen Inschriften findet sich bei Kitchen, OrNS 36, 1967, 40-41; Eder, Ägyptische Motive (1995) 16-18. 92-93.

Zwischen den Fürsten von Byblos und den ägyptischen Königen Amenemhet III. (1853-1808 v. Chr.), Amenemhet IV. (1808-1799 v. Chr.) und Neferhotep I. (ca. 1740-1730 v. Chr.) lassen sich Synchronismen erstellen, die die ägyptischen Einflüsse dort sicher auf das Ende der 12. und die erste Hälfte der 13. Dynastie (ca. 1850-1730 v. Chr.) festlegen. Für Ebla liegt mit der oben erwähnten Zeremonialkeule des Königs Hetepjbre (ca. 1780 v. Chr.) ein weiterer chronologischer Fixpunkt vor. Nach ca. 1700 v. Chr. unter König Ibjau brach dann der Kontakt zwischen Ägypten und der nördlichen Levante nachweislich ab[96], wobei hier die hethitischen Expansionsbestrebungen unter Ḫattusili I. nach Nordsyrien und die damit verbundene wirtschaftliche Schwächung des dortigen Staatenbundes einerseits und andererseits der zeitgleiche politische Niedergang des ägyptischen Königtums ausschlaggebend gewesen sein dürften[97].

In eben diesen Zeitrahmen von Sesostris III. bis Ibjau (ca. 1870-1700 v. Chr.) müssen nun auch die zahlreichen ägyptischen Einflüsse in der Altsyrischen Glyptik fallen. Ein erstes Eindringen ägyptischer Elemente – in der Hauptsache Symbole wie das Anch-Zeichen – in das Bildrepertoire der Siegelschneider läßt sich anhand der datierten Siegelbilder in der Regierungszeit des Königs Šamšiadad I. von Assyrien bezeugen (Kültepe Ib). Ein sprunghaftes Ansteigen der verwendeten Motive und eine Ausweitung des Bildschatzes über Götterfiguren bis hin zu ganzen Ritualszenen ist dann spätestens zu Beginn des Archivs von Alalaḫ VII zu konstatieren, und erst am Ende des Archivs der Schicht VII von Alalaḫ ist ein Rückgang in der Verwendung ägyptischer Bildmotive nachgewiesen[98]. In der Glyptik der darauffolgenden Zeit sind dann keine ägyptischen Motive mehr bezeugt. Erst mit dem Beginn der ägyptischen Expansion und der damit verbundenen politischen Einflußnahme während des Neuen Reiches (ab ca. 1540 v. Chr.) setzt wieder in verstärktem Maße eine Adaption ägyptischer Motive in der Siegelkunst ein.

---

[96] Ein Skarabäus des Königs Ibjau in Byblos ist die letzte bekannte Nennung eines ägyptischen Königs in Byblos vor dem Neuen Reich; siehe zu diesem Skarabäus Dunand, Fouilles Byblos Texte II (1954-1958) 24; Dunand, Fouilles Byblos Planches II (1950) Tf. CC (6923).

[97] In diesem Zusammenhang sei darauf verwiesen, daß am Anfang des 17. Jhds. v. Chr. die Handelsbeziehungen zwischen Tall al-Dabᶜa im Ostdelta des Nils und der nördlichen Levante zum völligen Erliegen kommen, was doch wohl nur auf den zeitweiligen politischen und wirtschaftlichen Niedergang der dortigen Stadtstaaten zurückzuführen ist; siehe Bietak in: Hein (Hrsg.), Pharaonen und Fremde (1994) 48; Bietak in: Guksch / Polz (Hrsg.), Festschrift Stadelmann (1998) 169.

[98] Siehe die Zusammenstellung der datierten Siegelbilder bei Eder, Ägyptische Motive (1995) 42-44.

Folglich muß auch der Abschnitt der vorderasiatischen Geschichte, der die Zeit von Šamšiadad I. von Assyrien bis zum Ende des Archivs von Alalaḫ VII umfaßt, ungefähr in diesem Zeitrahmen von ca. 1870-1700 v. Chr. angesetzt werden. Das Archiv von Alalaḫ fällt dann in die zweite Hälfte dieses Zeitintervalls.

Eine Einordnung des Zeitabschnitts von Šamšiadad I. von Assyrien bis zum Ende des Archivs von Alalaḫ VII in die Zeit von ca. 1870-1700 v. Chr. ist jedoch nur unter Verwendung der Ansätze einer relativ langen Chronologie für Vorderasien möglich. Der von uns – unabhängig davon – anhand der assyrischen Distanzangaben sowie der Eponymen- und Königslisten errechnete Regierungsbeginn des Königs Ḫammu-rapi von Babylon für das Jahr 1862 v. Chr. (= Regierungsbeginn des Königs Šamšiadad I. von Assyrien im Jahr 1878 v. Chr.) und der Fall Babylons unter Samsu-ditāna im Jahre 1665 v. Chr. sind hiermit sehr gut vereinbar.

Die unter Verwendung dieses chronologischen Ansatzes sich ergebende Laufzeit des spätaltbabylonischen Archivs von ca. 1790-1680 v. Chr. wird durch die aus der ägyptischen Chronologie gewonnenen Daten bestens bestätigt.

Ein wesentlich niedrigerer Ansatz für diese Zeitspanne ist mit dem dargelegten Befund nicht mehr vereinbar. Versuche die Übernahme ägyptischer Motive in der syrischen Siegelkunst unter Verwendung der „Mittleren-" bzw. der „Kurzen Chronologie" für Vorderasien zu erklären, sind nicht überzeugend.

So bedeutet die sofortige Festlegung auf ein chronologisches System Vorderasiens, daß die ägyptische Einflußnahme auf die Glyptik zwangsweise in diesen chronologischen Zusammenhang geordnet und demgemäß gewertet werden muß. Folglich werden die ägyptischen Motive nicht als eigenständige Quellen, die einen historischen und chronologischen Aussagewert besitzen, verstanden, sondern sie werden lediglich im Rahmen eines schon vorher festgelegten zeitlichen Ansatzes betrachtet[99]. Darüber hinaus wird – bei der Benutzung der

---

[99] Siehe Teissier, Egyptian Iconography (1996); vgl hierzu die Kritik von Eder, OLZ 96, 2001, 668-678. Unter Verwendung einer „Kurzen Chronologie" hat Bietak in: Guksch / Polz (Hrsg.), Festschrift Stadelmann (1998) 165-176, nach Erklärungen für das Auftreten ägyptischer Motive in der Siegelkunst Syriens gesucht. Dabei macht er die Rückkehr asiatischer Handwerker und Arbeiter aus Ägypten in ihre nordsyrische Heimat verantwortlich. Diese, die z.T. während der 12. Dynastie als Kriegsgefangene nach Ägypten verschleppt wurden, sollen in der 13. Dynastie (ab ca. 1730 v. Chr.) nach Nordsyrien zurückgekehrt sein und dort die Übernahme ägyptischer Motive in der Siegelkunst angeregt haben. Gegen ein solches Szenario spricht einiges. Es läßt sich zwar in der 12. Dynastie eine Deportierung levantinischer Kriegsgefangener (allerdings nicht aus Nord-

„Mittleren-" oder der „Kurzen Chronologie" – die datierbare politische und kulturelle Einflussnahme des Nillandes auf Byblos sowie auch auf andere Orte und die dort erfolgte Rezeption der ägyptischen Bilder- und Gedankenwelt zeitlich und damit auch ursächlich erheblich von der Rezeption ganz ähnlicher ägyptischer Motive in der Altsyrischen Glyptik getrennt. Eine Begründung für die Aufsplitterung dieses kulturgeschichtlichen Phänomens in zwei, zeitlich um ca. 100 bis 150 Jahre differierende Phasen, wird aber an keiner Stelle geboten. Eine solche läßt sich dem Denkmälerbestand auch nicht entnehmen und findet in den ägyptischen Schriftquellen ebenfalls keine Stütze.

Die absolute Datierung der Schicht VI und V

Eine genauere absolute Datierung des Schichtenpaketes VI und V ist nur durch den archäologischen Befund möglich[100]. In beiden Schichten wurden weder Schrifttafeln noch aussagekräftige Aegyptiaca mit Königinschriften gefunden, die für einen Datierungsansatz herangezogen werden könnten.

Einen ersten Ansatzpunkt für eine zeitliche Einordnung bieten jedoch die in Schicht VI gefundenen Skarabäen[101]. Hierbei handelt es sich um kleine käfergestaltige Siegel aus Steatit auf deren flachen Unterseiten Figuren oder Schriftzeichen eingeritzt sein können. Diese aus Ägypten stammende Siegelform wurde in deutlicher Anlehnung an das Nilland auch in Palästina und in Byblos gepflegt. Die in Schicht VI gefundenen Skarabäen sind zweifellos Importe aus Südpalästina.

So zeigt ein Skarabäus auf seiner Unterseite eine tief eingeschnittene menschliche Figur, die einen Zweig hält[102]. Fast identische Stücke finden sich in

---

syrien) nach Ägypten nachweisen, doch die für die Argumentation von Bietak entscheidende Rückkehr dieser Gefangenen in ihre ursprüngliche Heimat nach über 100 Jahren, ist anhand der bekannten Quellen nicht zu belegen. Viel eher möchte man doch ägyptische Priester und Schriftkundige, die im Rahmen politischer und merkantiler Missionen die Levante bereisten, als Überträger dieses Wissens annehmen. Deren zeitweilige Existenz in der Levante ist während der 12. und des Anfangs der 13. Dynastie inschriftlich hinlänglich gesichert.

[100] Siehe Gates, Alalakh Levels VI and V (1976) 268-272; Gates in: Åström (Hrsg.), High, Middle or Low II (1987) 62-65; Kempinski, Syrien und Palästina (1983) 80-90; McClellan in: Leonard / Williams (Hrsg.), Essays Kantor (1989) 187-188.

[101] Siehe Woolley, Alalakh (1955) 262 No. 29, 263 No. 32. 33; Tf. LXI No. 29. 32. 33; Gates, Alalakh Levels VI and V (1976) 234. 341 Abb. 40 (a.c); Kempinski, Syrien und Palästina (1983) 88-90; Gates in: Åström (Hrsg.), High, Middle or Low II (1987) 80.

[102] Siehe Woolley, Alalakh (1955) Tf. LXI No. 29.

Palästina in Schichten der MB II B und kommen in der SB I nicht mehr vor[103]. Diese Skarabäen erscheinen in Kontexten, die sowohl der 13. Dynastie (ca. ab 1730 v. Chr.) als auch der ganzen 15. Dynastie Ägyptens (ca. 1650-1540 v. Chr.) zuzuweisen sind[104].

Ein zweiter Skarabäus weist einen dreizonigen Bildaufbau auf[105]. Im Zentrum befindet sich eine Spirale, ober- und unterhalb davon eine $šm^c$-Pflanze. Skarabäen dieser Gruppe gehören an das Ende der 13. bis an das Ende der 15. Dynastie (ca. 1700-1540 v. Chr.)[106].

Ein dritter Skarabäus vom sog. $^cnr^c$-Typ fand sich im obersten Schutt des Palastes der Schicht VII. Auch er gehört folglich der Schicht VI an, in der der Palast zugesetzt wurde[107]. Diese neben Südpalästina auch in Ägypten belegte Gruppe von Stempelsiegeln gibt es von der Mitte der 13. Dynastie bis zum Ende der 15. Dynastie (ca. 1730-1540 v. Chr.). Ganz wenige Stücke dieser Gruppe erscheinen noch in Kontexten der frühen 18. Dynastie (ca. 1550-1500 v. Chr.)[108].

Ein vierter Skarabäus fand sich in den Ruinen der Häuser der Schicht VI[109]. Dieses – vielleicht schon der Schicht V zuzuweisende – Stempelsiegel zeigt in einer waagerechten Anordnung eine $z3$-Schleife zwischen zwei weiteren nicht deutbaren Zeichen.Vergleichbare Dekorationen der Unterseiten finden sich sowohl auf Skarabäen der 15. Dynastie als auch auf denen aus dem Anfang der 18. Dynastie (ca. 1650-1450 v. Chr.)[110].

Die in Schicht VI gefundenen Skarabäen gehören aufgrund ihrer Unterseitendekoration einheitlich der Hyksoszeit Ägyptens (15. Dynastie) an[111]. Fast alle vorherrschenden Darstellungen sind zwar auch etwas früher belegt, aber alle können als ganz charakteristisch für die hyksoszeitliche Stempelglyptik Süd-

---

[103] Siehe Kempinski, Syrien und Palästina (1983) 89.

[104] Siehe hierzu Keel, Corpus Stempelsiegel (1996) 204-206.

[105] Siehe Woolley, Alalakh (1955) Tf. LXI No. 32; Gates, Alalakh Levels VI and V (1976) 341 Abb. 40 (c).

[106] Zur Datierung siehe Keel, Corpus Stempelsiegel (1996) 185.

[107] Siehe Woolley, Alalakh (1955) 262 No. 20 Tf. LXI No. 20. Dort wird der Skarabäus irrtümlich der Schicht VII zugewiesen. Siehe auch Bietak in: Guksch / Polz (Hrsg.), Festschrift Stadelmann (1998) 169 Anm. 23.

[108] Siehe Keel, Corpus Stempelsiegel (1996) 175-176.

[109] Siehe Woolley, Alalakh (1955) 263 No. 33 Tf. LXI No. 33.

[110] Siehe zur Datierung O'Connor, JSSEA 15, 1985; Gates in: Åström (Hrsg.), High, Middle or Low II (1987) 80.

[111] Die für eine Feindatierung nötigen Rücken-, Kopf- und Seitengestaltungen der Skarabäen sind bei Woolley nicht dokumentiert.

palästinas gelten, die eben gerade zu dieser Zeit ihre größte Verbreitung hatte. Damit ergibt sich auch in etwa ein Datierungsansatz für die Schicht VI zwischen ca.1650-1540 v. Chr.[112].

Neben den Skarabäen kann auch die zyprische Importkeramik für eine genauere Datierung der Schichten VI und V herangezogen werden. In mehreren Beiträgen zwischen den Jahren 1976 und 1987 hat Gates die in beiden Schichten aufgedeckte zyprische Importkeramik (besonders die sog. Bichrome Ware) für ein solches Unterfangen herangezogen[113]. Aus diesem Befund hat Gates nun einen sehr niedrigen chronologischen Ansatz für die beiden Schichten (ca. 1575-1460 v. Chr.) abgeleitet, dem hier nicht gefolgt werden soll. Im folgenden müssen nun der Befund und seine chronologische Verwertbarkeit näher hinterfragt werden.

Die Einführung zyprischer Keramik in Alalaḫ konnte erstmals für die Schichten VI und V nachgewiesen werden. Ein Großteil dieser Keramik wurde von Woolley – da aus unsicheren Kontexten stammend – nur ganz allgemein dem Schichtenpaket VI und V zugeschrieben und ist somit für eine chronologische Auswertung nur bedingt zu verwenden. Im folgenden soll hier dementsprechend nur auf die Keramik Bezug genommen werden, die der Ausgräber der Schicht VI oder der Schicht V sicher zuweist, wobei nur selten die Keramik den Phasen A und B der beiden Schichten zugeordnet wurde. Es ergibt sich folgendes Bild nach den Angaben von Woolley und Gates[114]:

---

[112] Vergleiche Kempinski, Syrien und Palästina (1983) 88-90, der als erster den chronologischen Aussagewert der Skarabäen erkannt hat; siehe dagegen aber Gates in: Åström (Hrsg.), High, Middle or Low II (1987) 80. Sie zweifelt dort – die chronologische Relevanz der Skarabäen erkennend –, von ihrer früheren Meinung abweichend (vergleiche Gates, Alalakh Levels VI and V [1976] 234), an einer Zuweisung der Skarabäen an die Schicht VI. Welcher Schicht die völlig einheitliche Skarabäen-Gruppe nun zuzuordnen ist, wird von Gates aber nicht näher ausgeführt. Der Schicht VII sind sie sicher nicht zuzuweisen. In den sehr sorgfältig ausgegrabenen Arealen der Schicht VII ist nicht ein vergleichbares Stempelsiegel gefunden worden. Eine Einordnung der Skarabäen in Schicht IV hingegen ist auch unmöglich, da diese Schicht erst Mitte des 15. Jhds. v. Chr. beginnt. So verbleiben eigentlich nur die Schichten VI und V. An der von Woolley vorgenommenen Zuweisung der Skarabäen zu Schicht VI ist folglich kaum zu zweifeln. Die Skarabäen widersprechen damit ganz entschieden den überaus kurzen chronologischen Ansätzen der Schicht VI bei Gates.
[113] Siehe Gates, Alalakh Levels VI and V (1976) 82-92. 256-263; Gates, Alalakh (1981) 17-22; Gates in: Åström (Hrsg.), High, Middle or Low II (1987) 63-65. Siehe auch Manning, Test of Time (1999) 360-364.
[114] Siehe Woolley, Alalakh (1955) 354-364; Gates, Alalakh Levels VI and V (1976) 82-92.

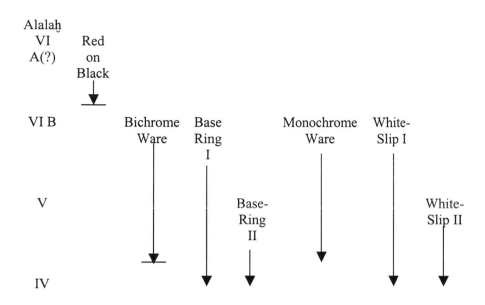

Dieser kurze Überblick über die Verteilung zyprischer Importkeramik in den Schichten VI und V von Alalaḫ zeigt, daß für Schicht VI zyprische Keramiktypen belegt sind, die dort der Mittleren Bronzezeit III (Red on Black, Monochrome Ware), dem Übergang zwischen Mittlerer und Später Bronzezeit (Bichrome Ware) und der Späten Bronzezeit I A (Base-Ring I Ware) zuzuweisen sind. Folglich ist für Schicht VI – wie schon der architektonische Befund nahelegte – eine verhältnismäßig lange Laufzeit anzunehmen. In Schicht V herrschen hingegen Keramiktypen vor, die der Späten Bronzezeit I A-B (White-Slip I, Base-Ring I-II Ware) und dem Anfang der Späten Bronzezeit II A Zyperns (White-Slip II Ware) angehören.

Die Einbindung der Schichten VI und V in das zyprische Periodensystem liefert jedoch noch keine absoluten Daten (s.o.). Diese können nur durch das Auftauchen der diesbezüglichen Keramik in Ägypten bzw. in einigen Fundorten Palästinas, die fest mit der ägyptischen Chronologie verbunden sind, annähernd gewonnen werden. Dabei ist jedoch grundsätzlich zu bedenken, daß ein Import zyprischer Keramik in Nordsyrien, aufgrund der geographischen Nähe, früher als in Ägypten erfolgt sein dürfte[115]. Die Ansätze aus Ägypten sind somit als Minimalansätze für eine zeitliche Festlegung des Exportes dieser Waren zu werten.

---

[115] Siehe Eriksson et al., Ä&L 10, 2000, 210.

So konnten in Tall al-Dab^{c}a im Ostdelta des Nils Scherben der Red-on-Black Ware in Stratum E/1 nachgewiesen werden. Diese der Hyksoszeit zuzuweisende Schicht datiert nach Bietak zwischen ca. 1630-1600 v. Chr.[116].

Base-Ring I Ware ist in Memphis in Kontexten der späten 17. Dynastie (ca. 1580 v. Chr.) gefunden worden[117] und ist in Tall al-Dab^{c}a ab Stratum D / 1 (ca. 1540 v. Chr.) bezeugt.

White-Slip I-Ware ist in Tall al-Dab^{c}a vermutlich in Stratum D / 2 (ca. 1570-1540 v. Chr.) erstmals festgestellt worden und ist in einer späteren Entwick-lungsstufe in Ezbet Helmi, einem Ruinenhügel in der Nähe von Tall al- Dab^{c}a, für die frühe 18. Dynastie (ca. 1540 v. Chr.) sicher nachgewiesen[118].

Bichrome Ware ist in Palästina z.B. in Megiddo in Schicht X und IX und auch an vielen anderen Orten der südlichen Levante aufgedeckt worden[119]. Auf-grund möglicher Verbindungen mit ägyptischen Königen und deren Kriegs-zügen, kann das erste Auftreten Bichromer Ware in der Levante auf ca. 1600 v. Chr. und das Auslaufen dieser Ware auf ca. 1460 v. Chr. festgelegt werden[120]. In Ägypten erscheint sie schließlich in Tall al-Dab^{c}a erstmals in Stratum D / 2 am Ende der Hyksoszeit (nach Bietak ca. 1570-1540 v. Chr.) und setzt sich dort (Stratum C 3; Palast späte Phase) mit ägyptischen Imitationen bis in die Mitte der 18. Dynastie (ca. 1440 v. Chr.) fort[121].

Das Auftreten Bichromer Ware in den Schichten VI B und V in Alalaḫ ist für eine chronologische Einordnung des Schichtenpaketes von großer Bedeutung. Da Bichrome Ware nur in den Straten VI B und V, aber nicht in VI A und IV gefunden wurde, muß die Zeitspanne, die die Schichten VI B und V abdecken, in etwa identisch sein mit dem Auftreten Bichromer Ware in der Levante und in Ägypten. Da dort das Auftreten dieser Keramik auf ca. 1600-1460 v. Chr. fest-gelegt werden konnte, müssen auch die Straten VI B und V ungefähr in diesen Zeitrahmen fallen. Die Schicht VI A muß dementsprechend vor ca. 1600 v. Chr. angesetzt werden[122]. Dafür spricht auch die Auffindung einiger Scherben der

---

[116] Siehe Bietak in: Åström (Hrsg.), Chronology (2001) 176 Abb. 1.

[117] Siehe Manning, Test of Time (1999) 167.

[118] Siehe hierzu Maguire in: Davies / Schofield (Hrsg.), Egypt, the Aegean and the Levant (1995) 55, und die ausführliche Diskussion des Befundes bei Manning, Test of Time (1999) 159-161.

[119] Siehe Epstein, Bichrome Ware (1966).

[120] Siehe Oren in: Oren (Hrsg.), Hyksos (1997) 271; Manning, Test of Time (1999) 362.

[121] Siehe Bietak in: Åström (Hrsg.), Chronology (2001) 176 Abb. 1.

[122] So auch Manning, Test of Time (1999) 362.

Red on Black Ware, deren Verbreitung von Zypern bis Ägypten in das 17. Jhd. v. Chr. datiert werden muß (s.o.), in Zusammenhängen der Schicht VI (VI A?).

Die durch das Vorkommen der zyprischen Keramik in den Schichten VI und V sich ergebenden Datierungsansätze, decken sich also gut mit denen, die sich für die beiden Horizonte anhand der Skarabäen gewinnen ließen (s.o.). Beide unabhängig voneinander vorgenommen zeitlichen Festlegungen stützen sich somit gegenseitig. Man wird wohl an einem Ansatz der Schicht VI (A-B) von Alalaḫ von der Mitte des 17. Jhd. v. Chr. bis in die Mitte des 16. Jhd. v. Chr. nicht vorbeikommen. Für das nachfolgende Stratum V (A-B) ergibt sich dann folglich eine ungefähre Datierung von der Mitte des 16. Jhds. v. Chr. bis in die Mitte des 15. Jhds. v. Chr. Dieser anhand des archäologischen Materials gewonnene Ansatz aber ist gut vereinbar mit den von uns abgeschätzten zeitlichen Festlegungen dieser Schichten im Rahmen des hier vorliegenden Chronologieschemas (Schicht VI ca. 1660-1540 v. Chr.; Schicht V ca. 1540-1460 v. Chr.).

Zusammenfassung

Die vorliegende Untersuchung zur relativen und absoluten Datierung des spätaltbabylonischen Alalaḫ hat zu folgenden Ergebnissen geführt. Die Laufzeit des spätaltbabylonischen Archivs der Schicht VII umfasst ca. 100-110 Jahre. In diesem Zeitabschnitt wurde die Stadt von drei Statthaltern (Yarim-Lim I., Yarim-Lim II., Ammitaqum) regiert, die drei aufeinanderfolgenden Generationen angehörten. Die vierte Generation mit dem Ammitaqum-Sohn Ḥammurapi gelangte wohl nicht mehr zur Herrschaft. Über ihre Oberherrn in Ḥalab erweist sich die spätaltbabylonische Dynastie als ungefähr zeitgleich mit der I. Dynastie von Babylon von Samsu-ilūna bis Samsu-ditāna, und läßt sich somit in die mesopotamische Chronologie einhängen. Eine Zuweisung der einzelnen Texte des Archivs an die bekannten Regenten hat ergeben, daß fast alle Texte in die Spätphase des Archivs – die Zeit des Herrschers Ammitaqum – gehören. Damit muß die Textsammlung der Schicht VII als das Archiv des Ammitaqum angesprochen werden. Der Palast der Schicht VII ist aufgrund fehlender Umbauten oder der Einfügung neuer Begehungsniveaus als ein einphasiges und damit sehr kurzlebiges Bauwerk anzusprechen. Die Laufzeit des Palastes der Schicht VII deckt sich somit nicht mit der erkennbaren Laufzeit des Archivs der Schicht VII. Folglich kann der Palast der Schicht VII nur als Herrschersitz des Ammitaqum verstanden werden, den dieser sich nach der Annahme des LUGAL-Titels als standesgemäße Residenz errichten ließ. Die Amtssitze seiner beiden Vorgänger Yarim-Lim I. und Yarim-Lim II. müssen sich in der älteren Schicht VIII/IX verbergen. Die erkennbare Laufzeit des spätaltbabylonischen Archivs von Alalaḫ umfasst somit die archäologischen Schichten VIII/IX und

VII. Innerhalb des archäologischen Periodensystems Syriens läßt sich das spätaltbabylonische Alalaḫ folglich zum Teil der MB II A und zum Teil der MB II B zuordnen.

Da die mesopotamische Chronologie für diesen Zeitraum noch erheblichen Schwankungen unterworfen ist, wurde für eine absolute Datierung der Schichten in Alalaḫ der archäologische und kunstgeschichtliche Befund herangezogen. Über die ägyptischen Motive in der Siegelkunst konnte schließlich ein verwertbarer Anschluß an die ägyptische Chronologie gewonnen werden, die in dem in Frage kommenden Zeitraum recht stabil ist. Die in der Altsyrischen Glyptik seit der Zeit des Königs Šamšiadad I. von Assyrien bis zum Ende des Archivs von Alalaḫ nachgewiesene Übernahme zahlreicher ägyptischer Motive wurde in einen größeren, gut datierbaren Gesamtzusammenhang der Beziehungen zwischen Ägypten und der Levante eingeordnet. Mittels der stabilen ägyptischen Chronologie ließ sich dieser Zeitabschnitt, der geprägt ist von einer starken Einflußnahme Ägyptens auf seine nordöstlichen Nachbarvölker, zwischen ca. 1870-1700 v. Chr. festlegen. Folglich muß das Archiv von Alalaḫ ungefähr in die zweite Hälfte dieses Zeitintervalls fallen.

Über die ägyptische Chronologie wurde im folgenden auch eine neue Datierung des Schichtenpaketes VI und V, das ungefähr das Dunkle Zeitalter umspannt, unternommen. Für eine genauere zeitliche Festlegung stehen zum einen die Hyksos-Skarabäen der Schicht VI und zum anderen die in Schicht VI und V gefundene zyprische Keramik zur Verfügung. Es ergab sich hier für Schicht VI eine Datierung von der Mitte des 17. bis in den Anfang des 16. Jhds. v. Chr., während Schicht V von der Mitte des 16. Jhds. v. Chr. bis in die Mitte des 15. Jhds. v. Chr. anzusetzen ist.

Die hier anhand der Einbindung der Befunde von Alalaḫ in die ägyptische Chronologie gewonnenen absoluten Daten sind nur mit einem relativ langen chronologischen Ansatz für Mesopotamien in Einklang zu bringen. Der von uns – unabhängig davon – anhand der assyrischen Distanzangaben sowie der Eponymen- und Königslisten errechnete Regierungsbeginn des Königs Ḫammurapi von Babylon für das Jahr 1862 v. Chr. (= Regierungsbeginn des Königs Šamšiadad I. von Assyrien im Jahr 1878 v. Chr.) und der Fall Babylons unter Samsu-ditāna im Jahre 1665 v. Chr., sind hiermit sehr gut vereinbar. Im Rahmen dieses chronologischen Ansatzes fällt das spätaltbabylonische Archiv von Alalaḫ in die Zeit von ca. 1790-1680 v. Chr. und die Schichten VI und V in die Zeitspanne von ca. 1660-1460 v. Chr.

Abbildungsnachweise

Abb. 1 Verfasser.
Abb. 2 Woolley, Alalakh (1955) Abb. 35.
Abb. 3 Zeichnung C. Lacher nach Vorlagen des Verfassers unter Verwendung des Planes bei Woolley, Alalakh (1955) Abb. 17.
Abb. 4 Woolley, Alalakh (1955) Abb. 58 B.
Abb. 5 Woolley, Alalakh (1955) Abb. 58 C.
Abb. 6 Woolley, Alalakh (1955) Abb. 61.

Literatur- und Abkürzungsverzeichnis

AHw. =
W. von Soden / B. Meissner, Akkadisches Handwörterbuch – Unter Benutzung des lexikalischen Nachlasses von Bruno Meissner (1868-1947) bearbeitet (Wiesbaden 1965-1981).

ARM IX =
M. Birot, Archives royales de Mari IX – Textes administratifs de la salle 5 du palais (Paris 1960).

ARM XXIII =
G. Bardet / F. Joannès / B. Lafont / D. Soubeyran / P. Villard, Archives royales de Mari XXIII – Archives administratives de Mari I (Paris 1984).

ARM XXV =
H. Limet, Archives royales de Mari XXV – Textes administratifs relatifs aux métaux (Paris 1986).

Artzi / Malamat in: Cohen et al. (Hrsg.), Honor Hallo (1993) =
P. Artzi / A. Malamat, The Great King – A Preeminent Royal Title in Cuneiform Sources and the Bible, M. E. Cohen / D. C. Snell / D. W. Weisberg (Hrsg.), The Tablet and the Scroll – Near Eastern Studies in Honor of William W. Hallo (Bethseda 1993) 28-38.

Astour, Hittite History (1989) =
M. C. Astour, Hittite History and Absolute Chronology of the Bronze Age (Partille 1989).

AT =
D. J. Wiseman, The Alalakh Tablets, Occasional Publications of the British Institute of Archaeology at Ankara 2 (London 1953).

Bietak in: Åström, High, Middle or Low III (1989) =
M. Bietak, The Middle Bronze Age of the Levant – A New Approach to Relative and Absolute Chronology, P. Åström (Hrsg.), High, Middle or Low – Acts of an International Colloquium on Absolute Chronology Held at the University of Gothenburg 20th – 22nd August 1987 Part III, Studies in Mediterranean Archaeology and Literature Pocket-book 80 (Gothenburg 1989) 78-120.

Bietak in: Hein (Hrsg.), Pharaonen und Fremde (1994) =
M. Bietak, Historische und archäologische Einführung, I. Hein (Hrsg.), Pharaonen und Fremde – Dynastien im Dunkel, 194. Sonderausstellung des Historischen Museums der Stadt Wien in Zusammenarbeit mit dem Ägyptologischen Institut der Universität Wien und dem Österreichischen Archäologischen Institut Kairo, Rathaus Wien, Volkshalle 8. Sept.-23. Okt. 1994 (Wien 1994) 17-57.

Bietak, Avaris (1996) =
M. Bietak, Avaris the Capital of the Hyksos – Recent Excavations at Tell el-Dabᶜa (London 1996).

Bietak in: Anonymus (Hrsg.), XXXIVème Recontre Assyriologique (1998) =
M. Bietak, Zur Chronologie der Mittleren Bronzezeit in der Levante, Anonymus (Hrsg.), XXXIVème Recontre Assyriologique, 6-10/VII/1987, Türk Tarih Kurumu Yayınları XXVI. Dizi-Sa. 3 (Ankara 1998) 345-360.

Bietak in: Guksch / Polz (Hrsg.), Festschrift Stadelmann (1998) =
M. Bietak, Gedanken zur Ursache der ägyptisierenden Einflüsse in Nordsyrien in der Zweiten Zwischenzeit, H. Guksch / D. Polz (Hrsg.), Stationen – Beiträge zur Kulturgeschichte Ägyptens – Rainer Stadelmann gewidmet (Mainz 1998) 165-176.

Bietak in: Åström (Hrsg.), Chronology (2001) =
M. Bietak, Towards a Chronology of Bichrome Ware? – Some Material from Ezbet Helmi and Tell el-Dabᶜa, P. Åström (Hrsg.), The Chronology of Base-Ring Ware and Bichrome Wheel-Made Ware, Kungliga Vitterhets Historie och Antikvitets Akademien Konferenser 54 (Stockholm 2001).

Bryce, Kingdom (1998) =
T. Bryce, The Kingdom of the Hittites (Oxford 1998).

Bunnens in: Hirsch / Hunger (Hrsg.), 28. Rencontre Assyriologique (1982) =
G. Bunnens, Quelques aspects de la vie quotidienne au palais d'Alalakh d'après les listes de rations du niveau VII (XVIIIᵉ/XVIIᵉs.), H. Hirsch / H. Hunger (Hrsg.), Vorträge gehalten auf der 28. Rencontre Assyriologique Internationale in Wien 6.-10. Juli 1981, Archiv für Orientforschung, Beiheft 19 (Horn 1982) 72-84.

Bunnens, AbrNahr 32, 1994 =
G. Bunnens, Was There a Military Officer Named *Zukraši* in the Alalakh Texts, Abr-Nahrain 32, 1994, 96.

CAD =
   I. Gelb et al. (Hrsg.), The Assyrian Dictionary of the Oriental Institute of the
   University of Chicago (Chicago 1958 ff.).

Carruba in: Otten et al. (Hrsg.), Studies Alp (1992) =
   O. Carruba, Die Tawannannas des Alten Reiches, H. Otten / E. Akurgal / H. Ertem /
   A. Süel (Hrsg.), Hittite and other Anatolian and Near Eastern Studies in Honour of
   Sedat Alp (Ankara 1992) 73-89.

Charpin / Durand, Mari 4, 1985 =
   D. Charpin / J. M. Durand, La prise du pouvoir par Zimri-Lim, Acts du Colloque
   International du C.N.R.S. 620, Mari Annales de Recherches Interdisciplinaires 4,
   1985, 293-343.

Charpin in: Young (Hrsg.), Mari (1992) =
   D. Charpin, Les Legendes de Sceaux de Mari – Nouvelles données, G. D. Young
   (Hrsg.), Mari in Retrospect – Fifty Years of Mari and Mari Studies (Winona Lake
   1992) 59-76.

Cohen, Canaanites (2002) =
   S. L. Cohen, Canaanites, Chronologies and Connections – The Relationship of
   Middle Bronze IIA Canaan to Middle Kingdom Egypt, Harvard Semitic Museum
   Publications, Studies in the Archaeology and History of the Levant 3 (Winona Lake
   2002).

Collon, Seal Atchana (1975) =
   D. Collon, The Seal Impressions from Tell Atchana/Alalakh, Alter Orient und Altes
   Testament 27 (Neukirchen-Vluyn 1975).

Collon, ASt 27, 1977 =
   D. Collon, A New Look at the Chronology of Alalakh Level VII – A Rejoinder,
   Anatolian Studies 27, 1977, 127-133.

Dossin, Syria 32, 1955 =
   G. Dossin, L'inscription de fondation de Iaḫdun-Lim, roi de Mari, Syria 32, 1955, 1-
   28.

Dunand, Fouilles Byblos Planches II (1950) =
   M. Dunand, Fouilles de Byblos II 1933-1938 – Atlas, Études et documents
   d'archéologie III (Paris 1950).

Dunand, Fouilles Byblos Texte II (1954-1958) =
   M. Dunand, Fouilles de Byblos II 1933-1938 – Texte 1-2, Études et documents
   d'archéologie III (Paris 1954-1958).

Eder in : Nagel, DaM 6, 1992 =
Chr. Eder, Die Dynastien von Ḫalab und Alalaḫ, W. Nagel / C. Eder, Altsyrien und Ägypten, Damaszener Mitteilungen 6, 1992, 7-22.

Eder, Ägyptische Motive (1995) =
Chr. Eder, Die ägyptischen Motive in der Glyptik des östlichen Mittelmeerraumes zu Anfang des 2. Jts. v. Chr., Orientalia Lovaniensia Analecta 71 (Leuven 1995).

Eder in: Gundlach / Seipel (Hrsg.), Königtum II (1999) =
Chr. Eder, Einfluß ägyptischer Königsikonographie in der Levante zu Anfang des 2. Jahrtausends v. Chr., R. Gundlach / W. Seipel (Hrsg.), Das frühe ägyptische Königtum – Akten des 2. Symposions zur ägyptischen Königsideologie, Kunsthistorisches Museum Wien 24.-26.9.1997, Ägypten und Altes Testament 36, 2 (Wiesbaden 1999) 125-153.

Eder, OLZ 96, 2001 =
Chr. Eder, Rezensionsartikel zu B. Teissier, Egyptian Iconography on Syro-Palestinian Cylinder Seals of the Middle Bronze Age, Orbis Biblicus et Orientalis – Series Archaeologica 11 (Freiburg-Schweiz / Göttingen 1996), Orientalistische Literaturzeitung 96, 2001, 668-678.

Eidem, RA 85, 1991 =
J. Eidem, The Tell Leilan Archives 1987, Revue d'assyriologie et d'archéologie orientale 85, 1991, 109-135.

Epstein, Bichrome Ware (1966) =
C. Epstein, Palestinian Bichrome Ware, Documenta et Monumenta Orientis Antiqui 12 (Leiden 1966).

Eriksson et al., Ä&L 10, 2000 =
K. O. Eriksson / S. J. Bourke / J. B. Hennessy, A Middle Cypriot Sherd from Trench I, Tell Nebi Mend, Syria, Ägypten und Levante 10, 2000, 205-210.

Finkelstein, JCS 13, 1959 =
J. J. Finkelstein, The Year Dates of Samsuditana, Journal of Cuneiform Studies 13, 1959, 39-49.

Gaál, AUBud 22, 1982 =
E. Gaál, On the Chronology of Alalakh Level VII, Annales Universitatis Scientiarum Budapestiensis de Rolando Eötvös Nominatae – Sectio Historica 22, 1982, 3-53.

Gates, Alalakh Levels VI and V (1976) =
M.-H. Gates, Alalakh-Tell Atchana, Levels VI and V (Ann Arbor 1976).

Gates, Alalakh (1981) =
M.-H. Gates, Alalakh Levels VI and V – A Chronological Reassessment, Syro-Mesopotamian Studies 4 (Malibu 1981).

Gates in: Åström (Hrsg.), High, Middle or Low II (1987) =
M.-H. Gates, Alalakh and Chronology again, P. Åström (Hrsg.), High, Middle or Low – Acts of an International Colloquium on Absolute Chronology Held at the University of Gothenburg 20th – 22nd August 1987 Part II, Studies in Mediterranean Archaeology and Literature Pocket-book 57 (Gothenburg 1987) 60-86.

Heinz, Tell Atchana (1992) =
M. Heinz, Tell Atchana / Alalakh – Die Schichten VII – XVII, Alter Orient und Altes Testament 41 (Neukirchen-Vluyn 1992).

Heinz, Akkadica 83, 1993 =
M. Heinz, Anmerkung zu T. McClellan, „The Chronology and Ceramic Assemblages of Alalakh", Akkadica 83, 1993, 1-28.

KBo III =
H. H. Figulla / O. Weber, Keilschrifttexte aus Boghazköi III, 30. Wissenschaftliche Veröffentlichung der Deutschen Orient-Gesellschaft (Leipzig 1919-1923).

KBo VII =
H. Otten, Keilschrifttexte aus Boghazköi VII – Texte der Grabung 1952, 68. Wissenschaftliche Veröffentlichung der Deutschen Orient-Gesellschaft (Berlin 1957).

KBo X =
H. G. Güterbock / H. Otten, Keilschrifttexte aus Boghazköi X – Texte aus Gebäude K, I. Teil, 72. Wissenschaftliche Veröffentlichung der Deutschen Orient-Gesellschaft (Berlin 1960).

KBo XII =
H. Otten, Keilschrifttexte aus Boghazköi XII – Texte aus Stadtplanquadrat L/18, I. Teil, 77. Wissenschaftliche Veröffentlichung der Deutschen Orient-Gesellschaft (Berlin 1963).

KBo XIX =
H. Otten, Keilschrifttexte aus Boghazköi XIX – Aus dem Bezirk des Grossen Tempels, 84. Wissenschaftliche Veröffentlichung der Deutschen Orient-Gesellschaft (Berlin 1970).

Keel, Corpus Stempelsiegel (1995) =
O. Keel, Corpus der Stempelsiegel-Amulette aus Palästina/Israel – Von den Anfängen bis zur Perserzeit – Einleitung, Orbis Biblicus et Orientalis – Series Archaeologica 10 (Freiburg Schweiz / Göttingen 1995).

Kempinski, Syrien und Palästina (1983) =
A. Kempinski, Syrien und Palästina (Kanaan) in der letzten Phase der Mittelbronze IIB-Zeit (1650-1570 v. Chr.), Ägypten und Altes Testament 4 (Wiesbaden 1983).

Kitchen, OrNS 36, 1967 =
  K. A. Kitchen, Byblos, Egypt, and Mari in the Early Second Millennium B.C.,
  Orientalia Nova Series 36, 1967, 39-54.

Klengel, Geschichte Syriens I (1965) =
  H. Klengel, Geschichte Syriens im 2. Jahrtausend v.u.Z. – I, Nordsyrien,
  Veröffentlichungen des Instituts für Orientforschung 40 (Berlin 1965).

Klengel in: Garelli (Hrsg.), Palais (1976) =
  H. Klengel, Königtum und Palast nach den Alalaḫ-Texten, P. Garelli (Hrsg.), Le
  palais et la royauté (Archéologie et civilisation), XIXe Rencontre Assyriologique
  Internationale Paris, 29 juin – 2 juillet 1971 (Leuven 1976) 273-282.

Klengel in: Lipiński (Hrsg.), State and Temple II (1979) =
  H. Klengel, Die Palastwirtschaft in Alalaḫ, E. Lipiński (Hrsg.), State and Temple
  Economy in the Ancient Near East II – Proceedings of the International Conference
  organized by the Katholieke Universiteit Leuven from the 10th to the 14th of April
  1978, Orientalia Lovaniensia Analecta 6 (Leuven 1979) 435-458.

Klengel, Syria (1992) =
  H. Klengel, Syria 3000 to 300 B. C. – A Handbook of Political History (Berlin
  1992).

Klengel, Geschichte des heth. Reiches (1999) =
  H. Klengel, Geschichte des hethitischen Reiches, Handbuch der Orientalistik, I.
  Abteilung, Band 34 (Leiden / Boston / Köln 1999).

Kraus, AbB VII (1977) =
  F. R. Kraus, Briefe aus dem British Museum (CT 52), Altbabylonische Briefe in
  Umschrift und Übersetzung Heft 7 (Leiden 1977).

KUB I =
  H. H. Figulla, Keilschrifturkunden aus Boghazköi I (Berlin o. J.).

KUB XXVI =
  A. Götze, Keilschrifturkunden aus Boghazköi XXVI – Historisch-politische Texte
  (Berlin 1933).

KUB XXXI =
  J. Sturm / H. Otten, Keilschrifturkunden aus Boghazköi XXXI – Historische und
  religiöse Texte (Berlin 1939).

KUB XL =
  H. Klengel, Keilschrifturkunden aus Boghazköi XL – Hethitische Texte
  verschiedenen Inhalts (Berlin 1968).

KUB LVII =
A. Archi, Keilschrifturkunden aus Boghazköi – Hethitische Briefe und Texte verschiedenen Inhalts (Berlin 1987).

Kühne, ZA 62, 1972 =
C. Kühne, Bemerkungen zu kürzlich edierten hethitischen Texten, Zeitschrift für Assyriologie und Vorderasiatische Archäologie 62, 1972, 236-261.

Kupper, CAH II/1 (1963) =
J. R. Kupper, Northern Mesopotamia and Syria, The Cambridge Ancient History – II/1 (Cambridge 1963).

Landsberger, JCS 8, 1954 =
B. Landsberger, Assyrische Königsliste und „Dunkles Zeitalter", Journal of Cuneiform Studies 8, 1954, 31-45, 47-73, 106-133.

Maguire in: Davies / Schofield (Hrsg.), Egpt, the Aegean and the Levant (1995) =
L. C. Maguire, Tell el-Dab'a – The Cypriot Connection, W. V. Davies / L. Schofield (Hrsg.), Egypt, the Aegean and the Levant – Interconnections in the Second Millennium BC (London 1995) 54-65.

Malamat, Ä&L 3, 1993 =
A. Malamat, Mari and Hazor – Implications for the Middle Bronze Age Chronology, Ägypten und Levante 3, 1993, 121-123.

Manning, Chronology (1995) =
St. W. Manning, The Absolute Chronology of the Aegean Early Bronze Age – Archaeology, Radiocarbon and History, Monographs in Mediterranean Archaeology 1 (Sheffield 1995).

Manning, Test of Time (1999) =
St. W. Manning, A Test of Time – The Volcano of Thera and the Chronology and History of the Aegean and East Mediterranean in the Mid Second Millennium BC (Oxford 1999).

Marchetti / Nigro in: Lerberghe / Voet (Hrsg.), Languages (1999) =
N. Marchetti / L. Nigro, The Favissa F. 5238 in the Sacred Area of Ishtar and the Transition from the Middle Bronze I to the Middle Bronze II at Ebla, K. van Lerberghe / G. Voet (Hrsg.), Languages and Cultures in Contact – At the Crossroads of Civilizations in the Syro-Mesopotamian Realm, Proceedings of the 42th RAI, Orientalia Lovaniensia Analecta 96 (Leuven 1999) 245-287.

Martino, AoF 18, 1991 =
St. de Martino, Alcune osservazioni su KBo III 27, Altorientalische Forschungen 18, 1991, 54-66.

Matthiae, SEb 1, 1979 =
P. Matthiae, Scavi a Tell Mardikh-Ebla 1978 – Rapporto sommario, Studi Eblaiti 1, 1979, 129-184.

Matthiae, Ebla (1985) =
P. Matthiae, I tesori di Ebla (Rom 1985).

Matthiae in: Emre et al. (Hrsg.), Studies T. Özgüç (1989) =
P. Matthiae, Jugs of the North-Syrian/Cilician and Levantine Painted Wares from the Middle Bronze II Royal Tombs at Ebla, K. Emre / B. Hrouda / M. Mellink / N. Özgüç (Hrsg.), Anatolia and the Ancient Near East – Studies in Honor of Tahsin Özgüç (Ankara 1989) 303-313.

McClellan in: Leonard / Williams (Hrsg.), Essays Kantor (1989) =
Th. L. McClellan, The Chronology and Ceramic Assemblages of Alalakh, A. Leonard, Jr. / B. B. Williams (Hrsg.), Essays in Ancient Civilization presented to Helene J. Kantor, Studies in Ancient Oriental Civilization 47 (Chicago 1989) 181-212.

Na'aman, UF 6, 1974 =
N. Na'aman, Syria at the Transition from the Old Babylonian Period to the Middle Babylonian Period, Ugarit-Forschungen 6, 1974, 265-274.

Na'aman, ASt 26, 1976 =
N. Na'aman, A New Look at the Chronology of Alalakh VII, Anatolian Studies 26, 1976, 129-145.

Na'aman, ASt 29, 1979 =
N. Na'aman, The Chronology of Alalakh Level VII once again, Anatolian Studies 29, 1979, 103-115.

Nagel, JCS 12, 1958 =
W. Nagel / E. Strommenger, Alalaḫ und Siegelkunst, Journal of Cuneiform Studies 12, 1958, 109-123.

O'Connor, JSSEA 15, 1985 =
D. O'Connor, The Chronology of Scarabs of the Middle Kingdom and the Second Intermediate Period, Journal of the Society for the Study of Egyptian Antiquities 15, 1985, 1-41.

Oliva, AO 17/18 (1999/2000) =
J. C. Oliva, Alalaḫ VII Chronographica – Una reisión del archivo sobre la base de los textos de Yarim-Lim, Aula Orientalis 17/18, 1999/2000, 229-239.

Oller, Idrimi (1977) =

G. H. Oller, The Autobiography of Idrimi – A New Text Edition with Philological and Historical Commentary (Ann Arbor 1977).

Oppenheim, JNES 14, 1955 =

A. L. Oppenheim, Rezension zu: D. J. Wiseman, The Alalakh Tablets, Occasional Publications of the British Institute of Archaeology at Ankara 2 (London 1953), Journal of Near Eastern Studies 14, 1955, 196-199.

Oren in: Oren (Hrsg.), Hyksos (1997) =

E. D. Oren, The "Kingdom of Sharuhen" and the Hyksos Kingdom, E. D. Oren (Hrsg.), The Hyksos – New Historical and Archaeological Perspectives, University of Pennsylvania, University Museum Monograph 96 = University Museum Symposium Series 8 (Philadelphia 1997) 253-283.

Otten, MDOG 91, 1958 =

H. Otten, Keilschrifttexte, Mitteilungen der Deutschen Orientgesellschaft 91, 1958, 73-84.

Podany, Hana (2002) =

A. H. Podany, The Land of Hana – Kings, Chronology, and Scribal Tradition (Bethesda 2002).

Quack, Göttinger Miszellen 130, 1992 =

J. F. Quack, Eine Erwähnung des Reiches von Aleppo in den Ächtungstexten?, Göttinger Miszellen 130, 1992, 75-78.

Quack, Ä&L 6, 1996 =

J. F. Quack, *kft3w* und *j3sy*, Ägypten und Levante 6, 1996, 75-81.

Soldt, Akkadica 119/120 (2000) =

W. van Soldt, Syrian Chronology in the Old and Early Middle Babylonian Periods, Akkadica 119/120, 2000, 103-116.

Steiner, UF 28, 1996 =

G. Steiner, Muršili I – Sohn oder Enkel Labarna-Ḫattušilis I.?, Ugarit-Forschungen 28, 1996, 561-618.

Steiner in: Lerberghe / Voet (Hrsg.), Languages (1999) =

G. Steiner, Syrien als Vermittler zwischen Babylonien und Ḫatti (in der ersten Hälfte des 2. Jahrtausends v. Chr., K. van Lerberghe / G. Voet (Hrsg.), Languages and Cultures in Contact – At the Crossroads of Civilizations in the Syro-Mesopotamian Realm, Proceedings of the 42th RAI, Orientalia Lovaniensia Analecta 96 (Leuven 1999) 425-441.

Teissier, Egyptian Iconography (1996) =
B. Teissier, Egyptian Iconography on Syro-Palestinian Cylinder Seals of the Middle Bronze Age, Orbis Biblicus et Orientalis – Series Archaeologica 11 (Freiburg Schweiz / Göttingen 1996).

Weinstein in: Davies / Schofield (Hrsg.), Egypt, the Aegean and the Levant (1995) =
J. M. Weinstein, Reflections on the Chronology of Tell el-Dab ᶜa, W. V. Davies / L. Schofield (Hrsg.), Egypt, the Aegean and the Levant – Interconnections in the Second Millennium BC (London 1995) 84-90.

Wiseman, Alalakh Tablets (1953) =
D. J. Wiseman, The Alalakh Tablets, Occasional Publications of the British Institute of Archaeology at Ankara 2 (London 1953).

Wiseman, JCS 8, 1954 =
D. J. Wiseman, Supplementary Copies of Alalakh Tablets, Journal of Cuneiform Studies 8, 1954, 1-30.

Wiseman, JCS 13, 1959, 19-33 =
D. J. Wiseman, Ration Lists from Alalakh VII, Journal of Cuneiform Studies 13, 1959, 19-33.

Wiseman, JCS 13, 1959, 50-59 =
D. J. Wiseman, Ration Lists from Alalakh IV, Journal of Cuneiform Studies 13, 1959, 50-59.

Woolley, AJ 30, 1950 =
L. Woolley, Excavations at Atchana – Alalakh, 1946, Antiquaries Journal 30, 1950, 1-31.

Woolley, Alalakh (1955) =
L. Woolley / C. J. Gadd / R. D. Barnett, Alalakh – An Account of the Excavations at Tell Atchana in the Hatay, 1937-1949, Reports of the Research Committee of the Society of Antiquaries of London 18 (Oxford 1955).

Zeeb, UF 23, 1991 =
F. Zeeb, Tell Leilan und die Gründung des altbabylonischen Alalaḫ, Ugarit-Forschungen 23, 1991, 401-404.

Zeeb, UF 30, 1998 =
F. Zeeb, Die Ortsnamen und geographischen Bezeichnungen der Texte aus Alalaḫ VII, Ugarit-Forschungen 30, 1998, 829-886.

Zeeb, Palastwirtschaft (2001) =
F. Zeeb, Die Palastwirtschaft in Altsyrien nach den spätaltbabylonischen Getreidelieferlisten aus Alalaḫ (Schicht VII), Alter Orient und Altes Testament 282 (Münster 2001).

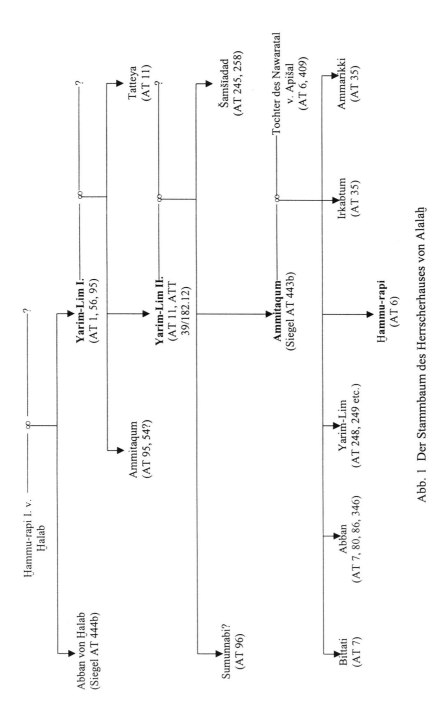

Abb. 1 Der Stammbaum des Herrscherhauses von Alalaḫ

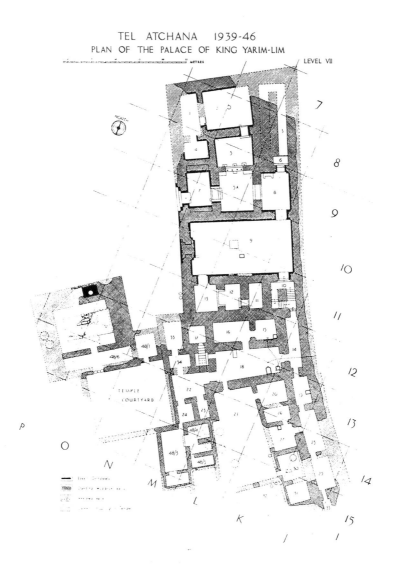

Abb. 2 Der Palast der Schicht VII von Alalaḫ

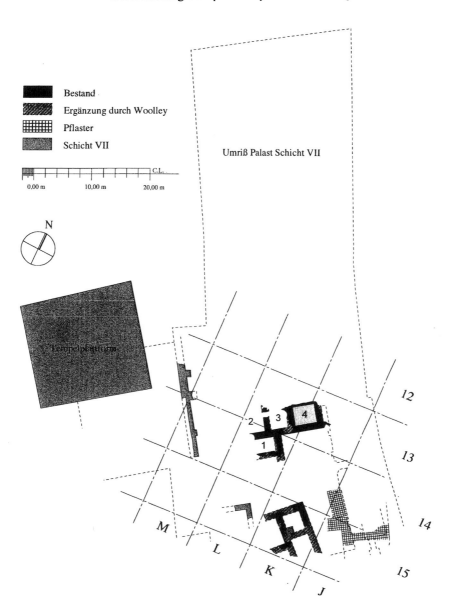

Abb. 3 Der Palast der Schicht VIII/IX von Alalaḫ

Chr. Eder

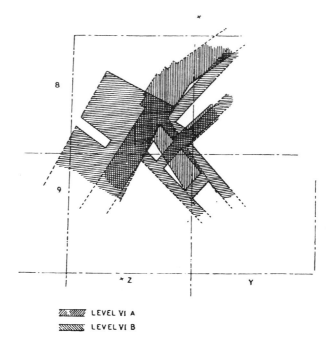

Abb. 4 Die Verteidigungsanlage von Schicht VI A und VI B in Alalaḫ

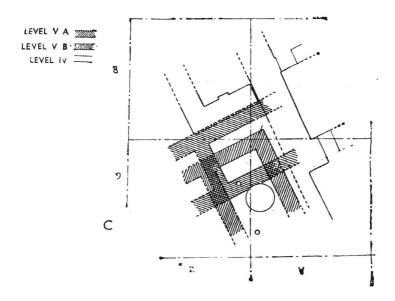

Abb. 5 Die Verteidigungsanlage von Schicht V A und V B in Alalaḫ

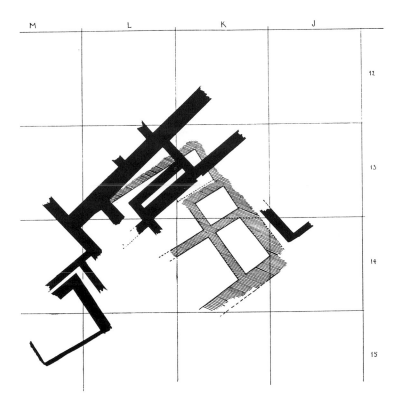

Abb. 6 Das Wohnviertel der Schicht VI von Alalaḫ

Zur Datierung von drei Statuen aus Taftanaz

Ralph Hempelmann

Im Museum von Aleppo befinden sich vier Statuen aus Taftanaz, die im Jahre 2000 erstmals in qualitätvollen Photographien veröffentlicht wurden[1]. Aufgrund ihrer Ikonographie nahm D. Bonatz sie in seinen Katalog eisenzeitlicher Grabdenkmäler auf. Im folgenden soll nach einer Beschreibung die Datierung dreier dieser Figuren in Frage gestellt werden.

Taftanaz 1 (Abb. 1)[2] stellt rundplastisch eine anthropomorphe Figur auf einem Stuhl sitzend dar. Während ihre linke Hand auf dem Knie ruht, hält sie in der rechten eine Schüssel. Die Haartracht besteht aus einer Kalottenfrisur und einem bis auf die Brust reichendem Bart. Die Person scheint mit einem Wickelgewand bekleidet zu sein, bei dem eine lange Stoffbahn „zunächst von der linken Hüfte aufwärts über die linke Brust und Schulter gelegt, dann quer über den Rücken geführt und mindestens zweimal um den Unterkörper gewickelt" wird[3]. Deutlich ist das Ende der Stoffbahn vor der linken Hand zu erkennen. Im Bereich des Oberkörpers verläuft parallel zum Rand des Gewandes die Naht des Saumes, der nur über den nackten Füßen Fransen aufweist. Die Figur wirkt blockhaft und gedrungen. Über eventuelle Details wie die Gesichtsdarstellung lassen sich keine Aussagen treffen, da die Oberfläche stark verwittert ist.

Taftanaz 2 (Abb. 2)[4] zeigt zwei nebeneinander sitzende Personen, deren Köpfe abgebrochen sind. An der rechten Figur ist jedoch noch über der Brust das Ende eines Bartes zu erkennen. Wie Taftanaz 1 halten die beiden Dargestellten in der rechten Hand eine Schüssel, während die linke auf dem Knie ruht. Ihre Kleidung entspricht derjenigen von Taftanaz 1. Die Darstellung ist schematisierend und wenig naturalistisch, so werden die Zehen der nackten Füße ledig-

---

[1] Bonatz, Grabdenkmal (2000).

[2] Bonatz, Grabdenkmal (2000) Taf. V, B1; Sie soll zusammen mit der vierten hier nicht besprochenen Statue aus Taftanaz (Bonatz, Grabdenkmal [2000] Taf. III, A9) in einem kleinen See am Fuße des Tells gefunden worden sein. (Saouaf, Alep [o.J.] 280ff.).

[3] Strommenger, BaM 1, 1960, 49.

[4] Bonatz, Grabdenkmal (2000) Taf. VI, B10.

lich durch parallele vertikale Striche wiedergegeben. Die Plastik ist extrem flach gebildet.

Bei Taftanaz 3 (Abb. 3)[5] handelt es sich um ein Standbild, dessen Kopf abgebrochen ist. Die vor den Bauch gelegten Hände halten links einen Krummstab und rechts eine Schüssel. Die Person trägt ein Gewand mit Fransensaum, das über beide Schultern fallend die Brust freiläßt. Auch diese Statue ist nicht plastisch modelliert und wenig naturalistisch.

Alle drei Statuen unterscheiden sich hinsichtlich ihrer Bekleidung und Taftanaz 1 auch in der Haartracht deutlich von Statuen, die wegen ihrer Fundlage und Inschrift eindeutig in die Eisenzeit datiert werden können. So tragen die in Tell Halaf gefundenen bärtigen Figuren auf die Schultern fallendes lockiges Haar[6]. Die übliche Bekleidung besteht aus langen Hemden[7]. Das Wickelgewand oder ein Gewand mit Fransensaum findet sich bei keiner weiteren in den Katalog von D. Bonatz aufgenommenen Statue.

Die gleiche Art der Bekleidung trifft man hingegen an Statuen aus dem Tempel P2 in Ebla an, die teilweise eine mit eisenzeitlichen Figuren identische Ikonographie aufweisen (Abb. 4-6)[8]. Ebla 1 (Abb. 4) trägt wie Taftanaz 1 eine Kalottenfrisur. Ebla 2 (Abb. 5) ist mit einem bis ins Detail identischem Wickelgewand wie Taftanaz 1 und 2 bekleidet. An Ebla 1 und 3 findet sich schließlich der gleiche vertikal verlaufende Fransensaum wie an Taftanaz 3 wieder.

Stilistisch entsprechen sich Taftanaz 2 und 3 einerseits und Ebla 1 und 3 andererseits durch ihre mangelnde Modellierung und unnaturalistische Darstellungsweise, die besonders bei der Gestaltung der Füße zu erkennen ist. In der extrem flachen Darstellung ähneln sich außerdem Taftanaz 2 und Ebla 1[9].

Die erwähnten drei Statuen aus Ebla fanden sich zusammen mit den Fragmenten von fünf weiteren im Bereich der Vorhalle des Antentempels P2[10]. Der Tempel wurde nach Matthiae in der Mittelbronzezeit I erbaut und in der Mittel-

---

[5]   Bonatz, Grabdenkmal (2000) Taf. Taf.III, A10.
[6]   Bonatz, Grabdenkmal (2000) Taf. V, B3; Taf. VI, B9.
[7]   Bonatz, Grabdenkmal (2000) Taf. I, A1; Taf. II, A6; Taf. V, B5, B3, B4; Taf.VI, B9 etc.
[8]   Bonatz, Grabdenkmal (2000) Abb. 5-6, 48.
[9]   Dies wird besonders gut an der Umzeichnung bei Bonatz deutlich: Bonatz, Grabdenkmal (2000) Abb.6.
[10]   Matthiae, AAAS 40, 1990; Matthiae in: Hrouda et al. (Hrsg.), Festschrift Strommenger (1992).

bronzezeit II zerstört. Durch eine Untersuchung der Antiquaria glaubt Matthiae die in P2 gefundenen Statuen in einen Zeitraum zwischen der Mitte des 19. und dem Ende des 18. Jahrhunderts v. Chr. datieren zu können. Ebla 2 und 3 zählt er zu den beiden ältesten Stücken[11]. Als eines der Merkmale, die für eine ältere Datierung sprechen, nennt er die doppelte Naht am Wickelgewand von Ebla 2, die sich so unter anderem auch am Torso des Ibbit-Lim wiederfindet[12]. Ein anderes Merkmal, der Fransensaum wie ihn Ebla 3 aufweist, erscheint nach Matthiae in der altsyrischen Glyptik der zweiten Hälfte des 19. und verschwindet am Ende des 18. Jahrhunderts[13].

Die drei Figuren aus Taftanaz sind somit nicht in die Eisenzeit sondern in die Mittelbronzezeit zu datieren. Damit stellen sich Fragen nach der Gültigkeit der bereits im Untertitel seiner Arbeit vorweggenommenen These von D. Bonatz : „Als eigenständiger Gattungsbereich mit sepulkral intendierter Ikonographie präsentierte sich somit das Grabdenkmal als ein für die Kultur der Eisenzeit im nordsyrisch-südanatolischem Raum grundsätzlich neues Phänomen"[14].

Zumindest die für eisenzeitliche Sitzbilder typische Ikonographie ist bereits zu Beginn des zweiten Jahrtausends fertig ausgebildet[15]. Auch die Fundumstände der mittleren Bronzezeit entsprechen denen der Eisenzeit: Statuen fanden sich innerhalb von Tempeln oder Kulträumen, teilweise in unmittelbarer Nähe von Palästen[16], in Toranlagen[17] oder im Zusammenhang mit Grüften[18]. Texte berich-

---

[11] Matthiae in: Hrouda et al. (Hrsg.), Festschrift Strommenger (1992).

[12] Picotti, Ebla (1995) Abb.24

[13] Matthiae in: Hrouda et al. (Hrsg.), Festschrift Strommenger (1992) 122.

[14] Bonatz, Grabdenkmal (2000) 181

[15] Mazzoni, SEb 3, 1980; Matthiae in: Orthman (Hrsg.), Der Alte Orient (1975) Abb. 395, 476 f.

[16] Mittelbronzezeit: In Ebla stand der Tempel P2 neben dem Palast P mit Thronraum (Matthiae, AAAS 40, 1990, 111) Spätbronzezeit: Sitzbilder aus Hazor in Kulträumen (Yadin et al. Hazor I [1958] Taf. XXIX.1; Yadin et al. Hazor III-IV [1961] Taf. CXXIII.2); Eisenzeit: Ein Sitzbild aus Karkemisch stammt aus einem in der Palastanlage befindlichen Kultraum (Woolley / Barnett, Carchemish III [1952] 184). Ebenfalls aus einem Kultraum stammen Statuen aus Tell Halaf (Oppenheim [Hrsg.], Tell Halaf II (1950) Taf. 71, Abb.173, 394 f.).

[17] Mittelbronzezeit: Ebla (Matthiae in: Castellino et al. [Hrsg.], Missione Archeologica 1965 (1966) Taf. VI, 104); Eisenzeit: Malatya und Karkemisch (Delaporte, Malatya I [1940] Taf. 15, 26 ff.; Woolley, Carchemish II [1921] Taf. B 27a; 92).

[18] Mittelbronzezeit: Die Ausgrabungen der Kampagne 2002 in Qatna legten eine königliche Gruftanlage frei, deren Eingang von zwei Sitzbildern flankiert wurde, vor denen Opferungen stattgefunden hatten (Bislang nur im Internet veröffentlicht: www.uni-tuebingen.de/uni/qvo/highlights/h24-qatna-03-1.html); Eisenzeit: Tell Halaf (Oppenheim [Hrsg.], Tell Halaf II (1950) Abb. 80-81, 159ff.).

ten seit dem Ende des dritten Jahrtausends von Totenopfer für verstorbene Könige[19]. Auch die an den Statuen angebrachten „Autobiographien" sind, wie die
Statue des Idrimi bezeugt, keine Neuerung der Eisenzeit[20]. Es spricht also nichts
dagegen, zahlreiche nordsyrische Statuen der Mittelbronzezeit ebenfalls als
„Grabdenkmäler" zu bezeichnen[21].

Literatur- und Abkürzungsverzeichnis

Aboud, Rolle des Königs =
J. Aboud, Die Rolle des Königs und seiner Familie nach den Texten von Ugarit,
Forschungen zur Anthropologie und Religionsgeschichte 27 (Münster 1994).

Bayliss, Iraq 35, 1973 =
M. Bayliss, The Cult of Dead King in Assyria and Babylonia. Iraq 35, 1973, 115ff.

Birot in: Alster (Hrsg.), Death in Mesopotamia (1980) =.
M. Birot, Fragment de rituel de Mari relatif au kispum, B. Alster (Hrsg.), Death in
Mesopotamia – Papers read at the XXVIe Rencontre assyriologique internationale,
Mesopotamia – Copenhagen Studies in Assyriology 8 (Copenhagen 1980) 139-150.

Bonatz, Grabdenkmal (2000) =
D. Bonatz, Das syro-hethitische Grabdenkmal – Untersuchungen zur Entstehung
einer neuen Bildergattung in der Eisenzeit im nordsyrisch-südostanatolischen Raum
(Mainz 2000).

Delaporte, Malatya I (1940) =
L. Delaporte, Malatya – Fouilles de la mission archéologique française – Arslantepe I
– La porte des lions (Paris 1940).

Dietrich / Loretz, UF 13, 1981 =
M. Dietrich / O. Loretz, Die Inschrift des Königs Idrimi von Alalach, Ugarit
Forschungen 13, 1981, 199-269.

Haas, Religion (1994) =
V. Haas, Geschichte der hethitischen Religion, Handbuch der Orientalistik,
Abteilung 1: Der Nahe und der Mittlere Osten Band 15 (Leiden 1994).

---

[19] Bayliss, Iraq 35, 1973; Birot in: Alster (Hrsg.), Death in Mesopotamia (1980);
Tsukimoto, Totenpflege (1985), 57ff.; Aboud, Rolle des Königs (1994) 123ff.; Haas,
Religion (1994) 238-240.
[20] Dietrich / Loretz, UF 13, 1981.
[21] Zur Erläuterung des Begriffs: Bonatz, Grabdenkmal (2000) 120.

Matthiae in: Castellino et al. (Hrsg.), Missione Archeologica 1965 (1966) =
P. Matthiae, Le sculture in pietra, G. Castellino et al. (Hrsg.), Missione Arche-
ologica Italiana in Siria, Rapporto preliminare della campagna 1965 [Tell Mardikh]
(Rom 1966).

Matthiae in: Orthman (Hrsg.), Der Alte Orient (1975) =
P. Matthiae, Syrische Kunst, W. Orthmann (Hrsg.), Der Alte Orient, Propyläen
Kunstgeschichte XIV (Berlin 1975)., 466-493.

Matthiae, AAAS 40, 1990 =
P. Matthiae, A New Monumental Temple of Middle Bronce II at Ebla and the
Unity of the Architectural Tradition of Syria Palestine, Les Annales Archeologiques
Arabes Syriennes 40, 1990, 111-121.

Matthiae in: Hrouda et al. (Hrsg.), Festschrift Strommenger (1992) =
P. Matthiae, High Old Syrian Royal Statuary from Ebla, B. Hrouda / S. Koll / P. Z.
Spanos (Hrsg.), Von Uruk nach Tuttul – Eine Festschrift für Eva Strommenger,
Studien und Aufsätze von Freunden und Kollegen, Münchener Vorderasiatische
Studien 12 = Münchener Universitäts-Schriften – Philosophische Fakultät 12
(München / Wien 1992) 111-128.

Mazzoni, SEb 3, 1980 =
S. Mazzoni, Una Statua reale paleosiriana Del Cleveland Museum, Studi Eblaiti 3,
1980, 79-98.

Oppenheim (Hrsg.), Tell Halaf II (1950) =
M. Freiherr von Oppenheim (Hrsg.), Tell Halaf II – Die Bauwerke von F.
Langenegger, K. Müller, R. Naumann – Bearbeitet und ergänzt von R. Naumann
(Berlin 1950).

Picotti, Ebla (1995) =
C. L. Picotti, Ebla – Ricostruzione di una civiltà, La ricerca – Enciclopedia
Monografica Loescher 108 (Turin 1995).

Saouaf, Alep (o. J.)
S. Saouaf Alep, son Histoire, sa Citadelle ses Monuments antiques et son Musée (o.
O. und o. J.).

Strommenger, BaM 1, 1960 =
E. Strommenger, Das Menschenbild in der altmesopotamischen Rundplastik von
Mesilim bis Hammurapi. Baghdader Mitteilungen 1, 1960, 1-103.

Tsukimoto, Totenpflege (1985) =
A. Tsukimoto, Untersuchungen zur Totenpflege (kispum) im alten Mesopotamien,
Alter Orient und Altes Testament 216 (Neunkirchen-Vlyun/Kevelaer 1985).

Yadin et al., Hazor I (1958) =
  Y. Yadin, Hazor I – An Account of the First Season of Excavation, 1955 (Jerusalem 1958).

Yadin et al., Hazor III-IV (1961) =
  Y. Yadin / A. Ben-Tor / Sh. Geva, Hazor III-IV – An Account of the Third and Fourth Seasons of Excavation, 1957-1958 (Jerusalem 1961).

Woolley, Carchemish II (1921) =
  C. L. Woolley, Carchemish – Report on the Excavations at Jerablus on Behalf of the British Museum II – The Town Defences (London 1921).

Woolley / Barnett, Carchemish III (1952) =
  Sir L. Woolley / R. D. Barnett, Carchemish – Report on the Excavations at Jerablus on Behalf of the British Museum III –The Excavations in the Inner Town and the Hittite Inscriptions (London 1952).

Abb. 1: Statue Taftanaz 1

Abb. 2: Statue Taftanaz 2

Abb. 3: Statue Taftanaz 3

Abb. 4: Statue Ebla 1   Abb. 5: Statue Ebla 2

Abb. 6: Statue Ebla 3

Die altpersischen Länder-Listen und Herodots sogenannte Satrapienliste (Historien III 89-94)
Eine Gegenüberstellung und ein Überblick über die jüngere Forschung

Bruno Jacobs

Einleitung

In einem nachgelassenen Artikel von H. Sancisi-Weerdenburg findet sich die Behauptung, daß über das Verhältnis der altpersischen dahyāwa-Listen und des herodoteischen Nomoi-Kataloges (Hist. III 90-94) zueinander und über den jeweiligen Quellenwert in gewissem Umfang Einigkeit herrsche: „.... there is some consensus now (cf. Briant 1996: 402 ff; 956) that the entities or *dahyāva* in these lists are of a different kind than the financial districts described by Herodotus. The lists of lands consist of 'peoples' (including their territories, of course) conquered by the kings (Briant 1996: 189-191; Cameron 1973; Lecoq 1990), whereas Herodotus apparently described an administrative system. Descat (1985) has convincingly argued that as the description of a tax-system, it makes good sense and that therefore Herodotus must have used a reliable source."[1] Hinsichtlich der Bedeutung der *dahyāwa*-Listen hatte Sancisi eingangs des nämlichen Artikels die Behauptung aufgestellt, „that the lists do not give an overview of satrapies"[2]. Dies knüpft offensichtlich an eine schon früher geäußerte Überzeugung an, daß die altpersischen „inscriptions present more of a political creed than of historical reality"[3].

Ganz im Gegensatz dazu hat R. Rollinger 1998 die Befürchtung geäußert, daß das Festhalten an Herodots Satrapienliste die Forschung in eine Sackgasse

---

[1] Sancisi-Weerdenburg in: Bakır (Hrsg.), Achaemenid Anatolia (2001) 10. Die im Text aufgeführten Zitate sind folgendermaßen aufzulösen (siehe Abkürzungs- und Literaturverzeichnis): Briant 1996 = Briant, HEP (1996); Cameron 1973 = Cameron, JNES 32, 1973, 47-56; Descat 1985 = Descat, RÉA 87, 1985, 97-112; Lecoq 1990 = Lecoq, Transeuphratène 3, 1990, 131-140.

[2] Sancisi-Weerdenburg in: Bakır (Hrsg.), Achaemenid Anatolia (2001) 1.

[3] Sancisi-Weerdenburg in: Briant / Herrenschmidt (Hrsg.), Le tribut dans l'empire perse (1989) 137.

geführt habe[4]. Unter genau diesem Eindruck hat der Verf. 1994 eine Arbeit vorgelegt, die von diametral entgegengesetzten Grundvoraussetzungen ausgeht. In ihr wird die herodoteische Liste als unbrauchbar aus der Diskussion ausgeschieden, dafür aber den Achämenidenschriften jener Zeugniswert zuerkannt, der ihnen als Primärquellen zukommen sollte[5].

Die folgenden Abschnitte bemühen sich um eine Bestandsaufnahme der wissenschaftlichen Diskussion über die Provinzadministration im Achämenidenreich aus den letzten 20 Jahren. In diesem Rahmen soll dargelegt werden, daß es nicht nur jene Harmonie, die oben beschworen wurde, nicht gibt, sondern auch, daß ein Konsens nicht einmal in einzelnen Punkten besteht. Die in jüngeren Publikationen zum Thema „Satrapienverwaltung" vorgetragenen Theorien und Modelle sind in sich vielmehr widersprüchlich und vielfach wissenschaftsgeschichtlich stark belastet. Allzu häufig wurde solches historisches Gepäck ungeprüft übernommen, auch wenn neuere Erkenntnisse längst eine Revision erfordert hätten.

Dieser Artikel sei dem Jubilar zum einen deshalb zugeeignet, weil auch er den mutmaßlichen Konsens mit Sicherheit in keinem Punkte teilen würde, zum anderen, weil die genannte Arbeit des Verf. ihm wichtige Anregungen verdankt. So ist es naheliegend, in einer Festschrift für Wolfram Nagel die Diskussion weiterzuführen und Klärendes und Ergänzendes gerade hier vorzulegen.

Ein trügerischer Konsens

Der Verf. dieses Artikels hat bereits 1994 einen umfangreichen wissenschaftsgeschichtlichen Rückblick vorgelegt[6], auf den hiermit für die ältere Zeit verwiesen sei. Dennoch werden im folgenden nicht nur seitdem erschienene Arbeiten berücksichtigt, sondern schwerpunktmäßig solche aus den letzten 20 Jahren, um Entwicklungstendenzen in der Forschung besser sichtbar zu machen.

Die beiden ersten Stützen des von Sancisi beschworenen Konsenses, daß die *dahyāwa*-Listen der Achämenideninschriften Völker aufzählten, jedenfalls keinen Überblick über die Satrapien gäben, und daß Herodots Aufzählung Finanzdistrikte nenne, sind im höchsten Grade brüchig.

---

[4] Rollinger, AMIT 30, 1998, 343 f.

[5] Jacobs, Satrapienverwaltung (1994).

[6] Jacobs, Satrapienverwaltung (1994) 9-29.

Zählen die *dahyāwa*-Listen Völker auf?

In der Tat ist die Behauptung, daß die *dahyāwa*-Kataloge Völker auflisteten, noch zuletzt verschiedentlich aufgestellt worden. Chr. Tuplin spricht im Zusammenhang mit den dahyāwa-Einheiten zwar von „lands / peoples", doch ist – nicht zuletzt durch seinen Verweis auf G. G. Cameron – offenbar, daß nach seinem Dafürhalten der Aspekt der Ethnizität überwiegt („ethnic groupings")[7]. Von dahyāwa als Völkern sprechen beispielsweise auch J. M. Cook[8], P. Bernard[9], J. M. Balcer[10], T. C. Young[11] und Z. A. Archibald[12]. Und ebenso bekennen sich P. Briant[13] und P. Debord[14] ohne Vorbehalt zu dieser Gleichung. Dieser Auffassung hatte P. Lecoq kurz zuvor aus philologischer Sicht eine Grundlage zu schaffen versucht[15].

Andere Wissenschaftler sind jedoch abweichender Meinung. Zu diesen gehören nicht nur W. Nagel[16] und der Verf.[17]. M. Mancini hält *dahyu-* für die Bezeichnung eines Distriktes[18], und auch W. J. Vogelsang vertritt die Überzeugung, daß *dahyu-* eine geographische Einheit bezeichne[19].

Erfahrungsgemäß führt es nun nicht weiter, zur Entscheidung eines Meinungsstreites die Stimmen auszuzählen: Wie R. Schmitt kürzlich unwiderleglich demonstriert hat, heißt *dahyu-* nicht „Volk", sondern „Land". Die Begründung ist dort nachzulesen[20]. Somit wird die Mehrheit, die die Listen für

---

[7] Tuplin, in: Carradice (Hrsg.), Coinage and Administration (1987) 113, mit Verweis auf Cameron, JNES 32, 1973, 47-56.

[8] Cook in: CHI II (1985) 244 f.

[9] Bernard, StIr 16, 1987, 185.

[10] Balcer, Historia 37, 1988, 1.

[11] Young in: CAH IV (²1988) 87.

[12] Archibald, Odrysian Kingdom (1998) 82.

[13] Briant, HEP (1996) 198; vgl. 422.

[14] Debord, L'Asie Mineure (1999) 69.

[15] Lecoq, Inscriptions (1997) 130-138; siehe schon Lecoq, Transeuphratène 3, 1980, 131-140.

[16] Nagel, Ninus und Semiramis (1982) 208; vgl. auch 59.

[17] Jacobs, Satrapienverwaltung (1994) 99 f.

[18] Mancini, SSL 24, 1984, 258 f.; vgl. unten S. 304 f.

[19] Vogelsang, Rise and Organisation (1992) 169 ff.; er begründet diese Ansicht überzeugend damit, daß das Wort mehrfach im Zusammenhang mit Lokativen begegnet.

[20] Schmitt in: Anreiter / Jerem (Hrsg.), Festschrift Meid (1999) 443-452; Argumente hierfür hatte Schmitt schon früher (Schmitt, AcAn 25, 1977, 91-99) vorgetragen.

eine Aufzählung von Völkern gehalten hat, umdenken und ihren Konsens aufgeben müssen.

Zählen die *dahyāwa*-Listen Verwaltungseinheiten auf?

In Anbetracht dieses Mehrheitsirrtums nimmt es nicht wunder, daß die Auffassungen über den Inhalt und den Sinn der *dahyāwa*-Listen weit auseinandergehen. Cook nahm an, daß die Listen und ihre Illustrationen in achämenidischer Reliefkunst „tell us nothing about the organization of the empire, or the conditions of Achaemenid rule"[21]. Tuplin führt, obwohl er feststellen muß, daß der persische König die *dahyāwa* mehrfach in programmatischem Zusammenhang – Besitz, Gehorsam, Tributleistungen – nenne, unverständlicherweise aus, „there is no explicit indication (nor any reason to infer) that they are administrative units"[22]. Auch Balcer[23] und Lecoq[24] glauben, da sie *dahyāwa* als „Völker" verstehen, folgerichtig nicht, daß hier Verwaltungseinheiten wiedergegeben seien. Und Debord schloß sich dieser Meinung mit den Worten an, daß die altpersischen Listen „nullement vocation à être un inventaire objectif du pouvoir perse, ..." hätten[25]. Eine ähnliche Position vertritt H. Klinkott[26].

Davon weicht Vogelsangs Ansicht insofern ab, als er *dahyāwa-* zwar, wie oben dargelegt, als geographische Einheiten auffaßt; gleichwohl ist er der Auffassung, daß *dahyu-* nicht primär ein administrativer Terminus sei[27].

Mancini dagegen behauptet, *dahyu-* sei altpersische Bezeichnung für einen einer Satrapie untergeordneten Distrikt, bisweilen *terminus technicus* für „Satrapie"[28]. E. Badian spricht in Zusammenhang mit den Listen von „provinces"[29]. Auch M.-J. Stève ist offenbar der Ansicht, daß die dahyāwa-Listen Verwaltungseinheiten nennen, wenn er aus der erstmaligen Erwähnung von Karien in den Listen DNa und DSe schließen will, daß Karien damals den

---

[21] Cook in: CHI II (1985) 200.

[22] Tuplin in: Carradice (Hrsg.), Coinage and Administration (1987) 113.

[23] Balcer, Historia 37, 1988, 1.

[24] Lecoq, Transeuphratène 3, 1990, 133 f.

[25] Debord, L'Asie Mineure (1999) 70.

[26] Klinkott in: Klinkott (Hrsg.), Anatolia (2001) 110 f. 137.

[27] Vogelsang, Rise and Organisation (1992) 169 ff., bes. 173: „no primary administrative connotations". So schon Vogelsang, IrAnt 20, 1985, 88, und Vogelsang in: Gnoli / Panaino (Hrsg.), First Europ. Conf. by SEA 1 (1990) 306 f.

[28] Mancini, SSL 24, 1984, 258 f.

[29] Badian in: CHI II (1985) 420. 462.

Status einer Provinz erhalten habe[30]. Schmitt schließlich machte schon vor längerer Zeit die Auffassung deutlich, daß *Länder* (dahyāwa) die „altpersische Sprachregelung" für *Verwaltungsbezirke* sei[31], und ist offensichtlich auch weiterhin der Ansicht, daß dieser Inhalt ins Bedeutungsspektrum des Wortes fällt[32]. Von einem Konsens kann also wiederum nicht die Rede sein.

Ist die Herodot-Liste eine Aufzählung von Finanzdistrikten?

Daß die herodoteische Liste Finanzdistrikte aufzähle, wie Descat „überzeugend" dargelegt haben soll, ist noch heftiger umstritten. Tatsächlich lassen sich für diese Auffassung Stimmen namhaft machen: Hier sind beispielsweise Balcer[33], T. C. Young[34] und Th. Petit[35] zu nennen, und ähnlich äußert sich N. Sekunda[36]. Briant allerdings räumt ein, daß die Herodot-Liste problematisch sei[37], und Tuplin bezeichnet sie als „unhelpful"[38]. J. Wiesehöfer stimmt dem Verf., der die Verwertbarkeit der Liste in der Nachfolge von F. Altheim, O. K. Armayor und Ph. Gignoux bestritten hat und insbesondere Armayor in der Auffassung folgte, daß sie ein Einschub aus einer anderen literarischen Gattung, dem Epos, und ohne historischen Wert sei[39], zu[40].

Uneinigkeit herrscht des weiteren darüber, wie das Verhältnis dessen, was die herodoteische Liste, ob verläßlich oder nicht, zu beschreiben versucht, zur Satrapienordnung aussieht. Da der Herodot-Passus von seinen Anhängern zwar nicht fallengelassen, aber nach Belieben korrigiert wurde[41], befand man sich hier von vornherein auf trügerischem Boden. Kein Wunder also, daß gravierende Meinungsdivergenzen zu beobachten sind: Balcer[42], Petit[43] und Sekunda[44]

---

[30] Stève, StIr 3, 1974, 25 (vgl. unten S. 316-322).

[31] Schmitt in: Mopurgo / Meid (Hrsg.), Stud. Palmer (1976) 373.

[32] Schmitt in: Anreiter / Jerem (Hrsg.), Festschrift Meid (1999) 446.

[33] Balcer in: Briant / Herrenschmidt (Hrsg.), Le tribut dans l'empire perse (1985) 4 f.

[34] Young in: CAH IV (²1988) 87.

[35] Petit in: Sancisi-Weerdenburg / Kuhrt (Hrsg.), 1988 Ach. Hist. Workshop (1991) 161.

[36] Sekunda, AJAH 14-1989, 1998, 92.

[37] Briant, HEP (1996) 399 f.

[38] Tuplin in: Carradice (Hrsg.), Coinage and Administration (1987), 113.

[39] Altheim, Weltgeschichte Asiens (1947/48) 140-145; Armayor, TAPhA 108, 1978, 1-9; Gignoux in: Harmatta (Hrsg.), Pre-Islamic Asia (1979) 137 ff.; Jacobs, Satrapienverwaltung (1994) 3 ff. 28 f. 93 ff. 97 f.

[40] Wiesehöfer, Klio 81, 1999, 233 (vgl. unten S. 311 f.).

[41] Siehe dazu Jacobs, Satrapienverwaltung (1994) 5.

[42] Balcer in: Briant / Herrenschmidt (Hrsg.), Le tribut dans l'empire perse (1985) 4 f.

[43] Petit, Satrapes et satrapies (1990) 175.

votierten dafür, daß es neben der Satrapienverwaltung eine zweites Netz administrativer Einheiten, nämlich – die bei Herodot genannten – Finanzdistrikte, gegeben habe. In Anbetracht von Fragen der Praktikabilität[45] und der Tatsache, daß vielfach belegt ist, daß die Satrapen für die Steuererhebung zuständig waren, worauf insbesondere M. Corsaro hingewiesen hat[46], mutet dies wenig überzeugend an. Trotz offenbar ähnlicher Bedenken führt jedoch Briant jene Trennung zur Rettung der Herodot-Passage wieder ein[47]. Vogelsang dagegen ist, wenn er darlegt, daß der Nomos 14 des Herodot erkennen lasse, wie administrative Brücken quer durch die zentraliranische Salzwüste, von den Utiern und Mykern im Südwesten und Süden zu den Sagartiern im Nordosten und zu den Sarangern in Sistan im Osten, gezogen werden, offenbar der Ansicht, daß Provinzverwaltung und Nomoi identisch seien[48]. Dies scheint auch bei G. A. Keen der Fall zu sein[49].

Obwohl im vorangegangenen Überblick nur wissenschaftliche Positionen aus den letzten 20 Jahren referiert wurden, wird ganz deutlich, daß in keinem der von Sancisi-Weerdenburg genannten Punkte Einigkeit herrscht, daß von einem Konsens also nicht einmal im Ansatz die Rede sein kann. Dennoch ist die Tendenz offenkundig, auch deutlich abweichende Interpretationen zu akzeptieren, wenn nur die grundsätzliche Bewertung der einander gegenüberstehenden Quellen resp. Quellengruppen nicht angetastet wird[50].

---

[44] Sekunda, AJAH 14-1989, 1998, 92: „The *nomoi*, however, whatever their precise nature, are concerned with tribute-collection, and are not directly concerned with administration."

[45] Jacobs, Sytrapienverwaltung (1994) 94-96.

[46] Corsaro REA 87, 1985, 93.

[47] Briant, HEP (1996) 404.

[48] Vogelsang, Rise and Organisation (1992) 203.

[49] Keen, Dynastic Lycia (1998) 90 ff.

[50] Vgl. Sancisi-Weerdenburg in: Bakır (Hrsg.), Achaemenid Anatolia (2001) 2 f.: „Although my conclusions differ from those of Calmeyer, his article on Yauna as well as the two articles on the lists of lands as a whole ..., are the most important and thorough discussions of the subject available." Gemeint sind hier die Artikel Calmeyer, AMI 15, 1982, 105-187; Calmeyer, AMI 16, 1983, 141-222, und Calmeyer in: Koch / MacKenzie (Hrsg.), Kunst, Kultur ... (1983) 153-167. Der Verf. ist in seinem wissenschaftsgeschichtlichen Rückblick (Jacobs, Satrapienverwaltung [1994] 25-27; vgl. 33 Anm. 14; 113. 259) zu deutlich anderen Ergebnissen gelangt.

Herodot, Historien III 89, und die angebliche Reform des Dareios I.

Was das von H. Sancisi-Weerdenburg beschworene Konsens-Gefühl wohl besonders gefördert hat, ist aber, daß auch manche derjenigen, die die Auffassung teilen, daß Herodots Satrapienliste III 90-94 historisch nicht auswertbar sei, doch an Herodot III 89 festhalten. Die Überzeugung, daß Dareios I. die Verwaltung grundlegend reformiert habe, ist in der Tat – bis auf ganz wenige Ausnahmen, zu denen Rollinger und mit Einschränkungen Briant zu rechnen sind[51] – *communis opinio*. Art und Umfang dieses Reformprozesses aber sind selbst den Anhängern der Herodot-Liste völlig unbekannt, denn zum einen ist über sein Ergebnis in Anbetracht der höchst problematischen Beschreibung bei Herodot wenig Brauchbares zu sagen, auch wenn dies immer wieder versucht wird[52]. Zum anderen ist die Administration der vorangegangenen Zeit bislang kaum behandelt worden. So läßt sich, da über die verwaltungspolitischen Gegebenheiten unter Kyros d. Gr. und seinem Sohn Kambyses wenig überliefert ist, über das Ausmaß mutmaßlicher Veränderungen auch von daher kaum etwas sagen. Balcers Behauptung, die Dareiosreform sei ein entscheidender Einschnitt, der eine stärkere Zentralisierung mit sich gebracht habe[53], entbehrt letztlich jeglicher vorweisbaren Grundlage, da weder über das Vorher noch über das Nachher verbindliche Vorstellungen existieren. J. v. Prášeks Bild von einer „großartigen Reform der Verwaltung"[54] hat zwar trotz aller wissenschaftlichen Bemühungen im Laufe der Jahre keine klareren Konturen bekommen, doch prägt dieser Historikermythos nach wie vor die Geschichtsbilder[55].

Der Glaube an diesen historischen Vorgang ist so tief verwurzelt, daß er auch mit völlig untauglichen argumentativen Mitteln verteidigt wird. So hat Wiesehöfer in seiner Besprechung der Abhandlung des Verf. seine Überzeugung mit den Worten verteidigt: „... daß aber unter Dareios I. eine entscheidende Zäsur zumindest in der fiskalischen Durchdringung des Reiches anzusetzen ist, wird nicht nur von Herodot bestätigt, ..."[56]. Nun ist Wiesehöfers Besprechung insgesamt von der Abneigung geprägt, sich mit dem neuen Vorschlag und seinen gedanklichen Konsequenzen ernsthaft auseinanderzusetzen. Es wäre jedenfalls sinnvoll gewesen, an diesem entscheidenden Punkt nicht nur eine Be-

---

[51] Rollinger, AMIT 32, 2000, 342-344; Briant HEP (1996) 73. Unentschieden Tanck, Archē – Ethnos – Polis (1997) 72-75.

[52] Vgl. zuletzt Sancisi-Weerdenburg in: Bakır (Hrsg.), Achaemenid Anatolia (2001) 9-11.

[53] Balcer, Sparda (1984) 123.

[54] Prášek, Geschichte der Meder und Perser II (1910) 45.

[55] Siehe z.B. Tuplin in: Carradice (Hrsg.), Coinage and Administration (1987) 139 f.

[56] Wiesehöfer, Klio 81, 1999, 233.

hauptung aufzustellen, sondern auch zu belegen, wer die Dareiosreform außer Herodot, und vor allem: unabhängig von Herodot, sonst noch belegt. Dabei können also Plutarch, Polyaen und das Chronikon Paschale nicht herangezogen werden[57]. In Anbetracht einer derartig dürftigen Beweislage sollte vielleicht Xenophons Mitteilung[58], daß die Institutionen seit Kyros d. Gr. bis auf seine Tage unverändert geblieben seien, auch nicht schweigend übergangen werden[59].

Den Versuch, die einer Finanzreform unter Dareios I. widersprechenden Zeugnisse wegzudiskutieren, hat Tuplin unternommen, doch wirkt seine Argumentation wenig überzeugend[60]. Schließlich kam Balcer auf A. T. Olmsteads alte These zurück, daß die Liste des Herodot Zustände der Zeit Artaxerxes' I. referiere, was eine entsprechende Umdatierung der „Reform" nach sich zöge[61]. Dieser Vorschlag aber ist, ohne Bindung an irgendeine Quelle, letztlich eine Kapitulationserklärung vor der erdrückenden Einsicht, daß Herodots Aussagen zur einer Reform des Dareios nicht zu halten sind.

Ausgewogener ist die Darstellung Briants, der, obwohl er die altpersischen Listen, wie gesehen, nicht als Zeugnisse für die Reichsverwaltung belasten will – diese könnten auch nur eine Kontinuität belegen[62], – doch zu dem Schluß kommt, daß kein Grund bestehe, scharf zwischen einer Phase der Eroberungen und einer Phase der Organisation zu scheiden. Man müsse vielmehr davon ausgehen, daß Dareios I. auf lokalen Traditionen und ersten Anpassungen des Kyros d. Gr. und seines Sohnes aufgebaut habe[63]. Andererseits will Briant die besagte Xenophon-Stelle nicht als Grundlage gelten lassen, Kyros die Reichsorganisation zuzuschreiben[64]. Hier spielt gewiß die traditionelle Einschätzung dieser Quelle eine Rolle.

---

[57] Plut., Mor. 172 F; Polyaen. VII 11, 3; Chronikon Paschale (Dindorf) P 145 C (Δαρεῖος φόρους ἔταξεν τοῖς ὑπηκόοις πρῶτος); Petit, Satrapes et satrapies (1990) 104.

[58] Xen., Cyr. VIII 6, 14.

[59] Vgl. auch Arr., Ind. I 3. Ob Plat., Nom. 695 C, von Herodot unabhängig ist und sein Statement (καὶ [Δαρεῖος] τὸν τοῦ Κύρου δασμὸν ὃν ὑπέσχετο Πέρσαις εἰς τὸν νόμον ἐνέδει, ...) ungeachtet dessen eher für oder gegen eine Kontinuität seit der Zeit des Kyros spricht, wäre zu diskutieren.

[60] Tuplin in: Carradice (Hrsg.), Coinage and Administration (1987) 139 f.

[61] Balcer, AMI 26, 1993, 89; vgl. Olmstead, Persian Empire (1948) 291-299.

[62] Jacobs, Satrapienverwaltung (1994) 93 f. 99 ff.

[63] Briant, HEP (1996) 73.

[64] Briant, HEP (1996) 74.

Es bleibt dabei, daß man unabhängig davon, wie man zur Liste Herodot III 90-94 steht, doch die Vorrede zu ihr *cum grano salis* gelten läßt, obwohl dies methodisch zweifelhaft und das daraus resultierende Bild vollkommen diffus ist.

Es ist im höchsten Maße erstaunlich, daß man von jener Scheingewißheit, die Herodot III 89 bietet, nicht lassen will, daß man die altbekannten Argumente von Altheim, Armayor und Gignoux, zuletzt ausführlich ergänzt und begründet vom Verf.[65], selbst in Anbetracht eigener Zweifel am historischen Zeugniswert der herodoteischen Liste, nicht zum Anlaß zu nehmen bereit ist, die ganze Diskussion neu aufzurollen, selbst wenn ein Vorschlag hierfür auf dem Tisch liegt. Ein schlagendes Beispiel für diese Haltung bildet neben Wiesehöfers Besprechung das Buch von Debord, der sich auf fast 200 Seiten mit großer Genauigkeit und Gründlichkeit zum Thema Reichsverwaltung in Kleinasien verbreitet und, da er sich von überkommenen Vorstellungen nicht zu lösen vermag, doch nicht entscheidend weiter kommt als seine Vorgänger P. Krumbholz und Petit[66].

Viele Autoren schleppen Trümmerstücke aus der Geschichte der fruchtlosen Diskussion um die Herodotstelle mit sich herum, ohne sich Rechenschaft darüber abzulegen, ob die Grundlagen, die zu den von ihnen vertretenen Auffassungen führten, überhaupt noch akzeptabel sind. So sind die oben referierten Anstrengungen, die *dahyāwa*-Listen als Völkerlisten zu interpretieren, wesentlich von der Herodotliste III 90-94 inspiriert, weil dort ἔθνεα aufgezählt werden. Nebenbei mag auch Herodots Bericht über die Bosporus-Stelen durch Dareios I. die Fixation auf das mutmaßliche ethnische Interesse der persischen Könige begünstigt haben, denn auf ihnen soll Dareios alle Völker verzeichnet haben, über die er herrschte[67].

Zu Anfang der Diskussion um die Satrapienverwaltung im Perserreich stand die Herodotpassage als Quelle klar im Vordergrund. Krumbholz zog sie den *dahyāwa*-Listen mit dem Argument vor, daß in jenen Kilikien nicht genannt wird. Dies aber war für Krumbholz, befangen in einer durch die klassischen Quellen bedingten „westlichen" Sicht, unbedingt zu erwarten[68]. Nun zählt die Liste des Herodot jene Völker als Elemente auf, aus denen νομοί / σατρηπηίαι gebildet seien. Das Ethnos als konstituierendes Element hatte nach 1933 wissenschaftliche Konjunktur, und so wurde besonders in den Schriften von P. J. Junge

---

[65] Siehe Anm. 39.

[66] Krumbholz, De Satrapis Persicis (1883); Petit, Satrapes et satrapies (1990). Debord, L'Asie Mineure (1999) 17-200; siehe die Rez. Jacobs, Gnomon 74, 2002, 416-420.

[67] Hdt. IV 87.

[68] Krumbholz, De Satrapis Persicis (1883) 8 ff., bes. 11; vgl. Young in: CAH IV (²1988) 88.

eine entsprechende Sicht propagiert: Ihm zufolge spiegeln auch die altpersischen Listen das persische Interesse an der Ethnizität wider, *dahyu-* bezeichne den „völkischen (natürlich politisch-ethnischen) Charakter der Einheiten"[69]. Camerons Argumentation ging mehr als vier Jahrzehnte später von anderen Voraussetzungen aus. Ihm galt Herodots Liste als eine Satrapienliste, deren einzelne Positionen durch die in ihnen lebenden Völker definiert wurden. Demgegenüber mußten die *dahyāwa*-Listen, da mit ihr unvereinbar, etwas anderes sein. Cameron verstand sie als eine Liste derjenigen Völker, die dem Hof einer Erwähnung wert erschienen[70]. Argumentativer Ausgangspunkt waren für ihn die elamischen Fassungen der Listen, doch dies hat, wie von Schmitt begründet wurde[71], kein entscheidendes Gewicht.

Heute sind Ideale der Toleranz gegenüber fremden Völkern und Religionen und der Wunsch, solches in einer entfernten Vergangenheit vorgelebt zu sehen, die bestimmenden Motive. So entdeckt man in den Thronträger- und Delegationendarstellungen in Persepolis und Naqš-i Rustam das große Interesse der Achämenidenherrscher an der ethnischen Vielfalt des Reiches[72]. Dies ist jedoch nach Auffassung des Verf. eine idealisierende Sicht. Die Zahl der Dargestellten und ihre Verschiedenheit dienen der Demonstration der Größe des Persischen Reiches; die Vielzahl ist Beweis der Macht[73]. Die Gesandtschaften und Thronträger verbildlichen nämlich unstreitig das gleiche, was die dahyāwa-Listen beschreiben[74] – das Junktim stellen die Beischriften zu den Thronträgern am Grab Dareios' I. in Naqš-i Rustam dar –, und das sind eben, wie von Schmitt dargelegt[75], nicht Völker, sondern Länder.

Briant geht in der Einleitung zu seiner *Histoire de l'Empire perse* also fehl darin, daß nicht die Territorialität, sondern die „extraordinaire diversité ethnoculturelle" die Priorität in der Vorstellung der Achämeniden von ihrem Reich

---

[69] Junge, Klio 34, 1942, 28 ff.

[70] Cameron, JNES 32, 1973, 47-56; so auch Young in: CAH IV (²1988) 87. Wie undefinierbar dieses Kriterium „einer Erwähnung wert" ist, hat Sancisi-Weerdenburg in: Bakır (Hrsg.), Achaemenid Anatolia (2001) 1, deutlich gemacht. Entsprechend willkürlich sind zwangsläufig die auf ihm beruhenden Schlußfolgerungen.

[71] Schmitt in: Mopurgo / Meid (Hrsg.), Stud. Palmer (1976) 443 f.

[72] Als Beispiele seien hier zitiert Nylander in: Power and Propaganda (1979) 354 ff.; Koch, Reichsidee (1996) 201.

[73] Jacobs, AMIT 34, 2002, 354.

[74] Allerdings sind neben den Aufzählungen in jenen Listen auch Formulierungen zu nennen wie „König/Herr über viele" (DNa 6-8); „König auf dieser großen Erde fernhin" (DNa 10-12) etc.

[75] Siehe oben S. 303 mit Anm. 20.

gehabt habe[76]. Noch deutlicher wird diese Auffassung später ein weiteres Mal formuliert: „... le concept politique de base n'est pas vraiment territorial mais ethnique."[77]. Gleichwohl ist Briant nicht entgangen, daß administrative Einheiten territorial definiert sind: Wir besitzen zahlreiche Angaben zu den Satrapiengrenzen[78], die militärische Ordnung war „elle-même territorialisée"[79], und der Tribut wurde nach einer Art Kataster festgelegt[80]. Sogar Völker erhalten deshalb im Zuge der Darstellung Briants schließlich zwangsläufig eine Grenze[81]. Briant ist auch nicht entgangen, daß die Reform des Artaphernes in Kleinasien nicht κατὰ ἔθνεα vor sich ging, sondern eine Gebiets- und / oder Strukturreform war[82]. Aus dieser inneren Widersprüchlichkeit resultiert die Einsicht, daß das aus den Kapiteln Herodot III 89 und III 90-94 entwickelte historische Bild einer gründlicheren Revision bedürfte, als Briant sie vorgenommen hat[83].

Die mutmaßliche Unvollständigkeit der Listen

Ein weiterer Punkt, wissenschaftsgeschichtlich geprägt und revisionsbedürftig, über den aber tatsächlich weitgehend Einigkeit herrscht, ist die angebliche Unvollständigkeit der uns überlieferten Listen. Wer an Herodots Liste glaubt, geht in der Regel davon aus, daß sie nur ein Exzerpt aus einem längeren Katalog sei: So nimmt Bernard an, daß zwar die Vorlage zu Herodots Liste erschöpfend und exakt gewesen sei, sie selbst aber nur ein Exzerpt[84]. Vogelsang erklärt, daß Arachosien bei Herodot fehle, weil es in der Administration keine Rolle spielte, unterstellt also gleichfalls Unvollständigkeit[85]. Ähnliches meint wohl auch Tuplin, wenn er bei allen Einschränkungen, die er immerhin macht, darlegt, daß die Herodot-Liste „does bear some relations to parts of a third list, the one which we can compile for ourselves from the whole range of written evidence of the regions and places named in titles of attested imperial officials"[86]. Unvollständigkeit deutet schließlich auch Wiesehöfer an, wenn er sich bereit zeigt, seine grundsätzlichen Zweifel an Herodots Liste III 90-94 dahingehend

---

[76] Briant, HEP (1996) 9.
[77] Briant, HEP (1996) 422.
[78] Briant, HEP (1996) 398.
[79] Briant, HEP (1996) 423.
[80] Briant, HEP (1996) 424.
[81] Briant, HEP (1996) 431.
[82] Briant, HEP (1996) 511 f.
[83] Vgl. hierzu die Rezension von Jacobs, AMIT 31, 1999, 304 f.
[84] Bernard, StIr 16, 1987, 186.
[85] Vogelsang, IrAnt 20, 1985, 89 f.
[86] Tuplin in: Carradice (Hrsg.), Coinage and Administration (1987) 113.

einzuschränken, daß „sie wohl wirklich nicht im Sinne einer (vollständigen) Satrapienliste zu verstehen" sei[87].

Der Gedanke, daß die Liste des Herodot unvollständig sei, wurde schon durch die altpersischen Listen nahegelegt, die beispielsweise das von Vogelsang vermißte Arachosien als *dahyu-* führen. Vor allem der Heereskatalog von Doriskos, der Truppenkontingente verschiedener Völker auflistet, gab in dieser Hinsicht Probleme auf, weil auch die Aushebung von Truppenkontingenten auf einem administrativen Vorgang beruht, den man sich im Rahmen der von Herodot ja nicht differenzierten Einheiten ἀρχαί – νομοί – σατραπηίαι abgewickelt vorstellen wollte.

Unvollständig sind aber nach allgemeinem Dafürhalten vor allem auch die *dahyāwa*-Listen der Achämenideninschriften; sie bieten demnach nur eine repräsentative Auswahl aus einem Gesamtbestand[88], dessen Inhalt allerdings näher zu definieren wäre. In diesem Sinne stellte H. Koch fest, daß in den Persepolis-Täfelchen das Wort für „Satrap" nur in Verbindung mit Maka und Puruš begegne, welch letzteres sie mit Karmanien gleichsetzen möchte, ein Land, das in den *dahyāwa*-Listen nicht vorkommt, um das man diese jedoch ergänzen könnte[89]. Ein in diesem Zusammenhang auf den ersten Blick schwerwiegendes Argument stammt von Lecoq, der darauf hinweist, daß im Text der Bīsutūn-Inschrift *dahyāwa* genannt seien, die in den Listen nicht enthalten sind[90]. Allerdings ist diese Beobachtung mit Schmitts Ausführungen zum Bedeutungsspektrum des Wortes *dahyu-* hinreichend erklärt[91]; er bietet Beispiele dafür, daß *dahyu-* sowohl „Distrikt" als auch verallgemeinernd „Staat" bedeuten könne, aber eben auch speziell „Provinz". Insofern wäre es deutsch „Land" oder engl. „country" vergleichbar. So kann Lecoqs Hinweis nicht als Argument dafür dienen, daß die *dahyāwa*-Listen keinen fest umrissenen Bestand von Einheiten verzeichneten.

Daß, obwohl sowohl die Liste des „Vaters der Geschichte" als auch die *dahyāwa*-Listen als defektiv angesehen werden, doch von vielen ersterer die größere Zeugniskraft zugeschrieben wird, gehört wiederum zum Gepäck aus der Geschichte unserer Wissenschaft, das nicht hinreichend gesichtet wurde, wie es das eingangs zitierte Statement von Sancisi-Weerdenburg vor Augen führt. Eine von M. Finley formulierte Einsicht: „The long tradition ... that sources written in

---

[87] Wiesehöfer, Klio 81, 1999, 233.

[88] Siehe z.B. Vogelsang, IrAnt 20, 1985, 88; Briant, HEP (1996) 189.

[89] Koch, Achämeniden-Studien (1993) 16 ff.; vgl. 20-22.

[90] Lecoq, Transeuphratène 3, 1990, 133 f.

[91] Schmitt in: Anreiter / Jerem (Hrsg.), Festschrift Meid (1999) 446.

Greek and Latin occupy a privileged status and are immune from canons of judgement and criticism that are applied to all other documentation, is unwarranted and constitutes a major stumbling-block to any proper historical analysis", hat hier noch keine Geltung erlangt.

So entscheiden sich nicht nur R. N. Frye und Cook für Herodots Liste und gegen die *dahyāwa*-Kataloge[92]. Auch Briant und Cl. Herrenschmidt tun die altpersischen Listen als Erklärungen mit eher symbolischem oder ideologischem als dokumentarischem Wert ab[93]. Auch rund ein Jahrzehnt später wertet Briant, obwohl er die herodoteische Liste für problematisch hält, die Länderlisten der Achämeniden in dem Sinne ab, daß sie nur ein ideelles Bild der Welt vermittelten[94].

Schon eher statthaft wäre es, mit Bernard den dokumentarischen Wert zumindest der Kanzlei-Vorlage der herodoteischen Liste klar über den der Listen DSf, DSz und DSaa zu setzen[95], wenn denn die Existenz einer derartigen Vorlage in irgendeiner Weise plausibel zu machen wäre.

Das hier demonstrierte gegeneinander Ausspielen der Quellen ist insofern notwendig, als die Überzeugung, daß Herodot III 90 ff. und die dahyāwa-Listen unvereinbar seien, doch immer weitere Kreise erreicht hat[96], welche Schlußfolgerungen man daraus auch immer meint ziehen zu müssen.

Es ist nun überaus erstaunlich, daß jene Bewertungsreihenfolge, die Herodot über die Primärquellen der Achämenideninschriften stellt, vielfach gerade von denen propagiert wird, denen im Rahmen des Achaemenid History Workshop für eine ganze Reihe entscheidender Anstöße zur Neubewertung von Quellen und Quellengruppen zu danken ist, was in den vergangenen zwei Jahrzehnten zu wesentlichen Erfolgen in der Erforschung der Achämenidengeschichte geführt hat. Im Zusammenhang mit der persischen Reichsadministration aber machen sich offenbar Zweifel an den eigenen Maximen geltend. Das alte Bild der persischen Reichsverwaltung in all seinen absurden Spielarten, von denen unten noch

---

[92] Frye, History of Ancient Iran (1984) 110 f.; Cook in: CHI II (1985) 246.

[93] Briant / Herrenschmidt in: Briant / Herrenschmidt (Hrsg.), Le tribut dans l'empire perse (1985) IX.

[94] Briant, HEP (1996) 185. 194. 399 f.

[95] Bernard, StIr 16, 1987, 185 f.

[96] Siehe ausdrücklich Young in: CAH IV (²1988) 87, und Petit, Satrapes et satrapies (1990) 172 f. Auf Harmonisierung der Quellen bedacht ist dagegen nach wie vor Bernard, StIr 16, 1987, 177-191, und Keen, Dynastic Lycia (1998) 91, tendiert dazu, die Widersprüche zwischen den Quellen herunterzuspielen.

zu reden sein wird, weiter aufrechtzuerhalten, ist genauso widersinnig, wie weiterhin verallgemeinernd von persischer Dekadenz und Verweichlichung, Haremsintrigen und blutrünstigen Königinnen, von orientalischem Despotismus im Gegensatz zu griechischem Freiheitsdrang, von Kyros als Vater der Menschenrechte und Xerxes als Versager und Religionsfrevler und, was der Topoi mehr sind und waren, zu sprechen.

Irrweg 1: „Fluktuierende Grenzen"

Es ist zu einem Topos geworden, in Zusammenhang mit dem System der Verwaltungsordnung im Achämenidenreich von der Flexibilität des Systems zu sprechen. Als besonders engagierter Vertreter dieser Auffassung hat sich M. N. Weiskopf profiliert, der seine Bemühungen um das Verständnis der Satrapienverwaltung in Kleinasien folgendermaßen umschrieb: „Unlike my predecessors I have not attempted to write in this introduction a ‚constitutional' history in which I establish a single theoretical hierarchy of imperial administration or fix boundaries of individual administrative units. The primary source material will not permit such a reconstruction. Instead, Persian administration in this complex border region was marked by flexibility, diversity, and, above all, continuity, ..."[97]. Er versteht die Verwaltung so, daß die einzelnen Satrapen „Einflußsphären" besaßen, deren Ausdehnung durch ihre Autorität, nicht etwa durch Grenzziehungen bestimmt wurde. Die Rivalität zwischen den Satrapen sicherte die Macht der Krone. Zur Unterbindung von Konflikten nahm der Hof Beförderungen, Kompetenzerweiterungen oder -beschneidungen, Versetzungen etc. vor[98]. Abgesehen davon, daß es zahllose Belege in der schriftlichen Überlieferung gibt, die Grenzziehungen zwischen den Satrapien belegen, ist dieser Entwurf derart realitätsfern, daß er sich von selbst verbietet. Für einen neu entsandten Statthalter hätte demnach im Grunde kein Territorium existiert, für das seine Zuständigkeit festgeschrieben gewesen wäre; ein solches hätte ihm erst seine Autorität schaffen müssen!

Nicht unähnlich ist die Auffassung von Vogelsang, daß die in Bīsutūn genannten Satrapen in den Festungen von Baktrien und Arachosien gesessen hätten, ohne daß die Ausdehnung Baktriens resp. Arachosiens zugleich ihren Einflußbereich definiert hätte. Die Beamten waren Satrapen nicht „von", sondern

---

[97] Weiskopf, Achaemenid Systems (1982) 69. Neu war diese Auffassung allerdings nicht: Siehe auch Foucher, CRAI 1938; RE II A (1923) s.v. Satrap und Satrapie 116 ff. (Lehmann-Haupt); Frye in: Walser (Hrsg.), Beiträge zur Achämenidengeschichte (1972) 90, etc.
[98] Weiskopf, Achaemenid Systems (1982) 58 f.

„in Baktrien", „in Arachosien" etc.[99] All dies wäre nach Auffassung des Verf. Impraktikabel gewesen und ist ohne Bezug zu einer vorstellbaren Realität. Kein Wunder also, daß die Verwaltung des Perserreichs schließlich dargestellt wird als eine oftmals rein nominelle Herrschaftsausübung und die Politik der Krone häufig als ein sich Begnügen mit symbolischen Gesten[100].

Gleichwohl knüpfte Debord bei der Entwicklung seiner Ideen von der persischen Satrapienverwaltung in Kleinasien ausdrücklich an Weiskopf an. Weiskopf habe zu Recht abgelehnt, die Provinzen als Gebilde zu verstehen, die durch ihre Grenzen definiert würden[101]. Wer sich in dieser Weise festlegt, muß dann, gleichsam zur Rechtfertigung der eigenen These, fordern: „En premier lieu, il serait illusoire de considérer l'Empire perse comme une ensemble immobile."[102] Seiner Ansicht nach variieren die Satrapiengrenzen, und für praktisch jeden Satrapen werden Veränderungen postuliert[103]. Und er kommt zu dem Schluß, daß die Satrapien im Laufe des 4. Jh. v. Chr. zahlreicher geworden seien[104].

Den erwähnten Modellen ist, auch wenn sie sich voneinander unterscheiden, gemeinsam, daß sie ein Konzept bieten wollen, in das sich jede beliebige Schriftquelle einordnen läßt, gleichgültig, wie improvisiert und dilettantisch die unterstellte Maßnahme *in praxi* gewesen wäre.

So entstehen ganz neue Probleme: Weiskopf vermißt die Rivalität zwischen den Satrapen von Lydien und Karien, glaubt vielmehr beobachten zu können, daß der lydische Satrap es zuließ, daß seine karischen Freunde seinen Einfluß in Lykien zeitweise ergänzten und dann ganz ersetzten[105].

Solche Verhältnisse hätten nun keinerlei Antworten auf Anforderungen der Praxis mehr geboten. Wie hätte der Hof dieses Vorgehen der ‚karischen Freunde' von einer Rebellion unterscheiden sollen? Wie hätte der lydische Satrap den Steuerausfall erklären können? Wer hätte im betreffenden Gebiet Truppen ausheben, wer das Kommando führen sollen?

---

[99] Vogelsang, Rise and Organisation (1992) 173: „... these officials were ‚parachuted' from above onto independently developed structures."

[100] Vogelsang, Rise and Organisation (1992) 241 ff.; vgl. 314.

[101] Debord, L'Asie Mineure (1999) 22.

[102] Debord, L'Asie Mineure (1999) 23; vgl. ibid. 81. 116.

[103] Debord, L'Asie Mineure (1999) 25. 236 ff.

[104] Debord, L'Asie Mineure (1999) 493.

[105] Weiskopf, Achaemenid Systems (1982) 273. 286 ff.

Ein besonders anschauliches Beispiel für die Problematik derartiger Auffassungen bietet das Schicksal Kariens, wie man es aus Beiträgen verschiedener Gelehrter rekonstruieren könnte.

Karien

Stève geht davon aus, daß die altpersischen Listen Veränderungen im Reichsbestand gewissenhaft wiedergeben[106]. Die Erwähnung von Karien in den Listen DSe und DNa bietet seiner Ansicht nach einen *terminus p.q.* 493 v. Chr., da in diesem Jahr der Ionische Aufstand zu Ende gegangen sei. Gleichzeitig signalisiere die Erwähnung dieses Gebietes, daß Karien von diesem Zeitpunkt an eine eigene Provinz bildete.

Da Karien aber im Zuge der Eroberung des Lyderreichs an Persien gefallen war, stellt sich die Frage, wie dieses Gebiet zwischenzeitlich definiert und administrativ erfaßt wurde. Unter Kroisos war Karien Provinz des Lyderreiches und leistete Tribut[107]. Folgt man Stève, muß die einstige Provinzgrenze nach der persischen Eroberung aufgehoben, 493 v. Chr. aber erneut gezogen worden sein.

G. Bockisch zufolge gehörte Karien zur ersten (herodoteischen) Satrapie. Das Land bildete keine geschlossene Verwaltungseinheit, „denn es herrschten einzelne, einheimische Dynasten, die sich teils den persischen Unternehmungen anschlossen, teils aber mit den Griechen gegen Persien zusammengingen"[108]. Ihr zufolge war Karien noch Ende des 5. Jh. v. Chr. keine selbständige administrative Einheit: „Da Tissaphernes den Auftrag erhielt, Amorges, den unehelichen Sohn des lydischen Satrapen Pissouthnes, in Karien gefangenzunehmen, ist anzunehmen, daß Karien um das Jahr 412 noch keine selbständige Satrapie war"[109]. So wird nach ihrem Dafürhalten Karien erst 396/95 v. Chr. Satrapie, also nach der Entmachtung des Tissaphernes[110].

Noch länger dauert es bis zur Einrichtung einer Provinz Karien nach S. Hornblower. Auch für ihn ist der Tod des Tissaphernes der *terminus p.q.*, aber ihm erscheint es am wahrscheinlichsten, daß Karien erst 392/91 v. Chr. Satrapie wurde. Denn er nimmt an, daß erst Maussollos und nicht bereits Hyssaldomos

---

[106] Stève, StIr 3, 1974, 25. Es bedeutet allerdings eine gewisse gedankliche Inkonsequenz, wenn er ihnen gleichzeitig (a.O. 27) Unvollständigkeit unterstellt; dazu siehe hier S. 327-331.

[107] Hdt. I 28; Hornblower, Mausolus (1982) 16.

[108] Bockisch, Klio 51, 1969, 122.

[109] Bockisch, Klio 51, 1969, 134.

[110] Bockisch, Klio 51, 1969, 136.

das Satrapenamt erhielt[111]. Mehr als 160 Jahre nach der Eroberung der lydischen Provinz Karien hätte man also gewissermaßen den alten Zaun repariert.

Charakteristisch für die vorgenommenen historischen Rekonstruktionen ist die Methode der Quellenauswertung: Im Grunde spielt die allzu optimistische Überzeugung eine Rolle, daß wir über die historischen Ereignisse – zumindest im Westen – in einer gewissen Vollständigkeit informiert seien. Denn Hornblowers Annahme, daß Hyssaldomos nicht Satrap gewesen sei, beruht im wesentlichen darauf, daß für ihn der Satrapentitel nicht belegt ist, für Maussollos dagegen sehr wohl. Überhaupt ist für ihn nach der Tatsache, daß Herodot Karien in seiner Nomoi-Liste nicht als eigene Satrapie führt, als Argument gegen die Existenz einer Provinz Karien im 6. und 5. Jh. v. Chr. entscheidend, daß für diese Zeit kein Satrap überliefert sei[112]. Die Nicht-Erwähnung von Amtsträgern müßte allerdings, vor allem im Osten des Reiches, sogar an der Existenz von Satrapien zweifeln lassen, die Herodot selbst erwähnt. Eine Überlieferungslücke berechtigt nicht zu derartigen Schlußfolgerungen.

Zudem erweist sich das Problem vielleicht nur als eine Frage der Terminologie, denn bisweilen nennen sich Dynasten Satrapen, bisweilen wird hier ein Unterschied betont. So berichtet Xenophon in der Kyroupädie, daß Kyros d. Gr. Kilikien und Zypern keinen Satrapen geschickt habe[113]. Gleichwohl steht der persischen Administration fortan mit dem kilikischen Syennesis ein Ansprechpartner zur Verfügung. Und auch Zypern war trotz der Vielzahl der von Königen beherrschten Städte administrativ erfaßbar. Gleiches gilt für Lykien mit seinen zahlreichen Dynasten, unter denen vermutlich den Herrschern von Xanthos eine Sonderstellung zukam[114]. Welchen Unterschied es letztlich wirklich machte, ob ein einheimischer Dynast oder ein von der Zentrale be-

---

[111] Hornblower, Mausolus (1982) 36. 141.

[112] Hornblower, Mausolus (1982) 18 f.

[113] Xen., Cyr. VII 4, 2; vgl. VIII 6, 7. Zum Verhältnis Dynast – Satrap vgl. in Bezug auf Kilikien Asheri, Quaderni Storici – N. S. 76, 1991, 47 f.

[114] Zur Verwaltung Lykiens hat es in jüngerer Zeit mehrere Stellungnahmen gegeben: Jacobs in: Borchhardt / Dobesch (Hrsg.), II. Intern. Lykien-Symposion Wien (1993) 63-69; Briant, CRAI 1998, 305-347; Gygax, Lykische Gemeinwesen (2001) 68-83. 92-109; Kottsieper in: Kaiser (Hrsg.), TUAT Erg.-Bd. (2001) 194-199; Kottsieper in: Loretz / Metzler / Schaudig (Hrsg.), Festschrift Dietrich (2002) 233 ff.; Jacobs in: Henkelman / Kuhrt (Hrsg.), Essays in Memory of H. Sancisi-Weerdenburg (Leiden 2003) im Druck. Wie das Lykien der Dynastenzeit für die Verwaltung erfaßbar war, ist nach wie vor schwer zu erklären, da die Vorstellung, die gewissermaßen ein Oberdynastentum in Xanthos voraussetzt (vgl. Bryce, Historia 29, 1980, 378) den Gegebenheiten nur bedingt gerecht wird. Vgl. die sorgfältige und höchst differenzierte Darlegung bei M. Zimmermann, Historische Landeskunde Zentrallykiens (1992) 19 ff.

stimmter Beamter resp. eine bestimmte Familie die Amtsgeschäfte führte, wäre von Fall zu Fall zu untersuchen[115]. Im 4. Jh. jedenfalls wird die Tätigkeit der karischen Dynasten Maussollos und Idrieus in Inschriften als Satrapentätigkeit bezeichnet[116].

Unter diesem Aspekt stellt sich die Frage, ob uns für die Administration Kariens zumindest im 5. Jh. v. Chr. entscheidende Namen nicht doch genannt sind. Hier wäre insbesondere an die „Tyrannen von Halikarnass" – Artemisia (I.), Pisindelis und Lygdamis – zu denken[117]. Das Argument, Karien könne um 412 noch keine selbständige administrative Einheit gewesen sein, da Tissaphernes für die Niederschlagung des Amorges-Aufstandes bestellt worden sei[118], ist nicht nachvollziehbar, denn wer sonst, wenn nicht Tissaphernes, hätte dies tun sollen? Wie hätte der geographische Rahmen jener Rebellion, Karien, definiert sein sollen, wenn nicht als administrativ umschreibbare Einheit? Wie hätte schließlich die Niederschlagung jenes Aufstandes vonstattengehen sollen, daß sie Bockisch nicht zu jener Schlußfolgerung verleitet hätte[119]? Im übrigen: In welchem Bereich hätte Artemisia (I.) die Mittel für die Kriegskontributionen zum Xerxesfeldzug gegen Griechenland aufbringen und die Flottenmannschaften ausheben sollen?

In Anbetracht der Existenz einer lydischen Provinz Karien und der Eingliederung dieses Gebietes in unmittelbarem Zusammenhang mit der Eroberung des Lyderreiches ins Achämenidenimperium ist es doch das nächstliegende, daß die geopolitische Ordnung insgesamt erhalten blieb und Karien als administrative Einheit fortexistierte. Als solche erschien es dann auch unter der Bezeichnung *Karkā* in den *dahyāwa*-Listen[120]. Der Ionische Aufstand stellt zudem keineswegs einen *terminus p.q.* für DSe und DNa dar, denn was spricht, da Karien ca. 545 v. Chr. erobert wurde, dagegen, es anschließend, jedenfalls vor Beginn des Ionischen Aufstands, in den Listen aufzuführen? Es bedarf lediglich einer Erklä-

---

[115] Jacobs in: Durugönül / Durukan (Hrsg.), Olba II (1999) 50 f.

[116] Siehe unten Seite 324 mit Anm. 148.

[117] Suda 536 s.v. Herodotos (Adler 2, 588); zu Artemisia (I.), der Tochter des Lygdamis, auch Hdt. VII 99. Vgl. Bockisch, Klio 51, 1969, 126 Anm. 8.

[118] Siehe oben Anm. 109.

[119] Zu den Mechanismen der Konfliktbewältigung siehe jetzt Jacobs in: Henkelman / Kuhrt (Hrsg.), Essays in Memory of H. Sancisi-Weerdenburg (Leiden 2003).

[120] Zweifel daran, daß *ap.* Karka- „Karien" meine, äußerten Hachmann / Penner, Kāmid el-Lōz 3 (1999) 256 Anm. 50. Doch der Artikel RLA V (1976-80) 423-425 s.v. Karer (Schmitt) läßt daran kaum Zweifel zu.

rung dafür, daß *Karka-* in der Bīsutūn-Inschrift und in DPe, beides gewiß älteren Inschriften, nicht begegnet. Diese ist an anderer Stelle gegeben worden[121].

Wenn man aber annimmt, daß Karien bei der Eroberung des Harpagos als Provinz ins Perserreich eingegliedert wurde, dann mag es sein, daß der Bericht des Xenophon, demzufolge Kyros d. Gr. einen Mann namens Adousios nach Karien entsandte, um interne Streitigkeiten zu schlichten, und demzufolge sich die Karer diesen anschließend bei Kyros als Satrapen erbaten[122], aufhört, „nothing but a pretty story" zu sein[123]. Mag auch der Name des Entsandten eine Erfindung des Xenophon sein, so ist doch nicht ohne weiteres zu folgern, daß die Einrichtung der Provinz durch Kyros d. Gr. auf einer Rückprojektion des Xenophon beruhe.

Jener Mechanismus, demzufolge Karien ein Platz auf der Landkarte nur zeitweilig eingeräumt wird, dann natürlich auf Kosten seiner Nachbarn, namentlich Lydiens, während ansonsten, besonders wenn Quellen lydischen Einfluß auf karischem Gebiet belegen, wie dies beispielsweise bei Tissaphernes, Kyros und Autophradates der Fall ist, Karien von der Landkarte verschwindet, ist nicht sinnvoll zu begründen. Das von der Forschung konstruierte historische Wechselspiel resultiert aus der unhaltbaren Annahme, daß sich die Zuständigkeit eines lydischen und eines karischen Satrapen für karisches Gebiet gegenseitig ausschließen. Daß dies nicht zutrifft, ist bereits ausführlich dargelegt worden[124], soll im folgenden aber noch einmal begründet werden.

Kehren wir zu diesem Zweck noch einmal zu Tuplins Vorstellung zurück, man könne eine Übersicht über die Reichsadministration, die einen Überblick böte, wie ihn die dahyāwa-Listen und Herodot nicht gewähren, am ehesten gewinnen, wenn man eine Liste erstellte, die die Gesamtheit der für Gebiete und Orte belegten Beamten zusammenstellte[125].

Mit anderen Worten: Tuplin plädiert für die Suche nach dem kleinsten gemeinsamen Nenner. Dieses Verfahren ist aus verschiedenen Gründen aussichtslos. Erstens reichen unsere Quellen nicht aus, reichsweit einen Überblick über administrative Zuständigkeiten zu gewinnen. Zweitens, und das ist das wichtigere: Eine Liste der Kleinstzuständigkeiten zu postulieren ist etwa gleich-

---

[121] Siehe unten Anm. 133.

[122] Xen., Cyr. VII 4, 1.

[123] Hornblower, Mausolus (1982) 18.

[124] Jacobs in: Borchhardt / Dobesch (Hrsg.), II. Intern. Lykien-Symposion Wien (1993) 63-69.

[125] Tuplin in: Carradice (Hrsg.), Coinage and Administration (1987) 113.

bedeutend mit der Behauptung, man könne die Verwaltung und Ausdehnung eines modernen Staates nur dann adäquat beschreiben, wenn man seine sämtlichen Gemeinden aufzählt. Es käme dann noch erschwerend hinzu, daß man in Anbetracht der unpräzisen Verwendung von Amtstiteln in praktisch allen Quellengruppen (s.u.) in einer solchen Aufzählung bei einem Kenntnisstand, der dem unseren über das Perserreich vergleichbar ist, unweigerlich Amtsträger unterschiedlichen Ranges nebeneinander stellen und somit ein völlig entstelltes Bild entwerfen würde. Bei einer vergleichbar defektiven Überlieferung für unsere Gegenwart müßte beispielsweise die vereinzelte Erwähnung eines Bürgermeisters zu dem Schluß führen, daß eine „Satrapie" entstanden oder eine Rebellion ausgebrochen sei; die Erwähnung eines anderen an gleicher Stelle aktiven Beamten, etwa eines Ministerpräsidenten, zwänge im Gegenzug zu der Folgerung, daß jene „Satrapie" wieder aufgelöst oder die Rebellion niedergeschlagen wurde.

Der Fehler besteht offensichtlich darin, daß man stets ein Nebeneinander postuliert. Einfluß in einem Gebiet wird regelmäßig als Resultat eines Prozesses der Verdrängung einer anderen Zuständigkeit verstanden. So definiert man landläufig auch den Karanos: Er setzt die Befehlsgewalt aller anderen bis dahin tätigen Satrapen außer Kraft[126]. All dies hat mit der Realität wenig zu tun.

Aus dieser Aporie führt nur das Modell heraus, das auch die soeben für die Gegenwart konstruierten „Widersprüche" umgehend auflöst, nämlich das einer hierarchisch gegliederten Verwaltung. Eine solche Hierarchisierung haben W. Hinz und H. Koch in der Lokaladministration von Persepolis zweifelsfrei feststellen können[127]. Eine solche hat auch W. Vogelsang in der ihm besonders vertrauten Region des südöstlichen Achämenidenreichs immer wieder betont[128]. Überraschend ist lediglich, daß er davon auszugehen scheint, daß die Verwaltung nur im äußersten Osten des Achämenidenreichs eine pyramidale Struktur gehabt habe[129].

---

[126] Burn in: CHI II (1985) 295. Anders Keen in: Hillard u.a. (Hrsg.), Ancient History in a Modern University (1998) 88-95, allerdings ohne Kenntnis von Jacobs, Satrapienverwaltung (1994), mit dessen Rekonstruktion sich sein Vorschlag nicht vereinbaren läßt.

[127] Hinz, Orientalia 39, 1970, 424 f.; Koch in: Koch / MacKenzie (Hrsg.), Kunst, Kultur ... (1983).

[128] Vogelsang in: Briant / Herrenschmidt (Hrsg.), Le tribut dans l'empire perse (1985) 169 f.; vgl. Vogelsang in: AchHist III (1988) 133. Eine gewisse Brüchigkeit seiner Argumentation resultiert allerdings aus der intensiven Verwendung der Herodotliste III 90 ff., wenn sie auch nicht allein ihre Grundlage bildet

[129] Vogelsang in: Briant / Herrenschmidt (Hrsg.), Le tribut dans l'empire perse (1985) 169.

Dem war aber natürlich nicht so. Eine Hierarchie der Verwaltungsebenen gab es überall, fand man doch bei der Eroberung der Vorgängerreiche jeweils ein Kerngebiet mit angeschlossenen Provinzen vor und konservierte die vorgefundene Struktur automatisch bei der Eingliederung des neueroberten Komplexes in das wachsende Imperium[130]. Dann wird klar, daß der Bestand einer Satrapie Karien keineswegs auf Kosten des benachbarten Lydien ging und daß die verschiedenen Nachrichten alle auf den gleichen, über 200 Jahre lang im wesentlichen unverändert bestehenden Zustand, nämlich die Existenz einer Lydien untergeordneten (Unter-)Provinz Karien, anspielen. An diesem Modell läßt sich jede Nachricht über das Verhältnis dieser beiden Provinzen zueinander messen. Dann ist Karien natürlich nicht das dritte Machtzentrum in Kleinasien, und dann wird man die Rivalität zwischen den beiden Bezirken, die Weiskopf suchte[131], auch nicht mehr vermissen.

Dann nimmt es auch nicht länger wunder, daß beispielsweise Iasos 412 v. Chr. zur Satrapie des Tissaphernes, zumindest aber seit 387 v. Chr. zu Karien gehört habe[132]. Vielmehr liegt auf der Hand, daß Iasos stets karisch, aber natürlich mittelbar auch immer dem Satrapen von Lydien unterstellt war[133].

Man kann sich zugleich von dem − übrigens völlig ungerechtfertigten − Eindruck freimachen, jede Nachricht, die uns erreicht, sei Nachricht über eine Veränderung, wie es bei fast allen Berichten beispielsweise über Karien der Fall ist (s.o.). Maussollos nahm dem lydischen Satrapen mit seinen Militäraktivitäten an der lykischen Küste oder im Mäander-Tal also nichts weg, denn alles geschah in dessen Zuständigkeitsbereich.

Es wäre also selbst bei einer weit weniger defektiven Überlieferung nicht sinnvoll, die persische Reichsverwaltung auf ihrer untersten Ebene zu erfassen, da hier der hierarchische Aufbau des Systems nicht sichtbar wird[134]. Zudem

---

[130] Jacobs, Satrapienverwaltung (1994) 89-92; vgl. aber auch schon Bengtson, Gnomon 13, 1937, 122.

[131] Weiskopf, Achaemenid Systems (1982) 18 f. 273.

[132] Bockisch, Klio 51, 1969, 144.

[133] Jetzt könnte man natürlich die Frage stellen, warum ein seit 545 v. Chr. zum Reich gehöriges Karien nicht bereits in den Listen DB und DPe vorkommt (einen Erklärungsversuch bietet Jacobs, Satrapienverwaltung [1994] 109 f.). In jedem Fall läßt sich dieser Befund nicht zu einem Argument gegen die Interpretation als Aufzählung von Verwaltungsbezirken umschmieden, denn die Frage, warum bestimmte dahyāwa in den Listen genannt werden, andere dagegen nicht, stellt sich ja auch denen, die Unvollständigkeit der Listen voraussetzen.

[134] Wohl kaum zufällig haben alle Abhandlungen, die sich mit lokalen Verhältnissen beschäftigen, das Problem, ihre Ergebnisse in das jeweilige Verwaltungsgefüge einzu-

dürfte es eine solche „unterste Ebene" im strengen Sinne gar nicht gegeben haben, da, je niedriger die Ebene, desto stärker lokal bedingte, durch langfristige Entwicklungen geprägte Verhältnisse vorwalten, die die Gegebenheiten in den verschiedenen Provinzen letztlich unvergleichbar machen. Methodisch sinnvoller ist folglich der Zugriff auf die oberen Ebenen der Verwaltung. Sie haben eher die Chance, von den Quellen erfaßt zu werden, und haben, da direkter dem Zugriff der Zentrale ausgesetzt, auch mit Gewißheit ein einheitlicheres Gepräge. Praktisch dürfte eine Aufzählung gewesen sein, wie sie analog ein Katalog der deutschen Bundesländer, Schweizer Kantone oder französischen Departements bietet. Unter diesem Aspekt sollte man seine Aufmerksamkeit erneut den dahyāwa der Achämenideninschriften zuwenden. Wir kommen darauf zurück.

Zwischenbilanz

Wie der wissenschaftsgeschichtliche Rückblick gezeigt hat, sind die Rätsel und Probleme, die uns die achämenidische Reichsverwaltung aufgibt, für die meisten heute noch dieselben wir vor zwanzig Jahren, nur daß sich der Eindruck breitgemacht hat, daß im großen und ganzen Einigkeit herrsche und Dissens nur bei einer Anzahl von Einzelheiten. In den mutmaßlich existierenden Rahmen des Gesamtbildes paßt nun ein jeder jedwede beliebige Mitteilung der antiken Überlieferung frei improvisierend ein. Dies wird als methodischer Irrweg oft deshalb nicht sogleich erkennbar, da meist auf einen relativ engen geographischen Rahmen zu beziehende Quellen zusammengestellt werden, oft konzentriert auf Kleinsteinheiten der Administration wie etwa Lykien oder Judah. Wenn man nun nicht von einem hierarchisch strukturierten System, sondern von einem Ensemble im wesentlichen gleichrangiger Einheiten ausgeht, ist jedes Bemühen, verallgemeinernd ein Verwaltungssystem zu erschließen, zum Scheitern verurteilt. Die offensichtliche Unvergleichbarkeit der lokal vorgefundenen Gegebenheiten bestärkt nur das verbreitete Bild des improvisierten, regel- und strukturlosen Charakters der persischen Reichsverwaltung. Von Xanthos, Samaria oder Jerusalem aus aber läßt sich das System der Reichsverwaltung deshalb nicht erkennen, weil der Abstand zwischen den genannten Orten und der Reichszentrale zu groß ist[135]. In einem städtischen Rathaus unserer Tage ist auch wenig über Aufbau und Regierung des jeweiligen Staates zu erfahren. Es wird in diesen Fragen keinen Fortschritt geben, wenn man die Tatsache unberücksichtigt läßt, daß die Administration hierarchisch gegliedert war, und nicht ein ent-

---

ordnen. Beispiele hierfür sind die genannten Abhandlungen von Debord und Kottsieper (s.o. Anm. 66. 104), kritisch angemerkt in Bezug auf das Buch von Debord auch von Briant, BHAch II (2001) 122 f. mit Anm. 251; vgl. Kuhrt in: Carradine / Price (Hrsg.), Rituals of Royalty (1987) 40 ff.; Jacobs, Satrapienverwaltung (1994) 253.

[135] Vgl. in diesem Sinne auch die Ausführungen von Briant in: Lemaire / Sœbø (Hrsg.), Congress Vol Oslo (2000) 237-243, und Kuhrt, OLZ 96, 2001, 167.

sprechendes Denkmodell auf die antiken Quellen anwendet; dabei muß sich die Betrachtungsweise von oben nach unten richten, nicht umgekehrt[136].

Irrweg 2: Die Terminologie

Die Vielfältigkeit der antiken Begrifflichkeit ist *per se* ein starkes Argument für die Existenz einer Ämterhierarchie. Die Ansichten darüber, ob diese Terminologie präzise und verläßlich sei, ob die Begriffe allgemeiner oder spezifischer Natur seien etc., gehen zwar weit auseinander, aber allein die Tatsache, daß solch eine vielfältige Begriffswelt existiert, legt nahe anzunehmen, daß mit ihr eine komplexe Realität erfaßt werden sollte. Im Griechischen stehen uns Begriffe wie ἀρχή, νομός, σατραπεῖα, ὑπαρχία resp. σατράπης, στρατηγός, κάρανος, ἄρχων, ὕπαρχος, δυνάστης für Amtsbereiche bzw. Amtsträger zur Verfügung. Unter diesen erregt natürlich das Begriffspaar „Satrap" / „Satrapie", da Fremdwörter im Griechischen, besondere Aufmerksamkeit.

Alle, die in jüngerer Vergangenheit über die Prägnanz der antiken Begrifflichkeit diskutiert haben, gehen letztlich bewußt oder unbewußt von einem hierarchischen Aufbau der Administration aus, wenn sie darüber nachdenken, ob Amtsbezeichnungen einen bestimmten Rang definierten. Aber hier gehen nicht nur die Meinungen zur Terminologie auseinander. Die gedanklichen Konsequenzen, die die Fragestellung fordert, werden häufig nicht gezogen.

Weiskopf votiert dafür, daß das politisch-administrative Vokabular für persische Amtsträger nicht signifikant sei[137]. Mehrfach macht er Angaben zum Rang eines Satrapen[138], eines Karanos[139] oder niederer Beamter[140], doch läuft letztlich alles auf das „Verdrängungsmodell" hinaus, das von prinzipiell gleichrangigen Kompetenzen ausgeht.

---

[136] Vgl. Sancisi-Weerdenburg in: Sancisi-Weerdenburg / Kuhrt (Hrsg.), 1986 Ach. Hist. Workshop (1990) 263: „In the Introductory Note to this workshop participants were asked to look at the Persian empire not from the top, but from below, at the level of every-day life among the subject-populations; and, after two days of intensive discussion, one thing has become clear: when one decides to look from the bottom, it is often hard to see the empire." Siehe auch das Resüme, das Ackroyd in: Sancisi-Weerdenburg / Kuhrt (Hrsg.), 1986 Ach. Hist. Workshop (1990) 214, in Bezug auf Palästina zieht: „At no point we are able to determine the status of officials, nor just who they were."

[137] Weiskopf, Achaemenid Systems (1982) 5 f. (siehe Debord, L'Asie Mineure (1999) 22); so schon Nöldeke, GGA 1, 1884, 291 f.

[138] Weiskopf, Achaemenid Systems (1982) 5 f.

[139] Weiskopf, Achaemenid Systems (1982) 28 f.

[140] Weiskopf, Achaemenid Systems (1982) 39 f.

Petit untersucht den Gebrauch der Terminologie bei einzelnen antiken Autoren und attestiert ihnen unterschiedlich gute Kenntnisse der Gegebenheiten, was zwar naheliegend ist, aber nur an einem stichhaltigen Modell der Verwaltung demonstriert werden könnte. Er begnügt sich jedoch weitgehend mit isolierten Statements, etwa daß Xenophon besonders gut informiert gewesen sei[141]. Für uns ist letztlich entscheidend, daß Petit die antike Nomenklatur für Ämter und Amtsinhaber für unpräzise und fließend hält[142]. Anderer Meinung ist beispielsweise Tuplin, ohne daß er eine konsequente Benutzung der Begriffe belegen könnte[143].

In der Tat ist die Verwendung der Begriffe in den griechischen Quellen nicht präzise. So wies Balcer darauf hin, daß von den 23 Mal, die das Wort ὕπαρχος bei Herodot begegne, immerhin siebenmal der Statthalter von Lydien gemeint sei[144]. Diese Provinz aber ist, wie D. Stronach sie einmal genannt hat[145], die „flagship satrapy" des achämenidischen Westens, und die durch den Begriff angedeutete *Unter*gebenheit ihres obersten Beamten kann sich nur auf das Verhältnis zum Großkönig, nicht aber auf eine Unterordnung im administrativen Ranggefüge beziehen[146].

Der Begriff „Satrapie" ist durch Herodots Satrapienliste belastet, zumindest für alle jene, die die Liste für nicht verwertbar halten. Auf jeden Fall muß man einräumen, daß die 20 Satrapien des Herodot und die 127 (resp. 120) Satrapien der Bibel[147] nicht auf der gleichen Ebene der Verwaltung gelegen haben können. Die Tätigkeit autonomer Potentaten wie die von Mania in Mysien und Maussollos in Karien wird bisweilen mit der von Satrapen gleichgesetzt[148], andererseits auch gern von ihr unterschieden[149]. Die Zahl der Inkonsequenzen ist Legion, aber auch an den wenigen Belegen aus Achämenideninschriften und

---

[141] Petit, Satrapes et satrapies (1990) 17 f.

[142] Petit, Satrapes et satrapies (1990) 15; vgl. Debord, L'Asie Mineure (1999) 23 f.

[143] Tuplin in: Carradice (Hrsg.), Coinage and Administration (1987) 120 f. 122 ff.

[144] Hdt. III 120; V 25. 73. 123; VI 1. 30. 42; Balcer, Historia 37, 1988, 2.

[145] Stronach in: Huot / Yon / Calvet (Hrsg.), Recueil Deshayes (1985) 442 f.

[146] Die Ambivalenz der Begrifflichkeit entspricht also ganz genau der Erläuterung der Suda (ed. Adler IV 1935, 643 s.v. ὕπαρχος): ὁ ὑφ' ἑτέρου ἀρχόμενος, ὁ ὑποτεταγμένος ἑτέρῳ, ὁ μὴ ὢν αὐτοκράτωρ. Vgl. Chaumont, Syria 1990, 584 f. 603 ff.

[147] Esther 8, 9; Daniel 6, 2.

[148] Für Mania siehe Xen., Hell 1, 10-12; für Maussollos oder Idrieus siehe Le Bas / Waddington, Inscriptions (1870) 377, 378, 379; vgl Inschrift aus Sekköy in Milas Müzesi: [Ἔτει ... Ἀρτα]ξέρξευς βασιλεύοντος, Μαυσσώλλ[ο]υ
[ἐξαιθραπεύον]τος, ... (Blümel, EpigrAnat 16, 1990, 30).

[149] Vgl. Petit, BCH 112, 1988, 314 f.

Tontafeln aus Persepolis läßt sich keine spezifische Verwendung der Termini belegen[150]. Letztlich ist es wahrscheinlich, daß der Begriff „Satrap" von Anfang an kein spezifischer *terminus technicus* zur Bezeichnung eines Provinzverwalters mit bestimmtem Rang war, sondern wie es die Wortbedeutung „Herrschaftsschützer" eigentlich schon nahelegt, ganz allgemein den Statthalter bezeichnete[151].

So ist es naheliegend, eine künstliche Terminologie zu entwickeln, wie dies beispielsweise Petit getan hat: Für ihn ist ein Satrap stets Perser, männlich, untersteht dem König unmittelbar, beherrscht eine Satrapie, die als oberste Unterteilung der Administration verstanden wird, verfügt über die zivilen und militärischen Kräfte seines Zuständigkeitsbereichs und verficht die persischen Interessen. Ihre Untergebenen, die über jeweils kleinere Zuständigkeitsbereiche gebieten, nennt er Hyparchen[152]. Debord wies zusätzlich darauf hin, daß künstliche Begriffe mit dem Fortgang der historischen Entwicklung, zu deren Beschreibung sie dienen sollen, u.U. den Gegebenheiten immer weniger gerecht werden[153]. Dieser Vorbehalt ist prinzipiell richtig, bei ihm aber vor allem von der Vorstellung ständig im Fluß befindlicher Verhältnisse geprägt.

Petits Terminologie hat allerdings den Nachteil, daß sie Begriffe in einer Weise präzisiert, die von der schriftlichen Überlieferung nicht getragen wird, vielmehr immer wieder im Widerspruch zu ihr steht. So hatte seiner Definition zufolge, Mania von Mysien nicht die Stellung eines Satrapen[154]. Dies ist nicht unproblematisch.

Fatale Folgen hat eine solche Terminologie, wenn ein Autor antike und moderne Begrifflichkeit verwechselt, wie es Balcer tut, der zunächst postuliert, daß Nicht-Achämeniden, Nicht-Perser und Frauen niemals Satrap werden konn-

---

[150] Die Belege in den verschiedenen Einzelsprachen finden sich gesammelt bei Schmitt in: Mopurgo / Meid (Hrsg.), Stud. Palmer (1976) 373 ff. Zu den akkadischen Quellen siehe auch das Resüme bei Briant, BHAch II (2001) 120: „Il convient d'ajouter que, si la terminologie grecque (satrapēs, hyparkhos) est notoirement imprécise, la terminologie babylonienne peut l'être également, ..." Vgl. allgemein Briant, BHAch (2001) 120 ff.; Joannès / Lemaire, Transeuphratène 17, 1999, 30.

[151] Zur Bedeutung vgl. Schmitt in: Mopurgo / Meid (Hrsg.), Stud. Palmer (1976) 373 f.

[152] Petit, BCH 112, 1988, 314 ff.; Petit, Satrapes et satrapies (1990) 15.

[153] Debord, L'Asie Mineure (1999) 28 f.

[154] Petit, BCH 112, 1988, 318 ff.; vgl. Petit, BCH 112, 1988, 320, wo der Autor darüber spekuliert, ob die Dynasten von Karien im 4. Jh. v. Chr. das Recht erwarben, sich Satrapen zu nennen, wie sie es in ihren Inschriften taten (s.o. Anm. 131) oder ob man ihnen diese Anmaßung in kritischen Zeiten durchgehen ließ; Debord, L'Asie Mineure (1999) 26 f.

ten, und in der Folge einerseits Tissaphernes und Pharnabazos zu „royal
Achaemenids" ernennt, andererseits im Falle der „Satrapin" Mania kurzerhand
die antiken Quellen korrigiert[155]. Ähnliches ist bei Wiesehöfer der Fall. In seiner
Besprechung meiner Arbeit wirft er mir „zahlreiche historische Fehlschlüsse"
vor[156]. Zwei der doch vermutlich gravierendsten benennt er. So sei erstens „die
Überlieferung zu einer von Anfang an gegebenen (Groß)Satrapie Persis ... überaus lückenhaft und höchst problematisch". Dies trifft zu, war dem Verf. aber
durchaus bewußt[157] und verbietet wohl kaum den Versuch einer Rekonstruktion[158]. Wo der historische Fehlschluß liegt, wird also erst die Zukunft zeigen.
Zweitens sei, so Wiesehöfer, ein „Maussollos ... als angeblicher ‚Kleinsatrap'
(von Karien) kaum vorstellbar; ..." Hier bleibt unklar, ob sich Wiesehöfers
Imaginationsfähigkeit gegen den Bestandteil „Klein-" oder den Bestandteil
„-satrap" sträubt. Sollte sich der Zweifel auf letzteres richten, so wäre zu sagen,
daß man sich in Karien die heimischen Potentaten offenbar sehr wohl als
Satrapen „vorstellen" konnte, wie die schon mehrfach zitierten Inschriften belegen[159]. Da der Begriff „Kleinsatrap" von mir unverkennbar als Teil meiner
eigenen künstlichen Terminologie kenntlich gemacht wurde[160], kann sich der
Widerspruch aber eigentlich auch nicht auf „Klein-" beziehen. Denn daß ein
Potentat in Karien mit einem Statthalter in Baktrien oder Babylonien gleich-
rangig gewesen sei, will Wiesehöfer doch wohl nicht im Ernst behaupten.
Nehmen wir Wiesehöfers Einwand einmal so, wie er gemeint war, so heißt es
doch, daß Maussollos einfach nicht das ist, was sich Wiesehöfer unter einem
(Klein)Satrapen vorstellt, doch darin äußert sich nur ein Konflikt der eigenen
mit der überlieferten Terminologie.

Die vom Verf. eingeführte Begrifflichkeit, derzufolge die drei obersten Stu-
fen der Verwaltungshierarchie als „Groß-", „Haupt-" und „Kleinsatrapien" zu
bezeichnen sind, verwendet den Begriffsbestandteil „Satrapien" in einem allgemeinen Sinn von „Provinz", „Statthalterschaft", den der vergleichbare
Gebrauch der antiken Überlieferung durchaus rechtfertigt. Die Bestandteile
„Groß-", „Haupt-" und „Klein-" beschreiben versuchsweise die antiken
Gegebenheiten, wobei der Versuch im Gegensatz zu ungeprüften
Glaubensbekenntnissen den Vorteil hat, durch *einige hundert Belegstellen* in der
antiken Literatur Bestätigung zu finden.

---

[155] Balcer, AMI 26, 1993, 86.

[156] Wiesehöfer, Klio 81, 1999, 234 mit Anm. 6.

[157] Jacobs, Satrapienverwaltung (1994) 197; vgl. jedoch für die Belege a.O. 195 Anm. 4.

[158] Siehe zu dieser Frage schon Leuze, Satrapieneinteilung (1935) 49 f.

[159] Siehe oben Anm. 148.

[160] Vgl. Wiesehöfers wörtliches Zitat in Wiesehöfer, Klio 81, 1999, 233 Anm. 2.

Was abschließend die Funktion und den Inhalt der dahyāwa-Listen angeht, so sei zum einen in Erinnerung gerufen, daß es nicht sinnvoll und kaum praktikabel gewesen wäre, das Reich durch die Nennung administrativer Kleinsteinheiten zu beschreiben. Hier war der Rückgriff auf eine höhere Ebene geboten. Zum anderen halte man sich vor Augen, daß die erste dahyāwa-Liste in der Bīsutūn-Inschrift (DB) begegnet, also in einem Text, der sich (noch) um historische Dokumentation bemühte[161]. Dies der dortigen Liste von vornherein abzusprechen, ist willkürlich. Einen programmatischen Ansatz legt auch noch der Text des Dareiosgrabes nahe: „Wenn du nun denken / überlegen solltest: 'Wie viele waren diese Länder, die Dareios der König innegehabt hat?', betrachte die Skulpturen, die den Thron tragen!"[162] Dies kann doch nichts anderes heißen, als daß man sich aus Bild und Beischriften über den Umfang des Reiches informieren konnte.

Daß sich die Listen und die mit ihnen zu parallelisierenden Bilddarstellungen – Thronträger und Geschenkdelegationen – allmählich von der ursprünglichen Intention entfernten, hat der Verf. an anderer Stelle ausführlich dargelegt[163]. Die Ergänzung der Listen durch Namen von Verwaltungseinheiten, die keine neu gewonnenen Gebiete repräsentieren, entspricht dieser Tendenz. Hier wurde die Fiktion einer kontinuierlichen Mehrung des Reiches aufrechterhalten. Die Brauchbarkeit der Listen als Quelle für die Rekonstruktion der Reichsadministration schränkt dies aber nur unwesentlich ein, wie im folgenden noch einmal gezeigt werden soll.

Die Listen als Mittel zur Datierung

Daß die dahyāwa-Listen der Achämenideninschriften eine Möglichkeit an die Hand gäben, die Inschriften, zu denen sie gehören, zu datieren, ist immer wieder bestritten worden, noch zuletzt von Sancisi-Weerdenburg[164]. Die Problematik wird beispielsweise in einem Artikel von Stève offenkundig: Er geht zwar davon aus, daß die Listen das Wachsen des Reiches bis in die späte Achämenidenzeit (Inschriften am Südgrab in Persepolis) dokumentieren, hält aber gleichwohl das Fehlen zum Reich gehöriger Gebiete in den Listen für möglich[165].

---

[161] So auch H. Sancisi-Weerdenburg in: Bakır (Hrsg.), Achaemenid Anatolia (2001) 2.

[162] DNa 38-42; Übersetzung Schmitt, Beiträge (2000) 3.

[163] Jacobs, AMIT 34, 2002, 363-378.

[164] Sancisi-Weerdenburg in: Bakır (Hrsg.), Achaemenid Anatolia (2001) 7.

[165] Stève, StIr 3, 1974, 25 f.; so auch Calmeyer, AMI 15, 1982, 122.

Die Crux ist also wiederum die mutmaßliche Unvollständigkeit, die es möglich erscheinen läßt, daß zum Reich gehörige Gebiete aus welchen Gründen
auch immer nicht aufgeführt wurden. Das Fehlen bestimmter Länder lieferte
demnach keinen *terminus a.q.* für die jeweilige dahyāwa-Liste.

Noch fataler wirkt sich die Auffassung aus, daß u.U. auch Gebiete aufgeführt
wurden, die noch nicht oder niemals zum Reich gehörten. So vertrat Klinkott
jüngst wieder einmal die Auffassung, daß Dareios I. die nördlichen Schwarz-
meergebiete mit der Formulierung Sakā paradraya in seinen Listen geführt habe,
obwohl sie niemals zum Reich gehörten. Die Nennung wurde seiner Ansicht
nach damit gerechtfertigt, daß Dareios dort Krieg geführt hatte[166]. Unter diesen
Vorzeichen hätte man allerdings auch schon vor 513 v. Chr. Anspruch auf
Nubien und Libyen erheben können, denn dort hatte Kambyses Krieg geführt[167].
Nach dieser Argumentation verlören einige der wenigen *termini p.q.*, die wir
haben, ihre Gültigkeit.

Es stellt sich jedoch die Frage nach der Methode. Gewiß kann man mit fragwürdigen Hypothesen jedwede naheliegende Schlußfolgerung in Frage stellen,
doch muß Klarheit darüber herrschen, wo die Beweislast ruht.

Daß der Umfang des Reiches bis in die Spätzeit dokumentiert würde, wie
Stève will, ist gewiß unzutreffend, da die Darstellungen der Thronträger auf
allen jüngeren Königsgräbern in Naqš-i Rustam und Persepolis die am Grab
Dareios' I. nur kopieren ohne Rücksicht auf die aktuelle geopolitische Ent

---

[166] Klinkott in: Anatolien (2001) 120 f., kann außer dem recht beliebigen Wunsch, daß
es so sei, als Argument nur die Anordnung Yauna / Sakā paradraya / Skudra in der Liste
DNa geltend machen, in der sich das Schwarzmeergebiet in die Nachbarschaft von
Ionien und Thrakien besser einfügt als das transkaspische (DNa 28 f.). Dieser Einwand
ist jedoch bereits bei Jacobs, Satrapienverwaltung (1994) 260, entkräftet worden mit dem
Hinweis, daß unmittelbar anschließend (DNa 29 f.) noch einmal eine geographisch
wenig überzeugende Abfolge geboten wird: Kūšiyā / Maciyā / Karkā. Doch selbst ohne
dies wäre Klinkotts Einwand eindeutig ein Argument zweiter Klasse; vgl. Nagel in:
Koch / MacKenzie (Hrsg.), Kunst, Kultur ... (1983) 169 ff., bes. 170 f.; Jacobs,
Satrapienverwaltung (1994) 257-260. Klinkotts Hinweis (ibid.) auf Schmitt, Historia 21,
1972, 526 f., und die dort vorgetragene Gleichung *drayah-* = Schwarzes Meer, Bosporus
und Hellespont ist ebenfalls von geringem Gewicht, da die Notwendigkeit einer anderen
Lokalisierung der Saken jenseits des Meeres jenen „Beweis" automatisch widerlegen
würde. Die von Schmitt ebendort propagierte Gleichsetzung von *tayaiy drayahyā* mit
Phrygien am Hellespont ist gleichfalls nicht zwingend: Sancisi-Weerdenburg in: Bakır
(Hrsg.), Achaemenid Anatolia (2001) 10 f.; vgl. Jacobs, Satrapienverwaltung (1994) 104
Anm. 63.
[167] Hdt. III 25 ff.

wicklung. Und auch wenn die Inschrift an Grab V in Persepolis (A³Pb) keine Abschrift von DNe ist, sondern wohl eine Replik nach einer gemeinsamen Vorlage, wie Schmitt ausgeführt hat[168], bestätigt dies Stèves Ansicht nicht. Auch die jüngeren Darstellungen von *dahyāwa*-Vertretern am Hundertsäulensaal sowie auf den Treppen von Artaxerxes I. und III. in Persepolis sind keine Dokumente des jeweils aktuellen Reichsbestandes. Sie sind in ihrer Anordnung und somit mittelbar auch inhaltlich von der älteren Darstellung am Apadāna abhängig[169]. Damit bleibt die Länderliste der Inschrift XPh das jüngste „Originaldokument" seiner Art.

Nun hat man innerhalb der Regierungszeit des Dareios I. aus den in den Listen geführten Ländernamen verschiedene Datierungen ableiten wollen. Nicht nur die Nennung von Gebieten wie dem Industal, Thrakien, Libyen und Nubien hat man für die Gewinnung zeitlicher Ansätze zu nutzen versucht, sondern auch das mutmaßliche Verschwinden von Namen. W. Hinz hatte die Dareiosstatue aus Susa aus verschiedenen Gründen in das Jahr 496 v. Chr. zu datieren versucht[170]. Trotz schlüssiger Widerlegung der hinzschen Datierungsansätze durch Tuplin[171] beharrte Calmeyer darauf, daß Ionier und Karer in den Festungsovalen auf dem Sockel der Statue deshalb fehlten, weil sie wegen des Ionischen Aufstandes nicht zum aktuellen Reichsbestand gehörten[172]. Calmeyer läßt damit jedoch außer Acht, daß es nicht in einem einzigen Fall zu erweisen ist, daß die Achämenidenherrscher bereit waren, Gebietsverluste offiziell zu dokumentieren[173]. Er ignoriert auch die Tatsache, daß man, wenn man Unvollständigkeit der Listen konstatiert hat, nicht auf einmal aus dem Fehlen von Namen irgendwelche Schlüsse ziehen kann. Wenn aber, wie der Verf. verschiedentlich darzulegen versucht hat, durch die Erwähnung der Hauptsatrapie Lydien die administrativ untergeordneten Gebiete Ioniens und Kariens – ebenso Großphrygiens und Phrygiens am Hellespont – automatisch miterfaßt waren, erklärt sich ihr Fehlen an der Dareiosstatue aus Susa allein aus der Zahl von

---

[168] Schmitt, Beiträge (2000) 13 f.

[169] Jacobs, AMIT 34, 2002, 357-361.

[170] Hinz, AMINF 8, 1975.

[171] Tuplin in: Sancisi-Weerdenburg / Kuhrt (Hrsg.), 1988 Ach. Hist. Workshop (1991) 237 ff., bes. 249 ff.

[172] Calmeyer in: Sancisi-Weerdenburg / Kuhrt (Hrsg.), 1988 Ach. Hist. Workshop (1991) 286. 294 f.

[173] Dieser Feststellung tut auch der Satz „Die Verluste sind eindeutig: die 'Saka jenseits des Meeres' sind schon seit dem Donaufeldzug verloren, ...", keinen Abbruch (Calmeyer in: Sancisi-Weerdenburg / Kuhrt [Hrsg.], 1988 Ach. Hist. Workshop [1991] 294; vgl. Calmeyer, AMI 15, 1982, 115), denn diese waren nie gewonnen worden. Zur Absurdität der calmeyerschen Argumentation siehe oben Anm. 166.

Festungsovalen, die für die Darstellung der Reichsprovinzen auf dem Statuensockel vorgesehen waren[174]. Eine Datierung welcher Art auch immer läßt sich so
nicht gewinnen.

Welche Datierungen kann man den Listen also überhaupt abringen? Nach H.
Sancisi-Weerdenburg bietet keine der Listen und keine der Inschriften, zu denen
sie gehören, den Schlüssel für eine absolute Datierung[175]. Dies ist im Falle der
Bīsutūn-Inschrift nur bedingt richtig, denn schon der in § 71 von Dareios formulierte Entschluß, das Denkmal um die Dokumentation von Ereignissen aus
seinem 2. und 3. Regierungsjahr zu erweitern, machte Eingriffe und Veränderungen notwendig, die z.T. deutlich erkennbar sind[176]. Die Arbeiten am Denkmal müssen folglich schon in den Jahren 520/19 und 519/18 v. Chr. weit fortgeschritten gewesen sein, was die Abfassung der Länderliste einschließt. Die Nennung von Hīduš in DPe bietet einen *terminus p.q.* 515 v. Chr., was auch bei H.
Sancisi unwidersprochen bleibt. Für die übrigen einschlägigen Inschriften (DPh,
DSe, DNa, die Beischriften auf der Dareiosstatue aus Susa und auf den Stelen
vom Suez-Kanal) bieten die Nennungen von Skudra (DSe) und / oder Putāyā
und Kūšīyā *termini p.q.* Lassen wir die Frage beiseite, ob im Falle von DSe eine
genauere Datierung möglich ist[177], so gilt für die letztgenannten Inschriften
sämtlich ein *terminus a.q. non* 512. v. Chr. Nun ist es durchaus zutreffend, daß
man von solch einem *terminus* prinzipiell beliebig weit abrücken kann – die
Grenze nach unten bildet allein das Ende der Regierungszeit des Dareios I.[178]
Das Vorhaben, den jeweils aktuellen historischen Entwicklungsstand wiederzu-
geben, könnte also lediglich die Liste DPe belegen, wenn sie als Dokumentation
eines Zwischenstadiums zwischen DB und den übrigen genannten Inschriften zu
erweisen wäre. Aus sich selbst heraus aber bietet sie in der Tat nur den genannten terminus p.q. 515 v. Chr., von dem sich aber, entsprechend den bisherigen Ausführungen, durchaus über das Datum 513/12 v. Chr. hinaus abrücken ließe.

Dies allerdings empfiehlt sich in Anbetracht der Ausführungen von Schmitt,
denenzufolge das ‚tetradische Textensemble' DPd-g als eine Art Gründungsur-

---

[174] Jacobs, Satrapienverwaltung (1994) 124 ff.; Jacobs, AMIT 29, 1997, 286; vgl.
Stronach in: Huot / Yon / Calvet (Hrsg.), Recueil Deshayes (1985) 442 f.; Tuplin in:
Sancisi-Weerdenburg / Kuhrt (Hrsg.), 1988 Ach. Hist. Workshop (1991) 252 f.

[175] Sancisi-Weerdenburg in: Bakır (Hrsg.), Achaemenid Anatolia (2001) 7.

[176] Trümpelmann, AA 1967, 281-298; Nagel in: Koch / MacKenzie (Hrsg.), Kunst,
Kultur ... (1983) 183 ff.

[177] Jacobs, AMIT 29, 1997, 285.

[178] Siehe allerdings die Argumentation zur Inschrift DPh bei Jacobs, AMIT 29, 1997,
286. 287 ff., jetzt bestätigt durch Vargyas, IrAnt 35, 2000, 41 f.

kunde für die gesamte Terrasse zu verstehen sei[179], nicht. Jüngere Überlegungen zur Baugeschichte von Persepolis lassen zudem schwerlich eine Möglichkeit offen, die Fertigstellung der Terrasse und den ‚Gründungsakt‘ über das Datum 513/12 v. Chr. hinabzurücken[180]. Somit repräsentiert DPe also tatsächlich eine Zwischenstufe zwischen DB und jenen späteren Inschriften.

Was ergibt sich aus diesen Überlegungen? Es war das Anliegen von Sancisi-Weerdenburg, eine sich im Kreis drehende Argumentation aufzubrechen, in der die *dahyāwa* als Zeugnisse für eine historische Entwicklung genommen wurden, die ihrerseits die Datierung der Listen geliefert hatte. Ihre Argumentation zielte darauf, daß, da z.B. eine Datierung bestimmter Inschriften in die Spätzeit des Dareios I. nicht zu erweisen sei, gleichfalls nicht zu sichern sei, daß die in ihnen enthaltenen Listen die historische Entwicklung der nämlichen Zeit dokumentierten. Die Lösung liegt aber nicht darin, daß „the old-Persian inscriptions should not be assumed to fit into any type of historiographical category"[181]. Denn dies trifft, wie Sancisi selbst eingestehen muß, zumindest auf die Bīsutūn-Inschrift nicht zu[182], und diese enthält ja die älteste dahyāwa-Liste. Die Lösung besteht vielmehr darin, die Listen nicht zu überfrachten. Sie dokumentierten die Mehrung des Reiches nur, solange es wuchs. 512 aber hatte das Reich, zumindest, was die Zahl seiner Provinzen angeht, seine größte Ausdehnung erreicht, und so ging die entsprechende Intention ins Leere; bald versiegte das Interesse, was die chaotische Anordnung der letzten Liste in der Inschrift XPh deutlich belegt.

Der Befund, daß der jüngste Datierungsanhalt, ein *terminus p.q.*, den die Listen vermitteln, noch ins erste Regierungsjahrzehnt des Dareios fällt, macht zwar deutlich, daß der historische Ertrag, den die Kataloge abwerfen, gering ist, gestattet aber andererseits nicht, sie ohne weiteres als historische Dokumente zu verwerfen. Wer dies ohne triftige Argumente dennoch tun will, muß sich fragen lassen, ob es ihm mehr darum geht, auf konstruktivem Wege zu Ergebnissen zu kommen oder sich selbst von der Pflicht zu entbinden, die gedanklichen Konsequenzen einer gewissenhaften Auswertung der Quellen zu tragen, was die grundlegende Überarbeitung der eigenen Vorstellungen einschließt.

---

[179] Schmitt, Beiträge (2000) 27.

[180] Jacobs, AMIT 29, 1997, 281 ff., bes. 298 f.

[181] Sancisi-Weerdenburg in: Bakır (Hrsg.), Achaemenid Anatolia (2001) 2.

[182] Sancisi-Weerdenburg in: Bakır (Hrsg.), Achaemenid Anatolia (2001) 2: „With the possible exception of Behistun, they were never drafted to record historical events", ist eine Formulierung, aus der das „possible" mit Sicherheit zu streichen ist.

Zusammenfassung

Im Ergebnis der wissenschaftsgeschichtlichen Bestandsaufnahme der Diskussion der letzten 20 Jahre ergibt sich im Gegensatz zu dem, was Sancisi-Weerdenburg glaubte feststellen zu können, ein tiefgreifender Dissens in allen entscheidenden Fragen. Dieser ist im wesentlichen bedingt durch die Verletzung des „1. Gebotes" der Quellenauswertung: Primärquellen gehen über Sekundärquellen.

Wer die Herodotliste über die altpersischen Länderlisten stellt oder von dieser Prämisse geprägte wissenschaftliche Meinungen ohne eingehende Revision übernimmt, geht in die Irre. Das Entstehen der zahlreichen unterschiedlichen Meinungen zu Einzelfragen, die oben referiert wurden und die jenes kaum durchschaubare Gewirr oft in sich widersprüchlicher und einander widersprechender Auffassungen erzeugen, ist dadurch bedingt, daß sich das auf falschen Voraussetzungen fußende Bild der antiken Situation zwar in zahllosen Fällen an Quellenaussagen und gesicherten Gegebenheiten reibt und stößt, jedoch auf die unterschiedlichsten Arten zurechtgebogen wird. Weitere ungerechtfertigte Umwertungen von Quellen, Inkonsequenzen, an den Haaren herbeigezogene Hypothesen und fragwürdige Theorien sind die Folge. Rollingers Vermutung, daß sich die Forschung in eine Sackgasse begeben habe, ist vollkommen zutreffend. Einen Ausweg bietet weder das Beschwören eines Konsenses noch die Verharmlosung von Meinungsdivergenzen[183].

Für eine erfolgreiche Auseinandersetzung mit dem Thema ist die Erfüllung zweier Voraussetzungen unerläßlich:

1. Die dahyāwa-Listen müssen vorurteilsfrei in ihrer Eigenschaft als Primärquellen ausgewertet werden. Hierbei bedarf es einer maßvollen Einschätzung dessen, was sie als historische Quellen zu leisten vermögen.

2. Der Gedanke eines hierarchischen Aufbaus der Verwaltung ist konsequent in allen Teilen des Reiches und auf allen Ebenen zu verfolgen.

Nur so ist eine „gewaltfreie" Auswertung der schriftlichen Überlieferung möglich. Einen ersten Entwurf für diese Vorgehensweise hat der Verf. auf Anregung des Jubilars 1994 vorgelegt.

---

[183] Debord, L'Asie Mineure (1999) 26 Anm. 32; 169 Anm. 25; vgl. Jacobs, Gnomon 74, 2002, 418.

Literatur- und Abkürzungsverzeichnis

Ackroyd in: Sancisi-Weerdenburg / Kuhrt (Hrsg.), 1986 Ach. Hist. Workshop (1990) =
P. Ackroyd, The Written Evidence for Palestine, H. Sancisi-Weerdenburg / A. Kuhrt
(Hrsg.), Centre and Periphery – Proceedings of the Groningen 1986 Achaemenid
History Workshop, Achaemenid History IV (Leiden 1990) 207-220.

Altheim, Weltgeschichte Asiens (1947/48) =
F. Altheim / P. Schnabel, Weltgeschichte Asiens im griechischen Zeitalter – I/II
(Halle 1947/48).

Archibald, Odrysian Kingdom (1998) =
Z. H. Archibald, The Odrysian Kingdom of Thrace, Oxford Monographs on Classical
Archaeology (Oxford 1998).

Armayor, TAPhA 108, 1978 =
O. K. Armayor, Herodotus' Catalogues of the Persian Empire in the Light of the
Monuments and the Greek Literary Tradition, Transactions of the American Philo-
logical Association 108, 1978, 1-9.

Asheri, Quaderni Storici – N. S. 76, 1991 =
D. Asheri, Divagazioni erodotee sulla Cilicia persiana, in: P. Desideri / S. Settis
(Hrsg.), Scambi e identità culturale: la Cilicia, Quaderni Storici – N. S. 76, 1991, 35-
65.

Badian in: CHI II (1985) =
E. Badian, Alexander in Iran, in: I. Gershevitch (Hrsg.), The Cambridge History of
Iran - II. The Median and Achaemenian Periods (Cambridge 1985) 420-501.

Balcer, Sparda (1984) =
J. M. Balcer, Sparda by the Bitter Sea – Imperial Interaction in Western Anatolia,
Brown Judaic Studies 52 (Chico 1984).

Balcer, Historia 37, 1988 =
J. M. Balcer, Persian Occupied Thrace (Skudra), Historia 37, 1988, 1-21.

Balcer in: Briant / Herrenschmidt (Hrsg.), Le tribut dans l'empire perse (1985) =
J. M. Balcer, Ionia and Sparda under the Achaemenid Empire the Sixth and Fifth
Centuries B.C. – Tribute, Taxation and Assessment, in: P. Briant / C. Herrenschmidt
(Hrsg.), Le tribut dans l'empire perse – Actes de la Table ronde de Paris, 12 -13
Décembre 1986, Travaux de l'Institut d'Études Iraniennes de l'Université de la
Sorbonne Nouvelle 13 (Paris 1989) 1-27.

Balcer, AMI 26, 1993 =
The Ancient Satrapies and Satraps in Western Anatolia, Archaeologische Mitteilungen aus Iran 26, 1993, 81-90.

334 B. Jacobs

Bengtson, Gnomon 13, 1937 =
H. Bengtson, Rezension zu Leuze, Satrapieneinteilung (1935), Gnomon 13, 1937, 113-129.

Bernard, StIr 16, 1987 =
P. Bernard, Les Indiens de la liste des tributs d'Hérodote, Studia Iranica 16, 1987, 177-191.

Blümel, EpigrAnat 16, 1990 =
W. Blümel, Zwei neue Inschriften aus Mylasa aus der Zeit des Maussollos, Epigraphica Anatolica 16, 1990, 29-43.

Bockisch, Klio 51, 1969 =
G. Bockisch, Die Karer und ihre Dynasten, Klio 51, 1969, 117-175.

Briant / Herrenschmidt in: Le tribut dans l'empire perse (1985) =
P. Briant / C. Herrenschmidt, Introduction, in: P. Briant / C. Herrenschmidt (Hrsg.), Le tribut dans l'empire perse – Actes de la Table ronde de Paris, 12 -13 Décembre 1986, Travaux de l'Institut d'Études Iraniennes de l'Université de la Sorbonne Nouvelle 13 (Paris 1989) IX-XIII.

Briant, HEP (1996) =
P. Briant, Histoire de l'empire perse de Cyrus à Alexandre - I / II, Achaemenid History X (Paris 1996).

Briant, CRAI 1998 =
P. Briant, Cités et satrapes dans l'empire achéménide: Xanthos et Pixôdare, Académie des Inscriptions & Belles-Lettres – Comptes rendus des séances de l'année 1998, 1998, 305-347.

Briant in: Lemaire / Sæbø (Hrsg.), Congress Vol Oslo (2000) =
P. Briant, Histoire impériale et histoire regionale à propos de l'histoire de Juda dans l'empire achéménide, in: A. Lemaire / M. Sæbø (Hrsg.), Congress Volume Oslo 1998, Vetus Testamentum - Supplements 80 (Leiden / Boston / Köln 2000) 235-245.

Briant, BHAch II (2001) =
P. Briant, Bulletin d'histoire achéménide II, 1997-2000, Persika 1 (Paris 2001).

Bryce, Historia 29, 1980 =
T. R. Bryce, The Other Pericles, Historia 29, 1980, 377-381.

Burn in: CHI II (1985) =
A. R. Burn, Persia and the Greeks, I. Gershevitch (Hrsg.), in: The Cambridge History of Iran - II. The Median and Achaemenian Periods (Cambridge 1985) 292-391.

Calmeyer, AMI 15, 1982 =
P. Calmeyer, Zur Genese altiranischer Motive – VIII. Die »Statistische Landcharte des Perserreiches« – I, Archaeologische Mitteilungen aus Iran 15, 1982, 105-187.

Calmeyer, AMI 16, 1983 =
P. Calmeyer, Zur Genese altiranischer Motive – VIII. Die »Statistische Landcharte des Perserreiches« – II, Archaeologische Mitteilungen aus Iran 16, 1983, 141-222.

Calmeyer in: Koch / MacKenzie (Hrsg.), Kunst, Kultur ... (1983) =
P. Calmeyer, Zur Rechtfertigung einiger großköniglicher Inschriften und Darstellungen – Die Yaunā, H. Koch / D. N. MacKenzie (Hrsg.), Kunst, Kultur und Geschichte der Achämenidenzeit und ihr Fortleben, Archaeologische Mitteilungen aus Iran – Ergänzungsband 10 (Berlin 1983) 153-167.

Calmeyer in: Sancisi-Weerdenburg / Kuhrt (Hrsg.), 1988 Ach. Hist. Workshop (1991) =
P. Calmeyer, Ägyptischer Stil und reichsachaimenidische Inhalte auf dem Sockel der Dareios-Statue aus Susa / Heliopolis, in: H. Sancisi-Weerdenburg / A. Kuhrt (Hrsg.), Asia Minor and Egypt: Old Cultures in a New Empire – Proceedings of the Groningen 1988 Achaemenid History Workshop, Achaemenid History VI (Leiden 1991) 285-303.

Cameron, JNES 32, 1973 =
G. G. Cameron, The Persian Satrapies and Related Matters, Jounal of Near Eastern Studies 32, 1973, 47-56.

Chronikon Paschale (Dindorf) =
Ludovicus Dindorfius, Chronicon Paschale Vol. I, Corpus Scriptorum Historiae Byzantinae (Bonn 1832).

Cook in: CHI II (1985) =
J. M. Cook, The Rise of the Achaemenids and the Establishment of Their Empire, in: I. Gershevitch (Hrsg.), The Cambridge History of Iran - II. The Median and Achaemenian Periods (Cambridge 1985) 200-291.

Corsaro, REA 87, 1985 =
M. Corsaro, Tassazione regia e tassazione cittadina dagli Achemenidi ai re ellenistici – Alcune osservazioni, Revue des Études Anciennes 87, 1985, 73-95.

Debord, L'Asie Mineure (1999) =
P. Debord, L'Asie Mineure au IVe siècle (412-323 a.C.) – Pouvoirs et jeux politiques, Ausonius–Publications – Études 3 (Bordeaux 1999).

Descat, REA 87, 1985 =
R. Descat, Mnésimachos, Hérodote et le système tributaire achéménide, Revue des Études Anciennes 87, 1985, 97-112.

Foucher, CRAI 1938 =
A. Foucher, Les satrapies orientales de l'empire achéménide, Académie des Inscriptions & Belles-Lettres – Comptes rendus des séances de l'année 1938, 1938, 336-352.

Frye in: Walser (Hrsg.), Beiträge zur Achämenidengeschichte (1972) =
R. N. Frye, The Institutions, G. Walser (Hrsg.), Beiträge zur Achämenidengeschichte, Historia – Einzelschriften 18 (Wiesbaden 1972) 83-93.

Frye, History of Ancient Iran (1984) =
R. N. Frye, The History of Ancient Iran, Handbuch der Altertumswissenschaft – III. Kulturgeschichte des Alten Orients 7 (München 1984).

Gignoux in: Harmatta (Hrsg.), Pre-Islamic Asia (1979) =
Ph. Gignoux, Problèmes de distinction et de priorité des sources, J. Harmatta (Hrsg.), Collection of the Sources on the History of Pre-Islamic Central Asia – Series I: 2. Prolegomena to the Sources on the History of Pre-Islamic Central Aisa (Budapest 1979) 137-141.

Gygax, Lykische Gemeinwesen (2001) =
M. D. Gygax, Untersuchungen zu den lykischen Gemeinwesen in klassischer und hellenistischer Zeit, Antiquitas – Reihe 1: Abhandlungen zur Alten Geschichte 49 (Bonn 2001).

Hachmann / Penner, Kāmid el-Lōz 3 (1999) =
R. Hachmann / S. Penner, Kāmid el-Lōz – 3. Der eisenzeitliche Friedhof und seine kulturelle Umwelt, Saarbrücker Beiträge zur Altertumskunde 21 (Bonn 1999).

Hinz, Orientalia 39, 1970 =
W. Hinz, Die elamischen Buchungstäfelchen der Darius-Zeit, Orientalia – Nova Series 39, 1970, 421-440.

Hinz, AMINF 8, 1975 =
W. Hinz, Darius und der Suezkanal, Archaeologische Mitteilungen aus Iran – Neue Folge 8, 1975, 115-121.

Hornblower, Mausolus (1982) =
S. Hornblower, Mausolus (Oxford 1982).

Jacobs in: Borchhardt / Dobesch (Hrsg.), II. Intern. Lykien-Symposion Wien (1993) =
B. Jacobs, Die Stellung Lykiens innerhalb der achämenidisch-persischen Reichsverwaltung, J. Borchhardt / G. Dobesch (Hrsg.), Akten des II. Internationalen Lykien-Symposions Wien, 6.-12. Mai 1990, Österreichische Akademie der Wissenschaften – Philosophisch-Historische Klasse – Denkschriften 231 (Wien 1993) 63-69.

Jacobs, Satrapienverwaltung (1994) =
B. Jacobs Die Satrapienverwaltung im Perserreich zur Zeit Darius' III., Beihefte zum Tübinger Atlas des Vorderen Orients, Reihe B Nr. 87 (Wiesbaden 1994).

Jacobs, AMIT 29, 1997 =
B. Jacobs, Eine Planänderung an den Apadāna-Treppen und ihre Konsequenzen für die Datierung der Planungs- und Bebauungsphasen von Persepolis, Archäologische Mitteilungen aus Iran und Turan 29, 1997, 281-302.

Jacobs in: Durugönül / Durukan (Hrsg.), Olba II (1999) =
B. Jacobs, „Freie" Völker im Achämenidenreich – Zu einem Topos in der antiken Überlieferung zur persischen Reichsverwaltung, in: S. Durugönül / M. Durukan (Hrsg.), I. Uluslararası Kilikia Arkeolojisi Semposyumu Bildirileri, Olba II (Mersin 1999) 41-55.

Jacobs, AMIT 31, 1999 =
B. Jacobs, Rezension zu Briant, HEP (1996), Archäologische Mitteilungen aus Iran und Turan 31, 1999, 299-309.

Jacobs, Gnomon 74, 2002 =
B. Jacobs, Rezension zu Debord, L'Asie Mineure (1999), Gnomon 74, 2002, 416-420.

Jacobs, AMIT 34, 2002 =
B. Jacobs, Achämenidische Kunst – Kunst im Achämenidenreich. Zur Rolle der achämenidischen Großplastik als Mittel der herrscherlichen Selbstdarstellung und der Verbreitung politischer Botschaften im Reich, Archäologische Mitteilungen aus Iran und Turan 34, 2002, 345-395.

Jacobs in: Henkelman / Kuhrt (Hrsg.), Essays in Memory of H. Sancisi-Weerdenburg (2003) =
B. Jacobs, Mechanismen der Konfliktbewältigung in der Verwaltungsorganisation Kleinasiens zur Achämenidenzeit, in: W. Henkelman / A. Kuhrt (Hrsg.), A Persian Perspective: Achaemenid Essays in Memory of Heleen Sancisi-Weerdenburg, Achaemenid History XIII (Leiden 2003) im Druck.

Joannès / Lemaire, Transeuphratène 17, 1999 =
A. Joannès / A. Lemaire, Trois tablettes cunéiformes à onomastique ouest-sémitique (Collection Sh. Moussaïeff), Transeuphratène 17, 1999, 17-34.

Junge, Klio 34, 1942 =
P. J. Junge, Satrapie und Natio – Reichsverwaltung und Reichspolitik im Staat Dareios' I., Klio 34 Neue Folge 16, 1934, 1-55.

Keen in: Hillard u.a. (Hrsg.), Ancient History in a Modern University (1998) =
A. G. Keen, Persian Karanoi and Their Relationship to the Satrapal System, T. W. Hillard u.a. (Hrsg.), Ancient History in a Modern University - I. The Ancient Near East, Greece, and Rome (Grand Rapids, MI / Cambridge 1998) 88-95.

Keen, Dynastic Lycia (1999) =
A. G. Keen, Dynastic Lycia – A Political History of the Lycians and Their Relationship with Foreign Powers c. 545-362 B.C., Mnemosyne Suppl. 178 (Leiden / Boston / Köln 1998).

Klinkott in: Klinkott (Hrsg.), Anatolia (2001) =
H. Klinkott, Yauna – Die Griechen aus persischer Sicht? in: H. Klinkott (Hrsg.), Anatolien im Lichte kultureller Wechselwirkungen – Akkulturationsphänomene in Kleinasien und seinen Nachbarregionen während des 2. und 1. Jahrtausends v. Chr. (Tübingen 2001) 107-148.

Koch in: Koch / MacKenzie (Hrsg.), Kunst, Kultur ... (1983) =
H. Koch, Zu den Lohnverhältnissen der Dariuszeit in Persien, in: H. Koch / D. N. MacKenzie (Hrsg.), Kunst, Kultur und Geschichte der Achämenidenzeit und ihr Fortleben, Archäologische Mitteilungen aus Iran – Ergänzungsband 10 (Berlin 1983) 19-50.

Koch, Achämeniden-Studien (1993) =
H. Koch, Achämeniden-Studien (Wiesbaden 1993).

Koch, Reichsidee (1996) =
K. Koch, Weltordnung und Reichsidee im Alten Iran und ihre Auswirkung auf die Provinz Jehud, iIn: P. Frei / K. Koch, Reichsidee und Reichsautorisation im Perserreich. Orbis Biblicus et Orientalis 55 (Freiburg [Schweiz] / Göttingen 1996) 133-317.

Kottsieper in: Kaiser (Hrsg.), TUAT Erg.-Bd. (2001) =
I. Kottsieper, Die "Trilingue" aus dem Letoheiligtum von Xanthos, in: O. Kaiser (Hrsg.), Texte aus der Umgebung des Alten Testaments – Ergänzungsband (Gütersloh 2001) 194-199.

Kottsieper in: Loretz / Metzler / Schaudig (Hrsg.), Festschrift Dietrich (2002) =
I. Kottsieper, Zum aramäischen Text der „Trilingue" von Xanthos und ihrem historischen Hintergrund, O. Loretz / K. A. Metzler / H. Schaudig (Hrsg.), Ex Mesopotamia et Syria Lux – Festschrift für Manfried Dietrich zu seinem 65. Geburtstag, Alter Orient und Altes Testament 281 (Münster 2002) 209-243.

Krumbholz, De Satrapis Persicis (1883) =
P. Krumbholz, De Asiae Minoris Satrapis Persicis (Leipzig 1883).

Kuhrt in: Carradine / Price (Hrsg.), Rituals of Royalty (1987) =
A. Kuhrt, Usurpation, Conquest and Ceremonial from Babylon to Persia, in: D. Carradine / S. Price (Hrsg.), Rituals of Royalty: Power and Ceremonial in Traditional Societies (Cambridge 1987) 20-55.

Kuhrt, OLZ 96, 2001 =
A. Kuhrt, The Persian Kings and Their Subjects: A Unique Relationship? Orientalistische Literaturzeitung 96, 2001, 165-173.

Le Bas / Waddington, Inscriptions (1870) =
Ph. Le Bas / W. H. Waddington, Inscriptions grecques et latines recueillies en Asie Mineure (Paris 1870).

Lecoq, Transeuphratène 3, 1990 =
P. Lecoq, Observations sur le sens du mot *dahyu* dans les inscriptions achéménides, Transeuphratène 3, 1990, 131-140.

Leuze, Satrapieneinteilung (1935) =
O. Leuze, Die Satrapieneinteilung in Syrien und im Zweistromlande 520-320, Schriften der Königsberger Gelehrten Gesellschaft – Geisteswissenschaftliche Klasse 11 Heft 4 (Halle 1935).

Mancini, SSL 24, 2984 =
M. Mancini, Ant. pers. dahyu-, il segno DH e il problema degli ideogrammi nel cuneiforme achemenide, Studi e saggi linguistici 24, 1984, 241-270.

Nagel, Ninus und Semiramis (1982) =
W. Nagel, Ninus und Semiramis in Sage und Geschichte – Iranische Staaten und Reiternomaden vor Darius. Berliner Beiträge zur Vor- und Frühgeschichte – Neue Folge 2 (Berlin 1982).

Nagel in: Koch / MacKenzie (Hrsg.), Kunst, Kultur ... (1983) =
W. Nagel, Frada, Skuncha und der Saken-Feldzug des Darius I., in: H. Koch / D. N. MacKenzie (Hrsg.), Kunst, Kultur und Geschichte der Achämenidenzeit und ihr Fortleben, Archäologische Mitteilungen aus Iran – Ergänzungsband 10 (Berlin 1983) 169-189 [= B. Jacobs, Altvorderasien in kleinen Schriften– Festschrift Wolfram Nagel (Wiesbaden 1988) 295-317].

Nöldeke, GGA 1, 1884 =
Th. Nöldeke, Rezension zu Krumbholz, De Satrapis Persicis (1883), Göttingische Gelehrte Anzeigen 1, 1884, 290-300.

Nylander in: Larsen (Hrsg.), Power and Propaganda (1979) =
C. Nylander, Achaemenid Imperial Art, in: M. T. Larsen (Hrsg.), Power and Propaganda – A Symposium on Ancient Empires. Mesopotamia – Copenhagen Studies in Assyriology 7 (Copenhagen 1979) 345-359.

Olmstead, Persian Empire (1948) =
A. T. Olmstead, History of the Persian Empire (Chicago 1948).

Petit, BCH 112, 1988 =
Th. Petit, À propos des „satrapies" ionienne et carienne, Bulletin de Corrspondance Hellénique 112, 1988, 307-322.

Petit, Satrapes et satrapies (1990) =
Th. Petit, Satrapes et satrapies dans l'empire achéménide de Cyrus à Xerxès Ier,
Bibliothèque de la Faculté de Philosophie et Lettres de l'Université de Liège 254
(Paris 1990).

Petit in: Sancisi-Weerdenburg / Kuhrt (Hrsg.), 1988 Ach. Hist. Workshop (1991) =
Th. Petit, Présence et influence perse à Chypre, in: H. Sancisi-Weerdenburg / A.
Kuhrt (Hrsg.), Asia Minor and Egypt: Old Cultures in a New Empire – Proceedings
of the Groningen 1988 Achaemenid History Workshop, Achaemenid History VI
(Leiden 1991) 161-178.

Prašek, Geschichte der Meder und Perser II (1910) =
J. v. Prašek, Geschichte der Meder und Perser bis zur makedonischen Eroberung II,
Handbücher der Alten Geschichte I,5 (Gotha 1910).

RE II A (1923) s.v. Satrap und Satrapie (Lehmann-Haupt) =
C. F. Lehmann-Haupt, Satrap und Satrapie, Paulys Real-Encyclopädie der classi-
schen Altertumswissenschaft II A (Stuttgart 1923) 82-188.

RLA V (1976-80) s.v. Karer (Schmitt) =
R. Schmitt, Karer, Reallexikon der Assyriologie und Vorderasiatischen Archäologie
V (Berlin / New York 1976-80) 423-425.

Rollinger, AMIT 30, 1998 =
R. Rollinger, Rezension zu Jacobs, Satrapienverwaltung (1994), Archäologische
Mitteilungen aus Iran und Turan 30, 1998, 341-344.

Sancisi-Weerdenburg in: Briant / Herrenschmidt (Hrsg.), Le tribut dans l'empire perse (1989) =
H. Sancisi-Weerdenburg, Gifts in the Persian Empire, in: P. Briant / C. Herrenschmidt (Hrsg.), Le tribut dans l'empire perse – Actes de la Table ronde de Paris 12-
13 Décembre 1986, Travaux de l'Institut d'Études Iraniennes de l'Université de La
Sorbonne Nouvelle 13 (Paris 1989) 35-44.

Sancisi-Weerdenburg in: Sancisi-Weerdenburg / Kuhrt (Hrsg.), 1986 Ach. Hist. Workshop (1990)
H. Sancisi-Weerdenburg, The Quest for an Elusive Empire, in: H. Sancisi-Weerden-
burg / A. Kuhrt (Hrsg.), Centre and Periphery – Proceedings of the Groningen 1986
Achaemenid History Workshop, Achaemenid History IV (Leiden 1990) 263-274.

Sancisi-Weerdenburg in: Bakır (Hrsg.), Achaemenid Anatolia (2001) =
H. Sancisi-Weerdenburg, The Problem of the Yauna, in: T. Bakır (Hrsg.), Achaemenid Anatolia – Proceedings of the First International Symposium on Anatolia in
the Achaemenid Period, Bandırma 15-18 August 1997, Uitgaven van het Nederlands
Historisch-Archaeologisch Instituut te Istanbul 92 (Leiden 2001) 1-11.

Schmitt, Historia 21, 1972 =
R. Schmitt, Die achaimenidische Satrapie *tayaiy drayahyā*, Historia 21, 1972, 522-
527.

Schmitt in: Mopurgo / Meid (Hrsg.), Stud. Palmer (1976) =
R. Schmitt, Der Titel ‚Satrap', in: A. Morpurgo / W. Meid (Hrsg.), Studies in Greek, Italic and Indo-European Linguistics Offered to Leonard R. Palmer on the Occasion of His Seventieth Birthday June 5, 1976, Innsbrucker Beiträge zur Sprachwissenschaft 16 (Innsbruck 1976) 373-390.

Schmitt, AcAn 25, 1977 =
R. Schmitt, Der Numerusgebrauch bei Länder- und Völkernamen im Altpersischen, Acta Antiqua Academiae Scientiarum Hungaricae 25, 1977, 91-99.

Schmitt in: Anreiter / Jerem (Hrsg.), Festschrift Meid (1999) =
R. Schmitt, Zur Bedeutung von altpers. /dahyu-/, in: P. Anreiter / E. Jerem (Hrsg.), Studia Celtica et Indogermanica – Festschrift für Wolfgang Meid zum 70. Geburtstag (Budapest 1999) 443-452.

Schmitt, Beiträge (2000) =
R. Schmitt, Beiträge zu den altpersischen Inschriften (Wiesbaden 2000).

Sekunda, AJAH 14-1989, 1998 =
N. Sekunda, Itabelis and the Satrapy of Mysia, The American Journal of Ancient History 14-1989, 1998, 73-102.

Stève, StIr 3, 1974 =
M. J. Stève, Inscriptions des Achéménides à Suse, Studia Iranica 3, 1974, 7-28. 135-169.

Stronach in: Huot / Yon / Calvet (Hrsg.), Recueil Deshayes (1985) =
D. Stronach, The Apadana: A Signature of the Line of Darius I., in: J.-L. Huot / M. Yon / Y. Calvet (Hrsg.), De l'Indus aux Balkans, Recueil à la mémoire de J. Deshayes (Paris 1985) 433-445.

Tanck, Archē – Ethnos – Polis (1997) =
C. Tanck, Archē – Ethnos – Polis. Untersuchungen zur begrifflichen Erfassung des Achämenidenreiches in zeitgenössischen griechischen Quellen, Europäische Hochschulschriften – Reihe III. Geschichte und ihre Hilfswissenschaften 761 (Frankfurt/M / Berlin / Bern / New York / Paris / Wien 1997).

Trümpelmann, AA 1967 =
L. Trümpelmann, Zur Entstehungsgeschichte des Monumentes Dareios' I. von Bisutun und zur Datierung der Einführung der altpersischen Schrift, Archäologischer Anzeiger 1967, 281-298.

Tuplin in: Carradice (Hrsg.), Coinage and Administration (1987) =
Chr. Tuplin, The Administration of the Achaemenid Empire, in: I. Carradice (Hrsg.), Coinage and Administration in Athenian and Persian Empires – 9th Oxford Symposium on Coinage and Monetary History, British Archaeological Reports – International Series 343 (Oxford 1987) 109-158.

Tuplin in: Sancisi-Weerdenburg / Kuhrt (Hrsg.), 1988 Ach. Hist. Workshop (1991) =
    Chr. Tuplin, Darius' Suez Canal and Persian Imperialism, in: H. Sancisi-Weerden-
    burg / A. Kuhrt (Hrsg.), Asia Minor and Egypt: Old Cultures in a New Empire –
    Proceedings of the Groningen 1988 Achaemenid History Workshop, Achaemenid
    History VI (Leiden 1991) 237-283.

Vargyas, IrAnt 35, 2000 =
    P. Vargyas, Darius I and the Daric Reconsidered, Iranica Antiqua 35, 2000, 33-46.

Vogelsang, IrAnt 20, 1985 =
    W. J. Vogelsang, Early Historical Arachosia in South-East Afghanistan, Iranica
    Antiqua 20,.1985, 55-99.

Vogelsang in: Kuhrt / Sancisi-Weerdenburg (Hrsg.), 1985 Ach. Hist. Workshop (1988) =
    W. J. Vogelsang, Some Observations on Achaemenid Hyrcania: A Combination of
    Sources, in: A. Kuhrt / H. Sancisi-Weerdenburg (Hrsg.), Method and Theory –
    Proceedings of the London 1985 Achaemenid History Workshop, Achaemenid
    History III (Leiden 1988) 121-135.

Vogelsang in: Briant / Herrenschmidt (Hrsg.), Le tribut dans l'empire perse (1985) =
    W. J. Vogelsang, Gold from Dardistan – Some Comparative Remarks on the Tribute
    System in the Extreme Northwest of the Indian Subcontinent, in: P. Briant / C.
    Herrenschmidt (Hrsg.), Le tribut dans l'empire perse – Actes de la Table ronde de
    Paris, 12 -13 Décembre 1986, Travaux de l'Institut d'Études Iraniennes de
    l'Université de la Sorbonne Nouvelle 13 (Paris 1989) 157-171.

Vogelsang in: Gnoli / Panaino (Hrsg.), First Europ. Conf. by SEA 1 (1990) =
    W. J. Vogelsang, The Achaemenids and the Eastern Scythians, Gh. Gnoli / A.
    Panaino (Hrsg.), Proceedings of the First European Conference of Iranian Studies,
    Held in Turin, September 7th-11th, 1987 by the Societas Iranologica Europaea – Part
    1: Old and Middle Iranian Studies, Istituto Italiano per il Medio ed Estremo Oriente –
    Serie Orientale Roma LXVII,1 (Roma 1990) 305-312.

Vogelsang, Rise and Organisation (1992) =
    W. J. Vogelsang, The Rise and Organisation of the Achaemenid Empire – The
    Eastern Iranian Evidence, Studies in the History of the Ancient Near East III (Leiden
    / New York / Köln 1992).

Weiskopf, Achaemenid Systems (1982) =
    M. N. Weiskopf, Achaemenid Systems of Governing in Anatolia (Ph.D. Berkeley,
    Cal. 1982).

Wiesehöfer, Klio 81, 1999 =
    J. Wiesehöfer, Rez. zu Jacobs, Satrapienverwaltung (1994), Klio 81, 1999, 233-234.

Young in: CAH IV (^{2}1988) =
   T. C. Young Jr., The Consolidation of the Empire and Its Limits of Growth under
   Darius and Xerxes, J. Boardman / N. G. L. Hammond / D. M. Lewis / M. Ostwald
   (Hrsg.), Persia, Greece and the Western Mediterranean c. 525 to 479 B.C., The
   Cambridge Ancient History IV (^{2}Cambridge 1988) 53-111.

Zimmermann, Historische Landeskunde Zentrallykiens (1992) =
   M. Zimmermann, Untersuchungen zur historischen Landeskunde Zentrallykiens,
   Antiquitas – Reihe 1: Abhandlungen zur Alten Geschichte 42 (Bonn 1992).

Die Rekonstruktion des Streitwagens bei den Indoariern im Zeitalter des Rigveda (ca. 1500-1000 v. Chr.)

Anke Koch

Ein Rekonstruktionsversuch des vedischen Streitwagens kann nur mit Hilfe seiner literarischen Beschreibungen im Rigveda erfolgen, da zeitgenössische Wagenfunde und Wagendarstellungen in der Bildkunst bis heute nicht vorliegen[1].

Die Untersuchung der diesbezüglichen Textquellen des archaisch-altindischen Rigveda, dessen Schauplatz das nordwestindische Pandzhab war, wird jedoch dadurch erschwert, dass die technischen Fachausdrücke für den Streitwagen und seine Teile in ihrer Bedeutung häufig unsicher bleiben[2].

Darüber hinaus wurden die Texte von Dichtern und Ritualisten geschaffen, für die der Kult das wichtigste Element war, so dass nicht alle Informationen über den Wagen dem realen Leben entnommen sind. Dies bedeutet aber nicht, dass den Textschreibern der Gegenstand selbst nicht bekannt war, wie Rau[3] treffend bemerkte: »Kann doch die Welt der Himmlischen immer nur als idealisiertes Abbild irdischer Verhältnisse gedacht werden. Menschen, die ihre Götter auf Streitwagen fahrend sich vorstellen, kennen Streitwagen auf Erden«. Trotz der hier nur kurz skizzierten Probleme, mit der eine Rekonstruktion des Wagens aus literarischen Quellen zu kämpfen hat, ist ein Versuch, die technische Konstruktion des vedischen Streitwagens näher zu beschreiben, lohnend.

Allgemein kann man davon ausgehen, dass es sich bei dem Streitwagen, für den der Terminus rátha- steht, um ein leichtes und wendiges Fahrzeug mit zwei Speichenrädern handelte[4]. Es wurde von Pferden gezogen und fand sowohl in

---

[1]   Piggott, India (1950) 273, 276 ff.; Singh, Warfare (1965) 26 ff.; Sparreboom, Chariots (1985) 6, 122 ff.

[2]   Sparreboom, Chariots (1985) 10; Zimmer, Altindisches Leben ([1879]1973) 251.

[3]   Rau in: Voigt (Hrsg.), XIX. Deutscher Orientalistentag (1977) 84.

[4]   Sparreboom, Chariots (1985) 10; Littauer / Crouwel, Vehicles (1979) 4-5 s.v. »chariot«; Singh, Warfare (1965) 26.

der Kriegsführung als auch bei Preisrennen Anwendung. Darüber hinaus spielte der Streitwagen eine wesentliche Rolle im rituellen Bereich.

Beleuchtet man die Textquellen des Rigveda näher, so stellt man fest, dass die Kunst des Wagenbaus dort gut dokumentiert ist. Sie wird nicht als eine Arbeit angesehen, die jeder verrichten konnte, sondern als eine Fertigkeit, die einer bestimmten Handwerkerzunft vorbehalten war und von dieser durchaus gewerblich genutzt wurde[5].

Die Textquellen unterscheiden zwei verschiedene Wagentypen, einmal den schon erwähnten schnellen Streitwagen und andererseits einen schwereren Wagen zum Transportieren von Lasten[6]. Über die technischen Unterschiede beider Wagen geben die Texte keine nähere Auskunft, da fast alle erwähnten Teile von Radfahrzeugen den Streitwagen betreffen.

Sein Aufbau soll nun im Folgenden, so wie er sich im Rigveda darstellt, skizziert werden.

Die Wagenkanzel bestand aus einem hölzernen Rahmen und besaß eine aus Flechtwerk gebildete Verkleidung. Sie war auf die Achse aufgesetzt[7] und durch Riemen daran befestigt[8]. Ebenso wie die Kanzel war die Achse aus Holz gefertigt, wie aus einer Textstelle, die das aratu-Holz als Material erwähnt, hervorgeht[9]. Auf die beiden Achsschenkel wurden schliesslich die Räder aufgeschoben[10]. Ein starker Nagel hielt die Radnabe auf der Achse fest[11]. In die Nabe mit dem Loch für die Achsschenkel waren die Speichen in gleichmässigen Abständen eingefügt[12]; sie mündeten mit ihren oberen Enden in einem hölzernen Felgenkranz[13]. Auf den Felgenkranz war ein metallener Radreifen aufgeschlagen[14]. Von der Achse ging schließlich die Deichsel aus, deren Kopf in eine Öffnung des Joches gesteckt wurde[15], wobei jener zusätzlich noch durch Riemen am Joch

---

[5]   Geldner, Rig-Veda I (1951) 182-183 Lied 1:130:6; 78 Lied 1:61:4.
[6]   Geldner, Rig-Veda I (1951) 373-374 Lied 3:33:10; Rau in: Voigt (Hrsg.), XIX. Deutscher Orientalistentag (1977) 85; Zimmer, Altindisches Leben ([1879] 1973) 246.
[7]   Geldner, Rig-Veda I (1951) 43 Lied 1:35:6.
[8]   Geldner, Rig-Veda II (1951) 369 Lied 8:48:5.
[9]   Geldner, Rig-Veda II (1951) 366 Lied 8:46:27.
[10]   Geldner, Rig-Veda I (1951) 33 Lied 1:30:14-5.
[11]   Geldner, Rig-Veda II (1951) 45 Lied 5:43:8.
[12]   Geldner, Rig-Veda II (1951) 66 Lied 5:58:5; 324 Lied 8:20:14; 404 Lied 8:77:3.
[13]   Geldner, Rig-Veda I (1951) 38 Lied 1:32:15; 199 Lied 1:141:9; Rig-Veda II (1951) 210 Lied 7:32:20.
[14]   Geldner, Rig-Veda I (1951) 258 Lied 1:180:1.
[15]   Geldner, Rig-Veda II (1951) 414 Lied 8:91:7.

befestigt war[16]. Das Joch, welches die Pferde auf dem Widerrist trugen, war mit Jochgabeln ausgestattet. Dies ergibt sich aus der Erwähnung des Terminus śámyā-, der im Rigveda einmal im Zusammenhang mit dem Streitwagen erscheint[17].

Im Maul trugen die Pferde vermutlich eine Trense, von der dann die Zügel ausgingen[18] (s. s. v. »syúman-«).

Problematisch ist die Zahl der Pferde im Gespann. In der Regel bestand dieses aus zwei Tieren, gelegentlich auch aus drei oder mehr Pferden[19]. Es kommt auch vor, dass die Zahlenangaben für die Pferde im Gespann unrealistisch hoch sind[20], wobei in solchen Fällen ein ritueller Hintergrund, wie beispielsweise das Ritual des Somapressens, vorliegt und keine realistische Darstellung einer Wagenfahrt beabsichtigt ist. In diesem Zusammenhang ist wohl eher eine Verherrlichung des Streitwagens angestrebt, denn ein Gespann mit mehr als zwei Pferden ist denkbar ungeeignet für einen Wagen, dessen wichtigste Eigenschaft neben der Schnelligkeit die Wendigkeit sein sollte. Auch das Viergespann, im Rigveda[21] mit dem Terminus ćaturyúj- ausgedrückt, eignet sich eher für lange Distanzrennen als für scharfe Wendungen, wie sie jüngeren Quellen zufolge im rituellen Wagenrennen um einen Pfosten praktiziert wurden und auch im Schlachtgetümmel häufig erforderlich waren[22].

Das im Rigveda erwähnte Dreigespann ist möglicherweise aus dem Aśvin-Mythos zu erklären. So wird der Wagen der Aśvin immer als dreirädrig bezeichnet[23] und einmal erhält der von den Rbhawah angefertigte Wagen dieses Beiwort[24], wobei letztere ihrer Anzahl nach ja auch drei sind. Diese fertigen den Wagen wiederum für die Aśvin an[25]. Das Fahrzeug ist gelegentlich auch als

---

[16]   Geldner, Rig-Veda III (1951) 225 Lied 10:60:8.

[17]   Geldner, Rig-Veda I (1951) 43 Lied 1:35:4; zu śámyā- s. Koch, APA 24, 1992, 66; Koch, Achse, Rad und Wagen 3, 1995, 3 Abb. 2a-b, 4 f.

[18]   Rau in: Voigt (Hrsg.), XIX. Deutscher Orientalistentag (1977) 85; Zimmer, Altindisches Leben ([1879] 1973) 249; Geldner, Rig-Veda I (1951) 472 Lied 4:40:4; Geldner, Rig-Veda II (1951) 133 Lied 6:36:2.

[19]   Geldner, Rig-Veda I (1951) 286 Lied 2:10:2; 298-9 Lied 2:18:1.3.7.

[20]   Geldner, Rig-Veda I (1951) 299 Lied 2:18:4-6.

[21]   Geldner, Rig-Veda I (1951) 298 Lied 2:18:1; siehe WRV ([1873] 1976) col. 433 (Grassmann).

[22]   Sparreboom, Chariots (1985) 37.

[23]   Geldner, Rig-Veda I (1951) 160 Lied 1:118:2; 263 Lied 1:183:1; Geldner, Rig-Veda II (1951) 379 Lied 8:58:3; Geldner, Rig-Veda III (1951) 195 Lied 10:41:1; 269 Lied 10:85:14.

[24]   Geldner, Rig-Veda I (1951) 466 Lied 4:36:1.

[25]   Geldner, Rig-Veda III (1951) 192 Lied 10:39:12.

dreisitzig, dreifach oder als mit drei Felgen versehen bezeichnet[26], wobei derartige Zahlenspiele häufiger vorkommen[27], so dass dabei wohl nicht an eine realistische Beschreibung des Wagenaufbaus zu denken ist[28].

Betrachtet man die aufgeführten Beispiele, so bleibt letztlich die Verwendung des Zweigespannes für den Streitwagen als realistische Möglichkeit, wobei das Viergespann aber – wie eben schon erwähnt – zumindest bei Rennen auf gerader Strecke einsetzbar ist.

Eine weitere Textstelle nennt den einspännigen Wagen, wobei das Zugtier hier an eine Gabeldeichsel angespannt war[29]. Diese Art der Anspannung wurde jedoch nicht für gut befunden und stellte somit auch nicht die Regel dar. Vermutlich wurde diese Art der Anschirrung nur vom ärmeren Teil der Bevölkerung verwendet, was in zwei Textstellen angedeutet ist[30]. Dort heisst es, dass jemand, der einspännig fährt, bei Versammlungen keinen Ruhm geniesst, und auch der Wunsch, keinen "einspännigen Haushalt" zu besitzen, weist auf die negative Bedeutung hin[31].

Kontrolliert wurde das Pferdegespann vom Kutscher, der auf dem Gefährt stand, durch die Zügel. Links neben diesem befand sich der Krieger wohl auf einer Art Sitz- oder Standvorrichtung[32].

Insgesamt ist der Streitwagen im Rigveda als leichtes und wendiges, aber in sich stabiles Fahrzeug charakterisiert. Immer wieder wird betont, dass die wesentlichen Wagenteile robust und stabil sein mussten. So durfte weder die Achse brechen[33], noch durfte das Rad Fehlfunktionen aufweisen[34]. Die Radreifen sollten sich nicht lockern und die Wagenkanzel musste gut gesichert sein[35]. Oftmals ist der Streitwagen im Rigveda als »gute Räder habend« bezeichnet[36].

---

[26]   Geldner, Rig-Veda I (1951) 41 Lied 1:34:2.5; 160 Lied 1:118:2.
[27]   Geldner, Rig-Veda I (1951) 228 Lied 1:164:3.
[28]   Zimmer, Altindisches Leben ([1879] 1973) VIII. IX
[29]   Geldner, Rig-Veda III (1951) 316 Lied 10:101:10
[30]   Geldner, Rig-Veda II (1951) 109 Lied 6:15:19; Geldner, Rig-Veda III (1951) 363 Lied 10:131:3
[31]   Zimmer, Altindisches Leben ([1879] 1973) 250.
[32]   Geldner, Rig-Veda I (1951) 263 Lied 1:183:2; Geldner, Rig-Veda II (1951) 177 Lied 6:75:6; 119 Lied 6:20:9; Geldner, Rig-Veda III (1951) 259 Lied 10:77:5.
[33]   Geldner, Rig-Veda I (1951) 230 Lied 1:164:13.
[34]   Geldner, Rig-Veda I (1951) 230 Lied 1:164:14.
[35]   Geldner, Rig-Veda II (1951) 157 Lied 6:54:3.
[36]   Zimmer, Altindisches Leben ([1879] 1973) 247.

Dies war die Voraussetzung für einen guten und stabilen Wagen. Ein gut geschmiertes Nabenloch sorgte dafür, dass er schnell und leicht laufen konnte[37].

Diese an den Streitwagen gestellten Anforderungen zeigen, dass es sich bei ihm tatsächlich um ein Gefährt handelte, das sowohl einem Wettrennen als auch kämpferischen Aktionen standhalten musste und dass man sich der möglichen Gefahren solcher Manöver durchaus bewusst war.

Der Rigveda gibt nicht nur Hinweise auf den technischen Aufbau des Streitwagens, sondern auch auf die Rolle, die der Wagen im rituellen Bereich spielte. So verwenden die vedischen Hymnen ihn häufig allegorisch. Das Wagenrennen beispielsweise steht für den verbalen Wettstreit zwischen verschiedenen Parteien, die sich die Gunst einer Gottheit sichern wollen, um beim Wettkampf siegreich zu sein. Der Wagen ist also, fasst man ihn allegorisch auf, identisch mit der Lobrede oder sogar mit einem gesamten Ritual. Sparreboom macht dies durch einen treffenden Vergleich deutlich[38]: »The composer of a hymn can be compared with the carpenter of a chariot«. Auch die Aussagen über die technische Konstruktion des Streitwagens sind in Gleichungen eingebunden. So werden beispielsweise Himmel und Erde voneinander getrennt, wie die Räder durch die Achse[39].

Die Texte erwähnen den Wagen besonders als Kriegsgefährt[40] und als Rennwagen[41], wobei im Rigveda jedoch nicht immer klar zwischen einem kriegerischen Streifzug und einem rituell bedingten Wagenrennen unterschieden wird. Um diesen Funktionen gerecht zu werden, musste der Streitwagen neben seiner Schnelligkeit und Wendigkeit ebenso stabil gebaut sein[35].

Der Streitwagen galt als heiliges Instrument für den Sieg bei Wettkämpfen und wurde daher sehr hoch geschätzt, wie die Textquellen deutlich zu verstehen geben[42]. Der Wagen wurde verehrt[43] und sogar als zeitlos und unsterblich ange-

---

[37] Geldner, Rig-Veda III (1951) 386 Lied 10:156:3.
[38] Sparreboom, Chariots (1985) 13; vergleiche Geldner, Rig-Veda I (1951) 78 Lied 1:61:4; Geldner, Rig-Veda II (1951) 210 Lied 7:32:20.
[39] Geldner, Rig-Veda III (1951) 284 Lied 10:89:4.
[40] Geldner, Rig-Veda II (1951) 115 Lied 6:18:9.
[41] Geldner, Rig-Veda II (1951) 35 Lied 5:35:7; Geldner, Rig-Veda III (1951) 256 Lied 10:75:9.
[42] Geldner, Rig-Veda I (1951) 460 Lied 4:31:14; Geldner, Rig-Veda II (1951) 35 Lied 5:35:7; Geldner, Rig-Veda III (1951) 256 Lied 10:75:9.
[43] Geldner, Rig-Veda II (1951) 319 Lied 8:19:8; 409 Lied 8:84:1; Geldner, Rig-Veda III (1951) 195 Lied 10:41:1-2; 393-394 Lied 10:168:1.

sehen[44]. Darüber hinaus galt das Gefährt auch als göttlich[45]; damit war es der Streitwagen wert, dass man ihm Opfer darbrachte[46].

Er spielte, meist im Zusammenhang mit Wagenrennen, eine wichtige Rolle bei der Ausführung der vorgeschriebenen rituellen Handlungen, wie beispielsweise im Zusammenhang mit dem Ritual des Somapressens[47].

Solche Wagenrennen waren immer mit dem Risiko verbunden, dass Teile des Wagens, wie die Achse oder die Räder, zu Bruch gingen. Dass derartige Unfälle hin und wieder vorgekommen sein müssen, zeigen die Anforderungen, die man im Bezug auf den Streitwagen stellte. So musste dem Rigveda zufolge jedes einzelne Wagenteil robust und stabil gebaut sein und, sofern erforderlich, vor dem Gebrauch des Wagens geschmiert werden, damit dieser leichter und schneller laufen konnte[37].

Die hohe Wertschätzung des Wagens drückt sich auch in der Tatsache aus, dass er auf einen anderen, wohl schwereren Transportwagen gesetzt und so an den Ort des Geschehens gebracht wurde[48]. Auf diese Weise blieb sein schmuckvolles Äusseres unangetastet[49].

Die wagentechnischen Termini im Rigveda

Transkription bei Mayrhofer[50]			Transkription nach Grassmann[51]
ánas-	n.	Lastwagen	ánas-
rátha-	m.	Streitwagen	rátha-
kóśa-	m.	Wagenkanzel	kóça-
vandhúra-	n.	Wagenkanzel	vandhúra-
gárta-[2]	m.	erhöhter Platz im Streitwagen	gárta-
cakrá-	m.n.	Wagenrad	cakrá-

---

[44] Geldner, Rig-Veda I (1951) 33 Lied 1:30:18; 478 Lied 4:45:7; Geldner, Rig-Veda II (1951) 81 Lied 5:75:9.
[45] Geldner, Rig-Veda III (1951) 118 Lied 9:111:3.
[46] Geldner, Rig-Veda II (1951) 146 Lied 6:47:27-8.
[47] Geldner, Rig-Veda III (1951) 315-316 Lied 10:101:7. 10.
[48] Geldner, Rig-Veda II (1951) 177 Lied 6:75:8.
[49] Sparreboom, Chariots (1985) 29-30.
[50] KEWAi (1960-1980).
[51] WRV ([1873] 1976).

ará-	m. Radspeiche	ará-
nábhya-	n. Radnabe	nábhya-
nemí-	f. Radfelge, Reifen	nemí-
paví-	m. Radreifen	paví-
-	m. Felgenkranz	pradhí-
vartaní-	f. Radfelge	vartaní-
khá-	n. Öffnung, Loch	khá-
ákṣa-	m. Achse	ákṣa-
āṇí-	m. Zapfen der Achse	āṇí-
yugá-	n. Gespann, Joch	yugá-
-	Adj. vier Joche habend, vierspännig	cátur-yuga-
caturyúj-	Adj. vierspännig	catur-yúj-
īṣá-	f. Deichsel	īṣâ-
dhū́r-	f. Anschirrwerk, Gestänge	dhū́r-
práüga-	n. Deichsel	prá-uga-
śámyā-	f. Jochgabel	çamyâ-, çamiâ-
abhī́śu-	m. Zügelleine	abhî çu-
yáma-	m. Zügelleine	yáma-
raśanā́-	f. Zügelleine	raçanâ-
raśmán-	m.	raçmán-
raśmí-	m.	raçmí-
syúman	n. Riemen, Zügelleine; Trense (?)	syûman-
varatrā́-	f. Riemen	varatrâ-

Erläuterungen

rátha-   m. Streitwagen

Der Terminus rátha- bezeichnet den zweirädrigen Streitwagen, während für den schwereren Transportwagen der Begriff ánas- verwendet wird[52]. Zu rátha- gehören ráthī- »Wagenlenker«, ráthe-ṣṭhā́- »Wagenkämpfer« und ráthya- »zum Wagen gehörig«.

---

[52] KEWAi III (1956-1980) 38-9 s.v. »ráthaḥ« (Mayrhofer); Zimmer, Altindisches Leben ([1879] 1973) 246; Rau, Altertumskunde (1983) 22; Sparreboom, Chariots (1985) 125 s.v. »rátha«; Piggott, India (1950) 276 s.v. »ratha«; Singh,Warfare (1965) 26 s.v. »rátha«.

avestisch:	raθa-
mittelpersisch:	ras
sogdisch:	rδδ- »Wagenkasten«
lateinisch:	rota
altirisch:	roth
althochdeutsch:	rad
litauisch:	rãtas »Rad«

kóśa-   m. Wagenkanzel

Der Terminus kóśa- ist mit kóṣa- »Behälter, Schatzkammer« verwandt, wobei letzteres möglicherweise aus diesem hervorgegangen ist. Dazu gehören auch kusúmbha- »Krug«, kukṣí-»Bauch, Höhlung«, kusūla-»Kornkammer«, kuśayá- »Zisterne« und kóṣṭha- »Vorratskammer«. Möglicherweise liegt der Terminus kuś- mit der Bedeutung »umschliessen, umfassen«[53] in kóśa- zu Grunde. kóśa-bezeichnet also den Behälter oder hohlen Raum allgemein und muss in der Wagentechnik folglich die Wagenkanzel benennen, beispielsweise sein Gestänge, das den Wagenboden umschliesst[54].

avestisch:	kusra- »sich wölbend, hohl«
litauisch:	kiáušė »Hirnschale, Schädel«

vandhúra-	n.	geflochtener Wagenkorb
vandhúr-	m.	

Dieser Terminus gehört zu der Gruppe für «winden, flechten«, die im Germanischen besonders reich vetreten ist (gotisch: windan »winden«, wandus »Gerte, Rute«, etc.) und zu den griechischen, die Wagentechnik betreffenden Begriffen wie ἄθρας (ἄρμα, πόδιοι) sowie κάν(ν)αθρον »geflochtener Wagenkorb«[55]. Die Wortbildung des Terminus vandhúra- ist unklar. Singh übersetzt ihn als Sitzvorrichtung im Wagen[56]. Mayrhofer gibt Wagenkorb an[57],

---

[53]   WRV ([1873] 1976) 331 s.v. »kuç« (Grassmann).

[54]   Sparreboom, Chariots (1985) 127 s.v. »kóśa«; Piggott, India (1950) 276 s.v. »kośa«; Singh,Warfare (1965) 27 s.v. »kośa«.

[55]   KEWAi III (1956-1980) 143 s.v. »vandhúram« (Mayrhofer); Plath, Streitwagen (1994) 228 Anm. 3.

[56]   Singh, Warfare (1965) 31 s.v. »vandhura«.

[57]   KEWAi III (1956-80) 143 s.v. »vandhúram« (Mayrhofer).

während Sparreboom in vandhúra- den geflochtenen Wagenkorb erkennen möchte[58]. Mit letzterem ist davon auszugehen, dass vandhúra- die aus Flechtwerk gebildete Verkleidung der Wagenkanzel bezeichnete. Hier anzuschliessen ist auch hethitisch widuli[59].

gárta-   m. erhöhter Platz im Streitwagen

Der Terminus gárta- ist möglicherweise von gar- »erhöhen, preisen«[60] abzuleiten, welches auf gir- mit der Bedeutung »preisen, ehren« zurückgeht. Hier liegt die Grundbedeutung »etwas erhöhen, erheben« vor, die nicht ausschliesslich im räumlichen Sinne zu verstehen ist. Erheben steht hier mit Verehrung und Lobpreisung in Zusammenhang. So ist auch der erhöhte Platz im Streitwagen des Königs oder des heldenhaften Kriegers als Würdigung zu verstehen. Es kann sich dabei sowohl um eine Standvorrichtung als auch um einen Sitz handeln[61], wobei ersteres wahrscheinlicher ist. Die Vermutung, dass gárta-ursprünglich auch den Wagenkorb bezeichnete, ist nicht beweiskräftig, und daher bleibt auch die Verbindung zu altnordisch kar-mr »Brustwehr« und schwedisch kar-m »Wagenkorb« unsicher.

cakrá-   m. Wagenrad

cakrá- steht in Verbindung mit car- »sich bewegen, wandern«[62]. Dieser Bedeutung unterliegt auch der Terminus cakrá-, wobei hier die Rotationsbewegung das massgebliche ist. Sparreboom übersetzt diesen Terminus zunächst allgemein als Rad, verweist aber in seiner anschliessenden Diskussion darauf, dass ausser dem Speichenrad auch noch ein Scheibenrad existiert haben müsse[63]. cakrá- dürfte wie im Griechischen κύκλος, die beide auf ein gemeinsames Rekonstrukt *k^we-k^wlhi-o zurückgehen[64], ein Oberbegriff für das Rad gewesen sein, der wahlweise für ein Scheiben- und später auch für das Speichenrad gebraucht werden konnte.

---

[58] Sparreboom, Chariots (1985) 127 s.v. »vandhúra«.

[59] Neumann, OrNS 59, 1993, 234-238.

[60] WRV ([1873] 1976) 331 s.v. »gar« (Grassmann).

[61] Sparreboom, Chariots (1985) 127 s.v. »gárta«; Singh, Warfare (1965) 31 s.v. »garta«; Piggott, India (1950) 280 Fig. 32 »garta«.

[62] WRV ([1873] 1976) 437 ff. s.v. »car« (Grassmann).

[63] Sparreboom, Chariots (1985) 123 s.v. »cakrá«; siehe auch Piggott, India (1950) 280 Fig. 32 »cakra«; Singh, Warfare (1965) 27.

[64] Plath, Streitwagen (1994) 321.

avestisch:	čaxra-
neupersisch:	čarḫ
griechisch:	κύκλος »Kreis, Rad«
altenglisch:	hwēol
phrygisch:	κίκλην »Wagen«
tocharisch A:	kukäl »Wagen«
tocharisch B:	kokale »Wagen«

ará-   m. Radspeiche

Der Terminus ará- weist mit ára- in der Bedeutung »passend, genug« und arpay- mit der Bedeutung »hineinstecken, befestigen« eine Verbindung zu indogermanisch ar- mit der Grundbedeutung »sich in Bewegung setzen«[65] auf. Gemeint ist hier die Bewegung, die etwas an ein Ziel und damit in Bereitschaft zur Fortbewegung bringt. Letzteres geschieht durch das Einfügen der Radspeichen in die Radnabe[66]. Der Terminus aratí geht nach Thieme auf die Wurzel ar- zurück und ist ein Kollektivum von ará- »Speiche« mit der Bedeutung »Gesamtheit der Speichen«. Entgegen Thieme, der darunter letztlich den »Speichenkranz« verstehen wollte[67], dürfte eher mit einer Bedeutung »Speichenrad« zu rechnen sein. Im Mykenischen existiert ein weiterer von einer Wurzel ar- (urindogermanisch: *h₂er) abgeleiteter Terminus für das Speichenrad (mykenisch: a-mo/arhmo), den Plath auf eine urgriechische Grundform *ar-smṇ zurückführt[68].

armenisch:	arnem »machen«
griechisch:	ἀραρίσκω »fügen«
lateinisch:	artus »Gelenk«
tocharisch A:	ārwar »bereit«

---

[65] WRV ([1873] 1976) 98 ff. s.v. »ar, r« (Grassmann).
[66] Sparreboom, Chariots (1985) 129 s.v. »ará«; Piggott, India (1950) 277. 280 Fig 32 »ara«; Singh, Warfare (1965) 27 s.v. »ara«.
[67] Thieme, Untersuchungen (1949) 26-27 Anm. 7.
[68] Plath, Streitwagen (1994) 72.

nábhya-   n. Radnabe

Dieser Terminus gehört zu nábhi- mit der Bedeutung »Nabe, Nabel, Mittelpunkt, Ursprung«[69]. Nábhya- bezeichnet mit der Nabe den Mittelpunkt des Rades, von dem die Speichen ausgehen. Für diese bildet die Nabe den Ausgangspunkt, also den Ursprung.

avestisch:	nabā̇
kurdisch:	nābek »Nabel«
neupersisch:	nāf »Nabel«
griechisch:	ὀμφαλός
lateinisch:	umbilīcus
altirisch:	imbliu »Nabel«
althochdeutsch:	naba »Nabe«, nabala »Nabel«
altpreussisch:	nabis »Nabe, Nabel«
lettisch:	naba »Nabel«

nemí-   f. Radfelge, Reifen

Der Terminus nemí- ist im Zusammenhang mit nam- »beugen, biegen« zu sehen[70]. So ist auch die Radfelge als die durch Biegen in Kreisform gebrachte zu verstehen. Eine sichere etymologische Ableitung ist für nemí- nicht möglich. Laut Singh steht der Terminus nemí- für den Radkranz und die Felge zusammen[71].

paví-   m. Radreifen

Dieser Terminus ist etymologisch nicht klar zu erfassen. Möglich ist eine Verbindung mit tocharisch B *pwe »Speiche« als Fortsetzung eines indogermanischen Wortes aus der Wagen- und Waffentechnik. Eine Verbindung mit pū- »läutern, reinigen«[72] ist im Zusammenhang mit der Bedeutung von pawí- als Metall denkbar, wie auch eine Beziehung zu lateinisch pavīre »schlagen«. Sparreboom, der diesen Terminus ebenfalls als Radreifen übersetzt, geht davon

---

[69] Sparreboom, Chariots (1985) 123 s.v. »nábhya«, 158 s.v. »nâbhi«; Piggott, India (1950) 277, 280 Fig 32 »nābhi«; Singh, Warfare (1965) 27 s.v. »nābhya «.
[70] WRV ([1873] 1976) 709 ff. s.v. »nam« (Grassmann); Sparreboom, Chariots (1985) 131 s.v. »nemí «; Piggott, India (1950) 277. 280 Fig 32 »nemí«.
[71] Singh, Warfare (1965) 27 s.v. »nemi«.
[72] WRV ([1873] 1976) 838 ff. s.v. »pū« (Grassmann).

aus, dass dieser aus Metall ist und verweist darauf, dass der Terminus pavī-
möglicherweise auch eine Waffe bezeichnet ohne jedoch genauer auf die Etymologie des Wortes einzugehen[73].

pradhī-   m. Felgenkranz

Der Begriff pradhī- setzt sich aus dem Verbal- und Nominalpräfix prá- (vgl.
práüga-) mit der Bedeutung »vor, davor«[74] und möglicherweise aus dem Element dhā- zusammen. Der Terminus dhā- unterliegt der Grundbedeutung
»etwas an einen Ort hinschaffen«[75]. Dies kann im Sinne von »setzen, stellen«
oder »legen« geschehen. So ist der Felgenkranz als der vor die Speichen gelegte
Teil des Rades zu verstehen. Sparreboom verweist hier auf Grassmann, der den
Terminus als Radkranz, Felgen des Rades übersetzt. Nach Sparreboom bezieht
sich der Terminus vermutlich auf das Scheibenrad[76].

vartanī-   f. Radfelge

Der Terminus vartanī- ist verwandt mit dem Begriff vrt- mit der Bedeutung
»sich drehen, rollen«. In diese Gruppe gehören ebenso varti- »Wulst«, vartula-
»rund«, vártman- »Radspur, Bahn«[77].

khá-   n. Öffnung, Loch

Dieser Terminus stellt eine jüngere Bildung zu khā- »Quelle, Brunnen« und
khán- »graben«[78] dar. Er bezeichnet also die Öffnung allgemein, die durch eine
bestimmte Tätigkeit geschaffen wird. Im Zusammenhang mit dem Streitwagen
ist die Öffnung im Joch, durch die der Deichselkopf gesteckt wurde oder auch

---

[73] Sparreboom, Chariots (1985) 131 s.v. »pavī«; vgl. Piggott, India (1950) 277, 280 Fig
32 »pavi«.
[74] WRV ([1873] 1976) 863-864 s.v. »prá« (Grassmann).
[75] WRV ([1873] 1976) 660 ff. s.v. »dhā« (Grassmann).
[76] Sparreboom, Chariots (1985) 123 f. s.v. »pradhī«; vergleiche Piggott, India (1950)
277. 280 Fig 32 »pradhi«, und Singh, Warfare (1965) 27 s.v. »pradhi«.
[77] WRV ([1873] 1976) 1330 ff. s.v. »vrt« (Grassmann); KEWAi III (1956-1980) 154-
155 s.v. »vártate« (Mayrhofer); vergleiche Sparreboom, Chariots (1985) 131 s.v.
»vartanī«.
[78] WRV ([1873] 1976) 372 s.v. »khán« (Grassmann).

das Nabenloch gemeint[79]. Sparreboom übersetzt den Terminus ebenfalls als Öffnung beziehungsweise als Nabenloch, geht aber eher davon aus, dass es sich hierbei um den Teil des Rades handelt, der Öffnungen sowohl für die Speichen als auch für die Achse aufweist. Er verweist hier wieder auf Grassmann, der den Terminus als »die durchbohrte Büchse des Rades in welcher die Speichen eingefügt werden und welche geschmiert wird« übersetzt. Dass der Terminus khá- nicht ausschliesslich die Öffnungen für die Speichen bezeichnet, sondern auch die Öffnung, die für die Achse vorgesehen ist, schliesst Sparreboom aus einer Textstelle des Rigveda, die das Schmieren der Öffnung erwähnt, so dass der Terminus hier nicht in Bezug zu den Speichen zu setzen ist, da deren Öffnungen nicht geschmiert werden müssen. Piggott übersetzt den Terminus ebenfalls als Achsloch[80].

ákṣa-   m. Achse

Der Terminus ákṣa- gehört in die Gruppe von ay-, welches die Bedeutung »treiben«[81] im Sinne von »antreiben«, also »in Gang setzen«, aufweist. In diesem Sinne ist auch die Achse als antreibender Mechanismus zu verstehen, der die Räder in Rotation und damit den Wagen in Bewegung versetzt. Die Achse stellt sozusagen den Drehpunkt der Fortbewegung dar. Sparreboom beschreibt die Achse als den Teil des Rades, der etwas von der Nabe auf das Rad überträgt und verweist auf Texstellen des Rigveda, in denen die Achse als ein Teil des Rades verstanden wird, der das Rad aufhält[82]. Dies ist nicht unbedingt gegenteilig zu der oben aufgeführten Ableitung und Deutung des Terminus zu sehen, da die Achse einerseits die Kraft auf das Rad überträgt, die es schliesslich antreibt, aber andererseits hält sie das Rad auch in seiner Bahn, „hemmt" es also in gewisser Weise auch.

griechisch: ἄξον
lateinisch: axis
litauisch: ašìs
althochdeutsch: ahsa

---

[79] Singh, Warfare (1965) 27f. s.v. »kha«.
[80] Sparreboom, Chariots (1985) 130 s.v. »khá«; Piggott, India (1950) 277. 280 Fig 32 »kha«.
[81] WRV ([1873] 1976) 18-19 s.v. »aj« (Grassmann).
[82] Sparreboom, Chariots (1985) 129 s.v. »ákṣa-«; vergleiche Piggott, India (1950) 277. 280 Fig 32 »aksa«, und Singh, Warfare (1965) 27 s.v. »akṣa«.

āṇí-   m. Zapfen der Achse

Auf Grund einer möglichen Verwandtschaft mit tamil āṇi- »Nagel, Zapfen«
im Dravidischen ist eine Herkunft des Terminus āṇí- aus diesem Bereich nicht
auszuschliessen. Diese Verwandtschaft des Tamilwortes ist jedoch nicht gesichert[83].
Möglicherweise besteht eine Verbindung von āṇí- zu ah-, aṅh- mit der Grundbedeutung »eng aneinanderfügen«[84]. So ist āṇí- als der sich verengende Teil verstanden, der in die Nabe des Rades läuft.

indogermanisch: *el-ni-
germanisch: luni-
althochdeutsch: lun
neuhochdeutsch: Lünse

yugá-   n. Joch, Gespann

Yugá- bezeichnet das Gespann als das Zusammengejochte. Ein verwandter
Terminus mit der Bedeutung »Gespann« ist in yójana- zu sehen. Hier liegt die
Grundbedeutung des Verbindens (vgl. yuj- aus yu- »anschirren, anspannen«)[85]
zugrunde. Der Terminus yugá- steht sowohl für das Joch als auch für das Gespann, da beides als eine Einheit zu betrachten ist[86]. Das Joch ist der Teil der
Anschirrung, der sowohl die Pferde untereinander, als auch diese mit dem Wagen verbindet. Erst durch das Zusammenfügen der Einzelpferde mit Hilfe des
Joches werden diese zum Gespann. So ergibt sich aus yugá- automatisch die Bedeutung des Gespannes als des durch das Joch Verbundenen, so dass für
letzteres kein eigener Terminus vorhanden ist. Dazu gehören auch yóktra-
»Strick, Strang«, yoktár- »Anschirrer«, yóga- »Anschirrung«, yógya- »Zugtier«
und yukti- »Verbindung«[87]. Weiterhin ist der Terminus yugá- in den Adjektiven
cátur-yuga- und caturyúj-, die das Viergespann bezeichnen, enthalten. Diese

---

[83]   KEWAi I (1956-1980) 72 s.v. »āṇí ḥ« (Mayrhofer).
[84]   WRV ([1873] 1976) 160-161 s.v. »ah, aṅh« (Grassmann); vergleiche Sparreboom,
Chariots (1985)130 s.v. »āṇí«; Piggott, India (1950) 277. 280 Fig 32 »ani«; Singh,
Warfare (1965) 27.
[85]   KEWAi III (1956-1980) 20-21 s.v. »yunákti« (Mayrhofer); WRV ([1873] 1976)
1110-1112 s.v. »yu«, 1115 ff. s.v. »yuj«, 1119 s.v. »yúj«, 1126 s.v. »yójana«
(Grassmann); Sparreboom, Chariots (1985) 133 s.v. »yójana«.
[86]   Sparreboom, Chariots (1985) 132 s.v. »yugá«; Piggott, India (1950) 280 Fig 32
»yuga«; Singh, Warfare (1965) 28. 38.
[87]   KEWAi III (1956-1980) 20-21 s.v. »yunákti« (Mayrhofer).

kommen jedoch nur einmal in mythologischem Zusammenhang vor[88]. Da zahl-
reiche indogermanische Sprachen (s.u. die Belege) parallele, gleichbedeutende
Bildungen aufweisen, muss es sich hierbei um einen »vorureinzelsprachlichen
Fachausdruck« (*Hi̯ugó-m) handeln.

neupersich:	ǰuy »Joch«
griechisch:	ζυγόν
lateinisch:	iugum
gotisch:	juk »Joch«
hethitisch:	i̯ugan »Joch«

dhū́r-   f. Anschirrwerk, Gestänge

Eine Verwandtschaft zwischen dhū́r [89] und hethitisch tur- ist nicht auszuschliessen (vgl. hethitisch turii̯a- »anschirren«). Andernfalls besteht ebenso die
Möglichkeit, dass der Terminus dhū́r- auf dhr̥- mit der Bedeutung »festhalten,
befestigen«[90] zurückgeht. In späteren indischen Sprachen liegt hier einerseits die
alte wagentechnische Bedeutung vor, und andererseits ist eine Bedeutung im
übertragenen Sinne von »äusserste, vorderste Stelle, Spitze« erhalten geblieben.
Mayrhofer befürwortete zunächst die zuerst genannte Möglichkeit und verwies
auf die etymologische Verwandtschaft des Terminus dhū́r- mit hethitisch tur-.
So entsprach seiner Auffassung nach das hethitische Wort turii̯a- »anschirren«
dem vedischen dhū́r- »Anschirrwerk, Gestänge«, wobei er aber turii̯a- nicht als
Erbwort, sondern als Entlehnung aus dem Indoarischen betrachtete[91]. Diese
Meinung revidierte er jedoch nur ein Jahr später, indem er nun beiden Termini
aus sachlichen Erwägungen eine etymologische Verwandtschaft absprach. Seine
geänderte Auffassung begründet sich lediglich durch die zeitliche Differenz, die
sich zwischen dem Erscheinen des Wortes turii̯a- im Althethitischen in der
ersten Hälfte des 2. Jahrtausends v. Chr. und dem von ihm vermuteten Auftreten
der vorderasiatischen Arier, frühestens in der Mitte des 2. Jahrtausends v. Chr.,
ergibt[92].

---

[88]   Sparreboom, Chariots (1985) 125 s.v. »cáturyuga«, s.v. »caturyúj«; Singh, Warfare
(1965) 42 s.v. »caturyuj«.
[89]   Vergleiche dazu Sparreboom, Chariots (1985) 132 s.v. »dhúr«.
[90]   WRV ([1873] 1976) 691 ff. s.v. »dhr« (Grassmann).
[91]   Mayrhofer, Spr. 10, 1964, 185-188.
[92]   Mayrhofer, IF 70, 1965, 252-253.

īṣā́-		f. Deichsel

Mit diesem Terminus [93] vergleichbar ist hethitisch ^{giš}hišša- mit der Bedeutung »Deichsel«, wobei letzteres jedoch wohl eher ein Lehnwort aus dem Indischen als ein entsprechendes urverwandtes Wort ist. Der Terminus īṣā́- weist die gleiche Etymologie auf, wie avestisch aēša-[94] und griechisch oἴαξ[95]. Dementsprechend besteht eine Verbindung zu finnisch aisā- »Stange der Gabeldeichsel«, aus baltisch *aisō oder *aisā-[96], zurückgehend auf urindogermanisches oi- / oi-es. Mayrhofer verwies auch hier, entsprechend zu dem vorher aufgeführten Terminus dhū́r und dem hethitischen turii̯a-, auf die etymologische Verwandtschaft des Terminus īṣā́- mit hethitisch hišša- »Deichsel«, wobei er letzteres als Lehnwort aus dem Indoarischen betrachtete(s. Anm. 91). Er gab auch hier diese Auffassung aus dem gleichen Grund, der ihn veranlasst hat, die Verwandtschaft zwischen dhū́r- und turii̯a- anzuzweifeln, auf (s. Anm. 92).

präüga-		n. Deichsel

Dieser Terminus hat sich aus prá-yuga- entwickelt und ist beispielsweise mit iranisch fra-jugā- verwandt. Bei prá- handelt es sich um ein Verbal- und Nominalpräfix mit der Bedeutung »vor, voran, davor, fort« (avestisch: fra-)[97]. Es ist wurzelverwandt mit pára- »ferner, jenseitig« (adverbiell pará- »über-hinaus, jenseits von«), pári- »darüber hinaus, von-weg« und purá- »voran, vorn, davor«. Die Deichsel ist mit dem Terminus präüga- folglich als der am Wagen vorspringende, beziehungsweise als der davor gelegte Teil gekennzeichnet, an den die Pferde mit Hilfe des Joches angespannt wurden[98]. Ausserdem sorgte die Deichsel für Abstand zwischen Pferden und Wagen, wobei hier die richtungsweisende Bedeutung »von-weg« oder »über etwas hinausgehen« vorliegt.

---

[93]	Vergleiche Sparreboom, Chariots (1985) 131 s.v. »īṣā́«; Piggott, India (1950) 280 Fig 32 »īsā«; Singh, Warfare (1965) 38 s.v. »īṣā«.
[94]	AirWb (1904) col. 32 s.v. »1aēša-« (Bartholomae).
[95]	GEW II (1960-1972) 356 s.v. »oίac« (Frisk).
[96]	Mayrhofer, IF, 1965, 254; Mayrhofer betrachtet hingegen finnisch »aisa« nicht als Abstammung aus dem Baltischen, sondern geht nach seinen später geänderten Ausführungen eher von einer Herkunft aus dem Iranischen aus.
[97]	KEWAi II (1956-1980) 350 ff. s.v. »prá« (Mayrhofer); WRV ([1873] 1976) 863-864 s.v. »prá« (Grassmann).
[98]	Sparreboom, Chariots (1985) 123 s.v. »präüga«; Piggott, India (1950) 280 Fig. 32 »praüga«.

Grassmann sieht in práüga- eine Verbindung der Elemente prá- und uj- von vaj- mit der Bedeutung »kräftig sein, zur Eile anspornen, anregen«[99]. Dies ist im Hinblick auf die Funktion der Deichsel als stabiles Zugelement, das den Wagen mit Hilfe der Zugkraft der Pferde in Bewegung versetzt, möglich, aber nicht sicher.

śámyā-   f. Jochgabel

Der Terminus śámyā- geht auf urindogermanisches *ka/em- mit der Grund-bedeutung »Pflock« zurück[100]. In der jungvedischen Brāhmaṇa-Prosa (800-700 v.Chr.) ist dieser Begriff in yuga- śamyá- »Jochpflock« enthalten. Piggott und Singh sehen in śámyā-den Jochnagel, der ein Abrutschen des Joches von der Deichsel verhindern soll[101]. Sparreboom übersetzt diesen im Plural verwendeten Terminus im Bezug auf das Ochsengespann als Jochpflöcke[102], die die Ochsen in ihrer Position halten. Die Übersetzung von śámyā- als Jochnagel oder Bolzen, der die Verbindung des Joches auf der Deichsel sichern soll, lässt sich auf Grund der pluralischen Verwendung des Terminus nicht halten, denn die Existenz von mehr als einem Jochnagel wäre hier unnötig. Der Terminus śámyā- bezeichnete somit ursprünglich die Jochpflöcke beim Rinderwagen und weist im Zusammen-hang mit dem von Pferden gezogenen Streitwagen auf die Existenz der Jochgabel beim Pferdejoch hin[103]. Diese Auffassung wird jedoch von Raulwing ohne jede weitere Argumentation vehement abgelehnt[104].

neuindisch:	śamyā-yuga-
avestisch:	yuyō-səmi-
	simā-
neupersisch:	sī m
armenisch:	sami-kʿ (Pluralis) »Jochhölzer«
griechisch:	κάμαξ »Pfahl, Stange«

---

[99] WRV ([1873] 1976) 1196-1197 s.v. »vaj, uj« (Grassmann).

[100] Vergleiche Geldner, Rig-Veda III (1951) 179 Lied 10:31:10 Anm. 10 d.

[101] Piggott, India (1950) 278. 280 Fig 32 »śamyā«; Singh, Warfare (1965) 28 s.v. »śamyā«; vgl. KEWAi III (1956-1980) 302 s.v. »śamyā« (Mayrhofer); WRV ([1873] 1976) 1381 s.v. »çamyâ-, çamiâ-« (Grassmann).

[102] Sparreboom, Chariots (1985) 124 s.v. »śamyā«.

[103] Koch, APA 24, 1992, 66; Koch, Achse, Rad und Wagen 3, 1995, 3 Abb. 2a-b, 4 f.

[104] Raulwing in: Meid (Hrsg.), Sprache und Kultur der Indogermanen (1998) 527 Anm. 35.

syúman-   n. Zaum; Trense

Grassmann leitet diesen Terminus von siv- »nähen, zusammenbinden« ab[105]. Sparreboom schliesst sich dieser Ableitung an und übersetzt syúman- mit »Riemen, Gurt, Band«[106]. Er verweist dabei auf eine Textstelle des Rigveda , die den Terminus in Bezug auf ein störrisches Pferd nennt[107]: »Jedermann verehrt seine Stärke; ganz und gar haben sie sich seiner Heldenkraft gefügt. Wie nach einem störrigen Roß, das den Zaum festhält, richten sie (nach ihm) in der Vṛtraschlacht ihren Willen«. Macdonell und Keith interpretieren in diesem Zusammenhang syúman- als Trensenmundstück[108]: »Syūma-gṛbh, used of a horse in the Rigveda (vi. 36, 2) seems to mean ‚grasping the bit between his teeth', as a horse does when anxious to break away from control«. Tatsächlich liegt die Vermutung sehr nahe, dass hier mit syúman- die Trense gemeint ist, da diese der Teil des Zaums ist, der sich unmittelbar im Maul des Pferdes befindet, den es also »festhalten« kann. Hier ist die Vorstellung vom störrischen Pferd, das seinen Unmut ausdrückt, indem es auf der Trense kaut, nicht abwegig.

abhíśu-   m. Zügelleine

Dieser Terminus besteht wohl aus abhí- mit der Bedeutung »herbei, zu, gegen« und dem Element aś- mit der Bedeutung »erlangen, erreichen«[109]. Möglicherweise besteht auch eine Verbindung mit íś- »besitzen, beherrschen«, die aber nicht sicher zu belegen ist[110]. Abhí- drückt also eine richtungsbezogene Bewegung zu etwas hin aus, während aś- die Dominanz über etwas andeutet. So dominiert der Kutscher über die Pferde, indem er sie durch die Zügelleinen kontrolliert, die für ihn die unmittelbare Verbindung zu den Tieren darstellen.

---

[105] WRV ([1873] 1976) 1616 s.v. »syûman-« (Grassmann); vgl. KEWAi III (1956-1980) 477 s.v. »síˑvyati« (Mayrhofer).

[106] Sparreboom, Chariots (1985) 133 s.v. »syúman«.

[107] Geldner, Rig-Veda II (1951) 133 Lied 6:36:2.

[108] Macdonell / Keith, Vedic Index II (1958) 490 s.v. »syūma-gṛbh«.

[109] WRV ([1873] 1976) 82 s.v. »abhí (abhî)«, 133 ff. s.v. »aç« (Grassmann); KEWAi I (1956-1980) 41 s.v. »abhí«, 60 s.v. »asnóti« (Mayrhofer); vergleiche Sparreboom, Chariots (1985) 131 s.v. » abhíśu«.

[110] WRV ([1873] 1976) 235 ff. s.v. »īç« (Grassmann).

yáma-   m. Zügelleine

Der Terminus yáma- leitet sich ab von yam- mit der Bedeutung »zügeln, lenken, leiten[111]«. Dazu gehören yantrá- »Zügelleine« (allgemein: Mittel zum Halten und Befestigen), yantár- »Lenker« und yáti- »Lenkung, Leitung«. Diese Wortgruppe weist die Grundbedeutung des Kontrollierens mittels verschiedener Verbindungsmechanismen auf.

raśaná-   f. Zügelleine
raśmán-   m.
raśmí-   m.

Neben dem Terminus raśaná-[112] werden auch raśmán- und raśmí- mit gleicher Bedeutung verwendet. Auf Grund ihrer Verwandtschaft müssen diese Termini zusammen betrachtet werden. Die Grundbedeutung der Zügelleinen als Mittel der Kontrolle steht hier nicht wie bei abhíśu- im Vordergrund, sondern sie sind in diesem Fall wohl eher als einfache Befestigungs- und Verbindungsmechanismen zu verstehen. Verbindungen dieser Termini mit Ausserarischem sind unsicher, so beispielsweise mit althochdeutsch strang »Strick, Seil«, litauisch rišù »binden« und altnordisch rekendi »Kette«.

neupersisch: rasan »Strick«

varatrá-   f. Riemen

Der Terminus varatrá- leitet sich von vr- mit der Bedeutung »umfassen, eng einschliessen« ab[113]. Dazu gehören auch varūtár- »Schützer«, várūtha- »Schutz, Schirm«, várman- »Panzer, Schutzwehr«, vártra- »Schutzdamm«, vavrá- »Höhle, Grube«, vavrí- »Hülle« und vṛti- »Einzäunung«. Dieser Gruppe liegt also die Bedeutung der Schutzfunktion zugrunde. So stellt varatrá- als der Riemen, mit dem das Joch festgebunden ist, für dieses eine Sicherung dar. Der Aspekt des Absicherns zur Verhinderung von negativen Folgen herrscht hier vor.

---

[111] WRV ([1873] 1976) 1090 ff. s.v. »yam« (Grassmann); KEWAi III (1956-1980) 2-3 s.v. »yácchati«, 7 s.v. »yam-« (Mayrhofer); Sparreboom, Chariots (1985) 41 Anm. 32 s.v. »yam-«.

[112] Sparreboom, Chariots (1985) 133 s.v. »raśaná«, »raśmí«; Piggott, India (1950) 280 Fig. 32 »raśmi, raśanā«.

[113] WRV ([1873] 1976) 1319 ff. s.v. »vr« (Grassmann); KEWAi III (1956-1980) 245-6 s.v. »vṛṇóti¹« (Mayrhofer).

avestisch:	var- »bedecken, abwehren«
mittelpersisch:	gurtī h »schützendes Kleidungsstück«
griechisch:	ἔρυσθαι »abwehren, schützen«
	ἔρυμα »Abwehr, Schutz«
gotisch:	warjan »wehren«

Schlussfolgerung

Anhand der Textstellen des Rigveda ist es also durchaus möglich, eine Vorstellung vom Aufbau des vedischen Streitwagens zu gewinnen (s. Abb. 1). Die wesentlichen Bestandteile des im Rigveda beschriebenen Wagens lassen sich mit einiger Sicherheit auf Grund der dort vorhandenen Termini erfassen. Obwohl insgesamt noch Fragen bezüglich der genauen Konstruktion des vedischen Streitwagens offen bleiben, da einige der wagentechnischen Termini nach wie vor in ihrer Bedeutung nicht ganz sicher sind, ist zumindest seine Grundkonstruktion erschlossen. So war der vedische Streitwagen ein leichtes und wendiges Fahrzeug auf zwei Speichenrädern. Seine mit Riemen an der Achse befestigte Kanzel war mit Flechtwerk verkleidet. Die Anspannung des Pferdezweigespanns erfolgte mittels Jochgabeln, während die Führung und der Kontakt zwischen Fahrer und Pferd durch eine Trensenzäumung gewährleistet waren.

Dieser hier anhand der Textbelege rekonstruierte Wagen des vedischen Indien besaß folglich alle Charakteristika eines »Klassischen Streitwagens«, jenes Gefährts, das durch Originalwagenfunde und bildliche Darstellungen aus Ägypten und Vorderasien spätestens seit der Mitte des 2. Jahrtausends v. Chr. gut bekannt ist.

Die Einfuhr des »Klassischen Streitwagens« erfolgte vermutlich im Rahmen der Einwanderung der Indoarier nach Vorderindien.

Literatur- und Abkürzungsverzeichnis

AirWb =
> Chr. Bartholomae, Altiranisches Wörterbuch (Strassburg 1904).

Geldner, Rig-Veda I (1951) =
> K. F. Geldner, Der Rig-Veda aus dem Sanskrit ins Deutsche übersetzt und mit einem laufenden Kommentar versehen I – Erster bis Vierter Liederkreis, Harvard Oriental Series 33 (Cambridge Massachusetts / London / Leipzig 1951).

Geldner, Rig-Veda II (1951) =
> K. F. Geldner, Der Rig-Veda aus dem Sanskrit ins Deutsche übersetzt und mit einem laufenden Kommentar versehen II – Fünfter bis Achter Liederkreis, Harvard Oriental Series 34 (Cambridge Massachusetts / London / Leipzig 1951).

Geldner, Rig-Veda III (1951) =
> K. F. Geldner, Der Rig-Veda aus dem Sanskrit ins Deutsche übersetzt und mit einem laufenden Kommentar versehen III – Neunter bis Zehnter Liederkreis, Harvard Oriental Series 35 (Cambridge Massachusetts / London / Leipzig 1951).

GEW I-III (1960-1972) =
> H. Frisk, Griechisches etymologisches Wörterbuch I-III, Indogermanische Bibliothek (Heidelberg 1960-1972).

KEWAi I-III (1956-1980) =
> M. Marhofer / H. D. Pohl / R. Schmitt / R. Zwanziger, Kurzgefaßtes etymologisches Wörterbuch des Altindischen – A Concise Etymological Sanskrit Dictionary, Indogermanische Bibliothek – Zweite Reihe – Wörterbücher (Heidelberg 1956-1980).

Koch, APA 24, 1992 =
> A. Koch, Die indogermanische Jochgabel, Acta Praehistorica et Archaeologica 24, 1992, 65-75.

Koch, Achse, Rad und Wagen 3, 1995 =
> Zur Technik des Streitwagens in Ostiran, Achse, Rad und Wagen – Beiträge zur Geschichte der Landfahrzeuge 3, 1995, 2-9.

Littauer / Crouwel, Vehicles (1979) =
> M. A. Littauer / J. H. Crouwel, Wheeled Vehicles and Ridden Animals in the Ancient Near East, Handbuch der Orientalistik – VII. Abteilung, 1. Band, 2. Abschnitt B. Vorderasien, Lieferung 1 (Leiden / Köln 1979).

Macdonell / Keith, Vedic Index II ([1912] 1958) =
A. A. Macdonell / A. B. Keith, Vedic Index of Names and Subjects I-II, Indian Text Series ([London 1912] Delhi / Varanasi / Patna 1958).

Mayrhofer, Spr. 10, 1964 =
M. Mayrhofer, 'Hethitisch und Indogermanisch', Die Sprache – Zeitschrift für Sprachwissenschaft 10, 1964, 174-197.

Mayrhofer, IF 70, 1965 =
M. Mayrhofer, Hethitisches und arisches Lexikon, Indogermanische Forschungen 70, 1965, 245 ff.

Neumann, OrNS 59, 1993 =
G. Neumann, Hethitisch *widul(i)-* 'Wagenkorb', Orientalia Nova Series 59, 1993, 234-238.

Piggott, India (1950) =
St. Piggott, Prehistoric India to 1000 B. C., Penguin Books (Harmondsworth, Middlesex 1950).

Plath, Streitwagen (1994) =
R. Plath, Der Streitwagen und seine Teile im frühen Griechischen – Sprachliche Untersuchungen zu den mykenischen Texten und zum homerischen Epos, Erlanger Beiträge zur Sprache, Literatur und Kunst 76 (Nürnberg 1994).

Rau in: Voigt (Hrsg.), XIX. Deutscher Orientalistentag (1977) =
W. Rau, Ist vedische Archäologie möglich?, W. Voigt (Hrsg.), XIX. Deutscher Orientalistentag vom 28. September bis 4. Oktober 1975 in Freiburg im Breisgau – Vorträge, Zeitschrift der Deutschen Morgenländischen Gesellschaft – Supplement 3 (Wiesbaden 1977) LXXXIII-C.

Rau, Altertumskunde (1983) =
W. Rau, Zur vedischen Altertumskunde, Akademie der Wissenschaften und der Literatur – Abhandlungen der Geistes- und sozialwissenschaftlichen Klasse 1983 Heft 1 (Mainz 1983).

Raulwing in: Meid (Hrsg.), Sprache und Kultur der Indogermanen (1998) =
P. Raulwing, Pferd, Wagen und Indogermanen, W. Meid (Hrsg.), Akten der X. Fachtagung der Indogermanischen Gesellschaft Innsbruck, 22.-28. September 1996, Innsbrucker Beiträge zur Sprachwissenschaft 93 (Innsbruck 1998) 523-546.

Singh, Warfare (1965) =
S. D. Singh, Ancient Indian Warfare with Special Reference to the Vedic Period (Leiden 1965).

Sparreboom, Chariots (1985) =

    M. Sparreboom, Chariots in the Veda, Memoirs of the Kern Institute 3 (Leiden 1985).

Thieme, Untersuchungen (1949) =

    P. Thieme, Untersuchungen zur Wortkunde und Auslegung des Rigveda, Hallische Monographien 7 (Halle 1949).

WRV ([1873] 1976) =

    H. Grassmann, Wörterbuch zum Rig-Veda (Leipzig [1873] Wiesbaden 1976).

Zimmer, Altindisches Leben ([1879] 1973) =

    H. Zimmer, Altindisches Leben – Die Cultur der vedischen Arier nach den Samhitā dargestellt (Hildesheim / New York [1879] 1973).

A. Koch

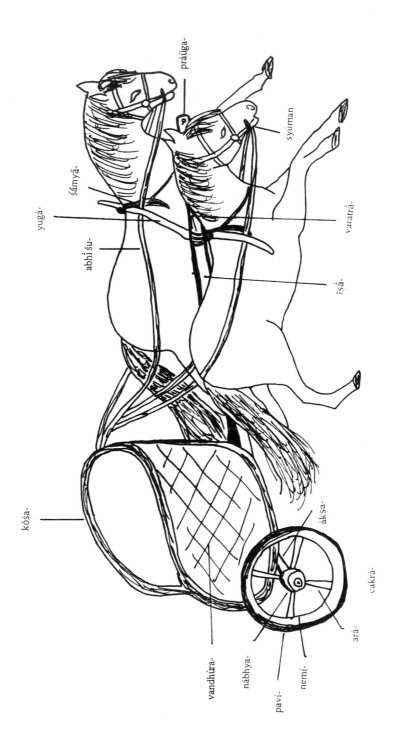

Abb. 1 Der Streitwagen bei den Indoariern im Zeitalter des Rigveda

Alexander von Makedonien auf zeitgenössischen Münzen -
Bemerkungen zur Problematik der sog. 'Poros'-Prägung[*]

Wolfgang Messerschmidt

Unter dem Begriff 'Poros'-Prägung werden drei Münztypen subsumiert, deren Exemplare zu verschiedenen Zeiten an die Öffentlichkeit gelangt sind[1]. Alle bisher bekannt gewordenen Stücke stammen aus dem Kunsthandel, keine Münze ist aus beobachtetem Kontext einer Grabung geborgen worden. Die in den meisten Fällen erfolgte Zuweisung an einen Hortfund resultierte aus dem gleichzeitigen Auftreten der hier zur Diskussion anstehenden Emissionen mit weiteren, der gleichen Epoche zugehörenden Prägungen, für die im Kunsthandel eine identische Fundortangabe gemacht wurde. Diese Vorbemerkungen sind notwendig, denn für eine wissenschaftliche Auseinandersetzung mit den Münzen ist die Frage nach Prägeort und Datierung mitentscheidend.

Vom zuerst bekannt gewordenen Münztyp, in der Forschung gemeinhin als 'Dekadrachmon' bezeichnet (Typ A; Abb. 1-2), gelangten die ersten beiden Exemplare 1887 und 1926 in das Britische Museum in London. Für das ältere Stück wurde als Herkunft Buchara, für das zweite pauschal 'aus dem Iran' ermittelt. Ein drittes Exemplar unbekannter Herkunft kam zu einem nicht näher präzisierbaren Zeitpunkt in den Besitz der American Numismatic Society. 1973 tauchten im Kunsthandel weitere Münzen dieses Typs auf, dazu mehrere Stücke einer als 'Tetradrachmon' klassifizierten Emission (Typ B; Abb. 3 a und c); diese Münzen waren zusammen mit mehr als 350 Tetradrachmen, Dekadrachmen, Stateren und Sigloi Teil eines Münzschatzes, für den die vage, aber wohl zu Recht nie in Zweifel gezogene Fundortangabe 'in der Nähe von Babylon'

[*] Dieser Aufsatz ist dem Forscher und Gelehrten Prof. W. Nagel zum 80. Geburtstag gewidmet. Herr Nagel hat immer wieder die Erforschung der Kontaktzonen zwischen vorderasiatischer und griechischer Welt gefördert und mir so wertvolle Anregungen und Hinweise für meine Forschungen geliefert, wofür ich ihm zu tiefem Dank verpflichtet bin.

[1] Frau S. Hurter von der Schweizerischen Numismatischen Gesellschaft und Herrn W. Hollstein möchte ich an dieser Stelle für wertvolle Hinweise und für die Beschaffung von Photos herzlich danken. B. Jacobs danke ich für seine Diskussionsbeiträge und Ratschläge, F. Daubner für Hinweise auf neueste Forschungsliteratur und die kritische Durchsicht des Manuskriptes.

gemacht wurde. Ebenfalls zum Hortfund gehörte ein zunächst singuläres 'Tetra-drachmon', das in der Forschung bis heute wenig beachtet wurde (Typ C; Abb. 3 b und d, 4). 1989 wurden im Kunsthandel noch einmal Münzen dieses Hortes angeboten, darunter auch weitere Exemplare der 'Poros-Prägung'. Von dem 'Tetradrachmon' des Typs B existiert darüber hinaus mindestens ein weiteres Exemplar in Schweizer Privatbesitz, das nicht aus dem Hortfund stammt[2]. Ent-sprechend dem tatsächlichen Gewichtsstandard soll die von Price vorgeschla-gene Bezeichnung Fünfschekel für die 'Dekadrachmen' und Doppelschekel für die Tetradrachmen' gewählt werden[3]. Alle Stücke, soweit bekannt, werden hier aufgelistet.

Typ A. Fünfschekel:

1. 42.20g   aus Buchara, heute in London, Britisches Museum: Gardner, NumChron, Ser. III, 7, 1887, 177 ff. Taf. 7, 1; Neuffer, Kostüm Alexanders (1929) 9 f. Kat. Nr. N 12; BMC Greek Coins XXVIII, 191 Nr. 61 Taf. XXII, 18; Kaiser, JdI 77, 1962, 227 f. Nr. B, S. 229 Abb. 3. 4; Dürr, SchwMüBl 24, 1974, 33 und 36 Abb. 1 rechts; Price, Studia Naster (1982) 75 Taf. IX, 1; Mitchiner, Early Indo-Greeks (1975) 20 Type 21 Taf. S. 20 erste Reihe.

2. 39.66g   aus dem Iran, heute in London, Britisches Museum: Hill, BMQ 1, 1926, 36 f. Taf. 18 b; Hill, NumChron, Ser. V, 7, 1927, 204 f. Taf. XI Nr. 58; Neuffer, Kostüm Alexanders (1929) 9 f. Kat. Nr. N 12[4]; Kaiser, JdI 77, 1962, 227 f. Nr. A; 229 Abb. 1-2; Dürr, SchwMüBl 24, 1974, 33. 36 Abb. 1 links; Calmeyer, AMI N. F. 12, 1979, Taf. 49, 1; Mitchiner, Early Indo-Greeks (1975) 20 Type 21 Taf. S. 20 zweite Reihe; Price, Studia Naster (1982) 75 Taf. X, 2.

3. 37.78g   Herkunft unbekannt, heute im Besitz der American Numismatic Society - ANS 1959. 254. 86: SNG Berry Collection I (1961) Nr. 295 Taf. 11 Nr. 295; Goukowsky, BCH 96, 1972, 478 Abb. 3; Price, Coinage (1991) 75; Miller, AncWorld 25, 1994, 109. 113. 120 Abb. 8.

4. 38.73g   aus dem babylonischen Hort, Verbleib unbekannt: Calmeyer, AMI N. F. 12, 1979, Taf. 49, 2 erste Reihe; Mitchiner, Early Indo-Greeks (1975) 20 Type 21 Taf. S. 20 dritte Reihe; Price,

---

[2]   Dürr, SchwMüBl 24, 1974, 34; Price, Studia Naster (1982) 78.
[3]   Price, Studia Naster (1982) 76; Price, Coinage I (1991) 432.
[4]   Neuffer gibt irrtümlich bei beiden Exemplaren als Herkunft 'Buchara' an.

Studia Naster (1982) 76; Price, Papers Waggoner (1991) 70 Nr. 13.

5. 39.88g   aus dem babylonischen Hort, heute in Paris, Cabinet des Médailles: CH I (1975) 14 f. Kat. Nr. 38, Abb. 6 Nr. 4; Nicolet-Pierre, BNumParis 33, 1978, 401-403. 405 Abb. 2; Mitchiner, Early Indo-Greeks (1975) 20 Type 21 Taf. S. 20 vierte Reihe; Price, Studia Naster (1982) 75; Price, Papers Waggoner (1991) 70 Nr. 10; Price, Coinage II (1991) Taf. 159 Nr. G.

6. 40.94g   aus dem babylonischen Hort, heute in der Bunker Hunt Collection: Wealth of the Ancient World (1983) 209 f. Kat. Nr. 101 Abb. S. 209-210; Price, Studia Naster (1982) 76 Taf. IX, 3; Price, Papers Waggoner (1991) 70 Nr. 11; Price, Coinage II (1991) Taf. 159 Nr. H.

7. 40.74g   aus dem babylonischen Hort, heute in Kopenhagen: Price, Studia Naster (1982) 75; Miller, AncWorld 25, 1994, 113; Mørkholm, Early Hellenistic Coinage (1991) 245 Taf. III Nr. 44; Price, Papers Waggoner (1991) 70 Nr. 9.

8. 38.96g   aus dem babylonischen Hort (hier: Abb. 1-2), Verbleib unbekannt: Hollstein, SNR 68, 1989, Abb. S. 6 Nr. 2; Price, Papers Waggoner (1991) 70 Nr. 9B.

9. 40.04g   vermutlich aus dem babylonischen Hort, 1989 in den Kunsthandel gelangt, Verbleib unbekannt: Price, Papers Waggoner (1991) 70 Nr. 12 Taf. 15 zweite Reihe.

10. 40.98g   aus dem babylonischen Hort, Verbleib unbekannt: Price, Papers Waggoner (1991) 70 Nr. 9A.

Typ B. Doppelschekel:

1. 15.38g   aus dem babylonischen Hort, heute in London, Britisches Museum: CH I (1975) 15 Abb. 6 Nr. 6; Calmeyer, AMI N. F. 12, 1979, Taf. 49, 3; Mitchiner, Early Indo-Greeks (1975) 20 Type 22 Taf. S. 20 unten links; Price, Studia Naster (1982) 78 Taf. X, 5; Price, BritMusSocBull 18, 1975, 9 Abb. 6; Price, Papers Waggoner (1991) 70 Nr. 14.

2. -   aus dem babylonischen Hort, heute in einer Privatsammlung in Österreich: Price, Studia Naster (1982) 78 Taf. XI, 6; Dürr, SchwMüBl 24, 1974, 36 Abb. 3 d; Calmeyer, AMI N. F. 12, 1979, Taf. 50, 1 Nr. 3 d; Price, Coinage II (1991) Taf. 159 Nr. I; Price, Papers Waggoner (1991) 70 Nr. 15.

3. 14.72g   aus dem babylonischen Hort (hier: Abb. 3 a und c), Verbleib unbekannt: Price, Studia Naster (1982) 78; Calmeyer, AMI N. F. 12, 1979, Taf. 49, 2 mittlere Reihe; Mitchiner, Early Indo-

Greeks (1975) 20 Type 22 Taf. S. 20 unten Mitte; Hollstein, SNR 68, 1989, Abb. S. 6 Nr. 1; Price, Papers Waggoner (1991) 70 Nr. 16.

4. -   aus dem babylonischen Hort, Verbleib unbekannt: Price, Studia Naster (1982) 78; Dürr, SchwMüBl 24, 1974, 36 Abb. 3 b; Calmeyer, AMI N. F. 12, 1979, Taf. 50, 1 Nr. 3 b; Price, Coinage II (1991) Taf. 159 Nr. J; Price, Papers Waggoner (1991) 70 Nr. 17.

5. 15.49g   aus dem babylonischen Hort, heute in Paris, Cabinet des Médailles: Price, Studia Naster (1982) 78; Dürr, SchwMüBl 24, 1974, 36 Abb. 3 c; Nicolet-Pierre, BNumParis 33, 1978, 401-403. 405 Abb. 3; Calmeyer, AMI N. F. 12, 1979, Taf. 50, 1 Nr. 3 c; Price, Papers Waggoner (1991) 70 Nr. 19.

6. 16.30g   aus dem babylonischen Hort, Verbleib unbekannt: Price, Studia Naster (1982) 78; Dürr, SchwMüBl 24, 1974, 36 Abb. 3 a; Calmeyer, AMI N. F. 12, 1979, Taf. 50, 1 Nr. 3 a; Price, Papers Waggoner (1991) 70 Nr. 22.

7. -   aus dem babylonischen Hort, Verbleib unbekannt: Price, Studia Naster (1982) 78; Dürr, SchwMüBl 24, 1974, 36 Abb. 2; Calmeyer, AMI N. F. 12, 1979, Taf. 50, 1 Nr. 2; Price, Papers Waggoner (1991) 70 Nr. 23.

8. -   aus dem babylonischen Hort, Verbleib unbekannt: CH I (1975) 15 Abb. 6 Nr. 7; Price, Studia Naster (1982) 78; Mitchiner, Early Indo-Greeks (1975) 20 Type 22 Taf. S. 20 unten rechts; Price, Papers Waggoner (1991) 70 Nr. 20.

9. 15.99g   vermutlich aus dem babylonischen Hort, 1989 in den Kunsthandel gelangt, Verbleib unbekannt: Price, Papers Waggoner (1991) 70 Nr. 18 Taf. 15 Nr. 18.

10. 15.80g   vermutlich aus dem babylonischen Hort, 1989 in den Kunsthandel gelangt, Verbleib unbekannt: Price, Papers Waggoner (1991) 70 Nr. 21.

11. 16.14g   vermutlich aus dem babylonischen Hort, 1989 in den Kunsthandel gelangt, Verbleib unbekannt: Price, Papers Waggoner (1991) 70 Nr. 24 Taf. 15 Nr. 24.

Typ C. Doppelschekel:

1. 15.99g   aus dem babylonischen Hort (hier: Abb. 3 b und d), heute in Paris, Cabinet des Médailles: Nicolet-Pierre, BNumParis 33, 1978, 401-403. 405 Abb. 1; Calmeyer, AMI N. F. 12, 1979, 309 Taf. 49, 2 Nr. 132; Hollstein, SNR 68, 1989, Abb. S. 6 Nr. 3, S. 12 f.; Mitchiner, Early Indo-Greeks (1975) 20 Type 21 i Taf. S.

20 dritte Reihe von unten; Price, Coinage I (1991) 452 Anm. 9; Price, Papers Waggoner (1991) 70 Nr. 25 Taf. 15 Nr. 26[5]; Mørkholm, Early Hellenistic Coinage (1991) 245 Taf. III Nr. 46.

2. 15.74g   vermutlich aus dem babylonischen Hort, 1989 in den Kunsthandel gelangt, Verbleib unbekannt: Price, Papers Waggoner (1991) 70 Nr. 26.

3. 16.20g   vermutlich aus dem babylonischen Hort (hier: Abb. 4), 1989 in den Kunsthandel gelangt, heute im Besitz der American Numismatic Society: Price, Papers Waggoner (1991) 70 Nr. 27 Taf. 15 Nr. 27.

Beschreibung:

Typ A

Vorderseite (Abb. 1): Ein Reiter, der offensichtlich die gleiche Rüstung trägt wie der Soldat auf der Rückseite, galoppiert auf seinem Pferd von links heran und greift mit einer langen Lanze einen Kriegselephanten an, der nach rechts schreitend dargestellt ist. Augenfällig an dem Tier sind die großen Ohren und die langen Stoßzähne, der hochgewölbte Schädel ist von der Rückenlinie deutlich abgesetzt. Unter dem Elephanten befindet sich eine Standleiste. Die Besatzung des Tieres besteht aus zwei Kriegern, die versuchen, den angreifenden Reiter abzuwehren. Der vordere Streiter holt zu diesem Zweck mit einem Speer in der erhobenen Rechten zum Stoß gegen den Angreifer aus, während er in der gesenkten Linken zwei weitere Speere in Reserve bereit hält. Links oberhalb der Kampfszene befindet sich das Münzzeichen Ξ.

Rückseite (Abb. 2): Ein stehender Soldat nach links in griechischem Panzer mit Langschwert und Chlamys stützt sich mit der Linken auf eine Lanze; in der ausgestreckten Rechten hält er ein Blitzbündel. Auf dem Kopf sitzt ein phrygischer Helm mit je einer senkrecht aufragenden Feder zu beiden Seiten des Helmbusches. Wangenlaschen und Nackenschutz aus Leder, die am Helm ansetzen, vervollständigen die Ausrüstung. Eine Nike, die von links heranfliegt, bekränzt den derart gewappneten Streiter. Links unten ist neben der Figur das Münzzeichen zu erkennen, eine Ligatur aus B und A.

---

[5]   Price hat in seiner Auflistung für Nr. 26 (hier: Typ C Nr. 2) eine Abbildung angegeben; es handelt sich aber tatsächlich um ein Bild des bereits 1973 bekannt gewordenen Exemplars (hier: Typ C Nr. 1), wie ein Vergleich mit den in den älteren Publikationen veröffentlichten Photographien beweist.

Typ B

Vorderseite (Abb. 3 c): Ein Bogenschütze trägt einen gegürteten Chiton (oder eine Exomis?), der bis zum Knie reicht; das obere Ende eines Bogenköchers ist über der rechten Schulter zu erkennen. Der nach rechts gewandte Schütze hält einen gewaltigen Bogen gespannt, der an Größe ihm gleichkommt. Auf dem Kopf sitzt eine baschlikartige Kopfbedeckung ohne seitliche Wangenlaschen, das Gesicht wird von einem dichten Vollbart gerahmt. Links neben der Figur ist in Kniehöhe als Münzzeichen ein ineinandergeschriebenes BA zu sehen, das der entsprechenden Signatur auf der Rückseite der Fünfschekel völlig gleicht.

Rückseite (Abb. 3 a): Ein Elephant ist nach rechts schreitend dargestellt. Er füllt die Münzfläche vollständig aus. Markantes Kennzeichen des Tieres sind seine großen Ohren, deren zackige Ränder an ein Ahornblatt erinnern, der gegenüber der Rückenlinie deutlich abgesetzte, aber im Vergleich zum Elephanten der Münzen des Typs A nicht so hochgewölbte Schädel, der überlange Rüssel sowie die außerordentlich großen Stoßzähne. Unterhalb der Vorderbeine ist das Münzzeichen Ξ zu erkennen, eine Parallele zur Signatur auf der Vorderseite der Fünfschekel.

Typ C

Vorderseite (Abb. 3 d): Auf einem nach rechts schreitenden Kriegselephanten befinden sich zwei Krieger. Der vordere ist offensichtlich der Treiber, der mit einem Stachel in der Rechten das Tier anleitet. Das hintere Besatzungsmitglied hält eine Standarte aufrecht in der Linken, während es sich mit der Rechten auf dem Tier aufstützt. Der Elephant besitzt deutlich kleinere Ohren und kürzere Stoßzähne als die Tiere auf den Münzen der Typen A und B. Der Schädel ist hochgewölbt und von der Rückenlinie deutlich abgesetzt. Der rechte Hinterlauf ist kleiner gezeichnet als die übrigen Beine des Tieres, wohl ein Versehen des Stempelschneiders.

Rückseite (Abb. 3 b, 4): Im Wagenkasten eines nach rechts sich in voller Fahrt befindlichen Viererspanns stehen zwei Streiter. Der vordere zielt mit einem großen Bogen auf ein Objekt, das nicht mehr dargestellt ist. Der hintere ist offensichtlich der Wagenlenker, da er die Zügelleinen mit beiden Händen hält. Markantes Kennzeichen des Streitwagens sind die großen Räder mit acht Speichen sowie die fast waagerechte, gestreckte Deichsel, die vom Wagenkasten zu den Pferden führt[6].

---

[6]   Rad und Deichselkonstruktion sind gut zu erkennen bei Nr. 3: Price, Papers Waggoner (1991) 70 Nr. 27 Taf. 15 Nr. 27 - hier: Abb. 4.

Die zeitliche Einordnung ergibt sich aus der Vergesellschaftung der Schekel mit gut datierten Münzen des gleichen Horts, der 1973 in den Kunsthandel gelangte. Er enthielt u. a. sog. 'Löwenstatere' der Satrapenprägung Babylons, Imitationen athenischer Tetradrachmen, dazu einige Dekadrachmen und zahlreiche Tetradrachmen der Reichsprägung Alexanders III. von Makedonien[7]. Datiert wird der Hort durch die jüngste Serie der Tetradrachmen, die die Signatur M und ΛY aufweisen. Da Reichsmünzen mit dieser Signatur, die im Namen Alexanders geprägt wurden, im Hort häufig vertreten sind, andererseits aber Tetradrachmen, die im Namen Philipps III. Arrhidaios emittiert wurden und die gleiche Signatur aufweisen, fehlen, kann für die Vergrabung des Hortes ein Datum kurz vor oder nach dem Tod Alexanders 323 v. Chr. glaubhaft gemacht werden[8].

Die babylonische Provenienz des Hortes resultiert gleichfalls aus seiner Zusammensetzung: Unter den 'Löwenstateren', die zum Schatz gehören, befinden sich auch solche, die im Namen des Mazaios geprägt wurden. Mazaios wurde von Alexander nach der Schlacht bei Gaugamela 331 v. Chr. zum Satrapen Babylons eingesetzt, eine Position, die er bis zu seinem Tode 328 v. Chr. inne hatte[9]. Mazaios ließ in seinem Namen zahlreiche Münzen prägen, die auf der Vorderseite den Baal von Tarsos mit der aramäischen Legende *Ba'al Tars*, auf der Rückseite einen schreitenden Löwen mit dem ebenfalls in Aramäisch angegebenen Namen *Mazaios* zeigen[10]. Diese Prägung wurde nach 328 v. Chr. vom Nachfolger des Mazaios, Stamenes, fortgesetzt. Auch die Imitationen athenischer Tetradrachmen verweisen auf den babylonischen Raum, da unter den Münzen dieses Typs im Hortfund auch solche nachzuweisen sind, die im Namen des Mazakes geprägt worden waren[11]. Mazakes war nach dem Tod des

---

[7]   Price, Papers Waggoner (1991) 69-71 Nr. 1-274.

[8]   Dürr in: Cahn / LeRider (Hrsg.), Proceedings of the 8th Internat. Congress of Numismatics 1973 I (1976) 44; Dürr, SchwMüBl 24, 1974, 34; Hollstein, SNR 68, 1989, 6; Price, Studia Naster (1982) 79; Price, Coinage I (1991) 451; Price, Papers Waggoner (1991) 64 f.; Abbildungen der Tetradrachmen der Reichsprägung mit Signatur M und ΛY: Price, Coinage II (1991) Taf. 108 Nr. 3692 a-e; Mitchiner, Early Indo-Greeks (1975) 12 Type 3 Taf. S. 12 oben; Mitchiner, Early Indo-Greeks (1975) 12 Taf. S. 12 Mitte und unten zeigt mit Type 4 Reichsmünzen mit Signatur M/ΛY, die im Namen Philipps III. Arrhidaios geprägt wurden.

[9]   Jacobs, Satrapienverwaltung (1994) 64 f.; Briant, Histoire de l'empire perse (1996) 859 f. 865 ff.

[10] Price, Studia Naster (1982) Taf. XI, 7; Mitchiner, Early Indo-Greeks (1975) 13 Type 7 Taf. S. 13; Mørkholm, Early Hellenistic Coinage (1991) 48. 244 Taf. II Nr. 28; Price, Coinage I (1991) 452, II Taf. 159 B; Price, Papers Waggoner (1991) 66 f. 70 f. Nr. 28-133 Taf. 16.

[11] Mitchiner, Early Indo-Greeks (1975) 16 Type 12 Taf. S. 16 die oberen vier Reihen; Price, Papers Waggoner (1991) 67f. 71 Nr. 137-200 Taf. 17 Nr. 148. 161. 188.

Satrapen von Ägypten, Sauakes, in der Schlacht bei Issos 333 v. Chr. zu dessen Nachfolger ernannt worden[12]. Er ergab sich freiwillig Alexander, wofür er offensichtlich mit einer Position im babylonischen Raum belohnt worden war. Allerdings ist über Mazakes' Funktion nichts Näheres bekannt; daß er überhaupt in der Satrapie Babylon tätig wurde, geht indirekt nur aus besagten Münzen hervor, die in sicher lokalisierten Schatzfunden wie z. B. im Hort von Hillah nachgewiesen sind[13]. Nicht zuletzt weisen die späteren Serien der Löwenstatere aus dem Hort mit M und ΛY die gleichen Münzsignaturen auf wie die entsprechenden Serien der Tetradrachmen der Reichsprägung, so daß auch für letztere Babylon als Prägeort nachgewiesen ist[14].

Bis auf wenige Ausnahmen hat sich in der Datierung und Lokalisierung des Münzhortes in den vergangenen knapp 30 Jahren eine *communis opinio* herausgebildet[15]. Da die meisten Sigloi der Typen A, B und C aus dem Schatzfund stammen, spielen die ermittelten Fakten bei der Bewertung dieser Münzen eine wesentliche Rolle. Daß deren Interpretation seit ihrem ersten Auftreten trotzdem immer wieder für Diskussionsstoff sorgt, liegt an der einzigartigen Ikonographie der Münzbilder, für die eine Verknüpfung mit den Ereignissen der Alexanderzeit und mit der Person des Makedonenkönigs schon allein wegen ihrer Datierung naheliegt. Bereits kurz nach dem Bekanntwerden der ersten Fünfschekel-Münze 'aus Buchara' wollte man in der Darstellung einer Kampfszene mit einem Kriegselephanten auf der Vorderseite eine Bezugnahme auf die Schlacht am Hydaspes 326 v. Chr. sehen, in der Alexander den indischen König Poros bezwang[16]. Die Bezeichnung 'Poros'-Prägung hat sich in der Forschung allgemein durchgesetzt und wird auch auf die Doppelschekel des Typs B und C angewandt. Den gewaltigen Eindruck, den die Kriegselephanten des Poros auf Griechen und Makedonen gemacht haben, überliefern die Alexanderhistoriker[17]. Von daher ist es nur konsequent, die Ereignisse am Hydaspes mit dem Münzbild der Fünfschekel zu verbinden[18]. Auch der Bogenschütze auf der Vorderseite der

---

[12] Briant, Histoire de l'empire perse (1996) 851. 864 f.

[13] Price, Papers Waggoner (1991) 67 f.

[14] Mitchiner, Early Indo-Greeks (1975) 16 Type 12 Taf. S. 16 die oberen vier Reihen; Price, Studia Naster (1982) Taf. XI, 7; Price, Coinage II (1991) Taf. 159 B.

[15] Price, Studia Naster (1982) 79; Price, Papers Waggoner (1991) 65; abweichende Datierungsansätze werden diskutiert bei Hollstein, SNR 68, 1989, 14 f., und Bernard in: IsMEO 56,1 (1985) 65 ff.; vgl. auch Mørkholm, NumChron, Ser. VII, 14, 1974, 1 f.

[16] Head, NumChron, Ser. IV, 6, 1906, 8 f.

[17] Vgl. die Schilderungen Arrians zur Schlachtvorbereitung Alexanders, die vor allem vom Respekt vor den gegnerischen Elephanten geprägt war: Arr. An. V 10, 1-2.

[18] Für eine Verbindung mit der Schlacht am Hydaspes: Head, NumChron, Ser. IV, 6, 1906, 9; Goukowski, BCH 96, 1972, 477 ff.; Hölscher, Historienbilder (1973) 173; Dürr in: Cahn / LeRider (Hrsg.), Proceedings of the 8th Internat. Congress of Numismatics

Doppelschekel des Typs B scheint eine Deutung in Zusammenhang mit Alexanders Indien-Feldzug nahezulegen; schließlich galten Bogenschützen als eine charakteristische Waffengattung indischer Heere. Dürr ging sogar soweit, in dem Bogenschützen ein Bildnis von Poros selbst zu sehen[19]. Eine indische Herkunft wird auch für Streitwagen und Kriegselephant der Doppelschekel des Typs C angenommen; beide seien in den Augen der Griechen und Makedonen eigentümliche Waffengattungen der Inder gewesen; die Doppelschekel der Typen B und C reflektierten daher die mehrfach in den antiken Quellen bezeugte Übernahme indischer Kontingente in Alexanders Armee[20].

Mit nur leichten Variationen dominiert dieses Meinungsbild in den meisten vorgelegten Abhandlungen zu den 'Poros'-Münzen. Diese gewissermaßen 'indische' Sichtweise in der Forschung ist angesichts der Thematik der Münzbilder nur zu verständlich. So ist es auch nicht weiter verwunderlich, daß oft als Entstehungsort der Münzen eine Prägestätte im Osten des Alexanderreiches[21], als Prägeherr häufig nicht Alexander, sondern ein indischer Vasallenkönig oder Satrap Alexanders wie Taxiles, Abulites, Xenophilos, Eudamos oder eben Poros vermutet wird[22]. Als Alternative wird zwar von einigen Forschern Alexander selbst als Initiator der Prägungen ins Spiel gebracht, als Anlaß aber werden wiederum die Ereignisse während des Indienfeldzuges oder in den Quellen er-

---

1973 I (1976) 44; Dürr, SchwMüBl 24, 1974, 34; Mørkholm, Early Hellenistic Coinage (1991) 28. 52 f.; Miller, AncWorld 25, 1994, 114; Bosworth, Alexander and the East (1996) 8; Bergmann, Die Strahlen der Herrscher (1998) 19; allgemein den Indien-Feldzug reflektierend: Hollstein, SNR 68, 1989, 11; Price, Studia Naster (1982) 79; Price, Coinage I (1991) 432. 453.

[19]   Dürr in: Cahn / LeRider (Hrsg.), Proceedings of the 8th Internat. Congress of Numismatics 1973 I (1976) 44; Dürr, SchwMüBl 24, 1974, 34 f.

[20]   Price, Studia Naster (1982) 81; Hollstein, SNR 68, 1989, 11. 12 f.; Price, Coinage I (1991) 453; Price, Papers Waggoner (1991) 65 f.; Mørkholm, Early Hellenistic Coinage (1991) 53; Bosworth, Alexander and the East (1996) 8; Holt, AncHistB 13, 1999, 116; Fox, BICS 41, 1996, 88 f. betont wie Hollstein, SNR 68, 1989, 13, den indischen Charakter der Streitwagenszene; zu indischen Truppen in Alexanders Armee: Berve, Alexanderreich I (1926) 151 ff.

[21]   Baktra: Mitchiner, Early Indo-Greeks (1975) 8 f.; Reich des Taxiles: Hollstein, SNR 68, 1989, 8 f.; mit dem Heer im Osten des Alexanderreiches umherziehende Münzstätte: Miller, AncWorld 25, 1994, 114.

[22]   Poros: Dürr in: Cahn / LeRider (Hrsg.), Proceedings of the 8th Internat. Congress of Numismatics 1973 I (1976) 44, zumindest für die Doppelschekel des Typs B; Taxiles: Hollstein, SNR 68, 1989, 8 f.; Abulites und Xenophilos wegen der Münzsignaturen: wird von Price, Studia Naster (1982) 83 f. diskutiert; Eudamos: Bernard in: IsMEO 56,1 (1985) 83 ff.

wähnte fiskalische Maßnahmen Alexanders im Zeitraum von 327/6-323 v. Chr. in die wissenschaftliche Diskussion eingeführt[23].

Genau in diesem Punkt liegt ein methodisches Problem vor, das von den meisten Forschern in seiner Tragweite nicht beachtet wird: Alle Deutungen, die die Entstehung der 'Poros'-Prägung mit konkreten, literarisch belegten Ereignissen verbinden wollen, setzen stillschweigend voraus, daß sämtliche Maßnahmen Alexanders oder seiner Untergebenen auf dem Gebiet der Finanzen sowie die militärischen und sonstigen politischen wie diplomatischen Handlungen seiner Zeit auch vollständig überliefert sind. Angesichts einer literarischen Quellenlage, die für die Alexanderzeit von der Dominanz der Sekundärüberlieferung geprägt wird, welche auch nicht durch die archäologische, epigraphische oder numismatische Hinterlassenschaft kompensiert werden kann, ist dies eine erstaunlich optimistische und nach aller wissenschaftlichen Erfahrung mit der Überlieferungslage des Altertums nicht gerechtfertigte Annahme[24]. Eine dergestalt vollständige Quellenbasis müßte aber vorausgesetzt werden, falls wir diese wenigen, nur zufällig auf uns gekommenen Münzen wirklich mit konkreten, in der antiken Literatur überlieferten Initiativen Alexanders oder einer Person aus seiner Umgebung verbinden wollen.

Auch die Interpretation der Münzbilder als Reflexionen des indischen Feldzuges hält einer genauen Untersuchung nicht stand. Es ist einfach nicht einzusehen, warum indische Bogenschützen, Besatzungen von Kriegselephanten und Streitwagen, also einfache Soldaten, als Repräsentanten bestimmter Truppenkontingente des Alexanderheeres auf Münzen dargestellt sein sollen, wenn nicht einmal den makedonischen Hetairoi diese Ehre zuteil wurde. Vollends verbietet sich beim Bogenschützen der Doppelschekel des Typs B eine Interpretation als Poros. Eine solche widerspräche nun völlig dem monarchischen Selbstverständnis Alexanders und steht auch im Mißverhältnis zur tatsächlichen Bedeutung des Poros, der letzlich doch nur ein unbedeutender Vasallenkönig im indischen Grenzgebiet des riesigen Alexanderreiches war. Nicht einmal für die Kampfszene auf der Vorderseite der Fünfschekel ist eine Deutung als Wiedergabe der Schlacht am Hydaspes 326 v. Chr. zwingend. Häufig wird übersehen, daß sich Alexander bereits in der Schlacht bei Gaugamela 331 v. Chr. mit Kriegselephanten auf achaemenidischer Seite auseinandersetzen mußte[25].

---

[23] Dürr, SchwMüBl 24, 1974, 34 f.; Goukowski, BCH 96, 1972, 477 ff.; Mitchiner, Early Indo-Greeks (1975) 8 f.; Mørkholm, Early Hellenistic Coinage (1991) 53; Miller, AncWorld 25, 1994, 114; Bosworth, Alexander and the East (1996) 8.
[24] Zum Überlieferungsproblem der Alexanderzeit vgl. Lauffer, Alexander der Große (1978) 219 f.; Seibert, Alexander der Große (1972) 1 ff. 41 f.
[25] Arr. An. III 8, 6; 11, 7.

Eine allzu intensive Fokussierung auf die Themenfelder 'Indien' und 'indischer Feldzug' führt letzten Endes zu keinen befriedigenden Ergebnissen. Als Basis unserer Überlegungen dient daher die These, daß eine solche Münzprägung, wie sie von den Fünf- und Doppelschekel-Emissionen repräsentiert wird, dem politischen und monarchischen Selbstverständnis Alexanders entsprach - unabhängig von der Frage, ob sie von Alexander selbst oder einem Untergebenen initiiert worden war. Für diese postulierte Ausgangslage bieten die Prägungen einen nicht zu leugnenden Anhaltspunkt: das Münzbild der Rückseite der Fünfschekel (Abb. 2). Die Deutung der Figur als Alexander ist in der Forschung unumstritten[26]. Dargestellt wird der Makedone als griechischer Feldherr mit einer Tracht und Ausrüstung, die dem militärischen Standard der Griechen/Makedonen im späten 4. Jh. v. Chr. entsprach. Durch das Blitzbündel in seiner ausgestreckten Rechten, dem Attribut des Zeus, beansprucht er die gleichen Qualitäten wie der oberste Gott, als dessen Sohn er sich sieht. Auch die auf den ersten Blick eigenartige Kopfbedeckung fügt sich problemlos in die literarische und archäologische Überlieferung ein. Alexander trägt einen sog. 'phrygischen' Helm, der aufgrund von Darstellungen in der Bildkunst sowie Originalfunden als typische Helmform für das späte 4. Jh. v. Chr. belegt ist[27]. Plutarch beschreibt den Helmschmuck Alexanders in der Schlacht am Granikos 334 v. Chr. und erwähnt dabei Federn, die am Helm angebracht waren[28]. An dieser charakteristischen Kopfbedeckung erkannte ihn mitten im Kampfgetümmel Spithridates, der Satrap von Lydien, der, von hinten kommend, Alexander beinahe niedergehauen hätte. Wie Detailaufnahmen gut erkennen lassen, sind genau solche Federn an der Kopfbedeckung der Figur auf der Rückseite der Fünfschekel zu erkennen[29]. Orientalische oder speziell persische Elemente sind daher entgegen der Auffassung mancher Forscher in Tracht und Ausrüstung nicht vorhanden[30]. Die Ikonographie ist rein griechisch und nur im Kontext der politisch-religiösen Propaganda, die Alexander gegenüber Griechen und Makedonen vertrat, verständlich.

Im Gegensatz zum Bild der Rückseite der Fünfschekel ist der nichtgriechische Charakter des Bogenschützen auf der Vorderseite der Doppelschekel des Typs B (Abb. 3 c) unverkennbar. Baschlikartige Kopfbedeckung und Bart wei-

---

[26]   Kaiser, JdI 77, 1962, 227 Anm. 1; Hölscher, Historienbilder (1973) 172.

[27]   Dintsis, Hellenistische Helme (1986) I 24, II Taf. 9 ff.; Messerschmidt, Boreas 12, 1989, 72 f.

[28]   Plut. Alex. XVI 5; Dintsis, Hellenistische Helme (1986) I 31 f. Anm. 49.

[29]   Price, Studia Naster (1982) Taf. XI, 4.

[30]   Hill, BMQ 1, 1926, 37: "Persian headdress or kyrbasia"; Dürr, SchwMüBl 24, 1974, 34: "Persischer Flügelhelm"; Mitchiner, Early Indo-Greeks (1975) 9: "Persian Costume"; Price, BritMusSocBull 18, 1975, 9: "quasi-oriental garb"; Mørkholm, Early Hellenistic Coinage (1991) 53: "Persian headdress".

sen den Krieger als Vertreter einer östlichen Völkerschaft aus. Daher hat
Calmeyer eine Parallele zwischen dem Bogenschützen der Doppelschekel und
dem Bogenträger der Dareiken und Sigloi in achaemenidischer Zeit gesehen[31].
Auch er hält es für unwahrscheinlich, daß Vasallen oder Satrapen Alexanders
auf solchen Münzen erscheinen. Das Motiv des Bogenträgers ist mit manchen
Abwandlungen seit Dareios I. auf Goldmünzen, den sog. Dareiken, auf Sigloi
und in der achaemenidischen Kleinkunst zahlreich belegt[32]. Calmeyer kann vier
verschiedene Varianten unterscheiden, zu denen auch eine bogenschießende
Figur gehört (bei Calmeyer Typus II)[33]. Alle Bogenträger sind mit dem
κύπασσις bekleidet, dem traditionellen persischen Gewand. Auf dem Kopf
tragen sie die Zinnenkrone. Durch griechische Quellen und die Bildzeugnisse
der achaemenidischen Hofkunst in Persepolis, Pasargadai, Susa, Bisutun und
Naqš-e Rustam ist der κύπασσις als die charakteristische Tracht der Perser überliefert[34]. Der persische Großkönig trägt auf dem Bisutun-Relief neben dem
κύπασσις einen der Zinnenkrone ähnlichen Kopfschmuck, der ihn aus seiner
Umgebung herausragen läßt[35]. Auch die Figur auf den Münzen und in der Kleinkunst muß daher als Darstellung des Großkönigs angesehen werden, eine allseits
akzeptierte Deutung, die jedoch von Calmeyer erstaunlicherweise nicht ver-
fochten wird. Um seine Kritik zu untermauern, bringt er zwei Stellen bei
Plutarch in die Diskussion ein[36]: Agesilaos, König von Sparta, soll den Abbruch
seines Asienfeldzuges damit begründet haben, daß ihn "30000 Bogenschützen"[37]
zur Umkehr gezwungen hätten, eine Anspielung auf die Summe von 30000
Dareiken, mit der die Griechen vom persischen Großkönig bestochen worden
waren. Calmeyer findet es nun verwunderlich, daß das Bild auf den Münzen
nicht mit dem Namen des regierenden Herrschers benannt - in diesem Fall wäre
das Artaxerxes II. -, sondern nur einfach als Bogenschütze bezeichnet wird. Deswegen sei nicht der Großkönig abgebildet, sondern ein königlicher Held der
mythischen Vorzeit, der aber nicht näher benennbar sei. Auch der Bogenschütze
auf den Doppelschekeln soll dementsprechend einen solchen Helden zeigen, für
den sich auch ein Name finden ließe: Abgebildet sei Perseus, der als Großvater
des Achaemenes und Ahnherr der makedonischen Argeadendynastie sowohl
Persern als auch Griechen und Makedonen etwas bedeutete. Die mythische Verbindung von Argeaden- und Achaemenidendynastie entspräche Alexanders Ver-

---

[31] Calmeyer, AMI N. F. 12, 1979, 308 ff.
[32] Calmeyer, AMI N. F. 12, 1979, 303 ff. Taf. 46, 3-4.
[33] Calmeyer, AMI N. F. 12, 1979, 304-306.
[34] Nagel, RlA IV (1972-1975) 356 f.; Jacobs, IrAnt 29, 1994, 125 ff. 132 f.
[35] Luschey, AMI N. F. 1, 1968, Taf. 33.
[36] Plut. Art. XX 4; Plut. Ages. XV 6.
[37] Bei Plut. Ages. XV 6, sind es nur 10000 Bogenschützen.

schmelzungspolitik und hätte somit auch in der Münzprägung ihren sinnfälligen Ausdruck gefunden[38].

Diese Interpretation ist wohl abzulehnen. Das Argument, bei einem Herrscherbild müsse auch der Name des dargestellten Königs erwähnt werden, wird bei näherer Betrachtung der Plutarch-Stellen hinfällig. Der griechische Autor spekuliert auf die Doppeldeutigkeit des Agesilaos-Zitats: "30000 Bogenschützen" kann auf eine Armee hinweisen, die Agesilaos weiteren Vormarsch verhinderte, oder als Spitze gegen die Griechen verstanden werden, die sich vom persischen Großkönig mit 30000 Dareiken haben bestechen lassen, um mit einem Aufstand gegen Sparta die Umkehr des Agesilaos in Kleinasien zu erzwingen. Schließlich läßt Calmeyer außer Acht, daß die angebliche Stammvaterschaft des Perseus für beide Herrscherfamilien auf eine volksetymologische Deutung des Namens durch die Griechen zurückzuführen ist. Dieses Produkt einer typisch griechischen Denkweise muß für die breite Masse der Perser unverständlich, ja selbst der Name des griechischen Heros unbekannt gewesen sein.

Trotz irriger Schlußfolgerungen hat Calmeyer mit dem Aufzeigen der ikonographischen Tradition, die hinter dem Bogenschützenmotiv auf den Doppelschekeln des Typs B steht, indirekt den richtigen Weg gewiesen, auf dem sich das Verständnis der in der griechischen Münzprägung einzigartigen Darstellung erschließen läßt.

In der Diskussion bisher nicht genügend berücksichtigt blieb eine Serie von Doppeldareiken, die ab 331 v. Chr. in Babylon und an anderen Orten von Alexanders Statthaltern geschlagen wurden[39]. Alle Münzen zeigen einen "laufenden" Bogenträger mit Speer in der anderen Hand (Abb. 5), nach Calmeyers Klassifizierung entspräche die Figur dem Typus III[40]. Die Gestalt trägt den persischen κύπασσις und die Zinnenkrone, der Stil ist rein achaemenidisch. Ikonographisch und stilistisch wird also die achaemenidische Tradition der Münzprägung fortgesetzt. Das verdoppelte Gewicht der Dareiken liegt wohl in den gewaltigen Edelmetallmengen begründet, die Alexander mit Eroberung der achaemenidischen Reichszentren in die Hände fielen und durch diese Emis-

---

[38]   Calmeyer, AMI N. F. 12, 1979, 309 ff.
[39]   Imhoof-Blumer, NumZ 27, 1895, 2 f.; BMC Greek Coins XXVIII (1922) 176 ff. Nr. 1-13 Taf. XX, 1-13; Mitchiner, Early Indo-Greeks (1975) 17 Type 14 Taf. S. 17 obere Reihe, S. 17 Type 15 Taf. S. 17 zweite bis neunte Reihe; Mørkholm, Early Hellenistic Coinage (1991) 48 und 244 Taf. II Nr. 29; Price, Coinage I (1991) 452, II Taf. 159 A; nach Bellinger, Coinage of Alexander (1963) 67 f., sind auch einige Dareiken und Sigloi, die bei BMC Greek Coins XXVIII (1922) Taf. XXV, 21-26, in die Regierungszeit Darius' III. datiert werden, der Alexanderzeit zuzuordnen.
[40]   Calmeyer, AMI N. F. 12, 1979, 308 Nr. F.

sionen in den Wirtschaftskreislauf eingespeist wurden. Daß zu den Prägeorten auch Babylon gehörte, beweisen Münzen mit der Namenssignatur des Stamenes, der von 328 bis 323 v. Chr. als Nachfolger des Mazaios Satrap von Babylon war (Abb. 5: Münze mit der Namenssignatur)[41], sowie Doppeldareiken mit der schon vertrauten Münzsignatur M und ΛΥ[42]. Doch wer soll mit dem Bogenträger dargestellt gewesen sein? Der gestürzte Dareios III. kommt nicht in Frage, ein mythischer Held aus den oben genannten Gründen genauso wenig. Es bleibt eigentlich nur Alexander übrig, der als Nachfolger des achaemenidischen Großkönigs auf den Münzen erscheint und sich damit einer Bildsprache bediente, die von den Untertanen verstanden wurde und an die sie seit fast 200 Jahren gewöhnt waren. Wie in der Verwaltung des entstehenden Alexanderreiches, so gab es auch in der Münzprägung zahlreiche Kontinuitäten zwischen achaemenidischer und makedonischer Herrschaft[43]. Die persische Herrscherikonographie wurde einfach übernommen, zumal sie Alexanders Anspruch, die Nachfolge des persischen Großkönigs anzutreten, entgegenkam. So liegt es nahe, auch im Bogenschützen der Doppelschekel des Typs B (Abb. 3 c) eine Darstellung Alexanders zu sehen, diesmal in rein griechischem Stil[44]. Der Einwand, die baschlikartige Kopfbedeckung und der Bart paßten nicht zu Alexander, geht von einer Vorstellung des Alexanderporträts aus, die stark von einer gräkozentrischen Überlieferung geprägt wird und wohl kaum Geltung für den mesopotamischen Raum beanspruchen darf.

Die literarischen Nachrichten über seine Herrschertracht bestätigen diese Ansicht. Alexander hat im Laufe seiner Feldzüge die Kleidung wie die Herrscherinsignien beständig variiert, wie schon Neuffer in seiner Dissertation erkannt hat[45]. Dominierte zu Beginn noch ein an griechisch-makedonischen Vorbildern orientiertes Erscheinungsbild[46], so übernahm Alexander nach 331 v. Chr. verstärkt Bestandteile persischer Kleidung und Insignien[47], wobei er aber nicht auf das in der achaemenidischen Kunst dokumentierte persische Königsornat, sondern auf das in den griechischen Quellen als 'medisch' bezeichnete Kostüm

---

[41]   Legende ΣΤΑΜΝΑ: Imhoof-Blumer, NumZ 27, 1895, 4; BMC Greek Coins XXVIII (1922) 179 Nr. 12 Taf. XX, 12; Mitchiner, Early Indo-Greeks (1975) 17 Type 15 i; zum Satrapen Stamenes: Jacobs, Satrapienverwaltung (1994) 65.

[42]   Mitchiner, Early Indo-Greeks (1975) 17 Type 15 k.

[43]   Jacobs, Satrapienverwaltung (1994) 86 f.

[44]   Price, BritMusSocBull 18, 1975, 9, hatte bereits die gleiche Idee, verfocht sie in seinen späteren Schriften leider nicht mehr weiter.

[45]   Neuffer, Kostüm Alexanders (1929) Vorwort.

[46]   Neuffer, Kostüm Alexanders (1929) 25 ff.

[47]   Neuffer, Kostüm Alexanders (1929) 30 ff.

zurückgriff[48], die Tracht, in der die Griechen den Großkönig gewöhnlich kennenlernten. Das Diadem, das Alexander nach dem Tode des Dareios als Zeichen der Nachfolge anlegte, wurde zum Symbol der Königsherrschaft in den hellenistischen Monarchien schlechthin[49]. Ein weiteres markantes Teilstück 'medischer' Herrschertracht, den χιτών μεσόλευκος, einen langärmeligen Chiton mit weißer Mittelbahn, trug Alexander gleichfalls als Symbol seiner Herrschaft[50]. Dareios III. ist mit einem solchen Ärmelchiton, für den die griechischen Schriftquellen auch den persischen Namen σάραπις überliefern, auf dem berühmten Alexandermosaik aus Pompeji bekleidet[51]. Vervollständigt wird Alexanders Kostüm durch die τιάρα / κίταρις ὀρθή[52], die durch ein aufrechtes, versteiftes Oberteil sich von der normalen τιάρα unterscheidet, daher die Bezeichnung τιάρα / κίταρις ὀρθή[53]. An dieser Kopfbedeckung erkannte man den Großkönig noch im dichtesten Schlachtgetümmel. Auch der letzte Großkönig aus der Achaemenidendynastie, Artaxerxes V. (Bessos), inszenierte propagandistisch wirkungsvoll seine Thronbesteigung, indem er sich die τιάρα ὀρθή auf den Kopf setzte[54]. Mit der Aneignung dieser Bestandteile persischer Königskleidung, Diadem, Sarapis und Tiara, erhielt Alexanders Aussehen einen persischen Charakter. Viele Untertanen in seinem in Entstehung begriffenen Riesenreich lernten ihn in altiranischer Tracht kennen. Zumindest was die Kopfbedeckung betrifft, entsprach die Darstellung auf den Doppelschekel dem wirklichen Erscheinungsbild Alexanders.

Unsere bisherige Untersuchung hat ergeben, daß sowohl auf den Fünfschekeln als auch auf den Doppelschekeln des Typs B eine Ikonographie gewählt wurde, die dem monarchischen Selbstverständnis Alexanders von Makedonien in der Spätphase seiner Herrschaft entsprach. Es stellt sich nun die Frage, ob auch die Münzen des Typs C (Abb. 3 b und d, 4) eine ähnliche Herrscherideologie reflektieren. In Frage kommt dafür die Rückseite dieser Emission, die

---

[48]   Neuffer, Kostüm Alexanders (1929) 35 ff.; zur 'medischen' Tracht: Nagel, RlA IV (1972-1975) 364; Messerschmidt, Boreas 12, 1989, 70.

[49]   Ritter, Diadem und Königsherrschaft (1965) 31 f.; Berve, Alexanderreich I (1926) 17.

[50]   Diod. XVII 77, 5; Epit. Mett. II 2.

[51]   Pfrommer, Alexandermosaik (1998) Taf. 6; zur Bezeichnung σάραπις: Nagel, RlA IV (1972-1975) 364; Messerschmidt, Boreas 12, 1989, 70.

[52]   Luc. DMort. 14, 4; Itinerarium Alexandri 89 f.; Arr. An. IV 7, 4; Ritter, Diadem und Königsherrschaft (1965) 43 f., bezweifelt allerdings den Wert der Quellen; Plut. Alex. 45, bestreitet, daß Alexander die Tiara angenommen habe; Curt. VI 6, 4, berichtet pauschal, daß Alexander *vestemque Persicam sumpsit*, ...

[53]   Suda s. v. τιάρα; Aristoph. Av. 486 f.; Xen. An. II 5, 23; zur Gleichsetzung von τιάρα ὀρθή und κίταρις: Jacobs, IrAnt 29, 1994, 134 ff., bes. 136 f.

[54]   Arr. An. III 25, 3.

einen Bogenschützen in voller Aktion im Streitwagen zeigt (Abb. 3 b, 4). Ikonographisch bieten sich als nächste Parallelen assyrische Orthostatenreliefs sowie achaemenidische Siegelbilder und Glyptikzeugnisse an, die den Herrscher im Streitwagen bei der Jagd oder auch beim Kampf gegen den Feind zeigen. Als Waffe benutzt er entweder Speer oder Pfeil und Bogen[55]. Dieses monarchische Daseinsbild - Sieghaftigkeit im Kampf gegen den Feind oder bei der Jagd - ist in der vorderasiatischen Kunst bereits seit der frühsumerischen Zeit belegt[56]; anfangs noch zu Fuß, kämpft der König seit Beginn des 2. Jt. v. Chr. vom Streitwagen aus, von Beginn des 1. Jt. v. Chr. an verdrängt allmählich das Pferd den Wagen als Transportmittel[57]. Daneben sind Darstellungen des zu Fuß Tiere wie menschliche Gegner bezwingenden Königs für die ganze Zeit überliefert[58]. Die Verknüpfung des Rückseitenbildes der Sigloi des Typs C mit vorderasiatischen Bildtraditionen gewinnt Wahrscheinlichkeit durch das dritte, erst 1989 bekannt gewordene Exemplar dieser Serie. Während von dem Münzbild des ersten Stücks Rad und Deichsel wegen der unzureichenden Schlagtechnik auf dem Schrötling nicht aufgeprägt wurden (Abb. 3 b), sind diese auf dem dritten Exemplar deutlich zu sehen (Abb. 4): Demnach besaß der Streitwagen große, achtspeichige Räder und damit entsprechende Bodenfreiheit, so daß der gestreckte Deichselbaum fast waagerecht zum Viererjoch der Pferde verlaufen konnte. Dieses Konstruktionsprinzip entspricht aber vollständig dem durch zahlreiche Bilddenkmäler gut bezeugten achaemenidischen Streitwagen[59]; ein solcher Wagen ist mit Fahrer und Herrscher, geschnitten in achaemenidischem Stil, auch auf sidonischen Münzen seit dem Ende des 5. Jh. v. Chr. zu erkennen[60].

---

[55] Assyrische Orthostatenreliefs: Barnett, North Palace of Ashurbanipal (1976) Taf. V-XIII. XLVI-LIII. LVI-LIX (Jagd); Strommenger, Mesopotamien (1962) Taf. 206; Meuszyński, Nordwestpalast von Kalḫu (1981) Taf. 2 (Kampf); achaemenidische Siegelbilder und Gemmen: Ghirshman, Protoiranier (1964) 268 Abb. 329; Boardman, Greek Gems (1970) Abb. 928 (Jagd); Hill, JHS 43, 1923, 159 Abb. 2 oben (Kampf gegen Fabelwesen).

[56] Löwenjagdstele von Uruk: Strommenger, Mesopotamien (1962) Taf. 18.

[57] Barnett, North Palace of Ashurbanipal (1976) Taf. XLIX-LII.

[58] Beispiele aus dem 1. Jt. v. Chr.: Barnett, North Palace of Ashurbanipal (1976) Taf. L oben; für die achaemenidische Zeit: Strelkov, Iranian Art and Archaeology V 1, 1937, 20 f. Abb. 3; Ghirshman, Protoiranier (1964) 269 Abb. 332; Amiet, Kunst des alten Orient (1977) Abb. 820.

[59] Dalton, Treasure of Oxus (³1964) Taf. IV; Walser, Persepolis (1980) 73 Abb. 74; Pfrommer, Alexandermosaik (1998) 65 ff., zum achaemenidischen Streitwagen; ob die Laufflächen des Gefährts auf dem Doppelschekel-Exemplar auch genagelt waren, wie beim achaemenidischen Wagen üblich, läßt sich anhand der von Price veröffentlichten schlechten Abbildung nicht mit Sicherheit ermitteln.

[60] Betlyon, ANSMusNotes 21, 1976, 14 ff. Nr. 3. 6-7. 11. 13. 15-17. 21-22. 27. 31. 33. 35-37, Taf. II 3. 6. 7. 11; III 13. 15-17. 21-22. 27; IV 31. 33 a-b. 35-37; die Ikonographie

Der kulturelle Kontext verweist also auf die vorderasiatische Bildtradition. Für ein indisches Ambiente fehlen dagegen die Anhaltspunkte.

Genau diese scheinen aber bei den Abbildungen der Elephanten auf allen drei Münztypen gegeben zu sein (Abb. 1, 3 a und d). Doch wenn, wie anhand der Rückseitenbilder der Sigloi A und C resp. des Vorderseitenbildes der Doppel-schekel des Typs B festgestellt werden konnte, in erster Linie das monarchische Selbstverständnis Alexanders propagiert wurde, wäre es nur konsequent, auch die Elephantendarstellungen als einfache Botschaften zu begreifen, die für den Betrachter ebenso leicht verständlich gewesen sind wie die Darstellung Alexanders als zeusgleicher Herrscher oder als persischer Großkönig. Die Kampfszene der Vorderseite der Fünfschekel (Abb. 1) könnte ganz allgemein die Sieghaftigkeit Alexanders verkünden, seine militärische Stärke, die er schon in der Schlacht bei Gaugamela auch gegen Elephanten unter Beweis stellte. Ähnlich wäre dann die Szene der Vorderseite der Doppelschekel des Typs C (Abb. 3 d) zu interpretieren: Die Besatzung des Kriegselephanten symbolisiert den Gegner, der von dem Großkönig resp. Alexander auf dem rückseitigen Bild bekämpft und natürlich überwältigt wird. Gleiches gölte für den Elephanten der Rückseite der Doppelschekel des Typs B (Abb. 3 a): Dargestellt wäre die Kriegswaffe, die von dem großköniglichen Bogenschützen resp. Alexander der Vorderseite bekämpft wird. Natürlich konnte der Betrachter, wenn er denn wollte, auch Alexanders Siege in Indien mit diesen Bildern assoziieren, doch nicht in dem Sinne, daß hier konkrete historische Ereignisse reflektiert werden und den Betrachter ansprechen sollten. Vielmehr symbolisierten die Siege Alexanders, des 'neuen' Großkönigs, eher allgemein die militärische Stärke, Sieghaftigkeit und damit königlichen Tugenden Alexanders von Makedonien im Sinne eines orientalischen Herrschaftsverständnisses.

Einfache politische Botschaften, die mit Münzbildern propagiert werden können, sind bestens geeignet, die Legitimation eines neu etablierten Systems zu unterstreichen. Die Ansprechpartner sind ein Publikum, das erst noch mit den neuen politischen Verhältnisse vertraut gemacht werden muß. Genau darin scheint das ursprüngliche Ziel der sog. 'Poros'-Prägung gelegen zu haben. Nicht etwa Indien, Vasallenkönige oder subalterne Verwaltungsfachleute des in Ent-stehung begriffenen neuen Staates galt es zu integrieren, sondern die

---

der sidonischen Münzbilder entspricht vollständig dem orientalischen herrscherlichen Repräsentationsschema. Für unsere Fragestellung ist es unerheblich, ob der in dem achaemenidischen Wagen fahrende Monarch den sidonischen Lokalfürsten oder den Großkönig selbst darstellen soll. Zu dieser Streitfrage, die durch die sog. 'Dependenztheorie' J. Borchhardts zu einer lebhaften Diskussion in der Forschung ge-führt hat, vgl. die kritischen Ausführungen von Jacobs, Griechische und persische Elemente (1987) 71 ff., und Messerschmidt, Boreas 12, 1989, 89 f.

Bevölkerung verschiedener Kulturkreise, die durch Alexanders Herrschaft in einen gemeinsamen politischen Verband hineingezwungen wurden.

Dem gleichen Ziel diente die Verwendung zweier unterschiedlicher Siegel durch Alexander seit ca. 330 v. Chr. Im Schriftverkehr mit seinen orientalischen Untertanen benutzte er das Siegel Dareios' III., während er die Korrespondenz mit seinen griechisch-makedonischen Gefolgsleuten, Bundesgenossen und Untertanen in Europa weiterhin mit seinem persönlichen Petschaft abwickelte[61].

Die Adressaten der mit den Münzen verbundenen politischen Aussagen müssen daher im Zentrum des Alexanderreiches gesucht werden, und sicherlich nicht an seiner östlichen Peripherie. Weitere ikonographisch-antiquarische und etliche numismatische Beobachtungen können diese These bestätigen:
Das Tier auf den Doppelschekel des Typs B (Abb. 3 a) hat nichts gemein mit einem indischen Elephanten: Die großen Ohren mit dem gezackten Rand sowie die langen Stoßzähne sprechen eher für die Darstellung eines afrikanischen Elephanten; auch der Schädel besitzt nicht die steile, hochgewölbte Ausformung des indischen Elephanten, die Füße ähneln mehr den Pfoten einer Raubkatze. Bei den Tieren der Fünfschekel (Abb. 1) scheint der Schädel dem indischen Elephanten getreuer nachgebildet zu sein, doch auch hier fallen die großen Ohren mit den gezackten Rändern auf. Einzig auf den Doppelschekel des Typs C (Abb. 3 d) ist ein indischer Elephant einigermaßen naturgetreu abgebildet, abgesehen von dem viel zu kurz dargestellten rechten Hinterlauf, was wohl eher der handwerklichen Unzulänglichkeit des Stempelschneiders anzulasten ist.

Wie erklären sich nun diese Diskrepanzen? Die einzig mögliche Antwort lautet: Der oder die Steinschneider, die die Stempel für die Sigloi A und B hergestellt haben, haben nie in ihrem Leben einen indischen Elephanten resp. womöglich überhaupt einen Elephanten zu Gesicht bekommen[62], was auf jeden Fall den Osten des Alexanderreiches für die Lokalisierung des Prägeortes von vornherein ausschließt, da dort im Grenzgebiet zu Indien der indische Elephant eine alltägliche Erscheinung gewesen sein dürfte.

---

[61] Curt. VI 6, 6; Baldus, Chiron 17, 1987, 397 Anm. 7, verwies bezeichnenderweise auf die Doppeldareiken als Parallele zu den Siegelbildern: Traditionelle Bildmotive, die der monarchischen Repräsentation dienten, seien weiterhin verwendet worden, um die orientalischen Untertanen mit dem eingetretenen Herrschaftswechsel auszusöhnen.
[62] Der syrische Elephant scheidet als mögliche Alternative aus, da dieser seit Ende des 8. Jh. v. Chr. bereits ausgestorben war: Becker in: Kokabi / Wahl (Hrsg.), Beiträge zur Archäozoologie (1994) 169 ff. konnte sowohl die ehemalige Existenz von Elephanten in Vorderasien als auch deren Aussterben seit dem 8. Jh. v. Chr. mit überzeugenden Argumenten belegen.

Die numismatischen Parameter unterstreichen diese Vermutung. Die Vergesellschaftung der 'Poros'-Münzen mit sicher dem babylonischen Raum zugewiesenen Münzserien im Hortfund sprechen für eine Lokalisierung der für die Herstellung verantwortlichen Prägestätte in der mesopotamischen Region. Mesopotamischer Provenienz sind auch die in der Forschung viel diskutierten Münzzeichen: Die Ligatur BA und Ξ sind selten anzutreffen; ähnliche Signaturen finden sich nur auf Münzen, die in Susa / Susiane zwischen 325 und 320 v. Chr. geprägt wurden[63], was zum einen die Datierung unserer Schekel bestätigt, zum anderen aber auch die mesopotamische Region einschließlich Elam als einzig möglichen Raum zur Herstellung der Sigloi in Frage kommen läßt[64].

Nicht alle Probleme, die mit der Poros-Prägung zusammenhängen, können als gelöst betrachtet werden. Völlig rätselhaft erscheinen die großen Gewichtsunterschiede der einzelnen Exemplare, die zum Teil recht deutlich unter den griechischen Nominalen Deka- und Tetradrachmen nach attischem Standard bleiben. Doch auch der babylonische Standard, den Price zu Recht für die Sigloi postuliert, wird kaum eingehalten, was aber immerhin eine Parallele in den Löwenstateren hat, deren Gewicht ebenfalls stärkeren Schwankungen unterworfen ist[65]. Schließlich ist die Schlagtechnik bei allen Sigloi ausgesprochen mangelhaft und steht damit in einem gewissen Gegensatz zur teilweise beachtlichen künstlerischen Qualität der Stempelbilder.

Auffallend ist die Vielzahl verschiedener Vorder- und Rückseiten bei den wenigen auf uns gekommenen Exemplaren, was "auf eine gross angelegte Emission hindeutet"[66]. Offensichtlich wurde eine in großzügigem Maßstab geplante Ausgabe neuer Münzen schon kurz nach ihrem Start wieder abgebrochen, wofür es tiefere Beweggründe gegeben haben muß. Die Datierung des Hortes könnte ein Fingerzeig sein: Vielleicht war es Alexander selbst, der kurz vor seinem Tod 323 v. Chr. diese monetären Maßnahmen noch veranlaßt hat. Sein plötzliches Ableben führte zum Abbruch dieser Emissionen; seinen Nachfolgern paßte diese größtenteils an orientalischen Vorbildern orientierte Münzpropaganda nicht mehr in ihr politisches Konzept. Schließlich verkündeten die Diadochen auf ihren Prägungen seit 320 v. Chr. ein neues, nunmehr 'rein griechisches' Alexanderbild, dem jegliches orientalisches Ambiente abhanden gekom-

---

[63] Price, Coinage I (1991) 452. 485 Nr. 3836-3840, S. 486 Nr. P 216* - 217, S. 487 Nr. P 218-220*.

[64] Für Susa als Prägestätte sind daher auch Price, Coinage I (1991) 432; Dürr, SchwMüBl 24, 1974, 35; nach Mørkholm, Early Hellenistic Coinage (1991) 53, lag sie entweder im babylonischen Raum oder in Susa.

[65] Mitchiner, Early Indo-Greeks (1975) 13 f.

[66] Dürr in: Cahn / LeRider (Hrsg.), Proceedings of the 8th Internat. Congress of Numismatics 1973 I (1976) 44.

war[67]. Während die Fünfschekel mit ihrem zeusgleichen Alexander auf der Rückseite Griechen und Makedonen nur als einen Teil der Reichsbevölkerung ansprachen, die beiden Doppelschekel-Typen das mesopotamisch-iranische Gros der Untertanen als Ansprechpartner bedienten, hatten die Münzserien der Diadochen ausschließlich Griechen und Makedonen als Adressaten. Falls diese Überlegungen zutreffen, repräsentierte der Abbruch der Sigloi-Emissionen und der Beginn der Münzserien mit dem kanonisch gewordenen Alexanderporträt die von Historikern immer wieder beschworene Kehrtwendung der Nachfolger Alexanders. Die Rückbesinnung der Diadochen auf makedonische resp. als 'makedonisch' erkannte Sitten und Vorstellungen gingen einher mit einer Neudefinierung des Alexanderbildes zwecks Legitimierung der eigenen Herrschaftsansprüche gegenüber der griechisch-makedonischen Öffentlichkeit[68].

Abbildungsnachweise

Abb. 1   Bank Leu 54, 1992, 85.
Abb. 2   Bank Leu 54, 1992, 85.
Abb. 3 a   Bank Leu 13, 1975, 131.
Abb. 3 b   Bank Leu 13, 1975, 132.
Abb. 3 c   Bank Leu 13, 1975, 131.
Abb. 3 d   Bank Leu 13, 1975, 132.
Abb. 4   Zeichnung S. Haase nach Price, Papers Waggoner (1991) 70 Nr. 27 Taf. 15 Nr. 27.
Abb. 5   BMC Greek Coins XXVIII Taf. XX, 12.

---

[67] Smith, Hellenistic Royal Portraits (1988) 60 Nr. 1 a Taf. 74, 1; Grimm in: Maehler / Strocka (Hrsg.), Das ptolemäische Ägypten (1978) 109, betonte die mit dem neuen Alexanderbildnis auf den Münzen verknüpften Vergöttlichungsaspekte, die erst unter Ptolemaios I. konzipiert und in den Dienst seiner Politik gestellt wurden.
[68] Rosen, Hermes 107, 1979, 463 f.

Literatur- und Abkürzungsverzeichnis:

Amiet, Kunst des alten Orient (1977) =
P. Amiet, Die Kunst des alten Orient (Freiburg / Basel / Wien 1977).

Baldus, Chiron 17, 1987 =
H. R. Baldus, Die Siegel Alexanders des Großen, Chiron 17, 1987, 395-447.

Barnett, North Palace of Ashurbanipal (1976) =
R. D. Barnett, Sculptures from the North Palace of Ashurbanipal at Niniveh (London 1976).

Becker in: Kokabi / Wahl (Hrsg.), Beiträge zur Archäozoologie (1994) =
C. Becker, Elfenbein aus den syrischen Steppen? Gedanken zum Vorkommen von Elefanten in Nordostsyrien im Spätholozän, M. Kokabi / J. Wahl (Hrsg.), Beiträge zur Archäozoologie und Prähistorischen Anthropologie, 8. Arbeitstreffen der Osteologen, Konstanz 1993 (Stuttgart 1994) 169-181.

Bellinger, Coinage of Alexander (1963) =
A. R. Bellinger, Essays on the Coinage of Alexander the Great, Numismatic Studies 11 (New York 1963).

Bergmann, Die Strahlen der Herrscher (1998) =
M. Bergmann, Die Strahlen der Herrscher. Theomorphes Herrscherbild und politische Symbolik im Hellenismus und in der römischen Kaiserzeit, Beiträge zur Erschließung hellenistischer und kaiserzeitlicher Skulptur und Architektur 11 (Mainz 1998).

Bernard in: IsMEO 56,1 (1985) =
P. Bernard, Le monnayage d'Eudamos, satrape grec du Pandjab et "maître des éléphants", G. Gnoli / L. Lanciotti (Hrsg.), Orientalia Iosephi Tucci memoriae dicata, Istituto per il Medio ed Estremo Oriente, Serie Orientale Roma 56,1 (Rom 1985) 65-94.

Berve, Alexanderreich I (1926) =
H. Berve, Das Alexanderreich auf prosopographischer Grundlage I (München 1926).

Betlyon, ANSMusNotes 21, 1976 =
J. W. Betlyon, A New Chronology for the Pre-Alexandrine Coinage of Sidon, American Numismatic Society – Museum Notes 21, 1976, 11-35.

BMC Greek Coins XXVIII (1922) =
F. Hill, A Catalogue of Greek Coins in the British Museum XXVIII, Catalogue of the Greek Coins of Arabia, Mesopotamia and Persia (London 1922).

Boardman, Greek Gems (1970) =
J. Boardman, Greek Gems and Finger Rings (London 1970).

Bosworth, Alexander and the East (1996) =
A. B. Bosworth, Alexander and the East. The Tragedy of Triumph (Oxford 1996).

Briant, Histoire de l'empire perse (1996) =
P. Briant, Histoire de l'empire perse de Cyrus à Alexandre, Achaemenid History X (Paris 1996).

Calmeyer, AMI N. F. 12, 1979 =
P. Calmeyer, Zur Genese altiranischer Motive – VI. Toxotai, Archaeologische Mitteilungen aus Iran – Neue Folge 12, 1979, 303-313.

CH I (1975) =
The Royal Numismatic Society (Hrsg.), Coin Hoards I (London 1975).

Dalton, Treasure of Oxus (^{3}1964) =
O. M. Dalton, The Treasure of the Oxus with Other Examples of Early Oriental Metal-Work (London^3 1964).

Dintsis, Hellenistische Helme (1986) =
P. Dintsis, Hellenistische Helme, Archaeologica 43 (Rom 1986).

Dürr, SchwMüBl 24, 1974 =
N. Dürr, Neues aus Babylonien, Schweizer Münzblätter 24, 1974, 33-36.

Dürr in: Cahn / LeRider (Hrsg.), Proceedings of the 8th Internat. Congress of Numismatics 1973 I (1976) =
N. Dürr, Ein "Elephantenstater" für Poros, H. A. Cahn / G. LeRider (Hrsg.), Proceedings of the 8th International Congress of Numismatics New York - Washington 1973 – I (Paris / Basel 1976) 44.

Fox, BICS 41, 1996 =
R. J. L. Fox, Text and Image: Alexander the Great, Coins and Elephants, Bulletin of the Institute of Classical Studies of the University of London 41, 1996, 87-108.

Gardner, NumChron, Ser. III, 7, 1887 =
P. Gardner, New Greek Coins of Bactria and India, Numismatic Chronicle, Ser. III, 7, 1887, 177-184.

Ghirshman, Protoiranier (1964) =
R. Ghirshman, Iran - Protoiranier, Meder, Achämeniden, Universum der Kunst (München 1964).

Goukowski, BCH 96, 1972 =
P. Goukowski, Le roi Pôros et son éléphants, Bulletin de Correspondance Hellénique 96, 1972, 473-502.

Grimm in: Maehler / Strocka (Hrsg.), Das ptolemäische Ägypten (1978) =
G. Grimm, Die Vergöttlichung Alexanders d. Gr. in Ägypten und ihre Bedeutung für den ptolemäischen Königskult, H. Maehler / V. M. Strocka (Hrsg.), Das ptolemäische Ägypten, Akten des internationalen Symposions Berlin 1976 (Mainz 1978) 103-109.

Head, NumChron, Ser. IV, 6, 1906 =
B. V. Head, The Earliest Graeco-Bactrian and Graeco-Indian Coins, Numismatic Chronicle, Ser. IV, 6, 1906, 1-16.

Hill, JHS 43, 1923 =
G. F. Hill, Alexander the Great and the Persian Lion-Gryphon, Journal of Hellenic Studies 43, 1923, 156-161.

Hill, BMQ 1, 1926 =
G. F. Hill, Decadrachm Commemorating Alexander's Indian Campaign, British Museum Quaterly 1, 1926, 36-37.

Hill, NumChron, Ser. V, 7, 1927 =
G. F. Hill, Greek Coins Acquired by British Museum in 1926, Numismatic Chronicle, Ser. V, 7, 1927, 193-207.

Hölscher, Historienbilder (1973) =
T. Hölscher, Griechische Historienbilder des 5. und 4. Jahrhunderts v. Chr., Beiträge zur Archäologie 6 (Würzburg 1973).

Hollstein, SNR 68, 1989 =
W. Hollstein, Taxiles' Prägung für Alexander den Grossen, Schweizerische Numismatische Rundschau 68, 1989, 5-17.

Holt, AncHistB 13, 1999 =
F. L. Holt, Alexander the Great today: In the Interests of Historical Accuracy? The Ancient History Bulletin 13, 1999, 111-117.

Imhoof-Blumer, NumZ 27, 1895 =
F. Imhoof-Blumer, Die Münzstätte Babylon zur Zeit der makedonischen Satrapen und des Seleukos Nikator, Numismatische Zeitschrift 27, 1895, 1-22.

Jacobs, Griechische und persische Elemente (1987) =
B. Jacobs, Griechische und persische Elemente in der Grabkunst Lykiens zur Zeit der Achämenidenherrschaft, Studies in Mediterranean Archaeology 78 (Jonsered 1987).

Jacobs, Satrapienverwaltung (1994) =
B. Jacobs, Die Satrapienverwaltung im Perserreich zur Zeit Darius' III., Beihefte zum Tübinger Atlas des Vorderen Orients Reihe B Nr. 87 (Wiesbaden 1994).

Jacobs, IrAnt 29, 1994 =
B. Jacobs, Drei Beiträge zu Fragen der Rüstung und Bekleidung in Persien zur Achämenidenzeit, Iranica Antiqua 29, 1994, 125-167.

Kaiser, JdI 77, 1962 =
B. Kaiser, Ein Meister der Glyptik aus dem Umkreis Alexanders des Großen, Jahrbuch des Deutschen Archäologischen Instituts 77, 1962, 227-239.

Lauffer, Alexander der Große (1978) =
S. Lauffer, Alexander der Große, dtv Wissenschaftliche Reihe (München 1978).

Luschey, AMI N. F. 1, 1968 =
H. Luschey, Studien zu dem Dariusrelief in Bisutun, Archaeologische Mitteilungen aus Iran – Neue Folge 1, 1968, 63-94.

Messerschmidt, Boreas 12, 1989 =
W. Messerschmidt, Historische und ikonographische Untersuchungen zum Alexandersarkophag, Boreas 12, 1989, 64-92.

Meuszyński, Nordwestpalast von Kalḫu (1981) =
J. Meuszyński, Die Rekonstruktion der Reliefdarstellungen und ihrer Anordnung im Nordwestpalast von Kalḫu (Nimrūd), Baghdader Forschungen 2 (Mainz 1981).

Miller, AncWorld 25, 1994 =
M. C. J. Miller, The *Porus* Decadrachm and the Founding of Bucephala, Ancient World 25, 1994, 109-120.

Mitchiner, Early Indo-Greeks (1975) =
M. Mitchiner, Indo-Greek and Indo-Scythian Coinage I. The Early Indo-Greeks and their Antecedants (London 1975).

Mørkholm, NumChron, Ser. VII, 14, 1974 =
O. Mørkholm, A Coin of Artaxerxes III., Numismatic Chronicle, Ser. VII, 14, 1974, 1-4.

Mørkholm, Early Hellenistic Coinage (1991) =
O. Mørkholm, Early Hellenistic Coinage from the Accession of Alexander the Great to the Peace of Apamea (336-188 B. C.) hrsg. von P. Grierson / U. Westermark (Cambridge 1991).

Nagel, RlA IV (1972-1975) =
W. Nagel, Herrscher B. In der Bildkunst, Reallexikon der Assyriologie und Vorderasiatischen Archäologie (Berlin / New York 1975) 351-367.

Neuffer, Kostüm Alexanders (1929) =
E. Neuffer, Das Kostüm Alexanders des Großen (Gießen 1929).

Nicolet-Pierre, BNumParis 33, 1978 =
H. Nicolet-Pierre, Monnaies "à l'éléphant", Bulletin de la Société française de numismatique 33, 1978, 401-403.

Pfrommer, Alexandermosaik (1998) =
M. Pfrommer, Untersuchungen zur Chronologie und Komposition des Alexandermosaiks auf antiquarischer Grundlage, Aegyptiaca Treverensia 8 (Mainz 1998).

Price, Studia Naster (1982) =
M. J. Price, The "Porus" Coinage of Alexander the Great: A Symbol of Concord and Community, in: S. Scheers (Hrsg.), Studia Paulo Naster Oblata I, Orientalia Lovaniensia Analecta 12 (Löwen 1982) 75-85.

Price, Papers Waggoner (1991) =
M. J. Price, Circulation at Babylon in 323 B. C., in: W. E. Metcalf (Hrsg.), Mnemata: Papers in Memory of Nancy M. Waggoner (New York 1991) 63-72.

Price, Coinage I-II (1991) =
M. J. Price, The Coinage in the Name of Alexander the Great and Philip Arrhidaeus I-II (Zürich / London 1991).

Price, BritMusSocBull 18, 1975 =
M. J. Price, The Coinage of Alexander the Great, The British Museum Society Bulletin 18, 1975, 7-9.

Ritter, Diadem und Königsherrschaft (1965) =
H. W. Ritter, Diadem und Königsherrschaft – Untersuchungen zu Zeremonien und Rechtsgrundlagen des Herrschaftsantritts bei den Persern, bei Alexander dem Großen und im Hellenismus, Vestigia – Beiträge zur Alten Geschichte 7 (München / Berlin 1965).

Rosen, Hermes 107, 1979 =
K. Rosen, Politische Ziele in der frühen hellenistischen Geschichtsschreibung, Hermes 107, 1979, 460-477.

Seibert, Alexander der Große (1972) =
J. Seibert, Alexander der Große, Erträge der Forschung 10 (Darmstadt 1972).

Smith, Hellenistic Royal Portraits (1988) =
R. R. R. Smith, Hellenistic Royal Portraits, Oxfords Monographs on Classical Archaeology (Oxford 1988).

SNG Berry Collection I (1961) =
Sylloge Nummorum Graecorum, The Burton Y. Berry Collection I (New York 1961).

Strelkov, Iranian Art and Archaeology V 1, 1937 =
A. S. Strelkov, The Moscow Artaxerxes Cylinder Seal, Iranian Art and Archaeology V 1, 1937, 17-21.

Strommenger, Mesopotamien (1962) =
E. Strommenger, Fünf Jahrtausende Mesopotamien – Die Kunst von den Anfängen um 5000 v. Chr. bis zu Alexander dem Großen (München 1962).

Walser, Persepolis (1980) =
G. Walser, Persepolis – Die Königspfalz des Darius (Tübingen 1980).

Wealth of the Ancient World (1983) =
J. F. Tompkins (Hrsg.), Wealth of the Ancient World – The Nelson Bunker Hunt and William Herbert Hunt Collection, Exhibition Kimbell Art Museum 1983 (Fort Worth 1983).

Abb. 1

Abb. 2

Abb. 3 a-b

Abb. 3 c-d

Abb. 4

Abb. 5

Die Siegesstele des Königs Dāduša von Ešnunna und ihre Stellung in der Kunst Mesopotamiens und der Nachbargebiete

Peter A. Miglus

Beim Bohren eines Brunnens in der Nähe des Fundortes Tall Asmar im Diyala-Gebiet wurde im Jahr 1983 eine reliefierte und beschriftete Königsstele (IM 95200) aus der 1. Hälfte des 2. Jahrtausends v. Chr. gefunden. Obwohl durch die Bohrarbeiten beschädigt, war sie vollständig erhalten und konnte nach der Wiedereröffnung des Iraq Museums im Frühjahr 2000 in der neuen Ausstellung präsentiert werden. Das Objekt und die Inschrift wurden bisher lediglich zusammenfassend in einem kurzen Beitrag von Bahija Khalil Ismail (1986) besprochen[1]. Die dort abgebildete Photoaufnahme zeigt das Denkmal noch vor der Restaurierung (Abb. 1)[2].

Im Jahr 2002 hatte ich Gelegenheit, die Reliefdarstellungen im Bagdader Museum zu photographieren[3]. Die Stele war inzwischen restauriert worden, wobei man Ergänzungen mit Gips vorgenommen hatte, die gelegentlich auch das Relief und Details der Oberfläche betreffen. Glücklicherweise wurde der Gips nicht gefärbt, sodass die betroffenen Partien im Photo gut erkennbar sind und bei der Interpretation des Denkmals unberücksichtigt bleiben können.

Die vergleichsweise schmale Kalksteinstele (Abb. 2–4) mit gerundeter Bekrönung und vier von unten nach oben höher werdenden Bildstreifen ist 180 cm hoch, 37 cm breit und 18,5 cm dick. Unten ist sie mit einem Zapfen zum Einlassen in eine Basis versehen. Auf ihren beiden Schmalseiten ist eine 221 Zeilen umfassende Inschrift angebracht, die bislang unpubliziert ist[4].

---

[1] Khalil Ismail in: Meid / Trenkwalder (Hrsg.), Studien Oberhuber (1986) 105–108.

[2] Eine Abbildung der Stele ohne spätere Ergänzungen ist auch bei Postgate, Early Mesopotamia (1992) Abb. 13:3, zu finden.

[3] Hiermit bedanke ich mich bei Dr. Nawala al-Mutawalli, Direktorin des Iraq Museums in Bagdad, für ihre großzügige Erlaubnis, die Stele zu photographieren und zu veröffentlichen.

[4] Nach Frayne, RIME 4 (1990) 562, soll die Inschrift von Dr. Bahija Khalil Ismail publiziert werden. Alle Angaben, die hier über den Text gegeben werden, sind dem in Anm. 1 zitierten Artikel entnommen.

Die Oberfläche des plastischen, an den Kanten sorgfältig gerundeten und geglätteten Reliefdekors ist in den ungestörten Partien sehr gut erhalten. Die Mitte der Stele ist jedoch in einem breiten, von oben nach unten durchgehenden Streifen stark beschädigt.

Die Gesamtdarstellung und der historische Hintergrund

Die Frontseite trägt in vier Friesen übereinander Reliefschmuck, der von einem historischen Thema bestimmt ist (Abb. 5–12): Unten erkennt man vermutlich zehn abgetrennte Köpfe in zwei horizontalen Reihen sowie drei zum Teil beschädigte Geier, darüber die Fesselung zweier Feinde und noch höher die Kapitulation von zwei besiegten Gegnern. Gekrönt wird das Ganze durch die Darstellung des Triumphes einer großen stehenden Gestalt auf der linken Seite, die mit ihrem erhobenen Arm eine Waffe schwingt und den linken Fuß auf den Körper eines auf dem Boden liegenden Feindes setzt. Von rechts nähert sich ihr eine männliche Person mit einem Helm auf dem Kopf. Eine Sonnenscheibe und direkt darunter eine Mondsichel schweben über der Gruppe. Als Standlinien der Friese dienen eine Darstellung einer Stadtmauer beziehungsweise horizontale Reihen von Bergschuppen, wodurch das Geschehen lokalisiert wird: Die oberste Szene ist demnach in einer befestigten Stadt angesiedelt, die darunter wiedergegeben Kriegshandlungen spielen dagegen in einem bergigen Gelände.

Die in der Inschrift und im Relief dokumentierten historischen Ereignisse gehören in die Regierungszeit des Königs Dāduša von Ešnunna. Das Königtum Ešnunna stellte nur eine kurze Episode in der langen Geschichte des alten Vorderasiens dar. Dennoch ist seine Entstehung und sein Aufstieg zu einem wichtigen Territorialstaat beispielhaft für die politische Entwicklung der gesamten Region um die Wende vom 3. zum 2. Jahrtausend v. Chr., als dem Niedergang des Reiches der III. Dynastie von Ur eine lange Periode des Kampfes um die Vorherrschaft in Mesopotamien und den Nachbargebieten folgte. Ešnunna war einer der rivalisierenden Stadtstaaten, die provinziale Zentren des Ur III-Reiches gebildet hatten. Trotz seiner scheinbaren Randlage im mittleren Osttigrisgebiet spielte Ešnunna am Ende des 19. und in der ersten Hälfte des 18. Jahrhunderts v. Chr. eine wichtige politische Rolle, vor allem nachdem der König Ipiq-Adad II. weite Gebiete am Diyala-Fluss seiner Herrschaft unterworfen hatte. Er nannte sich selbst „König, der Ešnunna erweiterte" (*šarru murappiš Ešnunna*^ki)[5]. Seine Nachfolger, von Narām-Sîn bis Dāduša und Ibālpî-El II., führten erbitterte Kriege mit osttigridischen Fürstentümern sowie mit Elam, Larsa und Babylon.

---

[5]   Frayne, RIME 4 (1990) E4.5.14.2, 3-4; E4.5.14.2, 4–5.

Dāduša nahm laut Inschrift auf seiner Stele Būnu-Eštar, den König von Urbēl (Erbil) in der eroberten nordmesopotamischen Stadt Qabarā[6] gefangen, tötete ihn und brachte sein Haupt nach Ešnunna. Die eroberte Region nahm der Herrscher jedoch nicht auf Dauer in Besitz, sondern überließ sie Šamšī-Adad, dem Fürsten von Ekallātum und Assur als Geschenk. Diese durch Jahresdaten belegten Ereignisse scheinen sich im letzten Regierungsjahr des Dāduša zugetragen zu haben, was *līmu*-Daten aus Mari und Šušarrā sowie Jahresnamen auf Tontafeln aus Šaduppum und Nērebtum bezeugen[7].

Die Reliefdarstellungen der Stele stehen nach unseren Erfahrungen mit anderen Triumphaldenkmälern dieser Art in direktem Zusammenhang mit dem Anlass ihrer Errichtung, worauf auch die Inschrift hinweist[8]. Sie sind aber zugleich im Rahmen der Tradition früherer Triumphalstelen sowie zeitgenössischer Bildwerke anderer Denkmälergattungen zu interpretieren. Dabei ergeben sich zahlreiche Ähnlichkeiten unterschiedlicher Art, aber auch Besonderheiten, die sich bei der gegenwärtigen Quellenlage nicht immer eindeutig erklären lassen.

Die Szenen

In vermuteter zeitlicher Folge des Geschehens beginnen wir mit der Kampfszene im zweiten Fries von oben (Abb. 7. 11). Hier sind vier Personen in symmetrischer Anordnung dargestellt: in Randnähe zwei der Mitte zugewandte Soldaten und zwischen ihnen zwei ebenfalls nach innen gerichtete feindliche Krieger in einer Position der Kapitulation. Die Soldaten tragen die gleiche Kleidung, sind allerdings zum Teil ergänzt. Deutlich ist beim linken Soldaten das Untergewand zu erkennen, ein weit oberhalb des Knies endender Rock aus einem mit Schrägschraffur gekennzeichneten Stoff mit Fransensaum. Darüber trägt der Soldat ein großes Tuch, das Teile des Ober- und Unterkörpers bedeckt. Die untere Bahn dieses als Obergewand getragenen Tuches endet mit einer Langettenborte und ist in einem weiten Bogen von der rechten Wade bis zur linken Taillenseite und dann zur rechten Schulter hinauf geschlungen. Am Oberkörper wurden die Langetten nicht ausgeführt; sie sind jedoch am rechten Arm zu sehen. Das Tuch wird durch einen dreiteiligen Gürtel zusammengehalten. Anscheinend überkreuzt es sich auf der Brust. Die Handgelenke der äußeren Arme schmückt ein einfacher Armreif; an den Hälsen beider Soldaten sind Reste eines Bandes oder eines Reifes zu erkennen. Bewaffnet sind die Soldaten mit einer

---

[6] Zu den Lokalisierungsproblemen siehe Deller, N.A.B.U. 1990, 62 f.
[7] Frayne, RIME 4 (1990) E4.5.19.1; Whiting in: Eichler et al. (Hrsg.), Tall al-Ḥamīdīya 2 (1990) 169 ff.; Wu Yuhong, Political History (1994) 160. 179.
[8] Khalil Ismail in: Meid / Trenkwalder (Hrsg.), Studien Oberhuber (1986) 105–108.

Schaftlochaxt und einem langen Spieß, wobei die im Bild jeweils äußere Hand –
einerseits links, andererseits rechts – die Axt hält, die innere den Spieß. Von den
Feinden sind nur die beiden äußeren Arme sowie Bein- und Rückenlinien erhalten, aus denen hervorgeht, dass sie sich vom jeweiligen Angreifer abwenden.
Der Gestus der ausgebreiteten Arme bedeutet so viel wie Aufgabe des Wider-
standes. Er findet sich in Mesopotamien nur selten dargestellt; am besten bei
einem heute im Louvre aufbewahrten Stelenfragment aus dem Girsu der
Akkade-Zeit[9]. Die Bewaffnung mit Lanzen und Äxten geht bis in die Frühdynastische Zeit, in die Mitte des 3. Jahrtausends v. Chr., zurück[10], wo sie vor
allem auf der sogenannten 'Geierstele' des Königs Eannatum von Lagaš besonders eindrucksvoll dargestellt ist[11].

Im dritten Fries von oben stehen auf der Dāduša-Stele (Abb. 8. 12) bei-
derseits ebenfalls zwei nach innen gerichtete Soldaten. Sie haben zwei zwischen
ihnen stehende, einander zugewandte Feinde überwunden und zumindest den
rechten von ihnen gefesselt. Der rechte Soldat ist vollständig erhalten. Man erkennt den kreuzschraffierten kurzen Rock mit Fransenabschluss und das Tuch,
das wiederum von einem dreiteiligen Gürtel zusammengehalten wird[12]. Am
Oberkörper gibt es seitlich auf beiden Schultern Langettenborten und von der
Schulter zum Gürtel verlaufende, sich auf der Brust kreuzende Stoffbahnen. Im
Gürtel steckt ein Dolch möglicherweise in einer Scheide, die unten seitlich geschwungen endet. (Bei der Figur am linken Rand ist nur der Oberteil des
Dolches erhalten.) In der angewinkelten linken Hand hält der Soldat eine Schaftlochaxt. An beiden Handgelenken trägt er Armreifen und die Linie am Hals
deutet wohl an, dass er dort ein Band mit Schmuckscheibe trug, wie sie bei der
linken Figur gut erhalten ist[13]. Der Kopf des rechten Soldaten ist als einziger von
den Figuren beider Friese original erhalten. Er trägt einen kurzen Bart und einen
Helm mit Kreuzschraffur. Die überwundenen Feinde stehen anscheinend beide
in derselben Pose leicht gebückt mit eingeknickten Beinen, der rechte mit auf
dem Rücken zusammengebunden Handgelenken. Bei dem linken Gefangenen

---

[9]   Strommenger, Mesopotamien (1962) Abb. 117; siehe auch Orthmann (Hrsg.), Der
Alte Orient (1975) Abb. 102a. b: Börker-Klähn, Bildstelen (1982) Nr. 21.
[10]   Zum Beispiel: Terrakottarelief mit der Darstellung eines derart ausgerüsteten
Soldaten aus Mari: Parrot, Mari II/3 (1959) Abb. 55 Taf. 29 (Nr. 768. 1073);
Schaftlochaxt: Parrot, Mari II/3 (1959) Abb. 65. Dazu wird im Frühdynastikum und in
der Akkade-Zeit ein Helm getragen.
[11]   Literatur siehe Börker-Klähn, Bildstelen (1982) 124 (Nr. 17).
[12]   Ähnliche Gürtel sind in den Wandmalereien in Mari zu sehen: Parrot, Mari II/2
(1958) Taf. B. C.
[13]   Vergleichbare Darstellungen in der Wandmalerei wie auch goldener und silberner
Schmuck in ähnlichen Formen sind aus Mari erhalten: Parrot, Mari II/2 (1958) Taf. 6
(Taf. A in Farbe); Parrot, Mari II/3 (1959) 98 Abb. 71.

meint man, den Umriss der Haarkalotte zu erkennen, die stark vortretende linke
Schuler, den in schwachen Umrissen angewinkelten Arm und Teile der Beine
mit unterschiedlich stark eingeknickten Knien. Die rechte Gestalt ist wohl –
nach den erhaltenen Resten zu urteilen – entsprechend zu ergänzen.

Die beiden Kriegsszenen sind erstaunlich symmetrisch. Zudem wurde bei
den Gewändern der Soldaten nicht zwischen den Ansichten von rechts und links
unterschieden, obgleich diese beim gewickelten Obergewand sicherlich nicht
gleich waren. Wenn Friese 2-4 in zeitlicher Reihenfolge gelesen werden, könnte
man vermuten, dass in den Friesen 2 und 3 dieselben Personen dargestellt sind.

Das Ende des Kampfes markiert das unterste Feld mit den abgeschlagenen
Köpfen (Abb. 6. 10). Die Haarkalotten lassen gewellte Haarsträhnen erkennen.
Köpfe mit ähnlichen Frisuren findet man bereits unter älteren Funden aus dem
Diyala-Gebiet, beispielsweise aus Tall Asmar[14]. Bei genauer Betrachtung des
Bildhintergrundes erkennt man zwischen den in zwei Reihen angeordneten
Köpfen drei Vögel, deren Körper und Flügel mit Kreuzschraffur bedeckt sind.
Der linke Vogel steht und pickt an dem Gesicht des Kopfes vor ihm, der rechte
tut dasselbe, allerdings aus dem Fluge und auch der am schlechtesten erhaltene
Vogel in der Mitte hat eine ausgebreitete Schwinge. Die Anknüpfung an das auf
der frühdynastischen 'Geierstele'[15] und einer stark zerstörten Stele des Königs
Sargon von Akkade[16] belegte Thema der Aasgeier auf dem Schlachtfeld ist
offensichtlich.

Die wichtigsten Hinweise auf die Interpretation des gesamten Denkmals
bietet jedoch das Bild im obersten Stelenfeld (Abb. 5. 9): Es handelt sich um
eine Szene mit drei Beteiligten in einer befestigten Stadt. Die Darstellung der
doppelten, von rechtwinkligen Zinnen gekrönten Stadtmauer im unteren Teil der
obersten Szene ist leider irreführend als dreigeteilter Streifen restauriert worden.
An beiden Seiten gab es anscheinend zwei über die Mauerkrone herausragende
Türme und im Zentrum ein gleichfalls höheres Tor. Von letzterem blieben nur
wenige Reste erhalten, die jedoch eine detaillierte Fassadengliederung erkennen
lassen, von der noch zwei übereinander liegende fensterartige Nischen zu erkennen sind.

In der Szene darüber erhebt die stark beschädigte Figur links – der Triumphator – ihren rechten Arm nach hinten und hält damit den Stiel einer Waffe, in
der man gemäß Analogien am ehesten ein Sichelschwert oder aber eine Schaft-

---

[14] Frankfort, More Sculpture (1943) Taf. 72 („Houses IV a").
[15] Strommenger, Mesopotamien (1962) Abb. 66.
[16] Amiet, L'art d'Agadé (1976) Abb. 2 Taf. 1d.

lochaxt vermuten darf. Von ihrer rechten Schulter scheint eine gerade Tuchkante schräg über die Brust zu verlaufen. Im mittleren Bereich der beschädigten Oberfläche kann man noch schwach den Umriss der in Vorderansicht dargestellten linken Schulter erkennen, die weit über den Körperumriss hinaustritt. In der linken Hand könnte die Person einen Spieß halten, der schräg auf den Hals des auf dem Boden liegenden Feindes gerichtet ist. Auf die Brust des liegenden Feindes setzt der Triumphator seinen linken Fuß. Die Szene ist mit der 500 Jahre älteren Darstellung auf der berühmten Stele des Königs Narām-Sîn von Akkade vergleichbar (Abb. 13). Es ist jedoch deutlich, dass der Triumphator nicht den bekannten zipfligen Schal trägt wie der Akkade-Herrscher[17], sondern einen langen, vorn geschlitzten Rock, aus dem das vorgesetzte linke Bein heraustritt.

Der auf dem Boden liegende Feind ist in ein ähnliches oder gleiches Gewand gekleidet wie die Soldaten von Ešnunna, denn auf der Brust ist noch ein Abschnitt des schräg verlaufenden Tuchs mit Langettenborte zu sehen. Sonst ist diese Person sehr schlecht erhalten.

Betrachten wir nun den kleineren Mann auf der rechten Seite. Gekleidet ist er in ein kurzes Hemd mit halben Ärmeln und darüber einem gewickelten Tuch, das Ähnlichkeiten mit dem der Soldaten hat und ebenfalls von einem dreiteiligen Gürtel gehalten wird. Es gibt jedoch auch deutliche Unterschiede in der Gewandung. Das Hemd hat vergleichsweise lange, bis zur Mitte des Oberarms reichende Ärmel, die keine abschließende Borte haben. Überall, wo Teile des Hemdes sichtbar werden, ist ihre Oberfläche ähnlich einer Leinenstruktur aufgerauht. Wie lang das Gewand war, ist auf Grund der Beschädigung nicht sicher. Es könnte so lang wie die Gewandung der Soldaten gewesen sein – wie bei der Rekonstruktion angenommen – es könnte hinten aber auch bis kurz über das Fußgelenk gereicht haben, denn Ähnlichkeiten sind mit dem Gewand des Königs Zimrilim in der Wandmalerei im Palast von Mari aus dem 18. Jahrhundert v. Chr. festzustellen (Abb. 14)[18].

Gut erkennbar ist der Halsschmuck mit rundem Anhänger, der in der Mitte ein Motiv trägt. Ein Armreif schmückt das Gelenk der rechten, an die Brust gelegten Hand, die mit einer senkrechten Durchbohrung versehen ist. Hier dürfte einst ein Gegenstand befestigt gewesen sein, – am ehesten eine Waffe aus Edelmetall. Der linke Arm ist vor den Körper gehalten, die Hand mit ausgestreckten Fingern grüßend erhoben. Diese Körperhaltung entspricht – spiegelverkehrt – der des Königs Hammurapi von Babylon auf seiner Gesetzesstele. Anders als

---

[17] Siehe dazu Strommenger, APA 2, 1971, 42–44.
[18] Parrot, Mari II/2 (1958) Taf. 11 (Taf. B in Farbe).

der babylonische Herrscher und andere Fürsten seiner Zeit ist jedoch die Persön-
lichkeit hier bartlos dargestellt.

Trotzdem kann sie – sowohl durch ihre Position auf dem Relief, als auch
durch ihre Tracht und wertvolle Ausstattung hervorgehoben – kaum jemand anderen darstellen als den Herrscher von Ešnunna, in Anbetung vor dem Gott
stehend, der ihn zum Sieg geführt hat. Der links stehende Triumphator stellt also
nicht den siegreichen Stadtfürsten dar, wie man dies zunächst annehmen könnte.
Er dürfte der Wettergott Adad sein: Dieser ist in der Inschrift erwähnt, und in
seinem Tempel[19], é.temen.ur.sag, stellte Dāduša seine Stele auf[20]. Die zeitgenössische Bildtradition bietet eine Bestätigung für diese Interpretation.

Das Motiv des Triumphators

Das Motiv des Triumphators geht mit Sicherheit auf die Akkade-Zeit zurück.
Zu jener Zeit gehörte es zum Repertoire der Schlachtszenen wie die auf der
Stele des Königs Narām-Sîn von Akkade. Eine neue Bedeutung als Darstellung
des siegreichen Fürsten, losgelöst von historischer Erzählung, bekommt es in der
Ur III- und Isin-Zeit, was die Felsreliefs von Darband-i Gaur und Sar-i Pul be-
zeugen[21]. Unter den Herrschern Būr-Sîn von Isin und Ipiq-Adad von Ešnunna
wird in der Rollsiegelglyptik als Haupt- oder Nebenmotiv zunehmend ein krie-
gerisch gekennzeichneter Herrscher dargestellt, der mit dem zipfeligen 'Narām-
Sîn-Schal' bekleidet ist und in der linken angewinkelten Hand eine Keule hält[22].
Der rechte Arm hängt seitlich am Körper herab und hält gelegentlich ein
Krummschwert (Abb. 15)[23]. Dieser Herrscher kommt gelegentlich auch in Verbindung mit einem Unterworfenen vor, wie man das anhand einiger Beispiele in
der Glyptik (Abb. 16)[24] und im Terrakottarelief (Abb. 17)[25] sehen kann.

---

[19]   Schwemer, Wettergottgestalten (2001) 350–352; auch: George, House (1993) 149
Nr. 1093. é.temen.ur.sag-[d]Iškur ist auch im Jahresnamen Dāduša J. g erwähnt, siehe Wu
Yuhong, Political History (1994) 160.

[20]   Khalil Ismail in: Meid / Trenkwalder (Hrsg.), Studien Oberhuber (1986) 105.

[21]   Börker-Klähn, Bildstelen (1982) 44 ff. 137 ff.

[22]   Nagel, AfO 18, 1957/1958, 97 ff. 319 ff.; vgl. auch al-Gailani-Werr, BALond 17,
1980, 33 ff.

[23]   Porada, Pierpont Morgan Collection (1948) Nr. 427E.

[24]   Aus Susa: Parrot, Sumer (1960) Abb. 383; aus Mari (Diener des Zimrilim): Parrot,
Mari II/3 (1959) 169 ff. Taf. 48, 72. 73; ähnlich aus dem Kunsthandel: Moortgat,
Rollsiegel (1940) Nr. 292.

[25]   Exemplar aus Tell Harmal IM 54631. In einer Umzeichnung von W. Nagel bei
Opificius, Terrakottarelief (1961) Taf. 12 Nr. 480.

Bei den Resten der Hauptgestalt der Dāduša-Stele lässt sich auf keinen Fall ein Zipfelschurz ergänzen, sondern ein hinten knöchellanger vorn geschlitzter Rock, wie er häufig von Göttern getragen wird. Letztere erscheinen als Triumphatoren, die über die besiegten, liegenden Feinde schreiten. Ein solches Bild hinterließ uns Šū-ilīja, der Gründer des Königreiches von Ešnunna am Ende des 3. Jahrtausends v. Chr., der auf einer Rollsiegeldarstellung vor dem bewaffneten Reichsgott Tišpak dargestellt ist (Abb. 19)[26]. Später erscheint jedoch ein Motiv, bei dem die Gottheit, ganz ähnlich wie bei den entsprechenden Herrscherdarstellungen, einen Fuß auf einen oft noch halb aufgerichteten, um Gnade flehenden Gefangenen setzt.

Den bislang frühesten Beleg für dieses Motiv liefert ein Siegel des Puzur-Ninkarrak, des Steinschneiders des Königs Abī-sarē von Larsa (Abb. 20)[27]. Der Gott im Schlitzrock, mit Doppellöwenkeule und Sichelschwert – vermutlich der Unterweltsgott Nergal – setzt einen Fuß auf einen um Gnade bittenden, unter ihm liegenden Mann. Auf einem Siegel des Mukannišum (Abb. 21)[28], Diener des Königs Zimrilim von Mari, steht der König in Begleitung der kriegerischen Göttin Ištar auf einem Haufen Gefallener und sich Unterwerfender. Eine Variante des Themas zeigt eine triumphierende Person, die mit einer Hand eine Waffe über ihrem Kopf schwingt und in der anderen Hand eine Mehrfachkeule hält (Abb. 22)[29]. Der niedergesunkene Feind erhebt bittend einen Arm.

Interessant ist im Hinblick auf die Dāduša-Stele auch eine das Bildfeld nach unten begrenzende Stadtmauer, die auf einem Terrakottarelief aus Larsa unterhalb einer Gottheit in Siegerpose über einem liegenden Gegner abgebildet ist (Abb. 18)[30]. Hier ist – wie auf der Dāduša-Stele – in der Mitte der Reliefplatte ein Tor erhalten und links seitlich davon ein Turm. Es zeigt sich, dass die Verbindung eines Gottes mit einer Stadtmauer zum Bildrepertoire der altbabylonischen Zeit gehörte.

---

[26] Frankfort et al., Gimilsin Temple (1940) Abb. 100B; Inschrift: Frayne, RIME 3/2 (1997) E3/2.3.1.1.

[27] Nagel, AfO 18, 1957/1958, 320. 323 Abb. 1; Parrot, Sumer (1960) Abb. 380; auch: Orthmann (Hrsg.), Der Alte Orient (1975) Abb. 139 unten links. Inschrift und Literatur siehe Frayne, RIME 4 (1990) E4.2.6.2002.

[28] Amiet, Syria 37, 1960, 230 Abb. 12; Parrot, Mari II/3 (1959) 189–191 Taf. 41. 42. Inschrift und Literatur siehe Frayne, RIME 4 (1990) E4.6.12.2018.

[29] Zu dem Typus 'Triumphator' siehe auch Blocher, Siegelabrollungen (1992) 125 f. Abb. 58. 59; vergleiche auch Collon, Cylinder Seals III (1986) 165 ff. Taf. 31.

[30] Parrot, Sumer (1960) Abb. 358C; auch: Opificius, BaM 3, 1964, 83 f. Taf. 16.

Die 'Mardin-Stele'

Stelen zum Propagieren kriegerischer Erfolge eines Herrschers mit Darstellung in Bild und Schrift wurden in Mesopotamien seit dem 3. Jahrtausend v. Chr. bis in die Zeit des neuassyrischen Reiches errichtet. Allerdings gibt es zur Zeit noch keine kontinuierliche Überlieferung dieser Denkmälergattung. Auch deshalb sind die wenigen bisher bekannt gewordenen Werke dieser Art von unschätzbarem Wert. Als bedeutendste wurden zwei von ihnen bereits erwähnt: die sogenannte 'Geierstele' des Eannatum von Lagaš und die Siegesstele des Narām-Sîn von Akkade.

Als drittes Beispiel möchte ich eine fragmentarisch erhaltene, zweiseitig reliefierte Basaltstele erwähnen, die 1898 in Mossul erworben wurde und sich jetzt im Louvre befindet (Abb. 23. 24)[31]. Sie ist als 'Mardin-Stele' bekannt. Auf der Vorderseite (Abb. 23) steht ein Mann, bekleidet mit einem 'Narām-Sîn-Schal', bei dem eine Tuchkante eine Langettenborte aufweist[32]. Er ist mit einer Schaftlochaxt und einem Spieß bewaffnet. Beide Waffen setzt er gegen einen niedergesunkenen Feind ein, der den rechten Arm um Gnade flehend erhebt[33]. Hinter diesem steht ein Mann, dessen Gewand ebenfalls eine Langettenborte ziert. Diese Szene scheint sich noch stark an der Stele des Königs Narām-Sîn von Akkade zu orientieren.

Auf der Rückseite (Abb. 24) stehen sich zwei Gefangene gegenüber. Beim rechten sind noch die vor dem Körper gefesselten Arme erhalten. Er trägt ein Hemd mit kreuzschraffierter Oberfläche und einer feinen Langettenborte am Ärmel. Das darüber gelegte Obergewand ähnelt dem des Dāduša. Es handelt sich also um keinen einfachen Krieger.

Die Inschriftreste auf der 'Mardin-Stele' enthalten keinen Königsnamen. Man hat bislang versucht, die Stele Šamšī-Adad I. von Assur[34], Dāduša[35] oder

---

[31] Genouillac, RA 7, 1909, 151–156 Taf. 5. 6; Moortgat, Kunst (1967) Abb. 204. 205; Orthmann (Hrsg.), Der Alte Orient (1975) Abb. 182; Börker-Klähn, Bildstelen (1982) 165 f. Nr. 111 (dort Literatur).

[32] Detaillierte Beschreibung siehe Strommenger, APA 2, 1971, 42 f.

[33] Eine ähnliche Darstellung auf einer akkadischen Stele aus Tello (Orthmann et al. [Hrsg.], Der Alte Orient [1975] Nr. 102b, Rückseite, mittleres Register) zeigt einen Krieger, der seinen Fuß auf den liegenden Feind setzt und mit einer Axt auf seinen schlägt, während der letztere die beiden Hände erhebt.

[34] RlA 1 (1928-1932) s.v. Assyrien (Geschichte) [Forrer] 243 f.; Soden, OrNS 22, 1953, 256 f.

[35] Goetze, RA 46, 1952, 155–157.

Narām-Sîn[36] von Ešnunna zuzuweisen. Inzwischen gilt als sicher, dass es sich um den ersten Herrscher handelt[37]: Der Text bezieht sich auf Ereignisse im Osttigrisland und auf einen Feldzug Šamšī-Adads, den er in seinem 28. Regierungsjahr gegen Arrapḫa (Kirkuk) und in Koalition mit Dāduša gegen den Fürsten von Urbēl (Erbil) und Qabarā führte[38]. Zu demselben historischen Umfeld gehören außerdem einige zeitgenössische Texte auf Tontafeln aus Šušarrā (Šemšāra) und Mari[39], durch deren Angaben sich die auf den beiden Stelen beschriebenen Ereignisse eng miteinander verknüpfen lassen. Aus den Mari-Briefen erfährt man ebenfalls über das Vorgehen des Königs Šamšī-Adad gegen Qabarā. Von ihm ist unter anderem ein Schreiben bekannt[40], das er nach der Eroberung dieser Stadt an seinen Sohn Jasmaḫ-Addu nach Mari schickte. Die Tafel enthält eine Kopie seiner Botschaft an den König von Ešnunna, in der er die Auslieferung der gefangenen Söhne des Königs von Qabarā verlangt, mit den Worten: „Das sind Hunde! Gib mir diese Männer!". Es ist nicht auszuschließen, dass auf den beiden mittleren Feldern der Stele von Dāduša und auf der Rückseite der 'Mardin-Stele' die Gefangennahme eben dieser Prinzen dargestellt ist.

Verbindungen zwischen beiden Denkmälern sind durch die antiquarischen Merkmale ihrer Reliefs offensichtlich. Da die Zuschreibung der 'Mardin-Stele' an Šamšī-Adad I. durch die Textbelege als gesichert gelten kann, bedeutet das vermutlich, dass der von den beiden Verbündeten davongetragene Sieg auch in der Entstehung zweier triumphaler Denkmäler resultierte.

Abbildungsnachweise

Abb. 1. Dāduša-Stele vor der Restaurierung – Khalil Ismail in: Meid /
    Trenkwalder (Hrsg.), Studien Oberhuber (1986) Abb. auf S. 107.
Abb. 2. Dāduša-Stele mit Ergänzungen in Frontalansicht.
Abb. 3. Stele in Schrägansicht.
Abb. 4. Stele in Seitenansicht.
Abb. 5. Oberster Fries: Triumphszene (Photo).

---

[36]   Nagel, ZA 53, 1959, 133–135.
[37]   Grayson, RIMA 1 (1987) A.0.39.1001; Charpin / Durand, MARI 4, 1985, 315 f.; Wu Yuhong, Political History (1994) 181 f.
[38]   Whiting in: Eichler et al. (Hrsg.), Tall al-Ḥamīdīya 2 (1990) 169 Anm. 14; Eidem, Shemshāra Archives 2 (1992) 16–18.
[39]   Dossin, ARM I (1950); Eidem, Iraq 47, 1985, 83–107; Wu Yuhong, Political History (1994) 183–185; Zusammenfassung der bisherigen Disskusion siehe Eidem, Shemshāra Archives 2 (1992) 16–18.
[40]   Dossin, ARM I (1950) Nr. 27.

Abb. 6. Unterster Fries: Köpfe auf dem Schlachtfeld (Photo).

Abb. 7. Zweitoberster Fries: Kapitulationsszene (Photo).

Abb. 8. Drittoberster Fries: Gefangennahme (Photo).

Abb. 9. Oberster Fries: Triumphszene (Umzeichnung).

Abb. 10. Unterster Fries: Köpfe auf dem Schlachtfeld (Umzeichnung).

Abb. 11. Zweitoberster Fries: Kapitulationsszene (Umzeichnung).

Abb. 12. Drittoberster Fries: Gefangennahme (Umzeichnung).

Abb. 13. Stele des Königs Narām-Sîn von Akkade, Ausschnitt – Strommenger, Mesopotamien (1962) Taf. 123.

Abb. 14. König Zimrilim von Mari vor der Göttin Ištar, Wandmalerei, Ausschnitt (Umzeichnung) – Parrot, Mari II/2 (1958) Taf. 11.

Abb. 15. Rollsiegeldarstellung mit dem 'Gottkönig als Krieger' – Porada, Pierpont Morgan Collection (1948) Nr. 427E.

Abb. 16. Rollsiegeldarstellung mit einer Triumphszene (aus Susa) – Parrot, Sumer (1960) Abb. 383.

Abb. 17. Terrakottarelief mit einer Triumphszene (aus Tell Harmal).

Abb. 18. Terrakottarelief mit einem triumphierenden Gott über einem Stadttor – Parrot, Sumer (1960) Abb. 358C.

Abb. 19. Rollsiegeldarstellung des Königs Šū-ilīja von Ešnunna – Frankfort et al., Gimilsin Temple (1940) Abb. 100B.

Abb. 20. Rollsiegeldarstellung des Steinschneiders Puzur-Ninkarrak, Diener des Herrschers von Larsa – Black / Green, Symbols (1998) Abb. 13.

Abb. 21. Rollsiegeldarstellung des Mukannišum, Diener des Herrschers von Mari – Amiet, Syria 37, 1960, 230 Abb. 12.

Abb. 22. Rollsiegeldarstellung mit einem Triumphator und dem Gott Šamaš – Blocher, Siegelabrollungen (1992) Abb. 58 Nr. 36.

Abb. 23. 'Mardin-Stele', Vorderseite mit Triumphdarstellung – Börker-Klähn, Bildstelen (1982) 111b.

Abb. 24. 'Mardin-Stele', Rückseite mit Gefangenen – Börker-Klähn, Bildstelen (1982) 111a.

Literatur- und Abkürzungsverzeichnis

Amiet, Kunst (1977) =

P. Amiet, Die Kunst des alten Orient, Ars Antiqua – Große Epochen der Weltkunst (Freiburg 1977).

Amiet, L'art d'Agadé (1976) =

P. Amiet, L'art d'Agadé au Musée du Louvre (Paris 1976).

Amiet, Syria 37, 1960 =

P. Amiet, Notes sur le répertoire iconographique de Mari a l'époque du palais, Syria 37, 1960, 215–232.

Black / Green, Symbols (1998) =
    J. Black / A. Green, Gods, Demons and Symbols of Ancient Mesopotamia. An
    Illustrated Dictionary ([2]London 1998).

Blocher, Siegelabrollungen (1992) =
    F. Blocher, Siegelabrollungen auf frühbabylonischen Tontafeln im British
    Museum. Ein Katalog, Münchener Universitäts-Schriften Philosophische
    Fakultät 12 – Münchner Vorderasiatische Studien X (München / Wien 1992).

Börker-Klähn, Bildstelen (1982) =
    J. Börker-Klähn, Altvorderasiatische Bildstelen und vergleichbare Felsreliefs,
    Baghdader Forschungen 4 (Mainz 1982).

Charpin / Durand, MARI 4, 1985 =
    D. Charpin / J.-M. Durand, La prise du pouvoir par Zimri-Lim, Actes du
    Colloque International du C.N.R.S. 620, Mari Annales Recherches
    Interdisciplinaires 4, 1985, 293–343.

Collon, Cylinder Seals III (1986) =
    D. Collon, Catalogue of the Western Asiatic Seals in the British Museum.
    Cylinder Seals III: Isin-Larsa and Old Babylonian Periods (London 1986).

Deller, N.A.B.U. 1990 =
    K. Deller, Eine Erwägung zur Lokalisierung des aBab ON Qabrā/Qabarā,
    Nouvelles Assyriologiques Brèves et Utilitaires 1990, 62 f. (Nr. 84).

Dossin, ARM I (1950) =
    G. Dossin, Archives Royales de Mari I – Correspondance de Šamši-Addu et de
    ses fils (Paris 1950).

Eidem, Iraq 47, 1985 =
    J. Eidem, News from the Eastern Front – The Evidence from Tell Shemshāra,
    Iraq 47, 1985, 83–107.

Eidem, Shemshāra Archives 2 (1992) =
    J. Eidem, The Shemshāra Archives 2 – The Administrative Texts, Historisk-
    Filosofiske Skrifter 15 (Copenhagen 1992).

Frankfort, More Sculpture (1943) =
    H. Frankfort, More Sculpture from the Diyala Region, Oriental Institute
    Publications LX (Chicago 1943).

Frankfort et al., Gimilsin Temple (1940) =
    H. Frankfort – S. Lloyd – Th. Jacobsen, The Gimilsin Temple and the Palace of
    the Rulers at Tell Asmar, Oriental Institute Publications XLIII (Chicago 1940).

Frayne, RIME 3/2 (1997) =
D. R. Frayne, Ur III Period (2112-2004). The Royal Inscriptions of Mesopotamia. Early Periods 3/2 (Toronto 1997).

Frayne, RIME 4 (1990) =
D. R. Frayne, Old Babylonian Period (2003-1595). The Royal Inscriptions of Mesopotamia. Early Periods 4 (Toronto 1990).

al-Gailani Werr, BALond 17, 1980 =
Lamia al-Gailani Werr, Chronological Table of Old Babylonian Seal Impressions, Bulletin of the Institute of Archaeology, University of London 17, 1980, 33–84.

Genouillac, RA 7, 1909 =
H. de Genouillac, Ancienne stèle de victoire, Revue d'assyriologie et archéologie orientale 7, 1909, 151–156.

George, House (1993) =
A. R. George, House Most High. The Temples of Ancient Mesopotamia, Mesopotamian Civilizations 5 (Winona Lake 1993).

Goetze, RA 46, 1952 =
A. Goetze, The Stela *AO* 2776 of the Louvre, Revue d'assyriologie et archéologie orientale 46, 1952, 155–157.

Grayson, RIMA 1 (1987) =
A. K. Grayson, Assyrian Rulers of the Third and Second Millennia BC (to 1115 BC). The Royal Inscriptions of Mesopotamia. Assyrian Periods 1 (Toronto 1987).

Khalil Ismail in: Meid / Trenkwalder (Hrsg.), Studien Oberhuber (1986) =
B. Khalil Ismail, Eine Siegesstele des Königs Dāduša von Ešnunna, W. Meid / H. Trenkwalder (Hrsg.), Im Bannkreis des Alten Orients – Studien zur Sprach- und Kulturgeschichte des Alten Orients und seines Ausstrahlungsraumes – Karl Oberhuber zum 70. Geburtstag gewidmet, Innsbrucker Beiträge zur Kulturwissenschaft 24 (Innsbruck 1986) 105–108.

Moortgat, BaM 3, 1964 =
A. Moortgat, Die Wandgemälde im Palaste zu Mari und ihre historische Einordnung, Baghdader Mitteilungen 3, 1964, 68–74.

Moortgat, Kunst (1967) =
A. Moortgat, Die Kunst des Alten Mesopotamien. Die klassische Kunst Vorderasiens (Köln 1967).

Moortgat, Rollsiegel (1940) =
> A. Moortgat, Vorderasiatische Rollsiegel. Ein Beitrag zur Geschichte der
> Steinschneidekunst (Berlin 1940).

Nagel, AfO 18, 1957/1958 =
> W. Nagel, Ein altassyrisches Königssiegel, Archiv für Orientforschung 18,
> 1957/1958, 97–103.

Nagel, AfO 18, 1957/1958 =
> W. Nagel, Glyptische Probleme der Larsa-Zeit. Datierte Rollsiegel
> Zentralvorderasiens zwischen Ibbīsu'en und Samsuditâna, Archiv für
> Orientforschung 18, 1957/1958, 319–327.

Nagel, ZA 53, 1959 =
> W. Nagel, Eine Siegesstele des Narāmsîn von Ešnunak?, Zeitschrift für die
> Assyriologie und vorderasiatische Archäologie 53, 1959, 133–135.

Opificius, BaM 3, 1964 =
> R. Opificius, Befestigungen des Zweistromlandes im Beginn des zweiten
> Jahrtausends, Baghdader Mitteilungen 3 (1964) 78–90.

Opificius, Terrakottarelief (1961) =
> R. Opificius, Das altbabylonische Terrakottarelief, Untersuchungen zur
> Assyriologie und Vorderasiatischen Archäologie 2 (Berlin 1961).

Orthmann (Hrsg.), Der Alte Orient (1975) =
> W. Orthmann (Hrsg.), Der Alte Orient, Propyläen Kunstgeschichte XIV (Berlin
> 1975).

Parrot, Mari II/2 (1958) =
> A. Parrot, Le palais – Peintures murales, Mission Archéologique de Mari II 2,
> Bibliothèque Archéologique et Historique LXIX (Paris 1958).

Parrot, Mari II/3 (1959) =
> A. Parrot, Le palais – Documents et Monuments, Mission Archéologique de
> Mari II 3, Bibliothèque Archéologique et Historique LXX (Paris 1959).

Parrot, Sumer (1960) =
> A. Parrot, Sumer. Die mesopotamische Kunst von den Anfängen bis zum XII.
> vorchristlichen Jahrhundert, Universum der Kunst (München 1960).

Porada, Pierpont Morgan Collection (1948) =
> E. Porada, Corpus of Ancient Near Eastern Seals in North American
> Collections. I. The Collection of the Pierpont Morgan Library, The Bollingen
> Series XIV (Washington 1948).

Postgate, Early Mesopotamia (1992) =
J. N. Postgate, Early Mesopotamia – Society and Economy at the Dawn of History (London / New York 1992).

RlA 1 (1928-1932) s.v. Assyrien (Geschichte) [Forrer] =
E. Forrer, Assyrien (Geschichte), E. Ebeling / B. Meissner (Hrsg.), Reallexikon der Assyriologie 1 (1928-1932) 228–297.

Schwemer, Wettergottgestalten (2001) =
D. Schwemer, Die Wettergottgestalten Mesopotamiens und Nordsyriens im Zeitalter der Keilschriftkulturen. Materialien und Studien nach den schriftlichen Quellen (Wiesbaden 2001).

Soden, OrNS 22, 1953 =
W. v. Soden, Zum akkadischen Wörterbuch 54-60, Orientalia Nova Series 22, 1953, 251–261.

Strommenger, APA 2, 1971 =
E. Strommenger, Mesopotamische Gewandtypen von der Frühsumerischen bis zur Larsa-Zeit, Acta Praehistorica et Archaeologica 2, 1971, 37–55.

Strommenger, Mesopotamien (1962) =
E. Strommenger, Fünf Jahrtausende Mesopotamien. Die Kunst von den Anfängen um 5000 v. Chr. bis zu Alexander dem Großen (München 1962).

Whiting in: Eichler et al. (Hrsg.), Tall al-Ḥamīdīya 2 (1990) =
R. M. Whiting, Tell Leilan / Šubat-Enlil – Chronological Problems and Perspectives, S. Eichler / M. Wäfler / D. Warburton, Tall al-Ḥamīdīya 2, Orbis Biblicus et Orientalis Series Archaeologica 6 (Freiburg, Schweiz / Göttingen 1990) 167–216.

Wu Yuhong, Political History (1994) =
Wu Yuhong, A Political History of Eshnunna, Mari and Assyria During the Early Old Babylonian Period (from the End of Ur III to the Death of Šamši-Adad), Supplement to Journal of Ancient Civilizations 1, Periodic Publications on Ancient Civilizations 2 (Chanchung 1994).

Abb. 1

Abb. 2

Abb. 3

Abb. 4

Abb. 5

Abb. 6

Abb. 7

Abb. 8

Abb. 9

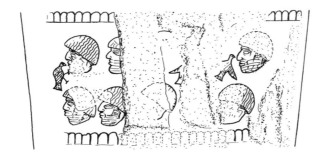

Abb. 10

Abb. 11

Abb. 12

Abb. 13

Abb. 14

Abb. 15   Abb. 16

Abb. 17   Abb. 18

Abb. 19

Abb. 20

Abb. 21

Abb. 22

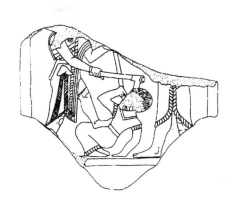

Abb. 23

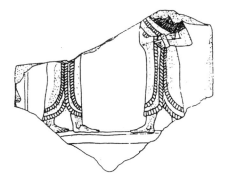

Abb. 24

Das Sitzbild des Kammaki vom Tell Halaf

Wolfgang Röllig

Im Jahre 1999 wurde beim Bau einer Toilette im Gebiet des alten Guzana, dem heutigen Tell Halaf in Nordsyrien, der Torso einer Sitzstatue gefunden. Das Objekt wurde zunächst nach Hasseke, wenig später ins Museum von Der ez-Zor gebracht[1]. Es trägt dort die Museumsnummer DeZ 7970[2].

1. Beschreibung

Die Sitzstatue besteht aus schwarzem Basalt. Der Kopf und Teile der Schulterpartie sind infolge eines alten Bruchs verloren gegangen. Die Höhe des erhaltenen Torsos beträgt vom Boden bis zum Bruch auf der linken Seite 55 cm, auf der rechten Seite 45 cm. Daraus ist bereits ersichtlich, daß der Bruch schräg von links nach rechts verläuft. Allerdings ist die rechte Partie fast bis zur Mitte waagerecht abgebrochen. Danach verläuft der Bruch links leicht geschwungen tiefer bis fast zum Ellenbogengelenk. Links gibt es auch an der Vorderseite eine Beschädigung, die einen Teil des Sessels, auf dem der Mann saß, erfaßt hat. Die größte Breite des Stückes beträgt 37 cm, die größte Tiefe 31,5 cm.

Auf der Vorderseite ist auf dem Rock eine dreizeilige Keilinschrift eingemeißelt, die durch vier leicht nach links abfallende Striche gegliedert ist. Die Breite der Inschrift beträgt 28,7 cm; die Zeilen sind zwischen 6,8 und 7,2 cm hoch. Einige Zeichen sind leicht beschädigt, im Ganzen aber ist die Inschrift gut

[1] Der Fund wurde W. Röllig zuerst mitgeteilt von Frau Brigitte Warning Treumann-Watkins, die das Stück in Hasseke gesehen hatte. Herr Kollege Stephan Maul, Heidelberg, der im Herbst 1999 ebenfalls in Hasseke war, fertigte dort eine Kopie des Textes und eine Rohzeichnung der Statuette an, die er W. Röllig freundlichst zur Verfügung stellte. Die hier als Abb. 1 vorgelegte Kopie fertigte aber W. Röllig nach dem Original an. Das Photo hat Ulrich Runge, Grabung Tall Šēḫ Ḥamad, aufgenommen.

[2] Ich danke Herrn As'ad Mahmoud M.A., Direktor des Mueums von Der ez-Zor, sehr herzlich dafür, daß er die Untersuchung und Kopie der Statuette im Magazin des Museums gestattete und unterstützte. Dem früheren Generaldirektor der Antiken und Museen Syriens, Herrn Prof. Dr. Sultan Muhesen, danke ich für die Erlaubnis zur Publikation des interessanten Fundes.

lesbar. Allerdings sind die Zeichen nicht sehr sorgfältig ausgeführt, schwanken in der Höhe und sehen wenig professionell aus. Ich lese:

2. Text

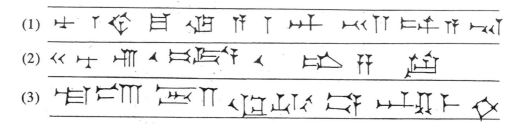

(1) *ṣalam* (NU) ¹*Kam-ma-ki mār* (A) ¹*Ilu-lē'i* (DINGIR-ZU) ˡú*ṭupšarri* (A.BA)
(2) *man-nu rubû* (NUN-*u*) *arkû* (EGIR-*u*) ˡú*zadimma*(ZA.DÍMⁱ)
(3) *la ta-da-ki ik-kib* ᵈEN.ME.ŠÁRA

(1) Bildnis des Kammaki, Sohn des Ilu-lē'i, des Schreibers.
(2) Wer (auch immer) ein späterer Fürst (ist), einen Steinmetz
(3) sollst du nicht aufbieten, (denn es ist) eine Sünde (vor) Enmešara!

3. Kommentar

Der Name des Stifters entzieht sich bisher der Deutung. Die Lesung ist ziemlich sicher, denn das letzte Zeichen, das evtl. auch DI gelesen werden könnte (s. gleich), erscheint in nahezu identischer Form noch einmal in Z.3, wo die Verbalform ein KI erfordert.

Falls der Name dennoch *G/Kammadi* zu lesen wäre, so ist auch dieser bisher im 1. Jt. v. Chr. nicht belegt. Wäre er akkadisch, könnte man an eine Ableitung vom Verbum *kamādu* denken, das die Herstellung eines bestimmten Stoffes, vielleicht Filz, also „walken" bezeichnet[3]. Dann wäre allerdings eine Form wie *Kāmidu* zu erwarten. Allerdings sind aus handwerklichen Tätigkeiten abgeleitete Namen recht selten.

Eine Ableitung des Namens aus dem Aramäischen, die natürlich bei einer Herkunft des Stückes aus Bīt Baḫiāni naheliegt, ist auch nicht möglich. Eine Wurzel *kmk* existiert nicht; *gmd* bedeutet "verkürzen, zusammenziehen"; *kmd* ist nicht belegt.

---

[3]   Vgl. die Wörterbücher und Lackenbacher, Syria 59, 1982, 141 f. („Stoff schlagen").

Der ideographisch DINGIR-ZU[4] geschriebene Vatersname des Kammaki könnte akkadisch als *Ilu-ide* oder aramäisch als *Il-iada'*, *Il-iādi'* umgesetzt werden[5]. Wahrscheinlicher ist aber *Ilu-lē'i*, ein Name, der bereits als der eines Schreibers aus Kalḫu bekannt ist[6]. Da dieser Mann in der Zeit Adad-nērārīs III. oder Salmanassars IV., d.h. zwischen 810 und 772, sein Amt innehatte, könnte er durchaus mit dem Vater des Kammaki identisch sein. Das würde gut zu der aus anderen Kriterien abgeleiteten Datierung des Textes (s.u.) passen. Der Sohn hätte dann den Beruf des Vaters weitergeführt.

Die Konstruktion des folgenden Satzes ist sehr merkwürdig. *mannu rubû arkû* hat zwar inhaltlich viele Parallelen, besonders in assyrischen Inschriften[7], doch ist die Konstruktion stets etwas anders: *mannu atta lu šaknu lu šāpiru … ša* YOS 1, 43,4, oder mit Relativpronomen *mannu arkû ša GN … … inambû* Bēl-Ḥarrān-bēlu-uṣur 17 bzw. ergänzt durch ein selbständiges Personalpronomen *mannu atta ṭupšarru ša tasassûni* „wer auch immer du seist, Schreiber, der du (es) vorliest …"ABL 1250 Rs. 17. Auch die räumlich und zeitlich unserem Text benachbarte Feḥerīye-Inschrift[8] kennt zwei Belege: *mannu arkû anḫūs-su lūdiš šumī-ma liškun mannu ša šume unakkaru u šum-šu išakkanu ….* „Jeder Spätere möge ihren (der Statue) Verfall beseitigen (erneuern) und meinen Namen daraufsetzen. Jeder (aber), der den Namen ändert und seinen Namen daraufsetzt …." (Z.15-17). Hier ist im ersten Satz das substantivierte Adjektiv Subjekt und braucht deshalb nicht mit einem Relativpronomen angeschlossen zu werden, das aber im zweiten Satz gebraucht ist. Der aramäische Text, der ähnlich aufgebaut ist, verzichtet auf das zweite *mn* und gebraucht nur das Relativum: *w-mn 'ḥr kn ybl l-knnh ḥds … w-zy yld šmy mnh …* „Und wer später[9] hingeht, um sie aufs neue aufzustellen …. und der meinen Namen von ihr entfernt …." (Z. 10 f.). Gegenüber diesen Beispielen zeichnet sich der Sprachgebrauch des vorliegenden Textes durch extreme Verkürzung aus, bedingt vielleicht durch den knappen zur Verfügung stehenden Raum.

Das Problem des vorliegenden Textes liegt nicht nur im fehlenden Relativpronomen, sondern auch darin, daß der *rubû arkû* auch Subjekt der

---

[4]   Nicht völlig ausgeschlossen, wenn auch recht unwahrscheinlich, ist ein Schreibfehler mit Auslassung eines Zeichens: *DINGIR-*zu-ku* ist aus der Gegend von Guzana bekannt aus einer Urkunde, die Grayson in: Études Garelli (1991) 357-362, als No. 2 veröffentlicht hat; vgl. auch PNAE 2/1 (2000) 538 s. v. Ilu-zūku (Baker).

[5]   Vgl. zu diesen Namen PNAE 2/I (2000) 515 f. s.v. Il-iada' (Jursa).

[6]   Vgl. PNAE 2/I (2000) 531 s.v. Ilulē'i (Jas), mit neuester Literatur.

[7]   Siehe CAD M₁ 217 f.

[8]   Abou-Assaf / Bordreuil / Millard, La statue de Tell Fekherye (1982).

[9]   Siehe zu *'ḥr kn* Zadok, Tel Aviv 9, 1982, 125.

Verbalform *tadakki* ist[10], er also angeredet wird. In *lā tadakki* liegt dann ein Prohibitiv (GAG § 81h) vor, ein Verbot, das sich nur – unausgesprochen – auf die Vernichtung oder Veränderung der Statue des Kammaki beziehen kann. Dies wiederum hat zur Folge, daß die Zeichenfolge LÚ.ZA.DÍM¹ nur *zadimmu* gelesen werden kann[11]. Das Wort mit der Bedeutung „Steinmetz"[12] ist merkwürdigerweise bisher fast ausschließlich lexikalisch belegt, in jüngeren Texten am häufigsten im Namen der Steinmetz-Göttin ᵈnin.zadim/zá.dím[13].

In der Verfluchung angerufen wird im vorliegenden Text der Gott Enmešarra, der aus sumerischem, babylonischem und assyrischem Kontext bekannt ist[14]. Er gehört zu den Vorfahren Enlils, hat im 1. Jt. v. Chr. in Babylon seinen Sitz im *bīt narkabti* und analog im Ešarra des Aššur/Enlil in Assur; die Sebetti sind seine 7 Söhne. Was er in Guzana zu suchen hat, wo ja nach der Feḥerīye-Inschrift – wie nicht anders zu erwarten – Adad / Hadad als „Herr des Ḫābūr" seinen Sitz hat, bleibt mir unklar. Wahrscheinlich ist es der Bezug zur Unterwelt, der dem Gott ebenfalls eigen ist[15], der ihn hier als Rächer bei Frevel an einem privaten Grabmonument qualifiziert.

4. Datierung

Da über den Schreiber Kammaki und seinen Vater anderweitig keine Nachrichten vorliegen, die es erlaubten, sie historisch einzuordnen, kann das Datum der Entstehung des Sitzbildes nur auf dem Wege der Stilkunde[16] und / oder der paläographischen Analyse des Textes erfolgen. Dabei muß in Rechnung gestellt werden, daß das Stück aus einer Provinzstadt, nicht aus dem Zentrum des Assyrerreiches stammt; es wird folglich nicht von einem besonders ge-

---

[10] Die Lesung des letzten Zeichens ist nicht ganz sicher, da es sich in der Größe etwas vom KI in Z.1 unterscheidet. Da aber eine Form *ta-da-di* sowohl grammatisch als auch lexikalisch ausgeschlossen ist, kann nur *dekû* vorliegen, vgl. zur Form z.B. (zeitgleich, s. u.) *narâ ultu ašri-šu la ta-da-ki* Grayson, RIMA 3 (1996) 241 f.: A.0.105.2 Z.23.

[11] Die Lesung des letzten Zeichens als GIM / DÍM AkkSyll.⁴ Nr. 257; Borger, ABZ (1978) Nr. 440, ist wegen des einzelnen Senkrechten am Ende etwas problematisch; das alternativ mögliche LU ergibt jedoch keinen Sinn.

[12] CAD Z 10; AHw. 1502a.

[13] Vgl. Borger, ABZ (1978) 193.

[14] Siehe schon RlA 2 (1938) 396-397 s. v. Enmešara (Ebeling); RlA 2 (1938) 397-398 s.v. Enmešara am Himmel (Weidner); Deimel, Pantheon (1914) Nr. 982; ferner Borger, ZA 61, 1971, 80; Civil, AfO 25, 1974-77, 66 f.; George, Bab. Topographical Texts (1992) 187:12; 277; 467.

[15] Vgl. *bēl erṣeti rubû ša aralli bēl ašri u māti lā târi* Craig, ABRT II, 13 Rs.1f.

[16] Eine stilistische Untersuchung des Stückes wird H. Kühne später und an einem anderen Ort vorlegen.

übten Schreiber und Steinmetzen geschaffen worden sein. Die Zeichen sind infolgedessen auch nicht besonders schön und regelmäßig, stehen trotz der vorgezogenen Linien oft nicht auf gleicher Ebene. Sie sind allerdings sorgfältiger gestaltet als etwa die Inschriften des Kapara von den Orthostaten und Karyatiden vom Tell Halaf[17]. Von diesen unterscheiden sie sich auch paläographisch grundsätzlich, d.h. die Inschrift auf der Sitzstatue dürfte nicht zeitgleich sein mit der Kapara-Dynastie des 9. Jh. v. Chr. Allerdings stehen zum Vergleich charakteristischer Formen nicht allzuviele Zeichen zur Verfügung. Von den 24 verschiedenen Zeichen der Statuen-Inschrift kehren nur 8 in den Kapara-Inschriften wieder, von denen eigentlich keines zum Vergleich geeignet ist. Die Inschriften sind aber so deutlich verschieden voneinander, daß Zeitgleichheit ausscheidet.

Ein zweiter Vergleich bietet sich an: Der mit der assyrischen Version der Inschriften auf der Statue von Tall Feḥerīye[18]. Zwar gibt es vom Keilschrifttext der Bilingue keine Kopie, doch lassen die publizierten Photos mit hinreichender Sicherheit die Zeichenformen erkennen[19]. Hier ist die Ausbeute wesentlich größer: 19 Zeichen entsprechen sich, lediglich 5 Zeichen (GIM, KAM, LÚ, MAN und ŠÀR) der Kammaki-Inschrift haben keine Entsprechung auf der Statue des Hadad-yitʿi. Aber auch hier sind bei charakteristischen Zeichen (IG, DA, TA, KI, KIB, EGIR) deutliche Unterschiede feststellbar, die eine Gleichzeitigkeit unwahrscheinlich machen[20].

Es gibt allerdings eine Inschrift, die überraschend viele paläographische Übereinstimmungen mit derjenigen der Sitzstatue aufweist: Die Stele des Bēl-Ḥarrān-bēlu-uṣur[21] aus Tall ʿAbṭa. Zwar sind in den 30 Zeilen dieses Monuments nicht alle Zeichen unseres Textes vertreten, es fehlen KAM, NUN, KIB und ŠÀR, aber diejenigen, die vorhanden sind, sind denen des neuen Textes sehr ähnlich (s. Tabelle). Vielleicht können auch noch zwei weitere äußerliche Details angeführt werden: Die Linien als Zeilenbegrenzungen sind ähnlich unregelmäßig gezogen, und auch der Rock des sitzenden Kammaki und sein Armreif

---

[17] Meissner in: Festschrift Oppenheim (1933) 71-79; siehe auch Postgate, AfO 29/30, 1983/84, 55. Ein neues, leicht beschädigtes Relief mit der Darstellung eines Keuleschwingenden Kriegers ist ebenfalls in das Museum von Der ez-Zor gelangt. Es trug zweimal die Inschrift des Kapara. Erhalten ist lediglich: 1. É.GAL-*lim* ⌈[*Ka-pa-ra*] / *mār*(A) ¹[*Ḫa-di-a-n*[*i*] bzw. 2. É.G[AL... / *mār*(A) ¹[.... .

[18] Siehe Anm. 8.

[19] Dank der Freundlichkeit von Dr. Ali Abou-Assaf liegt mir auch ein Photo des Abklatsches der assyrischen Version der Inschrift mit nachgezogenen Keilen vor.

[20] Aufgrund der Kopie bei Meissner in: Festschrift Oppenheim (1933) 78, scheint auch das kleine Steinfragment Nr. 55 vom Tell Halaf wesentlich später entstanden zu sein.

[21] Zuletzt behandelt von Grayson, RIMA 3 (1996) 241 f.: A.0.105.2. Photo und Kopie des Textes bei Unger, Die Stele des Bel-Harran-beli-ussur (1917) Taf. I-II.

haben enge Parallele zu der Darstellung auf der Stele aus Tall ʿAbṭa. Bēl-Ḫarrān-bēlu-uṣur war Palastherold (*nāgir ekalli*)[22] unter Tiglatpileser III., unter dessen Regierung im Jahre 741 auch Eponym[23]. Er ist aber wahrscheinlich schon sehr viel früher, nämlich zwischen 778 und 772, in sein Amt als Palastherold eingesetzt worden[24]. So ergibt sich als Datum für die Sitzstatue des Kammaki ziemlich genau die Mitte des 8. Jh. v. Chr.

	Kammaki	Feḫerīye	Asnp.II	Bēl-Ḫ.
IG				
EGIR				
DA				
LÚ				
KI				
KIB				
ŠÀR				

Tabelle: Zeichenvergleiche

---

[22]   Zu diesem einflußreichen Amte am Hofe der mittel- und neuassyrischen Könige siehe Sassmannshausen, BaM 26, 1995, 169-178.

[23]   Der gleichnamige Eponym des Jahres 727 ist wohl von diesem *nāgir ekalli* zu trennen, da er sonst bei seinem zweiten Eponymat bereits ein Alter von rund 70 Jahren erreicht hätte. Allerdings war er, wenn die Eponymenliste (Millard, SAAS 2, 45) entsprechend zu ergänzen ist, Statthalter von [Gu-z]a-na.

[24]   Siehe zuletzt PNAE 1/II (1999) 301 f. s.v. Bēl-Ḫarrān-bēlu-uṣur (Radner).

5. Historische Einordnung

Da der Schreiber Kammaki verständlicherweise sonst nicht in Texten oder Urkunden erwähnt ist, ist sein historischer Ort schwer zu bestimmen, zumal auch sonst die Quellen zur Geschichte von Guzana / Tall Halaf recht spärlich fließen[25]. Nach wie vor ungewiß ist die Datierung der Kapara-Dynastie[26], die aber wahrscheinlich in den Beginn des 9. Jh. v. Chr. gehört. Sie stand dann in einem uns unbekannten Verhältnis zu Abisalamu von Bīt Baḫiāni, der sich 894 Adad-nērārī II. im Verlaufe von dessen 7. Feldzug unterwerfen mußte. Wahrscheinlich war Kapara, der sich direkt auf den *heros eponymos* der Dynastie Ḫadiānu zurückbezieht, ein ursprünglich nicht erbberechtigter Sproß der Familie. Das sog. „Altärchen" mit der ältesten aramäischen Inschrift Nordsyriens, ist eigentlich ein Statuensockel. Der recht bruchstückhafte einzeilige Text wurde in jüngster Zeit erst zuverlässig gedeutet[27], enthält aber mit dem fragmentarischen *bʿm*[keinen Namen, der sich historisch anschließen ließe. Auch dieser Text gehört aufgrund der Paläographie an den Anfang bis zur Mitte des 9. Jh. v. Chr. Es schließt sich die Feḥerīye-Inschrift an, deren Verfasser Hadad-yitʿi sich auch „König von Guzana" nennt. Falls sein Vater Šamaš-nūrī mit dem gleichnamigen Eponymen des Jahres 866 identisch sein sollte, wäre seine Herrschaft über Guzana und Sikani etwa in die Jahre um 840, d. h. in die Regierungszeit Salmanassars III. (859-824), zu setzen. Allerdings gehörte Guzana schon seit der Zeit Assurnaṣirpals II. zu den Vasallen Assyriens. Es wurde, wahrscheinlich im Gefolge eines Aufstands im Jahre 808, während der Regierung Adad-nērārīs III. dem Statthalter Mannu-kī-Aššur anvertraut, der 793 das Eponymat bekleidete. Als nächster Statthalter ist Bur-Sagale, Eponym des Jahres der Sonnenfinsternis von 763, genannt. Etwa zu dieser Zeit, d.h. während der Regierung Aššur-dans III. (772-754), dürfte nach dem, was oben zur Paläographie des Textes und zur möglichen Abstammung des Kammaki gesagt worden ist, der Verfasser unserer Inschrift gelebt haben. Man fragt sich dann allerdings, was mit der Formel vom „künftigen Fürsten" (*rubû arkû*) gemeint sein kann. War es nur eine tradierte Phrase? Oder gab es auch unter assyrischer Statthalterschaft noch einheimische „Fürsten", die die Vernichtung oder Veränderung von Statuen anordnen konnten?

---

[25] Vgl. etwa Millard, Iraq 45, 1983, 106 f.; Sader, Les états araméens de Syrie (1987) 5-45; Dion, Études Bibliques 34, 1997, 38-48; Lipiński, The Aramaeans (2000) 119-133; Orthmann in: Teichmann / Völger (Hrsg.), Faszination Orient (2001) 204-247; Orthmann, Die aramäisch-assyrische Stadt Guzana (2002) 15-23.

[26] Siehe schon RlA 5 (1976/80) 391 s.v. Kapara (Röllig) und zuletzt Dion, Études Bibliques 34, 1997, 41-44. Lipiński, The Aramaeans (2000) 132, setzt Kapara erst um 830 an.

[27] Dankwarth / Müller, AfO 35, 1988, 73-78; vgl. auch Lipiński, SAIO II (1994) 15-18 und KAI[5] (2002) Nr. 231.

Das impliziert die Frage nach der Verwendung des vorliegenden Sitzbildes und dem Status seines Stifters. Die Darstellung als blockartige Sitzfigur mit Libationsgefäß in der rechten auf die Sessellehne gestützten Hand steht ganz in der Tradition der wesentlich älteren Sitzbilder vom Tell Halaf, die aufgrund ihres Fundzusammenhanges mit Grüften als Objekte eines Totenkultes gedeutet werden[28]. Dieser Kult dürfte auf Personen der regierenden Dynastie beschränkt gewesen sein. War also unser Kammaki, der keinen Titel außer dem eines Schreibers trägt[29], ein Mitglied der einheimischen, von den Assyrern vielleicht noch nicht völlig ausgeschalteten Führungsschicht? Jedenfalls belegt schon das Faktum, daß er sich ein solches Sitzbild mit Inschrift herstellen lassen konnte, daß er zur Elite der Stadt gehörte, die offenbar immer noch den Anspruch „fürstlicher" Stellung aufrecht erhielt.

Literatur- und Abkürzungsverzeichnis

ABL =
R. F. Harper, Assyrian and Babylonian Letters (Chicago 1892-1914).

Abou-Assaf / Bordreuil / Millard, La statue de Tell Fekherye (1982) =
A. Abou-Assaf / P. Bordreuil / A. R. Millard, La statue de Tell Fekherye et son inscription bilingue assyro-araméenne, Études Assyriologiques 7 (Paris 1982).

AHw. =
W. von Soden / B. Meissner, Akkadisches Handwörterbuch – Unter Benutzung des lexikalischen Nachlasses von Bruno Meissner (1868-1947) bearbeitet (Wiesbaden 1965-1981).

AkkSyll.⁴ =
W. v. Soden / W. Röllig, Das Akkadische Syllabar, 4. Auflage durchgesehen und verbessert, Analecta Orientalia 42 (Rom 1991).

Bonatz, Grabdenkmal (2000) =
D. Bonatz, Das syro-hethitische Grabdenkmal – Untersuchungen zur Entstehung einer neuen Bildergattung in der Eisenzeit im nordsyrisch-südostanatolischen Raum (Mainz 2000).

Borger, ZA 61, 1971 =
R. Borger, Das Tempelbau-Ritual K 48+, Zeitschrift für Assyriologie und Vorderasiatische Archäologie 61, 1971, 72-80.

---

[28] Moortgat, Tell Halaf III (1955); Bonatz, Grabdenkmal (2000) 28-30, 49 f. u. ö.
[29] Analog zu anderen Inschriften halte ich es nicht für wahrscheinlich, daß sich dieser Titel (nur) auf den Vater des Kammaki bezieht.

Borger, ABZ (1978) =
R. Borger / F. Ellermeier, Assyrisch-babylonische Zeichenliste, Alter Orient und Altes Testament 33 (Kevelaer / Neukirchen-Vluyn 1978).

CAD =
I. Gelb et al. (Hrsg.), The Assyrian Dictionary of the Oriental Institute of the University of Chicago (Chicago 1958 ff.).

Civil, AfO 25, 1974-77 =
M. Civil, Enlil and Namzitarra, Archiv für Orientforschung 25, 1974-77, 65-71.

Craig, ABRT II =
J. A. Craig, Assyrian and Babylonian Religious Texts Being Prayers, Oracles, Hymns & c. II, Assyriologische Bibliothek 13 (Leipzig 1897).

Dankwarth / Müller, AfO 35, 1988 =
G. Dankwarth / Ch. Müller, Zur altaramäischen „Altar"-Inschrift vom Tell Halaf, Archiv für Orientforschung 35, 1988, 73-78.

Deimel, Pantheon (1914) =
A. Deimel, Pantheon babylonicum – Nomina deorum ex textibus cuneiformibus excerpta et ordine alphabetico distributa (Rom 1914).

Dion, Études Bibliques 34, 1997 =
P. E. Dion, Les Araméens à 1 Age du Fer - Histoire politique et structures sociales, Études Bibliques 34, 1997, 38-48.

GAG =
W. von Soden, Grundriss der akkadischen Grammatik, 3., ergänzte Auflage unter Mitarbeit von W. R. Mayer, Analecta Orientalia 33 (Rom 1995).

George, Bab. Topographical Texts (1992) =
A. R. George, Babylonian Topographical Texts, Orientalia Lovaniensia Analecta 40 (Leuven 1992).

Grayson in: Études Garelli (1991) =
A. K. Grayson, Three Neo-Assyrian Documents, D. Charpin / F. Joannès (Hrsg.), Marchands, diplomates et empereurs – Études sur la civilisation mésopotamienne offertes à Paul Garelli (Paris 1991) 357-362.

Grayson, RIMA 3 (1996) =
A. K. Grayson, Assyrian Rulers of the Early First Millenium BC - II (858-745 BC), The Royal Inscriptions of Mesopotamia, Assyrian Periods Volume 3 (Toronto 1996).

KAI^5 (2002) =
>   H. Donner / W. Röllig, Kanaanäische und aramäische Inschriften Band 1, 5.
>   erweiterte und überarbeitete Auflage (Wiesbaden 2002).

Lackenbacher, Syria 59, 1982 =
>   S. Lackenbacher, Un texte vieux-babylonien sur la finition des textiles, Syria
>   59, 1982, 129-149.

Lipiński, SAIO II (1994) =
>   E. Lipiński, Studies in Aramaic Inscriptions and Onomastics II, Orientalia
>   Lovaniensia Analecta 57 (Leuven 1994).

Lipiński, The Aramaeans (2000) =
>   E. Lipiński, The Aramaeans - Their Ancient History, Culture, Religion,
>   Orientalia Lovaniensia Analecta 100 (Leuven 2000).

Meissner in: Festschrift Oppenheim (1933) =
>   B. Meissner, Die Keilschrifttexte auf den steinernen Orthostaten und Statuen
>   aus dem Tell Halaf, E. Weidner (Hrsg.), Aus fünf Jahrtausenden
>   morgenländischer Kultur - Festschrift Max Freiherrn von Oppenheim zum 70.
>   Geburtstag gewidmet von Freunden und Mitarbeitern, Archiv für
>   Orientforschung, Beiheft 1 (Berlin 1933).

Millard, Iraq 45, 1983 =
>   A. R. Millard, Assyrians and Arameans, Iraq 45, 1983, 101-108.

Millard, SAAS 2 (1994) =
>   A. Millard, The Eponyms of the Assyrian Empire 910-612 BC, State Archives
>   of Assyria Studies II (Helsinki 1994).

Moortgat, Tell Halaf III (1955) =
>   A. Moortgat, Die Bildwerke, Tell Halaf III (Berlin 1955).

Orthmann in: Teichmann / Völger (Hrsg.), Faszination Orient (2001) =
>   W. Orthmann, Die Ausgrabungen am Tell Halaf, G. Teichmann / G. Völger
>   (Hrsg.), Faszination Orient - Max von Oppenheim, Forscher - Sammler -
>   Diplomat (Köln 2001) 204-247.

Orthmann, Die aramäisch-assyrische Stadt Guzana (2002) =
>   W. Orthmann, Die aramäisch-assyrische Stadt Guzana, Schriften der Max
>   Freiherr von Oppenheim-Stiftung Heft 15 (Saarbrücken 2002).

PNAE 1/II (1999) =
>   K. Radner (Hrsg.), The Prosopography of the Neo-Assyrian Empire, 1 Part II:
>   B-G (Helsinki 1999).

PNAE 2/I (2000) =

H. D. Baker (Hrsg.), The Prosopography of the Neo-Assyrian Empire, 2 Part I: H-K (Helsinki 2000).

Postgate, AfO 29/30, 1983/84 =

J. N. Postgate, The Columns of Kapara, Archiv für Orientforschung 29/30, 1983/84, 55.

RlA =

E. Ebeling et al. (Hrsg), Reallexikon der Assyriologie [und Vorderasiatischen Archäologie] (Berlin / Leipzig / New York 1928 ff).

Sader, Les états araméens de Syrie (1987) =

H. S. Sader, Les états araméens de Syrie depuis leur fondation jusqu'à leur transformation en provinces assyriennes, Beiruter Texte und Studien 36 (Beirut 1987).

Sassmannshausen, BaM 26, 1995 =

L. Sassmannshausen, Funktion und Stellung der Herolde (NIGIR / *nāgiru*) im alten Orient, Baghdader Mitteilungen 26, 1995, 85-194.

Unger, Die Stele des Bel-Harran-beli-ussur (1917) =

E. Unger, Die Stele des Bel-Harran-beli-ussur, ein Denkmal der Zeit Salmanassars IV., Publikationen der Kaiserlich Osmanischen Museen (Konstantinopel 1917).

YOS 1 =

A. T. Clay, Miscellaneous Inscriptions in the Yale Babylonian Collection, Yale Oriental Series Babylonian Texts I (New Haven 1915).

Zadok, Tel Aviv 9, 1982 =

R. Zadok, Remarks on the Inscription of HDYS'Y from Tall Fakhariya, Tel Aviv 9, 1982, 117-129.

Vulkaneruptionen und ihr Einfluß auf die Dendrochronologie

Marcel Schoch

Die Menschheit hat während ihrer langen und ereignisreichen Geschichte für schlechtes Wetter und Klimaänderungen so ziemlich alles verantwortlich gemacht, was nur irgendwie in Bezug zu diesem gestellt werden kann. Das Spektrum der Gründe reicht von Wettergottheiten[1] über schwarze Magie[2] bis hin zu Atomexplosionen[3], der industriellen Revolution[4], Vulkanausbrüchen[5]. Sogar die Sonnenflecke[6] wurden und werden hierfür genannt.

Mit Sicherheit läßt sich über die Wirksamkeit der einen oder anderen genannten Ursache auf das Wetter- und Klimageschehen der Erde diskutieren. Es dürfte aber heute kein Zweifel daran bestehen, dass Vulkanausbrüche unter bestimmten Voraussetzungen kurzfristig das Wetter und langfristig das Klima nachhaltig regional und sogar global beeinflussen können[7]. Diese Tatsache macht sich die Dendrochronologie seit langem zu Nutze, um exakte Datierungen für bestimmte Ereignisse in der Geschichte der Menschheit zu erlangen. Gerade die Veränderungen des Abstandes der Baumringe voneinander sind ein hervorragender Indikator für langfristige Klima- oder Umweltveränderungen. Eng zueinanderstehende Baumringe zeigen in der Entwicklung des Baumes ein für das Wachstum widriges Ereignis an. Welche Ursache hinter dieser Wachstumsveränderung steht, zeigt meist ein Vergleich mehrerer dendrochronologischer Baumringserien. Findet sich in den zeitgleichen Baumringserien weltweit an ein und derselben Stelle eine solche Wachstumsdepression, so kann davon ausgegangen werden, dass hinter dieser ein global wirkendes klimatisches Ereignis steht. Meist werden für solche global wirkenden klimatischen Veränderungen

---

[1] Wesp, Klima (1992) 20 ff.

[2] Bellinger, LdM (1996) 286 s.v. Magier.

[3] Sagan, Kosmos (1982) 332 ff.

[4] Quenzel in: Schubert / Quenzel (Hrsg.), Klima (1997) 13 ff.

[5] Hierzu unten.

[6] Impact-Team, Klimaschock (1978) 51 ff.; vgl. Mitton, Astronomie (1989) 140 ff.

[7] Ingersoll, Spektrum der Wissenschaft 11, 1983, 108 ff.; vgl. auch Weischet, Klimatologie (1991) 39.

plinianische Mega-Vulkaneruptionen[8] verantwortlich gemacht[9]. Dass eine solche Annahme jedoch nicht ohne konstruktive Kritik vertreten werden kann, soll in diesem Aufsatz gezeigt werden.

Die Erkenntnis, dass Vulkane Einfluß auf Klima, Wetter und ihre Umwelt nehmen, ist seit langem bekannt. So führte bereits Benjamin Franklin[10] zu Beginn seines Frankreichaufenthalts im Jahr 1783 den von ihm dort erlebten schlechten kühlen Sommer und die damit verbundenen Ernteausfälle in Europa auf die Staubemissionen des Laki-Vulkans auf Island zurück[11], der am 8. Juni 1783 ausgebrochen ist und seine Ausbruchstätigkeit bis Anfang Februar 1784 fortsetzte[12]. Welche genauen Mechanismen und atmosphärischen Vorgänge jedoch hinter Franklins Vermutung stehen, konnte dieser damals noch nicht erklären[13]. Seine Annahme aber, dass die vulkanischen Stäube die Atmosphäre von einem Teil des Sonnenlichts abschirmen und damit die Kälte verursachen, ist, wie unten ausführlich noch diskutiert wird, einer der wesentlichen Gründe für eine zeitlich beschränkte regionale oder globale Temperaturerniedrigung.

Um ein klares Verständnis für die klimatogenen Auswirkungen eines Vulkanausbruchs zu vermitteln, ist es zunächst notwendig, am Beispiel neuzeitlicher Vulkanausbrüche den Einfluß auf anthropogene und biologische Lebens-

---

[8]   Zur Begriffserläuterung vgl. Fußnote 15.

[9]   Mommsen, Archäometrie (1986) 176. 221 ff.

[10]   Franklin (* Boston 17.01.1706 - † Philadelphia 17.04.1790), der amerikanische Staatsmann und Schriftsteller, war von 1776-1785 Gesandter in Frankreich; Brockhaus 6 (1968) 465 s.v. Franklin Benjamin.

[11]   Auf Island selbst waren die mittel- und unmittelbaren Auswirkungen des Ausbruchs verheerend. Die beim Ausbruch freigesetzten Gase enthielten extreme Mengen an Fluor, das weite Teile der isländischen Weiden verseuchte. In einem Massensterben verendete ein großer Teil des isländischen Viehs an Fluorvergiftung; siehe Decker R. / Decker B., Vulkane (1998) 188. Anläßlich des 28. Jahrestages der Churbaierischen Akademie der Wissenschaften am 28.03.1787 hielt Franz Xaver Epp einen Festvortrag zum sogenannten Hehrrauch (hiermit ist ein trockener, diesiger Nebel gemeint), der im Sommer 1783 Bayern und darüber hinaus ganz Europa bedeckte. Epp schloß in seinem Vortrag richtig, dass die Herkunft des Hehrrauchs mit den vulkanischen Aschen des Laki-Ausbruchs erklärt werden kann. Auch die lokalen Unwetter in Bayern und den ungewöhnlich kühlen Sommer des Jahres 1783 sah Epp bereits ursächlich in Zusammenhang mit den Hehrrauch; siehe Epp, Rede über den Hehrrauch (1787) 31.

[12]   Zum genauen Ausbruchsvorgang und seine Wirkung auf Europa siehe Grattan / Charman, Holocene 4 / 1, 1994, 101-106;
vgl. hierzu http://volcano.und.edu/vwdocs/Gases/laki.html (Stand 20.12.1999) und http://volcano.und.nodak.edu/vwdocs/volc_images/europe_west_asia/laki.html   (Stand: 20.12.1999).

[13]   Robinson, Erdgewalten (1994) 94; Decker R. / Decker B., Vulkane (1998) 188.

vorgänge darzulegen, da diese entsprechend gut dokumentiert sind. In einem weiteren Schritt kann dann der bronzezeitliche Hekla III-Ausbruch auf Island aus dem Jahr 1159 v.Chr. diskutiert werden. Dieser ist vor allem für das Verständnis der bronzezeitlichen Geschichte von höchstem Stellenwert.

Die Eruption des Tambora im Jahre 1815 auf der Sanggar-Halbinsel (8°, 3′ Süd, 118°, 0′ Ost), die einen Teil der indonesischen Insel Sumbawa bildet, bietet sich hierfür als erstes Beispiel m.E. besonders an, da diese umfangreich untersucht und dokumentiert wurde[14]

1.1. Die Auswirkungen des Tambora-Vulkanausbruchs

Der vor seiner Eruption über 4000 m hohe Stratovulkan Tambora, kündigte seinen Ausbruch bereits 3 Jahre vor der Haupteruption durch kleine Eruptionen an. Am 10. und 11. April 1815 kam es schließlich zum katastrophalen Ausbruch, der von gewaltigen Explosionen und Ascheregen begleitet war. Noch in einer Entfernung von 1500 km konnte man auf Sumatra und Ternate die Detonationen deutlich hören. Ostjava, 500 km westlich und Südcelebes, das 300 km nördlich von Tambora gelegen ist, wurde von niederfallender Asche erreicht, so dass der Tag   dort zur Nacht wurde. Die ultra-plinianische Eruptionswolke[15] des Tambora stieg hierbei bis in die höheren stratosphärischen Schichten auf ca. 44 km Höhe auf. Kleine, durch Seebeben generierte Tsunamis von ein bis zwei

---

[14]   Decker R. / Decker B., Vulkane (1998) 188;vgl.hierzu:
http://volcano.und.nodak.edu/wdocs/volc_images/southeast_asia/indonesia/tambora.html
(Stand: 20.12.1999).

[15]   Bei Vulkanausbrüchen können große Mengen an feinsten Partikeln anorganischer Materie in große Höhen der Atmosphäre (20-50 km) geschleudert werden. Ein solcher Eruptionstypus wird *plinianische Eruption* genannt (nach Plinius dem Jüngeren, der 79 n.Chr. den Ausbruch des Vesuv beobachtete; ausführlich mit Plinius' Bericht hat sich jüngst Sonnabend, Naturkatastrophen (1999) 9 ff. und 249 f. {Quellen und weiterführende Literatur} auseinander gesetzt). Eine plinianische Eruptionssäule entsteht, wenn der Förderschlot verhältnismäßig eng ist (50 - 100 m). Zudem muss das aufsteigende Magma reich an gelösten Gasen sein, und eine hohe Geschwindigkeit haben. In einer Tiefe von ungefähr einem Kilometer werden die gelösten Gase aufgrund der Druckminderung frei und schäumen das Magma explosionsartig auf und zerfetzen es in glühende Bimsstein- und Asche-Teilchen, die unter dem entstehenden Gasdruck ballistisch aus dem Schlot geblasen werden. Sie bilden den unteren Teil der Eruptionssäule. Beim atmosphärischen Aufstieg reißen die Auswurfprodukte Luft mit sich und erwärmen sie. Ein Konvektionsstrom entsteht, von dem die Auswurfprodukte selbst noch einmal höher in die Atmosphäre getragen werden. Es wird heute vermutet, dass plinianische Eruptionen ein Kennzeichen, für die Bildung von Riesencalderen sind, wie sie uns z.B. beim Santorin-Vulkan oder beim Tambora vorliegen; siehe Francis, Spektrum der Wissenschaft 8, 1983, 91, Bild 7.

Metern Höhe erreichten benachbarte Inseln. Auf dem Meer trieben bis zu 60 cm dicke Bimssteinschichten.

Die niedergegangenen Ascheschichten auf Bali, das immerhin 250 km westlich von Tambora gelegen ist, hatten eine Mächtigkeit von 30 cm. Auf der Insel Lombok (zw. Bali und Sumbawa) und auf Sumbawa selbst wurde infolge des Ascheregens die gesamte Ernte vernichtet. Die Folge waren Hungersnöte und Seuchen. Schätzungen zufolge, wurden durch die Eruption selbst ca. 10.000 Menschen, durch Hunger und Krankheit 60.000 bis 90.000 Menschen getötet[16].

Die Eruption des Tambora bildete eine Caldera aus, die annähernd 6 km im Durchmesser mißt und 1110 m tief ist. Auf dem Grund der Caldera hat sich heute ein See gebildet. Das Auswurfvolumen der Eruption beträgt nach verschiedenen Schätzungen zwischen 30 und 150 km^3. Sicherlich gehört der Tambora-Ausbruch mit einem VEI 7[17] und mit > 50 km^3 gefördertem Magmavolumen[18] damit zu den größten in historischer Zeit[19].

Die Auswirkungen des Tambora-Ausbruchs waren aber nicht nur auf Indonesien beschränkt. Die große Menge an vulkanischen Staub, die in die Stratosphäre verfrachtet wurde, und die in der Atmosphäre aus den Schwefelgasen gebildeten schwefeligen Aerosole[20], führten auch in Europa zu einschneidenden Wetter- und kurzfristigen Klimaveränderungen. In den Jahren 1815-1819 vernichteten Temperaturstürze und Unwetter vor allem in den westlichen und zentralen Gebieten Europas die Ernten. Besonders im Jahr 1816 war der Temperatursturz deutlich zu spüren, weshalb dieses Jahr auch als "Jahr ohne Sommer"

---

[16] Siehe hierzu Decker R. / Decker B., Pompeji (1993) 160, 161, Abb.10, 6; siehe: http://volcano.und.nodak.edu/vwdocs/volc_images/southeast_asia/indonesia/tambora.html (Stand: 20.12.1999).

[17] Der VEI (Volcanic Explosivity Index) gibt die geschätzte Stärke eines Vulkanausbruchs an, siehe Decker R. / Decker B., Pompeji (1993) 168; Decker R. / Decker B., Vulkane (1998) 196 f. (Abb. 14, 7). Zur Klassifizierung des VEI vgl. Tabelle 1 im Anhang.

[18] http://volcano.und.edu/vwdocs/Gases/eruptions.html (Stand: 20.12.1999).

[19] Decker R. / Decker B., Pompeji (1993) 162; Robinson, Erdgewalten (1994) 94. Die dendrochronologische bzw. dendroklimatologische Auswertung der nordirischen Eichen zeigt über die Baumringsequenzen hinweg einen äußerst engen Baumring für das Jahr 1816, der auf die unmittelbaren Folgen des Tambora-Ausbruchs zurückzuführen ist; siehe Baillie, Slice (1995) 13.

[20] Die Eruption des Tambora produzierte 1, 75 x 10^{11} kg an schwefeligen Aerosolen; siehe hierzu: http://volcano.und.edu/vwdocs/ Gases/tambora.html (Stand: 20.12.1999).

in die Geschichte einging[21]. Die Auswirkungen des Tambora-Ausbruchs für das Jahr 1817 beschreibt Post schließlich als die letzte große Daseinskrise der westlichen Welt[22]. Wie in Indonesien waren Hungersnöte und Epidemien die Folge, die zu sozialen Unruhen und Massenauswanderungen führten[23].

Auch wenn die Auswirkungen in Europa unterschiedlich zum Tragen kamen, wurden durch die abnorm niedrigen Temperaturen während der Vegetationsperiode, die hohen Niederschlagsmengen, Stürme, Hagel und Überschwemmungen ein extrem hoher Ernteausfall verursacht, der eine radikale Verknappung der Nahrungsmittel zur Folge hatte. Die Preise stiegen sprunghaft in die Höhe. Hungersnot, Verzweiflung und Panik gipfelten in spontanen Hungerrevolten, die jedoch von der Obrigkeit aufgrund fehlender Organisation der Aufständigen leicht niedergeschlagen wurden. Wiederum infolge dieser Krise gingen Eheschließungen und Geburten zurück[24], gleichzeitig stieg die Mortalität. Epidemien und Hungernöte müssen zwar nicht gleichzeitig auftreten, jedoch wird die Anfälligkeit der Individuen für Krankheiten aufgrund des geschwächten Organismus höher. So war damals die Zahl der Menschen die verhungerten, gering, gegenüber denen, die an Krankheiten, wie Ruhr, Pocken oder Typhus starben[25].

In den betroffenen Gebieten entstanden schließlich Heerscharen von Nichtseßhaften (Bauernfamilien u.a.), die durch Betteln oder Diebstahl versuchten, ihren Lebensunterhalt zu bestreiten[26]. Hierdurch stieg schließlich noch die Kriminalitätsrate an. Neben einem Trend zur politischen Reaktion und Restauration war auch ein starkes Aufleben von Religiosität in Europa zu beobachten[27]. Während die meisten jedoch in Resignation verharrten, versuchten einige dennoch durch Auswanderung aus den betroffenen Gebieten der Krise auszuweichen. Ziel der Migrationen waren Norddeutschland, Polen, Rußland, der Kaukasus und Spanien. Die meisten Emigranten (Frauen und Männer) versuchten aber den amerikanischen Kontinent zu erreichen. Für viele männliche Mittellose wur-

---

[21]   Quenzel in: Schubert / Quenzel (Hrsg.), Klima und Mensch (1997) 16 ff. (beachte 17 Abb. 4); Robinson, Erdgewalten (1994) 94; Decker R. / Decker B., Vulkane (1998) 188.

[22]   Post, Crisis (1977) 1 ff.; vgl. Robinson, Erdgewalten (1994) 94.

[23]   Post, Crisis (1977) 68 ff. 97ff.; Falkenstein in: Becker et al. (Hrsg.), Festschrift Hänsel (1997) 549.

[24]   Post, Crisis (1977) 68 ff. 108 ff.; zwischen Klima und der menschlichen Reproduktion besteht ein direktes Verhältnis, vgl. hierzu Roenneberg in: Schubert / Quenzel (Hrsg.), Klima (1997) 177 ff.

[25]   Post, Crisis (1977) 122 ff.

[26]   Post, Crisis (1977) 86 ff.

[27]   Post, Crisis (1977) 95 ff.

de die Schiffspassage erst möglich, indem sie als Soldaten vorher das Geld hierfür verdienen konnten[28].

Die Auswirkungen des Tambora-Ausbruchs waren im Jahr 1816 am stärksten und schwächten sich in den Folgejahren allmählich ab. Zudem waren sie in Europa nicht überall gleich. Am härtesten betroffen waren Irland, Schottland, England, Wales, die südliche Hälfte der Vereinigten Niederlande, der nördliche und östliche Teil von Frankreich, die Schweiz, weite Teile Deutschlands, das gesamte Gebiet des Habsburger Reiches, Österreich, Ungarn, Slawonien, Kroatien und Transsylvanien. Auch die Balkanhalbinsel, Italien und weite Teile Kleinasiens wurden schwer in Mitleidenschaft gezogen. Dort herrschte gleichzeitig auch die Beulenpest. In den angrenzenden europäischen Ländern waren die Auswirkungen weniger schwer. So konnten im östlichen Westfalen, Niedersachsen, Holstein, Brandenburg, Mecklenburg, ganz Polen, sowie im Tiefland von Böhmen und Mähren kaum verminderte Ernten, in Skandinavien, dem Baltikum und Russland unverminderte Ernten eingefahren werden. Auch in Südfrankreich, Portugal und Katalonien waren die Ernteausfälle eher gering, im restlichen Teil der Iberischen Halbinsel und auf Sizilien schienen die Ernten normal gewesen zu sein[29].

An dieser Stelle müssen wir fragen, wie Vulkanausbrüche, ähnlich dem Tambora-Ausbruch, das lokale Wetter kurzfristig bzw. das globale Klima langfristig beeinflussen können[30].

1.2. El Chichón

Die Vermutung, das die von Vulkanen ausgeworfenen Gesteinsstäube zeitlich beschränkte regionale Wirkung auf das lokale Wettergeschehen haben können, wird auch für den am 28. März 1982 im südlichen Mexiko (17°, 4′

---

[28] Post, Crisis (1977) 97 ff.; vgl. Falkenstein in: Becker et al. (Hrsg.), Festschrift Hänsel (1997) 549; zum Einfluß des Klimas auf die Ökonomie vgl. Zimmermann in: Schubert / Quenzel (Hrsg.), Klima (1997) 209 ff.

[29] Falkenstein in: Becker et al. (Hrsg.), Festschrift Hänsel (1997) 549; Post, Crisis (1977) 14 ff. 68 ff. 86 ff. 95 ff. 108 ff.; Baillie, Slice (1995) 91. 105, Abb.6. 8.; 106; Bullard, Volcanoes ([2]1984) 512; zum Einfluß des Klimas auf die Vegetation vgl. Quenzel in: Schubert / Quenzel (Hrsg.), Klima (1997) 25 ff.

[30] Die Begriffe Klima und Wetter werden bisweilen synonym gebraucht. Das Wetter ist der momentane Zustand der Atmosphäre. Das Klima ist die Summe aller meteorologischen Erscheinungen, die durchschnittlicher oder extremer Art sein können und die Atmosphäre an irgendeinen Ort der Erdoberfläche über längere Zeiträume hinweg charakterisieren; vgl. Decker R. / Decker B., Pompeji (1993) 187; Sauberer, Wetter (1948) 8 f.

Nord, 93°, 2′ West) ausgebrochenen Vulkan El Chichón diskutiert[31]. Unmittelbar nach der initialen plinianischen Eruption stiegen hierbei, gefolgt von zwei weiteren heftigen plinianischen Eruptionen, große Asche- und Gaswolken in die Stratosphäre bis in ca. 26 Kilometer Höhe[32] auf. Die Eruptionswolke wurde durch Winde in Richtung Westen verdriftet. Sie erreichte die Philippinen nach 10 Tagen und benötigte schließlich nur 20 Tage um wieder in Mexiko anzugelangen, nachdem sie den Globus einmal umrundet hatte[33]. Die vom Satelliten *Solar Mesosphere Explorer* im Abstand von etwa einem Monat nach dem Ausbruch aufgenommenen Infrarot-Fotos zeigen deutlich, dass die Staubwolke schließlich im Juni ihre höchste Dichte erreichte[34]. Das Volumen der El Chichón-Eruption von 1 km^3 hatte im Vergleich mit dem des Mount St. Helens-Ausbruch in den USA im Mai 1980 in etwa die gleiche Größenordnung, jedoch war nach Messungen des auf Hawaii im Mauna Loa Observatory sich befindenden LIDAR-Systems der Dunst in der Atmosphäre hundertvierzigmal dichter als nach dem Ausbruch des Mount St. Helens[35]. Dieser Wert entspricht nach Wesp einer Verminderung der Sonneneinstrahlung bzw. Transmission der UV-Strahlung um ca. 20% und kann mit einer 5%igen Temperatursenkung der boden-

---

[31] Decker R. / Decker B., Vulkane (1998) 197.

[32] http://volcano.und.edu/vwdocs/Gases/eruptions.html (Stand 20.12.1999). Der Vulkan El Chichón gehört eher zu den kleinen Vulkanen. Der Vulkan hat heute eine Höhe von 1060 m. Die bei der Eruption 1982 gebildete Caldera mißt etwas über einen Kilometer im Durchmesser. Die Caldera ist heute teilweise mit einem See aufgefüllt, der von Grundwasser gespeist wird; siehe hierzu: http://volcano.und.nodak.edu/vwdocs/ volc_images/north_america/mexico/elch2.html (Stand: 20.12.1999).

[33] http://volcano.und.edu/vwdocs/Gases/chichon.html (Stand: 20.12.1999).

[34] Ingersoll, Spektrum der Wissenschaft 11, 1983, 108, Abb.1; Decker R. / Decker B., Vulkane (1998) 195.

[35] Decker R. / Decker B., Vulkane (1998) 195; vgl. hierzu http://volcano.und.edu/ vwdocs/Gases/chichon.html (Stand: 20.12. 1999). Die Funktionsweise des LIDAR (Light Detection And Ranging) ist analog dem des RADAR (Radio Detecting And Ranging). Anstatt einer Radiostrahlung werden jedoch pulsierende Lichtwellen als Signalträger verwendet. Die pulsierenden Lichtwellen werden von einem Laser, der in einem bestimmten Winkel in den Himmel gerichtet ist, ausgesendet, um dort von den Aerosoltröpfchen und Ascheteilchen in alle Richtungen reflektiert zu werden. Die reflektierten Licht-"Echos" werden zwischen den sehr kurzen Lichtimpulsen von einem empfindlichen Lichtempfänger registriert und aus ihrer Intensität und der Verzögerungszeit des reflektierten Lichts Höhe und Durchlässigkeit der stratosphärischen Dunstschichten ermittelt. Die von LIDAR verwendeten Licht-Wellenlängen können je nach eingesetzten Laser, abgestimmt auf den Untersuchungszweck, von Ultraviolett (0, 3 - 0, 45 μm) über sichtbares Licht (0, 45 μm - 0, 70 μm) bis hin zum Infrarot (1 - 15 μm) reichen; Decker R. / Decker B., Vulkane (1998) 195 f. 196 Abb.14, 7; Decker R. / Decker B., Pompeji (1993) 197; vgl. hierzu auch http://wwwghcc.msfc.nasa.gov/lidar.html (Stand: 20.12. 1999).

nahen Atmosphäre (Troposphäre) gleichgesetzt werden[36]. Bemerkenswert ist hier der Umstand, dass sich die in die Troposphäre und in die unteren Schichten der Stratosphäre eingebrachte vulkanische Staubwolke des El Chichón, nachdem sie aus der Äquatorregion etwas nach Süden abgedriftet war, wo sie sich schließlich auflöste, offensichtlich durch die atmosphärische Zirkulation daran gehindert worden ist, sich nach Norden über den 30. Breitengrad auszudehnen[37]. Während der gesamten mehrmonatigen Verweilzeit der Gesteinsstaubwolke in der Atmosphäre bewirkte diese verschiedene regionale Wetter-Effekte[38]. Nach Abzug der Staubwolke stellten sich annähernd normale Wetterbedingungen verhältnismäßig rasch wieder ein[39].

Solche kurzfristigen Wetter-Vorgänge können eng in Zusammenhang mit den vulkanischen Staubemissionen stehen. Die unmittelbar nach der Eruption bei ihrem Aufstieg in die höheren Schichten der Troposphäre bereits abgekühlten Stäube können die Lufttemperatur (Abschirmeffekt) extrem absenken, da sie die wärmenden Strahlen der Sonne blockieren. Der schnelle Aufstieg der Staubwolken bewirkt zudem gewaltige ziellose Winde. Die Feuchtigkeit, die in diesem Staub, den vulkanischen Gasen und der umgebenden Luft enthalten ist, führt zu einer erhöhten Kondensation von Wasser an den Staubpartikeln, die jetzt als Kondensationskerne fungieren. Es kommt schließlich zur konzentrierten Wasser-Übersättigung der Atmosphäre. Wolkenbruchartige Niederschläge sind die Folge. Dieser Effekt ist nicht nur auf die unmittelbare Umgebung des Vulkans beschränkt, sondern kann auch, je nachdem wo die Winde die Aschen lokal in der Atmosphäre akkumulieren, Hunderte von Kilometern entfernt vom Eruptionszentrum auftreten[40].

---

[36]   Wesp, Klima (1992) 257.

[37]   Ingersoll, Spektrum der Wissenschaft 11, 1983, 108 Abb.1.

[38]   Decker R. / Decker B., Vulkane (1998) 197; Decker R. / Decker B., Pompeji (1993) 195 f.

[39]   Wesp, Klima (1992) 257.

[40]   Decker R. / Decker B., Pompeji (1993) 186 ff.; vgl. hierzu Davis in: Hardy / Renfrew (Hrsg.), Thera and the Aegean World III/3 (1990) 234. In den Jahren 1947 und 1951 entdeckten französische Archäologen am dritten Pylon des Tempels von Karnak bei Theben in Ägypten Fragmente einer Stele, die zusammen mit später gefundenen und hinzugefügten Bruchstücken neben dem Königstitel des Pharao Amosis I (1550 - 1525 v. Chr.) und der Rezitation religiöser Zeremonien die Beschreibung eines verherrenden Sturms wiedergibt. Diese Inschrift ist in der Ägyptologie als die sog. Sturmstele des Amosis I. bekannt. Aus den Textzeilen der eigentlichen Sturmbeschreibung, die jedoch stark beschädigt sind, läßt sich entnehmen, dass aus Westen kommend ein schweres Unwetter aufzog, das von Blitzen (und Donner) begleitet war. Ferner wird von wolkenbruchartigen Niederschlägen berichtet, die weitläufige Überschwemmungen verursachten. Dabei wurden zahlreiche Gebäude zerstört und Menschen getötet. Die Ägyptologin Davis vermutet, dass die schweren Unwetter, die sie bei und in Theben vermutet, lokale

Ähnlich, aber in seiner Wirkung längerfristig und globaler, liegt der Fall bei den durch einen Vulkanausbruch über die Gesteinsstäube und Gas in die Stratosphäre eingebrachten Schwefel. Sinken Gesteinsstäube aufgrund ihrer Größe bzw. ihres Gewichts verhältnismäßig schnell von der Stratosphäre in die Troposphäre ab, wo sie von den Reinigungsprozessen der unteren Atmosphäre erfaßt und somit aus der Luft ausgewaschen werden (u.a. Regen)[41], so reagiert der Schwefel zunächst zu Schwefeldioxid. In der Stratosphäre verbindet sich das Schwefeldioxid mit Wasserdampf und Sauerstoff zu einem feinen Nebel aus Schwefelsäuretröpfchen, die als sog. Aerosole[42] in der Stratosphäre aufgrund ihres chemisch äußerst stabilen Aufbaus und wegen ihrer Kleinheit dort < 1 - 3 Jahre verweilen können[43]. Die klimatogene Wirkung der Aerosole beruht auf dem Umstand, dass sie, ähnlich wie die Stäube, verstärkt das Sonnenlicht abschirmen und die UV-Transmission der Stratosphäre verändern. Es darf heute als sicher vorausgesetzt werden, dass die stratosphärischen Aerosole eine Erwärmung der Stratosphäre und zeitlich befristeten Abkühlung der Troposphäre verursachen können[44]. Die in der Stratosphäre gebildete Menge schwefelhaltiger Aerosole hängt direkt von der durch einen Vulkanausbruch produzierten und in die höheren Schichten der Atmosphäre injizierten Menge Schwefel ab. Obwohl der Ausbruch des El Chichón einen VEI von 5 hatte, war weniger die Stärke des Ausbruchs für seine klimatogene Wirkung verantwortlich, als vielmehr der ungewöhnlich hohe Schwefelgehalt der Eruption[45]. Nach Booth bewirkten die

---

Unwettererscheinungen des Santorin-Ausbruchs waren; siehe Davis in: Hardy / Renfrew (Hrsg.), Thera and the Aegean World III/3 (1990) 232 ff.; zur Datierung Amosis I. siehe Beckerath, Chronologie (1997) 119 ff.; zur konventionellen und naturwissenschaftlichen Datierung des Santorin-Ausbruchs siehe Schoch, Chronologie (1995), 166 ff.

[41] Die maximale Verweildauer der Stäube in der Troposphäre schwankt zwischen wenigen Wochen und mehreren Monaten, da in der Troposphäre sich das gesamte Wettergeschehen abspielt; siehe hierzu Weischet, Klimatologie (1991) 37 ff.

[42] Der Begriff Aerosol kann sowohl flüssige wie auch feste atmosphärische Schwebstoffe bezeichnen. Zum leichteren Verständnis werden in diesem Aufsatz die flüssigen Schwebstoffe als Aerosol und die festen Schwebstoffe als Stäube bezeichnet.

[43] Post, Crisis (1977) 3; Ingersoll, Spektrum der Wissenschaft 11, 1983, 120; zur Verweildauer der Aerosole in der Stratosphäre siehe Pyle in: Hardy / Renfrew (Hrsg.), Thera and the Aegean World III/3 (1990) 168. Nach Kelly und Sear dauerte im Fall des El Chichón der vollständige Transformationsprozeß des Schwefelgases in Aerosole, gerechnet vom Zeitpunkt der ersten Eruption, 2 - 5 Monate; siehe Kelly / Sear, Nature 311, 1984, 742.

[44] Ingersoll, Spektrum der Wissenschaft 11, 1983, 119; Olsson in: Åström (Hrsg.), High, Middle or Low II (1987) 22; Schönwiese in: Schubert / Quenzel (Hrsg.), Klima (1997) 48 ff.; Post Crisis (1977) 3; Kelly / Sear, Nature 311, 1984, 740 ff.

[45] Der gesamte Ausbruch und die dabei produzierten Aerosole wurden vom TOMS (Total Ozone Mass Spectrometer)-Satelliten beobachtet. Nach den Satelliten-Daten wurden ungefähr 2,7 Millionen Tonnen Schwefeldioxid bei der Eruption in die Atmosphäre

beim El Chichón-Ausbruch gebildeten Aerosole eine globale Durchschnitts-Temperaturabsenkung um einige Zehntel Grad gemessen für einen Zeitraum von zwei bis drei Jahren[46]. Dieses Ergebnis wird indirekt auch durch die Messungen des LIDAR-Systems bestätigt. Ein Jahr nach der Eruption wirkte sich der vulkanische Dunstschleier maximal über Europa aus und erst 1985 zeigten die Messungen mit dem LIDAR wieder normale Werte, wie vor dem Ausbruch[47]. Für die klimatogene Wirksamkeit spielt aber auch die Größe der gebildeten Aerosole eine wesentliche Rolle. Bei einem hohen VEI tendieren die aerosolbildenden Verbindungen dazu, größere Partikel und nicht eine größere Anzahl gleich großer Aerosolpartikel zu bilden. Größere Aerosolpartikel haben zudem eine geringere optische Reflexionsrate im Verhältnis von Masse zur Oberfläche als kleinere Partikel. Die Stratosphäre wird daher durch die quantitativ wenigeren, aber größeren Aerosolpartikel nicht in dem Maß erwärmt, wie es bei den quantitativ mehreren aber kleineren der Fall ist. Zudem fallen die größeren Aerosolpartikel, wie am Beispiel des Mount St Helens-Ausbruch deutlich wurde, aufgrund ihrer höheren Gewichtsmasse schneller, d.h. hier nach 5 - 8 Monaten, aus der Stratosphäre aus und werden in der Troposphäre durch die natürlichen Reinigungsprozesse aus dieser ausgewaschen[48]. Für eine globale Wirkung der bei einem Vulkanausbruch gebildeten Aerosole spielt auch der Breitengrad auf dem der erumpierende Vulkan seine Eruptionswolke in die Atmosphäre bzw. Stratosphäre injiziert eine entscheidende Rolle für die Verweil- und Verteilzeit der Aerosole, da die Grenzschicht zwischen Tropo- und Stratosphäre, die Tropopause, sich mit zunehmender Breitengradhöhe vom Äquator von 16 - 17 km

---

verfrachtet; siehe Baillie, Slice (1995) 121. Der hohe Schwefelgehalt der Eruption im Vergleich zum Ausbruch des Mount St. Helens im Mai 1980 (US-Bundesstaat Washington), der etwa die gleiche Menge an vulkanischen Material gefördert hatte, könnte mit dem unter dem El Chichón liegenden Sedimentgestein in Zusammenhang stehen, das besonders reich an Sulfatablagerungen ist, die durch die Evaporation eines alten Meeres entstanden sind; siehe Decker R. / Decker B., Pompeji (1993) 195; Decker R. / Decker B., Vulkane (1998) 195; Ingersoll, Spektrum der Wissenschaft 11, 1983, 120. Für den El Chichón-Ausbruch wird auch ein VEI von 4 vertreten; siehe hierzu die im Internet veröffentlichten Daten unter:
http://volcano.und.edu/ vwdocs/Gases/eruptions.html (Stand: 20.12.1999).

[46] Booth, Episodes 14 / 4, 1991, 361; Booth, Episodes 14 / 4, 1991, 363; vgl. hierzu http://volcano.und.edu/vwdocs/Gases/ chichon.html (Stand: 20.12.1999). Der Eruption des El Chichón folgte in den Jahren 1982 und 1983 ein ausgeprägter El Niño-Effekt im äquatorialen Pazifik. Es wird daher diskutiert, ob der mehrjährige klimatische Einfluß eines Vulkanausbruchs und die damit verbundene Störung der Passatwinde auch im Zusammenhang mit dem El Niño-Effekt stehen kann; vgl. hierzu Wesp, Klima (1992) 128 ff.; Palais / Sigurdsson in: Berger et al. (Hrsg.), Climate Change (1989) 45 f.; http://volcano.und.nodak.edu/vwdocs/Gases/nino.html (Stand: 26.01.00).

[47] Decker R. / Decker B., Vulkane (1998) 195.

[48] http://volcano.und.edu/vwdocs/Gases/climate.html (Stand: 20.12.1999).

Höhe, über die Mittelbreiten auf 12 - 13 km und am Pol auf ungefähr 8 - 9 km absenkt[49]. Vulkane, die in hohen Breiten ausbrechen, können daher vergleichsweise leichter aerosolbildende Verbindungen in die Stratosphäre einbringen, als die äquatornahen[50]. Die sich hierbei nach einem Vulkanausbruch gebildeten Aerosol-Reservoire werden während ihrer Verweilzeit in der Stratosphäre je nach Höhe des Breitengrades durch die zonalen Höhenwinde und Windsysteme zunächst weitflächig hemisphärisch verteilt, um nach einer gewissen Verzögerungszeit auch auf der jeweils gegenüberliegenden Hemisphäre, meist jedoch abgeschwächt, klimatogen wirksam zu werden[51]. Wie man heute weiß, können auch äquatornahe Vulkanausbrüche, wie z.B. der El Chichón-Ausbruch global auf das Klima wirken. Obwohl sich die Aerosol-Wolke des El Chichón bereits zwei Monate nach dem Ausbruch homogen zirkumglobal longitudinal ausgedehnt hatte, war sie latitudinal begrenzt. Dass ein äquatornaher Vulkanausbruch, wie im Fall des El Chichón, dennoch global wirksam werden kann, hängt mit dem sog. *net effect* zusammen[52]. Um den *net effect* anschaulich erläutern zu können, müssen wir an dieser Stelle die himmelsmechanischen Grundlagen, auf denen die Jahreszeiten und die Beleuchtungsklimazonen der Erde basieren, näher betrachten. Sowohl die Jahreszeiten als auch die strahlungsklimatische Großgliederung der Erde in Tropen, Mittelbreiten und Polarkalotten können auf drei voneinander abhängige himmelsmechanische Ursachen zurückgeführt werden:

1. auf den Umlauf der Erde um die Sonne, die sog. Erdrevolution,
2. auf die sog. Schiefe der Ekliptik, und
3. auf die periodischen Schwankungen der Schiefe der Ekliptik[53].

Für den *net effect* und sein Einfluß auf das Klimageschehen der Erde ist die Schiefe der Ekliptik von Bedeutung. Unter der Schiefe der Ekliptik versteht man die Tatsache, dass die Erdachse nicht senkrecht auf der Ekliptik (d.h. auf der Umlaufbahn der Erde um die Sonne) steht, sondern mit deren Flächennormalen einen Winkel von 23 ½° bildet. Aufgrund der Erdrotation ist die Erdachse in ihrer Richtung im Raum fixiert. Die Erdrevolution vollzieht sich daher so, dass die Erdachse an jedem Punkt ihrer Umlaufbahn immer mit der Flächennormalen diesen Winkel beibehält und zu sich selbst parallel bleibt. Im Verlauf eines Jahres fällt daher die Sonneneinstrahlung an jedem Punkt zwischen dem 23 ½-Breitengrad Nord bzw. Süd (Wendekreise) zweimal senkrecht auf die

---

[49] Weischet, Klimatologie (1991) 41.
[50] http://volcano.und.edu/vwdocs/Gases/climate.html (Stand: 20.12.1999).
[51] Kelly / Sear, Nature 311, 1984, 740 ff.; Weischet, Klimatologie, S.39; vgl. hierzu Post, Crisis (1977) 1 ff.; vgl. hierzu Sear et al., Nature 330, 1987, 365 ff.
[52] Kelly / Sear, Nature 311, 1984, 742.
[53] Weischet, Klimatologie (1991) 24 ff.

Erdoberfläche[54]. Da die zugestrahlte Energiemenge der Sonne pro Flächen- und Zeiteinheit definiert für einen senkrechten Strahlungseinfall als konstant betrachtet werden darf (sog. Solarkonstante), variiert die Strahlungsintensität lediglich mit dem Einfallswinkel der Strahlung, die auf eine Fläche trifft. In einfachen Worten ausgedrückt, bedeutet dies, je spitzer der Einfallswinkel ist, desto weniger Strahlungsenergie kann sich auf die für die senkrechte Einstrahlung definierte Fläche konzentrieren[55]. Von besonderer Bedeutung für die auf die Oberfläche der Erde auftreffende Strahlungsenergie ist natürlich auch die Atmosphäre und ihre Zusammensetzung. Da die einfallende Sonnenstrahlung ein Bündel elektromagnetischer Wellen unterschiedlicher Wellenlänge ist, werden aufgrund der unterschiedlichen chemischen Zusammensetzung der verschiedenen Schichten der Atmosphäre diese unterschiedlich reflektiert bzw. absorbiert. Für unsere Betrachtung wichtig ist in diesem Zusammenhang die sog. diffuse Reflexion bzw. die selektive Absorption. Hierunter versteht man einerseits die allseitige Streuung der Strahlung in der Atmosphäre, die durch die Luftmoleküle, die Wassertröpfchen (Wolken-, Nebel-, Dunsttröpfchen u.a.), die Eiskristalle in den hohen Wolkenschichten und durch die Aerosole verursacht wird[56] und andererseits die Absorption von Strahlungsenergie, die von absorbierenden Körpern aufgenommen und dabei in Wärmeenergie übergeführt wird[57]. Die Schwächung der einfallenden Sonnenstrahlung in der Atmosphäre durch die diffuse Reflexion und selektive Absorption wird zusammengenommen als Extinktion bezeichnet. Die Extinktion hängt im wesentlichen von der Masse, d.h. Wegstrecke der durchstrahlten Atmosphäre und von deren spezifischen Zusammensetzung ab. Geht man von einer theoretisch homogenen Atmosphäre aus, dann steht die regionale Differenzierung der Extinktion in direkter Abhängigkeit von der Länge des Weges, den die Sonnenstrahlen von der Obergrenze bis zum Grunde der Atmosphäre zurücklegen müssen. Diese Weglänge differiert für jeden Punkt auf der Erde im Verlauf eines Jahres im Rahmen der durch die Schiefe der Ekliptik vorgegebenen Grenzen. Die hohen Mittelbreiten und Polargebiete sind daher von der diffusen Reflexion und selektiven Absorption am stärksten betroffen, da in diesen Gebieten die Sonne im Verlauf eines ganzen Jahres stets sehr tief über dem Horizont steht[58]. Werden nun in dieses System Störfaktoren eingebracht, wie die übermäßige Injektion von vulkanisch verursachten Aerosolen, verändert sich auch die diffuse Reflexion und selektive Absorption der Atmosphäre. Der hierdurch verursachte *net effect*, d.h. die übermäßige Versetzung der Atmosphäre mit Aerosolen, nimmt daher auch mit zu-

---

[54] Weischet, Klimatologie (1991) 25 ff.
[55] Weischet, Klimatologie (1991) 33 ff.
[56] Weischet, Klimatologie (1991) 62 f.
[57] Weischet, Klimatologie (1991) 63 ff.
[58] Weischet, Klimatologie (1991) 68 ff.

nehmender Höhe der Breitengrade immer stärker zu[59]. Aufgrund des gestörten Gleichgewichts der Atmosphäre kann es zu verschiedenen Wetter- und Klimaeffekten in den unterschiedlichen Regionen der Erde kommen. Diese konnten bisher nur empirisch erfaßt werden. Es wird aber vermutet, dass die übermäßige Erwärmung der tropischen Stratosphäre durch vulkanische Aerosole zu einer übermäßigen Zunahme der zonalen Winde führt. Diese zonalen Winde können zur Erwärmung unterschiedlicher Gebiete führen, während andere, bedingt durch die stratosphärische Blockierung der Sonnenstrahlen durch die Aerosole, abgekühlt werden[60].

Aus dem oben Gesagten läßt sich zusammenfassen, dass eine Reihe von Faktoren die klimatische Signifikanz eines Vulkanausbruchs definieren. Die Kraft (VEI) und der Ort (Höhe der Breite) der Eruption bedingt die Höhe der Injektion in die Atmosphäre und hiervon abhängig in welches regional vorherrschende Windsystem die Eruptionswolken eingebracht werden. Die Zusammensetzung der Schmelze bestimmt den Schwefelanteil, der klimatogen wirksam werden kann und letzendlich können auch die Gesteinsstäube eines Vulkanausbruchs regional, jedoch nur relativ kurzfristig, auf das Wettergeschehen Einfluß nehmen[61]. All diese Faktoren zusammengenommen, bedingen letztendlich die Größe des Einflusses, den eine Vulkan-Eruption auf die Umweltbedingungen und damit auf das Werden und Vergehen der Menschen nehmen kann.

Die Ausbrüche des El Chichón- oder auch Tambora sind keine Einzelfälle in der Geschichte der Menschheit. Vielmehr stehen beide Ausbrüche nur am relativen Ende einer Reihe von Vulkaneruptionen in der Vergangenheit, die ähnliche Wirkungen auf die Umwelt im Holozän hatten[62]. Eine dieser Vulkan-Eruptionen - den Hekla 3-Ausbruch auf Island um 1159 v.Chr. - wollen wir im Folgenden noch näher beleuchten, da dieser für die Chronologie, die Rekonstruktion des Paläoklimas und für die historischen Ereignisse der späten Bronzezeit m.E. von höchster Bedeutung ist.

---

[59]   Post, Crisis (1977) 3 f.

[60]   siehe hierzu im Internet unter http://volcano.und.edu/vwdocs/Gases/climate.html (Stand: 20.12.1999); vgl. hierzu Kelly / Sear, Nature 311, 1984, 742.

[61]   Kelly / Sear, Nature 311, 1984, 740 ff.; vgl. Quenzel in: Schubert / Quenzel (Hrsg.), Klima (1997) 20, der die regionale Wirkung von anthropogen erzeugten Aerosolen anspricht. Die besonderen Einflüsse der vulkanischen Säuren auf die Flora oder die Verstärkung lokaler meteorologischer und mikroklimatischer Bedingungen wird später an gegebener Stelle diskutiert

[62]   Siehe Zielinski et al., Science 264, 1994, 948-952.

2. Topographie und Geologie der Hekla

Der bekannteste Vulkan Islands dürfte die 1491 m hohe Hekla sein. Die Hekla (63°, 98′ Nord, 19°, 70′ West) liegt im Südwesten von Island, ca. 110 km nordöstlich von Reykjavik und ca. 55 km im Inland von der südlichen Küstenlinie entfernt. Sie ist einer der tätigsten Vulkane des Landes[63].Vom Südwesten aus betrachtet, gleicht die Hekla einem typischen Stratovulkan, verändert man aber seinen Betrachterstandpunkt nach Nordwesten, so erscheint sie langgezogen "wie ein umgekipptes Schiff im Profil"[64]. Das Vulkanmassiv der Hekla entstand erst in den letzten 7000 Jahren entlang einer SW-NO streichenden vulkanischen Spalte, die Heklugjà genannt wird. Sie hat heute eine Länge von ca. 7 km[65]. Die Hekla steht demnach von ihrer Morphologie her als Übergangsform zwischen einem Spalten-[66] und einen Stratovulkan und zeigt heute daher dem Betrachter, je nach Standpunkt, eine unterschiedliche Silhouette[67].

Seit dem Beginn des Holozäns kann die Eruptionstätigkeit der Hekla in fünf große Zyklen gegliedert werden. Diesen fünf Zyklen ist gemeinsam, dass sie jeweils mit einem heftigen Explosionsausbruch begonnen haben. Von Krafft werden die fünf Zyklen wie folgt chronologisch unterteilt:

---

[63]   Seit der Besiedlung Islands ist die Hekla 20 mal ausgebrochen; Decker R. / Decker B., Vulkane (1998) 235. Eine Auflistung der wichtigsten historischen Ausbrüche gibt Krafft, Führer I (1984) 70 ff.. Die durchschnittliche Ruhezeit zwischen den Hauptausbrüchen der Hekla beträgt etwa 50 Jahre. Es wird daher angenommen, dass die Ansammlung von Magma für die nächste Eruption sich während der Ruhezeit fortsetzt; Decker R. / Decker B., Pompeji (1993) 172.

[64]   Krafft, Führer I (1984) 67.

[65]   Das gesamte Hekla-Vulkansystem hat eine Länge von 40 km und eine Breite von 7 km; siehe hierzu:
http://volcano.und.nodak.edu/vwdocs/volc_images/europe_west_asia/more_hekla.html (Stand: 20.12. 1999).

[66]   Nützliche und einführende Informationen über die Hekla mit Bibliographien finden sich auch im Internet unter
http://www.iceland.de/hekla.html;http://www.geo.ed.ac.uk/tephraexe/ice_geol?TEPHRA=194 und http://norvol.hi.is/ hekla.html (Stand: 16.11.1999). Der uns hier interessierende spätbronzezeitliche Hekla 3-Ausbruch dürfte mit der Valagjá-Spalte in Zusammenhang stehen, siehe Krafft, Führer I (1984) 67 f.; Brockhaus 8 (1969) 345 f. s.v. Hekla.

[67]   Das Hekla-Vulkansystem wird in der Literatur (u.a. Krafft, Führer I [1984] 66) überwiegend als Stratovulkan bezeichnet, jedoch könnte die Hekla auch vom Vulkantypus her den hawaiischen Schildvulkanen nahestehen; siehe hierzu: http://volcanound.nodak.edu/vwdocs/volc_images/europe_west_asia/more_hekla.html (Stand: 20.12.1999).

H5 (Hekla 5): vor 6600 a
H4: vor 4000 a
H3: vor 2800 a
H2: vor 2000 - 1500 a
H1: 1104 n.Chr.[68]

Zwei Arten von Ausbrüchen sind für die Hekla heute bekannt:
Die erste Ausbruchsart der Hekla, die von initialen Erdbeben eingeleitet ist, wird durch Tephra-Auswurf und Lavaergüsse charakterisiert. In der ersten Ausbruchsphase, die für gewöhnlich als plinianische Eruption unter heftigen Explosionen abläuft, werden während mehrerer Stunden 60 - 90 % der gesamten Pyroklastika, die aus saurer Tephra bestehen, gefördert. Bereits vor dem Ende dieser initialen Phase beginnt der Erguß von im allgemeinen andesitischer, zuweilen auch dacitischer Lava. Gegen Ende des Lavaergusses wandelt sich die Zusammensetzung hin zu basaltischer Lava. Die Endphase eines Ausbruchs ist immer effusiv gekennzeichnet. Für die bekannten historischen Ausbrüche der Hekla ist anzumerken, dass dieser erste Ausbruchstypus charakteristisch ist.

Bei der zweiten Art werden nach einer langen vorweggehenden Ruhephase rhyolithische oder dacitische Bimssteine ohne Lavaergüsse explosionsartig ausgeworfen. Magmatologisch betrachtet, sind die Initialeruptionen umso explosiver und saurer, je länger die Ruhephase der Hekla war. Eine Erklärung hierfür könnte die progressive Assimilation der sauren Deckgesteine des Magmaherdes sein[69]. Die ausgeworfenen Pyroklastika können hierbei, wenn sie durch günstige Winde verteilt werden, große Flächen bedecken. Diese Art von Ausbruch ist nach Krafft typisch für den Beginn eines längeren Zyklus[70]. Jeder dieser Zyklen war sicherlich nicht auf einen einmaligen Ausbruch beschränkt, wie der Vergleich mit den modernen Ausbrüchen der Hekla zeigt[71]. Wir müssen daher davon ausgehen, dass ein Ausbruchszyklus der Hekla sich aus mehreren Ausbrüchen zusammensetzt. Hierin liegt wohl einer der Gründe, warum die hier von Krafft manifistierten Datierungen der Hekla-Zyklen wahrscheinlich Unsicherheiten in der Datierung aufweisen dürften.

Für unsere weitere Untersuchung wollen wir zunächst den Hekla 3-Ausbruchszyklus und seine Datierung näher betrachten.

---

[68] Krafft, Führer I (1984) 67 f.
[69] Krafft, Führer I (1984) 69.
[70] Krafft, Führer I (1984) 68.
[71] Vgl. Krafft, Führer I (1984) 68 ff.

3.1. Die Camp Century Grönlandeis-Datierung des spätbronze-zeitlichen Hekla 3-Ausbruchs

Im Jahr 1980 veröffentlichten die dänischen Geophysiker Hammer, Clausen und Dansgaard einen Aufsatz in der renommierten Zeitschrift Nature über die vulkanischen Säure-Lagen im Grönlandeis[72]. Ziel der Untersuchung war es, den postglazialen Vulkanismus absolut zu datieren und seinen Einfluß auf das globale Klima nachzuweisen. Als Basis für ihre Auswertung verwendeten sie einerseits den ca. 400 m langen Eisbohrkern des Crête-Bohr-Camps in Zentralgrönland, der Eisschichten bis in das Jahr 553 n.Chr. aufweist und andererseits den 1390 m langen Bohrkern vom Camp Century in Nord-Westgrönland, der vom Jahr 43 n.Chr. ca. 100.000 Jahre zurückreicht. Der von Hammer u.a. angegebene Datierungsunsicherheitsfaktor des Crête-Bohrkerns liegt bei ± 3 Jahre, der von Camp Century bei ± 2% für das Interval zwischen 2000 und 10.000 BP[73]. Die Lücke von 510 Jahren zwischen den ältesten Lagen des Crête-Bohrkerns und den jüngsten von Camp Century war aufgrund fehlender Untersuchungen damals noch nicht geschlossen. Lediglich für einen unbekannten Vulkanausbruch um 1259 und für den Laki-Ausbruch im Jahre 1783 lagen die Ergebnisse zur Skalierung beider Bohrkerne vor[74]. Trotz dieser Unsicherheit der Skalierung gelang es Hammer u.a. 26 Vulkaneruptionen anhand der Säurespitzen in den Bohrkernen nachzuweisen. 20 Säurespitzen ordneten sie bekannte Vulkaneruptionen zu, hierunter auch der Hekla 3-Ausbruch, den sie um 1100 ± 50 BC datierten[75]. Im selben Aufsatz wird jedoch auch in Tabelle 1 auf Seite 231 für die Camp Century-Eisbohrkerndatierungen die Jahreszahl 1120 ± 50 für den Hekla 3-Ausbruch angegeben[76]. Es läßt sich leider nicht mit Sicherheit eruieren, welche der beiden Datierungsvorschläge dem wirklichen Ergebnis entspricht. In der Literatur nach 1980 werden von jeweils verschiedenen Autoren sowohl das eine wie auch das andere Ergebnis zitiert[77]. Der Unterschied in der Datierung von 20 Jahren scheint auf den ersten Blick ohne größere Konsequenzen für die Sicherheit des Ergebnisses zu sein. In Hinblick auf die frühe ^{14}C-Datierung Y-85 ergeben sich hieraus jedoch Skalierungsprobleme, wie den folgenden Ausführungen exemplarisch zu entnehmen ist.

---

[72]   Hammer et al., Nature 288, 1980, 230-235.

[73]   Hammer et al., Nature 288, 1980, 231 ff.

[74]   Hammer et al., Nature 288, 1980, 233.

[75]   Hammer et al., Nature 288, 1980, 233.

[76]   Hammer et al., Nature 288, 1980.

[77]   Vgl. zu 1100±50 v.Chr. Baillie, Current Archaeology 117, 1989, 311; Baillie / Munro, Nature 332, 1988, 345; zu 1120±50 siehe Baillie, Slice (1995) 77, und Falkenstein in: Becker et al. (Hrsg.) Festschrift Hänsel (1997) 551.

3.2. Die ^{14}C-Datierung Y-85

Die beiden Hekla 3-Datierungen über den Camp Century-Bohrkern verwiesen auf den ersten Blick auf ein deutlich älteres Alter, als die bis dahin bekannte ^{14}C-Datierung des Hekla 3-Events über die Probe Y-85, die von Thorarinsson Mitte der 1950iger Jahre 2 km nördlich von Akureyri in Nordisland genommen wurde. Die ^{14}C-Messung der Probe Y-85 ergab im Geochronometric Laboratory der Yale University/USA ein Alter von 2720±130 bp[78]. Die zugrunde gelegte Halbwertszeit, die auf der von Libby eruierten und als fehlerlos angenommenen basiert[79], wird mit 5568 Jahren angegeben[80]. Umgerechnet auf die heutige gültige Halbwertszeit von 5730±40[81] erhalten wir ein ^{14}C-Alter von 2802 bp (852 bc). Kalibrieren wir die gegebene ^{14}C-Messung Y-85 unter Berücksichtigung der damals gültigen ^{14}C-Halbwertszeit von 5568 Jahren mit Hilfe der Kalibrierungstabelle von Clark[82] aus dem Jahr 1975, so ergibt sich ein ^{14}C-Alter von 2895±143 BP (945 BC)[83]. Legen wir die Kalibrierungstabelle von Pearson und Stuiver[84] aus dem Jahr 1993 zugrunde und berücksichtigen die heute gültige Halbwertszeit, erhalten wir ein ^{14}C-Alter von 2882 BP± 130[85] (933 BC)[86]. Betrachten wir hier das Ergebnis der Skalierung differenziert nach den beiden möglichen Eisbohrkern-Datierungen.

1100±50 v.Chr.:
Die ^{14}C-Datierung Y-85 liegt unkalibriert außerhalb der möglichen unteren Datierungsgrenze des Camp Century-Eisbohrkerns. Nach den hier vorgeführten Kalibrierungen zeigen sich jedoch deutliche Überschneidungsbereiche, die eine Datierung des Hekla 3-Ausbruchs nach der damaligen Datenbasis im Zeitbereich zwischen 1050[87] und 1088 v.Chr.[88] für die Kalibrierung nach Clark und

---

[78] Preston et al., Science 122, 1955, 960; vgl. hierzu Tauber, Radiocarbon Supplement 2 (1960), 9 f.
[79] Mommsen, Archäometrie (1986) 217.
[80] Preston et al., Science 122, 1955, 955.
[81] Radiocarbon 20-1, 1978, III; Mommsen, Archäometrie (1986) 217 f.
[82] Clark, Antiquity 49, 1975, 264.
[83] Zur Umrechnung siehe Clark, Antiquity 49, 1975, 255 ff.
[84] Pearson / Stuiver, Radiocarbon 35, 1993, 25-33.
[85] Aufgrund des unbekannten "error multiplier" der Yale University für das Jahr 1955 kann die Standardabweichung nicht präzise angegeben werden; siehe hierzu Pearson / Stuiver, Radiocarbon 35, 1993, 26.
[86] Zur Umrechnung siehe Pearson / Stuiver, Radiocarbon 35, 1993, 26 f.
[87] Dieser Wert gibt die maximale untere Standardabweichung des Camp Century-Eisbohrkerns für die Datierungsangabe 1100±50 v.Chr. an

zwischen 1050 und 1063[89] v.Chr. nach der Kalibrierung mit der von Pearson und Stuiver erarbeiteten Kalibrierungstabelle für möglich erscheinen lassen.

1120±50 v.Chr.:
Die ^{14}C-Datierung Y-85 liegt unkalibriert außerhalb der möglichen zweiten unteren Datierungsgrenze des Camp Century-Eisbohrkerns. Nach der Kalibrierung mit der Kalibrierungstabelle von Clark zeigt sich noch ein kleiner Überschneidungsbereich, der eine Datierung des Hekla 3-Ausbruchs nach der damaligen Datenbasis im Zeitbereich zwischen 1070[90] und 1088 v.Chr.[91] für möglich erscheinen läßt. Nach der Kalibrierung mit der von Pearson und Stuiver erarbeiteten Kalibrierungstabelle ergibt sich jedoch kein Überschneidungsbereich, da die obere mögliche Datierungsgrenze von 1063[92] v.Chr. ca. 7 Jahre unterhalb der Datierungsgrenze der 1120±50 v.Chr.-Datierung liegt[93].

3.3. Die dendrochronologischen Datierungen

Der Versuch die Hekla 3-^{14}C- und die Eisbohrkern-Datierung mit den von LaMarche und Hirschboeck[94] 1984 veröffentlichten Baumringserien der nordamerikanischen Borstenkiefern in Einklang zu bringen, führt zu einem negativen Ergebnis. In keinen dieser Baumringserien kann ein vulkanisch verursachtes

---

[88] Dieser Wert gibt die maximale obere Standardabweichung der ^{14}C-Datierung Y-85 wieder, nachdem diese mit Hilfe der von Clark (Calibration) erarbeiteten Kalibrierungstabelle kalibriert wurde.

[89] Dieser Wert gibt die minimale obere Standardabweichung der ^{14}C-Datierung Y-85 wieder, nachdem diese mit Hilfe der von Pearson und Stuiver (Calibration) erarbeiteten Kalibrierungstabelle kalibriert wurde.

[90] Dieser Wert gibt die maximale untere Standardabweichung des Camp Century-Eisbohrkerns für die Datierungsangabe 1120±50 v.Chr. an.

[91] Dieser Wert gibt die maximale obere Standardabweichung der ^{14}C-Datierung Y-85 wieder, nachdem diese mit Hilfe der von Clark (Calibration) erarbeiteten Kalibrierungstabelle kalibriert wurde.

[92] Dieser Wert gibt die minimale obere Standardabweichung der ^{14}C-Datierung Y-85 wieder, nachdem diese mit Hilfe der von Pearson und Stuiver (Calibration) erarbeiteten Kalibrierungstabelle kalibriert wurde.

[93] Es muss hier aber beachtet werden, dass aufgrund des unbekannten "error multiplier" der Yale University für das Jahr 1955 die Standardabweichung nicht präzise angegeben werden kann; siehe hierzu Pearson / Stuiver, Radiocarbon 35, 1993, 26. Es liegt daher im Bereich des Möglichen, dass sich auch nach der Kalibrierung mit der von Pearson und Stuiver (Calibration) erarbeiteten Kalibrierungstabelle sich ein gewisser Überschneidungsbereich ergeben könnte.

[94] LaMarche Jr. / Hirschboeck, Nature 307, 1984, 121 ff.

Frost-Ereignis zwischen 1170 bzw. 1150[95] und 802 v.Chr.[96] ausgemacht werden, das den oben besprochenen Datierungsansätzen von seiten der europäischen Dendrochronologie bzw. Dendroklimatologie bestätigen würde. Nach den obigen Ausführungen zur unterschiedlichen atmosphärischen und klimatogenen Wirksamkeit eines Vulkanausbruchs verwundert es hier jedoch nicht, dass sich das Klimasignal der Hekla nicht zwangsweise in den nordamerikanischen Baumringserien manifestiert hat. Als Argument gegen eine dendrochronologische Datierung kann das Ausbleiben dieses Signals jedenfalls nicht gewertet werden. Betrachten wir daher die europäischen Baumringserien. Die sog. Irische Eichen-Baumring-Chronologie reichte im Jahr 1984 bis in das Jahr 5289 BC zurück[97]. Die Untersuchungen an den irischen Baumringsequenzen zeigen, dass einige aus den grönländischen Eisbohrkernen bekannten prähistorischen Megaeruptionen, wie der Santorin-Ausbruch um 1629 v.Chr.[98], und enge Baumringfolgen auffallend dicht zeitlich beieinander liegen[99]. Bemerkenswert ist der Umstand, dass ca. 90 % der irischen Baumringfolgen enge Baumringe für den Zeitraum von 1159 - 1140 v.Chr. aufweisen. Sie werden daher mit dem Hekla 3-Ausbruch in Verbindung gebracht. 43 % der Bäume, die diesen Zeitabschnitt abdecken, weisen sogar innerhalb diesem ihre engsten Baumringe auf. Betrachtet man die Baumringe für diesen Zeitabschnitt genauer, so läßt sich feststellen, dass das Ereignis, das zu dieser Reaktion des Baumringwachstums führte, um 1159 dramatisch einsetzte und eine generelle Erholung vor 1140 v.Chr. sich nicht vollzogen hatte[100]. Eine gewisse Bestätigung für das in den irischen Baumringsequenzen sich abgezeichnete Klima-Event von 1159 v.Chr. geben Kuniholm u.a., die erst kürzlich einen wichtigen Beitrag zur anatolischen Dendrochronologie vorlegen konnten[101]. Die von der Arbeitsgruppe um Kuniholm erarbeitete Baumringchronologie hat eine relative Länge von 1503 a. Sie basiert auf Bauhölzern unterschiedlicher Baumarten (u.a. Wacholder, Zedern und Pinien), die aus verschiedenen archäologischen Denkmäler (Gordion, Porsuk, Acemhöyük und Kültepe) geborgen wurden. Da jedoch die erstellte Baumringchronologie nicht an rezente Bäume angeschlossen werden konnte, mußte eine

---

[95] Die beiden Werte geben die jeweilige maximale obere Standardabweichung der zwei unterschiedlichen Camp Century-Eisbohrkern-Datierungen des Hekla 3-Events wieder.

[96] Dieser Wert gibt die maximale untere Standardabweichung der ^{14}C-Datierung Y-85 wieder, nachdem diese mit Hilfe der von Clark (Calibration) erarbeiteten Kalibrierungstabelle kalibriert wurde.

[97] Baillie, Endeavour 13, 2, 1989, 79.

[98] Zur Datierung des Santorin-Ausbruchs siehe Schoch, Chronologie, S.166 ff.; vgl hierzu auch Schoch, Thetis 4, 1997, S.51 ff.

[99] LaMarche Jr. /Hirschboeck, Nature 307, 1984, 121 ff.; vgl. hierzu Hammer et al., Nature 288, 1980, 230 ff. und Baillie/Munro, Nature 332, 1988, 344 ff.

[100] Baillie, Endeavour 13 / 2, 1989, 79.; Baillie / Munro, Nature 332, 1988, 346.

[101] Kuniholm et al., Nature 381, 1996, 780-783.

absolute Datierung dieser lose im Zeitfluß schwebenden Baumringfolge über die ^{14}C-Methode erfolgen. Hierzu wurde ein Teil der Baumringsequenz über eine relative Länge von 350 Jahren dekadisch ^{14}C-datiert. In einem weiteren Schritt mußten die Ergebnisse der ^{14}C-Datierungen noch mit den in Heidelberg datierten europäischen Baumringfolgen korreliert werden. Der Endpunkt der 350 Jahre-Sequenz konnte schließlich bei 820 v.Chr. (2σ, 95.4%; +76/-22 Kalenderjahre) eruiert werden. Umgelegt auf die gesamte Baumringfolge bedeutet dieses Ergebnis einen Startpunkt bei 2233 v.Chr. und einen Endpunkt bei 731 v.Chr.[102]. Hierauf aufbauend, erfolgte die Feinskalierung der anatolischen Baumringchronologie, unabhängig von den ^{14}C-Datierungen, an den oben genannten amerikanischen und europäischen Baumringchronologien, die Anschluß an rezente Bäume haben. Hinter dieser Feinskalierung steht der Gedanke, dass globale Klima-Events sich in den entsprechenden Baumringsequenzen der verschiedenen regionalen Dendrochronologien abzeichnen können und damit chronologisch entsprechen müßten. Eine der deutlichsten Entsprechungen innerhalb der europäischen und auch amerikanischen Baumringsequenzen ist das Klima-Event von 1628/27 v.Chr., das dem Santorin-Ausbruch[103] ursächlich zugeschrieben wird. Es entspricht nach Kuniholm u.a. dem ungewöhnlichen Wachstumsverhalten, das mit dem relativen anatolischen Baumring 854 (1641 + 76/-22 v. Chr.) beginnt[104]. Daneben findet sich in den anatolischen Baumringsequenzen ein zweites Klima-Event, das, 470 Jahre nach dem "854-Event", beginnend mit dem Ring 1324, sich als eine weitere Wachstumsanomalie manifestieren läßt. Als Ursache für diese Klimadepression vermuten Kuniholm u.a., basierend auf den grönländischen Eisbohrkern-Daten (Camp Century; 1100 ± 50 BC bzw. 1120 ± 50 BC) bzw. der irischen Dendrochronologie (1159 v.Chr), den Hekla 3-Ausbruch auf Island[105].

Die unterschiedliche Resonanz des Klimasignals des Hekla 3-Ausbruchs in den regional verschiedenen Baumringsequenzen möchten Kuniholm u.a. mit der hohen geographischen Breite des Vulkans und den polaren Windsystemen, die einen Aerosol- und Staubtransport polwärts bedingen, erklärt wissen. Hieraus

---

[102] Kuniholm et al., Nature 381, 1996, 780, zu den Unsicherheiten dieses Ansatzes, siehe ebenda, 780 Abb.1; vgl. hierzu Schoch, Thetis 4, 1997, 55 ff.; zur möglichen ungleichen Verteilung von ^{14}C in der Atmosphäre, vgl. Mommsen, Archäometrie (1986) 226.

[103] Beachte hierzu die obigen Ausführungen zum Standort eines Vulkanausbruchs (Kap. 1.2.). Sie geben eine plausible Erklärung weshalb der in der Ägäis stattgefundene Santorin-Ausbruch in Nordamerika dendrochronologisch und dendroklimatologisch manifestiert ist, der Hekla III-Ausbruch jedoch nicht.

[104] Kuniholm et al., Nature 381, 1996, 781 f.

[105] Kuniholm et al., Nature 381, 1996, 781 f.; vgl. Hammer et al., Nature 288, 1980, 230 ff.; Baillie / Munro, Nature 332, 1988, 345 f.; Baillie, Current Archaeology 117, 1989, 311; Baillie, Slice (1995) 86 f.

erklärt sich nach Kuniholm u.a. auch der verminderte klimatogene Einfluß auf die anatolische Baumringsequenz[106]. Mit dieser Vermutung haben Kuniholm u.a., zieht man die obigen Ausführungen zur unterschiedlichen klimatogenen Wirksamkeit heran, mit hoher Sicherheit recht.

Betrachtet man in Hinblick auf diese Vermutung einige europäische Baumringsequenzen, müßten sich regional unterschiedlich starke Ausprägungen des Hekla III-Events feststellen lassen. Aufgrund der unterschiedlichen Probennahmedichte lassen sich aber z. Z. noch keine zuverlässigen Aussagen über die flächendeckende klimatische Tragweite des Hekla III-Ausbruchs für Europa machen[107]. Wenn zudem dendrochronologische und damit auch dendroklimatologische Daten für den Zeitraum des Hekla III-Ausbruchs vorliegen, wie im Fall der neu erarbeiteten westfranzösischen Baumringsequenzen, so werden in erster Linie für Wachstumsanomalien lokale Bedingungen, wie die Veränderung des Grundwasserspiegels herangezogen[108]. Betrachten wir im Folgenden diese lokalen Bedingungen und den Einfluß großklimatischer Ereignisse auf diese.

4. Der Einfluß des Hekla 3-Events auf die Umwelt

Wie oben bereits im anderen Zusammenhang erwähnt, konnte das Hekla 3-Event in den von LaMarche und Hirschboeck[109] 1984 veröffentlichten Baumringserien der nordamerikanischen Borstenkiefern nicht ausgemacht werden. Auch ist das von Kuniholm u.a. ausgemachte Klimasignal des Hekla 3-Ausbruchs, Breitengrad bedingt, in den anatolische Baumringsequenzen eher schwach[110].

Der unterschiedliche Einfluß des Hekla 3-Events auf das globale Klima veranlaßte bereits 1994 Grattan und Gilbertson[111] die Folgen des Ausbruchs in Schottland kritisch näher zu untersuchen. Nach der Interpretation einiger Wissenschaftler postulieren vor allem die irischen Baumringsequenzen einen vulkanisch bedingten klimatischen Effekt, der zwischen 1159 und 1140 anhielt[112], also annähernd 20 Jahre währte. Die lange Dauer dieses klimatischen Ereig-

---

[106] Kuniholm et al., Nature 381, 1996, 782.

[107] Jansma in: Dean et al. (Hrsg.), Tree Rings (1996) 769-778.

[108] Dass dieser wiederum von großklimatischen Bedingungen abhängen kann, wird von Girardclos u.a. nicht diskutiert, vgl. Girardclos et al. in: Dean et al. (Hrsg.), Tree Rings (1996) 751-767.

[109] LaMarche Jr. / Hirschboeck, Nature 307, 1984, 121 ff.

[110] Kuniholm et al., Nature 381, 1996, 782.

[111] Grattan / Gilbertson, JAS 21, 1994, 851-859.

[112] Baillie, Endeavour 13-2, 1989, 79.; Baillie / Munro, Nature 332, 1988, 346.

nisses steht jedoch, wie Grattan und Gilbertson meinen, im harten Gegensatz zu den heute bekannten Ergebnissen über die zeitliche Wirksamkeit des klimatogenen Einflusses eines Vulkanausbruchs, der maximal < 1 - 3 Jahre anhalten kann[113]. Vor allem die Analyse des Hekla 3-Ausbruchs, bei dem vermutlich 1, 58 x 10^8 Tonnen an Schwefel, 2, 48 x 10^8 Tonnen Chlor, 4, 84 x 10^5 Tonnen H_2SO_4, 2, 55 x 10^5 Tonnen an HCl und ein totaler Säureausstoß von 7, 39 x 10^5 metrischen Tonnen erfolgte[114], läßt lediglich im Vergleich mit den neun Haupteruptionen seit 1783 nach der Hekla 3-Eruption eine maximale Abnahme der globalen Oberflächentemperatur von einigen Zehntel-Grad zu. Der geringe Einfluß auf das globale Klima ist nach Grattan und Gilbertson wohl kaum von den normalen Hintergrund-Temperaturfluktuationen zu unterscheiden gewesen. Der indirekte Einfluß der Eruption über das Klimageschehen auf die damalige Umwelt muss daher im Sinne eines "nuklearen Winters[115]" unwesentlich gewesen sein[116] und kann daher nicht mit dem vermuteten fast zwanzig Jahre anhaltenden Klima-Event, das in den Baumringsequenzen manifestiert ist, korreliert werden. Dieses Ergebnis bedeutet nicht, wie Grattan und Gilbertson weiter ausführen, dass der Hekla 3-Ausbruch doch nicht Ursache für die engen Baumringfolgen ist. In diesem Zusammenhang diskutieren sie zwei Möglichkeiten, die als Ursache für das Klimasignal in den Baumringfolgen in Betracht gezogen werden können. Aufgrund der in den stratosphärischen Schichten eingebrachten vulkanischen Auswurfprodukte (vor allem die hieraus entstehenden Aerosole) kann regional der globale Wärmehaushalt der Luftschichten gestört werden. Dies führt zu einer Veränderung der Luftzirkulation in der Troposphäre und zu einer südlichen Verschiebung des nordatlantischen Tiefs im ersten Jahr nach einer Vulkan-Eruption in der nördlichen Hemisphäre. Diese Zirkulationsanomalie kann schließlich jahreszeitlich untypisches kaltes oder regenreiches Wetter auf den Britischen Inseln verursachen[117]. Die Verschiebung der Tiefdruckgebiete nach Süden genügt jedoch nicht, wie der Vergleich mit dem Tambora-Ausbruch im Jahr 1815 zeigt, die Klimaanomalien vollständig zu erklären. Die Auswertung der Wetterbedingungen in Europa nach dem Tambora-Ausbruch lassen nämlich deutlich erkennen, dass einige europäische Gebiete nach dem Ausbruch

---

[113] Post, Crisis (1977) 3; Ingersoll, Spektrum der Wissenschaft 11, 1983, 120; Pyle in: Hardy / Renfrew (Hrsg.), Thera and the Aegean World III-3 (1990) 168; Grattan / Gilbertson, JAS 21, 1994, 852.

[114] Die Gesamtmasse der Auswurfprodukte der Hekla 3-Eruption beläuft sich auf 5, 5 x 10^{12} kg; vgl. hierzu Palais / Sigurdsson in: Berger et al. (Hrsg.), Climate Change (1989) 32.

[115] Im übertragenen Sinne ist hier gemeint, dass große Mengen an Staub, die durch eine Mega-Eruption in die Atmosphäre injiziert wurden, die Sonnenstrahlen abschirmen und es zu einer extremen Abkühlung der Erdoberfläche kommt.

[116] Grattan / Gilbertson, JAS 21, 1994, 852 f.

[117] Grattan / Gilbertson, JAS 21, 1994, 853 f.

konstant gleichmäßige Klimabedingungen aufwiesen, die sich nicht oder kaum von denen vor dem Ausbruch unterschieden (vgl. Kap. 1.1.). Nach Grattan und Gilbertson besteht zudem kein Anlaß zur Annahme, dass nach dem Hekla 3-Ausbruch sich die atmosphärische Zirkulation anders verhalten hätte, als nach dem Tambora-Ausbruch[118]. In diesem Punkt vernachlässigen m.E. Grattan und Gilbertson den erheblichen Einfluß der Breitengrad-Standortsituation eines Vulkans auf die Einbringung der Auswurfprodukte in die verschiedenen Schichten und Windsysteme der Atmosphäre (vgl. Kap. 1.2.) und damit auch die unterschiedlich starke und zeitliche Wirksamkeit auf das globale Klimageschehen. Der Tambora-Ausbruch kann daher nicht hinsichtlich seiner regionalen klimatogenen Folgen und ihrer Dauer mit dem Hekla 3-Ausbruch verglichen werden. Die Diskussion von Grattan und Gilbertson verwirft jedoch nicht die Möglichkeit, dass der Hekla 3-Ausbruch doch erheblichen Einfluß auf die Umwelt in Nord- und Westengland genommen hat. Dieser Einfluß kann, wie beide meinen, aber nicht klimatischer Art gewesen sein. Er muss auf anderer Ebene gesucht werden. Es wurde beobachtet, dass geringe Mengen an Tephra bereits erhebliche Schäden an Pflanzen verursachen können, während hingegen schwerer Aschenfall kaum oder nur wenig Einfluß auf das Pflanzenwachstum haben kann. Hinter diesem Vorgang verbirgt sich die Erkenntnis, dass sich vulkanische Gasverbindungen bzw. die hieraus entstehenden Produkte an den Oberflächen der festen Staubbestandteile anlagern können und mit diesen sich auf der Erdoberfläche niederschlagen. Die Toxizität dieser Verbindung nimmt mit der Entfernung vom Eruptionsort zu, da die Aerosole, die nach der Eruption noch gewisse Zeit benötigen, um zu entstehen, sich erst nach ihrer Bildung an die Stäube anlagern können. Mit zunehmender Entfernung vom Eruptionsort können die von den Stäuben absorbierten Aerosole die gleiche Masse wie die Stäube erreichen. Die feinen Tephra-Stäube, die die größten Distanzen zurückgelegt und zugleich die längsten Verweilzeiten in der Atmosphäre verbracht haben, weisen daher die höchste Toxizität der Eruptionswolke auf. Es bedarf daher nicht eines massiven Aschefalls, um die Flora einer Landschaft erheblich durch einen Vulkanausbruch in Mitleidenschaft zu ziehen. Geringe Spuren solch hochtoxischer Staubverbindungen genügen bereits, um das biologische Gleichgewicht zu stören bzw. letal zu wirken[119]. Der Einfluß, den eine solche Eruptionswolke auf die Umwelt nehmen kann, hängt auch im hohem Maß von den regionalen Wetterbedingungen ab. Ein Analogie-Vergleich mit dem Laki-Ausbruch im Jahr 1783 (siehe auch Kap. 1) legt nahe, dass durch stabile Hochdruckzellen, die einen Konzentrationseffekt der vulkanischen Emissionen über Tage hin verursachen können, die Toxizität der Eruptionswolke in höherem Maß be-

---

[118] Grattan / Gilbertson, JAS 21, 1994, 854.
[119] Grattan / Gilbertson, JAS 21, 1994, 854.

einflußt wird, als durch die Intensität des Ausbruchs[120]. Ein weiterer, nicht un-
wesentlicher Faktor, für das Ausmaß der ökologischen Beeinträchtigung durch
derartige Eruptionswolken ist die Säure-Sensibilität bzw. das Säure-Puffer-
Vermögen der Böden. Dabei ist zu beachten, dass die Böden unterschiedlich auf
die Belastung durch die vulkanischen Säuren reagieren können. Der Schwellen-
wert, den es hierbei zu ermitteln gilt, wird als "Critical Load" bezeichnet[121].
Speziell für Schottland wurden hierzu Untersuchungen von Skiba u.a. unternommen[122]. Die Arbeitsgruppe um Skiba konnte belegen, dass für Torfböden mit
den höchsten Säurewerten und der niedrigsten Basensättigung die Rate des
Säureniederschlages größer als 0, 8 kg H+ha^{-1} im Jahr sein kann, ohne dass es zu
einer wesentlichen Beeinträchtigung kommen muss[123]. Andere Gebiete in
Schottland und Irland reagieren jedoch bereits auf weit geringere Säuremen-
gen[124]. Insbesondere die irischen Baumringserien von Garry Bog in Irland, nach
denen das Hekla 3-Event manifestiert bzw. datiert wird[125], wurden von Böden
genommen, deren "Critical Load" sehr niedrig liegt. Hinzu kommt, dass das
Vermögen speziell der Böden von Garry Bog sich schnell von einem Säure-
Impakt zu erholen, nur sehr gering ist und, zeitlich gesehen, ein bis zwei
Dekaden beanspruchen dürfte. Die Baumringserien zeigen daher nach Grattan
und Gilbertson weniger ein dramatisches Klima-Event an, als vielmehr eine
extreme Belastung der Böden mit vulkanischen Säuren. Sie sind daher Dokument der regionalen Sensibilität der Umwelt auf schädliche, toxische Säureni-
derschläge von isländischen Vulkan-Ausbrüchen[126].

Kehren wir an dieser Stelle wieder zu der eingangs zu diesem Kapitel zitierten These von Kunihom u.a. zurück, dass das unterschiedliche Klimasignal in
den verschiedenen Baumringserien lediglich durch die Breitengradsituation der
Hekla bestimmt wird. Falls nämlich hier die These von Grattan und Gilbertson
von der Versäuerung der Böden zutrifft, dürfte in den anatolischen Baumringserien aufgrund der topographischen Situation und den unterschiedlichen Windsystemen, die in Kleinasien vorherrschen, kein dem Hekla 3-Ausbruch äquiva-
lentes Klimasignal zu finden sein, da die Säure-Wolke auf ihren langen
Transport durch unterschiedliche Wind- und Wettereinflüsse in zu hohem Maß
verdünnt worden wäre, als dass sie noch auf die Ökologie der Türkei Einfluß
hätte nehmen können. Kuniholm u.a. vermuten jedoch, dass das mit dem Baum-

---

[120] Grattan / Gilbertson, JAS 21, 1994, 855.
[121] Grattan / Gilbertson, JAS 21, 1994, 855.
[122] Skiba et al., Nature 337, 1989, 68-69.
[123] Skiba et al., Nature 337, 1989, 68 f.
[124] Grattan / Gilbertson, JAS 21, 1994, 856 Abb.4.
[125] Baillie / Munro, Nature 332, 1988, 344.
[126] Grattan / Gilbertson, JAS 21, 1994, 856.

ring 1324 in der anatolischen Baumringserie beginnende Klima-Event ursächlich mit dem Hekla 3-Ausbruch zusammengebracht werden muss[127]. Dass diese Vermutung richtig sein muss, zeigt die folgende Überlegung. In der von Kuniholm u.a. erarbeiteten anatolischen Baumringsequenz wurde neben der mit dem Baumring 1324 beginnenden Wachstumsanomalie eine weitere, wesentlich deutlichere, festgestellt, die von dem Baumring 854 eingeleitet wird. Diese Wachstumsanomalie, die ca. 470 Jahre vor dem 1324-Event stattfand, wird mit dem Santorin-Vulkanausbruch in Verbindung gebracht[128]. Vergleicht man dieses Ergebnis mit der irischen Baumringsequenz, läßt sich eine deutliche Übereinstimmung im zeitlichen Abstand von ca. 470 Jahren (± 0 - 1 a) zwischen den Wachstumsanomalien in den jeweiligen Baumringsequenzen, die dem Santorin- bzw. dem Hekla 3-Ausbruch zugewiesen sind, feststellen[129]. Für unsere Untersuchung bedeutet dieses Ergebnis, dass die in der anatolischen Baumringsequenz festgestellte 1324-Wachstumsanomalie auf die selben Ursachen zurückgeführt werden kann, wie das 1159-Event in der irischen Baumringsequenz. Ferner läßt sich hieraus ableiten, dass die von Grattan und Gilbertson lediglich regional angenommenen Einflüsse des Hekla 3-Ausbruchs weit über Irland und Schottland hinaus zum Tragen gekommen sind. Dieser Einfluß kann, wie bereits oben erwähnt, nicht allein nur mit der toxischen Wirkung einer vulkanischen Eruptionswolke erklärt werden. Es ist vielmehr vor dem Hintergrund der anatolischen Baumringsequenz anzunehmen, dass der Hekla 3-Ausbruch regional weitläufig klimatogen wirksam war, aber, wie das Fehlen des Hekla 3-Klimasignals in den Baumringserien der nordamerikanischen Borstenkiefern nahe legt, keine globalen Auswirkungen erreicht hat[130]. Das von Grattan und Gilbertson vorgebrachte Erklärungsmodell zeigt jedoch Lösungsvorschläge auf, die die lange Wirkdauer der Folgeereignisse des Hekla 3-Ausbruchs von nahezu 20 Jahren in der irischen Baumringsequenz zwanglos interpretieren. Das Modell beantwortet jedoch nicht die Frage, weshalb sämtliche Bäume der irischen Baumringsequenz sich nahezu gleichzeitig nach ca. 20 Jahren von der Bodenversäuerung erholt haben[131]. Es ist doch eher zu erwarten, dass der eine oder andere Baum die depressiven toxischen Einflüsse auf das Wachstum aufgrund unterschiedlicher Standortfaktoren[132] schneller oder langsamer überwunden

---

[127] Kuniholm et al., Nature 381, 1996, 781 f.

[128] Kuniholm et al., Nature 381, 1996, 781 f.; vgl. zum Santorin-Ausbruch, Schoch, Thetis 4, 1997, 51 ff.

[129] Baillie, Slice (1995) 77 Abb. 5, 2; 89.

[130] Vgl. hierzu die eingangs zu diesem Kapitel zitierte These von Kuniholm et al., Nature 381, 1996.

[131] Baillie, Slice (1995) 82 Abb.5, 3.

[132] Die Standortfaktoren von Pflanzen werden u.a. bestimmt durch die mikroklimatischen Verhältnisse, die Qualität bzw. das Nährstoffangebot des Bodens, sein Wasserhaushalt, die Konkurrenzsituation innerhalb der Pflanzengemeinschaft und

haben müßte. Baillie, der Hauptvertreter der These, dass der Hekla 3-Ausbruch weitreichende klimatogene Folgen hatte, sieht das Phänomen der ca. 20 Jahre anhaltenden Baumringdepression als Folge eines raschen Anstiegs des Grundwasserspiegels. Die irischen Eichen, von denen die Baumringserien stammen, wuchsen hauptsächlich auf Torfmoor-Böden. Sie reagierten daher besonders empfindlich auf die Veränderung des Grundwasserspiegels. Es bedarf daher nicht, wie Baillie weiter ausführt, einer 20 Jahre anhaltenden globalen Klimaveränderung, sondern lediglich einer verhältnismäßig kurzen mit heftigen Niederschlägen oder einer längeren, jedoch von den Niederschlagsmengen gemäßigteren Schlechtwetterperiode, um das Niveau des Grundwassers für längere Zeit in diesen Gebieten nachhaltig anzuheben. So lange der Grundwasserspiegel einen überhohen Pegel hatte, konnten die Eichen daher nur unzureichend Wuchsringe ausbilden, da sich die Standortbedingungen für diese Bäume erheblich zum Negativen gewandelt hatten[133] (vgl. hierzu oben die Ausführungen zu den westfranzösischen Baumringsequenzen). Grattan und Charman führen dagegen an, dass die regenreichen irischen Torfmoor-Gebiete in den Oberflächenschichten im hohem Maß eine laterale Wasserleitfähigkeit besitzen. Diese Schichten können große Wassermassen bei wolkenbruchartigen Niederschlägen schnell ableiten. Auch die Niederschlagsmengen von verhältnismäßig längeren Schlechtwetterperioden können daher den Grundwasserspiegel nicht nachhaltig anheben[134]. Es ist hier jedoch zu bedenken, dass die These von Baillie plausibel das nahezu gleichzeitige Erholen aller Bäume in diesem Gebiet mit dem Absinken des Grundwasserspiegels über weite Gebiete hinweg erklären kann. Vor diesem Hintergrund ist daher ein klimatisches Ereignis anzunehmen, dass zunächst direkt und im Verlauf der Zeit indirekt auf alle Bäume der irischen Baumringsequenz gleichzeitig Einfluß genommen hat.

5. Ausblick

Es bleibt noch zu fragen, ob der Hekla III-Ausbruch auch in den archäologischen Befunden sich manifestiert hat. Ein Ereignis dieser Größenordnung muss Spuren in der Kulturgeschichte der Menschen hinterlassen haben. Hier ist nicht der Platz, um auf alle diese Spuren näher einzugehen, jedoch wird in der Literatur der mögliche Einfluß der Hekla III-Eruption auf die verschiedenen Kulturkreise vor allem von Baillie diskutiert. Baillie schließt hierbei nicht aus, dass die Befestigungen einiger „Hill-Forts" in Irland zeitgleich mit der abrupten Klimaveränderung, verursacht durch die Hekla III-Eruption, vonstatten

---

durch die Einbindung in die Fauna; vgl. hierzu Knodel et al.., Linder Biologie (1982) 49 ff.

[133] Baillie, Endeavour 13 / 2, 1989, 79 f.

[134] Grattan / Charman, Holocene 4 / 1, 1994, 104.

gegangen ist. Dies, so argumentiert Baillie hat mit der Verschlechterung der Lebensumstände der Menschen zu tun und das damit gestiegene Sicherheitsbedürfnis. Tatsächlich weisen die an diesen Forts vorgenommen Radiokarbon-Datierungen, insbesondere die Untersuchungen an Haughey's Fort, in den fraglichen Zeitraum[135]. Der Gedanke, dass die Hekla III-Katastrophe am Ende der Frühen Bronzezeit den Übergang zur Späten Bronzezeit markiert, wurde neben Baillie auch von Burgess vorgebracht[136] und von beiden neben den irischen „Hill-Forts" auf zahlreiche andere historische und archäologische Befunde übertragen. Der plötzliche Zusammenbruch der mediterranen Welt, speziell der mykenischen und der hethitischen Kultur, aber auch der großen spätbronzezeitlichen Städte auf Zypern und in Syrien sowie die Existenzkrisen in Ägypten zwischen 1250 und 1150 v.Chr. lassen einen Zusammenhang mit der Hekla III-Katastrophe vermuten[137]. Generell wird hier auch ein Zusammenhang mit den sog. Dark Ages angenommen. Ferner könnte das Phänomen der Seevölkerwanderung ursächlich mit einem vulkanisch generierten globalen Klimacrash zusammenhängen. Hinzu kommen zahlreiche französische, spanische und italienische Grabungsbefunde, deren vertikale Stratigraphien plötzliche Kulturzusammenbrüche zeigen, die bisher nicht oder nur schlecht erklärt werden können[138]. Die Reihe der archäologischen und historischen Befunde ließe sich hier noch um zahlreiche Beispiele erweitern. Auf ein Problem, dass es in Zukunft zu lösen gilt, möchte ich hier nicht versäumen, noch hinzuweisen. Alle hier summarisch aufgeführten „Katastrophen-Befunde" sind nach den heutigen konventionellen Chronologiesystemen nicht synchron untereinander (was zu erwarten wäre) und stehen z.T. nicht a posteriori zum Hekla III-Ausbruch sondern a priori. Da jedoch ein Zusammenhang zwischen dem Hekla III-Ausbruch und einigen plötzlichen Kulturzusammenbrüchen nicht mehr von der Hand zu weisen ist, denke ich, ist es sinnvoll, die spätbronzezeitlichen Chronologien Mitteleuropas, des mediterranen Raumes und des Vorderen Orients auf die absolute Datierung des Hekla III-Ausbruchs hin zu überprüfen.

---

[135] Baillie in: Waddell / Twohig (Hrsg.), Ireland in the Bronze Age (1995) 34 ff.

[136] Baillie, Current Archaeology 117, 1989, 311; Burgess, Current Archaeology 117, 1989, 325 ff.

[137] Burgess, Current Archaeology 117, 1989, 325 ff.

[138] Baillie, Slice (1995) 73 ff. 108 ff.; Baillie, Endeavour 13-2, 1989, 78 ff.; Baillie, Current Archaeology 117, 1989, 310 ff.; Burgess, Current Archaeology 117, 1989, 326 ff.

Literatur- und Abkürzungsverzeichnis

Baillie, Endeavour 13-2, 1989 =
   M. G. L. Baillie, Hekla 3 - How big was it?, Endeavour 13-2, 1989, 78-81.

Baillie, Current Archaeology 117, 1989 =
   M. G. L. Baillie, Do Irish Bog Oaks Date the Shang Dynasty ?, Current Archaeology
   117, 1989, 310-313.

Baillie, Slice (1995) =
   M. G. L. Baillie, A Slice Through Time (London 1995).

Baillie in: Waddell / Twohig (Hrsg.), Ireland in the Bronze Age (1995) =
   M. G. L. Baillie, Dendrochronology and the Chronology of Irish Bronze Age, J.
   Waddell / E. S. Twohig, Ireland in the Bronze Age, Proceedings of the Dublin
   Conference, April 1995 (Dublin 1995) 30-37.

Baillie / Munro, Nature 332, 1988 =
   M. G. L. Baillie / M. A. R. Munro, Irish Tree Rings, Santorini and Volcanic Dust
   Veils, Nature 332, 1988, 344-346.

Beckerath, Chronologie (1997) =
   J. von Beckerath, Chronologie des pharaonischen Ägypten, Münchner
   Ägyptologische Studien 46 (Mainz 1997).

Bellinger, LdM (1996) =
   G. J. Bellinger, Lexikon der Mythologie (Augsburg 1996) 286, s.v. Magier.

Booth, Episodes 14 / 4, 1991 =
   W. Booth, Philippine Volcano Dust Temporarily Cools Earth, Episodes 14 / 4, 1991,
   360-361.

Booth, Episodes 14 / 4, 1991 =
   W. Booth, Pinatubo Exerts Global Influence - Obscure Volcano Wraps Earth in
   Gaseous Veil That Promises Shaded Planet, Vivid Sunsets, Episodes 14 / 4, 1991,
   362-363.

Brockhaus 6 (1968) s.v. Franklin Benjamin =
   Brockhaus Enzyklopädie, Bd. 6 ([17]Wiesbaden 1968) 465 s.v. Franklin, Benjamin.

Brockhaus 8 (1969) s.v. Hekla =
   Brockhaus Enzyklopädie, Bd. 8 ([17]Wiesbaden 1969) 345 f. s.v. Hekla.

Bullard, Volcanoes (1984) =
   F. M. Bullard, Volcanoes of the Earth ([2]Austin 1984).

Burgess, Current Archaeology 117, 1989 =
C. Burgess, Volcanoes, Catastrophe and the Global Crisis of the Late Second Millennium BC, Current Archaeology 117, 1989, 325-329.

Clark, Antiquity 49, 1975 =
R. M. Clark, A Calibration Curve for Radiocarbon Dates, Antiquity 49, 1975, 251-266.

Davis in: Hardy / Renfrew (Hrsg.), Thera and the Aegean World III / 3 (1990) =
E. N. Davis, A Storm in Egypt during the Reign of Ahmose, D. A. Hardy / A. C. Renfrew (Hrsg.), Thera and the Aegean World III / 3, Chronology, Proceedings of the Third International Congress, Santorini, Greece, 3 - 9 September 1989 (London 1990) 232-235.

Decker R. / Decker B., Pompeji (1993) =
R. Decker, / B. Decker, Von Pompeji zum Pinatubo (Basel / Boston / Berlin 1993).

Decker R. / Decker B., Vulkane (1998) =
R. Decker / B. Decker, Vulkane, Abbild der Erddynamik (Heidelberg 1998).

Epp, Rede über den Hehrrauch (1787)=
F. X. Epp, Rede über den so genannten Hehrrauch, welcher im Jahre 1783 nicht nur in Baiern sondern ganz Europa erschien (München 1787).

Falkenstein in: Becker et al. (Hrsg.), Festschrift Hänsel (1997) =
F. Falkenstein, Eine Katastrophen-Theorie zum Beginn der Urnenfelderkultur, C. Becker / M. L. Dunkelmann / C. Metzner-Nebelsick (Hrsg.) Chronos, Beiträge zur prähistorischen Archäologie zwischen Nord- und Südosteuropa, Festschrift für Bernhard Hänsel (Espelkamp 1997) 549-561.

Francis, Spektrum der Wissenschaft 8, 1983 =
P. Francis, Riesencalderen – Zeugen verheerender Vulkanausbrüche, Spektrum der Wissenschaft 8, 1983, 86-98.

Girardclos et al. in: Dean et al. (Hrsg.), Tree Rings (1996) =
O. Girardclos / G. Lambert / C. Lavier, Oak Tree-Ring Series from France between 4000 BC and 800 BC, J. S. Dean / D. M. Meko / Th. W. Swetnam (Hrsg.), Tree Rings, Environment and Humanity, Proceedings of the International Conference, Tucson, Arizona, 17-21 May 1994 (Tucson, Arizona 1996) 751-767.

Grattan / Charman, Holocene 4 / 1, 1994 =
J. Grattan /D. J. Charman, Non-Climatic Factors and the Environmental Impact of Volcanic Volatiles: Implications of the Laki Fissure Eruption of AD 1783, The Holocene 4 / 1, 1994, 101-106.

Grattan /Gilbertson, JAS 21, 1994 =
J. Grattan / D. D. Gilbertson, Acid-loading from Icelandic Tephra Falling on Acidified Ecosystems as a Key to Understanding Archaeological and Enviromental Stress in Northern and Western Britain, Journal of Archaeological Science 21, 1994, 851-859.

Hammer et al., Nature 288, 1980 =
C. U. Hammer / H. B. Clausen / W. Dansgaard, Greenland Ice Sheet Evidence of Post-Glacial Volcanism and its Climatic Impact, Nature 288, 1980, 230-235.

Impact-Team, Klimaschock (1978) =
Impact-Team, Der Klimaschock (München 1978).

Ingersoll, Spektrum der Wissenschaft 11, 1983 =
A. P. Ingersoll, *Die Atmosphäre*, Spektrum der Wissenschaft 11, 1983,108-121.

Jansma, in: Dean et al. (Hrsg.), Tree Rings (1996)
E. Jansma, An 1100-Year Tree-Ring Chronology of Oak for the Dutch Coastal Region (2258-1141 BC), J. S. Dean / D. M. Meko / Th. W. Swetnam (Hrsg.), Tree Rings, Environment and Humanity, Proceedings of the International Conference, Tucson, Arizona, 17-21 May 1994 (Tucson, Arizona 1996) 769-778.

Kelly / Sear, Nature 311, 1984 =
P. M. Kelly / C. B. Sear, Climatic Impact of Explosiv Volcanic Eruptions, Nature 311, 1984, 740-743.

Knodel et al., Linder Biologie (1982) =
H. Knodel / U. Bäßler / A. Danzer / U. Kull, Linder Biologie ([18]Stuttgart 1982).

Krafft, Führer I (1984) =
M. Krafft, Führer zu den Vulkanen Europas I, Allgemeines, Island (Stuttgart 1984).

Kuniholm et al., Nature 381, 1996 =
P. I. Kuniholm / B. Kromer / St. W. Manning / M. Newton / Ch. E. Latini / M. J. Bruce, Anatolian Tree Rings and the Absolute Chronology of the Eastern Mediterranean, 2220 - 718 BC, Nature 381, 1996, 780-783.

LaMarche Jr. / Hirschboek, Nature 307, 1984 =
V. C. LaMarche Jr. / K. K. Hirschboeck, Frost Rings in Trees as Records of Major Volcanic Eruptions, Nature 307, 1984,121-126.

Mitton (Hrsg.), Astronomie (1989) =
S. Mitton (Hrsg.), Cambridge Enzyklopädie der Astronomie (München 1989).

Mommsen, Archäometrie (1986) =
H. Mommsen, Archäometrie (Stuttgart 1986).

Olsson in: Åström (Hrsg.), High, Middle or Low II (1987) =
I. U. Olsson, Carbon-14 Dating and the Interpretation of the Validity of Some Dates from the Bronze Age in the Aegean, P. Åström (Hrsg.), High, Middle or Low ?, Acts Internat. Coll. Absolute Chronology Uni. Gothenburg, 1987, Part II, Studies in Mediterranean Archaeology and Literature, Pocket-book 57 (Göteborg 1987) 4-38.

Palais / Sigurdsson in: Berger et al. (Hrsg.), Climate Change (1989) =
J. M. Palais / H. Sigurdsson, Petrologic Evidence of Volatile Emissions from Major Historic and Pre-Historic Volcanic Eruptions, A. Berger / R.E. Dickinson / J. W. Kidson (Hrsg.), Understanding Climate Change, Geophysical Monograph 52, IUGG 7 (Washington 1989), 31-53.

Pearson / Stuiver, Radiocarbon 35, 1993 =
G. W. Pearson / M. Stuiver, High-Precision Bidecadal Calibration of the Radio-carbon Time Scale, 500-2500 BC, Radiocarbon 35, 1993, 25-33.

Post, Crisis (1977) =
J. D. Post, The Last Great Subsistence Crisis in the Western World (Baltimore / London 1977).

Preston et al., Science 122, 1955 =
R. S. Preston / E. Person / E. S. Deevey, Yale Natural Radiocarbon Measurements II, Science 122, 1955, 954-960.

Pyle in: Hardy / Renfrew (Hrsg.), Thera and the Aegean World III / 3 (1990) =
D. M. Pyle, The Application of Tree-Ring and Ice-Core Studies to the Dating of the Minoan Eruption, in: D. A. Hardy / A. C. Renfrew (Hrsg.), Thera and the Aegean World III / 3, Chronology, Proceedings of the Third International Congress, Santorini, Greece, 3 - 9 September 1989 (London 1990) 167-173.

Quenzel in: Schubert / Quenzel (Hrsg.), Klima (1997) =
H. Quenzel, Mensch und Klima, Klima und Mensch, V. Schubert / H. Quenzel (Hrsg.), Klima und Mensch (St. Ottilien 1997) 11-30.

Robinson, Erdgewalten (1994) =
A. Robinson, Erdgewalten (Köln 1994).

Roenneberg in: Schubert / Quenzel (Hrsg.), Klima (1997) =
T. Roenneberg, Jahresrhythmus der menschlichen Reproduktion, V. Schubert / H. Quenzel (Hrsg.), Klima und Mensch (St. Ottilien 1997) 177-185.

Sagan, Kosmos (1982) =
C. Sagan, Unser Kosmos (München 1982).

Sauberer, Wetter (1948) =
F. Sauberer, Wetter, Klima und Leben – Grundzüge der Bioklimatologie (Wien 1948).

Schoch, Chronologie (1995) =
M. Schoch, Die minoische Chronologie – Möglichkeiten und Grenzen konventio-
neller und naturwissenschaftlicher Methoden, Documenta naturae 94 (1995).

Schoch, Thetis 4, 1997 =
M. Schoch, Die naturwissenschaftlichen Datierungen des spätbronzezeitlichen
Vulkanausbruchs von Santorin – Eine kritische Diskussion, Thetis 4, 1997, 51-62.

Schönwiese in: Schubert / Quenzel (Hrsg.), Klima (1997) =
C.-D. Schönwiese, Klimaschwankungen der letzten 200 Jahre – Trends, Ursachen
und Auswirkungen, V. Schubert / H. Quenzel (Hrsg.), Klima und Mensch (St.
Ottilien 1997) 31-55.

Sear et al., Nature 330, 1987 =
C. B. Sear / P. M. Kelly / P. D. Jones / C. M. Goodess, Global Surface-Temperature
Responses to Major Volcanic Eruptions, Nature 330, 1987, 365-367.

Skiba et al., Nature 337, 1989 =
U. Skiba / M. S. Cresser / R. G. Derwent / D. W. Futty, Peat Acidification in
Scotland, Nature 337, 1989, 68-69.

Sonnabend, Naturkatastrophen (1999) =
H. Sonnabend, Naturkatastrophen in der Antike – Wahrnehmung, Deutung,
Management (Stuttgart / Weimar 1999).

Tauber, Radiocarbon Supplement 2, 1960 =
H. Tauber, Copenhagen Natural Radiocarbon Measurements III – Corrections to
Radiocarbon Dates Made with the Solid Carbon Technique, American Journal of
Science – Radiocarbon Supplement 2, 1960, 5-11.

Weischet, Klimatologie (1991) =
W. Weischet, Einführung in die Allgemeine Klimatologie (Stuttgart 1991).

Wesp, Klima (1992) =
U. Wesp, Ist unser Klima noch zu retten ? (Bergisch Gladbach 1992).

Zielisnki et al., Science 264, 1994 =
G. A. Zielinski / P. A. Mayewski / L. D. Meeker / S. Whitlow / M. S. Twickler / M.
Morrison / D. A. Meese / A. J. Gow / R. B. Alley, Record of Volcanism Since 7000
B.C. from the GISP2 Greenland Ice Core and Implications for the Volcano-Climate
System, Science 264, 1994, 948-952.

Zimmermann in: Schubert / Quenzel (Hrsg.), Klima (1997) =
K. F. Zimmermann, Klima und ökomomische Aktivität, V. Schubert / H. Quenzel
(Hrsg.), Klima und Mensch (St. Ottilien 1997) 209-240.

Verzeichnis der zitierten Internet-Seiten:

-http://norvol.hi.is/hekla.html
-http://volcano.und.edu/vwdocs/Gases/chichon.html
-http://volcano.und.edu/vwdocs/Gases/climate.html
-http://volcano.und.edu/vwdocs/Gases/eruptions.html
-http://volcano.und.edu/vwdocs/Gases/laki.html
-http://volcano.und.edu/vwdocs/Gases/tambora.html
-http://volcano.und.nodak.edu/vwdocs/eruption_scale.html
-http://volcano.und.nodak.edu/vwdocs/Gases/nino.html
-http://volcano.und.nodak.edu/vwdocs/volc_images/europe_west_asia/laki.html
-http://volcano.und.nodak.edu/vwdocs/volc_images/europe_west_asia/more_hekla.html
-http://volcano.und.nodak.edu/vwdocs/volc_images/north_america/mexico/elch2.html
-http://volcano.und.nodak.edu/vwdocs/volc_images/southeast_asia/indonesia/tambora.html
-http://www.geo.ed.ac.uk/tephraexe/ice_geol?TEPHRA=194
-http://wwwghcc.msfc.nasa.gov/lidar.html
-http://www.iceland.de/hekla.html

Synchronismen zwischen Mesopotamien, der Levante und Ägypten in der 2. Hälfte des 4. Jts. v. Chr.

Das zeitliche Verhältnis der Uruk-Kultur und Protoelams zur Negade-Kultur

Uwe Sievertsen

Die frühgeschichtlichen Kontakte zwischen Ägypten und Vorderasien haben seit ihrem erstmaligen archäologischen Nachweis vor etwa 100 Jahren sowohl in der Ägyptologie als auch in der Vorderasiatischen Altertumskunde eine Vielzahl an Deutungsversuchen hervorgerufen. Nachdem in den sechziger, siebziger und achtziger Jahren des 20. Jhs. spektakuläre Neufunde insbesondere in den peripheren Verbreitungsgebieten der Uruk-Kultur, aber auch der protoelamischen Zivilisation, in Iran, Nordsyrien und Südostanatolien unser Wissen entscheidend bereichert haben[1], waren es in der jüngsten Vergangenheit verstärkt Entdeckungen in den prädynastischen Zentren Ägyptens, allen voran Buto[2] und Abydos[3], die die Diskussion immer wieder angefacht haben. Im einzelnen geht es in den Erörterungen und Interpretationen der archäologischen Befunde um verschiedenartige, z. T. schon sehr früh erstmals thematisierte Fragen und Aspekte kultureller Berührung und Einflußnahme, die ihre Grundlage formenden Verkehrsrouten, Kommunikationsnetze und Austauschsysteme geistigen wie materiellen Guts sowie nicht zuletzt die Problematik der relativen und absoluten Chronologie. Hiermit hat sich auch Wolfram Nagel in seinen Arbeiten wiederholt befaßt[4].

Ausgangspunkt des vorliegenden Beitrags ist ein wichtiger, kürzlich von Alexander Joffe publizierter Artikel in der Zeitschrift Current Anthropology, der zweifellos eine breite Leserschaft insbesondere im englischsprachigen Raum

---

[1] Vgl. Carter / Stolper, Elam (1984) 5-9, 112-132; Amiet, L'âge des échanges inter-iraniens (1986) 47-119; Sürenhagen in: Weiss (Hrsg.), Origins of Cities (1986) 7-43; Algaze, Uruk World System (1993); Lupton, Stability and Change (1996); Potts, Archaeology of Elam (1999) 52-84; Rothman (Hrsg.), Uruk (2001); Postgate (Hrsg.), Artefacts of Complexity (2002).

[2] Way, MDAIK 43, 1987, 241-257; Way, Buto I (1997); Faltings in: Guksch / Polz (Hrsg.), Festschrift Stadelmann (1998) 35-45; Köhler, Buto III (1998).

[3] Dreyer, Umm el-Qaab I (1998); Hartung, Umm el-Qaab II (2001).

[4] Nagel, Bauern- und Stadtkulturen (1964) 263f. Tab. IX; Nagel, APA 4, 1973, 33-74.

erreichen wird[5]. Joffe nimmt darin ein neues chronologisches Schema, das 1998 in Santa Fe, New Mexico gelegentlich eines Kolloquiums der School of American Research für die archäologischen Perioden des späten 5. und des 4. Jts. v. Chr. in der kulturgeographischen Großregion Mesopotamien (>>Greater Mesopotamia<<) entwickelt worden ist[6], zum Anlaß, grundlegende Korrekturen auch in bezug auf die Rekonstruktion der zeitlichen Abläufe in den frühen Beziehungen zwischen den Kulturen Ägyptens und Vorderasiens vorzunehmen. Seine Darlegungen, die nicht nur den unmittelbaren Bereich der Chronologie betreffen, sollen, da sie sich von anderen in der jüngeren Literatur zu diesem Thema vertretenen Auffassungen nicht unwesentlich unterscheiden, im folgenden etwas ausführlicher referiert werden. Erst anschließend soll zu ihnen im einzelnen Stellung bezogen werden.

In der von Joffe verwendeten, in sehr hohem Maße auf C14-Daten beruhenden revidierten Chronologie für Greater Mesopotamia werden die Perioden von der ausgehenden Ubaid- bis zur Späturuk-Zeit mit den Bezeichnungen Late Chalcolithic (bzw. LC) 1 bis 5 versehen, wobei man einen dieser Abfolge entsprechenden absoluten Datierungsrahmen von ca. 4200 v. Chr. bis 3000 v. Chr. angesetzt hat. In Verbindung hiermit wird das kulturelle Phänomen der ‚Uruk-Expansion'[7], welches von maßgeblicher Bedeutung auch für das Zustandekommen der Kontakte zwischen den frühen Hochkulturen des Zweistromlandes und des Niltals gewesen ist, als längerer Prozeß von über 600 Jahren Dauer betrachtet, der sich in mehrere Abschnitte und zumindest zwei Hauptphasen untergliedern läßt. Für das frühe Ägypten führt Joffe weiterhin verfeinerte Radiocarbon-Messungen und neuere archäologische Untersuchungen an, die bezüglich der prädynastischen und frühen dynastischen Perioden Anhaltspunkte für vergleichsweise hohe Datierungen bieten[8]. Er schlußfolgert, daß es unter Zugrundelegung einer gelängten ägyptischen Chronologie der prädynastischen Zeit nicht möglich sei, alle ägyptischen Kontakte mit der Uruk-Kultur um ca. 3400 v. Chr.

---

[5]   Joffe, Current Anthropology 41, 2000, 113-123.

[6]   Vgl. Rothman (Hrsg.), Uruk (2001) 5-8 Tab. 1, 1-2.

[7]   Zu dem unter dem Begriff ‚Uruk-Expansion' verstandenen, sehr vielschichtigen archäologischen Fragenkomplex sei hier stellvertretend lediglich Algaze, Uruk World System (1993), angeführt. Kritische Auseinandersetzungen mit dieser Arbeit und dem dort unter Bezugnahme auf Immanuel Wallersteins Studie zur Entstehung der kapitalistischen Weltwirtschaft im 16. Jh. n. Chr. für die Beschreibung und Interpretation frühgeschichtlicher Austauschmechanismen verwendeten Weltsystem-Modell, speziell auch dem Postulat wirtschaftlicher Abhängigkeit der Peripherie vom Zentrum, finden sich bei Stein, Rethinking World-Systems (1999), und Kümmel, Frühe Weltsysteme (2001).

[8]   Joffe, Current Anthropology 41, 2000, 113.

anzusetzen, der von ihm angenommenen absoluten Datierung der Negade IIc/d-Zeit[9] und der älteren Expansionsphase der Uruk-Zivilisation.

In Ägypten sei in Negade IIc/d durch die Ausbreitung der Negade-Kultur nach Norden zwar bereits ein kultureller Angleichungsprozeß in Gang gekommen, doch bleibe zweifelhaft, ob schon größere Partien des Niltals auch politisch geeint waren. Vielmehr deute manches darauf hin, daß seinerzeit in Oberägypten mehrere politische Zentren, darunter insbesondere This/Abydos, Hierakonpolis und Negade, nebeneinander bestanden hätten. Joffe konzediert in diesem Zusammenhang durchaus, daß einige Erscheinungen im archäologischen Befund Ägyptens, die vorderasiatischen Einfluß erkennen lassen, so etwa ikonographische und stilistische Anleihen in der Bildkunst, bereits in Negade IIc/d auftreten. Der ägyptischen Elite habe nachgerade im Bereich des funerären Rituals, das sich damals immer stärker entfaltete, die Adaption fremder Techniken und Motive – neben Mesopotamica häufig auch Elamica – in Verbindung mit spezifischen Luxusgütern als symbolischer Ausdruck ihrer kultisch-religiösen Vorrangstellung gedient[10]. Die markanten, sowohl in monumentaler Ziegelbauweise als auch in bildlichen Darstellungen (Abb. 1) überlieferten nischengegliederten Fassaden der ägyptischen Frühzeit, für die eine Übernahme aus der Architektur des Vorderen Orients bereits 1924 von Henri Frankfort postuliert worden ist[11], möchte Joffe mit jenem Zeithorizont allerdings nicht in Verbindung bringen. Hiergegen spreche deren, wie Joffe es sieht, vergleichsweise

---

[9]   Das hier benutzte chronologische Schema der prädynastischen Zeit in Ägypten orientiert sich maßgeblich an Kaiser, Archaeologia Geographica 6, 1957, 69-77. Die dort vorgeschlagene Phaseneinteilung der Negade-Kultur besitzt in ihren wesentlichen Punkten bis heute Gültigkeit. Allerdings deutet die in der Zwischenzeit erfolgte computergestützte Seriation von Keramik aus einigen Friedhofs- und Siedlungskontexten des Negade-Horizonts darauf hin, daß ein kultureller Wandel weniger zwischen Negade I und II als zwischen Negade IIa/b und c/d stattgefunden hat. Dies korrespondiert in mancher Hinsicht mit den Ergebnissen der Untersuchungen von Hartung, Umm el-Qaab II (2001) 341-343, 385 f., zu den prädynastischen Beziehungen zwischen Ägypten und Vorderasien. Auch ist in jüngerer Vergangenheit von Hendrickx in: Spencer (Hrsg.), Aspects of Early Egypt (1996) 36-69, unter Bezugnahme auf einen ersten entsprechenden Vorstoß bei Kaiser, MDAIK 46, 1990, Abb. 1, eine Ausdehnung der Negade-Phasengliederung auf bestimmte Abschnitte der frühdynastischen Zeit angeregt worden. Zum gegenwärtigen Stand der Forschung vgl. im einzelnen Hartung, Umm el-Qaab II (2001) 245 f.
[10]   Der ursprüngliche Kontext und Sinngehalt der übernommenen Elemente spielte hierbei keine entscheidende Rolle mehr, die Bildmotive wurden vor einem ägyptischen Hintergrund umgedeutet.
[11]   Frankfort, Early Pottery I (1924) 124 f.

spätes Auftreten, vornehmlich in der 1. und 2. Dynastie[12]. Es sei unwahrscheinlich, daß die Beeinflussung durch die charakteristischen Bauformen der Uruk-
Kultur erst mit einer Verzögerung von 300-400 Jahren im ägyptischen Befund
manifest geworden sei. Naheliegender sei es, eine Entlehnung des Nischenschmucks sowie seine Übertragung auf die ägyptische Funerärarchitektur
während einer zweiten Phase der Uruk-Expansion, die Joffe zeitgleich mit der
sukzessiven Ausformung des ägyptischen Gesamtstaates in Negade IIIb um
3100 v. Chr. ansetzt, in Betracht zu ziehen (Tab. I)[13].

Großregion Mesopotamien	Ägypten	Absolute Datierung
Late Chalcolithic 4 Späte Mitteluruk-Zeit Ältere Uruk-Expansions-phase	Negade IIc/d-Zeit	ca. 3400 v. Chr.
Late Chalcolithic 5 Späturuk-Zeit Jüngere Uruk-Expansions-phase	Negade IIIb-Zeit – Dynastie 0	ca. 3100 v. Chr.

Tab. I: Frühzeitliche Synchronismen zwischen Mesopotamien und Ägypten
nach Joffe

Die Herrscher der heute mehr und mehr an Kontur gewinnenden ‚0.
Dynastie‘ bedienten sich, wie Joffe im Detail ausführt, verschiedener Mittel zur
Förderung der staatlichen Integration. Hierzu sind die Einrichtung einer
archaischen Form der Buchführung in der Verwaltung, die Installation von
Handelsniederlassungen an Orten in der südlichen Levante[14] und eine suggestive
Ikonographie der Macht in Kunst und Architektur zu zählen. Speziell das Motiv
der Nischengliederung als Signum an spezifischen Objekten sowie – archäologisch belegt erst ab Aha[15] – distinktiven Bauwerken wie Palästen und Grab-
monumenten habe in Ägypten in verschiedener Weise diesseitige wie auch jen-
seitige königlich-religiöse Autorität symbolisiert. Wo Verwendung für sie bestand, seien so in diversen Bereichen des Staatswesens und der Elitekultur

---

[12]   Vgl. im einzelnen Joffe, Current Anthropology 41, 2000, 116 f., der Belege der
ägyptischen Nischengliederung von der prädynastischen Zeit bis in die Epoche des Alten
Reichs aufführt, darunter Beispiele aus der Diesseits- und Funerärarchitektur,
Verzierungen an Werken der Kleinkunst sowie Wiedergaben auf beinernen
Buchungstäfelchen, Keramikgefäßen und Grabstelen.

[13]   Joffe, Current Anthropology 41, 2000, 116 Abb. 1.

[14]   Hierzu zuletzt ausführlich Hartung, Umm el-Qaab II (2001) 361-378. 381 f.

[15]   Vgl. Hartung, Umm el-Qaab II (2001) 326.

vorderasiatische Anregungen aufgegriffen und den lokalen Gegebenheiten ange-
paßt worden. Die prägenden Konstanten der autochthonen Kultur Ägyptens wie
etwa die Betonung von Totenritual und Königsideologie wären hiervon jedoch
allenfalls marginal berührt worden. In der von Joffe postulierten zweiten Phase
in den Beziehungen Ägyptens zum urukzeitlichen Vorderasien hätte sich im Niltal mithin bereits eine bedeutende Herrschaftsmacht etabliert. Diese habe landes-
weit und darüber hinaus Einfluß ausgeübt, bis schließlich an der Schwelle zur
dynastischen Zeit unter dem wohl kurz vor 3000 v. Chr. anzusetzenden Herrscher Narmer die Expansion der Negade-Kultur nach Norden ihren offenkundi-
gen Abschluß fand[16].

Die Annahme zweier Hauptphasen des Kontakts um 3400 und 3100 v. Chr.
ist Joffe zufolge geeignet, die Art der Beeinflussung Ägyptens durch die Uruk-
Kultur in besonderer Weise deutlich werden zu lassen. Der ältere Horizont der
Uruk-Expansion in Nordmesopotamien, Syrien und Südostanatolien, welcher
insbesondere durch die Grabungen in Tell Sheikh Hassan, Qraya, Tell Brak und
Hacinebi dokumentiert ist, zeichne sich noch nicht durch das komplexe Sied-
lungsnetzwerk des späteren Horizonts aus, ebenso wie auch in Ägypten die politischen Strukturen in Negade II noch ein geringeres Maß an Integration als unter
der Dynastie 0 zu erkennen gäben. Die Beziehungen zwischen dem syromesopo-
tamischen Raum und dem Niltal seien zunächst auch nur von geringem Umfang
gewesen. Demgegenüber wäre die zweite Welle der Uruk-Expansion gemäß
Joffe in eine geschichtliche Phase gefallen, in der die Einigung Ägyptens bereits
weit vorangeschritten war. In Südpalästina hätten sich damals unter offizieller
Kontrolle stehende ägyptische Siedlungen herausgebildet, während gleichzeitig
in Syrien und Anatolien ein weiträumiger Verbund von Siedlungen der Uruk-
Kultur wie Habuba Kabira-Süd und Djebel Aruda Gestalt angenommen habe.

Inwieweit die Entwicklung des ägyptischen Schriftsystems letztlich auf vorderasiatische Anregung zurückgehe, müsse, so Joffe, dem Urteil von Spezia-
listen überlassen bleiben (Abb. 2)[17]. In ihrer Siegelpraxis jedenfalls hätten die
Ägypter sich, anders als die zeitgenössischen Bewohner der Levante, die mit
ihren Siegeln vorzugsweise die Oberfläche von Gefäßen verzierten, unmittelbar

---

[16]   Joffe, Current Anthropology 41, 2000, 114. 117. 119.
[17]   Vgl. zur frühen Schriftentwicklung zuletzt Kahl, Hieroglyphenschrift (1994);
Postgate et al., Antiquity 69, 1995, 459-480; Pittman in: Cooper / Schwartz (Hrsg.),
Study of the Ancient Near East (1996) 24-28; Dreyer, Umm el-Qaab I (1998) 181 f.;
Dreyer in: Grimm / Schoske, Beginn der Zeit (2000) 12-15; Hartung, Umm el-Qaab II
(2001) 6 f. 230-232; Wilkinson in: Postgate (Hrsg.), Artefacts of Complexity (2002) 244.

am mesopotamischen Usus orientiert, indem sie ihre Zylinder auf Tonverschlüssen abrollten[18].

Der Kontakt mit Ägypten dürfte gemäß Joffe dabei mutmaßlich in beiden Expansionsphasen der Uruk-Kultur über levantinische Seehäfen, insbesondere Byblos, erfolgt sein. Zwar gebe es in Byblos nur vereinzelte Objekte aus den Schichten des 4. Jts. v. Chr., die sich unmittelbar zur Absicherung dieser Annahme heranziehen ließen, doch könne das an der unzureichenden Grabungsmethodik und viele Fragen unbeantwortet lassenden wissenschaftlichen Dokumentation der Untersuchungen an jenem Ort liegen. Spätere Zeugnisse aus dem Alten Reich kündeten jedenfalls von der Bedeutung der Seeverbindung über Byblos. Vergleiche man allerdings auf der anderen Seite die Ausstrahlung der Uruk-Kultur auf die autochthonen Gesellschaften in Nordsyrien und Südostanatolien mit der Situation im Libanon und in Palästina, so müsse festgestellt werden, daß der Uruk-Einfluß auf diese Regionen nur schwer meßbar sei. Im Grunde ließen sich die Berührungen mit der Uruk-Zivilisation in den südlichen Gebieten der Levante bloß in der Imitation urukzeitlicher Gefäße und an einigen Glyptikerzeugnissen aufzeigen[19].

Zusammenfassend hebt Joffe die Vielfalt in den Beziehungen zwischen dem urukzeitlichen Vorderasien und dem jüngerprädynastischen und frühdynastischen Ägypten hervor. Mesopotamien und Südwestiran hätten der Hochkulturentwicklung im Niltal, auch wenn diese bereits lange vor der Negade II-Zeit eingesetzt habe, durchaus wichtige Impulse verliehen.

Viele der von Joffe in seinem auf umfangreicher Literaturrecherche basierenden Artikel vorgetragenen Einschätzungen und Interpretationen erscheinen plausibel und bedenkenswert. Lediglich sein zentrales Ansinnen, die Revision der Chronologie der frühgeschichtlichen Beziehungen Ägyptens und Syromesopotamiens, fordert unmittelbar zu Kritik und Widerspruch heraus. Insbesondere fällt auf, daß Joffe einigen bereits seit längerem feststehenden Eckpfeilern in der relativen Chronologie der Kontakte zu wenig Beachtung schenkt. Diese sollen deshalb im folgenden in den Mittelpunkt gerückt werden. Auf die absolute Chronologie der 2. Hälfte des 4. Jts. v. Chr., die zwar bei Joffe sehr stark betont

---

[18] Zu den bedeutenden Neufunden prädynastischer Siegelabrollungen aus Abydos und Negade (South Town) s. ausführlich Hartung, MDAIK 54, 1998, 187-217; Hartung, Umm el-Qaab II (2001) 216-238.

[19] Joffe, Current Anthropology 41, 2000, 118 f.

wird[20], jedoch im ganzen weniger sicher ist, soll demgegenüber nur kurz noch einmal am Ende des vorliegenden Aufsatzes eingegangen werden.

In den zahlreichen Beiträgen zu den frühen Synchronismen zwischen dem Niltal und Vorderasien, die in den vergangenen Jahren vorgelegt worden sind, beruhen die chronologischen Zuordnungen zumeist ganz wesentlich auf dem in der jüngsten Zeit durch aussagekräftige Neufunde maßgeblich bereicherten Denkmälerbestand. Dieser bietet nämlich durchaus präzise Anhaltspunkte für eine zeitliche Ordnung der frühzeitlichen Kulturkontakte zwischen dem Alten Orient und Ägypten, die zugleich nachhaltige Zweifel an den von Joffe vorgenommenen Korrelationen aufkommen lassen. Im einzelnen läßt sich der Denkmälerfundus in fünf verschiedene inhaltliche Kategorien einteilen:

1.) Vorderasiatische Stempel- und Rollsiegel in prädynastischen Fundkontexten Ägyptens;
2.) Vorderasiatische Motive in der prädynastischen Bildkunst Ägyptens;
3.) Importe bzw. formale Anklänge an syromesopotamische Keramik im prädynastischen Ägypten;
4.) Prä- und frühdynastische Architekturbefunde und -darstellungen in Ägypten, in denen man vorderasiatischen Einfluß erkannt hat;
5.) Prädynastische Schriftzeugnisse in Ägypten, hinter denen man vorderasiatische Anregungen zum Schriftgebrauch vermutet hat.

Unter den aufgeführten Kategorien soll der Akzent nachstehend auf die chronologisch besonders relevanten gelegt werden. Hierbei handelt es sich primär um die Glyptikimporte und die aus Vorderasien entlehnten Motive der Bildkunst. Hinzu kommen die Keramik und die mutmaßlich vorderasiatisch inspirierten Architekturzeugnisse und -darstellungen. Bezüglich der Schriftdenkmäler, die im Hinblick auf die Chronologiediskussion weniger aussagekräftig sind, sei indessen auf die oben in Fußnote 17 genannte Literatur verwiesen.

Glyptikimporte

Rollsiegel treten in Vorderasien erstmals während der Mitteluruk-Zeit auf und erfahren rasch eine sehr weite Verbreitung von Iran über Mesopotamien bis nach Syrien und Südostanatolien. Einige Exemplare gelangten auch nach Ägypten, wo sie ab der Wende von Negade IIb zu Negade IIc hauptsächlich in oberägyptischen, z. T. aber auch nubischen Friedhöfen belegt sind. Nahezu

---

[20] Entsprechendes gilt ebenfalls für das Joffes Ausführungen zugrunde liegende neue Chronologieschema bei Rothman (Hrsg.), Uruk (2001) 5-8 Tab. 1, 1-2.

gleichzeitig mit den ältesten Stücken, bei denen es sich noch um Importe
handelt, treten erste lokal in Ägypten hergestellte Rollsiegel auf[21].

Einen möglicherweise noch früheren Beleg für glyptische Einflüsse aus
Vorderasien in Ägypten bildet ein importiertes Stempelsiegel, das aus einem
wohl Negade IIb-zeitlich zu datierenden Grab in Naga ed-Der stammt (Abb.
3)[22], und etwa in diese Zeit fallen auch die ältesten Lapislazulifunde in
Ägypten[23]. Parallelen zu dem Stempelsiegel datieren in die Mittel- bzw. frühe
Späturuk-Zeit. Rainer Michael Boehmer hat sich auf dieser Grundlage für einen
ungefähren Synchronismus der Mitteluruk-Zeit und der frühen Späturuk-Zeit
mit Negade IIa und Negade IIb ausgesprochen. In der Sequenz des Eannabezirks
von Uruk entspräche dies etwa den Schichten VIII/VII bis IVc und in der Abfolge von Susa, Akropolis I, den Schichten 22 bis 19[24].

Entlehnung vorderasiatischer Motive in die prädynastische Bildkunst Ägyptens[25]

Von Bedeutung sind hier insbesondere zwei Denkmälergruppen des prädynastischen Ägypten, die reliefierten Messergriffe und die Prunkpaletten. Da die
vorderasiatische Motive aufweisenden Prunkpaletten offenbar im ganzen etwas
später als die Messergriffe datieren und bis unmittelbar an den Übergang zur
dynastischen Periode heranreichen[26], sollen sie zunächst außer Betracht bleiben.

Wichtige Neufunde reliefierter Messergriffe konnten in den vergangenen
Jahren im prädynastischen Friedhof U der Nekropole von Abydos gemacht
werden[27]. Die stratifizierten Fragmente datieren in die Negade IId-Zeit (Abb.
4)[28]. Sie lassen deutliche ikonographische und stilistische Parallelen zu zwei
weiteren, seit längerer Zeit bekannten Messergriffen mit vorderasiatischen Anleihen erkennen, dem Gebel el-Arak-Messer (Abb. 5) und dem Gebel et-Tarif-

---

[21]   Boehmer, AA, 1974, 495-514; Boehmer, Uruk – Früheste Siegelabrollungen (1999)
114-129; Hartung, Umm el-Qaab II (2001) 268 f.; Wilkinson in: Postgate (Hrsg.),
Artefacts of Complexity (2002) 241-243.
[22]   Vgl. im einzelnen Hartung, Umm el-Qaab II (2001) 268 Abb. 51a; Wilkinson in:
Postgate (Hrsg.), Artefacts of Complexity (2002) 243 f.
[23]   Boehmer, Uruk – Früheste Siegelabrollungen (1999) 128; Hartung, Umm el-Qaab II
(2001) 278-288. 296-298 Abb. 54.
[24]   Boehmer, Uruk – Früheste Siegelabrollungen (1999) 128 Tab. S. 120 f.
[25]   Zusammenfassend hierzu zuletzt Hartung, Umm el-Qaab II (2001) 327-336.
[26]   Vgl. Hartung, Umm el-Qaab II (2001) 329.
[27]   Dreyer in: Ziegler (Hrsg.), Ancien Empire égyptien (1999) 195-226.
[28]   Dreyer in: Ziegler (Hrsg.), Ancien Empire égyptien (1999) 203. 205-214 Abb. 10-12.

Messer (Abb. 6)[29]. Beide Stücke stammen aus dem Kunsthandel und ihre Datierung hat lange Zeit zwischen Negade IId und Negade IIIa geschwankt[30]. Aufgrund des Materials aus Abydos können die Messer jetzt zuverlässig der (frühen) Negade IId-Zeit zugewiesen werden[31].

Allerdings sind das Gebel el-Arak-Messer und das Gebel et-Tarif-Messer von besonders großem chronologischen Aussagewert, insofern als ihre aus Vorderasien entlehnten und mit ägyptischen Elementen kombinierten Motive und Stileigentümlichkeiten zwei verschiedenen Kunstperioden zuzuordnen sind. Zum einen datieren die Vorbilder frühsumerisch bzw. Susa II-zeitlich, wie etwa die Motive des Herrschertypus mit Rock und Lappenbart und der um Rosetten gewundenen Schlangen. Zum anderen entstammen die Prototypen aber auch der Kunstperiode der Susa III-Zeit, die in ihrem älteren Abschnitt mit der ‚Djemdet Nasr-Zeit‘ in Südmesopotamien zu korrelieren ist. Hier sind als Beispiele die Flächensegmentierung der Tierkörper auf dem Gebel et-Tarif-Messer[32] und die Hautfaltenstilisierung im Schulterbereich der Tiere auf dem Gebel el-Arak-Messer[33] zu nennen, beides Stileigentümlichkeiten, die auf Vorbilder in der Susa III-Glyptik zurückgeführt werden können[34]. Protoelamische Tierdarstellungen mit entsprechenden Stilmerkmalen treten bekanntlich nicht nur im elamischen Kernland auf, sondern sind auch an verschiedenen Handelsplätzen auf dem iranischen Plateau belegt[35].

---

[29] Bezüglich des Gebel et-Tarif-Messers vgl. bei Dreyer in: Ziegler (Hrsg.), Ancien Empire égyptien (1999) Abb. 10-12, insbesondere die Motive des Greifen und der um den Knauf geflochtenen Schlange sowie hinsichtlich des Gebel el-Arak-Messers die Jagdszenen und die Hautfaltenstilisierung an den Tierschultern.

[30] Vgl. Boehmer, AMINF 7, 1974, 24. 27. 36 f. Abb. 5 Taf. 2, 3; 3; 5, 3-4; 6, 1-2; Sievertsen, BaM 23, 1992, 51-53 Abb. 2 Taf. 1-3. Krauss, MDOG 127, 1995, 169 hat demgegenüber für das Gebel el-Arak-Messer noch eine Datierung >>später als Naqada IIIa<< angenommen.

[31] Dreyer in: Ziegler (Hrsg.), Ancien Empire égyptien (1999) 213f.; Boehmer, Uruk – Früheste Siegelabrollungen (1999) 128; Hartung, Umm el-Qaab II (2001) 330 f.

[32] Boehmer, AMINF 7, 1974, 19-24. Zu einem möglichen weiteren frühen Beleg der Körpersegmentierung auf einer abydenischen Siegelabrollung der Negade IId-Zeit siehe Hartung, Umm el-Qaab II (2001) 331 Abb. 41b.

[33] Sievertsen, BaM 23, 1992, 32-37.

[34] Einer Übernahme in umgekehrter Richtung, also aus der ägyptischen in die protoelamische Kunst, wie kürzlich vorsichtig von Hartung, Umm el-Qaab II (2001) 330-332, erwogen, stehen die breite räumliche und zeitliche Streuung der vorderasiatischen Belege sowie erkennbare Wurzeln des Susa III-Tierstils in der Susa II-Kunst, wozu Dittmann, AMINF 20, 1987, 59 Abb. 12, 9 Tab. V, zu vergleichen ist, entgegen.

[35] Vgl. hierzu Amiet, Glyptique mésopotamienne² (1980) Taf. 126, sowie ausführlich Amiet, L'âge des échanges inter-iraniens (1986) 47-119.

Die eigentümliche Verknüpfung unterschiedlich datierender Vorlagen könnte darauf hindeuten, daß die beiden Messergriffe in einer Zeit entstanden sind, als sich in Elam gerade der Übergang von Susa II zu Susa III vollzogen hat. Zugleich ist daran zu erinnern, daß sich in Südmesopotamien der mit Susa III parallellaufende Glyptikstil der Djemdet Nasr-Zeit nur geringfügig von dem der Urukzeit unterscheidet, weshalb man dort ja auch häufig von einer frühsumerischen Kunstepoche spricht, die die Schicht III des Eannabezirks von Uruk einschließt[36].

Entscheidend ist, daß die beiden Messergriffe vom Gebel el-Arak und Gebel et-Tarif aufgrund der aus Protoelam übernommenen Tierkörperstilisierung nicht älter als Susa, Akropolis I, Schicht 16 datiert werden können. Zusammen mit den neu entdeckten Messergrifffragmenten aus Abydos erlauben sie, wie kürzlich erst mit Nachdruck von Boehmer hervorgehoben, eine tragfähige Synchronisierung von Negade IId, der frühen Susa III-Zeit in Elam und der Djemdet Nasr-Zeit respektive Uruk Eanna III in Südmesopotamien[37]. Wenn aber, entsprechend den Ausführungen zuvor, Negade IIa/b mit der Mitteluruk-Zeit und der frühen Späturuk-Zeit zu verbinden ist, also mit Uruk VIII/VII bis Uruk IVc respektive Susa, Akropolis I, Schichten 22 bis 19, bedeutet dies zwangsläufig, daß mit der mittleren und jüngeren Späturuk-Zeit in Vorderasien, also mit Uruk IVb/a und Susa, Akropolis I, Schichten 18 bis 17, in Ägypten die Negade IIc-Zeit einhergegangen sein muß[38], in die auch das Grab 100 von Hierakonpolis mit seiner berühmten, auf vorderasiatische Vorbilder zurückgehenden Darstellung des ‚Herrn der Tiere' datiert[39].

---

[36] Siehe beispielsweise Strommenger, Mesopotamien (1962); Orthmann (Hrsg.), Der Alte Orient (1975).
[37] Vgl. Boehmer, Uruk – Früheste Siegelabrollungen (1999) 128, daneben aber auch schon Sievertsen, BaM 23, 1992, 53. Zur spezifischen Datierungsproblematik der Schicht Uruk Eanna III siehe Sievertsen, Pfeiler-Nischen-Architektur (1998) 244, sowie die dort zusammengestellte Literatur.
[38] Boehmer, Uruk – Früheste Siegelabrollungen (1999) 128.
[39] Kaiser, Archaeologia Geographica 6, 1957, 75; Dreyer in: Ziegler (Hrsg.), Ancien Empire égyptien (1999) 213; Hartung, Umm el-Qaab II (2001) 327.

Südmesopotamien	Elam	Ägypten
Mitteluruk- und frühe Späturuk-Zeit (Uruk VIII/VII-Uruk IVc)	Ältere Susa II-Zeit (Susa 22-19)	Negade IIa/b
Mittlere und jüngere Späturuk-Zeit (Uruk IVb/a)	Jüngere Susa II-Zeit (Susa 18/17)	Negade IIc
Djemdet Nasr-Zeit (Uruk III)	Frühe Susa III-Zeit (Susa 16)	Negade IId

Tab. II: Frühzeitliche Synchronismen zwischen Südmesopotamien, Elam und Ägypten nach Boehmer

Die Korrelation von Negade IId und Susa III ist für die relative Chronologie der frühgeschichtlichen Beziehungen zwischen Ägypten und Vorderasien mithin von fundamentaler Bedeutung. Sie zeigt, daß das Ende der Späturuk-Zeit in die Negade II-Zeit und nicht etwa in die Negade III-Zeit fällt. Umso mehr verwundert es, daß Joffe diesem entscheidenden Synchronismus und den verschiedenen Hinweisen auf Berührungen zwischen Ägypten und der Susa III-Kultur in seinen Ausführungen keinerlei Aufmerksamkeit zuteil werden läßt, denn seiner zeitlichen Verknüpfung einer jüngeren Phase der Uruk-Expansion mit der Dynastie 0 in Ägypten wird hierdurch die Basis entzogen.

Orte wie Habuba Kabira-Süd und Djebel Aruda, die den Höhepunkt des urukzeitlichen Fernhandels in Nordsyrien – d. h. Joffes späte Phase der Uruk-Expansion – markieren, datieren nach ihrer Keramik, Glyptik und Architektur im wesentlichen in die mittlere und jüngere Späturuk-Zeit, also Uruk IVb/a respektive Susa, Akropolis I, Schichten 18/17[40]. Nach dem oben Gesagten dürften sie etwa zeitgleich mit Negade IIc anzusetzen sein. In Tell Sheikh Hassan und an anderen Plätzen ist die Uruk-Expansion – respektive ihre ältere Phase – demgegenüber bis in die Mitteluruk-Zeit zurückverfolgbar[41].Dies steht in Einklang mit den frühesten Glyptikimporten im Niltal und einer Synchronisierung der Mitteluruk-Zeit und der frühen Späturuk-Zeit mit Negade IIa/b. Da die in das nordsyrisch-südostanatolische Handelsnetz integrierten Orte nirgends Susa III-Glyptik des charakteristischen Tierstils erbracht haben, sind

---

[40]   Vgl. Gut, Ninive (1995) 250 f. mit Anm. 680. 261 f. 285 Tab. 27; Sievertsen, Pfeiler-Nischen-Architektur (1998) 291-297; Boehmer, Uruk – Früheste Siegelabrollungen (1999) 119-122. 126 f.

[41]   Boese, Tell Sheikh Hassan I (1995) 188. 240-242. 254-256; Gut, Ninive (1995) 222. 261 f. 285 Tab. 27; Lupton, Stability and Change (1996) 119 Tab. A.1; Boehmer, Uruk – Früheste Siegelabrollungen (1999) 116 f. 121. 126.

die Anfertigung des Gebel el-Arak- und des Gebel et-Tarif-Messers sowie
Negade IId etwas, wenngleich nicht viel, jünger als Joffes späte Phase der Uruk-
Expansion anzusetzen. Letztere ist erkennbar vor Beginn der Djemdet Nasr-Zeit
in Südmesopotamien und der Susa III-Zeit in Elam an ihr Ende gekommen. Der
Handelskontakt zwischen Ägypten und Elam muß aufgrund der angesprochenen
Entlehnungen in die ägyptische Bildkunst jedoch auch in der Susa III-Zeit noch
fortbestanden haben, auch wenn es in dieser Epoche in Nordsyrien offensicht-
lich keine Handelsniederlassungen mehr gegeben hat, die denen der Späturuk-
Zeit vergleichbar wären, und die Handelswege jener Jahre von daher mehr noch
als während der Urukzeit im Dunkeln liegen.

Gewisse Anhaltspunkte mögen hier vielleicht aber der bereits von Joffe
angesprochene Hafenplatz Byblos sowie sein kulturelles Umfeld liefern. Obschon die Korrelation der archäologischen Befunde von Byblos mit den zeitgenössischen Kontexten in Mesopotamien, Elam, Syrien-Palästina und Ägypten
aufgrund der angewandten Grabungsweise in künstlichen Schichten und einer
wenig aussagekräftigen Publikation der Grabungsergebnisse nicht mit letzter
wünschenswerter Präzision durchgeführt werden kann, herrscht doch gegenwärtig leidlicher Konsens darüber, daß als die der jüngeren Urukzeit entsprechende Phase in der Sequenz von Byblos das vornehmlich in die zweite
Hälfte des 4. Jts. v. Chr. datierende ‚Énéolithique Récente' respektive Byblos
IIB mit seinem großflächig freigelegten Siedlungs- und Gräberbezirk anzusehen
ist (Abb. 7)[42].

---

[42]   Vgl. Dunand, Fouilles de Byblos V (1973) 213-332; Cauvin in: Matoian (Hrsg.),
Liban (1998) 42-46; Thalmann in: Matoian (Hrsg.), Liban (1998) 51; Philip in: Postgate
(Hrsg.), Artefacts of Complexity (2002) 218 f. Heinz, Altsyrien und Libanon (2002) 52-
55. 57. 66 f. Tab. 11. 12. 14, postuliert allerdings in Byblos für den betreffenden Zeitraum eine lang andauernde Siedlungsunterbrechung, doch stützt sie sich hierbei einzig
auf hypothetische Ausführungen bei Saghieh, Byblos (1983) 129, die lediglich eine
kurze Lücke in der stratigraphischen Sequenz und durchaus keinen mehrhundertjährigen
Hiatus in Betracht gezogen hat. Daß bezüglich der byblitischen Kulturschichtenabfolge
gerade am Ende des Énéolithique Récente noch Klärungsbedarf besteht, soll damit nicht
geleugnet werden. Auf die, wenngleich im einzelnen noch schwer zu bestimmende, so
doch gewiß nicht unbedeutende Rolle des Hafenplatzes im levantinischen Güteraus-
tausch des 4. Jts. v. Chr. haben beispielsweise Prag, Levant 18, 1986, 59-74, Moorey,
Eretz-Israel 21, 1990, 63 f. 67 f., Thalmann in: Matoian (Hrsg.), Liban (1998) 51, und
Wilkinson, Early Dynastic Egypt (1999) 163, hingewiesen. Als wichtiges Zeugnis speziell für Kontakte zwischen Byblos und dem prädynastischen Ägypten kann neben frühen Zedernholzbelegen aus Maadi und Badari heute auch der erst kürzlich im Labor erbrachte Nachweis von Zedernholz in Verbindung mit Kisten aus dem Negade IIIa2-zeit-
lichen Grab U-j von Abydos angeführt werden. Aus dem Grab stammen weiterhin Hunderte aus Palästina importierte Weingefäße. Vgl. Feindt / Fischer in: Dreyer, Umm el-
Qaab I (1998) 191 f. Tab. I; Grimm / Schoske, Beginn der Zeit (2000) 10; Hartung,

In Palästina geht mit dem Énéolithique Récente die FBZ I einher, in Ägypten nach allgemeinem Verständnis die Negade II bis III-Zeit[43]. Insbesondere zwischen Nordpalästina und dem Libanon lassen sich in dieser Zeit eine Reihe von Gemeinsamkeiten in der materiellen Kultur, etwa bei den Hausformen und der Siegelpraxis, feststellen[44]. Die auf das Énéolithique Récente folgende, vom Ausgräber Dunand als Übergangszeit angesprochene Phase Byblos III scheint bislang nicht klar faßbar zu sein[45]. Es folgt schließlich in Phase IV die ‚Première Installation Urbaine‘, die überwiegend ins 3. Jt. v. Chr. datiert wird. Ihr Beginn soll gemäß Muntaha Saghieh – bei der er als Horizont K1 erscheint – zeitlich der fortgeschrittenen 1. Dynastie in Ägypten entsprechen[46]. Erst im weiteren Verlauf des 3. Jts. v. Chr., d. h. später als die großen palästinischen Siedlungszentren, scheint Byblos, wohl maßgeblich auf dem Hintergrund des vor allem im Alten Reich beständig zunehmenden Kontakts mit Ägypten, eindeutig städtischen Charakter erlangt zu haben. Im Zentrum entstehen verschiedene Heiligtümer, darunter der Tempel der Ba‘alat Gebal, aus dem zahlreiche mit Pharaonennamen versehene Steingefäße geborgen werden konnten, und es kommt zur Errichtung von Fortifikationen. Während des 4. Jts. v. Chr. stellte Byblos

---

Umm el-Qaab II (2001) 7 f. 61 f. 65 f. 69 f. 310 f. 313-316. 341. 343. 384. Wenn Hartung S. 378 f., gleichwohl für die prädynastische Zeit bislang erst wenige Indizien engerer Beziehungen zwischen Ägypten und Byblos erkennen mag, könnte das darauf zurückzuführen sein, daß der Ort in jener Periode möglicherweise noch stärker nach Norden ausgerichtet war. Vgl. diesbezüglich jetzt auch die Hartungs Analyse in gewisser Weise ergänzenden Ausführungen bei Philip in: Postgate (Hrsg.), Artefacts of Complexity (2002) 219 f.

[43] Vgl. im einzelnen Saghieh, Byblos (1983) 129; Ben-Tor in: Miroschedji (Hrsg.), L'urbanisation de la Palestine (1989) 41-52; Stager in: Ehrich (Hrsg.), Chronologies I (1992) 30. 40 Abb. 16; Thalmann in: Matoian (Hrsg.), Liban (1998) 51; Philip in: Postgate (Hrsg.), Artefacts of Complexity (2002) 218 f. Generell siehe zur zeitlichen Verknüpfung des älterfrühbronzezeitlichen Palästina mit dem negadezeitlichen Ägypten Hartung, Umm el-Qaab II (2001) 354 f. Abb. 85.

[44] Ben-Tor in: Miroschedji (Hrsg.), L'urbanisation de la Palestine (1989) 44-50; Stager in: Ehrich (Hrsg.), Chronologies I (1992) 30; Ben-Tor in: Westenholz (Hrsg.), Seals and Sealing (1995) 73 f.

[45] Vgl. Saghieh, Byblos (1983) 129.

[46] Saghieh, Byblos (1983) 129 f. Anders Teissier, Iran 25, 1987, 42 f. 46 f. Abb. 13, die ausgehend vom glyptischen Befund einer Frühdatierung der Anfänge der Première Installation Urbaine zuneigt. Ben-Tor in: Miroschedji (Hrsg.), L'urbanisation de la Palestine (1989) 45 f., betont demgegenüber den Stellenwert der – bereits um 1900 durch Importfunde in oberägyptischen Gräbern der 1. Dynastie bekannt gewordenen – ‚Abydos-Ware‘ aus der Phase Byblos III für die Datierung des Énéolithique Récente und der Première Installation Urbaine.

demgegenüber noch eine präurbane Siedlung dar[47]. Nicht zuletzt die seinerzeit offenbar erst schwache Ausprägung sozialer Hierarchien innerhalb der levantinischen Gemeinwesen und somit fehlende lokale Machteliten mit nachhaltigem Bedarf an ‚conspicuous consumption' mögen aber ein wichtiger Grund dafür gewesen sein, daß in diesen Regionen die – durchaus vielfältigen und zeitlich sehr weit zurückreichenden – Berührungen mit den entwickelteren Zivilisationen des Nordens und Ostens im Vergleich zum negadezeitlichen Ägypten unauffälligere Spuren hinterlassen haben, die primär die Bereiche der Subsistenzökonomie und spezifischer Technologien in Keramik und Lithik betreffen[48].

Interessant sind gleichwohl einige in die Periode Énéolithique Récente und die Zeit der Première Installation Urbaine datierende Siegelmotive aus Byblos sowie weiterhin solche aus Nordpalästina, die, wie von verschiedener Seite betont worden ist, ikonographische und stilistische Entsprechungen zu glyptischen Befunden aus Elam aufweisen. An erster Stelle ist hier das ‚tête-bêche'-Motiv zu nennen, das ähnlich auch in Susa II und III belegt ist, doch auch miteinander verschmolzene Tierprotome, Greifen sowie noch einige weitere Sujets lassen sich anführen (Abb. 8)[49]. Gleichfalls erinnern die geometrischen Muster auf nordpalästinischen, libanesischen und westsyrischen Siegelungen vom Ende des 4. und aus dem Beginn sowie der Mitte des 3. Jts. v. Chr. teilweise an den sogenannten ‚Piedmont-Djemdet Nasr-Siegelstil'[50], der zeitlich und vielfach auch örtlich parallel zur figürlichen Susa III-Glyptik Protoelams an Fundplätzen im Iran, im Osttigrisland und in Nordmesopotamien nachgewiesen werden konnte[51]. Von daher liegt die Annahme nahe, daß einige der angesprochenen glyptischen Bezüge als Echo von Austauschsystemen zwischen Susa, Byblos und dem palästinischen Raum während der Susa III-Zeit aufzufassen sind. Von der Südlevante reichten die Verbindungen – auf bislang allerdings noch nicht

---

[47] Vgl. Saghieh, Byblos (1983) 129-131; Thalmann in: Huot et al. (Hrsg.), Naissance des cités (1990) 100-103; Margueron in: Acquaro et al. (Hrsg.), Biblo (1994) 18-27; Thalmann in: Matoian (Hrsg.), Liban (1998) 51 f.

[48] Siehe Philip in: Postgate (Hrsg.), Artefacts of Complexity (2002) 208-211. 219-221. 223-226.

[49] Vgl. Dunand, Byblia Grammata (1945) 25-70; Ben-Tor, Cylinder Seals (1978) 77 f. 94-96; Collon, First Impressions (1987) 24; Teissier, Iran 25, 1987, 27-53; Ben-Tor in: Westenholz (Hrsg.), Seals and Sealing (1995) 67 f. 71-74. Partiell abweichend argumentiert Matthews, Early Glyptic of Tell Brak (1997).

[50] Zur Piedmont-Djemdet Nasr-Glyptik siehe zuletzt ausführlich Pittman, Glazed Steatite Glyptic (1994); D. M. Matthews, Early Glyptic of Tell Brak (1997) 77-86.

[51] Collon, First Impressions (1987) 20-24. 141; Teissier, Iran 25, 1987, 35. 42 f. 47; Esse, Eretz-Israel 21, 1990, 27-34; Sievertsen, BaM 23, 1992, 49 f. Anders dagegen Ben-Tor in: Westenholz (Hrsg.), Seals and Sealing (1995) 69. 71. 74.

eindeutig bestimmbaren Routen zu Wasser oder Land[52] – weiter bis nach Ägypten, wo die oben schon angesprochenen Messergriffe und Paletten ihrerseits sehr klare Belege der Kontakte der Negade-Kultur zu Susa III bilden[53].

Susa und das weitverzweigte Susa III-zeitliche Handelsnetz im Iran könnten beispielsweise im Rahmen des Lapislazulihandels auch nach der Phase der Uruk-Expansion eine für die Levante und Nordostafrika weiterhin wichtige Rolle gespielt haben, obschon der Umfang des Lapislazuliimports im 4. Jt. v. Chr. andererseits auch nicht überschätzt werden sollte[54]. In Ägypten selbst fehlen bislang dem Piedmont-Djemdet Nasr-Stil unmittelbar an die Seite zu stellende Glyptikbefunde, wie ja auch die in Syrien-Palästina vielfach zu beobachtende Praxis der Siegelung von Keramikgefäßen[55] im Niltal gleicherweise unüblich war[56]. In Mesopotamien und Elam steht die Sitte der Gefäßsiegelung bis auf vereinzelte Importe[57] ebenfalls weitgehend isoliert da. Die bekannte Ausnahme der Keramiksiegelungen in den Siedlungen des Hamrin-Gebiets mag in dem Zusammenhang durchaus zu den raren Zeugnissen eines in der Richtung umgekehrten Kultureinflusses aus der Levante zählen, denn es steht ja außer Frage, daß die betreffenden Fundplätze im Bereich der alten Handelsrouten zwischen den östlichen Lagerstätten des Lapislazuli[58], der iranischen Hochebene, Elam, Syromesopotamien[59], der libanesischen Küste und Ägypten liegen[60]. Hierbei

---

[52]   Vgl. zu möglichen Handelswegen und -arten im einzelnen die Darlegungen bei Moorey, Eretz-Israel 21, 1990, 67 f.; Way, Untersuchungen (1993) 69-73; Pittman in: Cooper / Schwartz (Hrsg.), Study of the Ancient Near East (1996) 15-17; Hartung, Umm el-Qaab II (1998) 288. 297. 338 f. 342. 344. 377-379. 383. 385-387; Philip in: Postgate (Hrsg.), Artefacts of Complexity (2002) 207-226; Wilkinson in: Postgate (Hrsg.), Artefacts of Complexity (2002) 244 f.

[53]   Boehmer, AMINF 7, 1974, 19-24; Sievertsen, BaM 23, 1992, 32-37. 48-50.

[54]   Sicher spielten wie in späteren, durch Texte besser dokumentierten Zeiten archäologisch teilweise nur schwer nachweisbare Güter, darunter neben den immer wieder neu einschmelzbaren Metallen und Edelmetallen auch wertvolle Textilien, eine wichtige Rolle im Austausch. Zum Stellenwert des Lapislazuli in den Außenbeziehungen des frühzeitlichen Ägypten siehe im einzelnen Hartung, Umm el-Qaab II (2001) 296-298. 342. 344.

[55]   Vgl. ausführlich hierzu Ben-Tor, Cylinder Seals (1978) 101-104; D. M. Matthews, Early Glyptik of Tell Brak (1997) 90-94.

[56]   Siehe diesbezüglich zuletzt Hartung, Umm el-Qaab II (2001) 237 f.

[57]   Collon, First Impressions (1987) 24.

[58]   Nach neueren Materialuntersuchungen sind neben Badachschan in Nordostafghanistan als Herkunftsgebiete des archäologischen Fundmaterials auch Tadschikistan und Pakistan in Betracht zu ziehen. Vgl. Hartung, Umm el-Qaab II (2001) 286.

[59]   Vgl. für diese Region nun außerdem noch Pittman, Glazed Steatite Glyptic (1994) 55. 229 f., zu einigen in den letzten Jahren neu hinzu gekommenen Belegen für Gefäßsiegelungen aus dem Verbreitungsgebiet der Ninive V-Keramik. Ferner sei auf

datieren die zum Piedmont-Djemdet Nasr-Stil zu rechnenden Siegelungen aus dem Hamrin an den Anfang der frühdynastischen Zeit, d. h. sie sind mit einer bereits etwas weiter fortgeschrittenen Phase von Susa III zu korrelieren.

Auffällig ist, daß die zeitlich mit Negade IIc/d sowie weiterhin auch Negade IIIa korrespondierenden Kommunikationsnetze der Urukzeit und der Susa III-Zeit beide in eine Epoche fallen, in der der Austausch zwischen dem Niltal und dem levantinischen Raum offenbar maßgeblich von Kanaanäern, d. h. Nicht-ägyptern, organisiert war. Darin unterscheidet sich dieser Zeitabschnitt von der vorangehenden Epoche der Buto-Maadi-Kultur, als Unterägypter und Kanaanäer vermutlich in gleicher Weise an der Durchführung des Handels beteiligt waren, sowie der folgenden Epoche der späteren Negade III-Zeit mit ihren ägyptischen Karawanenstationen in Südpalästina, als die Ägypter den Handel mit Vorderasien weitgehend selbst übernommen hatten[61].

Zugleich ist dies der Zeitraum, in dem die Negade-Kultur nach Norden vordringt[62] und die Anzahl der Zeugnisse einer Ausstrahlung der mesopotamisch-elamischen Kultur auf verschiedene Bereiche der prädynastischen Zivilisation Ägyptens sehr stark zunimmt, um bald danach wieder deutlich zurückzugehen. Gut erkennbar ist die Varianz in der Intensität des Einflusses nicht zuletzt an distinktiven Veränderungen im keramischen Befund des Negade-Horizonts. So sind mesopotamisch inspirierte Gefäßtypen in Ägypten, aber auch dem zeitgenössischen Palästina, in Gestalt von Tüllengefäßen ab Negade IIc und in Form von Gefäßen mit dreieckigen Ösenhenkeln ab Negade

---

einen unlängst durch Yannai / Grosinger in: Philip / Baird (Hrsg.), Ceramics and Change (2000) 161 f. Abb. 9.8:13, bekannt gemachten Befund aus 'Ein Assawir hingewiesen, den auch Joffe, Current Anthropology 41, 2000, 118, schon anführt. Eines der Gräber von 'Ein Assawir soll neben Negade III-Gefäßen Keramik erbracht haben, die im Stil der Ninive V-Keramik ähnelt und die nach der petrographischen Analyse außerhalb der südlichen Levante angefertigt worden ist. Auch dieser Grabkontext könnte gegebenenfalls auf dem Hintergrund von Susa III-zeitlichen Handelskontakten zwischen Elam, Syromesopotamien und Ägypten eine plausible Erklärung finden.

[60] Vgl. Collon, First Impressions (1987) 24, und zur Möglichkeit einer westlichen Anregung der Gefäßsiegelungen im Hamrin-Gebiet Ben-Tor in: Westenholz (Hrsg.), Seals and Sealing (1995) 71.

[61] Vgl. hierzu im einzelnen die detaillierte Analyse von Hartung, Umm el-Qaab II (2001) 241. 384-388.

[62] Hartung, Umm el-Qaab II (2001) 386, hält es für denkbar, daß die Träger der Negade-Kultur den Kanaanäern vielleicht deshalb zunächst die Initiative beim Handel überließen, weil sie als Neuankömmlinge aus dem Süden die nördlichen Wegstrecken und Warenquellen nicht kannten sowie darüber hinaus angesichts der noch unsicheren Verhältnisse in Unterägypten das Risiko ausgedehnter Unternehmungen in jenem Raum und über dessen Grenzen hinaus scheuten.

IId nachweisbar, in Negade III sind entsprechende Formen jedoch bereits wieder rückläufig (Abb. 9). Parallel dazu treten in Ägypten ab Negade IIc palästinisch inspirierte Wellenhenkelgefäße auf[63]. In der Mehrzahl dürften die feststellbaren Entlehnungen dabei aus der archäologisch vielfältig bezeugten Verwendung von Keramik zum Transport, d. h. als Warenbehälter im Rahmen von Austausch- und Handelsaktivitäten, zu erklären sein.

Zweifellos hat ein Zusammenwirken unterschiedlicher Faktoren dazu beigetragen, daß sich in der späteren Negade II- und der beginnenden Negade III-Zeit abgesehen von den Bewohnern der südlichen Levante offenbar auch anderen Vorderasiaten in höherem Maße als in der Zeit davor und danach die Möglichkeit eröffnet hat, mit dem prädynastischen Ägypten in, je nachdem, direkten oder auch indirekten Kontakt zu treten. Um die in Beschaffenheit und Aussagekraft sehr verschiedenartigen Anhaltspunkte frühzeitlicher Beziehungen zwischen dem Alten Orient und Ägypten Mosaiksteinen gleich zu einem in sich stimmigen Bild der historischen Abläufe zusammenfügen zu können, sind auf jeden Fall aber weitere intensive Feldforschungen in Friedhöfen und Siedlungen erforderlich.

In Ägypten endet die Phase vergleichsweise umfänglicher ikonographischer und stilistischer Anleihen aus der vorderasiatischen Bildkunst in Negade IIIa. Danach scheinen, abgesehen von der weiteren Tradierung der – im wesentlichen bereits in Negade II erfolgten – Entlehnungen aus Frühsumer sowie Susa II und III auf den bekannten, reichdekorierten Schminkpaletten der Negade III-Zeit[64], nur noch vereinzelt erneut mesopotamische oder elamische Einflüsse in die ägyptische Kunst vorgedrungen zu sein. Ein mögliches Beispiel hierfür bilden kleine, in die Zeit der 1. Dynastie datierende elfenbeinerne Löwenfiguren aus dem Djer-Bezirk in Abydos[65]. Der Löwentypus zeichnet sich durch eine grazile Gestalt, einen hundeähnlichen Kopf und eine Schuppenmähne aus. Ähnlich begegnet er im Relief auch schon auf Prunkpaletten der ausgehenden prädynastischen Zeit (Abb. 10). Die ägyptischen Löwen finden eigentümlicherweise auffallende Parallelen in mesopotamischen Löwendarstellungen der Frühdynastisch II-Zeit, so etwa auf einer Lanzenspitze aus Tello (Abb. 11)[66].

---

[63] Vgl. zu den einzelnen Gefäßtypen ausführlich Hartung, Umm el-Qaab II (2001) 256-260. 263; Wilkinson in: Postgate (Hrsg.), Artefacts of Complexity (2002) 238-241.
[64] Zu den Paletten siehe allgemein Asselberghs, Chaos en Beheersing (1961); Ridley, Unification of Egypt (1973); Smith in: Friedman / Adams (Hrsg.), Studies Hoffman (1992) 235-246.
[65] Petrie, Royal Tombs II (1901) Taf. 6, 3-4.
[66] Vgl. Schweitzer, Löwe und Sphinx (1948) 11-23; Nagel, Bauern- und Stadtkulturen (1964) 263 f.; Sievertsen, BaM 23, 1992, 28-30. 53-56 Abb. 17 Taf. 7.

Will man den – in seinen Konsequenzen für die mesopotamische Chronologie ja keineswegs unproblematischen – Vergleich gelten lassen, würde dies
bedeuten, daß die Anfänge der frühdynastischen Zeit in Mesopotamien deutlich
vor den Beginn der 1. Dynastie in Ägypten zurückreichen. Gänzlich ausschlies-
sen läßt sich das unseres Erachtens angesichts der gesicherten Korrelation von
Negade IId und Susa III/Djemdet Nasr heute nicht mehr[67]. Die chronologische
Problematik liegt eher in der sich aus dem Synchronismus zwangsläufig ergebenden sehr langen Dauer der FD II/III-Zeit in Mesopotamien[68]. Sie ließe sich
zwar ein wenig entschärfen, sofern man hier ausnahmsweise einmal eine Entlehnung aus der ägyptischen in die vorderasiatische Bildkunst annehmen wollte,
doch ist das nicht sehr wahrscheinlich, da der vergleichsweise geringen Anzahl
ägyptischer Belege eine Fülle vorderasiatischer Löwendarstellungen im FD II-
Stil gegenübersteht[69].

Importe bzw. formale Anklänge an syromesopotamische Keramik im prädynastischen Ägypten

Belege für Keramikimporte oder Anklänge an Keramik aus dem syro-
mesopotamischen Raum[70] sind im prädynastischen Ägypten nach wie vor eher
spärlich vertreten und brauchen hier über das bereits Gesagte hinaus nicht weiter
erörtert werden (vgl. Abb. 9). Die Situation ist mithin grundsätzlich anders als
bei den palästinischen Importkeramiken und Anleihen. Es sei lediglich noch
darauf hingewiesen, daß der angebliche Nachweis 'Amuq F-verwandter
Keramik in der Phase Ia von Buto nach neueren Untersuchungen auf einem
Irrtum beruht, so daß diese keramische Parallele aus der Chronologiedebatte

---

[67] Der bei Payne, Iraq 30, 1968, 59. 61, und Hartung, Umm el-Qaab II (2001) 288,
angesprochene augenscheinliche Engpaß in der Lapislazuliversorgung Mesopotamiens
während der FD I-Zeit sollte dementsprechend auch nicht mit dem Aussetzen der Lapislazulifunde in Ägypten zwischen der 1. und 4. Dynastie zu korrelieren sein, sondern fiele
in die Negade III-Zeit. Er ist am ehesten vor dem Hintergrund des seinerzeit den Austausch dominierenden und insbesondere Südmesopotamien bis zu einem gewissen Grad
ausgrenzenden protoelamischen Handelsnetzes zu verstehen.

[68] An jenem Punkt berühren sich unmittelbar die Debatten um die Datierungsansätze
der frühgeschichtlichen Perioden und der historischen Perioden des späten 3. und frühen
2. Jts. v. Chr. in Mesopotamien, wie beispielsweise der Beitrag von Reade, JNES 60,
2001, 1-29, zeigt.

[69] Vgl. Sievertsen, BaM 23, 1992, 56. Hartung, Umm el-Qaab II (2001) 331 f., möchte
demgegenüber nicht nur für die mutmaßlichen FD II-, sondern auch für die Susa III-An-
klänge in der Negade-Kunst die Richtung des Einflusses in Frage stellen, was allerdings
ebenfalls mit der Belegsituation nicht in Einklang steht (s. o. Anm. 34).

[70] Siehe dazu zusammenfassend Hartung, Umm el-Qaab II (2001) 248-264 sowie ergänzend auch Wilkinson in: Postgate (Hrsg.), Artefacts of Complexity (2002) 238-241.
244.

ausscheidet. Die betreffenden Scherben zeigen keinen ‚reserved spiral slip', also keinen ausgewischten Dekor, wie es im Grabungsvorbericht zunächst geheißen hat[71], sondern vielmehr einen Dekor aus spiralförmig aufgetragener weißer Farbe[72]. Authentische Importe oder aber sehr wohlgelungene Nachahmungen von reserved spiral slip-Ware – und damit tatsächliche Anhaltspunkte für Kontakte mit der 'Amuq F-Kultur in Nordsyrien – sollen jedoch ab der Phase Buto IIIa, d. h. ab Negade IId2, vorliegen[73].

Prä- und frühdynastische Architekturbefunde und -darstellungen in Ägypten, in denen man vorderasiatischen Einfluß erkannt hat

Die Befunde aus dem Bereich der Architektur spielten in der Chronologiediskussion bis vor kurzem zumeist nur eine nachgeordnete Rolle. Da sie von Joffe sehr stark ins Zentrum gerückt worden sind[74] und darüber hinaus im ägyptologischen Schrifttum unlängst verschiedene Beiträge erschienen sind, die sich mit der frühen Monumental- respektive Nischenarchitektur im Niltal sowie der Frage nach ihrer Herkunft beschäftigen[75], sollen die baulichen Relikte und die zweidimensionalen Wiedergaben von Architektur im folgenden gleichwohl ebenfalls noch etwas eingehender behandelt werden. Ein Auslöser des zuletzt so großen Interesses an diesem Thema ist zweifellos auch die gestiegene Aufmerksamkeit, die die Archäologie heute dem semiotischen Aspekt antiker Bauwerke zuteil werden läßt[76].

---

[71] Vgl. Way, MDAIK 43, 1987, 247. 255 Abb. 2, 6; 3, 1-4, sowie ebenfalls noch Way, Buto I (1997) 101 f.

[72] Vgl. im einzelnen Faltings in: Guksch / Polz (Hrsg.), Festschrift Stadelmann (1998) 39-41; Hartung, Umm el-Qaab II (2001) 257. 324.

[73] Faltings in: Guksch / Polz (Hrsg.), Festschrift Stadelmann (1998) 43; Köhler, Buto III (1998) 37 f. Abb. 36 Taf. 68, 1-6 Farbtaf. 74; Hartung, Umm el-Qaab II (2001) 248. 262 f. 344; Philip in: Postgate (Hrsg.), Artefacts of Complexity (2002) 221; Wilkinson in: Postgate (Hrsg.), Artefacts of Complexity (2002) 244.

[74] Joffe, Current Anthropology 41, 2000, 116 f.

[75] Way in: Friedman / Adams (Hrsg.), Studies Hoffman (1992) 217-226; Way, Untersuchungen (1993) 75. 112-129; Wilkinson, Early Dynastic Egypt (1999) 224-229; Jiménez-Serrano, Göttinger Miszellen 183, 2001, 71-81; Brink, Göttinger Miszellen 183, 2001, 99-111; Hendrickx, Göttinger Miszellen 184, 2001, 85-110; Hartung, Umm el-Qaab II (2001) 324-327.

[76] Vgl. allgemein Preziosi, Architecture, Language, and Meaning (1979), sowie bezugnehmend auf die frühgeschichtliche Baukunst des Vorderen Orients und Ägyptens beispielsweise Pollock, Ancient Mesopotamia (1999) 175-181; Wilkinson, Early Dynastic Egypt (1999) 224-261. 277-279. 303-320; Collins, Uruk Phenomenon (2000) 29-45. 63 f.; RlA 9 (1998-2001) 585-589 s.v. Nischen, „Nischenarchitektur" (Miglus); Sievertsen, AoF 29, 2002, 307-329.

Mit Joffe soll dabei im folgenden die Grundüberzeugung geteilt werden, daß die Monumentalarchitektur der ägyptischen Frühzeit substantielle Anregungen aus dem vorderasiatischen Raum empfangen hat und speziell auch die ägyptische Nischenarchitektur auf mesopotamische Vorbilder zurückgeht. Entgegen Joffe wird hier jedoch die Auffassung vertreten, daß die Übernahme des Nischenschmucks bereits in oder jedenfalls beginnend ab Negade II erfolgt sein dürfte[77] und die Architekturbefunde von daher prinzipiell geeignet sind, die zuvor auf der Basis der Siegel und Messergriffe ermittelten Synchronismen zwischen Ägypten und Vorderasien zu erhärten.

Von Relevanz sind im vorliegenden Zusammenhang zunächst die archäologischen Untersuchungen in den prädynastischen Schichten der Hafenstadt Buto im westlichen Nildelta. Diese haben seit Mitte der achtziger Jahre eine Reihe von Ergebnissen gezeigt, welche anfänglich schlüssig auf eine während der Negadezeit erfolgte Übernahme des – für die Großarchitektur der Uruk-Kultur typischen – Wandschmucks aus Stiftmosaiken von Vorderasien nach Ägypten zu deuten schienen (Abb. 12 und 13 links)[78]. So haben die Grabungen unter anderem für die ursprünglich von dem Expeditionsleiter Thomas von der Way mit Negade IIb synchronisierte Phase Buto Ia ein rot poliertes Tonobjekt erbracht, das sich als ‚Grubenkopfnagel‘ identifizieren ließ, und für die Negade IIc/d-zeitliche Phase IIb sechs kleine Tonstifte, von denen einer am Stiftende noch Reste roter Farbe aufwies[79].

Dina Faltings hat jedoch unlängst Einwände gegen von der Ways Befundinterpretationen erhoben[80]. Insbesondere macht sie geltend, daß die Phase Buto Ia älter als Negade II datiert und damit der Zeit der Uruk-Expansion vorangeht[81]. Eine Deutung des Tonobjekts aus Phase Ia als Grubenkopfnagel scheidet für Faltings damit aus. Die Identifizierung der kleineren Tonobjekte aus Phase IIb als Tonstifte hält sie dagegen auch weiterhin für möglich[82]. Die mit Negade IIc/d, d. h. Orten wie Habuba Kabira-Süd und Djebel Aruda, zu korrelierende

---

[77] So auch Wilkinson, Early Dynastic Egypt (1999) 224 f.
[78] Vgl. namentlich Way, MDAIK 43, 1987, 247-250. 256 f.
[79] Way, MDAIK 43, 1987, 248 Abb. 3, 5-7. Taf. 40; Way in: Friedman / Adams (Hrsg.), Studies Hoffman (1992) 217-220 Abb. 2-4; Way, Untersuchungen (1993) 35 Abb. 19. 20, 1 Photo I. II; Way, Buto I (1997) 113 f. Taf. 57, 4. 6. 11. 13; XX, 1; Faltings in: Guksch / Polz (Hrsg.), Festschrift Stadelmann (1998) 40.
[80] Faltings in: Guksch / Polz (Hrsg.), Festschrift Stadelmann (1998) 39-43. Vgl. entsprechend auch Brink, Göttinger Miszellen 183, 2001, 100-103; Hartung, Umm el-Qaab II (2001) 324-327. 338 f. 384.
[81] Zu den noch nicht restlos geklärten chronologischen Problemen in Verbindung mit der Frühdatierung von Buto Ia siehe Hartung, Umm el-Qaab II (2001) 324. 338 f. 384.
[82] Faltings in: Guksch / Polz (Hrsg.), Festschrift Stadelmann (1998) 43.

Fundschicht der Stifte käme einer entsprechenden Interpretation ja auch durchaus entgegen. Acht weitere Tonstifte stammen darüber hinaus ebenfalls noch aus den jüngerprädynastisch bis frühdynastisch datierenden Schichten III und IV von Buto[83].

Es erscheint uns allerdings nicht ganz konsequent, einerseits Th. von der Ways Deutung der Tonstifte, zumindest prinzipiell, zu akzeptieren, gleichzeitig aber die des Grubenkopfnagels zurückzuweisen. Gerade auch im Falle des Grubenkopfnagels sticht schließlich trotz Engobe und Politur die große Ähnlichkeit mit den zum Vergleich herangezogenen Stücken aus Susa ins Auge (Abb. 13 Mitte und rechts)[84], denen eventuell weitere zeitgenössische Architekturschmuckelemente aus Chogha Mish an die Seite gestellt werden können (Abb. 14)[85]. Die von Faltings favorisierte alternative Deutung des Tonobjekts als Modellgefäß ist nicht wirklich überzeugend. Da es sich bei dem Tongegenstand aus Phase Ia um ein Einzelstück handelt, sollte man deswegen – zumindest solange kein schlagender Gegenbeweis vorgebracht werden kann[86] – gleichfalls die Möglichkeit in Betracht ziehen, daß er nachträglich verlagert worden sein könnte, etwa durch einen Tiergang. Faltings selbst greift in einem anderen Zusammenhang auf diese Erklärungsweise eines problematischen Befunds zurück[87]. Der Grubenkopfnagel mag also ursprünglich aus der gleichen Schicht wie die älteren Tonstifte, d. h. aus der mit Negade IIc/d korrelierbaren Phase IIb, stammen[88].

---

[83]   Way, Buto I (1997) 113 f. Taf. 57, 1. 2. 5. 7-9; Faltings in: Guksch / Polz (Hrsg.), Festschrift Stadelmann (1998) 37. 40; Köhler, Buto III (1998) 38 Abb. 36.

[84]   Way, MDAIK 43, 1987, Abb. 3, 8-9.

[85]   Delougaz / Kantor, Chogha Mish I (1996) 112 Taf. 127 B. F.

[86]   Sehr hypothetisch bleibt einstweilen auch die zuletzt von Wilde / Behnert, MDAIK 58, 2002, 447-460, auf der Grundlage von Vergleichen mit prähistorischen Funden aus Mitteleuropa sowie ethnographischen Materialien aus dem südlichen Niger vorgebrachte Deutung der butischen Tonobjekte als Stützen zur Trocknung und Formgebung frisch gesottenen Salzes im Rahmen eines antiken Salzsiedeprozesses. Eine Erklärungsmöglichkeit mag die zweifellos anregende Studie eher noch für einige der gröberen und unregelmäßiger gearbeiteten unter den erörterten Tonobjekten aus Buto, Heluan, Abydos und Elephantine – vgl. etwa Wilde / Behnert, MDAIK 58, 2002, Abb. 3 und Taf. 49 – darstellen, bezüglich derer auch auf Teitge apud Way, Buto I (1997) 232-238, verwiesen sei. Diesen Stücken läßt sich jetzt weiterhin noch neues Belegmaterial aus einem offenbar frühdynastischen Kontext des ‚Central Kom‘ von Tell el-Farkha im Ostdelta hinzufügen, wozu Chlodnicki / Cialowicz, PAM 12, 2001, 96 Abb. 12 unten rechts, zu vergleichen ist.

[87]   Faltings in: Guksch / Polz (Hrsg.), Festschrift Stadelmann (1998) 39 Anm. 29.

[88]   Entgegen Faltings in: Guksch / Polz (Hrsg.), Festschrift Stadelmann (1998) 43, besteht nun allerdings kein zwingender Grund, sämtliche vierzehn Tonstifte aus Buto ungeachtet ihrer in sechs Fällen älteren Fundlage erst in Schicht III und jünger anzu-

Daß Stiftmosaikgliederungen im prädynastischen Ägypten durchaus bekannt waren, dürfte auch unabhängig von dem Befund in Buto das berühmte und seit langem publizierte, von Bruce Williams jüngerprädynastisch datierte Felsrelief vom Gebel Sheikh Suleiman in Nubien bezeugen (Abb. 15)[89]. Es bildet eine Gebäudefassade bzw. ein ‚Serech‘ ab, das augenscheinlich die für die urukzeitliche Monumentalarchitektur Vorderasiens kennzeichnende Kombination aus Nischendekor und Tonflaschen- bzw. Grubenkopfnagelbändern aufweist[90]. Das Relief ist nach unserer Auffassung von daher auch in besonderer Weise geeignet, die schon früh von Henri Frankfort und Heinrich Balcz vertretene und danach von anderen Forschern übernommene These zu untermauern, daß die Wurzeln der ägyptischen Nischengliederung in Mesopotamien liegen[91].

Schließlich sei in dem Zusammenhang noch auf einen weiteren Punkt hingewiesen. Bislang scheint die Ziegelbauweise in Ägypten erst etwa ab der Negade IIc-Zeit sicher nachweisbar zu sein[92]. Sie tritt zunächst vorwiegend in Verbindung mit Elitearchitektur auf[93]. Dabei fällt auf, daß sie, ebenso wie die ägyptische Nischenarchitektur, von Beginn an in einer bereits sehr weit ausgereiften Form begegnet. Zum Vergleich sollte man sich die ältesten, noch sehr ungestalten, aus der Zeit um 8000 v. Chr. stammenden Belege für Lehmziegelarchitektur in Vorderasien in Erinnerung rufen[94]. Von daher stellt sich die Frage, ob nicht Ziegelbauweise, Nischengliederung – deren lange, viele Stufen umfassen-

---

setzen. Wenn in Schicht II von Buto bislang noch keine Lehmziegelarchitektur als potentieller Träger von Stiftmosaiken nachgewiesen werden konnte, sollte dies, das begrenzte Ausgrabungsterrain einmal beiseite gelassen, primär darauf zurückzuführen sein, daß die Lehmziegelbauweise in jener Zeit in Unterägypten vermutlich gerade erst eingeführt worden und deshalb noch relativ selten, vielleicht nur an Sonderbauten, anzutreffen war.

[89]   Williams, Excavations I (1986) 171; Murnane in: Williams / Logan, JNES 46, 1987, 282-284 Abb. 1 A- B; Wilkinson, Early Dynastic Egypt (1999) 177-179.

[90]   Vgl. Sievertsen, BaM 23, 1992, 60, und das dort auf Abb. 43 wiedergegebene frühsumerische Architekturmodell aus Uruk.

[91]   Frankfort, Early Pottery I (1924) 124 f.; Balcz, MDAIK 1, 1930, 38-92; Frankfort, AJSLL 58, 1941, 329-358; Kaiser in: Anonymus (Hrsg.), Mélanges Mokhtar II (1985) 32 f. Anm. 26; Way in: Friedman / Adams (Hrsg.), Studies Hoffman (1992) 221-223; Way, Untersuchungen (1993) 74 f. 112-129; Sievertsen, Pfeiler-Nischen-Architektur (1998) 303; Sievertsen, BaM 30, 1999, 12. Teilweise abweichende Auffassungen finden sich bei Arnold, Lexikon Baukunst (1994) 174 f.; Hendrickx, Göttinger Miszellen 184, 2001, 103-105.

[92]   Siehe Faltings in: Guksch / Polz (Hrsg.), Festschrift Stadelmann (1998) 43; Hendrickx, Göttinger Miszellen 184, 2001, 102.

[93]   Joffe, Current Anthropology 41, 2000, 117; Hendrickx, Göttinger Miszellen 184, 2001, 102.

[94]   Aurenche in: Frangipane et al. (Hrsg.), Palmieri Dedicata (1993) 71-85; Sauvage, La brique (1998) 87-102.

de Entwicklung in Mesopotamien ja gleichfalls bis ins 6. Jt. v. Chr. zurückverfolgt werden kann (Abb. 16)[95] – und Tonstiftdekor gemeinsam im Zuge des urukzeitlichen Güter- und Ideenaustauschs während der Negade II-Zeit, spätestens wohl ab Negade IIc, aus dem vorderasiatischen Raum nach Ägypten gelangt sein könnten.

Joffe möchte die Entlehnung des Nischenornaments, wie bereits näher ausgeführt, mit einer jüngeren, von ihm um 3100 v. Chr. angesetzten Phase der Uruk-Expansion in Verbindung bringen. In seinem Artikel hebt er auch nur relativ späte Belege der ägyptischen Nischenarchitektur hervor, die in die Zeit der 1. und 2. Dynastie oder unmittelbar davor datieren. Sie dienen ihm als Bestätigung seiner Einschätzung, nach der die Anregung zur Ausführung von Nischengliederungen nicht gleichzeitig mit den urukzeitlichen Siegeln und Bildkunstmotiven in der Zeit um 3400 v. Chr. nach Ägypten gelangt wäre, sondern erst etwa 300 Jahre darauf. Oben ist schon dargelegt worden, daß Joffes Korrelation der ausgehenden Späturuk-Zeit mit der Dynastie 0 und Negade III unzutreffend und seine Argumentation bereits von daher der Grundlage beraubt ist. Es verwundert jedoch auch, daß er den sehr wichtigen, da vergleichsweise frühen Beleg einer Nischengliederung auf einem Beintäfelchen aus dem Negade IIIa2-zeitlichen Grab U-j in Abydos (Abb. 17)[96], obwohl er ihn kennt und sogar abbildet[97], nicht angemessen berücksichtigt. Die von Joffe problematisierte, gegenüber den Glyptikimporten und Anleihen in der Bildkunst vorgeblich stark retardierte Adaption der Nischengliederung in der ägyptischen Architektur büßt durch dieses Zeugnis erheblich an Relevanz ein. Wenn bislang noch keine zweifelsfreien ägyptischen Belege für Nischengliederungen aus der Zeit vor Negade IIIa bekannt geworden sind, dürfte dies vornehmlich daraus zu erklären sein, daß aus jener frühen Epoche noch keine ausreichende Zahl auf größerer Fläche ergrabener Siedlungskontexte vorliegt[98]. Die für Ägypten charakteristische

---

[95]   Sievertsen, Pfeiler-Nischen-Architektur (1998) 300-306; Sievertsen, BaM 30, 1999, 7-20.

[96]   Dreyer, MDAIK 49, 1993, 35 Taf. 7j; Dreyer, Umm el-Qaab I (1998) 128. 139. 142. 144 Abb. 80, 127 Taf. 33, 127; Faltings in: Guksch / Polz (Hrsg.), Festschrift Stadelmann (1998) 35.

[97]   Joffe, Current Anthropology 41, 2000, 116 f. Abb. 3 links.

[98]   Eindeutig sind ägyptische Darstellungen von Nischengliederungen insbesondere in Gestalt von Serechmarken ab Negade IIIa2 bezeugt. Mögliche weitere, von Jiménez-Serrano, Göttinger Miszellen 183, 2001, 71. 76-78, angeführte Belege auf Gefäßen aus Maadi, die Negade IIc-zeitlich oder älter datieren, sind in ihrer Deutung gegenwärtig noch umstritten, wozu Brink, Göttinger Miszellen 183, 2001, 103-108, zu vergleichen ist. Bei der Diskussion der Ritzungen aus Maadi sollte allerdings zunächst im Vordergrund stehen, ob es sich um Wiedergaben von Nischenarchitektur handeln könnte, und nicht so sehr, ob die Ritzungen bereits Serechmarken darstellen.

Anbringung der Nischengliederung auch im Bereich der Funerärarchitektur ist ihrerseits sicherlich, wie gleichfalls Joffe hervorhebt[99], als sekundäre Entwicklung anzusehen. Anfänglich dürften die Nischengliederungen in Ägypten wie in Vorderasien lediglich als augenfällige Symbole einer diesseitigen Ikonographie der Macht gedient haben.

Absolute Chronologie der Uruk- und der Negade-Zeit

Abschließend soll noch kurz die Problematik der absoluten Chronologie der Uruk- und der Negade-Zeit angesprochen werden, die hier jedoch aufgrund der vielen Unsicherheiten, mit denen sie behaftet ist, ausdrücklich nicht im Mittelpunkt stehen soll. Boehmer hat die Sachlage in seiner Bearbeitung der archaischen Glyptik von Uruk zusammengefaßt[100]. Hiernach weisen die Boehmer zufolge mit Uruk IVc zu verbindenden C14-Daten der Holzproben aus dem ‚Tempel C‘ von Uruk übereinstimmend in das 35. Jh. v. Chr.[101]. Uruk IVc entspräche dabei gemäß dem zuvor Gesagten relativchronologisch in etwa Negade IIb. Jüngst gewonnene C14-Daten aus Ägypten liefern andererseits für Negade IId ebenfalls eine Datierung in die Mitte des 35. Jhs. v. Chr. und für Negade IIIa2 in die Mitte des 34. Jhs. v. Chr. Die im gleichen Labor wie die Hölzer aus Uruk untersuchten Proben aus dem Grab U-j von Abydos weisen dieses in die Zeit um 3320 v. Chr.[102].

Obwohl die ägyptischen C14-Daten im Verhältnis zueinander schlüssig sind, liegen sie gemäß Günter Dreyer mit Blick auf die rekonstruierbaren frühgeschichtlichen Abläufe im Niltal absolut ca. 100-150 Jahre zu früh[103]. Deutlich

---

[99] Vgl. Joffe, Current Anthropology 41, 2000, 116.

[100] Boehmer, Uruk – Früheste Siegelabrollungen (1999) 128. Vgl. daneben jetzt weiterhin die umfangreiche Bereitstellung und Diskussion von C14-Daten, darunter auch wichtiges neues Material, bei Wright / Rupley in: Rothman (Hrsg.), Uruk (2001) 85-122. Die C14-Daten bilden die Grundlage des von Rothman im gleichen Band auf den S. 5-8, vorgestellten neuen Chronologieschemas für die Region Großmesopotamien, bei dem unserer Auffassung nach jedoch der absoluten Chronologie etwas zu großes Gewicht beigemessen wird.

[101] Vgl. Boehmer / Dreyer / Kromer, MDAIK 49, 1993, 63-68. Zur aktuellen Einordnung des Tempels C in die archaische Schichtenabfolge von Eanna und zu Uruk IVc als kurzer Übergangsphase vgl. Boehmer, Uruk – Früheste Siegelabrollungen (1999) 34. 125f. 128; Wright / Rupley in: Rothman (Hrsg.), Uruk (2001) 91-93, zweifeln allerdings in ihrer Materialpräsentation die chronologische Aussagekraft der Proben aus dem Tempel C an und betonen, daß die Dachbalken, die die C14-Daten erbracht haben, älter als das Gebäude sein können, in dem die Balken verbaut worden sind.

[102] Boehmer / Dreyer / Kromer, MDAIK 49, 1993, 65-67; Görsdorf / Dreyer / Hartung, MDAIK 54, 1998, 175; Dreyer, Umm el-Qaab I (1998) 18.

[103] Dreyer, Umm el-Qaab I (1998) 18.

wird in jedem Fall, daß die sowohl für Uruk IVc respektive Negade IIb als auch für Negade IId ermittelten C14-Datierungen ins 35. Jh. v. Chr. einander zu widersprechen scheinen. Das Problem ließe sich eventuell lösen, indem man ausgehend von dem besser überschaubaren frühgeschichtlichen Entwicklungsgang in Ägypten als Datierung für Negade IId respektive Djemdet Nasr nicht mehr das 35. Jh., sondern die Zeit um 3300 v. Chr. ansetzt. Tatsächlich erscheint eine absolute Datierung ins 35. Jh. v. Chr. nicht nur für Negade IId, sondern auch für die Djemdet Nasr-Zeit sehr hoch[104]. Für das abydenische Grab U-j aus Negade IIIa2 ergäbe sich mit einer Datierung in die Zeit um 3170 v. Chr. eine Errichtung gut 150 Jahre vor dem um 3000 v. Chr. angenommenen Beginn der 1. Dynastie[105].

Abbildungsnachweise

Abb. 1: Rekonstruktion eines elfenbeinernen Kästchens mit Nachahmung einer Nischengliederung aus Minshat Abu Omar, Grab 1590 (1. Dynastie). K. Kroeper / L. Krzyzaniak, Two Ivory Boxes from Early Dynastic Graves in Minshat Abu Omar, in: R. Friedman / B. Adams (Hrsg.), The Followers of Horus. Studies Dedicated to Michael Allen Hoffman, Egyptian Studies Association Publication No. 2, Oxbow Monograph 20 (Oxford 1992) Abb. 7.

Abb. 2: Beinerne Anhängetäfelchen mit Zahlen aus Abydos, Grab U-j (Negade IIIa2). Dreyer, Umm el-Qaab I (1998) Abb. 74, 1-3.

Abb. 3: Importiertes Stempelsiegel aus Naga ed-Der, Grab 7501 (vermutlich Negade IIb). P. V. Podzorski, Predynastic Egyptian Seals of Known Provenience in the R. H. Lowie Museum of Anthropology, Journal of Near Eastern Studies 47, 1988, Abb. 3.

Abb. 4: Rekonstruktion eines elfenbeinernen Messegriffs aus Abydos, Grab U-503 (Negade IId). Dreyer in: C. Ziegler (Hrsg.), L'art de l'Ancien Empire égyptien (1999) Abb. 12 b-c.

---

[104] Vgl. hiermit den absolutchronologischen Ansatz der Djemdet Nasr-Zeit um 3000 v. Chr. bei Rothman (Hrsg.), Uruk (2001) Tab. 1, 1, dessen Datierung allerdings ihrerseits im Hinblick auf die zuvor erörterten relativchronologischen Korrelationen Vorderasiens mit dem prädynastischen Ägypten wiederum deutlich zu niedrig liegen dürfte.

[105] Vgl. auch Grimm / Schoske (Hrsg.) Beginn der Zeit (2000) 9. Auf S. 16 datieren Grimm und Schoske unter Bezugnahme auf Dreyer und von Beckerath die Negade II-Zeit um 3500-3200 v. Chr., die Negade III-Zeit um 3200-3150 v. Chr., die Protodynastische Zeit ('Dynastie 0') um 3150-3000 v. Chr., die 1. Dynastie um 3000-2828 v. Chr. und die 2. Dynastie um 2828-2682 v. Chr. Prinzipiell ähnliche Ansätze finden sich ebenfalls bei Hartung, Umm el-Qaab II (2001) 7. 246. 345 f.

Abb. 5: Griff des Gebel el-Arak-Messers (Negade IId). R. M. Czichon / U. Sievertsen, Aspects of Space and Composition in the Relief Representations of the Gebel el-Arak Knife-handle, Archéo-Nil 3, 1993, Abb. 1.

Abb. 6: Gebel et-Tarif-Messer (Negade IId). Boehmer, AMINF 7, 1974, Abb. 5.

Abb. 7: Plan (Ausschnitt) der oberen Schichten von Byblos IIB (Énéolithique Récente). Dunand, Fouilles de Byblos V (1973) Taf. J b.

Abb. 8: Siegelabrollung aus Byblos (Première Installation Urbaine). Ben-Tor in: Westenholz (Hrsg.), Seals and Sealing (1995) Abb. 11 b.

Abb. 9: Mesopotamischen Einfluß widerspiegelnde Keramik aus Ägypten (Negade IIc-III). H. J. Kantor, The Relative Chronology of Egypt and its Foreign Correlations before the Late Bronze Age, in: R. W. Ehrich (Hrsg.), Chronologies in Old World Archaeology (Chicago / London 1965) Abb. 4 A. B. F. J. N. O. T.

Abb. 10: Rückseite der Großen Tierpalette aus Hierakonpolis (Negade III). Asselberghs, Chaos en Beheersing (1961) 191 Abb. 24.

Abb. 11: Lanzenspitze aus Tello (FD II-Zeit). A. Moortgat, Die Kunst des Alten Mesopotamien (Köln 1967) Abb. 29.

Abb. 12: Tonstifte aus Buto (Prädynastische bis frühdynastische Zeit). Way, Buto I (1997) Taf. 57, 1-12.

Abb. 13: ‚Grubenkopfnägel' aus Buto und Susa (Prädynastische Zeit und Susa II-Zeit). Way, MDAIK 43, 1987, Abb. 3, 7-9.

Abb. 14: Architekturschmuckelement aus Chogha Mish (Susa II-Zeit). Delougaz / Kantor, Chogha Mish I (1996) Taf. 127 B.

Abb. 15: Linker Teil des Felsreliefs vom Gebel Sheikh Suleiman (Negade IIIb). W. J. Murnane, The Gebel Sheikh Suleiman Monument – Epigraphic Remarks, in: Williams / Logan, JNES 46, 1987, 285 Abb. 1 A.

Abb. 16: Prähistorische Bauten aus Chogha Mami (Samarra-Zeit). J. Oates, Chogha Mami 1967-68 – A Preliminary Report, Iraq 31, 1969, Taf. XXIV.

Abb. 17: Beintäfelchen mit Darstellung einer Nischengliederung aus Abydos, Grab U-j (Negade IIIa2). Dreyer, Umm el-Qaab I (1998) Abb. 80, 127.

Literatur- und Abkürzungsverzeichnis

Algaze, Uruk World System (1993) =
> G. Algaze, The Uruk World System – The Dynamics of Expansion of Early
> Mesopotamian Civilization (Chicago 1993).

Amiet, Glyptique mésopotamienne² (1980) =
> P. Amiet, La glyptique mésopotamienne archaique² (Paris 1980).

Amiet, L'âge des échanges inter-iraniens (1986) =
> P. Amiet, L'âge des échanges inter-iraniens 3500-1700 avant J.-C., Notes et
> documents des musées de France 11 (Paris 1986).

Arnold, Lexikon Baukunst (1994) =
> D. Arnold, Lexikon der ägyptischen Baukunst (München / Zürich 1994).

Asselberghs, Chaos en Beheersing (1961) =
> H. Asselberghs, Chaos en Beheersing – Documenten uit Aeneolithisch Egypte,
> Documenta et Monumenta Orientis Antiqui (Leiden 1961).

Aurenche in: Frangipane et al. (Hrsg.), Palmieri Dedicata (1993) =
> O. Aurenche, L'origine de la brique dans le Proche Orient ancien, M.
> Frangipane et al. (Hrsg.), Between the Rivers and over the Mountains –
> Archaeologica Anatolica et Mesopotamica Alba Palmieri Dedicata (Rom 1993)
> 71-85.

Balcz, MDAIK 1, 1930 =
> H. Balcz, Die altägyptische Wandgliederung, Mitteilungen des Archäologi-
> schen Instituts Abteilung Kairo 1, 1930, 38-92.

Ben-Tor, Cylinder Seals (1978) =
> A. Ben-Tor, Cylinder Seals of Third-Millennium Palestine, Bulletin of the
> American Society of Oriental Research, Supplement Series 22 (Cambridge, Ma.
> 1978).

Ben-Tor in : Miroschedji (Hrsg.), L'urbanisation de la Palestine (1989) =
> A. Ben-Tor, Byblos and Early Bronze I Palestine, P. de Miroschedji (Hrsg.),
> L'urbanisation de la Palestine à l'âge du Bronze ancien, British Archaeological
> Reports International Series 527, 1 (Oxford 1989) 41-52.

Ben-Tor in : Westenholz (Hrsg.), Seals and Sealing (1995) =
> A. Ben-Tor, Cylinder Seal Impressions of Early Bronze Age Israel – The
> Present Stage of Research, J. G. Westenholz (Hrsg.), Seals and Sealing in the
> Ancient Near East – Proceedings of the Symposium Held on September 2, 1993
> Jerusalem, Israel (Jerusalem 1995) 65-79.

Boehmer, AA, 1974 =
R. M. Boehmer, Das Rollsiegel im prädynastischen Ägypten, Archäologischer Anzeiger 1974, 495-514.

Boehmer, AMINF 7, 1974 =
R. M. Boehmer, Orientalische Einflüsse auf verzierten Messergriffen aus dem prädynastischen Ägypten, Archäologische Mitteilungen aus Iran, Neue Folge 7, 1974, 15-40.

Boehmer, Uruk – Früheste Siegelabrollungen (1999) =
R. M. Boehmer, Uruk – Früheste Siegelabrollungen, Ausgrabungen in Uruk-Warka Endberichte 24 (Mainz 1999).

Boehmer / Dreyer / Kromer, MDAIK 49, 1993 =
R. M. Boehmer / G. Dreyer / B. Kromer, Einige frühzeitliche ^{14}C-Datierungen aus Abydos und Uruk, Mitteilungen des Deutschen Archäologischen Instituts Abteilung Kairo 49, 1993, 63-68.

Boese, Tell Sheikh Hassan I (1995) =
J. Boese, Ausgrabungen in Tell Sheikh Hassan I – Vorläufige Berichte über die Grabungskampagnen 1984-1990 und 1992-1994, Schriften zur Vorderasiatischen Archäologie 5 (Saarbrücken 1995).

Brink, Göttinger Miszellen 183, 2001 =
E. C. M. van den Brink, Some Comments in the Margins of *The Origin of the Palace Façade as Representation of Lower Egyptian Élites*, Göttinger Miszellen 183, 2001, 99-111.

Carter / Stolper, Elam (1984) =
E. Carter / M. W. Stolper, Elam – Surveys of Political History and Archaeology, University of California Publications – Near Eastern Studies 25 (Berkeley / Los Angeles / London 1984).

Cauvin in: Matoian (Hrsg.), Liban (1998) =
J. Cauvin, Un aperçu sur la préhistoire du Liban, V. Matoian (Hrsg.), Liban – l'autre rive, Exposition présentée à l'Institut du monde arabe du 27 octobre 1998 au 2 mai 1999 (Paris 1998) 38-46.

Chlodnicki / Cialowicz, PAM 12, 2000 =
M. Chlodnicki / K. M. Cialowicz, Tell el-Farkha Interim Report 2000, Polish Archaeology in the Mediterranean 12, Reports 2000 (Warschau 2001) 85-97.

Collins, Uruk Phenomenon (2000) =
P. Collins, The Uruk Phenomenon – The Role of Social Ideology in the Expansion of the Uruk Culture during the Fourth Millennium BC, British Archaeological Reports International Series 900 (Oxford 2000).

Collon, First Impressions (1987) =
D. Collon, First Impressions – Cylinder Seals in the Ancient Near East
(London 1987).

Delougaz / Kantor, Choga Mish I (1996) =
P. Delougaz / H. Kantor, Choga Mish I, The University of Chicago Oriental
Institute Publications 101 (Chicago 1996).

Dittmann, AMINF 20, 1987 =
R. Dittmann, Bemerkungen zum Protoelamischen Horizont, Archäologische
Mitteilungen aus Iran, Neue Folge 20, 1987, 31-63.

Dreyer, MDAIK 49, 1993 =
G. Dreyer, Umm el-Qaab – Nachuntersuchungen im frühzeitlichen
Königsfriedhof – 5./6. Vorbericht, Mitteilungen des Deutschen
Archäologischen Instituts Abteilung Kairo 49, 1993, 23-62.

Dreyer, Umm el-Qaab I (1998) =
G. Dreyer, Umm el-Qaab I – Das prädynastische Königsgrab U-j und seine
frühen Schriftzeugnisse, Archäologische Veröffentlichungen 86 (Mainz 1998).

Dreyer in: Ziegler (Hrsg.), Ancien Empire égyptien (1999) =
G. Dreyer, Motive und Datierung der dekorierten prädynastischen Messergriffe,
C. Ziegler (Hrsg.), L'art de l'Ancien Empire égyptien – Actes du colloque
organisé au musée du Louvre par le Service culturel les 3 et 4 avril 1998 (Paris
1999) 195-226.

Dreyer in: Grimm / Schoske (Hrsg.), Beginn der Zeit (2000) =
G. Dreyer, Frühe Schriftzeugnisse, A. Grimm / S. Schoske (Hrsg.), Am Beginn
der Zeit – Ägypten in der Vor- und Frühzeit, Veröffentlicht anlässlich der
Sonderausstellung Am Beginn der Zeit – Ägypten in der Vor- und Frühzeit,
München Staatliches Museum Ägyptischer Kunst 24. November 2000 bis 22.
April 2001, Schriften aus der Ägyptischen Sammlung Heft 9 (München 2000)
12-15.

Dunand, Byblia Grammata (1945) =
M. Dunand, Byblia Grammata – Documents et recherches sur le développement
de l'écriture en Phénicie (Beirut 1945).

Dunand, Fouilles de Byblos V (1973) =
M. Dunand, Fouilles de Byblos V – L'architecture, les tombes, le matériel
domestique, des origines néolithiques à l'avènement urbain (Paris 1973).

Esse, Eretz-Israel 21, 1990 =
D. L. Esse, Early Bronze Age Cylinder Seal Impressions from Beth-Yerah,
Eretz-Israel 21, 1990, 27-34.

Faltings in: Guksch / Polz (Hrsg.), Festschrift Stadelmann (1998) =
D. Faltings, Ergebnisse der neuen Ausgrabungen in Buto – Chronologie und
Fernbeziehungen der Buto-Maadi-Kultur neu überdacht, H. Guksch / D. Polz
(Hrsg.), Stationen – Beiträge zur Kulturgeschichte Ägyptens – Rainer
Stadelmann gewidmet (Mainz 1998) 35-45.

Frankfort, Early Pottery I (1924) =
H. Frankfort, Studies in Early Pottery of the Near East I (Chicago 1924).

Frankfort, AJSLL 58, 1941 =
H. Frankfort, The Origin of Monumental Architecture in Egypt, American
Journal of Semitic Languages and Literatures 58, 1941, 329-358.

Görsdorf / Dreyer / Hartung, MDAIK 54, 1998 =
J. Görsdorf / G. Dreyer / U. Hartung, ^{14}C Dating Results of the Archaic Royal
Necropolis Umm el-Qaab at Abydos, Mitteilungen des Archäologischen
Instituts Abteilung Kairo 54, 1998, 169-175.

Grimm / Schoske (Hrsg.), Beginn der Zeit (2000) =
A. Grimm / S. Schoske (Hrsg.), Am Beginn der Zeit – Ägypten in der Vor- und
Frühzeit, Veröffentlicht anlässlich der Sonderausstellung Am Beginn der Zeit –
Ägypten in der Vor- und Frühzeit, München Staatliches Museum Ägyptischer
Kunst 24. November 2000 bis 22. April 2001, Schriften aus der Ägyptischen
Sammlung Heft 9 (München 2000).

Gut, Ninive (1995) =
R. Gut, Das prähistorische Ninive, Baghdader Forschungen 19 (Mainz 1995).

Hartung, MDAIK 54, 1998 =
U. Hartung, Prädynastische Siegelabrollungen aus dem Friedhof U in Abydos,
Mitteilungen des Deutschen Archäologischen Instituts Abteilung Kairo 54,
1998, 187-217.

Hartung, Umm el-Qaab II (2001) =
U. Hartung, Umm el-Qaab II – Importkeramik aus dem Friedhof U in Abydos
(Umm el-Qaab) und die Beziehungen Ägyptens zu Vorderasien im 4.
Jahrtausend v. Chr., Archäologische Veröffentlichungen 92 (Mainz 2001).

Heinz, Altsyrien und Libanon (2002) =
M. Heinz, Altsyrien und Libanon – Geschichte, Wirtschaft und Kultur vom
Neolithikum bis Nebukadnezar (Darmstadt 2002).

Hendrickx in: Spencer (Hrsg.), Aspects of Early Egypt (1996) =
S. Hendrickx, The Relative Chronology of the Naqada Culture – Problems and
Possibilities, J. Spencer (Hrsg.), Aspects of Early Egypt (London 1996), 36-69.

Hendrickx, Göttinger Miszellen 184, 2001 =
S. Hendrickx, Arguments for an Upper Egyptian Origin of the Palace-façade and the *Serekh* during Late Predynastic – Early Dynastic Times, Göttinger Miszellen 184, 2001, 85-110.

Jiménez-Serrano, Göttinger Miszellen 183, 2001 =
A. Jiménez-Serrano, The Origin of the Palace-Façade as Representation of Lower Egyptian Élites, Göttinger Miszellen 183, 2001, 71-81.

Joffe, Current Anthropology 41, 2000 =
A. H. Joffe, Egypt and Syro-Mesopotamia in the 4th Millennium – Implications of the New Chronology, Current Anthropology 41, 2000, 113-123.

Kahl, Hieroglyphenschrift (1994) =
J. Kahl, Das System der ägyptischen Hieroglyphenschrift in der 0.-3. Dynastie, Göttinger Orientforschungen IV/29 (Wiesbaden 1994).

Kaiser, Archaeologia Geographica 6, 1957 =
W. Kaiser, Zur inneren Chronologie der Naqadakultur, Archaeologia Geographica 6, 1957, 69-77.

Kaiser in: Anonymus (Hrsg.), Mélanges Mokhtar II (1985) =
W. Kaiser, Zu Entwicklung und Vorformen der frühzeitlichen Gräber mit reich gegliederter Oberbaufassade, Anonymus (Hrsg.), Mélanges Gamal Eddin Mokhtar II, Bibliothèque d'Étude 97, Institut Français d'Archéologie Orientale du Caire (Kairo 1985) 25-38.

Kaiser, MDAIK 46, 1990 =
W. Kaiser, Zur Entstehung des gesamtägyptischen Staates, Mitteilungen des Archäologischen Instituts Abteilung Kairo 46, 1990, 287-299.

Köhler, Buto III (1998) =
E. C. Köhler, Tell el-Fara'în – Buto III – Die Keramik von der späten Naqada-Kultur bis zum frühen Alten Reich (Schichten III bis VI), Archäologische Veröffentlichungen 94 (Mainz 1998).

Krauss, MDOG 127, 1995 =
R. Krauss, Zur stilgeschichtlichen Einordnung der Gefäßfragmente Berlin ÄGM 15084/15693 und des Messers vom Gebel el-Arak, Mitteilungen der Deutschen Orient-Gesellschaft 127, 1995, 151-171.

Kümmel, Frühe Weltsysteme (2001) =
C. Kümmel, Frühe Weltsysteme – Zentrum- und Peripherie-Modelle in der Archäologie, Tübinger Texte 4 (Rahden/Westf. 2001)

Lupton, Stability and Change (1996) =
A. Lupton, Stability and Change – Socio-political Development in North Mesopotamia and South-East Anatolia 4000-2700 B. C., British Archaeological Reports International Series 627 (Oxford 1996).

Margueron in: Acquaro et al. (Hrsg.), Biblo (1994) =
J.-C. Margueron, L'urbanisme de Byblos – Certitudes et problèmes, E. Acquaro et al. (Hrsg.), Biblo – Una città e la sua cultura – Atti del Colloquio Internazionale (Roma, 5-7 dicembre 1990), Collezione di Studi Fenici 34 (1994) 18-27.

Matthews, Early Glyptic of Tell Brak (1997) =
D. M. Matthews, The Early Glyptic of Tell Brak – Cylinder Seals of Third Millennium Syria, Orbis Biblicus et Orientalis Series Archaeologica 15 (Freiburg [Schweiz] / Göttingen 1997).

Moorey, Eretz-Israel 21, 1990 =
P. R. S. Moorey, From Gulf to Delta in the Fourth Millennium BCE – The Syrian Connection, Eretz-Israel 21, 1990, 62-69.

Nagel, Bauern- und Stadtkulturen (1964) =
W. Nagel, Die Bauern- und Stadtkulturen im vordynastischen Vorderasien (Berlin 1964).

Nagel, APA 4, 1973 =
W. Nagel, Radiocarbon-Datierungen im orientalischen Neolithikum und die Zeitstellung der Frühsumerischen Kultur, Acta Praehistorica et Archaeologica 4, 1973, 33-74.

Orthmann. (Hrsg.), Der Alte Orient (1975) =
W. Orthmann (Hrsg.), Der Alte Orient, Propyläen Kunstgeschichte XIV (Berlin 1975).

Payne, Iraq 30, 1968 =
J. C. Payne, Lapis Lazuli in Early Egypt, Iraq 30, 1968, 58-61.

Petrie, Royal Tombs II (1901) =
W. M. F. Petrie, The Royal Tombs of the Earliest Dynasties II, Egypt Exploration Fund 21 (London 1901).

Philip in: Postgate (Hrsg.), Artefacts of Complexity (2002) =
G. Philip, Contacts between the 'Uruk' World and the Levant during the Fourth Millennium BC – Evidence and Interpretation, J. N. Postgate (Hrsg.), Artefacts of Complexity – Tracking the Uruk in the Near East, Iraq Archaeological Reports 5 (Teddington House, Warminster Wiltshire, England 2002) 207-235.

Pittman, Glazed Steatite Glyptic (1994) =
  H. Pittman, The Glazed Steatite Glyptic Style – The Structure and Function of
  an Image System in the Administration of Protoliterate Mesopotamia, Berliner
  Beiträge zum Vorderen Orient 16 (Berlin 1994).

Pittman in: Cooper / Schwartz (Hrsg.), Study of the Ancient Near East (1996) =
  H. Pittman, Constructing Context: The Gebel el-Arak Knife – Greater
  Mesopotamian and Egyptian Interaction in the Late Fourth Millennium B.C.E.,
  J. S. Cooper / G. M. Schwartz (Hrsg.), The Study of the Ancient Near East in
  the Twenty-First Century – The William Foxwell Albright Centennial
  Conference (Winona Lake 1996) 9-32.

Pollock, Ancient Mesopotamia (1999) =
  S. Pollock, Ancient Mesopotamia – The Eden that Never Was (Cambridge
  1999).

Postgate et al., Antiquity 69, 1995 =
  J. N. Postgate / T. Wang / T. A. H. Wilkinson, The Evidence for Early Writing
  – Utilitarian or Ceremonial?, Antiquity 69, 1995, 459-480.

Postgate, (Hrsg.), Artefacts of Complexity (2002) =
  J. N. Postgate (Hrsg.), Artefacts of Complexity – Tracking the Uruk in the Near
  East, Iraq Archaeological Reports 5 (Teddington House, Warminster Wiltshire,
  England 2002).

Potts, Archaeology of Elam (1999) =
  D. T. Potts, The Archaeology of Elam – Formation and Transformation of an
  Ancient Iranian State, Cambridge World Archaeology (Cambridge 1999).

Prag, Levant 18, 1986 =
  K. Prag, Byblos and Egypt in the Fourth Millennium B.C., Levant 18,
  1986, 59-77.

Preziosi, Architecture, Language, and Meaning (1979) =
  D. Preziosi, Architecture, Language, and Meaning – The Origins of the Built
  World and its Semiotic Organization (The Hague / Paris / New York 1979).

Reade, JNES 60, 2001 =
  J. Reade, Assyrian King-Lists, the Royal Tombs of Ur, and Indus Origins,
  Journal of Near Eastern Studies 60, 2001, 1-29.

Ridley, Unification of Egypt (1973) =
  R. T. Ridley, The Unification of Egypt – A Study of the Major Knife-Handles,
  Palettes and Maceheads (Deception Bay 1973).

RlA 9 (1998-2001) s.v. Nischen, „Nischenarchitektur" (Miglus) =
P. Miglus, Nischen, „Nischenarchitektur", D. O. Edzard et al. (Hrsg),
Reallexikon der Assyriologie und Vorderasiatischen Archäologie 9 (Berlin /
New York 1998-2001) 585-589.

Rothman (Hrsg.), Uruk (2001) =
M. S. Rothman (Hrsg.), Uruk Mesopotamia & its Neighbors – Cross-cultural
Interactions in the Era of State Formation (Santa Fe / Oxford 2001).

Saghieh, Byblos (1983) =
M. Saghieh, Byblos in the Third Millennium B. C. – A Reconstruction of the
Stratigraphy and a Study of the Cultural Connections (Warminster 1983).

Sauvage, La brique (1998) =
M. Sauvage, La brique et sa mise en œuvre en Mésopotamie des origines à
l'époque achéménide, Centre de Recherche d'Archéologie Orientale Université
de Paris I No. 13 (Paris 1998).

Schweitzer, Löwe und Sphinx (1948) =
U. Schweitzer, Löwe und Sphinx im Alten Ägypten, Ägyptologische
Forschungen 15 (Glückstadt 1948).

Sievertsen, BaM 23, 1992 =
U. Sievertsen, Das Messer vom Gebel el-Arak, Baghdader Mitteilungen 23,
1992, 1-75.

Sievertsen, Pfeiler-Nischen-Architektur (1998) =
U. Sievertsen, Untersuchungen zur Pfeiler-Nischen-Architektur in
Mesopotamien und Syrien von ihren Anfängen im 6. Jahrtausend bis zum Ende
der frühdynastischen Zeit, British Archaeological Reports International Series
743 (Oxford 1998).

Sievertsen, AoF 29, 2002 =
U. Sievertsen, Private Space, Public Space and Connected Architectural
Developments throughout the Early Periods of Mesopotamian History,
Altorientalische Forschungen 29, 2002, 307-329.

Smith in: Friedman / Adams (Hrsg.), Studies Hoffman (1992) =
H. S. Smith, The Making of Egypt – A Review of the Influence of Susa and
Sumer on Upper Egypt and Lower Nubia in the 4th Millennium B.C., R.
Friedman / B. Adams (Hrsg.), The Followers of Horus – Studies Dedicated to
Michael Allen Hoffman, Egyptian Studies Association Publication No. 2,
Oxbow Monograph 20 (Oxford 1992) 235-246.

Stager in: Ehrich (Hrsg.), Chronologies I (1992) =
L. E. Stager, The Periodization of Palestine from Neolithic through Early Bronze Times, R. W. Ehrich (Hrsg.), Chronologies in Old World Archaeology I (Chicago / London 1992) 22-41.

Stein, Rethinking World-Systems (1999) =
G. J. Stein, Rethinking World-Systems – Diasporas, Colonies, and Interaction in Uruk Mesopotamia (Tucson 1999).

Strommenger, Mesopotamien (1962) =
E. Strommenger, Fünf Jahrtausende Mesopotamien – Die Kunst Mesopotamiens von den Anfängen um 5000 v. Chr. bis zu Alexander dem Großen (München 1962).

Sürenhagen in: Weiss (Hrsg.), Origins of Cities (1986) =
D. Sürenhagen, The Dry Farming Belt – The Uruk Period and Subsequent Developments, H. Weiss (Hrsg.), The Origins of Cities in Dry-Farming Syria and Mesopotamia in the Third Millenium B. C. (Guilford, Con. 1986) 7-43.

Teissier, Iran 25, 1987 =
B. Teissier, Glyptic Evidence for a Connection between Iran, Syro-Palestine and Egypt in the Fourth and Third Millennia, Iran 25, 1987, 27-53.

Thalmann in: Huot et al. (Hrsg.), Naissance des cités (1990) =
J. P. Thalmann, Byblos, J. L. Huot et al. (Hrsg.), Naissance des cités, Collection Origines (Paris 1990) 99-104.

Thalmann in: Matoian (Hrsg.), Liban (1998) =
J. P. Thalmann, Le Liban à l' âge du Bronze, du village à la cité-État, V. Matoian (Hrsg.), Liban – l'autre rive, Exposition présentée à l'Institut du monde arabe du 27 octobre 1998 au 2 mai 1999 (Paris 1998) 50-59.

Way, MDAIK 43, 1987 =
Th. von der Way, Tell el-Fara'în – Buto – 2. Bericht, Mitteilungen des Deutschen Archäologischen Instituts Abteilung Kairo 43, 1987, 241-257.

Way in: Friedman / Adams (Hrsg.), Studies Hoffman (1992) =
Th. von der Way, Indications of Architecture with Niches at Buto, R. Friedman / B. Adams (Hrsg.), The Followers of Horus – Studies Dedicated to Michael Allen Hoffman, Egyptian Studies Association Publication No. 2, Oxbow Monograph 20 (Oxford 1992) 217-226.

Way, Untersuchungen (1993) =
Th. von der Way, Untersuchungen zur Spätvor- und Frühgeschichte Unterägyptens, Studien zur Geschichte und Archäologie Altägyptens 8 (Heidelberg 1993).

Way, Buto I (1997) =
Th. von der Way, Tell el-Fara'în – Buto I – Ergebnisse zum frühen Kontext, Kampagnen der Jahre 1983-1989, Archäologische Veröffentlichungen 83 (Mainz 1997).

Wilde / Behnert, MDAIK 58, 2002 =
H. Wilde / K. Behnert, Salzherstellung im vor- und frühdynastischen Ägypten? – Überlegungen zur Funktion der sogenannten Grubenkopfnägel in Buto, Mitteilungen des Archäologischen Instituts Abteilung Kairo 58, 2002, 447-460.

Wilkinson, Early Dynastic Egypt (1999) =
T. A. H. Wilkinson, Early Dynastic Egypt (London / New York 1999).

Wilkinson in: Postgate (Hrsg.), Artefacts of Complexity (2002) =
T. A. H. Wilkinson, Uruk into Egypt – Imports and Imitations, J. N. Postgate (Hrsg.), Artefacts of Complexity – Tracking the Uruk in the Near East, Iraq Archaeological Reports 5 (Teddington House, Warminster Wiltshire, England 2002) 237-248.

Williams, Excavations I (1986) =
B. B. Williams, Excavations Between Abu Simbel and the Sudan Frontier I – The A-Group Royal Cemetery at Qustul – Cemetery L, The University of Chicago Oriental Institute Nubian Expedition 3 (Chicago 1986).

Williams / Logan, JNES 46, 1987 =
B. B. Williams / T. J. Logan, The Metropolitan Museum Knife Handle and Aspects of Pharaonic Imagery Before Narmer, Journal of Near Eastern Studies 46, 1987, 245-285.

Wright / Rupley in: Rothman (Hrsg.), Uruk (2001) =
H. T. Wright / E. S. A. Rupley, Calibrated Radiocarbon Age Determinations of Uruk-Related Assemblages, M. S. Rothman (Hrsg.), Uruk Mesopotamia & its Neighbors – Cross-cultural Interactions in the Era of State Formation (Santa Fe / Oxford 2001) 85-122.

Yannai / Grosinger in: Philip / Baird (Hrsg.), Ceramics and Change (2000) =
E. Yannai / Z. Grosinger, Preliminary Summary of Early Bronze Age Strata and Burials at 'Ein Assawir – Israel, G. Philip / D. Baird (Hrsg.), Ceramics and Change in the Early Bronze Age of the Southern Levant, Levantine Archaeology 2 (Sheffield 2000) 153-164.

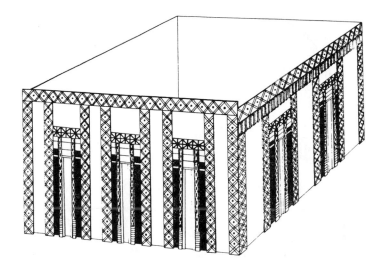

Abb. 1 Rekonstruktion eines elfenbeinernen Kästchens mit Nachahmung einer Nischen-gliederung aus Minshat Abu Omar, Grab 1590 (1. Dynastie)

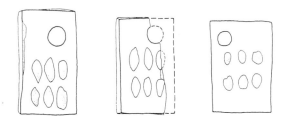

Abb. 2 Beinerne Anhängetäfelchen mit Zahlen aus Abydos, Grab U-j (Negade IIIa2)

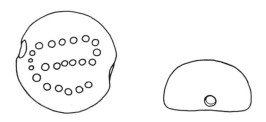

Abb. 3 Importiertes Stempelsiegel aus Naga ed-Der, Grab 7501 (vermutlich Negade IIb)

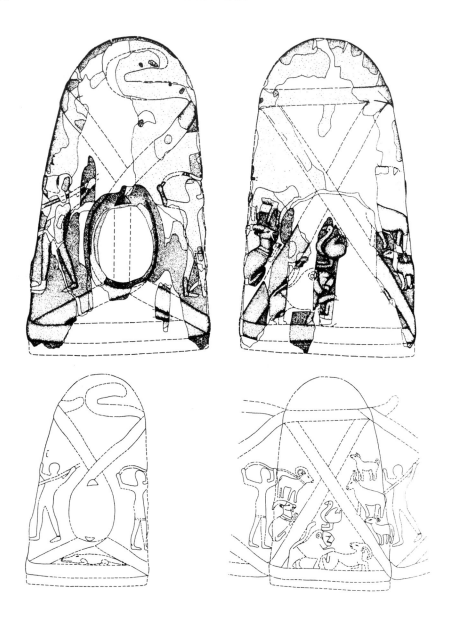

Abb. 4 Rekonstruktion eines elfenbeinernen Messergriffes aus Abydos, Grab U-503
(Negade IId)

Abb. 5 Griff des Gebel el-Arak-Messers (Negade IId)

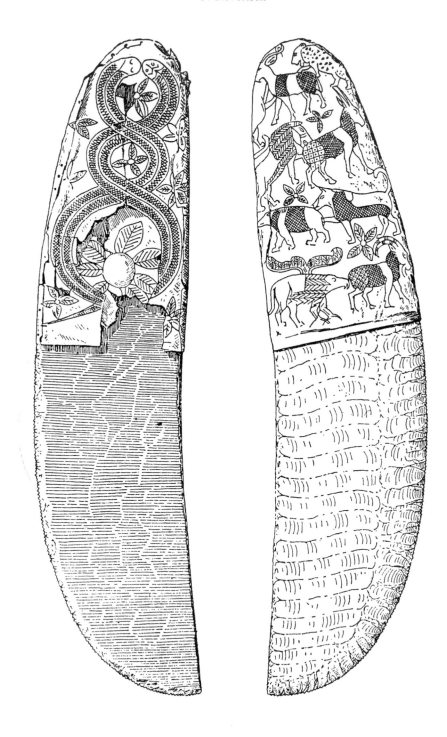

Abb. 6 Gebel et-Tarif-Messer (Negade IId)

Abb. 7 Plan (Ausschnitt) der oberen Schichten von Byblos IIB (Énéolithique Récente)

Abb. 8 Siegelabrollung aus Byblos (Première Installation Urbaine)

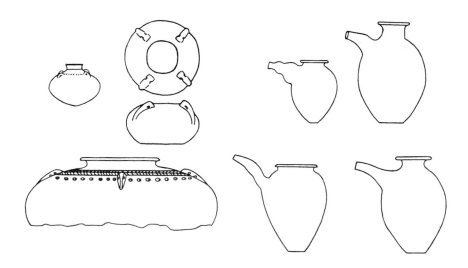

Abb. 9 Mesopotamischen Einfluß widerspiegelnde Keramik aus Ägypten
(Negade IIc-III)

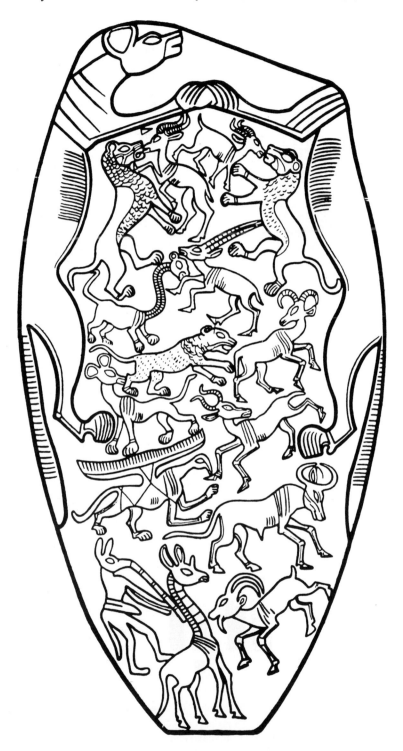

Abb. 10 Rückseite der Großen Tierpalette aus Hierakonpolis (Negade III)

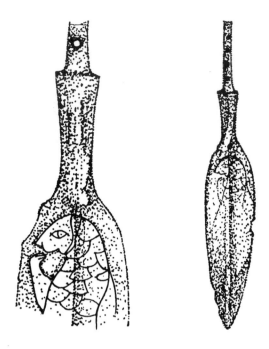

Abb. 11 Lanzenspitze aus Tello (FD II-Zeit)

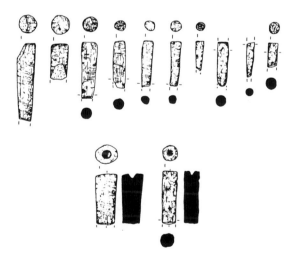

Abb. 12 Tonstifte aus Buto (Prädynastische bis frühdynastische Zeit)

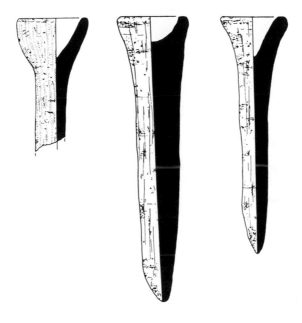

Abb. 13 ‚Grubenkopfnägel' aus Buto und Susa (Prädynastische Zeit und Susa II-Zeit)

Abb. 14 Architekturschmuckelement aus Chogha Mish (Susa II-Zeit)

Abb. 15 Linker Teil des Felsreliefs vom Gebel Sheikh Suleiman (Negade IIIb)

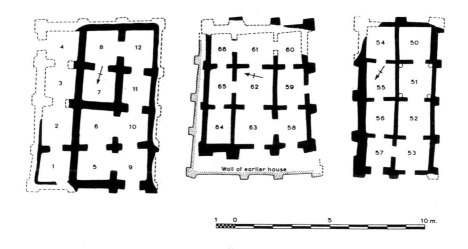

Abb. 16 Prähistorische Bauten aus Chogha Mami (Samarra-Zeit)

Abb. 17 Beintäfelchen mit Darstellung einer Nischengliederung aus Abydos, Grab U-j
(Negade IIIa2)

Altorientalische Togagewänder

Eva Strommenger

Die Kleidung der Mesopotamier war nicht sehr variantenreich. Dies bezeugen die bildlichen Darstellungen mit aller Deutlichkeit. Jedoch bieten diese nur einen begrenzten Ausschnitt des einst vorhandenen Repertoires. Sie illustrieren zumeist das Aussehen von Angehörigen der Oberschicht bei vorwiegend offiziellen Anlässen. Der einfache Bürger erscheint nur selten am Rande des Geschehens. Die erste Gruppe kennen wir üblicherweise in repräsentativer Aktion, die zweite als Diener beim Festmahl, Musikanten, Ringer, Arbeiter, Soldaten oder Gefangene. Sie tragen nur gelegentlich eine spezifische Berufskleidung. Wie beispielsweise der Herrscher in seinen vier Wänden gekleidet war, bleibt unbekannt.

Das meistgetragene Kleidungsstück im frühen Mesopotamien war ein schurzartiger, gewickelter Rock von unterschiedlicher Länge, der als einziges Gewand im Hause und in der Öffentlichkeit getragen werden konnte (Abb. 1–3). Er diente aber auch als Unterkleid bei Mänteln, welche den Körper nicht ausreichend bedeckten (Abb. 9). Dann findet er sich gelegentlich durch seinen unteren Rand ober- oder unterhalb der Knie angedeutet. Etwa seit der Ur III-Zeit gab es erstmals Hemden mit Ärmeln, die wohl ebenfalls innerhalb wie außerhalb des Hauses verwendet wurden. In begrenztem Maße ersetzten sie den gewickelten Schurz, der jedoch nie außer Gebrauch kam.

Die Gewänder von Männern und Frauen waren verschieden. Sofern auch der Oberkörper bekleidet war – bei Frauen war dies die Regel –, blieb bei Männern (Abb. 4, 5, 10) und oft auch bei Frauen (Abb. 6–8) die rechte Schulter frei: Der Altorientale zeigte sich also als Rechtshänder.

Soziale Unterschiede sind an der Art der Gewänder nur in eingeschränktem Maße zu erkennen: Musikanten und Diener / Dienerinnen erscheinen in Frühdynastischer Zeit ebenso gekleidet wie die sitzenden Hauptpersonen (Abb. 2). Der Herrscher unterscheidet sich grundsätzlich nicht durch die Form der Kleidung und der Frisur von den Angehörigen der Oberschicht. Dem entspricht es, dass sich sein Gewand in der schriftlichen Überlieferung nur selten erwähnt findet; es gehörte eben nicht zu den spezifischen Würdezeichen des Königs[1].

Berufskleidung ist auf solche Fälle beschränkt, die eine größere Bewegungsfreiheit erfordern. Wer einmal eins der gewickelten Obergewänder angelegt hat, weiß, dass diese nur zum gemessenen Schreiten taugen.

Den ziemlich geringen Informationen, die wir über die Kleidung aus der bildlichen Überlieferung herleiten können, stehen umfangreiche schriftliche Quellen gegenüber. Leider bieten sie zum Aussehen der Gewänder kaum etwas Konstruktives[2]. Trotz der Dürftigkeit in modischer Hinsicht besitzt die Kleidung aber einen gewissen Prestigewert, der sich beispielsweise in traditionellen Stoffgeschenken äußert. Diese stehen oft in Verbindung mit bestimmten Funktionen des öffentlichen beziehungsweise religiösen Lebens. In jedem Falle waren Webwaren verhältnismäßig teuer, und viele ärmere Bürger besaßen kaum mehr als ein Gewand. Die meisten einschlägigen Bezeichnungen beziehen sich auf die Art des versponnenen Materials, die unterschiedliche Qualität des Gewebes, gelegentlich auf Farben, Stickereien / Applikationen, Fransen, Borten und anderes modisches Beiwerk. Sie sind nicht mit ausreichender Genauigkeit zu übersetzen, und in den bildlichen Darstellungen sind allenfalls die Wiedergaben von Dekor zu erwarten.

Interessant sind die gelegentlich genannten Stoffgrößen. Es gibt Hinweise darauf, dass sich in Frühdynastischer bis Altbabylonischer Zeit die Maße der Stoffbahnen von Männer- und Frauengewändern nicht immer voneinander unterschieden: Dasselbe Tuch konnte zu einem Männer- wie einem Frauengewand gewickelt werden. Diese Möglichkeit lässt sich für einige Gewandformen – wie Abb. 10 und 11 – tatsächlich experimentell bestätigen. Beide Male werden Bahnen von etwa 1,40 m Breite und 2,70 m Länge benötigt. In Texten erwähnte, ungefähr quadratische Stoffe von 3,5 m x 4,0 m oder 4,5 m x 4,0 m Größe[3] führen aber auch zur Frage nach der maximalen Breite der Webstühle. Da diese mit Sicherheit wesentlich schmaler als 4,0 m waren, mussten Tücher der angegebenen Größen aus separat gewebten Bahnen zusammengenäht werden. Dieses Vorgehen ist bisher nur aus dem Gewand der Achaemeniden zu ermitteln. Es besteht aus fünf horizontal aneinandergesetzten Teilen mit zwei unterschiedlichen Mustern die miteinander abwechseln. Dabei wurde vorn und hinten dieselbe Abfolge gewählt: hell-, dunkel- und wieder hellgrundig. Die obere hell-

---

[1]   RlA VI (1981) 26 f. s.v. Kleidung. A. Philologisch (Waetzoldt).
[2]   Waetzoldt, Textilindustrie (1972); RlA VI (1981) passim s.v. Kleidung. A. Philologisch (Waetzoldt).
[3]   RlA VI (1981) 23 f. s.v. Kleidung. A. Philologisch (Waetzoldt).

grundige Bahn lag auf der Schulter und bedeckte Brust wie Rücken; sie hatte einen Kopfausschnitt. Bei einer durch die Körpergröße determinierten Gesamtlänge des Stoffes und fünf aneinandergenähten Bahnen ist eine ungefähre Webstuhlbreite von 60 cm zu ermitteln[4]. Es mag natürlich auch breitere Gewebe gegeben haben. Als erster Hinweis ist jedoch das achaemenidische Beispiel interessant.

Die zahlreichen, schriftlich überlieferten Bezeichnungen von Kleidungsstücken bezogen sich wohl weniger auf bestimmte Gewandformen, die durch die Art ihrer Wickelung oder – in späterer Zeit – auch durch besondere Schnitte gekennzeichnet waren; eher wurden sie durch die Größen des verwendeten Tuches, sein Material sowie die Stoff- und Dekorart determiniert.

Eine Beziehung zu realen Überlieferungen ist leider nicht herzustellen, denn nur ausnahmsweise wurden bei Grabungen Reste originaler Textilien geborgen. Sie waren niemals so gut erhalten, dass sich aus ihnen Gewandteile ermitteln ließen. Beitragen können sie allenfalls zu technischen Fragen nach dem verwendeten Rohstoff, nach der Webart der Stoffe und deren Dekor.

Altorientalische Gewänder bestehen in der frühen Zeit stets aus einem rechteckigen Stück Stoff von entsprechender Größe, das um den Körper gewickelt und – sofern notwendig – durch Schnüre, Gürtel oder Nadeln befestigt wurde. Erst das vergleichsweise spät eingeführte Hemd musste seitlich zusammengenäht werden. Schräge Schnittkanten hat man wohl grundsätzlich, und vermutlich auch beim Hemd, vermieden. Seine Ärmel waren meist als rechteckige Stücke seitlich an die geraden Bahnen des den Körper bedeckenden Teils angesetzt[5]. Vielleicht aber wurde bereits gelegentlich – ebenso wie noch heute bei traditionellen orientalischen Gewändern – die Passform durch das Einsetzen von Zwickeln verbessert.

Grundsätzliche Tendenzen in der Formengeschichte der altorientalischen Kleidung sind allein über eine Rekonstruktion der bildlich überlieferten Gewänder zu ermitteln[6]. Bei den verfügbaren Quellen handelt es sich aber vorwiegend um Flachbilder, die nur standardisierte Teilansichten liefern. Glücklicherweise jedoch gibt es aus dem 3. Jahrtausend v. Chr. eine große Anzahl von Rundbildwerken, die es erlaubt, die Haupttypen in der Art ihrer Wickelung kennen zu lernen und daher zumeist auch mit der gebotenen Sicherheit zu rekonstruieren. Ich

---

[4] Strommenger in: Dietrich / Loretz (Hrsg.), Festschrift Mayer-Opificius (1994) 313 f.; – in gleichem Sinne bei Jacobs, IrAnt 29, 1994, 129 f. Abb. 1–7.

[5] So entgegen RlA VI (1981) 32 s.v. Kleidung. B. Archäologisch (Strommenger).

[6] RlA VI (1981) 31 ff. s.v. Kleidung. B. Archäologisch (Strommenger).

habe dies vor längerer Zeit und unter Verwendung von Vorgängerarbeiten versucht[7]. Dabei wurde eine ungebrochene Tradition der Bekleidung von der Frühsumerischen über die Frühdynastische bis zu der frühen Akkade-Zeit (datiert in die Zeit des Maništusu) deutlich: Männer trugen üblicherweise einen Wickelrock (Abb. 1–3) oder das aus diesem hergeleitete 'Geschlossene Wickelgewand' (Abb. 4, 5), Frauen das ebenfalls gewickelte 'Schultergewand' (Abb. 6–8). Unter Naramsin von Akkade ist erstmals mit dem 'Togagewand' ein neuer Modetrend erkennbar: Es wurde jetzt eine breitere Tuchbahn (etwa 1,40 m) auf kompliziertere Art um den Körper gewickelt. Vor allem aus der Zeit des Gudea I. von Lagaš gibt es eine Fülle von Rundbildern, die den Fürsten mit einem solchen gewickelten Mantel zeigen (Abb. 10). Auch kennen wir aus seiner Zeit ein von Frauen getragenes Gegenstück, das 'Zweizipflige Schalgewand' (Abb. 11), das aus einem etwa ebenso großen Stück Tuch hergestellt worden ist. Vermutlich wird man hinsichtlich der Mode bei der weiblichen Kleidung eine ähnliche Zäsur in der Akkade-Zeit annehmen dürfen, wie sie für die männliche Tracht das Togagewand anzeigt. Es fehlen jedoch bisher die entsprechenden bildlichen Belege.

Beide zuletzt erwähnten Kleidungsstücke erleben in der Folgezeit Variationen, die bisher weniger beachtet wurden. Eine sehr auffällige und offensichtlich durchgängige Veränderung kündigt sich beim Togagewand etwa zur Zeit des Urnammu an. Die neue Form wird zumindest bis zu Ḫammurapi von Babylon beibehalten (Abb. 14–19): Bei oberflächlicher Betrachtung verschwindet der oberhalb der rechten Brust in die schräg verlaufende, schmucklose Webkante eingesteckte Tuchzipfel, und die erwähnte Kante des Gewebes bildet vorn wie hinten keine gerade Linie mehr, sondern sie verläuft jeweils in einem von anfangs zwei, später stets drei Falten begleiteten Bogen. Zum Verständnis dieser Details müssen wir von der frühen Form des Togagewandes ausgehen (Abb. 10):

Dieses besteht aus einem etwa 1,40 x 2,70 m großen Tuch, dessen genaue Maße von der Körpergröße und auch dem Körperumfang des damit bekleideten Mannes abhängen. Es wurde erstmals von Léon Heuzey richtig rekonstruiert[8]. Von den verschiedenen Versuchen war der einfachste erfolgreich – eine Beobachtung, die man auch bei andern derartigen Fällen beherzigen sollte. Eine knappe, gut verständliche Beschreibung des Gewandes in der Rekonstruktion

---

[7]   Strommenger, APA 2, 1971, 37 ff. Benutzte Vorgängerarbeiten waren z. B. Reimpell, Geschichte (1916); Houston, Costume (1920/1954).
[8]   Vergleiche hierzu Strommenger, APA 2, 1971, 47, und L. Heuzey / J. Heuzey, Histoire du costume (1935) 47 ff. Taf. XXX–XXXIII.

durch Heuzey (Zeichnung Wolfram Nagel Abb. 9) bietet Viktor Christian[9]: „Eine lange und breite Stoffbahn, an deren Enden später stets die Kettfäden als Fransen stehen bleiben, wird so, dass die Breite die Körperlänge deckt, mit einem Ende auf die linke Schulter genommen; der eine Fransensaum liegt daher vor dem Körper. Dann führt man das Tuch über den Rücken und unter der rechten Achsel durch und wirft es so über die linke Schulter, dass der andere Fransensaum horizontal über den Knöcheln abschließt. An der rechten Körperseite wird der Saum dann mit einer Ecke gerafft, die man zur Befestigung vor der rechten Achsel in die Mantelwicklung steckt."

Auch Eckhard Unger hat das Anlegen des Togagewandes korrekt und verständlich beschrieben[10], wogegen dessen jüngste Rekonstruktion durch Martha Haussperger sicher nicht akzeptabel ist[11]. Zum einen stimmen die wesentlichsten Details nicht mit den Darstellungen überein; es fehlt beispielsweise die über den linken Arm herabfallende senkrechte Webkante ebenso wie die bogenförmig über den Rücken gezogene gefranste Schnittkante, und die bei jüngeren Bildwerken deutlich dargestellten hochgezogenen Falten auf der Vorderseite können nach dem Hausspergerschen Schnitt gar nicht entstehen. Zum andern aber wurde das gewiss sehr wertvolle Tuch an der Schulter durch einen destabilisierenden, quer geführten Einschnitt in halber Stoffbreite beschädigt. Selbst bei einem festen Saum wäre ein weiteres Reißen des Materials auf längere Sicht nicht zu vermeiden gewesen. Dieser Rekonstruktionsversuch ist ein gutes Beispiel dafür, wie man in der Trachtenkunde nicht vorgehen darf: Da eine langlebige Tradition aller Gewandvariationen erkennbar ist, kann nur eine solche Rekonstruktion richtig sein, welche sich an die vorgegebenen Grundsätze hält. In diesem Fall ist das verbindende Ausgangsmaterial ein rechteckiges, gewickeltes Tuch; aus ihm wurden nachweisbar seit der Frühsumerischen Zeit alle Kleidungsstücke ohne Schneiden und Nähen entwickelt.

Unter dem Togagewand (Abb. 10) trug man zumeist einen kurzen[12], selten einen langen Schurz, der sich nur gelegentlich dargestellt findet (vergleiche Suter, Anm. 13). Im Rundbild sind bei der älteren Form die spezifischen Details der vorderen Stoffbahn nicht gekennzeichnet. Es werden hier weder Falten noch die schräg nach oben verlaufende Webkante dargestellt und auch nicht die sich an dieser Stelle ergebende dreieckige Lücke, die in der Realität stets den unteren Teil des linken Beines und oft auch den Rand eines darunter getragenen Schur-

---

[9]   Christian, Altertumskunde (1940) 313.
[10] Unger, Sumerische und Akkadische Kunst (1926) 48.
[11] Haussperger, Einführungsszene (1991) 102 f. Abb. S. 297.
[12] Strommenger, APA 2, 1971, 47.

zes[13] sichtbar werden lässt (bei Abb. 10 geschwärzt). Statt dessen gibt es hier nur eine glatte Fläche bis zur senkrecht über den linken Arm herabfallenden Stoffpartie mit Fransensaum und Webkante (Abb. 12–13). Leider ist bei der ältesten Darstellung des Togagewandes aus der Zeit des Naramsin dieser Teil des Mantels nicht erhalten. Entsprechend den künstlerischen Tendenzen jener Epoche könnte man sich vorstellen, dass damals die sehr auffallende vordere Faltenpartie genauer dargestellt wurde als später unter Gudea I. Insgesamt kann die frühe Form des Togagewandes – das 'Engere Togagewand' – jedoch heute als geklärt gelten.

Anders verhält es sich mit der jüngeren Variante, die wir als 'Weiteres Togagewand' bezeichnen. Obgleich einige hervorragende Rundskulpturen mit dieser Tracht seit langem bekannt sind und der zeitliche Rahmen, frühestens seit Urnammu von Ur und mindestens bis zu Ḫammurapi von Babylon, durch zahlreiche, gute bildliche Belege – auch aus dem Gebiet der Rundskulptur – abgesteckt ist, wurde dieses Gewand bisher nicht ausreichend gewürdigt. Dies ist wohl darauf zurückzuführen, dass die verfügbaren Abbildungen zumeist nur auf die Vorderansichten beschränkt sind, günstigstenfalls die Rückseiten zeigen. Ich bin daher Frau Professor Dr. Beate Salje sehr dankbar dafür, dass sie mir gestattete, die drei entsprechenden Werke des Vorderasiatischen Museums Berlin eingehend zu studieren, um sie nun an Hand von Neuaufnahmen aller wichtigen Ansichten erläutern zu können (Abb. 14–19).

An den Anfang stelle ich – ebenfalls aus dem Vorderasiatischen Museum – eine 13,3 cm hohe Figur aus Kalkstein, die mit dem älteren Typ des Togagewandes bekleidet ist, dem 'Engeren Togagewand', dessen Tuch fest um den Körper gewickelt wurde (Abb. 12–13)[14]. Anders als bei den Bildwerken des Gudea I. ist die Fransenreihe der rechts endenden Schnittkante auch oberhalb des angewinkelten rechten Armes an dem dort eingesteckten Tuchzipfel ausgeführt. Ferner ist die Webkante durch einen bortenartigen schmalen Wulst betont; dies zeigt sich oben, unten und links seitlich. Die links vom linken Unterarm herabfallende Partie der Webkante, die bei Gudea I. nahezu senkrecht verläuft, ist hier in Richtung zum Rücken abgeschrägt, ein Detail, das der Realität mehr entspricht als die senkrechte Variante. Merkwürdigerweise findet sich eine derartige Abschrägung in Verbindung mit einem 'Engeren Togagewand' nur zum einen bei einem Standbild des Urbaba I. von Lagaš, dem Vorgänger und Bruder des

---

[13] Statuette des Šulgi: Suter, JCS 43/45, 1991/93, 63 ff. (eindeutig ibidem auf dem Rollsiegel Abb. 6, wohl auch bei der Statuette Abb. 1, wo die beiden gebogenen Rippen über dem Knie vom unteren Abschluss eines Rockes stammen dürften).

[14] VA 8789; Kalkstein; erworben 1926 aus Pariser Kunsthandel; – Klengel-Brandt, FuB 31, 1991, 52 Nr. 12 Abb. 12 a–d.

Gudea I.[15], und danach unter Puzurinšušinak[16], der bis in die Zeit des Urnammu regierte. Auffallend ist auch die Stoffdarstellung auf der linken Seite: Anders als bei Gudea ist das Tuch über dem linken Arm ganz glatt wiedergegeben; erst unterhalb von diesem bildet es schräg nach hinten verlaufende leichte Falten, die sonst fehlen (Abb. 12). Die aufgezeigten Abweichungen von der Menge der bisher bekannten Skulpturen der Gudea-Periode aus Tall Lawḥ sollte uns davor warnen, die künstlerischen Möglichkeiten allzu eng zu sehen. Zufällig steht diese kleine Figur zur Zeit noch allein für eine andere Werkstatt, die – vielleicht in einer anderen Stadt – Abweichendes schuf, jedoch ebenfalls einen hohen Standard erreicht haben könnte.

Das erste der hier vorgestellten Werke mit dem 'Weiteren Togagewand' trägt auf dem Rücken eine Inschrift des En-Priesters Urningirsu, der unter Šulgi bis Ibbīsuen tätig war (Abb. 14–15). Es gelangte durch den Kunsthandel nach Berlin und wurde 1924 sowie 1928–29 noch in besserem, vollständigerem Zustand veröffentlicht (Abb. 14)[17]. Zu dem hier gezeigten Hauptbruchstück gibt es in Berlin noch einige aneinanderpassende kleinere Fragmente vom rechten Arm und der Frisur. So bedauerlich die inzwischen eingetretenen Verluste sind, so blieben doch die uns hier besonders interessierenden Partien erhalten. Das Tuch hat an den beiden Webkanten eine schmale Verdickung, gegliedert durch eine Reihe kurzer Querstriche, und einfache, durch parallele Ritzlinien wiedergegebene Fransen an den Schnittkanten. Es ist wie beim 'Engeren Togagewand' um den Körper gewickelt, jedoch etwas lockerer wobei die obere Webkante auf der gesamten Länge einmal nach außen umgeschlagen wurde. Der breite Umschlag bildet ringsum, unterhalb des Halses, einen Bogen mit drei großzügigen, parallelen Falten.

Zum besseren Verständnis der Details wird im folgenden das Anlegen dieses Kleidungsstückes erläutert, wobei neben der Beschreibung des 'Engeren Togagewandes' durch Christian vor allem die Skizze Abb. 9 heranzuziehen ist. Die Wickelung beginnt mit dem Umschlag des oberen Randes der Webkante an dem sich später die kennzeichnenden parallelen Falten bilden. Danach wird eine der gefransten Schnittkanten einmal nach außen umgeschlagen und links senkrecht vor dem Körper gehalten. Dabei entstehen auch hier auf dem Umschlag drei senkrechte, allerdings schmalere Parallelfalten. Zu erkennen ist unten an der umgeschlagenen Partie der Abschluss durch die schräg abfallende verdickte Web-

---

[15] Parrot, Tello (1948) Taf. X c.

[16] Boehmer, Or 35, 1966, 353 f. Taf. XLVIII–L.

[17] VA 8787; dichter rötlicher Kalkstein; erhaltene Höhe bei Erstpublikation ca. 35 cm; Breite von Ellbogen zu Ellbogen ca. 25 cm; erworben 1926 aus Pariser Kunsthandel; – Thureau-Dangin, MonPiot (1924) 108 ff. Abb. 2, 3; – Meissner, AfO 5, 1928/29, 6 Taf. VI 1, 2.

kante, die unten vom Stoffknick ausgehend annähernd horizontal nach hinten um den rückwärtigen Körper verläuft. Sie markiert die Wickelung der gesamten Stoffbahn um den Rücken sowie die rechte Seite bis nach vorn. Dort erkennt man, vor dem Körper, die gebogene Linie der plastischen Webkante begleitet von parallel zu ihr verlaufenden weichen Falten. Die Webkante fällt dann – beim Überschlag der gesamten Stoffbahn über die linke Schulter – vom linken Arm leicht schräg nach unten herab. Dort endet das Tuch oberhalb der Webkante der unteren Umwicklung mit einer Ecke der zweiten gefransten Schnittkante. Deren rechts anschließender Teil verläuft danach im großen Bogen über den Rücken und die rechte Körperseite wieder nach vorn. Hier wird jedoch der zweite Tuchzipfel nicht – wie beim 'Engeren Togagewand' – rechts seitlich in den oberen Mantelrand gesteckt, sondern lose über den angewinkelten linken Unterarm gelegt (Abb. 15). Er endet hier im vorderen und unteren Bereich mit Fransen und ist darüber durch drei gebogene parallele Falten gegliedert. Angesichts der lockeren Drapierung des oberen Abschlusses konnte er ja nicht mehr durch Einstecken in diesen befestigt werden. Es bedurfte anderer Möglichkeiten von denen das auf den linken Unterarm gelegte Tuchende nicht zur Regel wurde. Bisher ist es nur von diesem einen Bildwerk bekannt.

Dagegen erwies sich beim 'Weiteren Togagewand' eine andere Art der Befestigung auf Dauer als geeigneter. Sie findet sich bei der inschriftlosen Statuette Abb. 16–17 dargestellt[18] und hat eine Fülle von Parallelen. Hier verschwindet der letzte obere Tuchzipfel in dem oberen Umschlag. Dieser ist – anders als bei Urningirsu – in seinem gesamten Verlauf gut erkennbar. Der weiche Falten bildende obere Abschluss des 'Weiteren Togagewandes' darf wohl nicht nur als modisches Detail erklärt werden; er diente vermutlich auch zu einer besseren Befestigung der beiden Umwickelungen, die beim 'Engeren Togagewand' unverbunden übereinander lagen. Jetzt aber konnte die zweite Wickelung durch Einrollen in den Umschlag der ersten befestigt werden. Während beim 'Engeren Togagewand' das Gewicht des Stoffes und vor allem der gesamte Zug der Wickelung auf dem vorn rechts eingesteckten Tuchzipfel lastete, ist beides nun auf eine weit größere Fläche verteilt. Zusätzlich konnte man das obere Ende des Tuches im Umschlag noch durch eine Nadel sichern. Dies ist jedoch nicht bezeugt. Die Details des Gewandes von Abb. 16–17 entsprechen im übrigen denen des vorherigen Beispiels. Allerdings ist darauf hinzuweisen, dass hier am unteren Rand des Umschlages die Webkante durch einen mit Querstrichen gegliederten Wulst dargestellt wird. Dies zeigt, dass es sich nur um einen einfachen, nicht etwa einen mehrfachen Umschlag handelt – wohl auch dort, wo dieses Detail

---

[18] VA 2909; grauer Kalkstein, Augäpfel aus Knochen eingesetzt; Höhe 36 cm; erworben 1898 aus Pariser Kunsthandel; – Meyer, Sumerier und Semiten (1906) 93 f. Taf. VIII Mitte.

nicht angegeben ist. Es findet sich bei sorgfältiger hergestellten Bildwerken häufiger – beispielsweise einem Ḫammurapi von Babylon geweihten Relief[19].

Das 'Weitere Togagewand' wird allmählich während der frühen Zeit der III. Dynastie von Ur eingeführt. Dies beginnt mit dem Umschlag der oberen Webkante, an dem sich zunächst nur zwei wulstartige Falten bilden, die ziemlich gerade über Brust und Rücken verlaufen[20]. Ein Statuenoberkörper aus Nippur ohne Inschrift zeigt einen ebenfalls gerade verlaufenden, jedoch flachen und faltenlosen Umschlag, der aber mit dem bekannten, an der rechten Brust in diesen eingesteckten Gewandzipfel verbunden ist[21]. Daher handelt es sich hier grundsätzlich um das 'Engere Togagewand' auch wenn sich mit dem breit umgeschlagenen oberen Rand bereits die neue Mode andeutet. Noch zweimal ist aus der Zeit des Šulgi bei Rundbildern das 'Engere Togagewand' belegt[22].

Das dritte Rundbild im 'Weiteren Togagewand' (Abb. 18-19) stellt ein Wesen besonderer Art, vielleicht einen Gott dar[23]. Seine Funktion zeigt zum einen die in der rechten Hand gehaltene Peitsche, zum anderen die Form des Bartes mit zwei langen Seitenlocken, die sich wohl von Mischwesen herleitet, beispielsweise götterköpfigen Rindern[24]. Jedenfalls gehört dieses Werk nicht in den Rahmen der zahlreichen Rundbildwerke, die Menschen der Oberschicht darstellen und meist in Tempeln Aufstellung fanden. Männer tragen niemals – auch nicht auf Siegelbildern – einen Bart wie diesen. Häufig findet sich beides, Bart und Peitsche jedoch auf Terrakottareliefs, die ein spezifisches Bildrepertoire darstellen. Da diese Gestalt hier auch mit attributiven Tieren und im Falbelgewand auftreten kann, ist sie eher als göttlich zu klassifizieren. Togagewand, Haar- und Kopftracht sind keine gesicherten Gegenargumente. Im einzelnen ist zu den Interpretationsproblemen die erwähnte Publikation von Evelyn Klengel-Brandt und Stefan Maul (s. Anm. 23) zu vergleichen. Hier interessiert nur die Darstellung des Gewandes mit der – ebenso wie bei Abb. 14 – angedeuteten dreieckigen Öffnung am linken Bein. Allerdings ist diese hier nicht derart realistisch wie bei der Anm. 13 zitierten Statuette des Šulgi. Bei der vorn

---

[19]   Strommenger, Mesopotamien (1962) Abb. 161.
[20]   Beispielsweise bei einem Würdenträger des Urnammu von Ur: Strommenger, Mesopotamien (1962) Abb. 128 oben.
[21]   Meissner, AfO 5, 1928/29, Taf. V 4, 5.
[22]   Suter, JCS 43/45, 1991/93; – Orthmann (Hrsg.), Der Alte Orient (1975) 176 ff. Abb. 63 a. b.
[23]   VA 8791; weißer Kalkstein; erhaltene Höhe 12,6 cm; Breite 5,7 cm; erworben 1926 aus Pariser Kunsthandel, angeblich aus Sinkara; – Klengel-Brandt / Maul in: Hrouda et al. (Hrsg.), Festschrift Strommenger (1992) 81 ff. Taf. 35, 1 a–c.
[24]   Parrot, Sumer (1960) Abb. 276. 277.

gerafften Stoffbahn sind die Faltenbögen hier nicht über die gesamte Partie verteilt. Vielmehr gibt es nur zwei schwere Falten nahe der unteren Webkante.

Die altvorderasiatischen Götter und gottähnliche Wesen waren oft in dieselbe
Art von Gewändern gekleidet wie Herrscher, Funktionäre und andere Angehöri-
ge der Oberschicht. Das 'Weitere Togagewand' bietet dafür eine Fülle von Beispielen. Daneben gab es aber auch spezifische Göttergewänder. Am bekann-
testen von ihnen sind im späten 3. Jahrtausend die 'Falbelgewänder' von Göttern
und Göttinnen, deren Form sich so lange einer Beurteilung entzieht, wie sie
noch nicht rekonstruiert werden konnten. Wer dies versucht, sollte nach den bisherigen Erfahrungen die oben skizzierte Modeentwicklung jener Zeit beachten
und – insbesondere bei Göttergewändern – archaisierende Tendenzen nicht
übersehen[25]. Der bloße Augenschein bietet jedenfalls keine ausreichend solide
Basis dafür. Wer die Gewänder nicht versteht, kann sie auch nicht korrekt beschreiben und noch weniger in den traditionellen Rahmen einordnen.

Abbildungsnachweise

Abb. 1–11   nach Strommenger, APA 2, 1971, Abb. 2, 8, 11, 27, 28, 22, 23,
                 24,25, 26, 34.
Abb. 12–13   nach Klengel-Brandt, FuB 31, 1991, Abb. 12 a–d.
Abb. 14   nach Thureau-Dangin, MonPiot (1924) Abb. 2, 3.
Abb. 15, 16–19   nach Foto VAM 2002, O. Teßmer.

Literatur- und Abkürzungsverzeichnis

Boehmer, Or 35, 1966 =
        R. M. Boehmer, Die Datierung des Puzur/Kutik-Inšušinak und einige sich
        daraus ergebende Konsequenzen, Orientalia – Nova Series 35, 1966, 345–376.

Christian, Altertumskunde (1940) =
        V. Christian, Altertumskunde des Zweistromlandes – I (Leipzig 1940).

Haussperger, Einführungsszene (1991) =
        M. Haussperger, Die Einführungsszene – Entwicklung eines mesopotamischen
        Motivs von der altakkadischen bis zum Ende der altbabylonischen Zeit,
        Münchener Vorderasiatische Studien 11 (München / Wien 1991).

---

[25]   Strommenger, ZA 19, 1959, 46 ff.

L. Heuzey / J. Heuzey, Histoire du costume (1935) =
 L. Heuzey / J. Heuzey, L'Orient – Histoire du costume dans l'antiquité classique (Paris 1935).

Houston, Costume (1920/1954) =
 M. G. Houston, Ancient Egyptian, Mesopotamian and Persian Costume (London 1920 und 1954 [1. / 2. Auflg.]).

Jacobs, IrAnt 29, 1994 =
 B. Jacobs, Drei Beiträge zu Fragen der Rüstung und Bekleidung in Persien zur Achämenidenzeit, Iranica Antiqua 29 (= Festschrift K. Schippmann I), 1994, 125–167.

Klengel-Brandt / Maul in: Hrouda et al. (Hrsg.) Festschrift Strommenger (1992) =
 E. Klengel-Brandt / St. M. Maul, Der Mann mit der Peitsche, B. Hrouda / St. Kroll / P. Z. Spanos (Hrsg.), Von Uruk nach Tuttul – Eine Festschrift für Eva Strommenger, Studien und Aufsätze von Freunden und Kollegen, Münchener Vorderasiatische Studien 12 = Münchener Universitäts-Schriften – Philosophische Fakultät 12 (München / Wien 1992) 81–90.

Klengel-Brandt, FuB 31, 1991 =
 E. Klengel-Brandt, Einige unveröffentlichte Plastiken aus dem Vorderasiatischen Museum, Forschungen und Berichte. Staatliche Museen zu Berlin 31, 1991, 43–54.

Meissner, AfO 5, 1928/29 =
 B. Meissner, Sumerer und Semiten in Babylonien, Archiv für Orientforschung 5, 1928/29, 1–10.

Meyer, Sumerier und Semiten (1906) =
 E. Meyer, Sumerier und Semiten in Babylonien, Abhandlungen der Königlich-Preußischen Akademie der Wissenschaften vom Jahre 1906 (Berlin 1906).

Orthmann (Hrsg.), Der Alte Orient (1975) =
 W. Orthmann (Hrsg.), Der Alte Orient, Propyläen Kunstgeschichte XIV (Berlin 1975).

Parrot, Tello (1948) =
 A. Parrot, Tello – Vingt campagnes de fouilles 1877–1933 (Paris 1948).

Parrot, Sumer (1960) =
 A. Parrot, Sumer – Die mesopotamische Kunst von den Anfängen bis zum XII. vorchristlichen Jahrhundert, Universum der Kunst (München 1960).

Reimpell, Geschichte (1916) =
 W. Reimpell, Geschichte der babylonischen und assyrischen Kleidung (Berlin 1916).

RlA =
> E. Ebeling et al. (Hrsg), Reallexikon der Assyriologie [und Vorderasiatischen Archäologie] (Berlin / Leipzig / New York 1928 ff).

Strommenger, ZA 19, 1959 =
> E. Strommenger, Statueninschriften und ihr Datierungswert, Zeitschrift für Assyriologie und Vorderasiatische Archäologie Neue Folge 19, 1959, 27–50.

Strommenger, Mesopotamien (1962) =
> E. Stommenger, Fünf Jahrtausende Mesopotamien – Die Kunst Mesopotamiens von den Anfängen um 5000 v. Chr. bis zu Alexander dem Großen (München 1962).

Strommenger, APA 2, 1971 =
> E. Strommenger, Mesopotamische Gewandtypen von der Frühsumerischen bis zur Larsa-Zeit, Acta Praehistorica et Archaeologica 2, 1971, 37–55.

Strommenger in: Dietrich / Loretz (Hrsg.), Festschrift Mayer-Opificius (1994) =
> E. Strommenger, Elamier, Perser und Babylonier, M. Dietrich / O. Loretz (Hrsg.), Beschreiben und Deuten in der Archäologie des Alten Orients, Festschrift für Ruth Mayer-Opificius mit Beiträgen von Freunden und Schülern, Altertumskunde des Vorderen Orients 4 (Münster 1994) 313–325.

Suter, JCS 43/45, 1991/93 =
> C. A. Suter, A Shulgi Statuette from Tello, Journal of Cuneiform Studies 43/45, 1991/93, 63–70.

Thureau-Dangin, MonPiot (1924) =
> F. Thureau-Dangin, Statuettes de Tello, Fondation Eugène Piot – Monuments et mémoires publiés par l'Académie des Inscriptions et Belles-Lettres 27 (Paris 1924).

Unger, Sumerische und Akkadische Kunst (1926) =
> E. Unger, Sumerische und Akkadische Kunst (Breslau 1926).

Waetzoldt, Textilindustrie (1972) =
> H. Waetzoldt, Untersuchungen zur Neusumerischen Textilindustrie, Studi Economici e Tecnologici 1 (Rom 1972).

Abb. 1   Abb. 2   Abb. 3

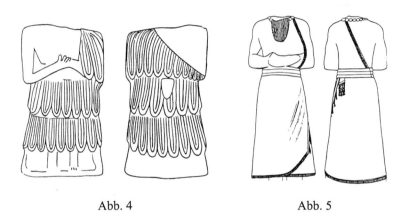

Abb. 4   Abb. 5

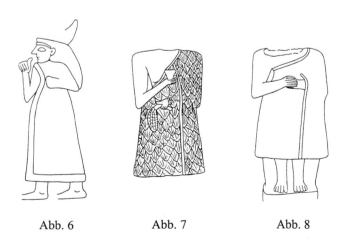

Abb. 6   Abb. 7   Abb. 8

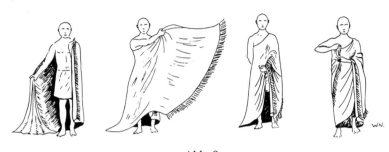

Abb. 9

Abb. 10

Abb. 11

Abb. 12

Abb. 13

Abb. 14

Abb. 15

Abb. 16 Abb. 17

Abb. 18   Abb. 19

'Augen — Blicke'

Eberhard Thomas

Im Jahre 1902 wurden bei der nördlich von Pompeji am Südabhang des Vesuv gelegenen Ortschaft Boscotrecase die Reste einer römischen Villa entdeckt[1], die in den folgenden Jahren teilweise ausgegraben wurde. Der Grundriß läßt einen Wirtschaftstrakt zur Verarbeitung landwirtschaftlicher Erzeugnisse und einen Wohntrakt erkennen. Letzterer war nach Süden ausgerichtet und bot einen Ausblick auf den Golf von Neapel. Zur Ausstattung der Wohnräume der Villa gehörten aufwendige und eindrucksvolle Wandmalereien im sogenannten Dritten Stil[2]. Aus Amphorenaufschriften, einem Ziegelstempel und einem Graffito hat man geschlossen, daß der Besitzer der Villa zunächst Agrippa, später sein aus der Ehe mit der Kaisertochter Iulia hervorgegangener Sohn Agrippa Postumus gewesen ist und die Malereien zwischen etwa 11 v. Chr. und 7 n. Chr. entstanden sind.

Einer der Räume — cubiculum 19 — ist dadurch ausgezeichnet, daß die Ausmalung von zwei großen mythologischen Landschaftsbildern bestimmt ist[3], die jeweils die Mitte der Seitenwände einnehmen. Ein drittes Gemälde, wahrscheinlich ebenfalls ein mythologisches Landschaftbild, von dem jedoch nichts erhalten geblieben ist, dürfte in der Mitte der Rückwand (Nordwand) gemalt gewesen sein. Das in das Dekorationssystem der linken Seitenwand (Westwand) eingefügte Bild stellt Polyphem und Galatea (Abb. 1), das in das der rechten Seitenwand (Ostwand) einbezogene Perseus und Andromeda dar (Abb. 2).

Beide Bilder zeigen das gleiche Kompositionsschema. In dem Polyphem-Galatea-Bild nimmt der als bäurischer Hirt dargestellte einäugige Riese, der auf einem zwar felsigen, aber als ländliche Idylle gegebenen Eiland sitzt, die Bild-

---

[1] Della Corte, NSc 19, 1922, 459 ff.; Asaka, OpPomp 3, 1993, 25 ff.

[2] Blanckenhagen / Alexander, Paintings from Boscotrecase (1962); Blanckenhagen / Alexander, Augustan Villa at Boscotrecase (1990); Bastet / de Vos, Terzo stile pompeiano (1979) 45 ff.; Ehrhardt, Stilgeschichtliche Untersuchungen (1987) 56 ff.; Anderson, AJA 91, 1987, 127 ff.; Knauer, MetrMusJ 28, 1993, 13 ff.; Thomas R., Dekorationssysteme (1995) 45 ff.

[3] Jetzt in New York, Metropolitan Museum, Inv. Nrn. 20.192.17 und 20.192.16.

mitte ein; die den ungeschlachten, vermessenen Liebhaber verschmähende zarte Nereide Galatea ist links anmutig herausfordernd auf einem Delphin sitzend wiedergegeben. In einer Nebenszene ist rechts der geblendete Kyklop dargestellt, der im Begriff ist, einen Felsen nach dem abfahrenden Schiff des Odysseus zu schleudern, eine Szene, die das weitere Schicksal des Polyphem beschreibt. In dem Gegenstück zum Polyphem-Galatea-Bild beherrscht die Bildmitte die an den Felsen gekettete Andromeda; von links fliegt der in die schöne Jungfrau verliebte Perseus heran, um sie von dem Ketos zu befreien, dem Meeresungeheuer, das links unten abgebildet ist. Ebenfalls rechts vom Betrachter aus befindet sich wiederum eine Nebenszene, in der Perseus von dem Äthiopier-König Kepheus, dem Vater der Andromeda, vor dessen Palast begrüßt wird, auch eine Szene, die auf den weiteren Verlauf, d. h. in diesem Fall den glücklichen Ausgang des Geschehens, verweist, nämlich auf die Hochzeit des Zeus-Sohnes und der Königstochter.

Daß die zwei Bilder aufeinander bezogen sind, zeigen aber nicht nur der ähnliche Bildaufbau, die beiden dem den Raum betretenden Betrachter leicht zugewandten Hauptfiguren in der Bildmitte und die möglicherweise als Erfindung augusteischer Künstler zu charakterisierende malerische Erzählweise, die eine zusammengesetzt wirkende Komposition bedingt und mit zeitlich unterschiedenen Haupt- und Nebenszenen aufwartet, sondern auch der feine formale Antagonismus in der jeweils ausgetauschten Gegenüberstellung von weiblicher Schönheit und diese bedrängender Monstrosität, nämlich auf der einen Seite die Schöne auf dem Meer und der Unhold vor einer Felskulisse, auf der anderen die an die Felswand gekettete Schöne und der Drachen im Meer.

Aber auch was das Inhaltliche angeht, lassen sich Entsprechungen erkennen. Zunächst ist im Hinblick auf die mythischen Erzählungen als solche festzustellen, daß es sich in beiden Fällen um Liebesgeschichten handelt: „A bucolic but sad love affair, ending very badly, is contrasted with a dramatically threatened love affair, ending happily" (P. H. v. Blanckenhagen)[4].

K. Schefold wollte in den beiden Wandgemälden Bilder erkennen, die „ihres Sinns wegen zusammengestellt sind", indem ein „Held" und ein „Frevler" einander gegenübergestellt sind[5].

Aber diese Zusammenstellung als eine geschickte Bilderauswahl eines gebildeten und bildungsbeflissenen Römers, der sich in der griechischen Kultur be-

---

[4]   Blanckenhagen / Alexander, Paintings from Boscotrecase (1962) 45.
[5]   Schefold, Vergessenes Pompeji (1962) 190.

wandert zeigen will[6], als eine Auswahl von Sinnbildern, die in allgemeiner Form und dennoch beziehungsreich gegensätzliche Positionen des Daseins beschreiben, zu bewerten, würde der Bedeutung der Gemälde nur zum Teil gerecht.

Einen Schritt weiter geht E. Simon, indem sie den Wirkungsbereich der Venus in den Meeresszenen dargestellt sieht[7], und als weitere Erklärung fügt sie hinzu, dass „Venus als Stammmutter des julischen Geschlechts eine der wichtigsten Gottheiten des augusteischen Rom war".

Die angedeutete Zeitbezogenheit läßt sich darüber hinaus dahingehend erweitern, daß mit dem Polyphem-Galatea-Bild auf die Auseinandersetzungen des jüngeren Caesar mit Sextus Pompeius und die Seeschlachten bei Mylae und Naulochus und mit dem Perseus-Andromeda-Bild auf Marcus Antonius und Kleopatra, auf die Schlacht bei Actium und den Ägypten-Feldzug des jüngeren Caesar angespielt wurde[8]. Die Verwendung der Mythenbilder diente dazu, subtil — in verschlüsselter Form — auf die unter maßgeblicher Beteiligung des Agrippa errungenen militärischen Erfolge zu verweisen, die die Voraussetzungen für die schließlich erreichte Macht bildeten.

Einen anderen Weg, den paarweisen Bezug mythologischer Landschaftsbilder in Wohnräumen der frühen Kaiserzeit zu deuten, hat B. Bergmann beschritten[9]. Nach ihr korrespondieren die formalen und thematischen Arrangements mit den wohlbekannten rhetorischen Prinzipien der *similitudo*, der *vicinitas* und des *contrarium*, wobei Dinge, die ähnlich, naheliegend oder gegensätzlich sind, bestimmte Gedankengänge hervorrufen. Die Art der Anordnung gleiche somit derjenigen anderer Medien wie Reden, Gedichten oder Ekphraseis, d. h. die Darstellung griechischer Mythenszenen verlange einen analogen Rezeptionsprozeß, der genuin römisch sei. Die neue Betonung der mythologischen Landschaften entspreche dem durch eine kolonialistische Kultur erweiterten Blick zu einer Zeit, in der mythischen Orten neues Interesse entgegengebracht worden sei.

Für P. Zanker spiegelt sich in der Auswahl und Interpretation der Mythen durch die Maler das „Konzept eines von den Alltagspflichten freien Raumes und

---

[6]   Vgl. auch Zanker in: XVth Internat. Congr. of Class. Arch., Amsterdam 1998 (1999) 40 ff. 42 f.

[7]   Simon, Augustus (1986) 202.

[8]   Thomas E. in: Schmidt (Hrsg.), Griechenland und Rom (1996) 255 f.;Thomas E. in: XIII. Internat. Kongr. für Klass. Arch., Berlin 1988 (1990) 561 ff.; Wrede, KölnJb 24, 1991, 93 ff.

[9]   Bergmann, Palilia 6 (1999) 81 ff. 99 ff.

einer ganz dem Genuß von Kultur und Luxus gewidmeten Zeit"[10]. In den Mittelpunkt von Lebensgenuß werde dabei sehr deutlich die Erotik gerückt. Andererseits seien „Bilderwelt und Lebenswelt zwei voneinander klar geschiedene Bereiche" gewesen. Alle Bezüge zum wirklichen Leben im Haus oder in der Stadt,
zur Arbeit, zum Handel, zum Staat und zum Kaiser seien aus der Bilderwelt verbannt. Die Bilder zeigten „eine glückliche und geordnete Welt". Daß Letzteres
kaum zutrifft, lehrt schon ein Blick auf das Polyphem-Galatea-Bild, in dem Hinweise auf Glück und Ordnung kaum zu erkennen sind. Und schließlich — allzu
stark verallgemeinernd, d. h. die Thematik der Bilder nur teilweise berücksichti-
gend, was durch den weit gefaßten Interpretationsansatz bedingt ist — werden
„Bezüge zum wirklichen Leben" doch gesehen bzw. hergestellt: „Diese imagi-
näre Phantasiewelt umhüllt die reale Alltagswelt und setzt sie so ständig in Bezug zu Höherem, Schönerem, Besserem. In dieser Wirkung ist die schöne Welt
der Götter und Heroen zunächst eine imaginierte Realität, und als solche eine
Bereicherung der täglichen Lebenswelt. Darüber hinaus aber auch eine ständige
Aufforderung, die eigene Wirklichkeit entweder in der idealen Welt der Bilder
zu spiegeln und so gesteigert zu erleben. Dann aber vielleicht auch eine Kom-
pensation zu all dem, was im Alltag erfolglos, enttäuschend, unbefriedigend
war." Aber wie sollte der römische Betrachter eine höhere, schönere, bessere
und glücklichere Welt in Mythenbildern erkennen, die wie etwa die Landschaftsbilder mit Polyphem und Galatea, Perseus und Andromeda, Artemis und
Aktaion, Io und Argos oder mit dem Tod der Niobiden, der Bestrafung der
Dirke, dem Sturz des Ikaros, um nur einige wenige Beispiele zu nennen, ein
durchaus problembeladenes und konfliktreiches Dasein schilderten.

Die recht unterschiedlichen teils pauschalen, teils differenzierten Interpretationen der Mythenbilder belegen ihre vielfachen Verständnismöglichkeiten, ihre
durch die Mehrdeutigkeit vielseitige Verwendbarkeit und ihre vielfache Ver-
fügbarkeit, sowohl im Hinblick auf die ausführenden Künstler als auch auf die
Auftraggeber und Betrachter.

Neben den formalen Entsprechungen und den mehr oder weniger be-
deutungsschweren, aufeinander bezogenen Inhalten der mythologischen Pendants in Raum 19 der Villa von Boscotrecase scheinen aber auch Bezüge zu
stehen, die einen eher spielerisch-geistreichen Umgang mit den beiden Themen
bekunden. In beiden Fällen scheinen das Auge und die optische Wahrneh-
mungsfähigkeit und -möglichkeit eine Rolle zu spielen. Im Bild von Polyphem
und Galatea ist es die Einäugigkeit und Blindheit des Kyklopen, im Perseus-

---

[10]   Zanker in: XVth Internat. Congr. of Class. Arch., Amsterdam 1998 (1999) 47.

Andromeda-Bild der versteinernde Anblick des Kopfes der Gorgo Medusa, den Perseus dem Meeresdrachen zeigen wird[11].

Die unter anderem auf die optische Wahrnehmung zielende Bedeutung der Pendants von Boscotrecase stellt keinen Einzelfall dar; mehrfach begegnen in der frühen Kaiserzeit die mythologischen Landschaftsgemälde mit Polyphem und Galatea sowie mit Perseus, der zur Verdeutlichung der Handlung das versteinernde Gorgoneion in der linken Hand haltend dargestellt sein kann, und Andromeda an gegenüberliegenden oder benachbarten Wänden, etwa in der Casa del Marinaio, Pompeji VII 15, 2, Exedra (z')[12] oder in der Casa del Sacerdos Amandus, Pompeji I 7, 7, Triclinium (b)[13] oder in der Casa della Parete nera o dei Bronzi, Pompeji VII 4, 59, Oecus (m)[14].

Mitunter ist mit dem Polyphem-Galatea-Bild ein Artemis-Aktaion-Bild als Pendant an der gegenüberliegenden oder an der angrenzenden Wand verbunden (Abb. 3-4)[15]. Auch in diesem Fall ist einer der Bezugspunkte — etwa neben dem

---

[11] Überdies bestand für den entsprechend gebildeten Betrachter die Möglichkeit, weitere mit der optischen Wahrnehmung verbundene Züge des Perseus-Mythos zu assoziieren: Den Graiai entwendete Perseus das eine ihnen gemeinsame Auge, um sie zu zwingen, ihm den Weg zu den Gorgonen zu weisen. Um der Gorgo Medusa, die anzublicken ihn versteinert hätte, den Kopf abschlagen zu können, näherte sich Perseus ihr, indem er sich mit dem Rücken gegen sie wandte und nur ihr Spiegelbild in seinem Schild sah. Die Flucht vor den beiden anderen Gorgonen, die ihn nach der Tat verfolgten, gelang ihm durch die Kappe der Unsichtbarkeit, die er durch Vermittlung der Graiai erhalten hatte.
[12] Dawson, Landscape Painting (1944) 91 f. Nr. 25-26; Bragantini / de Vos / Parise Badoni / Sampaolo, Pitture e Pavimenti di Pompei III (1986) 220 ff.; Conticello, Italienische Reise (1989) 207 ff. 300; Blanckenhagen / Alexander, Augustan Villa at Boscotrecase (1990) Taf. 60, 2-3; LIMC V 1 (1990) 1001 s. v. Galateia Nr. 11 (Montón Subias); Franklin, Casa del Marinaio (1990); PPM, L'immagine di Pompei (1995) 853 f.; PPM VII (1997) 756 ff.; Bergmann, Palilia 6 (1999) 89 ff. Abb. 6-7.
[13] Maiuri, MonPitt III, Pompei II (1938) Taf. 1,1. Dawson, Landscape Painting (1944) 99 Nr. 40 Taf. 15. 98 Nr. 38 Taf. 14; Peters, Landscape (1963) Taf. 20-21, 77-78; PPM I (1990) 596 ff.; Blanckenhagen / Alexander, Augustan Villa at Boscotrecase (1990) Taf. 57-59.
[14] Dawson, Landscape Painting (1944) 106 f. Nr. 52-53; PPM VII (1997) 113 ff.
[15] z. B. Casa degli Epigrammi, Pompeji V 1, 18, Triclinium (p), Dawson, Landscape Painting (1944) 105 f. Nr. 49-50; PPM III (1991) 559 ff.; Pompeji IX 7, 12, Triclinium (5), Dawson, Landscape Painting (1944) 82 f. Nr. 5-6 Taf. 1; Peters, Landscape (1963) Taf. 18, 63. 65; Blanckenhagen, RM 75, 1968, Taf. 46, 1. 4; Leach, RM 88, 1981, Taf. 134, 1; Bragantini / de Vos / Parise Badoni / Sampaolo, Pitture e Pavimenti di Pompei III (1986) 498; PPM IX (1999) 780 f. Vgl. auch Casa della Caccia antica, Pompeji VII 4, 48, Exedra (15), Dawson, Landscape Painting (1944) 111 Nr. 65; Schefold, Vergessenes Pompeji (1962) Taf. 168, 3; Peters, Landscape (1963) Taf. 30, 123; Leach, RM 88, 1981,

allerdings nicht immer gegebenen mehrteiligen Bildaufbau und der politischen Bedeutung des Artemis-Aktaion-Bildes als Sinnbild für die Bestrafung eines Frevlers gegenüber einer der Schutzgottheiten des Kaiserhauses[16] — der Aspekt der optischen Wahrnehmung: Der Jäger Aktaion beobachtet die badende nackte Göttin. Der verbotene B l i c k hat Folgen: Artemis verwandelt Aktaion in einen Hirsch, der von den Hunden, die ihren Herrn nicht mehr zu erkennen vermögen, zerrissen wird.

Auch in der Zusammenstellung des Polyphem-Galatea-Bildes mit dem Io-Argos-Bild in der 'Casa di Livia' auf dem Palatin zu Rom (Abb. 5-6)[17] scheint — abgesehen etwa von der Liebesgeschichten-Thematik oder von dem anscheinend bewußten Rückgriff auf ein als exemplarisch angesehenes klassisches Vorbild, ein Gemälde des von Augustus geschätzten Malers Nikias von Athen, oder von dem politischen Hintergrund der Bilder[18] — das Visuelle von Bedeutung zu sein: Die eifersüchtige Hera beauftragt Argos Panoptes, der als alles Sehender überall an seinem Körper Augen besaß, Io, die Geliebte des Zeus, zu bewachen, 'im A u g e zu behalten'[19]. Vieläugigkeit ist neben Einäugigkeit gestellt. Allerdings ist das Merkmal der über den gesamten Körper verteilten Augen — anders als etwa in der attisch rotfigurigen Vasenmalerei[20] — in dem Gemälde nicht wiedergegeben, was heißt, daß beim Betrachter eine entsprechende Kenntnis des Mythos vorausgesetzt wurde[21].

Taf. 133, 2; PPM VII (1997) 38 ff.; Allison / Sear, Casa della caccià antica (2002), mit einer Veränderung des Bildinhaltes zum Liebesidyll hin beim Polyphem-Galatea-Bild.

[16]   Vgl. Wrede, KölnJb 24, 1991, 95 f.

[17]   Rizzo, MonPitt III Roma III (1936) 27 ff. 34 ff. Abb. 18 ff. 24 ff. Taf. 1-3; Peters, Landscape (1963) Taf. 11, 35-36.

[18]   Thomas E. in: Schmidt (Hrsg.), Griechenland und Rom (1996) 255 f. 262; Thomas E. in: XIII. Internat. Kongr. für Klass. Arch., Berlin 1988 (1990) 562; Wrede, KölnJb 24, 1991, 93 ff.

[19]   Vgl. auch die Verbindung von einem Io-Argos-Bild mit einem Perseus-Andromeda-Bild als Pendant in dem Haus Pompeji IX 9, 17, Triclinium (Mau, RM 5, 1890, 233 f.; HBr I 68 Abb. 16).

[20]   Vgl. LIMC V 2 (1990) 442 f. (s.v. Io).

[21]   Dies gilt auch für Perseus-Andromeda-Darstellungen, die Perseus die befreite Andromeda vom Felsen herab geleitend und das erstarrte Ungeheuer allenfalls im Hintergrund wiedergeben, also den Kampf mit dem Meeresungeheuer voraussetzen; vgl. beispielsweise das Bild in der Domus Sexti Pompei Axiochi, Pompeji VI 13, 19, Triclinium (h) (Schefold, Vergessenes Pompei [1962] Taf. 59, 2-3; PPM V [1994] 216 ff.), das anscheinend einem Artemis-Aktaion-Bild benachbart gemalt war, oder das Perseus-Andromeda-Gemälde in dem Haus Pompeji IX 9, 17, Triclinium (Mau, RM 5, 1890, 233), dem ein Io-Argos-Bild als Pendant zugeordnet ist.

Diese an gegenüberliegenden oder angrenzenden Wänden angebrachten und vom Betrachter ohne weiteres in den Blick nehmbaren mythologischen Bilder der frühen Kaiserzeit sind also offensichtlich in mehrfacher Weise aufeinander bezogen; unter anderem wird mit Hilfe eines bestimmten Motivs ein geistreiches Spiel betrieben, in einem Zeitalter, in dem man sich der Wirksamkeit und Wirkung von Bildern, überhaupt des optisch Erfaßbaren und der Bedeutung der Wahrnehmung durch das Auge besonders bewußt war. Der Aspekt des Visuellen scheint in solchen Bildern reflektiert worden zu sein, wobei dahinter die nicht nur seinerzeit schon alte, sondern auch noch geltende Vorstellung stehen dürfte, daß das nützlichste und schärfste Sinnesorgan das Auge sei[22].

Abbildungsnachweise

Abb. 1-2: Blanckenhagen / Alexander, Augustan Villa at Boscotrecase (1990) Taf. 42-43.
Abb. 3-4: PPM IX (1990) 780 f.
Abb. 5-6: Rizzo, MonPitt III Rom III (1936) 35 Abb. 25; 27 Abb. 18.

Literatur- und Abkürzungsverzeichnis

Allison / Sear, Casa della caccià antica (2002) =
    P. M. Allison / F. B. Sear, Casa della caccià antica (VII 4, 48), Häuser in Pompeji 11 (2002).

Anderson, AJA 91, 1987 =
    M. L. Anderson, The Portrait Medaillons of the Imperial Villa at Boscotrecase, American Journal of Archaeology 91, 1987, 127-135.

Asaka, OpPomp 3, 1993 =
    T. Asaka, Notes on the Plan of the Villae Rusticae in the Vicinity of Pompei, Opuscula Pompeiana 3, 1993, 25-53.

Bastet / de Vos, Terzo stile pompeiano (1979) =
    F. L. Bastet / M. de Vos, Proposta per una classificazione del terzo stile pompeiano (s Gravenhage 1979).

---

[22] Vgl. etwa Platon, Phaidros 250 d (ὄψις γὰρ ἡμῖν ὀξυτάτη τῶν διὰ τοῦ σώματος ἔρχεται αἰσθήσεων, ...) oder Timaios 47 a (ὄψις δὴ κατὰ τὸν ἐμὸν λόγον αἰτία τῆς μεγίστης ὠφελίας γέγονεν ἡμῖν, ...) und Plinius, Nat. hist. XI 52 (... oculi, pars corporis pretiosissima ...).

Bergmann, Palilia 6 (1999) =
B. Bergmann, Rhythms of Recognition: Mythological Encounters in Roman Landscape Painting, in: F. de Angelis / S. Muth (Hrsg.), Im Spiegel des Mythos. Bilderwelt und Lebenswelt, Akten des internationalen Kolloquiums Rom 19.-20. Februar 1998, Palilia 6 (Wiesbaden 1999) 81-107.

Blanckenhagen, RM 75, 1968 =
P. H. v. Blanckenhagen, Daedalus and Icarus on Pompeian Walls, Mitteilungen des Deutschen Archäologischen Instituts, Römische Abteilung 75, 1968, 106-143.

Blanckenhagen / Alexander, Paintings from Boscotrecase (1962) =
P. H. v. Blanckenhagen / Chr. Alexander, The Paintings from Boscotrecase (Heidelberg 1962).

Blanckenhagen / Alexander, Augustan Villa at Boscotrecase (1990) =
P. H. v. Blanckenhagen / Chr. Alexander, The Augustan Villa at Boscotrecase (Mainz 1990).

Bragantini / Vos / Parise Badoni / Sampaolo, Pitture e Pavimenti di Pompei III (1986) =
I. Bragantini / M. de Vos / F. Parise Badoni / V. Sampaolo, Pitture e pavimenti di Pompei III (Rom 1986).

Conticello, Italienische Reise (1989) =
B. Conticello (Hrsg.), Italienische Reise – Pompejanische Bilder in den deutschen archäologischen Sammlungen, Ausstellung Casina dell' Aquila, Pompei, Soprinten-denza Archaeologica di Pompei, Le Mostre 8 (Neapel 1989).

Dawson, Landscape Painting (1944) =
Chr. M. Dawson, Romano-Campanian Mythological Landscape Painting, Yale Classical Studies 9 (New Haven 1944).

Della Corte, NSc 19, 1922 =
M. Della Corte, VIII. Pompei – Scavi esegueti da privati nel territorio di Pompei (secondo rapporto), Notizie degli scavi di antichità 19, 1922, 459-485.

Ehrhardt, Stilgeschichte Untersuchungen (1987) =
W. Ehrhardt, Stilgeschichtliche Untersuchungen an römischen Wandmalereien von der späten Republik bis zur Zeit Neros (Mainz 1987).

Franklin, Casa del Marinaio (1990) =
J. L. Franklin, Pompeii: the "Casa del Marinaio" and its History (Rom 1990).

HBr I =
P. Herrmann, Denkmäler der Malerei des Altertums I (München 1904-1931).

Knauer, MetrMusJ 28, 1993 =
E. R. Knauer, Roman Wall Paintings from Boscotrecase – Three Studies in the Relationship between Writing and Painting, Metropolitan Museum Journal 28, 1993, 13-46.

Leach, RM 88, 1981 =
E. Leach, Metamorphoses of the Acteon Myth in Campanian Painting, Mitteilungen des Deutschen Archäologischen Instituts, Römische Abteilung 88, 1981, 307-327.

LIMC V 1 (1990) s.v. Galateia Nr. 11 (Montón Subias) =
S. Montón Subias, Galateia, Lexicon Iconographicum Mythologicae Classicae V, 1 (München / Zürich 1990) 1000-1005.

LIMC V 2 (1990) =
Lexicon Iconographicum Mythologicae Classicae V, 2 (München / Zürich 1990).

Maiuri, Mon Pitt III, Pompei II (1938) =
A. Maiuri, Le pitture delle Case di "M. Fabius Amandio" o del "Sacerdos Amandus" e di "P. Cornelius Teges", Monumenti della pittura antica scoperta in Italia III, Pompei II (Rom 1938).

Mau, RM 5, 1890 =
A. Mau, Scavi di Pompei 1888, 1890, Mitteilungen des Deutschen Archäologischen Instituts, Römische Abteilung 5, 1890, 228-285.

Peters, Landscape (1963) =
W. J. T. Peters, Landscape in Romano-Campanian Mural Painting (Assen 1963).

PPM =
I. Baldassarre (Koord.), Pompei. Pitture e Mosaici I-IX (Rom 1990-1999).

PPM, L'immagine di Pompei (1995) =
I. Baldassarre (Koord.), Pompei. Pitture e Mosaici, L'immagine di Pompei nei secoli XVIII e XIX (Rom 1995).

Rizzo, MonPitt III Roma III (1936) =
G. E. Rizzo, Le pitture della "Casa di Livia", Monumenti della pittura antica scoperta in Italia III Roma III (Rom 1936).

Schefold, Vergessenes Pompeji (1962) =
K. Schefold, Vergessenes Pompeji – Unveröffentlichte Bilder römischer Wanddekorationen in geschichtlicher Folge (Bern 1962).

Simon, Augustus (1986) =
E. Simon, Augustus – Kunst und Leben in Rom um die Zeitenwende (München 1986).

Thomas E. in: XIII. Internat. Kongr. für Klass. Arch., Berlin 1988 (1990) =
E. Thomas, Zur Rezeption des griechischen Mythenbildes in der römischen
Kaiserzeit, in: Akten des XIII. Internationalen Kongresses für Klassische
Archäologie, Berlin 1988 (Mainz 1990) 561-563.

Thomas E. in: Schmidt (Hrsg.), Griechenland und Rom (1996) =
E. Thomas, Griechisches Mythenbild und augusteische Propaganda, in: E. G.
Schmidt (Hrsg.), Griechenland und Rom – Vergleichende Untersuchungen zu
Entwicklungstendenzen und -höhepunkten der antiken Geschichte, Kunst und
Literatur (Tbilissi 1996) 252-263.

Thomas R., Dekorationssysteme (1995) =
R. Thomas, Dekorationssysteme der römischen Wandmalerei von augusteischer bis
in trajanische Zeit (Mainz 1995).

Wrede, KölnJb 24, 1991 =
H. Wrede, Augustus und das mythologische Landschaftsbild, Kölner Jahrbuch für
Vor- und Frühgeschichte 24, 1991, 91-96.

Zanker in: XVth Internat. Congr. of Class. Arch., Amsterdam 1998 (1999) =
P. Zanker, Mythenbilder im Haus, in: R. F. Docter / E. M. Moormann (Hrsg.),
Proceedings of the XVth International Congress of Classical Archaeology,
Amsterdam 12.-17. Juli 1998, Allard Pierson Series 12 (Amsterdam 1999) 40-48.

Abb. 1: Boscotrecase, Polyphem-Galatea-Bild

Abb. 2: Boscotrecase, Perseus-Andromeda-Bild

Abb. 3: Pompeji IX 7, 12, Artemis-Aktaion-Bild

Abb. 4: Pompeji IX 7, 12, Polyphem-Galatea-Bild

Abb. 5: Rom, 'Casa di Livia', Polyphem-Galatea-Bild

Abb. 6: Rom, 'Casa di Livia', Io-Argos-Bild

Gedanken und Beobachtungen zur Equiden-Hybridisierung im Alten Orient

Hans-Peter Uerpmann

Unter den vielfältigen Formen der Nutzung von Tieren durch den Menschen hat die bewusste Verwendung von Mischlingen zwischen verschiedenen Spezies eine besondere Stellung. Mit der Erzeugung solcher Hybriden setzt sich der Mensch über biologische Prinzipien hinweg; denn natürlicherweise kreuzen sich die Angehörigen verschiedener Arten nicht miteinander. Dies ist geradezu ein Charakteristikum von eindeutigen Tierarten und wird in der modernen zoologischen Systematik deshalb als ein wichtiges Kriterium für die Artdefinition benutzt. Zwar gibt es auch hier Grenzfälle, denn manche Tierarten können sich unter speziellen Umständen durchaus mit Nachbararten kreuzen und sogar fruchtbare Nachkommen erzeugen, doch müssen dies schon aus dem einfachen Grund Ausnahmen sein, weil ein derartiges Verhalten bei fortgesetzter Ausübung längst zur vollständigen Verwischung der Artunterschiede geführt hätte. Da die Bewahrung der evolutiv erworbenen Adaptationen einer Art für deren Fortbestand von Bedeutung ist, haben sich im Tierreich vielfältige Mechanismen herausgebildet, die solchen Hybridisierungen auch dann schon entgegenwirken, wenn die biologischen Unterschiede zwischen nahe verwandten Formen grundsätzlich noch eine Vermischung zuließen. Die Anfänge derartiger Trennungsvorgänge sind in verhaltensmäßigen Aversionen zu sehen, die sich auf Äußerlichkeiten beziehen. Eine ungewohnte Geweihform kann den Fortpflanzungserfolg eines Hirsches stark reduzieren, weil er von den weiblichen Tieren nicht akzeptiert wird, solange männliche Tiere mit einem normalen Geweih zur Auswahl stehen. Der völlige Verlust gegenseitiger sexueller Attraktion steht am Ende der verhaltensmäßigen Entfremdung von auseinanderstrebenden Arten.

Arthybriden von überregionaler wirtschaftlicher Bedeutung sind unter den Haussäugetieren vor allem zwischen Pferd und Esel sowie zwischen Trampeltier und Dromedar erzeugt worden, wobei nur das Maultier als Mischling aus der Kreuzung einer Pferdestute mit einem Eselhengst bis heute in nennenswertem Umfang genutzt wird. Während sich die Kamelhybridisierung nur wenig mehr als 2 Jahrtausende zurückverfolgen lässt (Bulliet, Camel [1975]; H. P. Uerpmann, Arabian Archaeology and Epigraphy 10, 1999, 102-118), liegen die

Maultiertierzucht in einer deutlich früheren Zeit, wobei in beiden Fällen die frühen Kulturzentren Mesopotamiens nach heutiger Kenntnis am Ausgangspunkt der Entwicklung standen. Die jeweils ältesten Hinweise ergeben sich aus der Auswertung entsprechender Text- und Bildquellen, wobei Wolfram Nagel, dem diese Zeilen gewidmet sind, zu den bis heute angesammelten Erkenntnissen in ganz außerordentlichem Umfang beigetragen hat. Auch wenn manche Folgerungen, die Wolfram Nagel aus seinen Untersuchungen zu den Equiden Mesopotamiens gezogen hat, nicht mehr in allen Punkten das Einverständnis der Archäozoologen finden, schmälert dies nicht seine besonderen Verdienste um die Entschlüsselung der frühen Quellen zum Mensch/Tier-Verhältnis im Vorderen Orient, die sich ja auch keineswegs auf die hier zu diskutierenden Fragen beschränken.

Wenn man als Archäozoologe den Ausführungen von Bollweg / Nagel (Bollweg / Nagel, APA 24, 1992) zu den mesopotamischen Equiden nicht in vollem Umfang folgen kann, dann liegt dies nicht daran, dass der Biologe über ein besseres Quellenmaterial verfügen würde als die Philologen. Im Gegenteil, die aufgearbeiteten archäozoologischen Quellen zur Geschichte der Pferdeartigen im Vorderen Orient sind dürftig und die Fähigkeit, dieses Quellenmaterial richtig zu lesen, ist es nicht minder. Vielmehr ist es vor allem ein unterschiedlicher Umgang mit der Taxonomie – also einem Konstrukt der jeweiligen Wissenschaftsgebiete – der die beiden Angänge unvereinbar macht. Betrachtet man die Ergebnisse von Bollweg und Nagel als den Versuch einer interpretativen Umsetzung der altorientalischen Equidennomenklatur, so ist es durchaus eine ernstzunehmende Aufgabe für den Archäozoologen, ihren tatsächlichen biologischen Hintergrund zu entschlüsseln.[1]

Der Gegenstand dieses Beitrags zur Festschrift von Wolfram Nagel sind Gedanken, die sich aus der Bewertung einiger Knochenfunde von Equiden aus dem Siedlungshügel Teleilat bei Mezra am linken Euphrat-Ufer nahe Bireçik in der

---

[1] Wie schwierig diese Aufgabe ist, sei durch ein simples Beispiel aus der deutschen Nomenklatur der Pferdeartigen erläutert: Die selbständigen Nomina Pferd, Esel, Zebra, Stute, Fohlen, Klepper, Mähre usw. bezeichnen ganz unterschiedliche Einheiten der zoologischen Equidennomenklatur: Pferd und Esel sind Artbezeichnungen, was auf das Zebra nicht zutrifft, weil es drei verschiedene Zebraarten gibt. Stute bezeichnet ein Geschlecht und Fohlen eine Altersstufe, während Klepper und Mähre sich sowohl auf die Art (=Pferd) wie auf das Geschlecht wie auch auf den Zustand des Tieres beziehen. Halbesel und Maultier, die man als zusammengesetzte Wörter für Bezeichnungen von unter- oder übergeordneten Einheiten halten könnte, bezeichnen im ersten Fall wieder eine selbständige Spezies, im zweiten einen Mischling, dessen tierartliches Wesen aus der Wortbildung selbst nicht zu entschlüsseln ist. Es ist leicht zu ermessen, wie schwierig es sein wird, die zoologische Bedeutung dieser Wörter in 3000 Jahren aus fragmentarisch erhaltenen Kontexten zu erschließen.

türkischen Provinz Urfa ergeben. Die Hauptfundschichten dieses Tells sind neo-
lithisch. Bei der großflächigen Ausgrabung unter der Leitung von Mehmet
Özdoğan (Univ. Istanbul) wurden jedoch auf dem Rücken des Hügels die
Grundmauern eines neoassyrischen Palastes angetroffen und großflächig freige-
legt. Zu diesem Gebäude gehören einige große zirkuläre Gruben, die bis in die
neolithischen Schichten eingetieft waren und die als Getreidesilos interpretiert
werden. Diese Gruben waren mit Siedlungsschutt verfüllt und enthielten zahlreiche Tierknochen. Die Beimengung achaemenidischer Materialien lässt vermuten, dass die Verfüllung erst gegen Ende der neoassyrischen Zeit erfolgte
oder kurz danach[2]. Man wird jedenfalls davon ausgehen können, dass die zu besprechenden Equidenfunde aus dem zweiten Viertel des 1. Jtsd. v. Chr.
stammen.

Bei einer kurzen Durchsicht des Knochenfundmaterials aus einem der Getreidesilos durch Margarethe Uerpmann wurden einige Equidenreste isoliert, die
sich bei näherer Betrachtung drei verschiedenen Taxa zuordnen ließen: Dem
Pferd (*EQUUS*), dem Esel (*ASINUS*) und dem Maultier (*EQUUSxASINUS*)[3]. Dabei
liegen sowohl Einzelzähne wie auch postcraniale Knochenfunde vor. Es kann
nicht Gegenstand dieses Beitrages sein, die morphologischen Kriterien zu be-
handeln, die zur zoologischen Bestimmung der Funde benutzt wurden. Um
trotzdem eine gewisse Nachvollziehbarkeit zu gewährleisten, werden in Abb. 1
die Schmelzfaltenbilder einiger Backenzähne wiedergegeben. Die darauf ange-
wendeten Unterscheidungskriterien sind in einer früheren Arbeit erläutert worden (Uerpmann / M. Uerpmann in: Kokabi / Wahl [Hrsg.], Beiträge zur Archäozoologie [1994]).

Die Maultierreste aus Mezraa repräsentieren sicherlich nicht die ältesten
Maultiere Mesopotamiens. Nach Kenntnis des Autors sind sie aber die ältesten
(wenn nicht die einzigen) Funde, die bisher beschrieben worden sind. Dies zeigt
die großen Schwierigkeiten der Archäozoologie im Umgang mit Arthybriden
auf. Selbst für das relativ gut bekannte Maultier sind die osteologischen Unter-
scheidungsmerkmale – insbesondere für das postcraniale Skelett – noch nicht in
ausreichendem Umfang erarbeitet. Vor allem beim Bestimmen von

---

[2]   Für die archäologischen Angaben zum Kontext der Funde und für die Gastfreund-
      schaft während des Aufenthalts auf der Grabung im Jahre 2001 möchte ich mich bei
      Mehmet Özdoğan herzlich bedanken.
[3]   Für die Haustiere wird hier eine eigenständige Nomenklatur angewendet, da sie im
      System der zoologischen Taxonomie nach Meinung des Verfassers nicht adäquat unter-
      zubringen sind (s. H. P. Uerpmann in: Clason et al. (Hrsg.), Festschrift Clutton-Brock
      [1993] 239-241). Die Bezeichnung der Wildformen als *Equus ferus* und *Equus africanus*
      basiert auf dem dazu ergangenen Beschluss der Internationalen Nomenklaturkommission
      von 2003 (Bull. of Zool. Nomenclature 60[1] March 2003, 81-84).

Knochenfunden auf der Grabung, wo keine Vergleichsskelette zur Verfügung stehen, bleiben die Funde der Equidenmischlinge in der Regel unerkannt. Dieses Problem wird noch weiter zu diskutieren sein. Jedenfalls sind die Funde aus Mezraa ein erster biologischer Beleg für die Nutzung von Maultieren in Mesopotamien spätestens um die Mitte des 1. Jtsd. v. Chr. Mit dieser Aussage bleibt die Archäozoologie weit hinter dem historischen Wissen zurück, das über die Nutzung von Equiden in diesem Raum bereits vorliegt, und zu dessen Erschließung Wolfram Nagel in besonderem Maße beigetragen hat.

Für die neoassyrische Zeit liegen aus Text- und Bildquellen umfangreiche Kenntnisse über den damaligen Umgang mit Pferdeartigen vor. Während die Problematik der Textquellen die Kompetenzen des Archäozoologen weit überfordert, sind viele Bildquellen dieser Zeit von so ausgezeichneter Qualität, dass ihre zoologische Zuordnung keine Probleme bereitet. Insbesondere die Palastreliefs lassen drei verschiedene Equiden klar erkennen: Das Hauspferd, den Halbesel und das Maultier. Das Hauspferd ist in seiner Nutzung als Zugtier für den Streitwagen und als Reittier vielfach dargestellt. Ein Beispiel für letzteres aus Ninive wird in Abb. 2 wiedergegeben.

Neben dem Pferd ist hier ein Wildequide abgebildet, der sich nach den Körperproportionen und nach der Ausformung von Kopf, Mähne und Schwanz als Halbesel, *Equus hemionus*, bestimmen lässt. Als weiterer Hausequide ist auf einer anderen Tafel in Ninive das Maultier abgebildet (Abb. 3). Auch hier ergibt sich die Identifikation aus den gleichen Merkmalsträgern wie beim Halbesel. Die Nutzung als Tragtier kann als weiteres, für sich allein aber nicht hinreichendes Argument gesehen werden.

Durch das Maultier ist indirekt auch der Hausesel belegt, der an seiner Erzeugung beteiligt gewesen sein muss. Repräsentable Abbildungen dieses Tieres aus neoassyrischen Zusammenhängen scheinen zu fehlen, was vermutlich mit dem geringen Status des Esels zusammenhängt. Die Existenz des Esels in Mesopotamien ist durch archäozoologische Untersuchungen mannigfach nachgewiesen. Man kann als gesichert annehmen, dass dieses Tier hier im 4. Jahrtausend v. Chr. domestiziert wurde, wobei Funde aus Uruk den bislang ältesten biologischen Beleg bilden (Boessneck et al., BaM 15, 1984, 149-190). Dies muss insofern ausdrücklich erwähnt werden, als bis vor zwei Jahrzehnten Ägypten als ausschließliches Domestikationszentrum galt. Die Existenz des Wildesels (*Equus africanus*) in Vorderasien als Voraussetzung für eine lokale Domestikation ist inzwischen gut belegt (Ducos, JAS 2, 1975; H. P. Uerpmann in: Meadow / H. P. Uerpmann (Hrsg.), Equids in the Ancient World II [1991] 12-33). Für Obermesopotamien ist dieses Tier in Shams ed-Din archäozoologisch mindestens bis in die Halafzeit zu verfolgen, wo es neben dem

Halbesel als Jagdwild nachgewiesen ist (H. P. Uerpmann, Berytus 30, 1982).

Sobald im Fundmaterial auch Reste des Hausesels auftauchen, nehmen die Probleme weiter zu, denen die in Vorderasien tätigen Archäozoologen bei der Bestimmung von Equidenresten ausgesetzt sind: Bereits die osteologische Unterscheidung von Wildesel und Halbesel erfordert große Erfahrung und ist nur bei gut erhaltenen Fundstücken mit ausreichender Wahrscheinlichkeit möglich. Die Zunahme der Variabilität durch die Domestikation des Esels erschwert die Ansprache der Funde zusätzlich. Demzufolge sind detaillierte Untersuchungen zum eigentlichen Ablauf der Eseldomestikation immer noch ein Desiderat. Nichtsdestotrotz ist evident, dass der Esel im ganzen Vorderen Orient ab der Frühen Bronzezeit weithin genutzt wurde, wobei zahlreiche Statuetten seinen Einsatz als Lasttier demonstrieren, während er nach den Texten wohl auch als Zugtier eingesetzt wurde.

Der Hausesel als der eine Elternteil für die Maultierzucht war also in Mesopotamien schon früh vorhanden und entstammte der lokalen Wildfauna, so dass diese Tierart keine Anpassungsprobleme an die lokalen Verhältnisse hatte. Der andere Elternteil, das Hauspferd, hatte keine unmittelbaren wilden Vorfahren in diesem Gebiet. Am Höhepunkt der letzten Kaltzeit vor 18.000 bis 20.000 Jahren reichte die Verbreitung des Wildpferdes zwar bis nach Südjordanien und bis in den mittleren Zagros (H. P. Uerpmann, Ancient Distribution [1987] 13 ff.). Es war aber auch damals auf die hochliegenden Regionen beschränkt. Die Tiefländer Mesopotamiens und die Arabische Halbinsel gehörten nach heutigem Wissen nie zum Verbreitungsgebiet von *Equus ferus*, vermutlich weil seine natürliche Hitzetoleranz hierfür nicht ausreichte. Pferde haben Mesopotamien daher erst als Haustiere erreicht, und es war für die frühen Pferdehalter dort sicher nicht einfach, die klimatischen Anpassungsschwierigkeiten zu überwinden.

Wann zum ersten Mal Hauspferde nach Mesopotamien gelangten, ist schwer zu sagen. Obwohl zur Geschichte des Pferdes eine Fülle an Wissen akkumuliert worden ist[4], haben sich viele der früheren Aussagen als wenig fundiert erwiesen. Dies gilt insbesondere für die Annahme, dass die ersten Pferde schon im 4.

---

[4]   Einen Überblick über den Forschungsstand gibt Becker (Becker in: Hänsel / Zimmer [Hrsg.], Festschrift Schlerath [1994] 145 ff.). Die dort (wie früher auch vom Verf.) noch vertretene Auffassung, dass das Pferd bereits im mittleren 3. Jahrtausend v. Chr. im östlichen Mittelmeergebiet und im Vorderen Orient vereinzelt belegt sei, ist mit Skepsis zu betrachten. Die direkte ^{14}C-Datierung von Knochenfunden hat gezeigt, dass ein erheblicher Teil der einbezogenen Pferdereste von den Ausgräbern zunächst zu alt datiert worden ist, weil offenbar jüngere Funde durch unerkannte Störungen in ältere Kontexte geraten waren.

Jahrtausend v.Chr. in der Ukraine domestiziert worden seien. Erst gegen Ende des 3. Jahrtausends mehren sich die sicheren archäologischen Hinweise auf eine fortgesetzte Haltung dieser Tierart. Selbst die Frage, wo das Pferd zuerst domestiziert wurde, ist noch nicht sicher zu beantworten.[5] Das Verbreitungsgebiet des Wildpferdes, innerhalb dessen die Domestikation ja stattgefunden haben muss, war offenbar sehr variabel und hat sich selbst mit den geringen Klimaschwankungen nach dem Ende der letzten Eiszeit jeweils großflächig verändert. Insbesondere die kühle Phase in der ersten Hälfte des 4. Jahrtausends v.Chr. hat dazu geführt, dass Wildpferdreste in spätneolithischen Zusammenhängen aus dieser Zeit in Mittel- und Südosteuropa bis hin zum Nordrand der Alpen und des Balkans auftauchen. Allerdings schrumpfte das Verbreitungsgebiet in wärmeren Phasen auch schnell wieder auf das Kerngebiet der osteuropäischen und zentralasiatischen Steppen zusammen. Insgesamt machen es diese natürlichen Schwankungen des Verbreitungsgebiets sehr schwer, die Ausbreitungsgeschichte früher Hauspferde nachzuzeichnen. In Mitteleuropa und im Donauraum muss auch noch im 3. Jahrtausend und danach mit dem gelegentlichen Auftreten von Wildpferden gerechnet werden. Als eine derartige Episode kann man möglicherweise das Auftauchen von Pferderesten im türkischen Thrakien kurz vor dem Ende des 3. Jahrtausends betrachten (Benecke in: Buitenhuis et al. [Hrsg.], Archzool. Near East III [1998] 172 ff.). Auch für diese Zeit gibt es Hinweise auf großräumige Klimaschwankungen (Weiss in: Dalfes et al. (Hrsg.), Climate Change [1997]; H. P. Uerpmann in: Wagner et al. [Hrsg.], Troia [2003]). Gegen die Annahme früher Hauspferde an diesem Ort spricht die Tatsache, dass auf der anderen Seite der Dardanellen – in Troia – das Pferd zu dieser Zeit noch nicht auftritt. Unter den zahlreichen Tierresten aus der Bronzezeit und dem Neolithikum, die in Troia und an anderen Fundstellen der Troas untersucht worden sind, kommen Pferdereste erst ab der Späten Bronzezeit (Troia VI) vor (Uerpmann / M. Uerpmann in: [Hrsg.], Troia Traum und Wirklichkeit [2000]). Falls hier die Hauspferde von Europa nach Kleinasien gekommen sind, ist dies erst kurz vor der Mitte des 2. Jahrtausends v. Chr. erfolgt. Weiter im Osten, bei den Hethitern und in Mesopotamien, ist das Pferd zu dieser Zeit allerdings schon historisch belegt. Wenn man den Befund in Troia verallgemeinern darf, scheint das Pferd somit nicht den Weg über das westliche Kleinasien genommen zu haben, um von einem vermuteten Domestikationszentrum in Osteuropa in den Alten Orient zu gelangen.

---

[5]   Nach Ausweis der DNA-Untersuchungen an rezenten Hauspferden (Vilà et al., Science 291, 2001; Jansen et al., PNAS 99, 2002) hatte diese Tierart multiple Domestikationszentren. Archäozoologische Hinweise erstrecken sich vom Süden der Iberischen Halbinsel (H. P. Uerpmann, MM 31, 1990) über Osteuropa bis in die zentralasiatischen Steppengebiete (Levine in: Levine et al. (Hrsg.), Prehistoric Exploitation [1999]).

Für die kaukasische Landverbindung zwischen Osteuropa und dem Vorderen Orient ist die Datenlage noch sehr dürftig. Eine vorläufige Sichtung von Tierknochenfunden der Mittel- und Spätbronzezeit aus Fundstellen in Kachetien (Uerpmann / M. Uerpmann, Studia Troica 12, 2002, 490 f. und in Vorb.) deutet jedoch darauf hin, dass auch in diesem Brückengebiet das Hauspferd erst in der Spätbronzezeit auftritt. Noch weiter im Südosten, d.h. südlich um das Kaspische Meer herum, ist aus klimatischen Gründen ebenfalls nicht mit einem frühen Import des Pferdes zu rechnen. Deshalb drängt sich beim derzeitigen Stand der Kenntnisse die Vermutung auf, dass es innerhalb des Vorderen Orients eine Reliktpopulation von Wildpferden gegeben haben muss, die eine eigenständige Domestikation zugelassen hat.

Reste der eiszeitlichen Wildpferdpopulation sind aus holozänen Fundstellen in Anatolien bekannt. Fundstellen in der Nähe von Eskişehir im nordwestlichen Hochland haben Wildpferdreste erbracht, an denen Radiokarbondatierungen durchgeführt wurden, die ins 6. vorchristliche Jahrtausend weisen (H. P. Uerpmann, in Vorb.). Diese Reliktpopulation im west- und zentralanatolischen Hochland scheint aber im 3. Jahrtausend schon nicht mehr vorhanden gewesen zu sein, da bisher keine gesicherten Funde aus der Frühbronzezeit vorliegen. Möglicherweise haben Wildpferde weiter im Osten Anatoliens länger überdauert. Die frühen Funde aus dem Norşuntepe (Boessneck / Driesch Säugetierkdl. Mitt. 2, 1976) sind ein entsprechender Hinweis. Aber auch aus der oberen Euphratregion mit ihren zahlreichen untersuchten Fundkomplexen fehlen sichere Hinweise auf frühbronzezeitliche Pferdereste. Eine kontinuierliche Anwesenheit des Pferdes bis in die Zeit der Domestikation ist beim derzeitigen Forschungsstand nur im Bereich der Hochsteppen des armenischen Gebirgsknotens anzunehmen. Die laufenden Forschungen des Autors in Armenien geben Anlass zu der Vermutung, dass es in den extrem kontinentalen Gebieten der nordöstlichen Türkei und Armeniens tatsächlich im 3. Jahrtausend noch Wildpferde gab und dass es dort in dieser Zeit zu einer Domestikation gekommen ist. Somit erscheint es als plausibel, dass die Kenntnis dieser Tierart gegen Ende des 3 Jahrtausends v. Chr. auch Mesopotamien erreicht hat, wie sich dies aus den Schriftquellen zu ergeben scheint. Der dauerhafte Import des Tieres selbst wurde anfangs aber zweifellos durch die fehlende Klimaadaptation erschwert. Die Bewohner der Hochländer von Anatolien bis Westiran hatten hier aus klimageographischen Gründen sicher einen Vorteil vor den Zivilisationen im Tiefland.

Kommt man zurück zum Ausgangspunkt dieser Erörterungen, so lässt sich folgern, dass das Hauspferd und der Hausesel wohl erst ab der Mitte der ersten Hälfte des 2. Jahrtausends v. Chr. regelmäßig zusammen vorkamen. Erst zu dieser Zeit kann daher eine Maultierzucht von ökonomischer Bedeutung eingesetzt haben. Es fragt sich allerdings, warum es überhaupt dazu gekommen ist. Pferd und Esel akzeptieren sich gegenseitig nicht ohne weiteres als Sexualpartner, und ein zufälliges Zustandekommen der ersten Kreuzungen ist daher wenig wahrscheinlich. Was aber hätte die Halter dieser Tiere dazu bringen sollen, Arthybriden bewusst zu erzeugen, wenn man nicht zuvor schon gewusst hätte, dass solche Mischlinge vorteilhafte Eigenschaften haben können?

Für Mesopotamien ergibt sich die Existenz von Equus-Hybriden aus den Texten schon für das 3. Jahrtausend v. Chr. (Zarins, JCS 30, 1978; Postgate in: Meadow / H. P. Uerpmann [Hrsg.], Equids in the Ancient World I [1986]; Bollweg / Nagel, APA 24, 1992). Diese Folgerung beruht insbesondere auf der Übersetzung der Bezeichnung ANŠE.BAR.AN als „Equidenmischling". Dies soll hier ohne weitere Diskussion akzeptiert werden. Für den Archäozoologen bleibt bei Akzeptanz dieser Hypothese nur die Frage zu erörtern, welche Equiden die Ausgangsarten dieser Kreuzung gewesen sein können. Der Esel (*ASINUS*) als einziger nachgewiesener Hausequide des 3. Jahrtausends kann als gesichert gelten. Daneben bleibt nach heutiger Kenntnis nur der Halbesel (*E. hemionus*) als möglicher Partner. Natürlich könnte auch eine Kreuzung mit dem Wildesel (*E. africanus*) vermutet werden – die wahrscheinlich auch gelegentlich stattgefunden hat – doch würde eine solche nicht zur Unfruchtbarkeit der Nachkommen führen, da Haus- und Wildesel nur zwei Ausprägungen der gleichen biologischen Art sind. Da man ANŠE.BAR.AN für einen Arthybriden hält, weil keine Fortpflanzung in den Texten erwähnt wird, entfällt der Wildesel als mögliches Elternteil. Ebenso entfällt im mittleren 3. Jahrtausend das Pferd aus den genannten chronologischen Gründen. Somit muss wohl davon ausgegangen werden, dass im 3. Jahrtausend der Hausesel mit dem Halbesel gekreuzt wurde, auch wenn die Archäozoologie bislang keinen Nachweis für die faktische Existenz solcher Mischlinge erbracht hat.

Auf die Schwierigkeiten, die die Archäozoologie im Umgang mit den Resten der vorderasiatischen Equiden hat, ist oben schon hingewiesen worden. Die große Ähnlichkeit der Skeletteile führt dazu, dass jeweils nur die am besten erhaltenen Knochen artmäßig bestimmt werden können. Ebenso wenig wie der Vorgang der Eseldomestikation selbst lässt sich auch das Aussterben des Wildesels in Mesopotamien derzeit nicht direkt an den Knochenfunden ablesen. Möglicherweise bezog sich die antike Bezeichnung „Onager" tatsächlich noch auf den eigentlichen Wildesel und nicht auf den Halbesel (Hemionus), der heute synonym auch als Onager bezeichnet wird. Die neoassyrischen Reliefs bilden erkennbar jedenfalls nur den Halbesel (*E. hemionus*) als wilde Equidenform ab. Abb. 2 zeigt, dass dieses Tier mit Pfeil und Bogen erlegt wurde. Daneben existiert aus Ninive jedoch noch eine weitere Relieftafel, auf der der Fang von lebendigen Halbeseln dargestellt wird (Abb. 4). Diese Tafel hat Anlass zu vielerlei Spekulationen um die Nutzung des Halbesels im Alten Orient gegeben.

Die inzwischen überholte Vorstellung, dass der Halbesel im Alten Orient domestiziert worden sei, ist sicherlich auch mit durch diese Abbildung angeregt worden.

Beim heutigen Stand der archäozoologischen Forschung spricht jedoch nichts dafür, dass es in Mesopotamien domestizierte Halbesel gegeben habe. Auch aus der in Abb. 4 wiedergegebenen Darstellung des Fangs eines lebendigen Halbesels ergeben sich deutliche Anhaltspunkte, die gegen die Domestikation dieser Tierart sprechen. Ihr aggressiver Charakter wird dem Betrachter im unteren Teil der Tafel vor Augen geführt, wo ein wütender Hengst mit angelegten Ohren zu sehen ist, der mit beiden Hinterhufen nach dem nachfolgenden Tier schlägt. Auch die Art der Bändigung des gefangenen Tieres in der oberen Reihe zeigt klar, dass vom ihm Gefahr ausgeht: Die beiden Seile, an denen das Tier geführt wird, sind so um seinen Hals geschlungen, dass ihm die Luft abgeschnürt wird, wenn sich die Seile straffen. Die Bändiger haben sich die Seilenden mit einer offenen Schleife um die Hände gelegt, um einen plötzlichen Ruck auffangen zu können. Der vorne gehende Mann hält sein Seil gerade lang genug, um außerhalb der Reichweite der vorderen Hufe und der Zähne zu sein, während der hintere genügend Platz lässt, um vor einem Ausschlagen sicher zu sein. Dass das ungebärdige, mit abgehobenen Vorderbeinen gezeigte Tier überhaupt zwischen zwei Männern an Seilen mit einer Würgeschlinge geführt werden muss, lässt erkennen, dass es einen einzelnen Bändiger angreifen würde, wenn es nicht vom zweiten daran gehindert werden könnte. Der schwierige Charakter von Halbeseln, den auch heute die Tierpfleger in zoologischen Gärten beklagen, war den Neoassyrern offensichtlich bekannt.

Auch die Tatsache, dass man sich in neoassyrischer Zeit mit solchen ungebärdigen Wildfängen abgegeben hat, spricht gegen die Domestikation. Man hätte dies nicht nötig gehabt, wenn der Halbesel schon seit dem 3. Jahrtausend als Haustier zur Verfügung gestanden hätte. Oder muss man diese Abbildung dahingehend deuten, dass der Halbesel im 1. Jahrtausend v.Chr. bereits wieder aus der Domestikation entlassen war? Bis vor wenigen Jahren konnte man behaupten, dass es kein anderes Beispiel für die Entlassung eines Tieres aus der Domestikation gäbe. Heute gewinnt man in weiten Teilen Arabiens den Eindruck, dass dort derzeit ähnliches mit dem Esel geschieht. Allenthalben begegnet man verwilderten Hauseseln, die als Arbeitstiere nicht mehr benötigt werden. Insofern kann man die Tatsache, dass es heute keine „Haushalbesel" gibt, nicht als gewichtiges Argument gegen eine frühere Domestikation verwenden. Das wichtigste Argument bleibt die Tatsache, dass bisher keine biologischen Hinweise auf Domestikationsveränderungen an Knochenfunden festgestellt wurden. Wichtig ist außerdem, dass bei den untersuchten Equidenbestattungen aus Mesopotamien keine Halbesel nachgewiesen werden konnten (z.B. Driesch /

Amberger, Bonner zool. Beitr. 32, 1981; Clutton-Brock, Iraq 55, 1993), wenngleich der eine oder andere Fund eines solchen Skeletts kein ausreichender Do-
mestikationsnachweis gewesen wäre, wenn es nicht gleichzeitig morphologische
Domestikationsveränderungen aufgewiesen hätte. Das Halten von Wildtieren in
Gefangenschaft und selbst ihre Zähmung sind noch keine Domestikation. Diese
erfordert definitionsgemäß die fortgesetzte Haltung und die Zucht einer isolierten Teilpopulation unter menschlicher Kontrolle. Als domestiziert kann man erst
die Nachfahren der Ursprungspopulation bezeichnen, wenn sie sich durch erb-
liche äußere oder verhaltensmäßige Unterschiede von den frei lebenden Individuen der gleichen Tierart unterscheiden. Solche Unterschiede stellen sich durch
die isolierte Zucht mehr oder weniger schnell von selbst ein.

Der negative Befund im Hinblick auf domestizierte Halbesel macht allerdings die Frage nach dem Ursprung des ANŠE.BAR.AN nicht leichter. Wie
konnte die Idee einer planmäßigen Kreuzung zwischen Tieren entstehen, die
keine natürliche Affinität zueinander haben? Um ein Szenario zu entwerfen, das
derartige Kreuzungen ungeplant hervorgebracht haben kann, ist man auf Spekulationen über den generellen Beginn der Equidendomestikation angewiesen:

Wie und warum ist nach über zwei Jahrtausenden Stillstand im Domestika-
tionsgeschehen mit dem Esel ein weiteres großes Säugetier zum Haustier geworden? Welche neuen Bedürfnisse konnte er befriedigen, die von den
existierenden Haustieren Rind, Schaf, Ziege und Schwein nicht gedeckt wurden? Wenn man an eine planvolle Domestikation denkt, dann war es wohl vor
allem seine Kapazität als Lasttier, die den Esel auf den Plan gerufen hat. Die
sogenannte Uruk-Expansion des 4. Jahrtausends (Algaze, Current Anthropology
30, 1989; Algaze, Uruk world system [1993]) lässt den Beginn eines groß-
räumigen Warenaustausches im Vorderen Orient erkennen. Der Besitz eines
leichtfüßigen Lasttiers, das auch in weglosem Gelände genutzt werden konnte,
war dafür zweifellos von Vorteil. Neben dem generellen Warenaustausch hat
sicherlich auch die beginnende Metallurgie die Nutzung von Tragtieren gefördert (vgl. H. P. Uerpmann, MM 31, 1990). Ob allerdings solche Nützlich-
keitserwägungen tatsächlich die geplante Domestikation einer „neuen" Tierart
auslösen konnten, erscheint als sehr fraglich. Dies hat vor allem damit zu tun,
dass man den künftigen Nutzen eines Haustieres kaum vorhersagen kann, wenn
man nur seinen wilden Vorfahren kennt.

Ähnlich wie man die primäre Domestikation von Schaf und Ziege zu Beginn
des Neolithikums am zwanglosesten aus den veränderten Lebensbedingungen
der Menschen dieser Zeit erklären kann (vgl H. P. Uerpmann, Neolithisierung
[1979]), mag sich auch die Domestikation des Esels ungeplant aus den veränderten Gegebenheiten entwickelt haben, die in Mesopotamien und Ägypten mit

der kulturellen Entwicklung einhergingen. Die Entstehung von Städten und Staaten ab dem ausgehenden 5. Jahrtausend hat den führenden Mitgliedern dieser Gesellschaften die Möglichkeit verschafft, der zunehmenden Entfremdung von der Natur durch die Anlage von großen Gärten entgegenzuwirken. Die bildlichen Darstellungen von gefangen gehaltenen Wildtierherden aus der frühen Zeit im Alten Ägypten lassen sich dahingehend interpretieren, dass schon damals auf diese Weise die Illusion eines „natürlichen" Lebens gefördert werden sollte. Dort ist auch der Esel entsprechend dargestellt. In Mesopotamien dürfte es vergleichbare Entwicklungen gegeben haben.

Wenn man postuliert, dass für frühe „Luxusgehege" in Mesopotamien neben Gazellen und Hirschen auch andere wildlebenden Huftiere eingefangen wurden, so hat dies neben dem dafür gut geeigneten Wildesel wohl auch den Halbesel betroffen. Für den eigentlichen Esel dürfte diese Haltungsform in die Domestikation geführt haben, sobald man an gezähmten Tieren ihre Nützlichkeit erkannt hatte. Mit dem Halbesel dagegen wird es immer wieder zu Auseinandersetzungen gekommen sein, die eine kontinuierliche Bestandsentwicklung verhindert haben. Gelegentlich mögen einzelne Jungtiere übrig geblieben sein, die noch nicht das aggressive Verhalten der Erwachsenen entwickelt hatten. Als Herdentiere haben sie sich vermutlich den Eseln angeschlossen, bei denen sie dann möglicherweise bis zur Geschlechtsreife heranwachsen konnten. Für solche Tiere waren die natürlichen Artschranken zum Esel nicht mehr zu erkennen. Sie mögen unfreiwillige Auslöser für die gelegentliche Kreuzung zwischen den beiden Arten gewesen sein.

Dem Menschen bleibt bei diesem Geschehen die Rolle des lernenden Beobachters. Wenn sich – wie man vermuten darf – die positiven Eigenschaften der beiden Elternarten bei der Hybridisierung potenzierten, dann war nach erfolgter Domestikation des Esels der Weg nicht weit zur geplanten Erzeugung von Arthybriden zwischen dem Hausesel und dem nach wie vor individuell der freien Wildbahn entnommenen Halbesel. Das Einfangen eines Halbesels für die Hybridenzucht mag auf dem Relief aus Ninive widergegeben sein, wenngleich – wie oben dargestellt – die ökonomische und militärische Rolle des ANŠE.BAR.AN in neoassyrischer Zeit sicherlich längst auf das Pferd und auf das Maultier als dessen Kreuzungsprodukt mit dem Esel übergegangen war.

Teilaspekte dieser Spekulationen können zwar zu Arbeitshypothesen umformuliert werden, aber letztlich ist der Weg zu ihrer wissenschaftlichen Überprüfung noch weit. Die Archäozoologie verfügt noch nicht über das adäquate methodische Rüstzeug, um sich mit der Frage von Mischlingen aus Esel und Halbesel ernsthaft zu beschäftigen. Ist es schon schwierig, die beiden Elternteile osteologisch zu unterscheiden, so sind deren Hybriden beim derzeitigen Stand unserer Kenntnisse überhaupt nicht zu erkennen. Dies liegt vor allem auch daran, dass Vergleichsskelette solcher Tiere nicht zur Verfügung stehen und mangels eines entsprechenden Zuchtprogramms auch nicht in absehbarer Zeit gewonnen werden können. Aus der Maultier- und Mauleselzucht ist bekannt, dass die Mischlinge jeweils eher dem Muttertier gleichen. War bei den postulierten Halbesel/Esel-Mischlingen in Mesopotamien die Mutter eine Eselin, so dürfte es sehr schwierig sein, die Kreuzungstiere vom Esel abzugrenzen. Die oben erwähnte Tatsache, dass sich unter den bestatteten Equidenskeletten Mesopotamiens bisher keine Halbesel nachweisen ließen, bedeutet somit nicht zwangsläufig, dass damit auch Hybriden ausgeschlossen sind. Hier mag künftig die Gewinnung alter DNA aus den Skelettresten weiterhelfen, aber auch diese Methodik steckt noch in ihren Anfängen. Die derzeitig überwiegende Auswertung mitochondrialer DNA aus Knochenfunden ist nicht geeignet, um einen Hybriden von seinem Muttertier zu unterscheiden.

Die zahlreichen offenen Fragen zur Geschichte der Beziehungen zwischen dem Menschen und den Pferdeartigen machen diesen Bereich der Archäozoologie zu einem Kernproblem dieses kleinen interdisziplinären Faches. Grundsätzlich besteht kein Grund, die Hoffnung aufzugeben, dass die angeschnittenen Fragen zum Umgang der Mesopotamier mit ihren Equiden eines Tages beantwortet werden können – insbesondere dann, wenn es gelingt Arbeitshypothesen zu formulieren die fachübergreifend bearbeitet werden können. Nur die gegenseitige Befruchtung und Ergänzung durch Beiträge aus den Naturwissenschaften, sowie aus Archäologie, Philologie und Geschichte können hier weiterführen.

Literatur- und Abkürzungsverzeichnis

Algaze, Current Anthropology 30, 1989 =
G. Algaze, The Uruk expansion – cross-cultural exchange in early Mesopotamian civilization, Current Anthropology 30, 1989, 571-608.

Algaze, Uruk world system (1993)
G. Algaze, The Uruk world system – The dynamics of expansion of early Mesopotamian civilization (Chicago 1993).

Becker in: Hänsel / Zimmer (Hrsg.), Festschrift Schlerath (1994) =
C. Becker, Zur Problematik früher Pferdenachweise im östlichen Mittelmeergebiet, B. Hänsel / S. Zimmer (Hrsg.), Die Indogermanen und das Pferd – Festschrift für Bernfried Schlerath, Archaeolingua 6 (Budapest 1994) 145-197.

Benecke in: Buitenhuis et al. (Hrsg.), Archzool. Near East III (1998) =
N. Benecke, Animal remains from the Neolithic and Bronze Age settlements at Kirklareli (Turkish Thracia), H. Buitenhuis / L. Bartosiewicz A. M. Choyke A.M. (Hrsg.) Archaeozoology of the Near East III (Ort 1998) 172-179.

Boessneck / Driesch, Säugetierkdl. Mitt. 2, 1976 =
J. Boessneck / A. von den Driesch, Pferde im 4./3. Jahrtausend in Ostanatolien. Säugetierkundliche Mitteilungen 2, 1976, 81-87.

Boessneck et al., BaM 15, 1984 =
J. Boessneck / A. von den Driesch / U. Steger, Tierknochenfunde aus den Ausgrabungen des Deutschen Archäologischen Instituts Baghdad in Uruk-Warka, Iraq, Baghdader Mitteilungen 15, 1984, 149-190.

Bollweg / Nagel, APA 24, 1992 =
J. Bollweg / W. Nagel, Equiden Vorderasiens in sumerisch-akkadischen Schriftquellen und aus Ausgrabungen, Acta Praehistorica et Archaeologica 24, 1992, 17-51.

Bulliet, Camel (1975) =
R. W. Bulliet, The Camel and the Wheel (Cambridge MA 1975).

Clutton-Brock, Iraq 55, 1993 =
J. Clutton-Brock, More Donkeys from Tell Brak, Iraq 55, 1993, 209-221.

Driesch / Amberger, Bonner zool. Beitr. 32, 1981 =
A. von den Driesch / G. Amberger, Ein altbabylonisches Eselskelett vom Tell Ababra/Iraq, Bonner zoologische Beiträge 32, 1981, 67-74.

Ducos, JAS 2, 1975 =
P. Ducos, A new find of an equid metatarsal bone from Tell Mureibet in Syria and its relevance to the identification of equids from the early Holocene of the Levant, Journal of Archaeological Science 2, 1975, 71-73.

Jansen et al., PNAS 99, 2002 =
T. Jansen / P. Forster / M. Levine / H. Oelke / M. Hurles / C. Renfrew / J. Weber / K. Olek, Mitochondrial DNA and the origins of the domestic horse, PNAS 99, 2002, 10905-10910.

Levine in: Levine et al. (Hrsg.), Prehistoric Exploitation (1999) =
M. Levine, The Origins of Horse Husbandry on the Eurasian Steppe, M. Levine / Y. Rassamakin / A. Kislenko / N. Tatarintseva (Hrsg.) Late prehistoric exploitation of the Eurasian steppe (Cambridge 1999) 5-58.

Postgate in: Meadow / H. P. Uerpmann (Hrsg.), Equids in the Ancient World I (1986) =
   N. Postgate, The Equids of Sumer, Again, R. Meadow / H. P. Uerpmann (Hrsg.),
   Equids in the Ancient World I, Beihefte zum TAVO Reihe A (Naturwissen-
   schaften) Band 19/1 (Wiesbaden 1986) 194-206.

H. P. Uerpmann, Neolithisierung (1979) =
   H. P. Uerpmann, Probleme der Neolithisierung des Mittelmeerraumes, Beihefte
   zum Tübinger Atlas des Vorderen Orients, Reihe B (Geisteswissenschaften) Band
   28 (Wiesbaden 1979).

H. P. Uerpmann, Berytus 30, 1982 =
   H. P. Uerpmann, Faunal remains from Shams ed-Din Tannira a Halafian site
   in Northern Syria, Berytus 30, 1982, 3-52.

H. P. Uerpmann, Ancient Distribution (1987) =
   H. P. Uerpmann, The Ancient Distribution of Ungulate Mammals in the Middle
   East – Fauna and Archaeological Sites in Southwest Asia and Northeast Africa,
   Beihefte zum Tübinger Atlas des Vorderen Orients. Reihe A (Naturwissenschaften)
   Band 27 (Wiesbaden 1982).

H. P. Uerpmann, MM 31, 1990 =
   H. P. Uerpmann, Die Domestikation des Pferdes im Chalkolithikum West- und
   Mitteleuropas, Madrider Mitteilungen 31, 1990, 109-153.

H. P. Uerpmann in: Meadow / H. P. Uerpmann (Hrsg.), Equids in the Ancient World II
   (1991) =
   H. P. Uerpmann, Equus africanus in Arabia, R. Meadow / H. P. Uerpmann (Hrsg.),
   Equids in the Ancient World II, Beihefte zum Tübinger Atlas des Vorderen
   Orients, Reihe A (Naturwissenschaften) Nr. 19/2 (Wiesbaden 1991) 12-33.

H. P. Uerpmann in: Clason et al. (Hrsg.), Festschrift Clutton-Brock (1993) =
   H. P. Uerpmann, Proposal for a separate nomenclature of domestic animals, A. T.
   Clason / S. Payne / H. P. Uerpmann (Hrsg.), Skeletons in her cupboard –
   Festschrift for Juliet Clutton-Brock (Oxford 1993) 239-241.

H. P. Uerpmann, Arabian Archaeology and Epigraphy 10, 1999 =
   H. P. Uerpmann, Camel and horse skeletons from protohistoric graves at Mleiha,
   Sharjah, U.A.E, Arabian Archaeology and Epigraphy 10, 1999, 102-118.

H. P. Uerpmann in: Wagner et al. (Hrsg.), Troia (2003) =
   H. P. Uerpmann, Environmental Aspects of Economic Changes in Troia, G. A.
   Wagner / E. Pernicka / H. P. Uerpmann (Hrsg.), Troia and the Troad – Scientific
   Approaches (Berlin / Heidelberg / New York 2003) 251-262.

Uerpmann / M. Uerpmann in: Kokabi / Wahl (Hrsg.), Beiträge zur Archäozoologie (1994) =
H. P. Uerpmann / M. Uerpmann, Maultiere in der römischen Armee zur Zeit der Eroberungsfeldzüge in Germanien, M. Kokabi / J. Wahl (Hrsg.), Beiträge zur Archäozoologie und Prähistorischen Anthropologie – Forschungen und Berichte zur Vor- und Frühgeschichte in Baden-Württemberg 53 (Ort 1994) 353-357.

Uerpmann / M. Uerpmann in: (Hrsg.), Troia Traum und Wirlichkeit (2001) =
H. P. Uerpmann / M. Uerpmann, Leben in Troia – Die Pflanzen- und Tierwelt, (Hrsg), Troia Traum und Wirklichkeit – Begleitband zur Ausstellung (Stuttgart 2001) 315-318.

Uerpmann / M. Uerpmann, Studia Troica 12, 2002 =
H. P. Uerpmann / M. Uerpmann, Bemerkungen zu den Faunenresten vom Didi Gora, Anhang 1 zu: M. Korfmann / K. Pizchelauri / J.-K. Bertram / G. Kastl, Vorbericht zur 3. Grabungskampagne am Didi Gora im Jahre 1999 mit einem Anhang zu den Auswertungsarbeiten im Jahre 2000 (Kachetien/Ostgeorgien), Studia Troica 12, 2002, 490-493.

Vilà et al., Science 291, 2001 =
C. Vilà / J. A. Leonard / A. Götherström / S. Marklund / K. Sandberg / K. Lidén / R. K. Wayne / H. Ellegren, Widespread Origins of Domestic Horse Lineages, Science 291, 2001, 474-477.

Weiss in: Dalfes et al., Climate Change (1997) =
H. Weiss, Late third Millennium abrupt climate change and social collapse in Western Asia and Egypt, H. N. Dalfes / G. Kukla / H. Weiss (Hrsg.), Third Millennium B.C. climate change and old world collapse (Berlin / Heidelberg / New York 1997) 711-723.

Zarins, JCS 30, 1978 =
J. Zarins, The domesticated Equidae of the third millennium B.C. Mesopotamia, Journal of Cuneiform Studies 30, 1978, 3-17.

Zarins in: Meadow / H. P. Uerpmann (Hrsg.), Equids in the Ancient World I (1986) =
J. Zarins, Equids Associated with Human Burials in Third Millennium B.C. Mesopotamia – Two Complementary Facets, R. Meadow / H. P. Uerpmann (Hrsg.), Equids in the Ancient World I, Beihefte zum TAVO Reihe A (Naturwissenschaften) Band 19/1 (Wiesbaden 1986) 164-193.

Pferd (*EQUUS*)

Maultier (*EQUUSxASINUS*)

Esel (*ASINUS*)

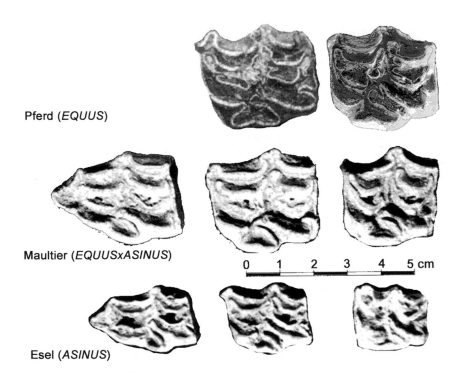

Abb. 1: Schmelzfaltenbilder von Equidenzähnen aus Teleilat bei Mezra
         (Prov. Urfa, Türkei)

Abb. 2:   Darstellung der Halbeseljagd aus Ninive

Abb. 3:   Maultierdarstellung aus Ninive

Abb. 4:   Fangszene eines Halbesels aus Ninive

Berliner Schlangenbecken, Trichterbecher und Cincinnati-Mann: verkannte Schlüsselobjekte der altorientalischen Archäologie?

Sylvia Winkelmann

1966 veröffentlichte der Jubilar in dem Berliner Jahrbuch für Vor- und Frühgeschichte eine zusammenhängende Gruppe von Fundstücken aus dem Kunsthandel, die an der Stadtmauer von Uruk gefunden worden sein sollen. Die Gruppe bestand aus einem rundum verzierten Steinbehälter, einem reliefierten kupfernen Trichterbecher, einer kleinen zoomorph verzierten Kalottenschale und einem Rollsiegel, der er ein weiteres Objekt, eine kupferne Miniaturflasche mit zoomorphem Außenwandrelief hinzufügte. Mit sicherem Auge datierte der Jubilar die Objekte in die ausgehende frühsumerische Kunst des Iran[1].

Die bedeutsamsten Objekte dieser Gruppe bilden ohne Zweifel ob ihrer ungewöhnlichen Verzierung das geschnittene steinerne Sockelbecken und der kupferne Reliefbecher, die als Berliner Schlangenbecken und Trichterbecher bekannt sein sollten.

Dieses „sollten" hat leider seine Berechtigung, denn selten sind Kunstobjekte derartig umstritten gewesen, wie gerade das Schlangenbecken und die mit ihm verknüpften weiteren Funde. Dies äußert sich nicht zuletzt darin, daß diese Fundgruppe bis heute in den meisten gängigen Kunstgeschichten des Alten Orients fehlt. Nur wenige Wissenschaftler haben sie in den letzten Jahren in ihre wissenschaftlichen Publikationen aufgenommen und als Vergleichsmaterial verwendet[2].

Die Umstrittenheit der Objekte rührt dabei weniger von den wie bei jedem Kunsthandels-Objekt unsicheren Fundumständen oder der stilistischen Einordnung her, sondern vor allem von der Ikonographie der Stücke, deren Motive scheinbar dem mesopotamischen Formenkreis so gar nicht zu entsprechen scheinen. So kamen auch alle jene, die dem Fund unvoreingenommen gegenüberstanden, zu der Auffassung, daß es sich um Objekte aus dem Iran handeln

---

[1]   Nagel, BJV 6, 1966.
[2]   Brentjes, Schanidar (1968) 157; Müller-Karpe, Metallgefäße I (1993) Nr. 1586; Bonacossi, BaM 27, 1996, 49.

dürfte, die einem noch nicht eindeutig entschlüsselbaren Themenkreis zuzuordnen wären[3].

Es bleibt zu fragen, ob es bei dieser Feststellung bleiben muß, oder ob sich durch die Funde der vergangenen Jahrzehnte in Vorderasien und Iran nicht inzwischen doch neue Ansätze ergeben haben, die es lohnend erscheinen lassen, die Diskussion um das „Schlangenbecken" und die Problematik seines Bildinhaltes noch einmal aufzunehmen. Da uns nach wie vor keine schriftlichen Quellen aus jener Zeit zur Verfügung stehen, die Hinweise auf die dargestellten Inhalte geben, kann ein neuer Versuch der inhaltlichen Erschließung zunächst nur über die Analyse der Bildelemente, Motive und Motivgruppen gehen. Hier bietet sich die von Keel in seinen Publikationen angewandte Methode des synchronen und diachronen Motivvergleichs und der Analyse der Stellung der einzelnen Bildelemente zueinander und der Motive innerhalb einer Motivgruppe an. Im folgenden soll daher der Versuch unternommen werden, die Objekte in einen größeren Kreis von Kunstwerken einzuordnen und eine inhaltliche Deutung zu wagen[4].

1. Die Objekte

Das Berliner Schlangenbecken[5] (Abb. 1 a)

Das Schlangenbecken ist ein annähernd zylindrisches Steingefäß aus Andesit, das umlaufend mit einem hohen Außenwandrelief versehen ist. Der gesamte Bildhintergrund ist mit jenen Schuppen versehen, die so typisch sind für die Bergdarstellungen des Alten Orients. Am Fuß des Berges wächst aus ihm heraus ein Laubbaum mit bewegten Zweigen. Um die Zweige des Baumes windet sich eine Schlange, die eine Kröte frisst oder zumindest in ihrem Maul hält. Unter dieser Gruppe, rechts neben dem Stamm des Baumes, liegt ein haar- und bartloser Mann unter einem über ihm stehenden Löwen mit der typischen Dschemdet-Nasr-zeitlichen Spirallockenmähne und Stockschwanz und hat eine Hand in dessen Maul gesteckt. Links des Baumes winden sich zwei weitere

---

[3]   Zusamenfassung zuletzt bei Bonacossi, der eine thematisch eng verwandte Plastik, im Folgenden Bonacossi-Plastik genannt, publizierte und den Stand der Problematik der inhaltlichen Deutung noch einmal umfassend diskutierte. Bonacossi, BaM 27, 1996, 65 mit Anm.102.

[4]   Die folgenden Darstellungen sind stark reduzierte Ausschnitte aus meiner Arbeit „Untersuchungen zur bronzezeitlichen Kunst des Südostiran". Auf die dort auch enthaltene stilistische Untersuchung der einzelnen Bildelemente und deren Einordnung in die altorientalische Kunst wird hier aus Platzgründen verzichtet. Zur Frage von Form und Stil wird hier auf noch einmal auf die brillante Analyse von Bonacossi, BaM 27, 1996, verwiesen. Keels Methode in Keel, Recht (1992).

[5]   Nagel, BJV 6, 1966, 15. 26-40, Taf. II-VIII,1-3 und Taschenabbildung I.

Schlangen vom Berg herab, die dabei sind, einen Mann zu fressen. Die erste Schlange umrandet mit ihrem Körper die Mündung des Gefäßes und verschlingt mit ihrem Maul die Füße eines Mannes, der mit dem Kopf nach unten aus ihrem Maul heraushängt, die zweite Schlange greift ihn von unten an und hat seinen Kopf bis zur Stirn verschlungen. Der Kopf des Mannes wird von zwei hockenden Löwinnen flankiert.

Der Trichterbecher[6] (Abb. 2 a)

Der kupferne Trichterbecher ist aus mehreren Teilen wieder zusammengesetzt worden. Er besitzt einen unverzierten Plattenfuß. Der Bechermantel ist mit einem Außenwandrelief in zwei Bildstreifen verziert. Der obere Bildstreifen zeigt mehrere Motive: einen en face dargestellten Raubvogel mit ausgebreiteten Schwingen, auf dessen Flügeln zwei kleinere Raubvögel sitzen, zweimal einen im Profil wiedergegebenen Leoparden in Schlaghaltung und mit zurückgewandtem Kopf, der nach einer Schlange blickt, seine erhobene Tatze aber auf den Rücken eines Hirsches legt, ein liegender Hirsch, auf dessen Rücken ein Raubvogel herabstürzt, derselbe Hirsch, von einer Schlange angegriffen, und noch einmal der en face dargestellte Raubvogel mit ausgestreckten Flügeln, über dessen Flügeln nun aber zwei Schlangen erscheinen. Im unteren Bildstreifen wird zweimal ein nackter Mann mit Haar und Scheibenbart wiedergegeben, der von zwei Schlangen angegriffen wird. Einmal wird er dargestellt, während ihn die Schlangen angreifen. Er hat die Hände dabei vor der Taille zusammengelegt, während ein ihn flankierendes Leopardenpaar mit zurückgedrehtem Kopf die Schlangen attackiert, das zweite Mal haben die Schlangen schon seine Ohren verschlungen, während er die Hälse der beiden Leoparden festhält, um sie am Angriff auf die Schlangen zu hindern. Auffallend ist das ruhige Gesicht des Mannes. Die Verbindung zwischen dem oberen und unteren Bildfeld wird dadurch erzeugt, dass beide Male der Kopf des Mannes aus dem unteren Bildstreifen in den oberen hinein reicht und der Raubvogel des oberen Bildstreifens auf den Schultern des Mannes sitzt. Zum anderen ringeln sich jene Schlangen, die ihn bereits fressen, aus dem oberen Streifen herab.

---

[6]   Nagel, BJV 6, 1966, 40-41. Abb. 6. Taf. IX.3; X.

Der Bonacossi-Mann (Abb. 3 a)

Es handelt sich um eine in einem venezianischen Kloster aufbewahrte, 8, 4 cm hohe Figur eines knienden nackten Mannes mit Scheibenbart, der ein Gefäß auf dem Rücken trägt. Zu seinen Seiten und über seinen Rücken winden sich zwei Schlangen, die seine Arme bis zu den Schulterkugeln verschlungen haben. Seine Wangen sind mit einer Rosette und Wellenlinien verziert. Es handelt sich hier ohne Zweifel um das selbe Motiv wie beim Cincinnati-Mann, umgesetzt in die Form des Gefäßträgers, eine Objektgruppe, die in Vorderasien und Susa besonders für die Zeitspanne von der späten Uruk-Zeit bis in die FD-II-Zeit belegt ist[7].

Der Cincinnati-Mann (Abb. 3 b)

Diese Plastik stammt vermutlich zusammen mit einer weiteren dieses Typs aus den FD II-III-zeitlichen Schichten von Tell Sukhairi und erhielt ihren Namen nach dem heutigen Aufbewahrungsort[8]. Sie wird stets als thematisch am engsten verwandtes Beispiel heran gezogen. Es handelt sich um einen knienden nackten Mann mit auf den Rücken gelegten Händen. Seine Hände umfassen die Schwänze von zwei Schlangen. Insgesamt vier Schlangen ringeln sich um seinen Körper, wobei zwei auf seinen Bauch stoßen, zwei weitere ihre Köpfe in seinen Bart verbeißen. Der Mann besitzt einen mit feinen eingeritzten vertikal angeordneten Wellenlinien versehenen Bart, der von einer breiten horizontalen Winkellinie begrenzt wird. Von dieser Winkellinie gehen zwei Federn ab. Zusätzlich trägt er eine Kette, an der zwei Fische hängen. Sein schulterlanges Haar ist gewellt und ebenfalls mit Winkelbändern verziert. Er hat einen völlig gelösten Gesichtsausdruck und scheint ruhig ins Leere zu blicken.

2. Die Motive

Alle Objekte verbindet die Thematik des Mannes mit Schlangen. Die Diskussion der Objekte hat sich daher auch immer nur fast ausschließlich um die Deutungsmöglichkeit dieses einen Motivs gedreht. Darüber hinaus lassen sich aber weitere Themen fassen, die zusammen mit dem von Schlangen angegriffenen bzw. gefressenen Mannes dargestellt werden. Es muß daher geprüft werden, ob einer Lösung des Deutungsproblems nicht näher gekommen werden kann, indem man die Gesamtheit der dargestellten Motive analysiert. Dieser Versuch wurde bisher nicht unternommen, obwohl sich schnell eine Vielzahl von Motiven erschließen lässt.

---

[7]   Bonacossi, BaM 27, 1996, 47-49.
[8]   Zuletzt umfassend diskutiert von Porada in: Hrouda et al. (Hrsg.), Festschrift Strommenger (1992), und noch einmal kurz bei Bonacossi, BaM 27, 1996, 53. 63-64.

Dies sind für das Schlangenbecken: Der Berg mit Pflanze, der Berg mit Schlangen, der von Löwen gefressene Mann, das hockende Löwenpaar und die Schlange, die einen Frosch frisst (Abb. 1 b)[9]. Für den Trichterbecher sind bestimmbar: Der Raubvogel mit zwei kleineren Raubvögeln, der Raubvogel mit zwei Schlangen, das Huftier (Hirsch) mit angreifender Schlange, das Huftier mit Raubvogel und Feliden (Leopard), der Leopardenhalter mit Schlangen, Leoparden im Kampf mit Schlangen und der Mann mit zwei ihn verteidigenden Feliden (Leoparden). (Abb. 2 a) Der Mann mit Schlangen, der generell passiv dargestellt wird, lässt sich noch differenzieren in verschiedene Varianten, in den Mann mit Gefäß (Abb. 3 a) und den Mann mit Vogelelementen (Federn). (Abb. 3 b)

Untersucht man diese einzelnen Motive, lassen sich für diese eine erstaunlich weite zeitliche und räumliche Verbreitung feststellen, die die zu diskutierenden Objekte aus ihrer vorgeblich isolierten Stellung sichtlich herausheben.

2.1. Der Berg mit Pflanze (und Wasserströmen und Huftier) = der wasserspendende Berg (Abb. 4)

Dieses Motiv gehört zu jenen, die bereits im 4. Jt. v.u.Z. eine weite Verbreitung als Keramik-Motiv in Mesopotamien wie im Iran bis hin nach Belutschistan aufweisen. Dargestellt wird der Berg als kreuzschraffiertes Dreieck mit einer aus ihm herauswachsenden Pflanze, oft einem Palmwedel oder einer Ähre, kombiniert mit einem oder zwei Wasserströmen, die an seinen Seiten herabfließen und bei mehreren Bergen als Winkelbänder erscheinen[10]. Es handelt sich in dieser ältesten Form um das Motiv des wasserspendenden Berges mit Pflanze, das in den meisten Fällen zusätzlich mit einem Huftier in Form einer Ziege kombiniert ist[11] (Abb. 4 a, b). Diese zusammenhängenden Motivelemente Berg, Wasserstrom, Pflanze und Huftier werden in der Folgezeit in unterschiedlichen Formen kombiniert, die auch als Kombination nur einzelner Elemente symbolisch für das gesamte Motiv stehen.

---

[9]   Obwohl gerade für das Motiv der Schlange, die einen Frosch frisst, schon von Nagel sichere Parallelen aus Mesopotamien angeführt wurden, die sich noch durch weitere Siegeldarstellungen ergänzen lassen, wird dieses Motiv im folgendem nicht mehr besprochen, da die Autorin keine eindeutige Interpretation anbieten kann.

[10] Pottier in: Pottier et al. (Hrsg.), Ceramique peinte (1912) Taf. I, 2-4; IV, 3-4; V, 5; VI, 3; VII, 6; VIII, 3.

[11] Pottier in: Pottier et al. (Hrsg.), Ceramique peinte (1912) Taf. I, 2; III, 4; IV, 1-2,VI, 2, VII, 1; IX, 8-9, XV, 4; XXII,4; Winkelmann, Kunst (2002) 371-374, Abb. 175-177. Gelegentlich auch als Motiv auf den Stempelsiegeln zu finden: Susa A: Wickede, Stempelglyptik (1990) Nr. 448.

In der Glyptik der späten Uruk-Zeit tritt das Motiv im Iran wie in Mesopotamien meist in einer solchen reduzierter Form auf, reduziert auf das Huftier mit Wasserströmen, die aus dessen Körper entspringen, ein Motiv das in der Folgezeit vor allem im Iran beheimatet bleibt (Abb. 4 c, 2. R.)[12]. Im 3. Jt. v.u.Z. erscheint dieses Motiv in weiteren verschiedenen verkürzten Varianten, als Berg mit Pflanze, als Berg mit Wasserströmen und als Berg mit Huftier oder Berg mit Pflanze und Huftier, aber auch als Huftier mit Wasserströmen, in der gesamten iranischen und mesopotamischen Kunst.

Als Schuppenberg mit einem herauswachsenden bewegten Zweig, einem Pipalblatt oder Baum, flankiert von zwei Ziegen oder Rindern, ist es als Standardmotiv in der protoelamischen Glyptik fassbar[13], gelegentlich erscheint es auch nur als Wasserstrom mit Fischen und daraus erwachsenden Pflanzen (Abb. 4 b)[14]. Als Berg mit Pflanze ist es in der gesamten mesopotamischen Glyptik des 3. Jt.s v.u.Z. zu finden und als Huftiere (Ziege/n/Rinder) am Baum gehört es zu den von Moortgat definierten überzeitlichen Bildmotiven der altorientalischen Kunst (Abb. 4 a)[15].

Im südostiranischen Bereich, in der Gruppe der „intercultural style"-Objekte[16], der relief-verzierten Steatitobjekten kultischer Funktion, erscheint es am

---

[12] Amiet, Glyptique mésopotamienne (1961) Taf. 19, 314; 23, 377-381; Delougaz / Kantor, Chogha Mish I/2 (1996) Taf. 143 B-F, I. Zur Darstellung des Huftieres mit Wasserstrom und Pflanze Winkelmann, Kunst (2002) Abb. 100.

[13] Das Basismotiv von Berg und Tier ist die Darstellung des Berges mit Wasserstrom in Kombination mit einem Huftier. Die Art des Huftieres ist dabei austauschbar. In den frühesten iranischen Darstellungen dominieren Ziegen und Hirsche, in der proto-elamischen Kunst wechseln sich Ziegen und Zebus ab, im „intercultural style" ist es das Zebu, in der Kunst des Südostiran können Zebus und Wisente wiedergegeben werden. In der mesopotamischen Kunst dominiert das domestizierte buckellose Rind. Seltener kommen Ziege oder Hirsch vor. Die Arbeit mit Substituten und verkürzten Formen gehört zu den typischen Merkmalen der frühen Kunst Mesopotamiens und Irans.

[14] Amiet, Glyptique mésopotamienne (1961) Taf. 31, 497; 32, 508-509. 514; 33, 520; 34, 537; 35, 542; 38 bis F- G. I. Reduktion auf Wasserstrom mit Fisch und Pflanzen: Amiet, Glyptique mésopotamienne (1961) Nr. 547.

[15] Moortgat, Tammuz (1949); Amiet, Glyptique mésopotamienne (1961) Taf. 28, 453. 457; 30, 472-473. Auch Steinplatte mit Einlagen aus Telloh, Funde von de Sarzec, Musée du Louvre AO 330 A-B. Akkadisch: Berg mit Wasserströmen und Pflanzen: Boehmer, Glyptik der Akkadzeit (1965) Taf. XIX, 208; XXI, 238; XXIII, 265, Berg mit Pflanze und Huftieren: Boehmer, Glyptik der Akkadzeit (1965) Taf. XXII, 250-251; XXIII, 262-264; XXIV, 280.

[16] Mit „intercultural style"-Objekten wird eine Gruppe von Artefakten aus Chlorit bzw. Steatit umfasst, die in einem einheitlichen Stil und mit einem festgelegten Motiv-Corpus gearbeitet sind und deren Herkunft und Datierung lange Zeit umstritten waren. Das Auftreten von Elementen, die mesopotamisch, indisch und iranisch schienen, führte zur

häufigsten in Form von Gefäßen, die wie das Berliner Schlangenbecken vollständig mit dem Schuppenmotiv im Hochrelief versehen sind oder mit Wasserströmen (Winkelbändern) bzw. Wasserwirbeln, aber auch mit Dattelpalmen (einzeln, in Reihen oder Dreiergruppen) oder aber mit zwei oder allen drei Elementen: Berg, Wasser und Pflanze verziert sind (Abb. 4 a, 2. R., 3. R. links)[17]. Ein zeitgleiches Stempelsiegel kombiniert die Darstellung des Schuppenberges sogar mit Wasserströmen und Ziegen wie auf den Gefäßen des 4. Jt.s v.u.Z.[18] (Abb. 4 a, 3. R. rechts). Dieselbe Kombination erscheint auch auf einem Grabgefäß der Nal-Kultur Südbelutschistans aus der ersten Hälfte des 3. Jt.s v.u.Z.[19]. Ausführliche szenische Darstellungen auf den Gefäßen geben das Motiv des wasserspendenden Berges mit Pflanze und Huftier wieder als ein stehendes Zebu an einem Laubbaum vor einem Berg, über dessen Körper Wasserströme fließen, aus denen wiederum Pflanzen wachsen können (Abb. 29 c, 30 b)[20]. In zwei Fällen steht anstelle des Berges eine menschliche Figur, die in einem Fall sicher als weiblich bestimmt werden kann. Einmal wird eine Person von zwei Ziegen flankiert, die Wasserströme mit Fischen freisetzen, einmal ersetzt eine

---

Beschreibung als ein Mischstil, der in Randgebieten zwischen den Hochkulturen entstanden sein sollte. Das häufige Auffinden von Fragmenten dieser Objekte in Tempeln der FD II und III-Zeit in Mesopotamien führte zu einer ebensolchen Datierung. Inzwischen kann die Blüteperiode dieses Stils in die Dschemdet-Nasr- und FD I-Zeit bis beginnende FD-II-Zeit gesetzt werden, parallel zur proto-elamischen Kultur, das Herkunftsgebiet in den Südostiran und die Golfregion gesetzt und das Motiv-Corpus als konsequente Weiterentwcklung der iranischen Kunst des 4. Jt.s v. Chr. betrachtet werden. Winkelmann, Kunst (2002).

[17] Lamberg-Karlovsky, IrAnt 23, 1988, Abb. 1 F. D; 3, B-C; 4 E. T. V-W; Durrani, Ancient Pakistan 1, 1964, Taf. 1, 6, Kohl 1979 Abb. 12; Miroschedji, CDAFI 3, 1973/1974, Taf. II a-b, Abb. 5, 6; 5, 7; Hakemi, East and West 47, 1997, Abb. 10. 36. 42. 43. 45. 55; Miroschedji, Iran 10, 1972, Abb. 7; Miroschedji, CDAFI 3, 1973/1974, Abb. 5. 8; Amiet, RLMF 38, 1988, Abb. 7-8; besonders aber: Zarins, Atlal 2, 1978, Taf. 69, 39; Miroschedji, CDAFI 3, 1973/1974, Abb. 5, 11; 5. 12, Taf. III, 9; Pittman, Art of the Bronze Age (1984) Nr. 1; Durrani, Ancient Pakistan 1, 1964, Taf. II, 4; XI; Muscarella, BAI 7, 1993, Abb. 9 a.

[18] Collon , VDI 2, 1997, Abb. 1 e.

[19] Hargreaves, Baluchistan (1929) Taf. XVII, 46 (Berg mit Wasserstrom und Ziege). Berg mit Wasserstrom: Hargreaves, Baluchistan (1929) Taf. XVII, 12. 48. Der Berg mit Wasserstrom als fortlaufende Darstellung erscheint generell als eines der typischsten Motive der Keramik des iranischen Plateaus, Belutschistans und Turkmeniens vom Ende des 4. Jt.s bis in die erste Hälfte des 3. Jt.s v.u.Z. Er erscheint als Winkelbänder mit eingesetzten Dreiecken, die häufig noch mit einer Stufenpyramide, dem stilisierten Tempel, gefüllt sind. Besonders typisch für die Namazga III- und IV-Keramik Südturkmeniens, die Keramik von Mundigak III.6-IV.3, die Quetta- und Mehrgarh VI-VII-Keramik Belutschistans. Siehe Winkelmann, Keramikentwicklung (1986).

[20] Amiet, RA 80, 1986, Abb. 2; Pittman, Art of the Bronze Age (1984) Abb. 4; Hakemi, East and West 47, 1997, Abb. 19.

Frau, die Wasserströme mit daraus sprießenden Pflanzen in den Händen hält, und über Zebus kniet, den Berg (Abb. 4 b, Abb. 26 b, Abb. 29 b)[21].

Dies führt nicht nur zu der Annahme, dass hier der Berg eine gynaikomorphe Erscheinungsform erfahren hat, sondern lässt nun auch die Möglichkeit zu, wie-tere, bis in die mittlere Uruk-Zeit des Irans und in die späte Uruk-Zeit des Irans und Mesopotamiens zurückreichende Darstellungen von Frauen, die Wasser-ströme halten, oder aus ihrem Körper fließen lassen, mit diese Themenkreis zu verbinden (Abb. 4 c)[22]. Folgerichtig dürften auch jene Darstellungen der proto-elamischen Glyptik, (in der ja die Tiere als Menschen agieren,) die Löwinnen zeigen, aus deren Körper Wasserströme fließen, dieselbe Thematik ausdrük-ken[23]. (Abb. 4 c , 3. R.).

Ihre Fortsetzung finden diese Darstellungen in jenen weiblichen Gottheiten der FD-II-und III-zeitlichen Kunst des Iran, die Wasserströme aus ihren Händen oder Körpern fließen lassen und sowohl in der Glyptik und Keramik von Susa als auch in der Kunst der transelamischen Kultur abgebildet werden (Abb. 4 c, 4. R.)[24]. Eine zweite Erscheinungsform einer weiblichen Gottheit, die aus diesem Motiv hervorgegangen sein könnte, ist jene transelamische Göttin, die als hok-kende Frau mit aus dem Körper wachsenden Pflanzen und umgeben von Ziegen oder Schafen ab der transelamischen Stufe in der Glyptik des Kerman-Gebiets erscheint[25].

---

[21]   Porada, Alt-Iran (1962) Abb. 12; Curtis (Hrsg.), Early Mesopotamia (1993) Taf. 2.

[22]   Amiet, Glyptique mésopotamienne (1961) Taf. 6, 117; Delougaz / Kantor, Chogha Mish I/2 (1996) Taf. 153 A; 158; Amiet, L'âge (1986) Abb. 71; Pottier in: Pottier et al. (Hrsg.), Ceramique peinte (1912) Abb. 17. Ich konnte mich vor Ort in den betreffenden Museen an den Originalen überzeugen (Originalsiegel und Siegel- Abrollungen) dass es sich tatsächlich um Abbildungen von Frauen handelt, die sich durch ihre im Original durch Kugelbohrungen eingetiefte bzw. im Abdruck erhabenen Brüste deutlich von Männerdarstellungen unterscheiden, bei denen die Brustmuskulatur durch eingekerbte Halbkreise sichtbar gemacht wird. Mein Dank gilt den Mitarbeitern der Orientab-teilungen des Louvre und des Britischen Museums.

[23]   Amiet, Glyptique mésopotamienne (1961) Taf. 37, 580. 579.

[24]   Als transelamische Kultur (culture trans-élamite) definierte Amiet, RA 80, 1986, jene bronzezeitliche Besiedlung der Region zwischen Shahdad und Tepe Yahya im Kerman-Gebiet des Südostiran, die sich an die protoelamische Periode anschließt und ca. von 2800 bis 2000 v.u.Z. andauert. In Shahdad entspricht sie der Belegung der Friedhöfe A und B, bzw. der Periode Takab III.2 und III.1, in Tepe Yahya den Perioden IV B und A., nach vorderasiatischer Terminologie der Zeitspanne von FD II bis Ur III. Zur Abbildung siehe: Amiet, L'âge (1986) Abb. 132, 11; Gluck, Minuscule monuments (1988) Nr. 51; Amiet, L'âge (1986) Abb. 71.

[25]   Orthmann (Hrsg.), Der Alte Orient (1975) Taf. 283, b; Hakemi, Catalogue (1972) Nr. 323; Amiet, L'âge (1986) Abb. 132, 7; Sarianidi, Margiana (1998) Abb. 27, 3.

Auch in der akkadischen Glyptik finden sich, neben Ea, dem Herren des Süßwasserozeans, Darstellungen von Gottheiten, die aus einem Berg wachsen oder auf diesem thronen, und mit Pflanzen und Wasserströmen assoziiert sind, die sowohl aus dem Berg als auch dem Körper der Gottheit wachsen können. In der frühen akkadischen Glyptik ist diesen Gottheit teilweise weiblich, später männlich[26].

Das Nachleben dieser Vorstellung des göttlichen wasserspendenden Berges mit Pflanze und Huftier ist auch noch im 2. und 1. Jt. v.u.Z. belegt: besonders in der kassitischen wie elamischen und nordiranischen, ja selbst assyrischen Kunst, wenngleich das Geschlecht des Gottes nun überwiegend männlich ist[27]. Am deutlichsten findet sich diese Thematik wieder auf einem kassitischen Siegel mit einer Gottheit, die aus Bergen herauswächst, auf denen Laubbäume wachsen, und aus deren Händen Wasser strömt, sowie in der mittelassyrischen Darstellung eines Gottes aus Assur, der wiedergegeben wird mit menschlichem Oberkörper, aber einem Unterkörper in Form eines Schuppenberges, aus dessen Körper Pflanzen wachsen, an denen zwei Ziegen fressen, während aus den Händen seiner Begleitgottheiten Wasser strömen[28]. Das Nachleben der weiblichen Variante zeigt der Dekor einer Elfenbein-Pyxis aus Ugarit, eine auf Bergen stehende Göttin im Rock aus Bergschuppen und Wasserströmen, an dem noch ein Gefäß befestigt ist, die Ähren in der Hand hält, von denen Ziegen fressen[29].

Der Berg mit Schlangen (Abb. 5)

Der Berg mit Schlangen lässt sich nach den bisherigen Funden erstmals in der Zeit des Berliner Schlangenbeckens fassen[30]. Versteckt findet sich das Motiv auf einem zeitgleichen steinernen Untersatz aus Tell Agrab. Hier sind die Motive des Felidenhalters und des Löwen, der ein Rind angreift, eingefasst in eine Umrahmung von Schuppen, die den Berg symbolisieren. Über die Oberkante schauen Schlangenköpfe auf die Darstellung[31]. Ein Siegel bildet den Berg mit zwei sich herauswindenden Schlangen ab (Abb. 5, R.1 links)[32].

---

[26]   Boehmer, Glyptik der Akkadzeit (1965) Katalog Nr. 299, 350, 388.
[27]   Orthmann (Hrsg.), Der Alte Orient (1975) Taf. XXXVI, Taf. 169. 179. 187. 290. 298. 306. Löw, Metallgefäße (1998) Abb. 108; 109; 112 a-c, Taf. 43-47.
[28]   Orthmann (Hrsg.), Der Alte Orient (1975) Taf. 269 e; 194.
[29]   Orthmann (Hrsg.), Der Alte Orient (1975) Taf. 429.
[30]   Eine möglicherweise noch frühere Abbildung des Motivs findet sich auf einem spät-urukzeitlichen Kultgefäß aus Chogha Mish. Hier ist eine Bergkette abgebildet, über die zwei miteinander verflochtene Schlangen und zwei Feliden gesetzt sind. Delougaz / Kantor, Chogha Mish I/2 (1996) Taf. 118.
[31]   Orthmann (Hrsg.), Der Alte Orient (1975) Taf. 73.
[32]   Amiet, Glyptique mésopotamienne (1961) Taf. 25, 410.

Häufig ist das Motiv im „intercultural style" vertreten, in Form jener Objekte, die die geschuppte oder ungeschuppte Außenwand zusätzlich mit Schlangendekor verknüpfen[33]. Dabei handelt es sich dann um zwei miteinander verschlungene angreifende Schlangen bzw. das Flechtbandmotiv (Abb. 31 a, c)[34].

Im Südost-Iran ist der Berg mit Schlangen in der frühdynastischen bis Akkad-Zeit nur erschließbar über die obige Feststellung, dass der Berg auch als Frau dargestellt werden kann. In diesem Fall ordnen sich hier jene transelamischen Siegel ein, die eine thronende weibliche Gottheit zeigen, aus deren Schultern zwei angreifende Schlangen wachsen. Die Assoziation zum Bild des Berges mit Pflanze (und Huftier) wird durch ein beigefügtes Bergsymbol, ein schraffiertes Dreieck, ein Rinderprotom als Kopfschmuck und eine Pflanze gegeben (Abb. 5, 2. und 3. R. rechts, Abb. 24 a, b)[35]. Die Thematik des zum anthropomorphen Gott personifizierten Berges kehrt schließlich noch einmal auf den altelamischen Siegeln wieder, in Form eines männlichen Gottes, dessen Attribut eine oder zwei Schlangen sind, der Schlangen hält und auf einem Schlangenthron oder auf einem Schlangenthron auf einem Berg sitzt[36].

In Mesopotamien ist das Motiv des Berges mit Schlange(n) während der frühdynastischen Zeit nur selten nachweisbar (Abb. 5, R. 2, links)[37]. Erst in der Akkad-Zeit wird die direkte Darstellung der Thematik wieder häufiger. Zum einen lässt sie sich in einer Figurengruppe aus Tell Asmar fassen. Hier ist ein Gott abgebildet, der aus einem Schuppenberg mit einem daraus wachsenden

---

[33]   Parrot, Mari I (1956) Taf. XLVI, M 268; Amiet, RA 80, 1986, Abb. 2; Durrani, Ancient Pakistan 1, 1964, Taf. XI; Hakemi, East and West 47, 1997, Abb. 48-49; Amiet, RLMF 38, 1988, Abb. 16; Hakemi, Shahdad (1997) Fk 8. In den meisten Fällen erscheinen die Schlangen im „intercultural style" jedoch nicht auf geschupptem, sondern glattem Untergrund. Dies ist kein Widerspruch, besitzen doch der wasserspendende Berg und das wasserspendende Gefäß beide dieselbe Semantik, sind beide vergegenständlichte Erscheinungsformen der wasserspendenden Kraft. Zur Gleichsetzung von Berg, Gefäß und Gottheit siehe Winkelmann, Kunst (2002).
[34]   Für dieses Motiv hat sich in der englischsprachigen Fachliteratur zum „intercultural style" der Begriff „entwined serpents" durchgesetzt. Es ist auch als „Guilloche"-Motiv oder als Flechtband bekannt. Dabei handelt es sich um einer der ältesten Motive des alten Orients überhaupt. Siehe Buren, AfO 10, 1935/1936.
[35]   Glock, Minuscule monuments (1988) Nr. 51; Porada, Alt-Iran (1962) Abb. 12. Auch Gottheit mit aus dem Körper wachsenden Pflanzen mit Schlange: Sarianidi, Margiana (1998) Abb. 27, 3 und Göttinnen, aus deren Händen oder Körpern Wasserstrahlen fließen. Amiet, L'âge (1986) Abb. 71; 132, 11.
[36]   Orthmann (Hrsg.), Der Alte Orient (1975) Taf. 297 a ; Amiet, Glyptique susienne (1972) Taf. 35, 2015-2017; 166, 1831; 170, 1900. 1907; 175, 2021.
[37]   Amiet, Glyptique mésopotamienne (1961) Taf. 97, 1268.

Männerkopf besteht. Über seinen Rücken und seine Brust ringeln sich Schlangen und Wasserstrahlen. Assoziiert mit ihm sind ein Schlangen-Feliden-Mischwesen und eine Schlange, vor denen ein nackter Mann mit erhobener Hand kniet. Flankiert wird diese Gruppe von zwei stehenden Männern und Frauen[38]. Auch in der Glyptik erscheint das Motiv wieder. Dabei wird eine Gottheit dargestellt, die auf einem Berg sitzt, aus dem Schlangen oder bzw. und Wasserströme entspringen. Die Gottheit hält entweder einen Laubbaum-Zweig oder einen Becher in der Hand. In der frühen Akkad-Glyptik ist diese Gottheit teilweise weiblich, später wird sie durch einen männlichen Gott ersetzt[39]. In diesem Themenkreis gehört auch der in der Stufe Akkadisch III so beliebte Schlangengott, eine Ligatur aus männlicher Gottheit und Schlangenkörper, der wie bei den anderen Darstellungen den Zweig oder den Becher in der Hand hält (Abb. 5, R. 3 und 4 links)[40]. In der Folgezeit verliert das Motiv in Mesopotamien völlig an Bedeutung, lässt sich aber in der iranischen Kunst noch lange fassen[41]. Im bronzezeitlichen Baktrien schließlich erhält sich die Darstellung einer weiblichen Gottheit, die mit Schlangen assoziiert ist, vor allem auf den Compartimentsiegeln (Abb. 5, R. 4 rechts)[42].

Der männerfressende Löwe (Abb. 6)

Dieses Motiv besitzt eine Reihe von Parallelbeispielen vor allem in der Plastik und der Reliefkunst der späten Uruk- und Dschemdet-Nasr-Zeit, die mehrfach erörtert worden sind, schon von Nagel, zuletzt noch einmal zusammenfassend von Bonacossi. Zu den immer wieder angeführten Parallelen ge-

---

[38] Strommenger, Mesopotamien (1962) Abb. 121.

[39] Boehmer, Glyptik der Akkadzeit (1965) Taf. XXVI, 299; XXIX, 349; XLVII, 552; XLIX, 573-574.

[40] Boehmer, Glyptik der Akkadzeit (1965) Taf. XLIX, 575-588.

[41] In der alt- und mittelelamischen Kunst wird vor allem Napirisha, der inzwischen oberste Gott, (aber auch andere Gottheiten), mit dem Attribut Schlange wiedergegeben: Er hält sie in den Händen, sitzt auf den Schlangen, sitzt auf einem Thron, der mit Schlangen verziert ist, oder hat Schlangen im Kopfschmuck. Das Podest seines Thrones ist oft ein Berg. Orthmann (Hrsg.), Der Alte Orient (1975) Taf. 291 a-b; 298. Vergleiche auch: Goldbecher von Hasanlu: Berggott mit aus ihm heraus wachsenden Schlangen, die einen Mann angreifen und weitere nord-iranische Edelmetallgefäße der 2. H. des 2. Jt.s v.u .Z.: Löw, Metallgefäße (1998) Abb. 14 a. Es ist auch denkbar, dass sich hinter der minoischen Göttin mit Schlangen und Leoparden, deren Stufenrock an Bergschuppen erinnert, ein gleicher Themenkreis verbirgt. Orthmann (Hrsg.), Der Alte Orient (1975) Abb. 112 Taf. 441.

[42] Sarianidi, UNESCO Inf. Bull. 10, 1986, Abb. 1; Baghestani, Compartimentsiegel (1997) 292, Abb. 80, 299 A.

hören der lebensgroße Löwe von Babylon, die Schlachtfeldpalette aus Ägypten und die protoelamische Löwinnengruppe aus Susa[43.]

Zu ergänzen wäre für diese Denkmalsgruppen für Susa ein inzwischen verloren gegangenes Sockelrelief (Abb. 6 a)[44].

Viel zahlreichere Belege gibt es aber in der Glyptik, die bereits in der mittleren Urukzeit einsetzen und bis in die FD II-Zeit reichen. Sowohl als Einzelmotiv wie in Zusammenhang mit größeren szenischen Darstellungen zieht sich dieses Motiv durch die Kunst von Tausend Jahren vor allem im Iran (Abb. 6 b):

Zu den ältesten Darstellungen gehört ein Stempelsiegelabdruck aus dem urukzeitlichen Susa[45]. der gefolgt wird von zahlreichen Beispielen aus der späturukzeitlichen Rollsiegelkunst in Chogha Mish und Susa (Abb. 6 b, R. 1 und 2 links)[46]. Ihnen schließen sich die o.g. Beispiele aus Plastik und Relief sowie das Berliner Schlangenbecken an. In der protoelamischen Glyptik erfolgt die Darstellung des Motivs in Form eines Stieres, der von einem Löwen getötet wird[47]. Im „intercultural style" wird der menschenfressende Löwe zweimal auf einem Gefäß abgebildet. Einmal liegt der Mann unter dem Löwen, wie auf dem Berliner Schlangenbecken, einmal schreitet der Löwe mit aufgerissenem Maul auf den Mann zu (Abb. 6 b, 3. R.)[48]. In der transelamischen Kunst ist das Motiv in dieser Form noch nicht nachweisbar. Dafür tritt es aber in der Glyptik der frühdynastischen Zeit in Susa auf (Abb. 6 b, R. 3 rechts)[49].

Für die zweite Hälfte des 3. Jts. v.u.Z. finden sich weitere Belege in der bronzezeitlichen baktrischen Glyptik, besonders auf den Murghab-Stil-Siegeln (Abb. 6 b, 5. R.)[50].

Auch in der frühdynastischen Glyptik Mesopotamiens ist dieses Motiv noch nachweisbar, und zwar auf der FD-I- bis II-zeitlichen SIS-Glyptik von Ur (Abb.

---

[43] Orthmann (Hrsg.), Der Alte Orient (1975) Taf. 177; Connan / Deschesne, Bitume (1996) 263, Nr. 238, Abb. 31; H. Mode, Indien (1959) 71 Abb. 44; Nagel, BJV 6, 1966, 34, 48-51, Taschenabbildung; Rühlmann, WZHW 9/10, 1964, 655; M. Mode, HBO 6, 1984, 13-14.
[44] Calmeyer, AMINF 6, 1973, Abb. 2.
[45] Amiet, Glyptique susienne (1972) Nr. 232.
[46] Amiet, Glyptique susienne (1972) Nr. 470. 658. 701; Herzfeld, AMI 5, 1933, Abb. 23; Delougaz / Kantor, Chogha Mish I/2 (1996) Taf. 152 E.
[47] Amiet, Glyptique mésopotamienne (1961) Nr. 591.
[48] Zarins, Atlal 2, 1978, Taf. 70, 47-48.
[49] Amiet, Glyptique susienne (1972) Nr. 1021. 1388. 1415.
[50] Sarianidi, UNESCO Inf. Bull. 10, 1986, Abb. 8, 19. 7, 1.

6 b, 4. R.)[51]. Danach scheint es aus dem Motivrepertoire weitgehend zu verschwinden[52]. Eine späte Darstellung dieses Themas findet sich noch in einer Elfenbeinschnitzerei aus neuassyrischer Zeit[53].

Der von Schlangen angegriffene bzw. gefressene Mann (Abb. 7)

Dieses Motiv ist eine Variante des sogenannten „homme aux serpents"[54] und ist deutlich zu unterscheiden von der zweiten Variante, dem Mann, der zwei Schlange in der Hand hält und eine inhaltlich völlig andere Konnotation besitzt. Seine ältesten Erscheinungsformen sind zweifach: es sind nachgewiesen sowohl der Mann, der von einer oder zwei Schlangen angegriffen bzw. gefressen wird, als auch ein männliches ziegenköpfiges Mischwesen, der sog. „dieu ibex", in selber Bildkonstellation[55].

Die Darstellung beider Formen beginnt in der mittleren Uruk-Zeit sowohl in Mesopotamien (Tepe Gaura) als auch im Iran (Luristan, Susa)[56]. Aus Luristan sind zahlreiche Stempelsiegel nachweisbar, die einen Mann oder ein ziegenköpfiges Mischwesen abbilden, auf dessen Körper, meist auf seine Achselhöhlen zu, eine oder zwei Schlangen zustoßen[57]. Besonders eindrucksvoll ist die Szene auf einem zweiseitigen Stempelsiegel, das einen Mann zeigt, dessen Körper bereits bis zum Brustkorb von einer riesigen Schlange verschlungen wurde, und von dem nur noch Kopf, Schultern und Arme aus dem Maul der Schlange herausschauen (Abb. 7 a, 1. R.)[58]. An diese Darstellungen dürfte auch ein späturukzeitliches Rollsiegel aus Susa anschließen, auf dem Schlangen erscheinen, aus deren Maul nur noch der Kopf des Mannes herausschaut (Abb. 7a, 2. R. rechts)[59]. Dieselbe Thematik, in Form des von einer oder zwei Schlangen ange-

---

[51] Legrain, UE III (1936) Nr. 255. 289. 368.

[52] Mit der FD-II-Zeit wird die rituelle Tötung eines Mannes ersetzt durch die Tötung eines Stieres.

[53] Orthmann (Hrsg.), Der Alte Orient (1975) Farbtaf. XXVIII.

[54] Parrot, Syria 28, 1951.

[55] Zur Deutung des „dieu ibex" und des Stiermenschen Winkelmann, Kunst (2002) 655- 656. 681.

[56] Wickede, Stempelglyptik (1990) Katalog Nr. 261. 269-270. 282. 294. 297; Amiet, Glyptique mésopotamienne (1961) Taf. 7, 149-150. 153; Amiet, Glyptique susienne (1972) Nr. 209.

[57] Rashad, Stempelsiegel (1990) Nr. 771. 207. 340. 345.

[58] Rashad, Stempelsiegel (1990) Nr. 339.

[59] Amiet, Glyptique susienne (1972) Taf. 5, 480. Diese Form findet sich nahezu identisch in der baktrischen Glyptik wieder (s.u.),. Eventuell sind in diesen Kreis auch einzuordnen frühe Rollsiegel aus Susa, die die angreifende Schlange und einen darüber gesetzten Männerkopf abbilden: Boehmer, Früheste Siegelabrollungen (1999) Abb. 107, A.

griffenen Mannes, läßt auf den Stempelsiegeln von Tepe Gaura nahezu durch alle Schichten hindurch verfolgen (Abb. 7 b, 1. R.)[60].

Auf den Rollsiegeln der späten Uruk-Zeit findet sich das Motiv des von Schlangen angegriffenen wie schon teilweise verschlungenen Mannes gleichermaßen in Mesopotamien wie im Iran (Abb. 7 a, R. 2 und 3, Abb. 7 b, 2. R.)[61]. Ihnen schließen sich die o.g. Plastiken und Reliefarbeiten an: das Berliner Schlangenbecken, der Trichterbecher und der „Bonacossi-Mann" (Abb. 7 a, R. 4). Die verkürzte Variante, der passive nackte Mann mit vor der Brust zusammengelegten Händen und mit Scheibenbart, ist besonders in der späturukzeitlichen Miniaturplastik ein beliebtes Motiv (Abb. 19, R. 4 rechts)[62].

In der SIS-Glyptik von Ur erscheint der nackte, von Schlangen angegriffene Mann meist in Form des Akrobaten-oder Tänzerwirbels[63], während in der Fara-Glyptik sowohl eine Hydra, eine mehrköpfige Schlange, einen Mann angreift, als auch der Mann dargestellt wird, der schon teilweise verschlungen worden ist[64]. In der übrigen FD II- und III-Glyptik wird das Motiv als Mann mit angreifender Schlange oder umgesetzt in ein Schlangengeflecht neben einem nackten Mann gearbeitet, der gelegentlich auch Stierhörner trägt (Abb. 7 b, R. 3)[65]. Besonders gut erkennbar ist das Motiv auf einem Siegel der Übergangsstufe zur akkadischen Glyptik[66]. Hier steht ein Mann im Zentrum der Darstellung, der von beiden Seiten von ein- bzw. zweiköpfigen Schlangen angegriffen wird (Abb. 7 b, R. 4). In der Akkadzeit erscheint oft ein vor der Gottheit am Berg stehender Mann, der zugleich von Schlangen angegriffen oder flankiert wird[67].

---

[60]   Wickede, Stempelglyptik (1990) Nr. 261. 269. 270. 297. 304 (Tepe Gaura XII). 280. 282. 284. 294. 295, Tepe Gaura XI/X, 323 (Tepe Gaura VIII); Amiet, Glyptique mésopotamienne (1961) Taf. 2, 43-46. 54.

[61]   Amiet, Glyptique mésopotamienne (1961) Tf. 13 bis H. L; 48, 680; Amiet, Glyptique mésopotamienne (1961) Taf. 73, 965. 967. 970; Amiet, Glyptique susienne (1972), 1972 Nr. 480. 482. 485. 668.

[62]   Orthmann (Hrsg.), Der Alte Orient (1975) Taf. 10; 11, a.

[63]   Amiet, Glyptique mésopotamienne (1961) Taf. 51, 712; 68, 902.

[64]   Amiet, Glyptique mésopotamienne (1961) Taf. 66, 883; 95, 1247. 1251. 1254; 105, 1393.

[65]   Amiet, Glyptique mésopotamienne (1961) Taf. 78, 1037; 80, 1069; 81, 1070. 1079; 84, 1111; 89, 1180; 95, 1247 A. 1251. 1253; 98, 1289. 1293. 1295. 1296-1297; 100, 1320. 1327. 1335; 104, 1380; 105, 1394; 110, 1461 bis.

[66]   Amiet, Glyptique mésopotamienne (1961) Taf. 105, 1389.

[67]   Amiet, Glyptique mésopotamienne (1961) Taf. 112, 1493; Boehmer, Glyptik der Akkadzeit (1965) Taf. XXIX, 349; XXVI, 299; XXVII, 321; XLVIII, 562; LIV, 664; LV, 663.

In der Susiana bleibt das Motiv des von der Schlange angegriffenen Mannes bis in die FD II-Glyptik und Keramik nachweisbar[68]. In dieselbe Zeit gehört eine Miniaturplastik, die einen Mann darstellt, dessen Schulter von einer Schlange umwunden ist[69]. In die frühdynastische Periode der iranischen Kunst dürfte auch der Cincinnati-Mann gehören (Abb. 7 c, R. 1).

Im Südostiran wird das Motiv in der Dschemdet Nasr-/ FD I-Zeit besonders exponiert auf einem „intercultural style"-Gefäß abgebildet. Dort steht ein Mann mit Rock auf einem ruhenden Leopardenpaar und hält die Hände vor der Taille, während zwei vertikal gewundene Schlangen an seinem Körper entlang gearbeitet sind und mit ihren aufgerissenen Mäulern auf seinen Kopf zustoßen (Abb. 7 c, R. 2, links, Abb. 32)[70]. Der passive Mann im Rock erscheint später noch einmal als akkadzeitliches Stempelsiegelmotiv in Shahdad (ebenda, Mitte)[71].

In der FD II-III-Zeit des Kerman-Gebietes wird das Motiv vorwiegend in der Glyptik dargestellt. Es erscheint in der Form eines fußlosen Hockers, der von einer Schlange angegriffen wird, auf einem Rollsiegel, während ein Stempelsiegel aus Tepe Yahya ein männerköpfiges Rind darstellt, das von einer Schlange attackiert wird (Abb. 7 c, 3. R.)[72]. Eine letzte Gruppe von Darstellungen dieser Art im 3. Jt.v.u.Z. ist schließlich auf den baktrischen Roll-, Stempel- und Compartimentsiegeln zu finden, die von einer Schlange angegriffene Männer oder männliche Vogelmenschen abbilden, oder Schlangen wiedergeben, aus deren Maul entweder ein Männerkopf oder nur noch eine Hand herausschaut (Abb. 7 c, 4. R.)[73].

In der altelamischen Glyptik ist der Mann, der von einer riesigen Schlange angegriffen wird, besonders in der Gruppe der Bitumensiegel aus Anschan und Susa sogar eines der Hauptmotive[74]. Im Nordiran des 2. Jt.s v.u.Z. ist das Motiv

---

[68]   Osten-Sacken, Ziegendämon (1992) Taf. XXXI, 70; Winkelmann Kunst (2002) 295-297 Abb. 127.
[69]   Amiet, CDAFI 6, 1976, Taf. IX,1.
[70]   Christies 25. 11. 1997 Nr. 178.
[71]   Hakemi, Shahdad (1997) Abb. I a 5.
[72]   Lamberg-Karlovsky, PBA 59, 1973, Taf. XXVI c; Lamberg-Karlovsky, Iran 9, 1971, Abb. 2 E.
[73]   Baghestani, Compartimentsiegel (1997) Abb. 17, 3; 78, 392. Unpubliziertes Siegel aus dem Louvre, Neuerwerb 2002, AO 31716.
[74]   Orthmann (Hrsg.), Der Alte Orient (1975) Taf. 297, b; Amiet, Glyptique susienne (1972) Nr. 1900-1901. 1905. 1907.

auf verschiedenen Edelmetallgefäßen faßbar[75]. In den Luristanbronzen ist das Motiv noch in der Eisenzeit belegt[76].

Auch in der mesopotamischen Volkskunst ist das Motiv noch im 2. Jt. v.u.Z. bis nach Syrien weit verbreitet[77].

Als um den Mann reduzierte Form, als zwei vertikal gewundene Schlangen schließlich ist das Motiv nahezu durchgängig in der iranischen Kunst von der mittleren Urukzeit an fassbar. Seinen Höhepunkt erlebt es im „intercultural style", wo es als „entwined serpents", als verflochtene Schlangen, zu den häufigsten Themen überhaupt zählt und in dieser Form auch in die Compartimentsiegel-Darstellungen des Iran und Baktriens eingeht[78].

Der Mann mit Leoparden und Schlangen (Abb. 8)

Nicht ohne Grund scheint der Mann auf dem oben besprochenen Steingefäß mit Leoparden abgebildet. Die Kombination der Fünfer-Gruppe Mann mit Feliden (Leoparden oder Löwen) und angreifenden Schlangen wiederholt sich nicht nur auf einem weiteren Steatit-Gefäß dieser Gruppe, auf der berühmten Chafadschi-Schale (Abb. 29), es ist auch dieselbe Kombination, die sich auch auf dem Berliner Trichterbecher wieder findet[79]. Und nicht nur hier- von der Glyptik der späten Urukzeit bis in die frühdynastische Glyptik Mesopotamiens lässt sich diese Gruppe wieder finden in jener Ligatur, die im allgemeinen als

---

[75] Löw, Metallgefäße (1998) Abb. 14 a. 108.
[76] Gewandnadel, Musée du Louvre AO 20604.
[77] Hempelmann in: Meyer et al. (Hrsg.), Beiträge Orthmann (2001) Taf. 12-15: Taf. 12: Berg mit Schlangen: Taf. 14; 15: Mann im Gebirge mit Schlangen. Kultgefäße aus Halawa, Syrien, 2. Jt. v.u.Z., Musée du Louvre AO 29572.
[78] Die Reduzierung einer aus Menschen und Tieren bestehenden Motivgruppe um den Menschen auf die entscheidenden zoomorphen Protagonisten gehört zu einem der wichtigsten Darstellungsprinzipien des „intercultural style", beginnt aber schon in der mittleren Urukzeit. Winkelmann Kunst (2002). Kurzform der zwei miteinander verwundenen Schlangen in Tepe Gaura X: Wickede, Stempelglyptik (1990) Abb. 35,2. Kerman: „Intercultural style": Lamberg-Karlovsky, IrAnt 23, 1988, Abb. 3, D, E; 4 X; Zarins, Atlal 2, 1978, Taf. 68, 545; Christian, Altertumskunde (1940) Taf. 185, 2; Hakemi, East and West 47, 1997, Abb. 20, 51, 58, Amiet, RLMF 38, 1988, Abb. 14; Curtis (Hrsg.), Early Mesopotamia (1993) Taf. 16; darauf folgende transelamische Kunst im Kerman: Lamberg-Karlovsky , PBA 59, 1973,Taf. XXVI c; Hakemi, Shahdad (1997) 310 Textabb., Nr. 142, S. 687, Nr. 231, S. 674, Nr. 93, S. 653, Gu 18. Baktrien: Baghestani, Compartimentsiegel (1997) Abb. 121, 636; 90.
[79] Porada, Alt-Iran (1962) Abb. 12; Christies 25. 11. 1997 Nr. 178; auch Amiet, L'âge (1986) Abb. 73 c.

Mann mit Schlangenhalspanthern beschrieben wird. Dabei sind zwei Varianten zu unterscheiden:

Variante 1: Der Leopardenhalter (Abb. 8 a)

Die von mir so betitelte Variante ist jene, in der der von Schlangen angegriffene Mann die Leoparden festhält, egal, ob am Kopf oder am Schwanz[80]. Dieses Motiv zieht sich von der späten Uruk-Zeit über die Kunst des „intercultural style" des Kerman bis in die FD-zeitliche Glyptik Mesopotamiens, wo der Leopardenhalter in der FD-I-zeitlichen Glyptik innerhalb der Kultszenen erscheint (Abb. 21, R. 3 rechts), sich aber auch innerhalb des FD II-III-zeitlichen Figurenbandes sowohl der Mann mit Schlangenhalspanthern als auch ein Mann fassen lässt, der einen Leoparden und eine Schlange faßt[81]. Eine Variante dieses Themas ist der Mann, der anstelle der Leoparden Löwen hält[82]. Im Bereich östlich des Iran erscheint der Leopardenhalter mit und ohne angreifende Schlangen auf Murghab-Stil-Siegeln in Mittelasien (Abb. 8a unten rechts)[83]. In der Harappa-Kultur variiert der Felide zum lokalen Tiger.

Variante 2, Mann und Leoparden im Kampf mit der Schlange (Abb. 8 b)

Variante 2 bildet den Mann ab, der von den Leoparden/ Löwen gegen die Schlangen verteidigt wird und ist in dieser komplexen Version weniger häufig dargestellt. Dabei werden die Feliden meist mit zurückgedrehtem Kopf wiedergegeben. In der frühen iranischen Kunst erscheinen aber oft auch verkürzte Versionen, reduziert um den Menschen, als Felide im Kampf mit einer Schlange, oder nur als Felidenpaar mit zurückgewandtem Kampf im Schlaghaltung, wie sie auf dem späturukzeitlichen Zyklopensiegel auftreten (Abb. 8 b, R. 1 und 2).[84]

---

[80]   Winkelmann, Kunst (2002) 297, 298, Abb. 129; 130.
[81]   Späte Urukzeit: Amiet, Glyptique susienne (1972) 77 Anm. 1; Delougaz /Kantor, Chogha Mish I/2 (1996) Taf. 156 C; Boehmer, Früheste Siegelabrollungen (1999) Abb. 08 a, b. Taf. 95, 48; FD-zeitlich: Amiet, Glyptique mésopotamienne (1961) SIS: Taf. 63, 846; 69, 911. 913. 915. 917; 70, 928; 71, 945; 72, 955; 72 bis G; 78, 1037; 79, 1045; 80. 1069; 81, 1071. 1077. 1079; 98, 1291-1292. 1295; 109, 1450; Orthmann (Hrsg.), Der Alte Orient (1975) Abb. 42 c.
[82]   Orthmann (Hrsg.), Der Alte Orient (1975) Taf. 73: Mann als Löwenhalter in den Bergen (Schuppen oben und unten), die Schlangen winden sich von oben über den Bergrand herab. Amiet, Glyptique mésopotamienne (1961) Taf. 14, 239; 81, 1076-1077.
[83]   Winkelmann in: M. Mode (Hrsg.), Archäologie (1999) Abb. 9; Sarianidi, UNESCO Inf. Bull. 10, 1986, Abb. 3, 3; 7, 3.
[84]   Rova, Ricerche (1994) Abb. 65. 74. 76-77; Delougaz / Kantor, Chogha Mish I/2 (1996) Taf. 118; Nagel, BJV 6, 1966, Abb. 7; Amiet, Glyptique susienne (1972) Nr. 476; Amiet, Glyptique mésopotamienne (1961) Nr. 615.

Am häufigsten findet sich die um den Menschen reduzierte Variante des Feliden im Kampf mit der Schlange aber im „intercultural style". Diese auf die zoomorphen Protagonisten reduzierte Darstellung ist als eines der Leitmotive des „intercultural style" bekannt: der Kampf zwischen Leopard und Schlange (Abb. 8 b und 29 b)[85]. Daneben erscheint dort aber auch die Fünfergruppe mit männlichem Protagonisten: der auf zwei ruhenden Leoparden stehende Mann hat die Hände zusammengelegt, während zwei Schlangen ihn angreifen[86].

Auf den SIS-Siegeln von Ur erscheint der Leopardenhalter, allerdings ohne Schlangen, zusammen mit Kultdarstellungen (Abb. 21, R. 3)[87]. In der frühdynastischen Glyptik ab der Fara-Stufe erscheint die Fünfergruppe als Ligatur aus einem Mann, der bis zur Taille dargestellt wird, während seine Beine verschmelzen mit den Körpern zweier nach unten hängender Leoparden (seltener Löwen,) deren hochgereckte Schwänze die Form zweier Schlangen annehmen, die vom Mann bezwungen (unterhalb der Köpfe gehalten) werden[88].

Der Mann mit Gefäß (Abb. 9)

Der ein Gefäß haltende Mann tritt schon in der mittleren Uruk-Zeit in Susa auf Stempelsiegeln auf. Er kniet oder steht dabei vor einem Tempel bzw. einer Gottheit und hält die Arme erhoben zu einer Frau, die ein Gefäß übergibt oder wird dargestellt als kniender Mann, der das Gefäß nun in der Hand hat (Abb. 9 a, 1. R.)[89]. In der Susiana ist dieser Typ als kniender oder stehender Mann mit einem Gefäß in der Hand als Miniaturplastik bereits aus den archaischen Depots der späten Urukzeit von Susa belegt (Abb. 9 a, 2. R.)[90]. Der Bonacossi-Mann reiht sich in diese Gruppe ein. In der protoelamischen Kunst erscheint die zoomorphe Variante: ein stehendes Huftier, das eine Kanne trägt (Abb. 9 a, R. 3 rechts)[91].

---

[85] Lamberg-Karlovsky, IrAnt 23, 1988, Abb. 3, G; Durrani, Ancient Pakistan 1, 1964, Taf. VI, 1; Parrot, Sumer (1960) Abb. 168 D; Parrot, Mari III (1967)Taf. LXXI, 2628; Klengel-Brandt / Klengel, RO 41, 1980, Abb. 1; Amiet, L'âge (1986) Abb. 73, c.
[86] Christies 25. 11. 1997 Nr. 178.
[87] Amiet, Glyptique mésopotamienne (1961) Nr. 846; Legrain,UE III (1936) Taf. 15, 296.
[88] Amiet, Glyptique mésopotamienne (1961) Taf. 69, 911-914. 916-919; 71, 945; 72, 955. 960; 72 bis G.
[89] Amiet, Glyptique mésopotamienne (1961) Taf. 6, 119 B, 121-123. Ähnliche Darstellungen auch in Tepe Gaura ab Gaura XI: Wickede, Stempelglyptik (1990) Nr. 280. 325 b.
[90] Orthmann (Hrsg.), Der Alte Orient (1975) Taf. 276 b.
[91] Orthmann (Hrsg.), Der Alte Orient (1975) Taf. XXXI a. In der proto-elamischen Kunst nehmen Tiere die Stellung von Menschen ein. Sie agieren an deren Stelle, sie nehmen menschliche Haltungen ein und sind teilweise bekleidet. Anstelle von Männern

Im „intercultural style" des Südost-Iran ist der Mann mit Gefäß in Form der Gruppe der „Narbenmänner" bekannt, ein Mann und fünf weitere Figuren mit geschuppter Haut, die ein Gefäß in der Hand oder unter dem Arm tragen und ihren Namen durch eine im Gesicht befindliche Narbe erhielten (Abb. 9 a, R. 3, links)[92]. In der Kleinkunst des Südostiran der Mitte des 3. Jt.s v.u.Z. tritt diese Figur als Mann auf, der entweder seine Hand zu einem Gefäß erhebt oder einer Frau ein Gefäß überreicht (Abb. 9 a, 4. R.)[93].

In Mesopotamien ist der einzelne Mann mit Gefäß (im Unterschied zur Reihe der Gabenbringer) in der späten Urukzeit und FD-I-Zeit auf den Rollsiegeln abgebildet. Teilweise hat er das Gefäß in der Hand, teilweise schwebt es über ihm, während er mit Schlangen kämpft (Abb. 9 b, 1. R.)[94]. Am besten aber ist er in der Objektgruppe der Gefäßträger und Ständerfiguren der Dschemdet-Nasr- bis frühdynastischen Zeit zu fassen. Dabei handelt es sich meist um einen nackten Mann mit Bart, der in der FD II-Zeit oft mit zwei langen Seitenlocken wiedergegeben wird (Abb. 9 b, R. 2)[95]. In der frühdynastischen Glyptik und Reliefkunst erscheint der bekleidete Mann mit Gefäß vor allem im Zusammenhang mit der Bankettszene. Einzelne Rollsiegel besonders der FD I- und früh-FD II- Zeit zeigen aber auch den Mann mit Gefäß außerhalb der Bankettszene, bittend vor einer thronenden oder stehenden Frau[96]. In der Akkadzeit spielt er, bis auf die wenigen Siegel mit Bankettszenen, keine Rolle, Dagegen wird in der Glyptik ein Mann dargestellt, der vor einer Gottheit mit einem Gefäß etwas erbittet (Abb. 20, R. 4)[97].

Der Mann mit (Raub-)Vogelelementen (Abb. 10)

Der Mann mit Vogelelementen ist unter den zu diskutierenden Objekten zunächst durch den Cincinnati-Mann vertreten, der mit umgehängten Federn geschmückt ist (Abb. 3, Abb. 10 a). Er steht aber für eine ganze Gruppe von Darstellungen, die durch die variantenreiche Kombination von Männern mit Vogelelementen bis hin zum Vogelmenschen charakterisiert ist. Dabei handelt es sich

---

agieren Huftiere: Ziegen, Schafe oder Rinder, anstelle von Frauen Löwinnen.
[92] Nagel, BJV 8, 1968, Taf. 17-25; Francfort, Antiquity 68, 1994, Abb. 4.
[93] Porada in: Curtis (Hrsg.), Early Mesopotamia (1993) Abb. 19; Hakemi, Shahdad (1997) Ia 13, Gt; Collon, VDI 2, 1997, Abb. 1, e.
[94] Amiet, Glyptique mésopotamienne (1961) Taf. 13 bis H. L; 48, 672-673; in der SIS-Glyptik: Amiet, Glyptique mésopotamienne (1961) Taf. 59, 804; 61, 822.
[95] Orthmann (Hrsg.), Der Alte Orient (1975) Taf. 35-36 a, b; 39 a-40 b; 276 b.
[96] Amiet, Glyptique mésopotamienne (1961) Nr. 669. 822. 1147 Taf. 13 bis H; Legrain, UE III (1936) besonders Nr. 323, 382, und 535, evtl. auch Nr. 326. 346. 348. 353-360.
[97] Boehmer, Glyptik der Akkadzeit (1965) Nr. 542. 549. 573. 574. 580. 625. 651. 652. 662. 663.

entweder um eine Ligatur, um eine Verkürzung eines Motivs durch die Zusammenziehung der agierenden Personen zu einer Figur, oder um einen Menschen, der durch Vogelelemente in einer bestimmten Rolle fungiert[98].

Diese Darstellungen beginnen im iranischen Bereich schon in der mittleren Urukzeit auf Keramik der Mittel-Susiana-Stufe. Hier treten Menschen mit dreieckigem Oberkörper und befiederten Armen bzw. Strichmännchen mit Vogelkopf und befiederten Armen auf, die sich deutlich von den normalen Menschen- und Raubvogeldarstellungen unterscheiden (Abb. 10 a, 1. R. links)[99]. Für die späte Urukzeit steht ein Kultgefäß aus Chogha Mish, das einen Mann mit deutlichem Raubvogelkopf zeigt (Abb. 10 a, 1. R. rechts)[100]. In der protoelamischen Stufe ist dieses Motiv durch die Plastik des schreitenden Mannes mit Ziegenhornkappe belegt, der einen Raubvogelbalg auf dem Rücken trägt (Abb. 10 a, 2. R. links)[101]. Derselbe Mann taucht auch als Mann im Knielauf auf einem protoelamischen Siegel auf, ein nicht mehr bestimmbares Objekt in der Hand haltend[102]. Kniende Männer mit Vogelköpfen sind auch in der protoelamischen Glyptik von Tall-i Malyan in der Fars nachgewiesen. Im „intercultural style" finden sich ein echtes Mischwesen, ein Mann mit Raubvogelbeinen und Stierkopf, und der schreitende Mann mit Federn auf dem Kopf und mit einem Zweig in der Hand (Abb. 10 a, 2. R. rechts, 3. R. links). In der FD-I-zeitlichen Kunst Sumers taucht eine vergleichbare Figur auf, die als „figure aux plumes" bekannt geworden ist[103].

Im mesopotamischen Bereich (Abb. 10 b, c) steht ein späturukzeitliches Siegel mit einer Ligatur für ein frühes Mensch-Vogel-Feliden-Mischwesen. Hier sind die Leiber zweier Feliden mit einem Menschenkopf verschmolzen, während aus den Schultern der Feliden je ein Flügel wächst (Abb. 10 b, 1. R.). Auf den Brokat-Stil-Siegeln finden sich ebenfalls Darstellungen, die als Vogelmenschen gedeutet werden könnten: Sie haben kastenförmige Körper und Beine, aber Vogelköpfe und teilweise gefiederte Arme bzw. Flügel. Eine dieser Figuren hält

---

[98] Auch dies ist ein typisches Darstellungsprinzip der frühen iranischen Kunst des 4. und 3. Jt.s v.u.Z.. Winkelmann, Kunst (2002) 375-378.

[99] Chogha Mish, Susiana, Vogelmensch: Delougaz / Kantor, Chogha Mish I/2 (1996) Taf. 169 F-G; 166, C-D. Einfache Menschen und Raubvögel dagegen bei Delougaz / Kantor, Chogha Mish I/2 (1996) Taf. 163, A; 161, L. M; 160, H-J.

[100] Delougaz / Kantor, Chogha Mish I/2 (1996)Taf. 119.

[101] Brooklyn-Mann: Börker-Klähn, JEOL 23, 1973/1974, Taf. XIX-XX. Vergleichbare Figuren: Leidener Plastik: Börker-Klähn, JEOL 23, 1973/1974, Abb. 1, und Winkelmann, Kunst (2002) Katalog Nr. 267, Sammlung Ligabue.

[102] Amiet, Glyptique susienne (1972) Nr. 1013.

[103] Orthmann (Hrsg.), Der Alte Orient (1975) Taf. 75-76 c; bessere Abbildung dess „intercultural style"-Gefäßes bei Meissner, Babylonien I (1920) Abb. 72.

einen Zweig in der Hand, wie der Mann auf der Bismaya-Schale (Abb. 10 b, 2. R., Abb. 33 b)[104]. Auch SIS-Siegel aus Ur zeigen ein Mischwesen, einen eigenartigen Mann mit einem Vogelkörper: einmal vor einem Götterboot- eine Kombination, die sich auch auf den FD II- und III-Siegeln fortsetzt - und einmal zusammen mit einer Frau mit Becher (Abb. 10 b, 3. R. links)[105]. Mit der FD II-Glyptik schließlich beginnen in Mesopotamien verschiedene Varianten eines eindeutigen Mensch-Raubvogel-Mischwesens: einmal eines schreitenden oder fliegenden Mischwesens mit menschlichem Oberkörper und Kopf, das als Ligatur eines auf einem Vogel sitzenden Menschen zu betrachten ist[106] (Abb. 10 c, R. 1 und 2 links), und das in der Folgezeit, in der Akkad-Glyptik, als Etana-Motiv beschrieben wird (Abb. 10 c, R. 3 links), zum anderen die Darstellung eines schreitenden menschenköpfigen Vogels, der einen Zweig in der Hand trägt (Abb 10 b, R. 4, 5 und 10 c, R. 2 links) und der sich kontinuierlich bis in die Akkadglyptik fortsetzt und der Mensch mit einem Vogelunterkörper, der statt des Zweiges auch ein Gefäß halten kann (Abb. 10 b, 4./5. R.)[107].

Im iranischen Bereich findet eine ähnliche Variation statt: auf den Mann mit Raubvogelbalg und Ziegenhornkappe folgen im „intercultural style" zum einen der Mann mit Federn im Haar, zum anderen anthropomorphe Mischwesen: Ein Mann mit Raubvogelbeinen (Abb. 10 a, R. 2)[108]. In der Kerman-Kultur erscheinen als Mischwesen ein menschenköpfiger Vogel, ein vogelköpfiger Mensch und die Ligatur des fliegenden Raubvogels mit einem aufgesetzten menschlichen Oberkörper (Abb. 10 d, R. 2, 3)[109]. Daneben finden sich auch wieder Menschen, die mit Raubvogelelementen nur assoziiert sind: auf einer Kultaxt aus Tepe Yahya wird eine Figur mit einem Raubvogelkostüm abgebildet und

---

[104] Amiet, Glyptique susienne (1972) Taf. 50, 701-702.

[105] Legrain, UE III (1936) Taf. 16, 300. Spätere Darstellungen: Amiet, Glyptique mésopotamienne (1961) Taf. 108, 1440-1442.

[106] Amiet, Glyptique mésopotamienne (1961) Taf. 87, 1147; 96, 1264; 106, 1396-1398.

[107] Amiet, Glyptique mésopotamienne (1961) Taf. 96, 1264; 97, 1268; 106, 1399-1402; 108, 1439, 1441-1442. Akkadisch: Taf. 113, 1503-1504. Weitere Varianten: Amiet, Glyptique mésopotamienne (1961) Taf. 94, 1238-B. Raubvogel mit Rock?, Mann mit Vogelunterkörper und Schale: Taf. 87, 1147. Akkadisch: Etana-Motiv: Boehmer, Glyptik der Akkadzeit (1965) Taf. XV, 168; LVIII, 693-701; LIX, 702-703 a. Schreitender akkadischer Vogelmensch: Boehmer, Glyptik der Akkadzeit (1965) Taf. XLII, 493 (mit Zweig), 495, 497; XLIII, 502-503. 509-510. 512-513; XLIV, 514-517. 519.

[108] Orthmann (Hrsg.), Der Alte Orient (1975) Tf. 76 c; Amiet, L'âge (1986) Abb. 73 c.

[109] Porada, Alt-Iran (1962) Abb. 12; Hakemi, Shahdad (1997) Abb. I a 4, 686, Nr. 219 S. 675, Nr. 117. 127; Orthmann (Hrsg.), Der Alte Orient (1975) Taf. 279 c; 283, d. Lamberg-Karlovsky, PBA 59, 1973, Taf. XXX b, Lamberg-Karlovsky, IrAnt 23, 1988, Taf. III.

ein Rollsiegel aus dem selben Fundort zeigt schreitende Menschen mit Raubvogelmaske und Flügeln (Abb. 10 d, R. 1)[110].

In der FD-III-Zeit in der Susiana wird ein vergleichbarer Vogelmensch auf
einer Waffe abgebildet[111]. In der Glyptik Susas schließlich findet sich ein echter
Vogelmensch mit Raubvogelkopf, -fängen und Schwingen, gleichzeitig aber
menschlichem Körper (Abb. 10 d, R. 3 rechts, Abb. 26 a)[112]. In der baktrischen
Kunst wird genau derselbe Vogelmensch auf einer Axt dargestellt, im Kampf
mit wilden Tieren, während der Vogelmensch allein oder mit einer Schlange in
der gesamten baktrischen Glyptik als Motiv wiederkehrt[113]. Auch der flügel-
tragende Mann wird hier abgebildet. (Abb. 10 d, unten).

Der Raubvogel mit Jungen (und mit Schlange im Schnabel) (Abb. 11)

Dies ist ein relativ seltenes Motiv, das sich überwiegend in zwei verkürzten
Varianten, als Raubvogel mit Jungen oder als Raubvogel mit Schlange im
Schnabel findet und, mit wenigen Ausnahmen, auf den iranischen und bak-
trischen Raum beschränkt ist. Erstmals und erstmals vollständig, ist es auf einem
Luristansiegel der Urukzeit feststellbar: Hier wird ein Raubvogel abgebildet, der
eine Schlange an seine Jungen verfüttert (Abb. 11 a, 1. R.).

Der Raubvogel mit einer Schlange im Schnabel allein ist auf zwei weiteren
urukzeitlichen Stempelsiegeln aus dem Kunsthandel nachgewiesen, eines aus
Luristan und eines aus Afghanistan[114], er kehrt aber auch auf einem transelamischen Rollsiegel (Abb. 11, 2. R. rechts) und häufig auf baktrischen Siegeln
wieder (Abb. 11 a, rechts unten)[115].

Der Raubvogel mit zwei Jungen, aber ohne Schlange im Schnabel, erscheint
zunächst auf dem Berliner Trichterbecher (Abb. 11 a, R. 2 links). In dieser Form

---

[110] Orthmann (Hrsg.), Der Alte Orient (1975) Taf. 283 d.
[111] Musée du Louvre, AO 26474. Eine nahezu identische Vogelmensch-Darstellung ist
auf einem Gudea-zeitlichen Stelenfragment abgebildet. Hier krönt der Vogelmensch mit
Vogelkopf und Schwingen, aber Menschenarmen und Menschenkörper und Rock eine
Standarte. Musée du Louvre AO 4576.
[112] Amiet, Glyptique mésopotamienne (1961) Taf. 103, 1363.
[113] Amiet, L'âge (1986) Abb. 173. Baghestani, Compartimentsiegel (1997) Abb. 83,
409. 407. 411-412, Winkelmann in: M. Mode (Hrsg.), Archäologie (1999) Abb. 3;
Sarianidi, UNESCO Inf. Bull. 10, 1986, Abb. 1-6.
[114] Private Sammlung in Bonn, Ankauf in den 70er Jahren in Kabul, persönlich
autopsiert.
[115] Gluck, Minuscule Monuments (1988) Nr. 124; Winkelmann in: M. Mode (Hrsg.),
Archäologie (1999) Abb. 8.

wiederholt er sich in Mesopotamien einmal auf einem SIS-Siegel aus Ur und auf einem zeitgleichen Siegel aus Chafadschi (Abb. 11 a, R. 3, 4, links)[116]. Im iranischen Bereich wird er in der gesamten frühdynastischen Periode vor allem als Motiv auf der Keramik abgebildet, einmal auch auf einem Bitumengefäß aus Susa (Abb. 11a unten rechts)[117]. Das Siegel kombiniert den Raubvogel mit zwei Jungen mit dem Motiv der zwei miteinander verflochtenen Schlangen, die unter den Vögeln abgebildet sind, das Bitumengefäß aus Susa zeigt den Raubvogel nur mit seinen Jungen (Abb. 11, R. 2-5 links)[118].

Eine weitere Variante, deren Zusammenhang mit diesem Motiv sich aber erst weiter unten in der Synthese erschließt, ist der Vogel im Baum, die zwar selten, aber durchgängig von der späten Urukzeit bis zur Akkadzeit in Mesopotamien nachgewiesen ist (Abb. 11 b).

Das hockende Löwenpaar (Abb. 12)

Die beiden hockenden, spiegelbildlich wiedergegebenen Löwen mit durchgestreckten Vorderbeinen sind wie nahezu alle bisher besprochenen Motive seit der späten Urukzeit in Mesopotamien und Iran nachweisbar. Meist flankieren sie ein Gefäß, seltener einen Berg und zunehmend häufiger einen Baum[119]. Als Löwenpaar am Baum und als einzelner Löwe am Baum mit Vogel sind sie in der späturukzeitlichen Siegelkunst nachweisbar (Abb. 12, R. 1 links, Abb. 11 b, 1. R.). Auch in der proto-elamischen Glyptik sind sie in dieser Position abgebildet (Abb. 12. R. 2)[120].

Einen Laubbaum flankierend erscheinen diese hockenden Löwen auch auf einem Gefäß im „intercultural style" (Abb. 12, R. 3). Eine nahezu identische Darstellung findet sich auf einem akkadischen Siegel der Etana-Gruppe aus

---

[116] Amiet, Glyptique mésopotamienne (1961) Taf. 56; 770, Taf. 28, 448. Ohne Herkunft: Amiet, Glyptique mésopotamienne (1961) Taf. 82, 1091-1093, Taf. 83, 1104.
[117] Connan / Deschesne, Bitume (1996) 198, Nr. 129.
[118] Amiet, Glyptique mésopotamienne (1961) Taf. 56, 764; Connan / Deschesne, Bitume (1996) 198, Nr. 129.
[119] Zur gleichen Semantik von wasserspendendem Berg, Gefäß und Baum ausführlich in Winkelmann, Kunst (2002). Löwe(n) am Berg: Amiet, Glyptique mésopotamienne (1961) Taf. 10, 192; 38 bis F; Boehmer, Früheste Siegelabrollungen (1999) Abb. XV, Löwen am Gefäß: Amiet, Glyptique mésopotamienne (1961) Taf. 11, 197-199. 201; 14 bis F. M; Boehmer, Früheste Siegelabrollungen (1999) Abb. 29. 33. 88. 104, Löwen am Baum: Amiet, Glyptique susienne (1972) Nr. 472.
[120] Amiet, Glyptique mésopotamienne (1961) Nr. 540; Boehmer, Früheste Siegelabrollungen (1999) Abb. 86.

Mesopotamien , während andere Siegel dieser Gruppe die hockenden Löwen an einem Gefäß zeigen (Abb. 12, R. 4)[121].

Die hockenden Löwen sind zu unterscheiden von dem ruhenden Feliden oder dem ruhenden Felidenpaar (Leopard oder Löwe bzw. Löwinnen), die im Zusammenhang mit dem Mann mit Schlangen dargestellt werden.

Das von einer Schlange angegriffene Huftier (Abb. 13)

Auch dieses Motiv gehört zu jenen, die bis in die Stempelsiegel der Urukzeit Irans und Mesopotamiens zurückverfolgt werden können. In der mittleren Urukzeit ist es das Motiv der Ziege mit angreifender Schlange, das als eines der Hauptmotive erscheint, seltener ein Hirsch oder Widderprotom mit Schlange (Abb. 13 a, R. 1)[122]. In der späten Urukzeit tritt oft das Rind anstelle der Ziege, seltener wird der Hirsch dargestellt (Abb. 13 am R. 2, 3 links)[123]. Im „intercultural style" ersetzt das Zebu das buckellose Rind (Abb. 13 a, R. 4)[124]. In der Kerman-Kultur greift die Schlange sowohl ein Zebu als auch ein Stier-Mensch-Mischwesen an[125].

In Mesopotamien erscheint das Motiv als Schlangen, die Ziegen angreifen, in der späten Urukzeit (Abb. 5, 1. R. links), als Schlange, die ein Kalb verschlingt, in der FD I-Zeit, in der FD-II-Zeit auf Tontafeln als Ritzzeichnung, als Rind mit zurückgewandtem Kopf am Baum, mit einer in sich verflochtenen Schlange über dem Rücken, wie im „intercultural style" (Abb. 13 a, R. 4 rechts), in der FD III-Zeit als ruhende Stiermenschen oder Rinder am Berg, die von Schlangen, die aus dem Berg wachsen, angegriffen werden (Abb. 5, R. 2 links, Abb. 11 b, R. 3)[126].

In der zeitgleichen Glyptik Susas fungieren sowohl Rind als auch Ziege als angegriffenes Huftier, in der transelamischen Glyptik Zebu, Ziege und Gazelle

---

[121] Katalog 1996 Nr. 3; Boehmer, Glyptik der Akkadzeit (1965) Nr. 701.

[122] Wickede, Stempelglyptik (1990) Abb. 36; Tepe Gaura VIII, Katalog Nr. 248. 250. 256. 268. 278. 284. 285. 288. 311. 312. 319. 324; Rashad, Stempelsiegel (1990) Nr. 191. 194. 290. 328. 329-330. 340. 345. 765. 768. 780-782, 1982-1083. 1132. 1134. 1146. 1152. 1153. 1162. 1163-1164 ; Amiet, Glyptique mésopotamienne (1961) Taf. 1, 31; 2, 33. 48. 58; 4, 87. 95. 97-98; 5. 104. 108-109. 111-112.

[123] Amiet, Glyptique susienne (1972) Nr. 513. 518. 471. 1020; Müller-Karpe, Metallgefäße I (1993) Nr. 1586; Delougaz / Kantor, Chogha Mish I/2 (1996)Taf. 26.

[124] J. Gluck / S. H. Gluck (Hrsg.), Survey (1977) 29.

[125] Auch hier gilt das eingangs beschriebene Prinzip der Substitution der Tiere einer Gattung, das sich auch auf die Feliden-Darstellungen erstreckt. Anstelle von Löwen können auch Leoparden oder Panther im selben Bildkontext erscheinen.

[126] Nagel, BJV 6, 1966, Abb. 5 a; Orthmann (Hrsg.), Der Alte Orient (1975) Taf. 80 a.

(Abb. 13 b, R. 1). In der baktrischen Glyptik, vor allem auf den Murghab-Style-Siegeln, greift die Schlange sowohl Ziegen und Rinder als auch Widder und Kamele an (Abb. 13 b, R. 2)[127]. Neuerdings sind auch Compartimentsiegel mit dem Motiv der von einer Schlange angegriffenen Ziege nachgewiesen[128]. Auf den wenigen, baktrisch beeinflußten Rollsiegeln der Harappa-Kultur schließlich ist das Motiv der angreifenden Schlange variiert zum Schlangendrachen, der ein Huftier angreift (Abb. 13 b, R. 3)[129]. Auf den nordiranischen Metallgefäßen des 2. Jt.s v.u. Z. schließlich werden Ziegen und Rinder gelegentlich auch von Pferden ersetzt[130].

Das Huftier mit Raubvogel und Feliden (Abb. 14)

Dieses Motiv beginnt in der mittleren Uruk-Zeit als stehendes Huftier, überwiegend als Ziege, auf die ein Raubvogel herabstürzt (Abb. 14, 1. R.)[131], in der späten Uruk-Zeit erscheint es als Rind, auf dessen Rücken ein Raubvogel hockt oder als stehendes Huftier, das von hinten von einem Feliden angegriffen wird, während ein Raubvogel herabstößt (Abb. 14. R. 2). Diese Form setzt sich auch auf den Brokat-Stil-Siegeln und der FD I-Glyptik mit Ziegen und Rindern fort (Abb. 14, R. 4 links)[132]. Auf dem Trichterbecher erscheint das Motiv als ein Hirsch mit auf ihm hockenden Raubvogel, der zusätzlich von einem Leoparden angegriffen wird (Abb. 14, R. 3 links). Im „intercultural style" variiert das Motiv zu einem auf dem Rücken liegenden Zebu, auf das ein Raubvogel herabstürzt, während ein Löwe das Rind zerfleischt (Abb. 14, R. 3 rechts)[133].

---

[127] Dieses Motiv, eines der typischsten im Murghabstil wie im Bohrstil Baktriens, wird von Sarianidi fälschlicher als „samenraubende Schlange" beschrieben, da die Schlange oft auch auf das Tier von unten zu in die Bauchgegend vorstößt. Häufiger ist jedoch der Angriff von hinten, vorn oder oben.

[128] Adj-i Kui 1, Margiana, Grabung di Rossi vom Centro Ligabue 2002, unpublizierte Siegel, persönlich autopsiert.

[129] Winkelmann in: M. Mode (Hrsg.), Archäologie (1999) Abb. 9.

[130] Löw, Metallgefäße (1998) Abb. 118.

[131] Rashad, Stempelsiegel (1990) Nr. 292. 332-333. 1108. 1148. 1150, auch Tepe Gaura: Wickede, Stempelglyptik (1990) Nr. 245. 286. 296. 324?, Susa: Wickede, Stempelglyptik (1990) Nr. 444.

[132] Wickede, Stempelglyptik (1990) Abb. 41. 5, Katalog Nr. 245 b. 247-248; Delougaz / Kantor, Chogha Mish I/2 (1996) Taf 139 A-B; Boehmer, Früheste Siegelabrollungen (1999) Abb. 46-47. 60. 117 c. 119. 121 a; Amiet, Glyptique mésopotamienne (1961) Taf. 14 bis M; 15, 251; 25, 416; 26, 420; 40, 615; 41, 617; 49, 682-686. 689; 50, 692. 699; 54, 752; 53, 734, 739; 55, 760-762; 57, 778-779; 58, 781-782. 785; Legrain, UE III (1936) Taf. 9, 200; 10, 212; 11, 215-219; 12, 231. 238. 242. 243; 13, 246. 253-254; 14. 279; (FD II) Legrain, UE III (1936) Taf. 30, 517. 526.

[133] Porada, Alt-Iran (1962) Abb. 12; Kurzform: Zarins, Atlal 2, 1978, Taf. 68, 62; Parrot, Sumer (1960) Taf. L, 660.

Als auf dem Rücken liegendes Rind mit einem darüber stehenden bzw. an ihm fressenden Löwen lässt sich das Motiv im Iran zeitlich rückwärts verfolgen bis in die urukzeitlichen Stempelsiegel (Abb. 14, R. 1 rechts)[134]. Im Kerman-Gebiet hält es sich noch auf einem transelamischen Rollsiegel (Abb. 14, R. 4 rechts)[135]. Parallel dazu ist es in der Susiana und in Mesopotamien auf der FD-I- und II-zeitlichen Glyptik nachweisbar[136]. Danach scheint es zumindest in Mesopotamien völlig an Bedeutung zu verlieren. In der baktrischen Glyptik ist das Motiv vor allem auf den Rollsiegeln nachgewiesen, als Huftier mit auf ihm landendem Vogel, aber auch auf den verwandten "Mischsiegeln", die baktrische und Harappa-Elemente mischen.[137] In der iranischen Kunst, besonders in der Toreutik, hält sich das Motiv bis weit in das zweite Jahrtausend hinein[138].

Der Raubvogel im Kampf mit einer oder zwei Schlangen (Abb. 15)

Wann dieses Motiv erstmals dargestellt wird, ist schwer zu bestimmen. Ein als Dschemdet Nasr-zeitlich eingeordnetes iranisches Stempelsiegel aus dem Kunsthandel zeigt neben vier Ziegen einen Raubvogel mit ausgebreiteten Flügeln und zwei darunter angeordneten Schlangen, in einer Anordnung, wie sie sich später auf der frühdynastischen Glyptik wiederholt[139]. Der Berliner Trichterbecher stellt den Raubvogel mit zwei Schlangen über seinen Flügeln dar (Abb. 15 a, R. 1). Richtig charakteristisch ist dieses Motiv jedoch für den „intercultural style". Dort bildet es als „eagle with serpents" eines der Hauptmotive. Es handelt sich dabei jedoch nicht um einen Adler, sondern eindeutig um einen Bartgeier, den einzigen Geier mit Adlerhabitus, d.h. ohne kahlen Hals, der sich vom Adler äußerlich lediglich durch seinen Bartbusch, ein deutlich wiedergegebenes Federbüschel am Hals, und seine Halszeichnung in Form eines Zickzackbandes unterscheidet. Im „intercultural style" wird er auf Gefäßen wie Kultständern als Raubvogel mit ausgebreiteten Flügeln und zur Seite gedrehten Kopf wiedergegeben, der von zwei Schlangen, die sich seitlich seines Körpers ringeln, angegriffen wird (Abb. 15 a, R. 2)[140]. In identischer Manier erscheint er

---

[134] Amiet, Glyptique susienne (1972) Nr. 1020; Amiet, Glyptique mésopotamienne (1961) Nr. 143.

[135] Porada, Alt-Iran (1962) Abb. 12.

[136] Amiet, Glyptique mésopotamienne (1961) Taf. 50, 698; 53, 736; 54; 750; 58, 782; 59, 810; 60, 816; Amiet, Glyptique susienne (1972) Nr. 1390. 1436. 1422.

[137] Winkelmann in: M. Mode (Hrsg.), Archäologie (1999) Abb. 26 b-d.

[138] Orthmann (Hrsg.), Der Alte Orient (1975) Taf. 308; Löw, Metallgefäße (1998) Abb. 16. 26 a. 88. 101. 112. 114 (Ziege), Abb. 98 (Hirsch).

[139] Rashad, Stempelsiegel (1990) Nr. 1082.

[140] Zarins, Atlal 2, 1978, Taf. 67, 140. 60; 68, 159; Kohl in: Taddei (Hrsg.), South Asian Archaeology 1977 (1979) Abb. 4; Lindemeyer / Martin, Kleinfunde III (1993) Taf. 68, 1102; Durrani, Ancient Pakistan 1, 1964, Taf. X; Muscarella, BAI 7, 1993, Abb. 7.

auf einem Compartiment-Siegel aus Shahdad und auf zwei Compartiment-Siegeln aus dem bronzezeitlichen Baktrien (Abb. 15 a, R. 3 und 4 rechts)[141]. Der von einer Schlange angegriffene Raubvogel kehrt auch auf einem Rollsiegel wieder, das zu den transelamischen Siegeln gehört, hier in Kombination mit einem Menschen, der auf dem Rücken des angegriffenen Raubvogels sitzt, und auf weiteren Roll- und Stempelsiegeln des bronzezeitlichen Baktrien. Eine letzte Variante in der baktrischen Glyptik ist der Wirbel aus Raubvogel und Schlangen (Abb. 15 a, R. 3 und 4 links)[142].

In Mesopotamien und in der Susiana ist das Motiv des Raubvogels mit zwei Schlangen in der späten Urukzeit vor allem als nebeneinander angeordnete Raubvögel und Schlangen oder Schlangengeflecht faßbar. Als Nebenmotiv in jener Form, wie es im „intercultural style" auftritt, ist es vor allem auf der FD-II-zeitlichen Glyptik Mesopotamiens und Susas zu erkennen und taucht schließlich noch einmal in der Akkad-Glyptik auf (Abb. 15 b)[143].

Fazit dieser Betrachtungen

Die besprochenen vier Objekte stehen mit den auf ihnen dargestellten bzw. mit den durch sie verkörperten Motiven keinesfalls isoliert im Raum, wie es bisher postuliert wurde, sondern weisen Motive auf, die zu einem festen Motivkanon gehören, der offensichtlich die Kunst Mesopotamiens und Irans im 4. und in der 1. Hälfte des 3. Jt.s v.u.Z. ganz maßgeblich prägte. Dieser Kanon wirkt in Mesopotamien bis in die Akkadzeit, im Südost-Iran und im bronzezeitlichen Baktrien prägen diese Motive die Kunst bis in das 2. Jts. v.u.Z. hinein. Die deutlichsten Parallelen finden sich dabei in der Kunst des „intercultural style", in der darauffolgenden transelamischen Kultur des Kerman-Gebiets und in der SIS-Glyptik von Ur in Mesopotamien.

---

[141] Hakemi, Shahdad (1997) 238, Textabb.; Baghestani, Compartimentsiegel (1997) Abb. 86, 422, Abb. 121, 629. Auf baktrischen Roll- und Steinstempelsiegeln finden sich auch die vom Trichterbecher bekannte Variante des Raubvogels mit ausgebreiteten Schwingen und mit Schlangen über den Flügeln, sowie zahlreiche Varianten des Raubvogels im Kampf mit einer Schlange. Winkelmann in: M. Mode (Hrsg.), Archäologie (1999) Abb. 6, 8.

[142] Porada, Alt-Iran (1962) Abb. 12.

[143] Susa, FD II: Amiet, Glyptique susienne (1972) Nr. 1422; Tell Asmar, FD II: Amiet, Glyptique mésopotamienne (1961) Nr. 1170, auch Taf. 95, 1252; 89, 1170; 83, 1104. Tell Agrab FD I: Frankfort, Stratified cylinder seals (1955) SCS 882; Fara FD II: Martin, Fara (1988) Nr. 279; Amiet, Glyptique mésopotamienne (1961) Taf. 98, 1296; Ur, FD I: Legrain UE III (1936) Taf. 10, 209. 211; 12, 244?, 14, 280, 17, 323; 18, 349, undatiert: Taf. 32, 555. Akkad: Boehmer, Glyptik der Akkadzeit (1965) Nr. 25. Nachleben auf den iranischen Edelmetallgefäßen des 2. Jt.s v. u. Z.: Löw, Metallgefäße (1998) Abb. 28, 110.

Noch ergeben aber diese einzelnen Motive noch keinen inhaltlichen Zusammenhang. Es muß also geprüft werden, mit welchen anderen Motiven oder Themenkreisen gemeinsam diese Darstellungen abgebildet werden.

3. Der Kontext mit anderen Motiven (Abb. 15-17, 20-27, 29)

Der Bilderreigen auf dem Berliner Trichterbecher lässt die Wahrscheinlichkeit, dass die abgebildeten Motive in einem inhaltlichen Kontext stehen, schon von vornherein vermuten.

Bestätigung finden solche Vermutungen auf vielfältige Weise. Einen Hinweis darauf geben schon zweiseitige Luristan-Stempelsiegel der Uruk-Zeit, die auf ihren Bildflächen zwei oder mehrere der auf dem Trichterbecher dargestellten Motive wiederholen (Abb. 16): Eines dieser Siegel zeigt auf der Vorderseite den Raubvogel, der eine Schlange an seine Jungen verfüttert, auf der anderen Seite aber jenen Mann, der von einer Schlange gefressen wird (Abb 16, R. 1, Mitte)[144]. Ein zweites kombiniert das von Schlangen angegriffene Huftier auf einer Seite mit dem von Schlangen angegriffenen Mann auf der anderen (Abb. 16, R. 1 links)[145]. Ein drittes verbindet das Huftier mit herabstützendem Raubvogel auf einer Seite mit einer Tempelabbildung auf der anderen[146].

Auch auf einen frühen Rollsiegeln der späten Uruk-Zeit aus Habuba Kabira findet sich diese Kombination: Ein von einer Schlange angegriffener Mann hockt vor einem wasserspendenden Gefäß, umgeben von einem herabstürzenden Raubvogel, zwei miteinander verflochtenen Schlangen, die einem Gefäß entspringen, zwei Huftieren und einem hockenden Löwen[147].

Der von einer Schlange angegriffene Mann und der Tempel wiederholen sich auch auf einem der größeren Luristan-Stempelsiegel, das auf einer Seite das Huftier mit Schlange, den Mann mit Schlange und mit Zweig und den „dieu ibex" zusammen mit der angreifenden Schlange, einem Raubvogel und einer gebärenden Frau abbildet, auf der anderen aber eine Tempelfassade (Abb. 16, R. 3 links)[148]. Die gebärende Frau erscheint auch auf weiteren Siegeln in Verbindung mit den ausgearbeiteten Motiven: mit dem von Schlangen angegriffene Mann, mit den von Feliden angegriffenen Ziegen und mit dem herabstürzenden Raubvogel[149].

---

[144] Rashad, Stempelsiegel (1990) Abb. 339.
[145] Rashad, Stempelsiegel (1990) Abb. 340.
[146] Rashad, Stempelsiegel (1990) Abb. 333.
[147] Boehmer, Früheste Siegelabrollungen (1999) Abb. 117 d.
[148] Rashad, Stempelsiegel (1990) Abb. 345.
[149] Rashad , Stempelsiegel (1990) Abb. 338. 212. 341.

Auch auf den Siegeln aus Tepe Gaura kehrt der von Schlangen angegriffene Mann entweder vor einem Tempel oder im Zusammenhang mit einer Koitusdarstellung wieder. Kombiniert sind diese Darstellungen oft mit einem hockenden Mann, der ein Gefäß hält[150].

Die Kombination Kulthandel vor einem Tempel plus gebärende bzw. hochschwangere Frau plus Mann, der von einer Schlange angegriffen wird, bzw. Mann, der von einem Löwen gefressen wird, (oder mit beiden Varianten, Löwe und Schlange in Angriff auf einen Mann,) zieht sich weiter durch die späturukzeitlichen Rollsiegel von Chogha Mish, Susa und Uruk, über den „intercultural style" bis in die SIS-Glyptik von Ur und in die Fara-Glyptik Mesopotamiens bzw. die FD-II-zeitliche Glyptik in Susa (Abb. 17, 21, 22, 23, R. 1, 24 b, c, 33)[151].

Zusätzlich ist nahezu immer auch eine Koitusszene auf diesen Siegeln dargestellt, besonders gut erkennbar auf der SIS-Glyptik von Ur. Das koitierende Paar und die gebärende Frau werden dabei immer mit einem Skorpion kombiniert (Abb. 17, R.). Der Skorpion wird neben oder unter dem Paar abgebildet, die gebärende Frau dagegen hält zwei Skorpione in ihren Händen[152]. Auch diese Verbindung läßt sich bis in die Stempelsiegel des 4. Jt.s v.zu.Z. vor allem im Iran zurückverfolgen[153], erscheint aber auch im „intercultural style" , wo der von Schlangen angegriffene Mann abgebildet wird zusammen mit einer Frau, die ebenfalls zwei Skorpione in den Händen hält und ist verbreitet bis in das Industal (Abb. 17, R. 4, R. 3 rechts)[154]. Zusammen mit Skorpion, herabstürzendem Raubvogel und Tempel werden der von Schlangen gefressene Mann wie der mit Schlangen kämpfende Mann aber auch schon auf einem Siegel der späten Uruk-Zeit aus Uruk abgebildet (Abb. 16 unten)[155].

Auf zwei FD-II-zeitlichen Siegeln aus Susa kehrt das Motiv der Frau, die Skorpione in ihren Händen hält, wieder, mit weiteren der besprochenen Motive

---

[150] Amiet, Glyptique mésopotamienne (1961) Taf. 2, 43-45. 54. Wickede, Stempelglyptik (1990) Nr. 280-282. 297. 325.

[151] Chogha Mish: Delougaz / Kantor, Chogha Mish I/2 (1996) Taf. 151 C; 154 A-B; Amiet, Glyptique mésopotamienne (1961) Taf. 17, 284; 61, 826; 62, 831. 833; 63, 850; Legrain, UE III (1936) Tf. 13, 255; 15, 281. 283. 286. 289; 18, 364-369; 19, 370-371; 20, 385. 388; Orthmann (Hrsg.), Der Alte Orient (1975) Taf. 76 c; Durrani, Ancient Pakistan 1, 1964, Taf. II, 6.

[152] Legrain, UE III (1936) Taf. 3, 42; 14, 268-270; 18, 365-366. 368.

[153] Delougaz / Kantor, Chogha Mish I/2 (1996) Taf. 135 C.

[154] Intercultural style: Christies, 25.11. 1997, Nr. 178. Industal: Rahman Dheri, zweiseitiges Stempelsiegel; Ziegen und stilisierte Schlangen, Frau in Geburtshaltung mit zwei Skorpionen.

[155] Boehmer, Früheste Siegelabrollungen (1999) Taf. 41, 13 T. W.

(Abb. 17, R. 3): Die Frauen mit den Skorpionen umtanzen den Raubvogel, der mit zwei Schlangen kämpft, während unter ihnen das gerissene Huftier auf dem Rücken liegt, kombiniert mit dem Laubbaumzweig. Ein zeit- und stilgleiches Siegel wiederum kombiniert den Raubvogel im Kampf mit zwei Schlangen zusammen mit dem Löwen, der ein Huftier reißt[156]. Ein drittes dieser Siegel vereint den Löwen, ein auf dem Rücken liegendes Huftier reißend, mit einem Mann, der von einer Schlange angegriffen wird, einem landenden Raubvogel und dem Skorpion, während ein viertes den Raubvogel, das Huftier mit angreifender Schlange, die gebärende Frau und Wasserwirbel aufweist (Abb. 23, R. 2).

Das schon mehrfach besprochene FD-III-zeitliche Susa-Siegel wiederum vereint den Mann, der vor einer Göttin mit Pflanzen, Ziege und Feliden um etwas bittet, mit dem Skorpion, dem Vogelmenschen, dem Mann mit Zweig, einer Göttin, die Wasserströme fließen läßt und einer Tierkampfszene (Abb. 26)[157].

Es scheint also ein allgemeiner Zusammenhang zwischen den Kultdarstellungen vor dem Tempel, den Koitusdarstellungen neben dem Tempel, der Geburt und dem Tod eines Mannes durch Löwen oder Schlangen zu bestehen, ein Zusammenhang, der das Kultgeschehen im 4. und in der ersten Hälfte des 3. Jt.s v.u.Z. sowohl in Mesopotamien als auch im Südwest- und Südostiran gleichermaßen prägte und einen gemeinsamen Hintergrund vermuten läßt, der auch mit dem Motiv des gerissenen Huftieres und des Raubvogels im Kampf mit zwei Schlangen verbunden ist.

Einen weiteren Hinweis auf ein zeitlich und regional übergreifendes Motiv, das mit den dargestellten Themen zusammenhängt, geben jene Siegel, die den von Schlangen angegriffenen Mann kombinieren mit dem Mann, der zwei Schlangen bezwingt, jenes Motiv, das auch als Schlangenhalter bekannt ist. Hier wird zweimal dieselbe Person in unterschiedlicher Konnotation dargestellt, einmal als Bezwinger/ Sieger, einmal als Verlierer/Opfer (Abb. 16, R. 1-3 rechts)[158]. Jener die Schlangen bezwingende Mann wiederum wird oft mit denselben Motiven kombiniert, wie der von Schlangen angegriffene und tritt mit weiteren der hier besprochenen Motive, z. B. zusammen mit dem Raubvogel im Kampf mit Schlangen auf (Abb. 15 b, R. 3, Abb.16, R. 2 und 3 links, Abb. 17, R. 4 links)[159].

[156] Amiet, Glyptique susienne (1972) Taf. 31, 1422. 1419.
[157] Amiet, L'âge (1986) Abb. 71.
[158] Rashad, Stempelsiegel (1990) Nr. 461. 209. 1141. 1155. Amiet, Glyptique mésopotamienne (1961)Taf. 7, 148. 153.
[159] Rashad, Stempelsiegel (1990) Nr. 1154. 337. 211.

Dies berechtigt, als weiteres Motiv jenes in diesen Bildkreis aufzunehmen, das allgemein als Tierbezwinger bekannt ist. Es wird dargestellt als Mann, der zwei Schlangen bzw. als Mann, der zwei Löwen bezwingt und eines der bedeutendsten Motive in der Bildkunst des 4. und der 1. H. des 3. Jt.s v.u. Z. bildet. Als Schlangenbezwinger erscheinen der ziegenköpfige Mann, der „dieu ibex", oder ein einfacher Mann auf dem Stempelsiegeln des 4. Jt.s v.u.Z.in Mesopotamien und Iran[160], als Schlangenbezwinger bzw. Schlangenhalter auf einem Feliden (Löwen oder Leoparden) oder als Ligatur des Mannes im Kampf mit dem Schlangenhalspanther wird ein Mann auf den Rollsiegeln der späten Urukzeit und der FD II-Zeit in Mesopotamien und Iran abgebildet, als Schlangenbezwinger allein oder auf Feliden (Leoparden/ Löwen) erscheint ein Mann oder männliches Mischwesen in der späten Uruk-Zeit in Kombination mit einem Tempel (Abb. 18, R. 1), als Schlangenbezwinger erscheint er im „intercultural style" zusammen mit einer Gottheit mit Ziegen oder Zebus und mit Wasserstrahlen (Abb. 18, R. 2), und als Schlangenbezwinger erscheinen ein Mann, ein gehörnter Mann oder ein Stiermensch auf der frühdynastischen Glyptik in Mesopotamien und in der Susiana[161]. (Abb. 18, R. 3 und 4 links, Mitte). Der gehörnte Mann als Schlangenbezwinger erscheint auch in der Kermankultur, auf einer Silbernadel aus Shahdad (Abb. 18, R. 3 rechts) und ist schließlich auch als figürliches baktrisches Compartimentsiegel nachgewiesen. In der baktrischen Glyptik aller Stile dominieren jedoch der Mann oder der Vogelmensch als Schlangenhalter (Abb. 18, R. 4 rechts).

Jener Schlangenbezwinger wiederum wird im „intercultural style", auf der Chafadschi-Schale, in einem ganzen fortlaufenden Geschehen abgebildet (Abb. 29): Ein Löwe reißt ein auf dem Rücken liegendes Rind, auf das ein Raubvogel herabstürzt und neben dem ein Skorpion abgebildet wird, der auf zwei Löwinnen stehende Mann bezwingt zwei Schlangen, während neben ihm eine auf zwei Zebus kniende Frau zwei Wasserströme aus ihren Händen fließen läßt, eine wietere Bestätigung für den erwogenen inhaltlichen Zusammenhang der besprochenen Motive. Dies um so mehr, als es sich hier auch gar nicht um ein neues Motiv handelt, sondern um eine weitere Variante der Fünfer-Gruppe Mann mit Feliden im Kampf mit Schlangen, die bereits auf dem Trichterbecher

---

[160] Wickede, Stempelglyptik (1990) Nr. 562; Rashad, Stempelsiegel (1990) Nr. 209. 211. 331. 335. 346-347. 1112. 1141-1143. 1154; Amiet, Glyptique mésopotamienne (1961) Taf. 2, 44.
[161] Uruk-Zeit: Boehmer, Früheste Siegelabrollungen (1999) Ab. 48; Amiet, Glyptique mésopotamienne (1961) Taf. 13 bis, H; 14, 238. FD II: Amiet, Glyptique mésopotamienne (1961) Nr. 900-901. 904. 910-920. 922. 932. 941. 945. 955. 958-960, Taf. 72 bis, H, Nr. 1284. 1294. 1296. 1298. 1383. 1393. 1450; Intercultural style: Porada, Alt-Iran (1962) Abb. 12; Woolley , UE IV (1955) Tf. 36; Amiet, L'âge (1986) Abb. 73 c.

faßbar war, nur daß hier nicht der Felide, sondern der Mann aktiv handelt und die Schlangen bezwingt.

Als Schlangenbezwinger erscheint nicht nur in Baktrien ein Vogelmensch, sondern auch jener Mann im „intercultural style", der mit Attributen eines Vogels kombiniert ist (Abb. 18, R. 2 links) und ein Mann-Vogel-Mischwesen begegnet uns wiederum im Zusammenhang mit der Kulthandlung vor dem Tempel [162]:

Auf der Bismaya-Schale tritt der Mann mit Vogelfedern den feiernden Menschen mit einem Zweig in der Hand entgegen (Abb. 33 b). Mit einem Zweig in der Hand begegnet uns auch der Vogelmensch in der frühdynastischen Glyptik Mesopotamiens und der Susiana (Abb. 19, R. 2, Abb. 20, R. 3, Abb. 23, R. 3) [163]. Der Mann mit einem Zweig erscheint auch in der akkadischen Glyptik. Dort wird der Mann oder ein Vogelmensch vor einer Gottheit abgebildet, die ihm den Zweig überreicht. In identischer Konstellation erfolgt die Übergabe eines Bechers oder einer Schale. Zweig und Gefäß sind also austauschbar (Abb. 20, R. 4).

Dies führt uns wiederum zu jenen inhaltlich gleichen Darstellungen in der transelamischen Kunst, die uns jenen Mann zeigen, der vor einer Göttin kniet. Jene Göttin wiederum überreicht ihm einen Becher oder eine Schale und jene Göttin ist wiederum gekennzeichnet durch ein Bergsymbol, durch einen Zweig/ einen Laubbaum, durch einen Raubvogel und durch zwei Schlangen (Abb. 20, R. 2, Abb. 24, R. 1) [164]. Eine Lapislazulischeibe aus dem Kermangebiet wiederum kombiniert zwei Szenen miteinander, in der zweimal ein und der selbe Mann agiert. Auf einer Seite kniet er vor einer Göttin, die durch ein assoziiertes Bergsymbol gekennzeichnet ist und bittet um ein Gefäß, das über ihren Händen schwebt. Auf der anderen Seite ist er kniend dargestellt, wie er diese Schale einer knienden Frau überreicht (Abb. 27 b) [165]. Diese Szene des sich gegenüber

---

[162] Amiet, L'âge (1986) Abb. 73 c; Meissner, Babylonien I (1920) Abb. 72.
[163] Amiet, Glyptique mésopotamienne (1961) Nr. 1268. 1275. 1400-1402. 1439. 1440-1442.
[164] Eine vergleichbare Thematik findet sich schon auf den Susa Ba-Siegeln: Diese Stempelsiegel zeigen das Motiv des knienden Mannes vor einer weiblichen Gottheit mit aus dem Körper sprießenden Pflanzen, die ihm die Schale überreicht. Auf einem Siegel mit zwei Bildflächen kniet auf der einen Seite der Mann mit einem Becher in der Hand vor einem nicht erkennbaren Objekt und wird von einer Schlange angegriffen, während über ihm ein Raubvogel schwebt. Auf der anderen Seite aber findet sich der Löwenbezwinger- ein weiterer Beleg für den Zusammenhang der besprochenen Motive. Siehe Amiet, Glyptique mésopotamienne (1961) Tf. 6, Nr. 119 A-B, 121-122. 124.
[165] Porada in: Curtis (Hrsg.), Early Mesopotamia (1993) Abb. 19.

knienden Paares wiederum findet sich auf weiteren zeitgleichen Arbeiten des Kerman-Gebietes.

Die Bitte eines Mannes um einen Zweig oder ein Gefäß, die von einer Gottheit übergeben werden, die Rückkehr eines Mannes mit Zweig und die Weitergabe des Zweiges oder Gefäßes an eine Frau und ein damit verknüpfter Koitus und Geburt lassen sich damit fest in den Themenkreis integrieren (Abb. 20-22)[166].

Schaut man sich nach weiteren Darstellungen um, die all diese hier besprochenen Motive vereinen, wird man wiederum in Südostiran fündig. Hier sind es die Rollsiegel der transelamischen Kultur, die in die Zeitspanne von der frühdynastischen bis zur Akkad-Zeit einzuordnen sind, die die Verknüpfung der verschiedenen einzelnen Motive besonders deutlich zeigen.

Eines dieser Siegel bildet den herabstürzenden Raubvogel über einem Huftier ab. Der Raubvogel hält eine Schlange in seinem Schnabel, die gleichzeitig das Huftier angreift, während neben diesen zoomorphen Darstellungen der kniende, mit Hörnern geschmückte Mann bittend seine Hand ergebt[167]. (Abb. 25 a)

Ein zweites Siegel zeigt eine Kulthandlung, zu der eine Gruppe von Frauen gehört, die eine Adoration vor einem Tempelmodell mit aufgesetztem Gefäß vollziehen, während ein Mann mit Hörnerkappe sich im Knielauf aus der Szene entfernt[168]. (Abb. 24 c)

Das dritte Siegel kombiniert neben anderen vor allem die folgenden Motive: Raubvogel im Kampf mit Schlange, Raubvogel mit Mann auf dem Rücken, Mann, der vor einer Göttin kniet, der Schlangen aus den Schultern wachsen und die mit dem Bergsymbol assoziiert ist, sowie das auf dem Rücken liegende Rind (Abb. 24 a)[169]. Dieselbe Göttin erscheint auf einem vierten Siegel zusammen mit bittenden Männern, einer Kapelle, einer Reihe von Göttinnen, die Wasserströme fließen lassen und in Assoziation mit dem Tempel, dem Raubvogel, dem Berg und einem Laubbaumzweig[170] (Abb. 24 b) und stellt über den Zweig und die

---

[166] Auch dieses Motiv des Mannes oder eines Mischwesens mit Zweig findet sich schon auf Siegeln der mittleren Urukzeit, oft kombiniert mit den bisher besprochenen Motiven. Rashad, Stempelsiegel (1990) Nr. 338. 345. 1140. 1158; Wickede, Stempelglyptik (1990) Nr. 284. 304. 553. 558. 560. 562.

[167] Gluck, Minuscule Monuments (1988) Nr. 124.

[168] Porada in: Curtis (Hrsg.), Early Mesopotamia (1993) Abb. 31.

[169] Porada, Alt-Iran (1962) Abb. 13, Amiet, L'âge (1986) Abb. 132, 10.

[170] Gluck, Minuscule Monuments (1988) Nr. 51; Amiet, L'âge (1986) Abb. 132, 12; 137.

Wasserströme spendende Göttin auch die Verbindung her zu einem FD III-zeitlichen Rollsiegel aus Susa mit vergleichbarer Thematik[171]. (Abb. 26 a) Im oberen Register finden sich u.a. ein Mann, der bittend vor einer Göttin steht, die mit
zwei Feliden und einer Ziege sowie Pflanzen assoziiert ist, ein Skorpion oder
Skorpionmischwesen, ein Vogelmensch, sowie ein Mann und ein Stiermensch,
die einen Zweig halten, während im unteren Register neben einer Tierkampfszene auch die Göttin erscheint, die Wasserströme fließen läßt.

Eine letzte Gruppe von Kunsterzeugnissen, die die besprochenen Motive in
verschiedenen Varianten verbindet, findet sich schließlich in der Akkad-Kunst.
Vorrangig gilt dies für jene Siegel, die Boehmer unter der Gruppe der Etana-Sie-
gel zusammengefaßt hat[172]. Hier ist der auf einem Raubvogel in den Himmel
fliegende Mann, oder die daraus gebildete Ligatur, der Mensch mit Raubvogel-
körper und Flügeln, aber Beinen und Armen[173], neben der üblichen Hirtenszene
kombiniert mit einem im Knielauf auf einen Berg zu schreitenden oder vor dem
Berg knienden Mann, einem Paar vor einem großen Gefäß, einem Paar hok-
kender Tiere mit durchgestreckten Vorderbeinen und über den Rücken erhobenen Schwanz, die ein Gefäß oder eine Gottheit flankieren können[174], dem hok-
kenden Raubvogel und dem Gott mit einem Becher in der Hand (Abb. 23, R. 4
rechts). Besonders interessant ist Boehmers Siegel Nr. 701. Hier ist der auf dem
Mann sitzende Raubvogel kombiniert mit den Löwen am Baum und dem Raubvogel, der sich im Geäst des Baumes befindet und ein Löwenjunges in den Klau-
en hält (Abb. 12, R. 4 unten). Hier fungiert das Löwenjunge anstelle der Schlange, die der Raubvogel sonst in den Fängen hält und von dieser Darstellung her
erschließt sich auch der Zusammenhang des Motivs des Vogels im Baum mit
dem des Raubvogels mit Schlange im Schnabel (Abb. 11 a, b).

Als weiteres akkadisches Siegel soll ein Siegel der Akkadisch-I-Stufe einbe-
zogen werden, das das Motiv des Raubvogels im Kampf mit zwei Schlangen

---

[171] Amiet, L'âge (1986) Abb. 71.
[172] Boehmer, Glyptik der Akkadzeit (1965) Nr. 693-703. 168.
[173] Boehmer, Glyptik der Akkadzeit (1965) Nr. 694. 696.
[174] Das hockende Tierpaar wird im allgemeinen als Hunde beschrieben. In einigen Fällen kann es sich um Hunde handeln, z.B. Boehmer, Glyptik der Akkadzeit (1965) Nr.
697-698. In anderen Fällen handelt es sich mit größerer Wahrscheinlichkeit um Löwen,
deutlich erkennbar an der Mähne, die sich über die Brust bis zum Bauch zieht, und an
der Art der Schwanzhaltung mit dem über den Rücken gelegten langen dünnen Schwanz
mit Quaste. Boehmer, Glyptik der Akkadzeit (1965) Nr. 693. 699. 701. Besonders deutlich ist die Löwendarstellung auf Siegel Nr. 701. Hier sind die Löwen am Baum und das
hockende Löwenpaar in ein und derselben Ausführung gearbeitet. Interessanterweise
kehren Hunde anstelle von Raubkatzen auch in der Luristankunst des 3. Jt.s v. Chr. wieder und auch die Göttin Ishtar wird gelegentlich nicht mit Löwen, sondern Hunden an
deren Stelle assoziiert.

wiedergibt (Abb. 23, R. 4, links)[175]. Ungewöhnlich ist hier, daß die Schlangen nicht auf den Raubvogel zu stoßen, sondern von ihm weg. Dies erklärt sich nur aus dem Bildzusammenhang, der Verknüpfung mehrerer Motive mit gleichen handelnden Agenten untereinander: Die Schlangen stoßen nämlich ihrerseits zum einen auf einen nackten Mann, zum andern auf einen Hirsch zu, der seinerseits an einem Baum steht, der mit einer Schlange kombiniert ist. Hier sind die Motive des Huftiers am (Berg mit) Baum, des Bergs mit Pflanze und Schlange(n), der von einer Schlange angegriffene Mann, das von einer Schlange angegriffene Huftier und des Raubvogels im Kampf mit zwei Schlangen miteinander verknüpft.

Auch die oben besprochene akkadische Figurengruppe aus Asmar verknüpft das Motiv des wasserspendenden Berges mit Schlangen mit dem Motiv des Mannes, der von Löwe und Schlange (Feliden-Schlangen-Mischwesen) angegriffen wird und das des vor dem Berggott kniendenden bittenden Mannes miteinander.

4. Versuch einer Synthese

Es scheint sicher, daß all die bisher diskutierten Motive in einem inhaltlichen Zusammenhang stehen, denn sie werden immer wieder in den unterschiedlichsten Variationen miteinander kombiniert. Wie lassen sich nun die Motive mit Tierdarstellungen, die Darstellungen, die mit einer Gottheit in abstrakter (Berg) oder anthropomorpher Form verbunden sind, das Tierbezwinger-Motiv, das Männeropfer, die Mischwesen-Darstellungen, die Männer mit Zweigen oder Gefäßen oder jene mit Vogelelementen und die Kulthandlungen in Verbindung bringen? Und welche so wichtige Botschaft steckt hinter diesen Motiven, daß sie über gut tausend Jahre nahezu unverändert wiedergegeben werden? Es müßte einen gemeinsamen Hintergrund gegeben haben, der mit der Frage der Empfängnis/Geburt in Zusammenhang gestanden hat und in dem Auseinandersetzungen zwischen einem Mann und einem gefährlichen Tier (Schlange/Löwe) sowie Auseinandersetzungen zwischen Raubvogel und Schlange einerseits und Stier, Raubvogel und Leopard/Felide andererseits eine zentrale Rolle gespielt haben. Und es muß sich eine Legende dahinter verbergen, in der ein Mann in den Himmel fliegt, vor einer Gottheit kniet, einen Zweig oder ein Gefäß erbittet und mit Zweig oder Gefäß zurückkehrt und in der ein Mann den Tod durch Löwen oder Schlangen findet.

Einen entscheidenden Anknüpfungspunkt bieten jene Darstellungen, die den auf einem Raubvogel in den Himmel fliegenden Mann bzw. die daraus hervorgehend Ligatur des Vogelmenschen abbilden. Dieses Motiv ist für die akkadi-

---

[175] Boehmer, Glyptik der Akkadzeit (1965) Nr. 25.

schen Siegel immer unumstritten als Etana-Motiv definiert worden[176]. Prüfen wir also, ob die diskutierten Motive sich in den Etana-Mythos einfügen lassen.

4.1. Der Etana-Mythos in seiner mesopotamischen Überlieferung in der Kurzfassung.

1.Teil: Etanas Frau empfängt keine Kinder

Etana bittet Schamasch, ihm zu helfen. Schamasch weist ihn an, ins Gebirge zu gehen und die Grube mit dem Adler zu suchen, der ihm helfen wird, das Kraut des Gebärens aus dem Himmel zu holen.

2. Teil: Schlange und Adler

Schlange und Adler bewohnen gemeinsam eine Pappel: Die Adler bewohnen die Krone, das Schlangenpaar die Wurzeln. Beide schließen einen Pakt, gemeinsam zu gebären, Kinder großzuziehen und zu ernähren. Die Schlange gebar im Schatten der Pappel, der Adler gebar ...in ihrer Krone. Beide schwören einen Eid, Freundschaft zu schließen und eine Strafe bei Vertragsbruch zu erleiden. („Komm laß uns Freundschaft schließen. Wir wollen Gefährten sein, ich und du.... Wer den Eid bricht (die Grenze des Schamasch überschreitet), den möge Schamasch schlagen: der Berg möge ihm den Eingang versperren. Der Pfad möge ihm verloren gehen, er möge den Weg nicht finden, die gischparru- Fallen, der Bann des Schamasch möge über ihn kommen und ihn fangen")[177]. Die Schlange jagt den Wildstier, Wildschaf, Leopard, Gepard, Bergziege und Gazelle, sorgt für den Unterhalt von Adler, Adlerjungen und Schlangenjungen und gemeinsam ziehen Adler und Schlange ihre Jungen groß.

Als die Adlerkinder flügge, sind, beschließt der Adler gegen die Warnung eines seiner Kinder, die Schlangenjungen zu fressen bzw. zu verfüttern. Er bricht seinen

---

[176] Die bisherige Lehrmeinung geht davon aus, daß der Etana-Mythos frühestens ab der Akkad-Zeit dargestellt wird und datiert danach auch die südostiranischen Siegel mit diesem Motiv in jene Periode. Ganz offensichtlich ist gerade dies einer jener unumstößlich scheinenden Lehrsätze, die zu revidieren sind, denn das Motiv des auf einem Vogel sitzenden und emporfliegenden Mannes ist oben schon spätestens für die Frühdynastisch II-Zeit Mesopotamiens belegt worden, das damit verwandte Motiv des Menschen mit Raubvogel-Elementen sogar bis in die Urukzeit (siehe Abb. 10). Darüber hinaus belegen die vorherigen Untersuchungen auch, daß dieses Motiv selbst noch in der Akkad-Zeit zusammen mit jenen Motiven dargestellt wird, die bisher vom 4. Jts. v.u.Z. an nahezu durchgängig in der Kunst des alten Orients, sowohl in Mesopotamien als auch im Iran, im Gebiet Elams und der Kerman-Kultur verfolgt werden konnten.

[177] Zitat nach Freydank, MIO 17, 1971, 3-5.

Eid. Die Schlangen kommen nach Hause, suchen ihre Kinder und flehen Schamasch an, den Frevel zu rächen.

Auf Schamaschs Rat erlegt die Schlange einen wilden Stier und versteckt sich im Bauch des Tieres. Alle Tiere des Waldes kommen zu fressen. Auch der Adler eilt gegen den Rat seines klügsten Kindes zum toten Stier und beteiligt sich an der Mahlzeit. Als er bis an den Magen vorgedrungen ist, ereilt ihn die verborgene Schlange, bricht seine Flügel und wirft ihn in die Grube, wo er wochenlang ohne Nahrung und Wasser auskommen muß. Die Bitten des Adlers, ihn zu schonen, lehnt die Schlange ab mit der Begründung, daß sie gezwungen ist den Frevel zu strafen (sie hat es in einem Eid geschworen), sonst würde sich der Frevel gegen sie selbst wenden.

3. Teil Etana und der Adler

Etana geht auf den Rat von Schamasch hin ins Gebirge und findet den Adler in der Grube. Er nährt und tränkt ihn und bringt ihm das Fliegen wieder bei. Der Adler bringt ihn, nach drei vergeblichen Ansätzen, schließlich in den Himmel, wo Etana mit Unterstützung Inannas auf dem Löwenthron das Kraut des Gebärens von Schamasch erbitten wird.

Der Rest des Epos ist nicht erhalten. Jedoch nennt die sumerische Königsliste Balih, den Sohn Etanas, so daß mit einem günstigen Ausgang zu rechnen ist.

4.2. Die bildliche Umsetzung des Mythos'

Viele Schlüsselszenen dieses Mythos finden sich nahezu wortgetreu umgesetzt in den bisher diskutierten bildlichen Darstellungen wieder, wenngleich in unterschiedlicher Häufigkeit in den einzelnen Regionen und Zeitabschnitten. Diese Szenen oder Bilder können in den bisher erstellten Motiventwicklungstafeln „nachgelesen" werden.

2. Teil: Schlange und Adler

Der Raubvogel wohnt mit seinen Jungen, an die er eine Schlange verfüttert, im Baum: = Abb. 11 a, b, c.

Dieses Bild ist vollständig nachgewiesen auf einen Luristansiegel, auf dem Berliner Trichterbecher verkürzt als Raubvogel mit zwei Jungen, im 4. Jt. v.u.Z. auf zwei Stempelsiegeln aus Iran und Afghanistan, im transelamischen und baktrischen Raum als Raubvogel mit Schlange im Schnabel (siehe Abb. 11 a). Eine Sonderform bildet jene akkadische Siegel-Darstellung, auf der der Raubvogel auf dem Baum anstelle der Schlangen ein Löwenjunges verfüttert. Konsequenterweise erscheinen am Baum nicht Schlangen, sondern Löwen (Abb. 11 und 12 unten)[178].

Schon Boehmer vermutete hierin eine verlorengegangene Szene aus dem Etana-Mythos. Dieses Problem löst sich, wenn man die Austauschbarkeit von Schlange und Löwe berücksichtigt, die mehrfach beobachtet werden konnte: hier wird das selbe Thema mit wechselnden Agenten wiedergegeben[179]. Dies berechtigt, die Darstellungen der Löwen am Baum als verkürzte Darstellung dieses Motivs ebenfalls in die Darstellung des Mythos' einzufügen und bestätigt Freydanks Vorschlag, daß Löwe und Schlange Substitute sind, die beide die gleiche Stellung innerhalb der Fabel einnehmen oder zwei Versionen dieser Fabel darstellen und die vielleicht zur Form des Schlangendrachens verschmelzen[180].

Die Schlange greift ein Huftier an (= Abb. 13 a, b)

Hier hinter verbirgt sich das von Schamasch empfohlene Reißen des Wildstieres. Dieses Motiv ist durchgehend seit dem 4. Jt. v.u.Z. belegt, wobei nach dem Prinzip der Substitution das Huftier als Ziege, Hirsch, buckelloses Rind oder Zebu erscheinen kann, die Schlange (s.o.) ersetzt werden kann durch den Löwen oder Leoparden.

C. Ein Löwe zerfleischt ein auf dem Rücken liegendes Rind (= Abb. 14)

Auf das gerissene oder zu reißende Huftier stößt ein Raubvogel herab. Dahinter verbirgt sich die Szene: Die Tiere des Waldes kommen, um zu fressen. Die Schlange wartet im Bauch des Wildstieres auf den Raubvogel. Auch dieses Motiv geht bis in die mittlere Urukzeit zurück.

Kampf zwischen Raubvogel und zwei Schlangen (= Abb. 15 a, b)

Hier wird der Abschnitt umgesetzt: Die Schlangen rächen sich an dem Verräter. Sie ringeln sich aus dem Stier hervor, greifen ihn an, brechen seine Flügel und weren ihn in die Grube. Dieses Motiv wird spätestens seit Beginn des 3. Jt.s v.u.Z. als feste Dreier-Komposition dargestellt.

---

[178] Boehmer, Glyptik der Akkadzeit (1965) 211, Nr. 771.
[179] Der Mann wird sowohl von Schlangen als auch von Löwen angegriffen bzw. gefressen, der Mann bezwingt sowohl Schlangen als auch Löwen, das Rind wird von Löwe/Leopard und Schlange angegriffen.
[180] Freydank , MIO 17, 1971, 11.

3. Teil: Etana und der Adler

Etanas Weg in die Berge (Abb. 19, R. 1)

Dieser Abschnitt wird dargestellt als schreitender (meist nackter) Mann im Knielauf, ein Motiv, das aus der mesopotamischen Kunst lange bekannt ist. Auf einem südostiranischen Rollsiegel (Abb. 24 c) sieht man ihn als Mann, der aus einer Kulthandlung heraus läuft, in der FD-Glyptik ist er oft gleichzeitig als Schlangenbezwinger dargestellt (Abb. 15, R. 3 links, Abb. 18, R. 3 Mitte, R. 4 links). Auf baktrischen Compartimentsiegeln findet er sich als nackter schreitender Mann zwischen Bergen. Als nackter schreitender Mann oder Mischwesen im Knielauf findet er sich auch schon auf den urukzeitlichen Stempelsiegeln. Als Kurzform erscheint das Bild auch als Fuß zwischen Bergen oder noch weiter verkürzt als Fuß allein. In dieser Form des Fußes oder Fußabdrucks ist das Motiv im Iran seit der mittleren Urukzeit durchgängig belegt, von Luristan bis in das Kermangebiet[181]. Es ist als Compartimentsiegel von Shahr-i Sokhta bis Baktrien/Margiana zu finden, taucht auf Siegeln der Harappakultur auf und erscheint noch auf den Failaka-Siegeln des persischen Golfs im 2. Jt. v.u.Z.[182].

Der Tierbezwinger: Ein Mann kämpft mit zwei Schlangen (oder zwei Löwen = Substitut)
(Abb. 18)

Hier dürfte dargestellt sein, wie sich Etana mit den Schlangen auseinandersetzt, die den Adler bestraft haben: Denn die Schlange muß verhindern, daß Etana den Adler befreit. Das hat einen einleuchtenden Grund: Die Befreiung des Adlers setzt dessen Strafe aus. Der Schwur, den Eidbrüchigen zu bestrafen, ist gebrochen. Die Schlange setzt sich damit selbst der Strafe des Schamasch aus: („Wenn ich dich (den Adler) freilasse, wie werde ich Schamasch dort oben antworten? Dein Frevel wird sich gegen mich wenden, als ob ich den Frevel an Dir verübt hätte".)[183]. Für Etana aber ist die Befreiung des Adlers aus der Grube die einzige Möglichkeit, in den Himmel zu kommen und an das Gebärkraut zu gelangen. Die unterschiedlichen Interessenlagen beider zwingen zur kämpferischen Auseinandersetzung. Auch dieses Motiv wird seit der mittleren Urukzeit abgebildet.

---

[181] Amiet, Glyptique susienne (1972) Nr. 462; Rashad, Stempelsiegel (1990) Nr. 979; Franke-Vogt, Glyptik (1991) Abb. 240.
[182] Baghestani, Compartimentsiegel (1997) Abb. 18, 5.
[183] Zitat nach Freydank, MIO 17, 1971, 5.

C. Etanas Himmelflug

Dieses Motiv wird seit der FD II-Zeit in Mesopotamien und im Südostiran-Iran in unveränderter Form wiedergegeben. Ein Mann fliegt auf einem Raubvogel mit ausgebreiteten Flügeln in den Himmel, wobei Mann und Raubvogel zu einem Mischwesen, einem Mann mit ausgebreiteten Flügeln verschmelzen können (Abb. 10 c links, Abb. 22, oben Mitte, Abb. 23 unten, Abb. 24).

D. Die Bitte um das Gebärkraut (Gefäß)

Diese Szene zeigt den meist knienden, in der Akkad-Zeit stehenden Mann vor einer thronenden Gottheit, die ihm den Zweig oder ein Gefäß überreicht (Abb. 20).

E. Etanas Heimkehr

Hierunter sollten alle Darstellungen subsumiert werden, die den Mann oder das männliche Mischwesen mit einem Zweig/ einem Gefäß in der Hand darstellen. Das betrifft zum einen den Mann, der in der Kulthandlung vor dem Tempel mit dem Zweig in der Hand erscheint, als auch den in gleicher Form dargestellten schreitenden Vogelmenschen mit dem Zweig in der Hand (Abb. 19, R. 2, Abb. 20). Da Vogelmensch und Mann mit Zweig identisch agieren und im selben Bild- Zusammenhang dargestellt werden, sollten auch sie als Substitute betrachtet werden: Schon bei der Darstellung von Etanas Himmelsflug waren zwei Varianten faßbar gewesen: der vollständige Mann, der auf einem Vogel sitzt und ein Mischwesen aus Männerkopf/Oberkörper mit Vogelunterleib. War das fliegende Mischwesen als Ligatur identifiziert worden, das den Himmelsflug darstellt, kann der schreitende Vogelmensch mit Zweig dann betrachtet werden als weitere Ligatur: als Darstellung des Etana, der in den Himmel geflogen war, und nun mit dem Zweig zurückkehrt.

Dies bietet dann schließlich auch die Erklärung für die Darstellung des Mannes mit Raubvogelelementen an sich: Diese, seien es nur einzelne Federn, sei es ein Raubvogelbalg, eine Raubvogelmaske und angefügte Schwingen, kennzeichnen den Mann, der den Himmelsflug absolviert hat (Abb. 10).

Ausgehend davon, daß der Zweig und Gefäß Substitute sind, läßt sich in diesen Themenkreis nun auch die Gruppe der Gefäßträger anschließen: Die schreitenden Männer, die ein Gefäß tragen (Abb. 9).

F. Die Überreichung des Gefäßes- die trinkende Frau.

Hier übergibt ein Mann einer Frau ein Gefäß (Becher/Schale) und sie nimmt das Getränk ein. Diese Handlung ist besonders deutlich in der iranischen Kunst wiedergegeben (Abb. 20, Abb. 27). Ob die mesopotamische Bankettszene denselben Hintergrund besitzt, kann nur vermutet werden, denn in der mesopotamischen Kunst nehmen beide, Mann und Frau, ein Getränk zu sich, während die iranischen, besonders die südostiranischen Kunstwerke, nur die Frau als Trinkende wiedergeben.

Bis hierhin können die herangezogenen Motive ziemlich sicher mit den Szenen des Etana-Mythos verknüpft werden.

Anzuschließen sein dürften hier jene Abbildungen, die Kulthandlungen darstellen und die seit der mittleren Urukzeit zusammen mit jenen Motiven abgebildet werden, die später für die Darstellung des Etana-Mythos' verwendet werden:

Sie zeigen tanzende Menschen und eine Kapelle vor dem Tempel, in dem sich ein Stier befindet[184], sie zeigen einen Mann im Knielauf, der fortgeht, sie zeigen einen Mann mit Vogelelementen und Zweig/Gefäß, der wiederkehrt, sie zeigen eine schwangere bzw. gebärende Frau und sie zeigen koitierende Frauen und Männer auf, im und vor dem Tempel, und einen nackten, von Löwen oder Schlange angegriffenen Mann bzw. einen Mann, der Leoparden hält (Abb. 21, 22, 33).

Hier dürfte zu rekonstruieren sein ein Ritus, bei dem ein Mann in die Berge aufbricht, um das Kraut des Gebärens zu erwerben. Seine erfolgreiche Wiederkehr, gekennzeichnet durch Vogel-Elemente (für den symbolischen Himmelsflug) und den Zweig/das Gefäß (Gebärkraut/Trank), das er mitbringt, wird gefeiert. Die Menschen vereinigen sich, wie Etana und seine Frau, um Kinder zu zeugen oder Fruchtbarkeit zu erwerben. Es scheint, als ob in diesem Kultgeschehen der Etana-Mythos nachgespielt wird.

Aber eben diese Koitus- und Kultdarstellungen sind bis in die frühdynastische Zeit immer auch mit jenen weiteren Motiven verbunden, deren Inhalt noch zu diskutieren ist: dem Mann, der von Schlangen, oder von Löwen gefressen wird (Abb. 23, R. 1 und 2). Offensichtlich gehört der Tod eines Mannes ebenfalls zu diesem Kultgeschehen dazu. Der Tod des Mannes ist direkt mit einem Ritual verknüpft, in dem Sexualität, Zeugung und Geburt dargestellt werden.

---

[184] Zur Doppelsemantik des Stieres: Winkelmann, Kunst (2002) 388, 391-392.

Von einem solchen Geschehen scheint im Epos zunächst nichts erhalten und auch die schriftlichen Quellen über das mesopotamische Kultgeschehen berichten nichts von einem solchen Opfer. Es muß daher offen bleiben, ob eine solche Opferung auf den nicht mehr erhaltenen Tafeln beschrieben wurde, ob die Quellen des 2. Jt.s v.u.Z. frisiert sind oder ob einfach zu jenem Zeitpunkt, als diese umfangreicheren schriftlichen Überlieferungen einsetzen, eine solche Opferhandlung bereits abgeschafft und von einem anderen Brauch ersetzt worden war. Für letzteres spricht, daß die von Schlangen oder Löwen gefressenen Männer auch in der Kunst des 3. Jt.s v.u.Z. nach der frühdynastischen Zeit nicht mehr dargestellt werden.

Trotzdem ist es nicht auszuschließen, daß in einigen Fragmenten aus dem Etana-Mythos, deren Inhalt bisher unklar scheint, eine Widerspiegelung eines solchen Kultgeschehens angedeutet wird. Es handelt sich dabei um die Träume Etanas und seiner Frau:

1. Etanas zweiter Traum, den er dem Adler erzählt

> „Dann .... sind die furchtbaren Schlangen da,
> ...... sie kommen über mich,
> wie Sklaven beugen sie sich vor mir".

Der Adler rät Etana, den Traum zu akzeptieren, mit dem der Traumgott ihn konfrontiert. „Mein Freund, dein Traum ist günstig"[185].

2. Die Beweinung in Kisch

> „Etana sprach zu ihm und sagte zum Adler:
> Mein Freund, ich sah einen dritten Traum.
>
> Die Stadt Kisch weinte... .In ihrer Mitte....
> Ich sang....Oh Kisch, Spender des Lebens...
> Etana"[186].

3. Der Traum von Etanas Frau von einer unabwendbaren Tragödie

> „Seine Frau sprach zu ihm, sie sprach zu Etana:
> ... er zeigte mir einen Traum, mir sagend:
> wie Etana ...

---

[185] Kinnier-Wilson, Etana (1985) 67; Mittelassyrische Version, I/H, Zeile 17 bis 21.
[186] Kinnier-Wilson, Etana (1985) 109; Spätassyrische Version, Taf. IV A.

den Tod des...
Etana, der König,
.... Sein Geister/Schattenkörper
.... und sein Körper wird nicht begraben"[187].

Hier kann nur ein Interpretationsversuch angeboten werden, der akzeptiert werden mag, oder auch nicht, sich aber in die Logik des bisher Ermittelten fügt:

Es könnte hier um den Preis gehen, der für die Erlangung des Gebärkrautes gezahlt werden muß: Etana träumt im zweiten Traum von seinem bevorstehenden Tod, der zwingend eintritt, wenn seine Suche nach dem Gebärkraut positiv verläuft (s.o.: „mein Freund, dein Traum ist günstig"): er träumt von den Schlangen, die ihn fressen werden.

In seinem dritten Traum träumt er von der Beweinung dessen, der gefressen/geopfert wird. Es muß also offensichtlich nicht unbedingt Etana selbst sein, denn er selbst singt (s.o.) in seinem Traum, nimmt also Teil an einer Handlung, in der jemand beweint wird.

Im Traum von Etanas Frau wird der Ausweg gezeigt: Ein anderer stirbt „wie Etana ..." den Tod des Von-der-Schlange-Gefressen-Werdens. „Etana, der König" ... geht symbolisch von dannen. „Sein Geisterkörper" (sein Ersatz) wird von den Schlangen gefressen „und sein Körper wird nicht begraben". Von Schlangen verschlungen, bleibt nichts, was noch begraben werden könnte.

Wenn dieses Opfer Preis für die Erlangung des Gebärkrautes im Mythos und zugleich im Kultgeschehen die Voraussetzung für ein erfolgreiches Ritual ist und damit regulärer Bestandteil der Kulthandlung war, erklärt dies auch die passive Haltung des Mannes, der angegriffen bzw. gefressen wird. Er läßt sich freiwillig fressen.

Diese angebotene Erklärung folgt der Logik der untersuchten bildlichen Darstellungen des 4. und 3. Jt.s v.u.Z.: Alle Darstellungen des von Schlangen oder Löwen gefressenen Mannes sind, wenn sie zusammen mit weiteren Motiven wiedergegeben werden, immer mit jenen Bildern verknüpft, die in den untersuchten Bilderzyklus gehören, der hier zunächst versuchsweise mit dem Etana-Mythos verknüpft wird. Es wäre unerklärlich, warum gerade dieses prägnante Motiv nicht in diesen Kreis gehören, sondern unabhängig davon „erfunden" worden sein sollte.

---

[187] Kinnier-Wilson, Etana (1985) 125 Taf. VA.

Hier mag sich dann auch der unterschiedliche Inhalt der Darstellungen des Todes erschließen. Im Mythos stirbt Etana durch die Schlangen, in der realen Kulthandlung, die den Mythos nachspielt, wird der reale Tod durch das Zerfleischen durch den Löwen vollzogen.

Aber wird hier tatsächlich (nur) der Etana-Mythos dargestellt?

Der Etana-Mythos, wie er heute bekannt ist, geht auf Schriftquellen zurück, die erstmals zu Beginn des 2. Jt.s v.u.Z. abgefaßt wurden und in mehreren fragmentarischen Versionen bis in die neuassyrische Zeit nachgewiesen sind[188]. Der sumerische Etana, so er wirklich existiert hat, dürfte in der ersten Hälfte des 3. Jt.s v.u.Z. gelebt haben.

Die Bilder, die auch später noch für die Darstellung des Etana-Mythos verwendet werden, lassen sich aber als nahezu vollständiger Bilderzyklus bereits im 4. Jt. v.u.Z. fassen und gehen in Teilen bis in die neolithische Kunst zurück. Daß dieser Mythos bereits im 4. Jt. v.u.Z. oder noch früher als Etana-Mythos erzählt wurde, wäre zwar möglich, ist aber nicht zwingend zu vermuten.

Wohl aber ist denkbar, daß der verschriftete Etana-Mythos eine spezifische sumerische oder akkadische Version eines Mythos' ist, der weit mehr beinhaltete als das private familiäre Problem eines spezifischen Königs, und erst später mit dem Namen Etana verknüpft worden ist. Etanas Eheprobleme allein können niemals so prägnant für das tägliche Leben der frühen altorientalischen Menschen gewesen sein, daß sich daraus ein Mythos entwickelt, der die Kunst des alten Orients über Jahrtausende prägte. Ebenso dürfte auch der Tod des Mannes nicht ein privates Einzelschicksal darstellen, sondern als ständig wiederholtes Ritual wesentlich mehr verkörpern.

Bilder und Riten sind Ausdruck religiöser Vorstellungen, die sich in einem bestimmten gesellschaftlichen Entwicklungsstand herausbilden. Ein Mythos versucht, Probleme der Weltsicht zu formulieren, die Welt zu interpretieren, das Wirken der Götter zu erklären. Ein Ritus dagegen ist die Form, diese Probleme auf der Ebene sakralen Handelns zu lösen. Durch ihn wird der Mythos verlebendigt, in einer realen Handlung nachgezeichnet[189].

Der eigentliche Bedeutungsinhalt dieses Mythos und des dargestellten Ritus dürften daher wesentlich umfangreicher und älter sein als die verschriftete Version.

---

[188] Neueste wissenschaftliche Publikation mit Zusammenstellung der verschiedenen Versionen: Kinnier-Wilson, Etana (1985).
[189] Balz-Cochois, Inanna (1992) 44. 54; Göttner-Abendroth, Göttin (1981) 14.

Hier muß hinterfragt werden, aus welchen Lebensbedingungen heraus beide ursprünglich entstanden sind.

Basis dürfte eine neolithische oder chalkolithische frühbäuerliche Gesellschaft gewesen sein, deren Lebensbedingungen unmittelbar durch das Naturgeschehen beeinflußt wird. Diese Gesellschaft erlebt das regelmäßige Leben und Sterben der Natur, der Pflanzen, und verbindet das Wiedererwecken der Natur und das Keimen neuer Pflanzen mit der Freisetzung des Wassers, das mit der Schneeschmelze im Frühjahr aus den Bergen kommt. Diese Gesellschaft erlebt auch, daß Fruchtbarkeit und Geburt mit dem Weiblichen verbunden sind und identifiziert demzufolge die fruchtbare Erde und auch die die Fruchtbarkeit bewirkende und das Wasser freisetzende numinose Kraft mit dem Weiblichem.

Die Mythen- und Matriarchatsforschung hat für diese frühbäuerlichen Gesellschaften ein gemeinsames Mythensystem herausgearbeitet, das mit dem Prinzip der Wiedergeburt und dem damit verbundenen Ritual des Herosopfers verbunden ist[190].

Das Erklärungsmuster der Welt, das sich in diesem Mythensystem widerspiegelt, ist ein den Vorgängen der Natur entsprechender Wiedergeburtsglauben, dessen Basis die Verehrung der regenerativen Kräfte der Natur und der Frau sind, die zu einem Kreislauf von Geburt, Leben, Tod und Wiedergeburt führen. Die Kraft, die den Kreislauf des Lebens bewirkt und Herrscher über Leben, Tod und Geburt ist, ist eine numinose Kraft, die als weiblich identifiziert und mit der Erde gleichgesetzt wird. Um zu erreichen, daß diese numinose Kraft diesen Kreislauf immer wieder neu in Gang setzt, wird einmal im Jahr in bestimmtes Ritual vollzogen: In einem freiwilligen Auswahlverfahren wird ein Mann ausgewählt, der für ein Jahr als Heros gemeinsam mit einer die Gottheit verkörpernde Frau als tragende soziale Kräfte der Gesellschaft agiert. Nach seiner Heros-Wahl vollzieht er mit ihr den symbolischen Akt der heiligen Hochzeit und regiert ein Jahr. Nach diesem Jahr wird das Ritual des Herosopfers vollzogen, der Mann geht freiwillig den Weg des Todes und ein neuer Heros wird an seiner Stelle gewählt.

Als Prüfstein für die Heroswahl waren verschiedene Aufgaben möglich, die aus den literarischen Überlieferungen vieler Völker erschließbar sind und als Initiationsriten im Frühjahr stattfanden: der Erwerb von Zauberdingen, der Kampf mit mythischen Tieren (Löwe, Schlange, Drachen), oder der Kampf mit seinem Vorgänger[191].

---

[190] Ranke-Graves, Griechische Mythologie (1961); Bachofen, Mutterrecht (1978); Bachofen, Mutterrecht und Urreligion (1984) Helck, Betrachtungen (1971); Göttner-Abendroth, Göttin (1981); Göttner-Abendroth, Matriarchat I (1988).
[191] Zusammenfassend zum Forschungsstand Göttner-Abendroth, Göttin (1981) 1-37.

Unter diesem Blickwinkel gewännen die besprochenen Darstellungen eine ganz neue Dimension. Der ursprüngliche Mythos, der seine spätere verschriftete Form im Etana-Mythos gefunden hat, würde unter diesem Aspekt viel weitreichendere Bedeutung haben.

Der Mann, der uns später als Etana entgegentritt, stünde für den Heros, dessen Initiations-Aufgabe es ist, das Kraut des Gebärens zu erwerben, eine Aufgabe, die er nur bewältigen kann, indem er die Schlangen (Löwen) bezwingt und den Adler befreit. Mit der Erfüllung dieser Aufgabe schafft er die Voraussetzungen nicht nur für die Geburt seines Sohnes, auf die die spätere schriftliche Fassung reduziert ist, sondern für die Fruchtbarkeit von Mensch, Tier und Erde, für den Beginn eines neuen Lebenszyklus an sich. Sein Tod, das Gefressen-Werden durch die Schlangen (Löwen) aber, wäre dem Heros-Opfer gleichzusetzen, dem zwingenden Preis für die Regeneration des Lebens.

Der Etana-Mythos enthielte damit zwei Hauptthemen, die Heros-Wahl und das Heros-Opfer, die zu den prägnantesten Ereignissen der frühen bäuerlichen Gesellschaften gehört haben dürften.

Zu den weiteren damit verbundenen Riten gehörten offensichtlich auch der öffentliche Koitus und die symbolische Geburt vor dem Tempel, die auf den bildlichen Darstellungen des 4. und 3. Jt.s v.u.Z. noch deutlich faßbar sind und deren Nachklang sich ganz sicher im Ritual der heiligen Hochzeit wiederfindet.

Es bleibt die Frage offen, wer die Gottheit ist, von der der Heros das Gebärkraut erhält. Es war, wenn der Rückgriff auf die frühen Mythensysteme richtig ist, ursprünglich eine weibliche Gottheit, die das Kraut des Gebärens vergab und die den Helden, den späteren Etana, auf den untersuchten Bildwerken in Form eines Leoparden unterstützte, und es ist jene Gottheit, die in symbolischer Form als wasserspendender Berg mit Pflanze und mit Schlangen erscheint und es ist logisch, daß der Held des Mythos dann schließlich auch von den aus dem Berg herauswachsenden Schlangen gefressen wird, wenn er über den Tod wieder in den Kreislauf des Lebens eingeht.

Auf den urukzeitlichen Stempelsiegeln der Susiana erscheint die Gottheit tatsächlich als Frau, die Wasserströme hält oder ein Gefäß überreicht und mit Pflanzen assoziiert ist, die aus ihrem Körper wachsen. Auch im „intercultural style" ist es eine eindeutig weibliche Gottheit, die die Wasserströme in den Händen hält, aus denen die Pflanzen sprießen und die mit zwei Zebus bzw. zwei Ziegen assoziiert ist (Abb. Abb. 4 b, R. 3). Ebenso zeigen die transelamischen Siegel und die Kleinkunst des Kerman-Gebietes eine Göttin, die mit dem Berg, den zwei Schlangen, der Pflanze und dem Raubvogel sowie Huftieren gekennzeichnet ist. Eine inhaltlich gleiche Darstellung zeigt das FD III-zeitliche Siegel aus Susa, wo die Göttin, vor der der Mann bittet, mit Pflanzen, einer Ziege und zwei Feliden kombiniert ist (Abb. 26 a). Wenngleich der Name, oder die verschiedenen Namen, unter denen diese iranischen Gottheit im 3. Jt. v.u.Z. verehrt wurde, uns bisher unbekannt sind, geben deren Attributtiere die Möglichkeit, sie mit ihrem mesopotamischen Pendant zu vergleichen.

Diese Feliden, die in der iranischen Kunst neben Schlangen und Huftieren die Göttin begleiten, fungieren als Symboltiere der Gottheit, auch als ihre zoomorphe Erscheinungsform. Die Feliden, auf denen die Göttin in Susa kniet, sind keine männlichen Löwen, denn sie besitzen keine Mähnen. Es dürfte sich aber um Löwinnen oder Leoparden handeln. Beide sind bereits im Zusammenhang mit den untersuchten Bildträgern bekannt geworden: Löwinnen flankieren auf dem Schlangenbecken den von Schlangen gefressenen Mann, Löwinnen tragen auch den Schlangenbezwinger auf der Chafadschi-Schale, Leoparden beschützen den Mann auf dem Trichterbecher, Leoparden tragen den von Schlangen angegriffenen Mann im „intercultural style" und Leoparden kämpfen auf den „intercultural style"-Gefäßen gegen die Schlangen.

Und eines dieser iranischen „intercultural style"-Gefäße mit der Darstellung des Kampfes zwischen Leopard und Schlange, niedergelegt im Inanna-Tempel von Nippur, nennt uns den Namen, mit dem die Sumerer diese iranische Göttin vergleichen: es ist beschriftet mit: „Inanna und die Schlange" (Abb. 28 a).

Trotz dieses Vergleichs, der annehmen läßt, daß Inanna eine vergleichbare Stellung besessen hat oder wenigstens eine spätere Erscheinungsform einer solchen frühen allumfassenden Gottheit gewesen ist, ist die Sachlage für Mesopotamien aber bei weitem nicht so eindeutig.

Die Kunstwerke haben uns bis in die FD-III-Zeit keine eindeutigen anthropomorphen Götterdarstellungen hinterlassen. In der akkadischen Kunst aber bittet der Mann/Vogelmensch vor verschiedenen männlichen Gottheiten (Ea, Schlangengott, Schamasch), die die Assoziation mit Wasser und Schlangen und die Beherrschung der Fruchtbarkeit eint, verschiedene Aspekte, die Jahrtausende vorher versuchsweise einer weiblichen Gottheit zugeschrieben waren. Und im schriftlich überlieferten Mythos des 2. und 1. Jt.s v.u.Z. schließlich ist es der Sonnengott Schamasch, von dem sich Etana das Kraut erbitten soll. Als oberster Gott hat jetzt er die Schöpferkraft und damit die Herrschaft über die Fruchtbarkeit und den weiblichen Schoß inne.

Hier hat sich offensichtlich ein deutlicher Wandel vollzogen in der Position der Gottheit, die über die weibliche Fruchtbarkeit verfügt. Es hat ein männlicher

Hauptgott eine weibliche Gottheit verdrängt. Und damit erklärt sich auch die viel diskutierte Frage, warum Etana mehrfach in den Himmel fliegt und den Umweg über Ischtar nehmen muß: Sein ursprünglicher Flug ging zu Inanna-Ischtar, die zur Zeit der schriftlichen Abfassung des Mythos längst Schamasch unterstellt war.

Diese Ablösung einer weiblichen Hauptgottheit durch eine männliche ist ein typischer Prozeß, der sich mit der Auflösung matriarchaler Gesellschaftstrukturen verfolgen und sich in Mesopotamien spätestens in der frühdynastischen Zeit nachweisen läßt, einer Zeit der gesellschaftlichen Umbrüche, der Gründung von Stadtstaaten mit eigener männlicher Dynastieabfolge und schließlich des ersten Weltreiches, des akkadischen Reiches, mit völlig neuen Gesetzen, politisch-ideologischen Vorstellungen und Riten[192].

Die große Beliebtheit des Etana-Motivs in der nicht-königlichen akkadischen Kunst mag daher auch nicht, wie bisher angenommen, eine erstmalige Darstellung eines neuen Mythos' sein, sondern vielmehr eine bewußte Renaissance, ein Rückgriff auf alte Vorstellungen, ein Ausdruck eines Protestes gegen neue gesellschaftliche Verhältnisse.

Ein Hinweis auf die ursprüngliche Form aber hat sich noch erhalten: Bevor Etana Schamasch aufsucht, fliegt er zu Ischtar, jener Göttin, die ihm zwar das Kraut nicht mehr direkt geben kann, aber ihm behilflich ist, das Kraut von Schamasch zu erhalten. Und jene Ischtar ist nicht nur mit Löwen assoziiert- als Ausdruck des vernichtenden Aspektes der Gottheit - die Hymnen der Encheduana an Ischtar beschreiben noch genau jene Epitheta, die auch die erarbeiteten bildlichen Darstellungen der ursprünglichen allumfassenden weiblichen Gottheit deutlich zeigen:

Sie ist: „die höchste aller Götter,... die Herrin von Himmel und Erde, ... sie ist: ... die Hochflut aus den Bergen, ... sie sitzt auf angeschirrten Löwen, sie ist ... eine Leopardin aus den Bergen"[193].

---

[192] Vergleiche die Reformen des Urukagina, der den Frauen das Heiraten von zwei Männern verbietet.

[193] „Herrin aller me, strahlendes Licht, lebensspendende, verehrt im Himmel und auf Erden, große Hetäre, juwelengeschmückt... Du hast das Land mit Gifthauch gefüllt wie ein Drache. Alles Grün verdorrt, wenn du donnerst wie Ischkur. Aus den Bergen brichst du wie eine Hochflut hervor, Inanna, du höchste im Himmel wie auf Erden". „Herrin von Horizont und Zenit, ... um wieviel erhabener bist du doch als die großen Götter...." Sie sitzt auf angeschirrten Löwen, eine Leopardin aus den Bergen ist sie... „Aus: „Herrin aller me" (nin-me schára) und „Stolze Herrin" (Innin schà-gur-ra) in der Übersetzung von Balz-Cochois, Inanna (1992) 73-78. Entnommen der wissenschaftlichen Übersetzung von Kramer, ANET (1969) 579-582.

Es war also zunächst eine weibliche Gottheit, die das Kraut des Gebärens vergab und die den Helden, den späteren Etana, in Form eines Leoparden oder einer Löwin unterstützte, und es ist jene Gottheit, die in symbolischer Form als wasserspendender Berg mit Pflanze und mit Schlangen erscheint und die den Helden in Form von Schlangen zu sich holt.

Mit diesen Ergebnissen ließe sich nun auch die viel diskutierte Frage beantworten, ob die altorientalische Kunst Mythen oder Riten abbildet[194].

Der auf dem Vogel in den Himmel fliegende Mann, der mit den Schlangen kämpfende Mann, der von Schlangen gefressen werdende Mann und die besprochenen Tier(kampf)-Motive bilden den Mythos ab, auch der Vogelmensch, als synkretistische Form, gehört in den mythologischen Bereich. Der Mann aber, der mit Raubvogelkostüm oder Raubvogelelementen gekennzeichnet ist, und mit Zweig oder Gefäß zurückkehrt, verkörpert nur den Heros, den späteren Etana, im Ritus, wenn der (Etana-)Mythos im Kultgeschehen nachgestellt wird. Der Mann, der im Kultgeschehen die Rolle des Heros innehat, wird dann logischerweise nicht von den mythologischen Schlangen, der Erscheinungsform der Gottheit, sondern sehr real von Löwen gefressen.

Damit läßt nun auch abschließend der semantische Inhalt der diskutierten Objekte erschließen:

Der Mythos, in Plastik umgesetzt, findet sich wieder in Form eines nackten Mannes mit Scheibenbart, der von Schlangen gefressen wird: im Cincinnati-Mann, der durch Vogelfedern zusätzlich als Himmelsflieger und durch die Zickzacklinien als Freisetzer der Frühjahrswasser gekennzeichnet ist und in der Bonacossi-Plastik, die den Mann mit dem Gefäß als Bringer des Gebärtranks kennzeichnet.

Der reliefierte Trichterbecher zeigt das gesamte Epos: Im oberen Bildstreifen rechts die Schlange auf der Jagd, den Leoparden und den Hirsch angreifend, um den Bartgeier und seine Jungen zu versorgen. Es folgt der Raubvogel mit seinen Jungen, die als kleinere Raubvögel auf den Flügeln des großen Raubvogels wiedergegeben sind. Dann kommt der Held, der später Etana heißt, der den Adler befreit hat oder befreien wird und von den zwei Leoparden, einer der zoomorphen Erscheinungsformen der Gottheit, gegen die angreifenden Schlangen verteidigt wird. Es folgt im oberen Bildfeld der gerissene Hirsch, der hier für das Huftier an sich steht. Die Tiere kommen zu fressen, versinnbildlicht durch den Leoparden, und auch der Raubvogel wurde schon angelockt, der auf dem Rücken des Hirsches sitzt. Der Raubvogel mit den beiden Schlangen über seinen Flügeln stellt den

---

[194] Zur Diskussion des Problems zuletzt zusammenfassend Bernbeck, BaM 27, 1996.

Kampf zwischen Raubvogel und Schlangen dar. Die letzte Szene zeigt das frei-
willige Opfer des Helden: Er wird von zwei Schlangen gefressen, während er die
Leoparden hindert, die Schlangen anzugreifen.

Das Berliner Schlangenbecken zeigt einen Teil des Helden-Mythos', den
Augenblick, in dem der mythologische Held in Form eines nackten Mannes mit
Scheibenbart von den Schlangen gefressen wird. Gleichzeitig zeigt es auch den
Ritus, in den dieser Teil des Mythos' transformiert wurde: das Gefressen-Werden
durch den Löwen, das das Schlangenopfer substituiert. Das Gefäß als Ganzes aber
symbolisiert die weibliche Gottheit, die das Geschehen lenkt. Das Gefäß
versinnbildlicht den (wasserspendende) Berg mit Pflanze (Laubbaum), der
assoziiert ist mit den verschiedenen zoomorphen Erscheinungsformen der Gottheit,
wie den Schlangen und den Leoparden/Löwinnen.

Damit verkörpert die besprochene Gruppe von Bildwerken ein wichtiges Zeit-
zeugnis einer Gesellschaft, deren Weltsicht und Riten noch stark von frühen matri-
archalen Vorstellungen geprägt waren. Sie geben Einblick in die Wertvorstellungen
einer untergehenden Epoche, die bereits in der frühdynastischen Zeit durch eine
neue politische, ökonomische und ideologische Struktur ersetzt wird und alte
Mythen und Götterbilder in neue, den veränderten gesellschaftlichen Bedingungen
anpaßte Formen transformierte.

Literatur- und Abkürzungsverzeichnis

Amiet, Glyptique mésopotamienne (1961) =
    P. Amiet, La glyptique mésopotamienne archaïque (Paris 1961).

Amiet, Elam (1966) =
    P. Amiet, Elam (Auvers sur Oise 1966).

Amiet, Glyptique susienne (1972) =
    P. Amiet, P. 1972, Glyptique susienne des origines à l'époque des Perses et
    Achémenides, 2 Vol.s (Paris 1972).

Amiet, CDAFI 6, 1976 =
    P. Amiet, Contribution à l'histoire de la sculpture archaïque de Suse, Cahiers de
    la Délégation Archéologique Française en Iran 6, 1976, 47-82.

Amiet, L'âge (1986) =
    P. Amiet, L'âge des échanges inter-iraniens – 3500-1700 avant J.-C., Notes et
    Documents des Musées de France 11 (Paris 1986).

Amiet, RA 80, 1986 =
P. Amiet, Antiquités trans-élamites, Revue d'assyriologie et d'archéologie orientale 80, 1986, 97-104.

Amiet, RLMF 38, 1988 =
P. Amiet, Antiquités élamites et trans-élamites au Musée du Louvre, Revue du Louvre et des Musées du France 38.5/6, 1988, 361-369.

Bachofen, Mutterrecht (1978) =
J. J. Bachofen, Mutterrecht – Eine Untersuchung über die Gynaikokratie der alten Welt nach ihrer religiösen und rechtlichen Natur (Frankfurt 1978).

Bachofen, Mutterrecht und Urreligion (1984) =
J. J. Bachofen, Mutterrecht und Urreligion (Stuttgart 1984).

Baghestani, Compartimentsiegel (1997) =
S. Baghestani, Metallene Compartimentsiegel aus Ost-Iran, Zentralasien und Nord-China, Archäologie in Iran und Turan 1 (Rahden/Westfahlen 1997).

Balz-Cochois, Inanna (1992) =
H. Balz-Cochois, Inanna, Wesnesbild und Kult einer unmütterlichen Göttin, Studien zum Verstehen fremder Religionen 4 (Gütersloh 1992).

Barnett, Syria 43, 1966 =
R. D. Barnett, Homme masqué ou dieu-ibex?, Syria 43, 1966, 259-276.

Bernbeck, BaM 27, 1996 =
R. Bernbeck, Siegel, Mythen, Riten : Etana und die Ideologie der Akkadzeit, Baghdader Mitteilungen 27, 1996,159-213.

Boehmer, Glyptik der Akkadzeit (1965) =
R. M. Boehmer, Die Entwicklung der Glyptik während der Akkadzeit, Untersuchungen zur Assyriologie und Vorderasiatischen Archäologie (Ergänzungsbände zur Zeitschrift für Assyriologie und Vorderasiatischen Archäologie, Neue Folge) 4 (Berlin 1965).

Boehmer, Früheste Siegelabrollungen (1999) =
R. M. Boehmer, Uruk – Früheste Siegelabrollungen, Ausgrabungen in Uruk-Warka Endberichte 24 (Mainz 1999).

Bonacossi, BaM 27, 1996 =
D. M. Bonacossi, Eine späturukzeitliche Figur des Mannes mit den Schlangen aus Elam – Mit einem Beitrag von Bruno Zanettin, Baghdader Mitteilungen 27, 1996, 45-79.

Börker-Klähn, JEOL 23, 1973/1974 =
    J. Börker-Klähn, „Barbarenkunst", Jaarbericht van het Vooraziatisch-Egyptisch
    Genootschap Ex Oriente Lux 23, 1973/1974, 377-388.

Brentjes, Schanidar (1968) =
    B. Brentjes,Von Schanidar bis Akkad, Sieben Jahrtausende orientalischer
    Weltgeschichte (Leipzig 1968).

Brunswig et al. in: Potts (Hrsg.), Dilmun (1983) =
    R. H. Brunswig / A. Parpola / D. T. Potts, New Indus Type and Related Seals
    from the Near East, D. T. Potts (Hrsg.), Dilmun – New Studies in the
    Archaeology and Early History of Bahrain, Berliner Beiträge zum Vorderen
    Orient 2 (Berlin 1983) 101-115.

Buren, AfO 10, 1935/1936 =
    E. D. van Buren, Entwined Serpents, Archiv für Orientforschung 10, 1935/1936,
    53-65.

Buren, AfO 12, 1937-1939 =
    E. D. van Buren, The Scorpion in Mesopotamian Art and Archaeology, Archiv
    für Orientforschung 12, 1937-1939, 1-28.

Calmeyer, AMINF 6, 1973 =
    P. Calmeyer, Zur Genese altiranischer Motive I – Herrscher über Stützfiguren,
    Archäologische Mitteilungen aus dem Iran, Neue Folge 6, 1973, 135-151.

Christian, Altertumskunde (1940) =
    V. Christian, Altertumskunde des Zweistromlandes von der Vorzeit bis zum Ende
    der Achämenidenherrschaft (Leipzig 1940).

Christies, 25. 11. 1997 =
    Christies 25. 11. 1997, Verkaufskatalog (London 1997).

Collon, VDI 2, 1997 =
    D. Collon, Lazurit iz vostoka, pecat'štamp iz britanskogo muzeja, Vestnik
    Drevnej Istorii 2, 1997, 123-129.

Connan / Deschesne, Bitume (1996) =
    J. Connan / O. Deschesne, Le bitume à Suse – Collection du Musée du Louvre.
    Bitumen at Susa – The Louvre Collection (Paris 1996).

Curtis (Hrsg.), Mesopotamia (1993) =
    J. Curtis (Hrsg.), Early Mesopotamia and Iran – Contact and Conflict 3500-1600
    B.C. – Proceedings of a Seminar in Memory of Vladimir G. Lukonin (London
    1993).

Dani, Ancient Pakistan 5, 1971 =
A. H. Dani, Excavations in the Gomal Valley, Ancient Pakistan 5, 1971, 1-177.

Delougaz / Kantor, Chogha Mish I/1 (1996) =
P. Delougaz / H. J. Kantor, Chogha Mish – The First Five Seasons of Excavations 1961-1971 – I/1 Text, Oriental Institute Publications 101 (Chicago 1996).

Delougaz / Kantor, Chogha Mish I/2 (1996) =
P. Delougaz / H. J. Kantor, Chogha Mish – The First Five Seasons of Excavations 1961-1971 – I/2 Plates, Oriental Institute Publications 101 (Chicago 1996).

Durrani, Ancient Pakistan 1, 1964 =
F. A. Durrani, Stone vases as evidence of connection between Mesopotamia and the Indus Valley, Ancient Pakistan 1, 1964, 51-96.

Francfort, Antiquity 68, 1994 =
H.-P. Francfort, The Central Asian dimension of the symbolic system in Bactria and Margiana, Antiquity 68, 1994, 406-418.

Franke-Vogt, Glyptik (1991) =
U. Franke-Vogt, Die Glyptik aus Mohenjo-Daro – Uniformität und Variabilität in der Induskultur: Untersuchungen zur Tpologie, Ikonographie und räumlichen Verteilung, Baghdader Forschungen 13, 2 Vols. (Mainz 1991).

Frankfort, Stratified cylinder seals (1955) =
H. Frankfort, Stratified Cylinder Seals from the Diyala Region, University of Chicago Oriental Institute Publications 72 (Chicago 1955).

Freydank, MIO 17, 1971 =
H. Freydank, Die Tierfabel im Etana-Mythos – Ein Deutungsversuch, Mitteilungen des Instituts für Orientforschung 17, 1971, 1-13.

Gluck, Minuscule Monuments (1988) =
A. Gluck, Minuscule Monuments of Ancient Art – Catalogue of Ancient Near Eastern Stamp and Cylinder Seals Collected by Virginia Bailey (Madison 1988).

J. Gluck / S. H. Gluck (Hrsg.), Survey (1977) =
J. Gluck, J. & S. H. Gluck (Hrsg.), A Survey of Persian Handicraft, Teheran (New York 1977).

Göttner-Abendroth, Göttin (1981) =
H. Göttner-Abendroth, Die Göttin und ihr Heros. Die matriarchalischen Religionen in Mythos, Märchen und Dichtung (München 1981).

Göttner-Abendroth, Matriarchat I (1988) =
H. Göttner-Abendroth, Das Matriarchat I – Geschichte seiner Erforschung (Stuttgart 1988).

Hakemi, Catalogue (1972) =
A. Hakemi, Catalogue de l'exposition Lut Xabis (Shahdad) (Teheran 1972).

Hakemi, Shahdad (1997) =
A. Hakemi, Shahdad - Archaeological Excavations of a Bronze Age Center in Iran, Istituto Italiano per il Medio ed Estremo Oriente – Centro Scavi e Ricerche Archeologiche – Reports and Memoirs 27 (Rome 1997).

Hakemi, East and West 47, 1997 =
A. Hakemi, Kerman, the Original Place of Production of Chlorite Stone Objects in the Third Millennium B.C., East and West 47, 1997, 11-40.

Hargreaves, Baluchistan (1929) =
H. Hargreaves, Excavations in Baluchistan 1925, Sampour mound, Mastung, Sohr Damb, Nal, Memoires of the Archaeological Survey of India 35, 1929.

Heinrich, Fara (1931)
E. Heinrich, Fara – Ergebnisse der Ausgrabungen der Deutschen Orientgesellschaft in Fara und Abu Hatab 1902-03 (Berlin 1931)

Helck, Betrachtungen =
W. Helck, Betrachtungen zur großen Göttin und den mit ihr verbundenen Tieren (München 1971).

Hempelmann in: Meyer et al. (Hrsg.), Beiträge Orthmann (2001) =
R. Hempelmann, Menschen- und tiergestaltige Darstellungen auf frühbronzezeitlichen Gefäßen von Halawa A, J.-W. Meyer / M. Novack / A. Pruß (Hrsg.), Beiträge zur Vorderasiatischen Archäologie – Winfried Orthmann gewidmet (Frankfurt 2001)150-169.

Herzfeld, AMI 5, 1933
E. Herzfeld, Aufsätze zur altorientalischen Archäologie – II. Stempelsiegel, Archäologische Mitteilungen aus dem Iran 5, 1933, 49-124.

Katalog Sotheby (1996) =
Katalog 1996, Sotheby vom 15.9. (London / New York 1996).

Keel, Recht (1992) =
O. Keel, Das Recht der Bilder gesehen zu werden – Drei Fallstudien zur Methode der Interpretation altorientalischer Bilder, Orbis Biblicus et Orientalis 122 (Freiburg-Schweiz / Göttingen 1992).

Kinnier-Wilson, Etana (1985) =
  J. V. Kinnier-Wilson, The legend of Etana – A New Edition (Warminster 1985).

Klengel-Brandt / Klengel, RO 41, 1980 =
  E. Klengel-Brandt / H. Klengel, Zum Fragment eines Steatitgefäßes, Rocznik Orientalisticny XLI.2, 1980, 45-49.

Kohl in: Taddei (Hrsg.), South Asian Archaeology 1977 (1979) =
  P. L. Kohl, The "world-economy" of West Asia in the third millenium B.C., M. Taddei (Hrsg.), Papers from the 4th International Conference of the Association of South Asian Archaeologists in Western Europe1977, held in the Istituto universitario orientale, Naples (Naples 1979) 55-85.

Lamberg-Karlovsky, Iran 9, 1971 =
  C. C. Lamberg-Karlovsky, The Proto-Elamite settlement at Tepe Yahya, Iran 9, 1971, 87-96.

Lamberg-Karlovsky, PBA 59, 1973 =
  C. C. Lamberg-Karlosky, Urban interaction of the Iranian Plateau: Excavations at Tepe Yahya 1967-1973, Proceedings of the British Academy 59, 1973, 283-319.

Lamberg-Karlovsky, IrAnt 23, 1988 =
  C. C. Lamberg-Karlovsky, The intercultural style carved vessels, Iranica Antiqua XXIII, 1988, 45-95.

Legrain, UE III (1936) =
  L. Legrain / C. L. Woolley, Ur Excavations III – Archaic Seal Impressions, Publications of the Joint Expedition of the British Museum and of the University Museum, University of Pennsylvania, Philadelphia, to Mesopotamia (Oxford 1936).

Lindemeyer / Martin, Kleinfunde III (1993) =
  E. Lindemeyer / L. Martin, Uruk. Kleinfunde III – Kleinfunde im Vorderasiatischen Museum zu Berlin: Steingefäße und Asphalt, Farbreste, Fritte, Glas, Holz, Knochen/Elfenbein, Muschel/ Perlmutt/Schnecke, Ausgrabungen in Uruk-Warka Endberichte 9 (Mainz 1993).

Löw, Metallgefäße (1998) =
  U. Löw, Figürlich verzierte Metallgefäße aus Nord- und Nordwest-Iran, Altertumskunde des Vorderen Orients 6 (Münster 1998).

Martin, Fara (1988) =
  H. P. Martin, Fara – A Reconsideration of the Ancient Mesopotamian City of Shurruppak (Birmingham 1988).

Meissner, Babylonien I (1920) =
B. Meissner, Babylonien und Assyrien I, Kulturgeschichtliche Bibliothek – I. Reihe: Ethnologische Bibliothek mit Einschluss der Altorientalischen Kulturgeschichte (Heidelberg 1920).

Miroschedji, Iran 10, 1972 =
P. de Miroschedji, Un objet cultuel (?) d'origine iranienne provenant de Nippur, Iran 10, 1972, 159-161.

Miroschedji, CDAFI 3, 1973/1974 =
P. de Miroschedji, Vases et objets en stéatite susiens du Musée du Louvre, Cahiers de la Délégation Archéologique Française en Iran 3, 1973/1974, 9-80.

H. Mode, Indien (1959) =
H. Mode, Das frühe Indien (Stuttgart 1959).

M. Mode, HBO 6, 1984 =
M. Mode, Frühes Vorderasien und frühes Ägypten – Motivgeschichtliche Berührungspunkte in der Kunst, Hallesche Beiträge zur Orientwissenschaft 6, 1984, 11-36.

Moortgat, Tammuz (1949) =
A. Moortgat, Tammuz. Der Unsterblichkeitsglaube in der altorientalischen Bildkunst (Berlin 1949).

Müller-Karpe, Metallgefäße I (1993) =
M. Müller-Karpe, Metallgefäße im Iraq I – Von den Anfängen bis zur Akkadzeit, Prähistorische Bronzefunde Abteilung II, Band 14 (Stuttgart 1993).

Muscarella, BAI 7, 1993 =
O. W. Muscarella, Intercultural-style "weights", Bulletin of the Asian Institute 7, 1993, 143-154.

Nagel, BJV 6, 1966 =
W. Nagel, Frühe Großplastik und die Hochkulturkunst am Erythräischen Meer, Berliner Jahrbuch für Vor- und Frühgeschichte 6, 1966, 1-54.

Nagel, BJV 8, 1968 =
W. Nagel, Frühe Großplastik und die Hochkulturkunst am Erythräischen Meer, Berliner Jahrbuch für Vor- und Frühgeschichte 8, 1968, 99-210.

Orthmann (Hrsg.), Der Alte Orient (1975) =
W. Orthmann (Hrsg.), Der Alte Orient. Prophyläen Kunstgeschichte Bd. 14 (Berlin 1975).

Osten-Sacken, Ziegendämon (1992) =
    E. von der Osten-Sacken, Der Ziegen-"Dämon". Obed- und Urukzeitliche
    Götterdarstellungen, Alter Orient und Altes Testament 230 (Neukirchen-Vluyn
    1992).

Parrot, Syria 28, 1951 =
    A. Parrot, L'hommes aux serpents, Syria 28, 1951, 57-61.

Parrot, Mari I (1956) =
    A. Parrot, Le temple d'Ishtar, Mission Archéologique de Mari I, Bibliothèque
    archéologique et historique 65 (Paris 1956).

Parrot, Sumer (1960) =
    A. Parrot, Sumer – Die mesopotamische Kunst von den Anfängen bis zum XII.
    vorchristlichen Jahrhundert, Universum der Kunst (Paris 1960).

Parrot, Mari III (1967) =
    A. Parrot, Les temples d'Ishtarat et de Ninni-zaza, Mission Archéologique de
    Mari III, Bibliothèque archéologique et historique 86 (Paris 1967).

Pittman, Art of the Bronze Age (1984) =
    H. Pittman, Art of the Bronze Age. Southeastern Iran, Western Central Asia and
    the Indus Valley (New York 1984).

Porada, Alt-Iran (1962) =
    E. Porada / R. H. Dyson / C. K. Wilkinson, Alt-Iran – Die Kunst in
    vorislamischer Zeit, Kunst der Welt – „Die aussereuropäischen Kulturen"
    (Baden-Baden 1962).

Porada in: Hrouda et al. (Hrsg.), Festschrift Strommenger (1992) =
    E. Porada, A Man with Serpents, B. Hrouda / St. Kroll / P. Z. Spanos (Hrsg.),
    Von Uruk nach Tuttul – Eine Festschrift für Eva Strommenger – Studien und
    Aufsätze von Kollegen und Freunden, Münchener Universitäts-Schriften
    Philosophische Fakultät 12, Münchener Vorderasiatische Studien 12 (München,
    Wien 1992) 171-175.

Porada in: Curtis (Hrsg.), Early Mesopotamia (1993) =
    E. Porada, Seals and Related Objects from Early Mesopotamia and Iran, J. Curtis
    (Hrsg.), Early Mesopotamia and Iran – Contact and Conflict 3500- 1600 B. C. –
    Proceedings of a Seminar in Memory of Vladimir G. Lukonin (London 1993) 44-
    53.

Possehl, Kulli (1986) =
    G. Possehl, Kulli – An Exploration of an Ancient Civilization in South Asia
    (Durham 1986).

Pottier in: Pottier et al. (Hrsg.), Ceramique peinte (1912) =
    E. Pottier, Étude historique et chronologique sur les vases peintes de Suse, E.
    Pottier / J. de Morgan / R. de Mecquenem (Hrsg.), Ceramique peinte de Suse et
    petits monuments de l'époque archaïque, Memoires de la Mission Archéologique
    en Iran XIII (Paris 1912) 27-103.

Potts, RA 75, 1981 =
    D. T. Potts, Echoes of Mesopotamian Divinity on a Cylinder Seal from South-
    Eastern Iran, Revue d'assyriologie et d'archéologie orientale 75,1981, 135-142.

Potts, Dilmun (1983) =
    D. T. Potts (Hrsg.), Dilmun - New Studies in the Archaeology and Early History
    of Bahrain, Berliner Beiträge zum Vorderen Orient 2 (Berlin 1983).

Ranke-Graves, Mythologie (1961) =
    R. Ranke-Graves, Griechische Mythologie – Quellen und Deutung (Reinbeck bei
    Hamburg 1961).

Rashad, Stempelsiegel (1990) =
    M. Rashad, Die Entwicklung der vor- und frühgeschichtlichen Stempelsiegel in
    Iran im Vergleich mit Mesopotamien, Syrien und Kleinasien – Von ihren
    Anfängen bis zum Beginn des 3. Jahrtausends v. Chr., Archäologische
    Mitteilungen aus Iran, Ergänzungsband 13 (Berlin 1990).

RlA I, Tafeln (1932) =
    E. Ebeling / B. Meissner (Hrsg.), Reallexikon der Assriologie I – A-Bepašte
    Tafeln 1-59 (Berlin / Leipzig 1932).

Rova, Ricerche (1994) =
    E. Rova, Ricerche sui sigilli a cilindro vicino-orientali del periodi di Uruk/Jemdet
    Nasr, Orientis Antiqui Collectio 20 (Roma 1994).

Rühlmann, WZHW 9/10, 1964 =
    G. Rühlmann, Der Löwe im altägyptischen Triumphalbild, Wissenschaftliche
    Zeitschrift der Martin-Luther-Universität Halle-Wittenberg, Gesellschaftswissen-
    schaftliche Reihe 9/10, 1964, 651-666.

Sarianidi, UNESCO Inf. Bull. 10, 1986 =
    V. I. Sarianidi, The Bactrian Pantheon, UNESCO Information Bulletin 10, 1986,
    5-20.

Sarianidi, Margiana (1998) =
    V. I. Sarianidi, Margiana and Protozoroastrism (Athen 1998).

Strommenger, Mesopotamien (1962) =
    E. Strommenger, Fünf Jahrtausende Mesopotamien – Die Kunst von den
    Anfängen um 5000 v. Chr. bis zu Alexander dem Großen (München 1962).

Wickede, Stempelglyptik (1990) =

A. von Wickede, Prähistorische Stempelglyptik in Vorderasien, Münchner Vorderasiatische Studien 6, Münchener Universitäts-Schriften Phil. Fakultät 12 (München 1990).

Winkelmann, Keramikentwicklung (1986) =

S. Winkelmann, Untersuchungen zur Keramikentwicklung Belutschistans bis zur Quetta-Ware und ihr Vergleich mit der Entwicklung in Südturkmenien (Halle 1986).

Winkelmann in: Mode (Hrsg.), Archäologie (1999) =

S. Winkelmann, Von Formen und Stilen- Ein Versuch der Gliederung baktrischer Roll- und Stempelsiegel, M. Mode (Hrsg.), Zwischen Nil und Hindukush - Archäologie im Orient, Hallesche Beiträge zur Orientwissenschaft 28/ 99 (Halle1999), 112- 211.

Winkelmann, Kunst (2002) =

S. Winkelmann, Untersuchungen zur bronzezeitlichen Kunst des Südostiran (Halle 2002, unpubliziert).

Woolley, UE IV (1955) =

C. L. Woolley, Ur Excavations IV – The Early Periods – A Report on the Sites and Objects Prior in Date to the Third Dynasty of Ur Discovered in the Course of the Excavations, Publications of the Joint Expedition of the British Museum and of the University Museum, University of Pennsylvania, Philadelphia, to Mesopotamia (Philadelphia 1955).

Zarins, Atlal 2, 1978 =

J. Zarins, Typological studies in Saudi Arabian archaeology. Steatite vessels in the Riyad Museum, Atlal – The Journal of Saudi Arabian Archaeology 2, 1978, 65-93.

Abbildungsnachweise

Abb. 1: Nach: Nagel, BJV 6, 1966, Taschenabbildung 1.

Abb. 2: Nach: Nagel, BJV 6, 1966, Abb. 6.

Abb. 3 a, b: Nach: Bonacossi, BaM 27, 1996, Abb. 2 a.-c und Porada in: Hrouda et al. (Hrsg.), Festschrift Strommenger (1992) Abb. 8, 9.

Abb. 4 a) Nach: Reihe 1: Pottier in: Pottier et al. (Hrsg.), Ceramique peinte (1912) Tf. I. 2, I.4; Nagel, BJV 6, 1966, Taschenabb. 1; Reihe 2: Zarins, Atlal 2, 1978, Tf. 69. 39; Amiet , Glyptique mésopotamienne (1961) Nr. 508, 537; Reihe 3: Miroschedji, CDAFI 3, 1973/1974; Abb. 11; Collon, VDI 2, 1997; Abb. 1; Hakemi, Shahdad (1997) 717,

Abb. Xq; Reihe 4: Amiet, Glyptique mésopotamienne (1961) Nr. 1269; Reihe 5: Boehmer, Glyptik der Akkadzeit (1965) Nr. 262, 86.

Abb. 4 b) Nach: Reihe 1: Pottier in: Pottier et al. (Hrsg.), Ceramique peinte (1912) Tf. I. 2, III. 4; Reihe 2: Amiet, Glyptique mésopotamienne (1961) Nr. 547, 542, Tf. 38 bis G, Nr.; Reihe 3: Woolley, UE IV (1955) Tf. 36; Porada, Alt-Iran (1962) Abb. 12; Reihe 4:Amiet, L'âge (1986) Abb. 71; Pottier in: Pottier et al. (Hrsg.), Ceramique peinte (1912) Abb. 117; Porada in: Curtis (Hrsg.), Early Mesopotamia (1993) Abb.

Abb. 4 c) Nach: Reihe 1: Amiet, Glyptique mésopotamienne (1961) Nr.117; Reihe 2: Delougaz / Kantor, Chogha Mish I/2 (1996) Tf. 143. E, 153. A; Reihe 3: Amiet, Glyptique mésopotamienne (1961) Nr. 580; Porada, Alt-Iran (1962) Abb. 12; Reihe 4: Amiet, L'âge (1986) Abb. 71, 132. 11.

Abb. 5: Nach: Reihe 1: Amiet, Glyptique mésopotamienne (1961) Nr. 410; Nagel, BJV 6, 1966, Taschenabbildung 1; Reihe 2: Amiet, Glyptique mésopotamienne (1961) Nr. 1268; Amiet, L'âge (1986) Abb. 132. 12; Porada, Alt-Iran (1962) Abb. 12; Reihe 3 / 4: Boehmer, Glyptik der Akkadzeit (1965) Nr. 580, 573; Baghestani, Compartimentsiegel (1997) Nr. 399 A.

Abb. 6 a) Reihe 1.: H. Mode, Indien (1959) Abb. 44; Reihe 2: Nagel, BJV 6, 1966, Taschenabbildung; Reihe 3: Connan / Deschesne, Bitume (1996) Abb. 31; Reihe 4: Calmeyer, AMINF 6, 1973, Abb. 2.

Abb. 6 b) Reihe 1: Amiet, Glyptique susienne (1972) Nr. 232, 659; Reihe 2: Herzfeld, AMI 5, 1933, Abb. 23; Nagel, BJV 6, 1966, Taschenabbildung 1; Reihe 3: Zarins, Atlal 2, 1978, Tf. 70. 47, 48; Amiet, Glyptique susienne (1972) Nr. 1021; Reihe 4: Legrain, UE III (1936) Nr. 368, 286; Reihe 5: Sarianidi, UNESCO Inf. Bull. 10, 1986, Abb. 8. 19, 7.1.

Abb. 7 a): Reihe 1: Rashad, Stempelsiegel, 340, 329, 209; Reihe 2: Amiet, Glyptique susienne (1972) Nr. 482, 480; Reihe 3: Boehmer, Früheste Siegelabrollungen (1999) Abb. 106; Amiet, Glyptique susienne (1972) Abb. 700; Reihe 4: Müller-Karpe, Metallgefäße I (1993) Nr. 1581; Nagel, BJV 6, 1966, Taschenabb. 1.

Abb. 7 b). Reihe 1: Wickede, Stempelglyptik (1990) 297, 270, 261; Reihe 2: Boehmer, Früheste Siegelabrollungen (1999) Tf. 41. 13 T. W. ; Reihe 3 und 4: Amiet, Glyptique mésopotamienne (1961) Nr. 712, 1247, 1389.

Abb. 7 c) Reihe 1: Bonacossi, BaM 27, 1996, Abb. 2 a; Porada in: Hrouda et al. (Hrsg.), Festschrift Strommenger (1992) Abb. 8; Pottier in: Pottier et al. (Hrsg.), Ceramique peinte (1912) Abb. 117; Reihe 2: Christies 25. 11. 97, Nr. 178; Hakemi, Shahdad (1997) Abb. I a 5; Zarins, Atlal 2, 1978, Tf. 70. 49; Reihe 3: Lamberg-Karlovsky, Iran 9, 1971, Abb. 2 E; Hakemi, Shahdad (1997) Textabb. S. 355; Lamberg- Karlovsky, PBA 59, 1973, Tf. XXVI c; Reihe 4: Winkelmann in: M. Mode (Hrsg.), Archäologie (1999) Abb. 13; Sarianidi, Margiana (1998) Abb. 27.

Abb. 8 a): Reihe 1: Amiet, Glyptique susienne (1972) Nr. 597; Amiet, Glyptique mésopotamienne (1961)   Nr. 615; Reihe 2: Müller-Karpe, Metallgefäße I (1993) Nr. 1581; Reihe 3: Christies 25. 11. 1997, Nr. 178; Amiet, L'âge (1986) Abb. 73 c; Reihe 4: Amiet, Glyptique mésopotamienne (1961) Nr. 1295, 1450; Sarianidi, UNESCO Inf. Bull. 10, 1986, Abb. 3.3.

Abb. 8 b): Reihe 1: Rova, Ricerche (1994) Abb. 65; Boehmer, Früheste Siegelabrollungen (1999) Abb. 28; Reihe 2: Müller-Karpe, Metallgefäße I (1993) Abb. 1581; Reihe 3: Amiet, L'âge (1986) Abb. 73; Parrot, Sumer (1960) Abb. 168 D; Reihe 4: Meissner, Babylonien I (1920) Abb. 125; Durrani, Ancient Pakistan 1, 1964, Tf. VI. 1.

Abb. 9 a): Reihe 1: Amiet, Glyptique susienne (1972) Nr. 119, 124, 121; Reihe 2: Amiet, Elam (1966) Abb. 94; Bonacossi, BaM 27, 1996, Abb. 2; Reihe 3: Nagel, BJV 8, 1968, Tf. XXII. 3 b; Orthmann (Hrsg.), Der Alte Orient (1975) Tf. XXXI b; Reihe 4: Porada in: Curtis (Hrsg.), Early Mesopotamia (1993) Abb. 19; Collon, VDI 2, 1997, Abb. 2.

Abb. 9 b): Reihe 1: Amiet, Glyptique mésopotamienne (1961) Tf. 13 bis, H, L.; Reihe 2: Orthmann (Hrsg.), Der Alte Orient (1975) Tf. 39 a, 36 a.

Abb. 10 a): Reihe 1: Delougaz / Kantor, Chogha Mish I/2 (1996) Tf. 169 G, F, Tf. 115 C; Reihe 2: Börker-Klähn, JEOL 23, 1973/1974, Tf. XIX; Amiet, L'âge (1986) Abb. 73; Reihe 3: Meissner, Babylonien I (1920) Abb. 72; Porada in: Hrouda et al. (Hrsg.), Festschrift Strommenger (1992) Abb. 8.

Abb. 10 b): Reihe 1 und 2: Amiet, Glyptique mésopotamienne (1961) Nr. 425, 701, 702; Reihe 3: Amiet, Glyptique mésopotamienne (1961) Nr. 1147; Legrain, UE III (1936) Nr. 300; Reihe 4 und 5: Amiet, Glyptique mésopotamienne (1961) Nr. 1401, 1441, 1268.

Abb. 10 c): Reihe 1 und 2: Amiet, Glyptique mésopotamienne (1961) Nr. 1397, 1396, 1264, 1268; Reihe 3 und 4: Boehmer, Glyptik der Akkadzeit (1965) Nr. 693, 340, 509, 512, 510.

Abb. 10 d): Reihe 1: Amiet, L'âge (1986) Abb. 132.5; Lamberg-Karlovsky, IrAnt 23, 1988, Tf. III; Reihe 2: Porada in: Curtis (Hrsg.), Early Mesopotamia (1993) Abb. 19; Porada, Alt-Iran (1962) Abb. 12; Reihe 3: Lamberg-Karlovsky, PBA 59, 1973, Tf. XXXX b; Hakemi, Shahdad (1997) Abb. I a 4, 675, Nr. 127; Amiet, L'âge (1986) Abb. 71; Reihe 4: Baghestani, Compartimentsiegel (1997) Abb. 83. 412; Sarianidi, UNESCO Inf. Bull. 10, 1986, Abb. 3; M. Mode, HBO 6, 1984, Abb. 3.

Abb. 11 a): Reihe 1: Rashad, Stempelsiegel, Nr. 339; Reihe 2: Nagel, BJV 6, 1966, Abb. 6; Reihe 3: Amiet, Glyptique mésopotamienne (1961) Nr. 764, 770; Gluck, Minuscule Monuments (1988) Nr. 124; Reihe 4: Connan / Deschesne, Bitume (1996) 198, Abb. 129; Reihe 4: ebenda und Brunswig et al. in: Potts (Hrsg.), Dilmun (1983) Tf. I, Abb. 5.

Abb. 11 b): Reihe 1-3: Amiet, Glyptique mésopotamienne (1961) Nr. 641, 766, 1268; Reihe 4: Boehmer, Glyptik der Akkadzeit (1965) Nr. 701.

Abb. 12): Reihe 1: Amiet, Glyptique susienne (1972) Nr. 472, Nagel, BJV 6, 1966, Taschenabb. 1; Reihe 2: Amiet, Glyptique mésopotamienne (1961) Nr. 540; Reihe 3: Katalog 1996, Nr. 3; Reihe 4: Boehmer, Glyptik der Akkadzeit (1965) Nr. 701, 698.

Abb. 13 a): Reihe 1: Rashad, Stempelsiegel, Nr. 329, 330, 340; Reihe 2: Amiet, Glyptique susienne (1972) Nr. 518, 471; Reihe 3: Delougaz / Kantor, Chogha Mish I/2 (1996) Tf. 26; Müller-Karpe, Metallgefäße I (1993) Nr. 1251; Reihe 4: J. Gluck / S. H. Gluck (Hrsg.), Survey (1977) Abb. S. 29; Heinrich, Fara (1931) Tf. 28 a.

Abb. 13 b): Reihe 1: Sarianidi, Margiana (1998) Abb. 27. 3; Gluck, Minuscule Monuments (1988) Nr. 124; Reihe 2: Winkelmann in: M. Mode (Hrsg.), Archäologie (1999) Abb. 9, 13; Reihe 3: Franke-Vogt, Glyptik (1991) Nr. 229.

Abb. 14): Reihe 1: Amiet, Glyptique mésopotamienne (1961) Nr, 97, 143; Rashad, Stempelsiegel (1990) Nr. 333, 335; Reihe 2: Boehmer, Früheste Siegelabrollungen (1999) Tf. 117 c; Reihe 3: Nagel, BJV 6, 1966, Abb. 6; Porada, Alt-Iran (1962) Abb. 12; Reihe 4: Heinrich, Fara (1931) Tf. 58 e; Amiet, Glyptique mésopotamienne (1961) Nr. 810; Porada, Alt-Iran (1962) Abb. 13.

Abb. 15 a): Reihe 1: Nagel, BJV 6, 1966, Abb. 6; Reihe 2: RlA I, Tafeln (1932) Tf. 6; Muscarella, BAI 7, 1993, Abb. 7; Reihe 3: Porada, Alt-Iran (1962) Abb. 13; Hakemi, Shahdad (1997) Textabb. S. 238; Reihe 4: Sarianidi, UNESCO Inf. Bull. 10, 1986, Abb. 6; Brunswig et al. in: Potts (Hrsg.), Dilmun (1983) Abb. 2; Baghestani, Compartiment-siegel (1997) Abb. 121, Nr. 629.

Abb. 15 b): Reihe 1: Legrain, UE III (1936) Nr. 280; Amiet, Glyptique mésopotamienne (1961) Nr. 1170; Reihe 2: Amiet, Glyptique mésopotamienne (1961) 699; Amiet, Glyptique susienne (1972) Nr. 1420; Reihe 3: Amiet, Glyptique mésopotamienne (1961) Nr. 1296; Amiet, Glyptique susienne (1972) Nr.1422; Reihe 4: Boehmer, Glyptik der Akkadzeit (1965) Nr. 26.

Abb. 16): Reihe 1und 2: Rashad, Stempelsiegel, Nr. 339, 340, 209 (Vorder- und Rückseite); Reihe 2: Rashad, Stempelsiegel, Nr. 345 (Vorder- und Rückseite); Amiet, Glyptique susienne (1972) Nr. 48; Reihe 4: Boehmer, Früheste Siegelabrollungen (1999) Tf. 41.

Abb. 17): Reihe 1 und 2: Legrain, UE III (1936) Abb. 366, 42, 370, 368; Reihe 3: Amiet, Glyptique susienne (1972) Nr. 1422, 1424; Franke-Vogt, Glyptik (1991) Abb. 302; Reihe 4: Christies 25. 11. 1997, Nr. 178.

Abb. 18): Reihe 1: Boehmer, Früheste Siegelabrollungen (1999) Tf. 95; Amiet, Glyptique mésopotamienne (1961) Nr. 240; Delougaz / Kantor, Chogha Mish I/2 (1996) Tf. 156 C; Reihe 2: Amiet, L'âge (1986) Abb. 73; Porada, Alt-Iran (1962) Abb. 12; Woolley, UE IV (1955) Tf. 36; Reihe 3: Amiet, Glyptique mésopotamienne (1961) Tf. 72 bis H, 1296; Hakemi, Shahdad (1997) 715, Abb. Xf; Reihe 4: Amiet, Glyptique mésopotamienne (1961) Nr. 941, 911; Baghestani, Compartimentsiegel (1997) Abb. 82. 1.

Abb. 19): Reihe 1: Börker-Klähn, JEOL 23, 1973/1974, Abb. 1; Legrain, UE III (1936) Nr. 382; Porada in: Curtis (Hrsg.), Early Mesopotamia (1993) Abb. 31; Reihe 2: Börker-Klähn, JEOL 23, 1973, Tf. XIX; Amiet, Glyptique mésopotamienne (1961) Nr. 1268; Legrain, UE III (1936) Nr. 532; Meissner, Babylonien I (1920) Abb. 72; Reihe 3: Nagel, BJV 6, 1966, Taschenabb. 1; Orthmann (Hrsg.), Der Alte Orient (1975) Tf. 11 b.

Abb. 20): Reihe 1: Sotheby 1995, 7, Nr. 1; Amiet, Glyptique mésopotamienne (1961) Nr. 822; Reihe 2: Porada in: Curtis (Hrsg.), Early Mesopotamia (1993) Abb. 19; Porada, Alt-Iran (1962) Abb. 13; Collon, VDI 2, 1997, Abb. 1 e; Reihe 3: Amiet, L'âge (1986) Abb. 71; Reihe 4: Boehmer, Glyptik der Akkadzeit (1965) Abb. 580, 577.

Abb. 21): Reihe 1: Legrain, UE III (1936) Abb. 382, 332; Reihe 2: Amiet, Glyptique mésopotamienne (1961) Nr. 843; Reihe 3: Amiet, Glyptique mésopotamienne (1961) 874, 846; Reihe 3: 712, 826, 850; Reihe 4: Legrain, UE III (1936) 289, 375.

Abb. 22): Reihe 1: Porada in: Curtis (Hrsg.), Early Mesopotamia (1993) Abb. 31; Porada, Alt-Iran (1962), Abb. 13; Reihe 2: Meissner, Babylonien I (1920) Abb. 72; Reihe 3: ebenda und Christies 25. 11. 1997, Nr. 178; Reihe 4: Collon, VDI 2, 1997, Abb. 1 e; Porada in: Curtis (Hrsg.), Early Mesopotamia (1993) Abb. 19; Reihe 4: Christies 25.11. 1997; Lamberg-Karlovsky, PBA 59, 1973, Tf. XXVI c.

Abb. 23): Reihe 1: Amiet, Glyptique susienne (1972) Nr. 668, 659; Reihe 2: Amiet, Glyptique mésopotamienne (1961) Nr. 1021, 1023; Reihe 3: Legrain, UE III (1936) Nr. 332; Amiet, Glyptique mésopotamienne (1961) Nr. 1258; Reihe 4: Boehmer, Glyptik der Akkadzeit (1965) Nr. 25, 693.

Abb. 24): Reihe 1: Porada, Alt-Iran (1962) Abb. 13; Reihe 2: Amiet, L'âge (1986) Abb. 132. 12; Reihe 3: Porada in: Curtis (Hrsg.), Early Mesopotamia (1993) Abb. 31.

Abb. 25): Reihe 1: Gluck, Minuscule Monuments (1988) Nr. 124; Reihe 2: Sarianidi, Margiana (1998) Abb. 27; Reihe 3: Lamberg-Karlovsky, PBA 59, 1973, Tf. XXVI c.

Abb. 26): Reihe 1: Amiet, L'âge (1986) Abb. 71; Reihe 2: Woolley, UE IV (1955) Tf. 36.

Abb. 27): Porada in: Curtis (Hrsg.), Early Mesopotamia (1993) Abb. 18, 19.

Abb. 28): Reihe 1: Durrani, Ancient Pakistan 1, 1964, Tf. VI.1; Kohl in: Taddei (Hrsg.), South Asian Archaeology 1977 (1979), Abb. 5; Reihe 2: Katalog 1996, Nr. 3.

Abb. 29): Porada, Alt-Iran (1962) Abb. 12.

Abb. 30): Reihe 1: J. Gluck / S. H. Gluck (Hrsg.) Survey (1977) 29; Reihe 2: Pittman, Art of the Bronze Age (1984) Abb. 4.

Abb. 31): Reihe 1 und 2: Durrani, Ancient Pakistan 1, 1964, Tf. XI; Hakemi, East and West 47, 1997, Abb., 42 (je Vorder- und Rückseite); Reihe 3: Hakemi, East and West 47, 1997, Abb. 51; Muscarella, BAI 7, 1993, Abb. 7 b.

Abb. 32): Christies 25. 11. 1997, Nr. 178.

Abb. 33): Reihe 1: Durrani, Ancient Pakistan 1, 1964, Tf. II. 6; Reihe 2: Meissner, Babylonien I (1920) Abb. 72.

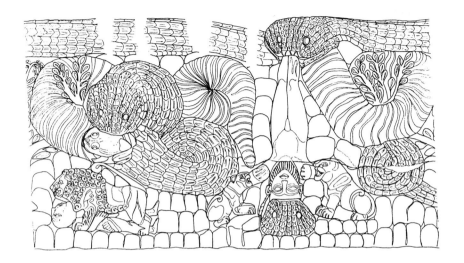

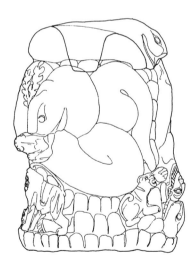

Abb. 1 a Berliner Schlangenbecken; Gesamtumzeichnung.

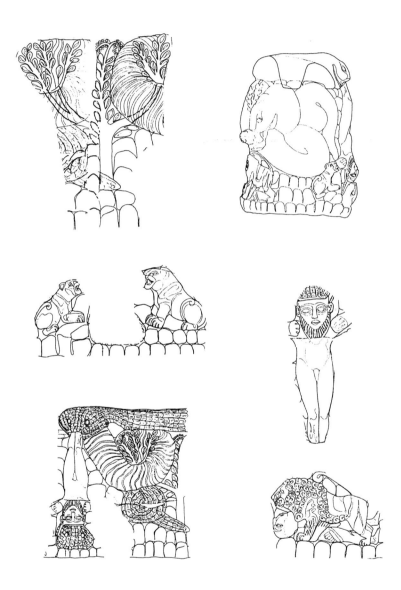

Abb. 1 b Berliner Schlangenbecken; die einzelnen Motive.

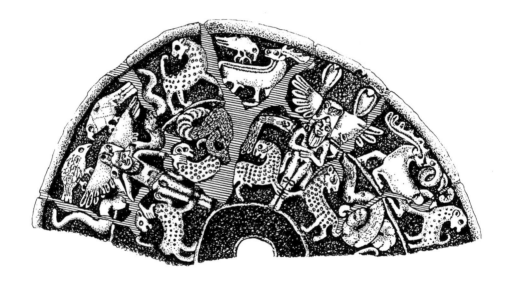

Abb. 2 a Berliner Trichterbecher; Gesamtumzeichnung.

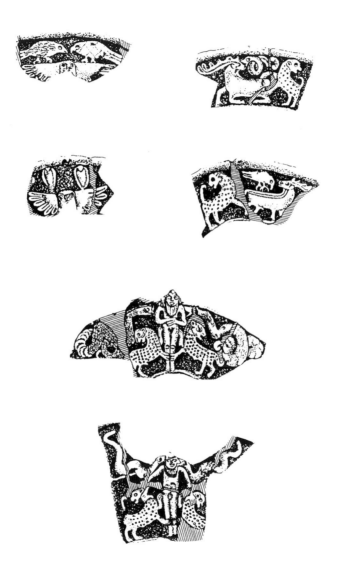

Abb. 2 b Berliner Trichterbecher; die einzelnen Motive.

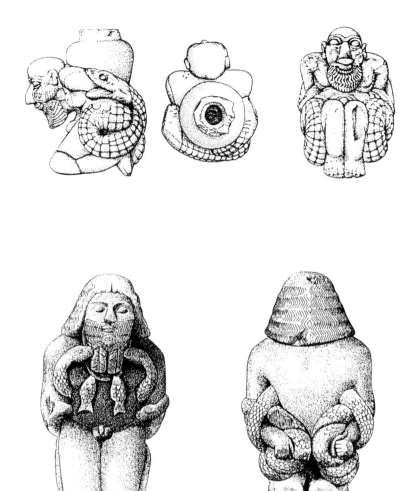

Abb. 3 a Der Bonacossi-Mann.

Abb. 3 b: Der Cincinnati-Mann.

Abb. 4 a Der Berg mit Wasserstrom, Pflanze und Huftier:
1. R.: Susa-Keramik 4. Jt.v.u.Z., Berliner Schlangenbecken; 2. R.: „Intercultural-
style"-Gefäß, protoelamische Glyptik; 3. R.: „Intercultural-style"-Gefäß; Compartimentsiegel und Stempelsiegel Südostiran 1. H. 3. Jt. v.u.Z.; 4. R.:
Frühdynastische Glyptik; 5. R.: Akkadische Glyptik.

Abb. 4 b Entwicklung der Darstellung des wasserspendenden Berges mit Huftier
von der gegenständlichen zur gynaikomorphen Form
1.R.: Susa-Keramik, 4. Jt. v.u.Z.; 2. R.: Protoelamische Glyptik ; 3. R.: „Intercultural-style"-Gefäß; 4. R.: Susa, Siegel und Keramik, Frühdynastisch II-III;
Südostiran: Rollsiegel Mitte 3. Jt. v.u.Z.

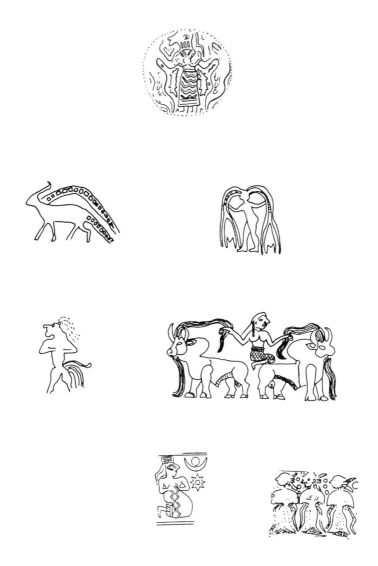

Abb. 4 c Die wasserspendende numinose Kraft in weiblicher Form, assoziiert
mit Wasserströmen und Huftier
1. R.: Wasserströme haltendes weibliches Mischwesen mit Ziegenkopf, Stempelsiegel Susa Ba; 2. R.: Späturukzeitliche Rollsiegel aus Chogha Mish: Ziege mit
Wasserstrom als verkürzte Form, Frau mit Wasserströmen.; 3. R.: protoelamische
Glyptik: Löwin mit Wasserströmen, „Intercultural-style"-Gefäß: Frau mit
Wasserströmen über Huftieren; 4. R: Frauen mit Wasserströmen: FD III-zeit-
liches Siegel Susa und transelamisches Siegel, Kerman.

Abb. 5 Der Berg mit Schlangen: 4. Jt. v.u.Z. bis zur Akkadzeit (links Mesopotamien, rechts Iran/Baktrien)
R. 1: Darstellungen der späten Uruk/Dschemdet Nasr-Zeit: Rollsiegel aus Mesopotamien, Berliner Schlangenbecken; R. 2.: links: Frühdynastisches Rollsiegel;
rechts: Südostiran: Gottheiten mit Schlangen, Bergsymbol, Vogel und Huftier-
protom; R. 3/4 links: akkadische Siegel; rechts: baktrisches Compartimentsiegel.

640 S. Winkelmann

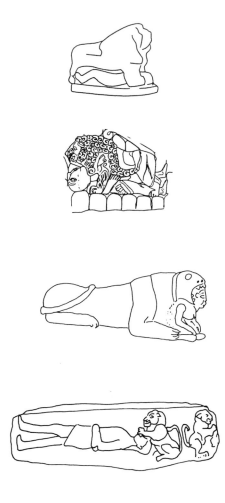

Abb. 6 a Der menschenfressende Löwe: Späturuk- bis Dschemdet-Nasr-zeitliche
Darstellungen, Plastik und Relief;
1. R.: Löwe von Babylon; 2. R.: Berliner Schlangenbecken; 3. R.: Susa, protoelamische (?) Plastik; 4. R.: Susa, Sockelrelief.

Abb. 6 b Der menschenfressende Löwe in der Glyptik
Iran: R. 1 und 2 links: Susa: Urukzeit; R. 2 rechts: Berliner Schlangenbecken; R.
3: „Intercultural-style"-Gefäß, Susa FD II; R. 4: SiS-Siegel Ur; R. 5: Murghab-
Stil-Siegel, Margiana.

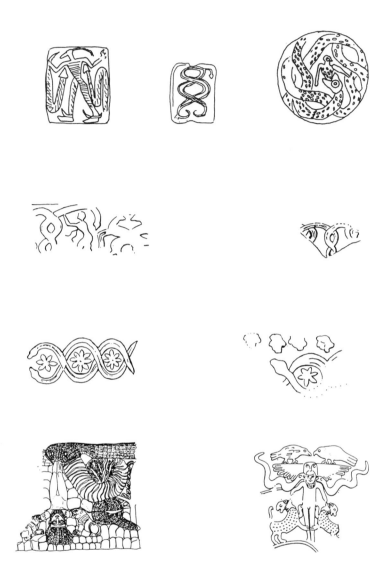

Abb. 7 a Der von Schlangen angegriffene Mann, Iran, Uruk bis Dschemdet Nasr
R.1: Luristan-Siegel; R. 2 und 3: Rollsiegel der späten Urukzeit, Susa; R. 4:
Berliner Schlangenbecken und Trichterbecher.

Abb. 7 b Der von Schlangen angegriffene Mann, Mesopotamien, Uruk bis FD III
R. 1: Tepe Gaura; R. 2: späte Urukzeit, Uruk; R. 3: FD I-II; R. 4: Fd III bis
Akkad.

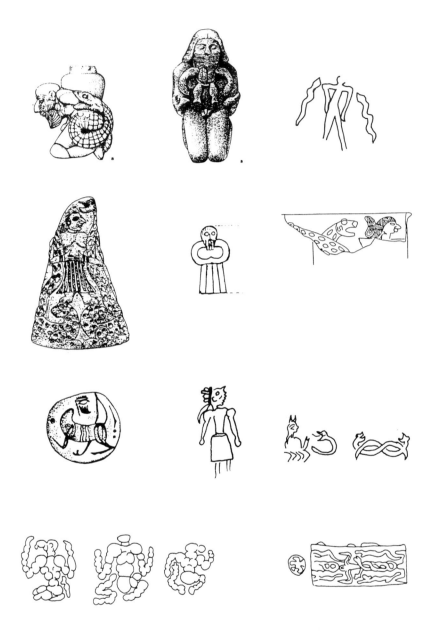

Abb. 7 c Der von Schlangen angegriffene Mann: .Iran, Golf, Baktrien
R. 1: Bonacossi-Mann, Cincinnati-Mann, Susa FD-zeitliche Keramik; R. 2:
„Intercultural-style"-Gefäß, Kunsthandel,; Compartimentsiegel aus Shahdad;
„Intercultural-style"-Gefäß, Tarut; R. 3: Stempelsiegel Tepe Yahya IV B: Roll-
siegel, Shahdad, Friedhof A; Rollsiegel Tepe Yahya IV B; R. 5: baktrische
Stempel- und Rollsiegel.

Abb. 8 a Der Felidenhalter, Iran bis Baktrien
R. 1; Späte Urukzeit, Susa und Kunsthandel (Zyklopensiegel); R. 2: Berliner Trichterbecher; R. 3 „Intercultural-style"- Gefäße, beide Kunsthandel; R. 4: Frühdynastische Rollsiegel; rechts: Baktrien: Murghab-Stil-Siegel.

Abb. 8 b Feliden im Kampf mit Schlangen, Mesopotamien, Iran
R. 1: Späte Urukzeit Mesopotamien; R. 2: Berliner Trichterbecher in 5er-Komposition und in der um den Menschen reduzierten Form; R. 3 und 4: „Intercultural-style"-Gefäße.

Abb. 9 a Der Mann mit Gefäß, Iran
R.1: Susa Ba-Stempelsiegel; R. 2: Späte Urukzeit: Susa, Kunsthandel; R. 3: „Intercultural-style", Kunsthandel; R. 4: Südostiran, 1. H. 3. Jt. v.u.Z.: Lapis-lazuli-Scheibe, Stempelsiegel.

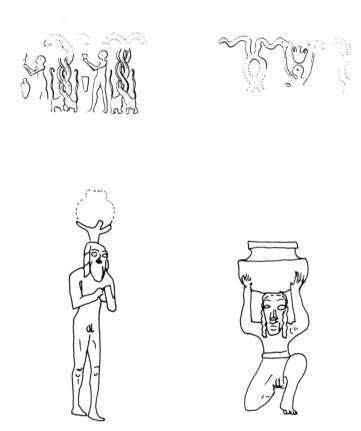

Abb. 9 b Der Mann mit Gefäß, Mesopotamien, späte Urukzeit bis Frühdynastisch III.

Abb. 10 a   Der Mann mit Vogelelementen im Iran, 4. Jt. v.u.Z. bis FD II
R. 1: Chogha-Mish: Mittel-Susiana-Keramik und späturukzeitliches Kultgefäß;
R. 2:   Der Mann mit dem Raubvogelbalg, Kunsthandel; „Intercultural-style"-
Gefäß, Kunsthandel; R. 3: Bismaya: „Intercultural-style"-Gefäß;   Cincinnati-
Mann, Kunsthandel.

Abb. 10 b Mensch-Vogel-Mischwesen in Mesopotamien; R. 1: Späte Urukzeit;
R. 2, 3: FD I-II; R. 4-5, FD II-III.

Abb. 10 c Mensch-Vogel-Mischwesen und Etana-Motiv in Mesopotamien; R. 1 und 2: FD II-III; R. 3 und 4: Akkad.

Abb. 10 d Menschen mit Raubvogelelementen oder Vogelmenschen, Iran und
Baktrien 3. Jt. v.u.Z.
R. 1: Menschen mit Raubvogelmasken/Kostümen: Südostiran; Rollsiegel und
Ritzzeichnung auf einer Axt, Tepe Yahya; R. 2: Südostiran: Menschenköpfiger
Vogel, Lapislazulischeibe, Kunsthandel; Etana-Motiv, Rollsiegel, Kunsthandel;
R. 3. Vogelköpfige Menschen, Shahdad und Tepe Yahya, rechts: Susa, FD III-
Siegel; R. 4: Baktrien: Murghab-Stil-Siegel, Compartimentsiegel, Kult-Axt.

Abb. 11 a Der Raubvogel mit Jungen und /oder Schlange im Schnabel
R. 1: Luristan, Urukzeit; R. 2 links: Berliner Trichterbecher; R. 3 und 4 links:
Mesopotamien, FD I; R. 3 rechts: Kermankultur; R. 4: links, Bitumengefäß, Susa;
rechts: baktrisches Compartimentsiegel.

Abb. 11 b Der Raubvogel im Baum, Mesopotamien
R.1: Späturuk; R. 2: SIS-Siegel Ur; R.3: FD III; R. 4: Akkad.

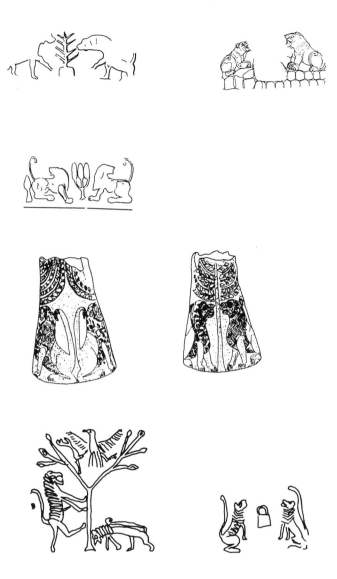

Abb. 12 Das hockende Löwenpaar am Baum
R. 1: Späte Urukzeit, Susa; Berliner Schlangenbecken; R. 2: protoelamisch, Susa.
R. 3: „Intercultural-style"-Gefäß Kunsthandel; R. 4: akkadische Rollsiegel.

Abb. 13 a Huftier, angegriffen von einer Schlange, Urukzeit bis Frühdynastisch
R. 1: Luristan, Urukzeit; R. 2, 3 links: Susa; Chogha Mish, Späte Urukzeit; R. 3
rechts: Berliner Trichterbecher; R. 4: „Intercultural-style"-Gefäß, Kunsthandel;
rechts: Fara, FD II.

Abb. 13 b Huftier mit angreifender Schlange, Iran bis Baktrien
R.1: Rollsiegel Südostiran; R. 2: Murghabstil-Siegel und Bohrstilsiegel, Baktrien;
R. 3: Rollsiegel im baktrisch-Harappa-Mischstil.

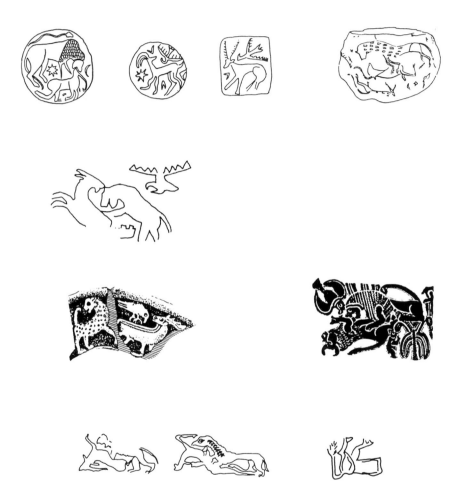

Abb. 14 Gerissenes Huftier mit herabstürzendem Raubvogel (plus Feliden)
R. 1: Luristan, Urukzeit; R. 2: Susa, Späte Urukzeit; R. 3: Berliner Trichter-
becher, Chafadschi-Schale („Intercultural-style"); R. 4 links: Mesopotamien. FD
I und II, rechts: Südostiran, Rollsiegel.

Abb. 15 a Raubvogel (Bartgeier oder Adler) im Kampf mit angreifenden Schlangen. R.1: Berliner Trichterbecher; R. 2: „Intercultural-style"; R. 3: Siegel Südostiran, links Rollsiegel, Kunsthandel, rechts Compartimentsiegel, Shahdad; R. 4: baktrische Glyptik: Murghabstilsiegel, Compartimentsiegel.

Abb. 15 b   Raubvogel im Kampf mit zwei Schlangen, links: Mesopotamien, rechts Susa. R. 1: FD I: links: Ur, SIS-Siegel, rechts Susa; R. 2 und 3: Früh-dynastisch II-III, R. 4: Akkadzeit

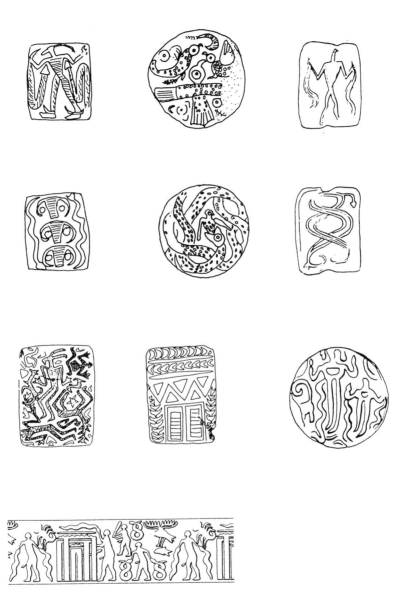

Abb. 16 Siegel, verschiedene Motive des Corpus kombinierend.
R. 1 bis 3: Luristan, Urukzeit, Vorder- und Rückseite; R. 4: späte Urukzeit, Uruk.

Abb. 17 Die Frau mit Skorpionen
R. 1 und 2: Ur, SIS-Siegel; R. 3 links: Susa, FD II, rechts: Rahman Dheri, Indus-
tal, 1. H. 3. Jt. v.u.Z.; R. 4: „Intercultural-style", Kunsthandel.

Abb. 18 Der Tierbezwinger: Mann im Kampf mit angreifenden Schlangen
R. 1: Späte Urukzeit, Uruk, Susa, Chogha Mish; R. 2: „Intercultural-style"; R. 3
und 4, links und Mitte, Mesopotamien, FD II; R. 3 rechts: Silbernadel, Shahdad;
R. 4 rechts: baktrisches Compartimentsiegel.

Abb. 19 Verschiedene Typen von Männerdarstellungen, 1. H. 3. Jt. v.u.Z.
R.1: der schreitende nackte Mann im Knielauf: Iran, Ur (SIS-Siegel), Kerman
(Rollsiegel);
R. 2: Der schreitende Mann oder Vogelmensch mit Zweig: Protoelamisch, FD II
Mesopotamien, „Intercultural-style"; R. 3: Der nackte passive Mann: Berliner
Schlangenbecken, Mesopotamien.

Abb. 20 Bitte vor der Gottheit um Gefäß oder Zweig und Rückkehr
R. 1: Späte Urukzeit (Kunsthandel), SiS-Siegel, Ur; R. 2: Südostiran, 1. H. 3. Jt.
v.u.Z., Lapislazulischeibe, Rollsiegel, Stempelsiegel (Kunsthandel); R. 3: Susa
FD-III, Rollsiegel; R. 4: akkadische Siegel.

Abb. 21 Die Kulthandlung vor dem Tempel nach den SIS-Siegeln, Ur
Der fortgehende Mann im Knielauf, der rückkehrende Mann mit Gefäß, das Ban-
kett, Geburt, Leopardenhalter; öffentlicher Koitus vor und auf dem Tempel, miteinander kämpfende Männer/Akrobaten und das Männeropfer.

Abb. 22 Die Kulthandlung und das mythische Geschehen nach den südostiranischen Belegen.

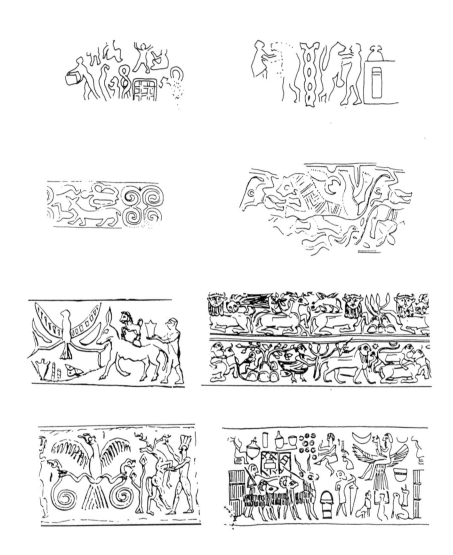

Abb. 23 Siegel, die die verschiedenen Motive des erarbeiteten Corpus enthalten
R. 1: Späte Urukzeit, Susa; R. 2: Susa, FD II; R. 3: SIS-Siegel, Ur, FD III-Siegel;
R. 4: Akkadische Siegel.

Abb. 24 a – c Südostiranische Rollsiegel, Kunsthandel.

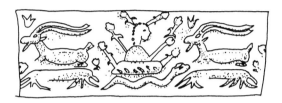

Abb. 25 a – c Südostiranische Rollsiegel; a: Kunsthandel; b: Gonur-depe; c: Tepe
Yahya IV B.

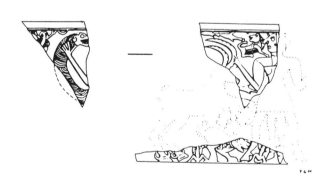

Abb. 26 a: Rollsiegel aus Susa, FD III-zeitlich; b: „Intercultural-style"-Gefäß, Ur.

Abb. 27 Lapislazulischeiben aus dem Südostiran, Kunsthandel.

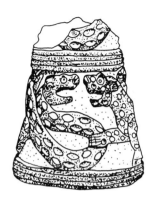

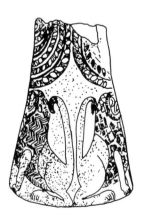

Abb. 28 „Intercultural-style"-Gefäße, a: Kampf zwischen Leopard und Schlange, Nippur; b: Kunsthandel: Löwen am Baum.

Abb. 29 Chafadschi-Schale: „Intercultural-style"-Gefäß, gefunden in Chafadschi.

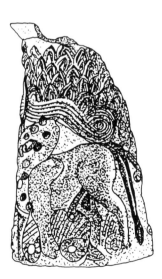

Abb. 30 „Intercultural-style"- Gefäße: a: Huftier mit angreifender Schlange,
Kunsthandel;
b: Huftier am wasserspendenden Berg mit Wasserströmen, Tarut.

Abb. 31 „Intercultural-style"-Kultobjekte (angebliche Gewichte)
a: Nippur: Berg mit Pflanze (Palme), Berg mit Schlangen; b: Kunsthandel:
Flechtmattenmotiv, Wasserwirbel; c: Kunsthandel, Louvre: „entwined serpents"
d) Geier mit angreifenden Schlangen (Kunsthandel).

Abb. 32 „Intercultural-style"- Gefäß : Von Schlangen angegriffener Mann auf
ruhenden Feliden und Skorpione haltende Frau auf Bartgeier,
Kunsthandel.

Abb. 33: Kultdarstellungen auf „Intercultural-style"-Gefäßen: a: Agrab,; b: Bismaya.

Indices

1. Allgemeiner Sachindex

Ugarit-Verlag Münster

Ricarda-Huch-Straße 6, D-48161 Münster (www.ugarit-verlag.de)

Lieferbare Bände der Serien AOAT, AVO, ALASP(M), FARG, Eikon und ELO:

Alter Orient und Altes Testament (AOAT)

Herausgeber: Manfried DIETRICH - Oswald LORETZ

43 Nils P. HEEßEL, *Babylonisch-assyrische Diagnostik.* 2000 (ISBN 3-927120-86-3), XII + 471 S. + 2 Abb., ∈ 98,17.

245 Francesco POMPONIO - Paolo XELLA, *Les dieux d'Ebla. Étude analytique des divinités éblaïtes à l'époque des archives royales du IIIe millénaire.* 1997 (ISBN 3-927120-46-4), VII + 551 S., ∈ 59,31.

246 Annette ZGOLL, *Der Rechtsfall der En-ḫedu-Ana im Lied nin-me-šara,* 1997 (ISBN 3-927120-50-2), XII + 632 S., ∈ 68,51.

248 *Religion und Gesellschaft. Veröffentlichungen des Arbeitskreises zur Erforschung der Religions- und Kulturgeschichte des Antiken Vorderen Orients (AZERKAVO), Band 1.* 1997 (ISBN 3-927120-54-5), VIII + 220 S., ∈ 43,97.

249 Karin REITER, *Die Metalle im Alten Orient unter besonderer Berücksichtigung altbabylonischer Quellen.* 1997 (ISBN 3-927120-49-9), XLVII + 471 + 160 S. + 1 Taf., ∈ 72,60.

250 Manfried DIETRICH - Ingo KOTTSIEPER, Hrsg., *"Und Mose schrieb dieses Lied auf". Studien zum Alten Testament und zum Alten Orient. Festschrift Oswald Loretz.* 1998 (ISBN 3-927120-60-X), xviii + 955 S., ∈ 112,48.

251 Thomas R. KÄMMERER, *Šimâ milka. Induktion und Reception der mittelbabylonischen Dichtung von Ugarit, Emār und Tell el-'Amārna.* 1998 (ISBN 3-927120-47-2), XXI + 360 S., ∈ 60,33.

252 Joachim MARZAHN - Hans NEUMANN, Hrsg., *Assyriologica et Semitica. Festschrift für Joachim OELSNER anläßlich seines 65. Geburtstages am 18. Februar 1997.* 2000 (ISBN 3-927120-62-6), xii + 635 S. + Abb., ∈ 107,88.

253 Manfried DIETRICH - Oswald LORETZ, Hrsg., *dubsar anta-men. Studien zur Altorientalistik. Festschrift für W.H.Ph. Römer.* 1998 (ISBN 3-927120-63-4), xviii + 512 S., ∈ 72,60.

254 Michael JURSA, *Der Tempelzehnt in Babylonien vom siebenten bis zum dritten Jahrhundert v.Chr.* 1998 (ISBN 3-927120-59-6), VIII + 146 S., ∈ 41,93.

255 Thomas R. KÄMMERER - Dirk SCHWIDERSKI, *Deutsch-Akkadisches Wörterbuch.* 1998 (ISBN 3-927120-66-9), XVIII + 589 S., ∈ 79,76.

256 Hanspeter SCHAUDIG, *Die Inschriften Nabonids von Babylon und Kyros' des Großen.* 2001 (ISBN 3-927120-75-8), XLII + 766 S.. ∈ 103,--.

257 Thomas RICHTER, *Untersuchungen zu den lokalen Panthea Süd- und Mittelbabyloniens in altbabylonischer Zeit.* 1999 (ISBN 3-927120-64-2), XXII + 518 S., ∈ 85,39.

258 Sally A.L. BUTLER, *Mesopotamian Conceptions of Dreams and Dream Rituals.* 1998 (ISBN 3-927120-65-0), XXXIX + 474 S. + 20 Pl., ∈ 75,67.

259 Ralf ROTHENBUSCH, *Die kasuistische Rechtssammlung im Bundesbuch und ihr literarischer Kontext im Licht altorientalischer Parallelen.* 2000 (ISBN 3-927120-67-7), IV + 681 S., ∈ 65,10.

260 Tamar ZEWI, *A Syntactical Study of Verbal Forms Affixed by -n(n) Endings . . .* 1999 (ISBN 3-927120-71-5), VI + 211 S., ∈ 48,06.

261 Hans-Günter BUCHHOLZ, *Ugarit, Zypern und Ägäis - Kulturbeziehungen im zweiten Jahrtausend v.Chr.* 1999 (ISBN 3-927120-38-3), XIII + 812 S., 116 Tafeln, ∈ 109,42.

262 Willem H.Ph. RÖMER, *Die Sumerologie. Einführung in die Forschung und Bibliographie in Auswahl* (zweite, erweiterte Auflage). 1999 (ISBN 3-927120-72-3), XII + 250 S., ∈ 61,36.

263 Robert ROLLINGER, *Frühformen historischen Denkens. Geschichtsdenken, Ideologie und Propaganda im alten Mesopotamien am Übergang von der Ur-III zur Isin-Larsa Zeit* (ISBN 3-927120-76-6)(i.V.)

264 Michael P. STRECK, *Die Bildersprache der akkadischen Epik.* 1999 (ISBN 3-927120-77-4), 258 S., ∈ 61,36.

265 Betina I. FAIST, *Der Fernhandel des assyrischen Reichs zwischen dem 14. und 11. Jahrhundert v.*

Chr., 2001 (ISBN 3-927120-79-0), XXII + 322 S. + 5 Tf., € 72,09.

266 Oskar KAELIN, *Ein assyrisches Bildexperiment nach ägyptischem Vorbild. Zu Planung und Ausführung der „Schlacht am Ulai".* 1999 (ISBN 3-927120-80-4), 150 S., Abb., 5 Beilagen, € 49,08.

267 Barbara BÖCK, Eva CANCIK-KIRSCHBAUM, Thomas RICHTER, Hrsg., *Munuscula Mesopotamica. Festschrift für Johannes RENGER.* 1999 (ISBN 3-927120-81-2), XXIX + 704 S., Abb., € 124,76.

268 Yushu GONG, *Die Namen der Keilschriftzeichen.* 2000 (ISBN 3-927120-83-9), VIII + 228 S., € 44,99.

269/1 Manfried DIETRICH - Oswald LORETZ, *Studien zu den ugaritischen Texten I: Mythos und Ritual in KTU 1.12, 1.24, 1.96, 1.100 und 1.114.* 2000 (ISBN 3-927120-84-7), XIV + 554 S., € 89,99.

270 Andreas SCHÜLE, *Die Syntax der althebräischen Inschriften. Ein Beitrag zur historischen Grammatik des Hebräischen.* 2000 (ISBN 3-927120-85-5), IV + 294 S., € 63,40.

271/1 Michael P. STRECK, *Das amurritische Onomastikon der altbabylonischen Zeit I: Die Amurriter, die onomastische Forschung, Orthographie und Phonologie, Nominalmorphologie.* 2000 (ISBN 3-927120-87-1), 414 S., € 75,67.

272 Reinhard DITTMANN - Barthel HROUDA - Ulrike LÖW - Paolo MATTHIAE - Ruth MAYER-OPIFICIUS - Sabine THÜRWÄCHTER, Hrsg., *Variatio Delectat - Iran und der Westen. Gedenkschrift für Peter CALMEYER.* 2001 (ISBN 3-927120-89-8), XVIII + 768 S. + 2 Faltb., € 114,53.

273 Josef TROPPER, *Ugaritische Grammatik.* 2000 (ISBN 3-927120-90-1), XXII + 1056 S., € 100,21.

274 Gebhard J. SELZ, Hrsg., *Festschrift für Burkhart Kienast. Zu seinem 70. Geburtstage, dargebracht von Freunden, Schülern und Kollegen.* 2003 (ISBN 3-927120-91-X), xxviii + 732 S., € 122,--.

275 Petra GESCHE, *Schulunterricht in Babylonien im ersten Jahrtausend v.Chr.* 2001 (ISBN 3-927120-93-6), xxxiv + 820 S. + xiv Tf., € 112,48.

276 Willem H.Ph. RÖMER, *Hymnen und Klagelieder in sumerischer Sprache.* 2001 (ISBN 3-927120-94-4), xi + 275 S., € 66,47.

277 Corinna FRIEDL, *Polygynie in Mesopotamien und Israel.* 2000 (ISBN 3-927120-95-2), 325 S., € 66,47.

278/1 Alexander MILITAREV - Leonid KOGAN, *Semitic Etymological Dictionary. Vol. I: Anatomy of Man and Animals.* 2000 (ISBN 3-927120-90-1), cliv + 425 S., € 84,87.

279 Kai A. METZLER, *Tempora in altbabylonischen literarischen Texten.* 2002 (ISBN 3-934628-03-6), xvii + 964 S., € 122,--.

280 Beat HUWYLER - Hans-Peter MATHYS - Beat WEBER, Hrsg., *Prophetie und Psalmen. Festschrift für Klaus SEYBOLD zum 65. Geburtstag.* 2001 (ISBN 3-934628-01-X), xi + 315 S., 10 Abb., € 70,56.

281 Oswald LORETZ - Kai METZLER - Hanspeter SCHAUDIG, Hrsg., *Ex Mesopotamia et Syria Lux. Festschrift für Manfried DIETRICH zu seinem 65. Geburtstag.* 2002 (ISBN 3-927120-99-5), XXXV + 950 S. + Abb., € 138,--.

282 Frank T. ZEEB, *Die Palastwirtschaft in Altsyrien nach den spätaltbabylonischen Getreidelieferlisten aus Alalaḫ (Schicht VII).* 2001 (ISBN 3-934628-05-2), XIII + 757 S., € 105,33.

283 Rüdiger SCHMITT, *Bildhafte Herrschaftsrepräsentation im eisenzeitlichen Israel.* 2001 (ISBN 3-934628-06-0), VIII + 231 S., € 63,40.

284/1 David M. CLEMENS, *Sources for Ugaritic Ritual and Sacrifice. Vol. I: Ugaritic and Ugarit Akkadian Texts.* 2001 (ISBN 3-934628-07-9), XXXIX + 1407 S., € 128,85.

285 Rainer ALBERTZ, Hrsg., *Kult, Konflikt und Versöhnung. Veröffentlichungen des AZERKAVO / SFB 493, Band 2.* 2001 (ISBN 3-934628-08-7), VIII + 332 S., € 70,56.

286 Johannes F. DIEHL, *Die Fortführung des Imperativs im Biblischen Hebräisch.* 2002 (ISBN 3-934628-19-2) (i.D.)

287 Otto RÖSSLER, *Gesammelte Schriften zur Semitohamitistik,* Hrsg. Th. Schneider. 2001 (ISBN 3-934628-13-3), 848 S., € 103,--.

288 A. KASSIAN, A. KOROLËV†, A. SIDEL'TSEV, *Hittite Funerary Ritual šalliš waštaiš.* 2002 (ISBN 3-934628-16-8), ix + 973 S., € 118,--.

289 Zipora COCHAVI-RAINEY, *The Alashia Texts from the 14th and 13th Centuries BCE. A Textual and Linguistic Study.* 2003 (ISBN 3-934628-17-6), xiv + 129 S., € 56,--.

290 Oswald LORETZ, *Götter – Ahnen – Könige als gerechte Richter. Der "Rechtsfall" des Menschen vor Gott nach altorientalischen und biblischen Texten.* 2003 (ISBN 3-934628-18-4), xxii + 932 S., € 128,--.

291 Rocío Da RIVA, *Der Ebabbar-Tempel von Sippar in frühneubabylonischer Zeit (640-580 v. Chr.)*, 2002 (ISBN 3-934628-20-6), xxxi + 486 S. + xxv* Tf., ∈ 86,--.

292 Achim BEHRENS, *Prophetische Visionsschilderungen im Alten Testament. Sprachliche Eigenarten, Funktion und Geschichte einer Gattung.* 2002 (ISBN 3-934628-21-4), xi + 413 S., ∈ 82,--.

293 Arnulf HAUSLEITER - Susanne KERNER - Bernd MÜLLER-NEUHOF, Hrsg., *Material Culture and Mental Sphere. Rezeption archäologischer Denkrichtungen in der Vorderasiatischen Altertumskunde. Internationales Symposium für Hans J. Nissen, Berlin 23.-24. Juni 2000.* 2002 (ISBN 3-934628-22-2), xii + 391 S., ∈ 88,--.

294 Klaus KIESOW - Thomas MEURER, Hrsg., *„Textarbeit". Studien zu Texten und ihrer Rezeption aus dem Alten Testament und der Umwelt Israels. Festschrift für Peter WEIMAR zur Vollendung seines 60. Lebensjahres.* 2002 (ISBN 3-934628-23-0), x + 630 S., ∈ 128,--.

295 Galo W. VERA CHAMAZA, *Die Omnipotenz Aššurs. Entwicklungen in der Aššur-Theologie unter den Sargoniden Sargon II., Sanherib und Asarhaddon.* 2002 (ISBN 3-934628-24-9), 586 S., ∈ 97,--.

296 Michael P. STRECK - Stefan WENINGER, Hrsg., *Altorientalische und semitische Onomastik.* 2002 (ISBN 3-934628-25-7), vii + 241 S., ∈ 68,--.

297 John M. STEELE - Annette IMHAUSEN, Hrsg., *Under One Sky. Astronomy and Mathematics in the Ancient Near East.* 2002 (ISBN 3-934628-26-5), vii + 496 S., Abb., ∈ 112,--.

298 Manfred KREBERNIK - Jürgen VAN OORSCHOT, Hrsg., *Polytheismus und Monotheismus in den Religionen des Vorderen Orients.* 2002 (ISBN 3-934628-27-3), v + 269 S., ∈ 76,--.

299 Wilfred G.E. WATSON, Hrsg., *Festschrift Nick WYATT.* 2004 (ISBN 3-934628-32-X)(i.V.)

300 Karl LÖNING, Hrsg., *Rettendes Wissen. Studien zum Fortgang weisheitlichen Denkens im Frühjudentum und im frühen Christentum. Veröffentlichungen des AZERKAVO / SFB 493, Band 3.* 2002 (ISBN 3-934628-28-1), x + 370 S., ∈ 84,--.

301 Johannes HAHN, Hrsg., *Religiöse Landschaften. Veröffentlichungen des AZERKAVO / SFB 493, Band 4.* 2002 (ISBN 3-934628-31-1), ix + 227 S., Abb., ∈ 66,--.

302 Cornelis G. DEN HERTOG - Ulrich HÜBNER - Stefan MÜNGER, Hrsg., SAXA LOQUENTUR. *Studien zur Archäologie Palästinas/Israels. Festschrift für VOLKMAR FRITZ zum 65. Geburtstag.* 2003 (ISBN 3-934628-34-6), x + 328 S., Abb., ∈ 98,--.

303 Michael P. STRECK, *Die akkadischen Verbalstämme mit ta-Infix.* 2003 (ISBN 3-934628-35-4), xii + 163 S., ∈ 57,--.

304 Ludwig D. MORENZ - Erich BOSSHARD-NEPUSTIL, *Herrscherpräsentation und Kulturkontakte: Ägypten - Levante - Mesopotamien. Acht Fallstudien.* 2003 (ISBN 3-934628-37-0), xi + 281 S., 65 Abb. (i.D.)

305 Rykle BORGER, *Mesopotamisches Zeichenlexikon.* 2003 (ISBN 3-927120-82-0)(i.V.)

306 Reinhard DITTMANN - Christian EDER - Bruno JACOBS, Hrsg., *Altertumswissenschaften im Dialog. Festschrift für WOLFRAM NAGEL zur Vollendung seines 80. Lebensjahres.* 2003 (ISBN 3-934628-41-9), xv + 717 S., Abb. (i.D.)

Elementa Linguarum Orientis (ELO)
Herausgeber: *Josef TROPPER - Reinhard G. LEHMANN*

1 Josef TROPPER, *Ugaritisch. Kurzgefasste Grammatik mit Übungstexten und Glossar.* 2002 (ISBN 3-934628-17-6), xii + 168 S., ∈ 28,--.

2 Josef TROPPER, *Altäthiopisch. Grammatik des Ge'ez mit Übungstexten und Glossar.* 2002 (ISBN 3-934628-29-X), xii + 309 S. ∈ 42,--.

Altertumskunde des Vorderen Orients (AVO)
Herausgeber: *Manfried DIETRICH - Reinhard DITTMANN - Oswald LORETZ*

1 Nadja CHOLIDIS, *Möbel in Ton.* 1992 (ISBN 3-927120-10-3), XII + 323 S. + 46 Taf., ∈ 60,84.

2 Ellen REHM, *Der Schmuck der Achämeniden.* 1992 (ISBN 3-927120-11-1), X + 358 S. + 107 Taf., ∈ 63,91.

3 Maria KRAFELD-DAUGHERTY, *Wohnen im Alten Orient.* 1994 (ISBN 3-927120-16-2), x + 404 S. + 41 Taf., ∈ 74,65.

4 Manfried DIETRICH - Oswald LORETZ, Hrsg., *Festschrift für* Ruth Mayer-Opificius. 1994 (ISBN 3-927120-18-9), xviii + 356 S. + 256 Abb., € 59,31.

5 Gunnar LEHMANN, *Untersuchungen zur späten Eisenzeit in Syrien und Libanon. Stratigraphie und Keramikformen zwischen ca. 720 bis 300 v.Chr.* 1996 (ISBN 3-927120-33-2), x + 548 S. + 3 Karten + 113 Tf., € 108,39.

6 Ulrike LÖW, *Figürlich verzierte Metallgefäße aus Nord- und Nordwestiran - eine stilkritische Untersuchung.* 1998 (ISBN 3-927120-34-0), xxxvii + 663 S. + 107 Taf., € 130,89.

7 Ursula MAGEN - Mahmoud RASHAD, Hrsg., *Vom Halys zum Euphrat. Thomas Beran zu Ehren.* 1996 (ISBN 3-927120-41-3), XI + 311 S., 123 Abb., € 71,07.

8 Eşref ABAY, *Die Keramik der Frühbronzezeit in Anatolien mit »syrischen Affinitäten«.* 1997 (ISBN 3-927120-58-8), XIV + 461 S., 271 Abb.-Taf., € 116,57.

9 Jürgen SCHREIBER, *Die Siedlungsarchitektur auf der Halbinsel Oman vom 3. bis zur Mitte des 1. Jahrtausends v.Chr.* 1998 (ISBN 3-927120-61-8), XII + 253 S., € 53,17.

10 *Iron Age Pottery in Northern Mesopotamia, Northern Syria and South-Eastern Anatolia.* Ed. Arnulf HAUSLEITER and Andrzej REICHE. 1999 (ISBN 3-927120-78-2), XII + 491 S., € 117,60.

11 Christian GREWE, *Die Entstehung regionaler staatlicher Siedlungsstrukturen im Bereich des prähistorischen Zagros-Gebirges. Eine Analyse von Siedlungsverteilungen in der Susiana und im Kur-Flußbecken.* 2002 (ISBN 3-934628-04-4), x + 580 S. + 1 Faltblatt, € 142,--.

Abhandlungen zur Literatur Alt-Syrien-Palästinas und Mesopotamiens (ALASPM)
Herausgeber: *Manfried DIETRICH - Oswald LORETZ*

1 Manfried DIETRICH - Oswald LORETZ, *Die Keilalphabete.* 1988 (ISBN 3-927120-00-6), 376 S., € 47,55.

2 Josef TROPPER, *Der ugaritische Kausativstamm und die Kausativbildungen des Semitischen.* 1990 (ISBN 3-927120-06-5), 252 S., € 36,30.

3 Manfried DIETRICH - Oswald LORETZ, *Mantik in Ugarit.* Mit Beiträgen von Hilmar W. Duerbeck - Jan-Waalke Meyer - Waltraut C. Seitter. 1990 (ISBN 3-927120-05-7), 320 S., € 50,11.

5 Fred RENFROE, *Arabic-Ugaritic Lexical Studies.* 1992 (ISBN 3-927120-09-X). 212 S., € 39,37.

6 Josef TROPPER, *Die Inschriften von Zincirli.* 1993 (ISBN 3-927120-14-6). XII + 364 S., € 55,22.

7 *UGARIT - ein ostmediterranes Kulturzentrum im Alten Orient. Ergebnisse und Perspektiven der Forschung.* Vorträge gehalten während des Europäischen Kolloquiums am 11.-12. Februar 1993, hrsg. von Manfried DIETRICH und Oswald LORETZ.
Bd. I: *Ugarit und seine altorientalische Umwelt.* 1995 (ISBN 3-927120-17-0). XII + 298 S., € 61,36.
Bd. II: H.-G. BUCHHOLZ, *Ugarit und seine Beziehungen zur Ägäis.* 1999 (ISBN 3-927120-38-3): **AOAT 261.**

8 Manfried DIETRICH - Oswald LORETZ - Joaquín SANMARTÍN, *The Cuneiform Alphabetic Texts from Ugarit, Ras Ibn Hani and Other Places. (KTU: second, enlarged edition).* 1995 (ISBN 3-927120-24-3). XVI + 666 S., € 61,36.

9 Walter MAYER, *Politik und Kriegskunst der Assyrer.* 1995 (ISBN 3-927120-26-X). XVI + 545 S. € 86,92.

10 Giuseppe VISICATO, *The Bureaucracy of Šuruppak. Administrative Centres, Central Offices, Intermediate Structures and Hierarchies in the Economic Documentation of Fara.* 1995 (ISBN 3-927120-35-9). XX + 165 S. € 40,90.

11 Doris PRECHEL, *Die Göttin Išḫara.* 1996 (ISBN 3-927120-36-7) — Neuauflage geplant in AOAT.

12 Manfried DIETRICH - Oswald LORETZ, *A Word-List of the Cuneiform Alphabetic Texts from Ugarit, Ras Ibn Hani and Other Places (KTU: second, enlarged edition).* 1996 (ISBN 3-927120-40-5), x + 250 S., € 40,90.